Das grosse Verbrecherlexikon

Dieter Sinn

Das grosse Verbrecherlexikon

Lizenzausgabe 1984
Manfred Pawlak Verlagsgesellschaft mbH, Herrsching

ISBN: 3-88199-146-8

Meinen besonderen Dank
für Hinweise und Zurverfügungstellung von Material zur Erstellung dieses Buches möchte ich aussprechen:

Herrn Werner Häußler, Kriminalhauptkommissar, Weinheim, Bergstraße
Herrn Fritz Nemitz, Kriminalhauptkommissar, Mannheim
Herrn Dieter Preuß, Journalist, Mannheim
Representativ of the Federal Republic of Germany to the International Civil Aviation Organization, Montreal, Canada
Frankfurter Allgemeine Zeitung, Archiv, Frankfurt/Main
Vereinigungen der Verfolgten des Nazi-Regimes, Präsidium, Frankfurt/Main
Eidgenössisches Statistisches Amt, Bern, Schweiz
Neue Zürcher Zeitung, Archiv, Zürich, Schweiz
Nations Unies (Vereinte Nationen) Genf, Schweiz

Vorwort

Es dürfte nichts auf dieser Erde geben, das in den Händen des Menschen nicht zu einem Verbrechen werden könnte – und es dürfte keinen Menschen auf dieser Erde geben, der nicht die Chance hätte, illegal zu werden.
Von der großen Palette der Möglichkeiten des Menschen, vom wie auch immer definierten »normalen« Weg der Gesellschaft abzuweichen, ein Outsider oder ein Illegaler zu werden, handelt dieses Buch.
Es konnte jedoch keinesfalls die Aufgabe dieses Buches sein, in irgendeinem Aspekt Vollständigkeit zu erstreben. Aber es möchte einen Überblick geben über die fast unerschöpflichen Möglichkeiten des Menschen, irgendwie mit dem Gesetz in Konflikt zu geraten.
Dazu gehört natürlich die rein kriminelle Tätigkeit etwa des Mörders, des Diebes, des Entführers und Erpressers, des Hochstaplers und Mädchenhändlers; es zählen die Fälle von Vergewaltigung und Beleidigung, Korruption und Betrug dazu; auch Bandenkriminalität und Wirtschaftsverbrechen, Kunstfälschungen und Rauschgiftdelikte.
Auf anderer Ebene liegen die Attentate und Affären, Spionage und politische Justiz, Kriegsverbrecher und Gefängnisrevoluzzer; die Mafia und das Gesetz der Blutrache, Studentenunruhen und nicht zuletzt die internationale Terroristentätigkeit.
Die gesetzliche Ordnung der Gesellschaft wird bekanntlich durch die mit dem und am Verbrechen wachsende Verbrechensbekämpfung gesichert. Der Leser wird daher auch einiges über die Organisation und Tätigkeit der Kriminalpolizei erfahren, über ihre Erfolge und Mißerfolge, über fehlerhafte Justiz und über Personen, in denen sich Recht und Unrecht vereint.
Das Spektrum, jeweils international gesehen, ist wahrlich breit genug, und es erlaubt die Frage, ob der Mensch nicht nur »von Geburt ein amoralisches Wesen« (S. Freud), sondern auch im Grunde ein illegales sei. Denn es gibt keinen Beruf, weder Alter noch Geschlecht noch Rasse, weder Erziehung noch Stellung, die gegen Illegalität gefeit wären.
Mit der Ausnahme von Affären wurden in der Hauptsache solche Fälle aus der internationalen Kriminalgeschichte aufgenommen, die zumindest erstinstanzlich verurteilt worden sind. Freisprüche und noch nicht abgeurteilte Vergehen kamen nur dann in Betracht, wenn der Fall als solcher interessant war oder auch besonders typisch für eine bestimmte Art des Vergehens.
Das internationale Verbrechen, das eine zum alltäglichen Leben generell gehörende Erscheinung ist, zeigt eine eigentümliche Konsistenz. Verbrechen oder, allgemeiner gesagt, Illegalität (= unrechtmäßiges Verhalten) ist nicht nur überall auf der Welt möglich, sondern die einzelnen Straftaten sind international vergleichbar. So ist es

relativ unerheblich, ob man als Beispiel für Mord oder Spionage einen amerikanischen, deutschen, russischen oder afrikanischen Fall wählt.
Verbrechen hat es immer schon und überall gegeben. Sammelt man anhand der internationalen Presse nur eine Woche lang Berichte über illegales Verhalten des Menschen, so wird man erstaunt sein, wie viel da zusammenkommt.
Das Buch möchte nun gewiß nicht zeigen, wie schlecht der Mensch ist, sondern umgekehrt, wie menschlich das Schlechte ist, vermutlich viel menschlicher, weil realer, als das sogenannte »Gute«.
Es gibt zumindest drei konstante Größen, die quer durch die Geschichte verlaufen, von Anfang an, ganz gleich, um welches politische, soziale oder religiöse System es sich dreht. Diese Konstanten sind da, mehr oder weniger offenkundig, mehr oder weniger von Staats wegen zugegeben oder verheimlicht. Es ist bekannt, daß Diktaturen mehr zum Verheimlichen der Illegalität neigen, Demokratien mehr zum Offenbaren.
Diese drei Konstanten sind ewige Potenzen des Lebens, und es nutzt nichts, davor die Augen zu schließen. Sie gehören wesentlich zur absoluten Realität.
Als erste Konstante käme der Krieg in Frage. Kriege gab es immer schon. Heraklit war sogar der Ansicht, der Krieg sei der Vater aller Dinge. Historiker haben ausgerechnet, daß in den letzten 3000 Jahren genau überschaubarer Geschichte, alles zusammengerechnet und aneinandergereiht, nur etwa 260 Jahre »Friede auf Erden« war. Das sind nicht einmal zehn Prozent. Auch das Symbol des Friedens, die Taube, spricht dafür: Sie gehört zu den aggressivsten Tieren überhaupt.
Die zweite Konstante dürfte die Prostitution sein. Sie gilt nicht umsonst als das älteste Gewerbe der Welt. Auch sie gibt es überall auf der Welt, wiederum versteckt und verheimlicht wie etwa in Kuba oder Rotchina, offiziell in den Demokratien, wohl aber auch in der Sowjetunion (Leningrad).
Und als dritte Konstante wäre schließlich das Verbrechen, die Illegalität des Menschen, zu nennen. Ihre Tradition reicht mindestens zurück bis in die Tage des Alten Testaments, als Kain seinen Bruder Abel erschlug.
Diese drei Konstanten, so gravierend wie universal, können einen zweifeln, wenn nicht gar verzweifeln lassen am Homo sapiens und der Realisierbarkeit staatspolitisch notwendiger Richtbegriffe, Orientierungspunkten oder Beruhigungspillen, die dem Menschen, besonders eklatant zu Zeiten des Wahlkampfes, immer wieder vorgehalten werden.
Begriffe wie Fortschritt, Vernunft, Sicherheit, Ordnung, Stabilität, Gerechtigkeit, Freiheit, Friede stehen zwar da wie Wegweiser, aber geht ein Wegweiser dorthin, wohin er weist?
Die Realität der genannten drei Konstanten scheint für eine Geschichtsbetrachtung zu sprechen, die dialektisch argumentiert, die beides, Gut und Böse, Verbrechen und Ordnung, Krieg und Friede, Prostitution und Moral gleichwertig einbezieht, selbst auf die beunruhigende Gefahr hin, daß der Begriff Fortschritt auf der Strecke bleiben müßte. Ist denn Fortschritt nicht einfach das Vergessen dessen, was schon war? Ein gutes Gedächtnis wird allemal den Glauben an den Fortschritt, an bessere Zeiten, an Frieden, Ordnung und Gerechtigkeit relativieren.
Um sich nicht des Verbrechens des Vergessens schuldig zu machen, wurde dieses Buch nicht zuletzt zusammengestellt. Es scheint ehrlicher, eingedenk zu sein, daß zu den Möglichkeiten des Menschen die illegalen ebenso gehören wie die legalen, als blind auf eine friedliche und ordentliche Zeit zu hoffen, deren Verwirklichung niemand anders als der Mensch selbst im Wege steht.
Das Verbrechen hat, speziell den Zeitrahmen dieses Buches betreffend, etwa ab 1900, eine steigende Tendenz. Im einen Land ist es das Gewaltverbrechen, im anderen sind es Alkohol- oder Rauschgiftdelikte, im dritten gar die Terroristentätigkeit.

Jede steigende Tendenz eines Verbrechenszweiges ist eine Antwort auf die jeweilige gesellschaftliche Situation und Zeit, in der diese Tendenz sich in den Vordergrund schiebt. Durch die internationale Kommunikation erhöht sich auch die Gefahr, daß das eine Land vom aktuellen Verbrechen des anderen Landes »angesteckt« wird. Obgleich Fälle aus verschiedenen Ländern herangezogen wurden, dürften die deutschen überwiegen. Das soll keineswegs besagen, Deutschland sei das illegale Land par exellence. Bei der Auswahl der einzelnen Beispiel-Fälle stand lediglich der Maßstab des Typus und der Aktualität Pate. Gewiß, was interessant ist, mag allemal ein subjektiver Gesichtspunkt sein. Der Autor bekennt sich dazu. Jüngere Fälle dienten zur (erstmaligen) Registrierung, ältere zum Vergleich und Ausgleich. Dies um so mehr, als der Verfasser der Meinung ist, der Typus sei international austauschbar. Die Ländergrenzen wurden von der Illegalität des Menschen längst vor seiner Politik beseitigt. Worauf es hauptsächlich ankam, war, einen Einblick zu gewähren in die Eigenart, in die Raffinesse der Illegalität, in die Faszination des im Grunde Geheimen, des Untergründigen, vielleicht auch des Unerklärlichen. Dabei wird die Illegalität des Menschen um so interessanter, je weiter sie sich von der Alltäglichkeit des Mordes wegbewegt zur Spezialität etwa der Spionage oder der Terroristen- und Untergrundtätigkeit hin. Während der Mörder meist bei seinem »Arbeitsschema« bleibt, ohne einen großen historischen Hintergrund zu haben, also im Subjektiven verharrt, wird die großangelegte Illegalität um so aufregender, je mehr Zeitgeschichte mitspielt, je mehr der Staat selbst seine mögliche Illegalität auf den Tisch legt.

Dementsprechend ist es relativ leicht, einen Mörder jedweder Spezifikation zur Strecke zu bringen, einen traditionellen Kriminellen, eine Person vor Gericht zu zitieren, die die Gesellschaft in Verlegenheit brachte. Wie schwer ist es aber z.B., gegen einen Arzt, einen Politiker (Staatsmann), einen Polizisten, Richter oder gar einen großen Wirtschaftsverbrecher vorzugehen! Allerlei gesellschaftliche Mäntelchen können da als Schutz dienen, sei es die Schweigepflicht oder Kollegialität des Arztes, die Immunität des Abgeordneten, die Stellung des Polizisten und Richters als Staatsbeamter, Hüter und Vertreter der Gesetze dieses Staates, oder schließlich die Schläue des Wirtschaftsverbrechers. Die Tätigkeit des Spions ist legal, bis er entdeckt wird, und dann wird der Staat, für den er spionierte, genauso schuldig wie er selbst.

Wie dem auch sei, die Illegalität des Menschen kennt keine Grenzen. Sie spricht offenbar direkt seine Natur an, die sich wesentlich im unvermindert starken Interesse an Krimis oder an großen Prozessen im Roman, im Fernsehen oder im Gerichtssaal äußert. Ein solches Interesse schlägt sich auch in diesem Buche nieder. Nur dreht es sich hier nicht um Krimis, sondern allein um die gelebte Illegalität selber, um Geschichte im Gewande des »Sachkrimis«. Insofern möchte sich dieses Buch nicht an den Fachmann wenden, sondern eher an den Laien, der sich für die Schattenseiten der Geschichte interessiert.

Der Leser wird nun als erstes einiges über die Entstehungsgeschichte und die heutige Organisation und Arbeit der internationalen Kriminalpolizei erfahren, um dann im Hauptteil des Buches in das weite Feld der gelebten Illegalität mit ihren Fällen, Typologien, Organisationen und gesellschaftlichen Strukturen entlassen zu werden.

Anfang 1973

A Aus der Geschichte der Verbrechensbekämpfung

a) Die Anfänge der Kriminalpolizei (international)

1.

Frankreich kann sich rühmen, die älteste Kriminalpolizei der Welt zu besitzen. Im Jahre 1810 gründete Eugène François Vidocq die Sûreté (Sicherheit). Zuvor hatte die französische Polizei lediglich die Aufgabe, politische Gegner zu bespitzeln und zu verhaften.

Die Polizei war ein Handlanger der französischen Könige, und mit dem Wandel der jeweiligen Könige änderte sich auch das Bild des politischen Gegners.

Durch die Unruhen der Französischen Revolution wurde Paris überschwemmt von Räubern und Diebesbanden, die Tag und Nacht das Leben in Paris unsicher machten. Noch bis in die zweite Hälfte der Napoleonischen Ära hinein waren die Straßen von Paris asozialen Banden ausgeliefert, deren die Polizei nicht Herr werden konnte, weil sie zur Verbrechensbekämpfung nicht ausgerüstet und außerdem unterbesetzt war.

Als Vidocq 1810 die französische Kripo ins Leben rief, war er etwa 35 Jahre alt. Vidocq war damals der beste Mann, den Kriminellen zu Leibe zu rücken, weil er sich in ihren Methoden, in ihren Lebensanschauungen, kurz im kriminellen Milieu genau auskannte.

Vidocq hatte mehrere Berufe ausgeübt (Schausteller, Seemann, Soldat, Marionettenspieler), bis er selbst straffällig wurde. Er hatte einen französischen Offizier verprügelt, weil dieser eine seiner Freundinnen verführt hatte, und wurde dafür ins Gefängnis gesteckt. In der Uniform eines Gendarmen brach er aus, wurde gefaßt und erneut verurteilt. Zuletzt war er zu Zwangsarbeit verdonnert und in Ketten gelegt worden. Jahrelang lebte er Seite an Seite mit den gefürchtetsten Kriminellen jener Tage, u. a. zusammen mit der brutalen Mörderbande Cornu, die bereits ihre Kinder zum Morden anhielt.

Von 1799 an (seiner letzten Flucht) lebte er als Kleinhändler in Paris, wurde jedoch ständig von seinen ehemaligen Kerkergenossen erpreßt, bis er es nicht mehr aushielt und der Polizeipräfektur von Paris das Angebot machte, eine spezielle Polizei zur Bekämpfung der Kriminellen auf die Beine zu stellen.

Aufgrund seiner eigenen Lebensgeschichte und wegen seines Vorstrafenregisters stieß er zunächst auf Ablehnung. Als Chef der Pariser Kripo wäre natürlich ein unbescholtener Polizeibeamter viel geeigneter gewesen. Da sich aber der Pariser Polizeipräfekt, Baron Pasquier, außerstande sah, der immer mehr zunehmenden Kriminalität zu begegnen, ließ er sich auf den Versuch ein, Vidocq, den früheren Strafgefangenen, mit der Bekämpfung der Pariser Kriminalität zu beauftragen.

Vidocq richtete sich ganz in der Nähe der Polizeipräfektur sein Büro ein und scharte erst vier, zuletzt zwanzig ehemalige Häftlinge um sich. Er ging nach dem Grundsatz vor, daß das Verbrechen nur durch Verbrecher bekämpft werden könne.

Seine Methode, Verbrechern auf die Schliche zu kommen, war die Bespitzelung. Er schleuste sich und seine Leute immer wieder neu verkleidet in die Gefängnisse ein, um mit den Insassen ins Gespräch zu kommen und sie auszuhorchen. Dabei wurde oft seine eigene Gefangennahme und später auch die Entlassung fingiert, um die Häftlinge nicht mißtrauisch zu machen. Ähnlich bewegte er sich mit seinen Mitarbeitern in Pariser Verbrechervierteln, in Kneipen und Unterschlüpfen, immer unter dem Vorwand, selbst dazu zu gehören. Auf diese Art sammelte diese selbst kriminelle Keimzelle der französischen Kripo eine Unmenge von Informationen, Tips und Hinweisen. Da er selbst Verbrecher war, wußte er genau Bescheid, wie man mit Gefangenen oder Kriminellen zu reden hat, wie man ›heiße Tips‹ austauscht etc. Im Gespräch mit Verbrechern prägte er sich sehr genau deren Gesichter ein und entwickelte im Lauf der Jahre ein geradezu phänomenales Gedächtnis für Verbrechergesichter. Außerdem legte er eine Kartei an, in die er seine Erfahrungen, das Aussehen und die Arbeitsmethoden der Verbrecher eintrug. Auf diese Art gelang es ihm, in einem einzigen Jahr mit nur zwölf Mitarbeitern 812 Kriminelle (Diebe, Räuber, Betrüger, Mörder, Einbrecher) zur Strecke zu bringen. Als er später als Chef der Sûreté auch in Kreisen der Unterwelt zu bekanntgeworden war, ging er ganz offiziell regelmäßig in die Gefängnisse, um sein Gedächtnis für die Gesichter der Verbrecher fit zu halten.

Vidocq trat 1833 von der Leitung der Kripo zurück und starb 1857. Nach seiner Entlassung aus dem öffentlichen Dienst gründete er das vermutliche älteste Detektivbüro der Welt, war Geschäftsmann und Schriftsteller, mit Balzac bekannt, dem er manchen Stoff für seine Romane lieferte.

Vidocqs Nachfolger konnten nicht länger dulden, daß die Angehörigen der Pariser Kripo aus lauter früheren Häftlingen bestanden. Sie wurden nicht durch Polizeibeamte, sondern durch unbescholtene französische Bürger ersetzt. Da ihnen aber die Erfahrung im Umgang mit den Verbrechern fehlte, wurden immer wieder Vorbestrafte als Spitzel eingesetzt und auch dafür bezahlt. Vor allem Kriminelle, die des Landes verwiesen waren und bei der heimlichen Rückkehr geschnappt wurden, stellte man vor die Frage: entweder ins Gefängnis gesteckt zu werden – oder für die Sûreté zu arbeiten. Noch bis in unsere Tage hinein werden Spitzel in die Gefängnisse geschickt, getarnt als Häftlinge, um Informationen zu sammeln und sich die Gesichter der Neuzugänge genau einzuprägen. Vor allem während des täglichen Rundganges im Gefängnishof hatten die Spitzel, die Agents provocateurs, Gelegenheit, Gesichter zu studieren.

Die Bespitzelung dürfte somit die älteste kriminalistische Methode sein, nach Verbrechern zu fahnden. Diese Methode hat sich erhalten, sie wird immer wieder angewandt, heute vornehmlich durch die politische Polizei. Es wurde z.B. zur Genüge bekannt, daß die Polizei im Kampf gegen die deutsche Baader-Meinhof-Bande Spitzel einsetzte, und zwar mit Erfolg. Die Verhaftung des Bandenmitgliedes Horst Mahler war dadurch gelungen, daß ein Spitzel in die Bande eingeschleust wurde, der dann der Polizei entsprechende Tips gab.

Im Laufe der Jahre war Vidocqs Archiv ins Riesige angeschwollen. Tausende von Karteien waren gestapelt, versehen mit dem Namen des Verbrechers, seinen Straftaten und Strafen, seinem Aussehen, seinen Methoden. Erst um 1840 konnte die neu erfundene Fotografie dazu benutzt werden, das Gesicht der Verbrecher bildlich festzuhalten. Zu den rund fünf Millionen Karteikarten kamen nach 1840 noch etwa achtzigtausend Verbrecherfotos dazu. Jeder Fremde, der in Paris ankam und in Hotels oder Gasthäusern abstieg, mußte sich seiner Identifizierung zur Verfügung stellen.

War einerseits der Besitz dieser immensen Verbrecherkartei ein unschätzbarer Vorteil, Täter und vor allem auch Rückfalltäter zu identifizieren, so war es anderer-

seits fast unmöglich, schnell und sicher die gesuchte Karte zu finden und bezüglich eines Täters auszuwerten. Es mußte also eine neue Methode der Verbrecherkatalogisierung gefunden werden.
Alphonse Bertillon war es, der 1879 als Hilfsarbeiter der Pariser Polizeipräfektur eine neue Methode der genaueren Personenbeschreibung einführte. Aber seine Beschreibungen waren zu allgemein gehalten, zu klischeehaft, als daß seine Erfindung einen wesentlichen Fortschritt gebracht hätte. Da war der Täter nur klassifiziert als groß oder klein oder mittelmäßig, das Gesicht war rund oder gewöhnlich, oder es gab auch gar keine Besonderheiten. Bertillon erntete nur Hohn und Gelächter seiner Vorgesetzten und wurde sogar aufgefordert, seine ›Privatbeschäftigung‹ einzustellen. Zudem wurden die Verbrecherfotos von Berufsfotografen hergestellt, die vor allem an der künstlerischen Seite ihrer Arbeit interessiert waren und deshalb kaum brauchbare Identifizierungsfotos herstellten.
Ein weiterer Versuch, die Identifizierungsmethode zu verfeinern, lieferte im Jahre 1876 Cesare Lombroso in seinem Buch ›L'uomo delinquente‹. Von ihm stammt die These, jeder Kopf eines Verbrechers zeige ganz bestimmte Abweichungen vom Kopf eines Nichtkriminellen. Lombroso hatte in Gefängnissen und Irrenanstalten in Pavia unzählige Schädelmessungen durchgeführt. Das Fazit seiner Untersuchungen war: Jeder Verbrecher ist von Geburt an zum Verbrechen bestimmt.
Da aber mit der Zahl der Bevölkerung auch die Zahl der Verbrecher stetig anwuchs, nutzte Lombrosos Methode der Schädelmessungen ebensowenig wie Vidocqs Methode des Verbrechergedächtnisses. Auch die bezahlten Spitzel, die als fingierte Gefangene zu Häftlingen geschickt wurden, um sie auszuhorchen, reichten nicht mehr aus, um der wachsenden Zahl der Kriminellen Herr zu werden. Außerdem hatten die echten Verbrecher Wind von den Spitzeln bekommen und ihre Namen und ihr Aussehen geändert, um die Identifizierung zu erschweren.
Als dann Prämien für die Identifizierung von Verbrechern ausgesetzt worden waren, schien es überhaupt keinen Ausweg aus dem Dilemma der verschiedenen und insgesamt wenig zuverlässigen Methoden mehr zu geben: Viele Spitzel taten sich nämlich mit Gefangenen zusammen und ermittelten wider besseres Wissen diesen oder jenen als den gesuchten Häftling – und teilten sich mit diesem dann die Belohnung.
Bertillon saß unterdessen immer noch als Hilfsschreiber in der Pariser Polizeipräfektur und füllte Karteikarten aus. Eine sinnlose Arbeit, die immer unzuverlässiger wurde, je mehr Kriminelle es gab. Da fragte er sich eines Tages im Juli 1879, ob es nicht eine andere Methode geben könne, die die unverwechselbaren und unveränderlichen Kennzeichen eines Menschen festhielt. Solche glaubte er in den Körpermaßen entdeckt zu haben.
Ende Juli 1879 begann er damit, Fotografien von Verbrechern miteinander zu vergleichen, vor allem Ohren und Nasen. Später kamen dazu: die Körpergröße, die Länge des Kopfes, der Arme, der Finger und Füße. Als er darum bat, Gefangene messen zu dürfen, wurde er ausgelacht. Dann ließ man ihn gewähren, doch die Polizeipräfektur verhielt sich seinen Versuchen gegenüber skeptisch.
Um so verbissener in seine Idee verbohrt, setzte er seine Messungen fort. Sein an die Pariser Präfektur verfaßter Arbeitsbericht blieb unbeantwortet. Im Oktober 1879 wurde Bertillon vom Hilfsschreiber zum Schreiber befördert. Er verfaßte einen zweiten Bericht und betonte den Vorteil seiner Methode, der darin bestand, daß bei Aufzeichnung von elf Maßen auf der Karteikarte eines Verbrechers das Verhältnis, einen anderen Verbrecher mit den gleichen Maßen zu finden, 4 191 304 : 1 sei. Eine beeindruckende Zahl! Auch hatte er ein System entwickelt, die Karteikarten nach verschiedenen Maßen zu sortieren, so daß die Möglichkeit, eine Karte schnell zu finden, beträchtlich stieg.

Bertillon, ein verschlossener, unumgänglicher Mann, hatte seinen Bericht derart umständlich abgefaßt, daß ihn der Chef der Sûreté, Gustave Macé, überhaupt nicht verstand. Er ließ Bertillon zur mündlichen Berichterstattung kommen. Der Chef, der wenig Sinn für Theorien hatte, empfing den kleinen Schreiber sehr kaltschnäuzig. Bertillon verhedderte sich in Widersprüche, kam ins Stottern – und wurde hinausgeworfen mit der Drohung, entlassen zu werden, wenn er sich weiterhin mit derart unnützen Arbeiten die Zeit vertreibe. Bertillon blieb nichts anderes übrig, als zu warten, bis ein neuer Polizeipräfekt sein Amt antreten würde.

2.
Am 5. August 1877 schrieb der damals 44jährige Verwaltungsbeamte William J. Herschel von Hooghly in *Indien* ebenfalls einen Bericht an seinen Vorgesetzten, einen Generalinspekteur der Gefängnisse von Bengalen. Herschel hatte ebenfalls versucht, eine sicherere Methode zur Identifizierung von Verbrechern zu entwickeln und war auf das Fingerabdruckverfahren geraten. Er dachte dabei zunächst nur an den Abdruck des rechten Zeige- und Mittelfingers mittelst eines Stempelkissens. Er hatte vor Jahren bemerkt, welch eigenartige Rillen, Bogen und Wirbel menschliche Finger auf Holz, Glas oder Papier hinterließen. Auch hatte er bemerkt, daß die Fingerabdrücke noch so vieler Menschen niemals gleiche Rillen aufzeigten. Aus einem anatomischen Lehrbuch nahm er die dafür zutreffende Bezeichnung Papillarlinien in Anspruch.
Herschel hatte von unzähligen Gefangenen Fingerabdrücke herstellen lassen und hinter jeden Abdruck den Namen des Häftlings gesetzt. Damit war bereits eine gute Ordnung in das Chaos des Karteikartensystems gebracht worden.
Auch Herschel bekam jedoch nach ungefähr zehn Tagen einen abschlägigen Bescheid von seinem Vorgesetzten. Dieser wußte, daß Herschel krank war, und hielt seinen Berich für pure Fieberphantasien. Da beschloß Herschel, in seine Heimat nach England zu fahren in der Hoffnung, hier ernsthafte Interessenten für seine Methode zu finden.

3.
Fast zur gleichen Zeit, da Herschel in Indien seine Identifizierungsmethode entwikkelte, stieß ein Arzt namens Henry Faulds, ein Schotte, der an einem Krankenhaus in *Tokio* arbeitete, 1880 ebenfalls auf das Problem der Papillarlinien, ohne jemals von Herschels Arbeiten gehört zu haben. Faulds hatte sogar eine praktische Erfahrung mit der Fingerabdruckmethode machen können. Ein Dieb hatte an einer weiß gestrichenen Mauer einen rußigen Fingerabdruck hinterlassen. Faulds wurde von der Polizei hinzugezogen, erfuhr aber, daß der Mann, dessen Fingerabdrücke er festgestellt hatte, bereits im Gefängnis saß und unmöglich der fragliche Täter sein konnte. Faulds arbeitete weiter und nahm Fingerabdrücke an einem Trinkbecher ab, der sich im Haus des Bestohlenen befand. Er entdeckte dabei einen Abdruck, der genau mit jenem von der weißen Mauer identisch war. Dann überprüfte er sämtliche Personen des Hauses und fand einen Diener heraus, der kurz darauf gestand, der Dieb zu sein.
Faulds war noch auf eine weitere wichtige Spur gekommen. Er hatte nämlich festgestellt, daß, um einen Fingerabdruck herzustellen, gar nicht die schwarze Farbe eines Stempelkissens erforderlich war. Die menschlichen Schweißdrüsen sondern nämlich an den Fingerspitzen Schweiß ab, der zu der gleichen genauen Papillarlinienfixierung führt wie Ruß oder schwarze Farbe.
Dies war ein Fortschritt gegenüber dem Fingerabdruckverfahren des Engländers Herschel in Indien.
Faulds veröffentlichte am 28. Oktober 1880 in der Zeitschrift ›Nature‹ seinen

Bericht über die Papillarlinien, ihre Einmaligkeit bei jedem Menschen und ihren Abdruck ohne weitere technischen Hilfsmittel.
Herschel, der inzwischen nach England gereist war, las diesen Bericht und schrieb ebenfalls an ›Nature‹. Es ging ihm dabei mehr um die Frage, wer denn nun von beiden als erster auf diese Idee mit den Fingerabdrücken gekommen sei, als um die entscheidende Entdeckung Faulds, daß jeder Verbrecher am Tatort Fingerabdrücke hinterließ und aufgrund dieser Abdrücke der Täter ermittelt werden kann.
Faulds las nun Herschels Bericht und fühlte sich in seiner Ehre verletzt und herausgefordert. Auch er reiste nach England mit dem Anspruch, als erster Entdecker dieser Methode gefeiert zu werden.

4.
Alphonse Bertillon hatte unterdessen Glück. Der Polizeipräfekt war ausgewechselt und durch Jean Camecasse ersetzt worden. Dieser förderte Bertillon, zwar nicht voll Verständnis, wohl aber voll Vertrauen in dessen Methode und teilte ihm einige Schreiber zu, die Bertillon bei der Herstellung der Meßkarteien behilflich sein sollten. Dies war im Jahre 1883. Das Verfahren von Bertillon war inzwischen unter dem Namen Anthropometrie in verschiedenen Zeitungen besprochen worden, und die ›Bertillonage‹ wurde als die genialste Erfindung des 19. Jahrhunderts auf dem Gebiet des Polizeiwesens gefeiert. Am 1. Februar 1888 wurde Bertillon zum ›Direktor des Polizeilichen Identifizierungdienstes‹ ernannt.
Bertillon selbst führte noch, soweit es seine Zeit zuließ, persönlich die Körpermessungen durch und ließ von jedem Häftling zwei Fotografien herstellen, eine en face und eine en profil. Dabei mußte immer auf den gleichen Abstand, die gleiche Kopfhaltung und dieselbe Beleuchtung geachtet werden, weil dies die beste Voraussetzung war, Fotografien genau vergleichen zu können. Sogar einen drehbaren Fotografierstuhl hatte Bertillon angefertigt, auf den sich die Häftlinge setzen mußten, alles, um die Fehlerquellen so niedrig wie möglich zu halten.
Inzwischen war die Zahl seiner Meßkarten auf eine halbe Million angewachsen. Der Name Bertillons und der Bertillonage waren in aller Munde. Aus dem kleinen Hilfsschreiber war ein berühmter Mann geworden. Sein Ruhm wuchs indes noch, als sich die Gelegenheit bot, die Bertillonage praktisch zu bewähren.
Gegen Ende der siebziger Jahre des vorigen Jahrhunderts herrschte in Frankreich ebenso der Anarchismus wie in Deutschland. Attentate auf Staatsoberhäupter (den deutschen Kaiser Wilhelm I., die Könige von Spanien und Italien), Bombenanschläge, Plünderungen waren an der Tagesordnung. Paris war zur Hochburg der Anarchisten geworden. Da explodierte am 11. März 1892 im Boulevard Saint-Germain in Paris eine Bombe, die ein Haus vollständig zerstörte, andere beschädigte. Mitbewohner des zerstörten Hauses war der französische Gerichtspräsident Benoit, der im Mai 1891 eine Reihe von Anarchisten angeklagt hatte. Es bestand der Verdacht, daß ihm der Bombenanschlag gegolten habe.
Die Untersuchungen am Tatort hatten ergeben, daß die Bombe zusammengebaut worden war. Ein weiblicher Spitzel der Sûreté hatte fünf Tage nach dem Bombenanschlag einen Tip erhalten. Der Tat verdächtig war ein Prof. Chaumartin, selbst ein Anarchist, der sich mit dem Bombenattentat am Gerichtspräsidenten Benoit hatte rächen wollen. Die Tat habe aber nicht er, sondern ein gewisser Léger ausgeführt, und Léger heiße in Wirklichkeit Ravachol.
Da die Polizei den Ravachol nicht fand, wurde aufgrund einer Beschreibung des Attentäters, die Chaumartin abgegeben hatte, ganz Paris in die Fahndung einbezogen. Die Beschreibung war ganz nach der Art abgefaßt, wie sie Bertillon für seine Meßkarteien benutzte.
Bertillon selbst wurde mit in die Fahndung eingeschaltet. Rundfragen bei Polizei-

stationen ergaben, daß in zwei Stadtbezirken ein Mann namens Ravachol bekannt war, allerdings wieder unter anderem Namen: François Koenigstein. Bertillon forderte sofort aus Saint-Etienne die Meßkarte dieses Koenigstein an, der wegen Mordversuchs, Einbruchs und Schmuggelei sowie Raubes vorbestraft war.
Die nicht sehr genauen, aber doch hinreichenden Daten dieser Meßkarte wurden in allen Pariser Zeitungen abgedruckt, die ganze Bevölkerung war beunruhigt und fahndete mit, zumal am 27. März 1892 erneut eine Bombenexplosion ein Haus in der Rue de Clichy beschädigt hatte. Da meldete sich am 30. März ein Restaurantbesitzer. Er berichtete, beim ihm frühstücke in aller Ruhe ein Mann, auf den genau die Beschreibungen in der Tageszeitung paßten.
Als die Polizei erschein, setzte sich Ravachol mit der Pistole zur Wehr, versuchte mehrmals zu fliehen, wurde aber schließlich überwältigt und zu Bertillon gebracht. Dieser nahm ihm persönlich die Körpermaße ab und verglich sie mit denen von Koenigstein. Sie stimmten miteinander überein, womit die wohl erste eindeutige Identifizierung eines Täters vermittelst der Bertillonage gelungen war: Koenigstein und Ravachol waren ein und dieselbe Person.
Dieser praktische Erfolg stärkte natürlich die Methode der Bertillonage ungemein und brachte immer mehr die Stimmen der Kritiker zum Schweigen.

5.
Die Geschichte der *englischen* Kriminalpolizei reicht zurück in das Jahr 1829. Jahrhunderte hindurch herrschte die Ansicht, die Bürger sollten selbst ihren Besitz schützen und für Ordnung sorgen. Sie taten es, indem sie Hilfskräfte engagierten, die für billiges Geld die Räuber, Mörder, Diebe etc. zu jagen hatten. Ähnlich wie später in Frankreich waren unter diesen Hilfskräften ebenfalls Kriminelle, Diebe, Landstreicher, Asoziale, die ihrem Geschäft nachgingen. Es kamen Bestechungen vor, falsche Beschuldigungen und Verdächtigungen, und mancher Friedensrichter erwarb sich durch Hehlerei ein Vermögen. Diese gekauften Diebesfänger nannten sich »Thief-Takers«, also Detektive. Der Beruf des »Thief-Takers« war nicht geschützt. Jeder, der wollte, konnte mitmachen. Kam es zu einer Anklage oder gar Verurteilung, so kassierten diese Detektive ihr Honorar, von dem sie gut leben konnten. Neben dem Honorar (40 Pfund) bekam der Detektiv den Besitz des Verurteilten, sein Pferd und seine Waffen. Dieses »Blutgeld« führte zu einer riesigen Korruption, denn viele wurden unschuldig angeklagt, nur damit der »Thief-Taker« in den Besitz von Geld und Gut kam. Das Ergebnis dieser ersten Detektive war somit nicht die Erhaltung von Ruhe und Ordnung und die Bewahrung des Besitzes, sondern eine chaotische Gesetzlosigkeit. Die Verbrechen von beiden Seiten nahmen immer mehr zu.
Etwa um 1750 schritt ein Londoner Friedensrichter namens Henry Fielding dagegen ein und organisierte ein halbamtliches Detektivbüro mit zwölf Gehilfen. Diese waren bewaffnet und trugen rote Westen. Weil der Gerichtssitz des Friedensrichters Fielding in der Bow Street lag, nannte man seine Truppe die »Bow Street Runners«. Sie wurden von Fielding bezahlt und konnten auch von verfolgten oder bedrohten Bürgern gemietet werden.
Ähnlich wie 60 Jahre später Vidocq in Frankreich schickte auch Fielding seine Leute in das Verbrechermilieu, um sich Gesichter zu merken und Informationen zu sammeln. Mit der Zeit wurde aber auch die Clique der »Runners« korrumpiert. Sie kassierten ebenfalls »Blutgeld« und ließen sich bestechen, zerrten Unschuldige vor Gericht, nur um in den Besitz ihres Honorars zu gelangen.
Fast 80 Jahre lang waren diese »Runners« die einzige Polizei in London, die aber des zunehmenden Verbrecherwesens immer weniger Herr wurde. Ihre roten Westen waren ebenso bekannt wie ihre Bestechlichkeit, die Quote der

Verbrechensaufklärung sank immer weiter herunter. So kam es, daß im London des Jahres 1829 bei hellem Tag geplündert und geraubt wurde, ohne durchschlagend dagegen eingreifen zu können. Schätzungsweise lebten rund 30000 Londoner ausschließlich von Einbruch und Diebstahl.
Da zogen im Jahre 1829 zwei Londoner Polizeibeamte in ein Gebäude, das früher den schottischen Königen als Quartier diente, wenn sie zu Gast in London weilten. Von hier aus besuchten sie den königlichen Hof. Von diesem Gebäude stammt der Name »Scotland Yard«, der Inbegriff der englischen Kriminalpolizei.
Im gleichen Jahr beschloß der englische Staatssekretär des Inneren, Robert Peel, eine schlagkräftige Polizeimacht zu gründen. Über 1000 Polizisten zogen ihre Uniform aus und ersetzten den Helm durch einen Zylinder, um der Bevölkerung zu beweisen, daß von jetzt an unbestechliche Bürger für die Ordnung im Lande sorgen wollten. Von den Spottnamen, die sich diese Zylindertruppe sehr rasch zugezogen hatte, blieb bis heute der »Bobby« am lebendigsten erhalten. Von hier rührt auch noch bis heute die Tradition, daß Bobbies unbewaffnet sind.
Die Stunde der englischen Kriminalpolizei schlug, als 12 Polizisten, ebenfalls in Zivil, die Arbeit der Detektive übernahmen. Ihr Detektivbüro waren drei kleine Räume in Scotland Yard.
Während in Frankreich die Kripo sich auf eine ständige Bespitzelung der Bürger gründete, arbeitete die englische Kripo von Anfang an »sauberer«. Niemand durfte in England verhaftet werden, gegen den die Scotland-Yard-Leute keine eindeutigen Beweise in der Hand hatten; niemand durfte zu einer Aussage gezwungen werden, die gegen ihn selbst verwendet werden könnte, ein Rechtsgrundsatz, der sich bis heute durchgehalten hat.
1869 bestand die Mannschaft von Scotland Yard aus 24 Beamten. Ihr Chef, ein Rechtsanwalt namens Howard Vincent, fuhr nach Paris, um die dortige Kripo, die Sûreté, zu studieren. Nach französischem Vorbild legte er in Scotland Yard Verbrecheralben an und bestückte sie mit Fotografien.
Im Frühjahr 1888 kam die Nachricht von Bertillons Ernennung zum Chef des Pariser Identifizierungsdienstes nach London. Die Bertillonage wurde in London bekannt und diskutiert. Da meldete sich auch schon Faulds und warb bei Scotland Yard für seine Identifizierungsmethode des Fingerabdrucks. Auch Herschel hatte inzwischen sein System verfeinert und schickte an Francis Galton, der der »Royal Institution«, einer wissenschaftlichen Gesellschaft, angehörte, seine Unterlagen. Galton begeisterte sich für die Methode des Fingerabdrucks und sah in ihr erhebliche Vorteile gegenüber der Bertillonage. Er ließ sich von Herschel in Einzelheiten unterrichten und setzte sich 1888 für das Fingerabdrucksystem in England ein. Es dauerte 5 Jahre, bis er sich durchgesetzt hatte.

6.
Regierungsrat Koettig, der Chef der Dresdner Polizei, hatte 1896 die Bertillonage kennengelernt. Er richtete als erster ein Meßbüro ein und legte Karteikarten an. Er galt als der fortschrittlichste Mann der *deutschen* Polizei. Die Polizei von Berlin, der Hauptstadt Preußens, besaß lediglich ein paar Nachtwächter und kaum ausgebildete Polizeidiener, die ihre Aufgabe der Verbrechensbekämpfung eher schlecht als recht besorgten.
1822 wurde in Berlin die erste uniformierte Polizei aufgestellt. 3 Beamte davon hatten die Aufgabe, »in Zivil der Aufklärung von Verbrechen« nachzugehen. Diese 3 Beamten hatten es natürlich schwer, mit Erfolgen berühmt zu werden: Sie hatten keine Methode der Verbrechensbekämpfung in der Hand. Während die Pariser Sûreté unter Vidocq bereits funktionierte und in England die »Thief-Takers« ihrem Geschäft um das »Blutgeld« nachgingen, dauerte es in Deutschland bis in die Tage

des Dresdners Koettig, als man sich entschloß, ein System der Verbrechensbekämpfung aufzugreifen.
1854 wurde zwar eine Sonderabteilung geschaffen, die in etwa der Sûreté entsprach, aber ihre Erfolgsquote war gleich Null.
Ein Bericht des Berliner Tierarztes Dr. Wilhelm Eber an das Preußische Innenministerium blieb ungehört. Dabei war es Eber, der selbständig zu ähnlichen Ergebnissen gekommen war wie Faulds, nämlich der Methode, aufgrund von Fingerabdrükken am Tatort Rückschlüsse auf den Täter zu ziehen. Er war auf die Papillarlinien aufmerksam geworden, als er die blutigen Fingerabdrücke von Metzgern und Tierärzten auf den Handtüchern des Berliner Schlachthofes sah. Er konnte anhand der Fingerabdrücke feststellen, wer das blutige Handtuch benutzt hatte. Diese Erkenntnis brauchte er nur auf das Gebiet der Kriminalität übertragen, um eine sichere Identifizierungsmethode vorweisen zu können – allein, er fand kein Gehör.
So kam es, daß Koettig aus Dresden der Bertillonage in der deutschen Kriminalpolizei zum Siege verhelfen konnte. Er lud alle Polizeipräsidenten Deutschlands nach Dresden ein und führte ihnen Bertillons Anthropometrie vor: mit Erfolg. Bereits im Juni 1897 wurde in sämtlichen Polizeidienststellen aller deutschen Bundesländer das Meßverfahren eingeführt. In Berlin, wo sich seit 1891 am Alexanderplatz das Polizeipräsidium befand, wurde eine zentrale Karteistelle eingerichtet.

7.
Nur wenige Jahre vor Koettig war der Grazer Hans Gross auf die Bertillonage gestoßen (1888). In *Österreich* waren die Kriminalbeamten ähnlich wie in Frankreich und England Spitzel, ebenso korrumpiert, ebenso erfolglos, wenn es darum ging, nicht durch Bestechung, sondern mit einwandfreien Rechtsmitteln Kriminellen zu Leibe zu rücken..
Gross, ein studierter Jurist, hatte als erster den Mangel an den Identifizierungsmöglichkeiten entdeckt und beschäftigte sich zwecks Eruierung genauer Methoden mit Naturwissenschaften. In 20jähriger Arbeit entstand das erste Lehrbuch der wissenschaftlichen Kriminalistik, das »Handbuch für Untersuchungsrichter«. Derselbe Gross erfuhr 1888 von der Bertillonage, war von ihr begeistert und begann sofort, selbst Messungen durchzuführen.
Auf seine Anregungen hin entschloß sich am 3. April 1898 der österreichische Innenminister, ein Bertillon-Büro in Wien einzurichten, voller Überzeugung, die einzig mögliche und die beste Identifizierungsmethode in seinem Lande etabliert zu haben.

8.
Indes sollte nicht Europa mit der gegen Ende des vorigen Jahrhunderts gut funktionierenden Bertillonage das Geburtsland der noch heute üblichen Methode der Verbrecheridentifizierung anhand von Fingerabdrücken sein, sondern *Argentinien*. Argentinien war das erste Land der Welt, das die Fingerabdruckmethode als einzigen Weg des polizeilichen Erkennungsdienstes einführte.
Der 33jährige Verwaltungsangestellte Juan Vucetich wurde am 18. Juli 1891 zum Chef der Polizeidirektion in La Plata ernannt. Die französische Methode der Bertillonage war bereits bekanntgeworden, und so wurde Vucetich damit beauftragt, ein »Anthropometrisches Meßbüro« einzurichten.
Er beschaffte sich Fachliteratur aus Paris und stieß dabei auf einen Bericht des Engländers Galton, der sich mit Fingerabdrücken beschäftigte. Er las den Berich, ohne ihm zunächst besondere Bedeutung beizumessen, und ging an die Arbeit, sämtliche Häftlinge nach der Methode Bertillons zu vermessen.
Aber insgeheim interessierte ihn, was er von Galton über die Fingerabdrücke gele-

sen hatte. Nächtelang hielt er sich im Leichenschauhaus auf und entnahm den Toten Fingerabdrücke. Und dabei entdeckte er, daß sich die Papillarlinien auch nach dem Tod eines Menschen nicht veränderten. Noch jahrtausendealte Mumien hatten gut erhaltene Fingerspitzenrillen. Er unterschied vier verschiedene Formen von Rillen, entwickelte ganz bestimmte Formeln für alle zehn Finger und eine Methode, nach der die Fingerrillen registriert und bei Bedarf auch schnell gefunden werden konnten. Aber auch er fand bei seinen Vorgesetzten kein Gehör für die neue Methode. Ähnlich Bertillon kam auch ihm der Glücksfall eines Verbrechens zur Hilfe, das ihm die Richtigkeit seines Fingerabdrucksystems bestätigte.

Am 29. Juni 1892 war in einem Städtchen an der Atlantikküste in einer Armenhütte ein Doppelmord passiert. Zwei Kinder waren getötet worden. Die Tatortuntersuchungen des ermittelnden Kommissars brachten die Mutter der Kinder in Verdacht, den Doppelmord ausgeführt zu haben. Doch die Frau leugnete hartnäckig. Ein anderer Kommissar wurde in die Ermittlungen eingeschaltet und entdeckte an der Holztür der Hütte den Abdruck eines blutbefleckten menschlichen Daumens. Das Stück Holz wurde aus der Tür herausgeschnitten und zur Polizeistation gebracht. Dort wurde der Mutter mit einem Stempelkissen der Daumenabdruck gemacht und beide Abdrücke miteinander verglichen. Ergebnis: Der blutige Abdruck auf der Holztür war identisch mit dem der Mutter. Daraufhin legte die Frau ein Geständnis ab.

Dies war hier der erste Mordfall, der durch einen Fingerabdruck am Tatort einwandfrei aufgeklärt werden konnte.

Auf Vucetichs Betreiben hin wurde die Bertillonage abgeschafft, deren Ungenauigkeiten und Unsicherheiten mit dem Grad wuchs, wie sorgfältig oder oberflächlich die Körpermaße der Täter abgenommen werden konnten. Oft waren es uninteressierte Untergebene, die schlampig arbeiteten, oft waren es auch nicht exakt genug notierte Meßzahlen, die die Bertillonage zu Fall brachten.

Der Polizeiapparat ganz Südamerikas wurde nun aufgrund des Doppelmordfalles insgesamt auf die Daktyloskopie, also das Fingerabdruckverfahren, umgestellt: 1903 in Brasilien und Chile, 1906 in Bolivien, 1908 in Peru, Paraguay und Uruguay.

9.

In *Indien* hatte Herschel 1877 die Verbrechensidentifizierung durch das Fingerabdruckverfahren entdeckt. Wiederum aus Indien sollte ein wesentlicher Fortschritt in der Methode der Verbrecherbekämpfung kommen, nämlich die Klassifizierung der Fingerabdrücke.

Seit 1891 bekleidete Edward Henry den Posten des Generalinspekteurs der Polizei von Bengalen. Zu seinen ersten Amtshandlungen gehörte die Einführung der Bertillonage. Zusätzlich ließ er auf die Meßkarten einige Fingerabdrücke einzeichnen. Anfangs hatte die Bertillonage auch Erfolge zu verzeichnen. 1894 waren es 143, 1895 sogar 207 Fälle, die mit Hilfe dieser Methode geklärt werden konnten. Schon nach 4jähriger Amtszeit Henrys war die Sammlung der Meßkartei auf 100000 Stück angewachsen.

Mit der Zeit mehrten sich jedoch die Fehler in den Meßdaten. Die indischen Polizisten hatten nur ein niedriges Bildungsniveau, und die genauen Abmessungen machten ihnen große Schwierigkeiten. Dreimal mußte jeder Häftling oder Verdächtige abgemessen werden, die Fehlerspanne war auf 2 Millimeter festgelegt. Um eine solche Karte auszustellen und sie später wiederzufinden, brauchte man oft mehr als eine Stunde. Obgleich Herschel nur wenige Jahre zuvor das Fingerabdrucksystem im gleichen Lande gefunden hatte, war Henry unabhängig von ihm im Jahre 1892 auf dieselbe Methode gestoßen. Zudem kam ihm 2 Jahre später der Bericht Galtons

in die Hände. Offen war an Galtons Methode noch das Problem der Registrierung der Fingerabdrücke. Dies Problem zu lösen, stellte sich Henry zur Aufgabe.
Er besuchte Galton in England, und der schon mehr als 70jährige Herr ließ seinen interessierten Besucher sämtliche Unterlagen einsehen. Mit einem Koffer voll fotografierter Fingerabdrücke kehrte Henry nach Kalkutta zurück und machte sich sofort an die Arbeit. Wie konnte man Tausende um Tausende Fingerabdrücke so katalogisieren, daß man den gesuchten Abdruck binnen kürzester Zeit finden konnte?
Henry legte fünf Grundmuster von Abdrücken fest und kennzeichnete sie mit den Buchstaben A, T, R, U und W. Jedes Muster wurde in Untermuster zerlegt auf der Grundlage von Galtons Dreiecken. Hinzu kamen verschiedene »äußere und innere Termini«, zu den Buchstaben wurden Ziffern der verschiedenen Linienzahlen gesetzt, so daß sich ein System von Buchstaben und Ziffern ergab.
Diese Sortierungsmethode bewährte sich bestens in der Praxis. Binnen zwei Minuten konnte ein Papillarlinien-Steckbrief angefertigt und auch wieder aufgefunden werden. Damit war endgültig eine Methode gefunden, die zuverlässig und schnell zu handhaben und deren Vorteile gegenüber der Bertillonage unverkennbar war.
Henry unterbreitete seinem Generalgouverneur den Vorschlag, endgültig die Daktyloskopie anstelle der Bertillonage in allen Polizeidienststellen einzuführen. Am 29. März 1897 trat eine Kommission zusammen, die sich bereits nach zwei Tagen zugunsten von Henrys Vorschlag entschied.
Am 12. Juli 1897 wurde durch den Generalgouverneur in ganz Britisch-Bengalen die Daktyloskopie eingeführt, und schon 2 Jahre später konnten 569 Kriminelle aufgrund dieser Methode eindeutig identifiziert werden, darunter waren etwa zwei Drittel solcher Krimineller, die der Methode der Bertillonage entgangen waren.
Nach dem Vorbild Indiens wurde im Jahre 1900 die Bertillonage auch in England abgeschafft und die Verbrecheridentifizierung auf Henrys Fingerabdrucksystem und -katalogisierung aufgebaut.
Dem Beispiel Englands folgte im Jahre 1902 Dänemark, dann Spanien, 1903 kamen Deutschland, 1906 Norwegen, Schweden, Rußland hinzu. Als einziges Land, das noch die Bertillonage beibehielt, blieb allein Rumänien übrig.
In Frankreich war der Fall schwieriger. Hier galt Bertillon noch immer als der Mann, der mit seinen Ideen der Kriminalistik den Weg gewiesen hatte. Hier war die Abschaffung der Bertillonage eine nationale Niederlage.
Wiederum sollte ein Verbrechen selbst den Hinweis zur richtigen Verbrechensbekämpfung liefern.
Am 22. August 1911 wurde Leonardo da Vincis Mona Lisa aus dem Salon Carré des Louvre gestohlen. Bertillon selbst wurde mit dem Chef der Pariser Sûreté zum Tatort gerufen. Das Bild war aus seinem Kasten entfernt worden, und an diesem Kasten fand kein geringerer als Bertillon selbst einen Fingerabdruck.
Zahlreiche Verdächtige wurden auf ihre Fingerabdrücke hin untersucht, jedoch ohne Erfolg.
Über 2 Jahre nach dem Diebstahl klärte sich der Fall von selbst auf. Am 2. Dezember 1913 bot ein gewisser Leonard einem Florentiner Antiquitätenhändler die Mona Lisa zum Kauf an. Als er mit dem Bild erschien, wurde er sofort verhaftet. Leonard hieß in Wirklichkeit Vicenzo Perrugia und war 1911 im Louvre als Anstreicher beschäftigt. Die Aufseher kannten ihn und ließen ihn unkontrolliert ein und aus gehen. Er brauchte das Gemälde nur unter seinen Arbeitskittel schieben, um unbehelligt den Louvre damit zu verlassen.
Es war für die Pariser Sûreté beschämend, daß sie des Täters nicht früher habhaft werden konnte, obgleich ein Fingerabdruck von ihm gefunden (aber nicht ausgewertet) worden war und Perrugia bereits seit 1909 anläßlich eines Prostituierten-

raubes polizeibekannt war. Damals hatte man ihn nach Bertillons Verfahren registriert, auch einige Fingerabdrücke waren angefertigt worden, aber Bertillon konnte keine Identität zwischen dem alten und neuen Fingerabdruck feststellen.
Das Vertrauen der Pariser Bevölkerung in die Sûreté war erschüttert. Erst als sich Bertillons Leben 1913 seinem Ende näherte, war die Pariser Polizeidirektion bereit, nach seinem Tod auch die Bertillonage abzuschaffen. Frankreich schloß sich nun den anderen Ländern an, in denen sich die Daktyloskopie längst bewährt hatte. Bertillon: das tragische Schicksal eines Mannes, der mit seinen Ideen der Verbrechensbekämpfung so viel geholfen hatte – und der zugleich dem Fortschritt zu einem besseren System im Wege stand.

10.
Waren in Frankreich, England und auch Deutschland diejenigen, die das Verbrechen bekämpfen sollten, selbst oft Verbrecher und korrumpiert, so war die Schlagkraft der *amerikanischen* Polizei so lange gelähmt, als Politiker ihre Einflüsse auf die Polizei ausübten. Hinzu kam, daß sich kaum ein ehrenhafter Gentleman der Politik verschrieben hatte. Die Polizisten, Ankläger und Juristen wurden genau von solchen Leuten in ihre Ämter berufen, die sie eigentlich als Kriminelle unschädlich machen sollten. Die Politiker entschieden, welche Häftlinge entlassen werden sollten, obgleich sie schuldig waren, und sie entschieden, wer inhaftiert und zu langen Freiheitsstrafen verurteilt wurde, obgleich er unschuldig war. War der Täter, selbst ein Mörder, reich, so ließ man ihn laufen, je ärmer er aber war, desto härter wurde er für das gleiche Delikt bestraft.
Politische, kriminelle und wirtschaftliche Gangster nutzten den Freiheitsbegriff der Neuen Welt zu ihren Gunsten aus. Die Politik war mit der Wirtschaft verbrüdert, die »schiefen« Geschäfte gingen von der Erpressung über den Wahlbetrug bis zur Steuerhinterziehung und Polizistenbestechung. Die Polizisten waren in Glücksspiel- und Prostituiertenskandale verwickelt, die Polizeichefs waren Parteifreunde und von der Meinung der Politiker abhängig.
Hinzu kam die laxe Gesetzgebung in den USA. Ein Verbrechen konnte z.B. nicht mehr verfolgt werden, wenn der Täter von einem Bundesland in ein anderes geflohen war.
Es fehlte ein unbestechlicher, zentraler, mit guten Arbeitsmethoden ausgerüsteter Polizeiapparat.
Die Wiege der amerikanischen Kriminalpolizei darf um die Mitte des 19. Jahrhunderts in der Agentur Allan Pinkertons gesehen werden. Er hatte eine zuverlässige private Detektei errichtet, deren Motto lautete: »Wir schlafen nie.«
1819 in Glasgow als Sohn eines Polizisten geboren, kam Pinkerton 1850 zu dem Job des Detektivs. Mit 9 Angestellten war er ständig in Aktion, zu Pferd, in Eisenbahnzügen, in der Unterwelt, mit und ohne Maske. In wenigen Jahren waren die Pinkertons die erfolgreichsten Gangsterjäger Nordamerikas.
Zum Teil mit ausgeklügelten Spitzelmanieren, wie sie in Frankreich eingeführt waren, brachten sie Geldfälscher, Straßen- und Postkutschenräuber, bezahlte Mörder und bestechliche Sheriffs zur Strecke.
Einer der Höhepunkte in der Tätigkeit der Pinkertons war 1878, als sie die ungeheure Macht der Mord-Geheimgesellschaften in Pennsylvanien brachen, die Molly-Maguires.
Pinkerton und seine Leute benutzten schon sehr früh die Fotografie zur Aufklärung von Verbrechen und legten in Amerika die ersten Verbrecheralben an. Sogar Rennpferde wurden registriert, weil bei Rennen oft falsche Pferde benutzt wurden und damit die Gewinne bei Rennen manipulierbar waren.
Als Pinkerton 1884 starb, war seine Organisation die berühmteste und zuverlässig-

ste im ganzen Land. Noch immer gilt Pinkerton als Amerikas bedeutendste Detektiv-Agentur, die (1972) mehr als 5000 Spezialisten allein auf dem Gebiet der Abwehr von Industriespionage beschäftigte.
Im Jahre 1898 kam über einen Sergeanten von Scotland Yard die Idee des Fingerabdrucksystems nach Amerika. Dieses System hatte sich, wiederum anhand eines ganz konkreten Falles (in zwei verschiedene Meßkarten waren genau dieselben Daten eingetragen, was fast zur Identifizierung eines Unschuldigen mit einem Schuldigen geführt hätte, 1903), nach anfänglichem Desinteresse der zuständigen Polizeibehörden durchgesetzt. Die Bertillonage ermöglichte noch immer Zwillingsmeßkarten und damit eine große Fehlerquelle für die Täteridentifizierung. Obgleich mit dem Fall von 1903 eigentlich das Ende der Bertillonage der Daktyloskopie den Weg hätte frei machen müssen, dauerte es noch eine ganze Weile, bis sich das neuere und bessere System endgültig durchgesetzt hatte.
Zur Zeit des amerikanischen Bürgerkrieges wirkte in New York ein äußert fähiger, bulliger Riese, Detektivinspektor Thomas Byrnes (geb. 1842 in Irland). Er kannte sich in New Yorks Lastervierteln besser aus als mancher Unterweltler. Er kannte die Bandenführer und ihre Gesichter samt ihren Arbeitsmethoden. Er kannte die Lebensmaxime der Kriminellen: Jeder Mensch ist nur soviel wert, wie er dem anderen wegnehmen kann. Er wußte, welche Politiker in welchen Spelunken verkehrten, um Wahlstimmen zu werben und dabei auch Gauner zu finden, die für sie die Stadt ausplünderten. Er kannte die Königin der Hehler, »Ma« Mandelbaum, das Zweieinhalbzentnerweib, in deren Laden in der Clinton Street Politiker wie Gangster ein und aus gingen, hier, wo im Laufe von 20 Jahren Waren im Wert von nahezu 10 Millionen Dollar verschoben wurden. Er kannte auch das selbst kriminelle Anwaltspaar »Howe & Hummel«, das mehrere tausend Mörder, Diebe, Geldfälscher und Bordellbesitzer durch Zeugenbestechung und mit politischen Intrigen freisprach.
Byrnes wurde 1878, nachdem er eine Sparkassenräuberbande geschnappt hatte, Chef der zivilen Detektivabteilung der New Yorker Polizei. Geschäftstüchtig wie er war, errichtete er mit 9 seiner Beamten eine Schutzlinie (genannt »Todeslinie«) um die Wallstreet, um sie durch sofortiges Erschießen eines Verdächtigen oder Vorbestraften, der diese Linie überschritt, zu schützen. Byrnes kassierte dafür eine Art Schutzgebühr, wie sie später häufig von den Mafiabanden erhoben wurde.
Byrnes hatte die Verbrecherfotografie eingeführt, die die Verbrecherbeschreibung ergänzen sollte. Jeden Morgen mußten sich seine Leute einem Gedächtnistraining unterziehen und sich die Gesichter der neu eingelieferten und im Gefängnishof im Kreis herumlaufenden Häftlinge einprägen.
Von eben diesem Byrnes stammt die erste Art eines Verbrecherlexikons. 1886 brachte er eine große Sammlung von Berufsverbrechern Amerikas heraus, beschrieb die Täter, ihre Herkunft und Spitznamen, bildete sie ab, zeichnete ihren Lebenslauf und ihre Arbeitsmethoden nach.
Da geriet Byrnes, auf der Höhe seines Ruhmes, in den Polizeiskandal des Jahres 1894. Durch einen Kanzelredner war bekanntgeworden, daß die New Yorker Polizei immense illegale Einnahmen aus Bordellen und Spielhöllen bezogen hatte. Auch Byrnes wurde nach der Herkunft seines Reichtums gefragt (er besaß ein riesiges Vermögen und ein 500000-Dollar-Miethaus in der Fifth Avenue). Er gab zu, daß Bordelle und Spielhöllen unter seinen Augen nur geduldet waren, solange sie ihn am Gewinn beteiligten. Blieb die Zahlung aus, so sorgte er für die Schließung dieser Häuser. Byrnes wurde nahegelegt, sein Amt niederzulegen. Als reicher Mann zog er sich 1896 ins Privatleben zurück.
Neun Jahre später, 1905, versuchte der frühere New Yorker Polizeichef und spätere Präsident der USA, Theodore Roosevelt, eine zentrale Polizei zu schaffen, die allein dem Bundesgesetz verpflichtet sein sollte. Er kannte aus seiner Amtszeit die Kor-

ruptionruption der Polizei und der Detektive (der Kripo), und als er gegen die großen Wirtschaftsverbrecher, Großbetrüger und Ländereischieber vorgehen wollte, hatte er keinen einzigen zuverlässigen Kriminalbeamten zur Verfügung. Da erteilte er seinem Justizminister den Auftrag, eine staatliche Untersuchungsbehörte mit gut geschultem Kripopersonal einzurichten. Diese Institution sollte nur dem Generalbundesanwalt zur Verfügung stehen und nannte sich zuerst »Bureau of Investigation«.

b) Die Kriminalpolizei heute

1. Interpol

Die »Internationale Kriminalpolizeiliche Organisation« (Interpol) hat heute ihren Sitz in Paris. Hier werden vor allem Fälschungen von Geld, Wertpapieren, Urkunden und Dokumenten verfolgt, Fahndungskarteien über internationale Verbrecher geführt und der Nachrichtenaustausch über sie gepflegt. Das wichtigste Nachrichtenmittel der Interpol ist ein über Europa, Asien, Nord- und Südamerika und Afrika ausgebautes Funknetz. 1972 gehörten 114 Staaten Interpol an. Die enge Kooperation zwischen den einzelnen Ländern kam bisher und soll auch weiterhin vor allem dem Kampf gegen die Rauschgiftkriminalität und dem Waffenhandel zugute kommen. Kopfzerbrechen bereitete Interpol vor allem auch das Verbrechen, das auf das Konto einer übersteigerten Zivilisation geht und neue Ausmaße von Kriminalität zutage fördert, deren Grausamkeit und Brutalität die Kriminalität der »klassischen« Verbrechen bei weitem übersteigt.
Länder des Ostblocks haben sich bisher gesträubt, Interpol beizutreten. Gerade aber die Rauschgiftkriminalität kann auch diese Länder zwingen, sich in naher Zukunft Interpol anzuschließen.
Im Amtsjahr 1971/72 war Interpol bei der Festnahme von 508 Rauschgifthändlern eingeschaltet, in deren Besitz sich nahezu 24000 Kilogramm Opium befanden. Die größte Menge wurde im Iran beschlagnahmt, die zweitgrößte in Frankreich. Außerdem stellte Interpol 1012 Kilogramm Morphium sicher, das meiste davon in der Türkei, gleich gefolgt von Frankreich. Im genannten Amtsjahr wurden schließlich von Interpol 850 Kilogramm Heroin, 190 Kilogramm Kokain und 101 Tonnen Kannabis sichergestellt.
Der mit Falschgeld angerichtete Schaden stieg in diesem Amtsjahr gegenüber dem vorhergehenden um 5%. Die am meisten gefälschte Währung war der Dollar.
Der Jahresetat betrug 4,2 Millionen Mark (umgerechnet), was ausreicht, um der Welt (der angeschlossenen Länder) ein Höchstmaß an Leistung im Kampf gegen internationale Verbrecher zu gewährleisten. Allerdings reichte dieser Etat nicht dazu, Computer einzusetzen. Interpol arbeitet vorwiegend mit einer Verbrecherkartei von etwa 550000 Stück. Innerhalb von 45 Sekunden bis maximal 10 Minuten kann jeder internationale Verbrecher anhand dieser Kartei ermittelt werden.
Eine Sonderkommission von Interpol befaßt sich mit den Anschlägen auf die zivile Luftfahrt. Bis Mitte Juli 1972 registrierte Interpol 190 Flugzeugentführungen, 80 davon waren »reine« Verbrechen (Erpressungen), 56 waren als politische Anschläge zu bewerten.
Interpol ist eine Organisation zur Bekämpfung rein krimineller Straftaten. Artikel 3 ihrer Statuten verbietet Interpol »jede Betätigung oder Mitwirkung in Fragen oder Angelegenheiten politischen, militärischen, religiösen oder rassischen Charakters«.

Zwischen Sommer 1971 und Juli 1972 veranlaßte Interpol die Festnahme von 998 verdächtigen Verbrechern und ihre Auslieferung an die Heimatländer. Die Zentrale vermittelte in diesem Zeitraum 88000 Auskünfte und empfing selbst 66800 Informationen von den nationalen Zentralbüros. In die Zentralkartei kamen im genannten Zeitraum 100000 neue Fingerabdrücke von bisher unbekannt gewesenen internationalen Verbrechern, dazu 6000 Lichtbildkarteien.
Interpol verfügt über keinen einzigen »krimi«-reifen Geheimagenten, dafür aber in der Pariser Zentrale über 125 Spezialisten für die verschiedensten Fachbereiche des internationalen Kriminalwesens. Die wichtigste Aufgabe ist die Koordination der kriminalpolizeilichen Zusammenarbeit in den verschiedensten Mitgliedsstaaten.
Gegründet wurde Interpol 1923 in Wien. Als die deutschen Truppen 1938 Österreich besetzten, wurde die Interpol-Zentrale nach Berlin verlegt.
Da Interpol nicht politisch tätig werden darf, konnte diese Organisation z.B. auch nicht bei der Fahndung nach SS-Sturmbannführer Eichmann aktiv werden. Diese Selbstbeschränkung (Artikel 3) lähmt heute aber leider auch die Mitarbeit von Interpol bei der Bekämpfung des politisch motivierten internationalen Terrorismus.
Auf der 41. Generalversammlung von Interpol in Frankfurt wurde am 26. September 1972 der Kanadier William Leonard Higgitt zum neuen Präsidenten gewählt. Sein Vorgänger war der ehemalige BKA-Chef Paul Dickopf, der wegen Erreichung der Altersgrenze nicht mehr gewählt werden konnte.

2. Scotland Yard

Die englische Kriminalpolizei, wie sie heute besteht, arbeitet immer im Auftrag der Exekutive. Sie ist nicht wie in Frankreich ein Hilfsorgan der Justiz. In Frankreich führt der Beamte der Sûreté seine Ermittlungen eines Kriminalfalles unter der Anleitung des Generalstaatsanwaltes aus. Dann übernimmt ein Untersuchungsrichter den Fall. Dieser hat weitgehende Befugnisse, er kann die Rechte und Pflichten eines Richters, eines Staatsanwaltes und eines Kriminalisten wahrnehmen. Er ist berechtigt, Zeugen zu vernehmen, kann das Verbrechen am Tatort rekonstruieren lassen und zur Verhaftung verdächtiger Personen schreiten.
Schottland hat eher vergleichbare Züge zur französischen kriminalistischen Arbeit als England. Auch in Schottland liegt die Aufklärung eines Verbrechens in den Händen des »Lord Advocate«, dem die Staatsanwälte (Public Prosecutors) der verschiedenen Kriminalgerichte unterstehen. Auch sie sind zuständig für Voruntersuchungen, Vernehmungen und für die Zusammenstellung des Beweismaterials, was in Deutschland alles Aufgabe der Kriminalpolizei ist.
So auch in England. England kennt nicht das Amt des französischen Generalstaatsanwaltes und nicht das des schottischen »Lord Advocate«. Es gibt hier keine Stelle, die sowohl für die kriminalpolizeilichen Ermittlungen als auch für die Prozeßvorbereitungen durch den Staatsanwalt verantwortlich ist.
Die Arbeit des Oberstaatsanwaltes in England besteht nur in der Verfolgung besonders schwerwiegender Kriminalfälle und dann auch nur darin, die strafrechtliche Verfolgung eines Täters vorzubereiten. In England liegt die Aufklärung von Verbrechen in der Hauptsache in den Händen des »Legal Department« (Rechtsabteilung) von Scotland Yard. Diese Abteilung muß sämtliche Vorarbeiten leisten. Sie darf nur nicht als öffentlicher Ankläger auftreten.
Die englische Polizei untersteht dem Innenministerium, nicht wie z.B. das amerikanische FBI dem Generalstaatsanwalt. Die englische Kripo (CID) ist in erster Linie

dazu da, Verbrechen aller Art zu verhindern oder aufzuklären. Das FBI befaßt sich demgegenüber nur mit ganz bestimmten Kriminalfällen wie Menschenraub, Rauschgiftdelikten und Bankraub. Neuerdings auch mit Luftpiraterie. Vor allem aber hat das FBI dafür zu sorgen, daß Bundesgesetze nicht verletzt werden. Auch für Spionage ist das FBI zuständig. In England gibt es für die Aufgaben der Abwehr der Feindspionage eine Sonderabteilung von Scotland Yard, die zum »Secret Service« gehört und unter der Formel M.I.5 bekannt ist. Der CID ist also wie auch in Deutschland die Kriminalpolizei ein Teil der allgemeinen (uniformierten) Polizei, während das FBI eine selbständige, ebenfalls nichtuniformierte Organisation ist. Wie überall arbeiten die englische, deutsche, französische und amerikanische Kriminalpolizei mit Hilfe von Verbrecherkarteien, wissenschaftlichen Laboratorien und dem Fahndungsdienst.
Die deutsche, französische und amerikanische Kripo ist bewaffnet, auch die englische. Und wie jede Kriminalpolizei arbeitet auch die englische mit Interpol zusammen, wenn es um die Verfolgung eines international reisenden Verbrechers geht.
Auch in England war die Kriminalpolizei (CID), die Nachfolgerin der »Bow-Street-Runners», zunächst nur in London und der näheren Umgebung tätig. CID heißt: »Criminal Investigation Department«. Erst im Lauf der Zeit, etwa bis zu Beginn des Ersten Weltkrieges, wurden auch in der Provinz Kriminalaußenstellen eingerichtet, besetzt mit 1 oder 2 Mann, die darauf angewiesen sind, bei der Aufklärung eines Verbrechens eng mit den örtlichen (uniformierten) Polizisten zusammenzuarbeiten. Mit 25000 Beamten ist heute Scotland Yard die größte Polizeimacht Englands. Der CID besteht aus zehn verschiedenen Ressorts, die alle Spezialaufgaben zu erfüllen haben.
C.1. ist die Abteilung, die die Ermittlungen durchzuführen hat. Vor allem hat es diese Abteilung zu tun mit Fahndung, Betrug, Falschgeld, bewaffnetem Überfall und Auslieferungsanträgen.
C.2. ist zuständig für die Korrespondenz, für Dokumente, für Archivarbeiten.
C.3. ist spezialisiert auf das Fingerabdrucksystem und auf Fotografie. Hier sind weit über anderthalb Millionen Fingerabdrücke registriert. Alle Fortschritte im Verfahren des Fingerabdrucks werden hier erprobt und angewendet.
C.4. ist das Verbrecherarchiv, in dem alle Personen versammelt sind, die jemals in England verurteilt worden sind. Die einzelnen Täter sind fotografiert und hinsichtlich ihrer Eigentümlichkeiten (Spitznamen, Gang, Sprache etc.) beschrieben. Neben der Verbrecherkartei gibt es hier auch die Objektkartei, in der alles verzeichnet ist, was bei Überfällen oder Diebereien gestohlen worden ist.
C.5. ist die Verwaltungsabteilung. Hier werden innerpolizeiliche Direktiven ausgearbeitet, Beförderungen bearbeitet und Beschwerden beantwortet.
C.6. ist das Betrugsdezernat.
C.7. die Ausbildungsabteilung, die ihren Sitz in Hendon bei London hat. Sie ist die Detektivschule des Yard. Jeder CID-Beamte muß diese Schule durchlaufen, und für die Polizeibeamten aus der Provinz werden viermal im Jahr Lehrgänge durchgeführt. Diese umfassen die gesamte Kriminaltechnik, also Methoden z.B. des modernen Fingerabdruckverfahrens, der Spurenuntersuchung, Toxikologie, Feststellung des Todes, Analysen von Sprengstoff- oder Bombenanschlägen usw.
C.8. bildet die CID-Beamten aus in der Verfolgung von Verbrechern. Sport spielt eine große Rolle, Selbstverteidigung, Durchführung von Razzien, und vor allem steht hier das Problem der Verhinderung von Verbrechen auf dem Lehrplan.
C.9. ist die Abteilung, die für die Staatssicherung zu sorgen hat. Überwachung von Flugplätzen und Häfen, Begleitung der königlichen Familie und der Regierungsvertreter, Kontrolle von Ausländern, von Waffen- und Sprengstoffbesitz. Diese Abteilung untersteht direkt dem Polizeipräsidenten und wird in ganz England eingesetzt.

C.10. schließlich ist die wissenschaftliche Abteilung, die im kriminaltechnischen Institut arbeitet. Hier werden Fragen der Chemie, der Ballistik, der Mikrofotografie und der Pathologie behandelt.
Im Falle eines Mordes z.B. ist immer der CID-Beamte als erster am Tatort. Unter der Nummer 999 ist jederzeit der Yard telefonisch zu erreichen. Nach ihm kommt der Polizeiarzt und stellt den Tod fest. Er ist aber nicht befugt, eine Leichenschau durchzuführen. Dann treten die Polizeifotografen und die Fingerabdruckfachmänner in Aktion. Als letzter stellt dann der Gerichtsarzt seine Untersuchungen an, die Fragen nach der Todesursache, Todeszeit etc. zu beantworten haben.
Ist dies alles erledigt, beginnt die eigentliche Arbeit des Kripomannes. Im Erkennungsdienstlichen Archiv kann er die Fingerabdrücke des Toten oder am Toten möglicherweise schon die des Täters identifizieren. Per Fahndung und Steckbrief wird nach ihm gesucht. Wenn notwendig unter Mitarbeit von Interpol, jedenfalls aber der gesamten uniformierten Polizei.
Ist der Täter gefunden, dann geht es an die Arbeit der Verhöre, der Überprüfung der Alibis bis zur Anklageerhebung durch den Generalstaatsanwalt.

3. Die Sûreté

Frankreich besaß zwar durch Vidocq die älteste Kriminalpolizei der Welt (seit 1810), aber es dauerte noch lange, bis aus dieser zunächst nur in Paris ansässig gewesenen Einrichtung ein Apparat entstand, der seine Aufgabe, die »Aufklärung von Verbrechen und Vergehen und Übergabe der Täter an die Gerichte«, in ganz Frankreich wahrnehmen konnte.
Erst im Jahre 1876 wurde eine Direktion der »Sûreté Générale« eingerichtet, die über das französische Innenministerium ein Kontaktnetz zu allen örtlichen Polizeibehörden aufzubauen begann. In dieses Netz wurden einbezogen die Bahnpolizei, Grenzpolizei, Polizei für Rennplätze, die Hafenpolizei, die zuerst nur die Aufgabe hatte, Auskünfte über gesuchte Täter zu erteilen. Fahndung und Ermittlungsarbeit lagen noch immer allein in den Händen der Pariser Sûreté. Dies änderte sich 1907, als bei der Direktion der »Sûreté Générale« eine neue Dienststelle geschaffen wurde, der »Contrôle Général« der kriminalpolizeilichen Fahndung, dem die in ganz Frankreich eingerichteten Regionalbrigaden der Einsatzpolizei unterstanden.
Hauptsitz der Sûreté blieb Paris, wo sich heute neben dem »Generalstab« auch die Nachrichtenabteilung, der Erkennungsdienst (mit Karteien, Akten und Laboratorien), der Fahndungsdienst und die Sonderdienststellen wie Sitten-, Gewerbe-, Wirtschaftspolizei befinden.
Die staatliche Kriminalpolizei, die direkt dem Innenministerium untersteht, hatte 1907 zunächst 12 Regionalbrigaden der Einsatzpolizei zur Verfügung, seit 1945 sind es 17 Regionaldienststellen, die man in etwa mit den deutschen Landeskriminalämtern vergleichen kann.
Die Aufgaben der Kriminalbeamten dieser Regionaldienststellen wandelten sich mit der Art des Verbrechens, das sie zu bekämpfen hatten. 1919 lag ihre Hauptarbeit z.B. auf dem Gebiet der ungesetzlichen Preissteigerungen, 1936 waren es hauptsächlich Devisenvergehen, 1938 Abtreibungen, und schließlich stand die Bekämpfung der Jugendkriminalität im Vordergrund.
Von 1931 bis 1933 gab es eine spezielle Kriminalpolizei für Rennplätze und Spiellokale, seit 1942 gibt es eine solche für Wirtschafts- und Finanzsachen.
Bis zum Jahre 1942 wurden Wirtschaftsvergehen vom Landwirtschaftsministerium aus bekämpft, wobei es in erster Linie um Verfälschungen von Lebensmitteln ging.

Inzwischen wurde aber die Wirtschaftskriminalität eine Angelegenheit der Finanzen, und daher wurde die Überwachung der Vermögensbewegungen nun der Kriminalpolizei anvertraut.
Heute unterstehen dem Generaldirektor der »Sûreté Nationale« zwei Verwaltungsdirektionen (von denen die eine die Dienstvorschriften für die Polizei [Allgemeine Polizei, Staatssicherheit, Ausländerpolizei, Verkehrspolizei etc.] auszuarbeiten hat, die andere ist mit Personalfragen und allen materiellen Angelegenheiten befaßt) und vier andere Direktionen, die sämtliche Polizeidienststellen in ganz Frankreich repräsentieren:

1. die Direktion der Dienststellen für die öffentliche Sicherheit,
2. die Direktion der »Renseignements Généraux«,
3. die Direktion der »Surveillance du Territoire«,
4. die »Direction des Services de Police Judiciaire«.

1941 wurde die Polizei in Frankreich verstaatlicht, und zwar in Städten über 10000 Einwohner. Der Innenminister ernennt die Beamten und ist zuständig für die Einrichtung der Dienststellen. Paris und die Vorstadtgemeinden behielten jedoch ihre Polizeipräfekturen, die von einem Regierungsbeamten geleitet werden.
Die Direktion der Kriminalpolizei ist heute in 4 Abteilungen untergliedert:

1. Das »Cabinet du Directeur« (seit 1942 ist »Directeur« der Titel des Beamten, der die regionalen und zentralen Organe der Kriminalpolizei leitet) mit einer Personal- und Wirtschaftsstelle,
2. die Unterdirektion für fachliche Angelegenheiten, eine Sammelstelle juristischer und fachlicher Unterlagen. Sie ist untergliedert in eine Abteilung »A« (Ziele und Methoden der kriminalpolizeilichen Verbrechensbekämpfung, Auswertung der Arbeitsergebnisse, Anweisungen für die Verbrechensbekämpfung) und eine Abteilung »B«. (Diese Abteilung zentralisiert und veröffentlich Gerichtsbeschlüsse und Fahndungsausschreibungen. Täglich erscheinen heute Einzelkarten [fiches individuelles] von Personen, die von den Militär- oder Zivilgerichten gesucht werden.)
3. die Unterdirektion für Kriminaldelikte,
4. die Unterdirektion für Wirtschafts- und Finanzangelegenheiten.

Jede Abteilung hat einen Abteilungsleiter (Commissaire Divisionnaire, was dem militärischen Dienstgrad eines Armee-Obersten entspricht). Zur ersten Abteilung gehört auch das französische Zentralbüro von Interpol mit den Sachgebieten Rauschgift, Falschgeld und Menschenhandel.

4. Das amerikanische Bundeskriminalamt FBI

Die Geschichte des FBI geht zurück in das Jahr 1908, als Präsident Theodore Roosevelt seinen Kampf gegen die »Bodenräuber« im Westen und die großkapitalistischen Trusts im Osten startete.
Zwischen den Jahren 1908 und 1924 war es zunächst eine schlecht organisierte Agentur ohne Ansehen. Die Agenten wurden noch immer nach politischen Gesichtspunkten ausgewählt, ohne berufliche Qualitäten in den Vordergrund zu stellen. Die Agentur versagte 1915 gleich bei ihrem ersten größeren Einsatz. Das Spionage- und Sabotagenetz des deutschen Botschafters Johann von Bernstorff sollte ausgehoben werden. Mit Sprengstoff waren kriegswichtige Objekte im Hafen

von New York in die Luft gejagt worden, Weizenfelder im mittleren Westen wurden in Brand gelegt, das Land wurde von Korruptionsskandalen heimgesucht, aber das FBI hatte keine Mittel in der Hand, wirksam dagegen vorzugehen.
Das änderte sich schlagartig im Jahre 1924, als der junge, unbestechliche, mit keinem Politiker verwandte Rechtsanwalt J. Edgar Hoover zum Präsidenten berufen wurde und das FBI gründlich reorganisierte. Die aus rein politischen Gründen angestellten Agenten wurden durch geschultes junges Personal ersetzt. Die neuen Agenten wurden streng überwacht, einheitliche Arbeitsmethoden wurden geschaffen mit dem Ziel, aus der polizeilichen Exekutive ein ehrenhaftes Gewerbe zu machen. Zur eigentlichen Schagkraft des FBI, des »Federal Bureau of Investigation«, gehörte aber vor allem jene gesetzliche Grundlage, die es dem FBI erlaubte, in sämtlichen Bundesländern Amerikas tätig zu werden.
Hoover war für seine neue Aufgabe nicht unvorbereitet. Er war 1917 ins Justizministerium berufen worden, zu einer Zeit also, als Amerika von Terroristen und Kommunisten heimgesucht wurde. Bombenattentate auf führende Persönlichkeiten waren an der Tagesordnung. Hoover, der Assistent des Generalbundesanwalts, führte die Untersuchungen über die Aktionen des Kommunismus, die von Moskau aus geleitet wurden mit dem Ziel, alle nichtkommunistischen Regierungen einschließlich der amerikanischen zu stürzen. Terroristen schlugen am 16. September 1920 mit einem Attentat gegenüber dem J.-P.-Morgan-Haus in der Broad Steet New Yorks zu. In einem abgestellten Pferdewagen war eine Bombe versteckt, und als sie explodierte, gab es 30 Tote und 300 Verletzte. Die Antwort auf die Untergrundtätigkeit der Terroristen und Anarchisten war die Deportation von fast 500 Ausländern. Die Kommunistische Partei wurde in die Illegalität getrieben.
Der Ku-Klux-Klan aktivierte seine Tätigkeit. Zehntausende traten dem neger-, katholiken- und judenfeindlichen Klan bei, der mit seinen Terrormaßnahmen das ganze nördliche Louisiana beherrschte. Unter Hoover gelang es der Polizei allmählich, die Einflüsse des Klan zu brechen.
Als am 16. Januar 1920 das Alkohol-Verbots-Gesetz (= »Prohibitions-Gesetz«) erlassen wurde, schlug die Geburtsstunde der großen amerikanischen Banden, die durch Alkoholschmuggel den Bedarf befriedigten und dabei Riesenbeträge verdienten. Die Bandentätigkeit hatte sich gerade voll entfaltet, als Hoover berufen wurde.
Dank eines von ihm eingeführten scharfen Überwachungs- und Agentenauslesesystems gelangte das FBI bis zum heutigen Tag zu dem Ruhm, die beste und leistungsfähigste Polizeimacht der Welt zu sein.
Das FBI besteht aus 52 Außendienststellen, an deren Spitze ein Sonderbeauftragter Hoovers steht. Diese Dienststellen, ständig miteinander in Kontakt, werden von Inspektoren geleitet, die ihrerseits die FBI-Beamten, »Agenten« genannt, leiten. In kleineren Orten rund um die Dienststellen wurden Außendienststellen mit etwa 1200 Agenten eingerichtet. Die Agenten sind verpflichtet, mehrmals täglich ihre lokale Dienststelle anzurufen und Rapport zu erstatten. So war es Hoover selbst oder seinem Stellvertreter jederzeit möglich, die Tätigkeit der Agenten zu überwachen und zu steuern.
Die Zentrale des FBI hat ihren Sitz in Washington. Hier werden alle Arbeitsgänge und Einsätze der Inspektoren und Agenten konzentriert und koordiniert. Sämtliche Bankraubmeldungen z.B. landen bei einem Inspektor. Dieser kann sofort die Fahndung nach den Tätern in verschiedenen Städten einleiten. Die Arbeitsmethode der Täter wird verglichen, um vielleicht anhand von Einzelheiten Rückschlüsse auf die Tatverdächtigen ziehen zu können. Ähnlich werden Spionagefälle, Attentate oder sonstige Gewaltverbrechen geahndet.
Hoover erließ strenge Dienst- und Lebensvorschriften für die etwa 6200 Mann der

Spezialabteilungen und die etwa 8000 Angestellten des FBI. Dazu gehört Alkoholverbot während der Dienstzeit und wenig Alkoholgenuß in der Freizeit, da ein Agent jederzeit abrufbereit sein muß. Dienstwagen dürfen nicht privat verwendet werden. Die Agenten sind angehalten, verdächtige Personen nicht brutal zu behandeln oder im Verhör unter Druck zu setzen. Keinem Unbefugten dürfen Informationen weitergegeben werden, auch nicht der eigenen Frau. Kein Agent darf Geschenke entgegennehmen. Keiner darf mit Steuern oder anderen finanziellen Verpflichtungen im Rückstand sein.

Die Agenten, die aus den verschiedensten Berufen kommen können und sollen, müssen einen harten, 18 Monate dauernden Schulungskurs mitmachen. Es gibt Vorlesungen über die Arbeitsmethoden des FBI, die ständig verfeinert und dem Verbrechen angepaßt werden, und auf der FBI-Akademie in Virginia lernt jeder Agent, zu schießen. Dabei gilt als erste Maxime: niemals im Laufen zu schießen. Aber blitzschnell muß jeder Agent im Stehen, Sitzen, Knien oder Liegen auf stehende oder bewegliche Ziele schießen können. Auch lernt der Agent, mit beiden Händen zu schießen für den Fall, daß eine Hand in der Rangelei mit Verbrechern verletzt wurde. Neben der Pistole muß der Agent auch mit der Maschinenpistole, dem Gewehr und der Schrotflinte umgehen können. Für Schlägereien wird er in Judo ausgebildet.

Das FBI hat im einzelnen die Aufgabe, Fakten zu sammeln und Verstöße gegen die Bundesgesetze zu untersuchen. Diese Untersuchungen dürfen nur auf Veranlassung und unter Leitung eines Bundesanwalts geschehen. Auch muß dieser bei der Neuernennung von FBI-Beamten seine Zustimmung erteilen.

Schon im Jahr seiner Amtsübernahme, im Oktober 1924, ließ Hoover die Zustände im Gefängnis von Atlanta untersuchen. Es war bekanntgeworden, daß sich die Gefangenen noch bis 10 Uhr abends frei im Hof des Gefängnisses und auch außerhalb bewegen durften. Zuchthäusler durften sogar ohne Bewachung in die Stadt gehen. Hinter diesen großzügigen Maßnahmen deckte das FBI einen Bestechungsskandal großen Ausmaßes auf. Die Gefangenen hatten nämlich den Gefängnisbeamten 100–500 Dollar bezahlt für das Recht auf leichte Arbeit, Karten zu spielen oder auch das Gefängnis zu verlassen. Berühmte Häftlinge der Anstalt wie der »Schmugglerkönig« (George Remus aus Cincinnati) und der »Schmugglermillionär» (Emanuel Kessler aus New York) hatten Gefängnisbeamten sogar 2000 und 5000 Dollar bezahlt für besseres Essen, bessere Schlafstellen und andere Hafterleichterungen.

Der Gefängnisdirektor Sartin wurde entlassen und wegen Korruption zu 18 Monaten Gefängnis verurteilt.

In den zwanziger Jahren waren die Könige der Unterwelt durch Waffengewalt und Bestechung, Alkoholschmuggel, Raubüberfälle, Prostitution, Spielhöllen, Rauschgifthandel und Erpressung an die Macht gekommen. Es gab kaum eine angesehene Persönlichkeit, die nicht bestechlich gewesen wäre: Politiker, Rechtsanwälte, Ärzte, Polizisten nicht ausgeschlossen.

Eigentümlicherweise hatte das FBI zunächst keine Rechtsmittel zur Verfügung, um gegen die Bandentätigkeit vorzugehen. Denn die Bandenbosse handelten zwar mit verbotenem Alkohol, aber um ein Bundesgesetz nicht zu verletzen, war es auch dem FBI nicht erlaubt, den zwischenstaatlichen Handel zu behindern. Aufgrund dieses Gesetzes war einem Fürsten der Unterwelt wie Al Capone jahrelang nichts anzuhaben. Erst als er direkt ein Bundesgesetz verletzte, konnte das FBI gegen ihn vorgehen: 1929 sollte Al Capone als Zeuge vor Gericht aussagen. Er hatte aber keine Lust anzutreten und meldete sich krank. Einem Arzt hatte er durch Bestechung eine eidesstattliche Versicherung entlockt, daß er mit Bronchitis und Lungenentzündung im Bett liege.

FBI-Agenten entdeckten aber, daß der Herr nicht krank war, sondern ein Pferderennen besuchte. Nun erst konnte er wegen Mißachtung einer gerichtlichen Anordnung belangt werden. Am 27. März 1929 wurde er in Florida deshalb verhaftet, aber für eine Kaution von 5000 Dollar wieder auf freien Fuß gesetzt. Zwei Monate später wurde er wegen unerlaubten Waffenbesitzes erneut verhaftet. Ein Jahr Gefängnis. Dann kam die Steuerfahndung hinter seine Tricks. Wegen Steuerhinterziehung erhielt er 10 Jahre Gefängnis.

Während die Agenten des FBI durch Hoovers strenge Maßnahmen von Bestechungen und politischen Einflüssen befreit waren, blieben doch die kommunalen Polizisten, Kriminalbeamten und Polizeifunktionäre nach wie vor den Verlockungen der Korruption zugetan. Ein Polizist verdiente damals pro Woche 44 Dollar. Schnell konnte er 100 Dollar dazuverdienen, wenn er bei einem Verbrechen die Augen schloß.

Vom Alkoholschmuggel der großen Banden war der Weg nicht mehr weit zu Straftaten wie Mord, Erpressung, Raub und Entführung. 1926 waren 12000 Morde registriert worden, allein im Gebiet von Chikago waren innerhalb von 30 Monaten (1924–1926) 92 Gangstermorde geschehen. Nur 10% davon konnten aufgeklärt werden. 1933 stieg die Zahl der schweren Verbrechen wie Raub und Mord auf 1300000. Banküberfälle waren an der Tagesordnung. Dabei konnte nur etwa ein Drittel der Täter gefaßt und bestraft werden.

Die Bandenchefs waren die ungekrönten Könige Amerikas. Ihr Lebensstil war aufwendig, ihre Arbeitsmethode brutal.

Sie kassierten von reichen Geschäftsleuten sogenannte »Schutzgelder« wie einst Byrnes, um die wohlhabende Oberschicht vor ihren eigenen Bandenüberfällen zu schützen. Regelmäßig wurden Millionenbeträge kassiert.

Trotzdem war weder die Bevölkerung sonderlich beunruhigt, noch nahmen die örtlichen Polizisten ihren Job sehr ernst. Überall war die Polizei mit der Unterwelt verknüpft. Und die Bundesregierung bzw. das nur auf Bundesebene arbeitende FBI konnte nur dann eingreifen, wenn Belange des Bundes und seiner Gesetze verletzt worden sind. Dies war z.B. in Cincinnati der Fall, wo die städtischen Polizisten in Rauschgiftgeschäfte verwickelt waren, wo die sogenannten »Prohibitions-Agenten«, die gegen Verstöße gegen das Alkoholverbot vorzugehen hatten, die Friedensgerichte, die derartige Vergehen verurteilen sollten, erpreßten. In solchen Fällen konnte das FBI einschreiten. 48 städtische Polizeibeamte und 23 Prohibitionsagenten hatten gegen das Bundesgesetz verstoßen, 70 davon wurden vor Gericht gestellt und 22 verurteilt.

Die Zusammenarbeit zwischen FBI und örtlicher Polizei war in den frühen zwanziger Jahren noch kaum ersprießlich. Oft hatte das FBI gegen örtliche, korrupte Kollegen vorzugehen, was die Fahndung des FBI nach Verbrechern, die sich in verschiedenen Ländern aufhielten, nur erschwerte.

Passierte z.B. ein Mord, so war das FBI nicht berechtigt, zu ermitteln, denn ein Mord widersprach keinem Bundesgesetz. Der Täter konnte nur von dem Staat abgeurteilt werden, in dem der Mord geschah.

Das Bundesgesetz war verletzt, als 1926 auf amerikanischem Boden eine revolutionäre Streitmacht unter General Enrique Estrada zusammengestellt wurde, um in Mexiko einzufallen und dort die Regierung zu stürzen. Die kleine Armee von etwa 115 Soldaten war bereits bewaffnet, mit Fahrzeugen versorgt und in Marsch gesetzt, als das FBI zuschlug.

Das FBI wurde im Fall der Entführung des Lindbergh-Babys eingesetzt, welcher Fall ein Gesetz zur Folge hatte, den »Lindbergh Kidnap Act«, wonach mit der Todesstrafe verurteilt wurde, wer eine geraubte Person von einem Einzelstaat in einen anderen verschleppte.

Trotz dieses Gesetzes stiegen um 1933 die Kindesentführungen sprunghaft an. Riesensummen wurden als Lösegelder gefordert. Täglich wurden Anfang der dreißiger Jahre, zur Zeit der Wirtschaftskrise, mindestens zwei Banken ausgeraubt. Wiederum war es ein eigentümliches Gesetz, das den Bankraub begünstigte. Wenn z. B. der Beamte einer Bundesbank auch nur 50 Dollar unterschlug, so hatte er das Bundesgesetz verletzt. Raubte aber eine Bande aus einer Bundesbank 100000 Dollar, so war kein Bundesgesetz verletzt. Demzufolge konnte auch nur die örtliche Polizei die Fahndung nach den Bankräubern aufnehmen, aber auch nur bis zur Landesgrenze. In einem anderen Bundesland, wo das Verbrechen nicht begangen war, konnte es auch nicht verfolgt und abgeurteilt werden.
Die einzige Waffe, die die FBI-Beamten gegen die Banden in der Hand hatten, waren das Alkoholverbots- und das Einkommensteuergesetz, denn diese beiden waren Bundesgesetze. Auch im Fall der Entführung gab es eine sonderliche Bestimmung in puncto Lösegeld. FBI-Beamten hatten nicht das Recht, den Angehörigen einer entführten Person zur Zahlung zu- oder abzuraten. Das war eine Familienangelegenheit.
Als in den Jahren 1933/34 die Jagd auf die berüchtigte Dillinger-Bande einsetzte und Dillinger von seiner Freundin Ana Cumpanas an das FBI verraten (die »Rote Ana«, so genannt, weil sie als Kennzeichen ein rotes Kleid trug, war Bordellbesitzerin und hatte Dillinger verraten, um sich damit einen weiteren Aufenthalt in den USA einzuhandeln; sie sollte als geborene Rumänin abgeschoben werden, was später trotz des Verrats auch geschah) und bei der Flucht aus dem Kino »Biograph« in Chikago erschossen wurde, kam das FBI ins Schußfeuer der öffentlichen Kritik. Die FBI-Beamten wurden als Feiglinge hingestellt, weil sie nicht den Mut hatten, den »großen« Dillinger gefangenzunehmen. Weitere Mitglieder der Dillinger-Bande wurden bald darauf erwischt. Seine Ehefrau, Evelyn Frechette, erhielt 2 Jahre Gefängnis und eine Geldstrafe, weil sie Dillinger versteckt hatte. Homer Van Meter wurde von städtischen Polizisten am 23. August 1934 erschossen, als er sich seiner Festnahme widersetzte. John Paul Chase bekam lebenslanges Zuchthaus. John Hamilton starb an Schußverletzungen. Und das berühmteste Mitglied der Bande, »Babygesicht« Nelson (= Lester Gillis), starb, wie seine Frau in einem Interview sagte, in ihren Armen »mit einem Lächeln auf den Lippen, aber mit Tränen in den Augen, weil er an seine zwei kleinen Kinder dachte«. Nach ihrem Tod wurden Dillinger und Nelson von der sensationslüsternen Bevölkerung geradezu heroisiert.
Den Höhepunkt der Kritik am FBI brachte ein Senator aus Tennessee namens K. D. McKellar. Er fand bei der Überprüfung von Hoovers Vergangenheit, daß der berühmte Chef des FBI niemals selbst einen Verbrecher verhaftet hatte. Das stimmte zwar, ärgerte Hoover aber furchtbar. Bei der Fahndung nach Alvin Karpis, der zur gefürchteten Barker-Karpis-Bande gehörte, die zwischen 1931 und 1936 10 Morde und 4 Mordversuche unternahm, dazu etwa 1 Million Dollar erbeutete und von »Mamma« Barker geführt wurde (sie hatte ihre vier Söhne regelrecht zu Gangstern ausgebildet und lehrte sie zielgenaues Schießen, indem sie Blechdosen auf Pfosten aufstellte, die die Söhne abknallen mußten), sollte Hoovers Chance kommen. Am 30. April 1936 erhielt Hoover einen Tip, wonach sich Karpis in New Orleans aufhalte. Er fuhr mit ein paar Agenten dorthin und sah zufällig Karpis, als er sein Haus verließ und sich mit einem Begleiter in seinen Wagen setzte. Hoover ging hin und griff so schnell zu, daß Karpis nicht mehr nach seiner Pistole greifen konnte. Als man ihm Handschellen anlegen wollte, stellten Hoover und seine Leute fest, daß sie sie vergessen hatten. So wurde Karpis, der berühmte Gangster, mit einer Krawatte gefesselt. Damit war die Karriere des Mannes, der den Spitznamen »der Grausige« führte, beendet.

Den Vorwurf, keine Verbrecher persönlich festnehmen zu können, machte Hoover noch mehrere Male wett. Zum Beispiel bei der Verhaftung des ebenso berüchtigten Louis (Lepke) Buchalter, dessen Bande »Schutzgelder» in Höhe von 1 Million Dollar vor allem von Großbäckereien erpreßte. Am 24. August 1939 ergab er sich Hoover in New York.
Natürlich war zu Zeiten Hoovers die Daktyloskopie längst auch im FBI eingeführt. 1904 schaffte St. Louis als erste amerikanische Stadt die Anthropometrie von Bertillon ab. In den Archiven des FBI waren Abertausende von Fingerabdrücken registriert. Das Fingerabdruckverfahren war es schließlich auch, das die Zusammenarbeit zwischen lokalen Polizei- oder Kriminaldienststellen und dem FBI enger werden ließ. Bis zu Hoovers Amtsübernahme 1924 war es in Amerika üblich, jeweils alle zehn Fingerabdrücke eines Verbrechers festzuhalten. 1933 wurde die Methode der einzelnen Fingerabdrücke wie die der Teile eines Finger-, Hand- und Fußabdrucks eingeführt. Dort, wo sich ein Abdruck befand, wurde ein Pulver hingestreut und mit einem Klebestreifen dann der Abdruck abgehoben. Das Pulver klebte an dem Streifen, und die darin befindlichen Rillen konnten fotografiert werden. Schon damals gab es von Hoover den Vorschlag, der jetzt in Deutschland wieder diskutiert wird, von allen Menschen, ob Verbrecher oder nicht, Fingerabdrücke herzustellen. Damals wie heute lautete die Kritik: Das sei ein Weg in den Polizeistaat. Hoover kam mit seinem Vorschlag damals sowenig durch wie heute das BKA in Deutschland.
Erst im Jahre 1941 ließ die Bandenkriminalität langsam nach.
Die Herren der Unterwelt hatten längst die Gefährlichkeit, die das Fingerabdrucksystem für ihre Identifizierung bedeutete, erkannt. Sie überlegten sich, ob es da nicht ein Hintertürchen gibt, durch das sie dieser Methode entkommen konnten.
Der Bandenchef Jack Klutas, der durch Erpressung und Morde in kurzer Zeit eine halbe Million Dollar erbeutet hatte, dürfte der erste gewesen sein, der sich die Papillarlinien seiner Fingerspitzen durch Hauttransplantation entfernen ließ. Dadurch war die Identifizierung bei seiner Festnahme zunächst unmöglich gemacht. Ebenso veränderte John Dillinger durch eine Gesichtsoperation sein Aussehen, die ebenfalls wegoperierten Papillarlinien seiner Finger waren nach wenigen Jahren jedoch wieder nachgewachsen. Dieser Weg, dem Identifizierungssystem zu entkommen, war somit nicht der richtige. Einmal blieben Operationsnarben zurück, zum anderen wurden am Körper diejenigen Stellen leicht gefunden, von denen Haut abgenommen und auf die Fingerkuppen verpflanzt worden war.
Erst seit den vierziger Jahren dieses Jahrhunderts war das Fingerabdrucksystem so perfektioniert, daß ihm auch der gerissenste Gangster nicht mehr entschlüpfen konnte.
Hoover gelang es, 1930 ein vom Staat gefördertes und finanziertes zentrales Identifizierungsbüro einzurichten, das auf der Grundlage der Fingerabdruckmethode arbeitete.
Das FBI richtete auch ein eigenes Laboratorium ein, das mit chemischen, physikalischen, elektronischen und anderen wissenschaftlich-technischen Methoden zur Aufdeckung von Verbrechen wertvolle Dienste leistete. Ob es sich darum drehte, anhand von winzigen Lehmspuren an einem Schuh z.B. mögliche Täter genauer zu verdächtigen oder anhand von Geschossen und ihren spezifischen Rillen und Strichen auf die benutzte Waffe Rückschlüsse zu ziehen, um die Analyse von Stimmen, die auf Tonbändern festgehalten sind, um Schriftgutachten etwa bei Scheckfälschungen, um Rauschgift- oder Blutuntersuchungen, schließlich um die Analyse eines Haares auf Alter, Geschlecht, Rasse eines Menschen, das Laboratorium, seit 24. November 1932 in Betrieb, bewährte sich von Mal zu Mal mehr. Hinzu kam eine riesige Bibliothek mit wissenschaftlichen und kriminologischen Abhandlungen,

eine Dokumentenabteilung (mit Handschriften, Fälschungen, Erpresserbriefen etc.) und eine elektronische Abteilung, ein Nachschlageregister, in dem z. B. Schriftproben nahezu aller amerikanischen Schreibmaschinenfabrikate enthalten sind, Schuh- und Reifenabdrücke, Farbproben der verschiedenen Autotypen und vieles andere.

Freilich kam dieses Labor nicht nur zum Einsatz in der reinen Verbrechensbekämpfung.

Immer mehr wurde das FBI nämlich auch mit politischen Aufträgen betraut. Es hatte Kriegsmaterial, Anti-U-Boot-Netze und gepanzerte Tanktürme zu untersuchen, und als am 7. Dezember 1941 die Japaner Pearl Harbor angriffen, hatten FBI-Beamte in Amerika, auf Hawaii und in Puerto Rico alle feindlichen Ausländer, vor allem Japaner, in Haft zu nehmen.

Unterdessen war aber auch die technische und kriminologische Ausbildung der Beamten fortgeschritten. Ein umfangreiches Rundfunknetz verband die 52 Außendienststellen miteinander und mit dem »Kopf« in Washington. Alle Funkstreifenwagen und die nichtmotorisierten Beamten erhielten Sender und Empfänger, um sich sofort gegenseitig über das Verhalten eines Verbrechers informieren zu können. Seit 1935 gibt es eine Polizeischule, die sogenannte FBI-Akademie, in der die Beamten in 2 Kursen zu je 12 Wochen kriminologisch, juristisch und auch pädagogisch-psychologisch ausgebildet werden. Wie nahezu jede Kriminalpolizei arbeitet auch das FBI mit Spitzeln. Polizeispitzel sind unentbehrlich als Nachrichtenüberbringer aus der Unterwelt.

Spitzel wurden z. B. auch eingesetzt, als das FBI von Präsident Roosevelt den Auftrag erhielt, die Tätigkeit kommunistischer und faschistischer Untergrundgruppen in den USA zu überwachen. Dies geschah bereits seit dem August 1936, als Hitler und Mussolini ihre Macht ausbauten, Spanien im Bürgerkrieg verblutete und Stalin seine großen Schauprozesse begann. Der Kampf gegen die Spionagetätigkeit nahm zu. Von 1933 bis 1937 untersuchte das FBI jährlich etwa 35 Spionagefälle, 1938 war die Zahl schon auf 250 geklettert.

1937 entdeckte das FBI die Tätigkeit des »Deutsch-Amerikanischen Bundes« auf, die darin bestanden hatte, in Amerika der SA nachgebildete regelrechte Sturmtruppen auszubilden.

Zwei Jahre nach dem Kriegsausbruch verfügte das FBI über 5072 Agenten und insgesamt 13317 Personen, die im aktiven Dienst tätig waren.

Während es zur Zeit des Ersten Weltkrieges den Deutschen gelungen war, einen Spionage- und Sabotagering in den USA aufzubauen, gelang ihnen das im Zweiten Weltkrieg nicht mehr. Seit Pearl Harbor ereignete sich in Amerika kein einziger Sabotagefall mehr. Das FBI war wachsam. Alle deutschen Agenten, die in den Jahren 1939/40 in die USA zu Spionageaufträgen eingeschleust wurden, konnten vom FBI unschädlich gemacht werden.

Nach dem Krieg galt es, das Nachrichtensystem des FBI systematisch auszubauen. Im Jahre 1946 wurde ein zentraler Nachrichtendienst geschaffen (National Intelligence Authority), dem später die Aufgabe der gesamten Spionage, Spionageabwehr und Konterspionage zufiel. Damit ist dem FBI ein wichtiges Teilgebiet seiner Arbeit abgenommen worden.

Das FBI konnte sich nun wieder auf seine ursprüngliche Aufgabe, die Verbrechensbekämpfung, konzentrieren. Vor dem Krieg passierten jedes Jahr in 335 Städten (1937–1939) 630257 schwere Verbrechen wie Mord, Notzucht, Totschlag, Raub, Mißhandlung, Einbruch, (Auto-)Diebstahl. In denselben Städten stieg die Verbrechensbilanz in den Jahren 1946–1955 um 26,8% auf 800000 Fälle pro Jahr. 1955 wurde durchschnittlich alle 12,9 Sekunden ein schweres Verbrechen begangen. 1958 waren es über 2200000 Fälle von schweren Verbrechen, an denen vorwiegend

Jugendliche beteiligt waren. Das Problem der Nachkriegsjugend galt es in den USA genauso zu analysieren wie überall sonst in der Welt. Das Jugendproblem war das Problem der Jugendkriminalität. 1955 waren 62,2% der verhafteten Autodiebe und 52,5% der Einbrecher Jugendliche unter 18 Jahren.
Das FBI trug dieser Entwicklung Rechnung durch die Einsetzung von Sonderagenten, die eigens für das Problem der Jugendkriminalität geschult wurden. Berufsmäßige Bankräuber nahmen zwar an Zahl immer mehr zu, ohne jedoch die »großen« Tage der Vorkriegs-Bandenkriminalität zu erreichen. Bankräuber waren jetzt häufig nicht vorbestrafte Dilettanten, die die Fahndungen des FBI erschwerten, weil sie noch nirgendwo registriert waren.
Am 2. Mai 1972 starb Hoover im Alter von 77 Jahren. Er wurde von seiner Wirtschafterin (er war Junggeselle) tot in seiner Wohnung aufgefunden. Der amerikanische Präsident Nixon nannte ihn einen »Riesen« in der Geschichte der USA. Das Leben dieses Mannes galt dem Aufbau des FBI zur schlagkräftigsten Bundeskriminalpolizei der Welt. Die Riesenorganisation des FBI war bei seinem Tod so undurchsichtig und nur mit Vertrauensmännern Hoovers besetzt, daß es einem einzigen Kopf nicht mehr gelingen dürfte, den Apparat in den Griff zu bekommen. Kritik an seiner Tätigkeit wurde vor allem deshalb geübt, weil Hoover zur Zeit der Überwachung kommunistischer Umtriebe in den USA nach dem Zweiten Weltkrieg den berüchtigten Kommunistenjäger Senator McCarthy unterstützte.
Bei seinem Tod besaß das FBI 19030 Angestellte und 8526 aktive Fahndungsbeamte. Als Jahresbudget hatte Hoover zuletzt 336 Millionen Dollar gefordert.
Zu seinem vorläufigen Nachfolger bestellte Präsident Nixon Patrick Gray.
Der neue FBI-Chef kündigte eine revolutionäre Änderung an: Von nun an können sich auch Frauen um die Anstellung als Sonderagenten bewerben, Hoover hatte als energischer Gegner von Frauen in seiner Organisation gegolten.

5. Die »Bounty Hunters«

Die »Bounty Hunters« sind höchst eigenartige Gehilfen der (Kriminal-)Polizei. In Kalifornien gibt es z.B. noch heute die Prämienjäger, die sich die auf den Kopf eines Verbrechers ausgesetzte Belohnung im Alleingang verdienen wollen. Zwar sind die Zeiten des Wilden Westens vorbei, in denen die »Bounty Hunters« mit dem gesuchten Viehdieb oder Mörder, tot oder lebendig quer über dem Pferdesattel hängend, in die Stadt einritten, um die Belohnung zu kassieren. Heute liefern sie meist jemanden auf der Polizeiwache ab, der wegen Einbruchs, Ladendiebstahls oder Trunkenheit am Steuer angeklagt ist, gegen eine Kaution aus der Untersuchungshaft entlassen wurde und dann irgendwo unterzutauchen versuchte. Die Prämien, die die »Bounty Hunters« kassieren, sind aber auch heute noch beachtlich.
Ralph Thorson ist z.B. solch ein mit allen Wassern gewaschener »Bounty Hunter«, der seinen Job hauptberuflich ausübt und im Monat etwa 5000 Mark verdient. Neil Zelinsky ist im Hauptberuf Abteilungsleiter eines kleinen Industriebetriebes und geht nur nebenbei an Wochenenden auf Jagd. Sein Verdienst liegt bei etwa 1200 Mark im Monat.
Ihre Prämien erhalten die »Bounty Hunters« von berufsmäßigen Bondsmen-Leuten oder von Firmen, die gegen Entrichtung einer Gebühr oder Zinsen das für eine Kaution benötigte Geld aufbringen.
Ihr Interesse bezieht sich weniger auf den flüchtigen Verbrecher als darauf, das für die Kaution ausgegebene Geld sicher zu wissen. Je nach der Höhe des Kautionsbetrages wird auch der »Bounty Hunter« bezahlt: Bei Beträgen unter 500 Dollar beläuft sich die Belohnung auf 10%, bei höheren Summen auf 15%. Es gibt aber auch

Fälle, in denen Leute wie Thorson oder Zelinsky die Hälfte der Bürgschaft kassieren. Die höchste Prämie, die Thorson jemals erhielt, waren 10000 Dollar für die Ergreifung eines Mannes, der wegen Rauschgifthandels gesucht war.
Dabei rechnen die Bondsmen so: Sie zahlen einem »Bounty Hunter« lieber 3000 Dollar, statt die Bürgschaft von 6000 Dollar bei der Flucht eines kautionierten Verbrechers abzuschreiben.
Die »Bounty Hunter« stellen ungefähr 7 von 10 Flüchtigen, nach denen gefahndet wird. Nach dem kalifornischen Recht und Strafgesetz sind sie ermächtigt, nach Kautionsbetrügern zu suchen und auch in angemessenem Rahmen Gewalt bei der Festnahme anzuwenden.
Nicht jeder aber, der seine Kaution in die Binsen gehen lassen und flüchten will, ist schon ein großer Kautionsverbrecher. Oft ist der Täter nicht in der Lage, die ihn erwartende Geldstrafe zu bezahlen oder ins Gefängnis zu gehen. Also läßt er sich lieber per Kaution freistellen und taucht dann unter. 90% der von »Bounty Hunters« gejagten Täter sind keine gewalttätigen Verbrecher. Manchmal sind auch Kinder darunter, die wegen eines Ladendiebstahls von ihren Eltern per Kaution »freigekauft« worden sind und dann einfach untertauchen.

6. Zur Geschichte der deutschen Kriminalpolizei

Die Kriminalpolizei hat es nicht mit Ordnungswidrigkeiten oder der Erhaltung der öffentlichen Ordnung und Sicherheit zu tun wie die Schutzpolizei, sondern mit dem »crimen«, dem Verbrechen. Bereits 1799 wurde in Deutschland eine »Kriminalkommission« gegründet, deren Aufgabe es war, Kapitalverbrechen nachzugehen. In Berlin wurde 1809 ein »Sicherheitsbüro« errichtet, das 2 Jahre später amtlich bestätigt wurde. Der eigentliche Anfang der Berliner Kriminalpolizei darf für das Jahr 1822 angesetzt werden. Das Kriminalbüro brachte bereits Listen heraus über Personen, die unter Polizeiaufsicht standen, und über gesuchte Verbrecher.
Mit dem raschen Anwachsen der Bevölkerung, vor allem in den Städten, nahm auch die Art und Form der Delikte zu. Und mit der verkehrsmäßigen Erschließung des Landes wurde auch der Verbrecher beweglich, was dazu führte, daß eine enge kriminalpolizeiliche Zusammenarbeit zwischen den Ländern und Städten notwendig wurde. 1912 wurde unter dem Dresdner Polizeipräsidenten Koettig die erste mobile Landeskriminalpolizei geschaffen, die die verschiedenen lokalen Kriminalpolizeien zusammenfaßte.
Um die reisenden Verbrecher auch über Landesgrenzen hinaus verfolgen zu können, wurde schon vor dem Ersten Weltkrieg eine deutsche Nachrichtenzentrale gefordert, aber erst nach dem Weltkrieg gab die Weimarer Verfassung vom 11. August 1919 dem Gesetzgeber die Möglichkeit, das Polizeiwesen zu koordinieren. Der Gesetzgeber machte aber erst 3 Jahre später von dieser Möglichkeit Gebrauch und gründete unter dem Eindruck der Ermordung Erzberges und Rathenaus per Verkündung des Reichskriminalpolizeigesetztes vom 21. Juli 1922 ein Reichskriminalpolizeiamt mit Sitz in Berlin, das direkt dem Reichsinnenminister unterstellt war.
Neben der Berliner Zentrale entstanden in den einzelnen Ländern die Landeskriminalpolizeiämter, die die Aufgabe hatten, Staatsanwaltschaften und Gerichte bei der Aufdeckung und Aufklärung von Verbrechen zu unterstützen bzw. Straftaten zu verhüten, die ihnen unterstellten Landeskriminalpolizeistellen zu beaufsichtigen und die Verbindung zwischen dem Reichskriminalpolizeiamt mit den Landeskriminalpolizeistellen aufrechtzuerhalten.
Das Reichskriminalpolizeiamt hatte in erster Linie für eine planmäßige Zusammen-

arbeit mit den Landeskriminalpolizeiämtern zu sorgen und dazu einen gemeinsamen Nachrichten- und Erkennungsdienst zu unterhalten.
Als erstes Land hat Sachsen eine Landesnachrichtenzentrale geschaffen. Damit war in Deutschland die Voraussetzung für eine systematische nationale Bekämpfung des reisenden Verbrechers gegeben.
Im September 1923 wurde in Wien die »Internationale Kriminalpolizeiliche Kommission« gegründet, deren Ziel es war, das reisende internationale Verbrechertum wirksam bekämpfen zu können.
1925 wurde dann in Preußen eine Landeskriminalpolizei geschaffen, die in Fällen von z.B. Hoch- und Landesverrat, Geheimnisverrat und Kapitalverbrechen zu ermitteln hatte, die bei reisenden Hochstaplern und Einbrechern, Laden- und Taschendieben einschritt, auch bei Brandstiftung oder Herstellung von Falschgeld, bei Mädchenhandel oder Verbreitung unzüchtiger Schriften etc.
Im gleichen Jahr wurde als Pendant zur Internationalen eine »Deutsche Kriminalpolizeiliche Kommission« ins Leben gerufen, die untergliedert war in: Daktyloskopische Zentralstellen, Kriminalistische Nachrichtenzentralen, Zentralstellen zur Ermittlung von Vermißten und Feststellung unbekannter Toter, Fahndungswesen, Bekämpfung von Taschendieben und Zigeunern, Aufstellung von Kriminalstatistiken.
Diese Organisation hat wertvolle Arbeit in der Verbrechensbekämpfung geleistet. Wenn auch die Kriminalpolizei ausrüstungs- und ausbildungsmäßig wesentlich verbessert worden ist, so fehlte doch immer noch die wirksame organische Spitze, die das Reichskriminalgesetz von 1922 schon anvisiert hatte. Sie wurde erst 1937 als »Reichskriminalpolizei« geschaffen. Aber statt einer zentralen kriminalpolizeilichen Verbrechensbekämpfung zu dienen, beschränkte sich ihre Aufgabe in der Zentralisation der personellen Organisation: Die Polizeileitung ging vom Land an das Reich über. Ein direkt dem Reichsinnenminister unterstellter »Chef der deutschen Polizei« wurde eingesetzt und die Deutsche Polizei in Ordnungs- und Sicherheitspolizei aufgegliedert. Das Reichskriminalpolizeiamt wurde dem Chef der Sicherheitspolizei unterstellt und dieser mit der fachlichen Leitung der Kriminalpolizei in allen deutschen Ländern beauftragt.
Das Organisationsschema des Reichskriminalpolizeiamtes sah so aus:

Reichskriminalpolizeiamt

Geschäftsstellen	Gruppe A Kriminalpolitik und Vorbeugung	Gruppe B Einsatz	Gruppe C Erkennungsdienst und Fahndung	Gruppe D Kriminaltechnisches Institut
Innerer Geschäftsbetrieb, Personalfragen, Wirtschafts-angelegenheiten, Aktenplan, Registratur	Rechtsfragen, Internationale Zusammenarbeit, Kriminalforschung, Vorbeugung, Weibliche Kriminalpolizei	Kapital-verbrechen, Betrug, Wirtschafts-kriminalität, Sittlichkeits-verbrechen	Reichserkennungs-dienstzentrale (Fingerabdruck-technik), Fahndung	Spurenidentifi-zierung, Chemie und Biologie, Urkunden-prüfung

Dem Reichskriminalpolizeiamt waren die Kriminalpolizeileitstellen der Länder und diesen wiederum die einzelnen Dienststellen in Städten und Gemeinden untergliedert.
Während des Zweiten Weltkrieges wurde das Reichskriminalpolizeiamt als Amt V

dem Reichssicherheitshauptamt unter Heydrich eingereiht. Die damit verbunden gewesene Politisierung der Polizei, die als Nachteil gewertet wird, wurde nun jedoch wettgemacht durch die zentral organisierte Bekämpfung vor allem der reisenden Verbrecher. Denn von jetzt an gab es erstmals eine einheitliche Ausbildung der Kriminalbeamten, eine einheitliche Steuerung der Ermittlung besonders schwierig gelagerter Fälle, ein straffer Melde-, Funk-, Fernsprech- und Fernschreibdienst, ein einheitlich organisiertes Einwohnermeldewesen und manches andere.
Nach dem Krieg wurde die Reichskriminalpolizei aufgelöst, und die Militärpolizei in den vier Besatzungszonen trat an ihre Stelle. Etwa 6000 Berufs- und Gewohnheitsverbrecher wurden befreit. Die durch Kriegs- und Nachkriegsereignisse, Arbeitslosigkeit, Vertreibung, Wohnungsnot etc. erschütterte Bevölkerung verlor das Vertrauen in das, was als Recht gegolten hatte. Der Schwarzmarkt blühte, und um Tauschobjekte zu erlangen, nahmen Diebstahldelikte beträchtlich zu. Vor allem die Jugend hatte ihren Halt verloren, und ihre Kriminalität erreichte ein vorher nicht dagewesenes Ausmaß.
Dieser Situation stand die Aufgabe einer neu zu bildenden Kriminalpolizei gegenüber. Ein Großteil der früheren Kriminalbeamten war wegen Zugehörigkeit zu einer der NS-Organisationen (Gestapo, SS, SD etc.) entlassen worden, obgleich die Kriminalpolizei im Dritten Reich im allgemeinen nichts mit politischen oder sicherheitsdienstlichen Aufgaben zu tun hatte. Ihre Aufgabe war nach wie vor, unpolitische, rein kriminelle Straftaten aufzuklären und zu bekämpfen.
Der Neuaufbau der Polizei wurde von den Besatzungsmächten übernommen nach jeweils eigenen Gesichtspunkten der Siegermächte, so daß eine einheitliche Organisation zunächst nicht zustande kommen konnte.
Taktik und Technik der kriminalpolizeilichen Verbrechensbekämpfung konnte auf die Dauer nicht allein lokal durchgeführt werden. Nur in gemeinschaftlicher Arbeit vermag der Allgemeinheit Schutz und Sicherheit geboten zu werden. So bildeten bereits 1947 die Leiter der Landeskriminalämter der Britischen Besatzungszone eine Arbeitsgemeinschaft mit dem Ziel, wieder eine zentrale Organisation aufzubauen. Denn in jeder der westlichen Besatzungszonen war die Organisation der Kriminalpolizei verschieden, an ein gedeihliches Zusammenarbeiten war nicht zu denken. Es gab kein gemeinsames Fahndungsbuch, kein einheitliches Nachrichtenblatt und keine zentrale kriminalpolizeiliche Nachrichtensammlung und -auswertung.
Im Grundgesetz der BRD vom 23. Mai 1949 war festgelegt worden, daß der Bund die Gesetzgebung hat über »die Zusammenarbeit des Bundes und der Länder in der Kriminalpolizei, die Einrichtung eines Bundeskriminalpolizeiamtes sowie die internationale Verbrechensbekämpfung« (Art. 73 Ziff. 10). Damit war wieder der Weg geöffnet für eine zentrale Organisation im Kampf gegen das Verbrechen.
Am 8. März 1951 wurde dann das Gesetz über die Einrichtung eines Bundeskriminal(polizei)amtes unterzeichnet. Erst jetzt konnten die Unterschiede in den Landeskriminalämtern beseitigt und innerhalb einer relativ kurzen Zeit eine einheitliche Organisation der Landeskriminalämter unter der Zentrale des Bundeskriminalamtes herbeigeführt werden. In der Arbeitsgemeinschaft der Leiter der Landeskriminalämter mit dem Bundeskriminalamt (BKA) werden Fragen der kriminalpolizeilichen Verbrechensbekämpfung einer einheitlichen Lösung zugeführt, es findet ein ständiger Erfahrungsaustausch statt, was eine gute Koordination aller Mittel der Verbrechensbekämpfung in der Bundesrepublik ermöglicht. Mit dem BKA in Wiesbaden arbeiten heute 11 Landeskriminalämter zusammen.

7. Das deutsche Bundeskriminalamt (BKA)

Das BKA ist zuständig für die Bekämpfung von Verbrechen, die sich über das Gebiet eines Landes hinaus erstrecken. Es sammelt alle Nachrichten und Unterlagen für die kriminalpolizeiliche Bekämpfung bzw. Verfolgung strafbarer Handlungen, es unterrichtet die Behörden der Länder von seinen Nachrichten und unterhält nachrichten-, erkennungsdienstliche und kriminaltechnische Einrichtungen, pflegt Kontakt zu internationalen Polizei- und Justizbehörden, ist also eine Dachorganisation, die mit den LKA zusammenarbeitet, aber z.B. keine besonderen Fahndungsmaßnahmen besitzt, die sich von denen der LKA etwa durch bessere Methoden o.ä. auszeichnen würden. Dieser Verdacht kommt immer wieder auf, wenn durch Nachrichten oder Presse die Mitteilung geht, das BKA sei zur Ermittlung eines bestimmten Verbrechens eingeschaltet worden. Das BKA ist nur ein zentrales Sammlungs- und Auswertungsorgan. Kommt z.B. eine Anfrage bezüglich eines bestimmten Verbrechers, so spuckt der Computer seine Daten aus, teilt mit, bei welchem LKA die Akten gesammelt sind und bei welcher Orts- oder Landespolizeibehörde Maßnahmen gegen diesen Verbrecher eingeleitet werden können.
Das BKA registriert aber auch gewisse Trends in der Kriminalität, z.B. über die Entwicklung der Jugend- oder Rauschgiftkriminalität, es stellt Schwerpunkte fest, arbeitet Vorschläge für gesetzgeberische Maßnahmen aus, publiziert kriminalpolizeiliche Dokumentationen und führt Lehrgänge durch zur Ausbildung von Sachverständigen oder Spezialsachbearbeitern. Dies ist die Tätigkeit des »Kriminalistischen Instituts« des BKA.
In der Abteilung »Erkennungsdienst« erfolgt die Sammlung und Auswertung daktyloskopischer Unterlagen und das sogenannte »Personenfeststellungsverfahren«, bei dessen Durchführung auch Erhebungen im Ausland möglich sind. Neben der Personenfeststellung, Paß- und Ausweisangelegenheiten wird hier die Zehnfinger- und die Einzelfingerabdrucktechnik mit der entsprechenden Tatortspurensicherung behandelt.
Die Abteilung »Kriminaltechnik« untersucht gesicherte Beweismittel für Kriminalpolizei- und Justizdienststellen; so können z.B. mit Hilfe der Spurensicherung (etwa von Schußwaffen, Werkzeugen, Fingerabdrücken) Rückschlüsse gezogen werden auf das Modell der Waffe, seine Herkunft, den Waffenhändler; durch chemische oder physikalische Untersuchungen kann man bei Brand-, Explosions- oder Sabotageunternehmungen feststellen, wie z.B. die Bombe konstruiert worden ist, aus welchem Material ihr Mantel besteht, ihre Explosivkraft etc. (so im Mai 1972 im Falle der Untersuchungen der Bombenanschläge, die vermutlich von der Baader-Meinhof-Gruppe durchgeführt worden sind).
Die nächstwichtige Abteilung ist die der »Zentralfahndung«, untergliedert in Personen-, Sachfahndung und Bundes-Fahndungshilfsmittel. Die Fahndung bemüht sich um alle kriminell in Erscheinung getretenen Personen und registriert sie in Zentralkarteien.
Die »Nachrichtenabteilung« sammelt sämtliche Meldungen über reisende Täter oder Tätergruppen und wertet sie samt ihren Delikten nach kriminologischen Gesichtspunkten aus. Vor allem Täter, die über eine Landesgrenze hinaus wirksam werden, sind hier gesammelt und unter die Gruppen Kapitalverbrechen und Diebstahl, Betrug und verwandte Straftaten und Sittlichkeitsdelikte aufgeteilt.
Die Sicherungsgruppe Bonn des BKA hat für den persönlichen Schutz des Bundespräsidenten und der Mitglieder der Bundesregierung zu sorgen, hat Dienstgebäude, Wohnungen oder ausländische Missionen zu bewachen, ist bei offiziellen Veranstaltungen zugegen und begleitet durchs Land reisende ausländische hochgestellte Personen. Die Begleit-, Wach- und Sicherungsaufgabe steht an erster Stelle.

Das BKA ist zwar zuständig für eine enge kriminalpolizeiliche Zusammenarbeit mit den einzelnen Bundesländern, es hat aber generell kein Weisungsrecht gegenüber den Kripo-Dienststellen. Das BKA verfolgt strafbare Handlungen nur dann, wenn es durch den Bundesinnenminister, den Generalbundesanwalt oder eine Landesbehörde ersucht wird. Dies ist z. B. der Fall, wenn Artikel 91 des Grundgesetzes herangezogen werden kann »zur Abwehr einer drohenden Gefahr für den Bestand oder die freiheitliche demokratische Grundordnung des Bundes oder eines Landes«. Dieser Tatbestand lag vor im Falle der Fahndung nach Mitgliedern der Baader-Meinhof-Gruppe, die als »Staatsfeind Nr. 1« galt. In diesem Fall war das BKA berechtigt, den Landeskriminalämtern bis hinunter zu jedem Polizisten Weisungen zu erteilen.

Seit seinem Bestehen wurde das BKA (bis zum Jahr 1972) insgesamt sechsundvierzigmal in eine Fahndung direkt eingesetzt, so z. B. auch bei der SPIEGEL-Affäre. Im BKA waren (1972) 2,7 Millionen Karten in der zentralen Fahndungskartei gesammelt, 1,6 Millionen Zehnfingerabdruckblätter, 44000 Handschriftenproben, 24000 Geschoßhülsen und 3,6 Millionen Lichtbilder von Verbrechern.

Während das BKA in den 18 Jahren CDU-Regierung kaum nennenswert finanziell unterstützt wurde, änderte sich dies weitgehend in der Zeit der sozial-liberalen Koalition (seit 1969). Die Zahl der Positionen im BKA-Stellenplan stieg von 933 (1969) auf 1585 (1972) an. Im gleichen Zeitraum stieg der Etat von 22,4 auf 75,2 Millionen Mark an. Für 1973 soll er sogar auf 122 Millionen Mark kommen. Das ermöglicht vor allem einen verbesserten technischen Ausbau des BKA in naher Zukunft. So soll die bisher sehr schwerfällig und zeitraubend durchgeführte Personenfahndung auf Computerfahndung umgestellt werden. Etwa 500 Datenstationen werden dafür in der Bundesrepublik eingerichtet, die von jedem Polizisten per Funk benutzt werden können. Ein Fahndungsdatenspeicher des Zentralrechners beim BKA wird dann in maximal 9 Sekunden Auskunft geben können über jede gesuchte Person, über Waffen und Fahrzeuge. Außerdem soll die Computer-Personen-Fahndung in Zusammenarbeit mit den Grenzschutzämtern an der französischen Grenze und auf den Flughäfen Frankfurt, Köln-Wahn und Düsseldorf erfolgen.

Dies würde einen enormen Zeitfortschritt bedeuten, denn bisher dauerte es 10–25 Tage, bis ein örtliches Fahndungsersuchen das zuständige Landeskriminalamt erreichte, es dauerte 15–30 Tage, bis ein Ausgeschriebener in die 80 westdeutschen Fahndungskarteien aufgenommen wurde, und es konnte sich bis zu 6 Wochen hinziehen, bis ein Ausgeschriebener im Fahndungsbuch als festzunehmender Täter erschien. Dieser immense Zeitaufwand brachte selbstverständlich den Tätern einen ebenso immensen Zeitvorsprung, oft mit dem Ergebnis, daß die Ausgeschriebenen längst untergetaucht waren, ehe die Fahndung nach ihnen begann.

Neben dem zentralen BKA gibt es in jedem Land ein Landeskriminalamt (LKA). Die Arbeit des LKA erstreckt sich auf: zentrale Erfassung und Auswertung aller Meldungen über Straftaten, Aufstellung von Personen- und Sachfahndungskarteien, erkennungsdienstlicher Sammeldienst, Zusammenarbeit mit den anderen LKA und dem BKA.

Die deutsche Kripo arbeitet eng zusammen mit der uniformierten Polizei, der Staatsanwaltschaft, Verwaltungsbehörden, Standesamt, Einwohnermeldeamt, Fundamt, Jugendamt, Gewerbeamt, Straßenverkehrs(zulassungs)amt, Ausländeramt, mit dem Bundesgrenzschutz, dem Zoll, der Steuerfahndung, Bahn- und Postpolizei, Berg- und Gesundheitspolizei, den Gewerbeaufsichtsämtern, privaten Institutionen zur Bekämpfung von Wirtschaftsverbrechen, mit Sachverständigen der verschiedensten Gebiete, mit Rechtsanwälten, der Bundeswehr und den Versicherungsstellen, gelegentlich auch mit Privatdetektiven und dem Werkschutz, je nach dem Fall, den es zu klären gilt. Hie und da werden auch V-Männer und Spitzel eingesetzt.

c) Aus der Arbeit der Kriminalpolizei

1. Das Ermittlungsverfahren

Wie kommt nun ein kriminalpolizeiliches Ermittlungsverfahren in Gang? Voraussetzung ist, daß eine Anzeige gegen eine strafbare Handlung eingeht. Kenntnis erhält die Kripo von strafbaren Handlungen entweder durch eigene Beobachtung, durch Mitteilungen aus der Bevölkerung oder von Behörden oder auch durch anonyme Anzeigen. Das Ermittlungsverfahren dient in jedem Fall der Aufklärung eines Tatbestandes.

Die konkrete Arbeit beginnt am Tatort zur Feststellung von Zeit, Ort, Hergang, Motiven und Auswirkungen eines Verbrechens. Um nichts Wichtiges zu übersehen, gibt es die »Sieben-W-Regel«: Wer, Was, Wo, Womit, Warum, Wie und Wann.

Bei schwerwiegenden Verbrechen (Mord, Totschlag, Raub, Sabotage, Sprengstoffanschlag) muß sofort die Staatsanwaltschaft unterrichtet werden.

Nach der Tatortbesichtigung geht es an die Erforschung des Tatortbefundes: Spurensicherung, Feststellung von Indizien und Anhaltspunkten zur Ermittlung der Täter. Die Tatortbefundaufnahme muß enthalten: Angaben über das Opfer, das Wetter, die Licht- und Sichtverhältnisse, Beschaffenheit aller Spuren. Dazu kommt das Foto und die schriftliche Aufzeichnung aller Wahrnehmungen. Bei der Spurensicherung muß der Tatort von außen und von innen abgesucht werden, es müssen Handschuhe getragen, es dürfen keine eigenen Spuren hinterlassen und es darf nicht geraucht werden. Vor der Spurenabnahme (durch Gips z. B.) sollen die Spuren fotografiert werden. Sind die Spuren abgenommen, so werden sie beschriftet, verpackt (in Behältern, Gläsern etc.) und gekennzeichnet.

Nach der Spurensicherung und -abnahme beginnt die Fahndungsmaßnahme, also die Suche nach dem Täter.

Es wird gefragt, ob der Täter zur Tatausführung eine besondere Gewandtheit oder berufliche Fähigkeiten brauchte, welche körperlichen und geistigen Anlagen zur Tatausführung vorausgesetzt werden dürfen, ob Werkzeuge benutzt wurden, welche Motive in Betracht kommen können, ob sich der Täter vielleicht selbst verletzt oder seine Kleidung zerrissen, ob er Gegenstände oder Geld geraubt hat usw. Hinterließ der Täter am Tatort eine Leiche, so wird die spezielle Totenermittlung durchgeführt (s. dort).

Bei Sprengstoff- und Branddelikten werden jeweils Sachverständige zu Rate gezogen, auch bei Geldfälschungen und Wirtschaftsdelikten.

Unter Fahndung versteht man die Ermittlung und Ergreifung von Straftätern, Überprüfung verdächtiger Personen, Feststellung von Auskunftspersonen, Überprüfung von Gegenständen, die für ein Strafverfahren wichtig werden können, die Suche nach vermißten Personen und die Identifizierung von Toten.

Die Fahndungsarbeit soll möglichst unmittelbar nach der Tat beginnen, da jeder Zeitverlust die Fahndung erschweren und dem Täter einen Zeitvorsprung bringen kann. In die Fahndung nach einem gesuchten Täter kann eingeschaltet werden: die Ausschreibung des Täters in den entsprechenden Zeitschriften der Kriminalämter (BKA, LKA), Behörden und Institutionen wie Ausländeramt, Einwohnermeldeamt, Haftanstalten, Krankenhäuser, Strafregisterbehörde usw.; auch die Öffentlichkeit wird bei schwerwiegenden Fällen um Mithilfe gebeten, sei es durch Plakatveröffentlichungen, Fernsehsendungen, Ausschreibungen in Fachzeitschriften etc.

Ist einmal die Fahndung soweit gelaufen, daß eine der Tat verdächtige Person gefunden wurde, so kann gegen den Verdächtigen ein Haftbefehl erwirkt werden. Der Haftbefehl ist immer eine Anordnung des Richters, der schriftlich die zu verhaftende Person, die ihr zur Last gelegten strafbaren Handlungen und den Grund der Verhaftung angeben muß. Für die Ausstellung eines Haftbefehls spricht: Der Festzunehmende muß der Tat dringend verdächtig sein, es muß zudem Flucht- oder Verdunkelungsgefahr bestehen. Fluchtverdacht liegt immer dann vor, wenn der Verdächtige keinen festen Wohnsitz nachweisen kann oder wenn der Täter flüchtig ist oder sich im verborgenen aufhält. Verdunkelungsgefahr liegt vor, wenn zu befürchten ist, daß der Täter Spuren der Tat vernichtet oder Zeugen bzw. Mitwisser beeinflussen kann. Ist dann der Verdächtige verhaftet worden, so muß er spätestens am Tag nach seiner Festnahme dem Richter vorgeführt werden, wo er vernommen wird und sich zu seiner Anschuldigung äußern kann.

Jedermann darf auch ohne richterlichen Haftbefehl den festnehmen, der auf frischer Tat ertappt wurde und der fliehen könnte.

Polizeibeamte dürfen ohne Haftbefehl eine vorläufige Festnahme durchführen, wenn Gefahr im Verzuge ist (der zuständige Richter z.B. nicht erreicht werden kann), oder wenn die Voraussetzungen zur Ausstellung eines Haftbefehls gegeben sind.

Wie geht nun eine Festnahme vor sich? Zunächst so unauffällig wie möglich und je nach Täter mit entsicherter Waffe und größter Vorsicht. Soll die Festnahme in der Wohnung des Täters erfolgen und muß die Wohnung mit Gewalt geöffnet werden, so sollten Zeugen hinzugezogen werden, die keine Polizisten sind. Grundsätzlich kann davon ausgegangen werden, daß der Täter selbst auch bewaffnet ist. Auf alle Fälle soll versucht werden, dem Täter Fluchtmöglichkeiten zu nehmen. Bei der Festnahme von Banden müssen die Bandenmitglieder voneinander getrennt und der Bandenchef sollte auch als erster festgenommen werden, um seinen Einfluß auf seine Mitglieder als erstes zu brechen.

Abgeordnete sind vor Festnahmen zunächst durch ihre Immunität geschützt. Die Immunität soll die ungestörte parlamentarische Arbeit des Abgeordneten gewährleisten. Die Immunität ist ein Privileg des Parlaments und nicht des Abgeordneten. Aufgrund dieser Immunität kann kein Bundestagsabgeordneter ohne vorherige Genehmigung des Bundestages wegen einer mit Strafe bedrohten Handlung verhaftet werden. Strafverfahren gegen Abgeordnete können also nur dann eingeleitet werden, wenn der Bundestag oder das Länderparlament die Strafverfolgung genehmigt haben.

Ähnlich liegt der Fall bei ausländischen konsularischen Vertretungen in der BRD. Offiziell unterliegt zwar jeder Konsul der Staatshoheit, damit auch der Gerichtsbarkeit und der Polizeigewalt der BRD. Es ist jedoch ein anerkannter Grundsatz, daß alle Handlungen, die ein Konsul vornimmt, dem »Entsendestaat« zugerechnet werden, wodurch ihm eine sogenannte »Amtsimmunität« zukommt.

Es kann nun sein, daß bei einem Tatverdächtigen eine Wohnungsdurchsuchung vorgenommen werden muß, sei es, um Beweismaterial zu finden oder um ihn selbst in seiner Wohnung festnehmen zu können. Da die Wohnung als unverletzlich gilt, darf sie nur durch einen Richter durchsucht werden oder bei Gefahr im Verzuge auch durch andere im Gesetz vorgesehene Organe (Staatsanwaltschaft und ihre Hilfsbeamte). Eine Wohnungsdurchsuchung kann schon dann vorgenommen werden, wenn auch nur der Verdacht einer begangenen strafbaren Handlung vorliegt.

Üblicherweise hat der Wohnungsinhaber das Recht, bei der Durchsuchung seiner Wohnung anwesend zu sein. Ist er nicht da, so genügt ein Vertreter oder ein Zeuge. Dem Wohnungsinhaber muß sofort gesagt werden, warum seine Wohnung durchsucht werden soll. Seine Einwilligung muß er schriftlich unterzeichnen. Weigert er sich, so nützt ihm das nicht viel: Seine Wohnung wird doch durchsucht.

Es kann sein, daß in der durchsuchten Wohnung Gegenstände gefunden wurden, die als Beweismittel dienen können, die Spuren der Tat an sich tragen, Schriftstücke, die über den Täter Auskunft geben o. ä. In diesem Fall kann die Beschlagnahme an-

geordnet werden, wiederum unter Wahrung der Rechtsgrundlagen, d.h., nur der Richter kann sie anordnen oder die Staatsanwaltschaft. Meist jedoch wird die Beschlagnahme durch die Polizei angeordnet, vor allem damit keine Beweisstücke beiseite geschafft werden können. Aber nur solche Polizeibeamten sind dazu berechtigt, die von der zuständigen Landesregierung zu Hilfsbeamten der Staatsanwaltschaft ernannt worden sind.
Um eine strafbare Handlung näher erforschen zu können, muß der Verdächtige vernommen werden. Beschuldigt ist immer diejenige Person, gegen die der hinreichende Verdacht besteht, daß sie eine strafbare Handlung begangen hat. Aber nicht jeder Verdächtige ist schon ein Beschuldigter. Dies wird er erst, wenn ein Ermittlungsverfahren gegen ihn eingeleitet worden ist. Unter Vernehmung versteht man das Verhör eines Beschuldigten, einer Auskunftsperson oder auch des Zeugen. Über die Vernehmung wird immer ein möglichst wortgetreues Vernehmungsprotokoll angefertigt.
Für den vernehmenden Beamten ist es, um zu guten Ergebnissen zu gelangen, erforderlich, sich vorzubereiten, meist durch Lektüre der vorliegenden Akten. Dabei ist die erste Vernehmung meist wichtiger als alle nachfolgenden. Vernehmungen sollen auch nach Möglichkeit in den Diensträumen vorgenommen werden, und zwar möglichst sofort, solange die Erinnerung noch frisch ist. Außer dem Protokollführer soll keine weitere Person zugegen sein. Bei weiblichen Personen ist es angebracht, zwei Beamten oder noch besser Beamtinnen der Weiblichen Kriminalpolizei (WKP) einzusetzen. Der zu Vernehmende muß sich so hinsetzen, daß er von Kopf bis Fuß beobachtet werden kann.
Ist der zu Vernehmende ein immuner Abgeordneter, so dürfen polizeiliche Ermittlungen nicht durchgeführt werden, es sei denn, der Abgeordnete wird auf frischer Tat ertappt. Eine Vernehmung setzt immer die Genehmigung der gesetzgebenden Körperschaft voraus. Ausnahme ist nur die jederzeit mögliche Vernehmung bei einem Verkehrsunfall.
Zuletzt wird dann ein Schlußbericht angefertigt, in dem die wichtigsten Ermittlungsergebnisse festgehalten sind. Alle Umstände, die für die Schuld oder Unschuld des Betreffenden sprechen, sollen schon angeführt sein. Sind die Ermittlungsakten abgeschlossen, so werden sie der zuständigen Staatsanwaltschaft zugeleitet, die dann ihre Anklage erhebt.

2. Die Todesermittlung

Wurde am Tatort eine Leiche gefunden, so muß die sogenannte »Todesermittlung« durchgeführt werden. Auch diese Form polizeilicher Arbeit hat ihre Geschichte, die zeigt, wie unzureichend die Anfänge waren im Vergleich zu der Art, wie die heutige Kripo vorgeht. Eine recht eigentümliche Rolle spielten beim Problem der »Todesermittlung« die »Coroners«.

a) Das »Coroner«-System – Forensische Medizin (Angelsächsische Länder)

In angelsächsischen Ländern versteht man unter einem Coroner eine gewählte Person, die die Aufgabe hat, im Fall eines plötzlichen und unklaren Todes festzustellen, ob es sich um einen natürlichen oder gewaltsamen Tod handelt.
Das Coroner-System wurde vor allem in England und Nordamerika betrieben. Die Coroner waren keineswegs ausgebildete Leichenbeschauer, nicht Leute, die eine ordnungsgemäße Autopsie hätten durchführen können, sondern eher Geschäfts-

leute, die aus Todesfällen Geld schlugen. Es gab unter den Coroners berufsmäßige Politiker, Metzger, Barbesitzer, Klempner, Leichenbestatter, Immobilienhändler, versoffene Ärzte.
Diese völligen Laien auf dem Gebiet der exakten Feststellung der Todesursache machten sich die Arbeit sehr leicht. Sie befragten einfach Zeugen, untersuchten so gut wie nie den Toten selbst, sezierten auch keine Leichen, sondern stellten den Totenschein mehr oder weniger nach eigenem Gutdünken aus. Von 100 unklaren oder verdächtigen Fällen im New York der Jahre 1868 bis 1890 wurden nur 8 Leichen geöffnet (meist auf Betreiben der Ermittlungsbeamten). Da die Coroner aber keinerlei medizinische oder gar gerichtsmedizinische und pathologische Ausbildung besaßen, führten auch diese Leichenöffnungen zu keiner eindeutigen Diagnose der Todesursache. Coroner urteilten, so wird ironisch berichtet, etwa nach dem Schema: »Der Tote kam durch eine Pistolenschußwunde ums Leben. Auf welche Weise, ist unbekannt, da kein Pistolenschuß abgefeuert wurde.«
Das System der Coroner nützte so gut wie gar nicht der Verbrechensbekämpfung. Im Gegenteil: Viele Coroner waren bestechlich und trugen zur Verhinderung einer Verbrechensaufdeckung bei, indem sie in unklaren Fällen einen »natürlichen« Tod bescheinigten.
Da die Bevölkerung kein Vertrauen mehr in die Tätigkeit der Coroner hatte, wurde in Boston im Jahre 1877 zuerst der Beruf des Coroners abgeschafft. An seine Stelle wurde ein examinierter Pathologe eingesetzt, der sogenannte »Medical Examiner«. Er wurde vom Gouverneur bestellt, seine Amtszeit dauerte 7 Jahre. Seine Aufgabe war, jeden Toten genau zu untersuchen, der eines »unnatürlichen« Todes gestorben war. Autopsien wurden mit Einverständnis und oft auf Veranlassung des Staatsanwaltes durchgeführt. Von nun an konnten zahlreiche »natürliche« Todesfälle als Morde aufgeklärt werden, so daß nun gezielt nach dem Mörder gefahndet werden konnte.
Erst 1915 folgte New York dem Vorbild Bostons und ersetzte per Gesetz die Coroner durch erfahrene Pathologen. Die Pathologen mußten sich in Mikroskopie und Blutuntersuchungen auskennen und wurden immer dann eingesetzt, wenn bei einem Todesfall der Verdacht krimineller Gewaltanwendung, Selbstmord oder Unfall bestand.
In der öffentlichen Meinung mußte sich der Beruf des Pathologen erst durchsetzen. Die Bevölkerung hatte eine Abscheu dagegen, daß Leichen geöffnet und zerstückelt begraben werden sollten. Die Coroner, die unfähig waren und oft bewußt verantwortungslos arbeiteten, brauchten für Untersuchungen an Toten selten mehr als 5 Minuten. In ihrer Zeit waren Kindesmord oder Vergiftungen keine Verbrechen, die eine Fahndung nach dem Täter erforderten.
Als 1918 in New York Dr. Charles Norris zum »Chief Medical Examiner« berufen wurde, hatte die Stunde der Coroner endgültig geschlagen. Norris war ein neutraler, unabhängiger Mann, ein Schüler Virchows, der mit eigenen Mitteln sein Laboratorium einrichtete und das Fundament einer wissenschaftlichen Gerichtsmedizin für Amerika legte. Sein erster und wichtigster Mitarbeiter war der Wiener Alexander Oscar Gettler, ein Mann, der sich in Chemie, Biochemie und Toxikologie auskannte. Von nun an wurde die »forensische Medizin« zu einem unerläßlichen Hilfsmittel der Verbrechensbekämpfung und -aufdeckung.
Von den jährlich etwa 15000–20000 verdächtigen Todesfällen konnten mit der neuen forensischen Medizin jährlich etwa 7000–8000 Fälle einwandfrei aufgeklärt werden.
Bis zum Jahre 1934 und noch später hatte sich die Gerichtsmedizin in Amerika nur in den Städten New York, Boston und Newark durchgesetzt. In den übrigen USA übten nach wie vor die Coroner ihre unsaubere Tätigkeit aus.

Bis zum Jahre 1950 hatte sich die forensische Medizin in Europa, Japan, China, Afrika und dem Vorderen Orient ihren Platz erobert. Lediglich Amerika, das Land, das zuerst das Coroner-System in Boston abgeschafft hatte, konnte der Entwicklung kaum standhalten. Nur sieben weitere Bundesstaaten hatten nach New York und Boston bis 1950 das Coroner-System durch das Medical-Examiner-System ersetzt. In 4 weiteren Bundesstaaten mußten nun die Coroner ausgebildete Ärzte sein. Aber im größten Teil des Landes bestimmten noch immer die Coroner den Rang bzw. die Unfähigkeit der Gerichtsmedizin. In Wisconsin waren z. B. von 70 Coroner noch 33 Bestattungsunternehmer!
Allerdings setzte sich durch die Arbeit von Norris' Nachfolgern der geschulte medizinische Einfluß im Beruf des Coroners immer mehr durch. Manche Coroner haben zwar heute eine Ahnung von forensischer Medizin, wenn sie auch keine ausgebildeten Ärzte sind.
Zum eigentlichen und anerkannten Mittler zwischen Medizin einerseits und Justiz bzw. Kriminalistik andererseits ist heute, etwa 100 Jahre nach ihrer Entstehung, die forensische Medizin, die Gerichtsmedizin, geworden.

b) Die Todesermittlung in Deutschland

Das System der Todesermittlung und Todesursachenforschung ist in Deutschland vollkommener entwickelt als in vielen anderen Ländern. Lücken gibt es immer wieder in Fällen vorsätzlicher oder fahrlässiger Tötungen, zumal in der BRD maximal nur bei 3% aller Sterbefälle die Todesursache amtlich untersucht wird. Gerade plötzliche Todesfälle wie Selbstmord, tödliche Unfälle oder gar Morde bieten eine große Möglichkeit der Verschleierung. Es gibt zudem keine Methode, die generell für alle Fälle der Ermittlungsarbeit dienen könnte.
Die Polizei darf nur dort tätig werden, wo ein Todesfall aus nicht natürlichen Ursachen angenommen werden kann oder wo der Leichnam eines Unbekannten gefunden wird.
Unter einem nicht natürlichen Tod versteht man dabei das Ableben aufgrund äußerer Einwirkungen oder Ereignisse, gleichgültig, ob Eigen- oder Fremdverschulden vorliegt. Festzustellen ist immer, ob ein anderer den Tod verschuldet hat. Auch ist die Schuldfrage zu klären, wenn ein Tod durch Naturereignisse (Blitz, Erdbeben, Lawinen, Erdrutsch etc.) eingetreten ist. Bei einer unbekannten Leiche (ohne Ausweispapiere) kommt die Identifizierungsarbeit noch hinzu.
Auch wird die Polizei zu Hilfe gerufen, wenn ein natürlicher Todesfall auf der Straße, im Kaufhaus, am Bahnhof o. ä. passiert. Hier gilt es, die Störung der öffentlichen Ordnung zu beseitigen.
Bei Fällen eines unnatürlichen Todes ist die Polizei angehalten, den Staatsanwalt oder den Amtsrichter in Kenntnis zu setzen.
Zunächst ist niemand sofort in der Lage festzustellen, ob es sich um einen natürlichen Tod, Unfall, Selbstmord oder Mord dreht. Im allgemeinen beginnt die Ermittlungsarbeit mit der Zeugenvernehmung. Zeuge ist, wer beim Ableben zugegen war, die Leiche gefunden oder sonst eine Verbindung zu dem Toten gehabt hat. Die Hauptvernehmung wird in der Dienststelle durchgeführt, und zwar mit jedem Zeugen allein.
Als nächstes wird der Tatort untersucht. Dabei sollte der ursprüngliche Tat- oder Fundort unverändert bleiben, denn immer wieder ergeben sich Fehlschlüsse aus aufgeräumten Zimmern, Änderungen der Lage des Toten usw. Spuren werden gesichert, z. B. Blut, Erbrochenes, Beschädigungen im Raum.
Die Leiche selbst wird dann daraufhin untersucht, ob sich am Körper Stich-, Schuß-,

Strangulationsverletzungen finden, Rötungen etwa, die auf Würgen schließen lassen, oder Totenflecken, die von Vergiftungen herrühren können. Innere Verletzungen wie Schädelbruch oder Gehirnblutungen werden jeweils von einem Gerichtsmediziner, der die Leiche obduziert, durchgeführt. Auch die Lage des Körpers, die Stellung der Glieder, der Zustand von Augen und Mund werden beachtet. Ebenso, ob und wie die Leiche bekleidet ist. Beschmutzung, ausgerissene Knöpfe, fehlende Unterwäsche lassen möglicherweise auf ein Sittlichkeitsdelikt schließen. Wird Selbstmord vermutet, so ist zu fragen, ob sich der Tote überhaupt hat selbst umbringen können. Ist die Leiche schon älter, so müssen auch mögliche Einwirkungen von Fliegen oder Maden berücksichtigt werden, der sogenannte Tierfraß. Wird die Leiche im Wasser gefunden, so können Fische oder Wasserratten ihr äußerliches Aussehen entstellt haben.

Meist können am Tatort Skizzen oder Fotos angefertigt werden, die den Bericht des Ermittlungsbeamten veranschaulichen.

Zur einwandfreien Feststellung der Todestatsache, die oft selbst für Ärzte, besonders bei frisch Verstorbenen, nicht immer leicht ist, ist Verschiedenes zu beachten: Beim Toten verfärbt sich z. B. die Haut blaß, Atmung und Puls hören auf, das Nervensystem reagiert nicht mehr, die Augäpfel werden matt und sinken ein, der Leib kühlt ab. Vor allem aber sind Totenstarre, Totenflecken sowie Fäulnis sichere Zeichen für den eingetretenen Tod.

Mißtrauen ist am Platze, wenn der Tote eine Pistole oder ein Messer in der Hand hat. Denn durch die normale Erschlaffung der Muskeln fällt dem Toten die Waffe meist aus der Hand. Hält er sie noch fest, so liegt fast immer der Verdacht nahe, daß dem Toten die Waffe nachträglich in die Hand gelegt worden ist. Man muß dabei die Hand nur so lange zudrücken, bis die Totenstarre eintritt. Eine besondere Art von Totenstarre ist die »kataleptische«, die im Augenblick des Todes den ganzen Körper erfaßt und ihn die Stellung beibehalten läßt, die er im Leben eingenommen hatte. Vor allem bei Kopfverletzungen tritt sie auf, selten genug, doch immerhin eine der wenigen realen Möglichkeiten, daß ein Mörder, der sich in den Kopf geschossen hat, noch mit der Tatwaffe in der verkrampften Hand gefunden wird.

Die Totenflecken sind relativ leicht erkennbar. Das Blut, das nicht mehr im Kreislauf gehalten wird, setzt sich an den Gefäßwänden nach unten ab, wo es die Flecken bildet. Echte Totenflecken befinden sich daher im Regelfall an den unteren Seiten der Leiche, hinter den Ohren, im Nacken, am Rücken. Bei Erhängten hat man sie an Armen und Beinen zu suchen, bei Strangulierten an Hals und Kopf. Aus der Lage der Totenflecken läßt sich entnehmen, ob mit der Leiche eine Stellungsänderung vorgenommen, sie etwa nach dem Tod erst aufgehängt worden ist. Die Flecken sind meist wegen Sauerstoffmangels blauviolett gefärbt.

Eine Leiche darf erst nach der Leichenschau, die immer ein Arzt vornehmen muß, beerdigt werden.

Die letzte und gewissenhafteste Feststellung der Todesursache bietet erst die Obduktion und Sektion der Leiche. Bestehen Zweifel an der Todesursache, so kann der Staatsanwalt beim Amtsgericht die Obduktion beantragen. Die Angehörigen des Toten können sich einer solchen Anordnung nicht widersetzen. Die Obduktion muß im Regelfall von zwei Ärzten in Anwesenheit eines Richters durchgeführt werden. Es werden in jedem Fall Kopf-, Brust- und Bauchhöhle geöffnet. Hie und da werden auch Staatsanwalt und Polizei bei der Leichenöffnung herangezogen, vor allem, wenn etwa nach dem Mörder ermittelt werden muß.

Die Todeszeit läßt sich nur bis etwa 20 Minuten nach dem Eintreten des Todes genau feststellen. Je größer der Zeitraum wird zwischen dem Tod und der Leichenauffindung, desto größer wird die Schwierigkeit, die Sterbezeit genau zu bestimmen. Deshalb wird üblicherweise sofort nach der Spurensicherung mit der Bestimmung der Todeszeit begonnen. Die Todeszeit pflegt auch ein Arzt vorzunehmen, wobei die Feststellung der Abkühlung der Leiche die unsicherste Methode ist. Sicherer ist die Totenstarre, die 2–3 Stunden nach dem Eintreten des Todes beginnt und verfolgt werden kann. Nach etwa 6–10 Stunden ist erst der ganze Körper starr. Zwischen 24 und 48 Stunden löst sich dann die Starre wieder, und zwar so, wie sie eingetreten war: von oben nach unten.

Die kriminalistische Todeszeitbestimmung geht noch einen anderen Weg. Oft geben in Taschen gefundene Fahrscheine, Rechnungen, Zeitungen o. ä. einen genaueren Anhaltspunkt über die Todeszeit. Wichtig ist auch die Zeugenbefragung, aus der sich oft feststellen läßt, mit wem und wann der Tote zuletzt beisammen war, was er z. B. gegessen hat. Denn die Analyse des Mageninhalts kann aufschlußreich sein.

Der nächste Schritt ist dann die Identifizierung der Leiche. Nicht immer gibt der vorgefundene Ausweis eine einwandfreie Auskunft: Er kann gefälscht sein. Eine Leiche wird aufgrund bestimmter Merkmale wie Narben, Gesichtszüge, Kleidung, persönlichen Gegenständen identifiziert. Blinddarmnarben reichen zumeist nicht zur Identifizierung aus.

Unbekannte Tote können oft durch Vermißtenmeldungen identifiziert werden. Wird aber keine Person vermißt, so schalten sich mehrere Polizeidienststellen ein, denn der Tote könnte aus einer anderen Gegend stammen. Wasserleichen werden oft abgetrieben, und selten begeht ein Selbstmörder seine Tat am Wohnort.

Beim unbekannten Toten geht die Kripo zunächst von den Gegenständen aus, die bei einer Durchsuchung zutage kamen: Kleidung, Schriftstücke, Fahrscheine, Kamm, Uhren, Ringe, Feuerzeuge, Brillen, Zündhölzer, Kugelschreiber usw. Findet man vielleicht ein Monogramm oder eine (Firmen-)Adresse, so bahnt sich schon ein Weg an. In der Kleidung ist wohl ein Firmenschildchen oder Wäschezeichen, auch Reparaturen geben Hinweise. Dann wird die Leiche genau beschrieben: Narben, Tätowierungen, Mißbildungen, Warzen können da wichtig werden. Die Leiche und ihre Lage wird fotografiert. Eine große Rolle spielen die Zähne: Plomben, Kunstgebisse etc. können von Zahnärzten identifiziert werden.

Nach wie vor ist die Methode der Daktyloskopie unumgänglich. Sie hat aber zur Identifizierung nur Zweck, wenn der Tote schon zu Lebzeit sich Fingerabdrücke hatte machen lassen. Dann wird nach Fingerabdrücken am Tatort gesucht. Ist das Gesicht etwa durch Gewalteinwirkung unkenntlich gemacht oder gar zerstört, so wird nicht selten der Versuch unternommen, durch Wundnähte, Schminke und Puder das Gesicht wieder kenntlich zu machen. Mann nennt dies Verfahren »Leichentoilette«. Auch die Art der Bahaarung darf nicht vergessen werden.

Macht die Identifizierung Schwierigkeiten, so wird Rundfunk, Presse und Fernsehen eingeschaltet. Bleibt ein Erfolg immer noch aus, so wird das Bundes- oder Landeskriminalamt bemüht.

Anschließend wird die Leiche sichergestellt, entweder im Friedhof oder im gerichtsmedizinischen Institut. Erst nach Klärung der Todesursache wird die Leiche zur Beerdigung freigegeben.

Auch die Nachlaßfrage obliegt dem Kriminalbeamten, sofern nicht Angehörige diese Frage übernehmen.

Das Problem der Todesermittlung, vor allem hinsichtlich der Totenstarre, erhielt Anfang Oktober 1972 eine völlig neue Version. Bisher waren nur Meßwerte bezüglich des Beginns der Totenstarre einigermaßen bekannt. Nun aber konnte aufgrund von Tierversuchen festgestellt werden, daß auch aus den verschiedenen Stadien, in denen sich die Todesstarre wieder löst, genaue Rückschlüsse auf den Todeszeitpunkt gezogen werden können.

Prof. Balduin Forster von der Universität Freiburg führte Reihenuntersuchungen an Ratten durch, präparierte zur Untersuchung des Problems Totenstarre die Bein-

muskeln der Tiere frei, belastete sie mit verschiedenen Gewichten und schloß sie bei Temperaturen von 5–30 Grad an ein Meßgerät an, das jede Muskelveränderung graphisch festhält.
Bisher konnten die Zeiten für die Lösung der Totenstarre deshalb differieren, weil die Temperaturen an den Leichen unbekannt waren oder nicht gemessen worden sind.
Der »Graphitschreiber« Prof. Forsters hielt nun so genaue zeitliche Werte über die verschiedenen Änderungen am starren Muskel fest, daß es in Zukunft möglich sein dürfte, aus jeder Phase der Starre einen exakten Rückschluß auf den Todeszeitpunkt zu ziehen.
Diese Erkenntnisse könnten eine wichtige Rolle spielen in der Frage um ein Wiederaufnahmeverfahren des Mordprozesses Vera Brühne, jenes Prozesses, der eine der größten Justizaffären in der deutschen Nachkriegsgeschichte auslöste und um den sich immer wieder die Diskussion entzündet (s. S. 100f.).
Vera Brühne war 1962 zusammen mit Johann Ferbach wegen Doppelmordes zu lebenslangem Zuchthaus verurteilt worden. Dieses Urteil stützte sich damals auf Leichenstarre-Befunde, die der Kriminalobermeister Rodatus am Tatort festgestellt hatte. Auch das Gutachten des Sachverständigen Prof. Dr. Laves deckte sich mit den Todeszeitangaben von Rodatus.
Die neuesten gerichtsmedizinischen Untersuchungen von Prof. Forster und seinem Tübinger Kollegen Prof. Dr. Mallach ermöglichen aber die Feststellung einer anderen Lösezeit der Todesstarre und damit auch der Todeszeit. Danach könnte, dem Rodatus-Ergebnis zufolge, die Haushälterin Elfriede Kloo erst ungefähr 48 Stunden später erschossen worden sein, zu einer Zeit also, als sich Vera Brühne nach den Ermittlungen des Gerichts schon wieder in Bonn aufhielt und damit ein einwandfreies Alibi hatte.

3. Der gefährliche Beruf des Polizeibeamten

Wurde nun einiges aus der Arbeit des Kriminalbeamten skizziert, so darf nicht außer acht gelassen werden, daß sein Beruf wie der des Polizeibeamten immer gefährlicher wird. Eine internationale Statistik über Beamte, die bei Ausübung ihres Berufes getötet wurden, gibt es noch nicht. Nur von einzelnen Ländern wird gelegentlich etwas bekannt über das Verhältnis des Schußwaffengebrauchs von Polizisten und Verbrechern. Im September 1972 erklärte z. B. der Leiter der Schutzpolizei von Nordwürttemberg, daß bei 100000 registrierten Straftaten des Jahres 1971 Rechtsbrecher in 617 Fällen von ihrer Schußwaffe Gebrauch machten, während im gleichen Zeitraum die Polizisten nur zwölfmal geschossen hatten. In 254 Fällen hatten die Verbrecher mit ihrer Schußwaffe gedroht.
Während die Tätigkeit der Verbrecher zunimmt, konnte die Personalstärke der Polizisten nicht in ein angemessenes Verhältnis gebracht werden. Im Gegenteil: Trotz der Einstellung von 110 neuen Beamten konnte der Fehlbestand in diesem Bundesland nicht geschlossen werden. Etwa 3000 Beamte gab es zum Zeitpunkt September 1972 in Nordwürttemberg, doch ein Drittel mehr wird benötigt, um ein adäquates Verhältnis zum Ausmaß der Verbrechertätigkeit zu erreichen.
Ein ähnliches Bild zum Problem des Schußwaffengebrauchs wurde ebenfalls Anfang September 1972 für das Land Nordrhein-Westfalen veröffentlicht. In der ersten Hälfte des Jahres 1972 haben in diesem Land die Verbrecher 2004mal von ihrer Schußwaffe Gebrauch gemacht. Im gleichen Zeitraum des Vorjahres wurde dagegen nur 1626mal geschossen. Während 1971 kein Polizist von Verbrechern erschossen wurde, waren es im ersten Halbjahr 1972 bereits 4 Beamte. 3 weitere wurden mit

Autos vorsätzlich angefahren und starben an der Folge der dabei erlittenen Verletzungen.
Im gleichen Zeitraum griffen Polizisten 85mal zur Waffe, dabei 60mal bei der Festnahme von Verbrechern. Gezielt geschossen haben sie 51mal, wobei 12 Verbrecher und eine unbeteiligte Person verletzt wurden. Nur in einem Fall habe ein Polizist unberechtigt von seiner Waffe Gebrauch gemacht, wie der Innenminister des Landes, Willi Weyer, bekanntgab.
Gemessen an der Gefährlichkeit dieses Berufes kann nicht gesagt werden, daß der Polizei- oder Kriminalbeamte angemessen bezahlt wird. Ein Chefarzt z.B. kann monatlich auf 15 000 Mark kommen, ein Bundesminister (ohne Zulagen) auf 10 000 Mark, ein Bundestagsabgeordneter auf 6200 Mark, ein Staatsanwalt auf 2400 Mark, schließlich ein Kriminalkommissar lediglich auf 1600 Mark.
Der Beruf des (Kriminal-)Polizisten ist auch deshalb so gefährlich, weil nicht selten im Kampf gegen die Verbrecher die geeigneten Mittel fehlen. Flüchtet etwa ein Verbrecher oder leistet er Widerstand, so ist der Griff zur Schußwaffe wegen der Verhältnismäßigkeit der Mittel meist nicht angebracht. Dasselbe gilt, daß, wenn der Verbrecher Geiseln genommen hat, deren Leben in erster Linie geschützt werden muß.
Für solche »Grenzfälle« fehlt es am Einsatz wirkungsvoller nichttödlicher Waffen. Eine Analyse der bisher einsatzbereiten, nichttödlichen Waffen, mit denen Gangster und Geiseln zeitweise kampfunfähig gemacht werden können, zeigt eine negative Bilanz. Während es möglich ist, mit chemischen oder biologischen Mitteln die ganze Menschheit auszurotten, fehlen derartige Möglichkeiten im Kampf gegen Einzeltäter. An nichttödlichen Waffen kämen in Betracht: der Gummiknüppel, Pfeile, die aus einer Pistole abgeschossen werden (etwa wie sie Tierfänger benutzen), dazu kommen »modernere« Waffen wie Tongenerator, Elektrotaser, Sofortkleber und Kältemischungen, schließlich der Kampfstoff CS und das Psychoagens BZ.
Der Tongenerator gibt besonders hohe und laute Töne von sich. Mit ihm können z.B. größere Menschenmassen zerstreut werden.
Der Elektrotaser ist ein Gerät, mit dem man ein Bündel von Drähten über den Gegner schießen kann. Diese Drähte stehen unter Strom und lähmen den Gegner so lange, bis der Strom wieder ausgeschaltet wird.
Mit dem Sofortkleber, den man über mehrere Menschen gießen kann, werden diese aneinandergeklebt, sie behindern sich gegenseitig und können so insgesamt kampfunfähig gemacht werden.
Auch die Kältemischungen werden über Menschen gegossen, überziehen sie mit einer Eisschicht und lähmen dadurch ihre Aktivität.
Als weiteres nichttödliches Mittel, das vor allem in Nordirland Verwendung fand, kämen die Gummigeschosse infrage. Ein kegelförmiger Gummipfropfen sitzt dabei auf einer gewöhnlichen Patrone. Wird er aus etwa 25 Meter Entfernung abgeschossen, so hat der Schuß die Wirkung eines saftigen Faustschlages. Die Gefahr dieser Waffe besteht darin, daß, trifft der Pfropfen den Kopf, Gehirnerschütterungen eintreten können.
Die wirksamste und auch am meisten eingesetzte nichttödliche Waffe ist der Reizkampfstoff CS, dem Tränengas ähnlich, aber weitaus wirksamer als der bisherige Kampfstoff CN und DM. Das CS führt zu Reizungen der Augen und Schleimhäute und verursacht Husten und Übelkeit. Die Wirkung des CS setzt sofort ein und gleich sehr stark, so daß der Gegner neben Atemnot oft auch Angstzustände bekommt. Das CS eignet sich vor allem dazu, den Gegner in die Flucht zu schlagen. Die Wirkung des CS hält etwa eine Viertelstunde an. Auch die Verwendung dieses Mittels ist nicht ohne weiteres möglich, da noch nicht untersucht worden ist, ob es dadurch

zu Dauerschäden oder gar – entsprechend stark eingesetzt – gar zu Todesfällen kommen kann.
Das CS wurde zu Beginn der fünfziger Jahre in England hergestellt und fand auch im Vietnam-Krieg häufige Anwendung. Auch in Nordirland wurde es verwendet, darf aber heute nach manchen Protesten nicht mehr eingesetzt werden.
Das Psychoagens hat die entgegengesetzte Wirkung. Vor allem das amerikanische Psychoagens BZ ist (soviel man weiß) eine psychedelische Substanz, die dem Gegner die Kampflust raubt und ihn friedlich werden läßt. Wie LSD versetzt es den Gegner in Halluzinationen. Auch hier sind, entsprechend stark verwendet, körperliche Schäden nicht auszuschließen. Auch dieses Mittel erprobten die Amerikaner im Vietnam-Krieg.
Diese Mittel stehen also auf der Grenze zwischen tödlichen und nichttödlichen Waffen, weshalb ihre Verwendung nicht ohne weiteres im Kampf gegen das internationale Verbrechertum eingesetzt werden kann. Das Gesetz der Verhältnismäßigkeit der Mittel schiebt hier einen Riegel vor. Vor allem können diese Mittel dann nicht verwendet werden, wenn der Verbrecher Geiseln in seine Gewalt genommen hat.
Auf dem Gebiet der nichttödlichen Waffen fehlt der Polizei also bis heute eine wirksame, aber ungefährliche Substanz. Nicht zuletzt kann der Polizist bei Gegenwind selbst von derartigen Mitteln unschädlich gemacht werden.
Somit bleibt als dienstliches Mittel bei der Verfolgung von Verbrechern noch immer der Gebrauch der Schußwaffe. Aber gerade hierfür ist der (deutsche) Kriminalbeamte schlecht ausgebildet, er hat zu wenig Möglichkeiten, sich im Schießen zu üben oder die bei seiner Ausbildung erworbene Schießpraxis im Laufe seiner Dienstjahre zu vervollkommnen. Dies hängt zusammen mit der Nachkriegsgeschichte der Polizei, die immer wieder angehalten wurde, von der Dienstpistole so wenig wie nur möglich Gebrauch zu machen. Erst die jüngsten Fälle der bewaffneten Banküberfälle, der Geiselnahmen und die zunehmende Vorliebe der Verbrecher für die Schußwaffe machten ein Umdenken bezüglich des Waffengebrauchs des Polizisten erforderlich.
In den siebziger Jahren wurden in den einzelnen deutschen Bundesländern Scharfschützenabteilungen eingerichtet, in denen der Polizist lernt, den »absolut sicheren Todesschuß« abzufeuern. In solchen Scharfschützenlehrgängen erhält jeder Teilnehmer mindestens 1000 Schuß Munition, wird an verschiedene Schwierigkeitsgrade herangeführt und auch mit dem Schießen aus der Hüfte vertraut gemacht, einer Methode, in der die amerikanischen FBI-Beamten längst Meister geworden sind. Die nun herangezogenen Scharfschützen der Schutzpolizei werden an Gewehren mit Zielfernrohren getrimmt, die der Kriminalpolizei an der Dienstpistole. Diese war bisher eine 7,65er Waffe, der aber nur »geringe Aufhaltekraft« nachgesagt wurde. Die amerikanischen Kripobeamten sind in der Regel mit einem 8-mm-Revolver ausgerüstet, der möglicherweise auch als Dienstwaffe für deutsche Kripobeamte eingeführt wird.

d) Trends der Kriminalität

1. Tötungsdelikte (international)

Die Einteilung der »unnatürlichen« Todesfälle (Morde) brachte zu verschiedenen Zeiten auch recht verschiedene Aufschlüsselungen: Zählte man z. B. 1860 in Sachsen nur Raubmorde, Leidenschaftsmorde und Sexualmorde dazu, so kamen etwa 1930 Morde aus Eifersucht oder Untreue, Rachsucht und Gewinnsucht, Raufhandel oder Solidaritätsgefühl dazu, ebenso der Leidenschaftsmörder wie der politische Mörder (= Attentäter). 1949 war die Tabelle noch mehr verfeinert und aufgegliedert in arbeitsscheue Berufsverbrecher, Vermögensverbrecher, Verbrecher aus Angriffslust oder aus Mangel an Gemeinschaftsdisziplin etc. 1952 unterschied man weiter den Mord aus Haß, Eifersucht, Angst, Verzweiflung, Notwehr usw. Zum Raub- und Eifersuchtsmord kam 1956 der Gewinnmord, Konfliktmord, Deckungsmord.

1968 erbrachte die Typologie den rationalen Täter (hochgradiger Egoismus, Gefühls- und Gemütsarmut) zum Affekttäter und Triebtäter.

Ein Vergleich der Straftatenzahlen von 1953 und 1969 zeigt folgende Trends der Mordfälle:

Straftatenzahlen 1953 und 1969 in Deutschland:

	1953	1969
Mord und Totschlag:	325	662
Mordversuch und Totschlagversuch:	518	1366
Kindestötung:	205	87
Körperverletzung mit Todesfolge:	744	225
fahrlässige Tötung:	3926	787

Während sich für Mord und Totschlag ein leicht steigender Trend anzeigte, so für Mord- und Totschlagversuch ein sehr starker. Kindestötung, Körperverletzung mit Todesfolge und fahrlässige Tötung ergaben dagegen einen fallenden Trend.

Die Tötungsdelikte zusammengenommen ergaben zwischen 1955 und 1964 folgende internationale Häufigkeitsziffern:

Tötungsdelikte (international) 1955 und 1964

Land	1955	1964
Deutschland:	2,1	2,7
Österreich:	2,6	2,0
Frankreich:	1,0	2,8
Niederlande:	2,3	2,9
Dänemark:	1,3	0,9
Schweden:	1,6	2,1
England und Wales:	0,8	1,0
Italien:	3,7	2,6

Die Straftatenziffer zwischen der DDR und der BRD lag 1960 bei 0,9 und 2,0; 1966 bei 0,7 und 3,0.

1950 bis 1968 wurden in der BRD verurteilt:
2653 Personen wegen Mord und Mordversuch
2855 Personen wegen Totschlag und Totschlagversuch
781 Personen wegen Kindestötung
40 Personen wegen Tötung auf Verlangen

Aufklärungsquoten (international) der Tötungsdelikte (insgesamt) von 1955 und 1964

Land	1955 (in %)	1964 (in %)
Deutschland	89,3	92,3
Österreich	98,2 (1956)	97,6
Frankreich	53,8	84,4
Niederlande	96,0	96,3
Dänemark	100,0	85,0
Schweden	100,0	83,3
England und Wales	95,4	86,0
Italien	89,5	94,0

Morde in Städten mit mehr als 250 000 Einwohnern in USA (1948–1952) (Auswahl)

Stadt	durchschnittl. Straftatenziffer	Morde	Bevölkerung (1950)
Miami	15,1	188	251 276
Dallas	13,7	298	434 462
Washington	11,8	473	802 175
Chikago	7,8	1415	3 620 962
Boston	5,3	211	801 144
New York	3,7	1467	7 891 957

Als Mordmittel lassen sich aufzählen: Erschlagen, Erschießen, Erwürgen (Erdrosseln, Ersticken), Erstechen einschl. Durchschneiden der Kehle, Vergiften, Ertränken, Abstürzen, Verbrennen, Zertreten, Verhungernlassen. Auch die Euthanasie gehört dazu, die vor allem im Dritten Reich in Deutschland von Staats wegen durchgeführt wurde. Es ließ sich bereits 1930 eruieren, daß Südländer mehr zum Erstechen neigen (die Verwendung des Federmessers erfolgt fünfmal so oft wie bei Weißen), die Weißen dagegen mehr zum Erschlagen tendieren (durch Faustschläge, Fußtritte, dreieinhalbmal so oft wie Neger).
Als Mordmittel bei Selbstmorden kommen in Betracht: Medikamente, Ätzgifte, Hausgase, Autoabgase, Erhängen, Ertränken, Erschießen, Selbstverbrennung, Sturz aus der Höhe.

2. Zur Entwicklung der Gewaltkriminalität in Deutschland

Nach Angaben des Statistischen Bundesamtes Wiesbaden (Mai 1972) sind in den Jahren 1965 bis 1970 die Angriffe auf Leben und Gesundheit im Vergleich zu den fünfziger Jahren um etwa die Hälfte zurückgegangen, wohingegen im gleichen Vergleichszeitraum die Entwicklung der Gewaltkriminalität zunahm, die Quote bei Raub z. B. um 30%. Von 100 000 straffähigen Männern im Alter von 18 bis 50 Jahren haben
in der Zeit von 1880 bis 1900 drei Gewaltdelikte (Raub) begangen,
in der Zeit von 1900 bis 1914 vier,
in der Zeit von 1920 bis 1939 fünf,
in der Zeit von 1945 bis 1955 elf,
in der Zeit von 1955 bis 1965 vierzehn.

Seit 1965 verstärkte sich die Tendenz der Raubdelikte beträchtlich, wohingegen die schweren Körperverletzungen nur noch etwa ein Zehntel betrugen gemessen an denjenigen der Jahrhundertwende. Mord und Totschlag hielten über fast 100 Jahre eine auffallende Konstanz.

Ein Vergleich mit der Ausländerkriminalität ist nur für die 20- bis 30jährigen möglich. Prozentual berechnet, kommen bei Ausländern mehr Delikte vor als bei Deutschen, vor allem Vergewaltigungen und Tötungen.

In dem Land Baden-Württemberg erreichte z.B. (nach Angaben des Justizministers) die Kriminalität im Jahr 1971 mit 300953 bekanntgewordenen Fällen von Straftaten den bisher absoluten Höhepunkt.

Im Vergleich der einzelnen Länder der BRD zeigt die Statistik (für 1971) als häufigstes Delikt den Diebstahl, als zweithäufigstes den Betrug. Die Tabelle ist berechnet auf 100000 Einwohner der einzelnen Länder.

–	Diebstahl	Betrug	Sexualdelikte	Mord und Totschlag	Raub und Erpressung
–					
Schleswig-Holstein	2700	330	66	2,75	16,6
Niedersachsen	2200	280	60	2,84	15,2
Nordrhein-Westfalen	2300	240	65	2,96	20,6
Hessen	2400	260	61	4,69	24,0
Rheinland-Pfalz	1700	240	51	2,92	13,2
Saarland	1600	200	54	4,52	15,6
Baden-Württemberg	1600	300	58	3,40	15,8
Bayern	1500	330	64	3,64	13,4
Hamburg	4300	630	86	3,96	44,4
Bremen	4200	510	82	4,63	40,5
Berlin	4300	450	66	3,61	31,2
–					
Bundesrepublik / Durchschnitt	2200	300	63	3,33	18,9

Insgesamt wurden 1971 2441413 Verbrechen und Vergehen begangen, wobei Verkehrs- und Staatsschutzdelikte nicht mitgerechnet wurden. Zum Vergleich: 1970 wurden 2413568 Straftaten gezählt. Die Aufklärungsquote lag 1971 bei 46,8%, was bedeutet, daß nicht einmal die Hälfte der Straftäter dem Richter zugeführt werden konnten. Die Aufklärungsquote lag bei Sexualmord (98%), bei Betrugsfällen (97,5%), bei Rauschgiftdelikten (97%), bei Mord (92,8%), Raub (56,5%), Brandstiftung (40,5%), Verbrechen wider die persönliche Freiheit (87,9%), Körperverletzung (86,2%).

Tabellarischer Überblick:

Mord und Totschlag Fälle	Gefährliche u. schwere Körperverletzung Fälle	Verbrechen wider die persönliche Freiheit Fälle	Raub, räuber. Erpressung, Autostraßenraub Fälle	Diebstahl Fälle	Brandstiftung Fälle	Betrugsdelikte Fälle	Rauschgiftdelikte Fälle
1965: 1556	30403	11694	7655	1034957	2415	177343	1003
1967: 1908	31860	14941	9784	1242510	3337	192601	1349
1969: 2028	34955	17775	11503	1360812	4413	183534	4761
1971: 2464	35133	21597	15531	1608645	5288	172672	25287

Als Stadt mit der relativ größten Zahl von Gewaltstraftaten pro Jahr (berechnet auf 100000 Einwohner) gilt in der Bundesrepublik nicht Hamburg, nicht München und auch nicht Frankfurt, sondern Mannheim. Die Lage dieser Stadt im Dreiländereck (Baden-Württemberg, Rheinland-Pfalz, Hessen) erlaubt es dem Straftäter, sich durch raschen Übertritt von einem Bundesland ins andere der Polizei vorübergehend zu entziehen. Hinzu kommt, daß hier etwa 30000 Ausländer und weitere 15000 amerikanische Soldaten leben, alles Umstände, die dazu beitragen, daß außer für Raubdelikte hier auch ein besonders günstiger Boden für Waffen-, Rauschgift- und Autohandel (durch »Umfrisieren«, Umspritzen etc.) besteht.

3. Verkehrsdelikte in der BRD

Im Jahre 1971 wurden im Straßenverkehr in Deutschland 18753 Menschen getötet und 518000 verletzt. 23,8% aller Verkehrstoten und 10,6% der Verletzten kamen auf das Konto von zuviel Alkoholgenuß. Besonders die schweren Unfälle passierten durch das Fahren mit zuviel Alkohol im Blut.
Mit der Herabsetzung der Blutalkoholgrenze von 1,3 auf 0,8 Promille konnten die Gefahren nicht reduziert werden. Denn gerade angetrunkene Fahrer unter der 0,8-Promille-Grenze fühlen sich animiert zu riskantem Fahren. Die physische Leistungskraft wird überschätzt.
Im ersten Halbjahr 1972 sind in der BRD bei 180561 Straßenverkehrsunfällen 8644 Personen getötet und 252485 Menschen verletzt worden (laut Angaben des Statistischen Bundesamtes in Wiesbaden). Gegenüber dem gleichen Zeitabschnitt des Vorjahres nahm die Zahl der Unfälle mit Personenschaden um 5,4% zu; die Zahl der Getöteten erhöhte sich um 446 oder 5,4%; die der Verletzten um 11744 oder 4,9%.
Allein im Ferienmonat Juli 1972 sind bei Unfällen 1781 Personen getötet und 50288 verletzt worden. Die Steigerung betrug für diesen Monat im Vergleich zum Juli 1971 bei den Todesopfern 2,9 und bei den Verletzten 1,2%.
In Deutschland wurde Anfang 1970 eine »weiche Welle« im Vorgehen gegen straffällig gewordene Autofahrer eingeführt. Weitgehend wurde bei Verkehrsdelikten und bei Fällen von Trunkenheit am Steuer auf die Verhängung kurzfristiger Freiheitsstrafen verzichtet zugunsten einer großzügigeren Handhabung der Strafaussetzung auf Bewährung. Statt dessen trat die Verhängung empfindlicher Geldstrafen ein. Aber die Autofahrer haben bis 1972 diese »weiche Welle« nicht honoriert, im Gegenteil: Die Fälle von Trunkenheit im Straßenverkehr sind innerhalb dieser zwei Jahre beträchtlich angestiegen.
In diesen zwei Jahren stieg der Prozentsatz von Alkoholdelikten z. B. in Nordwürttemberg um 23,1% an, in Niedersachsen kletterte die Statistik von 17051 (1969) auf 19274 (1970) an, in Bayern im gleichen Zeitraum von 9284 auf 10497. In Hessen betrug die Zahl der eingezogenen Führerscheine 1969: 7279, 1971: 9573. Geldbußen machten die Autofahrer offenbar sorgloser im Straßenverkehr und wirkten nicht so abschreckend wie erwartet in bezug auf Alkoholgenuß.
In Nordrhein-Westfalen lediglich konnte ein Rückgang der Zahl der Toten bei Verkehrsunfällen registriert werden: 1971 waren es 1,6% weniger als im Vorjahr. Die Zahl der Verletzten bei alkoholbedingten Unfällen ging sogar um 7,7% zurück.

4. Verkehrsdelikte in der DDR

Laut einer von den Behörden der DDR veröffentlichten Statistik stieg die Verurteilung von Verkehrssündern von 1969 bis 1970 um annähernd 3000 Verfahren. Jährlich werden in der DDR 11 000 bis 14 000 Verkehrsstraftaten (darunter steht an erster Stelle [60%] das Fahren unter Alkoholeinwirkung) begangen.
Generell wird in der DDR bei Verurteilungen wegen eines unter Alkoholeinfluß begangenen Verkehrsdeliktes der Führerschein entzogen und eine Geldstrafe verhängt. Die Höchstdauer des Führerscheinentzugs wurde auf 5 Jahre festgelegt, bei besonders schweren Fällen kann sie aber auch auf Lebenszeit erweitert werden.
Zur Abschreckung des Autofahrens unter Alkoholeinwirkung verschärften auch die Versicherungen der DDR ihre Bestimmungen. War bisher der Verkehrssünder verpflichtet, 10% der Schadenssumme zu zahlen, so wird er nun voll regreßpflichtig der Versicherung gegenüber gemacht. Auch werden die Namen der Verurteilten samt ihrer Adresse in den örtlichen Zeitungen veröffentlicht.
Verursacht der Verkehrssünder unter Alkoholeinwirkung einen schweren Verkehrsunfall, so wird eine Freiheitsstrafe von mindestens einem Jahr verhängt. Es ist sogar erlaubt, einen Betrunkenen an der Autofahrt zu hindern, indem die Batterie abgeklemmt oder die Luft aus den Reifen gelassen wird. Dies forderte der Oberrichter am Obersten Gericht der DDR, Hans Neumann.
Im Bezirk Rostock wurden im dritten Quartal des Jahres 1971 insgesamt 682 betrunkene Autofahrer verurteilt, in Ostberlin wurden im Jahre 1971 2500 Fahrern der Führerschein entzogen, davon 70% wegen Fahrens unter Alkoholeinwirkung.

5. Unfallflucht und ihre Aufklärung

Die Zahl der unfallflüchtigen Autofahrer nimmt von Jahr zu Jahr zu. Doch mit fast 100%iger Sicherheit wird heutzutage jeder Unfallfahrer aufgespürt. Computer, moderne Chemie, exakte Laboruntersuchungen und meist auch zahlreiche Hinweise bringen die Polizei in der Regel auf die richtige Fährte. Die Aufklärungsquoten liegen sehr hoch, das Risiko unfallflüchtiger Autofahrer liegt noch höher. Bei schweren Unfällen flüchtet laut Statistik jeder 5. Autofahrer, bei leichteren jeder 6. bis 9. 60 bis 70% der leichteren Unfälle entstehen in den Großstädten und werden auch aufgeklärt, auf dem Lande sind es etwa 50%.
In der Regel ist es auf dem Lande leichter, Unfallflucht zu begehen. Denn die Möglichkeit, daß Zeugen auftauchen, ist wesentlich geringer als in der Stadt. Aber auch hier liefern aufgefundene Glassplitter, abgebröckelte Lackfarben, herumliegende Chromteile und noch so kleine Wollfasern Hinweise auf den Unfallwagen.
Vor allem die Lackprobe ist unbestechlich, denn noch nie hat eine Spektralanalyse der anderen geähnelt. Die Lackprobe kann den Wagen fast ebenso sicher identifizieren wie die Papillarlinien den Menschen.
Anhand der Stärke von Lackschichten kann auf den Fahrzeugtyp geschlossen werden, die Farben geben Aufschluß über Baujahr und Modell.
Bei der Suche nach flüchtigen Unfallwagen spielen auch die Glühbirnen des Scheinwerfers eine große Rolle. Es kann z. B. genau festgestellt werden, ob die Glühbirne bei der Kollision gebrannt hat oder nicht, ob sie erst nachträglich eingeschaltet wurde und sogar, ob Abblendlicht oder Fernlicht brannte.
Am meisten überhand nahmen die sogenannten »Parkplatzkarambolagen«. Wegen ihrer Geringfügigkeit erscheinen sie meistens nicht in den Polizeistatistiken. In jedem 3. Fall begeht der Parkplatzunfaller Flucht, ohne Name und Adresse zu hinterlassen. Diese Fälle werden fast nie aufgedeckt.

6. Zum Problem der Selbstmörder (Deutschland)

Anfang September 1972 veröffentlichten Versicherungsgesellschaften für 13 Länder Europas eine Analyse, aus der hervorgeht, daß der Typus des Selbstmörders der alte alleinstehende Mensch ist, der in der Großstadt lebt. Meist gehört er zur oberen Gesellschaftsschicht. Besonders anfällig für Selbstmorde ist der Vorabend eines Feiertages. Der Statistik zufolge nehmen sich mehr Frauen als Männer das Leben, wobei mehr als zwei Drittel der männlichen Selbstmörder »mit Erfolg« Hand an sich legen.
Der Tatsache, daß die Selbstmordrate mit zunehmendem Alter steigt, steht die andere gegenüber, daß auch bei jugendlichen Selbstmördern mehr Mädchen und junge Frauen als jugendliche Männer sind.
Der Selbstmord zählt in allen Ländern der Bundesrepublik zu den zehn häufigsten Todesarten. Neben dem Alter gelten als Gründe für Selbstmorde: Depressionen (ein Drittel bis die Hälfte aller Selbstmörder), Süchte, Alkoholismus, Vereinsamung und Entwurzelung, sei es durch Gefängnis-, Spital- oder Heimaufenthalt. In der Bundesrepublik betrug 1972 die Selbstmordziffer 17,6%.
Auf die Jahreszeit bezogen ergab sich folgendes Bild: Im Dezember nahmen sich mehr Frauen als Männer das Leben, im Juni dagegen mehr Männer. Insgesamt gesehen traten im Sommer die wenigsten Selbstmorde auf, die meisten im Frühling und Winter.
Männer pflegten die »härteren Methoden« wie Erhängen oder Erschießen zu bevorzugen, Frauen dagegen die »weiche Art« durch die Einnahme von Schlaftabletten oder durch den Sturz in die Tiefe.

7. Jugendkriminalität

Zufolge einer Statistik von FBI für das Jahr 1971 waren etwa 55% aller amerikanischen Raubtäter und 47% der Gewalttäter jünger als 21 Jahre, also Jugendliche. Bei wegen Mordes und Totschlags verhafteten jungen Amerikanern unter 18 Jahren stieg zwischen 1966 und 1971 die Steigerungsquote um 87%.
Auch in der Bundesrepublik Deutschland stieg die Zunahme jugendlicher Verbrechen sprunghaft an. Zwischen 1963 und 1970 kletterten die bekanntgewordenen Straftaten (nach der Statistik des Bundeskriminalamtes) von 1,68 auf 2,41 Millionen an, was einer Steigerungsrate von 20% entspricht. Maßgebend beteiligt an diesem Hochschnellen des Prozentsatzes waren Kinder und Jugendliche.
Zwischen 1963 und 1970 blieb die Zahl der ermittelten erwachsenen Täter fast konstant. Bei Kindern (unter 14 Jahren) stieg jedoch der Prozentsatz um 77, bei Jugendlichen (14–18 Jahren) um 91 und bei Heranwachsenden (18–21 Jahre) um 52.
Die Kriminalität hat sich der Statistik zufolge auf die jüngeren Jahrgänge verschoben. Der leichte Rückgang der Erwachsenenkriminalität ließ darauf schließen, daß die jugendlichen Straftäter, die oft nur ein einziges Mal mit dem Strafgesetz in Berührung kommen, sich immer mehr der Gesellschaft anpassen, je älter sie werden.
Obgleich nicht weniger als etwa 40% der jungen deutschen Männer unter 24 Jahren strafrechtlich verfolgt wurden und damit größtenteils von den kriminellen Möglichkeiten des Lebens Gebrauch machten, gelten sie nicht im eigentlichen Sinn als »Kriminelle«, sondern eher als Delinquenten, die, innerlich noch ungefestigt, dem kriminellen »Reiz« zum Opfer fielen, den ihnen ihre Umgebung, ihre soziale Schicht täglich anbietet.

Von den 2,41 Millionen Verstößen gegen das Strafgesetz (1970) waren 1,55 Millionen Fälle von Diebstahl und Einbruch, wobei mehr als die Hälfte der Diebe und Einbrecher Jugendliche unter 21 Jahren waren. Diebstahl zählt offenbar zu den »Reizen«, denen der Jugendliche am meisten ausgesetzt ist. Von den erwischten Jugendlichen waren 71% der Jungen und 84% der Mädchen Diebe. Und zwar wurden überwiegend Dinge gestohlen, die gerade gebraucht und später oft auch wieder irgendwo liegengelassen wurden: Fahrräder etwa, auch Autos, mit denen der Jugendliche vor seinem Mädchen protzen und es irgendwohin fahren will. Kaufhäuser und Selbstbedienungsläden animieren besonders attraktiv zum Diebstahl.
Nur jeder zehnte erwischte Jugendliche wird wegen dieser Delikte mit Jugendgefängnis bestraft. Meist begnügt sich der Richter, Denkzettel zu verpassen, sei es als Verwarnung, Jugendarrest oder auch nur einer »Weisung«.
Als Grund für diese jugendliche Kriminalität gelten auch hier der Anlagecharakter einerseits und die soziale Umwelt, in der der Jugendliche aufwächst, andererseits. Vor allem die soziale Schädigung in der frühen Kindheit wird als entscheidender »Negativ-Faktor« angesehen, als Boden, der ein späteres kriminelles Verhalten züchten kann.

8. Kinderkriminalität

In der Bundesrepublik geraten alljährlich etwa 70000 Kinder unter 14 Jahren mit dem Gesetz in Konflikt. Es sind Delikte des Diebstahls, der Brandstiftung und Roheitsdelikte, die sich in sinnloser Zerstörungswut austoben. Gelegentlich geht die Terrorisierung der Schwächeren bis zum Mord.
Als Ursachen gelten negative Vorbilder, unvermeidliche Milieuschäden, Erziehungsfehler und Versäumnisse einer kinderfeindlichen Gesellschaft. Vor allem auch fehlt es den Jugendämtern an den notwendigen Geldmitteln und an psychotherapeutischen Fachkräften.
1960 kamen 9,3% der straffälligen Kinder aus einem sozial schwachen oder zerrütteten Elternhaus, 1965 waren es nur noch 6,5%. Die sozialen Grenzen verwischen sich also. Zwar sind heimgeschädigte Kinder noch am meisten gefährdet, aber auch solche aus dem sogenannten Perserteppich-Milieu, in dem die Eltern mehr konsumieren als nötig wäre, verhalten sich zunehmend kriminell. Solche Kinder wollen sich nach unten hin anpassen und es den scheinbar freieren, wagemutigeren Kindern gleichtun.
Neben die Verwöhnung tritt bei ihnen gleichzeitig die Vernachlässigung. Die Eltern kaufen ihren Kindern lieber alles, als sich mit ihnen zu beschäftigen. Die Kinder lernen nicht zu verzichten. Und wenn sie dann etwas nicht bekommen, nehmen sie es sich einfach unerlaubt, unter Umständen auch mit Gewalt. Die Kinder stehlen, was sie gerade haben möchten: Spielsachen, Süßigkeiten, Schallplatten, die Mädchen Kleider, Lippenstifte, Perücken, also durchweg Luxusgüter. Die Kinderkriminalität kann sich um so leichter ausbreiten, als die kriminellen Kinder wissen, daß sie nicht bestraft werden können. Oft ist die Kinderkriminalität auch eine Art Notruf, zu dem das Kind greift, um beachtet zu werden.
Wie bei Jugendlichen scheut man sich heutzutage auch bei Kindern, das harte Wort »Kriminalität«, das im Strafrechtsdenken mit den Begriffen »Schuld« und »Sühne« verknüpft ist, anzuwenden. Man bevorzugt das Wort »Delinquenz«, womit gemeint ist, daß das soziale Fehlverhalten von Jugendlichen und Kindern auf ein Fehlverhalten der Gesellschaft gegenüber Jugendlichen und Kindern zurückzuführen ist. Als Ursache der Jugend- und Kinderkriminalität gilt die »Dissozialität«, worunter die moderne Soziologie alle Formen von sozialem Fehlverhalten versteht, ganz gleich,

ob dieses Fehlverhalten bis hin zum Verstoß gegen das Strafgesetzbuch reicht oder nicht. Vom Weg in die »Dissozialität« sind besonders betroffen eben diejenigen Kinder und Jugendlichen, die in Säuglings-, Kinder-, Fürsorgeheimen aufwachsen müssen, die aus zerrütteten oder verwahrlosten Elternverhältnissen stammen und ohne die notwendige Liebe und Geborgenheit großgezogen werden.

9. Verbrechensbilanz in einigen Ländern und Städten

a) Österreich

In dem vom Österreichischen Innenministerium für das Jahr 1970 veröffentlichten Sicherheitsbericht wurden 285 507 Straftaten mitgeteilt, wovon 95 134 als Verbrechen und 190 373 als Vergehen und Übertretungen gewertet wurden.
Die Verbrechen gegen Leib und Leben, worunter Mord, Mordversuch, Totschlag und schwere Körperverletzung zu verstehen sind, stiegen im Verhältnis zum Vorjahr (1969) um 8,7% an. Im Vergleich zu anderen Verbrechensarten waren die schweren Verbrechen um viermal mehr gestiegen als 1969. Damit lag Österreich nicht mehr sehr weit hinter dem »klassischen« Land des Verbrechens, den USA, zurück. In Amerika wurde eine Steigerungsrate der Schwerverbrechen von etwa 10% festgestellt.
Verbrechen gegen fremdes Eigentum stiegen in Österreich »nur« um 2,5%, aber nicht einmal die Hälfte davon konnte aufgeklärt werden. Die Aufklärungsquote lag 1970 bei 41,7%. Auch in Österreich spielt die Rauschgiftwelle eine große Rolle. Für 1970 wurden 960 schwere Rauschgiftdelikte gemeldet. Der Anteil der Minderjährigen an diesen Delikten stieg um 53% gegenüber 1969 an.
Nur die Zahl der Sittlichkeitsverbrecher war 1970 zurückgegangen. In diesem Jahr (1970) waren es 156 Fälle weniger als im Vorjahr, und von den insgesamt 2093 Fällen konnten 88% aufgeklärt werden.

b) USA

Nach der für das Jahr 1971 herausgegebenen Statistik der Bundeskriminalpolizei FBI stieg die Kriminalität in den USA gegenüber dem Jahr 1970 um 7% an. Gewaltverbrechen wie Mord, Vergewaltigung, Raubüberfall und tätliche Angriffe nahmen um 11% zu. Bei Eigentumsdelikten wie Einbruch und Diebstahl lag die Steigerung bei 7%.
Nach der FBI-Statistik wurden in den USA im Jahr 1971 17 630 Menschen ermordet, das sind 1770 mehr als 1970. Innerhalb der Jahre 1966 bis 1971 stieg die Zahl der Morde um 61% an. Über die Hälfte aller Morde wurden 1971 mit Handfeuerwaffen (Pistolen und Revolvern) verübt, 14% mit Gewehren und 20% mit Messern. – 42 000 Vergewaltigungen wurden registriert, das sind 11% mehr als 1970 und 64% mehr als 1966. – Die Zahl der Raubüberfälle stieg um 11% auf 385 910 Fälle, das sind 145% mehr als 1966.
Eigentumsdelikte in Form von Autodiebstählen nahmen 1971 nur um 2% zu, blieben aber das häufigste Delikt der USA: 941 600 Autos wurden 1971 gestohlen, statistisch berechnet alle 33 Sekunden eines.
Alle 39 Sekunden geschah 1971 in den USA ein Gewaltverbrechen: Alle 30 Minuten wurde ein Amerikaner ermordet, alle 13 Minuten wurde eine Amerikanerin vergewaltigt, alle 82 Sekunden passierte ein Raubüberfall, und alle 86 Sekunden wurde ein US-Bürger tätlich angegriffen.

Kriminalität in amerikanischen Vorstädten:
Viele amerikanische Familien, die wegen der wachsenden Kriminalität aus den Städten in die Umgebung geflüchtet sind, wurden vom Verbrechen bereits eingeholt. Das FBI veröffentlichte eine Statistik für die Monate Januar bis März 1972, aus der hervorgeht, daß die Zuwachsrate des Verbrechens in den Vorstädten und auf dem Land weitaus höher liegt als in Städten mit über 25 000 Einwohnern.
Die Zuwachsrate (verglichen mit dem gleichen Zeitraum des Jahres 1971) betrug in den Vorstädten 4%, auf dem Land 8%.
An der Spitze standen Vergewaltigungen, gefolgt von Raubüberfällen, Mord und Diebstahl.

c) Japan

Japan war 1972 das einzige Land, in dem die Kriminalstatistik sank. In Tokio betrug die Zahl der Delikte im Jahre 1971 1,888 Millionen gegenüber 1,93 Millionen im Jahre 1970. Vor allem wurde ein Rückgang der Zahl der Morde, Diebstähle und Sexualverbrechen registriert. Insgesamt nahm jedoch der gewalttätige Charakter der Vergehen stark zu. Außerdem wurde ein bedenkliches Anwachsen der Kinderkriminalität in der Altersgruppe der 14- und 15jährigen festgestellt.
New York und Tokio, jene beiden Riesenstädte, können also zwar miteinander konkurrieren, was die Bevölkerungsdichte anbelangt, nicht aber, was die Verbrechen betrifft. Gilt New York als eine der unsichersten Städte, so Tokio als eine der sichersten der Welt.
In New York wurden 1970 viermal so viele Vergewaltigungen, fünfmal so viele Morde und hundertfünfzigmal so viele Raubüberfälle begangen wie in Tokio. In New York stieg in den vergangenen Jahren die Zahl der Verbrechen ständig an, in Tokio blieb sie im gleichen Zeitraum konstant. Außerdem konnten japanische Polizisten sehr viel mehr Verbrechen aufklären als ihre New Yorker Kollegen.
Während in Amerika bei der Hälfte aller Verbrechen von der Schußwaffe Gebrauch gemacht wurde, geschah dies in Japan (Tokio) nur in 2 oder 3% der Fälle. Als Grund dafür gelten die sehr strengen Bestimmungen gegen Waffenbesitz. In Japan braucht man für jede Schußwaffe, selbst für einen kleinen Dolch, eine polizeiliche Genehmigung.
Als weiterer Grund kommt die unterschiedliche Kultur und Geschichte in Betracht. In der japanischen Kultur spielt das Gewehr bei gewaltsamen Auseinandersetzungen keine Rolle; in der amerikanischen Wild-West-Tradition und der frühen Pionierzeit war dagegen das Gewehr oder die Pistole die wichtigste Waffe für den Kampf zwischen Männern.
Herrscht im amerikanischen Wildwestfilm noch heute die Schießerei vor, so in den japanischen Samurai-Filmen ausschließlich die Auseinandersetzung mit dem Schwert. Auch jetzt noch wird das Schwert gelegentlich in Tokio bei Verbrechen benutzt.
Ähnlich sieht der Vergleich bei Rauschgiftdelikten aus. In New York waren 1969 24% der eines Raubes und 33% der des Diebstahls verdächtigten Personen Rauschgiftsüchtige, in Japan ist dagegen die Zahl der Rauschgifttäter unbedeutend.
Während in New York die Räuber meist fremde Menschen überfallen, begeht man in Tokio dieses Verbrechen in erster Linie Bekannten gegenüber. Dies läßt sich aus der Homogenität der japanischen Gesellschaft erklären. In Amerika ist dagegen das Verbrechen meist ein Akt des Klassen- oder Rassenhasses.

d) London

Die von Scotland Yard für das erste Halbjahr 1972 veröffentlichte Statistik stellte fest, daß in London täglich über 1000 Fälle von Gewalttätigkeit wie Körperverletzung, Überfall und bewaffneter Raub passieren. Insgesamt wurden für diese Zeit 181899 Fälle von Gewaltverbrechen registriert. Dies bedeutete eine Zunahme von 7,8% gegenüber dem gleichen Zeitraum von 1971, wobei sich die Zahl der Vergewaltigungen sogar verdoppelte.
Im ersten Halbjahr 1971 wurden von der britischen Polizei 50000 Verbrechen aufgedeckt.

e) Sowjetunion

Wie überall in der Welt dient auch in der Sowjetunion das Strafrecht der Verbrechensbekämpfung. Die Entwicklung der Kriminalität in der UdSSR läßt sich nur sehr lückenhaft nachzeichnen, weil nur sehr wenig Material veröffentlicht wird und die seit 1961 geführte Justizstatistik nur dem internen Dienstgebrauch zur Verfügung steht.
Offiziell beklagt wird (für das Jahr 1971) die ständig fallende Aufklärungsquote einerseits und das Ansteigen der Kriminalität besonders unter den Jugendlichen andererseits. Vor allem die Eigentumskriminalität, die von Jugendlichen verschuldet wird, machte drei Viertel der insgesamt begangenen Straftaten aus. Besorgniserregend war auch das Vergehen am »öffentlichen Eigentum«, z.B. in Fabriken oder Kolchosen. Die hier verzeichneten Diebstähle machten ein Viertel der Gesamtkriminalität aus.
Nach wie vor an der Spitze aber standen die durch Alkoholgenuß bedingten Verbrechen. Unter den unter Alkoholeinfluß begangenen Verbrechen waren 81% aller vorsätzlichen Tötungen, 57% der Körperverletzungen und 96% der Delikte, die auf das Konto des Rowdytums gehen. Der Gesetzgeber versuchte durch ein starkes Anheben der Alkoholpreise und durch Strafverschärfung dieser Entwicklung entgegenzuwirken.
Besonders interessant war in der UdSSR die Diskussion um die Ursache der Kriminalität. Ursachen können ihr zufolge sowohl im Milieu wie in der Anlage des Täters liegen. Die Anlagetheorie wird durchweg abgelehnt, weil sie nicht zu den Lehren des historischen und dialektischen Materialismus paßt. Somit bleibt nur die Milieutheorie. Und gerade diese Theorie mußte sich den verschiedenen Stadien der gesellschaftlichen Entwicklung in der UdSSR anpassen und wurde auch mehrmals abgeändert.
In einer ersten Phase der gesellschaftlichen Entwicklung, die etwa von 1918 bis 1938, dem Ende der großen Säuberungsprozesse, lief, wurde die Kriminalität als eine Spätfolge der Sozial- und Wirtschaftsverfassung der Zarenzeit interpretiert.
Doch auch in der zweiten Phase, als der Sozialismus vorangekommen und der Weg zur »klassenlosen« Gesellschaft beschritten war, blieb die Kriminalität im Vergleich zur ersten Phase ziemlich konstant. Nun konnte nicht mehr die Gesellschaft an der Kriminalität schuld sein, sondern jetzt war es das Individuum, das noch nicht gelernt hatte, von verhängisvollen Vorstellungen und Wunschbildern loszukommen und noch immer nach Privateigentum, nach persönlichem Gewinn, nach eigenem gesellschaftlichem Vorteil trachtet und deshalb mit den Lehren des Sozialismus in Konflikt kommt. Vor allem der Hang zum Alkohol gilt als ausschließlich subjektiv bedingt.
Mit der Zeit war aber auch diese ins Subjektive gewendete Milieutheorie nicht mehr

haltbar. In der Spätzeit Stalins mußte daher die Diskussion um die Fragen der Ursachen der Kriminalität ganz verschwinden.
Erst Chruschtschow vertrat in den sechziger Jahren die Ansicht, daß es eine vom kapitalistischen System und dessen »subjektiven Nachwirkungen innerhalb der sozialistisch gewordenen Gesellschaft« unabhängige Kriminalität gibt. Damit wurde zumindest teilweise die Frage nach der Ursache wieder auf die sozialistische Gesellschaft zurückorientiert.
Heutzutage wird als Antwort auf die Ursachenfrage weitgehend eine Art Synthese zugelassen: Es wird anerkannt, daß es Widersprüche zwischen dem einzelnen Menschen und dem Sowjetsystem gibt, welche Widersprüche zu kriminellen Handlungen führen können.
Diese Widersprüche werden in »echte« und »unechte« gegliedert. Zu den »echten« gehören z. B. politische Kontroversen, die sich etwa in Attentaten entladen können; zu den »unechten« zählen Kontroversen zwischen dem einzelnen und dem Sozial- und Wirtschaftssystem der UdSSR.
Anhand dieser Gliederung entstand seit 1965 eine Neuorientierung der sowjetischen Kriminologie. Es wird zugegeben, daß es trotz der fortschreitenden Verbesserung innerhalb der sozialen und wirtschaftlichen Struktur der Sowjetgesellschaft »objektive Gründe« für das Weiterbestehen der Kriminalität gibt. Hierzu gehören die Delikte, die nicht mehr wie früher aus Mangel, sondern aus Überfluß begangen werden. Als subjektive Gründe gelten: schlechte Familienverhältnisse, mangelnde Nestwärme bei jugendlichen Tätern, schlechte Wohn-, Schul- und Ausbildungsverhältnisse und eben wiederum die Alkoholsucht. Man betrinkt sich nach offizieller Theorie nicht mehr aus »Flucht aus der Trostlosigkeit des Lebens«, sondern aus dem Drang heraus, ein übersteigertes Lebensgefühl zu produzieren.
Dies sind freilich nur Faktoren, die den Menschen möglicherweise zum Verbrecher werden lassen, dies aber keinesfalls müssen. Denn nach der Lehre des Marxismus kommt jedem Menschen Willensfreiheit zu und damit auch die eigene Verantwortung für seine aus freiem Willen begangenen Taten.
Neben dieser Einbettung der Ursachenfrage in das Gesellschaftssystem ist aber auch der Wandel der Bewertung des Begriffes »Strafe« von Bedeutung.
Nach dem Strafgesetzbuch von 1919 wurde der Strafe prinzipiell jeder Vergeltungscharakter abgesprochen, weil die Strafbarkeit in der Klassengesellschaft hervorgerufen werde »durch die Umstände der gesellschaftlichen Beziehungen, in denen der Täter lebt«.
1926 galt »Strafe« (der Begriff selbst wurde aufgegeben) als »Maßnahme des sozialen Schutzes«, die wiederum »weder Vergeltung noch Strafe bezwecken« sollte.
Im Jahre 1934 schließlich wurde der Begriff »Strafe« wieder eingeführt und in Zusammenhang mit dem Personenkult gebracht: Das Verbrechen galt nun nicht mehr als soziale Entgleisung, sondern als »bewußte Auflehnung, Unbotmäßigkeit, Ungehorsam«.
Das heute noch geltende Gesetz von 1960 sieht Strafe als »Schuldvergeltung« an. Außerdem gilt die Strafe dem Vorbeugungszweck, um den Verurteilten an einer erneuten Begehung strafbarer Handlungen zu hindern.
Diese Strafzwecktheorie macht aus dem sowjetischen Strafrecht ein Schuldstrafrecht und ein Tatstrafrecht. Die Strafe wird nach dem Ausmaß der Schuld bemessen und die Straftat nach dem Tätertyp, den der Verurteilte repräsentiert.
Lebenslange Freiheitsstrafe kennt das sowjetische Strafrecht nicht. Die Höchststrafe beträgt derzeit 10 Jahre, für Rückfalltäter 15 Jahre Freiheitsstrafe. Für besonders schwere Verbrechen wird die Todesstrafe verhängt.
Rückfalltäter werden in der Regel so gut wie nie vorzeitig aus der Haft entlassen, was bei anderen Tätern i. allg. vorgesehen ist. Zusätzlich wird der Rückfalltäter in

einer Strafkolonie des »besonderen Regimes« untergebracht oder in einem besonders strengen Gefängnis eingeschlossen.
Zufolge der am 11. Juli 1969 neu geregelten »Grundlagen des Korrektionsrechtes« werden die Vollzugsarten der Freiheitsstrafe recht differenziert gehandhabt. Danach gibt es nur für Jugendliche Erziehungs- und Arbeitskolonien, für Erwachsene die Korrektionskolonien und dann die Gefängnisse.
Hat sich ein Verurteilter in einer Korrektionskolonie besonders gut geführt, so hat er die Chance, in eine Ansiedlungskolonie übergeführt zu werden. Dort genießt er innerhalb der Kolonie eine recht große Bewegungsfreiheit, darf Zivilkleidung tragen und seine Familie nachkommen lassen. Diese Ansiedlungskolonien gehen noch auf die Zarenzeit zurück.
Neben den hart bestraften Rückfalltätern spielen die sogenannten »Parasiten« eine besondere Rolle im sowjetischen Strafrecht. Unter einem Parasiten versteht man einen volljährigen, arbeitsfähigen Bürger, der sich jedoch vor der Arbeit drückt und als Schmarotzer der Gesellschaft seinen Grundpflichten des Bürgers nicht nachkommt. Zu Parasiten zählt man Spekulanten, Zwischenhändler, zweifelhafte Vermittler und eben auch Prostituierte beiderlei Geschlechts.
Diese Parasiten der Gesellschaft konnten nach dem ersten Parasitengesetz vom 4. Mai 1961 von staatlichen Gerichten und von Werktätigenkollektiven in Fabriken und Kolchosen abgeurteilt werden. Während die Urteile der staatlichen Gerichte sofort rechtskräftig wurden, bedurften die der Kollektive erst noch der Bestätigung einer Verwaltungsbehörde. Das verhängte Strafmaß war sehr hart: Verbannung von 2 bis zu 5 Jahren mit Arbeitsverpflichtung am Verbannungsort und Einzug der illegal erworbenen Güter. Das Gesetz vom 20. September 1965 brachte wesentliche Straferleichterungen. Die Verbannung durfte nun nur noch verhängt werden, wenn der Wohnort des Täters Moskau oder Leningrad war. Ansonsten wurde die Verbannung durch Zwangsarbeitsverpflichtung am Wohnort ersetzt.
Noch besser geht es den Parasiten, seit das Gesetz vom 26. Februar 1970 erlassen wurde. Danach hat sich jeder, dem der Vorwurf eines parasitären Lebens gemacht wird, innerhalb von 14 Tagen eine Arbeitsstelle zu suchen. Kommt er der Auflage nicht nach, so wird er zu einer Arbeit an seinem Wohnsitz dienstverpflichtet. In den meisten Fällen werden solche »Täter« zu Bauarbeiten herangezogen.

f) DDR

Interessant ist zu sehen, welche Art von Verbrechen der DDR zu schaffen macht. Es ist wie in der UdSSR das kriminelle Rowdytum. Als Durchschnittsalter der »Rowdys« wird das Alter zwischen 18 und 19 Jahren angegeben. Die Rowdys leben in losen Gruppen zusammen, treffen sich zu bestimmten Veranstaltungen und schlagen dann los. Als Grund wird häufiger oder übermäßiger Alkoholgenuß angegeben. Daraus entsteht eine sich steigernde Disziplinlosigkeit und eben auch Störungen der öffentlichen Ordnung. Rowdy-Straftaten entstehen zu mehr als zwei Dritteln aus zuviel Alkoholgenuß.
Schuld am Rowdytum ist nach offiziellen Einschätzungen der Klassenfeind. Es heißt im Bericht zweier DDR-Staatsanwälte (1972): »Unter dem Einfluß der imperialistischen Ideologie bilden sich gerade in diesen Gruppen oftmals anarchistische, menschenverächtliche Einstellungen und Haltungen heraus.«
Das Rowdytum wird im DDR-Strafgesetzbuch als eigener Strafbestand aufgeführt. Des Rowdytums macht sich danach schuldig, »wer sich an einer Gruppe beteiligt, die aus Mißachtung der öffentlichen Ordnung oder der Regeln des sozialistischen Gemeinschaftslebens Gewalttätigkeiten, Drohungen oder grobe Belästigungen ge-

genüber Personen oder böswillige Beschädigung von Sachen oder Einrichtungen begeht«.
Für Rowdytum nach diesen Bestimmungen wird eine Freiheitsstrafe von 5 bis 8 Jahren verhängt.
Nach offizieller Version richtet sich das Rowdytum aber nicht gegen die sozialistische Staats- und Gesellschaftsordnung, sondern es entstammt seinem Wesen nach »nur« der »kleinbürgerlich-egoistischen Haltung des einzelnen«. Dementsprechend wird es nicht als Staatsverbrechen bewertet. Allerdings räumten die beiden Staatsanwälte unter Berufung auf Lenin ein, daß aus dem Rowdytum durchaus eine »ideologische Diversion des Klassengegners« werden könne.
1970 betrug der Anteil der Gruppentäter bei allen Rowdytätern etwa 80%. Der Hauptkampf richtete sich daher gegen die Entstehung »krimineller Gruppen«, in welchen Kampf nicht zuletzt auch die Öffentlichkeit eingeschaltet wird.
Schlimmstenfalls könne nämlich das Rowdytum den Boden abgeben für ein konterrevolutionäres, gegen die Grundlagen der Arbeiter- und Bauernmacht gerichtetes Verhalten, »wie die Ereignisse im Jahre 1968 in der CSSR zeigten«, so die beiden Staatsanwälte.

g) Schweiz

Im Jahr 1970 wurden insgesamt 58236 rechtskräftige Strafurteile im schweizerischen Zentralstrafregister eingetragen. Das waren 8 Prozent mehr als 1969. Gegenüber 1969 betrug die Zuwachsrate von Verbrechen an Leib und Leben 13,3%, Vermögensdelikte 8,5%, Verkehrsdelikte 14,3%. Zurückgegangen waren im Jahre 1970 gegenüber 1969 Verletzungen der Ehre, der Sittlichkeit und Familie. 22 Personen wurden wegen vorsätzlicher Tötung abgeurteilt (1969: 10 Personen), 76 wegen Abtreibung (1969: 88 Personen). Die Vermögensdelikte machten 1970 mit 57,4% aller Verurteilungen die Hauptsache aus. Diebstahlsfälle stiegen um 9,3% gegenüber 1969 an. Die Diebstahlskriminalität betraf vor allem Warenhäuser oder Großgeschäfte. Zweitschwächster Anteil an allen Kriminalfällen hatten Sittlichkeitsvergehen, die besonders stark zurückgegangen sind.
Bei 75000 Verkehrsunfällen im Jahre 1970 wurden 36000 Personen verletzt und 1694 getötet. Die Verletzungen der Straßenverkehrsgesetze stiegen um 7,6% gegenüber 1969 an. Das weitaus häufigste Verkehrsdelikt war das Fahren in angetrunkenem Zustand, insgesamt 21,2% aller Verurteilungen, wovon nur 1,9% Frauen waren.

h) Ungarn

Im Jahre 1971 standen in Ungarn die Verkehrsdelikte und die Bandenkriminalität an erster Stelle, 17% aller Straftaten waren Verkehrsvergehen. Die Zahl der Verkehrstoten stieg gegenüber 1970 um 200 Fälle auf mehr als insgesamt 1500. Nicht nur Autofahrer wurden streng bestraft, sondern z.B. auch Fußgänger, die bei Rot über die Ampel gingen.
Hintergrund der Bandenkriminalität ist die Wohlstandsmentalität. Um 14% stieg die Jugendkriminalität 1971 gegenüber 1970 an.
Die großstädtischen, vor allem die Budapester Banden, nennen sich »Galerien«. Dabei gilt die Beteiligung von Söhnen aus dem Establishment als besonders peinlich, sind doch darunter gerade auch solche führender Parteifunktionäre.

i) Israel

Die Kriminalität des Staates Israel paßt nicht ganz in die Reihe der vorangegangenen Bilanzen, geht es doch hier um ein spezifisches Sonderproblem, das jedoch interessehalber angeführt werden soll.

Als im Jahre 1948 der Staat Israel gegründet wurde, beschlossen die Gesetzesväter eine Bestimmung, wonach jedem der in aller Welt verstreuten Juden das »Recht auf Rückkehr« eingeräumt wurde. Dieses Gesetz, 1950 verabschiedet, gewährte allen heimkehrenden Juden die israelische Staatsbürgerschaft, »sofern sie keine die öffentliche Sicherheit gefährdende kriminelle Vergangenheit haben«.

Dieses Gesetz wird nun immer mehr von solchen Juden ausgenutzt, die in ihren Heimatländern als Gangster gesucht werden, sich aber kurz vor ihrer Verhaftung nach Israel zurückziehen.

Drei Personen seien genannt:

Im Sommer 1970 ließ sich der Amerikaner *Meyer Lansky* (68) in Israel nieder und beantragte ein Jahr später die israelische Staatsbürgerschaft. Grund seines Wohnungswechsels: Der Staatsanwalt von Las Vegas, John Mitchell, hatte gegen ihn ein Verfahren wegen Steuerhinterziehung in Höhe von 36 Millionen US-Dollar eingeleitet.

Im September 1971 reiste der Franzose *Claude Lipsky* (40) nach Israel und beantragte zwei Wochen später die Staatsbürgerschaft. Grund seiner Reise: Die französische Polizei hatte gegen ihn wegen Betrugs und Veruntreuung von Millionenbeträgen Ermittlungen eingeleitet.

Im Oktober 1971 beantragte der Marokkaner *Paul Ohanan* (37) ebenfalls die sichere Staatsbürgerschaft. Grund: Die marokkanische Polizei und Interpol suchten ihn wegen Unterschlagung und illegaler Transportaktionen in Höhe von mehreren Millionen Dollar.

Meyer Lansky lebte seit 1970 in Tel Aviv von 82 Dollar amerikanischer Altersrente. Dazu kamen monatlich 5000 Dollar von seiner US-Bank nach Israel. Die amerikanische Bundespolizei hielt Meyer Lansky für eine Art »Schatzkanzler« der Mafia. Es wurde vermutet, daß er das durch Erpressung, Prostitution, Rauschgift und Glücksspiel verdiente Geld der amerikanischen Mafia (geschätzter Jahresumsatz: 90 Milliarden Dollar) in die Schweiz oder auf die Bahamas transferiere, um es von dort aus über Mittelsmänner im legalen US-Geschäft zu investieren. Seit 40 Jahren fahndete die amerikanische Polizei nach ihm. Als sie ihn endlich wegen Steuerhinterziehung anklagen wollte, war er nach Israel entwichen.

Morde konnte das FBI Meyer Lansky bisher nicht nachweisen, obgleich sicher zu sein scheint, daß er der Chef der »Mörder GmbH« war, die am 14. Februar 1929 sieben Gangster an einer Mauer in Chikago erschoß.

Meyer Lansky bestritt zwar nie, als Berufsspieler viele Mafiosi gekannt zu haben, lehnte jedoch die Vorwürfe der Polizei stets ab. Erst Robert Kennedy habe ihn als gesuchten Schwerverbrecher aufgebaut, aber nur, um sich selbst einen guten Namen als Gangsterjäger zu machen (zu Meyer Lansky vgl. das Kapitel über die Mafia).

Claude Lipsky war Finanzdirektor der französischen Immobiliengesellschaft »Patrimoine Foncier«, in die 6000 Kleinsparer fast 100 Millionen Mark einbezahlt hatten, weil ihnen 10 und mehr Prozent Zinsen versprochen worden waren. Mit dem Geld baute die Gesellschaft Bürohäuser. Um Baugrund möglichst billig kaufen zu können, soll die Gesellschaft hohe Funktionäre der Regierungspartei und sogar ehemalige Berater von Präsident Pompidou bestochen haben. Die Grundstücke wurden 50% teurer an die Muttergesellschaft weiterveräußert, und die hohen Gewinne der Tochtergesellschaft sollen auf privaten Konten der Direktoren liegen. Die Staatsanwaltschaft sprach vom größten Finanzskandal seit 20 Jahren.

Lipsky wurde inzwischen verhaftet, fühlt sich aber als das Opfer einer Hexenjagd, denn obwohl gegen mehrere Immobiliengesellschaften Gerichtsverfahren eingeleitet wurden, seien bisher nur jüdische Direktoren verhaftet worden. Wahrscheinlich wird er nach Frankreich ausgeliefert. Israel hatte sich inzwischen mit Frankreich über die Rückgabe von 380 Millionen Franc geeinigt. Diese Summe wurde vor Jahren an Frankreich für die Lieferung von Mirage-Düsenjägern bezahlt, die aber dann von Frankreich nicht geliefert wurden. Es wird vermutet, daß Lipskys Ausweisung aus Israel ein geheimer Teil dieser israelisch-französischen Vereinbarung ist.
Auch Paul Ohanan fühlt sich als Opfer einer Hetzjagd. Als Samir-Direktor soll er von einer US-Firma mit Millionenbeträgen bestochen worden sein, was ihn zur Zielscheibe nationalistischer Moslems werden ließ.
Die Parlamentarier der regierenden Arbeiterpartei in Israel wollen nun den »Rückkehr-Paragraphen« dahin abändern, daß auch Wirtschaftsverbrecher ausgewiesen werden können. Schwierigkeiten bereitet diese Abänderung jedoch in bezug auf russische Einwanderer, die nur wegen eines sogenannten (Schein-)Wirtschaftsverbrechens in Rußland verfolgt und verurteilt wurden.

e) Strafjustiz und Verbrechen: Zur Praxis der Schwurgerichte

Fast alle größeren Fälle krimineller Delikte werden in Deutschland vor Land-(Schwur-)Gerichten, in Frankreich, England und Amerika vor Schwurgerichten verhandelt. Diese Schwurgerichte haben eine eigene, in der Geschichte des Landes verwurzelte Tradition.

1.

Das *französische* Schwurgericht hat eine Geschichte, die bis in die Tage der Revolution, bis zum Jahr 1791, zurückreicht. Die 12 Geschworenen waren unbescholtene, aber rechtsunkundige Bürger, die allein über die Schuldfrage entschieden. Die 3 Berufsrichter hatten lediglich das Strafmaß festzusetzen. Diese Praxis galt bis zum Jahre 1932.
Von nun an hatten die Geschworenen auch das Recht, an der Festsetzung der Strafe mitzuwirken. Schuld- oder Freispruch zu erkennen, war nach wie vor ihre ausschließliche Aufgabe.
Zur Zeit der Vichy-Regierung während des Zweiten Weltkrieges wurde das Schwurgericht durch Gesetz vom 25. November 1941 in ein reines Schöffengericht umgewandelt. Neben den 3 Berufsrichtern gab es jetzt 6 Laienrichter, die wie früher die Geschworenen über Schuldspruch und Strafmaß entschieden. Nach dem Zweiten Weltkrieg wurde die Zahl der Laienrichter von 6 auf 7 erhöht.
Heutzutage sind die Laienrichter bei ihren Entscheidungen den 3 Berufsrichtern gegenüber verpflichtet, was aber nicht ausschließt, daß sie bei bestimmten Fällen einen ganz anderen Weg gehen können als die Berufsrichter.
Schwurgerichtsprozesse werden in Frankreich zumeist stark beachtet. Vor allem die Presse berichtet ausführlich über den Prozeßverlauf, oft durch Protokollwiedergaben, und ein großer Schwurgerichtsprozeß wird nicht selten zur nationalen Leidenschaft.
Die französischen Schwurgerichte sind wie alle anderen Gerichte der Welt nicht frei von Justizirrtümern. Oft kam es hier zu eklatanten Freisprüchen, die auf dem »Spruch« der Geschworenen beruhten und mit den juristischen Gesetzesauslegungen nicht ohne weiteres vereinbar waren. Für Freisprüche plädieren die Geschwore-

nen gern bei den sogenannten »crimes passionels«, den »Verbrechen aus Leidenschaft«. Gemeint sind hierbei Affektdelikte wie Mord aus Leidenschaft, Eifersucht, Haß, Ehrenrührigkeit.
Derartige Freisprüche durch die Geschworenen sind um so leichter möglich, als in der französischen Schwurgerichtspraxis Urteile nicht begründet werden müssen. Versteht es somit ein Verteidiger, seinem Mandanten eine Affekttat unterzuschieben, so ist ein Freispruch so gut wie sicher.
Der große französische Strafverteidiger und Mitglied der Académie Française, Maître Maurice Garçon, sieht das geschichtliche Vorbild der Freisprüche bei »Verbrechen aus Leidenschaft« im Theater und im Roman. Vor allem seit Alexandre Dumas der Jüngere vom »Recht auf Tötung« bei ganz bestimmten Bedingungen gesprochen hatte, habe das französische Volk seine Rechtsprechung daran orientiert. Aus dieser geschichtlichen Situation heraus erklären sich die Freisprüche, die in keinem anderen Land der Welt möglich wären.
Diese Freispruch-Praxis fand auch in der politischen Strafjustiz ihren Niederschlag. So wurde der Mörder von Jean Jaurès freigesprochen, weil die Geschworenen Jaurès' sozialistische Ideen ebenso ablehnten wie seine Deutschenfreundschaft, was den Mörder zur Ausübung seiner Tat genügend rechtfertigte.
Die beherrschende Figur in den Hauptverhandlungen ist in Frankreich der Gerichtspräsident, der auch die Vernehmungen durchführt. Nicht in jedem Fall gelingt ihm die strenge Objektivität, die wünschenswert wäre.
Die Anklagevertretung liegt in den Händen der Staatsanwaltschaft (ministère public). Die Staatsanwälte sind alle Beamten. Vor Gericht heißen sie »Parquet«. Die »Chefs des Parquets« haben das Recht, gegen den Willen ihrer Vorgesetzten, dem sie dienstlich verpflichtet sind, Anklage zu erheben oder davon Abstand zu nehmen. – Der Angeklagte wird während einer Verhandlung von seinem Rechtsanwalt vertreten. Die Rolle des Strafverteidigers steht und fällt mit seiner Redebegabung. Viele Freisprüche vor französischen Schwurgerichten basieren auf dem geschliffenen, wortgewandten Plädoyer des Verteidigers.
Frankreich kennt wie England zweierlei Anwälte. Die einen dürfen nur die Prozesse vorbereiten (»avoués« genannt), die anderen dürfen vor Gericht plädieren (»avocats« genannt).
Da das Recht in Frankreich gar nicht selten von der meisterhaften Rhetorik des Anwalts abhängt, fungieren viele französische Anwälte auch als politische Redner oder sind belletristisch tätig.

2.
Das *englische* Schwurgericht, die Jury, entscheidet über die meisten großen Strafsachen. Es besteht wie auch das amerikanische Schwurgericht aus einem Berufsrichter und 12 Geschworenen, die Laienrichter sind.
Der Berufsrichter, eine in England hoch angesehene soziale Stellung, ist in der Regel ein Jurist, der sich als Rechtsanwalt oder als Staatsanwalt bereits besondere Meriten erworben hat, ehe er in das Amt des Richters berufen wird. Angetan mit Robe und Perücke tritt er eher als Prozeßbeobachter in Erscheinung, greift selten in die Verhandlung (Verhör) ein, berät aber die Geschworenen vor deren Urteilsfindung im sogenannten »Summing up« über die Rechtslage, ohne deren Meinung beeinflussen zu können oder zu wollen. Er ist dazu da, das Pro und Contra im Falle des Angeklagten so nüchtern und objektiv wie nur möglich zu erörtern.
Sobald die Geschworenen ihren Spruch gefällt haben, entscheidet der Richter über den Freispruch oder die Höhe des Schuldspruches. Wird das Todesurteil verhängt, so setzt sich der Richter eine schwarze Kapuze auf. Mit ihm betritt ein Priester den Gerichtssaal.

Das eigentliche Prozeßgeschehen, Beweisaufnahme, Zeugenverhör und Kreuzverhör liegt in den Händen des Verteidigers und des Anklägers.
Den festangestellten Staatsanwalt wie in Deutschland bei Amts- und Land-(Schwur-)Gerichten gibt es in England nicht. Dort wird ein Rechtsanwalt von der Regierung damit beauftragt, im Interesse der Krone die Anklage zu vertreten. Steht ein Kapital- oder politisches Delikt zur Verurteilung an, so pflegt ein »Law Officer«, ein Justizbeamter des englischen Kabinetts, die Anklage zu übernehmen. Vor der Beweisaufnahme tragen Verteidiger und Ankläger dem Schwurgericht die bisherigen Ermittlungsergebnisse des Falles vor. Diese Ergebnisse werden in scharfen Gegensätzen (Antithesen) formuliert, so daß die Geschworenen und der Richter die Aufgabe haben, die Synthese zu ziehen, indem sie den Fall abwägen und ihr Urteil nach der einen oder anderen Seite hin orientieren.
Die vernommenen Zeugen haben meist nicht die Gelegenheit, längere Ausführungen beizusteuern, sondern die Fragen werden ihnen so gestellt, daß die Antworten mit einem knappen Ja oder Nein gegeben werden können.
Im Unterschied zur deutschen Justizpraxis hat in England auch der Angeklagte das Recht, als Zeuge vor Gericht zu treten und unter Eid seine Aussagen zu machen.
Nach dem Verhör durch den Verteidiger folgt in den meisten Fällen das Kreuzverhör durch den Ankläger.
Ist die Beweisaufnahme abgeschlossen, können Verteidiger und Ankläger ihr Schlußwort (Plädoyer) halten, das, oft mit forensischen Raffinessen gespickt, auch eine Urteilsempfehlung enthalten kann.
Im Unterschied zu Deutschland ist es dem Angeklagten nicht gestattet, einen Verteidiger nach eigener Wahl zu bestellen. Der englische Angeklagte kann nur über einen »Solicitor«, der außerhalb der Hauptverhandlung tätig wird, zu einem Verteidiger (Barrister) kommen.
In England einen Verteidiger selbst zu nehmen, ist eine teure Angelegenheit, denn sowohl der Solicitor wie der Barrister müssen vom Angeklagten bezahlt werden.
Nur in besonderen Härtefällen ist es heute aufgrund von Sozialreformen möglich, eine »billigere« Rechtsbeihilfe zu erhalten.
Fehlurteile kommen in diesem System der englischen Rechtsprechung genauso vor wie in jedem anderen System auch, nur gehen diese Fehlurteile zu Lasten der Jury, da sich der Berufsrichter am unmittelbaren Schuldspruch nicht beteiligt. Der Obmann der 12 Geschworenen gibt den Schuldspruch der Jury bekannt, so daß der Richter nur noch die Aufgabe hat, das Strafmaß festzusetzen.
Bis zum Jahre 1907 gab es in England keine Berufungsinstanz, die über Urteile des Schwurgerichts erneut verhandeln konnte. Erst nach dem eklatanten Fehlurteil im Fall Beck wurde die Rechtspraxis revidiert.

3.
Wird nach der Praxis der *amerikanischen* Strafjustiz der Angeklagte für »nicht schuldig« erklärt, so spricht man von »trial by jury«, wird für »schuldig« plädiert, so von »trial by court«, wobei jury Schwurgericht und court Gericht bedeutet. Gegen die Urteile der Schwurgerichte kann beim Berufungsgericht (Court of Appeal, auch Supreme Court genannt) Einspruch erhoben werden. Wie das englische ist auch das amerikanische Schwurgericht mit 12 Laienrichtern und 1 »gelehrten« Richter besetzt. Wird auf »schuldig« plädiert, so spricht der Richter die Schuld und die Strafe aus, bei »nicht schuldig« tritt der Obmann der Geschworenen in Aktion. Der Wahrspruch des Schwurgerichts bedarf wie nach englischem und französischem, so auch nach amerikanischem Prozeßrecht keiner Begründung.
In Amerika haben sowohl die Vertreter der Anklage wie die der Verteidigung das

Recht, Geschworene abzulehnen. Bis zur Einigung über die Auswahl der Geschworenen können mehrere Tage vergehen.
Der Geschworene darf mit dem Angeklagten weder verwandt noch bekannt sein, er darf keine Vorurteile gegen ihn haben, und er soll nach Möglichkeit auch weder durch die Presse über den Fall schon vororientiert sein, noch soll er sich mit einem Justizbeamten darüber beraten haben. Um möglichst viel Unbefangenheit und damit auch Freiheit dem Fall gegenüber zu erreichen, werden als Geschworene oft Personen mit geringem Intelligenz- bzw. Bildungsniveau bevorzugt. Die Taktik der Verteidigung bei der Auswahl der Geschworenen geht meist dahin, nur solche Personen zuzulassen, die dem Angeklagten nicht viel anhaben können.
Vorsitzender des Schwurgerichts ist immer ein Berufsrichter, mit schwarzer Robe angetan, der zwar bei der Beweisaufnahme Fragen stellen, jedoch nicht in das Verhör eingreifen darf. Wie in England hat auch der amerikanische Richter die Aufgabe, den Geschworenen im »Summing up« die Rechtslage klarzulegen, ohne ihnen jedoch seine persönliche Ansicht über »schuldig« oder »unschuldig« aufzudrängen. Nach Abschluß der Beweisaufnahme und der Verhöre ziehen sich die Geschworenen zur Beratung zurück. Sind sie zu einem Urteil gekommen, so teilt der Obmann den Spruch des Schwurgerichts mit, und daraufhin hat der Richter die Strafe oder den Freispruch zu verkünden.
Wie in England war auch der amerikanische Richter als Anwalt tätig, ehe er ins Richteramt durch das Volk gewählt wurde. Im Unterschied zum englischen Richter ist der amerikanische aber schlecht bezahlt. In der Regel dauert seine Amtszeit 4 Jahre. Die immer wieder erforderliche Neuwahl der Richter hat den Nachteil, daß die Wahlen oft nicht aus juristischen, sondern aus politischen Motiven heraus manipuliert werden, was zur Folge haben kann, daß der Richter dem einen oder anderen Politiker zwar sympathisch sein kann, aber in seinem Beruf als Richter eine Fehlbesetzung ist.
Außerdem kann das amerikanische System der Wiederwahl der Richter mit sich bringen, daß ein Richter kurz vor Ende seiner Amtszeit mit Vorliebe solche Urteile fällt, die ihn in der öffentlichen Meinung in vorteilhaftem Licht zeigen, weil dadurch die Chance wächst, ein weiteres Mal zum Richter gewählt zu werden. Das System der Wiederwahl ist also nicht unbedingt für eine möglichst objektive Urteilsfindung förderlich.
Wie in Deutschland gibt es auch in Amerika beamtete Staatsanwälte als Anklagevertreter. Er ist der oberste Justizbeamte des jeweiligen Staates, Attorney General oder State's Attorney genannt. Bei besonders großen Prozessen, Kapitalverbrechen oder im Falle politischer Justiz hat der Attorney General die Ermittlungen zu führen, Anklage zu erheben und die Interessen des Staates zu vertreten.
Örtliche Staatsanwaltschaften oder solche kleinerer Verwaltungsbezirke kennen den Sheriff. Auch er ist Beamter der Counties, wird alle 2 Jahre neu gewählt, wird gut bezahlt, weshalb das Amt begehrt zu sein pflegt. Auch dieses Amt wird häufig unter politischen Gesichtspunkten besetzt. Neben seinen Aufgaben als Polizist ist der Sheriff auf dem Gericht als »Exekutivbeamter« tätig. Er eröffnet und schließt die Hauptverhandlung, vollstreckt Haftbefehle und kann zwangsweise Zeugen bei Gericht vorführen. Schließlich ist er auch Strafvollstreckungsbeamter.
Ehe es in Amerika zur Klageerhebung kommt, wird der Fall von der »Grand Jury«, die aus 13 bis 33 Geschworenen besteht, formell vorgeprüft. Diese Jury entscheidet dann, ob es zu einer Anklage kommen muß, sie spricht dann die »True bill« aus, oder ob die Ermittlungen eingestellt werden können.
Der Staatsanwalt in amerikanischen Hauptverhandlungen wird mitunter begleitet von Rechtsanwälten oder auch von Politikern, was wiederum ermöglicht, daß politische Motive in das Prozeßgeschehen einbezogen werden können.

Wie in England tragen auch vor dem amerikanischen Schwurgericht die Vertreter der Anklage und der Verteidigung dem Gericht ihre Auffassungen zu dem Rechtsfall in Kurzform vor, so daß dann der Richter und die Geschworenen sich daraus ihr Urteil bilden können. Nach dem Vortrag des Anklagevertreters werden Zeugen und, falls erforderlich, Sachverständige verhört. Wie in England haben auch in Amerika die Zeugen nur zu knappen Antworten, oft nur Ja oder Nein, Gelegenheit. Anschließend erfolgt das Kreuzverhör durch die Gegenpartei. Dann kommen die von der Verteidigung bestellten Zeugen an die Reihe. Wie in England kann auch in Amerika der Angeklagte selbst als Zeuge vernommen werden. Wieder folgt dann das Kreuzverhör der Gegenpartei.
Nach Abschluß der Beweisaufnahme können die Vertreter der Anklage und der Verteidigung ihre Schlußvorträge halten, daraufhin ziehen sich die Geschworenen zurück. Dauert ihre Beschlußfassung über die Tat sehr lange, so werden sie, da sie von Beginn der Hauptverhandlung an von der Außenwelt streng getrennt in Klausur leben, mit Nahrungsmitteln und auch Schlafmöglichkeiten versorgt. In den meisten Fällen muß das Urteil des Schwurgerichts einstimmig gefaßt werden, in wenigen Staaten reicht die »qualifizierte Mehrheit« aus. Wird die Stimmenzahl nicht erreicht, so muß entweder das Schwurgericht erneut zusammentreten, oder es kann von einer weiteren Verfolgung der Sache abgesehen werden.
Erkennt der Verteidiger seinen Mandanten für schuldig, so werden die Geschworenen ausgeschlossen. Geht es aber um die Frage der Zurechnungsfähigkeit des Angeklagten, so kann darüber nur in Anwesenheit der Geschworenen verhandelt werden.
Im Unterschied zu England genießen der amerikanische Richter und auch das amerikanische Schwurgericht keine besonders große Wertschätzung. Das hängt nicht zuletzt mit der politischen Manipulierbarkeit der Besetzung des Richteramtes zusammen und mit der Möglichkeit, die Geschworenen so zusammenzusetzen, daß sie entweder dem Ankläger oder dem Verteidiger unbequem werden können, wodurch bereits eine gewisse Vorentscheidung des Prozeßverlaufes gesteuert werden kann. Hohes Ansehen genießen in Amerika nur die 9 Richter am »Obersten Gerichtshof der Union«. Es sind juristische Koryphäen, die vom Präsidenten ernannt werden und deren Ernennung vom Senat zugestimmt werden muß.

4.
Das Recht auf Revision in Zivilprozessen, gültig seit 1879, soll in der *Bundesrepublik Deutschland* abgeschafft werden. Nach bisherigem Recht konnte in Zivilprozessen die Revision zu dem in dritter Instanz tätigen Bundesgerichtshof in Karlsruhe eingelegt werden, wenn zuvor das Landgericht in erster und das Oberlandgericht in zweiter Instanz entschieden hatten. Voraussetzung für die Revision war ein bestimmter Streitwert. Dieser lag in der Kaiserzeit bei 1500 Mark, stieg 1950 auf 6000 Mark, 1964 auf 15000 und 1969 für eine begrenzt lange Zeit auf 25000 Mark. Während der Jahre 1965 bis 1972 kamen etwa 15 bis 20% aller Zivilrevisionen vor den Bundesgerichtshof.
Nach der neuen Reform soll nun die Streitwertfrage völlig abgeschafft werden. Entscheidend ist nunmehr nur, daß die Rechtssache eine grundsätzliche Bedeutung hat. Größere Bedeutung wird aber die Nichtzulassungsbeschwerde gewinnen, die besagt: Wenn das Oberlandesgericht die Revision nicht in seinem Urteil zugelassen hat, dann kann jeder der Prozeßbeteiligten wegen dieser Nichtzulassung eine Beschwerde an den Bundesgerichtshof richten. Der Bundesgerichtshof entscheidet dann über diese Beschwerde und gibt ohne Begründung seinen Beschluß bekannt.
Die Aufgabe des Bundesgerichtshofes, für eine einheitliche Rechtsprechung sowie für Rechtssicherheit und Fortbildung des Rechts zu sorgen, tritt mit der Grundsatz-

revision stärker als bisher in den Vordergrund. Jeder kann nun ohne Rücksicht auf den Streitwert sich an das oberste Gericht wenden, aber niemand besitzt einen Anspruch darauf, daß sein individueller Fall in dritter Instanz geprüft wird, sofern nicht grundsätzliche Rechtsfragen entschieden werden müssen. Damit wird der künftige Zivilprozeß normalerweise beim Oberlandesgericht enden.

f) Zum Problem der Todesstrafe

Der Oberste Gerichtshof der *USA* hat am 29. Juni 1972 die Todesstrafe zwar nicht abgeschafft – das dürfte ein Gericht gar nicht tun –, sondern für verfassungswidrig erklärt. Nach dem Spruch des Gerichts gehörte die Todesstrafe zu den »grausamsten und ungewöhnlichsten« Strafen, die nun nach einem Zusatz der amerikanischen Verfassung gestrichen worden ist. Die Väter dieser Verfassung waren nicht der Ansicht wie die Richter von heute, wonach nach heutigem Verständnis von Christentum, Humanität, Rechtsstaat und Demokratie das Maß, das dem Menschen gesetzt wird, durch das Verhängen der Todesstrafe überschritten werde.

Seit 1967 wurde in den USA kein Todesurteil mehr vollstreckt. Mit der Abschaffung der Todesstrafe, sei es durch den elektrischen Stuhl oder in der Gaskammer, wurde zugleich der unhaltbare Zustand beendet, daß eine Justiz 500 bis 700 verurteilte Todeskandidaten auf Lager hielt.

Der Supreme Court der USA gab damit eine Tradition auf, die im harten Gesetz des Wilden Westens ihre Wurzel hatte. Die Todesstrafe war der Ausdruck der Herrschaft, der Macht, Gewalt und Unterdrückung.

Das Urteil des Supreme Court, das Wirkung für das ganze Land besitzt, warf aber erneut die Frage auf, ob angesichts der Verrohung und der Gewalttätigkeit in Nordamerika die Abschaffung dieser härtesten Strafe gerechtfertigt war oder ob die Todesstrafe nicht vielmehr das beste Mittel war, um der Aggression in der heutigen Gesellschaft Herr zu werden.

Der letzte, der in der Gaskammer von Colorado 1967 hingerichtet wurde, war Luis José Monge.

Das Urteil des Supreme Court kam mit nur 5 gegen 4 Stimmen zustande.

Die Todesstrafe war in der amerikanischen Verfassung von 1791 durch den Zusatzartikel VIII in Kraft getreten. Die Tradition der Todesstrafe hatte Amerika aber von Europa übernommen. Das regional gewachsene und schwer durchschaubare amerikanische Rechtssystem, das nun durch den Supreme Court in einem Punkt vereinheitlicht wurde, stellte die Strafe erst nach dem Zweiten Weltkrieg in Frage, als aus Europa Meldungen über die Abschaffung dieser Strafe ankamen. Hinzu kam die Erkenntnis, daß diese härteste Strafe im Grunde keine nennenswerte Abschrekkungskraft besitzt und man Mord nicht mit staatlich sanktionierter Tötung vergelten solle. Vor allem durch den Fall Chessman, 1960 hingerichtet, wurde die Diskussion wieder belebt.

Zweifel an der Richtigkeit des Urteils des Supreme Court wurden sofort laut, Zweifel, die fragten, ob das nicht eine Entscheidung zugunsten der Mörder war. Gerade in diesem Zeitpunkt, da Amerika in Vietnam Völkermord und Naturausrottung beging, da im Massaker von My Lai etwa 500 Zivilisten bei einer »Befriedungsaktion« hingemetzelt worden sind, wo im eigenen Land krimineller Terror von Tag zu Tag wächst, konnte die Entscheidung des Supreme Court nicht auf einhellige Zustimmung stoßen.

Durch diese Entscheidung des Obersten Gerichts wurde die Vollstreckung der Todesurteile gegen (1972) rund 600 Häftlinge in 31 amerikanischen Bundesstaaten ausgesetzt.

Folgende Länder hatten zuvor die Todesstrafe schon abgeschafft: Portugal (1867), Niederlande (1870), Norwegen (1905), Schweden (1921), Dänemark (1930), Schweiz (1942), Italien (1944), Finnland und Bundesrepublik Deutschland (1949), Österreich (1950) und Großbritannien (1965).
Nachdem nun nach diesen Staaten auch in Amerika die Todesstrafe für verfassungswidrig erklärt worden ist, ist doch das mit dieser Strafe verknüpfte Problem längst nicht beseitigt.
Immerhin gibt es in Europa, in Frankreich, Spanien, Griechenland und Irland noch die Todesstrafe, zu den außereuropäischen Staaten, die noch Todesurteile vollstrekken, gehört die gesamte kommunistische Welt, die afrikanischen Staaten, Asien und teilweise Lateinamerika.
In Frankreich starben 1972 die bisher letzten beiden zum Tod Verurteilten unter der Guillotine, in Spanien am 8. Januar 1972. In Griechenland wurden am 15. Dezember 1969 die deutschen Staatsbürger Hermann Duft und Hans Wilhelm Bassenauer hingerichtet, weil sie 6 Menschen umgebracht hatten.
Vor allem in der Dritten Welt ist die Exekution eines Menschen noch ein Massenspektakel, an dem Zehntausende von Menschen mit Begeisterung zuschauen.
Neben der Diskussion um das Für oder Wider der Todesstrafe wurden auch Stimmen gegen die sogenannte »langsame Todesstrafe« laut, die lebenslange Gefängnisstrafe. Sie sollte einem Vorschlag der Leiterin der Strafvollzugsanstalt für Frauen in Frankfurt/Main zufolge in eine begrenzte Höchststrafe etwa nach dem Vorbild Englands, Belgiens oder Norwegens umgewandelt werden.
Der Beschluß des US-Supreme-Court zur Abschaffung bzw. Außerkraftsetzung der Todesstrafe führte im November 1972 zu einer heftigen Gegenbewegung in der amerikanischen Öffentlichkeit. Am 7. November 1972 wurde im volkreichsten Staat der USA, in Kalifornien, eine Volksbefragung durchgeführt, derzufolge sich 5,38 Millionen für und nur 2,59 Millionen Stimmen gegen die Wiedereinführung der Todesstrafe ausgesprochen hatten. Die Bevölkerung wünschte die Wiedereinführung dieser Strafe für Delikte wie Landesverrat, Eisenbahnattentate mit Todesfolge, Meineid, der zur Hinrichtung eines unschuldig Verurteilten führte, und Mord an Gefängnisbeamten durch Häftlinge.
Ein erstes Todesurteil nach dieser Volksbefragung wurde in Kalifornien am 10. Dezember 1972 ausgesprochen.
In 125 von den 148 Staaten der Erde wurden noch Ende 1972 Kapitalverbrechen wie Mord oder Hochverrat mit der Todesstrafe belegt, wenn auch viele dieser Länder Todesurteile seit Jahren nicht mehr vollstreckt haben.
Abgeschafft wurde die Todesstrafe, und zwar ersatzlos, in Europa: Belgien, Bundesrepublik, Deutschland, Dänemark, Finnland, Großbritannien, Island, Italien, Luxemburg, Niederlande, Norwegen, Österreich, Portugal, San Marino, Schweden, Schweiz, Vatikan;
in Lateinamerika: Argentinien, Ecuador, Kolumbien, Panama, Uruguay, Venezuela;
in Nordamerika: USA.
Die Todesstrafe kann auf verschiedene Arten vollstreckt werden: Erhängen, Erschießen, Enthaupten, elektrischer Stuhl oder Gaskammer. Gelegentlich werden in Saudi-Arabien, Irak, Malawi die Verurteilten noch öffentlich hingerichtet. In Europa fand die letzte öffentliche Hinrichtung am 16. Juni 1939 vor dem Portal von Versailles statt. Wegen sechsfachen Mordes wurde der Deutsche Eugen Weidmann geköpft. Der Andrang zu diesem Schauspiel war so groß, daß Sonderzüge eingesetzt und Platzkarten ausgegeben werden mußten, um die Tausende Neugierige zu ihrem Vergnügen kommen zu lassen.
Besonders grausam ist nach wie vor in Spanien die Hinrichtung: Hier benutzen die

Henker ein Halswürgeeisen, die mittelalterliche »Garotte«, die dem Kandidaten Luftröhre und Kehlkopf zerquetscht oder auch das Rückenmark in der Gegend des Genicks zertrümmert.

1. Einige Beispiele für vollstreckte Todesurteile

a)
Gegen Verbrechen wie Mord, Bankraub und Vergewaltigung wird in *Thailand* die Todesstrafe verhängt. Ohne Prozeß werden die Beschuldigten sofort erschossen. Das soll abschreckend wirken. Daß bei derartigen Sofort-Erschießungen aber auch unschuldige Bürger betroffen werden, ist ebensowenig auszuschließen wie die Möglichkeit, daß diese harte Art von Strafvollzug eines Tages auch auf politisch unbequeme Bürger angewendet werden kann.
Seit dem 17. November 1971 haben in Thailand Generale die Zügel in der Hand. Sie hatten die Verfassung aufgehoben und das Parlament aufgelöst. Damit war die parlamentarische Demokratie abgeschafft.
Die Demokraten hatten Thailand nicht im besten Zustand hinterlassen. Sie wirtschafteten in ihre eigenen Taschen, während z.B. Bangkok im Dreck erstarrte, der Verkehr zusammenbrach und die Kriminalität enorme Ausmaße annahm.
Hinzu kamen die amerikanischen Soldaten auf Vietnam-Urlaub nach Bangkok, das zum »Sündenbabel« Asiens wurde. So wurde der Ruf nach einer harten Regierung immer lauter, und obwohl die Generäle nun sehr hart durchgreifen, findet ihr Regime die Zustimmung bei der Bevölkerung.
Amüsierbetriebe und Striptease-Lokale wurden über Nacht geschlossen, die Polizeistunde von Bars, Massagesalons und Diskotheken auf 12 Uhr mitternachts festgesetzt.
Den schädlichen Einflüssen westlicher Zivilisation versuchen die Generäle nun die alte thailändische Tradition entgegenzusetzen. Das führte auch zu strengen Maßnahmen gegen extravagante Kleidung oder gar Hippies.
Die Generäle knüpften mit diesen Bestimmungen an die konservative Einstellung der Thailänder an, bei denen das Königshaus und die buddhistische Religion noch hoch im Ansehen stehen. So gilt heute (1972) General *Praphas Charusathien* nicht als Militärdiktator, sondern als der starke und beliebte Mann in der Militärjunta, als das Symbol für Ordnung und Stabilität.
Nur die kleine Schicht der Intellektuellen sieht in ihm den Diktator, der der politischen Entwicklung Thailands hinderlich ist. Aber das Gros der Thais ist politisch uninteressiert, und da Wohlstand herrscht, besteht kaum die Gefahr einer Revolution.

b)
Im August 1970, 7 Monate nach Beendigung des Bürgerkrieges um Biafra in Nigeria, wurde in *Nigeria* die Todesstrafe für bewaffnete Räuber angeordnet. Seit dieser Zeit wurden bis 1972 170 Menschen öffentlich hingerichtet. Unter den Verurteilten waren kleine Diebe und auch Massenmörder. Ein Unterschied hinsichtlich des Deliktes wird nicht gemacht. Wer auf frischer Tat ertappt wird, muß sterben.
Seit Abschluß des Krieges ziehen noch immer Horden und bewaffnete Banden durch das Land, überfallen Banken, Geschäfte und Restaurants. Und getötet wird, wer sich den Banden in den Weg stellt. Die Männer, die jetzt an den Pfählen sterben, hatten nur Kämpfen, Rauben und Töten gelernt. Als der Bürgerkrieg noch wütete, nahmen sich die Soldaten beider Parteien, was sie brauchten.
Inzwischen ist aber aus Nigeria ein blühendes Land geworden, gerade auf dem Weg

zum wirtschaftlich, politisch und militärisch bedeutendsten Machtfaktor des Schwarzen Erdteils. Die Militärregierung unter General Gowon in der Hauptstadt Lagos hat es fertiggebracht, daß dank neuer Industrien Nigeria nunmehr an achter Stelle der erdölproduzierenden Länder steht.
Aber Problem Nummer 1 des Landes sind noch immer die unmittelbaren Folgen des Krieges: das Bandenwesen, der Terror der Menschen, die die Eingliederung in die friedliche Industriegesellschaft nicht geschafft haben.
Ihren öffentlichen Hinrichtungen sehen oft Zehntausende Menschen unter Jubel und Beifall zu. Auch Fälle von Lynchjustiz, vor allem gegen Kindesentführer, wurden gemeldet, obgleich die Lynchjustiz »nicht zulässig« ist.

c)
Im Juli 1972 führte die Militärregierung von *Ghana* die Todesstrafe für eine Reihe »subversiver Handlungen« ein. Unter dem Sammelbegriff »Subversion« werden Straftaten wie die Unterstützung einer Invasion Ghanas, Raub, Diebstahl und Diamantenschmuggel, Schmuggel mit Holz, Gold und Kakao verstanden.
Wenn diese Straftaten mit der Absicht begangen wurden, »die Regierung zu schädigen«, wird die Todesstrafe durch Erschießen verhängt.
Andere Vergehen, darunter das Organisieren von Streiks, Hamstern von Gütern und widerrechtlicher Devisenhandel, werden mit Freiheitsstrafen zwischen 15 und 30 Jahren belegt.

d)
Auch im *Iran* wird die Todesstrafe noch vollstreckt. Hier wurden Ende Mai 1972 5 Männer durch Erschießen hingerichtet, weil ihnen terroristische Aktionen vorgeworfen worden sind. Sie gehörten zu einer Gruppe von 89 Personen, denen Mord, Banküberfälle, subversive Tätigkeit und andere Delikte angelastet wurden. Von den 89 Personen wurden 6 freigesprochen, der Rest erhielt Haftstrafen von 3 und mehr Jahren.

e)
Wegen des Verdachts der Zusammenarbeit mit der pakistanischen Armee während des Bürgerkrieges 1971 in Ostbengalen wurden bis Oktober 1972 etwa 41 000 Personen verhaftet. Für erwiesene »Kollaborateure« wird die Todesstrafe verhängt. Die Sondergerichte arbeiten in *Bangla Desh*.

2. Mittelalterliche Strafen heute

a)
Im Oktober 1972 wurden in *Libyen* neue Strafgesetze erlassen, die für Diebe und Straßenräuber die Amputation der rechten Hand und des linken Fußes vorsah. Dabei sollen den Dieben und Straßenräubern unter Narkose in einem Krankenhaus Hand bzw. Hand und Fuß abgeschnitten werden. Eine vorherige Untersuchung des Täters soll feststellen, daß durch die Amputation keine weiteren Schäden entstehen können. Die rechte Hand soll in Höhe des Handgelenks, der linke Fuß in Knöchelhöhe entfernt werden.
Die Beiruter Zeitung »Al-Muharrir« kritisierte ungewöhnlich scharf diese Gesetzesänderung und wies darauf hin, daß ein wirkungsvollerer Weg der Verbrechensbekämpfung die Schaffung gerechterer Verhältnisse im Lande sei. Die Libysche Regierung solle lieber »Zentren für Ethik und Moral« errichten, meinte das Blatt.

b)
Wie in Libyen gibt es auch in der *Zentralafrikanischen Republik* recht mittelalterliche Strafmethoden. So wird einem Dieb nach dem ersten Diebstahl das linke, nach dem zweiten Diebstahl das rechte Ohr abgeschnitten. Das dritte Mal wird er öffentlich aufgehängt. Gegen diese amtlichen Anordnungen protestierte 1972 die Internationale Juristenkommission in Genf in einem Telegramm an Präsident Jean-Bedel Bokassa. Die Kommission forderte, »daß Strafen für Diebe den weltweit anerkannten Kriterien der Menschlichkeit entsprechen« müßten.
Präsident Bokassa indes scheint hinter den menschenunwürdigen Aktionen persönlich zu stehen. So führte er im August 1972 eine Abteilung Soldaten in das Zentralgefängnis von Bangui und überwachte den Vollzug der Prügelstrafe an 46 Gefangenen. Dabei starben mehrere Häftlinge an den durch die Schläge erlittenen Verletzungen. Ihre Leichen wurden anschließend auf dem größten Platz der Hauptstadt Bangui zur Schau ausgestellt. Der Präsident kündigte weitere Prügelstrafen an jedem Samstag an. Die Sträflinge saßen wegen Diebstahls in Haft.
Ähnlich Strafen gibt es auch im westafrikanischen Staat *Guinea*. Hier wurde im Dezember 1972 einem wegen Viehdiebstahls verurteilten Mann in Anwesenheit von 3000 Zuschauern öffentlich ein Arm an der Schulter abgehackt. Außerdem erhielt er 15 Jahre Gefängnis. Er hatte dem Gerichtsurteil zufolge 200 Stück Vieh gestohlen.

g) Und die Opfer?

Verbrechen werden begangen und, können sie nachgewiesen werden, auch bestraft. Nicht selten wird der Täter zur kriminellen Berühmtheit, sein Fall macht Schlagzeilen, der Publikumsandrang zu »großen« Prozessen bleibt nach wie vor stark.
Was geschieht aber mit den Opfern? Bei rund 2,4 Millionen Straftaten in einem Jahr (1971) in der *Bundesrepublik Deutschland* kamen knapp 10% Menschen zu Schäden durch Verbrechen. Dabei drehte es sich um Überfälle, Sittlichkeitsverbrechen und Gewalttaten bis zum vollendeten oder versuchten Mord und Totschlag. Viele körperlich oder geistig Geschädigte bleiben ein Leben lang hilfsbedürftig.
Am stärksten betroffen sind dabei die Opfer von gefährlicher und schwerer Körperverletzung (37 895 angezeigte Fälle), von Mord und Totschlag (2613) und Verbrechen und Vergehen gegen die persönliche Freiheit, sowie Raub, räuberische Erpressung, Auto-Straßenraub (31 901) und die Opfer von Sittlichkeitsdelikten (52 559).
Eine angemessene Entschädigung solcher Opfer krimineller Gewalttaten steht noch aus. Meist sind die Täter unbegüterte Personen und nicht in der Lage, ihren Opfern die Entschädigung zu zahlen. Zudem wird der Täter meist verurteilt, kommt in eine Haftanstalt, muß arbeiten, ohne jedoch soviel zu verdienen, daß davon seine Opfer entschädigt werden können.
Die Opfer können natürlich auf Schadensersatz klagen und in besonderen Fällen den Sozialversicherungsschutz beanspruchen. Aber auch das hat wenig Erfolgschancen, wenn der Täter mittellos ist und erst nach Jahren wieder in Freiheit kommen wird.
So bleibt den Opfern in den meisten Fällen nichts anderes übrig, als selbst zu sehen, wie sie mit ihren Schäden zurechtkommen. Eine Unterstützung seitens des Staates besteht nicht.

B Beispiele rein krimineller Tätigkeit

a) Warum und wozu Verbrechen?

Der Leser wird nun mit einer ganzen Reihe »krimineller« Menschen konfrontiert, mit Menschen, die wegen irgendeines Verbrechens mit dem Strafgesetzbuch in Konflikt gerieten und verurteilt wurden. Angesichts der Unzahl von Möglichkeiten, »kriminell« werden zu können einerseits und der Tatsache andererseits, daß hinter diesen Möglichkeiten, von Fall zu Fall verschieden, fast immer Freiheitsstrafen stehen, mag man sich fragen, wozu ein Verbrechen begehen, was hat das für einen Wert?

Vermutlich ist diese Wertfrage falsch am Platze. Kriege haben auch keinen Wert und werden immer wieder »gerecht« geführt. Ein einheitliches Ziel gibt es wohl nicht.

Jedenfalls: So verschieden die »kriminellen« Vielfältigkeiten sind, so verschieden pflegen auch die Motive zur Tat zu sein. Bei den rein »kriminellen« Menschen, mit denen wir es jetzt zuerst zu tun haben, sind die Tatmotive meist »nur« subjektiv. Ein Mörder hat in der Regel keinen so großen – und interessanten – Motivhintergrund wie ein politischer Täter, sei es der Attentäter, der Terrorist, der Spion und Saboteur oder der Kriegsverbrecher. Vielleicht kann man sagen: Das Tatmotiv erweitert sich mit dem Grad der Ideologie, die mit Hilfe der Tat durchgesetzt werden soll. Die Frage, *warum* es überhaupt Verbrecher, vornehmlich sind nun die rein »kriminellen«, subjektiv motivierten Täter gemeint, gibt, ist so alt wie die Tatsache, *daß* es solche gibt. Der Verbrecher ist so alt wie der Mensch.

Die Theorie, ob soziales Milieu *oder* Erbmasse zum Verbrechen determinieren, wurde hinsichtlich der sowjetrussischen Antwort bereits vorgestellt. Diese mag eine der eventuellen Antworten sein. Die amerikanische Antwort lautet: Das Individuum ist das Produkt seines Erbes *und* seiner Umgebung. Beide Theorien dürften indes den Tatsachen nicht bis zuletzt stichhaltig begegnen.

Schlechte soziale Umgebung und/oder schlechte Erbmassen führen nicht unbedingt ins Verbrechen.

Im Gegenteil: Es sind umgekehrte Tendenzen nachweisbar.

Die Wohlstands- und Überflußgesellschaft von heute registriert statt eines Rückgangs der Verbrechensquote eine von Jahr zu Jahr steigende Vermögenskriminalität gerade derjenigen Menschen, die es nicht nötig hätten, sich am Besitz anderer zu vergreifen. Diebstahl, Einbruch und Raub nehmen ständig zu.

Es ist auch nicht der alte Mensch, den die Wohlstandsgesellschaft abgeschoben hat, der Vermögensdelikte begeht, sondern überwiegend der junge, »leistungsstarke«, in der Wohlstandsgesellschaft integrierte Mensch. Und beim jungen Menschen kann man auch nicht generell sagen, er werde kriminell, weil die heutige Leistungsgesellschaft ihn verunsichert, ihn anwidert, ihre technische Perfektion ihn frustriert. Dann müßte nämlich die Frau, die beruflich in dieser Gesellschaft mitwirkt, ohne für die gleiche Arbeit den gleichen Lohn und die gleichen Aufstiegschancen wie der Mann zu haben, in erster Linie kriminell werden. Das Umgekehrte ist der Fall: Die Krimi-

nalität der Frau beträgt im allgemeinen nur 10 bis 12% der (altersmäßig vergleichbaren) männlichen Kriminalität.
Es wäre weiter anzunehmen, daß Flüchtlinge, denen etwa zu Kriegszeiten Hab und Gut verlorenging, die dann in ungünstigen Milieus leben mußten, ungewollt und ungeliebt von den »Einheimischen«, eher ihre Existenznotlage zum Motiv des Verbrechens erheben als diejenigen, die nichts einbüßen mußten. Auch dem ist nicht so: Die Flüchtlingskriminalität nach dem Zweiten Weltkrieg betrug nur etwa zwei Fünftel derjenigen der nicht vertriebenen Einheimischen.
Man kann z. B. auch nicht sagen, daß Ladendiebstähle von besonders armen Frauen begangen werden. Es sind zumeist solide, in guten Verhältnissen lebende Frauen, die den Ladendiebstahl als Hobby betreiben, als »kriminellen« Kitzel.
Man sieht, die bequeme (und alte) Theorie, die Gesellschaft und/oder die Erbmasse seien »schuld« am Verbrecher, ist angesichts der Tatsache des Reizes, ein Verbrechen zu begehen, viel zu eng gefaßt. Die Fälle sind wenige, in denen die Kinder von Verbrechern wiederum Verbrecher werden, in denen die Tochter einer Dirne abermals »nur« Dirne wird. Das Gegenteil ist auch hier der Fall: Gerade die Dirne, die das »Milieu« genau kennt, wird alles daransetzen, damit der Tochter solche Erfahrungen erspart bleiben.
In der Gesellschaft wie in der Erbmasse mögen kriminogene Faktoren zu finden sein. Die Frage, warum es überhaupt Verbrechen gibt, wird damit aber nicht zureichend beantwortet.
Betrachtet man die Tatsache, daß es Verbrechen immer schon gegeben hat, rein historisch, so dürfte man zu der Vermutung neigen, das Verbrechen gehöre zum natürlichen Wesen und ewigen Naturrecht des Menschen, der trotz des Bewußtseins, daß Verbrechen »keinen Wert« haben, aus dieser Tatsache keine Lehre zieht. Er begeht das Verbrechen trotz des Bewußtseins, daß es eines Tages aufgedeckt werden kann, genauso wie jeder Mensch lebt im Bewußtsein, daß er eines Tages sterben wird.
Dies mag sehr hart, »pessimistisch« klingen, scheint aber doch erzreal zu sein in Anbetracht des Umstandes, daß bisher alle Versuche, den Menschen zu bekehren, zu bessern, zum sogenannten »Guten« zu führen, gescheitert sind.
Vielleicht ist der Mensch tatsächlich nach Nietzsche das »nicht festgestellte Tier«, dem es verweigert bleiben wird, jemals die Warum- und Wozu-Frage endgültig zu beantworten. Denn die Welt des Verbrechens bleibt letztlich immer die Welt des kriminellen Individuums. Auch für dieses gilt der alte lateinische Satz: individuum ineffabile.
Angesichts der erdrückenden Tatsache der menschlichen Kriminalität, die je nach Delikt und Zeit mal steigt, mal fällt, und die es wohl erlaubt, von der kriminellen Natur des Menschen zu sprechen, kommt die Wertfrage nach Gut oder Böse immer zu spät. 95% aller Morde werden aufgedeckt und bestraft – und immer wieder passieren Morde überall auf der Welt. Man kann dazu nicht fragen: Was für einen Wert hat der Mord? Gut oder Böse?
Die Auswahl der nun folgenden rein kriminellen Fälle mag subjektiv erscheinen. Sie orientierte sich an für eine bestimmte Kategorie von Verbrechen besonders typischen Fällen, an Delikten, die für sich sprechen, oder solchen, die Schlagzeilen gemacht haben. Daß mehr Fälle aus der jüngeren als der älteren Vergangenheit dieses Jahrhunderts aufgenommen wurden, mag seinen Grund in der zunehmenden Kriminalität innerhalb des genannten Zeitraumes haben.
Diese Sammlung von Verbrechen beansprucht, wie einleitend schon betont, in keiner Weise, vollständig zu sein. Die Fälle haben Beispielfunktion. Meistens sind sie durch ein Gerichtsurteil abgeschlossen. Aber auch noch laufende Fälle oder solche, bei denen ein Revisionsantrag gestellt wurde, sind aufgenommen worden, weil und sofern sie besonders interessant erscheinen.

b) Begriffserklärung einiger ausgewählter Delikte

vorsätzliche Tötung bedeutet:	mit vorheriger Überlegung einen Menschen umbringen
fahrlässig bedeutet:	nicht vorsätzlich, also ohne vorherige Überlegung
einfache Körperverletzung bedeutet:	vorsätzlich einen anderen körperlich mißhandeln oder seine Gesundheit schädigen, ohne die Absicht, ihn zu töten
gefährliche Körperverletzung bedeutet:	die Durchführung der Körperverletzung mit einer Waffe oder Messer, mit hinterlistigem Überfall in einer das Leben des anderen gefährdenden Weise
Körperverletzung mit tödlichem Ausgang bedeutet:	einen Menschen vorsätzlich Verletzungen beibringen, an denen er später stirbt
Kindesentführung bedeutet:	ein Kind ohne Wissen und Einwilligung der Eltern oder eines Elternteils aus seinem häuslichen Milieu entfernen
Notzucht bedeutet:	eine Frau mit Gewalt oder Drohung zum außerehelichen Beischlaf nötigen
Diebstahl bedeutet:	eine fremde bewegliche Sache einem anderen in der Absicht wegnehmen, dieselbe sich rechtswidrig anzueignen
schwerer Diebstahl bedeutet:	mit falschem Schlüssel oder mit Gewalt in einen fremden Raum eindringen (auch mit Waffengewalt) in der Absicht, sich eine fremde bewegliche Sache anzueignen
Raub bedeutet:	mit Gewalt gegen eine Person oder unter Drohung an Leib und Leben eine fremde bewegliche Sache dem anderen wegnehmen. In manchen Strafgesetzbüchern gehört zum Begriff Raub, daß der Täter auf frischer Tat ertappt wird
schwerer räuberischer Diebstahl mit Körperverletzung bedeutet:	mit Waffengewalt gegen eine Person vorgehen in der Absicht, deren Besitz sich widerrechtlich anzueignen. Der Besitzer wird durch die Waffe verletzt. Auch hierzu gehört, daß der Täter auf frischer Tat ertappt wird
Mord bedeutet:	einen Menschen aus Mordlust, zur Befriedigung des Geschlechtstriebes, aus Habgier oder sonst aus niedrigen Beweggründen töten. Hinzu kommt die heimtückische oder grausame Anwendung von gemeingefährlichen Mitteln
Totschlag bedeutet:	einen Menschen vorsätzlich töten, ohne den Bestimmungen des Mordes gerecht zu werden, also z. B. eine Affekthandlung

c) Fälle (alphabetisch geordnet, international)

1. Mord und Totschlag (teilweise wurde der Name des Mörders, teilweise der des Opfers zum Titel gemacht)

Barlow, Kenneth, *der erste Insulinmörder*

In der Nacht vom 3. zum 4. Mai 1957 wurde die Ehefrau von Kenneth Barlow, Elizabeth, in der Badewanne von einem Schwächeanfall überrascht. Sie hatte sich erbrochen, war mit dem Kopf unter Wasser gekommen und dabei ertrunken. Der Engländer Kenneth Barlow, von Beruf Krankenpfleger, gab zu Protokoll, er habe sofort das Wasser abgelassen und an seiner Frau Wiederbelebungsversuche unternommen, leider umsonst. Der herbeigerufene Arzt stellte zunächst nur ungewöhnlich stark erweiterte Pupillen an der Toten fest, was zu der Annahme führte, daß die Frau irgendeine Droge eingenommen haben dürfte. Seltsam war, daß der Schlafanzug Barlows trocken war und sich keinerlei Wasserspritzer im Bad fanden.

Eine nähere Untersuchung der Leiche ergab, daß sich in den Achselhöhlen der Toten noch Wasser befand, was gegen Barlows Wiederbelebungsversuche sprach. In Barlows Wohnung wurden zwei Injektionsspritzen gefunden, eine davon war gebraucht. Barlow erklärte dies recht plausibel, indem er sagte, er habe sich selbst wegen eines Karbunkels mit Penicillin gespritzt.

Die erste Autopsie der Leiche ergab nur, daß sämtliche Organe der Toten intakt waren. Ein zweites Mal wurde die Leiche untersucht. Jetzt fand der Arzt im Gesäß dicht beieinander liegende, winzige Verletzungen, die unter der Haut liegenden Fett- und Muskelgewebe zeigten leichte Entzündungen, wie sie von frischen Injektionsstichen hinterlassen werden. War nun klar, daß Barlow seine Frau gespritzt hatte, so fehlte aber noch der Nachweis, was er ihr injiziert hatte.

Da wurde bekannt, daß Barlow sich mit einem seiner Patienten im Krankenhaus über Insulin unterhalten hatte. Er soll gesagt haben: »Wenn jemand eine richtige Ladung davon bekommt, ist das der sicherste Weg ins Jenseits.« Er wußte also, daß man mit Insulin einen perfekten Mord begehen kann.

Den Ärzten war außerdem bekannt, daß dieselbe Menge Insulin, die ein Zuckerkranker ohne Beschwerden verträgt und braucht, bei einem Gesunden tödlich wirkt. Aus Tierversuchen war festgestellt worden, daß dem Tod Zuckungen, Unruhe, Zittern, Schwäche und Bewußtseinsstörungen vorangehen und die Pupille sich vergrößert.

Als am 29. Juli 1957 Barlow verhaftet wurde, gab er zwar zu, seine Frau gespritzt zu haben, aber nicht mit Insulin, sondern mit Ergometrin, ein Mittel, mit dem man eine Schwangerschaft unterbrechen kann (Frau Barlow war schwanger und wollte unter keinen Umständen ein Kind bekommen). Abermals wurde die Leiche untersucht. Aber im Harn der Toten wurde kein Ergometrin entdeckt. Es war klar, daß Barlow mit diesem Geständnis nur einer Anklage wegen vorsätzlichen Mordes seiner Frau mit Insulin zu entgehen versucht hatte.

Das Gericht konnte ihm den ersten Insulin-Mord der Geschichte nachweisen. Er wurde im Dezember 1957 zu lebenslänglichem Zuchthaus verurteilt.

Baumeister, Alfred

Der ledige Schaustellergehilfe Alfred Baumeister ging als »Äthermörder« in die Kriminalgeschichte ein. Er wurde überführt, am 3. Oktober 1967, er war damals 21 Jahre alt, seine 4 Jahre jüngere Freundin Maria Davidenko im Ätherrausch, wie es zunächst hieß, umgebracht zu haben. Er kannte das Mädchen seit 3 Jahren, in denen es wiederholt zu intimem Verkehr zwischen den beiden gekommen ist. Maria hatte die Vorliebe, sich selbst oder von ihrem Freund mit einem mit Äther getränkten Taschentuch, das sie sich unter die Nase hielt, betäuben zu lassen. Diesen »Glückszustand« empfand sie besonders angenehm, wohl auch zur Intensivierung ihrer sexuellen Gefühle.

Am Tattag traf Baumeister schon um 7 Uhr 30 morgens seine Freundin, die gerade in die Berufsschule gehen wollte, und überredete sie, nicht in die Schule, sondern mit ihm ins elterliche Haus zu gehen. Dort waren sie allein (beide Eltern waren berufstätig), und es kam mehrmals zum Geschlechtsverkehr. Zum Mittagessen gingen sie aus, kehrten dann nochmals in die Wohnung zurück, und gegen 14 Uhr fuhren beide von Ingolstadt in einen nahen Vorort. Unterwegs kaufte Baumeister eine zweite Flasche Äther in einer Apotheke. Beide schlenderten dann in einen Kiefernwald, wo sie ihre sexuellen Zärtlichkeiten fortsetzten. Maria bat ihren Freund, ihr Taschentuch mit Äther zu beträufeln und es ihr unter die Nase zu halten. Dabei, so gab Baumeister später an, habe er selbst auch, zwar widerwillig, Äther eingeatmet. Nachdem Maria betäubt war, so sein Bericht, »überkam« es ihn plötzlich. Er zog seiner Freundin den Pullover über den Kopf, verknotete ihn und schnürte damit ihren Hals ab. Nachdem sie tot war, zog er sie an einen Baum und hängte sie dort, halb auf dem Boden liegend, halb in sitzender Stellung auf.

Danach spürte er ein ausgesprochenes Hochgefühl und verließ pfeifend und singend den Tatort. Zu Hause erzählte er, er habe Maria umgebracht. Da er aber Angst hatte, zur Polizei zu gehen, beschloß er, sich an die Redaktion einer Ingolstadter Zeitung zu wenden und dort alles zu berichten. Die Redakteure überredeten ihn, mit der Polizei zum Tatort zu gehen, womit er dann auch einverstanden war.

Ein im Ätherrausch verübter Mord ist in der Kriminalgeschichte recht selten. Insofern durfte der Fall Baumeister besonderes Interesse hervorrufen.

Baumeister wollte zunächst nur mit dem Äther spielen, um etwas Besonderes zu haben, was nicht bei allen Liebespärchen zu finden ist. Es war für ihn eine Art Exklusiv-Liebe. Immer wieder gab er an, selbst vom Äther berauscht gewesen und sich seiner Tat überhaupt nicht bewußt gewesen zu sein. Er verspürte einen inneren Drang, nun endlich einmal etwas Unerlaubtes zu tun, und dafür erschien ihm ein Mord das geeignete Mittel.
Nach dieser Tat forschte die Polizei in seiner Geschichte und fand heraus, daß er ein unehelich geborenes Kind war, schon als 13jähriger sexuelle Beziehungen zu gleichaltrigen Mädchen suchte, mit schlechten Zeugnissen von der Volksschule abging, mehrere Berufe ausübte, auch in einer Erziehungsanstalt war, bis er schließlich als Schaustellergehilfe Arbeit fand.
Mit 17 Jahren wurde er von einem Jugendschöffengericht zu 10 Monaten Gefängnis mit Bewährung verurteilt, weil er sich Arbeitskolleginnen immer wieder exhibitionistisch genähert hatte. Dazu kamen dann später Brandstiftung, Körperverletzung, Betrug und Diebstahl, was ihm 1966 eine Jugendstrafe von 1 Jahr und 4 Monaten einbrachte. Er galt als psychopathische Persönlichkeit, die von Wahnideen, Tobsuchtsanfällen und übertriebenen Angstzuständen geplagt war.
Nach seiner Haftentlassung lernte er ein 14jähriges Mädchen kennen, von dem er verlangte, in die Donau zu springen, um aus dem Leben zu scheiden. Da das Mädchen sich wehrte, würgte er es am Hals, bis es bereit war, in die Donau zu gehen. Er rief es aber noch rechtzeitig zurück und wurde abermals angezeigt wegen Verführung, vorsätzlicher Körperverletzung und Bedrohung mit Nötigung.
Am 4. März 1969 verurteilte ihn schließlich das Landgericht München II zu 11 Jahren Zuchthaus und anschließender Unterbringung in einer Heil- und Pflegeanstalt.
Vor Gericht wurde dann durch ein Gutachten Baumeisters Version vom Mord im Ätherrausch genauer analysiert. Es zeigte sich, daß im Blut Marias nur 0,1 Promille Äther war. Das ist aber viel zuwenig, um auch nur einen leichten Rausch hervorzurufen. Für eine Vollnarkose müssen es mindestens 1,5 Promille Äther sein. Auch Baumeister selbst hatte nicht mehr als 0,2 Promille Äther im Blut, weshalb er zur Tatzeit unmöglich im Zustand der Unzurechnungsfähigkeit gewesen sein konnte. Demnach mußte der »Äthermörder« seine Freundin Maria zuerst erwürgt und dann mit ihrem Pullover aufgehängt haben. Damit war der Nimbus des »Äthermörders« zerstört.

Bergmann, Johann

Johann Bergmann nannte sich selbst den »Al Capone von Wien« oder auch mit Stolz »Österreichs Staatsfeind Nr. 1«.
Sein Vater war Säufer, die Mutter taubstumm, der Vater führte ihn ins Diebstahlgeschäft ein, der Sohn wurde zu mehreren Jahren Gefängnis verurteilt.
1954 sprach erstmals die Welt von ihm: Er war auf die Spitze des Stephansdomes geklettert und hatte damit gedroht, sich herunterzustürzen, wenn man ihm nicht 3000 Schilling geben würde, um das Weihnachtsfest so luxuriös wie andere Menschen feiern zu können. Ein Priester kletterte zu ihm hinauf und brachte ihm 1000 Schilling. Nach mehreren Stunden kam Bergmann dann herunter.
Er beging 3 Morde, 2 Mordversuche und 1 Raubüberfall. Von Reue zeigte er vor Gericht keine Spur. Im Gegenteil: Vor der Presse und der Öffentlichkeit, der er sich wie ein Filmstar zur Schau stellte, sagte er: »Ich werde weiter morden, auch im Gefängnis.«
Diese Mordlust entsprang einem Nasen-Komplex des Täters. Erst nach einer Schönheitsoperation wollte er aufhören zu morden. Aber für die Nasenoperation besaß er kein Geld und auch nach Erpressungsversuchen aus dem Gefängnis heraus bekam er keines.
Der 1930 geborene Bergmann wurde am 1. Juni 1960 zu lebenslangem Kerker verurteilt.

Der »Black-Panther-Prozeß« (Jackson)

Im April 1972 wurde der »Black-Panther-Prozeß« von Zweibrücken (Deutschland) noch einmal aufgerollt, nachdem der Bundesgerichtshof das Urteil vom 12. Juli 1971, das auf 6 Jahre Freiheitsstrafe wegen Totschlagversuchs und schweren Widerstandes gegen die Staatsgewalt lautete, aufgehoben hatte. Der farbige Zivilamerikaner Edgar Lawrence Jackson hatte zusammen mit einem zweiten Angeklagten am 19. November 1970 am NATO-Flugplatz Ramstein einen deutschen Wachbeamten in einen Schußwechsel verwickelt und ihn durch zwei Schüsse verletzt.
Obwohl trotz unverzüglicher Festnahme keine Schußwaffe bei Jackson gefunden wurde, soll er aus kurzer Entfernung auf den Oberkörper des Wachmanns Lippeck geschossen haben. Ein unbekanntes Projektil im Jackensaum und Lippecks Aussagen hatten damals als Beweis gedient.
Im zweiten Verfahren war der Zuhörerraum durch eine »menschliche Barrikade« aus Polizisten von den Gerichtspersonen getrennt. Es wurden Zwischenfälle durch farbige Anhänger der »Black-Panther-Bewegung« befürchtet.
Am 6. September 1972 fällte das Schwurgericht Frankenthal sein Urteil: 4 Jahre Freiheitsentzug wegen versuchten Totschlags, Widerstands gegen einen Vollstreckungsbeamten und unerlaubten Waffenbesitzes. Das Gericht ordnete die Haftfortdauer gegen den 32jährigen Jackson an. Die Verteidigung kündigte abermals an, in die Revision zu gehen. Das Gericht war der Meinung, Jackson habe aus einem Fahrzeug heraus auf den Oberkörper Dieter Lippecks geschossen. Dies galt nicht als Mordversuch, weil Jackson weder aus niedrigen Beweggründen noch zur Verdeckung einer Straftat geschossen habe. Diese neue Urteilsbegründung stützte sich fast wörtlich auf die Aussagen, die Lippeck bereits beim ersten Verfahren abgegeben hatte.

Den Verbleib der Tatwaffe konnte auch das Frankenthaler Gericht nicht aufklären. Die zahlreichen Widersprüche des ersten Verfahrens konnte auch dieses zweite nicht ausräumen.
Die Verteidigung hatte auf Freispruch wegen erwiesener Unschuld plädiert.

Calabresi, Luigi

Der von der politischen Linken hart bekämpfte Polizeikommissar von Mailand, Luigi Calabresi, wurde Anfang Mai 1972 erschossen. Obgleich sofort eine Fahndung von 15000 Polizeibeamten anlief, konnten die Täter mit einem Auto unerkannt entkommen.
Gegen Calabresi war ein Verfahren eingeleitet worden, weil er angeblich für den Tod des Mailänder Anarchisten Giuseppe Pinelli verantwortlich gewesen sein soll. Nach dem schwersten Bombenattentat im Nachkriegs-Italien, bei dem in der Mailänder Landwirtschaftsbank im Dezember 1969 16 Menschen ums Leben gekommen waren, war Pinelli sofort festgenommen und im Polizeipräsidium von Calabresi offenbar harten Verhören ausgesetzt worden. In der Nacht vom 15. auf den 16. Dezember 1969 stürzte der Anarchist aus dem vierten Stockwerk des Polizeipräsidiums und starb kurz darauf. Später stellte sich heraus, daß Pinelli mit dem Bombenattentat gar nichts zu tun hatte. Die Politische Linke beschuldigte seitdem öffentlich Calabresi des Mordes an Pinelli.
Calabresi hatte sich als Polizeikommissar schon lange politisch betätigt. Seine Doktorarbeit schrieb er über die Mafia in Sizilien. Er war Mitarbeiter der sozialdemokratischen Zeitung »La Guistizia« und geriet in das grelle Licht der öffentlichen Kritik von der Aufklärung des Blutbades in der Landwirtschaftsbank bis zum Fall Feltrinelli. Er war der erste, der in der Nacht zum 15. März 1972 in dem Toten unter dem Hochspannungsmast den Verleger Feltrinelli erkannte.
Da die Mörder, eine Frau und ein Mann, deutschen Akzent sprachen, wurde angenommen, die Täter könnten Mitglieder der Baader-Meinhof-Bande sein. Vor allem das BM-Mitglied Holger Meins wurde verdächtigt.
Ermittlungen hatten inzwischen ergeben, daß der Mord perfekt geplant gewesen ist. Der Deutsche sei um 9 Uhr von einer jungen Frau an den Tatort gebracht worden. Sie habe ihm den aus seiner Wohnung kommenden Calabresi gezeigt. Um 9 Uhr 15 fielen die tödlichen Schüsse. Schon um 10 Uhr sei der Mörder nach Rom abgeflogen.
Auf der Suche nach den Mördern nahm die italienische Polizei in der Nacht zum 21. September 1972 den 29 Jahre alten Gianni Nardi und eine deutsche Schauspielerin aus Heidelberg an dem italienischen Grenzübergang Chiasso fest. In ihrem Auto wurden Waffen und Sprengstoff gefunden, in der römischen Wohnung von Nardis Freund Luciano Bruno Stefano eine Pistole und wiederum Munition. Nardis Gesichtszüge sollen der Zeichnung vom Gesicht des (bisher) unbekannten Calabresi-Mörders ähneln. Eine Verkäuferin, die kurz vor dem Anschlag dem vermutlichen Mörder einen Regenschirm verkauft hatte, glaubte Nardi bei einer Gegenüberstellung nicht identifizieren zu können.
Somit ist die Frage nach dem Mörder nach wie vor offen.
Erste Urteile im Fall Calabresi wurden Ende Mai 1972 gefällt. Vier Mitglieder der linksradikalen Organisation »Lotta Continua« wurden zu 1 Jahr und 4 Monaten Gefängnis verurteilt, weil sie die Ermordung Calabresis öffentlich verteidigt hatten.

Celorio de Bassi, Sofia

Die amerikanische Malerin und Millionärsgattin Sofia Celorio de Bassi wurde 1969 wegen Totschlags zu 11 Jahren Gefängnis verurteilt. Im Juni 1972 wurde sie vorzeitig aus der Haft in Mexiko entlassen. Sie war für schuldig befunden worden, Anfang Januar 1968 in ihrer Residenz in Acapulco ihren Schwiegersohn, den italienischen Grafen Cesare d'Acquarone, mit 5 Pistolenschüssen getötet zu haben.
Während ihrer Haft seit dem 3. Januar 1968 hat sie rund 300 Bilder gemalt, die zum Teil auch ausgestellt und verkauft worden sind.

Crippen, Hawley, Dr. med.

Der englische Arzt Dr. Crippen (1862–1910) war einer der berühmtesten Mörder der englischen Kriminalgeschichte. Er hatte zu Ende des vorigen Jahrhunderts seine Frau Belle Elmore ermordet, ihre Leiche zerstückelt und lebte anschließend mit seiner Geliebten Ethel Le Neve.
Scotland Yard benutzte bei der Fahndung nach dem flüchtigen Mörder erstmals ein sogenanntes »Marconigramm«, das an den Kapitän des Schiffes »Montrose« geschickt wurde. Mit diesem Schiff wollten Crippen und seine Geliebte nach Kanada fliehen. An der kanadischen Küste wurden beide verhaftet. In London wurde ihnen einer der aufsehenerregendsten Prozesse gemacht, an dessen Verlauf ganz England teilnahm.
Dr. Crippen wurde zum Tode verurteilt und 1910 hingerichtet. Seine Freundin Ethel konnte von der Anklage der Mittäterschaft freigesprochen werden.

Da Silva, Pedro Pereira

Anfang März 1972 verurteilte ein brasilianisches Gericht den 107 Jahre alten Da Silva zu 6 Jahren Gefängnis, weil er seinen Schwiegersohn durch gedungene Mörder aus dem Wege räumen ließ. Der wohl älteste Häftling der Welt machte 1971 Schlagzeilen, als er im Gefängnis seine Verlobung mit der 24jährigen Strafgefangenen Maria Rosa Moura, die ihren Mann umgebracht hatte, bekanntgab.

Beide wollen heiraten, sobald Da Silva seine Haft abgesessen haben wird. Dann wird er 113 Jahre alt sein. In Brasilien kann ein so hohes Alter durchaus als strafmildernd angerechnet werden, aber da der Greis noch physisch und geistig sehr auf dem Damm ist, sah die Staatsanwaltschaft von einer Strafmilderung ab.

Dubuisson, Pauline

Der Fall des jungen Mädchens Pauline Dubuisson (geb. 1927 in Malo-les-Bains) ist in der Geschichte der französischen Strafjustiz insofern interessant, als sie im März 1951 ihren Freund, der wie sie Medizin studierte und Félix Bailly hieß, aus Eifersucht erschoß und ihr vom Gericht dennoch nicht, wie es ihrem Fall hätte zukommen können, ein »Verbrechen aus Leidenschaft« (crime passionnel) zugebilligt wurde, was Freispruch bedeutet hätte, sondern die Tat wurde als vorsätzlicher Mord gewertet, was ihr lebenslängliche Zwangsarbeit einbrachte.

Duncan, Elizabeth

Als vierte Frau in der Geschichte Kaliforniens wurde Elizabeth Duncan in der Gaskammer von San Quentin am 8. August 1962 hingerichtet. Sie war des Mordes angeklagt. Durch zwei gedungene Mexikaner, Louis Moyas und Augustino Baldonado, die am gleichen Tag in der Gaskammer hingerichtet wurden, hatte sie ihre Schwiegertochter Olga, die im siebten Monat schwanger war, umbringen lassen.
Übertriebene Liebe zu ihrem Sohn, dem jungen und angesehenen Rechtsanwalt Frank, ließ nie ein gütiges Verhältnis zu ihrer Schwiegertochter, der Krankenschwester Olga Kupczyk, aufkommen. Sie hatte die Ehe intrigiert, Olga in der Nachbarschaft schlechtgemacht und schließlich ihren Sohn vor die Entscheidung gestellt: Olga oder ich. Sollte sich der Sohn für seine Frau entscheiden, so würde sie mit Tabletten aus dem Leben gehen. Frank liebte aber seine Frau, die er als Pflegerin seiner Mutter nach deren früherem Selbstmordversuch im Krankenhaus kennengelernt hatte.
Nach mehreren vergeblichen Versuchen, Personen für den Mord an Olga zu kaufen, kam sie an die beiden vorbestraften Mexikaner. Sie fuhren in der Nacht vom 17. zum 18. November 1958 vor dem Haus von Frank Duncan in Santa Barbara, Kalifornien, vor, läuteten die Frau spät am Abend heraus und lotsten sie zu dem wartenden Wagen unter dem Vorwand, ihr Mann Frank sei betrunken und könne nicht mehr allein ins Haus laufen. Als sich Olga in den Wagen beugte, stießen sie sie hinein und fuhren mit ihr davon. Da der Revolver Ladehemmung hatte, wurde Olga mehrmals die Waffe auf den Hinterkopf geschlagen, bis sie bewußtlos war. Als sie wieder zu sich kam und um Hilfe schrie, wurde sie erwürgt.
Um die 175 Dollar Mordlohn bezahlen zu können, versetzte Elizabeth Duncan ihren Schmuck und unterschlug einen Scheck, den ihr Frank zur Begleichung einer Rechnung gegeben hatte. Bis zum Schluß glaubte sie, die auch einmal ein Bordell geführt hatte, um an Geld zu kommen, an ihre Begnadigung und an den Einfluß ihres Sohnes.
Durch die Geständnisse der zwei Mexikaner konnte sie einwandfrei des Mordes ersten Grades überführt werden, trotz ihrer ständigen Beteuerungen, von den Mexikanern erpreßt worden zu sein.
Die drei Angeklagten wurden in der gleichen Gaskammer hingerichtet, in der seit 1948 Caryl Chessman einsaß.

Gaum, Josef und Inger

Am 3. Mai 1965 verließ der Prokurist der Rheinischen Hypothekenbank in Mannheim (Deutschland) früher als gewöhnlich sein Büro. Er ließ sich mit einem Firmenwagen zuerst nach Hause, in die Erzberger Straße 5 in Mannheim, fahren und von hier aus zu einer anderen Bank. Er galt als vermögender Mann, Spezialist für Wertpapiere, und unterhielt wie üblich sein Privatkonto bei einer anderen Bank. Von seinem Konto hob er 20000 Mark ab.
Die Frau des Prokuristen, die Dänin Inger Gaum, war 39 Jahre alt und seit 18 Jahren mit Josef Gaum verheiratet. Sie verschwand am Nachmittag des 3. Mai spurlos aus ihrer Wohnung. Josef Gaum rief am nächsten Tag seine Sekretärin in der Bank an und teilte ihr mit, er könne wegen einer Autopanne erst etwas später kommen. Josef Gaum kam jedoch nicht mehr zum Dienst in die Bank.
4 Tage danach besuchten der Vater und die Schwester von Josef Gaum die Wohnung in der Erzberger Straße. Nichts ließ auf eine längere Reise des Ehepaares schließen: Kleider befanden sich im Schrank, Wäsche hing auf der Leine, die Zahnbürsten standen im Glas. Gaums Schwester entdeckte in einer Schublade des Wohnzimmerschrankes 15000 Mark.
Wiederum 4 Tage später, als von den Gaums noch immer jede Spur fehlte, besuchten die Angehörigen in Begleitung eines Kripobeamten erneut die Wohnung der Gaums. Die 15000 Mark waren verschwunden. Niemand außer dem Hausmeister und den Gaums besaß aber einen Wohnungsschlüssel. Der Hausmeister konnte sich nur daran erinnern, daß in der Nacht vom 9. zum 10. Mai 1965 mehrmals kurz hintereinander das Treppenhauslicht eingeschaltet worden war. Hausbewohner hatten aber niemanden gesehen.
In jener Nacht, es regnete, kam auf der Autobahn Mannheim–Heidelberg, kurz vor der Abzweigung nach Heidelberg, ein blauer Opel-Kapitän ins Schleudern, drehte sich zweimal um die eigene Achse, rutschte eine Böschung hinunter und fing durch den Aufschlag sofort Feuer. Der Fahrer war unverletzt und entnahm noch aus dem Kofferraum des brennenden Wagens eine Aktentasche.
Der Besatzung des Streifenwagens gab der Fahrer seinen Namen mit Josef Gaum an. Aber die Polizisten wußten nicht, daß Gaum seit einer Woche gesucht wurde. Gaum fuhr anschließend im Abschleppwagen nach Mannheim zurück, ließ sich aber nicht vor seiner Wohnung in der Erzberger Straße absetzen, sondern im Stadtteil Lindenhof.

Die Kripo erfuhr von dem Autounfall kurz vor Heidelberg erst, als Monate später die Rechnung der Heidelberger Feuerwehr, die den brennenden Wagen gelöscht hatte, im Briefkasten landete. Von Gaum aber fehlte weiterhin jede Spur.
Am 23. Dezember 1965 tauchte er in Rorschach im Kanton St. Gallen (Schweiz) auf. Er wollte über eine Schweizer Bank von seinem Mannheimer Konto 15 000 Mark transferieren lassen. Inzwischen war aber sein Bankkonto gesperrt worden. Um diese Nachricht einige Zeit später von der Schweizer Bank zu erfahren, kam Gaum aber nicht mehr persönlich, sondern begnügte sich mit einem Telefonanruf. Von nun an blieb er endgültig verschwunden. Die Schweizer Bankbeamten konnten aber die Identität Josef Gaums noch nachträglich vor der Kripo bestätigen.
Am 28. März 1966 wurde im Bodenseehafen von Bregenz eine männliche Leiche gefunden. Der Tod konnte durch Kopfschuß oder auch durch Ertrinken eingetreten sein. Im Blut waren starke Alkoholspuren zu finden. Eine Identifizierung des Toten war nicht mehr möglich: Die Leiche lag schon ungefähr 12 Wochen im Wasser.
Aber anhand der aufgefundenen Armbanduhr konnte festgestellt werden, daß eine Schweizer Firma sie an einen Mannheimer Juwelier geliefert hatte. Der Verdacht kam auf, daß der Tote vom Bodensee der Mannheimer Josef Gaum sein könnte. Die Leiche wurde exhumiert.
Noch immer war nicht eindeutig, ob es sich um Mord oder Selbstmord handelte.
Von Inger Gaum fehlte nach wie vor – bis heute – jede Spur.
Am 24. Januar 1969 wurde die Fernsehsendung »Aktenzeichen XY ungelöst« in die Fahndung eingeschaltet. Daraufhin meldete sich ein Gendarmerieposten aus Imst in Tirol und berichtete, daß mehrere Leute aus Tarenz in der Nähe von Imst in dem gesuchten Josef Gaum einen Mann namens Dr. Josef Braune wiedererkannt hätten. Dieser habe 1965 mehrere Monate mit der Kellnerin Tilly Neuberger in Tarenz zusammen gelebt, sei aber kurz vor Weihnachten 1965 spurlos verschwunden, obgleich seine Verlobte Tilly von ihm schwanger war. Gaum war mit einem Fiat 1800 und einem Stuttgarter Kennzeichen ins Zillertal gefahren. Der Wagen war zugelassen auf einen Mann namens Philip Baum, wie sich herausstellte, ein 78jähriger Greis, der nie einen Wagen besessen hatte.
Der Fiat war am Tage nach dem Autobahnunfall bei Heidelberg bei einem Stuttgarter Gebrauchtwagenhändler gekauft und auf den Namen Baum auch zugelassen worden.
Gaum muß also ein Doppelleben geführt haben. Aber warum? Ein Motiv ließ sich bis heute nicht finden.
Er meldete sich kurz vor Weihnachten 1965 noch einmal bei seiner Frau Inger und teilte ihr mit, er müsse zur Behandlung eines früheren Unfalls in eine Züricher Klinik. Am 23. Dezember rief er dann noch Tilly an. Er werde in wenigen Tagen bei ihr zurück sein.
Gaum kam nicht mehr und blieb verschwunden.
An diesem selben Tag wurde im Bregenzer Wald der Fiat 1800 ausgebrannt aufgefunden. Nummern- und Nationalitätenschild waren zuvor beseitigt worden.
So blieb der Fall des Ehepaares Gaum bis heute ungeklärt.

Hau, Carl

Der Fall Hau beschäftigte zu Beginn dieses Jahrhunderts die gesamte Weltöffentlichkeit. Eine riesige Menschenmenge umlagerte das Gerichtsgebäude und mußte von 70 Mann Polizei und 2 Kompanien des Leibgrenadierregimentes in Schach gehalten werden, um nicht den Gerichtssaal zu stürmen.
Zur Verhandlung stand ein Mord an der Witwe und Schwiegermutter Carl Haus, Frau Molitor. Durch einen anonymen Telefonanruf (die Stimme Haus wurde vom Zimmermädchen eindeutig erkannt) wurde Frau Molitor am 6. November 1906, 20 Minuten vor 18 Uhr, wegen einer Depesche auf das Hauptpostamt in Baden-Baden (Deutschland) zitiert. Da sich die Frau fürchtete, nahm sie ihre Tochter Olga, Haus Schwägerin, mit. In der Kaiser-Wilhelm-Straße fiel ein Schuß und traf die 62jährige Frau tödlich.
Der Täter mit Perücke, falschem Bart und langem Mantel war vorher von verschiedenen Zeugen gesehen worden. Der Verdacht fiel auf Carl Hau, den Ehemann von Lina Molitor.
Hau hatte im Frühjahr 1901 die Familie Molitor während eines Urlaubs auf Korsika kennengelernt. Er war damals 20 und Student, verliebte sich in Lina und hielt bei deren Mutter um ihre Hand an, wurde aber abgewiesen. Beide flohen in die Schweiz, und als das Geld, das Lina abgehoben hatte (2000 Mark), verbraucht war, wollten sich beide das Leben nehmen. Hau schoß auf Lina. Der Schuß war nicht tödlich. Sich selbst zu erschießen, fand er nicht den Mut. Daraufhin willigte Frau Molitor in eine Heirat ein. Hau wurde ein geachteter Jurist in Washington und Dozent für Römisches Recht an der Universität Washington. Als Privatsekretär des osmanischen Konsuls in Washington kam Hau 1903 nach Konstantinopel, wo er ein ausschweifendes Leben führte und das ganze Geld seiner Frau Lina durchbrachte. Durch Scheckfälschungen verschaffte er sich in Wien wieder Geld und reiste am 25. Oktober mit seiner Frau Lina, seinem Kind und der Schwägerin Olga nach Paris. Von dort schickte er an seine Schwiegermutter ein Telegramm, das die Schwiegermutter wegen einer (fingierten) Erkrankung Olgas nach Paris rief. Wie sich im Prozeß herausstellte, wollte er durch die vorzeitige Abreise Olgas mit ihrer Mutter ein seine Ehe belastendes Liebesverhältnis mit Olga gütlich beenden.
Am 7. November 1906 wurde Haftbefehl gegen Carl Hau erlassen (er befand sich gerade in London), Anfang 1907 wurde er nach Deutschland ausgeliefert. Die Anklage lautete auf Mord.
Im Juni 1907 fand im Untersuchungsgefängnis eine Aussprache zwischen dem Ehepaar Hau statt. Lina hatte erfahren, daß Carl sehr viel Geld in Konstantinopel verpraßt hatte, und sie hege auch keine Zweifel mehr,

daß er der Mörder ihrer Mutter sei. Wegen dieser unerträglichen Situation habe sie sich entschlossen, sich das Leben zu nehmen. Zwei Tage danach ging Lina Hau bei Zürich ins Wasser.
Die Hauptverhandlung begann am 17. Juni 1907 vor dem Schwurgericht bei dem Landgericht in Karlsruhe. Während des 5 Tage dauernden Prozesses hatte Hau immer wieder seine Unschuld beteuert und auf die bohrenden Fragen des Vorsitzenden geschwiegen.
Alle Verdachtsmomente richteten sich gegen Hau, bis durch eine Zeugenaussage bekannt wurde, daß zur Mordzeit zwei verschieden große Männer in der Nähe der beiden Frauen in Baden-Baden gesehen worden seien.
Ob ein zweiter Mann tatsächlich da war, blieb eine offene Frage. Zwei Motive für die Tat standen zur Diskussion: Geldsucht oder Liebe. Hau, ein hochintelligenter und gut aussehender Rechtsanwalt, hatte in der Türkei den schwerreichen Krösus gemimt, war aber auch für seine sexuellen Ausschweifungen bekannt. Wegen seines Verhältnisses zur intelligenteren und besser aussehenden Olga kam es zu Eifersuchtsszenen zwischen Lina und ihrer Schwester.
Hau leugnete beide Motive, bis ein früherer Zellengenosse unter Androhung von Beugestrafe und Beugehaft zur Aussage gezwungen werden sollte, ein Kumpel, dem Hau ein volles Geständnis abgelegt hatte. Um ihn zu schützen, sagte Carl Hau dann aus und bekannte seine Liebe zu Olga. Damit schlug die Stimmung des Publikums zu seinen Gunsten um.
Das Gericht erkannte jedoch Geldnot als Tatmotiv und verurteilte ihn um 2 Uhr nachts wegen Mordes zum Tode. Eine Revision wurde abgelehnt. Am 1. Dezember 1907 begnadigte der Großherzog von Baden Carl Hau zu lebenslangem Zuchthaus. Als 43jähriger wurde er nach 17 Jahren Haft entlassen. Da sich Carl Hau jedoch nicht an die Auflage des Gerichts hielt, Olga Molitor nicht weiter zu bedrängen und seinen Prozeß literarisch nicht auszuwerten, wurde er am 17. November 1925 erneut verhaftet. Er nahm sich in der Campagna zwischen Rom und Tivoli durch Gift das Leben. Er war geboren am 3. Februar 1881 in Bernkastel, den Selbstmord verübte er 1926.
Der Fall Hau wurde von Jakob Wassermann in seinem Roman »Der Fall Maurizius« geschildert.

Huot, Germaine

Germaine Huot (geb. 1888) war eine sehr begehrte, etwa 40jährige Dame der Pariser Halbwelt. Sie war eine gebildete, blendend aussehende Kurtisane, die Männer der besten Gesellschaftsschicht zu betören und an sich zu fesseln vermochte. Zu ihren Liebhabern gehörten unter anderem: Herzog Franz Joseph von Bayern, Aga Khan, ein gewisser Monsieur Lillaz und Monsieur José del Garril. Vor Gericht wurde das lange Register von bedeutenden Namen, wozu auch Mitglieder des europäischen Adels und führende Politiker zählten, verlesen.
Zu einem Prozeß gegen die schöne Dame kam es am 26. März 1934 vor dem Pariser Schwurgericht, weil am 7. März 1933 einer ihrer Gäste, Monsieur Causeret, hoher Staatsbeamter und Präfekt des Departements der Rhônemündung, in ihrer Privatwohnung erschossen worden war.
Madame Huot, die sich bereits mit 15 Jahren den klangvolleren Namen Germaine d'Anglemont (den Namen entnahm sie einem Roman) zugelegt und schon mit 18 Jahren von einem ihrer Liebhaber in Paris eine Zweietagenwohnung erhalten hatte, war angeklagt, den Jean Causeret erschossen zu haben.
Der Tat war eine kleine Szene vorausgegangen: Im Jahr 1918 hatte sie bereits Causeret kennengelernt. Sie nahm ihn in den Kreis ihrer Freunde auf. Da kam aber der Abgeordnete Picard, durch den sie Causeret kennengelernt hatte, hinter deren Verhältnis und zwang ihn, sein Verhältnis zu Madame Huot abzubrechen. Picard selbst war ihr intimer Liebhaber.
Im Jahre 1932 war Causeret avanciert und anläßlich einer Ordensverleihung, von der Madame Huot in der Zeitung las, schrieb sie ihm und nahm dadurch die Verbindung zu ihm wieder auf. Als der Präfekt nach Paris kam, um politische Geschäfte zu führen, wohnte er wieder bei Madame Huot.
Diese war jedoch eifersüchtig oder mißtrauisch geworden und ließ jeden seiner Schritte durch einen Detektiv überwachen.
Dieser Detektiv fand heraus, daß Causeret, ehe er ins Innenministerium ging, eine Besorgung in einem Warenhaus machte. Er meldete dies seiner Auftraggeberin, und als Causeret am Abend zurückkam, fragte sie ihn nach seinem Tagesablauf.
Causeret erwähnte indes nur seine Geschäfte im Ministerium, nicht aber, daß er im Warenhaus war. Daraufhin wurde sie laut, beschimpfte ihn als Lügner und bedrohte ihn mit einem Revolver.
Da löste sich ein Schuß, der den Körper Causerets von der einen Seite zur anderen durchschlug und ihn tötete.
Vor Gericht war nun wichtig, herauszubekommen, ob sich der Schuß zufällig gelöst hatte, etwa während des Gerangels zwischen Madame Huot und Causeret, der ihr möglicherweise die Waffe hatte aus der Hand schlagen wollen – oder ob sie ihn gezielt erschossen hatte. Tatzeugen gab es keine.
Statt jedoch sofort die Polizei herbeizurufen, telefonierte sie erst nach zwei Ärzten, dann mit ihrem Freund Picard und schließlich noch mit ihrem Rechtsanwalt. Erst drei Stunden nach der Tat traf dann die Polizei ein. Madame Huot wurde sofort festgenommen.
Die Zeugen widersprachen einander. Ein Gerichtsmediziner glaubte nicht an die Version, wonach Causeret ihr den Revolver hatte entwinden wollen, wodurch sich unglücklicherweise der Schuß löste. Nachbarn andererseits trauten Madame Huot nicht zu, vorsätzlich einen Mord begangen zu haben.
Auch Picard, dessen Verhältnis zu Madame Huot bereits seit 15 Jahren erloschen war, sagte vor Gericht

aus. Er berichtete lediglich, daß ihn die Madame nach der Tat angerufen und zu sich in die Wohnung gebeten hatte.
Die Angeklagte wurde nicht wegen Mordes, sondern nur wegen einfacher Körperverletzung schuldig gesprochen und zu 2 Jahren Gefängnis verurteilt.
Die Geschworenen hatten sich weder zu einem Freispruch entschließen können noch zu der Annahme der vorsätzlichen Körperverletzung. Ihr Urteil beschritt den Mittelweg.

Jaccoud, Pierre

Der Prozeß gegen den Schweizer Rechtsanwalt Dr. Jaccoud ging durch die Weltpresse. Der verheiratete, sehr geachtete Anwalt hatte sich verliebt in Linda Baud, genannt das »Püppchen«. Mehrere Jahre führte er ein Doppelleben, ohne daß seine Frau etwas von dem Liebesverhältnis ihres Mannes erfuhr.
Da wollte sich Linda von ihrem Freund trennen. Der Jurist beschloß, den Rivalen zu ermorden. Sein Gegenspieler war der 25jährige André Zumbach. Mit ihm wollte sich Linda verloben.
Jaccoud schickte an Zumbach mehrere Aktfotos und anonyme Briefe, um Linda bei ihrem Verlobten zu diskriminieren. Die Fotos hatte der Anwalt ohne Wissen Lindas geknipst.
Da seine Methode aber nicht den gewünschten Erfolg hatte, wollte er sich die Fotos wieder beschaffen. Er schlich sich in das Haus Zumbachs, wo er die Fotos vermutete, wurde aber bei der Durchsuchung von Andrés Vater, dem 62jährigen Mechaniker Charles Zumbach, erwischt. Er schoß ihn am 1. Mai 1958 mit vier Schüssen nieder. Auch Zumbachs Gattin, die nach den Schüssen herbeieilte, wollte Jaccoud töten, aber seine Schüsse trafen nicht.
Am 17. Juni 1958 wurde Jaccoud verhaftet und aufgrund von Indizien (er selbst hatte die Tat nie eingestanden) zu 7 Jahren Gefängnis verurteilt.

Jussupoff, Felix

Fürst Felix Jussupoff (geb. 1891) wurde weltberühmt als Mörder Rasputins. Er wußte, daß Rasputin einen sehr starken Einfluß auf die russische Zarenfamilie ausübte, sie sich von ihm sogar abhängig machte. Rasputin war ein Mönch und Wunderheiler.
Jussupoff tötete den Mönch während eines Festessens, das er Rasputin zu Ehren gab, indem er Gebäck anbot, in dem Zyankali vermischt war. Als aber nach drei Stunden Rasputin immer noch lebte, erschoß er ihn und warf seine Leiche in die Newa.
Jussupoff flüchtete daraufhin unerkannt nach Paris.
Der Mord geschah im Dezember 1916 in Petersburg.

Krueger, Ivar, *der Zündholzkönig*

Am 12. März 1932 wurde der schwedische Bankier Ivar Krueger (geb. 1880) in seiner Pariser Wohnung erschossen aufgefunden. Die Pistole hatte er noch in der Hand. Das Motiv für diesen Mord oder Selbstmord ist bis heute noch ungeklärt.
Am 19. November 1971 wurde der schwedische Bankier Marc Wallenberg im verschneiten Winterwald südlich von Stockholm tot aufgefunden. Das Jagdgewehr, mit dem er sich vermutlich selbst getötet hatte, lag neben ihm. Auch für diesen Mord oder Selbstmord fehlt bis heute ein Motiv.
Der 47jährige Marc war der Haupterbe der Wallenberg-Dynastie. Wenige Monate vor seinem Tod war er auf Veranlassung seines Vaters Marcus Wallenberg an die Spitze des neu erstehenden schwedischen Bankimperiums berufen worden, das zu Beginn des Jahres 1972 aus der Fusion von Ensklida Bank und Skandinaviska Banken in geschäftliche Aktion treten sollte.
Die Vorgeschichte der Bankfusion reicht 40 Jahre zurück, bis in die Tage hinein, als das Finanzreich des »Zündholzkönigs« Ivar Krueger auseinandergerissen und ausgeplündert wurde.
Der ehemalige Bauunternehmer Krueger war duch eine simple, aber geniale Idee zu Reichtum gekommen: Er ließ sich zur Sicherheit für seine Kredite das Monopol für die Zündholzfabrikation auf seine beiden Holdinggesellschaften Krueger & Toll übertragen. Dies war auch der Fall, als er 1929 Deutschland eine Anleihe über 125 Millionen US-Dollar gab, um die Schuldenregelung des Deutschen Reiches nach dem Ersten Weltkrieg zu regeln.
Als das Krueger-Imperium zerschlagen war, da waren in erster Linie die Wallenbergs die Nutznießer. Sie hatten eine relativ kleine Bank mit etwa 100 Millionen Schwedenkronen an Eigenkapital, die Ensklida Bank.
Als 1932 nach Kruegers Tod die Hausbank Kruegers, die Skandinaviska Banken, durch undurchsichtige Machenschaften in den Konkurs getrieben wurde, war gerade der Name Wallenbergs in unsaubere Geschäfte verwickelt. Selbst dem ehemaligen schwedischen Justizminister und späteren Oberstatthalter von Stockholm, Torsten Nothin, gelang es nicht, eine Klärung in die Machenschaften der Hochfinanz nach Kruegers Tod zu bringen. Er und seine »Königliche Kommission« dienten nur als Aushängeschild, um die Geschäfte der Plünderer des Krueger-Erbes zu verdecken. Kurz danach gab Nothin seinen Rücktritt bekannt, ohne den Dschungel der Spekulanten durchschaut zu haben.
Immer wieder tauchte die Frage auf, ob Krueger nicht doch ermordet worden sein könnte.
Am Zusammenbruch des Krueger-Konzerns war wesentlich interessiert das New Yorker Bankhaus Morgan, das durch Kruegers Konzern schwere Einbußen im internationalen Anleihegeschäft erlitten hatte. Interessiert an der Zerstörung der Kruegerschen Banken, die innerhalb weniger Jahre mehr als 400 Millio-

nen Dollar an Staatskrediten vermittelt hatten, war aber auch das Bankhaus der Wallenbergs. Nun, da die Fusion der Krueger- und Wallenberg-Banken mit der Gründung des Wallenberg-Imperiums 1972 am Ziel angelangt war, starb auch Kruegers unmittelbarer Erbe, Marc Wallenberg, eines ungeklärten Todes.
Es scheint, als laste auf dem Krueger-Erbe ein Fluch, dem nun, 40 Jahre nach Kruegers Tod und nach der zustande gekommenen Bankfusion, dessen Gelderbe zum Opfer fiel.

Der Fall Lebach

Am 20. Januar 1969 wurde gegen 3 Uhr früh auf das Bundeswehr-Munitionsdepot in Lebach in der Nähe der deutsch-französischen Grenze ein Überfall durchgeführt.
5 deutsche Soldaten des Fallschirmjägerbataillons 261 befanden sich auf Wache, 3 davon schliefen, der 4., der Gefreite Schulz, kehrte von seinem Rundgang in die Wachbaracke zurück, wo sich der 5. Soldat befand. Schulz wollte gerade keine besonderen Vorkommnisse melden, da hörte er aus dem Heizungsraum nebenan ein verdächtiges Geräusch.
Ein blonder junger Mann stürzte herein. Er trug eine olivgrüne Militärjacke. In der linken Hand eine Pistole, in der rechten ein Messer. Er schoß sofort und traf den Gefreiten Schulz in die rechte Brustseite. Trotz seiner Verletzungen wehrte sich Schulz. Insgesamt wurde er in dem Handgemenge mit dem Blonden siebenmal durch das Messer getroffen.
Während dieses Zweikampfes fielen in der Wachstube und im Schlafraum mehrere Schüsse. Ein zweiter Täter war durch eine andere Tür eingedrungen und eröffnete sofort das Feuer aus einer P 38. Drei Wachsoldaten waren sofort tot, der vierte starb 6 Wochen später, ohne wieder zu Bewußtsein gekommen zu sein, der fünfte, Gefreiter Schulz, überlebte.
Auf seine Aussagen stützten sich später die Ermittlungen gegen die Täter. Schwerverletzt sah er auch den anderen Täter, der nach seiner Erinnerung einen Bart trug. Dieser zweite Täter, größer als der erste, sah, daß Schulz noch lebte und gab daraufhin erneut einen Schuß aus seiner P 38 auf ihn ab. In der Meinung, nun die ganze Wachmannschaft getötet zu haben, nahmen die Täter den Soldaten ihre Waffen ab und klauten die Schlüssel zu den Erdbunkern, in denen sich Munition und Waffen befanden.
In diesem Moment kam der Gefreite Schulz wieder zu sich und schleppte sich mit letzter Kraft ins Freie. Vor der Tür stand ein Militärfahrzeug. Schulz kroch unter die hohen Räder und wartete.
Er mußte nicht lange warten, bis die Täter mit Waffen und einer Kiste Gewehrmunition herauskamen. Die Täter bemerkten, daß der fünfte Soldat fehlte. Das irritierte sie. Überstürzt verließen sie mit 3 Gewehren, 2 Pistolen und 1 Kiste Munition, den Schlüsseln für die Munitionsbunker und 2 Kontrollbüchern aus der Wachstube den Tatort.
Schulz schleppte sich wieder zur Baracke. Telefonieren konnte er nicht mehr: Die Leitungen waren aus der Wand herausgerissen. Er konnte niemanden um Hilfe rufen. Neben ihm die drei Toten und der Schwerverletzte. Er fiel in Ohnmacht.
Erst am nächsten Morgen wurde Schulz von einem Unteroffizier und einem Gefreiten gefunden.
Soweit die Geschehnisse an jenem 20. Januar 1969.
Der Überfall auf Lebach erweckte im ganzen Land Empörung. Der Generalbundesanwalt und der saarländische Innenminister schalteten sich in die Ermittlungen der Kripo ein. Für den Fall wurde ein Sonderkommando eingerichtet.
Obgleich durch Rettungsmannschaften, Reporter und Neugierige bereits die wichtigsten Spuren verwischt waren, konnte doch festgestellt werden, daß die Täter ein Loch in den Zaun geschnitten und dadurch eingedrungen waren. In der Nähe des Loches im Zaun wurde eine Polaroidkamera gefunden. Außerdem hatten die Beamten der Kripo ermittelt, daß der größere dunkelhaarige Täter 11 Schüsse aus seiner P 38 abgefeuert hatte, der kleinere blonde besaß eine Pistole »Schmeißer's Patent«, die vor dem Zweiten Weltkrieg in geringer Zahl hergestellt wurde.
Schulz hatte sich mit seiner Täterbeschreibung geirrt. Nicht der kleinere Blonde trug einen Bart, sondern der größere Dunkelhaarige. Diese falsche Bart-Angabe führte die Kripo lange Zeit auf eine falsche Spur.
Über 2500 Hinweisen wurde nachgegangen. Sämtliche Soldaten des Fallschirmjägerbataillons 261 wurden überprüft. Auch die Listen der bereits entlassenen Soldaten. Nur ein Name fehlte, der des Täters: Hans-Jürgen Fuchs. Er hatte rechtzeitig seinen Namen getilgt, was darauf schließen ließ, daß der Überfall lange vorbereitet war. Am 4. März wurde bekannt, daß im Amtsgericht Landau/Pfalz eine Schmeißer-Pistole, Kaliber 6,35 mm, gestohlen worden war. Diese Waffe war im Oktober 1968 einem Winzer in Frankenweiler beschlagnahmt worden. Ehe sie dem Gericht übergeben wurde, hatte man aber versäumt, ein paar Probeschüsse mit ihr abzufeuern, um aus den Geschossen und Hülsen die für jede Waffe individuellen Verfeuerungsspuren zu sichern. Außerdem hatte das Amtsgericht unterlassen, die Kripo vom Verschwinden zu unterrichten: Man wollte keine Unannehmlichkeiten und die Sache intern erledigen.
Am 28. Januar 1969 bekam die BILD-Zeitung einen Brief, der eine herausgerissene Seite aus einem der Kontrollbücher enthielt. Der Briefschreiber gab sich als Täter von Lebach aus. Einen ähnlichen Brief, wieder mit einer herausgerissenen Seite, bekam einen Tag später der SPIEGEL. In beiden Briefen hatte der Schreiber mit neuen Anschlägen gedroht. Er behauptete, der sizilianischen Mafia anzugehören.
Beide Briefe wurden in Frankfurt in einen Briefkasten an der Zeil eingeworfen. 8 Tage lang überwachten 40 Beamte diesen Briefkasten in Erwartung, der Schreiber werde abermals einen Brief hier einwerfen. Vergebens.
Am 17. Februar 1969 erhielt der Münchener Finanzmakler Rudolf Münemann einen Erpressungsbrief: Er

solle einen hohen Geldbetrag bereithalten. Nach amerikanischer Gangstersitte hatte der Schreiber Münemann für die Zahlung der geforderten Summe besonderen Schutz vor asozialen Elementen angeboten. Die Erpressersumme war also eine Art »Schutzgebühr«. Falls die Summe nicht bezahlt wird, sollte Münemann »liquidiert« werden. Um seine Forderungen zu unterstreichen, hatte der Briefschreiber auf den noch immer ungeklärten Tod des Großindustriellen Harald Quandt hingewiesen. Münemann verständigte die Polizei. Der Brief enthielt ein Foto mit 2 Gewehren, 2 Magazinen und 1 Pistole, die in Lebach gestohlen waren. Sein Brief war wie die an BILD und SPIEGEL auf einer Olympia-Schreibmaschine getippt.
Die Briefaktion hatte wohl die Absicht, Unruhe zu stiften. Mehrere Male telefonierte der Schreiber sogar mit Münemann. Die Gespräche wurden auf Tonband aufgezeichnet. Der Täter sprach französischen Akzent.
Während die Geldübergabe nicht zustande kam, verfolgte die Kripo eine andere Spur. Der Brief an Münemann war in Noli an der italienischen Riviera aufgegeben worden. Dort war ein Mann aufgefallen, der einen Alfa Romeo mit Frankfurter Kennzeichen fuhr. Der Wagen war in Frankfurt gestohlen worden.
Der Fahrzeughalter hieß Guiseppe Catinella, ein Italiener, der in Deutschland Aufenthaltsverbot hatte. Die Fahndung nach ihm blieb zunächst ohne Erfolg.
Da erhielt Münemann am 28. Februar 1969 ein Telegramm (mit einer Erklärung, warum die Geldübergabe nicht geklappt hatte). Der Absender war ein Dr. Sardo aus Paris.
Dieser Dr. Sardo erschien am 8. März 1969 bei Madame Buchela am Viktoriaberg in Remagen. Er wollte mit der weltbekannten Wahrsagerin, bei der auch viele hohe Politiker Rat holen, einen Treff mit Sorayas Mutter vereinbaren – außerhalb der Wohnung von Madame Buchela. Sorayas Mutter interessiere sich für die Zukunft ihrer Tochter und wolle das Honorar mit Pelzen bezahlen.
Das war einer der Fehler, den Dr. Sardo beging. Gerade Madame Buchela wußte zu genau, daß eine Fürstin mit Geld zu bezahlen pflegt. Außerdem hatte Madame Buchela feststellen lassen, mit welchem Wagen ihr seltsamer Auftraggeber angereist war: mit einem blauen Fiat-Sport-Coupé. Aufgrund der Landauer Nummer dieses Wagens konnte dann der Fahrzeughalter zumindest namentlich kenntlich gemacht werden: ein ehemaliger Justizsekretär aus Landau namens Wolfgang Ditz.
Madame Buchela, mißtrauisch geworden, ging nicht auf die Bitte Dr. Sardos ein, außer Haus mit der Fürstin zusammenzutreffen.
Abermals wurde die Spur von Noli verfolgt, aber es zeigte sich, daß Catinella nicht mit Dr. Sardo identisch war.
Am 11. April 1969 wurde Zimmermanns Fernsehsendung »Aktenzeichen XY ungelöst« in die Fahndung eingeschaltet. Der Name Dr. Sardo wurde bekanntgegeben, dreimal wurde die Stimme des Erpressers abgespielt, der mit Münemann telefoniert hatte.
Als der Name Dr. Sardo fiel, wurde Madame Buchela am Fernsehschirm hellhörig. Sie erinnerte sich, daß am 8. März dieser Mann als Privatsekretär der Soraya-Mutter bei ihr war: ein zierlicher, blonder junger Mann. Madame Buchela meldete ihn der Polizei.
Die Forschungen nach dem Landauer Wolfgang Ditz hatten inzwischen ergeben: Einen Tag vor dem Überfall in Lebach hatte der Justizsekretär seinen Dienst quittiert. Als Protokollführer hatte er im Gerichtsgebäude Zugang zu allen Räumen. So konnte er auch leicht in den Besitz der Schmeißer-Pistole kommen (Schußproben bestätigten die Identität der Mordwaffe mit der in Landau verschwundenen Pistole).
Damit waren die beiden Lebach-Täter identifiziert: Hans-Jürgen Fuchs und Wolfgang Ditz.
Haftbefehle gegen die beiden wurden ausgeschrieben.
Die Häuser der Familien Ditz und Fuchs wurden in Landau Tag und Nacht überwacht. Die Olympia-Schreibmaschine stand im Landauer Amtsgericht. Die verschiedenen Briefe des Täters waren hier getippt worden – vor der Tat. Wieder ein Beweis dafür, daß der Überfall lange Zeit vorher geplant war. Ditz und Fuchs, so ergab sich nun, waren bei der Polizei bereits aktenkundig: Im Jahre 1966 waren sie in einen Kunstdiebstahl in Spanien verwickelt.
Als Ditz und Fuchs am 25. April mit dem blauen Fiat nach Landau kamen, wurden sie sofort verhaftet. Widerstandslos ließen sie sich abführen.
Ihre Geschichte hatte noch einen Hintergrund: Sie hatten geplant, Madame Buchela zu entführen und notfalls zu töten, um mit ihren vermeintlichen Aussagen weitere hochgestellte Persönlichkeiten zu erpressen. Ihre Absicht war, in Lebach sogenannte Gewehrgranaten zu entwenden (durch ein Versehen hatten sie nur normale Gewehre erwischt), um damit bei reichen Leuten in die Fenster zu schießen und Angst und Panik zu verbreiten. Münemann sollte erschossen werden, weil er nicht zahlte. Auch der Gefreite Schulz sollte umgebracht werden, und zwar mit Hilfe eines Freundes, des Gefreiten Gernot W., der in dem Krankenhaus in Koblenz Dienst tat, in dem Schulz untergebracht war. Auch W. wurde verhaftet und legte ein Geständnis ab.
Am 29. Juni 1970 begann der Prozeß in Saarbrücken, am 7. August 1970 wurden die Urteile verkündet: Wolfgang Ditz und Hans-Jürgen Fuchs erhielten lebenslange Freiheitsstrafen wegen gemeinschaftlich begangenen vierfachen Mordes in Tateinheit mit schwerem Raub, gemeinschaftlich versuchtem Mord und Erpressung. Gernot W. erhielt 6 Jahre Freiheitsstrafe wegen Beihilfe zum vierfachen Mord in Tateinheit mit schwerem Raub und wegen versuchter Erpressung. Da der Bundesgerichtshof die Revisionsanträge von Ditz und Fuchs verwarf, sind die Urteile rechtskräftig geworden. –
Der Fall Lebach hatte nach dem Urteilsspruch noch ein Nachspiel. Das ZDF-Fernsehen (Zweites Deutsches Fernsehen) hatte sich dazu entschlossen, den Fall Lebach in einer zweiteiligen Folge filmisch darzustellen.

Aus dem Gefängnis heraus untersagte Gernot W. unter Klage und einstweiliger Verfügung, das Fernsehspiel über den Soldatenmord auszustrahlen. Bei Zuwiderhandlung würde er einen Schadenersatz von 100000 Mark fordern. Die Eltern von W., der vermutlich im Herbst 1973 vorzeitig entlassen wird, befürchteten, daß seine Wiedereingliederung in die Gesellschaft durch den Fernsehfilm behindert werden könne. Vom Abschluß der Dreharbeiten im März 1972 bis zum Oktober 1972 ging die Diskussion hin und her, ob der Streifen gesendet werden könne oder nicht. Die katholische Kirche erhob Proteste, der Zivilsenat des Oberlandgerichts Koblenz wurde bemüht, und immer wieder wurde in der Presse der Fall behandelt. Inzwischen war W.'s Antrag vom Landgericht Mainz am 8. Juni 1972 in erster Instanz abgelehnt worden, das Oberlandgericht Koblenz hatte am 5. Oktober 1972 den Mainzer Spruch für rechtskräftig erklärt und auch über den Film des ZDF entschieden: Der Film darf gesendet werden. In der Urteilsbegründung des Oberlandgerichts hieß es: Eine »Person der Zeitgeschichte« müsse die Verbreitung von Bildnissen dulden, sofern nicht berechtigte Interessen verletzt würden. Bei dem Geschehen um Lebach handle es sich aber um eine der schwerstwiegenden Straftaten, die ungewöhnliches Aufsehen erregt habe. Möglicherweise werde W.'s Resozialisierung nach seiner Haftentlassung erschwert, andererseits sei aber zu beachten, daß das Grundgesetz die Freiheit der Berichterstattung gewährleiste. Zudem enthalte das Dokumentarspiel keinerlei Verfälschungen oder Entstellungen zuungunsten W.'s.
W. erklärte sich mit dieser Gerichtsentscheidung nicht einverstanden und erhob beim Bundesverfassungsgericht Beschwerde wegen Verletzung der Menschenwürde nach Art. 2 des Grundgesetzes.
Damit wurde die Ausstrahlung des Fernsehfilmes zumindest hinausgeschoben.

Malik, Michael Abdul

Der unter dem Namen Michael X bekannte ehemalige britische Black-Power-Führer Michael Abdul Malik wurde Anfang Februar 1972 in dem südamerikanischen Staat Guayana verhaftet. Er wurde wegen Mordes an der Tochter des früheren britischen Unterhausabgeordneten und Erfinders Plugge, Gale Benson, und an einem Friseur gesucht.
Die beiden Leichen wurden in Abwesenheit Maliks und seiner Familie im Garten seines Hauses in Trinidad entdeckt.
Gale Benson war im Dezember 1971 in Begleitung des Black-Power-Führers Hakim Jamaal, des Vetters des getöteten amerikanischen Black-Muslim-Führers Malcolm X, nach Trinidad gekommen, um mit Malik, mit dem sie früher eng befreundet war, zusammenzuarbeiten.
Malik soll mit seinen Anhängern geplant haben, eine Privatarmee aufzubauen, um die Macht in Trinidad zu übernehmen. Dabei soll es zu Meinungsverschiedenheiten innerhalb der Gruppe gekommen sein, was schließlich zu den beiden Morden führte.
Wegen der Ermordung des Friseurs Joseph Skerrit wurde Malik von einem Gericht in Port of Spain (Trinidad) am 22. August 1972 zum Tod durch den Strang verurteilt. Die Verhandlung wegen des Mordes an Gale Benson wurde vertagt. Gegen das Todesurteil legte Malik sofort Berufung ein. Beide Opfer waren mit Macheten getötet worden. Malik hatte die junge Gale Benson in Großbritannien kennengelernt, wo sie wie auch Skerrit Mitglied der Black-Power-Bewegung wurde.
Malik, der Sohn einer Negerin aus Barbados und eines weißen portugiesischen Kaufmanns, kam nach mehreren Jahren Seefahrt nach England und siedelte sich damals im verrufenen Negerviertel Notting Hill an. Er lebte von Zuhälterei, war Spielhöllenbesitzer und Mieteintreiber. Nach der Ermordung des legendären amerikanischen Negerführers Malcolm X im Jahre 1965 begann Malik in Großbritannien eine schwarze Bewegung aufzubauen und gründete eine Aktionsgemeinschaft für die Gleichstellung der Rassen (RAAS). Sein Versuch aber, die farbige Bevölkerung Großbritanniens zu vereinen, scheiterte am mangelnden Interesse der Farbigen. Ende 1970 trat daher Malik von allen seinen Posten zurück. 1971 wurde er wegen Raubes angeklagt. Offenbar entzog er sich einer Verurteilung durch seine Flucht nach Trinidad, wo er sich in zwei Mordfälle verwickelte.

Möller, Karl Günther

Der deutsche frühere Hotelgeschäftsführer Karl Günther Möller (49 Jahre alt) wurde vom Frankfurter Schwurgericht am 11. August 1972 wegen Mordes zu lebenslanger Freiheitsstrafe verurteilt.
Möller war bereits fünfmal verheiratet (dreimal unter falschem Namen), als er am 6. Dezember 1966 von Frankfurt/Main mit seiner 20jährigen Geliebten Maria Hagl in die DDR fuhr. Hagl war Zimmermädchen in Möllers Hotel. Mit ihrem Paß wollte er seine zweite Geliebte, die damals 17 Jahre alte Elke Kempf aus Bad Düben bei Leipzig, in die Bundesrepublik holen. Maria Hagl war damit einverstanden, anstelle der Elke Kempf bis zur Frühjahrsmesse 1967 in der DDR zu bleiben. Dann wollte Möller sie zurückholen. Nicht genannte Mittelsmänner wollten ihm für den Fluchttag gültige Stempel verschaffen, mit denen er den Messeausweis der Maria Hagl leicht hätte fälschen können, um sie gefahrlos durch die Grenzkontrollen in die BRD zu bringen.
Plötzlich hatte es sich jedoch Maria Hagl anders überlegt. An der Autobahnauffahrt von Bad Düben kam es deshalb zu einem Streit, in dessen Verlauf Möller Maria Hagl im Affekt erwürgte. Er nahm die Papiere der Getöteten und schmuggelte mit ihnen Elke Kempf in die BRD.
Später erfuhr Elke Kempf, unter welchen Bedingungen sie in den Westen gekommen war. Sie benachrichtigte ihre Eltern und ließ sich in die DDR zurückholen. Dort ist sie bereits mit einem anderen Mann verheiratet.

Möller floh in den Orient, kam dann nach Deutschland zurück, lebte unter falschem Namen, wurde aber identifiziert und verhaftet.
In dem Prozeß ging es um die Frage, ob Möllers Tat als Mord oder Totschlag zu bewerten sei.
Nachdem der Leipziger Gerichtsmediziner Prof. Dürwald ausgesagt hatte, Maria Hagl sei nicht, wie Möller behauptet hatte, erwürgt, sondern mit zwei Perlonstrümpfen erdrosselt worden, folgte das Gericht dem Antrag der Staatsanwaltschaft, nicht wegen Totschlags, sondern Mordes Möller zu verurteilen. Die Verteidigung hatte erfolglos auf Totschlag im Affekt plädiert.
Interessant an diesem Prozeß war nicht zuletzt auch dies, daß das Frankfurter Schwurgericht den Antrag an die Behörden der DDR gestellt hatte, die Zeugin Elke Kempf-Liedke in der DDR vernehmen zu können. Doch die Anhörung dieser Zeugin kam nicht zustande, weil der Ministerrat der DDR befürchtete, durch eine kommissarische Vernehmung der jungen Frau vor dem Kreisgericht in Leipzig im Beisein von Mitgliedern des Frankfurter Schwurgerichts und eines Frankfurter Staatsanwalts werde die Souveränität der DDR verletzt. Deshalb hatte das Justizministerium der DDR den Frankfurter Antrag abgelehnt.

Niarchos, Stavros

Der Grieche Niarchos (geb. am 3. Juli 1909 in Athen), einer der reichsten Männer der Welt, dessen geschätztes Vermögen 4 Milliarden Mark betragen dürfte, verfügte über eine Tankerflotte, die größer war als die Navy der britischen Königin. Seinen Reichtum verdiente er wie Onassis vor allem im Ölgeschäft. Mit dem Strafgesetzbuch kam er –beinahe – aus privaten Gründen in Konflikt.
Zweimal geschieden (von der griechischen Admiralstocher Lilly Sporidis und von Melpomene Capparis Alexandropoulos), heiratete er 1947 seine dritte Frau Eugenia Livanos.
Im Dezember 1965 ließ er sich plötzlich von ihr in Mexiko scheiden, um die 24jährige Tochter des amerikanischen Autokönigs Henry Ford II heiraten zu können. 5 Monate danach bekam das Paar eine Tochter. Doch schon 1967 ließ er sich von Charlotte Ford wieder scheiden und lebte von nun an mit seiner dritten Frau Eugenia wieder zusammen. Diese wurde in der Nacht vom 3. zum 4. Mai 1967 tot in ihrem Schlafzimmer aufgefunden. Die durchgeführte Obduktion ergab: Schlafmittelvergiftung und Spuren von Mißhandlungen.
Im August 1970 wurde Niarchos wegen Totschlags angeklagt, aber schon am 17. September 1970 wurde das Verfahren wieder eingestellt, weil das Gericht sich entschieden hatte, Selbstmord anzunehmen.
Dieser Gerichtsentscheid stieß auf die einhellige Kritik der Weltpresse. Man sprach von »gekaufter Justiz«, von der »unanfechtbaren Ehe zwischen Justiz und Geschäft«.
Die Vorwürfe waren nicht unbegründet. Denn kurz vor der Einstellung des Verfahrens wurde mit Niarchos ein Investitionsvertrag unterzeichnet, der dem Obristenregime in Griechenland über 700 Millionen Mark für deren Entwicklungsprogramm einbringt. Dank internationaler »Geschäfts«-Beziehungen dürften die Obristen mit der Summe die Justiz gekauft haben.

Nowak, Paul Heinz

Dem als »gefährlicher Schwerverbrecher« bekannten Deutschen Nowak konnte die Beteiligung an insgesamt 140 Überfällen auf Banken und Kreditinstitute nachgewiesen werden. Zusammen mit Jürgen Kempski tötete er Mitte März 1964 den gemeinsamen Komplicen Karl Timm. Nowak wurde bald gefaßt und zu lebenslanger Haftstrafe verurteilt.
Anfang Januar 1969 gelang ihm das erste Mal, aus der Haftanstalt zu entfliehen. Zwei Tage später wurde er in einer Kneipe auf St. Pauli in Hamburg verhaftet.
Ein zweiter Fluchtversuch glückte ihm am 7. November 1972 aus der Hamburger Strafanstalt Fuhlsbüttel (»Santa FU«). Er kletterte über den Maschenzaun, wurde von einem Wachposten angerufen und blieb auch stehen, als aber die Alarmglocke ertönte, warf ihm ein Fluchthelfer ein kräftiges Seil über die Mauer. Nowak kletterte hoch und entkam. Vier Fluchthelfer leisteten ihm Dienste: der 21jährige Rocker Mario Amtmann und dessen 24jährige Braut Monika Römer (sie stellten sich freiwillig der Polizei) und der 23 Jahre alte Arbeiter Klaus Dieter Borchert (er wurde von der Polizei festgenommen). Der vierte, der 24jährige Klaus Steffen, saß wegen Diebstahls ebenfalls in »Santa Fu«, war aber im Oktober 1972 zu einem »Urlaub auf Ehrenwort« entlassen worden, von dem er nicht mehr zurückkehrte.
Mit Steffen zusammen überfiel Nowak einen Tag nach der Flucht die Filiale eines Leihhauses in Hamburg und erbeutete dabei 9156 Mark. Schon am 10. November 1972 war der Aufenthalt in der Freiheit für die beiden zu Ende. Sie wurden in einem Hamburger Vorort aufgespürt und überwältigt.

Overney, Pierre (Pierrot), und Nogrette, Robert

Overney, ein Arbeitersohn aus der französischen Provinz, hatte die Studentenunruhen vom Mai 1968, die das gaullistische Regime in Frankreich ins Wanken brachten, als Wehrpflichtiger in der Kaserne miterlebt. Später kam er zur staatlichen Automobilfabrik Renault in Paris, auf deren Arbeiter der Funke der revoltierenden Studenten übergesprungen war. Nicht zu Unrecht gilt Renault als das soziale Fieberthermometer Frankreichs. Unruhe in Boulogne-Billancourt (dem Sitz der Fabrik) deutet auf Unruhe in Frankreich.
Overney (23) stand am Fließband im Renault-Werk, bis er 1971 der werkseigenen Abwehr in die Falle ging: Er wurde wegen »Verteilung von gewerkschaftsfeindlicher Lektüre« hinausgeworfen. Bereits am nächsten Morgen stand die zivile Staatspolizei vor seiner Tür. Von nun an mußte er sich sein Brot verdienen durch Botengänge, durch Arbeit in einer Wäscherei. Hie und da fuhr er zum Schichtwechsel nach Boulo-

gne-Billancourt. So auch an jenem 25. Februar 1972, als er mit einigen seiner Genossen – Angehörigen der »Gauchisten«, deren Splittergruppen die »Maoisten« unter Alain Geismar, die »Trotzkisten« unter Alain Krivine und die Anarchisten sind – vor dem Werkstor erschien, um Flugblätter (darunter Sartres Linksblatt »La cause du peuple«) zu verteilen. Schlägereien mit dem Werkschutz waren früher nicht selten. Doch an diesem Tag traf Overney auf den stellvertretenden Chef der 250köpfigen Werkschutztruppe, Jean-Antoine Tramoni (36), der seine Waffe auf Overney richtete, abdrückte und Overney ins Herz traf. Overney war sofort tot. Tramoni wurde verhaftet und angeklagt wegen »vorsätzlicher Tötung« und wegen »unerlaubten Waffenbesitzes«.

Bei seiner Beerdigung folgten 30000 Pariser seinem Sarg zur Place Stalingrad. Kommunisten und Gewerkschaftler hatten sich von dem Leichen- und Protestzug ferngehalten.

Obgleich das Renault-Werk als erklärtes Operationsziel der Maoisten gilt, herrschte bei Renault Arbeitsfriede: Kommunisten und Gewerkschaftler fürchteten um ihre mühsam erworbenen Positionen und predigten erfolgreich Ruhe und Ordnung. Daran konnten auch bisher die Maoisten nichts ändern. Gerade gegen dieses »faschistische Establishment« von Kommunisten und Gewerkschaftlern waren aber Overney und seine Genossen zu Felde gezogen.

Aus Rache am Tod Overneys waren am 8. März 1972 Mitglieder der maoistischen Bewegung »Nouvelle Résistance Populaire« (Neuer Volkswiderstand) aktiv geworden und entführten morgens kurz nach 7 Uhr 30 den leitenden Angestellten in der Personalabteilung der Renault-Werke, Robert Nogrette (63), als er auf dem Weg zur Fabrik war.

In seiner Stellung zwischen der Leitung des staatlichen Werkes und den Gewerkschaften war er zum Werkzeug für die Entlassung von Arbeitern geworden, die verdächtig waren, mit den Linksradikalen zusammenzuarbeiten. Sieben von ihnen befanden sich im Zusammenhang mit den Unruhen, die am 25. Februar 1972 zum Tod Overneys führten, in Untersuchungshaft.

Für die Entführung machte sich ein »Kommando Pierre Overney« der »Neuen Volkswiderstandsbewegung« verantwortlich und erklärte als sein Ziel, Nogrette so lange als Geisel festzuhalten, bis die nach dem 25. Februar entlassenen und festgesetzten »Maoisten« wieder eingestellt bzw. auf freien Fuß gesetzt sind.

Die Entführung Nogrettes hatte erhebliche Folgen ausgelöst. Im 16. Pariser Stadtbezirk wurde eine Großrazzia durchgeführt und rund 7000 Wohnungen wurden von der Polizei durchsucht. Personenkontrollen fanden überall statt.

Noch am Nachmittag wurde die juristische Verfolgung der Entführer dem 1960 gegründeten obersten Sondergericht Frankreichs, dem Staatssicherheitshof, anvertraut. Damit waren wesentlich schärfere Strafen gegen die Entführer gewährleistet, denn ihre Tat war zum politischen Delikt geworden. Staatspräsident Pompidou und Premierminister Chaban-Delmas erklärten die »Gauchisten« zur staatsgefährdenden Gruppe. Das französische Strafgesetz sieht lebenslanges Zuchthaus vor für Personenentführung über einen Monat und Zuchthausstrafen von 10 bis 20 Jahren und Gefängnisstrafen für Entführungen unter fünf Tagen.

Mit der Regierung verurteilte auch die kommunistische Partei und die Gewerkschaft CGT die Entführung. Lediglich Alain Geismar, neben Daniel Cohn-Bendit im Mai 1968 als einer der Hauptakteure und Chef der »Proletarischen Linken« bekannt geworden, bezeichnete die Entführung Nogrettes als »völlig normal«.

Die Arbeiter schwankten in ihren Gefühlen, folgten schließlich den Stillhalteaufrufen der Gewerkschaften und unterstützten die »Gauchisten« nicht.

Gleichwohl wurde die öffentliche Meinung durch den Tod des jungen Overney stark beeinflußt. Die Linksradikalen hatten nicht nur in der Jugend, sondern auch in großen Kreisen der Intellektuellen eine Art von moralischem Hinterland. Jean-Paul Sartre und Maurice Clavel gehörten zu den Befürwortern des »Kommandos Pierre Overney«.

Als 48 Stunden nach seiner Entführung Robert Nogrette wieder von seinen Entführern freigegeben wurde, mußte die Aktion der extremen Maoisten als gescheitert bewertet werden: Da alle Linksparteien, die Gewerkschaften und die Trotzkisten, die Entführung verurteilt hatten, erreichten die Kidnapper nicht ihr Ziel: Ihre verhafteten Kameraden wurden nicht freigelassen, und das große Arbeitermeeting in den Renault-Werken (70000 Arbeitnehmer) fand nicht statt.

Das Scheitern dieser Aktion löste eine politische Verwirrung auf der Linken aus und hatte eine deutliche Mobilisierung der bürgerlichen Law-and-order-Mehrheit auf der Rechten zur Folge, die der Regierung und ihrer politischen Mehrheit nur gelegen kommen konnte.

Am 12. Oktober 1972 wurde der ehemalige Verwaltungschef beim Werkschutz der Renault-Werke in Paris, Jean-Antoine Tramoni, aus der Untersuchungshaft entlassen, obgleich feststand, daß er Overney erschossen hatte. Das Gericht begründete die Freilassung damit, daß die weitere Haft Tramonis zur Wahrheitsfindung nicht länger notwendig sei und auch keine Fluchtgefahr bestehe.

Der »Schneemord-Prozeß«

In der Nacht zum 2. Januar 1971 kam in einem einsamen Waldgebiet bei Köln der 18jährige Elektromonteur Ulrich Nacken ums Leben, nachdem er vergeblich versucht hatte, Autofahrer zum Anhalten zu bewegen. Nacken war bis auf die Socken und Unterhose entkleidet, es herrschte minus 10 Grad Kälte. Nacken erfror.

Des Mordes an Nacken angeklagt waren ein Jahr später drei Jugoslawen: Slobodan Vucetic (26), Slobodan Simic (23) und Vjekoslaw Potkonjak (23). Sie hatten am späten Neujahrstag 1971 in der Kölner Pfeilstraße Ulrich Nacken samt seinem Wagen in ihre Gewalt gebracht, den Besitzer geknebelt und in den Kofferraum

gesperrt. Während sie mit Nacken im Kofferraum spazierenfuhren, kam ihnen der Gedanke, daß sie bestraft werden könnten, sobald sie Nacken wieder freiließen, und so beschlossen sie, ihn zu töten.
Die drei Täter wurden wegen Raubes und Freiheitsberaubung angeklagt, Vucetic und Simic außerdem wegen vorsätzlicher Tötung. Sie hatten Nacken ausgezogen, an Händen und Füßen gefesselt und mit Draht an einen Baum gebunden. Die jugoslawischen Gastarbeiter erhielten Ende Januar 1972 wegen gemeinschaftlich begangenen Mordes lebenslange Freiheitsstrafen (Vucetic und Simic), der mitangeklagte Landsmann Potkonjak erhielt wegen Beihilfe zum Autostraßenraub in Tateinheit mit Beihilfe zur räuberischen Erpressung und Hehlerei 4 Jahre und 6 Monate Gefängnis.
Vucetic und Simic erhielten zusätzlich wegen Autostraßenraubs 8 und 7 Jahre Gefängnis.

Schubert, Micheline, genannt »Minouche«

Am 17. Februar 1972 begann in Düsseldorf der mit großer Spannung erwartete Prozeß gegen fünf Angeklagte wegen des Mordanschlages auf den 45jährigen Ehemann und Getränkemillionär Theo Schubert. Angeklagt waren seine Frau »Minouche« (37), deren Geliebter Dieter Ellenbeck (30) und die Komplicen Felix Kamphausen (27), Martin Ortiz und der Barkeeper August Wilhelm Zils (35). Das Verfahren gegen Kamphausen, der auf Antrag seines Verteidigers, Rechtsanwalt Rolf Bossi, in einer Anstalt auf seinen Geisteszustand untersucht wurde, sollte vom Schubert-Prozeß gesondert durchgeführt werden.
Die Anklage legte »Minouche«, der attraktiven dunkelhaarigen 37jährigen Frau, und Dieter Ellenbeck zur Last, die drei Komplicen für den Mord an Theo Schubert für 50000 Mark Kopfgeld gedungen zu haben.
Ellenbeck gab sofort zu, die Killer engagiert zu haben, um Theo Schubert aus dem Wege zu räumen und endlich seine abgöttisch geliebte Minouche heiraten zu können.
Am 12. Januar 1970 sollte der Meuchelmord durchgeführt werden, doch die Unterweltler Kamphausen und Ortiz verletzten Theo Schubert nur schwer durch einen Bauchschuß.
Ellenbeck hatte Anfang Januar 1970 den Barkeeper Zils gebeten, ihm aus der Düsseldorfer Unterwelt zuverlässige Killer zu besorgen. Zils mußte sich deshalb wegen versuchter Beihilfe zum Mord extra verantworten.
Als der Plan mit den Killern perfekt war, ging Ellenbeck, wie er anfangs aussagte, zu seiner Minouche, holte deren Einverständnis ein und gab anschließend den beiden Killern das Startzeichen zum Mord. Er wurde am 13. Januar 1970 wegen Mordverdachts verhaftet.
Theo Schubert versuchte, mit einer halben Million Mark seine Frau aus der Untersuchungshaft herauszuholen, gewiß, daß sie mit dem Mordanschlag nichts zu tun haben würde, doch sein Antrag wurde abgelehnt. Minouche mußte im Essener Untersuchungsgefängnis grobe Knastgewänder waschen.
Der Düsseldorfer Prozeß fand von Anfang an starkes Interesse bei der Öffentlichkeit. Zuschauer mit Operngläsern, Journalisten und Kameramänner belagerten den Gerichtssaal.
Minouche Schubert beteuerte vor Gericht ihre Unwissenheit über Ellenbecks Mörderspiel, sie schilderte charmant und kokett ihre Vorstellungen von einer modernen, freien Ehe und gab auch zu, außer Ellenbeck noch andere Geliebte zu haben, von denen vier im Zeugenstand erschienen.
Einen peinlichen Zwischenfall gab es dabei, als der Zeuge Dieter K. nach seinem Beruf gefragt wurde und »Bohrer« angab. Daraufhin fragte der Richter: »Horizontalbohrer?« Die Antwort ging im Gelächter unter.
Obgleich Ellenbecks rasende Eifersucht sich gegen Theo Schubert richtete, war nicht ganz eindeutig zu ermitteln, wie weit Minouche die Mordpläne ihres Geliebten ernst nahm.
Der Gedanke an Mord, so wurde später vor Gericht erläutert, sollte nicht von Ellenbeck stammen, sondern von der damals 12jährigen Kind-Frau Michèle, der Tochter Minouches aus erster Ehe. Der frühreife Teenager hatte mit seinen Rockerfreunden schon mehrmals darüber diskutiert, »wie man den Alten umbringen kann.«
Michèle haßte ihren Stiefvater, weil er ihr verboten hatte, sich zu schminken und die Nächte durchzutanzen. Mit Ellenbeck hatte Michèle dagegen sehr rasch einen guten Kontakt. So kam es Ende 1967 zum ersten Mordversuch an Theo Schubert: Dieser sollte mit einem Stromstab getötet werden. Ellenbeck hielt jedoch nicht durch. Das Gericht wertete diese Tatsache als freiwilligen Rücktritt und sprach ihn in diesem Punkt frei.
Wenige Wochen später wollten die beiden Theo Schubert mit einem hochgiftigen japanischen Fugo-Fisch umbringen. Auch dieser Versuch mißlang, doch bekam Ellenbeck dafür 4 Jahre Gefängnis zugesprochen. Minouche indessen schien Ellenbeck nie ganz ernstzunehmen, den Mann, der ihr nur beweisen wollte, daß er alles für sie tun könne. Sie hielt den Fugo-Fisch für einen Kabeljau, und die Geschichte mit dem Stromstab nannte sie »ganz und gar versponnen«. Selbst beim dritten Versuch, ihren Mann zu erschießen, war sie noch nicht mißtrauisch geworden, obgleich beide in Lüttich die Mordwaffe gekauft hatten.
Auch der Barkeeper Zils wollte das Mordgeschäft für einen »Jux« gehalten haben. Doch Ellenbeck kannte keinen Spaß: Er übergab Kamphausen die Waffe, dazu scharfe Munition und nach der mißlungenen Tat sogar 20000 Mark als Honorar.
Minouche fühlte sich viel eher selbst als ihren Mann von Ellenbeck bedroht. So sagte sie: »Wenn Herr Ellenbeck mir Eifersuchtsszenen machte, spürte ich immer eine Faust im Nacken, hatte ich immer Angst.«
Die Liebe zu Minouche kostete Ellenbeck seine Barschaft, seine Stellung als Verkäufer und fast auch seine eigene Ehe. Nach wenigen Monaten Bekanntschaft mit Minouche verfiel der schwärmerisch veranlagte Mann in die Rolle einer nachgerade körperlichen Abhängigkeit. Er parfümierte sich von Kopf bis Fuß, um

die Wachhunde des betrogenen Ehemannes mit der immer gleichen Witterung zu überlisten. Mal lag er nachts im Garten der Schubert-Villa im Gebüsch, mal vor dem grellen Scheinwerfer der Taschenlampe des Hausherrn. Alle Erniedrigungen nahm er hin, nur um seine Minouche zu sehen.

Im Prozeß nun trat er als Held auf, der Minouche in jeder Hinsicht seine Manneskraft beweisen wollte. Die seine Geliebte belastende Aussage bezüglich des wohldurchdachten und, wie es zuerst hieß, von ihr gebilligten Mordplanes mit den gedungenen Killern wollte er vor Gericht nicht mehr wahrhaben. Er entlastete Minouche, wo er nur konnte, so daß der Richter auf den Verdacht kam, Ellenbeck könne ihr hier vor Gericht erneut verfallen sein.

Kamphausen und der Spanier Ortiz verjubelten ihr Honorar von 20000 Mark bei einem Urlaub in Madrid und Malaga. Der Zuhälter Kamphausen, dessen Frau in Frankfurt auf den Strich ging, war wohl die dominierende Person bei diesem Mordanschlag. Ortiz war eher der Mitläufer. Die Tatwaffe, ein Kleinkalibergewehr mit Zielfernrohr, wurde nie gefunden. Die Täter hatten sie im Rhein versenkt.

Eine neue Wendung kam in den Prozeßverlauf, als auch Kamphausen den Mordplan bagatellisierte. Als ihm für die Tatausführung das Geld angeboten worden war, wollte er gedacht haben: »Der hat nicht alle Tassen im Schrank, also habe ich mir gesagt, schieß ein bißchen in der Gegend rum und hol dir das Geld. Dabei kann ja nicht viel passieren.«

Als aber Schubert mit einem Bauchschuß zusammenbrach, war es für Kamphausen ein Schock. »Wenn ich ihn hätte töten wollen, das wäre doch überhaupt kein Problem geworden.« Ein gedungener Killer wollte er auf keinen Fall sein. Einem Meisterschützen wie Kamphausen kann man aber keine Tötungsabsicht beweisen. Er wollte nur der Anstifter sein und Ellenbeck um das Geld erleichtern. Auch Ellenbeck wollte während der Tat, als er in einem Café wartete, gehofft haben, daß nichts passiert. So gerieten die Zeugenaussagen immer mehr durcheinander, frühere Aussagen wurden revidiert, neue kamen dazu. Noch einen Tag vor dem Urteilsspruch klafften die Ansichten über das, was Mordversuch und Beihilfe dazu ist, auseinander. Die Verteidiger sahen weder Beweise noch Motive für das angeblich seit 1967 währende Mörderspiel. Für Frau Schubert und Dieter Ellenbeck forderten die Verteidiger Freispruch.

Stundenlang wartete das noch immer zahlreiche Publikum auf das Urteil des Schwurgerichts in Düsseldorf. Sein Urteil lautete (am 24. März 1972): Wegen versuchten gemeinschaftlichen Mordes in zwei Fällen erhielt Dieter Ellenbeck 6 Jahre Freiheitsstrafe. Minouche Schubert selbst erhielt wegen fahrlässiger Körperverletzung eine Freiheitsstrafe von 2 Jahren und 10 Monaten.

Wegen Beihilfe zum Mord erhielt Ortiz 5 Jahre Freiheitsstrafe, der Barkeeper Zils 1 Jahr. Kamphausen sollte ja besonders vor Gericht gestellt werden.

Allen Verurteilten wurde die Untersuchungshaft auf die Strafe angerechnet.

Vor allem Ellenbeck lastete das Gericht wissentlich durchgeführte Mordpläne an. Dies betraf den Versuch, mit der damals 12jährigen Minouche-Tochter Theo Schubert aus dem Weg zu räumen und zwar mit dem giftigen japanischen Fisch. Minouche Schubert verließ nach diesem Prozeß wegen »Mordes auf Bestellung« das Gerichtsgebäude auf freiem Fuß. Die mehr als 2jährige Untersuchungshaft hob ihr Strafmaß auf.

Die im Mittelpunkt dieses Sensationsprozesses stehende Angeklagte entschwand unter einem Blitzlichtgewitter der Fotografen sofort in einem bereitstehenden Wagen.

Die Verteidiger von Frau Schubert und Dieter Ellenbeck legten nach der Urteilsverkündung Revision ein. Nach dem Urteil vom 24. März 1972 sagte der Verteidiger von Ellenbeck: »Ich war traurig und enttäuscht.«

Nach dem Prozeß wurden Stimmen der Kritik an der langen Untersuchungshaft von Frau Schubert laut (mehr als 2 Jahre). Nach der neuesten Prozeßordnung kommt auf U-Haft eine grundsätzlich festgelegte 6-Monats-Frist. Bis auf Fälle von Kapitalverbrechen und den meist sehr umfangreichen Tatbeständen bei Seriendelikten sowie bei Steuer- und Wirtschaftsverbrechen wird gegen die meisten U-Häftlinge im Laufe eines halben Jahres das Gerichtsverfahren eröffnet.

Länger als ein halbes Jahr darf ohne Gerichtsentscheid in Deutschland bei keinem Delikt die U-Haft dauern. So schreibt es die StPO von 1964 vor. Sofern die Ermittlungen unverhältnismäßig lang dauern, muß ein Oberlandesgericht über Aussetzung oder Fortdauer der Haft entscheiden.

Gründe für die Verzögerung liegen oft im Problem der Sachverständigengutachten oder bei Untersuchungen des Angeschuldigten auf Zurechnungsfähigkeit. Sachverständige sind meist ebenso überlastet wie die Staatsanwaltschaften (personelle Unterbesetzung). Trotzdem wird versucht, das Gebot der Beschleunigung der Ermittlungen zu erfüllen.

Vontsteen, Frans

Am 4. Oktober 1972 wurde der 36jährige Grundstücksverkäufer Frans Vontsteen in Pretoria (Südafrika) hingerichtet. Diese Todesstrafe brachte ganz Südafrika in erhitzte Diskussionen über den Sinn der Hinrichtung. Über ein Jahr lang hatte der Mann in der Todeszelle um sein Leben gekämpft. Vergebens. Er war verurteilt worden, weil er im Bann seiner Geliebten Sonja deren schlafenden Ehemann, einen Polizeioffizier, erschossen hatte. Sonja Swanepoel erhielt wegen Mittäterschaft 15 Jahre Freiheitsstrafe. Vontsteen starb am Galgen den Tod wie rund 80 Weiße und Schwarze zuvor, die 1971 als Kapitalverbrecher exekutiert worden sind.

Vier Tage vor seiner Hinrichtung war es ihm noch gelungen, aus der Todeszelle auszubrechen. Doch ein Gefängniswärter, der nebenberuflich als Taxifahrer tätig war, erkannte ihn am Bahnhof von Pretoria. Der

Todeskandidat ließ sich widerstandslos festnehmen. Er hatte vor seinem Tod nur noch einmal seine drei kleinen Kinder sehen wollen. Unter dem Druck der Öffentlichkeit und der Presse hatte sich noch einen Tag vor der Hinrichtung das Kabinett mit dem Fall befaßt, ohne allerdings noch etwas zu unternehmen, weil alle Rechtsmittel ausgeschöpft seien.
Unzählige Telegramme aus der Bevölkerung wurden an die Minister geschickt mit der Bitte um Gnade für Vontsteen. Hunderte belagerten das Regierungsgebäude, und in der Nacht vor der Hinrichtung harrten 250 Menschen schweigend vor den Gefängnismauern.

Wolf, Erich

Am 21. April 1967 fand der Schmied Eberhard Saller in einem mit Grundwasser gefüllten Steinbruch in Roth im Dillkreis am Fuße des Westerwaldes (Deutschland) eine Frauenleiche. Die Frau dürfte zwischen 20 und 25 Jahre alt gewesen sein und trug ein grünes Minikleid. Sie war schon zwischen 3 und 12 Wochen im Wasser, hatte etwa 2,5 Promille Alkohol im Blut und besaß sehr schlechte Zähne. Das waren die Merkmale, die am Tatort festgestellt wurden.
Bis zum 10. Mai hatte die Kripo herausgefunden, in welcher Fabrik das grüne Minikleid hergestellt und an welche Firmen das Modell, das es nur dreiundzwanzigmal gab, geliefert worden war. Die heiße Spur führte nach Wetzlar. Hier konnten sich noch einige Verkäuferinnen an das Mädchen erinnern, das an zwei verschiedenen Tagen, einmal in Begleitung eines Mannes, einmal allein, ein Kostüm und eben dieses Kleid erstanden hatte.
Durch die Fernsehsendung »Aktenzeichen XY ungelöst« erkannte eine Freundin das abgebildete Gesicht der Toten wieder.
Es drehte sich um Christel Speer, eine Bardame. Ihr Verlobter war der Sohn der Barbesitzerin in Butzbach, Erich Wolf.
Später, nach der Sendung, diktierte Erich Wolf seiner neuen Freundin in angetrunkenem Zustand und mit vorgehaltener Pistole ein Geständnis.
Dies war der Tathergang: Am 3. März 1967 war es zwischen Erich und Christel auf der Heimfahrt in Wolfs Wagen zu einem Streit gekommen – wegen eines anderen Mädchens. Plötzlich griff die stark angetrunkene Christel Speer ins Handschuhfach und zog einen Revolver heraus. Sie drohte, sich zu erschießen. In dem Moment löste sich auch schon ein Schuß und traf das Mädchen. Sie war schwer verletzt. Um sie von ihren Qualen zu befreien, drückte Erich Wolf ein zweites Mal ab und tötete Christel. Dann schaffte er sie in den Steinbruch, wo sie von Eberhard Saller gefunden wurde.
Einen Tag später renommierte Wolf, wieder betrunken, mit dem Mord an Christel. Die Polizei wurde benachrichtigt. Sie fand in seinem Zimmer die Mordwaffe und das Geständnis, das hinter dem Kleiderschrank angeklebt war.
Er hatte das Geständnis diktiert, um nicht in den Verdacht zu kommen, Christel ermordet zu haben. Ein zweiter Schuß gilt im deutschen Strafrecht nicht als Mord, sondern als Totschlag – und wird geringer bestraft.
Wolf hatte richtig gerechnet. Nicht wegen Mordes, sondern nur wegen Totschlags wurde er zu 12 Jahren Zuchthaus verurteilt.

Yablonski, Joseph

Am Silvestertag 1969 wurde der amerikanische Bergarbeiterführer Yablonski mit seiner Frau und seiner Tochter von fünf gedungenen Mördern erschossen. Als Tatmotiv wurde angeführt: Yablonski hatte die Korruption unter den Gewerkschaftsführern aufgedeckt, die über mehrere Millionen Dollar ausgaben, ohne Abrechnungen vorlegen zu können. Vor allem kam der Gewerkschaftsboß Tony Boyle in den Verdacht, die Pensionen von Gewerkschaftsmitgliedern nur deshalb erhöht zu haben, um wiedergewählt zu werden.
Angeklagt waren Annette Gilly und ihr Mann Paul (37), der bereits zum Tod verurteilt wurde, ihr Vater Silous Huddleton und Aubran Martin.
Wenige Wochen vor Yablonskis Ermordung fand ein erbitterter Machtkampf um die Gewerkschaftsführung statt, den Boyle gegen Yablonski gewonnen hatte.
Daß Boyle am Tod seines Rivalen schuldig geworden war, ging aus einer Aussage eines weiteren Mittäters namens Vealy hervor, der berichtete, die fünf Mörder hätten zur Beseitigung Yablonskis Dollars erhalten von einem Mann namens »Tony«.
Am 18. Juli 1972 wurden zwei weitere Funktionäre der Bergarbeitergewerkschaft, Albert Pass und William Prater, in Washington unter Anklage gestellt, weil sie angeblich in die Affäre Yablonski mit verwickelt waren.

Zingerle, Guido

Der als »Höhlenmörder« oder die »Bestie von Tirol« in die Kriminalgeschichte eingegangene zweifache Frauenmörder trieb in den Jahren nach dem Zweiten Weltkrieg sein Unwesen in den Südtiroler und norditalienischen Bergen.
Geboren im Vintschgau auf einem Südtiroler Bauernhof, war der Kleinwüchsige das Gespött seiner Schulkameraden, unverständiger Lehrer und schnippischer Mädchen. Mit 18 kam er zum italienischen Militär, desertierte zweimal, schlug sich nach Frankreich durch und trat in die Fremdenlegion ein. Seine Einheit kam nach Marokko. Er floh abermals und schlug sich nach Spanisch-Marokko durch, wo er von Araberinnen

versteckt und ernährt wurde. Bei einer Razzia wurde er verhaftet und der Fremdenlegion ausgeliefert. Diese übergab den italienischen Staatsbürger der italienischen Justiz. Wegen Desertion von der Truppe bekam er 2 Jahre Gefängnis. Er saß die Strafe voll ab, wanderte dann nach Österreich aus und wurde nun zur deutschen Armee eingezogen. Wieder floh er, nun zum viertenmal, und hielt sich in der Bergwelt zwischen Nord- und Südtirol versteckt.
Er hauste in verschiedenen Höhlen, die er zum Teil recht wohnlich einrichtete mit Sofa, Holzwänden und Ofen, bis ihn wiederum eine Streife, diesmal die deutsche Feldgendarmerie, aufgriff. Ein deutsches Schnellgericht verurteilte den »Gewohnheitsdeserteur« zum Tode. Das Kriegsende rettete ihm jedoch das Leben. Er setzte sein Vagabundenleben in den Bergen fort.
Zunächst machte er sich nützlich, indem er seine ausgezeichneten Kenntnisse der Berge um die deutsch-italienische Grenze der Organisation »Odessa« zur Verfügung stellte, jener Organisation, die Kriegsverbrecher und hohe Nazi-Funktionäre nach Italien schmuggelte, wo sie über Rom und Neapel ihre Flucht nach Südamerika fortsetzen konnten.
Der einsame, von den Frauen immer nur gehänselte Mann blieb in seinen Bergen und überfiel Frauen, wenn er gerade Lust und Gelegenheit hatte. Er verschleppte die Frauen in eine seiner Höhlen und verging sich dort an ihnen.
Wie viele es insgesamt waren, kam bisher nicht heraus. Vor Gericht konnte ihm nur die Ermordung von zwei Lehrerinnen nachgewiesen werden: Gertrud Kutin aus Bozen im Mai 1946 und die Engländerin Helen Munro im Juni 1950.
Erst nachdem sein letzter Mord am Patscherkofel bei Innsbruck im August 1950 aufgedeckt worden war, kam auch sein erster Mord heraus. Am 27. November 1951 wurde er von einem Schwurgericht in Bozen wegen Mordes an Gertrud Kutin zu lebenslangem Zuchthaus verurteilt, am 22. September 1953 erhielt er von einem Innsbrucker Schwurgericht wegen Mordes an Helen Munro abermals lebenslange Freiheitsstrafe. Am 12. Juli 1951 starb die »Bestie von Tirol« in einem Silberbergwerk auf Sizilien.

Zylla, Egon

Im August 1971 wurde der Hamburger Millionär Egon Zylla im Tessin (Schweiz) mit einem Damenstrumpf erdrosselt aufgefunden. Als er zwei Jahre zuvor nach Ascona gekommen war, war er dreifacher Millionär. Als er starb, hatte er 600000 Mark Schulden. Die Aufklärung des Mordfalles Zylla bewegte die ganze Schweiz. Doch die Aufklärung zog sich hin, und bis Mitte August 1972 war noch immer kein Licht in den Fall gekommen. Der Todesfall in der Gesellschaft der »deutschen Goldküste« dehnte sich indes weiter aus.
So wurde die Leiche des Adrian de Choibert exhumiert, eines aus Deutschland stammenden Sektenpredigers, der als »Großkanzler« des sogenannten »souveränen Malteserordens« Vorgänger des im Mordfall Zylla mitverdächtigen Willy Geuer war. De Choibert, der früher Otto Schubert hieß, starb im Februar 1970, nachdem er bei seinem Freund Geuer in dessen Villa in Minusio bei Locarno zum Tee eingeladen war. Als Todesursache war damals Herzversagen angegeben worden.
Seine Exhumierung wurde von der Untersuchungsbehörde angeordnet, weil der Verdacht bestand, daß ein Zusammenhang bestand zwischen dem Mordfall Zylla und dem Tod des »Großkanzlers«.
Die Polizei vermutete inzwischen, daß der als »perfektes Verbrechen« geplante Mord an Zylla von betrügerischen Freunden des 59jährigen Industriellen und Teppichhändlers arrangiert worden war, denen der Millionär einen großen Teil seines Vermögens vermacht haben soll. Die Leiche Zyllas wurde in einem Jutesack an einer abgelegenen Stelle bei Locarno einen Abhang hinuntergeworfen.
1969 hatte sich Zylla von einer Versicherung 3 Millionen Mark für sein Haus und Grundstück in Hamburg auszahlen lassen. Mit diesem Geld baute er sich die Villa »Hanseatic« in der Schweiz. Ehe er einziehen konnte, starb seine Frau an Wundstarrkrampf. Zylla zog allein in seine Schweizer Villa ein, fand aber bei der Millionärsgesellschaft um Locarno keinen Anschluß. Um aus seiner Einsamkeit zu fliehen, suchte und fand er die zweifelhafte Freundschaft mit Taxifahrern und Barmädchen, die er sich für Tausende von Franken »kaufte«. Immer mehr gab er sich dem Alkohol hin, bis seine Kinder ein Entmündigungsverfahren einleiten wollten, um das restliche Geld zu retten.
In Ascona lernte er Willy Geuer und die in Deutschland wegen Steuerschulden ausgeschriebene Kunsthändlerin Gisela Kemperdick kennen. Er freundete sich mit ihnen an.
Nach einer Entziehungskur machte Zylla Urlaub im Schwarzwald. Als er nach Ascona zurückkam, waren ihm 220000 Franken aus der Villa gestohlen worden. Geuer hatte sich angeboten, seine Finanzen zu ordnen. Am 20. August 1971 erschien Zylla in Geuers Privatwohnung. Er soll 300000 Franken bei sich gehabt haben. Geuer war der letzte, der ihn lebend sah. Von ihm aus wollte Zylla nach New York und Südamerika reisen.
Kurz nachdem der Jutesack von der Polizei gefunden worden war, wurde Geuer wegen Mordverdachts festgenommen. Seine Freundin Gisele Kemperdick stellte sich freiwillig. Sie wurde wegen Verdachts der Beihilfe zum Mord inhaftiert.
Erste Ermittlungen ergaben, daß Zylla allmählich die Geschäfte seines Steuerberaters Geuer durchschaute. Dieser hatte ihn um 1 Million Franken in bar und in Wertpapieren betrogen. Als Zylla dahinterkam, sollte er aus dem Weg geschafft werden.
Um dies zu erreichen, soll Geuer den Bildhauer Wolfgang Manser gegen Bezahlung zum Mord gedungen haben. Manser hatte bereits wegen Mordes eine 12jährige Gefängnisstrafe abgesessen. Für den Fall Zylla erhielt er 50000 Franken. Manser hatte inzwischen ein volles Geständnis abgelegt.

2. Doppelmord

Brühne, Vera

Der »Fall Vera Brühne« und ihr Prozeß erregten ganz Europa und beschäftigten noch Jahre danach die Presse, sogar das Fernsehen, das die Tat nachzeichnete.
Der am 6. Februar 1910 in Essen-Kray (Deutschland) geborenen Frau warf die Anklage vor, sie habe zu Ostern 1960 ihren Geliebten, Johann Ferbach, einen Montageschlosser, dazu überredet, den Münchner Arzt Dr. Otto Praun und dessen Haushälterin Elfriede Kloo zu ermorden. Die Tat wurde ausgeführt im Landhaus des Arztes in Pöcking am Starnberger See. Vera Brühne war früher die Geliebte des Arztes. Die zweimal geschiedene, von den Männern bewunderte und begehrte Frau war im Testament des Arztes als Erbin einer Villa an der Costa Brava vorgesehen.
Als Motiv zu dem Doppelmord wurde eine Äußerung des Arztes angenommen, wonach dieser die Absicht hatte, das Testament zu ändern und das Haus zu verkaufen. Am Gründonnerstag 1960 erschoß (laut Anklage) Johann Ferbach zuerst die Haushälterin Elfriede Kloo und dann Dr. Praun.
Im Mai und Juni 1962 standen Vera Brühne und Johann Ferbach in München vor Gericht. Nach der fünfwöchigen Verhandlung, die zu den spektakulärsten der deutschen Nachkriegsgeschichte zählt, wurden beide am 4. Juni 1962 zu lebenslangem Zuchthaus verurteilt. Beide hatten immer wieder ihre Unschuld beteuert und auch mit Freispruch gerechnet. Vera Brühne erlitt bei der Urteilsverkündung einen Nervenzusammenbruch.
Dieser Doppelmord und der Prozeß warfen immer wieder die Frage auf, ob Vera Brühne einem Justizirrtum zum Opfer gefallen sei. Sie sitzt noch immer in der Frauenhaftanstalt Aichach bei München.
Schon bald nach der Urteilsverkündung wurden Stimmen der Kritik laut. Die Ermittlungen der bayerischen Landespolizei seien schlampig durchgeführt worden. Vier auf dem Tisch stehende Kognakgläser wurden z.B. nicht sofort im Labor untersucht, sondern noch einmal benutzt.
Zunächst wurde Selbstmord und Mord angenommen. Dann lautete die Anklage auf Doppelmord. Das Urteil wurde aufgrund von Indizien gefällt.
Doch aus dem Urteil gegen Vera Brühne und Johann Ferbach, der inzwischen (am 21. Juni 1970 im Zuchthaus Straubing) verstorben ist, wurde eine Anklage gegen die Justiz und die Gesellschaft.
Wäre Dr. Praun ein alltäglicher Kassenarzt mit einer gutgehenden Praxis gewesen, hätte er nach seinem Tod der Kritik keinen Anlaß gegeben. Doch er hatte nur eine kleine Praxis, war wohlhabend und reiste viel im Ausland umher. Er besaß 3 Pistolen und soll der Urteilsbegründung zufolge im Waffen- und Schmuggelgeschäft tätig gewesen sein und auch mit Juwelen, Gold und Diamanten gehandelt haben. Vier Frauen, die mit ihm befreundet waren, sollen getötet worden sein oder sich selbst umgebracht haben. Aussagen, die der genaueren Klärung noch bedürfen.
Immer wieder, zuletzt im Februar 1972, baten 300 Anwälte um Gnade für Vera Brühne. Nach Ansicht der Anwälte verstieß das Urteil gegen den Grundsatz »im Zweifel für den Angeklagten«. Daß die Revision gegen dieses Urteil verworfen worden sei, könne nach der Ansicht der »Aktionsgemeinschaft der Deutschen Rechtsanwälte (ADRA)« nichts ändern, weil ein Fehlurteil, das auf verfälschtem oder unrichtigem Sachverhalt beruhe, mit der Revision nicht angegriffen werden könne.
Dem Wiederaufnahmerecht komme nach Ansicht der Anwälte wegen der engherzigen gesetzlichen Bestimmungen und Rechtsprechung »mehr akademische als praktische Bedeutung« zu. Nach der Überzeugung der »Aktionsgemeinschaft« ist Vera Brühne unschuldig. Aber auch dann, wenn sie schuldig wäre, dürfe die abgesessene Haftzeit zur Sühne und damit Begnadigung ausreichen.
Nach Ansicht des Anwaltes des verstorbenen Ferbach, der 1971 einen Wiederaufnahmeantrag beim Landgericht München II eingebracht hatte, sind Brühne–Ferbach unschuldig, weil Praun und seine Lebensgefährtin Kloo während eines heftigen Streites starben, bei dem Praun sie im Affekt tötete und anschließend sich selbst erschoß. Vera Brühne sei das Opfer eines von weiblicher Rachsucht getragenen, raffiniert inszenierten Vorgehens der einstmaligen Kronzeugin der Anklage, Renate Meyer, auf deren Aussagen und »Meineide« sich das Münchner Urteil hauptsächlich stützte.
Damals hätten Polizei und Staatsanwalt recht getan, als sie Praun als Selbstmörder begraben ließen. Denn erst ein halbes Jahr später, als bei der Testamentseröffnung am 2. August 1960 Vera Brühne als Erbin des spanischen Besitzes Prauns (Wert etwa 1 Million Mark) feststand, kam es zu Ermittlungen wegen Verdachts auf ein Kapitalverbrechen. Die Anzeige gegen »Unbekannt« war vom Sohn des getöteten Dr. Praun erstattet worden.
Der Wiederaufnahmeantrag richtete sich vor allem gegen die einstige Sprechstundenhilfe Dr. Prauns, Renate Meyer, die aber am 1. Februar 1969 in einem Münchner Krankenhaus »unter mysteriösen Umständen« starb. Aus ihrem Nachlaß wurden verschiedene Briefe bekannt, aus denen hervorging, daß Renate Meyer schon vor Prauns Tod dessen schöne Geliebte Vera Brühne gehaßt habe. Der Antrag der »ADRA« behauptete weiter, Renate Meyer habe bei den Aussagen zahlreicher Zeugen Regie geführt, um Vera Brühne als »erbunwürdig« erscheinen zu lassen, um sie mit einem Doppelmord zu belasten und schließlich als Verbrecherin ins Gefängnis zu bringen.
Renate Meyer und ihr Freund hatten am Osterdienstag 1960 die beiden Leichen gefunden und die Polizei alarmiert. Der Wiederaufnahmeantrag behauptete nun, schon vorher seien die Toten entdeckt worden. In der Villa habe man »Asservate manipuliert«, um Vera Brühne belasten zu können.
Frau Kloo habe zweimal Vera Brühne gesehen, und beide Male hätten sich die Rivalinnen »angerempelt«.

Frau Kloo habe Dr. Praun immer wieder Vorhaltungen wegen Vera Brühne gemacht und ihn »bis zur Weißglut« gereizt. Daraufhin habe Dr. Praun ihrem und seinem Leben ein Ende gesetzt, weil es ihm unmöglich gewesen sei, Frau Kloo loszuwerden, um dann mit Vera Brühne zusammenleben zu können.
Mysteriös wie der Tod Renate Meyers ist auch der Selbstmord des Zeugen Hans Brandes im Januar 1971 den war. Als gewesen. Er hatte vor der Staatsanwaltschaft in München ausgesagt und vor Gericht erklärt, daß der Kölner Ex-Agent Roger Hentges glaubwürdig sei, wenn er behaupte, Dr. Praun habe zum angeblichen Mordzeitpunkt noch gelebt. Gegen Brandes sollen in den letzten Jahren verschiedentlich Mordandrohungen ausgestoßen worden sein.
Anfang Oktober 1972 wurde abermals ein Wiederaufnahmeantrag für Vera Brühne beim Landgericht München eingereicht. Rechtsanwalt Dr. Franz Moser sagte, der Antrag stütze sich auf eine neue Methode der Todeszeitbestimmung (vgl. auch das Kapitel »Die Todesermittlung«, S. 50). Es könne nachgewiesen werden, daß Elfriede Kloo zwei Tage später getötet worden sei, als das Schwurgericht ursprünglich angenommen hatte. Für diese Zeit aber hatte Vera Brühne ein stichhaltiges Alibi.
Trotz dieser neuen Erkenntnisse und des sicheren Alibis lehnte die 1. Strafkammer beim Landgericht München Ende November 1972 Vera Brühnes Wiederaufnahmeantrag ab. Das Gericht nahm zwar zur Kenntnis, daß aufgrund des neuen Leichenstarrebefundes Elfriede Kloo »höchstwahrscheinlich« nicht wie angenommen am 14. April 1962, sondern erst am 16. oder 17. April ermordet worden ist, zu einer Zeit, als Vera Brühne in Bonn war. Der Wiederaufnahmeantrag scheiterte an dem Wörtchen »höchstwahrscheinlich«, denn das Wiederaufnahmeverfahren könne sich nicht auf Wahrscheinlichkeiten stützen. Außerdem gilt im deutschen Strafrecht bei Wiederaufnahmeverfahren nicht der Grundsatz, der in unteren Instanzen befolgt wird: »im Zweifel für den Angeklagten«.

Buffet, Claude, und Bontemps, Roger

Der 39jährige Claude Buffet und der 35jährige Roger Bontemps hatten sich am 22. September 1971 mit zwei Geiseln, einem 25jährigen Aufseher und einer 35jährigen Krankenschwester, im Krankenrevier des Gefängnisses von Clairvaux (Frankreich) verbarrikadiert und im Austausch gegen die Geiseln Waffen, ein Auto und freien Abzug gefordert. Als die Polizei auf diese Forderungen nicht einging und befahl, das Krankenrevier zu stürmen, hatte Buffet die beiden Geiseln mit dem Messer schon ermordet.
Buffet war bereits wegen Ermordung der Taxifahrerin Françoise Besimensky in Paris 1967 zu lebenslanger Freiheitsstrafe verurteilt worden, Bontemps wegen mehrerer Raubüberfälle zu 20 Jahren Gefängnis.
Nun, am 28. Juni 1972, wurden die beiden Gefangenen wegen Ermordung des Gefängnisaufsehers Guy Girardot und der Krankenschwester Nicole Conte von einem Gericht in Troyes zum Tode verurteilt.
Das Todesurteil wurde vom Publikum im Gerichtssaal mit Applaus aufgenommen.
Vor dem Schwurgericht der französischen Stadt Troyes hatte Buffet gesagt: »Ich habe die Geiseln nicht getötet, sondern die Behörden, als sie ihre Entscheidungen trafen« (d. h. auf die Forderungen der beiden nicht eingingen).
Diese beiden Todesurteile beschäftigten monatelang die französische Öffentlichkeit. Frankreich ist ja eines der wenigen europäischen Länder, in denen die Todesstrafe gesetzlich noch nicht abgeschafft worden ist. Staatspräsident Pompidou wandelte seit seinem Amtsantritt im Juni 1969 sämtliche Todesstrafen in lebenslange Haftstrafen um.
Die französische Verfassung gibt laut Artikel 17 dem Präsidenten das Recht, über Leben und Tod zu entscheiden. Die Kritiker waren jedoch der Meinung, diese Vollmacht entspreche der der absoluten Könige des Ancien régime und sei einer modernen Demokratie unwürdig.
Andererseits meldeten sich aber auch die Kritiker der Gesellschaft zu Wort, nachdem bekannt geworden war, daß in Clairvaux die Gefangenen unmenschlich behandelt worden und hilflos dem Schreckensregiment der Wärter ausgeliefert gewesen sind. Revolten und Selbstmorde würden für das total vergiftete Klima sprechen.
Am 28. November 1972 wurden schließlich die Todesurteile vollstreckt: Buffet und Bontemps wurden im Pariser Santé-Gefängnis mit der Guillotine hingerichtet. Staatspräsident Pompidou hatte zum erstenmal seit seiner Amtsübernahme die Gnadengesuche abgelehnt.
Seit 1964 sind in Frankreich nur 7 Menschen hingerichtet worden, der letzte war der landwirtschaftliche Arbeiter Jean Olivier am 11. März 1969.
In seinem Abschiedsbrief meinte Buffet: »Der Todgeweihte sollte das Recht haben, den Tod kommen zu sehen. Man müßte ihm erlauben, auf dem Rücken liegend und den Kopf nach oben gerichtet, die fallende Klinge zu erleben. Aber nein. Ich sterbe mit dem Kopf nach unten. Mein letztes Recht besteht darin, den Korb zu sehen, in den mein Kopf fallen wird.«
Buffet hatte den Tod gewünscht und schon bei seiner ersten Verurteilung zu lebenslanger Haftstrafe um das Todesurteil gebeten.
Obgleich dem Gericht bekannt war, daß Buffet allein die beiden Geiseln ermordet und somit Bontemps »kein Blut an den Händen hatte«, wurde auch er zum Tode verurteilt. Das Gericht hatte ihm Mittäterschaft und bedingungslose Unterwerfung unter den skrupellosen Buffet vorgeworfen.
Gleich nach Bekanntwerden der Ablehnung der Gnadengesuche entfachte sich in Frankreich eine heftige Diskussion um die Todesstrafe. Eben weil bei dem Doppelmord in Clairvaux jedenfalls einer gar kein Mörder war.
Eingeweihte vermuteten, daß Pompidou kurz vor der Wahl in Frankreich ein Exempel hatte statuieren wollen, denn laut Meinungsumfrage waren 63% der Bevölkerung der Franzosen für die Todesstrafe.

Frühbuss, Rainer

Der 17 Jahre alte Gymnasiast Rainer Frühbuss wurde am 15. Dezember 1972 in Bremen zu einer Jugendstrafe von 8 Jahren verurteilt mit der Auflage, sich während der Verbüßung seiner Strafe einer psychotherapeutischen Behandlung zu unterziehen. Es war ihm nachgewiesen worden, das Ehepaar Buchelt ermordet zu haben. Er gestand seine Tat voll ein. Die Jugendstrafkammer erkannte ihm erheblich verminderte Zurechnungsfähigkeit für die Zeit der Tat zu, vertrat aber die Meinung, daß Frühbuss für die heimtückisch begangene Tat voll einstehen müsse.

Das deutsche Jugendstrafrecht sieht für eine solche Tat eine Höchststrafe von 10 Jahren vor.

Der Fall Frühbuss erregte nicht zuletzt auch deshalb das Aufsehen der Bevölkerung, weil der Jugendliche als Sohn eines Richters in einer »intakten« Familie aufwuchs, der keine »Erziehungsfehler« vorgeworfen werden konnten. Als Tatmotiv kam daher eine Entwicklungskrise in Betracht. Rainer hatte seinen Eltern 300 Mark gestohlen und wollte sich das Geld wiederbeschaffen, um damit ihr Vertrauen zurückzugewinnen. Bei der Geldbeschaffung passierten dann die Morde.

Theune, Hans-Peter, und Körper, Friedrich Paul

In der Nacht zum 18. November 1970 fuhren die beiden Arbeiter Hans-Peter Theune (28) und Friedrich Paul Körper (34) in der Nähe Stuttgarts verschiedene Waldparkplätze ab mit der erklärten Absicht, ein Liebespaar zu überfallen. Mit Waffengewalt zwangen sie den Bundeswehrobergefreiten Bernd Weber (23) und die Schwesternhelferin Gabriele Steimle (18) in ihren eigenen Wagen und fuhren mit den Opfern in die Wohnung von Körper in Gerbersheim. Dort wurde Weber an ein Bettgestell gefesselt, während seine Freundin mehrmals vergewaltigt und mißhandelt wurde.

Am nächsten Tag wurden beide zu dem Waldparkplatz zurückgebracht und mit Drahtseilen an Bäume gefesselt. Danach veranstalteten die Täter ein regelrechtes Scheibenschießen auf das hilflose Paar. In Webers Körper wurden 4, in dem der Schwesternschülerin 10 Einschüsse festgestellt. Nach der Erschießung der beiden verscharrten Körper und Theune die Leichen im Laub.

Das Schwurgericht in Stuttgart erkannte als Tatmotiv: Beide Angeklagte hätten das »Massaker« begangen, um die Vergewaltigung des Mädchens und die Freiheitsberaubung an dem Paar zu vertuschen.

Während des »Liebespaarmord-Prozesses« hatten sich die beiden Täter zunächst gegenseitig zu belasten versucht, das Gericht sprach sie jedoch wegen gemeinschaftlichen und gleichzeitig begangenen Doppelmordes schuldig und verurteilte sie am 8. März 1972 zu je dreimal lebenslanger Freiheitsstrafe.

Körper gestand auch während des Prozesses, bei einem Tankstellenüberfall im Februar 1971 in Stuttgart den Rentner Wenzel Röhling (63) erschossen zu haben. Beide hatten gemeinsam zwei Kassenboten eines Reutlinger Kaufhauses beraubt (Beute 44 500 Mark) sowie eine Post und zwei weitere Tankstellen überfallen (Beute 6300 Mark). Dazu kamen zwei Vergewaltigungen und mehrere gemeinschaftlich verübte Delikte.

3. Kindesmord

Fries, Herbert und Renate

Im »Zuckersack-Kindesmord«-Prozeß wurde der 39jährige deutsche Kaufmann Herbert Fries wegen Körperverletzung mit Todesfolge zu 7 Jahren und seine Frau Renate (33) zu 1 Jahr und 1 Monat Freiheitsentzug in Koblenz verurteilt.

Die angeklagten Eheleute hatten ihre Tochter Rosemarie (6) so brutal mißhandelt, daß das Kind am 19. Oktober 1968 seinen Verletzungen erlag. Die Leiche verschnürten die Eltern in einen Zuckersack, den sie auf einem Schuttabladeplatz verscharrten. Erst ein halbes Jahr nach der Tat konnte die Leiche mit Hilfe von Eduard Zimmermanns Fernsehsendung »Aktenzeichen XY – ungelöst« gefunden und identifiziert werden.

Tessnow, Ludwig

Am 2. Juli 1901 wurden auf der Ostseeinsel Rügen (Deutschland) die Leichen von zwei Kindern gefunden. Die Köpfe der Jungen waren vom Körper getrennt, ebenso die Arme und Beine, ihre Leiber waren aufgeschnitten, die Organe im Wald verstreut. Die Jungen waren 6 und 8 Jahre alt. In der Nähe des Tatortes wurde ein großer, blutverschmierter Kieselstein gefunden.

Der Täter, Ludwig Tessnow, war beobachtet worden, als er die beiden Kinder ansprach. Bereits am 2. Juli 1901 wurde er verhaftet.

Der Fall Tessnow ist insofern interessant, als an ihm eine bestimmte Methode der Verbrecheridentifizierung studiert werden kann: die Blutprobe.

An der Kleidung Tessnows wurden Flecken gefunden, die wie ausgewaschene Blutflecken aussahen. Tessnow leugnete, der Mörder der beiden Kinder zu sein. Die Flecken seien Tischlerbeize, womit er jeden Tag zu tun habe.

Kurz zuvor waren auf einer Weide sieben Schafe niedergestochen und in Stücke zerlegt worden. Tessnow wurde dem Schäfer gegenübergestellt, und dieser erkannte ihn als den Schafsmörder. Daraus ergab sich die Möglichkeit, daß die vermeintlichen Blutflecken in Tessnows Kleidung von Tierblut herrühren könnten.

Tessnow leugnete nach wie vor, Schafe und Kinder getötet zu haben.
Ein gewisser Uhlenhuth hatte damals gerade eine Methode entwickelt, mit der es möglich war, nicht nur Blutspuren nachzuweisen, sondern diese Spuren auch nach Menschen- und Tierblut zu sondern. Der ermittelnde Untersuchungsrichter schickte zwei Pakete mit der Kleidung Tessnows an Uhlenhuth. Dieser hatte damit erstmals die Möglichkeit in der Hand, seine »Methode zum differentialdiagnostischen Nachweis des Menschenblutes« an der Praxis auszuweisen. Er löste Blutflecken von Tessnows Kleidung und gab sie in physiologische Kochsalzlösung. Am 5. August 1901 schrieb er sein Gutachten: An insgesamt 17 Stellen fand er Menschenblut, an 9 anderen Stellen Tierblut. Damit war Tessnow überführt. Ende 1902 wurde Tessnow zum Tode verurteilt und 1904 im Greifswalder Gefängnis hingerichtet.
Die Blutdiagnose bedeutete von nun an ein immenses Hilfsmittel der Gerichtsmedizin und der Serumtechnik.

Weber, Jeanne

Der Fall der Madame Weber beunruhigte zu Beginn dieses Jahrhunderts die französische Öffentlichkeit. Überall, wo sie als Babysitterin auftrat, kamen Kinder zu Tode. Immer wieder bescheinigten die Ärzte, die Kinder seien eines natürlichen Todes gestorben.
Wie brachte Madame Weber die Kinder um und warum?
Der erste Fall ereignete sich am 5. April 1905. Eine Mutter, Frau Charles Weber, brachte ihr Kind in die Klinik, es atmete mühsam, und sein Gesicht war blau-violett verfärbt. Der Arzt diagnostizierte lediglich einen Erstickungsanfall, ohne das Kind genauer zu untersuchen. Frau Weber stammte aus dem Armenviertel Goutte d'or in Paris. Sie war am Nachmittag mit ihrem 6 Monate alten Kind bei ihrer Schwägerin Jeanne Weber zu Gast und ließ ihr das Kind zurück, um einige Einkäufe erledigen zu können. Als sie zurückkam, fand sie den kleinen Mauriac röchelnd und mit Schaum vor dem Mund, das Gesicht verfärbt, in seinem Bett liegen.
Innerhalb von wenig mehr als vier Wochen waren im Familienkreis der Weber vier weitere Kinder unter den selben Umständen gestorben, und zwar immer zu der Zeit, als Jeanne Weber auf die Kinder aufpassen sollte (Mauriac war gerade noch mit dem Leben davongekommen).
Der ermittelnde Inspektor fand heraus, daß schon im Jahre 1902 zwei Kinder in den Armen der Jeanne Weber gestorben waren, und immer wieder stellten die Ärzte eine nur ungenaue Todesursache fest (Hirnhautentzündung).
Bereits am 9. April 1905 fiel der Verdacht auf Jeanne Weber, aber der schlüssige Beweis fehlte noch. War ihr Tatmotiv Rachsucht, Mißgunst auf glückliche Mütter (sie selbst war kinderlos) oder Lustmord? Wie hatte sie die Kinder umgebracht?
Um diese Frage zu klären, wurden am 14. April drei der gestorbenen Weber-Kinder exhumiert. Die Autopsie brachte jedoch kein Ergebnis. Keines der Kinder hatte Würgemale am Hals, Halsmuskulatur und Halsschlagadern waren intakt. Die Hypothese der Strangulierung konnte nicht länger aufrecht erhalten werden. Damit war auch der Verdacht eines Kapitalverbrechens ausgeschlossen.
Da passierte am 16. April 1907 erneut ein Kindestod. Im Hause Bavouzet in Paris fand der Arzt ein bereits gewaschenes und mit einem neuen Hemd bekleidetes Kind in seinem Bett, tot. Am Hals fielen ihm rötliche Veränderungen auf. Sie konnten Würgemale, konnten aber auch durch den Druck des geschlossenen Hemdkragens hervorgerufen sein. Wiederum war es nicht möglich, eine eindeutige Diagnose zu stellen.
Im Hause Bavouzet wohnte eine ältere Frau, Madame Moulinet. Der Tod des Kindes hatte sich in ihrer Anwesenheit ereignet. Die ältere Schwester des toten Kindes durchsuchte in einem unbeobachteten Moment die Habseligkeiten dieser Madame Moulinet und fand Zeitungsausschnitte, in denen über den Prozeß gegen Jeanne Weber aus dem Jahre 1906 berichtet wurde und die Angeklagte mangels Beweises freigesprochen worden war. Die Zeitungsausschnitte kamen in die Hände des Gendarmerie-Inspektors. Am 23. April 1906 wurde der Fall Jeanne Weber erneut aufgerollt, am 4. Mai wurde Jeanne Weber-Moulinet verhaftet (beide waren miteinander identisch).
Eine ungeheure Welle der Empörung lief durch die Pariser Presse, weil das Assisen-Gericht in Paris am 30. Januar 1906 eine Mörderin freigesprochen und ihr den Weg zu weiteren Morden geebnet hatte. Dreieinhalb Monate nach dem Tod des kleinen Auguste Bavouzet wurde abermals eine Exhumierung angeordnet. Ergebnis: Der Verfaulungsprozeß war bereits so weit fortgeschritten, daß es nicht mehr möglich war, festzustellen, ob sein Tod durch Strangulieren eingetreten war. Jeanne Weber wurde zum zweitenmal auf freien Fuß gesetzt.
Da erschienen am 9. Mai 1908 Schlagzeilen in der Pariser Presse: »Jeanne Weber auf frischer Tat ertappt!«
Der 7jährige Marcel Poirot war getötet worden. Am Tag zuvor hatte sich der Kalkbrenner Emil Bouchery mit seiner Frau bei den Poirots eingemietet, weil er in der Nähe eine Arbeitsstelle gefunden hatte. Am Abend verließ er das Haus, um nochmals seine neue Stelle zu besichtigen. Seine offenbar sehr kinderliebende Frau bat Madame Poirot, deren Sohn Marcel zu sich mit ins Bett nehmen zu dürfen, weil sie sich so sehr fürchte.
Gegen 10 Uhr abends wurden Kinderschreie gehört. Als Madame Poirot in das Schlafzimmer der vermeintlichen Frau Bouchery kam, lag ihr Kind leblos im Bett, Blut floß aus seinem Mund. Daneben lag die fremde Frau, Hände und Unterrock waren blutverschmiert. Unter dem Bett fand sie Taschentücher, ebenfalls blutbefleckt.
Der herbeigerufene Arzt fand Quetschungen am Hals und im Nacken des Kindes. Madame Bouchery-Moulinet-Weber gestand sofort ihre Tat. Sie hatte das Kind wie alle anderen zuvor mit einem Taschentuch er-

würgt. Dadurch waren die Strangulierungsmerkmale so geringfügig, daß eine ganze Schar anerkannter Gerichtsmediziner in x Gutachten die Mörderin nie überführen konnten.
Jeanne Weber wurde der Prozeß gemacht. Am 25. Oktober 1908 wurde sie für unzurechnungsfähig erklärt und in eine Irrenanstalt eingewiesen, wo sie 2 Jahre später Selbstmord beging, indem sie sich selbst erwürgte.

4. Elternmord

Buchholz, Manfred

Mutter und Stiefvater Buchholz waren als sehr fromme Leute bekannt. Jeden Morgen vor dem Frühstück wurde gebetet. So auch am Sonntag, dem 5. April 1959. Manfred (geb. am 2. April 1941 in Berlin) hatte den Tee gekocht. Er schenkte Mutter, Vater und sich selbst ein. Nach dem ersten Schluck verzog bereits der Vater das Gesicht und gab seiner Frau zu versuchen, weil der Tee so bitter schmeckte. Gleich darauf rang auch Frau Buchholz nach Luft, verdrehte die Augen, stürzte zum Fenster und brach dort ohnmächtig zusammen.
Inzwischen war Karin, die Hausangestellte, erschienen. Sie sah, daß es den beiden Alten schlecht war. Manfred schickte sie weg, um einen Arzt zu holen. Dieser konnte nur noch den Tod der Eltern feststellen. Er roch den starken Mandel-Geruch und injizierte Manfred eine Spritze mit Gegengift. Als er außer Lebensgefahr war, wurde er im Krankenhaus vernommen.
Nach anfänglichem Leugnen gestand er den Giftmord an seiner Mutter. Den Stiefvater mußte er mit ermorden, »weil die Polizei sonst dahinter gekommen wäre. Ich wollte einen perfekten Mord begehen.«
Bei Manfred Buchholz war weniger die schwere Kriegs- und Nachkriegszeit ausschlaggebend für das Mordmotiv, als vielmehr der wirtschaftliche Wohlstand seiner Eltern.
Die Mutter, Anna Peitsch, hatte Manfred sehr spät bekommen. Um dem ungewollten Kind einen Namen geben zu können, heiratete sie per Ferntrauung einen wesentlich jüngeren Soldaten, der später im Krieg gefallen ist.
Nie bekam der Junge ein Bild seines Vaters zu Gesicht, nie erzählte ihm die Mutter von ihm. Darunter litt Manfred.
Die Mutter unterhielt eine Näherei mit mehreren Angestellten. Ihren Sohn hielt sie stets unter scharfer Bewachung. Kontakt mit anderen Kindern wurde ihm untersagt. Sie war eine herrschsüchtige, jähzornige Frau, die ihren Sohn vor den Angestellten ohrfeigte – und wieder zärtlich abküßte. Als sie Herrn Buchholz heiratete, nahm sie seine Karriere in die Hand und machte ihn zum Geschäftsinhaber eines Lotterie-Ladens. Sie verbot ihrem Sohn, ins Kino zu gehen oder zum Tanzen, aber mit dem Mädchen, das er kannte, durfte er in ihrer Wohnung schlafen. Als er einmal betrunken nach Hause kam, schimpfte sie ihn: »Du Peitsch-Bock!« Sie kränkte ihn mit dem Namen seines leiblichen Vaters.
Den Zwang und die Herrschsucht seiner Mutter hielt Manfred nicht mehr aus. So kamen ihm die Mordgedanken.
Er war kaufmännischer Lehrling in einer pharmazeutischen Fabrik und kannte sich mit Giften aus. Im November 1958 beschaffte er sich Natrium-Cyanid, ein sehr schnell wirkendes Gift.
Auslösendes Moment zur Durchführung der Tat war ein 20jähriges Mädchen, in das sich der 17jährige Manfred verliebt hatte. Er traf sich mit dem Mädchen, aber die Mutter spionierte ihm nach, beschimpfte und beleidigte seine Freundin als »Schlampe« und befahl Manfred, sich lieber um Mausi zu kümmern, mit der sie ihren Sohn verkuppeln wollte. Mausi war erst 16 Jahre alt. Der Verkehr mit der 20jährigen wurde im strengstens untersagt.
Noch an seinem 18. Geburtstag erhielt er Ohrfeigen von seiner Mutter. Drei Tage nach seinem Geburtstag ermordete Manfred seine Eltern. Am 19. Februar 1960 erhielt er 10 Jahre Jugendgefängnis. Bereits am 7. Januar 1961 brachen zwei Häftlinge aus der Jugendstrafanstalt Plötzensee aus, der Aufseher wurde dabei niedergeschlagen. Manfred Buchholz war der Anstifter und Hauptschläger. Daraufhin wurde Buchholz zu weiteren 23 Jahren Zuchthaus verurteilt.

Thielecke, Calistros

Muttermord passiert in der Kriminalgeschichte nicht allzuoft. Als Motiv kommt meist eine zu enge Bindung des Einzelkindes an die Mutter in Betracht. Psychoanalytisch gehören diese Fälle zum Problem des Ödipus-Komplexes.
Als besonders krasses Beispiel sei die Lebensgeschichte des intelligenten, verwöhnten, nie ganz selbständigen Calistros Thielecke erwähnt (geb. 1905 in Berlin-Charlottenburg, gefallen 1941). Als uneheliches Einzelkind groß geworden, kam er bis zur Tat nie von seiner sehr schönen, liebeshungrigen Mutter los. Die verschiedenen Männerbekanntschaften und den Stiefvater erkannte er nie an. Den Stiefvater nannte er nur Onkel.
Im Ersten Weltkrieg fiel der Stiefvater. Die Mutter Camilla war wieder allein und festigte noch mehr die Bindung zu ihrem Sohn, es wurde fast ein Liebesverhältnis. Der Junge war außerordentlich begabt, besuchte aber auf Betreiben der herrischen Mutter nie eine Schule. Für sich allein lernte er Französisch, beherrschte mit 13 Jahren perfekt zwei indianische Dialekte und war firm in indianischer Kultur und Religion. Auf Vorschlag Gerhart Hauptmanns kam er dann in eine Freie Schulgemeinde nach Wickersdorf bei Saalfeld. Dort kam er erstmals mit anderen Kindern in Berührung.

Die Mutter fühlte, daß ihr der Sohn und Geliebte langsam entglitt. So demütigte sie ihn als Versager (weil er kein Geld verdiente) und fesselte ihn noch stärker an sich. Der Name Calistros war der Markenname einer griechischen Zigarette, mit der sein leiblicher Vater, Besitzer einer Zigarettenfabrik, sein großes Geschäft machen wollte.

Mutter Camilla holte ihren Sohn, schon 20 Jahre alt, wieder aus dem Internat heraus und hielt ihn bei sich. Er hatte inzwischen noch Hebräisch, Russisch und Sanskrit gelernt, konnte aber wegen mangelnder naturwissenschaftlicher Kenntnisse kein Abitur machen. Die Mutter hielt ihn wie ein Schoßhündchen und nahm ihn zu ihren Kundinnen mit, für die sie schneiderte.

In ihrer Schneiderei war ein Mädchen namens Grete, in die sich Calistros verliebte, heimlich. Die Mutter, jetzt von ihm nur noch »der Vormund« genannt, durfte das nicht erfahren. Grete stachelte Calistros' Ehrgeiz an, veranlaßte ihn, Zeitungsartikel zu schreiben, was ihm seinen ersten Verdienst einbrachte. Freunde verschafften dem begabten jungen Mann ein Stipendium an der Sorbonne. Dort blieb er zwei Jahre und ging dann nach Mexiko zu Indianern, deren Sitten und Kultur er studierte. Da er keinen gültigen Ausweis besaß, wurde er von der Polizei ausgewiesen.

Wieder stand er in der Abhängigkeit vom »Vormund«. Im März 1929 heiratete er heimlich seine Grete, die bereits schwanger war. Erst in ihrem achten Monat wurde die Mutter Camilla von der Ehe ihres Sohnes in Kenntnis gesetzt.

Calistros' Tochter bekam einen indianischen Namen: Minona Sujamani. Die junge Familie zog in die Wohnung der Mutter. Das Verhältnis war anfangs wider Erwarten gut. Bis eines Abends Calistros nach Hause kam und starken Gasgeruch bemerkte. Er kam auf den Verdacht, seine Mutter hätte das Kind vergiften wollen. Von da an war das Verhältnis zur Mutter durch Mißtrauen, Angst und Haß getrübt. Außerdem stichelte die Mutter ständig gegen die Familie ihres Sohnes und machte sie in der Nachbarschaft schlecht.

Am 6. August 1930 kam es dann zu dem sogenannten Leidenschaftsverbrechen. Die Mutter, die am nächsten Tag zur Beerdigung ihrer Schwester nach Chemnitz reisen wollte, lag in der Badewanne, als Calistros zu ihr kam. Die beiden unterhielten sich über alltägliche Dinge. Camilla, unter dem Eindruck des Todes ihrer Schwester, sprach von Selbstmord. »Aber vorher müßt ihr weg«, soll sie gesagt haben.

Als Seife zu Boden fiel und Calistros sich danach bückte, fiel die Mutter über ihn her. Es kam zu einem Kampf, in dessen Verlauf Calistros seine Mutter durch dreizehn Stiche mit einem zweischneidigen mexikanischen Dolch tötete.

Die Frage: vorsätzlicher Mord oder Notwehr? beschäftigte das Gericht. Die Obduktion der Leiche hatte dann ergeben, daß durch einen Stich in den Rücken die große Körperschlagader getroffen worden war. Der Tod muß binnen weniger Sekunden eingetreten sein. Gerichtsmediziner fanden heraus, daß der tödliche Stich in den Rücken vor den Stichen in die Brust und den Bauch durchgeführt worden sein mußte. Sonst wäre es naheliegend gewesen, daß sich die kräftige Mutter mit Erfolg zur Wehr gesetzt hätte.

Nach indianischer Sitte hatte Calistros seine tote Mutter in Hockstellung zusammengeschnürt, die Knie waren mit einem Strick zum Hals hinaufgebunden. So wurde die nackte Frau von der Kripo gefunden.

Das Gericht verurteilte Calistros nicht wegen Mordes, sondern wegen Totschlags zu 10 Jahren Zuchthaus. Der § 51 wurde aberkannt. Nachdem er seine Strafe voll abgebüßt hatte, kam er im Zweiten Weltkrieg in eine Bewährungskompanie und fiel kurz danach im Osten 1941.

5. Witwenmord

Adams, John Bodkin, Dr. med.

Adams, ein englischer Arzt aus Eastbourne, wurde 1957 angeklagt, sechs Jahre zuvor die reiche Witwe Edith Morrell mit Überdosen Heroin, Morphin und Sedormid getötet zu haben. Im Testament hatte ihm die reiche alte Dame 60000 Mark vermacht, ebenso eine wertvolle Silberschatulle.

Im Verlauf der Untersuchung kamen fünfzehn weitere Anklagepunkte zusammen. Es waren Verstöße gegen das Giftgesetz und Urkundenfälschungen. Es wurde nachgeprüft, unter welchen Umständen mehrere andere seiner Patientinnen gestorben waren. Als der »Witwenmörder von Eastbourne« machte Adams Schlagzeilen.

Das Gericht konnte ihn jedoch des Mordes an der Witwe Morrell nicht überführen. Von der Mordanklage wurde er freigesprochen. Wegen anderer Delikte bekam er eine Geldstrafe von 2400 Pfund, Aberkennung seines akademischen Grades und Berufsverbot. Seit 1962 jedoch durfte Adams seinen Beruf wieder ausüben.

Der Fall des vermeintlichen »Witwen-Killers«, des Modearztes in dem südenglischen Badeort Eastbourne, beschäftigte damals ganz England. Bis es zu dem Sensationsprozeß und seinem Freispruch kam, kursierten die wildesten Gerüchte über den »Witwen-Erber«. Zur Zeit des »Falles« Dr. Adams hatte Eastbourne die höchste Sterblichkeitsziffer ganz Englands: 15,75 je Tausend im Jahr. Im übrigen England betrug sie nur 1,7 je Tausend pro Jahr. Die Gerüchtelawine vor dem Prozeß wollte wahrhaben, daß Dr. Adams über 400 reiche Frauen, meist Witwen, zu Tode kuriert hatte, um sie zu beerben.

Nachdem der berühmte Mordspezialist von Scotland Yard, Herbert Hannam, in Eastbourne sein Quartier aufgeschlagen hatte, um die Todesserie zu erforschen, verließen die meist älteren Kurgäste fluchtartig den Badeort. Dr. Adams war in Verdacht geraten, der »Witwenmörder« zu sein, weil auffallend viele seiner

Patientinnen an »Gehirnschlag« starben, nachdem sie ihn in ihrem Testament zum Erben eingesetzt hatten. So hatte er von der Witwe Hullet deren Rolls Royce und 8450 Mark geerbt. Drei Tage vor ihrem Tod hatte sie ihm noch einen Scheck über 16900 Mark überwiesen. Von Edith Morrell war er mit 60000 Mark bedacht worden, von Mrs. Julia Bradnum, die am 27. Mai 1952 ebenfalls an Gehirnschlag gestorben war, mit 702000 Mark, von den Geschwistern Hilda und Clara Neill-Miller, die 1953 und 1954 »überraschend« an Herzschlag gestorben waren, mit insgesamt 58500 Mark. Aber trotz all dieser seltsamen Erbschaften und Todesfälle konnte Dr. Adams nichts nachgewiesen werden. Seine stereotype Redewendung vor Gericht lautete: »Ich bin unschuldig, Mylord!«

6. Giftmord

Besnard, Marie

Binnen ganz kurzer Zeit waren in dem Städtchen Loudun in der französichen Provinz Vienne zwölf Giftmorde passiert. Die verdächtige Täterin wurde am 21. Juli 1949 verhaftet, das Gift wurde einwandfrei als Arsen erkannt, drei Prozesse zogen zwölf Jahre lang Marie Besnard immer wieder ins Licht der Öffentlichkeit – aber am 12. Dezember 1961 wurde die Frau mangels Beweisen von der Anklage des Giftmordes freigesprochen.
Der Prozeß gegen die vermeintliche Giftmörderin Besnard (geb. 1896) ließ die Angeklagte immer mehr in den Hintergrund zurücktreten; im Vordergrund stand das Problem, daß keiner der Sachverständigen mit absoluter Sicherheit sagen konnte, ob das Arsen, das in den Leichen der exhumierten Toten gefunden wurde, durch Fremdeinwirkung in ihre Körper gekommen war (Vergiftung zu Lebzeiten), oder ob es aus der Erde nach Beerdigung der Toten eingedrungen war.
Als Madame Besnard verhaftet wurde, schien zunächst festzustehen, daß sie zwölf Menschen vergiftet hatte. Der Verdacht fiel auf sie, als ein Bericht der Posthalterin der Sûreté von Poitiers zugeleitet worden war. Sie hatte ausgesagt, der Ehemann von Marie Besnard, Léon, habe ihr kurz vor seinem Tode gestanden, er werde von seiner Frau vergiftet. Als Motiv kam zunächst die Liebe der Marie Besnard zu einem etwa 20jährigen deutschen Kriegsgefangenen namens Dietz in Frage. Die liebestolle, 30 Jahre ältere Frau, so wurde angenommen, habe ihren Mann aus dem Wege schaffen wollen, um ungestört mit ihrem Liebhaber leben zu können. Aber nach dem Tod ihres Mannes am 25. Oktober 1947 mehrte sich das Bekanntwerden von Sterbefällen in der Umgebung der Marie Besnard. Am 16. Januar 1949 starb die 87jährige Mutter der Marie (Todesursache laut Arzturteil: Angina pectoris); 1929 war ihr erster Mann gestorben (an Tuberkulose nach Arzturteil); 1938 starb eine Großtante; 1940 Léons Großmutter; 1940 der Vater der Marie (am Schlaganfall nach Arzturteil); im gleichen Jahr Maries Schwiegervater (ebenfalls Schlaganfall); 1941 folgte Maries Schwiegermutter (Lungenentzündung nach Arzturteil); im gleichen Jahr die Schwester Léons (vergiftet, anschließend wurde die Leiche erhängt); 1939 war ein Nachbar der Besnards an Schwindsucht gestorben; seine Frau starb im gleichen Jahr (an Tuberkulose nach Arzturteil); 1941 starben zwei Cousinen Léon Besnards (altersbedingte Harnvergiftung nach Arzturteil).
Der erste Prozeß gegen Marie Besnard begann am 20. Februar 1952, der zweite am 15. März 1954, der dritte schließlich am 21. November 1961.
Im Laufe der Prozesse wurden sämtliche Leichen exhumiert und mit Ausnahme einer einzigen wurden Überdosen Arsen gefunden. Marie Besnard war mit soviel Vorsicht zu Werke gegangen, daß es keinen einzigen Zeugen gab, der Stichhaltiges gegen sie hätte vorbringen können. Nach Manier der alten Sûreté aus den Tagen Vidocqs wurden Spitzel in Maries Zelle in der U-Haft eingeschleust, um sie auszuhorchen: ohne Ergebnis.
Marie Besnard hatte das Glück, einen ausgezeichnet geschickten, versierten, schlagkräftigen und wortgewandten Verteidiger namens Gautrat gefunden zu haben. Durch geriebene juristische Brillanz seiner Kreuzverhöre gelang es ihm immer wieder, Lücken im Beweismaterial der Sachverständigen aufzudecken. Er konnte z.B. der Gegenseite Ungenauigkeit in den Giftanalysen vorwerfen, die Wiederbeisetzung der exhumierten Toten war schlampig vorgenommen worden, so daß bei einer zweiten Exhumierung nicht mehr festgestellt werden konnte, welche Knochen zu welchem Leichnam gehörten; schließlich setzte er seine ganze Taktik auf das Argument, das Gift, das vor allem in den Haaren der Leichen festgestellt worden war, stamme nicht von Mörderhand, sondern aus der Friedhofserde von Loudun. Es war bekannt, daß im Boden Fäulnis- und Gärungsprozesse stattfinden, woraus Arsen in der Erde entsteht. Sogar die Atomphysik wurde in die Untersuchungen eingeschaltet (in einem Atomreaktor wurde Arsen durch Neutronenbeschuß radioaktiv gemacht). Auch dieser Giftanalyse konnte Gautrat Ungenauigkeiten nachweisen.
Im zweiten Prozeß trat sogar der Nobelpreisträger Frédéric Joliot-Curie in den Zeugenstand. Nach seinem Tod (1958) übernahm sein Schüler Prof. Savel die Untersuchungen.
Immer wieder schwankte der Prozeß zwischen den Extremen Schuld- oder Freispruch für Marie Besnard hin und her.
Der dritte Prozeß endete mit Freispruch wegen Mangels an Beweisen, weil mit den Mitteln der Toxikologie nicht einwandfrei nachzuweisen war, woher das Arsen in den Leichen stammte, obgleich der Verdacht nach wie vor auf Marie Besnard lastete. Im Schlußwort hieß es, alle Sachverständigen sollten eingestehen, »daß wir vor einer noch unbekannten Welt stehen, wenn es um das Verhalten des Arsens unter der Erde und in Toten geht«.

Dieser Freispruch zeigte, wie schwer es ist, auch heute noch, vermeintliche Täter zu überführen und zu verurteilen, solange es keine einwandfreien Methoden gibt, ein Verbrechen nachzuweisen. Der Prozeß gegen Marie Besnard hatte lediglich zutage gefördert, daß die wissenschaftliche Toxikologie Grenzen hat, daß es noch unerforschtes Neuland gibt, das es nicht gestattet, den Weg vom Mordverdacht zum Mordnachweis zu gehen.

Lehmann, Christa

Zu Beginn des Jahres 1954 passierte in Worms (Deutschland) ein Mordfall, der einerseits eine Reihe von Nachfolgemorden zeitigte, dessen Aufklärung andererseits die Giftexperten mit einer bisher völlig unbekannten Art von Mordgift konfrontierte.

Am 15. Februar 1954 aß die Kriegerwitwe Annie Hamann in ihrer Wohnung in der Wormser Altstadt, Große Fischerweide, eine mit Creme gefüllte Schokoladenpraline. Sie biß hinein, spuckte aber sofort den Bissen wieder aus. Die Praline schmeckte bitter. Annie stürzte zu Boden, konnte nichts mehr sehen, fiel in Krämpfe, verlor das Bewußtsein und starb. Der weiße Spitz, der mit Annie Hamanns Mutter, der Witwe Eva Ruh, deren Sohn Walter und der 9jährigen Tochter der Annie Hamann die bescheidene Wohnung teilte, fraß das ausgespuckte Stück Praline – und kam ebenfalls zu Tode.

Der Verdacht, daß die Praline vergiftet war, drängte sich auf. Aber die Autopsie der Annie Hamann brachte keine Hinweise für eine unnatürliche Todesursache.

Die Freundin der Annie Hamann war Christa Lehmann, wie sie eine Kriegerwitwe, Mutter von drei Kindern, die zusammen mit Annie ein ausschweifendes Leben führte mit wechselnder Männerbekanntschaft, auch amerikanischen Besatzern. Da sich die beiden Freundinnen gut verstanden, war zunächst nicht einzusehen, warum Christa ausgerechnet diese Freundin hätte vergiften sollen. Christa bestritt außerdem, etwas mit dem plötzlichen Tod ihrer Freundin zu tun zu haben.

Am 14. Februar, einem Sonntag, war Christa Lehmann in die Große Fischerweide gekommen und hatte eine Tüte mit Pralinen mitgebracht. Die fünf Pralinen verteilte sie an ihre Nachbarin, an Annie Hamann, deren Bruder Walter, die vierte nahm sie selber, und die fünfte bekam die 75jährige Eva Ruh. Mit Ausnahme der alten Frau aßen alle die Pralinen – und sie waren ihnen gut bekommen. Eva Ruh wollte ihre Praline für ihre Enkelin Uschi aufheben. Diese letzte Praline verzehrte am nächsten Tag Annie Hamann und starb daran.

Wieso war ausgerechnet eine der fünf Pralinen vergiftet? Wie war das Gift hineingekommen? Da Christa Lehmann nicht wissen konnte, wo die der kleinen Uschi zugedachte Praline sich befand und zudem am nächsten Tag nur kurz erschienen war, um ihre Freundin Annie zu einem Stadtbummel abzuholen, stand sie außer Verdacht, Gift in die Praline gespritzt zu haben.

Die Ermittlungen der Kripo erstreckten sich auf die Herstellerfirma dieser Pralinen und auf das Kaufhaus, in dem von 140 Stück bereits 133 verkauft waren. Die restlichen 7 Stück wurden untersucht, aber man fand keinerlei Giftspuren darin. Somit konzentrierte sich die ganze Ermittlungsarbeit auf die Reste dieser einen Praline, an der Annie Hamann und der Spitz verstorben waren.

Zu dieser Zeit war in Deutschland ein Pflanzenschutz- und Insektenvertilgungsmittel auf den Markt gekommen, mit dem die Toxikologen noch keinerlei Erfahrung hatten: E605.

Das Mittel, das ursprünglich in Deutschland hergestellt, nach dem Kriege in die USA verfrachtet und erst 1948 wieder nach Deutschland zurückgekommen war, hatte in Amerika zu keinem Mord geführt. Man wußte lediglich (anhand von Tierversuchen), daß E605 eine ähnliche Wirkung hat wie Blausäure: Krämpfe, Atembeschwerden, Sehstörungen. Aber es gab noch keine Methode, um E605 nachweisen zu können. Erst seit 1953 waren Versuche erfolgreich, mit deren Hilfe man E605 im Blut nachweisen konnte: Das Vorhandensein von E 605 führte zu einer blauvioletten Färbung.

Aber noch niemals zuvor war E605 als Mordgift verwendet worden. Als der Mageninhalt der Annie Hamann unter Wasserdampf destilliert wurde, bildete sich die blauviolette Färbung, die auf E605 schließen ließ. Damit war zunächst bewiesen, daß Annie Hamann mit diesem Gift getötet worden war. Aber von wem und warum?

Der Verdacht fiel auf Christa Lehmann, als festgestellt worden war, daß sie in den Farbwerken Hoechst gearbeitet hatte. War sie dort mit dem Gift bekannt geworden?

Christa Lehmann wurde verhaftet, als sie den Friedhof nach Annie Hamanns Beerdigung verließ. Sie leugnete, ein Gift mit dem Namen E605 zu kennen.

Ihre Lebensgeschichte wurde aufgerollt und ergab, daß ihr Ehemann, der ein Fliesenlegergeschäft hatte, am 27. September 1952 innerhalb einer halben Stunde gestorben war (Diagnose: Durchbruch eines Magengeschwürs); am 14. Oktober 1953 war ihr Schwiegervater, Valentin Lehmann, ebenfalls binnen kurzer Zeit gestorben (Diagnose: Herzschlag). Ihre beiden Leichen wurden exhumiert, aber es wurden keine Giftspuren mehr gefunden, außerdem gab es noch keine sichere Methode, in Toten das Vorhandensein dieses Giftes nachzuweisen.

Da verlangte sie am Morgen des 23. Februar ihren Vater und einen Gefängnisgeistlichen in ihrer Zelle zu sprechen. Und nun gab sie unumwunden zu, das Gift in die Schokoladenpraline gefüllt zu haben. Aber nicht ihre Freundin Annie Hamann wollte sie damit töten, sondern deren Mutter Eva Ruh, weil diese wie auch ihr Ehemann und ihr Schwiegervater ihr immer wieder Vorwürfe wegen ihres unsoliden Lebenswandels gemacht hatten. Sie hatte die alte Frau nicht einmal töten, sondern mit dem Gift nur krank machen wollen, denn sie wußte nichts von der tödlichen Wirkung des Giftes.

Kaltschnäuzig und unbeteiligt gab sie dann auf dem Flur des Gefängnisses zu, daß sie auch ihren Mann und ihren Schwiegervater vergiftet habe.
Dies war der erste Kriminalfall mit dem Gift E605. Noch im gleichen Monat folgte in Deutschland, auch in Österreich, eine ganze Reihe von Selbstmorden mit E605.
Am 20. September 1954 wurde Christa Lehmann zu lebenslänglichem Zuchthaus verurteilt.

Marek, Martha

Der Fall Martha Marek beschäftigte jahrelang die Polizei und die Öffentlichkeit Österreichs. Reichtum und Armut gingen durch ihr Leben, sie war gehaßt als hysterische Frau und geliebt als aufopfernde Mutter und Krankenpflegerin – und sie stand unter dem Verdacht des Versicherungsbetrugs und des Giftmordes.
Ihr Prozeß lief vom 2. bis 20. Mai 1938 in Wien. Es war der erste Sensationsprozeß nach dem Anschluß Österreichs an das Deutsche Reich.
Martha, unehelich geboren, wurde erzogen von Schwestern vom Kloster »Zum armen Kinde Jesu«. Mit 12 Jahren begegnete sie dem 63jährigen Moritz Fritsch, dem das schöne Kind so gut gefiel, daß er es adoptierte. Mit 13 Jahren zog sie zu ihrem Adoptivvater, spielte die Rolle der Lolita, verführte den alten Herrn oder ließ sich verführen (mit 14), und als der reiche Mann mit 76 Jahren starb, erbte Martha dessen Besitz. Später heiratete sie den sechs Jahre jüngeren Emil Marek, einen Ingenieur und Erfinder.
Der Stiefvater Fritsch hatte ihr etwa 600 Dollar hinterlassen und die gesamte Einrichtung der Villa in Mödling, die als sehr wertvoll galt. Am 5. August 1923 war der alte Herr gestorben, am 9. November 1923 war die Versicherungspolice über das Erbe ausgeschrieben, vierzehn Tage danach fand die Hochzeit der Mareks statt.
Als in der Villa ein Ofenbrand ausbrach, wurde ihnen der Brandschaden mit 2000 Dollar durch die Versicherung ersetzt. Die Mareks lebten auf großem Fuß. Emil hatte mit seinen Erfindungen aber leider kein Glück. Der Reichtum der Familie schrumpfte immer mehr zusammen. Die Villa mußte verkauft werden. Da bekam Emil 1925 eine große Chance: Er sollte das Burgenland elektrifizieren. Die österreichische Regierung wollte das Projekt finanzieren, wenn Marek eine Kreditgarantie aufbringen könne. So schloß er eine Lebensversicherung ab: 100000 Dollar für den Todesfall, 400000 Dollar bei dauernder Invalidität. Am Tag, nachdem die Versicherungspolice ausgestellt war, hackte sich Emil bei der Bearbeitung eines Blokkes aus Eschenholz mit dem Beil den linken Fuß ab. Martha telegrafierte sofort an die Versicherungsgesellschaft. Der Verdacht kam auf, der Fuß sei absichtlich abgehackt worden – um in den Besitz der Versicherungsprämie zu gelangen.
Am 21. März 1927 begann der Prozeß. Er endete mit Freispruch, weil ein Versicherungsbetrug nicht nachgewiesen werden konnte. Die Versicherung zahlte 28500 Dollar für das abgehackte Bein. Inzwischen war ein Kind angekommen, Alfons. Das Geschäft wurde immer schlechter, Emil starb an den Folgen einer Nachoperation, kurz darauf die 7 Monate alte Ingeborg, das zweite Kind.
Bis zum Jahre 1936 war es dann ziemlich still um die Familie Marek. Da wurde am 31. Oktober bei der Witwe Marek eingebrochen. Alfons war nun 7 Jahre alt. Ein alter Onkel und ein Untermieter wohnten bei der Witwe. Es sollen wertvolle Teppiche und Silberbesteck gestohlen sein. Die Einbrecher hatten versehentlich weißes Pulver verschüttet. Bei der Spurensicherung wurde das Pulver von der Kripo gefunden. Und abermals machte der Fall Marek Schlagzeilen.
Frau Marek mimte die Todkranke und ließ sich im Rollstuhl vorfahren. Nach und nach konnten ihr vier Giftmorde nachgewiesen werden. In allen Fällen benutzte sie Thallium, das in der Celio-Paste enthalten ist, einem Rattenvertilgungsmittel. Die Krankheitssymptome waren bei allen vier Fällen die gleichen: Lähmungen und Sehstörungen, Gewichtsverlust, Erbrechen. Das eine Opfer war eine Schneiderin, die sie bei sich aufgenommen hatte und die sie wie alle ihre Opfer bis fast zum eigenen Zusammenbruch pflegte. Dieses Opfer besaß eine Versicherung im Wert von 6400 Schilling.
Die Summe war per Vertrag auf die Marek überschrieben worden. Auf die gleiche Art pflegte sie ihre Tante Susanne zu Tode. Ihrem Mann machte sie ständig Szenen wegen seiner beruflichen Erfolglosigkeit. Von ihr stammte die Idee, sich den Fuß abzuhacken, um in den Besitz der Versicherungsprämie zu gelangen. Ihre 7 Monate alte Tochter starb an Arsenvergiftung. Ebenso, wie die Exhumierung erwiesen hatte, ihr Mann Emil.
Das Gericht erkannte die Todesfälle als Giftmorde an und verurteilte Frau Marek zum Tode. Sie wurde am 6. Dezember 1938 hingerichtet.

Popescu, Maria

Am 16. Dezember 1946 begann vor dem Genfer Schwurgericht ein Giftmordprozeß, der in der Geschichte der Genfer Rechtsprechung eine Ausnahmestellung einnahm. Angeklagt war die 24jährige Maria Popescu, eine gebürtige Rumänin, die seit 1944 in Genf lebte. Sie war mit Victor Popescu verheiratet, dessen Vater, Stelian Popescu, ein führender rumänischer Politiker und Besitzer des Bukarester Blattes »Universal« war. Vater und Sohn Popescu lebten zusammen mit ihren Frauen und einem Vetter der Maria zusammen in einer komfortablen Wohnung.
Seit Mai 1945 bemerkten Vater und Sohn Popescu das allmähliche Verschwinden von Geldbeträgen (insgesamt 70000 Franken). Hinzu kamen dann aber noch einige mysteriöse Todesfälle in der Familie. Die Schwiegermutter der Angeklagten, Lelia Popescu, war krebskrank und verstarb überraschend schnell, was nicht unbedingt eine Folge ihrer Krankheit war. Auch ihr Ehemann bekam eine rätselhafte Krankheit, die

er in einer Klinik auskurieren mußte. Schließlich fand man das Zimmermädchen der Familie, die 20jährige Lina Mory, sterbend in ihrem Zimmer. Diagnose: Veronalvergiftung. Zunächst wurde Selbstmord angenommen, dieser Verdacht war aber wieder fallengelassen worden.

Aufgrund mehrerer Indizien wurde Maria Popescu verhaftet unter dem Verdacht, den Tod ihrer Schwiegermutter verursacht und zugleich Mordversuche an ihrem Ehemann und dem Zimmermädchen begangen zu haben, jedesmal durch Verabreichung von Veronal.

Schwiegermutter und Ehemann wollte sie ums Leben bringen, um an Geld zu kommen, das Zimmermädchen sollte sterben, um damit einen unbequemen Zeugen aus dem Weg zu schaffen.

Seltsamerweise konnte Maria Popescu ein Schriftstück vorlegen, das ihr die Schwiegermutter kurz vor ihrem Tod diktiert haben soll und in dem sie darum bat, nach ihrem Tod verbrannt zu werden. Dieser Wunsch harmonisierte aber keinesfalls mit der religiösen Einstellung der Frau. Nach deren griechisch-orthodoxem Glauben sind Verbrennungen der Leichen nicht üblich. Vermutlich wollte Maria Popescu mit der Verbrennung der Leiche eine spätere Exhumierung verhindern. Die Leiche wurde aber beerdigt und konnte daher im August 1945 auch wieder exhumiert werden. Jetzt ergab die Autopsie als Todesursache einwandfrei Veronalvergiftung.

Trotz dieser Indizien beteuerte Maria Popescu dauernd ihre Unschuld. Am 20. Dezember 1946 wurde sie dann vom Genfer Schwurgericht zu lebenslanger Freiheitsstrafe verurteilt.

Als Motiv des Giftmordes und der beiden Giftmordversuche wurde ihre Verschwendungssucht und ihr damit zusammenhängendes Geldbedürfnis angegeben. Sie war außerdem die einzige Person in der Familie, die Veronal besaß. Am 12. Januar 1957 tagte abermals in Genf das Schwurgericht, um über ein Gnadengesuch der Maria Popescu zu befinden. Einmal konnten dem Prozeßverlauf des Jahres 1946 schwere Lücken in der Untersuchungsführung nachgewiesen werden, andererseits hatte sich Maria Popescu während ihrer ganzen Haft vorbildlich geführt, so daß schließlich dem Gnadengesuch stattgegeben werden konnte. Am 31. Januar 1957 wurde sie aus der Haft entlassen.

Seddon, Frederick Henry

Arsen ist eines der ältesten und nach wie vor wirksamsten Gifte, mit dem man einen Menschen je nach Dosierung binnen 20 Minuten oder 20 Tagen ums Leben bringen kann. Symptome einer Arsenikvergiftung sind Magenschmerzen, Übelkeit, Schwindel und Kopfweh. Oft kommen Brechdurchfall, Lähmungen, Sehstörungen dazu.

1911 stand der damals 40jährige Engländer F. H. Seddon mit seiner damals 34jährigen Ehefrau unter dem Verdacht, eine Frau mit Arsen vergiftet zu haben. Seddon, Versicherungskaufmann und Laienprediger, geldgierig, Hausbesitzer, vermietete im Juni 1910 eine Wohnung in seinem Haus an die damals 48jährige Eliza Barrow und deren Adoptivkind Ernest Grant, damals 10 Jahre alt. Die fast taube und geistig ziemlich beschränkte Frau Barrow hatte es durch Geiz und Erbschaft zu einem stattlichen Vermögen von etwa 4000 Pfund gebracht. Seddon wußte bald von dem Geld der Frau und ihrer ständigen Sorge, wie sie das Geld bestmöglich anlegen könnte. Da bot ihr der Versicherungsmann Seddon seine Hilfe an. Sie solle ihr gesamtes Vermögen gegen eine wöchentliche Rentenzahlung von 3 Pfund auf ihn übertragen. Kurz darauf hatte sich Seddon auch in den Besitz des Rentehauses der Frau Barrow gebracht.

Am 11. September 1911 wurde Frau Barrow plötzlich krank. Der Arzt stellte Durchfall und Übelkeit fest und tippte auf im Sommer häufig vorkommende Magen- und Darmstörungen.

Kurz zuvor, am 16. August 1911, hatte Seddons Tochter (er hatte fünf Kinder) ein Paket Arsenikstreifen zur Bekämpfung der Fliegenplage gekauft. Am 13. September, morgens gegen 6 Uhr, starb Frau Barrow, nachdem sie noch rasch ihr Testament hatte schreiben können, wonach der Rest ihres Besitzes an ihren Adoptivsohn und dessen Schwester kommen solle.

Obgleich die Frau im Todeskampf lag, fand es Seddon nicht nötig, nochmals den Arzt zu rufen. Als Todesursache diagnostizierte der Arzt, ohne die Leiche genauer zu untersuchen, epidemischen Durchfall.

Nach ihrem Tod durchsuchte Seddon sofort das Sterbezimmer. Er behauptete später vor Gericht, nur 10 Pfund gefunden zu haben. Den goldenen Ring der Barrow trug er zu einem Juwelier, der die Gravur darin entfernen mußte.

Seddon sorgte für eine baldige Beerdigung, ohne die einzigen, ganz in der Nachbarschaft lebenden Verwandten der Barrow zu benachrichtigen. Sechs Tage nach ihrer Beerdigung fuhren die Seddons in Urlaub. Während dieser Zeit erfuhren die Verwandten, Vonderahe mit Namen, vom Ableben der Frau Barrow. Sie kamen sofort, um sich nach der Erbschaft umzusehen. Da Mr. Vonderahe weder Wertpapiere noch Banknoten fand, auch nicht mehr die Unterlagen über das Haus der Verstorbenen, wurde er mißtrauisch. Doch Mr. Seddon, wieder vom Urlaub zurück, zeigte ihm die Unterlagen von der Überschreibung des Besitzes und Geldes der Verstorbenen an ihn. Die Belege der monatlichen Rentenzahlung waren vollständig vorhanden.

Mr. Vonderahe blieb mißtrauisch und verständigte Scotland Yard. Chefinspektor Ward ermittelte in diesem Fall und ordnete am 15. November 1911 die Exhumierung der Leiche an. Nun konnte festgestellt werden, daß Frau Barrow nicht eines natürlichen Todes, sondern an akuter Arsenvergiftung gestorben war. Durch genaue Messungen wurde festgestellt, daß in der Leiche 131,57 Milligramm Arsen waren, eine ausreichende Menge für die tödliche Vergiftung.

Am 4. März 1912 begann der Prozeß gegen Seddon und seine Frau. Seddon wurde am 12. April 1912 schuldig gesprochen und starb am Galgen im Gefängnis Pantonville, seine Frau erhielt Freispruch.

Young, Graham

Einer der sensationellsten Giftmordfälle dieses Jahrhunderts fand in England im Juni 1972 seinen Abschluß. Die Geschichte des »Hobbymörders« Young begann schon in seiner frühen Jugend. Psychiatrische Sachverständige bescheinigten dem 14jährigen eine hart an der Geniegrenze liegende Intelligenz bei gleichzeitiger unterentwickelter moralischer Reife. Der Junge interessierte sich für Giftstoffe und deren Wirkung. Die Menschen seiner Umgebung waren für ihn nichts mehr als nur Versuchskaninchen.
Er besaß ein Privatlabor, in dem er mit toxischen Stoffen experimentierte. Besonders das für Morde und Selbstmorde wenig bekannte Gift Thallium hatte es ihm angetan.
Im Juni 1962 stand der damals 14jährige erstmals vor einem Londoner Schwurgericht, weil er dieses Gift seinem Vater, seiner Schwester und einem Schulfreund verabreicht hatte. Die »Versuchskaninchen« überlebten zwar, doch bekam Young eine Gefängnisstrafe von »mindestens 15 Jahren«. Der Richter schickte ihn in die besonders für geistig gestörte Verbrecher bestimmte Anstalt Broadmoor.
In diesem Gefängnis war er seit 1885 der jüngste Häftling. Er »arbeitete« auf seinem Sachgebiet weiter, legte sich einen Pflanzengarten an und extrahierte Gifte aus Nachtschattengewächsen. Bald erkrankten in Broadmoore mehrere Personen an einer seltsamen Krankheit, deren Ursache nicht bekannt war. Allerdings konnte Graham Young nicht als Urheber dieser Erkrankung ausfindig gemacht werden.
Von ihm stammte der Ausspruch: »Gift gibt mir Macht.« Häftlingen gegenüber soll er gesagt haben, daß er einmal als Massenmörder in die Geschichte eingehen werde. Neben toxikologischen Büchern las er Biographien von Hitler und dem englischen Frauenmörder Christie.
Nach 9 Jahren wurde er 1971 aus Broadmoore entlassen. Schon bald fand er Anstellung als Lagerarbeiter in einer Firma für Fotoausrüstung. Alsbald kam es wieder zu einer Reihe unerklärlicher Erkrankungen unter Youngs Kollegen. Er mischte ihnen besagtes Thallium in den Frühstückstee, wie aus seinen wissenschaftlich detaillierten Tagebuchaufzeichnungen hervorging. Zwei seiner Kollegen starben später an den Vergiftungen. Graham Young wurde abermals festgenommen.
Das Schwurgericht von St. Albans bei London verurteilte den 24jährigen Young am 29. Juni 1972 wegen des Giftmordes an den beiden Arbeitskollegen zu viermal lebenslangem Zuchthaus und zweimal 5 Jahren Zuchthaus für zwei weitere nachgewiesene Morde und zwei nachgewiesene Mordversuche.
Vor Gericht hatte er eiskalt, ohne das mindeste Zeichen von Reue, ausgesagt, er habe die Absicht gehabt, einmal der größte Massenmörder der Kriminalgeschichte zu werden. Sein Bestreben war, »ein perfektes Gift zu finden, das langsam tötet und das die Ärzte nicht im Körper nachweisen können«. Über seine Giftversuche hatte er genau Tagebuch geführt. Seine größte Sorge während des Prozesses war, in das Wachsfigurenkabinett von Madame Tussaud aufgenommen und neben den berühmtesten Mördern Englands, Dr. Crippen und Dr. William Palmer, aufgestellt zu werden.
Zu den nachgewiesenen Morden gehörte auch seine Stiefmutter Molly Young, die am 24. April 1962 an dem Gift gestorben war, das ihr Graham Tage zuvor ins Eis gemischt hatte. Um ihn jedoch vor einer Strafverfolgung zu schützen, hatte sie keine Anzeige erstattet (sie wußte genau, daß ihr Stiefsohn auch ihr Mörder war) und ließ sich feuerbestatten, um dadurch alle Spuren des Giftes in ihrem Körper zu beseitigen.

7. Raubmord

Eberst, Helmuth

Wegen heimtückischen Raubmordes aus niederen Beweggründen verurteilte das Hamburger Schwurgericht Anfang Dezember 1971 den 24jährigen Seemann und Diskjockey Helmuth Eberst zu lebenslanger Freiheitsstrafe. In einem nahezu klassischen Indizienprozeß wurde er für schuldig befunden, am 12. Juni 1969 den 29 Jahre alten italienischen Chemiker Franco Saracino in einem Waldstück zwischen Genf und Lausanne erschossen und unter Laub vergraben zu haben. Danach hatte er sich den Sportwagen des Ermordeten angeeignet und zweimal größere Geldbeträge von dessen Konto abgehoben.

Kneissl, Matthias

Der Deutsche Matthias Kneissl trieb gegen Ende des 19. Jahrhunderts sein Unwesen in Bayern. Der wilde, ungestüme und rücksichtslose Naturbursche wurde erstmals mit 16 Jahren wegen Jagdfrevels bestraft. Von dieser Zeit an haßte er die oberbayerische Polizei wie die Pest und schoß brutal nieder, wer sich ihm näherte.
1892 wollten ihn Polizisten wegen Einbruchs festnehmen. Obgleich er die Beamten verletzt hatte, wurde er gefangen und bekam 7 Jahre Gefängnis.
Nach seiner Haftentlassung beging er mit dem Räuber Hausleitner zahlreiche Raub- und Mordüberfälle. Bei einem Überfall auf einen Gutsbesitzersohn wurde Hausleitner festgenommen und zu Zuchthaus verurteilt.
Kneissl übte seinen »Beruf« von nun an allein aus. Als er von einem Freund, der sich die ausgesetzte Belohnung verdienen wollte, verraten wurde (am 1. Dezember 1900), erschoß er zwei ihn verfolgende Polizisten und entkam spurlos.
Erst im März 1901 konnte der geschwächte und ausgehungerte Mörder überwältigt werden. Er wurde im gleichen Jahr zum Tode verurteilt und hingerichtet.

Kusian, Elisabeth

Am 10. Dezember 1949 wurde in der Nähe des U-Bahnhofes »Knie« (Berlin) ein menschlicher Rumpf entdeckt. Die Arme waren fachgerecht vom Körper getrennt worden. Es drehte sich um den Rumpf eines etwa 40jährigen Mannes. Am Nachmittag brachten Kriminalbeamte der Mordkommission Berlin-Ost einen Arm, der genau zum Rumpf bei der Kripo Berlin-West paßte. Am 14. Dezember wurde in der Nähe des Stettiner Bahnhofs (Berlin-Ost) der andere Arm und der Kopf gefunden, wiederum genau passend zum Rumpf. Vom Mörder fehlte noch jede Spur.

Am 5. Januar 1950 wurde von der Kripo Berlin-Ost in der Nähe des Alexanderplatzes eine zerstückelte Frauenleiche gefunden. Wiederum deutete die Sezierung auf einen Fachmann hin. In der Vermißtenzentrale Berlin-West wurde eine Frau Dorothea Merten gesucht. Frau Merten war Angestellte in einem Schreibmaschinengeschäft. Der Geschäftsführer berichtete der Kripo Berlin-Ost, daß Frau Merten am 2. Weihnachtsfeiertag 1949 einer Krankenschwester Kusian eine Schreibmaschine in deren Wohnung, Kantstraße 154a (Berlin-West), abgeliefert habe. Ost-Beamte durchsuchten die Wohnung in der Kantstraße und erfuhren, daß der Freund der Elisabeth Kusian ein Kriminalsekretär sei (Kurt Muschan), die Kusian selbst sei als Schwester im Robert-Bosch-Krankenhaus beschäftigt, wo ihr, wie man später erfuhr, zum 31. Dezember 1949 wegen notorischer Lügnerei gekündigt worden war.

West- und Ost-Kripo arbeiteten Hand in Hand, obgleich sich nach der Aufdeckung der beiden Morde die männliche Leiche aus der Ostzone im Leichenschauhaus Berlin-West befand und die zweite, weibliche Leiche aus Berlin-West im Leichenschauhaus Berlin-Ost.

Elisabeth Kusian wurde sowohl von der Ost- wie West-Kripo vernommen. Bei der Durchsuchung ihres Zimmers in der Kantstraße fanden die Beamten einen Damenmantel und Damenhut (beides wurde als Eigentum der Frau Merten erkannt) und außerdem eine Herrenkrawatte. Diese Krawatte gehörte dem männlichen Opfer der Krankenschwester, einem Schausteller namens Seidelmann, den die Ost-Kripo über den Bruder des Ermordeten inzwischen identifiziert hatte.

Am 7. Januar 1950 wurde das Zimmer abermals untersucht. Man fand deutlich Blutspuren und zwei Herrenhemden, die Seidelmann gehörten. Seidelmann lebte in der Ostzone und kam öfters wegen Schwarzmarktgeschäften in den Westsektor der Stadt. Da wurde die in Ost-Berliner U-Haft einsitzende Kusian den Westberliner Behörden ausgeliefert.

Nach anfänglichem Leugnen legte die Tatverdächtige ein Geständnis ab. Dabei kam eine, bedingt durch Kriegs- und Nachkriegszeiten, recht verwickelte Lebensgeschichte zum Vorschein.

Ihr Vater war 1915 im Ersten Weltkrieg gefallen. Noch nicht 20 lernte sie den Krankenpfleger Walter Kusian kennen, einen späteren NS-Parteimann. Um in seinen Augen etwas zu gelten, log sie, ihr Vater sei Oberstleutnant gewesen. Das Haushaltsgeld war ihr karg zubemessen, und erst als Walter Kusian im Zweiten Weltkrieg war, lebte sie in Saus und Braus und hob vom Sparkonto ihres Mannes ab, bis nichts mehr darauf war. Nach dem Krieg kam zur Geldknappheit die Wohnungsnot. Als Frau eines »Kriegsverbrechers« hätte sie nirgendwo Anstellung als Krankenschwester gefunden. Also log sie wieder: Ihr Mann sei als Chirurg an der Ostfront vermißt. Walter Kusian wurde als ihr Schwager ausgegeben. Um nun besser zu dem erlogenen Dr. Kusian zu passen, machte sie sich zur Medizinstudentin. Wohnungen und Männerbekanntschaften wechselten häufig. Ihre große Liebe begegnete ihr in dem Kriminalsekretär Kurt Muschan, den sie mit Geschenken und Zärtlichkeiten überschüttete, obgleich er verheiratet war und drei Kinder hatte. Um ihm zu Weihnachten eine gute Schreibmaschine schenken zu können, verschaffte sie sich Geld bei dem Schwarzhändler Seidelmann. Sie wechselte bei ihm 30 Westmark in 180 Ostmark, brauchte aber noch 75 Mark Ostgeld, wofür sie nun kein West-Wechselgeld mehr hatte. Es wurde vereinbart, daß Seidelmann bei ihr zu Hause vorbeikomme, um das fehlende Geld zu holen. Seidelmann hatte noch 1800 Ostmark bei sich.

Nach einer Plauderei und einem Tässchen Kaffee wollte die Kusian zum Geschäftlichen übergehen. Statt Geld aus der Schublade zu holen, warf sie Seidelmann von hinten eine Schlinge über den Kopf und erwürgte ihn. Sie zerschnitt fachgerecht die Leiche, verpackte sie in zwei Rucksäcke und einen Koffer, fuhr damit in den Ostsektor und hinterlegte ihr Gepäck in verschiedenen Trümmergrundstücken. 300 Westmark hatte ihr der Mord eingebracht.

Am Vormittag des Heiligen Abends wollte die Kusian dann die Schreibmaschine für ihren Freund Muschan kaufen. Sie machte eine Anzahlung, der Rest lief auf Monatsraten. Die 50 Mark für die Anzahlung besaß sie abermals nicht. Auf persönliches Entgegenkommen des Verkäufers wurde vereinbart, daß die Verkäuferin Frau Merten am 2. Weihnachtsfeiertag die Schreibmaschine zu Frau Kusian in deren Wohnung in der Kantstraße abliefern solle, bis dahin wolle die Kusian das Geld beschafft haben.

Als Frau Merten am frühen Nachmittag kam, war das Geld nicht da. Aber die Kusian brauchte die Maschine, die sie am Abend an ihren Freund Muschan verschenken wollte. Daraufhin erklärte sich Frau Merten bereit, am Abend nochmals vorbeizukommen.

Kurz nach 20 Uhr kam Muschan. Die Kusian schickte ihn aber wieder weg, sie habe plötzlich Besuch bekommen. Erst nach 21 Uhr kam nochmals Frau Merten, um das Geschäft nun zu tätigen. Die Mordmethode wiederholte sich haargenau: Statt Geld aus der Lade zu holen, tötete die Kusian Frau Merten mit einer Schlinge.

Sie schob die tote Frau unter die Couch, holte ihren Freund Muschan ab und feierte mit ihm und ihren Zimmerwirtinnen das Weihnachtsfest – die Leiche lag unter der Couch. Später zerstückelte sie sie und deponierte sie wiederum in Trümmergrundstücken.

Am 15. Januar 1951 begann der Prozeß gegen Elisabeth Kusian. Sie versuchte nun, den Mordverdacht auf ihren inzwischen geschiedenen Ehemann Walter Kusian abzuwälzen, aber das Gericht durchschaute ihre Lügerei und verurteilte sie am 26. Januar 1951 zu zweimal lebenslänglich Zuchthaus. Sieben Jahre später starb sie während einer Krebsoperation.

Roloff, Willi

Der Deutsche Roloff (geb. 1909 in Pommern) ging in die Kriminalgeschichte ein unter dem Namen »der Inseratenmörder«. Was steckt hinter diesem seltsamen Titel?
Willi war der jüngste unter vier Brüdern, das Nesthäkchen. Seine ganze Leidenschaft galt der Natur und den Tieren. Mit 13 Jahren wurde er erwischt, als er ein Ferkel klaute, um es im Wald großzuziehen. Auf der Landwirtschaftsschule bekam er die besten Zeugnisse, wurde Rentamtsgehilfe und Sekretär auf großen Gütern in der Nähe von Frankfurt/Oder. Als 20jähriger fiel er wegen Diebstahls, Betrugs und Zeugnisfälschung auf, kam 8 Monate ins Gefängnis und wurde 1933 als Rückfallverbrecher erneut mit 14 Monaten Zuchthaus bestraft.
1935 kam er als Gutsverwalter auf den Angelenhof (bei Frankfurt/Oder). Aus diesem Gut machte er binnen kurzer Zeit einen weithin geschätzten Musterbetrieb. Mit der Wirtschafterin des Gutes, der 26jährigen Franziska, begann er ein Verhältnis und wollte sie später auch heiraten.
Im November 1935 eröffnete ihm der Gutsbesitzer, daß er das Anwesen wahrscheinlich verkaufen werde. Von diesem Zeitpunkt an kam Willi auf Mordgedanken. Er hatte Angst, die Stellung zu wechseln (wegen seiner Vorstrafen), und brauchte Geld, um Franziska heiraten zu können, denn er wollte sie zu einer reichen Erbhofbäuerin machen. In Zeitungen las er das Angebot von Pachthöfen. Das nötige Geld dazu wollte er sich durch Inserate verschaffen. Am 23. November 1935 inserierte er erstmals. Er suchte zur Bewirtschaftung eines (nicht vorhandenen) Erbhofes einen jungen Mann mit möglicher späterer Heirat seiner Schwägerin (26), die ebenfalls nicht vorhanden war. Er unterschrieb das Inserat mit dem Namen Heinz Schröder, Ortsbauernführer, und hoffte, in den Besitz der Kaution des Stellenbewerbers zu kommen.
Der Bauernsohn Wilhelm Kochan meldete sich. Im Bahnhof Frankfurt/Oder holte Willi den Kochan ab, um ihn zum Erbgut zu führen. Auf dem Weg dorthin hatte er zuvor bereits ein Grab ausgehoben. Kurz vor dem Grab täuschte er einen Schaden am Motorrad vor und erschlug mit einem Schraubenschlüssel den Jungbauern. Statt der erhofften 1000 Mark Kaution fand er aber nur 40 Mark vor. Franziska nahm inzwischen eine Stelle in Berlin an. Willi inserierte abermals: »Erbbauer mit 280 Morgen Besitz sucht Lebensgefährtin.« Er lernte die 22jährige Hertha kennen und verliebte sich sofort in sie. Um bei ihren Eltern einen guten Eindruck zu machen, brauchte er Geld für neue Kleidung. Franziska schickte ihm 220 Mark zum Kauf eines gemeinsamen Schlafzimmers, wie er ihr geschrieben hatte.
Wiederum hatte er ein Inserat aufgegeben mit Einheirat in einen Bauernhof. Der nächste Kandidat war der Landwirt Nehring, den er am 18. März 1936, wieder getarnt als Ortsbauernführer, traf. Doch Nehring hatte kein Geld bei sich, also ließ ihn Willi einfach sitzen.
Der nächste, der auf ein Inserat schrieb, war der Landwird Albert Lüdke. Er besaß ein Vermögen von 7000 bis 8000 Mark. Roloff tötete ihn durch Genickschuß, die Beute waren ganze 80 Mark.
An einem Sonntag wurde er von seinen zwei Bräuten, Franziska und Hertha, besucht. Nur mit Mühe gelang es ihm, sein Doppelspiel weiterhin zu verdecken. Da wurde er am 1. August 1936 zu einer Wehrübung eingezogen. Am 29. September 1936 desertierte er, ging zu seinem Vater nach Golzow (er war dort Bahnhofsvorsteher) und klaute dessen Dienstpistole. Inzwischen lebte er von Diebstahl und Zechprellerei. Noch einmal ließ er ein Inserat los, diesmal als Ortsbauernführer Karl Müller unterschrieben. Unterwegs lernte er den Obst- und Gemüsehändler Christian Worreschk kennen, der ihm gegenüber über schlechte Geschäfte klagte. Willi erbot sich, ihn zu einem Kunden zu führen, der Interesse an Rotkohl und Äpfeln hätte. Er fuhr mit seinem Motorrad dem Gemüsewagen voraus. Unterwegs täuschte er eine Panne vor. Der Gemüsehändler stieg aus, um ihm zu helfen, da feuerte er ihn mit einem Genickschuß nieder und schlug ihm noch den Schädel ein.
Dieser Mord wurde als erster aufgedeckt. Der frühere Gutsbesitzer von Angelenhof identifizierte den gesuchten Mörder mit seinem ehemaligen, so hoch gelobten Gutsverwalter.
Am 4. Juli 1937 wurde der Prozeß gegen Willi Roloff eröffnet. Im Verlauf des Prozesses wurde ein weiterer Mord aufgedeckt, den Roloff bereits am 16. Juli 1931 begangen hatte. Das Opfer war eine polnische Wanderarbeiterin, die er in einer Scheune getroffen hatte. Er wollte sich ihr sexuell nähern, die Frau aber wies ihn zurück. Er verließ sie, kam aber etwa drei Stunden später, gegen 3 Uhr morgens, wieder zurück und erschlug sie aus Angst, sie könne am nächsten Tag seine stürmischen Annäherungsversuche im Dorf herumsprechen.
Roloff wurde zum Tode verurteilt und 1937 hingerichtet.
Vor Gericht äußerte er einen Satz von geradezu klassischer Brutalität. Bezüglich der ermordeten Frau meinte er: »Ich wollte wegen einer an sich belanglosen Sache nicht meine Stellung verlieren und mir vielleicht mein Leben verderben.«
Der Mord an der Polin galt als Deckungsmord, eines der schwersten Verbrechen überhaupt.

Sacco, Nicola, und Vancetti, Bartolomeo

Der Fall Sacco–Vancetti erregte die gesamte Weltöffentlichkeit. Die Namen der beiden waren nicht nur in einen Raubmord verwickelt, sondern sie galten als Repräsentanten des Anarchismus, der nach dem Ersten Weltkrieg über Amerika hinzog. Ihr Fall wurde hochgespielt zu einem sozialen Skandal: Zwei »Kämpfer

für die Freiheit aller unterdrückten Proletarier« sollten durch die »juristischen Henkersknechte des amerikanischen Kapitalismus« liquidiert werden.
Was hatten die beiden angestellt?
Am 24. Dezember 1919 wurde in Bridgewater südlich von Boston ein Lohngeldtransport der Schuhfabrik White überfallen. Die Täter eröffneten das Feuer aus Pistolen und einem Schrotgewehr. Die Begleiter des Geldtransportes schossen zurück, woraufhin die Täter die Flucht ergriffen und davonfuhren.
Bereits am 15. April 1920 ereignete sich ein weiterer Überfall. In South Braintree wurden zwei Wächter von zwei Männern überrascht, als sie zwei Kisten mit 16000 Dollar über die Straße zu einer Zweigstelle, wiederum einer Schuhfabrik, tragen wollten. Die Täter schossen die Wächter nieder, einen davon tödlich, der andere starb vierzehn Stunden später. Die Täter nahmen die Geldkisten, schleppten sie in einen wartenden Wagen und fuhren davon. Am Tatort blieben vier leere Patronenhülsen zurück.
Einer Polizeifahndung fiel am 17. April 1920 in einem Wald ein Buick-Pkw auf, der als gestohlen gemeldet war. Der Fahrer des Wagens war ein Italiener namens Boda. Der Wagen, obgleich sein Nummernschild ausgewechselt war, war identisch mit dem Wagen, den die Täter bei dem Überfall auf die Geldkisten der Schuhfabrik in Braintree benutzt hatten. Die Fahndung konzentrierte sich auf den flüchtigen Boda. Die zwei Komplicen, die mit Boda im Wagen saßen, waren Sacco und Vancetti. Sie leugneten, Boda zu kennen. Beide waren bewaffnet. In den Taschen Vancettis fand man ein Papier, das für eine Anarchistenversammlung warb.
Die armen Bauernsöhne Sacco und Vancetti waren 1908 nach Amerika ausgewandert und arbeiteten zur Tatzeit als Fischhändler bzw. in einer Schuhfabrik. Sie hatten sich italienischen Anarchistenkreisen angeschlossen und hatten den Auftrag, durch Raubüberfälle Geld für die anarchistische Untergrundtätigkeit zu beschaffen.
Zeugen des Überfalles erkannten die beiden wieder. Der Prozeß gegen Vancetti begann am 22. Juli 1920 in Plymouth, der gegen beide wegen des Falles South Braintree am 21. Mai 1921. Beide wurden wegen der Beteiligung am Raub und am Raubmord angeklagt. Der Verteidiger der beiden, ein linksradikaler amerikanischer Anwalt, war entschlossen, den Prozeß auf die politische Ebene zu schieben.
Der Prozeß gegen Sacco und Vancetti artete immer wieder zu einem Sachverständigenrededuell aus über die Frage, ob die aufgefundenen Kugeln und Patronenhülsen tatsächlich den Pistolen und dem Schrotgewehr der Täter entstammten oder nicht. Die Ansichten der Schußwaffenexperten bejahten und verneinten diese Frage mit gleichstark untermauerten wissenschaftlichen Argumenten. Ein einwandfreies Ergebnis ihrer ballistischen Untersuchungen konnten sie dem Gericht nicht vorlegen.
Am 14. Juli 1921 zogen sich die Geschworenen zur Beratung und zur Urteilsfindung zurück.
Sacco und Vancetti erklärten sie für schuldig wegen des »Mordes ersten Grades« (Vancetti) und wegen Beihilfe zum Mord (Sacco und Vancetti).
Schon am nächsten Tag jagte die Nachricht von der Verurteilung um die Welt. Die öffentliche Meinung machte aus Sacco und Vancetti die Opfer einer »kapitalistischen Klassenjustiz«. Alle Welt protestierte gegen das Urteil. In Moskau fanden Demonstrationszüge statt, vor den amerikanischen Botschaften in Buenos Aires und Montevideo explodierten Bomben, Bombenanschläge gegen Amerikaner folgten in Argentinien, Rotterdam, Brüssel, Mexiko, Stockholm, Lissabon, Sofia, Prag, Athen, Lima und Sidney. Resolutionen wurden von Künstlern, Wissenschaftlern (darunter Albert Einstein) und Journalisten unterzeichnet.
Erst 1923 wurde der Prozeß nochmals aufgerollt. Erneut wurde das Schußwaffenproblem aufgegriffen. Wiederum prallten die Meinungen pro und contra aufeinander. Gutachten stand gegen Gutachten. Immer wieder wurden Zweifel laut, ob das Verfahren gegen Sacco und Vancetti fair und objektiv geführt würde.
Da wurde am 1. Juli 1927 durch den Gouverneur von Massachusetts ein Komitee von drei unabhängigen Männern eingesetzt, die über Schuld oder Unschuld urteilen sollten. Es ging nach wie vor um die Frage, ob Sacco die Pistole abgefeuert hatte, oder ob die Pistole dem überfallenen Wächter gehörte, in dessen Nähe man sie gefunden hatte. Die Stimmen mehrten sich, wonach die Kugel und die Hülsen, die man am Tatort und im Körper der Toten gesichert hatte, aus Saccos Pistole stammten.
Beide wurden schließlich zum Tode verurteilt und am 23. August 1927 auf dem elektrischen Stuhl des Charleston-Gefängnisses hingerichtet. Sacco rief an seinem Lebensende: »Es lebe die Anarchie!«, Vancetti: »Ich bin unschuldig!«
Jetzt erst brach ein zuvor nie dagewesener Sturm der Empörung in der ganzen Welt los. Noch 5 Jahre danach wurde das Haus des Richters Thayer mit Bombenanschlägen heimgesucht.
Noch einmal wurde der Fall Sacco–Vancetti im Jahre 1961 aufgerollt. Die Frage, ob es sich um einen Justizirrtum drehte oder nicht, schwelte noch weiter. Das Ergebnis dieser Untersuchungen lautete: »Vancetti war unschuldig, Sacco war schuldig . . .« Also ein halber Justizirrtum. Vollständig wird die Welt nie diese jüngsten Untersuchungen erfahren, da die Polizei von Boston es abgelehnt hat, das Material zu veröffentlichen.

Sillack, Manfred

Der Fall des deutschen Mörders Sillack war der erste in der Kriminalgeschichte, an dessen Aufklärung das Fernsehen beteiligt war: Eduard Zimmermanns Sendung »Aktenzeichen XY . . . ungelöst«.
Am 20. März 1968 hatte sich der vorbestrafte Manfred Sillack im Wochenendhaus des Verlegers des Solinger Tageblattes, Dr. Bernhard Boll, eingenistet. Er hatte einen Rolladen hochgestemmt, die Scheibe eingeschlagen, von innen den Rolladen wieder geschlossen, so daß von außen nicht zu erkennen war, daß sich ein Fremder in dem Haus versteckt hatte. Dr. Boll wollte sich in sein Landhaus zurückziehen, um sich für

eine Konferenz vorzubereiten. Als er zur vereinbarten Zeit nicht im Verlagshaus zurück war, suchte sein Sohn nach ihm. Dieser fand den Wagen seines Vaters dort geparkt, wo dieser ihn immer abzustellen pflegte. Aber aus dem Landhaus drang Qualm. Als der Sohn in das Haus eindrang und nach seinem Vater rief, entzündete sich das Feuer von neuem. Der Vater war nicht drin. Er wurde etwa 9 Meter vom Haus entfernt, mit Beilhieben erschlagen, gefunden.
Als die Polizei kam, waren wichtige Spuren durch Feuerwehrmänner und Schaulustige verwischt. Die Uhr am Handgelenk des Toten fehlte, seine Brieftasche wurde unweit gefunden, ohne den Tausendmarkschein, den Dr. Boll immer bei sich hatte, und aus dem geöffneten Verbandkasten waren zwei Mullbinden entwendet worden. Außerdem fanden die Kripobeamten einen blutverschmierten Anzug, der nicht Dr. Boll gehörte. Es wurde angenommen, daß sich der Täter selbst verletzt hatte. Taxifahrer berichteten, daß am Abend des Mordtages etwa einen Kilometer vom Wochenendhaus entfernt ein Fahrgast zugestiegen sei und sich nach Düsseldorf habe fahren lassen. Er habe Verletzungen am Zeige- und Mittelfinger der rechten Hand nur provisorisch mit Mullbinden verwickelt gehabt.
Da die Suche nach dem Täter zunächst erfolglos verlaufen war, wurde eine Belohnung von 15000 Mark ausgeschrieben und aufgrund der Taxifahreraussagen ein sogenanntes PIK-Bild angefertigt. PIK-Bilder werden in der neueren Kriminalgeschichte häufig benutzt zur Täteridentifizierung. Die »Personen-Identifizierungs-Karte« besteht aus 1000 Papierstreifen, mit denen man je nach Zeugenaussage jedes mögliche menschliche Gesicht, grob gerastert, herstellen kann. Auf 55000 Handzetteln und 3300 Fahndungsplakaten war das PIK-Bild zu sehen. Außerdem wurde nach der gestohlenen Armbanduhr Dr. Bolls, dem Tausendmarkschein und seinem gestohlenen Anzug, der an den Ärmeln verlängert war, gefahndet.
Nach acht Wochen vergeblicher Suche nach dem Täter wurde das Fernsehen eingeschaltet. Etwa 30000 Polizeibeamte in Deutschland und Österreich waren von der Sendung informiert, etwa 20 Millionen Menschen sahen die Sendung.
Als die Armbanduhr Dr. Bolls auf dem Bildschirm erschien und die im Inneren eingravierte Reparaturnummer bekanntgegeben wurde, da wußte ein Rentner in Gelsenkirchen, wer der Mörder war.
Die Uhr und die Nummer stimmten genau mit der Uhr überein, die er selbst besaß. Für 5 Mark hatte ihm Manfred Sillack vor sechs Wochen einen Pfandschein für diese Uhr überlassen. Der Rentner wußte, daß Sillack arbeitsscheu und wegen Diebstahls, Einbruchs, Betrugs, Widerstands gegen die Staatsgewalt vorbestraft war.
Gegen 23 Uhr fuhr der Rentner mit der Uhr zur nächsten Polizeiwache. Und nun lief die Fahndung auf vollen Touren. Aufgrund der Personenakte der Polizei war schnell zu ermitteln, wo Sillack wohnte. Er wurde am 8. Juni 1968 morgens gegen 7 Uhr 30 vor dem Haus seiner Mutter in betrunkenem Zustand aufgegriffen. Er war sofort geständig.
Am 26. Februar 1969 wurde er zu lebenslänglichem Zuchthaus verurteilt.

8. Sexualmord

Assmann, Rolf

Der 23jährige deutsche Elektrolehrling Rolf Assmann wurde am 20. Dezember 1972 zu viermal lebenslanger Freiheitsstrafe wegen vierfachen Mordes verurteilt. Wegen vollendeter und versuchter Notzucht und schwerer räuberischer Erpressung erhielt er zusätzlich eine Gesamtstrafe von 8 Jahren Freiheitsentzug. Das Schwurgericht in Arnsberg, wo seit dem 30. Oktober 1972 der Prozeß lief, war von Zuhörern dicht besetzt. Sie quittierten den Urteilsspruch mit Beifall und Bravo-Rufen.
Das Gericht sah als erwiesen an, daß Assmann am 26. Juni 1971 auf dem ausgedienten NATO-Schießplatz von Ost-Sümmern (bei Menden) zusammen mit seinem bei einem Motorradunfall am 12. Juli 1971 tödlich verunglückten fünf Jahre jüngeren Freund Volker Bendig zwei 16 bis 24 Jahre alte Liebespaare kaltblütig erschossen hatte.
Zunächst hatte Assmann immer behauptet, sein Freund Bendig sei der Todesschütze gewesen. Er selber sei zur Tatzeit an seinem 120 Meter entfernt geparkten Wagen gewesen, »um Bier zu holen«.
Das Gericht jedoch war zu der Überzeugung gekommen, daß Assman, wenn er schon nicht selbst die tödlichen Schüsse abgegeben hatte, so doch jedenfalls die Tötung der vier jungen Menschen gebilligt haben mußte. Es sei unwahrscheinlich, daß er, der größere und stärkere, seinen Freund in einer solchen »gefährlichen, gespannten und risikoreichen Situation« allein ließ.
An jenem 26. Juni 1971 war zunächst ein Liebespärchen in den versteckten Wald gekommen, um sich zu vergnügen. Assmann zwang das Mädchen, sich nackt auszuziehen, während Bendig den jungen Mann in Schach hielt. Da erschien zufällig an der gleichen Stelle ein zweites Liebespärchen, wodurch der Notzuchtversuch Assmanns vereitelt wurde. Irgendwann kam der Gedanke zu töten, nachdem das zweite Pärchen aufgekreuzt war. Zu Anfang sei der Tötungswille bestimmt noch nicht dagewesen, wie der Staatsanwalt meinte.
Alle vier mußten sich dann auf den Bauch legen. Als dann eines der Opfer, ein ehemaliger Bundeswehr-Fallschirmjäger, Widerstand leistete, kam es zu dem Massaker, dessen letzte Motivation das Gericht nicht restlos aufklären konnte.
Schon ein paar Tage zuvor, am 13. Juni 1971, hatte Assmann mit seinem Freund Bendig ein Liebespärchen überfallen und das Mädchen mit vorgehaltener Pistole vergewaltigt.

Nach der Tat vom 26. Juni hatte Assmann in betrunkenem Zustand seiner früheren Freundin gestanden: »Und dann noch das Ding von Sümmern, das war ich, du kannst dir jetzt die Belohnung abholen.« Aufgrund dieser Aussage, die das Gericht als Beweis für seine Mittäterschaft wertete, die Verteidigung aber nur als »Imponieren« verstanden wissen wollte, wurde Assmann in einem Iserlohner Krankenhaus, wo er die Folgen des Motorradunfalls auskurierte, bei dem sein Freund zu Tode kam, verhaftet.
Eine spektakuläre Brisanz kam in den Prozeß, als die in den Hosentaschen eines der Opfer gefundenen Blutspuren in einem serologischen Gutachten von Frau Dr. Dagmar Neubert-Kirfel vom Landeskriminalamt Düsseldorf bewertet wurden.
Das Gutachten der LKA-Mitarbeiterin erwies sich als eindeutig falsch, denn es hatte die gefundenen Blutspuren als von Assmann stammend identifiziert.
Zuvor hatte der ebenfalls beim Landeskriminalamt angestellte Dr. von Westphalen ein Gutachten abgegeben, in dem er in den Blutspuren Assmanns Blutgruppe erkannt hatte. Später widerrief er aber sein Gutachten.
Als durch das LKA-Gutachten der Stab über Assmann gebrochen schien, forderte sein Verteidiger das nochmalige Anhören des Dr. von Westphalen, der, wie gesagt, widerrufen hatte.
Gutachten und Gutachtenwiderruf wurden nun von entscheidender Bedeutung für die Frage der Mittäterschaft Assmanns.
Ein neuer Gutachter wurde bestellt, Prof. Franz Schleyer von der Universität Marburg. Er bestätigte den Widerruf des Dr. von Westphalen, wonach Blutspuren und Assmanns Blutgruppe nicht identisch seien. Damit war offiziell das Gutachten des LKA als Fehlgutachten zu betrachten.
Dieses Debakel machte einmal mehr deutlich, wie fragwürdig die Begutachtung von Blutspuren für die Urteilsfindung in einem Strafprozeß sein kann. Mehr noch: Dr. von Westphalen sprach von mikrobiologischen Prozessen, die serologisches Material so verändern können, daß man jede Blutgruppe beischaffen kann, die (vom Gericht) gewünscht wird.
Bei seiner Urteilsbegründung sagte nun der Vorsitzende plötzlich, daß die Blutspuren, die eindeutig nicht von Assmann stammten, für das Gericht nie die zentrale Bedeutung gehabt hätten, wie es in der Öffentlichkeit zum Ausdruck gekommen sei. Sie seien vielmehr »nur ein Indiz unter anderen«.
Das schwächste Glied in dieser Indizkette, das entscheidende, war aber der Komplex Blutspuren und Blutgruppe.
Der Anklagevertreter meinte: »Wir haben versagt«, und man müsse aus dem Assmann-Prozeß lernen, daß sich solche Fehler in der Bewertung von Gutachten nicht wiederholten.

Bartsch, Jürgen

Sein Geburtsname ist Karl-Heinz Sadrozinski (geb. am 6. November 1946), das uneheliche Kind einer tuberkulosekranken Kriegswitwe und eines holländischen Gelegenheitsarbeiters. Die Mutter starb wenige Monate nach der Geburt ihres Sohnes.
In dasselbe Krankenhaus, in dem das Kind von Schwestern erzogen wurde, kam kurze Zeit später die Frau eines Essener Metzgers, Gertrud Bartsch, um eine Totaloperation durchführen zu lassen. Sie und ihr Mann erfuhren von dem verlassenen Kind und beschlossen, es zu adoptieren. Wegen starker Bedenken des Jugendamtes in Essen bezüglich der dubiosen Herkunft des Kindes konnte die Adoption erst sieben Jahre später durchgeführt werden.
Die neuen Eltern hielten den Jungen außerordentlich streng und vermieden jeden Kontakt zu anderen Kindern, weil Jürgen nicht erfahren sollte, daß die Bartschs nicht seine leiblichen Eltern waren. Als der Vater einen zweiten Metzgerladen eröffnete, den später Jürgen übernehmen sollte, und die Mutter mitarbeiten mußte, wurde der Junge von der Großmutter und von Dienstmädchen erzogen.
Mit 10 Jahren kam er in das Kinderheim in Rheinbach, mit 12 Jahren in eine katholische Schule, in der auch Schwererziehbare aufgenommen wurden.
Der Ton in dieser katholischen Knabenschule in Marienhausen bei Bingen war militärisch hart und roh, es gab täglich Morgen- und Abendmessen, während der Mahlzeiten herrschte absolute Schweigepflicht, und körperliche Züchtigungen waren an der Tagesordnung. In diesem Kinderheim wurde eine wichtige Weiche für Jürgens spätere Entwicklung gestellt: Er wurde von älteren Jungen homosexuell verführt und mißbraucht.
Zweimal floh Jürgen aus dem Kinderheim, in dem er nur mit wenigen Kindern näheren Kontakt pflegte. Sein bester Freund war ein gewisser Dieter, den er bei seiner zweiten Flucht mitnahm. Mit ihm übernachtete er in einer Hütte und erlebte die erste geschlechtliche Liebe zu einem Jungen. Dieter reagierte nicht darauf. Jürgen unternahm den ersten Mordversuch: Er stieß Dieter auf die Bahngleise, als sich ein Zug näherte. Doch Dieter konnte sich retten.
Den ersten homosexuellen Kontakt hatte Jürgen mit einem doppelt so alten männlichen Verwandten, der das Kind zu sexuellen Spielen benutzte und ihm anschließend die Benutzung seiner Kopfhörer erlaubte. Dies war nur wenige Wochen nach seinem 8. Geburtstag passiert.
Von da an und vor allem seit dem Erlebnis mit Dieter wuchsen in Jürgen die Gefühle für Jungen.
Mit 13 Jahren erfuhr er, daß er nur der Adoptivsohn seiner Eltern war, mit 14 wurde er erstmals gegen einen Jüngeren aus der Nachbarschaft gewalttätig: Er zwang ihn, mit in eine Höhle zu gehen, riß ihm die Kleider vom Leib und trieb sexuelle Spiele mit ihm. Mit 15 begann er das Rauchen, mit 17 trank er, oft zwanzig Kognaks, mit 18 kam er wegen Trunkenheit am Steuer 3 Wochen lang ins Gefängnis.

Er suchte zwar und fand auch Kontakt mit Mädchen, kam aber sexuell nicht zurecht mit ihnen. Er zwang sich sogar, von seinen homosexuellen Neigungen wegzukommen, indem er zehn- bis zwölfmal Essener Dirnen besuchte, wiederum ohne den erhofften Erfolg.
Mit Detlev Düren, einem Angestellten in des Vaters Metzgerei, fand Jürgen regelrechte homosexuelle Erlebnisse durch gegenseitiges Masturbieren bis zum Orgasmus, etwa zweimal wöchentlich. Jürgen mußte, damit die Angelegenheit verschwiegen blieb, an Detlev Geld bezahlen. Diese sexuellen Erlebnisse waren meist nicht mit Liebe oder Austausch von Zärtlichkeiten verbunden.
Jürgen Bartsch hat zwischen 1962 und 1966 vier Jungen ermordet, mehr als hundert weitere Versuche blieben erfolglos. Seine Mordtechnik war durchgehend dieselbe: Er lockte die Jungen in einen früheren Luftschutzbunker in der Hegerstraße in Langenberg, schlug auf sie ein, würgte sie, strangulierte sie, manipulierte an ihren Geschlechtsteilen, wobei er selbst hie und da masturbierte. Er, der Metzger werden sollte nach dem Wunsch des Vaters, zerschnitt ihre Leiber, riß ihnen die Eingeweide heraus und begrub die einzelnen Körperteile. Er kam zu seinen sexuellen Höhepunkten weniger beim Masturbieren als beim Zerstückeln und Enthaupten der Leichen, beim Augenausstechen, beim Zerschneiden des Fleisches seiner Opfer (Tatwerkzeuge: Fleischmesser, Schnüre, Hammer, Rasierklingen, Spaten, Kerzen). Wie kam es zu diesen grausamen, sadistischen Sexualmorden an Jugendlichen?
Das Leben in Jürgens Adoptivelternhaus trug gewiß seinen Teil dazu bei. Es kam oft zu Streitigkeiten, meist wegen des Geldes. Die Mutter war die dominierende Figur, sie hielt Jürgen immer wie ein kleines Kind, überwachte streng seine Ausgehzeiten, wusch ihn ganz, legte ihm seine Kleider zurecht, verhinderte jede Entwicklung zur Selbständigkeit. Jürgen schlich sich heimlich durch ein Kellerfenster aus dem Haus, um auf die Suche nach Kindern zu gehen, die er dann in seiner Höhle zu ermorden versuchte. Zeitweise paarte sich seine zunehmende Unbekümmertheit bezüglich seiner perversen Triebbefriedigung mit dem Wunsch, gefaßt zu werden, ehe noch mehr Morde passierten. Seitens seiner Eltern wurde ihm nie Liebe entgegengebracht, eine sexuelle Aufklärung fand nicht statt. Einen heimischen Halt kannte er nie. Der Vater zwang den 16jährigen, sechzig Stunden in der Woche in der Metzgerei zu arbeiten. Freizeit kannte er ebenfalls nicht. Das Geld, mit dem er seine homosexuellen Partner bezahlen mußte, klaute er aus der Ladenkasse. Er wurde als ein intelligenter, höflicher, zurückhaltender und sympathischer Junge beschrieben, in dem niemand einen 15jährigen einsamen, kontaktgehemmten Mörder vermutet hätte. Das äußere Zeichen seiner innerlichen Zerrissenheit war eine überstarke Nervosität.
Der erste Prozeß fand am 15. Dezember 1967 in Wuppertal statt unter dem Vorsitzenden Landgerichtsdirektor Dr. Walter Wülfing. Der Oberstaatsanwalt Fritz Klein verurteilte Jürgen zu lebenslänglichem Zuchthaus. Er bescheinigte in seinem Plädoyer den Eltern, daß sie an der Entwicklung des Jungen keine Schuld treffe. Während Gesprächen mit dem Gefängnispfarrer und seinem Verteidiger, Heinz Möller, beteuerte Jürgen immer wieder, wie unglücklich er über seinen sadistischen Geschlechtstrieb sei, und kratzte mit einem Nagel Entschuldigungsbriefe an die Wand, die an seine Eltern und seine Opfer adressiert waren.
Erst im zweiten Prozeß (1971) vor der VII. Strafkammer in Düsseldorf, an dem acht Hauptgutachter teilnahmen, wurde tiefer in die Psyche des Jürgen Bartsch geleuchtet. Schwerwiegende Erziehungsfehler seitens Erwachsener kamen zur Sprache: die frühe Trennung des Babys von der Mutter, die harte Erziehung zur Sauberkeit (schon im elften Monat) durch Schwestern des Krankenhauses, die ungünstigen Einflüsse im Marienhausener Kinderheim, wo die Zöglinge täglich von Priestern verprügelt wurden und wo der Pater Pütlitz den jungen Bartsch sexuell mißbrauchte. Vor allem kam das Elternhaus nicht mehr so unkritisch und schuldlos weg wie im ersten Prozeß. Gutachter forderten eine psychoanalytische Untersuchung. Oberstaatsanwalt Heydenreich plädierte auf Lebenslänglich für Jürgen Bartsch. Landgerichtsdirektor Kurt Fischer verlas das Urteil: »Der Angeklagte ist schuldig des vierfachen Mordes, tateinheitlich begangen mit Kindesraub und Unzucht mit Kindern, in drei Fällen auch in Tateinheit mit Gewaltunzucht zwischen Männern sowie des versuchten Mordes, tateinheitlich begangen mit Kindesraub und Gewaltunzucht mit Männern. Er wird zu einer Jugendstrafe von zehn Jahren verurteilt, auf die die Untersuchungshaft angerechnet wird. Die Unterbringung des Angeklagten in einer Heil- und Pflegeanstalt wird angeordnet.«
Nachdem die Staatsanwaltschaft ihr sofort ausgesprochenes Revisionsbegehren zurückgenommen hat, ist das Düsseldorfer Urteil gegen den »Kirmes-Mörder« Bartsch aus Langenfeld bei Wuppertal rechtskräftig geworden. Die vier von ihm ermordeten Kinder waren: Klaus Jung (8 Jahre), Ulrich Kahlweiß (11 Jahre), Peter Fuchs (12 Jahre) und Manfred Graßmann (11 Jahre).
Trotz dieses Urteilsspruches bleibt der Fall Bartsch der deutschen Justiz ein unlösbares Rätsel. Konnte Bartsch einerseits ein immenser Sexualtrieb nicht abgesprochen werden, so verübte er doch die Morde zwischen 1962 und 1966 mit listenreicher Intelligenz (er stahl in dieser Zeit seinem Pflegevater etwa 25000 Mark), die auf eine nicht unerhebliche kriminelle Energie schließen ließ.
Im Anschluß an den zweiten Prozeß wurden zumindest zwei Dinge aktuell: Einmal wurde es Bartsch vor 1966 nicht erlaubt, mit Androcur behandelt zu werden, einem triebdämpfenden Mittel. Die Begründung lautete: er sei ja »nur« ein Untersuchungsgefangener, als solcher aber auch ein Unschuldiger und ein Gesunder. Erst nach dem zweiten Prozeß 1971 wurde er mit derartigen Medikamenten behandelt.
Zum anderen führten die Anschuldigungen Bartschs gegen den Salesianer-Pater Pütlitz, mit dem er seine ersten homosexuellen Kontakte gehabt hatte, zur Dispensierung des Paters von allen seinen Aufgaben. Ein Zeuge hatte vor Gericht, das unter Ausschluß der Öffentlichkeit tagte, 1971 gesagt: Wäre der Pater nicht gewesen, »dann wäre Bartsch nicht zum Sexualmörder geworden«. Der Pater stellte nach wie vor die gegen ihn erhobenen Vorwürfe strikt in Abrede.

Der Fall des Jürgen Bartsch wurde von Niels Höpfner zu einem Theaterstück verarbeitet, das unter dem Titel »Das Tier« Anfang Oktober 1972 im Frankfurter »Kammerspiel aktuell« uraufgeführt wurde.

Dettmer, Karl Wilhelm

Der Schrotthändler Dettmer wurde am 11. Dezember 1972 vom Braunschweiger Schwurgericht zu 15 Jahren Gefängnis und anschließender Unterbringung in einer Heil- und Pflegeanstalt verurteilt, weil ihm nachgewiesen werden konnte, am 11. Juli 1971 den 23jahrigen Schaustellergehilfen Günther Hausotter beim intimen Zusammensein mit seiner Freundin ermordet und anschließend das Mädchen vergewaltigt zu haben. An fünf anderen Liebespaaren hatte er Mordversuche begangen, wobei sechs Personen zum Teil lebensgefährlich verletzt worden sind. Dettmer galt als »Liebespaarmörder« und wurde der »Heuball-Schütze« genannt, weil er am 1. September 1968 beim »Heuball« in Marwede in der Nähe von Celle einem Liebespaar folgte, es beobachtete und dabei so in sexuelle Erregung geriet, daß er auf den jungen Mann schoß, weil er dessen Mädchen haben wollte.
Dettmer und die Staatsanwaltschaft verzichteten auf das Rechtsmittel, gegen das Urteil Revision einzulegen. Außerdem erklärte sich der Verurteilte bereit, seine Übersexualität durch einen ärztlichen Eingriff dämpfen zu lassen.
Dettmer, ein Landfahrerssohn, seine Mutter ist eine Zigeunerin, war verheiratet und hatte zwei Kinder.

Dominici, Gaston

Der Fall des 75jährigen Weinbauern Dominici (geb. 1877, gest. 1965) machte Schlagzeilen, als er 1960 vorzeitig wegen Krankheit und wegen seines hohen Alters aus dem Zuchthaus entlassen wurde und daraufhin sein Verbrechen noch einmal in der Presse aufgerollt wurde. Dominici hatte am 4. August 1952 eine englische Urlauberfamilie ermordet, die auf seinem Grundstück übernachtete.
Es dauerte über ein Jahr, bis er am 13. November 1953 verhaftet werden konnte. Er war voll geständig.
Sein Mord war ein Lustmord. Er hatte nämlich zugesehen, wie sich am Abend die beiden Frauen entkleideten. Nach Mitternacht schlich er an die Betten der beiden Frauen, da wurde aber der Mann wach. Es kam zu einer Schießerei, in deren Verlauf der alte Bauer den Engländer und dessen Frau tötete, deren Tochter erschlug er mit dem Gewehrkolben.
1954 wurde er zum Tode verurteilt, die Strafe wurde aber wegen seines Alters in lebenslanges Zuchthaus umgewandelt.

Ludy, Josef

Am 17. Januar 1972 begann vor dem Schwurgericht Mannheim der Prozeß gegen den Deutschen Josef Ludy (geb. 1933). Die Anklage lautete auf Mord in drei Fällen, auf versuchten Mord ebenfalls in drei Fällen, auf Unzucht mit Kindern in vier Fällen, zum Teil in Tateinheit mit Entführung.
Der Prozeß zeigte einmal mehr, wie schwierig es ist, einen Sittlichkeitsverbrecher abzuurteilen. Gerechtigkeit ist ein rein juristischer Begriff, den es in der Medizin nicht gibt. Während des Prozesses entstand öfters die Frage, ob die Ärzte, die ihn früher zu begutachten hatten, nicht irrten, als sie Ludy nicht als Triebtäter einstuften, wodurch er einer Einweisung in die Heil- und Pflegeanstalt entging. Spätere Opfer hätten dadurch vermieden werden können. Die lange Prozeß-Vorbereitungszeit von vier Jahren dürfte nicht zuletzt eine gewisse Ratlosigkeit des Gerichts einem solchen Täter und seinen Taten gegenüber zum Ausdruck gebracht haben.
Ludy, in Hamburg geboren, Sohn eines Tischlers, hatte acht Schwestern, zu denen sein Verhältnis als normal bezeichnet wurde. Nach der Schulzeit wurde Ludy Fachjungarbeiter bei der Post. 1948, beim Aufspringen auf eine fahrende Straßenbahn, erlitt er einen Unfall. Er stürzte zu Boden, stand wieder auf, ging zur Seite und brach dort bewußtlos zusammen. »Seit dem Unfall ging bei mir alles schief«, sagte er vor Gericht. Zuvor hatte er Geldbeträge bis zu einer Höhe von 30000 Mark ausgetragen, danach stahl er Funklotteriebriefe im Werte von 32 Mark. Er verlor seine Stelle und wurde bestraft. Die Freundschaft zu einem Mädchen ging auf Betreiben der Mutter in die Brüche. Bis zum Tag des Mannheimer Prozesses, Ludy war nun 39 Jahre alt, hatte er nie intime Beziehungen zu einer Frau.
Ludy lief von zu Hause weg und pendelte zwischen Hamburg und Süddeutschland, lebte unter falschem Namen bei einem Landwirt in der Nähe von Lörrach, dann in Neuruppin in der DDR, schließlich in Brüssel und in der Schweiz. Einmal schloß er sich in Hamburg auf der Toilette des Schlafwagens ein und nahm eine Überdosis Schlaftabletten. In Frankfurt wurde er aus dem Zug geholt und ins Krankenhaus gebracht. Als 19jähriger wurde Ludy erstmals wegen eines schweren Verbrechens angeklagt. Er hatte den 12 Jahre alten Helmuth Grether mit einer Mistgabel erstochen. 8 Jahre Jugendstrafe waren das Ergebnis. Als 30jähriger bekam er wegen Unzucht mit mehreren Kindern 2 Jahre Gefängnis. Zwei Jahre später, 1964, erhielt er wegen des gleichen Deliktes 8 Monate Freiheitsentzug.
Inzwischen passierten all die Verbrechen, wegen deren er nun angeklagt war: Im Jahre 1956, Ludy war 24 Jahre alt, begegnete er dem 13jährigen Oberschüler Jens Wohlers. Er sagte ihm, die Lampe seines Fahrrades sei nicht in Ordnung. Als der Junge sich nach vorn bückte, um nachzusehen, schlug ihm Ludy einen Stein auf den Kopf (Mordversuch). Der Schlag war so heftig ausgeführt worden, daß sogar das Hirn Wohlers' zu sehen war. Wohlers leidet noch heute an den Folgen der Tat. In den ersten Monaten danach waren linke Hand und linkes Bein leicht gelähmt.

Am 18. September 1961, als Ludy 29 Jahre alt war, entführte er in Rottweil den 7jährigen Günter Ochs, schoß aus einem Hasentöter auf ihn, würgte ihn und stieß ihn dann zu seinem Auto hinaus (Mordversuch, Unzucht).
Im gleichen Monat, am 28. September 1961, erschoß Ludy im Schwetzinger Staatswald den 57jährigen Otto Grimm und dessen 37jährige Freundin Gisela Schneider (Doppelmord). Wie in den Fällen Wohlers und Ochs konnte er sich nach dieser Tat nicht mehr an Einzelheiten erinnern. Es blieben ihm nur »Momentaufnahmen«. Als er im »Bild am Sonntag« las, daß an der B 36 ein Doppelmord geschehen sei, sagte er sich: »Das kannst nur du gewesen sein, weil ich mich ja kenne.« Die Tatwaffe, eine FN-Pistole, Kaliber 7.65 mm, hatte Ludy in einer Berner Waffenhandlung gekauft (am 9. Januar 1960) und trug sie immer bei sich, er nahm sie sogar mit ins Bett.
Am 25. September 1964 hatte Ludy den damals 5 Jahre alten Martin Jörg Opitz im südbadischen Emmendingen in seinen grauen Opel Rekord gelockt. Er bat den Jungen, ihm beim Transport von Malheften und Bleistiften für den Kindergarten behilflich zu sein. Er folgte seinem unwiderstehlichen Drang, mit Kindern zusammen sein zu müssen. Mit einer Flasche Apfelsaft und einem in der Apotheke gekauften Beruhigungsmittel wollte er den Jungen, der nach Hause wollte, vergiften. Er setzte ihn in einem Waldstück ab und fuhr davon. Die Anklage warf Ludy für diesen Fall Unzucht vor, obgleich der nun 12jährige Martin Jörg Opitz vor Gericht aussagte: »Ich glaube, der Mann hat mich in Ruhe gelassen.«
Im November 1964 entführte Ludy in Hamburg ein neunjähriges Mädchen, um es sexuell zu manipulieren (Entführung, Unzucht).
Schließlich, am 18. Dezember 1967, traf Ludy den damals 5jährigen Michael Borzner in Mannheim. »Ich traf Michael an einer breiten Straße, ein Grünzug gab's da auch, und Straßenbahnen fuhren da.« Er setzte den Jungen in seinen Wagen und fuhr mit ihm auf der Autobahn (wahrscheinlich) Richtung Frankfurt, dann Richtung Aschaffenburg. In der Toilette einer Raststätte und wohl auf einem Parkplatz kam es »zu Zärtlichkeiten und unsittlichen Berührungen«. Ludy begründete: »Ich habe solche Angst gehabt, daß ich glaubte, mich mit dem Jungen abgeben zu müssen.« Nach den Unzuchtshandlungen verletzte Ludy den Jungen mit einem harten Gegenstand schwer am Kopf und ließ ihn in der Nähe von Aschaffenburg liegen (Unzucht, Entführung, Mordversuch). Ludy bestritt vor Gericht, den Michael »totmachen« zu wollen.
Am 16. Februar 1968 sprach Ludy den 7jährigen Gerald Landwehr vor einem Kaufhaus in Hamburg-Eppendorf an und forderte ihn auf, mitzufahren. Die Hauptsache war ihm, »daß das Kind bei mir war«. Dann suchte Ludy eine Stelle, »wo ich mit ihm was machen konnte, um meinen Trieb zu befriedigen«. In einem Neubau tötete er den Jungen (Mord).
Zwei Tage später wurde die Leiche entdeckt, und Ludy wurde am 20. Februar 1968 ins Sittendezernat der Hamburger Kripo gebracht. Dort legte er ein Geständnis ab.
Als die Vorstrafen des Angeklagten vor Gericht zur Sprache kamen, da stellte sich heraus, daß Ludy mit gut hundert Jungen sexuellen Umgang gesucht hatte. Der »Trieb X«, wie er das Gefühl nannte, das ihn überkam, wenn er sich an Kindern verging, überkam ihn meist schlagartig. An die Momente der Tatausführung konnte er sich immer nur bruchstückhaft erinnern. Bei der Beurteilung Ludys spielte jener Unfall 1948 eine große Rolle, seitdem sein Persönlichkeitsbild gestört war. Es war von einem Hirn-Trauma die Rede, das Ludy erlitten hatte und das nun vor Gericht zu der Frage führte, ob ihm der § 51, 2 zugebilligt werden konnte. Das Gericht war bei der Urteilsfindung der Meinung, daß Ludys Hemmungsvermögen zum Zeitpunkt der Taten erheblich eingeschränkt war (Anerkennung des § 51, 2), es folgte aber nicht dem Antrag der Verteidigung, die Gewalttaten als Totschlag bzw. versuchten Totschlag zu qualifizieren. Ludy wurde wegen dreifachen Mordes zu dreimal lebenslangem Freiheitsentzug und zusätzlich zu einer 15jährigen Freiheitsstrafe verurteilt.
Gegen dieses am 25. Februar 1972 ergangene Urteil legten die Verteidiger Revision ein. Diese richtete sich vor allem gegen das Strafmaß, nachdem Ludy für die eigentlichen Taten der § 51, 2 zugebilligt worden war.
Ein juristisches Nachspiel hatte der Prozeß, weil die Zeitung »Bild am Sonntag« schon vor der Verurteilung Ludys diesen als »Mörder« bezeichnet hatte (»Einer der größten Lustmörder der deutschen Kriminalgeschichte«). Ludy und sein Verteidiger hatten gegen das Blatt (es erscheint im Springer-Verlag) eine einstweilige Verfügung einbringen wollen. Das Oberlandgericht Karlsruhe hatte dagegen Stellung genommen mit dem Hinweis, daß die Presse Formulierungen übernehmen dürfe, die der Betroffene selbst benutzt habe. Obgleich das Revisionsverfahren noch nicht gelaufen ist, darf damit Ludy in der Presse als »Mörder« oder sogar »Massenmörder« bezeichnet werden. Ludy selbst machte dagegen geltend, daß er nach seiner Verhaftung niemals Morde gestanden habe, sondern er habe lediglich Tötungen zugegeben.

Ogorzow, Paul

Der Deutsche Paul Ogorzow (geb. 1910 in Karlshorst) war von Beruf Hilfsweichensteller bei der Reichsbahn, verheiratet, zwei Kinder, seit 1931 Mitglied der NSDAP, seit 1932 bei der SA, zuletzt SA-Oberscharführer.
Er war bekannt als zuverlässiger Mann ohne Vorstrafen. Auf ihn fiel lange kein Verdacht, weil er selbst mit eingesetzt war bei der Fahndung nach dem gefürchteten »S-Bahn-Mörder«.
In der Nacht vom 3. zum 4. Dezember 1940 wurde die Leiche einer Krankenschwester auf den Bahngleisen der S-Bahn in Berlin gefunden. Es war zunächst nicht zu ermitteln, ob der Tod durch den Sturz aus dem fahrenden Zug eingetreten oder davor das Opfer durch einen Schlag auf den Schädel ermordet worden war. Die Nachforschungen sollten möglichst geheimgehalten werden, weil der Reichspropaganda-Minister und

Gauleiter Dr. Joseph Goebbels die Berliner Bevölkerung durch derartige Kapitalverbrechen nicht beunruhigen wollte.
Schon zweimal vorher (am 20. September und am 4. November 1940) waren zwei Frauen aus der S-Bahn gestürzt, beide kamen jedoch mit dem Leben davon. Die zweite trug aber Schädelverletzungen durch Gewalteinwirkung davon. Alle drei Frauen hatten ein Abteil zweiter Klasse benutzt. Raubmord oder Sexualverbrechen kamen nicht in Betracht, denn die Krankenschwester besaß noch ihre Handtasche samt Inhalt, ihre Kleidung war noch in Ordnung. Auch die beiden anderen Frauen wurden weder beraubt noch sexuell mißbraucht.
Welches Tatmotiv mochte diesen Überfällen in der S-Bahn zugrunde liegen?
Durch Obduktion der Leiche hatte festgestellt werden können, daß die tödlichen Schläge mit einem Stück Telefonkabel ausgeführt worden waren. Derartige Kabelstücke waren bei Verlegungsarbeiten in der Nähe des Reichsbahnbetriebsbahnhofs Rummelsburg liegengeblieben. Die beiden überlebenden Frauen konnten den Täter beschreiben als schlank, etwa 1,65 m groß. Er trug die Uniform eines Bahnbediensteten.
Ein vierter Überfall auf eine Frau, diesmal ein Sittlichkeitsverbrechen mit Todesfolge, war kurz nach dem S-Bahn-Sturz der Krankenschwester in der Prinz-Heinrich-Straße, Nähe S-Bahn, verübt worden. Das Opfer war eine 19jährige Arbeiterin. Ihr Tod war infolge schwerer Schädelbrüche eingetreten.
Nun konnte Goebbels diese Verbrechen nicht länger geheimhalten. Die Fahndung lief auf vollen Touren. Seit dem Abend des 4. Dezember 1940 wurde die S-Bahn scharf bewacht. Beamtinnen der weiblichen Kripo fuhren in leeren Abteilen zweiter Klasse, um den Mörder anzulocken. Doch der Mörder schlug nicht mehr zu.
Da passierte wieder ein Mord. Am 22. Dezember 1940 wurde eine unbekannte Tote auf der S-Bahnstrecke gefunden. Auch ihr Schädel war durch Gewalteinwirkung zertrümmert. Der Mord war gegen 7 Uhr morgens passiert. Die polizeiliche Überwachung der S-Bahn endete aber regelmäßig um 6 Uhr früh. Der Täter mußte also Wind bekommen haben von den Aktionen der Polizei.
Noch zweimal brachte der Täter Frauen um, beide wurden aus der S-Bahn gestürzt (am 29. Dezember 1940 und am 5. Januar 1941). Am 11. Februar 1941 sprach eine Frau einen Bahnbediensteten an, ob er sie nicht nach Karlshorst begleiten könne, sie fürchte sich so sehr vor dem berüchtigten »S-Bahn-Mörder«. Der Uniformierte begleitete sie. Am nächsten Morgen war sie tot.
Für die großangelegte Fahndung nach dem S-Bahn-Mörder meldete sich auch der Hilfsweichensteller und SA-Oberscharführer Paul Ogorzow. Er wurde eingeteilt und ging mit auf Mördersuche. Einige Zeit herrschte Ruhe in Berlin. Da wurde am 3. Juli 1941 eine 35jährige Frau tot aufgefunden. Und dieser Mord, der nicht in der S-Bahn passierte, sollte den »S-Bahn-Mörder« entlarven.
Der Mord wurde in einer Laubenkolonie verübt. Gegen Mitternacht regnete es heftig, der Mord war zwischen 1 und 2 Uhr geschehen. Im Schlamm wurde ein einziger Fußabdruck gefunden, und zwar nur der von der Sohle, nicht vom Absatz. Dies führte zu der Vermutung, daß sich der Mörder von hinten an das Opfer heranschlich und es von hinten erschlug.
Ogorzow wurde mit in die routinemäßige Untersuchung einbezogen. Dies geschah am 10. Juli 1941. Mit dem Schuhabdruck konnte er nicht überführt werden, wohl aber fand die Kripo an seinen Anzügen und an seiner Uniform Blutspuren.
Nach und nach gestand er.
Er war zunächst von den Tatverdächtigen ausgeklammert, weil er in drei Nächten, in denen Morde passierten, Dienst hatte und unabkömmlich war. In der Vernehmung gab er jedoch zu, daß er hie und da »kurz übern Zaun wische«, um eine Krieger-Strohwitwe zu besuchen. Damit war das Alibi seiner »Unabkömmlichkeit« durchbrochen. Bei einer Gegenüberstellung identifizierte ihn die Frau.
Ogorzow wurde noch im Juli 1941 als einer der gefährlichsten Lustmörder von einem Sondergericht zum Tode verurteilt und hingerichtet.

Pfeil, Rudolf

Rudolf Pfeil (geb. am 7. Juli 1924) nannte sich selbst der »Totmacher«. Nach dem Zweiten Weltkrieg ermordete er neun Frauen, meist in der Nähe der Zonengrenze, indem er sich zunächst sexuell an ihnen verging und sie dann brutal erdrosselte oder erstach. Neben Pommerenke einer der grausamsten Frauenmörder der Nachkriegszeit.
Wie viele Morde auf sein Konto kamen, wird nie ganz geklärt werden. Am 17. November 1950 wurde er wegen vollendeten Mordes in neun Fällen, Mordversuchs, Beihilfe zum Mord und Raub zu lebenslanger Freiheitsstrafe verurteilt. In seiner Zelle im Zuchthaus Celle beging er Selbstmord durch Erhängen (am 16. Februar 1958).
Die Mitangeklagten Pfeils, Karl Hoffmann und Konrad Schüßler, erhielten lebenslange Zuchthausstrafen. Hoffmann und Pfeil konnten sieben gemeinschaftlich begangene Morde nachgewiesen werden, Schüßler und Pfeil zwei gemeinschaftlich begangene Morde. Hinzu kamen Fälle schweren Raubs und Unterschlagung.

Pommerenke, Heinrich

Gegen Heinrich Pommerenke (geb. 1937) wurde eine der höchsten Strafen seitens eines deutschen Gerichts nach dem Zweiten Weltkrieg verhängt. Er war angeklagt wegen vier Morden, sieben Mordversuchen und über siebzig Sexualüberfällen und Notzuchtverbrechen. Er bekam 1960 sechsmal lebenslänglich, 156 Jahre

Zuchthaus, Aberkennung der Ehrenrechte auf Lebenszeit. Sein Vorstrafenregister wies fünfundsechzig Verbrechen (Einbruch, Körperverletzung etc.) auf, Taten, die er erst nach seinem 21. Geburtstag begangen hatte.
Geschnappt wurde er im Juni 1959 im Schwarzwald (Hornberg), als er versehentlich ein Gewehr mit abgesägtem Lauf hatte liegenlassen. Die vier Morde beging er an Frauen, die er im Sexrausch tötete.
Pommerenke stammte aus Ostdeutschland, floh aus der DDR und lebte dann in West- und Süddeutschland. Seine erste Gefängnisstrafe erhielt er 1955 wegen Vergewaltigung eines 7jährigen Mädchens.

Prigan, Bernhard

Der aus Essen stammende berüchtigte Sexualmörder, der den Spitznamen »Der Würger« hatte, ermordete drei Frauen und beging an drei weiteren vollendete Notzuchtverbrechen. Mit seinem Fahrrad fuhr er die Autobahn vom Bodensee bis ins Ruhrgebiet ab und verbreitete fünf Jahre lang Angst und Schrecken. Die Presse berichtete ausführlich von ihm als dem »Autobahnmörder«.
Am 19. Dezember 1953 erhielt der damals 33jährige dreimal lebenslange Zuchthausstrafe.

Seefeld, Adolf

Der Deutsche Adolf Seefeld, bekannt unter dem Spitznamen »Onkel Tick-Tack«, war ein reisender Uhrmacher, ermordete zwischen 1933 und 1935 neunzehn Knaben, die er alle, nachdem er sich an ihnen sexuell vergangen hatte, begrub. Wegen dieser 19 Knabenmorde stand er vor Gericht. Die Polizei aber vermutet, daß er in seinem Leben mehr als hundert Knaben ermordet hat.
Die Opfer waren alle von ihm mit Chloroform vergiftet worden, das er ihnen auf einem Stück Zucker verabreichte. Hätte er seine Opfer nicht begraben, so hätte er schwerlich wegen Mordes angezeigt werden können.
Am 24. Mai 1936 wurde er hingerichtet.

Weinwurm, Josef

Am 12. März 1963 wurde im Duschraum der Wiener Staatsoper die Leiche der jungen Ballettschülerin Dagmar Fuhrich gefunden. Sie war sexuell mißhandelt worden.
Die intensive Fahndung nach dem »Opernmörder« führte erst zum Erfolg, als sich im Sommer 1963 weitere Überfälle auf Frauen ereigneten, darunter eine amerikanische Studentin (in der Augustinerkirche) und eine 65jährige Frau, der der Täter eine Gabel in den Hals zu stoßen versucht hatte. Bei diesem Überfall wurde er festgehalten und der Polizei übergeben.
Weinwurm (geb. 1932) wurde zu lebenslangem schwerem Kerker verurteilt.

Wittmann, Manfred

Mit Pfiffen und Pfuirufen wurde der 29jährige Deutsche Manfred Wittmann aus Kaltenbrunn im oberfränkischen Landkreis Staffelstein zu Beginn seines Prozesses (22. November 1971) in Coburg empfangen, als er den Gerichtssaal betrat. Der Publikumsandrang war so groß, daß nur etwa hundertvierzig Personen mit Platzkarten eingelassen wurden.
Wittmann (geb. am 6. November 1943), seit dem 12. Dezember 1969 in Untersuchungshaft, war angeklagt, am 19. Dezember 1968 die 14jährige Nora Wenzl aus Welsberg (Landkreis Staffelstein), am 28. August 1969 die 16jährige Helga Luther aus Lichtenfels und am 15. November 1969 die 16jährige Sieglinde Heubner aus Kaltenbrunn ermordet zu haben. Außerdem wurde ihm vorgeworfen, am 26. Dezember 1959 die damals 16jährige Irmgard Feder aus Freiberg (bei Staffelstein) überfallen und gefährlich verletzt zu haben.
Als er am 26. November 1971 zu der Stelle geführt wurde, an der er Nora Wenzl ermordet hatte, forderten Schaulustige die Lynchjustiz. »Geben Sie ihn frei, dann ist die Verhandlung gleich vorbei«, oder: »Der gehört rausgezerrt und aufgehängt«, riefen die etwa hundert Zuschauer.
Auch die Eltern wurden mit Unmutsäußerungen bedacht, als sie den Gerichtssaal betraten, um über ihren Sohn Aussagen zu machen. Den Eltern erschien der Sohn als »arbeitsam, sparsam und hilfsbereit«. Eine Aufklärung in sexuellen Dingen gab es für keines der sieben Wittmann-Kinder. »Darüber wurde bei uns nicht gesprochen.« Der Vater tat den ganzen sexuellen Bereich einfach als »Sauerei« ab. Die Mutter umschrieb das Wort »sexuell« mit »ordinär«.
Wittmann, ein scheuer, verklemmter Einzelgänger, hatte nie Kontakt zu Schulkameraden, zu Berufskollegen oder während seiner Militärzeit. Am 15. Dezember 1971 verurteilte das Coburger Schwurgericht den Betonmischer Wittmann zu dreimal lebenslanger Freiheitsstrafe. Die Verteidigung hatte für ihn die Zubilligung des § 51, 1 gefordert. Vor allem die Hamburger Gutachter Prof. Bürger-Prinz und Dr. Schorsch, die auch im Prozeß gegen Josef Ludy als Gutachter tätig waren, kamen zu dem Schluß, daß der Angeklagte nicht zurechnungsfähig gewesen sei, als er seine Taten im Zustand des sexuellen Sadismus beging. Gegen dieses Urteil hatte Wittmanns Verteidiger, der Münchner Rechtsanwalt Dr. Rolf Bossi, Revision eingelegt um die Einweisung in eine Heil- und Pflegeanstalt zu erwirken.
Wittmann, der als willenloser Triebtäter bezeichnet wurde, ein 165 cm großer Zweizentnermann mit verpikkeltem Mondgesicht, hatte seine ersten sexuellen Erregungen erlebt, als er einem Metzger beim Abschlachten eines Schweins zusah. »Das hat mich sehr erregt.« Nachts in seinem Zimmer stellte er sich dann vor, wie es ist, wenn man kleine Mädchen abschlachtet. Nach einem Kinobesuch sah er Irmgard Feder. Er ging ihr auf dem Heimweg nach und forderte sie auf, sich auszuziehen. Er warf sie auf den Boden, kniete auf ihren Bauch, zog sein Taschenmesser und stach zu. Im letzten Moment bekam er jedoch Angst und ließ

von ihr ab. Sie überlebte. Das entscheidende negative Erlebnis mit Mädchen hatte er vermutlich mit dem 18jährigen Mädchen Maria, das er beim Tanz kennengelernt hatte. Auch von ihr forderte er, sich auszuziehen. Als sie aber in BH und Hose neben ihm saß, blickte Wittmann verschämt zu Boden und konnte mit Maria nichts anfangen. »Du blöder Hund! Hau doch ab!« schrie sie ihn an. Wittmann rannte davon. Von diesem Tag an haßte er alle Frauen.
Am 6. September 1972 erklärte der Erste Strafsenat des Bundesgerichtshofes in Karlsruhe das Urteil gegen den dreifachen Mädchenmörder Wittmann als rechtskräftig. Der Revisionsantrag des Verteidigers Bossi aus München wurde als unbegründet zurückgewiesen.

9. Dirnenmord

Das Wort »Dirnenmord« hat etwas besonders attraktiv Abschreckendes. Scheint es doch typisch zu sein für das, was im Reich der Dirnen, Zuhälter und Freier zu passieren pflegt. Zumal diese »Welt« weder ausgesprochen zur Unter- noch zur Oberwelt zählt, sondern zur sogenannten »Grauen Zone«, einer Zwischenwelt, die angesiedelt ist in Bars, in Striplokalen, in Bordells, auf dem Strich, in Absteigen, überall dort, wo der »normale« Bürger ohne weiteres verkehren und wo er das Leben dieser von der bürgerlichen Gesellschaft ausgestoßenen, an den Rand gedrängten Menschen studieren kann.

Gewiß ist diese Zwischenwelt, meist unter ständiger Polizeikontrolle, auch der Tummelplatz der Spieler, der Waffenschmuggler, der Rauschgifthändler, nicht zuletzt auch deshalb, weil man in diesem Milieu mit einer gewissen Verschwiegenheit rechnen kann; man ist komplizenhaft aufeinander angewiesen, lebt gemeinsam von dunklen Geschäften; man spricht eine eigene Sprache, hat eigene Lebenssitten, eine eigene Moral und ein eigenes Standesdenken.

Zuhälter und Dirnen kommen zumeist aus der unteren Sozialschicht, etwa 50% der Dirnen und 80% der Zuhälter sind vorbestraft, und etwa 90% aller Dirnen haben einen Zuhälter, der nicht nur im Bett meisterhaft sein muß, sondern von der Dirne als Statussymbol betrachtet wird. Ihm geben sie ihr Geld oder lassen es sich, wenn die »Partie« kalt geworden ist, abnehmen, denn der Zuhälter hat von Standes wegen keinen Beruf, und wenn, dann nur einen Tarnberuf (etwa Taxifahrer), um den Verdacht der Zuhälterei, die u.a. auch in Deutschland verboten ist, von ihm abzuhalten. Der Dirnenberuf ist in Deutschland nicht verboten, wohl aber der Bordellbetrieb, und zwar wegen des Kuppeleiparagraphen.

Das Hauptmotiv des Dirnenberufs ist das Geld, nicht der Sex. Ihr Durchschnittsalter ist 25 Jahre, das des Zuhälters 25 bis 30 Jahre. Ist die Dirne gut, d.h., sieht sie gut aus, weiß sie ihren Körper gut zu verkaufen, dann kann sie pro Nacht schon auf etwa 1000 Mark kommen. Frühere Berufe der Dirne pflegen zu sein: Verkäuferin, Arbeiterin, Krankenschwester, Barmädchen. Man sagt im Milieu: Die Bar ist die Rutschbahn zum Puff.

Indes passiert es selten, daß ein Zuhälter seine Dirne ermordet. An Dirnenmorden sind meist Freier schuld, die mit den Leistungen der Dirne oder ihrer Geldforderung nicht einverstanden sind. Denn die Dirne arbeitet nach Zeit. Für die »schnelle Nummer« braucht sie 8 bis 10 Minuten und verlangt dafür zwischen 30 und 50 Mark. Möchte der Freier länger bleiben, so muß er nachzahlen oder gehen. Meist »kobert« die Dirne auch höher, als sie dann zu erfüllen bereit ist. Lautet ihr »Koberspruch«: 30 nackt, so denkt sie wohl nicht daran, sich für 30 Mark nackt auszuziehen. Für jedes Kleidungsstück kann sie »nachkobern«. Und damit ist der Freier, der die Bräuche nicht kennt, oft unzufrieden. Er fühlt sich geneppt, kommt in Rage – und schlägt zu.

Statistisch gesehen ist die Zahl der Dirnenmorde, die durch Zuhälter ausgeführt worden sind, äußerst gering. Denn der Zuhälter würde sich ja seine eigene Einnahmequelle rauben, er würde sich seinen Job kaputtmachen. Er hat allerdings andere

Methoden, sich ein Mädchen gefügig zu machen. Die Druckmittel reichen von der Drohung über die Essenssperre bis zur Schläge, sei es mit dem Gürtel, dem Knüppel, dem scharfkantigen Siegelring an der Hand. Dabei achtet aber der gute Zuhälter darauf, daß geschäftlich wichtige Partien der Dirne nicht verletzt werden: das Gesicht vor allem, denn sie muß ja weiter »an die Rampe«.
Natürlich ist diese »Halbwelt« anfällig genug für Typen der »Unterwelt«, für Kriminelle wie Mörder, Diebe, Räuber etc. Man kennt sich hier und kann so gut unterschlupfen. Man hat Ehre und »singt« nicht, »verpfeift« den Kumpel nicht bei den »Bullen« oder der »Schmiere« (= Sittenpolizei).
Je nachdem, wie »sein Pferdchen läuft«, kann der gute Zuhälter auf eine Monatseinnahme von 6000 bis 10000 Mark kommen. Er ist entsprechend »schick« gekleidet, leicht geckig, trägt »Girlanden« (= Schmuck) und die typische »Loddelfrisur«, die oft hochtoupierte, gepflegte Mähne, und vor allem besticht er in seinem Milieu durch den teuren »Schlitten«, den meist ausländischen superschnellen Sportwagen, der ein viel wichtigeres Statussymbol ist als etwa die gut bürgerliche Privatwohnung.
Sind die deutschen Zuhälter im Durchschnitt Deutsche, so pflegt der amerikanische Zuhälter gern ein Neger zu sein, für den weiße »Miezen anschaffen«. Pro Nacht muß der amerikanische Freier 50 bis 80 Dollar bezahlen. Neger -Zuhälter kidnappen die meist sehr jungen Mädchen und dressieren sie zur Prostitution. Das Durchschnittsalter der amerikanischen Dirne ist jünger als das der deutschen: 14 bis 16 Jahre. Meist kommen die jungen Mädchen völlig ahnungslos ins Milieu und haben keinen anderen Wunsch als den, nicht mehr zurück zu den Eltern zu müssen. Sie sind hungrig, verwahrlost, ohne Geld – und da hilft eben der »Bimbo«, oder, wie man in USA sagt, der »Pimp«. Ist das junge Mädchen nicht willig, so wird es verprügelt oder mit einem glühenden Kleiderbügel wird ihm ein bißchen der Po poliert. Es wird regelrecht ins Milieu reingeprügelt.
Prostitution ist in den USA zwar verboten, aber New York dürfte die höchste Dirnenzahl aller Städte der Welt haben. Natürlich sind das nicht nur weiße Dirnen, sondern eben auch schwarze Mädchen. Den vielen Farbigen von Brooklyn oder Harlem erscheint die Prostitution als die einzige Möglichkeit, am Reichtum des weißen Amerika teilzuhaben. Wird eine Dirne von der Sittenpolizei festgenommen, so kommt sie für eine Nacht ins Gefängnis – und mit steter Konsequenz wird sie am nächsten Morgen von ihrem Zuhälter wieder ausgelöst für 50 Dollar. Gibt es wohl ein Gesetz gegen Prostitution, so kennt Amerika kein solches Gesetz gegen Zuhälterei. War eine Dirne »dumm« genug und lief einer Streife in die Hände, so muß sie eben am nächsten Tag das »Lösegeld« wieder einnehmen und ihrem Zuhälter »abstecken«.
Auch in Amerika ist die Quote der von Zuhältern ausgeführten Dirnenmorde verschwindend gering gegenüber der Zahl, die durch Freier begangen wird.
Der Dirnenmord, so »milieuecht« das Wort klingen mag, ist im Grunde doch milieufremd.

Döring, Monika

Am Rosenmontag, 14. Februar 1972, wurde in Bonn das Fotomodell Monika Döring in der Badewanne ihrer Luxuswohnung tot aufgefunden. Das 20jährige Call-Girl war mit einem Hemd erdrosselt worden. Gegen die 27jährige Bärbel (»Babsy«) Tausch wurde ein Haftbefehl erlassen, weil sie als Rivalin der Monika Döring galt, mit ihr telefonisch einen Treff vereinbart hatte und sie auch als erste tot auffand.
Der Ehemann der Bärbel Tausch war der 27jährige Hotelkaufmann Detlev Tausch, der als Zuhälter der beiden Frauen galt.
Bis November 1972 konnte der Fall nicht aufgeklärt werden. Obgleich über dreihundert Spuren überprüft wurden, läuft der Mörder noch frei herum. Eine Fahndung nach ihm ist um so schwieriger, weil jedermann als Alibi leicht angeben kann, den Rosenmontagszug angesehen zu haben, der genau zu der Zeit lief, als

Monika Döring ermordet wurde. Von dem Fotomodell war bekannt, daß sie regelmäßig in Zeitungen inserierte »Luxus-Fotomodell frei ...« Amateurfotografen durften sie dann für ein Stundenhonorar von durchschnittlich 100 Mark nackt fotografieren. Ob sie auch Extra-Service lieferte und als Dirne arbeitete, wurde zwar angenommen, konnte aber nicht eindeutig nachgewiesen werden.

»Katia Regina«

Eine attraktive Dirne der brasilianischen Zehn-Millionen-Stadt Sao Paulo mit dem Künstlernamen »Katia Regina« wurde Ende Oktober 1972 mit zerschmetterten Gliedern am Fuße eines Hochhauses gefunden, wo sie im 11. Stockwerk ein Appartement bewohnt hatte. Die Frage, ob Mord oder Selbstmord vorlag, ließ sich nicht beantworten.
In der Luxus-Absteige pflegten Sex- und Rauschgiftorgien stattzufinden, die der homosexuelle Appartementbesitzer mit dem Spitznamen »Puffreis« organisierte. »Puffreis« verschwand spurlos.
Vermutlich wußte die Dirne zuviel über die Geschäftsgebaren von »Puffreis« und auch von einer Anzahl Kunden, die bei ihr verkehrten. Eine Nacht kostete bei ihr zwischen 300 und 500 Mark.
Obgleich »Katia Regina« sehr vermögend war, wurde sie als »arme öffentliche Leiche« auf Kosten der Stadtverwaltung beigesetzt. Nur ein einziger Trauergast ließ sich sehen: eine mondäne Dame in Schwarz.
Die vorwiegend zu Kreisen der Industrie zählenden Freier fürchteten ein mögliches Auswachsen des Falles »Katia« in einen handfesten Sitten- und Rauschgiftskandal in Brasilien.

Nitribitt, Rosemarie

1957 wurde das Symbol einer Lebedame, Rosemarie Nitribitt, in Frankfurt ermordet. Der Tat verdächtig war der Frankfurter Handelsvertreter Pohlmann, der monatelang in U-Haft saß, ohne daß ihm der Mord hatte nachgewiesen werden können. Als Nebenverfahren zu diesem Mordprozeß hatte die Staatsanwaltschaft ein Verfahren wegen Betruges gegen Pohlmann eröffnet und ihn zu 18 Monaten Gefängnis verurteilt.
Der Fall des »teuersten Mädchens der deutschen Nachkriegszeit« geistert gelegentlich noch immer durch die Presse. Am 1. November 1957 wurde »die Nitribitt« in ihrer Wohnung tot aufgefunden. Sie lag mit den Beinen auf der Couch, mit dem Oberkörper auf dem Teppich. Am Hinterkopf wurde eine drei Zentimeter lange, nicht tödliche Platzwunde festgestellt, dazu Würgemale am Hals.
In ihrer Luxuswohnung wurden zahlreiche Fotos prominenter Gäste der Lebedame gefunden. Um den Mord aufzuklären, bat die Polizei um Mithilfe. Alle, die die Nitribitt kannten, sollten sich melden. Doch niemand kam. Da drohte die Polizei, sie werde die Fotos veröffentlichen, um die Herren aus ihrer Reserve zu locken. Und nun erst liefen Meldungen ein aus ganz Deutschland, aus Amsterdam und London. Doch der Mörder konnte bis heute nicht gefunden werden.
Ein paar Jahre später, 1966, wurde ebenfalls in Frankfurt eine genauso berühmte und reiche Luxusdirne ermordet: Helga Matura.

Scheib, Eveline

Ein Bremer Schwurgericht verurteilte 1971 den 41 Jahre alten Arbeiter Manfred Haase aus Bremerhaven wegen Mordes an dem Callgirl Eveline Scheib zu lebenslanger Freiheitsstrafe. Der Angeklagte hatte in einem Hotel das 33jährige Callgirl erwürgt, weil die Dame nach Ansicht des Freiers für das Schäferstündchen viel zuviel Geld verlangt hatte. Als er ihren Preis nicht zahlen konnte, wies sie ihn ab. Darüber geriet Haase derart in Wut, daß er die Frau erwürgte. Bereits 11 Jahre zuvor hatte er ebenfalls in einem Hotel in Bremerhaven eine andere Dirne erwürgt.
Laut psychiatrischem Gutachten empfand der Angeklagte einen traumatischen Haß auf Frauen.

10. Call-Girl-Ringe

Baur, Anna

Anna Baur (geb. 1921) war die Chefin eines Münchner Call-Girl-Ringes. Die frühere Dirne verkuppelte ihre 13- und 17jährigen Töchter an reiche Freier und brachte im Lauf von 4 Jahren ihr Geschäft zu einem Bestand von rund 30, zum Teil minderjährigen Mädchen.
Anna Baur wurde im Sommer 1961 wegen fortgesetzter schwerer und einfacher Kuppelei mit 8 Jahren Zuchthaus bestraft. Ehrverlust wurde ihr auf 5 Jahre zuerkannt.

Fiore, Maria

Maria Fiore (geb. 1921) wurde im Februar 1961 als Chefin eines sehr teuren und exklusiven Call-Girl-Ringes in Rom verhaftet und im Mai 1961 wegen einfacher und schwerer Kuppelei zu 3 Jahren Gefängnis und 1 Jahr Arbeitshaus, dazu 200000 Lire Geldstrafe verurteilt. Frau Fiore hatte nur allerbestes Mädchenmaterial zu vermitteln: Filmsternchen, Schönheitsköniginnen, Mannequins. Die Freier kamen aus der obersten Gesellschaftsschicht (Politiker, Industrielle, Filmleute) und zahlten »Liebeslohn« bis in die Höhe von 6000 und 7000 Mark.
In Italien sind Bordelle seit 1958 zwar verboten (»Lex Merlin«), und die Ausbeutung der Prostitution wird streng bestraft, doch ließ sich dadurch das Geschäft mit den Dirnen nicht unterbinden. Im Gegenteil: Da

sich die Dirnen auch nicht mehr in regelmäßige Gesundheitskontrolle begeben müssen, stieg gerade unter ihnen die Quote der Geschlechtskrankheiten sprunghaft an.

Gonzales, Maria und Delfina

Die Schwestern Maria (52 Jahre) und Delfina (39 Jahre) unterhielten in Mexiko eine »Engel-Ranch«. Im Januar 1964 deckte die mexikanische Polizei auf, was sich hinter diesem Namen verbarg. Die »Engel-Ranch« war eine Art Konzentrationslager, in dem die beiden Schwestern viele Mädchen gefangenhielten, sie sich gefügig machten und später an Bordelle verkauften. Waren die Dirnen nicht willens oder bekamen sie ein Kind, so wurden sie ermordet. Die Polizei rechnet mit dem Mord an 29 Frauen und 8 Babies. Die Leichen wurden verbrannt. Die beiden Schwestern wurden zum Tode verurteilt.

Messina, Carmelo

Carmelo (geb. 1916) war 1934 mit seinen Brüdern Tullio, Alfredo, Salvatore und Eugenio aus Sizilien nach England eingewandert und stürzte sich sofort in London in das Geschäft mit der käuflichen Liebe.
Er zog einen weißen Sklavenring auf, dessen Mädchen er nach Spanien, Frankreich, Italien, Belgien und natürlich an englische Bordelle vermittelte. Die millionenschweren Brüder besaßen allein in England 38 Absteigen und nahmen den oft minderjährigen Call-Girls Dreiviertel ihrer Einnahmen ab.
Erst 1950 wurde der Mädchenhandel der Gebrüder Messina aufgedeckt. Die Messina-Bande zerfiel: Carmelo und Eugenio entkamen nach Belgien und zogen dort einen neuen Call-Girl-Ring auf. 1956 wurden sie verhaftet, und Eugenio erhielt 7 Jahre Zuchthaus. Der »König der Londoner Prostituierten«, Carmelo selbst, erhielt nur 10 Monate Gefängnis, jedoch nicht wegen Mädchenhandels, sondern wegen illegaler Einreise nach England und wegen verbotenen Waffenbesitzes. Nach Verbüßung seiner Haft reiste Carmelo erneut illegal nach London, wurde erwischt, zu 6 Monaten Gefängnis verurteilt und des Landes verwiesen. In Sizilien starb er dann, erst 43 Jahre alt, am 27. September 1959. Sein Bruder Eugenio wurde 1960 in Mailand auf offener Straße überfallen und um 2000 Dollar und 2000 Schweizer Franken beraubt. Kollegen der früheren Messina-Bande hatten ihren Job verloren und wollten sich auf diese Art Geld verschaffen. Eugenio erkannte jedoch die Räuber, alarmierte die Polizei, die die drei Gangster faßte und zur Rückgabe des geraubten Geldes zwang. Einer der ganz wenigen Fälle, in denen ein Verbrecher mit Hilfe der Polizei von anderen Verbrechern sein Geld zurückerhielt.

Trippetta, Beatrice

Etwa 300 Mädchen der verschiedensten Nationalitäten gehörten zu dem umfangreichsten und am besten organisierten Prostituiertenzirkel, der seit Jahren in Rom existierte und Anfang November 1972 aufgeflogen ist. Die Fahndung der Polizei hatte zwei Monate gedauert. Aufgrund des sogenannten »Merlin«-Gesetzes, das Bordelle in Italien verbietet, konnte die italienische Polizei zuschlagen. Das in einem luxuriösen Mietshaus in Rom untergebrachte Bordell arbeitete in zwei Schichten: Nachmittags wurden zum halben Preis vor allem bei den Eltern lebende Töchter und Studentinnen eingesetzt, während für das Abendgeschäft Damen mit größerer Erfahrung und besserer »Klasse« zur Verfügung standen.
Die Leiterin des Bordells, Beatrice Trippetta, »Maria Gracia« genannt, wurde verhaftet.

11. Massenmord

Der Massenmörder ist nicht zuletzt zufolge des ehrfurchtgebietenden Superlativs immer wieder eine faszinierende Persönlichkeit der Kriminalgeschichte.
Beim Begriff »Massenmord« denkt man zunächst an die Killer, die im Auftrag der Verbrechersyndikate vor dem Zweiten Weltkrieg in Amerika tätig waren. Harry Strauß, alias »Pittsburgh Phil«, Chefkiller der berüchtigten »Murder Incorporated«, soll allein mehr als 30 Menschen umgebracht haben, ehe er 1941 auf dem elektrischen Stuhl endete.
Doch Massenmörder gibt es zu jeder Zeit. Der 24jährige amerikanische Architekturstudent und Marine-Scharfschütze Charles Whitman erschoß am 1. August 1966 in Austin (Texas) seine Mutter und seine Frau, dann schoß er vom 7. Stock des Bibliothek-Turmes der Universität auf unbekannte Menschen, die zufällig auf der Straße vorbeiliefen. Innerhalb von 80 Minuten tötete er 14 Menschen und verletzte 31.
Bis zu diesem Massenmord galt der Amerikaner Howard Unruh als Sieger der Massenmord-Bilanz. Am 6. September 1949 erschoß er in Camden (New Jersey) 13 Menschen auf offener Straße. Neun Jahre danach ermordete in Nebraska der 19jährige Charles Starkweather 11 Menschen. Als Motiv gab er an: Alle Menschen hätten ihn immer nur verspottet. Er war kurzsichtig und hatte einen Sprachfehler.

Körperliche Gebrechen ließen auch den Amerikaner Peter Akulonis aus Lawrence (Massachusetts) zum Massenmörder werden. 1953 ermordete er 8 Familienmitglieder und beging anschließend Selbstmord.
Der geheimnivollste Massenmörder der gesamten Kriminalgeschichte war der Engländer »Jack the Ripper«, der zu Ende des vorigen Jahrhunderts in London Frauen umbrachte und die Leichen bestialisch verstümmelte. Seine Identität ist bis heute nicht aufgeklärt.
Nun einige Einzelpersönlichkeiten:

Brandt, Helmut

Das Kieler Schwurgericht verurteilte am 12. Dezember 1972 den 24jährigen deutschen Arbeiter Helmut Brandt zu dreimal lebenslanger Freiheitsstrafe. Er hatte am 10. Januar 1971 in Pomerby mit einem Kleinkalibergewehr seine Schwiegereltern und seine eineinhalb Jahre alte Tochter erschossen. Außerdem hatte er seine Ehefrau, seine Schwägerin und ein weiteres Kind durch Schüsse verletzt.

Christie, John Halliday Reginald

Christie, von Beruf Hauptbuchhalter, bewohnte mit seiner Frau das Haus Rillington Place 10 in London. Am 6. Dezember 1952 gab er seine Arbeit auf mit der Begründung, in die Nähe von Sheffield außerhalb Londons ziehen und sich dort einen anderen Job suchen zu wollen. Seine Frau wurde sechs Tage später zum letztenmal von Nachbarn gesehen. Im Gebaren Christies war nichts Auffälliges, außer daß er jeden Morgen das Haus und den Garten desinfizierte. Im März 1953 verkaufte er seine Wohnung an einen Mann aus Jamaika. Dieser stellte fest, daß eine Stelle in der Küchenwand hohl klang, als er ein Kabel für sein Radio verlegen wollte. Er riß die Tapete herunter und entdeckte eine nackte Frauenleiche in einer Nische hinter der Wand.
Als die Polizei kam, um den Fall zu untersuchen, stieß sie auf eine zweite Frauenleiche. Beide waren durch Erdrosselung umgebracht worden. Eine dritte Frauenleiche wurde gefunden, und im Schutt unter den Dielen des Zimmers eine vierte. Drei der Frauen waren Dirnen, die vierte war Christies Ehefrau. Im Garten waren zwei weitere Frauenleichen vergraben, die eine war eine seit 1943 vermißte Österreicherin, die andere war seit 1944 als vermißt gemeldet gewesen. Die eine war 21, die andere 32 Jahre alt.
Christie hatte die fünf Frauen in seine Wohnung gelockt, weil er zusammen mit seiner Frau Abtreibungen gegen geringes Entgelt vornahm.
Nachdem der Mörder zunächst wie vom Erdboden verschluckt war, konnte er am 31. März 1953 von einem Polizisten am Ufer der Themse festgenommen werden. Auf der Wache legte er zuerst ein falsches Geständnis ab, wonach seine Frau nach einem Erstickungsanfall eines natürlichen Todes gestorben sei. In Wahrheit war sie erdrosselt worden. Auch für die anderen Frauen fand er Erklärungen für einen natürlichen Tod, aber auch sie waren erdrosselt worden, nachdem sie Christie zuvor geschlechtlich mißbraucht hatte.
Am 1. April 1953 wurde Christie in das Brixton-Gefängnis eingeliefert und unter Mordanklage gestellt. Er gab zu, noch eine weitere Frau, die mit ihm im gleichen Haus mit ihrem Mann gewohnt hatte, eine Mrs. Evans, umgebracht zu haben.
Am 22. Juni 1953 begann vor einem Londoner Schwurgericht der Prozeß. Christie wurde wegen Mordes in einem Fall, dem seiner Frau, mit der er 32 Jahre lang verheiratet war, angeklagt. Nach englischem Recht kann ein Massenmörder nur wegen eines einzigen Mordes angeklagt werden, so auch Christie, obgleich ihm 7 Morde nachgewiesen werden konnten. Er wurde als ein abnorm veranlagter Mann geschildert, der unter Impotenz litt und, um sein Versagen zu kompensieren, die Frauen, mit denen er geschlechtlich verkehrt hatte, umbrachte. Er wurde wegen des einen Mordes an seiner Frau für schuldig befunden, zum Tod verurteilt und am 15. Juli 1953 hingerichtet.

Cypka

Der Deutsche Cypka war von Beruf Fleischhauer. Er trieb sein Unwesen in Stettin, wo ihm um 1950 mehr als 30 Menschen zum Opfer fielen. Es wurde angenommen, daß er ihr Fleisch zu Wurst verarbeitete und seine Waren auf dem Schwarzmarkt verkaufte.
Seine Morde würden von einer Nachbarin aufgedeckt, die ihn zufällig beim Zerstückeln von Leichen überraschte. Auch sie wurde ermordet und zerhackt.
Als sie am Abend nicht heimkehrte, entdeckte ihr Mann ihre blutige Bluse am Fenster von Cypkas Wohnung. Die Polizei wurde alarmiert und fand tatsächlich bei der Hausdurchsuchung noch Fleischteile der Nachbarin. Cypkas Freundin war Kinokassiererin. Sie beschaffte ihm unter verschiedenem Vorwand besonders wohlgenährte Opfer, die er dann regelmäßig umbrachte.
In seinem Garten fand die Polizei Knochenreste von über 30 Personen. Ein polnisches Gericht, das für Stettin damals zuständig war, verurteilte ihn zum Tode. Er wurde hingerichtet.

Denke, Karl

Karl Denke gehörte neben den anderen Deutschen Peter Kürten, Wilhelm Großmann, Fritz Haarmann und Bruno Lüdtke zu den größten Massenmördern Europas.
Während des Ersten Weltkrieges ermordete er 26 Männer und 5 Frauen. Sein 27. Opfer, ein Wanderbursche, entkam dem Mordversuch und benachrichtigte die Polizei. Bei der Durchsuchung der Wohnung Denkes und eines Schuppens wurden mehrere Behälter mit Menschenfleisch gefunden. In Notizbüchern hatte Denke genau Buch geführt über seine Morde: Name, Geburtstag, Mordtag, das Gewicht der Getöteten und der einzelnen Körperteile, alles war fein säuberlich aufgezeichnet. Bevor ihm der Prozeß gemacht werden konnte, beging er im Untersuchungsgefängnis 1925 Selbstmord.

Grossmann, Wilhelm

Grossmann hatte am Stettiner Bahnhof in Berlin einen Wurststand. Meist sprach er beim Wurstverkauf seine Opfer an. Es waren im Durschnitt Frauen der unteren Gesellschaftsschicht, die er in seine Privatwohnung einlud, sie dort sexuell mißbrauchte und ermordete. Auf sein Konto kommen nahezu 15 Frauen. In seiner Wohnung wurde ein Küchentisch gefunden, der wie eine Schlächterbank aussah. Menschenblut und Menschenfleischreste fand die Kripo. Es wurde angenommen, daß er das Fleisch seiner zerstückelten Leichen verwurstete.
Ihn zu verurteilen, dazu kam das Gericht nicht mehr, da er sich am 4. Verhandlungstag 1921 das Leben nahm.

Haarmann, Fritz

Haarmann (geb. am 25. Oktober 1879) galt als einer der größten Massenmörder aller Zeiten. Mit 16 Jahren kam er auf eine Unteroffiziersschule, ließ sich in unzüchtige Handlungen mit Rekruten ein und wurde vorzeitig wieder entlassen. Mit 18 Jahren fiel er erneut Kinder an, um sie sexuell zu mißbrauchen, wurde aber unter Zurechnung des § 51 freigesprochen. Abermals zum Militärdienst eingezogen, wurde er kurze Zeit später wegen Schwachsinns wieder entlassen. Wegen Körperverletzung, Diebstahls und Betrugs saß er zwischen 1905 und 1913 mehrere Jahre im Gefängnis. Zwischen 1918 und 1924 ermordete er 26 junge Männer im Sexualrausch, wobei er seine Befriedigung fand, wenn er seinen Opfern die Kehle durchbiß und die Leichen zerstückelte.
Wegen Mordes in 26 Fällen (meist begangen in Hannover) wurde er 1924 zum Tode verurteilt. Auch ihm schmeckte wie Peter Kürten die Henkersmahlzeit so gut, daß er sich ein zweites Mal bedienen ließ. Am 15. April 1925 wurde er hingerichtet.
Nicht unerwähnt soll bleiben, daß Haarmann Polizeispitzel war, obgleich er als Betrüger, Einbrecher und homosexueller Triebtäter aktenkundig bekannt gewesen ist. Am Tage trat er als biederer Bürger auf, stets sauber gekleidet, und nachts lebte er als knochenzerhackender Dunkelmann, der die Reste seiner Opfer billig zum Sülzekochen verkaufte und auf diese Art bei seinen Nachbarn sogar noch sehr beliebt war. Für ihn war der Sexualmord ein höchster Lustgewinn, der sich beim Tranchieren seiner Opfer noch steigern konnte. Er war ein Repräsentant der Schattenseiten der ersten Jahrzehnte dieses Jahrhunderts in Deutschland.

Hebrandt, René

Hebrandt gilt als größter Verbrecher Belgiens, weil er zwischen 1960 und 1961 3 Morde, 2 Mordversuche und 7 Diebstähle begangen hatte. Mit dem Geld der Ermordeten wollte er seine hohen Schulden abdecken. Er war bereits während des Zweiten Weltkrieges wegen Konspiration mit der Gestapo und Ermordung eines (jüdischen?) Ehepaares in Lüttich zum Tode verurteilt, dann aber zu Gefängnis begnadigt worden. 17 Jahre verbrachte er in der Haft, wurde entlassen und begann von neuem seine Verbrechen. 1963 wurde er ein zweites Mal zum Tode verurteilt und im Februar auch hingerichtet.

Klosowski, Severin, genannt »Jack the Ripper«

Klosowski war 1888 nach London gekommen. Im gleichen Jahr begann eine Serie von Frauenmorden, die sich bis 1900 hinzog. Zwischen 1890 und 1897 lebte der Mörder in USA (New Jersey), wo sich die gleichen Morde wiederholten. Fast jeden Monat ermordete er eine Frau, trennte ihren Kopf vom Körper, schlitzte ihren Bauch auf und legte die inneren Organe neben den Körper. Seine Sezierungen ließen auf einen anatomisch gut geschulten Täter schließen. Beim letzten Mord 1902 wurde er geschnappt, verurteilt und am 7. April 1903 hingerichtet.
Der Fall von »Jack the Ripper« wurde 1960 nochmals aufgerollt, als ein englischer Historiker die These aufstellte, Klosowski sei ein Russe namens Pedachenko gewesen, den die russische Geheimpolizei im Auftrag des Zaren nach London geschickt hatte, um Unruhe zu stiften. Es wurde nachgewiesen, daß Klosowski in den Jahren, in denen er in London mordete, tatsächlich in einer Privatklinik angestellt war und 5 seiner ermordeten Frauen Patientinnen dieser Klinik waren.
1972 äußerte der im Ruhestand lebende ehemalige Superintendent Arthur Butler von Scotland Yard die Vermutung, daß der berüchtigte Massenmörder »Jack the Ripper« gar kein Mann, sondern eine Frau war. Butler, einer der bekanntesten Mörderjäger des Yard, befaßte sich seit seiner Pensionierung mit Mordfällen, die bis heute nicht eindeutig aufgeklärt werden konnten. In der englischen Zeitung »The Sun« veröffentlichte er die Vermutung, daß Jack eine Abtreiberin gewesen sei, die zusammen mit einem Komplize…

die Morde nur vorgetäuscht habe, um die Polizei auf eine falsche Spur zu lenken. Mit den Morden sollten wahrscheinlich mißlungene Abtreibungen verschleiert werden, oder wurden die Morde begangen, weil die »Patientinnen« die Abtreiberin erpreßten. Außerdem kämen nicht, wie bisher angenommen, 5, sondern 7 Tote auf das Konto von »Jack«. Das erste Opfer, die 45jährige Prostituierte Emma Smith, sei ermordet worden, »weil sie zuviel über die illegale Tätigkeit der anderen Frauen wußte«.
Auch für die seltsamen Verstümmelungen der Ermordeten fand Butler eine Erklärung. Sei seien durchgeführt worden, um jeden Rest zu tilgen, der auf eine Schwangerschaft und die mißratene Abtreibung hätte hindeuten können. Der damaligen Polizei wäre es leichtgefallen, aufgrund der eindeutigen Indizien von mißlungenen Abtreibungen auf die Spur der bei der Londoner Frauenwelt bekannten Abtreiberin zu kommen. Um dies zu verhindern, habe Frau »Jack« die Leichen seziert.

Kürten, Peter

Der Fall Peter Kürten (geb. am 26. Mai 1883 in Köln-Mühlheim) zählt zu den schwerwiegendsten und eigenartigsten Kriminalverbrechen überhaupt. Zwischen 1929 und der ersten Hälfte 1930 wurden 9 Frauen ermordet, 7 andere entgingen Mordversuchen. Bis zum Beginn dieser Mordserie saß Peter Kürten bereits 20 Jahre wegen anderer Delikte in Gefängnissen und Zuchthäusern.
Kürtens Vater war fleißig, tüchtig im Beruf eines Sandformers, aber trunksüchtig, im Alkoholrausch gewalttätig gegen seine Frau und Kinder. Die Mutter stammte aus guten Verhältnissen. Peter war das drittälteste von 10 Kindern. Zu enge Wohnverhältnisse brachten ihn früh auf sexuelle Abwege. Mit 5 Jahren half er bereits beim Töten von Hunden, mit 8 Jahren sah er zu, wie sein Vater die Mutter mißhandelte, er brannte von zu Hause durch, lebte von Straßenraub und wurde nach der Schulentlassung Formerlehrling. In der Fabrik waren rohe körperliche Züchtigungen an der Tagesordnung. Mit 14 Jahren hatte er ersten Kontakt mit Mädchen, auch mit Dirnen. Mit sechzehn Jahren kam er erstmals wegen Veruntreuung 2 Monate ins Gefängnis, wo er von Zuhältern, Räubern, Gewohnheitsverbrechern das notwendige Rüstzeug für seine späteren Taten lernte.
Fast mit jeder Frau, mit der er zusammenkam, suchte er Geschlechtsverkehr; die erste, eine 42jährige Masochistin, brachte ihm die Gewaltanwendung beim Geschlechtsakt bei. Ohne Gewaltanwendung sollte er nie mehr zum Orgasmus kommen.
Die Gefängnisstrafen vor seinen Morden wurden verhängt wegen Zechprellerei, Einbruchdiebstahl, Gewalttätigkeit Frauen gegenüber, Brandstiftung (Heuschober und Scheunen auf dem Land), Fahnenflucht vom Militär etc.
Der erste Mord passierte am 25. Mai 1913 an einem 9jährigen Mädchen, der letzte 1929 an Gertrud Albermann.
Kürten hatte es durch sein sehr gepflegtes Äußeres, saubere Kleidung und ein gewisses Bildungsniveau (in Gefängnissen hatte er ausgiebig von der Anstaltsbibliothek Gebrauch gemacht) recht leicht, bei Frauen und kleinen Mädchen Erfolg zu haben. Er sprach sie auf der (meist dunklen) Straße an, suchte sich die Opfer auf der Kirmes, lud seine auserwählten Damen zum Essen oder zu Spaziergängen ein und bestach immer wieder durch gute Manieren und Höflichkeit. 1923 heiratete er eine saubere und ordnungsliebende Frau (sie war mit 5 Jahren Gefängnis vorbestraft, weil sie ihren Verlobten erschossen hatte), die von seinen nächtlichen Exkursionen wußte und unter seiner ehelichen Untreue litt.
Als Mordwerkzeuge benutzte er (abwechselnd) eine Schere, bisweilen auch eine sogenannte Kaiserschere (so genannt, weil hinter dem Scherengelenk das Bild des letzten deutschen Kaiserpaares eingraviert war), einen Dolch und einen Hammer. Urplötzlich stach oder schlug er blindwütend auf seine Opfer ein, er stach in den Hals, in die Brust, in den Rücken, er zertrümmerte mit dem Hammer den Schädel, er würgte oder erdrosselte die Frauen.
Zu seiner sexuellen Befriedigung kam er, indem er das aus den Wunden vorschießende Blut trank; indem er zusah, wie das Feuer seiner Brandstiftung prasselte; indem er sich an den empörten Menschenansammlungen weidete, die sich fast regelmäßig nach seinen Morden einstellten; indem er selbst Zeichnungen verfertigte mit der genauen Angabe des Tatortes und Briefe an verschiedene Zeitungen schrieb, nur um noch mehr Verwirrung bei Polizei und Bevölkerung hervorzurufen. Auch Raubüberfälle schafften ihm Erleichterung. Fand er z. B. bei der Ermordeten einen Ring, eine Uhr oder Parfüm, so nahm er es an sich, um damit Geschenke neuen Opfern gegenüber machen zu können. Häufig kehrte er noch in der Mordnacht, am Tage darauf oder auch später an den Tatort zurück, um zu sehen, was aus seinen Leichen geworden war. Er verwickelte sogar Frauen in Gespräche über die Mordserien in der Umgebung von Düsseldorf, und immer gelang es ihm, keinen Verdacht zu erwecken.
Wehrte sich eine Frau gegen seine würgende Zudringlichkeit während des Geschlechtsverkehrs, so beruhigte er sie mit dem Argument, dies sei seine besondere Art der Liebesäußerung.
Als er am 11. August 1929 die Hausangestellte Maria Hahn zu einem Stadtbummel einlud, mit ihr essen ging und sie schließlich mit der Schere ermordete, kam er auf die Idee, ein Grab symbolisch für alle seine Opfer anzulegen. Er fuhr vom Tatort Papendelle nach Hause, um eine Schaufel zu holen, kehrte noch in der Mordnacht zum Tatort zurück und hob eine Grube von 1,30 Meter Tiefe aus, legte die Leiche hinein, zog ihr Schuhe, Strümpfe und die Armbanduhr aus und stampfte das Grab wieder zu. Im Laufe des Sommers soll er noch ungefähr dreißigmal das Grab besucht haben – und jedesmal kam er wieder zu seiner sexuellen Befriedigung.
Obgleich die Mordkommission von Düsseldorf Verstärkung aus Berlin bekam, obgleich über 1200 private

Hinweise eingingen, 300 Okkultisten und Hellseher Hinweise gaben, die Belohnung für die Ergreifung des Täters war inzwischen auf 15000 Reichsmark gestiegen, konnte er sich immer wieder dem Zugriff der Polizei entziehen. Grund war sein tadelloses Aussehen: Die meisten überfallenen und am Leben gebliebenen Opfer schätzten ihn bis zu 20 Jahren jünger ein.
Den berühmten Fehler eines jeden Mörders beging Kürten am 14. Mai 1930, als er die überfallene Marie Butlies am Leben ließ. Diese obdachlose Frau hatte Kürten in seiner Wohnung übernachten lassen, sie dann, als er zudringlich wurde und das Mädchen wegzugehen wünschte, in das Bethanienheim am Grafenberger Wald begleitet, wo er über sie herfiel.
Sie meldete den Vorfall der Polizei und erkannte die Gegend wieder, die Mettmanner Straße 71 in Düsseldorf, wo sie mit dem Mörder gewohnt hatte. Am 23. Mai besetzte die Polizei Kürtens Wohnung. Frau Kürten erfuhr nur, daß ihr Mann wegen des Überfalls auf Marie Butlies gesucht werde. Nach dem Essen ging Kürten mit seiner Frau nach Oberkassel zu den Rheinwiesen, wo er Gertrud Schulte überfallen und Ida Reuter ermordet hatte. Hier legte er seiner Frau gegenüber ein umfassendes Geständnis ab. Für den nächsten Tag hatte er mit seiner Frau einen Treff an der Rochuskirche vereinbart (er wagte sich nicht mehr nach Hause). Frau Kürten hatte am Vormittag der Polizei das Geständnis ihres Mannes mitgeteilt. Nachmittags um 3 Uhr wurde er am vereinbarten Treffpunkt festgenommen.
Die Hauptverhandlung begann am 13. April 1931. Nach 9 Tagen hatte das Schwurgericht sein Urteil gefällt. In allen Mordfällen und Mordversuchen war als entscheidendes Motiv Sexlust erkannt worden. Der § 51 wurde aberkannt. Der Staatsanwalt beantragte die Todesstrafe wegen Mordes in 9 Fällen, eine Gesamtstrafe von 15 Jahren Zuchthaus wegen versuchten Mordes in 8 Fällen. Kürten nahm das Urteil sofort an.
Da das letzte Todesurteil in Deutschland im Januar 1928 gefällt worden war, kam es zu einer heißen Diskussion um den Sinn dieser Strafe. Kürten selbst hatte mit einer Begnadigung gerechnet, wie sie in anderen Fällen vor ihm ausgesprochen worden war. Schließlich entschied das Preußische Staatsministerium, das Urteil an Kürten mittels Fallbeil zu vollstrecken.
Er schrieb noch Briefe an seine Angehörigen und die der Opfer und brachte tiefe Reue zum Ausdruck. Seiner Frau wurden von der Belohnung 4000 Reichsmark ausgezahlt. Die Henkersmahlzeit schmeckte ihm so trefflich (Wiener Schnitzel, Bratkartoffeln und eine Flasche Wein), daß er sie ein zweites Mal aß. Am 2. Juli 1931 früh um 6 Uhr wurde er in Düsseldorf hingerichtet.
Die Namensliste der Kürten-Opfer mag veranschaulichen, in welch kurzen Zeitabständen ein Massenmörder seines Zuschnittes agieren kann:

Christine Klein (9 J.)	25. Mai 1913	Mordopfer
Rosa Ohliger (8 J.)	8. Feb. 1929	Mordopfer
Rudolf Scheer (54 J.)	12. Feb. 1929	Mordopfer
Maria Hahn	11. Aug. 1929	Mordopfer
Gertrud Hamacher (5 J.)	24. Aug. 1929	Mordopfer
Luise Lenzen (13 J.)	24. Aug. 1929	Mordopfer
Ida Reuter (40 J.)	29. Sept. 1929	Mordopfer
Elisabeth Dörrier (22 J.)	11. Okt. 1929	Mordopfer
Gertrud Albermann (5 J.)	7. Nov. 1929	Mordopfer
Apollonia Kuhn	3. Feb. 1929	Mordversuch
Änne Goldhausen	20. Aug. 1929	Mordversuch
Frau Mantel	21. Aug. 1929	Mordversuch
Heinrich Kornblum	21. Aug. 1929	Mordversuch
Gertrud Schulte	25. Aug. 1929	Mordversuch
Hubertine Meurer	24. Okt. 1929	Mordversuch
Klara Wanders	24. Okt. 1929	Mordversuch
Marie Butlies	14. Mai 1930	Mordversuch

Landru, Henri Désiré

Landru, der »Blaubart« (geb. am 12. April 1869 in Paris), wurde nach dem Ersten Weltkrieg als Massenmörder ganz großen Stils bekannt. Er hatte zu 283 Frauen Beziehungen, von denen er 10 umbrachte. Zu seinen Opfern gehörte als Nummer 11 ein junger Mann. Landru begann seine Karriere als Heiratsschwindler, versprach den Frauen die Ehe und ließ sich Treuegelder dafür auszahlen.
Es wurde nie festgestellt, wie er die 10 Frauen umgebracht und wo er ihre Leichen versteckt hatte.
Äußerlich unscheinbar, klein, Glatze, rötlich schimmernder Vollbart, lauernde Augen, doch gepflegte Umgangsformen, erweckte er kaum den Eindruck eines kalten Verbrechers.
Er war zunächst Chorknabe, später in einem Architekturbüro angestellt, Buchhalter und Verkäufer, beim Militär Unteroffizier, glücklich verheiratet und Vater von vier Kindern.
Da er nicht willens war, einem regelmäßigen Beruf nachzugehen, verschaffte er sich durch Betrügereien das nötige Geld. Siebenmal wurde er wegen Betrugs verurteilt. Schon vor dem Ersten Weltkrieg beging er Heiratsschwindel und ergaunerte von seiner Angebeteten, einer Madame Izoré, 10000 Franc. 1912 hatte er die dafür ausgesprochene Gefängnisstrafe von 3 Jahren abgesessen und begann sofort erneut mit Betrüge-

reien. So kaufte er z.B. eine Garage in Nordwestfrankreich, gab dem Besitzer keinen Pfennig, verkaufte aber eben diese Garage sofort weiter für 20000 Franc und verschwand. In Abwesenheit wurde er zu 4 Jahren Gefängnis verurteilt.

Der Ausbruch des Ersten Weltkriegs mit seinen Wirren ermöglichte es ihm, ohne weiteres in Paris unterzutauchen, ohne von der Polizei erwischt zu werden. Da er im Moment kein Geld hatte, aber auch keine Lust, einem Beruf nachzugehen, beschloß er, das »Geschäft« des Heiratsschwindels wieder aufzunehmen.

Die Methode, an Frauen heranzukommen, war fast immer die Heiratsannonce. Vor allem Frauen der mittleren Jahre, Witwen, geschiedene Frauen, unglückliche oder auf sonst eine Art »anfällige« und unverstandene Personen wurden seine begehrtesten Opfer. Landru änderte fast nie diese seine Arbeitsmethode, denn er konnte auf Erfolg rechnen. Damit gehört er in die Kategorie der meisten Berufsverbrecher, die ohne viel Phantasie für Variationen ihrem einmal eingeschlagenen Trick treu bleiben.

Das erste Opfer ging im 1914 ins Netz. Es war die 34jährige Witwe Georgette Cuchet. Durch kleine Geschenke erkaufte er sich ihr Vertrauen und gewann bald ihre Liebe. Als sie zur Heirat drängte, machte er sich unter dem Vorwand, seine Papiere noch nicht alle beschafft zu haben, aus dem Staub, nicht ohne zuvor einen Vorschuß von ihr zu kassieren.

Unter seinem Geschäft mit anderen Frauen hatte seine eigene Familie niemals zu leiden, im Gegenteil, er versorgte seine Frau mit dem Geld, das er anderen Frauen abgeschwindelt hatte.

Als Madame Cuchet herausgebracht hatte, daß Landru, alias Diard, verheiratet und Vater war, war für ihn der Zeitpunkt gekommen, diese Mitwisserin seines Geheimnisses aus dem Weg zu räumen. Seit Ende Januar 1915 wurde sie nie mehr gesehen.

Die nächste Frau hieß Laborde-Line, ebenfalls Witwe, sofort begeistert von dem charmanten Liebhaber. Sie wohnte bei ihm in einer Villa außerhalb von Paris, und seit dem 26. Juni 1915 war auch sie spurlos verschwunden.

Seine nächste Auserkorene war eine 51jährige Frau namens Madame Guillin, Witwe, mit 20000 Franc Erbschaft. Landru handelte schnell: Seit dem 2. August 1915 war auch sie nie mehr gesehen worden.

Am 8. Dezember 1915 war sein viertes Opfer verschwunden.

Landru lernte auf diese Art viele Frauen kennen, der Krieg hatte sie zu Witwen oder verlassenen Soldatenbräuten gemacht. Immer gelang es ihm, schnell deren Vertrauen und ihre Zuneigung zu erringen, sich an ihr Geld zu machen, die Opfer nach kurzer Zeit zu beseitigen und anschließend deren Mobiliar zu verkaufen.

Landru ging ins Netz der Polizei, als sich Verwandte der verschwundenen Frauen bei Behörden, Bürgermeisterämtern etc. nach dem Verbleib der Damen erkundigten. Immer konnten sie angeben, daß sich die Damen mit einem Herrn hatten verheiraten wollen, der vermögend sei, ein Landhaus und ein Auto besitze. Doch der jeweils andere Name des heiratslustigen Mannes war nirgendwo registriert.

Vom Bürgermeisteramt wurden diese Anfragen an die Polizei weitergeleitet. Da aber in Frankreich damals immer wieder Menschen spurlos verschwanden, wurde diesen Vermißtenanzeigen keine besondere Aufmerksamkeit geschenkt.

Trotzdem ging der Chef der Pariser Kriminalpolizei den Anzeigen der Fälle Madame Buisson und Collomb nach und schickte Inspektor Belin am 6. April 1919 nach Gambais. Von der Schwester der Madame Buisson erfuhr er lediglich, daß der Heiratskandidat einen Bart trage.

Noch am selben Tag sah sie den »Mann mit Bart« auf der Straße. Sie benachrichtigte sofort Inspektor Belin. Sie hatte gesehen, daß Landru mit einer Frau, die er liebkoste, in einem Geschäft verschwand und Einkäufe tätigte.

Die Überprüfung der Geschäftsbücher brachte aber einen anderen Namen zutage als den, unter dem sich Landru (Frémyet) bei ihrer Schwester vorgestellt hatte. Der Name des Käufers war mit Guillet eingetragen.

Neben Frémyet und Guillet hatte sich Landru auch als Dupont bei anderen Frauen ausgegeben. Belin glaubte zunächst an eine Personenverwechslung, doch die Schwester der Madame Buisson blieb hartnäckig bei ihrer Behauptung, in dem Bärtigen den Monsieur Frémyet erkannt zu haben.

Belin fuhr sofort in Landrus Wohnung, eben die, die unter dem Namen des Käufers Guillet eingetragen war.

Nach französischem Recht war es aber der Polizei verboten, in der Zeit vom 1. Oktober bis 31. März zwischen 6 Uhr abends und 6 Uhr morgens, in der restlichen Zeit zwischen 9 Uhr abends und 4 Uhr morgens, Haussuchungen durchzuführen. Da es 2 Uhr nachts war, legte sich Belin bis zum nächsten Morgen vor dem Hauseingang nieder. Als dann am Morgen die Putzfrau kam, erfuhr er, daß Monsieur Guillet am Abend zuvor mit viel Gepäck abgereist sei.

Am 11. April 1919 endlich war Frémyet wieder in seiner Wohnung. Belin konnte ihn aber nicht sofort festnehmen, eben weil auch Verhaftungen in der Nacht verboten waren. Also wartete er abermals bis zum nächsten Morgen. Nun konnte er ihn festnehmen.

Nur 24 Stunden gestattet das französische Recht für eine Vernehmung. Dann muß ein Fall an das Gericht weitergeleitet – oder der Verhaftete auf freien Fuß gesetzt werden. Dummerweise trug Landru sein Notizbuch bei sich, in dem alle seine Frauenbekanntschaften verzeichnet waren.

Da Guillet aber alles abstritt, weder die Damen Buisson noch Collomb zu kennen noch Landru zu sein und auch andere falsche Angaben zur Person machte, fuhr Belin nochmals in seine Wohnung, durchsuchte sie und fand einen Zettel, auf dem der Name Landru stand. Da Landru schon einmal verurteilt, sich der Haft

aber durch Flucht entzogen hatte, hatte die Polizei zumindest eine Fotografie von Landru, mit deren Hilfe seine Identifizierung als Guillet bzw. Dupont nun möglich war.
Weder jetzt noch später während seines Prozesses machte Landru auch nur eine einzige Angabe darüber, wo die 10 verschwundenen Frauen sich befanden.
Nochmals wurde eine Haussuchung durchgeführt. Nun fand die Polizei mehrere Schnellhefter, in denen säuberlich sämtliche Briefe seiner 283 Frauen abgeheftet waren.
Die Hauptverhandlung gegen Landru begann am 7. November 1921. Von dem Prozeß berichtete die Presse in Großaufmachung. Immer wieder sagte Landru: »Möglich, daß die Damen, von denen Sie sprechen, verschwunden sind. Hat aber jemand das Recht, zu behaupten, ich hätte sie verschwinden lassen? Solange Sie sie nicht gefunden haben, können Sie mich nicht beschuldigen. Wenn ich diese Damen getötet habe, so zeigen Sie mir bitte ihre Leichen!«
Keine Leiche wurde gefunden. Das Gericht begnügte sich mit einer Kette von Indizien, die Landru schwer belasteten: vor allem sein Tagebuch, seine Reisen mit den Damen in sein Landhaus, seine Marotte, immer nur für sich selbst Rückfahrkarten zu kaufen, Gegenstände, die den Verschwundenen gehörten, zu verkaufen usw.
Der Verteidiger beantragte den Freispruch Landrus, doch das Gericht verurteilte ihn zum Tode.
Am 25. Februar 1922 wurde er in Versailles durch die Guillotine hingerichtet.

Lüdtke, Bruno

84 Frauenmorde wurden dem Deutschen Lüdtke (geb. 1910) nachgesagt, 54 konnten ihm einwandfrei nachgewiesen werden.
Die Fahndung nach dem Massenmörder wurde erschwert, weil Lüdtke immer wieder neue Tatorte auswählte. Parkbänke, Wald, einsam gelegene Wohnungen. Traf er unterwegs eine schöne Frau, so verfolgte er sie bis zu ihrer Wohnung, läutete und bettelte um Essen. Sah er im Flur an der Garderobe keine Männerkleidung hängen, so betrat er die Wohnung und mordete.
Seine Morde wurden wegen der sich hinziehenden Fahndung lange verschwiegen, um die Berliner Polizei vor Vorwürfen der Unfähigkeit zu bewahren. Lange Zeit war man dann der Meinung, die Massenmorde seien dem schwachsinnigen Lüdtke nur untergeschoben worden durch die Gestapo, um einen Täter für die vielen unaufgeklärten Frauenmorde namhaft machen zu können.
Doch das Gericht konnte ihm schließlich 54 Morde nachweisen und verurteilte ihn zum Tode. 1943 wurde er hingerichtet.

Pétiot, Marcel, Dr. med.

Als während des Zweiten Weltkrieges Frankreich von deutschen Truppen besetzt war, bot sich der französische Arzt Dr. Pétiot (1897–1946) wiederholt in Gefahr lebenden jüdischen Emigranten an, sie gegen Bezahlung eines bestimmten Betrages ins Ausland zu schaffen. Mit dem Vorwand, sie für die aufregende Flucht zu beruhigen, injizierte er mindestens 27 Juden tödliche Spritzen und sah dann durch ein Guckloch mit Genuß dem Todeskampf seiner Opfer zu.
Die Morde kamen lange nicht heraus, da er die Flüchtlinge zu strengstem Stillschweigen verpflichtet hatte, damit sie sich selbst nicht der Gestapo auslieferten. Den Besitz und vor allem das Geld der Juden nahm er an sich.
Dr. Pétiot war Chefarzt eines Krankenhauses und Direktor eines Altersheimes gewesen und vorübergehend auch Bürgermeister.
Am 25. Mai 1946 wurde er durch die Guillotine hingerichtet.

Puch, Carlos Eduardo Robledo

Zwischen 1969 und 1972 beging der 20jährige Argentinier Carlos Robledo Puch 11 Morde und mindestens 40 Raubüberfälle. Der Sohn eines Automobilfabrikdirektors gab bei der polizeilichen Vernehmung an, 1 Nachtklubbesitzer, 1 Angestellten und 6 Nachtwächter, 2 junge Mädchen und einen seiner Freunde getötet zu haben.
Er wurde in eine psychiatrische Klinik eingewiesen.
Robledo Puch hatte seine Verbrechen mit zwei Freunden durchgeführt. Einer der Freunde, der 19jährige Jorge Antonio Ibanez, kam im August 1971 bei einem Autounfall ums Leben. Den zweiten Freund, Hector José Somoza, hatte Robledo Anfang Februar 1972 selbst getötet, als es zwischen den beiden beim Aufschweißen eines Tresors zu einem Streit gekommen war, nachdem beide die 6 Nachtwächter einer großen Eisenwarenhandlung erschossen hatten.
Um die Identifizierung seines Freundes zu verhindern, hatte Robledo das Gesicht seines toten Freundes mit Hilfe des Schweißbrenners entstellt. In der teilweise verkohlten Kleidung von Somoza fand die Polizei jedoch Personalpapiere. Diese hatten sie auf die Spur von Robledo gebracht.

Smith, Mark Alan

In Amerika ist der Soldat Smith bereits wegen mehrerer Morde zu insgesamt 450 Jahren Zuchthaus verurteilt worden. Die Morde an den deutschen Frauen Gabriele Räder (16), Hannelore Gehre (35), Antje Pusch und Ulrike Dull (35) kamen heraus, als Ende 1971 eine Frankfurter Mordkommission Smith im Staatsgefängnis Joliet bei Chikago vernehmen konnte.

Smith war im April 1968 vom Korea-Kriegsschauplatz nach Mannheim versetzt worden, heiratete die Tochter eines amerikanischen Hauptmanns und begann zu morden.
Sollte Smith wider Erwarten in Amerika begnadigt werden, so wird die Frankfurter Staatsanwaltschaft ihre Ermittlungen gegen ihn aufnehmen.

Speck, Richard

Specks Mord an 8 Schwesternschülerinnen in einem Chikagoer Schwesternheim am 14. Juli 1966 machte Schlagzeilen. Ein Mädchen blieb am Leben. Aufgrund ihrer Aussagen über den zunächst flüchtigen Täter konnte er durch Zufall geschnappt werden. Nach seiner Mordserie schnitt er sich die Pulsadern auf, um sich das Leben zu nehmen. Er wurde aber gerettet und zu einem Arzt gebracht. Dieser entdeckte auf dem Arm des Amerikaners eine Tätowierung mit dem Wortlaut: »Born to raise hell« (geboren, um die Hölle zu errichten). Der Arzt benachrichtigte die Polizei. Bei einer Gegenüberstellung identifizierte ihn die einzige Überlebende als den Täter.
Die 12 Geschworenen verurteilten den Massenmörder, der die Mädchen gefesselt, verstümmelt, erdrosselt und erwürgt hatte, zum Tod auf dem elektrischen Stuhl.
Inzwischen wurde der Fall Speck auch für die Wissenschaft interessant. Ärzte entdeckten bei ihm eine Anomalie der Geschlechtschromosomen. Beim normalen Menschen gibt es 23 Chromosomenpaare, jeweils eines vom Vater und eines von der Mutter, was den normalen Chromosomenbau XY ergibt. Speck hatte jedoch die Kombination XYY, was ihn zu einem Supermann werden ließ. Dieses doppelte Y wurde nun zur Formel für soziale Konflikte und Mißerfolge im Beruf; ein zwanghaftes Beißen kann darauf zurückgeführt werden, ebenso wie eine besondere Anfälligkeit zu bestimmten Straftaten wie Diebstahl, Einbruch und Raub, Unberechenbarkeit und Tobsucht. Der XYY-Mann pflegt hochgewachsen zu sein und geistig zurückgeblieben, in der Pubertät hat er auffallend unter Akne zu leiden.
Speck war 1,88 Meter groß, sein Gesicht mit Akne-Narben entstellt, und mit 13 Jahren wurde er erstmals straffällig. Sein Intelligenzquotient entsprach dem eines Kindes von 13 Jahren.
In einer schottischen Anstalt für gemeingefährliche Geisteskranke befanden sich unter 197 Häftlingen 7 solche XYY-Supermänner.
Der Fall Speck lieferte den Beweis dafür, daß Erbschäden tatsächlich verantwortlich sein können für den »geborenen Verbrecher« oder denjenigen, der durch seine Erbanlage von Geburt an zum Straftäter disponiert sein kann. Konnte man feststellen, daß bei Gewalttätern die XYY-Kombination sechzigmal häufiger vorkommt als beim normalen XY-Menschen, so darf daraus doch nicht gefolgert werden, daß alle XYY-Menschen notwendig zum Verbrecher werden.
Damit hat sich, wenn auch auf völlig anderer Ebene, jene alte These von Lombroso offenbar bestätigt, wonach es den sogenannten geborenen Verbrecher geben soll.
Juristisch wurde diese Tatsache dahingehend erörtert, wie weit es in solch einem Fall noch berechtigt sei, Todesurteile oder jetzt lebenslange Freiheitsstrafen auszusprechen, sofern der Täter eine derartige Chromosomenkombination in sich trägt.

Sternickel, August

Der Deutsche Sternickel (1866–1913), Sohn ordentlicher, nie straffällig gewordener Eltern (der Vater war Bäckermeister), lernte das Müllerhandwerk, wurde Geselle mit einwandfreiem Lebenswandel, ein großer, stattlicher Mann mit gepflegten Umgangsformen und redegewandtem Auftreten, das ihm die Freundschaft vieler Mädchen einbrachte.
Mit dem Strafgesetzbuch kam er in Berührung wegen Heiratsschwindeleien. Er machte wiederholt Eheversprechungen und ließ sich vom jeweilig zukünftigen Schwiegervater Geld vorstrecken, das sich insgesamt auf mehrere tausend Mark belief. Nach Erhalt des Geldes pflegte er spurlos zu verschwinden.
Mit 23 Jahren wurde er erstmals bestraft zu 4 Wochen Haft wegen Hausfriedensbruches, zu 4 Wochen Gefängnis wegen Diebstahls und kurz danach nochmals zu 4 Wochen Gefängnis wegen Körperverletzung.
Bis 1905 hatte er bereits zahlreiche Zuchthausstrafen wegen schweren Diebstahls, Rückfalldiebstahls und Betrugs abgesessen.
Nach seiner Haftentlassung führte er ein unstetes Leben unter falschem Namen, suchte und fand in abgelegenen Dörfern, wo ihn niemand kannte und keiner nach seinen Papieren fragte, Arbeit als Müller. Um besser untertauchen zu können, wechselte er laufend seine Arbeitsstellen.
1905 wurde er Geselle bei dem Mühlenbesitzer Knappe in Plagwitz bei Löwenberg. In der Nacht vom 8. zum 9. Juli 1905 brannte die Mühle nieder, unter den Trümmern fand die Polizei die Leiche des Müllers, den Sternickel nach der Brandstiftung beraubt hatte. Er führte die Tat aus mit den Brüdern Reinhold und Wilhelm Pietsch. Während Sternickel entkam, wurden seine beiden Helfer aufgegriffen, und am 20. Oktober 1910 wurde Reinhold Pietsch wegen Raubes zu 10 Jahren Zuchthaus verurteilt, sein Bruder Wilhelm wurde mangels Beweises freigesprochen. Die Teilnahme am Mord des Müllers konnte beiden nicht nachgewiesen werden.
Sternickel tauchte unterdessen wieder unter als Müllergeselle oder landwirtschaftlicher Arbeiter, und sein Ruf war nicht einmal schlecht: Er galt als zuverlässig, arbeitsam und willig. Gelegentlich versuchte er sich wieder als Heiratsschwindler, wurde aber nie gefaßt.
Im März 1909 ermordete er unter dem Pseudonym des Heuhändlers Winkler die Witwe Krause; im Dezember 1910 den Kossäten Knöting. Abermals entkam er unerkannt.

Am 7. Januar 1913 brannte eine Strohmiete des Gutes Ringenwalde bei Wriezen nieder. Unter den Trümmern wurden die Leichen des Bauern Franz Kallies aus Ortwig und seiner Ehefrau gefunden. Die 16jährige Magd Anna Philipp war im Stall erdrosselt worden. Der Geldschrank des Bauern, der eine Sparkassennebenstelle verwaltete, war erbrochen und ausgeraubt.
Ende Oktober 1912 war Sternickel unter dem Namen Otto Schöne bei Kallies in Dienst getreten, ohne Personalpapiere vorweisen zu können.
Als Sternickel einmal nicht im Hause war, durchsuchte Kallies dessen Kammer. Sternickel merkte das später und beschloß, sich am neugierigen Bauern zu rächen.
In einer Herberge in Müncheberg hatte er die Brüder Willy (18 Jahre) und Georg Kersten (20 Jahre) und Franz Schliewenz (21 Jahre) kennengelernt und sie in seinen Racheplan eingeweiht. Es war dabei nur die Rede, als Bestrafung den Bauern zu betäuben, nicht ihn umzubringen. Georg Kersten und Franz Schliewenz waren schon wegen Diebstahls vorbestraft.
Frühmorgens am Tattag hatte Sternickel im Kuhstall mit Kallies einen Streit angefangen und ihn im Handgemenge zu Boden geworfen. Auf einen Pfiff hin erschienen die drei Gehilfen, fesselten den Bauern und legten ihm eine Schlinge um den Hals. In dem Moment kam die Magd zum Melken in den Stall. Um die Mitwisserin an dem Überfall auf den Bauern auszuschalten, wurde sie kaltblütig mit einem Strick erdrosselt. Dann gingen die vier Täter ins Schlafzimmer der Bäuerin, töteten sie mit einem Schlag auf den Schädel und legten ihr hinterher die Schlinge um den Hals. Die beiden Töchter des Bauern, 11 und 16 Jahre alt, die später den Otto Schöne als Täter identifizierten, wurden in der Wohnstube festgehalten, eingeschüchtert, aber es geschah ihnen nichts. Aus dem Geldschrank entnahm Sternickel 500 Mark und gab jedem der Beteiligten 100 Mark davon.
Den Tag über hielten sich dann die Täter versteckt, und am Abend des Tattages, als es dunkel geworden war, fuhren sie mit einem Karren zur Strohmiete. Auf den Karren hatten sie die drei Leichen geladen. Als sie dort ankamen, mußten sie eine Stunde lang warten, weil sich ein Liebespärchen gerade im Stroh vergnügte. Dann erst konnten sie die drei Leichen ins Stroh schieben und Feuer legen. Daraufhin flohen die vier Täter.
Schon am Tag nach der Tat wurde Sternickel zufällig von zwei Radfahrern entdeckt, festgehalten und der Polizei übergeben. Am Tatort unternahm der schon lange steckbrieflich ausgeschriebene Sternickel einen Fluchtversuch, der aber mißlang. Aufgrund seines verkrüppelten kleinen Fingers wurde Otto Schöne während eines Verhörs durch die Polizei in Ortwig als der lang gesuchte Sternickel identifiziert.
Die Brüder Kersten wurden samt Schliewenz bei einer Polizeirazzia in Berliner Nachtlokalen geschnappt, wo sie, inzwischen neu eingekleidet, sich mit Dirnen herumtrieben und vor ihnen prahlten, »ein Ding gedreht« zu haben.
Die Hauptverhandlung wegen des Falles Kallies fand vom 13. bis 15. März 1913 vor dem Schwurgericht beim Landgericht Frankfurt/Oder statt. Sternickel wurde schuldig gesprochen des Mordes in 3 Fällen, des schweren Raubes und der vorsätzlichen Brandstiftung; die drei Gehilfen wegen Totschlags in 1 Fall und schweren Raubes.
Sternickel wurde dreimal zum Tode verurteilt, zusätzlich zu 5 Jahren Zuchthaus und dauerndem Verlust der bürgerlichen Ehrenrechte.
Georg Kersten und Franz Schliewenz erhielten je zweimal die Todesstrafe, 5 Jahre Zuchthaus und ebenfalls dauernden Verlust der bürgerlichen Ehrenrechte; Willy Kersten bekam 15 Jahre Gefängnis.
Am 30. Juli 1913 wurde Sternickel im Gerichtsgefängnis in Frankfurt/Oder hingerichtet. Die Mitschuldigen Georg Kersten und Franz Schliewenz wurden zu lebenslangem Zuchthaus begnadigt.

12. Hypnosemord

Lange Zeit war es weder für Mediziner noch für Kriminalisten zweifelsfrei erwiesen, daß es möglich sei, einen Menschen zu hypnotisieren und ihn im Zustand der Hypnose zum Verüben bestimmter Verbrechen zu veranlassen. Erst als es am 22. Mai 1936 vor der Zweiten Großen Strafkammer des Landgerichts Heidelberg zur Verhandlung eines solchen Falles kam, wurden die immer wieder gehegten Zweifel in wissenschaftlich fundierte Gewißheit verwandelt.
Ein gewisser Heinrich E. erstattete im Herbst 1934 bei der Heidelberger Kriminalpolizei Anzeige gegen Unbekannt wegen Hypnotisierung seiner 24jährigen Ehefrau E. Im Zustand der Hypnose habe ihn seine Frau im Laufe mehrerer Jahre um 3000 Reichsmark geschädigt, sie habe verschiedene Mordversuche gegen ihn unternommen und sei wahrscheinlich auch geschlechtlich mißbraucht worden.
Frau E. litt seit längerer Zeit unter verschiedenen Beschwerden und hatte deshalb in Heidelberg einen Arzt aufgesucht, dessen Namen sie mit Dr. Dennick, Dr. Bergen oder Professor Schnee angab. Die Frau wußte nur zu berichten, daß der fragliche

Arzt sie durch Handauflegung zu heilen pflege, daß er ihr Dunkelheit einsuggeriere, so daß sie nicht habe sehen können, wo sie sich befand, und daß er sie zu völliger Ruhe gebracht habe.

Die Heidelberger Kriminalpolizei beauftragte den Psychiater Dr. Ludwig Mayer um Klärung des Falles (Dr. Mayer war Facharzt für Hypnose). Um herauszubekommen, wer sich hinter den genannten Ärztenamen befand (keiner war in Heidelberg als Arzt bekannt), versetzte er Frau E. mit deren Einverständnis viele Male in Hypnose. Nur im hypnotisierten Zustand erinnerte sich Frau E. an verschiedene Lokalitäten, wo sie von dem genannten Arzt zwischen 1930 und 1934 behandelt worden sei. Als Tatort erwies sich niemals ein Krankenhaus, sondern Frau E. führte Dr. Mayer in verschiedene Wirtschaften in Heidelberg, in Privatwohnungen und Badeanstalten. Es waren Orte, wo der Täter speiste, wohnte, badete.

In subtiler Kleinarbeit mußte immer wieder von Dr. Mayer das lückenhafte Erinnerungsvermögen der Frau geschlossen werden. Der Täter hatte während der Hypnose durch ganz bestimmte Sperrworte die Erinnerung an bestimmte Orte, Namen und Taten blockiert. Von dem Täter wußte Frau E. nur, daß er am linken Schienbein eine 3 Zentimeter lange Narbe, eine Hodenerkrankung, eine blaue Badehose mit weißem Gürtel habe, von schlanker Gestalt sei, einen Goldzahn und helle Haare besitze.

Der Aufklärung des Falles kam der Zufall zu Hilfe. Am 27. Juli 1934 wurde in Speyer ein Franz Walter wegen Betrugs verhaftet und wegen der Falschaussage, Arzt zu sein.

Auf diesen Walter stimmten die von Frau E. gemachten Angaben genau. Nach weiterem Abbau von Gedächtnissperren erinnerte sich Frau E., daß der vermeintliche Arzt eine dunkelbraune Brieftasche besaß, daß ein Fritz B. sie beim Baden mit Walter gesehen habe und welches Handtuch Walter benutzte. Alle diese Gegenstände wurden in Walters Wohnung gefunden.

Zu ausgesprochen kriminellen Taten beeinflußte Walter Frau E. in der Hypnose, als er ihr befahl, sich das Leben zu nehmen (durch Tabletten, durch Selbstertränkung im Rhein, durch Sichhinausstürzen aus dem fahrenden Zug), um sich ihrer vor Aufdeckung seiner Hypnosetaten zu entledigen. Frau E. versuchte, den Befehlen nachzukommen, wurde aber schließlich an der Tatausübung durch Dritte verhindert. Durch weitere Hypnotisierungen durch Dr. Mayer wurde auch evident, daß Walter sie hypnotisiert hatte, um Geschlechtsverkehr mit ihr auszuüben. Auch Abtreibungen mit Tabletten bzw. heißem Wein und Pfeffer mußte die Frau auf Walters Geheiß hin durchführen.

Als Walter von Frau E. erfuhr, daß ihr Ehemann Verdacht hege, gebot er ihr, wiederum in Hypnose, den Ehemann umzubringen, und zwar mit Kleesalz, mit giftigen Pilzen oder mit einer Pistole. Als diese Versuche fehlschlugen, mußte sie auf Walters Anordnungen das Bremskabel am Motorrad ihres Mannes durchschneiden, was tatsächlich zu zwei Unfällen ihres Mannes führte.

Dr. Mayer brachte nach langen Untersuchungen die Sperrworte heraus, mit denen Walter das Gedächtnis der Frau blockiert hatte. Es waren Hunderte solcher Worte, z. B. Floxilla, Combarus, Filofi.

Als taterschwerend kam hinzu, daß Walter Frau E. im Zustand der Hypnose einem anderen Mann namens Bodmer verkuppelt hatte.

Von der ersten Gegenüberstellung an bis zur Hauptverhandlung bestritt Walter energisch, jemals mit Frau E. zusammengekommen zu sein. Die Anschuldigungen von Frau E. Walter gegenüber waren zwar alle im Zustand der Hypnotisierung durch Dr. Mayer gemacht worden, aber mehr als 100 Zeugen konnten die Identität der Hypnoseaussagen mit der Wirklichkeit bestätigen.

Der in der Schweiz geborene Walter war ursprünglich Polizist, dann aber zum

Betrüger geworden (er gab sich als Arzt, Homoöpath aus) und deshalb bestraft worden. Von ihrem 17. Lebensjahr an war die sehr leicht beeinflußbare und labile Frau in Abhängigkeit von Walter geraten. Diese große Beeinflußbarkeit wurde als genereller Grund erkannt dafür, daß Menschen durch Hypnose zu Verbrechen veranlaßt werden können.
Drei Hauptgutachter hatten im Verlauf des Prozesses diese Tatsache bestätigt.
Am 13. Juni 1936 fällte das Gericht sein Urteil: Walter erhielt 10 Jahre Zuchthaus und 5 Jahre Ehrverlust wegen fortgesetzten Betrugs in Tateinheit mit gefährlicher Körperverletzung und wegen Sittlichkeitsverbrechens mit einer Abhängigen; Bodmer erhielt 4 Jahre Zuchthaus und 3 Jahre Ehrverlust wegen Sittlichkeitsverbrechens und Beihilfe zum Betrug.
Eine Revision des Urteils wurde vom Reichsgericht abgelehnt.

Nielsen, Björn Schouw

Im Jahre 1951 hatte der Däne Nielsen seinen Freund Hardrup in Hypnose versetzt und ihm befohlen, eine Bank zu knacken. Hardrup führte den Hypnosebefehl aus, tötete aber dabei zwei Bankbeamte.
Nachdem in der Wissenschaft bereits bekannt war, daß unter Hypnose Verbrechen begangen werden können, wurde Nielsen zu lebenslänglichem Zuchthaus verurteilt. Sein Freund Hardrup kam als unheilbarer Psychopath in eine Heilanstalt.

13. Ritualmord

Alexander, Harald und Frank

Der aus Hamburg stammende Harald Alexander und sein minderjähriger Sohn Frank hatten gestanden, am 16. Dezember 1970 in Santa Cruz (Teneriffa) die 41jährige Frau und Mutter Dagmar Alexander sowie die Töchter resp. Schwestern Marina (18) und Petra (15) getötet und verstümmelt zu haben.
Die psychiatrischen Gutachter, die die beiden Deutschen 9 Monate lang beobachtet hatten, hoben homosexuelle Neigungen zwischen Vater und Sohn als Tatmotiv in den Vordergrund. Beide Täter wurden als hochgradig schizophren bezeichnet.
Wie es nach spanischer Prozeßordnung üblich ist, hatte der Staatsanwalt bereits vor Prozeßbeginn aufgrund seiner Ermittlungen für den 40jährigen Vater dreimal die Todesstrafe und für den 16jährigen Frank dreimal 20 Jahre Haft beantragt.
Vater und Sohn Alexander gehörten einer Sekte an, nach deren Lehre das Königreich Davids nur wiederkehren wird, wenn sämtliche Frauen »ausgerottet« sind. Der Vater hatte geäußert: »Uns ist der Erzengel Gabriel erschienen und hat uns befohlen, das Königreich Davids wiederaufzurichten. Und dies konnten wir nicht tun, ohne vorerst das weibliche Geschlecht zu vernichten.« Es war denkbar, daß die Frauen ihrer »Opferung« vorher zugestimmt hatten.
Der Pflichtverteidiger führte als Entschuldigungsmoment vor allem die hochgradige Schizophrenie der Angeklagten ins Feld, verwies auf die grauenhaften Fotos vom Tatort und auf die Art, wie die beiden Männer mit vorgetretenen Augäpfeln in verkrampfter Starre zwischen drei Polizisten auf der Anklagebank saßen. Wegen völliger Unzurechnungsfähigkeit zur Tatzeit plädierte er für eine Einweisung in eine Heilanstalt.
Der Psychiater begründete die homosexuellen Neigungen mit der völligen Abgeschiedenheit, in der die Familie auf Teneriffa gelebt habe. Ein Brief des Vaters an den Sohn, im Gefängnis geschrieben, habe Hinweise auf die Homosexualität enthalten. Außerdem habe der triebstarke Vater in Hamburg mehrmals Prostituierte aufgesucht. Sein Trieb sei aber auf Teneriffa unter religiösen Wahnvorstellungen in absolute Enthaltsamkeit umgeschlagen und schließlich im Mord explodiert. Während des ganzen Prozesses saßen die Angeklagten schweigend, mit starrem Blick, auf ihren Bänken.
Im »Prozeß des Jahrhunderts« auf Teneriffa wurden beide am 26. März 1972 wegen dreifachen Mordes in einem Anfall von Wahnsinn in eine Heilanstalt eingewiesen. Das Urteil wurde dem Verteidiger schriftlich mitgeteilt und galt damit nach spanischer Rechtsprechung als verkündet.
Nachdem die Täter die drei Frauen zu Tode geprügelt hatten, zerstückelten sie die Leichen mit der Gartenschere, mit Zangen und Schustermessern. Sie schnitten ihnen die Brüste ab und rissen ihnen die Herzen aus dem Körper. Die Rippen traten sie mit den Füßen ein. Die Herzen der Toten wurden in flachen Sektschalen Gott geopfert. Dies der Tathergang des Massakers, das die beiden Sadisten, Irren oder religiös Verfolgten anrichteten.

Brady, Ian, und Hindley, Myra

Das Schwurgericht von Chester (England) verurteilte den Lagerverwalter Ian Brady (28) und seine Geliebte, die Sekretärin Myra Hindley (23), zu lebenslanger Zuchthausstrafe (im Oktober 1971), weil sie 3 Kinder scheußlich mißhandelt und getötet hatten.
Die 16 Minuten vor der Ermordung des 10jährigen Mädchens Lesley Anne Downey hielten die Mörder auf einem Tondband fest. Zwischen den Stimmen der Mörder (»Zieh dich aus!«, »Ich mach dich jetzt fertig!«) war immer wieder das Wimmern des hilfesuchenden Kindes zu hören. Gegen Ende der bestialischen Erdrosselungsszene erklangen vom Tonband Weihnachtschoräle und Glockengeläut.
Auch hatten die Täter pornographische Fotos von dem nackten Mädchen gemacht. Das zweite Opfer, ein 12jähriger Junge, wurde ebenfalls erdrosselt und anschließend im Moor in der Nähe des Mordhauses in der Wardle Brook Avenue Nr. 16 in Hatterley versenkt. Das dritte Opfer, ein 14jähriger Junge, war mit vierzehn Axthieben getötet worden.
Diese Art von Lustmord gehört in die Sparte des Ritualmordes. In allen Fällen waren die Opfer unter religiösen (Wahn-)Vorstellungen der Täter ums Leben gebracht worden. Ian Brady hatte in seiner Bibliothek James-Bond-Romane, Teile von Hitlers »Mein Kampf«, Schriften von de Sade und eben religiöse Werke. Die beiden Täter fühlten sich im Morden als »Berufene«, als »Auserwählte«, sie hörten sogar Stimmen. Ritualmörder sind meist gefährliche Psychopathen, die im Okkultwahn handeln.

14. Mordversuch

Kunzelmann, Dieter

»Was alles hier so einfach macht, ist der Kampf. Wenn wir den Kampf nicht aufnehmen, sind wir verloren. Die Linken haben das noch nicht begriffen.«
Diese Sätze schrieb Kunzelmann, gegen den vor dem Moabiter Schwurgericht in West-Berlin der Prozeß gemacht wurde wegen Mordversuchs in Verbindung mit versuchter menschengefährdender Brandstiftung und Urkundenfälschung.
Kunzelmann war (Mitte der sechziger Jahre) Mitbegründer der Kommune I, zu der auch Fritz Teufel und Rainer Langhans gehörten. Ihnen wurde angelastet, an etwa zwei Dutzend Anschlägen beteiligt gewesen zu sein, die sich in Berlin in den Jahren 1968/69 ereignet hatten. Im März 1969 war die Polizei auf Kunzelmann aufmerksam geworden, als sie bei einer Durchsuchung der Moabiter Kommunewohnung eine selbstgebastelte Brandbombe fand. Wegen mangelnder Beweise wurde Kunzelmann mit Langhans jedoch wieder auf freien Fuß gesetzt.
Am 19. Juli 1970 ging Kunzelmann (32) der Polizei ins Netz, als er, getarnt mit Hornbrille und Seehundsbart, elegant gekleidet, seine Freundin auf dem Tempelhofer Flughafen abholen wollte. Die Freundin, Irene Siepmann (26), Spitzname »Ina«, führte die Polizei zum Unterschlupf der prominenten Kommune in der Nollendorfstraße 24 in Berlin. Hier stellte die Polizei genügend Beweismaterial sicher. In einem Leitzordner waren Briefe abgeheftet, die nach Angaben der Polizei einem schriftlichen Geständnis über zahlreiche Straftaten glichen. Paßbilder, die Kunzelmann in 11 verschiedenen Verkleidungen zeigten, und Verpackungsmaterial, wie es für den Bau gefundener Bomben verwendet worden war, wurden ebenfalls gefunden.
Am 26. Oktober 1971 begann der Prozeß gegen Kunzelmann wegen des versuchten Brandanschlags beim Juristenball im Palais am Funkturm in Berlin (am 10. Januar 1970) und wegen Urkundenfälschung.
Hauptbelastungszeugin war Annekatrin Bruhn (21), die im November 1970 Aufsehen erregte mit der Aussage, auf das Konto der Kunzelmann-Gruppe kämen all die Anschläge, die in Berlin auf das jüdische Gemeindehaus, das El-Al-Büro, Kaufhäuser, Banken, Polizeistationen, Juristenwohnungen und schließlich den Juristenball verübt worden seien.
Annekatrin Bruhn gehörte mit Hella Maher zum engeren Kommunekreis, in dem auch gehascht und gespritzt wurde. Während einer Erkrankung kam Annekatrin zur Einsicht und sagte später: »Ich konnte nicht länger schweigen. Ich wollte umkehren. Deshalb habe ich der Polizei alles erzählt. Wenn Sie so wollen: Ich bin eine Verräterin.«
Während des Prozesses schwieg Kunzelmann trotz aller Indizien. Annekatrin aber packte aus. Sie habe sich von Kommunegenossen um Kunzelmann überzeugen lassen, daß man mit Gewalt gegen die Ordnung des Establishments kämpfen müsse; sie habe die beiden Eintrittskarten für den Juristenball (Januar 1970) von Horst Mahler erhalten, der inzwischen selbst in zahlreiche Verfahren verstrickt ist und in dessen Berliner Wohnung die Polizei ein Tagebuch fand, in dem Kunzelmann alle jene Tage angekreuzt hatte, an denen ein Anschlag in Berlin verübt worden war.
Kunzelmann – im geliehenen Smoking, die Pistole im Schulterhalfter – und Annekatrin erschienen gegen 22 Uhr auf besagtem Ball, aber nur kurze Zeit, um eine Damenhandtasche zu deponieren, in der ein Brandsatz mit Zeitzünder versteckt war.
Die Bombe explodierte nicht, weil die Zündeinrichtung versagte. Die Untersuchungen ergaben jedoch, daß der Brandsatz eine Hitze von 1000 Grad entwickelt und daß es in der näheren Umgebung Tote und Schwerverletzte gegeben hätte, wenn die Bombe explodiert wäre.
Kunzelmann stammte aus bürgerlichem Haus in Bamberg und war eines jener frühen SDS-Mitglieder, die schon von 1966 an dafür eintraten, daß eine »radikale Situation« geschaffen werden müsse. Kunzelmanns Schritt vom Kommunarden zum Kriminellen wurde deutlich anhand der Briefe, die er aus Jordanien dem

in West-Berlin erscheinenden linksradikalen Blatt »883« zur Veröffentlichung anbot. Unter dem 17. und 18. Oktober 1969 war hier zu lesen: »Illegale Phantasie, organisierte Disziplin und Schulung sind neben den praktischen Problemen, wie Erfahrung, Training und Ausrüstung, Voraussetzung für einen Kampf, der nicht improvisiert werden kann. Revolutionäre Berufspraxis kann nur subversive Berufspraxis sein.«
Turbulent begann der Prozeß gegen Kunzelmann am 26. Oktober 1971. Mit erhobener Faust, langmähnig und bärtig, betrat er den Saal 500 des Moabiter Schwurgerichts. Den Staatsanwalt deckte er gleich mit einer deftigen Schimpfkanonade ein, was ihm eine Ordnungsstrafe von 2 Tagen einbrachte. Nach 50 Minuten mußte der Prozeß schon unterbrochen werden, weil ein unbekannter Zuhörer eine Tränengaskapsel warf, die den Saal mit Tränengasschwaden füllte. Der Saal wurde unter ohenbetäubendem Lärm der Zuschauer von der Polizei geräumt.
Bei der anfänglichen Vernehmung zur Person bestritt Kunzelmann, mit Annekatrin Bruhn den Brandsatz zum Juristenball gebracht zu haben. Er beschuldigte das »Schwein Thiele (den Staatsanwalt), die Zeugin Bruhn, die rauschgiftsüchtig ist, gekauft, bestochen und zur Aussage genötigt zu haben«. Er fluchte gegen die »tölpelhafte Anklageschrift« und sprach von einer »Verschwörung der Staatsanwaltschaft«. Nach Unterbrechung der Verhandlung rief ein Zuschauer: »Thiele ist eine jämmerliche, erbärmliche, faschistische, verbrecherische Drecksau und ein Schwein!«
Annekatrin Bruhn blieb aber bei ihren Aussagen und fügte dazu, gesehen zu haben, daß Sprengkörper von Kommunemitgliedern gebastelt worden seien.
Gegen Annekatrin Bruhn wurde ein Extra-Verfahren angesetzt, weil sie sich wegen eines Bombenanschlags im »KADEWE« zu verantworten haben wird.
Die Bombenlegung beim Juristenball habe zum Ausdruck bringen sollen, daß die Kommune in Opposition zur Justiz stehe. »Wir alle waren überzeugt, daß es nur mit Gewalt geht.«
Am 6. Dezember 1971 wurde Kunzelmann zu einer Freiheitsstrafe von 9 Jahren und 1 Monat verurteilt. Die Anklagepunkte sah das Gericht als erwiesen an.
Nach dem Urteilsspruch sagte Kunzelmann: »Ich scheiße auf dieses Urteil. Stellen Sie die Mörder von Georg von Rauch hierher!« (Von Rauch war am 4. Dezember 1971 bei einem Feuergefecht zwischen der Polizei und Mitgliedern der Baader-Meinhof-Gruppe in Berlin erschossen worden.) Kunzelmann wurde daraufhin sofort abgeführt. Er durfte den Saal erst wieder betreten, nachdem er sich beruhigt hatte. Dann rief er: »Pflicht eines Revolutionärs ist es, immer zu kämpfen, bis zum Tod zu kämpfen!«
Wegen seiner Sympathie zur Baader-Meinhof-Gruppe habe er sich, so der Vorsitzende, nochmals belastet und seine militante Gesinnung zum Ausdruck gebracht.
Als er nach Prozeßende hinausgeführt wurde, schrie er mit erhobener Faust: »Georg lebt!« Sympathisanten im Zuhörerraum riefen dem Gericht zu: »Ihr kommt alle mal dran, ihr Pigs!«
Wegen viermaliger Beleidigung des Staatsanwaltes Wolfgang Thiele während des Prozeßverlaufs (»Schwein«) erhielt Kunzelmann Anfang Juli 1972 von einem Westberliner Schöffengericht eine zusätzliche Strafe von 4 Monaten Haft ohne Bewährung zudiktiert.
Außerdem wurde angekündigt, daß er sich erneut vor Gericht verantworten müsse. Kunzelmann und Hilmar Budde wurden Anfang September 1972 beschuldigt, in der Nacht zum 26. Januar 1970 den Privatwagen des Leiters der Strafanstalt Tegel (Berlin) mit einem Molotow-Cocktail erheblich beschädigt zu haben. Mit dem Brandanschlag, an dem auch der später erschossene Georg von Rauch beteiligt gewesen sein soll, hätten sie gegen die Verurteilung eines Freundes demonstrieren wollen.

15. Mord und religiöser Wahn

Hasler, Bernadette

Vor dem Geschworenengericht des Kantons Zürich begann im Januar 1969 ein Prozeß, der als »einmalig« in der Zürcher Strafrechtsgeschichte bezeichnet wurde. Verhandelt wurde der Fall der Bernadette Hasler, eines 17jährigen Mädchens, das vorgab, mit Luzifer einen Pakt geschlossen und auch geschlechtlich mit dem Teufel verkehrt zu haben. Der Fall Hasler machte Schlagzeilen, als bekannt wurde, daß am 14. Mai 1966 6 Angehörige einer religiösen Gemeinschaft darangingen, das von dem Teufel besessene Mädchen in einem Chalet in Ringwil im Zürcher Oberland durch Schläge zu heilen, wobei allerdings das Mädchen an den Folgen der Schläge starb.
Angeklagt waren nun der 63jährige ehemalige Geistliche Josef Stocker, die 55jährige Magdalena Kohler, der 40jährige Kaufmann Emilio Bettio und die drei Brüder Hans, Heinrich und Paul Barmettler (46, 42 und 37 Jahre alt). Die Anklage lautete auf schwere Körperverletzung mit voraussehbarem tödlichem Ausgang. Alle 6 gehörten der »Internationalen Gemeinschaft zur Förderung des Friedens« an.
Teilweise wurde das Mädchen geprügelt, um den Teufel auszutreiben, teilweise auch, um es mit jedem Schlag den Zorn Gottes spüren zu lassen. Stocker und Kohler waren deutsche Staatsangehörige, die vier anderen Schweizer. Stocker und Kohler fungierten in der »Gemeinschaft« als »heilige Eltern«. Bernadette Hasler war Landwirtstochter. Ihr Vater gehörte ebenfalls der Gemeinschaft an und bot den »heiligen Eltern« Unterschlupf in seinem Haus. Die Gemeinschaft hatte ein Heim in Singen, in dem Bernadette mit anderen Mädchen zusammen untergebracht war. Wohl durch ihre Pubertät bedingt, benahm sie sich so unverständlich, daß die »heiligen Eltern« beschlossen, sie zur Erziehung und Gewissenerforschung in das Chalet in Ringwil einzuweisen. Dort hatte sie Sühnebekenntnisse und Selbstanklagen abzuliefern, was offenbar

ihren Trotz nur noch erhöhte, so daß sie eines Tages angab, einen Pakt mit Luzifer geschlossen zu haben. Die Erziehung des starrköpfigen Mädchens spitzte sich zu, als Bernadette noch andere Mädchen gegen die »heiligen Eltern« aufwiegelte. Während des Abendessens an jenem 14. Mai 1966 ging es allein um das unkeusche und aufsässige Mädchen. Zur Züchtigung wurde nun die Prügelei beschlossen.

In etwa einer Stunde erhielt das Mädchen rund 100 Schläge mit Spazierstöcken, einem Plastikrohr und einer Reitpeitsche. Das wehrlose Mädchen ertrug völlig apathisch die Züchtigung, und als es vor lauter Schmerzen Kot lassen mußte, wurde es gezwungen, seinen Kot zu essen. Dann wurde Bernadette Hasler in eine Badewanne gesteckt und von Frau Kohler abgeduscht. Anschließend mußte sie in einem Bach ihre Kleider waschen.

Danach durfte sie ins Bett gehen, am nächsten Morgen war sie tot. Als Todesursache wurden die Schläge angegeben, die in der Gegend des Gesäßes und der Oberschenkel zu einer schweren Zertrümmerung und einer Verflüssigung des Unterhautgewebes mit Blutergüssen geführt hatten. Diese Verletzungen führten zu einer Fettembolie der Lungen, an der das Mädchen dann gestorben ist.

Die Leiche wurde dann in Leintücher verpackt und in das Haus von Heinrich Barmettler in Wangen bei Olten gebracht. Ihre leiblichen Eltern waren in die Vorfälle eingeweiht worden.

Erst in Wangen wurde ein Arzt gerufen, der nur noch den Tod feststellen konnte.

Der Prozeß fand einen sehr großen Publikumsandrang.

Stocker war ein katholischer Geistlicher, inzwischen exkommuniziert. Wie er war auch Frau Kohler von religiösem Übereifer getrieben. Sie waren die beiden Hauptangeklagten, die immer wieder ihr Sendungsbewußtsein zur Rede brachten.

Zu den unmittelbaren Aufträgen Gottes gehörte auch die Gründung der »Gemeinschaft«.

Am 9. Februar 1969 wurde dann das Urteil gesprochen: Joseph Stocker und Magdalena Kohler erhielten je 10 Jahre Gefängnis, Emilio Bettio 4 Jahre und die Brüder Barmettler je dreieinhalb Jahre Gefängnis. Außerdem wurden die beiden Hauptangeklagten für 15 Jahre des Landes verwiesen. Der Familie Hasler mußten sie eine Entschädigung von 4000 Franken bezahlen.

16. Notwehr oder Mord

Von Rauch, Georg

Ungeklärt, vermutlich wegen schlampiger Ermittlungsarbeit der Berliner Polizei, ist bis heute der Tod des 24jährigen Georg von Rauch.

Von Rauch rechnete schon seit Monaten zu den Aktiven der Baader-Meinhof-Gruppe, war als Bombenleger unterwegs und mit seinen Freunden Ralf Reinders und Bernhard Braun in Heidelberg und Hamburg in Zwischenfälle verwickelt. Ein Tip im November/Dezember 1971, Baader-Meinhof-Leute wollten Kaufhauskassen überfallen, löste eine gezielte Fahndung nach 10 BM-Mitgliedern aus, darunter auch Rauch, Reinders und Braun. Am 30. November 1971 entdeckte ein Spezialist der Berliner Verkehrspolizei am Schöneberger Winterfeld-Platz einen dort abgestellten Ford-Transit und stellte fest, daß es sich um eine der für BM-Unternehmen typischen Doubletten handelte, um ein gestohlenes Fahrzeug, das nach Type, Farbe und Nummer haargenau einem anderen, regulär zugelassenen Fahrzeug glich.

Kriminalpolizei, Politische Polizei und Verfassungsschutz beobachteten – drei Tage vergeblich – den verdächtigen Wagen.

Am 4. Dezember 1971 kamen dann die Benutzer und fuhren, gefolgt von einem ebenfalls als Doublette frisierten VW Variant, zur Eisenacher Straße 2 in Berlin, wo der Ford wendete und anhielt. Was von Rauch und seine Begleiter Reinders und Braun dort wollten, ist unbekannt. Einer der Beamten, Kriminalhauptmeister Schultz, forderte drei der vier Verdächtigen (der vierte konnte fliehen) auf, sich mit erhobenen Händen und Gesicht zur Wand an die geschlossene Jalousie des Möbelgeschäftes Christian zu stellen, um sich auf Waffenbesitz abtasten zu lassen. Da die drei jedoch dicke Winterkleidung trugen, brach Schultz die Untersuchung ab, zumal er keine Rückendeckung hatte. Dann zog sich der Beamte etwa 4 Meter zur Straßenmitte zurück. Was nun passierte, ist bis heute unklar. Nach Aussagen des Beamten »fing es plötzlich zu knallen an«. Georg von Rauch brach zusammen und blieb auf dem Pflaster liegen.

Die Frage dieser 4 Minuten (zwischen 17 Uhr 24 und 17 Uhr 28) lautete: Wer hat zuerst geschossen? Der Kripobeamte behauptete, in Notwehr geschossen zu haben, rund 20 sich widersprechende Zeugenaussagen schlossen die Möglichkeit nicht aus, daß Schultz als erster das Feuer eröffnet hatte.

Der Sicherheitsausschuß des Berliner Abgeordnetenhauses trat zusammen, um die strittige Frage zu klären – ohne Ergebnis. Innensenator Neubauer, der sich vor den Polizeipräsidenten Hübner stellte, gab offen zu, daß die Polizei Fehler gemacht hatte. 24 Stunden nach der Erschießung von Rauchs stand allerdings fest, daß, obgleich noch immer kein befriedigendes Resultat der Untersuchungen vorlag, »es keinen Anlaß zur Kritik am Verhalten der Polizei« mehr gebe. Der Kripobeamte, der selbst einen »Bauchschuß« erhielt, der sich jedoch nachträglich als »Fleischdurchschuß an der Bauchdecke« herausstellte, wurde erst 3 Tage später vernommen (amtliche Begründung: Es müsse erst das Abklingen eines möglichen Schockes und möglicher Medikamenteneinflüsse abgewartet werden). Die Staatsanwaltschaft sah keine Veranlassung, die an dem Vorfall beteiligten Beamten des Verfassungsschutzes zusätzlich zu vernehmen, obgleich zwischen Schultz und drei Verfassungsschutzbeamten der Schußwechsel gegen die drei an der Wand Stehenden stattgefunden hat.

Nach Aussagen von Schultz habe er durch Funkruf Verstärkung herbeiholen wollen, aber durch eine »örtlich bedingte Störung« seien in der Nähe stationierte Streifenwagen nicht erreichbar gewesen. Nach seinen weiteren Aussagen hätten sich die drei umgedreht, als er sich zur Fahrbahnmitte zurückzog. In diesem Moment seien die ersten Schüsse gefallen. Zeugen berichteten jedoch, die drei »Langhaarigen« hätten noch mit erhobenen Händen, Gesichtern zur Wand, gestanden, als die ersten Schüsse fielen.
Die Ermittlungen nach dem Schußwechsel und dem Tod Georg von Rauchs wurden nachlässig geführt. Die Lage der Leiche wurde nicht wie sonst üblich markiert, angeblich weil »die Feuerwehrleute nicht wußten, daß er tot war«. Ein großer Teil der Hülsen wurde nicht wie üblich von Beamten, sondern von Passanten aufgelesen. Die Polizei behauptete weiter, aus dem Bereich der Gruppe seien mindestens 13 Pistolenschüsse des Kalibers 9 Millimeter in Richtung auf Schultz abgefeuert worden. Die Hülsen sammelten Passanten aber in der Nähe des erschossenen von Rauch auf.
Die Frage, ob von Rauch etwa von seinen eigenen Freunden erschossen worden sein könnte, wurde durch das Gutachten eines Gerichtsmediziners, des FU-Professors Krauland, widerlegt: Er kam zu dem Ergebnis, daß »Beschaffenheit und Ausmaße der Ausschußlücke (im Schädel des Toten) sowie die Wirkung des Geschosses auf den Schädel . . . für ein Kaliber 7.65 mm und nicht für ein solches von 9 mm« sprechen. Somit ist von Rauch mit hoher Wahrscheinlichkeit mit der von Schultz benutzten Dienstpistole 7.65 Millimeter erschossen worden. Krauland hatte allerdings auch festgestellt, daß von Rauch sein »Gesicht frontal zum Schützen« gewandt haben müsse, wie eine Schußbahn vom rechten Auge zum zentralen Hinterkopf bewies.
Fraglich ist aber vor allem, ob von Rauch selbst geschossen hat. Eine Untersuchung seiner Hände auf Pulverrückstände hin war nicht mehr möglich, weil sie durch von der Polizei abgenommene Fingerabdrücke bereits geschwärzt waren.
Die offizielle Version dieses Vorfalls legte sich auf »Notwehr« fest. Das Ermittlungsverfahren gegen Schultz wurde eingestellt. Ein Vierteljahr nach dem Schußwechsel wurde plötzlich mitgeteilt, Schultz sei noch von einer zweiten Kugel getroffen worden, die seine Jacke streifte, ohne ihn zu verletzen. Nun wurde auch nicht ausgeschlossen, daß bei der Schießerei Angehörige des Landesamtes für Verfassungsschutz, des Bundeskriminalamtes oder gar der Alliierten beteiligt gewesen seien.
Damit dürfte das Dunkel im Fall von Rauch komplett sein.

17. Betrug

Gerstel, Willi

Am 13. Dezember 1972 begann vor dem Mannheimer Landgericht der Prozeß gegen Willi Gerstel (46), der als Hellseher »Hanussen II.« in ganz Deutschland bekannt ist. »Wir werden den Prozeß gewinnen«, hatte er sich selbst prophezeit, doch diese wie auch andere Prognosen waren falsch. Er war angeklagt wegen »fortgesetzten Betrugs in Tateinheit mit unerlaubter Ausübung der Heilkunde«. Jedoch keiner seiner Kunden, »Klienten« genannt, hatte ihn angezeigt, sondern das Verfahren kam auf Antrag des Staatsanwaltes Dr. Wimmer in Gang. Zwei Jahre lang wurde ermittelt, dann waren rund 30 Fälle beisammen, die nach Betrug aussahen. Ein Teil davon konnte wieder fallengelassen werden, doch es blieben immer noch 19 Fälle, über die das Gericht zu urteilen hatte.
Der gelernte Landwirt aus Pforzheim hatte an verschiedenen Orten der Bundesrepublik in Zeitungsanzeigen und Interviews sich als Hellseher, Parapsychologe und Chiromant ausgegeben und 100%ig sichere Prognosen für die Zukunft versprochen.
Es ging in diesem Prozeß nicht um die Frage, ob es so etwas wie Hellseherei gibt, sondern allein darum, ob sich der Hellseher Gerstel des Betruges schuldig gemacht hatte.
Die meisten Klienten, die aussagten, konnten sich über ihn nicht beschweren, ja in manchen Fällen war seine Prognose der letzte Strohhalm, an den sich verzweifelte und um Rat fragende Menschen geklammert hatten. In 4 Fällen konnte ihm eindeutig Betrug nachgewiesen werden. Zunächst hatte der »große Meister der Grenzwissenschaften«, wie er sich selbst nannte, zwei Frauen aus Opladen »individuelle« Horoskope gegen ein Honorar von etwa 130 Mark ausgestellt, in Wahrheit war es aber nur ein hektographierter gleichlautender Text; einem Juristen aus Berlin gab er Ratschläge über Aktienkurse: Der Hellseher sah sie steigen, in Wirklichkeit fielen sie; auch machte er zwar beruhigende, aber unwahre Aussagen einer Klientin gegenüber, die ihn wegen einer möglichen Krebserkrankung konsultiert hatte.
Im psychiatrischen Gutachten wurde ihm verminderte Zurechnungsfähigkeit bescheinigt, er sei ein »unsicherer, weicher, leicht erregbarer und sensibler Mensch mit einer Neigung zur Überheblichkeit und Selbstüberschätzung«. Übrigens hatte er 13 Vorstrafen aufzuweisen, teils Diebstahlsdelikte, teils Unzucht mit Kindern.
Am siebten Verhandlungstag sprach das Gericht sein Urteil: 2000 Mark Geldstrafe, ersatzweise 40 Tage Freiheitsentzug. Die Strafe wurde ausgesprochen wegen vollendeten Betruges in 3, versuchten Betruges in 1 und unerlaubter Ausübung der Heilkunde in 5 Fällen.
Freilich, so hieß es in der Urteilsbegründung, sei an diesen Betrugsfällen zum Teil auch die Gesellschaft selbst mit schuld, die Gerstel hinsichtlich seiner »medialen Fähigkeiten« hochlobte und ihn in seiner eigenen Selbstüberschätzung noch bestärkte. Als besonders belastend wertete das Gericht die Tatsache, daß »Willi

Gerstel sich mit Krebs befaßt hat«, einem Gebiet, bei dem Falschprognosen sich als äußerst gefährlich erwiesen.
Der Hellseher gab nach Urteilsverkündung bekannt, er werde in Zukunft als Gärtner arbeiten.

Hauser, Ernest

Der amerikanische Staatsbürger österreichischer Herkunft Ernest Hauser wurde 1972 angeklagt wegen Verdachts auf fortgesetzte Untreue, Urkundenvernichtung und -fälschung. Seit Jahren war Hauser in der BRD im Rüstungsgeschäft tätig und vertrat lange Zeit in Bonn die Interessen des amerikanischen Flugzeugkonzerns Lockheed. Der Rüstungslobbyist Hauser stand im Verdacht, seine Auftraggeber um etwa 310000 Mark geprellt zu haben.
Schon 1965 hatte er Geschäftsbriefe gefälscht, um für Geschäftsabschlüsse zwischen dem Bundeswehrbeschaffungsamt und seiner Firma auf mehr als 5% Provision zu kommen.
Am 12. Jnauar 1972 wurde Hauser wegen Untreue und Urkundenfälschung zu 1 Jahr Gefängnis und 5000 Mark Geldstrafe verurteilt. Seine Haft wurde auf Bewährung ausgesetzt.
Der Strauß-Intimus und Rüstungslobbyist Hauser, ehemals Hauptmann des amerikanischen Abwehrdienstes CIA, war nach dem Krieg nach Deutschland gekommen und besaß bestimmte Vollmachten der Besatzungsarmee für den Landkreis Schongau/Bayern, in dem Franz Josef Strauß seinerzeit stellvertretender Landrat war. Später avancierte Hauser durch die Intervention von Strauß zum deutschen Vertreter des amerikanischen Flugzeugkonzerns Lockheed, dem Produzenten der Starfighter.

Heinrich, Gerda Maria Luise, genannt »Schweine-Prinzessin«

Zwischen 1965 und 1969 täuschte die 49jährige ehemalige deutsche Krankenschwester zahlreichen Geldgebern vor, mehrere Bauernhöfe und eine erfolgreiche Schweinezucht zu besitzen. Mit geliehenen Schweinen füllte sie nacheinander gepachtete Bauernhöfe und gewann dann durch Zeitungsinserate großzügige Geldgeber, denen sie saftige Renditen aus der Schweinemast und -aufzucht versprach. In einigen Fällen übertrug sie sogar die geliehenen Schweine ihren Geldgebern als Sicherheit. Auf diese Art schädigte sie ihre Gläubiger um mehr als 1 Million Mark. Als ihr die Gläubiger zu sehr naherückten, verschwand sie 1969 und hielt sich mit Diebstählen und Gaunereien in allen Teilen der Bundesrepublik über Wasser.
Im Juni 1972 wurde sie vom Landgericht Kleve zu 8 Jahren Freiheitsentzug und anschließender Sicherungsverwahrung verurteilt. Das Gericht warf ihr Rückfallbetrug und Urkundenfälschung vor.

Voigt, Wilhelm (Hauptmann von Köpenick)

Am 16. Oktober 1906 besetzte ein Hauptmann in der Uniform des 1. Garderegiments zu Fuß mit 11 Soldaten das Rathaus von Köpenick, erklärte den Bürgermeister und den Hauptkassenrendanten für verhaftet, ließ sich den Kassenbestand angeben (es waren rund 4000 Mark) und verließ nach einer halben Stunde samt Wache und Geld das Rathaus.
Dies war der Schelmenstreich des Schusters Wilhelm Voigt (geb. am 13. Februar 1849), der den preußischen Kadavergehorsam und den Respekt vor der uniformierten Staatsautorität ausnutzte und das Image der preußischen Staatsordnung auf den Arm nahm. Verraten durch seinen Komplizen namens Kallenberg, wurde er bereits am 26. Oktober verhaftet, die Hauptverhandlung begann schon am 1. Dezember 1906 vor der Strafkammer des Landgerichts II in Berlin.
Die Lebensgeschichte, die Voigt in großer rhetorischer Gewandtheit vor Gericht erzählte, förderte zutage, daß der Staat selbst nicht ganz unschuldig war an diesem genialen Racheakt des kleinen Mannes. Voigt hatte bereits eine stattliche Vorstrafenliste (Betteln, Diebstahl, Urkundenfälschung) und war vor diesem Coup bereits 27 Jahre in Gefängnissen und Zuchthäusern. Sein Versuch, nach früheren Haftstrafen sich wieder in die Gesellschaft einzufügen, scheiterte jedesmal an der Tatsache, daß ihn die Polizeibehörden nach Bekanntwerden seiner Vorstrafen auswiesen. Dies passierte Voigt ungefähr dreißigmal.
Ohne gültiges Paßformular wäre es ihm unmöglich gewesen, als ordentlicher Bürger wieder Fuß zu fassen. Deshalb war Voigt auf den Gedanken gekommen, eine Amtsstelle zu besetzen, um sich Paßformulare zu verschaffen. Das Gericht hatte ihm nicht abgenommen, daß er am Geld kein Interesse gehabt hätte. Von dem geraubten Betrag konnte er ca. 3000 Mark wieder zurückgeben, vom Rest hatte er sich neu eingekleidet.
Das Gericht verurteilte ihn zu 4 Jahren Gefängnis wegen betrügerischer Amtsanmaßung, Freiheitsberaubung, unbefugten Tragens einer Uniform. Nach zwanzigeinhalb Monaten wurde Voigt am 15. August 1908 begnadigt. Bis zu seinem Tod trat er dann in verschiedenen Varietés auf und ließ sich als inzwischen berühmt gewordener Hauptmann von Köpenick bewundern. Er starb eines natürlichen Todes am 3. Januar 1922.

18. Hochstapelei

Domela, Harry

Der Deutsche Harry Domela (geb. 1904) ging in die Kriminalgeschichte ein als der »falsche Hohenzollernprinz«. Er kleidete sich nach Art des Fürstenhauses, nahm feine Manieren an und eine gestelzte Sprache und fand tatsächlich Zugang zu Adelskreisen. Am 11. Juli 1927 wurde er zu 7 Monaten Gefängnis verurteilt.

Nach Abbüßung dieser Strafe schrieb er ein Buch über sich, kaufte aus dem Erlös ein Kino in Berlin, wurde selbst Schauspieler in dem autobiographischen Film »Der falsche Prinz« und zog dann noch eine Weile als Theaterschauspieler herum, bis er während des Spanischen Bürgerkrieges verschollen ging.

Krull, Ernst

Im Juli 1928 meldete sich bei der gerade operierten Frau Hildegard Tressel in Hamburg ein Kriminalkommissar Dittschlag mit einem Haftbefehl in der Hand. Er sprach vor wegen einer Schwangerschaftsunterbrechung, die allerdings legal und auf ärztliches Anraten vorgenommen worden war. Frau Tressel beschwor den Kommissar, sich für sie einzusetzen, denn ihr Mann sollte nichts davon erfahren. Dittschlag versprach, die Angelegenheit »auf seine eigene Kappe zu nehmen«, telefonierte mit Dienststellen und wollte selbst nach München reisen, um dort die Akten einzusehen. Die für die Reise erforderlichen 150 Mark ließ er sich von ihr geben. Doch die Reise kam nicht zustande. Statt dessen zitierte er die noch geschwächte Frau in die Staatsanwaltschaft, ließ sie vor der Tür warten, »verhandelte« drinnen und überbrachte ihr das Ergebnis, daß gegen eine Kaution von 5000 Mark von der Vollstreckung des Haftbefehls abgesehen werden könne. Da die Frau das Geld nicht flüssig hatte, gab sie ihm ihren Schmuck mit. Und weil ihr Mann nicht merken sollte, daß der Schmuck plötzlich fehlte, lieh sich Frau Tressel das Geld, um ihn wieder auszulösen. Auch dieses Geld behielt der Kommissar.

Am 18. August 1928 wurde Dittschlag verhaftet. Er war in eine Falle der mißtrauisch gewordenen Frau gelaufen, als er das restliche Geld für den Schmuck einkassieren wollte.

Dittschlag war in Wirklichkeit der Hochstapler Ernst Krull (geb. 1897), der sich schon mehrmals auf diese Weise und Methode (die Opfer vor Amtsstuben warten zu lassen, weil er vorgab, drinnen zu verhandeln, was nicht stimmte) Geld verschafft hatte.

Seine Laufbahn: kaufmännischer Lehrling, Schiffsjunge bei der Handelsmarine, Freiwilliger im Ersten Weltkrieg. 1919 hatte er sich vom Gefreiten zum Leutnant befördert, geriet in Berlin in Verschwörerkreise und spielte schließlich bei der Ermordung Rosa Luxemburgs eine Rolle. Über die Ermordung von Rosa Luxemburg und Karl Liebknecht wird berichtet: Hauptmann Pabst soll als Gerichtsherr die Vernehmung der beiden geführt und die Art ihres Todes bestimmt haben: Während der Autofahrt vom Eden-Hotel in Berlin nach Moabit erhielt zuerst Karl Liebknecht mit einem Gewehrkolben von dem Soldaten Runge einen Schlag auf den Hinterkopf, war betäubt und wurde in einer dunklen Allee des Tiergartens erschossen, »auf der Flucht«, wie es hieß (vgl. S. 264).

Dann kam der Wagen zurück und holte Rosa Luxemburg. Den tödlichen Schuß auf sie will der Leutnant Krull abgefeuert haben, abermals auf dem Weg nach Moabit. Nach anderer Version war der Todesschütze Oberleutnant Vogel. Nachdem er der bewußtlosen Frau eine Kugel durch die Schläfen gejagt hatte, ließ er ihre Leiche in den Landwehrkanal werfen. Als Tatmotiv wurde verbreitet, Rosa Luxemburg sei durch eine erregte Volksmenge entführt worden. Später wurden diese Falschaussagen Vogels entlarvt.

Krull wurde wegen der Mordsache Luxemburg im Herbst 1921 verhaftet. Trotz neunmonatiger Untersuchungshaft konnte ihm aber der Mord nicht einwandfrei nachgewiesen werden. Er erhielt nur 3 Monate Gefängnis, die durch die U-Haft aufgehoben waren, und zwar wegen Diebstahls in zwei Fällen: Die Uhr der Ermordeten wurde bei ihm gefunden, und er hatte zugegeben, Papiere Rosa Luxemburgs gestohlen zu haben.

Oberleutnant Vogel wurde wegen »Beiseiteschaffung einer Leiche« zu 4 Monaten Gefängnis verurteilt, floh aber mit falschem Paß nach Holland.

Am 1. Juni 1922 kam Krull auf freien Fuß. Ein Jahr später setzte er sein Hochstapler- und Erpresserleben fort. In mehreren Fällen wandte er seine »Wohnungsamt-Idee« an: Erfuhr er, daß einer Dame die Wohnung gekündigt worden war, so besuchte er sie, ausgerüstet mit »amtlichen« Papieren, und versprach, gegen Zahlung einer bestimmten Geldsumme die Sache in Ordnung zu bringen. Das Opfer führte er zum Wohnungsamt, ließ es vor der Tür warten, »verhandelte« im Dienstzimmer mit einem Beamten, kam heraus, und das Problem war gelöst. Im Mai 1924 wurde er abermals verhaftet und zu 10 Monaten Gefängnis wegen Betrugs verurteilt.

1926 kreuzte er erneut in Berlin auf, jetzt als Regierungsrat Dr. Koßmann vom Innenministerium. Er prellte Berliner Gaststättenbesitzer, die eine Erweiterung ihrer Konzession wünschten, was er gegen Zahlung von »Vorausbeiträgen« durchzusetzen versprach. Nach Erhalt des Geldes ließ er sich nicht mehr blicken. Wegen Erpressungsversuchs an einem Ehepaar, das Mietschulden hatte, bekam er 11 Monate Gefängnis.

Wieder entlassen, traf er in einer Kneipe seinen alten Freund Scharpegge, der ihm die Geschichte mit Frau Tressel erzählte. Sie war dessen Freundin, und das Kind, das sie sich hatte abtreiben lassen, stammte von ihm. Krull nutzte als Kommissar Dittschlag den Fall auf seine Weise aus.

Aus der Haftanstalt in Hamburg konnte er ausbrechen, floh zu der Wirtin jener Kneipe, in der er Scharpegge getroffen hatte, wurde am 1. Oktober 1929 wieder verhaftet und erhielt am 10. Mai 1932 6 Jahre Gefängnis wegen Betrugs in vier Fällen.

Manolescu, Georges

In seinem Leben hatte der »König unter den Dieben« (geb. am 20. Mai 1871 in Ploesci/Rumänien) 35 Millionen Mark umgesetzt, gegen Ende seines Lebens Memoiren geschrieben, aber für das, was er nicht schrieb, viel mehr Schweigegeld kassiert, als das Honorar betrug, das er für seine Memoiren kassierte.

Er lebte unter verschiedenen orientalisch klingenden Namen vorwiegend in teuren Hotels, Spielsälen und

an Fürstenhöfen. Groß geworden in Erziehungsheimen und Internaten, phantasiebegabt und haltlos, immer rebellisch, ein Sprachgenie und dazu ein hübscher Junge: Sein Interesse galt schon während der Schulzeit fremden Ländern, Städten und Menschen. Als Seekadett der Marineschule hielt er es nicht aus, floh bei Nacht als blinder Passagier auf einem Frachtschiff bis nach Konstantinopel, vagabundierte und fand Gönner, denen er gleich Brieftasche und Zigarettenetui stahl, das Diebesgut versetzte und so zu ein bißchen Geld kam. Er durfte Schiffe, die ihn brennend interessierten, besichtigen, stahl dabei den Offizieren Geld, Uhren und Schmuck, schlenderte über den Basar und ließ auch da mitgehen, was er gerade brauchte.
Er landete im Hafen von Piräus (1887), schlug sich mit weiteren Diebstählen und ersten Liebschaften durch, blieb auf dem Weg nach Paris in Wien hängen, bewohnte die besten Hotels, wurde bei Klauereien geschnappt und nach Rumänien abgeschoben. Wieder zum Militär gesteckt, desertierte er nach kurzer Zeit und tauchte plötzlich in Marseille auf. Er klaute und wurde beklaut, und mit 17 Jahren wollte er Paris erobern. Getarnt als Student, erhielt er von seinem Vater ein monatliches Gehalt, er änderte seinen Namen und wurde ein gewiefter Diamantendieb, kam zu Reichtum und in die exklusivsten Klubs der Weltstadt, kaufte sich eine Villa und verkehrte in der großen Welt als Liebling der Damen ebenso sicher wie in der seidenen Halbwelt als Liebling berühmter Kurtisanen.
Einmal wurde er beim Diebstahl eines besonders wertvollen Rubins vom Geschäftsführer erwischt, doch im rechten Moment warf er den Stein hinter die Theke. Dort fand ihn der Sohn des Ladenbesitzers. Manolescu spielte den entrüsteten, zu Unrecht Verdächtigten und forderte Schadenersatz von 10000 Franc – und erhielt das Geld. Mit 19 Jahren stand er erstmals, angeklagt wegen 37 Diebstählen, vor Gericht und erhielt 4 Jahre Gefängnis.
Nach Verbüßung seiner Haft reiste er nach Monte Carlo, wurde im Spielsaal der Liebhaber einer reichen russischen, jungen Witwe – und profitierte von ihrem Bankkonto.
Genf, Halifax, Chikago waren die nächsten Stationen. Und immer wieder klaute er Schmuck, Diademe, Ringe, Scheckbücher und nannte sich nun Marchese von Passano.
Von einem reichen Kaufmann wurde er nach Honolulu und Japan eingeladen, dann sah ihn die berühmte Welt der Hotels in San Francisco, in London. Hier kam er erneut wegen Juwelendiebstahls hinter Schloß und Riegel, tauchte in Brüssel auf, in Mailand und heiratete 1898 eine Aristokratentochter aus Dresden; getraut wurde das Paar vom Erzbischof von Genua, Trauzeugen waren ein italienischer Herzog und der rumänische Vizekonsul. Am Bodensee kaufte er für sich und seine junge Frau eine Zwölfzimmervilla, ließ sie renovieren und neu möblieren. Hier wurde seine Tochter geboren. Die Schwiegereltern hatten inzwischen Verdacht geschöpft, daß der rumänische Großgrundbesitzer ein Hochstapler sein könnte, da verließ er seine Familie und fuhr nach Kairo. Abermals schlug er sich durch Diebereien durch.
Erneut verhaftet, spielte er den Verrückten, bekam Schonkost und konnte sich vor den Polizeibeamten weder an Diebstähle noch an seine Frau erinnern. In Luzern wurde er wegen Diebstahls zu 6 Monaten Zuchthaus verurteilt, aber im Gerichtssaal mimte er so »echt« den Verrückten, indem er vor den Richtern sich bekreuzigte und Ochsen im benachbarten Stall anbetete, daß ihm verminderte Zurechnungsfähigkeit mit gutem Gewissen bescheinigt werden konnte.
Seine Frau reichte nun die Scheidung ein.
Von da an reiste er von Stadt zu Stadt, von Hotel zu Hotel, fiel von einem Diebstahl in den anderen – und kam abermals zu Geld.
Beim nächsten Prozeß war er bereits eine internationale Berühmtheit, um die sich in- und ausländische Journalisten drängten. Sein Verrücktspielen nahmen die Richter ernst und wiesen ihn nach Berlin in eine Irrenanstalt ein. Das strenge Leben in der Anstalt war ihm bald zuwider. So ließ er sich nachts von einem alten Wärter zum Abort führen, schlug ihn nieder, zog dessen Uniform an, sperrte ihn in den Abort ein – und floh.
Bei einer früheren Freundin schlüpfte er unter, ließ sich von ihr zwei Anzüge geben und Reisegeld, ging in Hotels in Dresden und nahm sein altes, inzwischen perfekt gewordenes Diebstahlgeschäft im Gewande des Hochstaplers wieder auf.
Mittlerweile suchte ihn die Polizei steckbrieflich. Manolescu reiste der Sicherheit halber nach Innsbruck und organisierte sich ein schickes Trachtenkostüm. Als er damit nach Wien reisen wollte, wurde er abermals verhaftet. Die Wiener Richter hielten ihn jedoch für ganz normal, durchschauten sein Verrücktspiel und lieferten ihn nach Preßburg aus. Abermals fand er Freunde, die ihm halfen und Geld gaben, und am 11. Juli 1904 kam er als Prinz von Padua in New York an. Dort arbeitete er für Zeitungen, war bei den Goldgräbern in Alaska, brach sich mal den Arm und begann schließlich, seine Memoiren zu schreiben, deren erster Band den Titel trug: »Fürst der Diebe«. Er reiste zurück nach Mailand, fand einen deutschen Verleger, bekam Geld, und manch einer, der seinen Lebensweg gekreuzt hatte, bekam »kalte Füße« bei dem Gedanken, in Manolescus Werk erwähnt zu werden. Während er am zweiten Band mit dem Titel »Gescheitert« schrieb, flossen ihm bereits die ersten Schweigegelder zu.
1905 verlobte er sich mit der Tochter eines berühmten französischen Ingenieurs, Pauline Pollet hieß sie. Sie war vermögend, und ein letztes Mal genoß der berühmteste Hochstapler zu Beginn dieses Jahrhunderts das ganz große Leben.
Da erkrankte er an einer Geschwulst am rechten Arm, die die Amputation erforderlich machte. Trotzdem heiratete er im Sommer 1906 seine Pauline, knapp neun Monate später kam sein Sohn Claude zur Welt, aber seine rechte Seite mußte noch fünfmal operiert werden, auch die amputierte Stelle hatte keine Ruhe und Heilung gebracht. Da starb er, siebenunddreißig Jahre alt, am 2. Januar 1908 in Mailand an den Folgen

der einzigen harten Arbeit, die er in seinem Leben geleistet hatte, an den Folgen des Armbruchs im Bergwerk von Manitoba (Alaska).

Seeger, Robert Richard, genannt Pitt

Einer der bekanntesten deutschen Hochstapler, Frauenliebling, Abenteurer und Glückspilz mit gelegentlichen Pechsträhnen war »Pitt« (geb. am 12. November 1919 in Karlsruhe-Bulach).
Dem kleinbürgerlichen Milieu seiner Eltern, der Vater war Zimmermann, entwich der phantasiebegabte Junge schon früh in die flimmernde Welt der Kinos, wo Tom Mix und Charly Chaplin seine Götter wurden. Arm und stets hungrig, der Beste im Schreiben, der Schlechteste im Rechnen, setzte er sich gegen die satten Bauernbuben seiner Klasse mit Kampftricks durch, die er im Kino gelernt hatte. Da ihm die Filmschauspielerin Renate Müller so besonders gut gefiel, beschloß er, sie auf der Bühler Höhe im Schwarzwald zu besuchen. Sie war angetan von ihm und lud ihn nach Berlin ein. Er klaute ein Fahrrad, um schneller nach Berlin zu kommen. Wieder hatte er Glück, wurde zu Renate Müller vorgelassen, lernte andere Filmgrößen wie Liane Haid und Erik Pommer, einen Produktionschef, kennen und durfte sogar in dem Hans-Albers-Film »Flüchtlinge« und in dem Lilian-Harvey-Film »Der Kongreß tanzt« eine kleine Rolle mitspielen.
Sein Fahrraddiebstahl kam heraus, und Pitt wurde von der Polizei nach Karlsruhe abgeschoben. Nach kurzer Zeit in einem Erziehungsheim wurde er 1934 kaufmännischer Lehrling in Karlsruhe. Aber ein Jugendpfleger verriet dem Chef Pitts Vorstrafe. Er ging nicht mehr an seinen Arbeitsplatz zurück, sondern machte sich schon zwei Monate nach dem Beginn seiner Lehrzeit wieder auf den Weg nach Berlin, knüpfte an seine alte Bekanntschaft mit Liane Haid an (Renate Müller hatte inzwischen Selbstmord begangen) und wurde als Hilfskraft im Filmstudio aufgenommen.
Im November 1934 gewann er einen Wettbewerb als junger Reporter bei den »Badischen Neuesten Nachrichten«. Seine Arbeiten gefielen, und Anfang 1935 wurde er von Joseph Goebbels zu einem Schriftleiterlehrgang nach Berlin beordert. Aber auch die Journalistenkarriere fand ein vorzeitiges Ende: Seine Vorstrafe war herausgekommen, und Pitt wurde gefeuert. Kurz entschlossen bewarb er sich dann bei der »Berliner Zeitung«, wurde genommen, brachte immer gute Meldungen, interviewte Filmstars, Schauspieler, Tänzer, Artisten – da wurde er am 1. März 1937 zum Reichsarbeitsdienst einberufen.
Dort witterte er sofort das gute Geschäft und vermittelte dem RAD Lieferanten und Bauunternehmer zum Bau des Westwalls. Er kassierte angemessene Schecks, vergaß aber, sie seinem Arbeitsführer auszuhändigen. Er wurde verhaftet und mit 8 Monaten Gefängnis bestraft – und aus dem RAD hinausgeworfen.
Im Februar 1938 ging er nach Freiburg, wurde Landhelfer bei einem Weinhändler und legte sich einen klingenden Namen zu: Hans von Freydorff. Mit diesem Namen prellte er ein Wäschegeschäft, er wollte seiner Mutter mit neuer Bettwäsche nur eine Freude bereiten. Im Juni 1938 war schon die nächste Untersuchungshaft fällig. Nach Verbüßung seiner Strafe machte er sich wieder auf den Weg nach Berlin. In einer Zeitung las er, daß Professor Filchner eine Forschungsreise zum Himalaja starten würde. Es war ihm sofort klar: Er mußte mit Filchner reisen. Doch der Gelehrte riet Pitt ab, er war ihm noch zu jung. Also versuchte Pitt, einfach in Bombay zu Filchners Expedition dazuzustoßen.
Auf dem Weg von München nach Rom lernte er im Zug Rudolf Hess, den Stellvertreter des Führers, kennen, kam mit ihm ins Gespräch, lebte auf dessen Kosten im besten Hotel Roms und versprach, Hess über die Expedition auf dem laufenden zu halten.
In Rom schlug er sich dann als Maler durch, lernte einen Etymologen kennen, ging mit ihm in die Wüste Nefud, sah Oasen und Wüstendörfer – immer noch mit dem Ziel, nach Bombay reisen zu wollen. Doch statt bei Filchner in Bombay landete er bei Pastor Christoffel bei der Christlichen Blindenmission in Isfahan. Auch dort wurde sein Vorstrafenregister aufgedeckt, und – der Krieg war gerade am 1. September 1939 ausgebrochen – da zog es Pitt vor, dem Vaterland als Soldat zu helfen. Über Moskau, wo er den Botschafter Graf von der Schulenburg kennenlernte, wollte er ins Reich einreisen, wurde aber an der kleinen Grenzstation Eydtkunen geschnappt: Die Kontrolleure erkannten ihn als gesuchten Deserteur, denn er war seinem Einberufungsbefehl nicht gefolgt! Doch das Mißverständnis ließ sich rasch klären: Pitt war kein Spion, sondern auf Forschungsreise. Er kam 1940 zum Reichssendeleiter nach Berlin. Von hier aus machte er viele Sendungen für die Frontsoldaten – und konnte schließlich am 1. Februar 1940 die langersehnte Soldatenuniform anziehen.
Als Soldat gelang es ihm immer wieder, sich dem harten Drill zu entziehen und dank seiner Bekanntschaft mit allen Filmgrößen beim Rundfunk Dienst zu tun.
Inzwischen war auch seine erste Ehe schiefgegangen: Das Vorstrafenregister stand im Weg. Bei einem gefährlichen Einsatz gegen Partisanen wurde er verwundet und erhielt das Eiserne Kreuz II. Klasse samt Verwundetenabzeichen. Er schrieb Gedichte, die gedruckt und sogar vertont und von der Deutschen Grammophon-Gesellschaft veröffentlicht wurden. Er requirierte Lebensmittel für seine Kameraden, war beliebt und immer wieder beim Rundfunk gesucht, organisierte Gesellschaftsabende für die Truppe – und hielt sich von der Front fern, so gut es ging.
Inzwischen war es 1944 geworden: Der Vormarsch der Roten Armee hatte eingesetzt, die Invasion in der Normandie hatte begonnen, und am 20. Juli schlug das Attentat auf Hitler fehl. Dummerweise war Pitt mit einem der Verschwörer, General Olbricht, bekannt, hatte dessen Bild mit Widmung im Spind hängen und mußte sich dünn machen. Er fuhr wieder nach Berlin, lernte Olga Tschechowa kennen und deren Tochter Ada. Ihr Mann war Görings Leibarzt, der Pitt dienstuntauglich schrieb. Im Lazarett entstand sein Text »Maskerade auf Birkeneck«, den Wolfgang Liebeneiner verfilmen wollte.

Aber der Film war zu unbeschwert und zu heiter und paßte nicht in die Vorstellungen des Propagandaministeriums.
Gestapo und SD waren hinter ihm her – er wurde gesucht wegen Fahnenflucht. Wieder hatte er Glück, wurde nicht verurteilt, sondern floh bei Nacht und Fliegerangriffen nach Berlin zu seinen alten Freunden vom Rundfunk und Film.
Um nicht wieder von einer Feldstreife aufgegriffen zu werden, machte er sich selbst zum Verwundeten. Er bandagierte sein Bein mit Latten und Gips und verpackte seine Hand in eine lederne Prothese. Gleichzeitig machte er sich zum Hauptmann Dr. Hartl, besorgte sich Amtspapiere und Dienstsiegel des Reichsministers für Volksaufklärung und Propaganda, stellte sich in einem Schreiben an das Wehrbezirkskommando Berlin-Mitte wegen seiner schweren Verwundungen vom aktiven Militärdienst frei und gab an, mit der Herstellung eines Filmes beauftragt zu sein. Die neue Hauptmannsuniform schmückte er mit den nötigen Orden. Von da an ging es ihm wieder gut, er wohnte im Hotel Continental. Während einer Gesellschaft in Berlin beförderte er sich selbst zum Major der Panzertruppe und verlieh sich das Ritterkreuz, nachdem er zuvor eine entsprechende Meldung zur Ansage in den Rundfunknachrichten telefonisch durchgegeben hatte.
Da wurde er am 15. Oktober 1944 zum Volkssturm einberufen und wurde als Major und Ritterkreuzträger zum Kommandeur des Volkssturmabschnittes Berlin-Grunewald ernannt. Für Verfolgte, Bedrängte und Juden sorgte er mit Lebensmitteln und Alkohol und rettete sie vor der Gestapo. Am 3. Dezember 1944 wurde er zum Reichsführer-SS Himmler beordert. Er fürchtete schon, bestraft zu werden, doch Himmler wollte sich nur bei zwölf der besten Volkssturmführer Berlins bedanken und entließ Pitt in Ehren. Dummerweise stieß Pitt auf der Namensliste seiner Volkssturmmänner auf Rosenberg, dachte, der sei Jude, es war aber in Wirklichkeit Reichsleiter Alfred Rosenberg, den Pitt versehentlich angefaucht und zur Schanzarbeit eingeteilt hatte. Rosenberg rächte sich und ließ Nachforschungen nach dem Major und Ritterkreuzträger Dr. Hartl anstellen. Allein, die Listen der Ritterkreuzträger kannten einen solchen Major nicht. Rosenberg entlarvte Pitt als Hochstapler. Er wurde verhaftet, mußte sich ausziehen, die falsche Verwundung kam an den Tag – und Pitt wurde dem Gestapo-Hauptquartier in Berlin, Alexanderplatz, überstellt. Dort wurde er scharf verhört, und seine Akten wurden zu seiner Truppeneinheit in Gardelegen geschickt. Ein ordentliches Feldgericht würde schon die gerechte Strafe finden. Als erstes wurde er degradiert, wieder nach Berlin-Tegel in seine alte Zelle zurückgebracht und zum Tode verurteilt. Er reichte ein Gnadengesuch an Göring ein, zumindest um Zeit zu gewinnen, doch Ende Februar 1945 wurde dieses abgelehnt. Da aber die letzten Soldaten gebraucht wurden, meldete sich Pitt zum Strafbataillon 999 an die Front. Pitt gab sich alle Mühe, um einen guten Eindruck zu hinterlassen, fiel auf und wurde als Ordonnanz dem Offizierskasino zugeteilt. Und am 30. April 1945 lief Pitt Seeger bereits wieder als Artillerie-Major durch die Gegend. Durch die Turbulenz des herannahenden Feindes und die Aufbruchstimmung in seinem Bataillon gelang es ihm, mit zwei Kumpels in amerikanische Gefangenschaft zu entkommen. Dem Captain erzählte er seine unglaubliche Geschichte, die mit Renate Müller anfing, und der Captain fand einen solchen Gefallen an Pitt, daß er ihn auf der Stelle zum Major beförderte. Auch das Gefangenenlager nach Kriegsende ließ sich für Pitt recht ordentlich an. Captain Key, der ihn spontan zum Major befördert hatte, sorgte für Pitts Aufstieg zum Lagerkommandanten, der sich um die Verhältnisse im Lager ebenso kümmerte wie um seine gefangenen Kameraden. Er war abermals beliebt, hatte sein gutes Lebens, und nicht zuletzt war auf seine fürsorgliche Initiative hin die hohe Sterblichkeit unter den Kriegsgefangenen im Lager Koblenz-Lützel stark herabgesunken. Er arrangierte wieder bunte Abende, bekam eine schmucke amerikanische Offiziersuniform und wurde endlich in Ehren entlassen.
Mit einem persönlichen Adjutanten, einem Jeep voll Kleidung und Eßwaren und einem Empfehlungsschreiben des Captain, wonach alle amerikanischen Dienststellen diesem Seeger weiterhelfen sollten, hatte er einen leichten Start ins neue Leben. Hinzu kam sein jugendlicher Charme (er war jetzt 25 Jahre alt), seine Redebegabung und sein tadelloses Aussehen. Mit Hilfe einer neuen Freundin und deren Vater, der Lokomotivführer war, organisierte er gleich ganze Waggons voll amerikanischer Verpflegung, verkaufte das Beutegut und wurde schnell ein reicher Mann. Dann fuhr er nach Hause zu Muttern und von da nach München. Er wollte beim Wiederaufbau des Filmgeschäftes dabeisein. Aber hier gab es noch keine Arbeit, und so fuhr Pitt mit einem amerikanischen Wagen nach Berlin. Doch unterwegs geriet er in eine Falle des CIC, wurde als russischer Spion verdächtigt und mußte zur Überprüfung seiner Papiere nach Hannover reisen. Der Vernehmungsoffizier glaubte die Pitt-Story nicht und sperrte ihn in ein Lager, in dem Kriegsverbrecher, NS-Größen und Spione untergebracht waren. Wieder arrangierte er bunte Abende – und dachte dabei an seine Flucht. Er entkam nach Worpswede, versteckte sich bei der nächsten Freundin und legte sich einen attraktiveren Namen zu: Dr. Karl-Peter Hartl.
Im September 1945 fand er endlich in Berlin bei einer früheren Gönnerin, Evelyn Koppel, Unterschlupf, suchte Wolfgang Liebeneiner, Hilde Krahl, Karin Himboldt und Peter Igelhoff auf. Er gründete eine Filmpostille, ein kulturelles Nachrichtenblatt, und beschaffte sich die Lizenz dafür in München von seinen Freunden bei der US-Armee. Um seinen Plan schneller verwirklichen zu können, ließ er sich eine Bescheinigung als politisch Verfolgter ausstellen und bekam in Garmisch ein schönes Zimmer als Quartier, dazu eine Sekretärin samt Telefon – und schon klappte die Redaktion von »Pitts privater Künstlerpost – Brieflicher Informationsdienst für Film, Theater, Musik, Rundfunk«.
Er knüpfte Kontakte zu »seinen« Stars wie Hans Albers, Franz Grothe, Ralph Maria Siegel, Willy Forst und Maria Cebotari, Hannelore Schroth und Hans Hass, Marika Rökk usw.
Pitt war zur ersten Nachrichtenzentrale für alle Kunstschaffenden geworden. Er half, wo er nur konnte, und

gründete sogar ein Theaterunternehmen, um engagementlosen Künstlern Brot und Arbeit geben zu können. Zwischendurch kam er auch in Geldschwierigkeiten, aber immer fand er einen Bekannten oder Freund, der auch ihm weiterhalf. Er schrieb für die »Badischen Neuesten Nachrichten« unter dem Pseudonym Peter Bauer, machte Filmbesprechungen, wurde auch mal Geflügelzüchter und dachte daran, ein eigenes Filmstudio aufzuziehen. Immer fand er Gönner, denn all seine Pläne und Ideen hatten Kopf und Fuß, kurz: Pitt wußte mit allem was er tat, zu überzeugen. Vor allem waren es die Frauen, die für Pitt nur offene Ohren hatten.

Ein neuer Höhepunkt seiner Karriere kam am 4. Juli 1947, als es ihm gelang, alle Absperrungen und Hindernisse zu überwinden und den amerikanischen Filmstar Rita Hayworth in Frankfurts Palmengarten zu interviewen. Eine Toilettenfrau, eine Barmanagerin und ein amerikanischer General verschafften ihm den Vorsprung vor den unzähligen kleinen und großen Reportern, die schon vor ihm am Frankfurter Hauptbahnhof die Diva erwartet hatten. Da aber Pitts oder, wie er sich auch nannte, General Pitts Englisch recht schlecht war, wollten die GIs im Saal statt des Interviews lieber, daß die Diva singt, und so sang eben Pitt mit ihr den Schlager »You are my sunshine«. Rita führte Pitt an der Hand nach der Vorstellung zu den Tischen der echten Generäle, und bei der Autogrammstunde war General Pitt mindestens genauso umlagert wie der Star. Da sich die beiden sehr sympathisch waren und eine Nacht miteinander verbrachten, beschloß Pitt, die Diva auf ihrer Tournee durch Deutschland auch weiterhin zu begleiten. Beim Abschied von Rita in Frankfurt wünschte sich Pitt 100000 Liter Benzingutscheine von ihr. Ohne solche Bezugsscheine war in Deutschland 1947 überhaupt nicht an ein gedeihliches Geschäft zu denken. Die Diva verschaffte sie ihm über amerikanische Offiziere, und als sie von Frankfurt abgeflogen waren, wurde Pitt sofort verhaftet. Doch seine Bewacher waren bestechlich, er teilte mit ihnen die Gutscheine, und im »Wäldche« bei Frankfurt entwischte er der MP bei einem menschlichen Geschäft.

Obwohl er hie und da von amerikanischer und deutscher Polizei gesucht wurde, verhaften ließ er sich nicht so rasch. Im Gegenteil! In Berlin gründete er 1947 die »Künstlerhilfe für entlassene Kriegsgefangene des Heimkehrerausschusses Groß-Berlin«. Um den Gefangenen eine erste Freude in der Heimat zu bereiten, ließ er wieder seine Beziehungen zu Filmstars spielen; diese waren bereit, mitzumachen, und nach kurzer Zeit brachten seine Veranstaltungen viermal mehr Geld ein, als die Stadt Berlin für die Rußlandheimkehrer zu zahlen in der Lage war. Der persönliche Dank der Oberbürgermeisterin Luise Schröder war ihm am 24. Dezember 1948 anläßlich einer Großveranstaltung sicher. Es war wieder eine seiner vielen guten Taten, die Pitt vergessen ließen, daß er weder Flüchtling aus Königsberg war noch Bauer hieß oder überhaupt Papiere hatte.

Namen wie Hans Nielsen, Ernst Legal, Victor de Kowa, Hilde Körber, Wilhelm Furtwängler, Max Schmeling, Hein ten Hoff, Fitz Kortner, Sergiu Celibidache und viele andere standen auf der Liste seiner Heimkehrerhilfe-Aktionen. Er konnte mit über 2 Millionen Reichsmark mehr als 10000 Rußlandheimkehrern mit Essen, Trinken, Lebensfreude und Mut helfen. Es passierte natürlich auch einmal, daß Pitt in die Kasse der Heimkehrerhilfe griff, aber was tat es schon: Er nahm es nicht für sich, sondern organisierte neue Veranstaltungen damit.

Alle waren ihm gut gesonnen, nur nicht die Polizei, der er schon wiederholt entwischt war. Die Fahndung nach ihm lief weiter – und da wurde er schließlich am 14. August 1948 verhaftet und nach Karlsruhe transportiert. Und diesmal konnte ihm keiner seiner Stars und Freunde helfen. Seine Vergehen waren groß: Mit den von ihm gefälschten Entlassungspapieren waren Tausende Kriegsgefangene vorzeitig aus dem Lager Koblenz-Lützel entlassen worden, seine waggonweisen Diebstähle von Mainz wurden aufgedeckt, er hatte unberechtigt amerikanische Uniformen getragen, war mehrmals geflohen, Darlehensschwindel und Betrügereien kamen dazu. Fast 6 Monate saß er in Untersuchungshaft, und er bekam schließlich 1 Jahr Militärgefängnis aufgebrummt. Da er sich aber gut führte, wurde er vorzeitig wieder entlassen (am 16. März 1949). Die Presse berichtete über den »größten Hochstapler des 20. Jahrhunderts«.

Ein neues Leben begann, als Pitt Fotoreporter der »Quick« wurde und Reportagen schrieb über Alfred Loritz, Bruno Gröning, den Wunderheiler, Heinrich Nordhoff vom VW-Werk u.a.. Er drehte einen Film über die großen deutschen Automobilfirmen und war im Nu der Starreporter der Illustrierten. Als am 13. November 1949 der US-Außenminister Dean Acheson mit Adenauer zusammentraf, war Pitt in Bonn, er knipste von verbotener Position aus, wurde verhaftet, gab einen falschen, unverdächtigen Film ab, wurde freigelassen und schoß die besten Fotos von Acheson auf dem Bonner Bahnhof.

Nächste Stationen seines ruhelosen Lebens waren Salzburg und Wien, er arbeitete weiter für »Quick« und fuhr nach Kitzbühel, machte Spesen auf Kosten der »Quick« – und wurde wieder von der Polizei gesucht, denn »Quick« hatte Pitts hohe Hotelrechnung nicht bezahlt. Die nächste Verhaftung war am 23. Januar 1950 fällig. Doch seine vielen Freundinnen legten zusammen und zahlten seine Schulden, und Pitt sollte schon entlassen werden, da deckte man den »Verein zur Befreiung Pitt Seegers« auf: Mädchen hatten ihm eine Säge in die Zelle gelotst: Pitt hatte einen Socken ausgezogen und damit das Werkzeug hochgeangelt. Doch die Wärter entdeckten die Feile und vermißten Pitts einen Socken. Seine Haft wurde unter verschärften Bedingungen aufrechterhalten. Nun interessierte sich der SPIEGEL für Pitt, und der Schriftsteller Curt Riess bemühte sich um Hafterleichterung. Da jedoch Fluchtverdacht bestand, wurde Pitt über Kitzbühel und Garmisch nach Karlsruhe ausgeliefert. Pitt schrieb im Gefängnis seine Memoiren, und die Presse trug zu seinem Ruhm bei mit Schlagzeilen wie: »Wird Pitt Seeger wieder entkommen?« oder: »Pitt Seeger – der Hochstapler-General«; der SPIEGEL brachte eine Titelgeschichte, die ausländische Presse folgte mit Pitt-Berichten.

Die Hauptverhandlung wurde für den 13. Februar 1951 in Karlsruhe festgesetzt. Polizei mußte das Justizgebäude abriegeln, so groß war der Ansturm von Schaulustigen. Soldaten der US-Armee hatten ganze Straßenzüge gesperrt, und für den Prozeß wurden Eintrittskarten verteilt. 16 Delikte waren zusammengekommen, viele Zeugen mußten vernommen werden, und nach zwei Tagen stand das Urteil fest: 2 Jahre Gefängnis wegen Betrugs in 16 Fällen, wegen Unterschlagung, Widerstands gegen die Staatsgewalt und Beleidigung. Die Strafe mußte er in Rottenburg abbüßen. Durch den großen Presserummel um Pitt wurden neue Anklagepunkte aufgedeckt, Geldschwindeleien z.B., und Pitt wurde zu weiteren 8 Monaten Haft ohne Bewährung verurteilt. Er saß seine Zeit ab und kam am 4. März 1954 wieder in Freiheit.

Sofort nahm er Verbindung mit Sammy Drechsel auf, dem Gründer der Münchner Lach- und Schießgesellschaft, und wieder zu »Quick«, arbeitete als Fotoreporter und fand Einlaß in die »feine« Gesellschaft, berichtete über Könige und Prinzessinnen, und alle seine Berichte kamen beim Publikum voll an. Pausenlos schuftete er, bis er schließlich Starfotograf der Bonner Prominenz war. Er lernte Adenauer kennen, und dieser bestimmte ihn dazu, sein drittes Kabinett zu fotografieren. Und als einziger Journalist der Welt erhielt er 1961 die Erlaubnis, mit dem gestürzten türkischen Politiker Menderes ein Interview in dessen Todeszelle zu machen.

Sein Lebensstil wurde immer pompöser. Er eröffnete in München das Speiserestaurant »Pitts Künstlerklause« und verkaufte seine Meisterfotos sogar an die ausländische Presse.

Neue Stars traten in sein Leben, so Miß Germany 1955, Margit Nünke, Toni Sailer und Romy Schneider, Maria Schell und Hildegard Knef, Hannerl Matz und die Begum.

An seinem 39. Geburtstag, am 12. November 1958, gründete Pitt eine Chinchillafarm, womit er die Marktlage genau richtig erkannt hatte, denn es wurden viel mehr Chinchillapelze gebraucht als Tiere, deren Haltung relativ billig ist, herangezogen werden konnten. Pitt machte mit seiner (später auch preisgekrönten) Farm so viel Geld, daß er sich zu seinem luxuriösen Leben auch noch den Flugzeugführerschein gestatten wollte, der ihm aber wegen seines Vorstrafenregisters nicht genehmigt wurde. Langsam war auch Adenauer hinter Pitts bewegte Vergangenheit gekommen, und so zog sich Pitt eben von der hohen Politik zurück.

Angeregt von einem Besuch auf Stuttgarts Fernsehturm kam Pitt die Idee, eine ähnliche Attraktion in München zu errichten. Er nahm Kontakte auf mit dem Bundespostminister Stücklen und dem Münchner Oberbürgermeister Vogel, er rief eine Interessengesellschaft für den Bau des Münchner »Alpenturmes« (am 4. April 1960) ins Leben und war überzeugt, diesen Turm bauen zu können. Inzwischen hatte er seine Chinchillafarm ausgedehnt und in Österreich und am Starnberger See Filialen gegründet. Um Käufer zu interessieren, veröffentlichte er Berichte über die Haltung und Pflege der Tiere, belieferte seine Freunde, die Prominenz bei Film, Funk, Fernsehen, reiste ständig herum – und trieb den Plan »Münchner Alpenturm« weiter. Schließlich teilte die »Münchner Alptenturm GmbH« in einer Pressekonferenz vom 20. Juli 1960 mit, daß bis 1962 ein Fernsehturm von 325 Metern Höhe und einem Kostenaufwand von 10 Millionen Mark entstehen werde. Damit hatte Pitt die erste Runde gewonnen.

Nebenbei war seine Chinchillazucht wieder vergrößert worden, und Pitt hoffte, in Europa der führende Züchter zu werden.

Mit der Jahreswende 1960/61 wendete sich aber von Pitt die Glückssträhne ab. Die Lokalbaukommission Münchens verweigerte ihre Zustimmung zum Unternehmen »Alpenturm«, und die Kunden seiner Chinchillafarm waren mit Pitts Lieferungen nicht mehr zufrieden. Krankheit brach in der Zuchtfarm aus, und viele Tiere mußten getötet werden.

Pitt ging es finanziell immer mieser. Er nahm Kredite auf, darunter 85000 Mark von dem Bankier Münemann. Seine Schulden wuchsen, Pitt, jetzt über 40, verlor an Kraft und Nervenstärke und wurde selbst schwer krank (1964). Die Chinchillas, an denen er so sehr gehangen hatte, mußten verkauft werden, das Projekt »Alpenturm«, Pitts letzte große Idee, ließ sich nicht verwirklichen wegen Verstoßes gegen die Bayerische Gemeindeordnung. Pitt, noch immer Optimist, verklagte die Stadt München wegen ihrer Ablehnung des »Alpenturm«-Baues (am 6. Mai 1964) und setzte einen Streitwert von 500000 Mark fest. Am 19. Mai 1965 fand die erste Verhandlung statt, die Klage wurde abgewiesen und die Kosten dem Kläger zugeteilt.

Während das »Alpenturm«-Projekt scheiterte, ging die Stadt München daran, am 1. Juni 1965 mit dem Bau des »Olympia«-Fernsehturms zu beginnen. Anstelle von Pitts 10 Millionen Baukosten kamen 22,8 Millionen zusammen. Am 22. Februar 1968 wurde der Turm der Öffentlichkeit zugänglich gemacht.

Ein letzter Versuch Pitts, sich finanziell einigermaßen über Wasser zu halten, scheiterte ebenfalls: Er wäre schon zufrieden gewesen, wenn er wenigstens einen Kiosk am neuen Fernsehturm als kleine Altersversorgung erhalten hätte. Doch die Stadt München hatte kein Interesse mehr an ihm.

In den Jahren 1967/68 war Pitt krank, schwach, sein Körper aufgedunsen, die Wohnung in München in erbärmlichem Zustand und er selbst kaum noch bewegungsfähig, verlassen von all den vielen Freunden der Prominenz, denen er in bitterer Zeit geholfen hatte. Er bekam einen Schlag, von dem er sich wohl nicht mehr erholen wird. Der kranke Pitt zog sich von seinen Freunden zurück, er wollte ihnen nicht zur Last fallen. Heute lebt er äußerst bescheiden in einer Kleinstwohnung in München, verbraucht und arm, aber noch voller Ideen.

Stavisky, Serge Alexandre

Der in der Nähe von Kiew 1886 geborene Stavisky war einer der gerissensten Hochstapler und Betrüger Frankreichs, der zugleich mit seinen geschäftlichen Machenschaften derart den Staat erschütterte, daß es in Frankreich zu Massendemonstrationen, Schlägereien und Regierungsrücktritten kam.

Er hatte nie einen festen Beruf, aber immer gelang es ihm, sich so viel Geld zu verschaffen, daß er sich ein feudales und luxuriöses Leben erlauben konnte. Seine Schwindeleien begannen 1909, als er zusammen mit seinem Großvater in Paris ein Theater kaufte, das er dadurch finanzierte, daß er sich von Leuten, die er einstellen wollte, Platzanweiserinnen, Programmverkäuferinnen, Verwaltungspersonal etc. Kaution vorschießen ließ und, nachdem er etwa 12000 Franc eingenommen hatte, den Mietvertrag mit dem Theater rückgängig machte, das Personal entließ und die Kautionssummen nicht mehr zurückbezahlte.

Als die Geprellten mit Strafanzeigen drohten, erwirkte er durch einen bekannten Rechtsanwalt, Albert Clémenceau, den Bruder des großen Politikers, immer wieder Aufschübe, die den Prozeß hinauszögerten und ihm die Gelegenheit gaben, sich um neues Geld zu kümmern. Erst am 16. Februar 1912 kam es zur Verhandlung, doch Stavisky kam glimpflich davon: Er erhielt 15 Tage Gefängnis auf Bewährung und 25 Franc Geldstrafe.

Bei Ausbruch des Ersten Weltkrieges war er nur kurze Zeit Etappensoldat, dann stieg er in das große Geschäft der Rüstungsindustrie ein. Die italienische Regierung bestellte bei ihm 20000 Bomben. Da er selbst keine Fabrik besaß, gab er den Auftrag an eine französische Waffenfabrik weiter und kassierte dabei 416000 Franc Provision. Damit konnte er die Geschädigten seiner früheren Betrugsgeschäfte abfinden.

Zusammen mit einer jungen Frau eröffnete er ein Tanzlokal mit Kabarett, ging dem verbotenen Glücksspiel nach, war im Kino-, Film- und Rauschgiftgeschäft tätig und hielt sich immer wieder durch betrügerische Firmengründungen über Wasser.

Wegen eines Scheckbetrugs (er hatte den Betrag auf dem Scheck von 2000 Franc auf 60000 Franc erhöht) kam er erneut mit der Polizei in Konflikt, wurde kurze Zeit verhaftet, doch als es zur Verhandlung kommen sollte, war der Scheck auf bis heute ungeklärte Weise aus den Akten der Polizei verschwunden. Da das Beweisstück fehlte, mußte er auf freien Fuß gesetzt werden.

An der Londoner Börse verkaufte er 1926 Wertpapiere für 5 Millionen Franc, Wertpapiere, die kurz zuvor von zwei Börsenmaklern gestohlen worden waren. Stavisky besaß inzwischen in Paris eine Etagenwohnung, eine Villa, zwei Wagen, verkehrte in den besten Hotels, sah übrigens blendend aus, großgewachsen, schlank, ein ausgesprochener Frauentyp, und war selbst glücklich verheiratet mit einem früheren Mannequin. Seine Frau besaß Schmuck im Wert von mehreren Millionen.

Im Juli 1926 wurde er wieder einmal verhaftet und ins Pariser La-Santé-Gefängnis gebracht. Der Trick mit den gestohlenen Wertpapieren war herausgekommen. 16 Monate war er in Haft, da simulierte er eine Krankheit und wurde, obgleich die Anstaltsärzte ihm nicht glaubten und gegen seine Entlassung protestierten, im Dezember 1927 »zur Wiederherstellung seiner Gesundheit« abermals auf freien Fuß gesetzt, wenn auch auf Bewährung.

Nun begann er unter dem Namen Serge Alexandre ein neues Leben. Es sollte weniger gefährlich, dafür aber finanziell viel besser zugehen. Zumal durfte er nicht mehr so rasch mit dem Strafgesetzbuch in Berührung kommen, denn noch immer stand sein Verfahren wegen der Wertpapiere aus. Doch er bearbeitete seine Anwälte derart, daß sie eine Unmenge Schriftsätze verfaßten, so daß der Richter mit der Arbeit am Fall Stavisky gar nicht mehr weiterkam. Das Verfahren blieb liegen, wie es Stavisky gewollt hatte. Insgesamt neunzehnmal erreichte er einen Aufschub.

Der größte Betrug in der französischen Kriminalgeschichte ging auf seine Energie, Erfindungsgabe und Schläue zurück. Ehe er an die Arbeit ging, verschaffte er sich durch große Empfänge in Paris viele Freunde, gab eine Menge Geld für Diners aus und gewann die Hilsbereitschaft vieler Menschen, die er alle für seinen Riesencoup brauchen konnte.

Monsieur Alexandre war ein geachteter Mann geworden. Als solcher »verdiente« er viele Millionen Franc durch eine geschickte Ausplünderung des Crédit Municipal, der städtischen Leih- und Pfandanstalten.

Probehalber stieg er zuerst in Orléans ins Geschäft. Der dortigen Leih- und Pfandanstalt bot er unechte Edelsteine an, die befreundete Fachleute als echt taxiert hatten, und erhielt sofort das Geld für das Pfandgut ausgezahlt.

Als der Schwindel in Orléans herauskam, gründete er in Bayonne eine Leih- und Pfandanstalt. Das nötige Startkapital von 200000 Franc besaß er. Zwei Freunde namens Tissier und Desbrosses leiteten die Anstalt, nahmen nun ihrerseits unechte Edelsteine an und liehen dafür Summen aus, die in keinem Verhältnis zum Wert der Steine waren. In Frankreich gibt es die gesetzlich erlaubte Möglichkeit, wonach Leihhäuser Kassenbons ausgeben durften, auf die die Banken Kredit geben. Tissier überschritt jedoch die gesetzliche Regelung, die bestimmte, daß die ausgegebenen Bons in »angemessenem« Verhältnis zum Pfandgut zu stehen haben. Er gab riesige Summen an Bons aus und fälschte auch welche.

Durch die Annahme unechter Edelsteine und Ausgabe ungedeckter Bons verschaffte sich Stavisky in Bayonne enorme Geldbeträge. Nach außen hin waren diese Geschäfte insofern legal, als ein Schätzer namens Cohen die unechten Steine auf jeden gewünschten Wert taxierte. Zum Beispiel schätzte er Halbedelsteine auf einen Wert von 600000 Franc, worauf es ein Darlehen von 500000 Franc gab. In Wahrheit belief sich jedoch der Wert der Steine auf nur 1500 Franc.

Die Banken, die auf die Bons Kredit gaben, hatten sich also ziemlich wertlose Bons dafür eingehandelt.

Damit das Betrugsmanöver so lange wie möglich unaufgedeckt bleiben konnte, »kaufte« sich Stavisky durch rauschende Feste in Paris einflußreiche Minister, Parlamentsabgeordnete, Richter, Staatsanwälte und Journalisten.

Als das großangelegte Betrugsgeschäft dennoch aufflog, kam Stavisky abermals auf eine gute Idee, mit der er die Banken von Bayonne für den erlittenen Schaden auszahlen konnte.

Er wußte, daß nach dem Ersten Weltkrieg die aus ihrer Heimat vertriebenen Ungarn durch Schuldverschreibungen entschädigt worden waren. Doch der Staat war nach der Einstellung der deutschen Reparationszahlungen nicht mehr in der Lage, seinen Zahlungen aufgrund der Schuldverschreibungen nachzukommen. Stavisky fuhr nach Ungarn und kaufte dort für wenig Geld eine Unmenge dieser Wertpapiere. Wieder in Frankreich, gründete der die »Autonome Kasse für internationale Zahlungsbeziehungen« und verschaffte sich mit den ungarischen Schuldverschreibungen an der Börse abermals Geld. Unterdessen waren aber in Bayonne die Bücher geprüft und die Unterschlagungen durch das Bon-Geschäft aufgedeckt worden.
Am 23. Dezember 1933 wurde in Bayonne der von Stavisky eingesetzte Direktor der städtischen Pfand- und Leihanstalt, Tissier, verhaftet. Er legte ein Geständnis ab und nannte dabei auch den Namen des Monsieur Alexandre, der in Wirklichkeit Stavisky hieß.
Dieser wurde von Tissiers Freundin über dessen Verhaftung informiert und gewarnt. Über zwei ehemalige Mitarbeiter versetzte er Schmuck im Wert von 10 Millionen Franc, bekam dafür einen Vorschuß von 80000 Franc und setzte sich daraufhin mit seiner Frau nach Saint-Gervais in den Alpen ab. Am 31. Dezember 1933 zog er in seine Villa in Chamonix um und beobachtete von dort aus die gegen ihn eingeleiteten Aktionen der Polizei. Ein Haftbefehl war ausgeschrieben, und als die Polizei in seiner Villa erschien, um ihn festzunehmen, hatte Stavisky Anfang Januar 1934 Selbstmord begangen.
Damit war aber die Affäre Stavisky noch nicht beendet.
In Bayonne wurden zahlreiche ehemalige Mitarbeiter Staviskys verhaftet, darunter auch seine Freunde und Bekannten, die Rechtsanwälte, Richter, Politiker und Journalisten waren. Auch die Direktoren einer rechts- und einer linksstehenden Zeitung befanden sich unter den Verhafteten.
Unterdessen zog die Affäre in der französichen Öffentlichkeit ihre Kreise. Vor allem die Opposition richtete schwere Beschuldigungen gegen die Regierung und die Parteien. Alle Parlamentarier wurden der Käuflichkeit bezichtigt und verdächtigt, in die Affäre Stavisky mit verwickelt zu sein. Selbst Ministerpräsident Chautemps blieb nicht verschont. Er soll über seinen Schwager, der Staatsanwalt war, Stavisky bei seinen betrügerischen Geschäften geholfen haben. Auch wurde ihm unterschoben, er habe Stavisky durch Polizisten erschießen lassen, um diesen Zeugen, der ihn leicht hätte kompromittieren können, beiseite zu schaffen.
Die »Action Française« rief am 9. Januar 1934 zu einer Demonstration vor dem Palais Bourbon auf. Etwa 2000 Menschen beteiligten sich und forderten die Absetzung der korrupten Politiker. Zwei Tage später wurde die »Action Française« unterstützt durch die »Jeunesses Patriotes«, eine 1898 gegründete politische Gruppe, die sich als Feind der parlamentarischen Demokratie verstand. Abermals bewegten sich etwa 2000 Demonstranten zum Parlamentsgebäude. Es kam zu einer heftigen Straßenschlacht mit der Polizei, in deren Verlauf Bäume herausgerissen und die Polizisten, die das Palais abschirmen sollten, mit Tischen, Bänken und Zementbrocken beworfen wurden. Der Demonstrationszug war inzwischen auf etwa 5000 Teilnehmer angewachsen. Immer wieder wurden Demonstranten festgenommen, auf beiden Seiten gab es Verletzte.
Die Kammer tagte fast den ganzen Januar über, um Licht in die dunkle Affäre Stavisky und die daran Beteiligten zu bringen. Jeder, ohne Ansehen der Person, sollte zur Rechenschaft gezogen werden. Immer wieder wurde die Regierung angegriffen – da trat das gesamte Kabinett zurück, erstmals in der Geschichte der französischen Republik. Die Regierung hielt dem Druck der Straße nicht stand.
Neue Verdächtigungen wurden veröffentlicht, die Demonstrationen nahmen gefährlichere Ausmaße an, es kam zu Brandstiftungen und schweren Sachbeschädigungen.
Am 27. Januar wurde die Regierung unter Ministerpräsident Daladier neu gebildet. Als er am 6. Februar 1934 sein Kabinett vorstellte und seine Regierungserklärung verlesen wollte, war das Parlamentsgebäude umdrängt von Demonstranten, die die Marseillaise und die Internationale sangen. Die Sitzung mußte für mehrere Stunden unterbrochen werden. An diesem 6. Februar erreichten die Tumulte der Straße ihren Höhepunkt. Massenweise schoben sich Demonstranten über den Boulevard St. Michel, St. Germain und durch die Champs-Elysées. Etwa 30000 Menschen forderten: »Demission, Demission!«
Als die Polizei Wasserwerfer gegen die Demonstranten einsetzte, brach eine regelrechte Straßenschlacht aus. Wiederum wurden Kioske und Fahrzeuge in Brand gesetzt, Tische und Stühle der Cafés dienten als Wurfgeschosse, die Pferde der Republikanischen Garde wurde durch Sandwürfe scheu und durch Schnitte mit Rasiermessern, die an Stöcken befestigt waren, wild gemacht. Nur mit knapper Not gelang es der Polizei, den Sturm der Massen auf das Parlamentsgebäude abzubremsen. Plötzlich fielen Schüsse. Die Menge antwortete mit erneuten Brandstiftungen. Abermals wurde geschossen. Es gab zahlreiche Tote und Verwundete. Erst am späten Abend war die Polizei wieder Herr der Situation.
Da sich die Lage auch in den nächsten Tagen noch mehr zuzuspitzen drohte, beschloß die Regierung, Militär nach Paris zu rufen. Als angekündigt wurde, daß für den 7. Februar mit neuen, noch größeren Demonstrationen zu rechnen sei, beschloß Daladier, zurückzutreten. Sein Nachfolger wurde Gaston Doumergue, der auf breites Vertrauen rechnen konnte. Nach seiner Regierungsbildung trat dann Ruhe ein.
Die Affäre Stavisky war durch Buchprüfer soweit geklärt worden, daß man wußte, wieviel Geld dieser Betrüger und Hochstapler gestohlen hatte. Es waren insgesamt 218 Millionen Ausgaben. Von 41 Millionen gab es keine Spur mehr.
Am 4. November 1935 begann der Strafprozeß vor einem Pariser Schwurgericht. Da der Haupttäter fehlte, versuchten sich die Angeklagten gegenseitig zu entlasten und die ganze Schuld der Justizbehörde in die Schuhe zu schieben. Nur mit ihrer Hilfe hätte Stavisky nämlich fünf Jahre in Freiheit leben und seine betrügerischen Geschäfte durchführen können. Nach drei Monaten Verhandlung wurden 11 Angeklagte freige-

sprochen. Zu den Verurteilten gehörten Tissier (7 Jahre Zwangsarbeit) und Cohen (5 Jahre Zuchthaus). Die Hauptverantwortlichen jedoch gingen straffrei aus, so der Minister, die Polizeibehörden, Staatsanwälte und Richter.
Die Affäre Stavisky endete indes recht mysteriös. In der Nacht vom 20. zum 21. Februar 1934 wurde auf der Eisenbahnstrecke Dijon–Paris die Leiche des Pariser Appelationsgerichtsrates Prince gefunden. Er gehörte zu den Männern, die von Staviskys Schwindelgeschäften wußten und sie der Staatsanwaltschaft gemeldet hatten. Selbstmord wurde ausgeschlossen. Wer aber sein Mörder war, wurde nie geklärt. Offen ist auch bis heute noch die Frage, ob Stavisky Selbstmord begangen hatte oder tatsächlich von Polizisten erschossen worden war.

Wolf, Klaus Dieter

Schon während seines Medizinstudiums (beim Physikum fiel er zweimal durch) versuchte Klaus Dieter Wolf (geb. am 29. April 1942 in Breslau), durch gefälschte Unterlagen seine Promotion zum Dr. med. zu erreichen. Doch seine Professoren entdeckten den Schwindel.
Obgleich er nun kein Arzt mehr werden konnte, wollte er auf den Doktortitel nicht verzichten, zumal seine Ehefrau Cäcilia Knocke, die er am 19. Dezember 1969 heiratete, nur mit einem Akademiker verheiratet sein wollte. Seine Schwiegereltern besaßen das 300-Betten-Badehotel und Sanatorium »Königshof« in Bad Oeynhausen, wo Herr und Frau »Dr.« Wolf eine gute Rolle in der Kleinstadtsociety spielten. Die Leitung des »Königshofs« hatte inzwischen Frau Wolf übernommen, ein ehemaliges Hauptquartier der britischen Rheinarmee, in dem Prinz Philip und Feldmarschall Montgomery abstiegen.
Obgleich Wolf vom Schöffengericht Braunschweig 1971 wegen Betrugs, Urkundenfälschung und unbefugter Führung eines akademischen Grades zu 6 Monaten Freiheitsstrafe verurteilt worden war, nahm er zum 1. März 1971 an einem Krankenhaus in Minden die Stelle eines Assistenzarztes mit gefälschten Papieren an und bekleidete diesen Posten so lange, bis die Ärztekammer Münster, durch die Staatsanwaltschaft Braunschweig auf den falschen Doktor aufmerksam gemacht, alle Krankenhäuser, auch das von Minden, vor Wolf warnte. Als es zu einer Aussprache mit dem Chefarzt von Minden kommen sollte, war Wolf spurlos verschwunden.
Um sich der Kriminalpolizei und seiner Haftstrafe zu entziehen, beschloß er, am 8. August 1971 zu sterben und dies auch den Behörden von Oeynhausen mitzuteilen. Er wurde unter der Nummer 254 ins Sterberegister eingetragen und schien für alle tot zu sein.
Doch bald darauf saß er quicklebendig im Hotelcafé seiner Schwiegereltern und in Bars. Da auch die Todesurkunde gefälscht war, konnte er bald nach seinem »Tod« von der Kripo in Bad Oeynhausen verhaftet werden. In Essen sitzt er nun seine Braunschweiger Haftstrafe ab.

19. Entführung

Die Erfolgschancen der Kidnapper sind um so minimaler, je eher die Polizei eingeschaltet wird. Bei insgesamt 12 Fällen von Kidnapping in der Bundesrepublik in den Jahren 1958 bis 1972 wurden 90% der Täter dingfest gemacht. Das Kidnapping ist nicht eine moderne Verbrechensart. Seit Caesars Gallischem Krieg ist dieses kriminelle Phänomen bekannt.
Das Hauptproblem bei der Verfolgung von Entführern ist der Schutz des Lebens des Entführten. Nicht unproblematisch ist auch die Rolle des Vermittlers, auf den man häufig nicht verzichten kann.
Kidnapping ist in erster Linie ein Intelligenz-, weniger ein Gewaltverbrechen. In den meisten Fällen war der Täter psychisch gestört.

a) von Menschen

Albrecht, Theo

In den frühen Abendstunden des 29. November 1971 wurde der Essener Großkaufmann Theo Albrecht entführt, als er gegen 17 Uhr den Hauptbetrieb seiner Lebensmittelkettengeschäfte in Herten (Kreis Recklinghausen) verließ, um nach Hause zu fahren. Gewißheit, daß Albrecht entführt worden war, gab es, als sich die Täter telefonisch mit der Familie Albrechts in Verbindung setzten. Erst Tage danach verständigten die Angehörigen die Polizei. Die Kidnapper hatten nämlich in einem Brief gedroht, Albrecht umzubringen, falls Presse oder Polizei in den Vorfall eingreifen würden. 7 Millionen Mark verlangten die Entführer für die Freilassung des Essener Millionärs. Neben diesen 7 Millionen forderten die Erpresser einen Vorsprung von 24 Stunden. Dann erst wollten sie ihr Opfer freilassen. Bei der Übergabe sollten Albrechts Frau, ein Rechtsanwalt und ein Sohn Albrechts zugegen sein.
Diese Forderungen schienen der Familie zu hoch und zu gewagt. Die inzwischen eingeschaltete Staatsan-

waltschaft und die Polizei wollten einen Mittelsmann in die Verhandlungen mit den Entführern einschalten. Albrecht hatte sich telefonisch einige Tage später mit seiner Familie in Verbindung gesetzt und um die Auszahlung des Lösegeldes gebeten.
Zur Albrecht-Gruppe gehören mehr als 600 Lebensmittelfilialen, die nach dem Discountprinzip Lebensmittel zu Niedrigstpreisen ohne großen Ausstattungsaufwand verkaufen.
Als Vermittler wurde der Essener Ruhrbischof Franz Hengsbach gewonnen. Nachdem die 7 Millionen übergeben und Albrecht befreit war, begann die Fahndung nach den Entführern. Wichtigstes Mittel zur Identifizierung waren die Tonbänder, die die Polizei aus mehreren Telefonanrufen mitgeschnitten hatte. Die Tonbänder wurden über Funk und Fernsehen abgespielt, und die Polizei erhielt Hunderte von Hinweisen. Bischof Hengsbach, der Albrecht ausgelöst hatte, berief sich auf die »gebotene seelsorgerische Verschwiegenheit«, die er wie ein Beichtgeheimnis allen Beteiligten garantiert hatte.
Der einzige, der über die Entführer Aussagen machen konnte, war Theo Albrecht selbst. Nach seiner Entführung sei er mit verbundenen Augen und gefesselten Händen kreuz und quer durch die Gegend gefahren und schließlich in einem unbekannten Versteck untergebracht worden. Die Entführer hatte Albrecht nie zu Gesicht bekommen. Seine handschriftlichen Briefe an die Familie mußte er nach einer maschinenschriftlichen Vorlage anfertigen. Der Tat verdächtig waren inzwischen Udo Rieser und Dieter Westerhoff. Beide waren von der Polizei nach dem Tag der Entführung beobachtet worden und kamen zumindest als Kontaktpersonen in Frage. Für den vorbestraften Rieser legte seine Mutter (67) ihr Wort ein. Auch sei die Stimme ihres Sohnes nicht iedentisch mit der auf den Tonbändern. Da teilte ein Rechtsanwalt mit, es gebe für beide ein sicheres Alibi, weil sie sich am Tag der Geldübergabe (16. Dezember 1971) im österreichisch-ungarischen Grenzort Nickelsdorf aufgehalten hätten. Der Verdacht gegen Rieser verstärkte sich jedoch wieder, als nach Auskunft des Oberstaatsanwaltes Gerd Lindenberg mehrere Personen die Stimme Riesers mit der Tonbandstimme identifiziert hatten.
Da wurde am 22. Dezember 1971 ein erster Haftbefehl wegen räuberischer Erpressung und Mitwirkens an Freiheitsberaubung gegen den Düsseldorfer Paul Kron erlassen. Kron hatte sich verdächtig gemacht, weil er bei einem Kaufmann mit überraschend großen Geldscheinen seine Schulden bezahlt hatte. Inzwischen waren auch die Stimmen von Rieser und Westerhoff weiterhin auf ihre Identität mit der Stimme des Tonbandes überprüft worden.
Die Geldscheine, mit denen Kron bezahlt hatte, stammten aus dem Lösegeld, dessen Nummern vor der Übergabe notiert worden waren. Im Wagen Krons wurden weitere 11000 Mark gefunden, außerdem waren Kron und Rieser miteinander bekannt.
Rieser und Westerhoff waren zunächst nur wegen Verdachts auf unerlaubten Waffenbesitz, Urkundenfälschung und Fahrens ohne Führerschein inhaftiert worden. Ein zweiter Haftbefehl war wegen Fluchtgefahr ausgestellt worden.
Nach der Festnahme der drei Kölner Bankräuber (Vicenik, Mattei und Donadio) gelang schließlich der Polizei ein zweiter großer Erfolg. Der 39jährige Paul Kron hatte gestanden, gemeinsam mit dem Rechtsanwalt Heinz-Joachim Ollenburg (48) Theo Albrecht gekindnappt zu haben. Kron wurde mit einem »Trinkgeld« von rund 10000 Mark abgefunden, während sich Ollenburg mit der Riesenbeute am 29. Dezember dem Zugriff der Kripo durch Flucht hatte entziehen können.
Albrecht war fast 3 Wochen lang in einem Hinterzimmer von Ollenburgs Anwaltskanzlei festgehalten worden. Die meiste Zeit mußte Albrecht in Unterwäsche und mit Heftpflaster verklebten Augen verbringen. Nach seiner Meinung war das Buch »Die Reichen und die Superreichen in Deutschland«, in dem auch er aufgeführt ist, der »zündende Funke« für die Ausführung der Tat.
In der Neujahrsnacht kehrte der flüchtige Rechtsanwalt Ollenburg freiwillig aus Mexiko nach Deutschland zurück. Ollenburg hatte zunächst jede Beteiligung an der Entführung abgestritten, wurde aber von Kron, in der Unterwelt als »Diamanten-Paul« bekannt, schwer belastet. Mit Ollenburg zurück kam auch dessen 19jährige Freundin und Notariatsgehilfin Angela Pöck. Nach stundenlanger Vernehmung wurde sie zu ihren Eltern entlassen.
Am 3. Januar 1972 legte Ollenburg dann ein Geständnis ab, zusammen mit Paul Kron die Entführung geplant und durchgeführt zu haben. Seinen Anteil der Beute habe er jedoch, als er verfolgt wurde, weggeworfen. Er war nach Mexiko geflogen in der Überzeugung, Kron werde dichthalten. Mit dem Geld wollte Ollenburg sein Alter sichern, da er krank sei. Ollenburg und Kron bewachten Albrecht ständig in Schichtdienst, Tag und Nacht.
Paul Kron wurde von der Polizei als versierter Einbrecher entlarvt. Der in Unterweltkreisen bekannte Tresorknacker hatte bei zwei Einbrüchen in ein Düsseldorfer Kaufhaus 270000 Mark erbeutet (im Dezember 1970 zusammen mit dem Komplizen Karl Rath). In Spanien verjubelten die beiden das gesamte Geld. Ollenburg trat als Advokat aus der Anwaltskammer zurück, um einem möglichen Ausschließungsverfahren zuvorzukommen. – Die beiden zuerst verdächtigten Rieser und Westerhoff waren mit der endgültigen Aufdeckung der Entführung entlastet.
Der 29jährige Radio- und Fernsehgerätehändler Jürgen Urban aus Düsseldorf bekam die ausgeschriebenen 3000 Mark Belohnung. Er hatte Krons Stimme identifiziert, bei ihm hatte Kron seine Schuld mit Fünfhundertmarkscheinen aus dem Lösegeld gedeckt, und er hatte Kron der Polizei bekanntgegeben.
Erst Anfang Februar 1972 konnte in einem Waldstück zwischen Lintorf und Düsseldorf-Kaiserwerth mit Hilfe Ollenburgs ein Teil des Lösegeldes (etwa 2,8 Millionen Mark) sichergestellt werden.
Der Rest des Geldes blieb bis heute verschwunden.

Am 11. Februar 1972 sollte Theo Albrecht erneut erpreßt werden. Ein 25jähriger Maschinenbauer aus Aachen hatte 378000 Mark verlangt. Bei Nichterfüllung der Forderung wollte er einen Angestellten Albrechts töten und Lebensmittel in dessen Läden vergiften. Bei der Übergabe des Geldes wurde er von der Polizei überwältigt und sofort verhaftet.
Nach diesem Fall kam es in der Öffentlichkeit immer wieder zu Diskussionen über die Frage, ob Bischof Hengsbach ein Recht gehabt hat, über die Täter zu schweigen und damit ihre Festnahme zu erschweren und hinauszuzögern.
Die bischöfliche Pressestelle stellte klar: Der Bischof war nicht an ein Zeugnisverweigerungsrecht gebunden, sondern es gebe eine »Schutznorm« für die Seelsorger als Berufsgruppe, wie sie auch von Ärzten, Rechtsanwälten oder Verlegern wahrgenommen werden könne.
Ollenburg lebte, obgleich er stark verschuldet war, auf großem Fuß. In Düsseldorf galt er als »Ganovenanwalt«. Der Mann, der linkisch stottern und brillant formulieren konnte, der sentimental und eiskalt war, der Unsummen zum Fenster hinauswarf und um den Pfennig geizte, der unwiderstehliche Frauenheld war vielen ein Rätsel. Heute sitzt er wegen räuberischer Erpressung in Tateinheit mit schwerer Freiheitsberaubung in Haft.
Am letzten Wochenende des März 1972 bedankte sich Theo Albrecht mit 120 Falschen Sekt, 2 Fässern Freibier, 12 Flaschen Schnaps und 300 belegten Broten während eines gemütlichen Beisammenseins bei der Sonderkommission der Essener Polizei, die bei seiner Befreiung mitgewirkt hatte. Die Beamten der 100köpfigen Sonderkommission hatten bei der Suche nach dem verschwundenen Millionär rund 10000 Überstunden gemacht.
Der Beginn des Prozesses gegen die Entführer wurde auf den 10. Januar 1973 anberaumt. Die Anklage lautet: »räuberische Erpressung und Freiheitsberaubung«.

Banner, Gordon; Law, Joe, und Turner, Charley

Am 27. März 1972 wurden drei britische Techniker von der Radarstation Ünye am Schwarzen Meer von Mitgliedern der revolutionären türkischen »Volksbefreiungsarmee« entführt (vgl. S. 462f.).Die Terroristen versuchten damit, die Hinrichtungen ihrer drei Komplizen Denis Gezmis, Yusuf Aslan und Hussein Inan zu verhindern. 48 Stunden vor der Entführung war deren Todesurteil verkündet worden und hatte durch Proklamation im Staatsanzeiger Rechtskraft erlangt. Insgesamt hatten die Militärtribunale der Türkei seit Mitte 1971 bis März 1972 21 Todesurteile gefällt.
Unter den Entführern befanden sich auch die Untergrundfunktionäre Cihan Alptekin und Tomer Ayna, die im Dezember 1971, als sie mit ihrer Verurteilung zum Tode zu rechnen hatten, sympathisierende Offiziere aus dem Militärgefängnis in Istanbul entweichen ließen.
Die Untergrundkämpfer drangen in die Unterkünfte der Engländer ein, die dort z.T. mit ihren Familien lebten, fesselten und knebelten sie und verließen dann noch vor Tagesanbruch mit den drei Technikern Gordon Banner, Joe Law und Charley Turner den Stützpunktbereich.
Da sich die Regierung weigerte, die zum Tode verurteilten Untergrundkämpfer zu begnadigen, wurden die drei britischen Geiseln Ende März 1972 ermordet.
Am 30. März hatten Regierungstruppen das Versteck der auf zehn Mann angewachsenen Entführergruppe mit ihren Geiseln umstellt. Die Entführer hatten zunächst über die Freilassung der Radartechniker Verhandlungen gefordert und dabei auf Straffreiheit für sich und freie Ausreise ins Ausland bestanden. Von ihren zum Tode verurteilten Kumpels war nun keine Rede mehr.
Vom Innenminister und dem befehlsgebenden Generalmajor wurde diese Forderung abgelehnt.
Als Regierungstruppen in das Haus eindrangen, waren die drei Geiseln bereits durch Kopfschüsse getötet. Anschließend wurden sämtliche Räume des Hauses durchkämmt und dabei neun Terroristen erschossen. Unter den Überlebenden war der ehemalige Studentenführer Ertugrul Kurkcu, der zu den Mitbegründern der »Volksbefreiungsarmee« und des »Revolutionären Jugendbundes« gehörte. Er hatte sich in einem Heuhaufen im Hause versteckt und zugegeben, daß die drei Techniker von den Terroristen erschossen worden sind.
Unter den neun toten Terroristen befand sich auch der Untergrundführer Mahir Cayan.

Ben Barka, Mehdi

Ben Barka, von Beruf Mathematikprofessor, hatte 1959 die linksstehende »Nationale Union der Volkskräfte« (UNFP) gegründet und geriet in Konflikt mit der marokkanischen Regierung. Sie verurteilte ihn zweimal in Abwesenheit zum Tode, jedesmal wurde er von König Hassan II. wieder begnadigt und zur Rückkehr nach Rabat aufgefordert.
Seine Entführung galt als politischer Skandal ersten Ranges:
Am 29. Oktober 1965 wurde der marokkanische Oppositionspolitiker von zunächst zwei Unbekannten in Paris, Saint-Germain-des-Prés, am hellen Tage, sie hatten ihre Polizeiausweise gezogen, in einen Wagen gestoßen und weggefahren. Die beiden Beamten gehörten zum Rauschgiftdezernat und waren der Meinung, einen Rauschgifthändler festgenommen zu haben. Kurze Zeit später gaben die Polizisten jedoch an, auf Veranlassung von Antoine Lopez, einem Beamten des Flughafens Orly, Ben Barka entführt zu haben.
Bis zur Klärung der Affäre wurde der Besuch König Hassans II. in Paris abgesagt.
Gegen die beiden Polizisten und Lopez wurde Haftbefehl erlassen. Bald kam heraus, daß die Fäden zur Entführung bis zum marokkanischen Innenminister Oufkir reichten.

Da trat Georges Figon, der vorbestrafte Sohn eines hohen Beamten, als Augenzeuge auf und berichtete, zu den Abschirmern des Entführungswagens gehört zu haben, und nannte den direkten Auftraggeber der beiden Polizisten, den Chef der marokkanischen Geheimpolizei Dlimi. Dieser wiederum handelte im Auftrag Oufkirs. Seine Aufgabe war, Ben Barka zu liquidieren. Das Opfer wurde nach der Autofahrt durch Paris gefesselt in ein Zimmer gebracht, das Oufkir gleich nach seinem Eintreffen aufsuchte. Dieser zog einen Dolch und schlitzte Ben Barkas Kehle und Brust auf. Dann wurde er in das Haus des Luftwaffenangestellten Lopez gebracht, wo er im Zentralheizungskeller umgebracht wurde.
Als Figon, gegen den Haftbefehl erlassen war, festgenommen werden sollte, erschoß er sich. Damit war der Augenzeuge nicht mehr in der Lage, nähere Beschuldigungen zu äußern. Wie weit sein Selbstmord ebenfalls von Oufkir arrangiert war, kam nie genau heraus.
Der französische Ministerrat ergriff erste Maßnahmen. Der Chef des »Service de documentation et de contre-espionage« (SDECE), General Jacquier, dem der Agent Lopez unterstand, wurde seines Amtes enthoben.
Gegen Oufkir und Dlimi wurden am 21. Januar 1966 Haftbefehle erlassen. Damit hatte das Verhältnis Frankreichs zu Marokko einen dramatischen Höhepunkt erreicht.
Am 5. Juni 1967 verurteilte ein Geschworenengericht sechs Angeklagte, darunter Oufkir, in Abwesenheit zu lebenslänglicher Haft.

Chessman, Caryl

In Chessman (geb. 1915) sieht man den berühmtesten Verbrecher aller Zeiten, obwohl er kein Mörder war.
Der Vater war ein Taugenichts, die Mutter, aus gutem Haus, war bei einem Verkehrsunfall so schwer verletzt worden, daß sie für immer an den Rollstuhl gefesselt blieb. Das wenige Geld, das der Vater verdiente, ging für Arznei drauf. Mit 16 Jahren (um 1930) begann Caryl seine Verbrecherlaufbahn: Er beging Autodiebstähle und Raubüberfälle, deshalb kam er 5 Jahre in das »offene Gefängnis« von Chino, wo es weder Gitter noch Mauern noch verschlossene Türen gab. Caryl flüchtete und wurde der berühmte »Rotlicht-Bandit«.
Mit seinem Wagen, der einem Polizeifahrzeug mit Rotlicht sehr ähnlich sah, stoppte er auf Straßen zahlreiche Autos und beraubte die Insassen mit vorgehaltener Pistole.
Zweimal waren die beraubten Opfer Frauen. Er schleppte sie in seinen Wagen und vergewaltigte sie. Wegen dieser Fälle wurde er verurteilt, aber nicht wegen der Vergewaltigungen und auch nicht wegen der Überfälle, sondern – wegen Entführung.
Nach kalifornischem Recht steht auf Entführung die Todesstrafe. Von Juli 1948 bis Mai 1960 saß Chessman in der Todeszelle von San Quentin. Während dieser Zeit schrieb er vier Bücher, las unzählige Gesetzesbücher und wurde »einer der besten Rechtsanwälte, die es je gegeben hat«. Er entdeckte in seinem eigenen Verfahren immer wieder Form- und Verfahrensfehler, Fehler in Gutachten und in der Urteilsbegründung, womit es ihm immer wieder gelang (neunmal), seinen Hinrichtungstermin hinauszuschieben.
Als der Termin dann endgültig festgesetzt war, schlug ihm aus der ganzen Welt eine warme Sympathiewelle entgegen. Es fanden Demonstrationen für seine Gnade statt. Mehrere Millionen Unterschriften wurden gesammelt, in Kinos wurde ein Film über seinen Fall gezeigt, und die Schallplatte »The Ballad of Caryl Chessman« war ein Bestseller. Aber es half alles nichts. Er wurde in der Gaskammer von San Quentin (Kalifornien) am 2. Mai 1960 hingerichtet.

Hauptmann, Bruno

Bruno Hauptmanns Kindesentführung ging durch die gesamte Welt. Denn sein Opfer war das berühmte Lindbergh-Baby.
Hauptmann (geb. am 20. November 1899) war am 1. März 1932 nachts in das Haus des Ozeanfliegers Charles Lindbergh eingestiegen und hatte das Baby entführt. Mit einer selbstgebastelten Leiter war er in das Haus in Hopewell, New Jersey, eingestiegen.
Zur Auslösung des Kindes hatte er 50000 Dollar gefordert, aufgeteilt in 20-, 10- und 5-Dollar-Noten. Er hatte gewarnt, die Polizei zu benachrichtigen, was die Fahndung nach dem Täter nur hinauszögerte.
Ein Bekannter Lindberghs, ein pensionierter Schuldirektor namens Dr. John F. Condon, konnte die Verbindung zu dem Kidnapper aufnehmen und ihm das Lösegeld gegen Quittung aushändigen.
Am 12. Mai 1932 wurde dann das Baby zufällig von einem LKW-Beifahrer in einer Mulde neben der Straße aufgefunden. Sein Schädel war zerschmettert. Die Obduktion ergab, daß das Kind bereits kurz nach dem Raub ermordet worden war.
Erst am 15. September 1934 konnte der Täter verfolgt werden, nachdem die Polizei festgestellt hatte, daß er einen Wagen besaß und deshalb tanken mußte. Sämtliche Tankstellenbesitzer waren aufgefordert, 5-, 10- oder 20-Dollar-Noten genau anzusehen. Wie erwartet kaufte der Täter an einer Tankstelle Benzin und bezahlte mit einem 10-Dollar-Zertifikat. Der Tankstellenwärter hatte sich die Wagennummer notiert und den Dollarschein von einer Bank überprüfen lassen. Es wurde festgestellt, daß es ein Schein aus dem Lindbergh-Lösegeld war. Über die Kfz-Nummer konnte dann der Deutschamerikaner Bruno Hauptmann identifiziert und verhaftet werden.
Der Überbringer des Lösegeldes, Dr. Condon, erkannte in ihm den Mann wieder, dem er das Lösegeld ausgehändigt hatte. In der Garage Hauptmanns wurden noch 13000 Dollar aus dem Lösegeld gefunden.

Hauptmann wurde am 3. April 1936 auf dem elektrischen Stuhl hingerichtet, obgleich er bis zum Schluß die Tat geleugnet hatte.
Aufgrund des »Falles Lindbergh« wurde in den USA ein Gesetz beschlossen, das die Entführung einer Person von einem Bundesstaat in einen anderen mit der Todesstrafe belegte. Hauptmann hatte angegeben, das Kind von New Jersey nach Massachusetts gebracht zu haben.

Holleben, Ehrenfried von

Der Wirtschaftsjurist und Rechtsanwalt von Holleben (geb. am 11. Mai 1909 in Potsdam) trat 1953 in den Dienst des Auswärtigen Amtes, wurde Konsul in Glasgow, dann Legationsrat der Deutschen Botschaft in London.
Im Februar 1966 ging er als Botschafter nach Rio de Janeiro.
Am 12. Juni 1970 wurde er von linksradikalen Guerillas entführt und fünf Tage lang gefangengehalten. Sein Begleitbeamter fand bei der Entführung den Tod.
Die brasilianische Regierung ließ für seine Freilassung 40 politische Häftlinge aus dem Gefängnis nach Algerien fliegen. Daraufhin wurde der Botschafter am 17. Juli von den Entführern ebenfalls auf freien Fuß gesetzt.
Von Holleben verließ seinen Posten und kehrte Ende September 1970 in die Bundesrepublik zurück.
Das Militärgericht von Rio de Janeiro verurteilte im April 1972 drei Angeklagte, die im Juni 1970 von Holleben entführt oder an seiner Entführung maßgeblich beteiligt waren, zu lebenslanger Freiheitsstrafe.

Horthy

Mitte Oktober 1944 war auf deutscher Seite so gut wie sicher, daß der Reichsverweser Ungarns, Horthy, die Kapitulation vor den Sowjettruppen aussprechen würde. Bereits am 7. September 1944 hatte der ungarische General Lakatos 5 deutsche Divisionen zur Verteidigung Ungarns angefordert in der Hoffnung, daß man ihm deutscherseits diese Bitte abschlagen würde. So hätten er und die ungarische Regierung einen plausiblen Vorwand für die Kapitulation Ungarns gehabt.
Wider Erwarten wurden zwar nicht 5, wohl aber 4 deutsche Divisionen in der Umgebung Budapests stationiert. Es war für die deutsche Führung entscheidend, auf alle Fälle eine Kapitulation Ungarns zu verhindern. Um Horthy unter Druck zu setzen, wurde von Otto Skorzeny, dem Entführer Mussolinis, Horthys Sohn entführt, in einen Teppich eingerollt und weggeschafft. Außerdem wurde Horthy mitgeteilt, General von dem Bach-Zelewski, der Sieger der Warschauer Gettorevolte, befinde sich mit 42 Tigerpanzern auf dem Weg nach Budapest.
Unter dem Druck der Entführung seines Sohnes war nach kurzer Bedenkzeit Horthy bereit, Szálasi zum Ministerpräsidenten zu ernennen, von dem die deutsche Regierung annahm, daß es unter seiner Führung nicht zu der befürchteten Kapitulation kommen werde.
Horthy und General Lakatos wurden nach Rückgabe des Horthy-Sohnes nach Deutschland in ein Internierungslager gebracht.
Dieser Schachzug der deutschen Regierung hatte jedoch nur auf diplomatischem Weg Ungarns Kapitulation hinauszögern können. Ende 1944 entschied sich das Problem beim Einmarsch russischer Truppen von selbst.

Laporte, Pierre

Am 11. Oktober 1970 wurde der Arbeitsminister der Provinzregierung von Quebeck, Pierre Laporte, von frankokanadischen Separatisten entführt. Die Aktion wurde den Separatisten der verbotenen Terrororganisation »Front de Libération du Québec« (FLQ) zugeschrieben (vgl. S. 441). Eine Woche davor war der britische Diplomat James Cross ebenfalls von FLQ-Terroristen entführt worden. Für Laportes Freilassung verlangten die Separatisten die Entlassung von 23 ihrer Gesinnungsgenossen aus dem Gefängnis.
Am 14. Oktober 1970 erneuerte die FLQ ihre Forderung, andernfalls Laporte und Cross getötet würden. Zusätzlich verlangten sie 500000 Dollar Lösegeld.
Am 18. Oktober wurde Laporte erschossen aufgefunden, Cross war noch am Leben.
Die FLQ, seit 1963 tätig, war ursprünglich eine Studentenorganisation, die sich immer mehr von ihren theoretischen Anfängen entfernte und in kleinen Zellen zu Gewaltaktionen schritt.
Am 8. November 1970 gestand der 19jährige Student Bernard Lorti mit drei anderen Männern der FLQ Laporte entführt zu haben. Ihm wurde freies Geleit zugesichert, um dadurch James Cross aus den Händen der FLQ zu befreien.
Später bestritt Lorti, etwas mit der Ermordung Laportes zu tun gehabt zu haben.
Am 10. November 1970 wurden die geistigen Führer der Untergrundbewegung angeklagt: Pierre Vallières, Charles Gagnon und Jacques Laure-Langlois. Der an der Entführung und Ermordung Laportes hauptschuldige kanadische Volksschullehrer Paul Rose (28) wurde zu lebenslanger Haft verurteilt.

Linse, Walter

Walter Linse (geb. 1903 in Chemnitz), Rechtsanwalt in West-Berlin, militanter Antikommunist, wurde am Morgen des 8. Juli 1952 in der Berliner Vorstadt Lichterfelde in einen PKW gezerrt und entführt. Von einem Privat- und einem Polizeifahrzeug verfolgt, jagte der große Opel-Kapitän durch Berlin auf die Sektorengrenze zu. Als er sich dem Schlagbaum näherte, wurde dieser von Volkspolizisten gerade zur rechten

Zeit geöffnet, der Opel mit Dr. Linse darin überfuhr die Grenze – und die Verfolger waren abgeschüttelt.
Hinter der Grenze stieg ein Offizier der Volkspolizei in den Wagen. Dr. Linse wurde vom sowjetischen Geheimdienst ins russische Hauptquartier in Karlshorst gebracht.
Dr. Linse arbeitete nach Kriegsende als Geschäftsführer der Industrie- und Handelskammer in Chemnitz. Die Kommunisten schätzten den tüchtigen Juristen und drängten ihn, in die SED einzutreten. Linse lehnte ab und setzte seine offene Kritik an der SED-Politik fort. Daraufhin wurde er von der DDR-Kriminalpolizei verfolgt. Es blieb ihm keine andere Wahl, als nach West-Berlin zu flüchten (1949).
Hier übernahm er die Abteilung Wirtschaftsrecht im »Untersuchungsausschuß freiheitlicher Juristen«. Der Mann, der die kommunistische Ideologie ebenso gut kannte wie den Verwaltungsapparat ostdeutscher Ämter, wurde einer der einflußreichsten Leute, rief ein Hilfskomitee für politische Gefangene ins Leben, stiftete Patenschaften zwischen westdeutschen Familien und politischen Gefangenen der DDR. Sein Büro, mittlerweile beschäftigte er über 80 Angestellte, war für viele Menschen aus der DDR ein nützlicher Ratgeber. Bauern und kleine Geschäftsleute, denen die Enteignung drohte, kamen und erhielten Hilfe, vor allem Rechtshilfe. Linse verbreitete Informationsmaterial in der DDR, woraus zu entnehmen war, was die Kommunisten mit bestimmten Gesetzen erreichen wollten, oder wie man sich der Polizei und Gerichten gegenüber zu verhalten habe etc. Auch der Sender RIAS strahlte Linses Lebenshilfen in die DDR aus.
Den Kommunisten waren diese Aufklärungskampagnen des »Untersuchungsausschusses« ein Dorn im Auge. Sie rächten sich durch die Verschleppung zahlreicher Personen aus West-Berlin in die DDR, zwischen 1949 unf 1961 nicht weniger als 274 Menschen.
Unterdessen wurde der »Untersuchungsausschuß« zu der antikommunistischen Vereinigung schlechthin, unterstützt vom amerikanischen CIA. Sie vertrat in gewisser Weise die in der DDR verbotene Opposition auf westdeutschem Boden, prangerte wirtschaftliche, politische und soziale Mißstände in der DDR an, wurde allmählich eine Untergrundorganisation, die im ganzen Ostblock verstreut arbeitete. Höhepunkt der DDR-Gegenaktion war dann die Verschleppung Dr. Linses, über dessen Schicksal bis heute nichts mehr bekannt wurde.
Andere Funktionäre, vor allem auch des NTS (= Nationaler Bund der Schaffenden Russischen Solidaristen), wurden entführt, oder es wurden Anschläge gegen sie verübt. Dazu gehörten Dr. Alexander Truschnowitsch, Georgij Okolowitsch, Valerij Tremmel, der antikommunistische Journalist Karl Wilhelm Fricke, Dr. Poremsky, Robert Bialek, der ehemalige Generalinspekteur der Volkspolizei, und viele andere.
Die Entführungen wurden durchgeführt von der 13. Abteilung des sowjetischen Ministeriums für Staatssicherheit und des DDR-Ministeriums für Staatssicherheit (MfS).
Dr. Linse wurde von einem sowjetischen Militärgericht zu 25 Jahren Gefängnis verurteilt, angeklagt als Feind der Revolution.

Mussolini, Benito

Im Jahre 1943 sah sich der kranke, stark gealterte, doch noch nicht 60jährige »Duce« am Ende seiner Macht. Im Inland waren die Streitkräfte zermürbt, Massenstreiks beherrschten die großen Industriestädte Turin und Mailand, das faschistische Regime war bis in die höchsten Spitzen hinauf korrupt; von außen her bedrohten die angloamerikanischen Streitkräfte den Mittelmeerraum, und der Angriff Italiens durch Eisenhower schien unmittelbar bevorzustehen.
Am 7. April 1943 traf Mussolini mit Hitler in Salzburg zusammen. Der »Führer« wandte all seine Rhetorik auf, um den müde gewordenen Partner zu einem harten Durchgreifen in Italien zu animieren.
Im Mai war Tunesien gefallen, am 10. Juli waren die Angloamerikaner auf Sizilien gelandet. Doch die Italiener hatten keine Lust, auf ihrem Heimatboden zu kämpfen. Hitler versprach dem Duce die Unterstützung durch deutsche Truppen. Am 19. Juli 1943 trafen die beiden Diktatoren zum dreizehntenmal zusammen, doch diese Begegnung konnte die innere Entwicklung in Italien auch nicht mehr aufhalten.
Kaum war Mussolini nach Rom zurückgekehrt, als in der Nacht vom 24. zum 25. Juli 1943 der Große faschistische Rat zusammentrat und dem 20 Jahre hindurch allmächtig gewesenen Duce zum Vorwurf machte, er habe das Land in eine Katastrophe getrieben. Mit 19 gegen 8 Stimmen wurde die Wiedereinrichtung der konstitutionellen Monarchie beschlossen und die Einführung eines demokratischen Parlaments. Der König sollte den Oberbefehl über die Streitkräfte erhalten. Am Abend des 25. Juli wurde Mussolini zum König bestellt, kurzerhand als abgesetzt erklärt und in einem Polizeifahrzeug abgeführt. Sein Sturz wurde in Italien eher mit Freude als Empörung aufgenommen. Marschall Badoglio löste die faschistische Partei auf, entfernte die Faschisten aus allen führenden Positionen, öffnete den Antifaschisten die Gefängnisse und setzte eine parteilose Regierung aus Generalen und Beamten ein.
Mussolinis Sturz erschütterte Hitler schwer. Er fürchtete, ein ähnlicher Vorgang könne sich auch in Deutschland ereignen. So ermächtigte er Himmler, »mit schärfsten Mitteln polizeilicher Art« gegen subversive Kräfte in Deutschland vorzugehen. Dem deutschen Volk wurde der Sturz des Duce vorenthalten. Es hieß, er sei aus gesundheitlichen Gründen zurückgetreten.
Hitlers erste Reaktion war, mit Militärmacht die neue italienische Regierung, den König, den Kronprinzen »und die ganze Gesellschaft zu verhaften«. Auch den Vatikan wollte er stürmen und »den ganzen Pöbel«, das Diplomatische Korps, mitnehmen.
Noch in der Nacht wurden die Alpenpässe gesperrt, um zu verhindern, daß die Italiener Brücken und Tunnel

sprengten, was bedeutet hätte, daß die deutschen Truppen, die in Italien kämpften, von ihren Nachschubwegen abgeschnitten worden wären.
In einer Lagebesprechung vom 27. Juli wurde bereits Mussolinis Befreiung geplant. Anfang September sah sich Hitler durch zwei militärische Ereignisse zum Handeln gezwungen.
Am 3. September waren alliierte Truppen in Süditalien gelandet, und am 8. September wurde der Waffenstillstand zwischen Italien und den Westmächten geschlossen. Der Abfall dieses wichtigen Verbündeten kam für Hitler völlig überraschend. Vor allem war eine äußerst kritische Situation für die noch in Italien kämpfenden deutschen Truppen entstanden. Für Eisenhower wäre es leicht gewesen, an jeder Stelle der beiden Küsten Italiens zu landen und mit den italienischen Streitkräften Verbindung aufzunehmen. Dadurch wäre für die Deutschen eine aussichtslose Lage entstanden. Aber Eisenhower nutzte seine Überlegenheit auch zur See nicht aus.
Da die Alliierten südlich von Neapel landeten, die italienischen Truppen sich widerstandslos ergaben und entwaffnen ließen, war es den deutschen Truppen möglich, vorerst noch Rom und sogar die Stadt Neapel zu halten. Damit blieb aber auch das große Industriegebiet des Nordens noch in deutscher Hand.
Das »Unternehmen Eiche«, die Befreiung Mussolinis, mußte nun vorangetrieben werden. Hitler hatte die Absicht, nach Mussolinis Befreiung diesen zum Chef einer neu zu erstellenden faschistischen Regierung Norditaliens zu machen. Marschall Badoglio hatte Mussolini in einem Hotel auf der Bergspitze des Gran Sasso in den Abruzzen untergebracht, sicher, wie er glaubte, denn das Hotel war nur mit einer Drahtseilbahn zu erreichen.
Am 12. September 1943 wurde die Entführung von SS-Männern unter dem Befehl Otto Skorzenys durchgeführt. Etwa 100 Meter vom Hotel entfernt landete er mit einem Fieseler-Storch. Die italienischen Wachmannschaften flohen beim Anblick deutscher Soldaten sofort in die Berge; die wenigen, die zurückgeblieben waren, wurden von Skorzeny und Mussolini am Schießen gehindert. Mussolini, der die Landung des Flugzeugs von einem Zimmer seines Hotels aus beobachten konnte, wurde ohne Blutvergießen zur Maschine gebracht und über Rom nach Wien geflogen.
Ein paar Tage später bedankte er sich bei Hitler in dessen Hauptquartier in Rastenburg. Doch der Duce zeigte kein Interesse an Hitlers Plan, in Norditalien eine neue faschistische Regierung unter seiner Leitung einzusetzen. Hitler war enttäuscht über seinen alten Freund und Kampfgefährten. Auch war nicht damit zu rechnen, daß der Duce seine Verräter einem Strafgericht überantworten wollte. Er kehrte nie mehr nach Rom zurück.
Über die Gründe, warum der Duce nicht bereit war, eine neue faschistische Regierung in Rom zu bilden, wurde viel gerätselt. Vermutlich spürte er, daß er doch nur ein kleiner Vasall in der Hand Hitlers bleiben würde.
Mussolini zog sich nach Rocca delle Caminate bei Gargnano am Gardasee zurück, ließ sich seine Geliebte Clara Petacci durch den SS-General Sepp Dietrich bringen und stand unter strenger Bewachung durch die SS-Leibstandarte.
Einige Tage vor seiner Übersiedlung nach Norditalien hatte Hitler Mussolini noch gezwungen, Triest, Istrien und Südtirol an Deutschland »abzutreten«. Später sollte auch Venedig noch dazukommen. Dieser Demütigung des einst stolzen Duce kam eine andere noch hinzu. Hitler veranlaßte den Duce, seinen Schwiegersohn und ehemaligen Außenminister, Graf Ciano, festnehmen und am 11. Januar 1944 hinrichten zu lassen (im Gefängnis von Verona). In Ciano sah Hitler einen der Hauptverräter am Sturz des Duce.
Am 26. April 1945 wurde Mussolini mit seiner Geliebten von italienischen Partisanen festgenommen, als er versuchte, von Como aus in die Schweiz zu flüchten. In der Nacht zum 28. April wurden beide erschossen, ihre Leichen mit einem Lastwagen nach Mailand gefahren und mit den Köpfen nach unten an Laternenpfählen aufgehängt. Am 1. Mai wurde Mussolini mit Clara Petacci auf dem Armenfriedhof in Mailand beigesetzt.
Zwei Tage nach Mussolinis Tod erschoß sich Hitler am 30. April 1945 um 15 Uhr 30 im Bunker der Reichskanzlei in Berlin.

Papst Pius XII.

Benito Mussolini, Italiens »Duce«, wurde am 25. Juli 1943 gestürzt. Neuer Regierungschef wurde Marschall Badoglio, der am 8. September 1943 die bedingungslose Kapitulation Italiens verkündigte. Hitler war davon überzeugt, daß nur Intrige und Verrat zu Mussolinis Sturz geführt haben konnten. Vor allem verdächtigte er die Behörden des Vatikans und das italienische Königshaus Savoyen.
Eugenio Pacelli, der 1939 zum Papst Pius XII. gewählt worden war, stand bis zu Mussolinis Sturz in Hitlers Gunst, war er doch zwischen 1917 und 1929 als päpstlicher Nuntius in Deutschland tätig. Seit Badoglios Kapitulation jedoch, die Hitler als »Verrat« bezeichnete, sah Hitler im Papst einen seiner gefährlichsten Feinde.
Die Papst-Entführung sollte durch eine Täuschung gerechtfertigt werden: aufgrund irgendeines Dokumentes sollte der Weltöffentlichkeit klargemacht werden, daß der Vatikan mit dem Hause Savoyen unter einer Decke stecke und den Sturz Mussolinis herbeigeführt habe.
Mit der Durchführung des Kidnapping-Planes beauftragt wurde am 12. September 1943 der SS-Obergruppenführer und General der Waffen-SS Karl Wolff, der vier Tage zuvor (am 8. September 1943) zum »Höchsten SS- und Polizeiführer Italiens« ernannt worden war.
Hitler erteilte Wolff in der Wolfsschanze, dem Führerhauptquartier, den Auftrag, den unerhörten Verrat

Badoglios und des Vatikans zu rächen, den Vatikan und die Vatikanstadt zu besetzen, die Archive und Kunstschätze des Vatikans sicherzustellen und den Papst mit der Kurie höchstwahrscheinlich im neutralen Liechtenstein unterbringen zu lassen.
Mit etwa 2000 Mann sollten alle Ausgänge, auch die unterirdischen, besetzt werden. Antifaschisten, deutsche Deserteure und Juden, die sich nicht ergeben wollen, würden einfach ausgehungert.
Hitler dachte an etwa 500000 Bände aus der Bibliothek, an 60000 Gemälde und 7000 Inkunabeln.
Während General Wolff mit der Planung des Unternehmens begann und vor allem Südtiroler rekrutieren ließ, die Englisch, Französisch, Latein oder Griechisch konnten, versuchte er gleichzeitig den Vatikan zu warnen.
Obgleich der Entführungsplan von Hitler mit der höchsten Geheimhaltungsstufe belegt worden war, informierte Wolff vier wichtige Männer: den deutschen Botschafter in Rom, Dr. Rudolf Rahn, den Generaloberen des Salvatorianerordens, Dr. Pankratius Pfeiffer, den deutschen Botschafter beim Heiligen Stuhl, Ernst Freiherr von Weizsäcker, und den Rektor des Deutschen Jesuitenkollegs in Rom, Pater Ivo Zeiger.
Durch seinen persönlichen Einsatz für die Freilassung des italienischen Widerstandskämpfers Vaselli (dessen Vater mit Pius XII. befreundet war) und des Abtes des Kartäuserordens, Dr. Edgar Leopold, gelang es Wolff, Vertrauen bei den vatikanischen Stellen zu erwecken.
Je mehr Einblick er in die geschichtliche Situation Italiens nach dem Sturz Mussolinis erhalten hatte, desto illusorischer erschien es ihm, den Papst zu entführen.
Trotzdem hatte Karl Wolff alle Vorbereitungen getroffen und Hitler Mitte Dezember 1943 den Abschluß seiner Vorarbeiten zur Ausführung des Geheimauftrages gemeldet. Ehe ihm jedoch Hitler die Entführung befahl, gelang Wolff ein diplomatischer Schachzug ersten Ranges.
Er berichtete Hitler, daß seit dem Sturz Mussolinis nur noch etwa fünf bis zehn Prozent der Bevölkerung als Faschisten angesehen werden können. Kein einziger Faschist habe für die Verteidigung des Duce sein Leben aufs Spiel gesetzt, und die Stimmung der italienischen Bevölkerung sei zwar nicht gerade deutschfeindlich, zumindest aber sehe man in den Deutschen unerwünschte Kriegsverlängerer.
Die einzige Autorität, deren Stimme in Italien noch etwas gelte, sei die des Papstes. Wolff betonte vor allem Hitler gegenüber, daß nur die Kirche noch in der Lage sei, die 150000 bis 200000 kommunistischen Partisanen in Schach zu halten. Würde in dieser Zeit der Papst entführt, so würde das sowohl in Deutschland wie in Italien zu äußerst negativen Reaktionen führen.
Er, Wolff, schlage deshalb vor, dem Papst und der Kirche gegenüber die »Politik der leichten Hand« zu betreiben, das Leben des Papstes zu schützen und ihn damit dem Gehorsam der deutschen Obrigkeit gegenüber zu verpflichten.
Hitler ging auf Wolffs Vorschlag ein und blies das Unternehmen »Papstentführung« ab.
Am 10. Mai 1944 wurde General Wolff von Papst Pius XII. empfangen, der einzige SS-Mann, der jemals päpstliche Gemächer betreten durfte. Worüber Wolff mit dem Papst gesprochen hat, ist bis heute nicht bekanntgeworden, da sich Wolff hatte verpflichten müssen, zu schweigen.

Roll, Jörg-Hagen

Wegen Entführung des damals 5jährigen Stefan Arnold (21. Dezember 1970) in München und des damals 7jährigen Michael Luhmer in Niederbachem bei Bad Godesberg (22. Februar 1971) erhielt der 33jährige deutsche kaufmännische Angestellte Jörg-Hagen Roll, der früher als Agent für den DDR-Geheimdienst tätig gewesen sein soll und wegen landesverräterischer Beziehungen zur DDR 1956 und 1957 schon einmal vor Gericht stand, 14 Jahre Freiheitsstrafe. Gegen den Mitangeklagten berufslosen Stefan Georg von Heydebrand und der Lasa (23) verhängte das Gericht eine 10jährige, gegen den persischen Studenten Borzo Hadjatpour (31) eine 8jährige Freiheitsstrafe.
Erschwerend wertete das Gericht, daß Roll sehr hohe Lösegelder für die Freilassung der Kinder (im Fall Arnold 25000 Mark und im Fall Luhmer 200000 Mark) gefordert hatte. Roll, dem bescheinigt wurde, daß er die Kinder gut behandelt habe, wurde für vermindert zurechnungsfähig, nicht aber für völlig zurechnungsunfähig erkannt, als ein Mann mit einem schizophrenen Schock nicht besonders schweren Grades.

Rolland, Raymond

Im Jahre 1960 wurde der 4jährige Enkel Eric des französischen Autokönigs Peugeot entführt. Gegen eine halbe Million Mark Lösegeld wurde er nach kurzer Zeit in einer menschenleeren Pariser Vorortstraße von Polizisten gefunden und der Familie wieder zurückgegeben.
Die Entführer, an ihrer Spitze Rolland, wurden im März 1961 verhaftet und ein Jahr später zu je 20 Jahren Zuchthaus verurteilt.

Sallustro, Oberdan

Am 21. März 1972 wurde der italienische Generalmanager der Fiat-Concord-Werke in Argentinien, Oberdan Sallustro (57), von unbekannten Mitgliedern der trotzkistischen Untergrundorganisation »Revolutionäre Volksarmee« entführt (vgl. S. 443f.).
Die »Volksarmee« (ERP) warf Sallustro »Unterdrückungsmaßnahmen gegen die Fiat-Arbeiter« vor, gewerkschaftsfeindliche Handlungen und »Ausplünderung des Landes«. In den argentinischen Fiat-Werken war es 1971 zu Unruhen gekommen, in deren Verlauf Militär eingesetzt worden war. Die Entführer kündigten an, Sallustro vor ein »Volksgericht« zu stellen und abzuurteilen. Die Entführer verlangten für die

Befreiung Sallustros Sachspenden, vor allem Kleider für bedürftige Schulkinder im Wert von zunächst 3,2 Millionen Mark und zusätzlich die Befreiung von 50 politischen Häftlingen. Sollten die Regierung und die Fiat-Werke diese Forderungen nicht erfüllen, so würde Sallustro erschossen.
Die argentinische Regierung lehnte sofort ab, auf die Forderungen der »Volksarmee« einzugehen. Auch die Fiat-Werke sahen sich außerstande, die zuletzt bis zu 13 Millionen Mark hochgeschraubten Geldforderungen einzulösen.
Sämtliche Sicherheitsdienste und Teile der Garnison von Buenos Aires wurden mobilisiert, um die Entführer und Sallustro zu suchen. Kaum ein anderes Thema beherrschte so stark die argentinischen Tageszeitungen, den Rundfunk, das Fernsehen, dem sich die ausländische Presse lebhaft anschloß, wie diese Entführung. Die Forderungen der Entführer mußten um so ernster genommen werden, als 1970 der General Aramburu unter ähnlichen Umständen ermordet worden war.
Die ablehnende Haltung der Regierung fand indes nicht die uneingeschränkte Billigung der Bevölkerung. Es wurde angenommen, daß ein Teil der Führer der »Volksarmee« bis vor kurzem in einem Gefängnis in Buenos Aires inhaftiert war. 7 Verdächte waren der Regierung namentlich bekannt, die im September 1971 bei einem Überfall von Guerillas auf das Gefängnis in Tucuman mit 11 anderen Häftlingen hatten fliehen können. Ein anderer mutmaßlicher Entführer soll in Kuba, wohin er 1963 nach einem Banküberfall geflohen war, eine Guerillaausbildung genossen haben. Alle Entführer befanden sich auf freiem Fuß.
Neben dem Vatikan hatte auch die peronistische Untergrundorganisation an die Entführer Sallustros appelliert, das Leben des herzkranken italienischen Staatsbürgers zu schonen.
Am 2. April 1972 konnte der argentinische Präsident Alejandro Lanusse vor der Presse mitteilen, daß die Entführer Sallustros von der Polizei festgenommen worden seien. Sie gehörten zur ERP, einer militanten Untergruppe der illegalen revolutionären Arbeiterpartei (PRT). Nach einer Großfahndung der Polizei in Buenos Aires und seinen Trabantenstädten wurde auch das »Volksgefängnis« aufgespürt, in dem sich Sallustro befunden hat. Es war ein Keller eines Hauses in Chilavert, 25 Kilometer nördlich von Buenos Aires. In diesem Keller wurden auch zwei Frauen festgenommen und ein Geldbetrag in Höhe von 250000 Pesos (= 81000 Mark) beschlagnahmt.
Der Verbleib Sallustros war jedoch nach wie vor unbekannt. Unter den verhafteten Personen soll sich auch Silvio Frondizi, der Bruder des früheren Staatspräsidenten, befunden haben.
Am 10. April 1972 wurde dann im Stadtteil Villa Lugano der Hauptstadt Buenos Aires Sallustro tot aufgefunden. Er war durch drei Schüsse von seinen Entführern getötet worden, als diese sich durch die Großfahndung der Polizei immer mehr eingekreist fühlten.
In den Taschen des Toten fand die Polizei einen Brief, den Sallustro kurz vor seiner Ermordung an Aurelio Peccei, den Präsidenten der Fiat-Werke, geschrieben hatte. Er teilte darin u.a. mit, Peccei solle ruhig und ausgeglichen sein. »Sokrates beklagte die weinerliche Haltung seiner Schüler und seiner Frau Xanthippe, bevor er den Schierlingsbecher an die Lippen setzte, und er warf ihnen vor, sie neideten es ihm, daß er die Wahrheit eher als sie kennenlernen werde. Damit Sie ruhigen Gewissens sind, möchte ich Ihnen sagen, daß auch ich völlig gelassen bin, da ich endlich die Wahrheit über Gott und Giorgio (Sallustros Sohn, der mit 8 Jahren ertrank) erfahren werde.«
Kurz nach der Auffindung von Sallustros Leiche wurden 4 vermutliche Hauptverantwortliche von der Sicherheitspolizei verhaftet in dem Moment, als sie in der chilenischen oder der peruanischen Botschaft um Asyl baten. Sie sind Mitglieder der »Revolutionären Volksarmee«. Ihre Namen: Mario Raoul Klachko, Eduard Roberto Coppo und Benito Jorge Urteaga. Der Name des vierten Täters wurde zunächst noch geheimgehalten.

Spreti, Karl Graf von

Der Deutsche Spreti (geb. am 21. Mai 1907 bei Landshut) war zunächst als freier Architekt im Ausland und Inland tätig, ehe er nach dem Zweiten Weltkrieg CSU-Mitglied und 1948 Stadtrat in Lindau/Bodensee wurde. 1949 zog er in den Deutschen Bundestag ein, war 1953 bis 1956 Delegierter im Europarat, trat 1956 in den Auswärtigen Dienst ein und wurde im gleichen Jahr Botschafter in Luxemburg. 1959 ging er in gleicher Position nach Kuba.
Seit Ende 1968 war er Botschafter in Guatemala, wo er am 31. März 1970 auf offener Straße entführt wurde.
Für die Freilassung des Grafen forderten Mitglieder der FAR ein hohes Lösegeld und die Haftentlassung einer Anzahl gefangener FAR-Mitglieder (vgl. S. 443f.).
Präsident Mendez war bereit, die Bedingungen zu erfüllen, doch er war zu ohnmächtig gegenüber den Offizieren, den rechtsgerichteten Femegruppen der reichen Oberschicht und gegenüber dem Obersten Arana. Vermutlich sollte durch die Entführung des Grafen überhaupt mehr der wenig beliebte Oberst als der Präsident Mendez getroffen werden. Arana trat von Anfang an für die totale Vernichtung der FAR-Rebellen ein.
Nachdem eine zweimal verschobene Gnadenfrist für den Grafen verstrichen war, ohne daß die Forderungen der Entführer erfüllt wurden, wurde Spreti am 5. April 1970 ermordet.
Postum wurde er dann mit hohen deutschen und guatemaltekischen Orden ausgezeichnet.

Tillmann, Emil
Zum erstenmal in der deutschen Kriminalgeschichte wurde ein Verbrechen aufgedeckt, in dem ein Telefongespräch des Entführers mit dem Vater des Kindes über den Rundfunk gesendet wurde. Nachbarn erkannten die Stimme von Tillmann und meldeten ihn der Polizei.
Das Verbrechen geschah im Frühjahr 1958 an dem 11jährigen Joachim Goehner in Stuttgart-Degerloch. Tillmann hat das Kind ermordet. Er erhängte sich in seiner Zelle des Untersuchungsgefängnisses.

b) von Flugzeugen

Seit der ersten Flugzeugentführung im Mai 1961 haben Luftpiraten 142 amerikanische Flugzeuge in ihre Gewalt gebracht. Von den insgesamt 188 Luftpiraten sind (September 1972) 105 noch nicht gefaßt gewesen. 37 Luftpiraten wurden abgeurteilt. Die Strafen beliefen sich von 10 Jahren bis lebenslanger Haft. Mehrere davon wurden in Heilanstalten eingewiesen. 2 Flugzeugentführer wurden während ihrer Aktion getötet, einer beging Selbstmord.
Genaue internationale statistische Angaben über Luftpiraterie gibt es erst seit 1968.
Von Mitte 1968 bis zum Februar 1972 gab es auf der gesamten Welt 335 versuchte Flugzeugentführungen, von denen 226 für die Entführer erfolgreich verliefen.
Die Flugzeugentführungen lassen sich einteilen in solche, die nach Kuba unternommen wurden, Entführungen im Zusammenhang mit dem israelisch-arabischen Konflikt, andere politisch bedingte Entführungen, z.B. aus Ostblockstaaten, und schließlich Entführungen mit dem Ziel, Geld zu erpressen.
Allein nach Kuba wurden 70 amerikanische Linienflugzeuge und 10 amerikanische Privatflugzeuge entführt, außerdem 57 ausländische Verkehrsmaschinen (im Zeitraum von 1968 bis 1972).
Seit 1968 passieren die Entführungen der israelischen Fluggesellschaft El Al oder anderer Gesellschaften, die Israel anfliegen, durch Angehörige der palästinensischen Freischärlerorganisationen in arabische Länder. Die Entführer wollen damit die von ihnen verhaßte israelische Welt treffen und auf die seit 1948 aus ihrer Heimat vertriebenen Palästinenser hinweisen.

Die hierzu gehörenden wichtigsten Anschläge waren:

23. 7. 68: Guerillas dirigierten eine El-Al-Maschine nach dem Start in Rom nach Algier um.

18. 2. 69: Vier arabische Freischärler beschossen in Zürich eine startende El-Al-Maschine. Der Pilot und ein Angreifer wurden getötet.

29. 8. 69: Mitglieder der palästinensischen Volksbefreiungsfront (PFLP), darunter Leila Khaled, entführten eine Boeing 707 der amerikanischen Gesellschaft TWA nach Damaskus und beschädigten die Maschine nach der Landung.

21. 2. 70: Ein Zeitbombenanschlag auf eine schweizerische und österreichische Maschine. Die SWISSAIR-Maschine stürzte ab, alle 47 Passagiere und die Besatzungsmitglieder kamen ums Leben. Die österreichische Maschine konnte sicher landen.

6. 9. 70: Arabische Luftpiraten versuchten 4 Flugzeugentführungen. Der Anschlag auf eine El-Al-Maschine mißlang. Leila Khaled wurde überwältigt, ihr Begleiter getötet. Ein Jumbo-Jet der amerikanischen Gesellschaft PANAM wurde nach Kairo umdirigiert und dort gesprengt. Eine TWA- und eine SWISSAIR-Maschine landeten auf der Wüstenpiste nahe der jordanischen Stadt Zarka.

9. 9. 70: Auch eine Maschine der britischen Gesellschaft BOAC wurde zur Landung in Zarka gezwungen. Alle 3 dort abgestellten Flugzeuge wurden am 12. 9. 70 gesprengt.

Diese Ereignisse im September 1970 waren ein erster Höhepunkt des arabischen Luftkrieges gegen Israel. Die arabischen Luftpiraten stießen jedoch nicht auf die gewünschte weltweite Resonanz. Im Gegenteil: Das Urteil der Weltöffentlichkeit lehnte ihre Aktionen ab.

Noch einige spektakuläre Flugzeugentführungen der Jahre 1970/71:

5. 6. 70: Eine polnische Maschine der Gesellschaft LOT wurde von einem 29jährigen Polen auf dem Flug von Stettin nach Danzig entführt. Nach der Landung in Kopenhagen bat er um politisches Asyl, das ihm die dänischen Behörden auch gewährten. Er wurde zu sechs Jahren Gefängnis verurteilt.

8. 6. 70: Acht Tschechen entführten eine Maschine der CSSR mit Waffengewalt nach Nürnberg. Sie erhielten politisches Asyl in der Bundesrepublik, wurden aber zu Gefängnisstrafen zwischen 8 Monaten und zweieinhalb Jahren verurteilt.

23. 1. 71: Ein 22jähriger Südkoreaner versuchte, ein Flugzeug mit 50 Passagieren nach Nordkorea zu entführen. Südkoreanische Düsenjäger zwangen aber das gekaperte Flugzeug zur Bruchlandung. Beim Zünden einer Handgranate kam der Entführer ums Leben, 16 Passagiere wurden verletzt.

28. 5. 71: Sechs Rumänen zwangen den Piloten einer Iljuschin-14 zum Flug in den Westen. In der Bundesrepublik wollten sie um politisches Asyl nachsuchen. Bei einer Zwischenlandung in Wien brach aber das Bugrad, so daß sich die Entführer der Polizei ergeben mußten. Inzwischen wurden sie zu zwei bzw. zweieinhalb Jahren Gefängnis verurteilt.

Die spektakulärsten Flugzeugentführungen des Jahres 1972:

23. 2. 72: Ein Jumbo-Jet der Lufthansa wurde von arabischen Guerilleros entführt. Die Täter forderten für die Freilassung von Passagieren und Maschine 5 Millionen Dollar Lösegeld. Die Bundesregierung bezahlte die geforderte Summe. Die Täter konnten daraufhin unerkannt entkommen, das Geld blieb verschwunden (s. S. 161).

19. 4. 72: Zwei tschechoslowakische Luftpiraten entführten eine Maschine der »Slovair« mit 11 Insassen nach Nürnberg. Dabei wurde der Ko-Pilot Robert Pfleger durch einen Schuß verletzt. Gegen die Entführer, Karel Dolezel und Antonin Lerch, wurde der Prozeß gemacht (s. S. 162f.).

3. 5. 72: Vier Luftpriaten entführten eine türkische Düsenverkehrsmaschine nach Sofia. Sie stellten sich am 4. 5. den bulgarischen Behörden, die ihnen zuvor politisches Asyl zugesichert hatten. Die 60 Passagiere und die Besatzung konnten dann in die Türkei zurückfliegen. Die Entführer hatten die Freilassung von drei zum Tode verurteilten Angehörigen der Untergrundorganisation »Türkische Volksbefreiungsarmee« gefordert. Die Forderungen wurden vom türkischen Kabinett abgelehnt. Die Namen der Entführer: Yasar Aydin (27), Sefer Simsak (22), Mehemed Yilmsz und Ayunila Akca (23). Sie wurden am 5. 11. 72 in Sofia zu je 3 Jahren Haft verurteilt.

6. 5. 72: Zwei Flugzeugentführungen geschahen gleichzeitig. Der eine Luftpirat forderte 303000 Dollar, 6 Fallschirme und 3 Sturzhelme von der Fluggesellschaft Eastern Airlines und sprang über einem Dschungelgebiet im Norden Honduras ab. Der zweite Entführer gab politische Motive an: Er dirigierte eine Maschine der Western Airlines nach Kuba um. Er tat dies aus Protest gegen die amerikanische Vietnam-Politik. Das FBI identifizierte ihn als den 21jährigen Studenten Michael Lynn Hansen.

8. 5. 72: Vier arabische Terroristen entführten eine Boeing 707 der belgischen Gesellschaft »Sabena«. In Tel Aviv wurden die vier von isarelischen Soldaten im Handstreich festgenommen. Zwei Entführer kamen dabei ums Leben, die anderen, zwei Frauen, wurden festgenommen. Sie gehörten zur Organisation »Schwarzer September«. Ziel der Entführer war die Forderung, 270 in israelischen Haftanstalten einsitzende arabische Guerilleros freizuerpressen. Die Überwältigung der Entführer wurde geleitet vom israelischen Verteidigungsminister Moshe Dayan (s. S. 164).

24. 5. 72: Ein Passagierflugzeug vom Typ Boeing 727 der südafrikanischen Gesellschaft »South African Airways« wurde auf dem Flug von Salisbury nach Johannesburg entführt und nach Blantyre in Malawi umdirigiert. Die beiden Täter wurden überwältigt. Sie wollten den südafrikanischen Diamantenmilliardär Harry Oppenheimer erpressen.

24. 5. 72: Ein Flugzeug der ekuadorianischen Gesellschaft wurde entführt, und der Luftpirat verlangte 130000 Mark Lösegeld. Er wurde auf dem Flugplatz von Quito von Soldaten erschossen.

30. 5. 72: Mit Selbstmord endete auf dem Stadtflughafen von Sao Paulo der Versuch des brasilianischen Luftpiraten Nelson Mesquita, mit 1,5 Millionen Cruzeiro (etwa 800000 Mark) aus einem Flugzeug mit dem Fallschirm abzuspringen. Er hatte die Maschine, die nach Curitiba starten wollte, zum Rückflug nach Sao Paulo gezwungen.

8. 6. 72: Zehn tschechoslowakische Flugzeugentführer zwangen eine Maschine der »Slovair« auf dem Flug von Marienbad nach Prag zum Kurswechsel in den Westen. Die Maschine landete auf dem Flugplatz von Weiden. Der Chefpilot, Jan Micica, wurde erschossen. Der mutmaßliche Todesschütze hieß Lubomir Adamica. Da die Luftpiraten in ihrer Heimat mit der Todesstrafe zu rechnen hätten, sollten sie nicht an die CSSR ausgeliefert werden. Dies war das dritte Mal, daß eine entführte Maschine aus der CSSR in Nordbayern landete.

23. 6. 72: Ein betrunkener britischer Matrose spielte Luftpirat in einer Maschine, die von London nach Rotterdam unterwegs war. Er hatte nur beweisen wollen, wie leicht es ist, trotz aller Sicherheitsmaßnahmen eine Pistole an Bord zu schmuggeln.

2. 7. 72: Ein junger Asiate entführte eine Maschine der »Pan American World Airways« nach Hanoi aus Rache für die amerikanische Kriegführung in Vietnam. Ehe er seine Tat beenden konnte, wurde er erschossen.

7. 7. 72: Ein Verkehrsflugzeug mit 81 Passagieren an Bord wurde über Kalifornien entführt. D

Maschine war auf dem Weg von Sacramento nach San Francisco. Die beiden Entführer verlangten 800000 Dollar Lösegeld und 2 Fallschirme.

7. 7. 72: Ein bewaffneter junger Mann entführte eine Maschine der »Pacific Southwest Airlines«. Nach der von ihm befohlenen Landung auf dem Flughafen von Oakland (Kalifornien) gab er auf und ließ sich festnehmen. Er hatte 450000 Dollar und einen Fallschirm verlangt.

11. 7. 72: Der 16jährige Algerien-Franzose Nourdine Bachali brachte einen Lufthansa-Jet in seine Gewalt und forderte 400000 Dollar Lösegeld. Die Maschine war auf dem Weg von Köln nach München. Er wurde von der bayerischen Grenzpolizei überwältigt.

12. 7. 72: Drei Luftpiraten entführten unabhängig voneinander 2 Düsenverkehrsmaschinen der beiden inneramerikanischen Gesellschaften »National Airlines« und »American Airlines«. Die zwei Farbigen verlangten 600000 Dollar Lösegeld, der dritte Entführer 550000 Dollar. Alle drei Entführer ergaben sich.

20. 8. 72: Mit einem Fahrrad kam ein Luftpirat auf den Flughafen von Reno (Nevada), ließ die Passagiere aussteigen, entführte die Boeing 727 nach Vancouver (Kanada) und forderte 2 Millionen Dollar Lösegeld für kriegsversehrte Kinder in Vietnam. Von Beamten des FBI wurde er niedergeschossen.

22. 8. 72: Auf dem Flug von Beirut nach Kairo wurde eine Maschine zur Kursänderung nach Zypern gezwungen. Die drei bewaffneten Entführer stellten sich der Polizei.

15. 9. 72: Drei exilkroatische Luftpiraten entführten eine Maschine von Schweden nach Madrid, wo sie politisches Asyl erbaten. Die drei Kroaten hatten verlangt, daß sieben in vier schwedischen Haftanstalten einsitzende Kroaten nach Malmö gebracht werden und dort gegen die Passagiere der Maschine ausgetauscht werden. Unter den Häftlingen befanden sich die zwei Mörder des jugoslawischen Botschafters in Stockholm, Rolovic, die seit 1971 in Haft waren. Außerdem hatten sie ein Lösegeld von 330000 Mark verlangt. Die Kroaten wurden in Spanien inhaftiert.

6. 10. 72: Kurz nach dem Start wurde eine Maschine der inneritalienischen Flugverkehrsgesellschaft »ATI« von dem 21jährigen Ivano Boccaccio zur Rückkehr auf einen Flughafen bei Triest gezwungen. Nachdem die 6 Passagiere und 3 Besatzungsmitglieder die Maschine verlassen hatten, schoß die Polizei auf den Kidnapper, der in der Führerkanzel saß. Dabei wurde er getötet. Über das Tatmotiv konnte nichts ermittelt werden.

11. 10. 72: Ein Luftpirat verlangte wenige Minuten nach dem Start in Lissabon an Bord einer Lufthansa-Maschine 1000 Mark, ein Auto und freies Geleit. Nach der Landung in Frankfurt wurde er angeschossen und überwältigt. Der 1942 geborene Pirat Friedhelm Schütz hatte in Angola auf seiten der Rebellen gekämpft und war wegen verschiedener Straftaten aus Portugal ausgewiesen worden. Die von ihm mitgeführte »Bombe« war nur ein mit einer Handwaschpaste gefüllter Plastikbecher.

22. 10. 72: Vier Türken, Anhänger der linksradikalen türkischen »Volksbefreiungsarmee«, entführten eine türkische Boeing 707 mit 80 Personen an Bord nach Sofia. Die vier Studenten (Haji Yuzdemir, Dervis Elamdjoglu, Achmed Maden und Yuzdel Moskurt) forderten: Freilassung von zwölf politischen Gefangenen, mehr Freiheit für Studenten in der Türkei, verbesserte Sozialleistungen für Bauern, Aufhebung des Streikverbots und politisches Asyl für sich selbst. Da die türkische Regierung unter Ministerpräsident Melen hart blieb und den Forderungen der Luftpiraten nicht Folge leistete, ergaben sich die Entführer nach 40 Stunden. Passagiere und Besatzung wurden in die Türkei zurückgeflogen, die vier Piraten blieben vorläufig in Bulgarien. Während der Entführung kam es zu einem Schußwechsel, bei dem zwei Personen, darunter der Ko-Pilot, verletzt wurden.

29. 10. 72: Eine Boeing 727 wurde auf dem Flughafen von Houston/Texas von mehreren Luftpiraten unter Anwednung von Waffengewalt gekapert und zur Kursänderung nach Kuba gezwungen. Die Maschine gehörte der Fluggesellschaft »Eastern Airlines« und hatte 33 Passagiere und 7 Besatzungsmitglieder an Bord. Auf dem Flughafen von Houston kam es zu einem blutigen Zwischenfall. Ein Angestellter der Fluggesellschaft wurde von den Piraten erschossen, ein zweiter durch Schüsse verletzt.

29. 10. 72: Die drei nach dem Massaker auf dem Flughafen von Fürstenfeldbruck seit dem 6. 9. 1972 in bayerischen Gefängnissen inhaftierten Terroristen (Ibrahim Mosoud Badran, Abdulah Mohamed Samer und Abel al Kair al Dnawy) wurden von Angehörigen des »Schwarzen September« durch Erpressung mit einer entführten Lufthansa-Boeing 727 befreit. Die Maschine war auf dem Flug von Ankara nach Frankfurt, als noch über der Türkei Luftpiraten die Maschine zum Flug nach Nikosia auf Zypern zwangen. Dort wurde die Maschine aufgetankt und auf Befehl der Entführer nach Zagreb dirigiert, wurde hier erneut aufgetankt und flog nach München weiter, flog aber, ohne zu landen, nach Zagreb zurück. Die Luftpiraten wollten die Maschine in Zagreb erst dann landen lassen, wenn eine andere Maschine mit den drei freizulassenden palästinensischen Guerillas von München kommend in Zagreb gelandet war. Wie von den Piraten befohlen, geschah es dann auch. Die mit einem Condor-Flugzeug von München nach Zagreb gebrachten drei Terroristen begaben sich in Zagreb in die entführte Boeing 727, die nun mit 6 Guerillas samt den 13 Passagieren nach

Tripolis weiterflog. Dort wurden die Passagiere und Besatzungsmitglieder freigelassen. Die Freigabe der drei Münchner Terroristen führte zu einer scharfen Kontroverse zwischen Israel und Bonn. Der Bundesregierung wurde vorgeworfen, sie habe sich zu leichtfertig erpressen lassen.

6. 11. 72: Der Versuch des Japaners Tatsuij Nakaoka, eine Maschine der Fluggesellschaft »Japan Air Lines« (JAL) mit drei Geiseln und 2 Millionen Dollar Lösegeld nach Kuba zu entführen, schlug auf dem Flughafen von Tokio fehl, als mehrere als Techniker getarnte Polizisten, die sich in einer für den Langstreckenflug nach Kuba bereitgestellten DC-8 versteckt hatten, den Entführer überwältigten und entwaffneten.

8. 11. 72: Ein mexikanisches Verkehrsflugzeug vom Typ Boeing 707, das fünf Luftpiraten auf dem Flughafen von Monterrey in Nordostmexiko in ihre Gewalt gebracht hatten, landete mit 73 Passagieren, einer 7köpfigen Besatzung sowie 6 wegen Bankraubes verdächtigen Personen und einem Lösegeld von 4 Millionen Pesos (1 Million Mark) in der kubanischen Hauptstadt Havanna. Vier der auf Forderung der Entführer Freigelassenen befanden sich seit dem 7. 11. 1972 in Haft. Die Entführer hatten den Piloten dazu gezwungen, über Monterrey zu kreisen, bis die Bankräuber aus den Haftanstalten zum Flugplatz gebracht worden waren. Die Maschine landete dann und wurde aufgetankt. Polizisten, sie durften nur mit Badehosen bekleidet sein, übergaben das Geld. Interessant wurde diese Flugzeugentführung durch den Antrag Mexikos an Kuba, die Entführer auszuliefern. Bisher reagierte Kuba auf ein solches Verlangen nicht. In der Regel nehmen die kubanischen Behörden den Entführern das Lösegeld ab und stecken es in die Regierungskasse; oder das Geld wurde auch zu »weltrevolutionären« Zwecken verwendet. Ob dies mit dem mexikanischen Geld auch der Fall sein wird, war fraglich, da Mexiko als einziger Staat seine Beziehungen zu Havanna aufrechterhielt, nachdem Kuba aus der Organisation amerikanischer Staaten ausgeschlossen worden ist.

10. 11. 72: Nach einem angedrohten Kamikaze-Absturz auf das amerikanische Atomforschungszentrum von Oak Ridge, einer Lösegeldsumme von 10 Millionen Dollar und einem Start der gekaperten Maschine im Kugelhagel von FBI-Beamten endete nach 30 Stunden mit der Landung auf dem Flughafen von Havanna eine der dramatischsten und längsten Flugzeugentführungen in den USA. Die drei Luftpiraten, farbige Kriminelle, hatten die DC-9 der »Southern Airlines« über Birmingham im US-Bundesstaat Alabama in ihre Gewalt gebracht. Nachdem FBI-Beamte bei einer Zwischenlandung in Orlando (Florida) vier Reifen der Maschine zerschossen hatten, suchten die Entführer (mit 27 Passagieren und 4 Besatzungsmitgliedern) Zuflucht in Havanna. Trotz scharfer Kontrollen war es den drei Kriminellen gelungen, Handgranaten, Gewehre und Revolver an Bord zu schmuggeln. Sie erpreßten das Geld mit der Drohung, die Maschine samt Insassen über dem Atomforschungszentrum abstürzen zu lassen. Die Entführer verlangten, in Havanna mit Fidel Castro zu sprechen. Da dies nicht gelang, wollten sie mit Präsident Nixon reden, auch dies glückte nicht.

Nach einer zweiten Landung in Kuba wurden die Entführer sofort verhaftet. Kubanische Behörden nahmen ihnen das Lösegeld ab. Eine lebenslange Strafe ist ihnen angedroht.

16. 11. 72: Auf dem Flughafen der mittelaustralischen Stadt Alice Springs wurde ein Luftpirat nach einem Schußwechsel mit der Polizei erschossen. Ein Polizist erhielt lebensgefährliche Verletzungen. Der Entführer hatte die 34 Passagiere freigelassen, jedoch eine Stewardeß als Geisel genommen. Lösegeld verlangte er nicht, sondern er forderte, ihn mit einem Fallschirm in der 480 Kilometer westlich von Alice Springs gelegenen Wüste abspringen zu lassen. Er wurde erschossen, als er das Feuer auf drei Polizisten eröffnete, die sich bei einer zweiten, kleineren Maschine befanden, mit der er wegfliegen wollte.

24. 11. 72: Der vermutlich geistesgestörte 58jährige Viktor Widera brachte auf dem Frankfurter Flughafen eine Maschine der »Air Canada« und die 31jährige Stewardeß Margit Sommer als Geisel in seine Gewalt. Er forderte die Herausgabe eines in der BRD inhaftierten tschechoslowakischen Flugzeugentführers, der am 8. 6. 1972 eine Maschine nach Weiden (Bayern) entführt hatte. 24 Stunden lang dauerten die Verhandlungen zwischen Widera und der Polizei, bis Scharfschützen eine günstige Situation hatten und ihn in dem Moment erschossen, als der Erpresser die Tür der Maschine öffnete, um ein bereitgestelltes Kofferradio hereinzuholen, und die Geisel gerade außer Gefahr war. Widera stammte aus Duisburg und war mehrfach vorbestraft wegen Diebstahls, Körperverletzung, Betrugs und Steuerhinterziehung.

8. 12. 72: Der Versuch von zehn bewaffneten Personen, ein äthiopisches Verkehrsflugzeug kurz nach dem Start in Addis Abeba zu entführen, scheiterte. Sieben Luftpiraten, darunter eine Frau, wurden von Sicherheitsbeamten erschossen, die drei anderen überwältigt. Während der Schießerei in der Maschine ließ ein Täter eine abgezogene Handgranate fallen. Ein Passagier, der amerikanische Professor Roderick Hilsinger, hob die Granate blitzschnell auf und warf sie auf einen leeren Sitz vor sich, wo sie sofort explodierte und 7 Passagiere verletzte. Flugkapitän A. Kesala gelang es trotz Trieb- und Leitwerkschadens, nach 25 Minuten die Maschine wieder in Addis Abeba zu landen.

14. 12. 72: Ein 21jähriger Luftpirat brachte ein Verkehrsflugzeug der kanadischen Fluggesellschaft »Quebec Air« in seine Gewalt, stellte sich aber einen Tag später nach einem Gespräch mit seinem Vater der Polizei und einem Psychiater. Der offenbar geistesgestörte Mann hatte die Maschine auf dem Flugplatz von Wabusch in Neufundland gekapert. Er war bewaffnet und zwang die Piloten zum Flug nach Montreal, wo er 52 Passagiere und eine Stewardeß aussteigen ließ, die beiden Piloten und andere Stewardessen aber als Geiseln festhielt. Nach einem Umweg über Ottawa kehrte die Maschine nach Montreal zurück, wo der junge Mann seinen Vater zu sprechen wünschte. Nach diesem Gespräch ließ er sich festnehmen.

c) Über die Hintergründe von zwei Flugzeugentführungen

Am 23. Februar 1972 führte der Lufthansa-Bote Jürgen Berger 5 Millionen Dollar (= etwa 16,5 Millionen Mark) illegal in den Libanon ein und händigte das Geld den Hintermännern jener Guerillas aus, die einen Jumbo-Jet entführt und die Summe erpreßt hatten.

Obgleich deutsche Dienststellen von der Geldübergabe wußten, unternahmen sie nichts, um den Verbleib der Steuermillionen aufzuklären. Auf Anfrage erklärte ein Offizier für Libanons Staatssicherheit, daß kein deutsches Amtshilfeersuchen vorliege, und die Übergabe des Geldes im Libanon könne so lange nicht als Delikt gewertet werden, als die deutschen Dienststellen diese Übergabe nicht als Delikt erklären und deshalb vorstellig werden.

Ein Leiter des Hauptreferates Recht und Sicherheit bei der Lufthansa bemerkte dazu, daß das Geld aus Angst vor weiteren Flugzeugentführungen als verloren abgeschrieben werden müsse. So recherchierten weder die Lufthansa noch das Bundeskriminalamt.

Der Verdacht, den Jumbo-Jet entführt zu haben, fiel auf die »Volksfront für die Befreiung Palästinas« (= PFLP), die geführt wird von dem Kinderarzt Dr. Georges Habbasch. Dieser sieht im Geldraub einen revolutionären Akt, weil er nicht zulassen könne, daß palästinensische Familien vor Hunger sterben.

Abu Schehab: »Habbaschs PFLP hat die fünf Millionen Dollar kassiert, denn sie braucht dringend Geld. Wir Linken verdammen diese Entführung als eine antinationale Operation. Aber wie immer man dazu steht – die Araber grinsen über diese dämlichen Deutschen.«

Der ganze Plan der Flugzeugentführung und der Geldübernahme wurde ausgearbeitet von Dr. Habbaschs Chefplaner Dr. Haddad und dem syrischen Exminister Hani Hindi.

Die Gruppe der Geldübernehmer wurde von Leila Khaled geführt, die schon 1969 eine Boeing 707 der amerikanischen Fluggesellschaft TWA nach Damaskus entführt hatte. Am 6. September 1970 wurde sie in London überwältigt und bei dem Versuch verhaftet, eine Boeing der israelischen Fluggesellschaft El Al zu kapern. Nach ihrer Inhaftierung entführten Angehörige der »Volksfront« eine englische Düsenmaschine und drohten, sie samt den Passagieren in die Luft zu sprengen, falls Leila Khaled nicht befreit würde, was auch geschah.

Leila Khaled gilt als die rechte Hand des Dr. Haddad. Dieser verteilte die 5 Millionen auf verschiedenen Banken, 1,5 Millionen davon wurden auf einer arabischen Bank in Saida (Südlibanon) deponiert, und zwar auf dem Konto des libanesischen Erziehungsministers Najib Abu Ahidar.

An Bord einer Boeing 707 der israelischen El-Al-Fluggesellschaft explodierte am 16. August 1972 ein in einem Plattenspieler versteckter Sprengkörper. Dadurch wurde die Maschine zur Rückkehr nach Rom, von wo sie kurz zuvor gestartet war, gezwungen. Der Plattenspieler war zwei jungen Engländerinnen kurz vor dem Abflug von zwei Männern, vermutlich Arabern, als Geschenk überreicht worden.

Die vier jungen Leute hatten sich in Rom kennengelernt. Als die Männer hörten, daß die beiden Mädchen nach Israel fliegen werden, begleiteten sie sie zum Flughafen und schenkten ihnen den Plattenspieler als »Beweis ihrer Liebe«. Zunächst hatte die Polizei angenommen, eine Fernsehröhre in der druckbelüfteten Gepäckkabine sei explodiert, doch bald verdichtete sich der Verdacht auf Sabotage.
Es wurde nämlich von der Polizei eine Wohnung entdeckt, die die beiden aufgrund von Fotos (die sie mit den englischen Studentinnen zusammen am Strand zeigten) identifizierten Araber gemietet hatten und in der ein Festmahl mit Hähnchen und Champagner vorbereitet war, offenbar zur Feier des gelungenen Attentats.
Aber nachdem der Anschlag mißlungen war, flohen die beiden Araber, konnten aber schon vier Tage später auf einer Straße in der Nähe der Via Veneto in Rom von der Polizei festgenommen werden. Es drehte sich um den 29jährigen As Adnan Mohammed Ali Hascham aus Amman (Jordanien) und um den 30jährigen Achmed Zaid aus Bagdad (Irak). Nun stellte sich auch heraus, daß die beiden Männer die Mädchen zur Weiterreise nach Israel aufgefordert und ihnen versprochen hatten, bald nachzukommen. Sie wußten indes genau, daß bei Gelingen des Attentats auch ihre beiden Freundinnen höchstwahrscheinlich den Tod gefunden hätten. Die beiden Attentäter wurden des versuchten Massenmordes beschuldigt und in Untersuchungshaft eingeliefert.
Die Explosion im Gepäckraum hatte nur wenig Schaden angerichtet, doch waren einige der 140 Passagiere verletzt worden. Die Mindeststrafe für dieses Verbrechen, das nach italienischem Gesetz unter den Begriff »Anrichtung eines Blutbades« fällt, lautet auf 15 Jahre Freiheitsentzug.
Es war nicht neu, daß sich arabische Guerillas in Italien aufhalten. Zwar ist die Zahl der in Italien lebenden Araber ziemlich niedrig, nur einige tausend, von denen die meisten Studenten sind. Andererseits war Italien schon mehrmals von Israel vorgeworfen worden, daß die Überwachung der Studenten nicht ausreiche.
In der faschistischen Zeit während des Berberaufstandes gegen die Franzosen war Italien bereits ein sicherer Zufluchtsort sowohl für die Flüchtlinge als auch für diejenigen, die von Europa aus die Revolte durch Waffensendungen unterstützten. Dann wieder in der Nachkriegszeit, als die staatliche Erdölgesellschaft ENI, die die nordafrikanische Politik förderte, von den italienischen Behörden eine wohlwollende Haltung gegenüber Mitgliedern der algerischen Befreiungsfront wünschte. Diese Haltung veranlaßte dann die französische Gegenspionage, unabhängig vom italienischen Sicherheitsdienst, die revolutionären arabischen Bewegungen in Italien zu überwachen. Indes zeigte sich die Überwachung des arabischen Terrorismus in Italien als äußerst schwierig. Denn die Freiheitskämpfer verfügten über Einkünfte aus Erdölvorkommen im Nahen Osten und konnten sich neben einem luxuriösen Leben ein gut ausgebautes eigenes Sicherheitssystem leisten.
Die israelische Luftverkehrsgesellschaft El Al war einige Tage vor dem Attentat von Interpol bereits vor möglichen Anschlägen arabischer Terroristen auf ihre Maschinen gewarnt worden. Die arabischen Guerillas wollten mit dem Anschlag die Freilassung der am 14. August 1972 von einem israelischen Militärgericht zu lebenslanger Freiheitsstrafe verurteilten Terroristen Halsah und Tannous erreichen.

d) Prozesse gegen Luftpiraten

Dolezel, Karel, und Lerch, Antonin

Die Fünfte Große Strafkammer beim Landgericht Nürnberg-Fürth verurteilte am 31. Juli 1972 die Tschechoslowaken Dolezel und Lerch wegen eines gemeinschaftlich begangenen Verbrechens der Flugzeugentführung zu einer Freiheitsstrafe von 7 Jahren. Einen politischen Notstand für die Entführung schloß das Gericht aus, nachdem beide kurz vor der Urteilsverkündung das Gericht hatten wissen lassen, sie hätten

an »massiven Widerstandshandlungen« anläßlich des Einmarsches sowjetischer Truppen am 21. August 1968 teilgenommen. Dies bewertete das Gericht als pure Schutzbehauptung, denn für beide habe in der CSSR keine Gefahr für Leben und Leib bestanden. Eine notstandsähnliche Situation habe also nicht vorgelegen. Beiden sei es in der CSSR wirtschaftlich gut gegangen.
Ihre Entführung einer tschechoslowakischen Maschine nach Nürnberg am 19. April 1972 hätte lediglich dazu gedient, ihre »Persönlichkeit besser entfalten« zu können. Die »Sehnsucht nach der größeren Freiheit im Westen« sei letztlich das Motiv der Tat gewesen.
Dolezel hatte am Tag der Entführung den Ko-Piloten durch einen Schuß verletzt, Lerch hatte die Fluggäste mit seiner Pistole bedroht. Die Gefährdung anderer Menschen wertete das Gericht als besonders erschwerend. Die beiden hätten die »bequeme Fluzeugentführung« dem »schwereren Weg über die Grenze« vorgezogen.
Dieser Prozeß war der erste, der vor einem deutschen Gericht ausländischen Luftpiraten gegenüber durchgeführt wurde.
Nach deutschem Recht wird Luftpiraterie mit einer Haftstrafe von 5 bis 15 Jahren geahndet. In weniger schweren Fällen ist eine Strafe nicht unter 1 Jahr auszusprechen.
Das tschechische Parteiorgan »Rude Pravo« polemisierte zwar dagegen, daß die Flugzeugentführer nicht wie gefordert ausgeliefert wurden, hob aber ausdrücklich hervor, daß das Gericht die politischen Motive bei der Strafzumessung nicht gelten ließ.

Fisher, Melvin Marvin

Ein Geschworenengericht in Oklahoma City im US-Bundesstaat Oklahoma verurteilte den Luftpiraten Melvin Marvin Fisher am 28. September 1972 zu lebenslanger Freiheitsstrafe. Er wurde für schuldig befunden, am 12. Juli 1972 eine Maschine der »American Airlines« entführt zu haben. Die Verteidigung hatte geltend zu machen versucht, Fisher sei nach der Einnahme von verschiedenen Medikamenten zeitweise geistig unzurechnungsfähig gewesen. Das Gericht ließ diesen Einwand nicht gelten.

Heady, Robb

Der 22 Jahre alte Robb Heady wurde Ende August 1972 wegen versuchter Entführung einer Verkehrsmaschine der »United Air Lines« vom Typ Boeing 727 in Reno (USA) zu 30 Jahren Haft verurteilt.
Der nichtvorbestrafte Vietnamkrieg-Teilnehmer hatte sich schuldig bekannt, am 3. Juni 1972 das Flugzeug bestiegen und 200000 Dollar in bar und Fallschirme gefordert zu haben. Er war 16 Kilometer südlich von Reno mit dem Fallschirm abgesprungen und bald danach festgenommen worden. Das erpreßte Geld konnte sichergestellt werden. Das Gericht begründete die hohe Strafe als Abschreckungsmaßnahme.

McCoy, Richard

McCoy, einer der bekanntesten Luftpiraten, war Fallschirmjäger und Hubschrauberpilot in Vietnam, nach seiner Entlassung Student der Polizeiwissenschaften und vom Ehrgeiz besessen, einmal eine ganze Mafiafamilie zerschlagen zu wollen. Der 29jährige Mormonenpriester und fromme Abstinenzler entschloß sich zur Luftpiraterie, als seine Frau schwer erkrankte und er nicht wußte, wie er die hohen Arztkosten bestreiten könne.
Am 6. April 1972 entführte er auf besonders raffinierte Weise einen dreistrahligen Jet der amerikanischen Luftfahrtgesellschaft »United Air Lines« und kassierte dabei 500000 Dollar.
Mit einer Handgranate und einer Pistole bewaffnet bestieg er in Denver (Colorado) eine Boeing 727. Die Maschine sollte nach Los Angeles fliegen. Kurz nach dem Start ließ sich der mit Perücke, Schnurrbart und Sonnenbrille getarnte McCoy die Stewardeß kommen und drückte ihr einen Zettel in die Hand mit der Aufschrift: »Handgranate – entsichert – Pistole.« Von da an wußte das Bordpersonal, daß ein Luftpirat in der Maschine war, noch nicht aber die 85 Fluggäste. McCoy, alias »Mr. A. T. Johnson«, verließ während des Fluges seinen Platz nicht ein einziges Mal. Er blieb ruhig sitzen und erteilte seine Befehle schriftlich. Er forderte die Umleitung der Maschine nach San Francisco. Dort solle man ihm eine Aktentasche mit 500000 Dollar und 2 Fallschirme übergeben. Während das Geld beschafft wurde, befahl er den Passagieren auszusteigen, und dann die Maschine aufzutanken. Drei Stunden später flog der Jet wieder ab, nun nur noch mit der Besatzung und »Mr. Johnson« an Bord.
Im Zickzackkurs ließ er die Maschine eine Weile in 4000 Meter Höhe fliegen, dann warf er über Nevada die beiden Fallschirme ab. Sein Verdacht, daß sich darin Funkgeräte befanden, die Zeichen ausstrahlten und der Polizei ein leichtes Aufsuchen des Täters ermöglicht hätten, hatte sich bestätigt. Durch das Abwerfen der Fallschirme wollte er die Polizei irreführen.
Nach einer abermaligen Kursänderung zog er seinen eigenen Fallschirm an und sprang über dem Sportflieger-Landeplatz von Provo ab.
Sofort eingeleitete Suchaktionen vom Flugzeug und vom Boden aus blieben ohne Erfolg.
McCoy zog sich, sicher gelandet, um und ging etwa 10 Kilometer zu dem Restaurant »HiSpot« und bat dort einen Gast, ihn mit dem Wagen nach Hause zu fahren. Am nächsten Tag wurde er selbst von der Kommandantur in die Suche nach dem abgesprungenen Luftpiraten eingesetzt. Doch Nachforschungen hatten keinen Erfolg. Unterdessen hatte jedoch das FBI die Schriftzüge auf den Zetteln, mit denen »Mr. Johnson« seine Anweisungen gegeben hatte, mit denen des McCoy verglichen und die Identität der beiden hergestellt. Sofort wurde McCoy verhaftet.

In seinem Haus wurden 499970 Dollar und der Fallschirm gefunden, dazu die Pistole und anderes belastendes Material.
Vor McCoy war am 25. November 1971 ein anderer Luftpirat auf ähnliche Weise abgesprungen und hatte dabei 200000 Dollar erbeutet. Dieser Luftpirat, der sich »D. B. Cooper« genannte hatte, wurde nie gefaßt. Das Geld blieb verschwunden.

Posdejew, W. M., und Giljow, N. S.

Die beiden sowjetischen Studenten Posdejew und Giljow hatten 1970 ein Reiseflugzeug in die Türkei entführt. Sie hatten mit einer Schußwaffe den Piloten des Flugzeugs, das auf einem Inlandflug auf die Krim unterwegs war, gezwungen, in die Türkei zu fliegen. Nach der Landung in der türkischen Stadt Sinop kündigten sie an, in die USA auswandern zu wollen. Als sie aber keine Visa bekamen, entschlossen sie sich, in die Sowjetunion zurückzukehren.
Dies wurde ihnen nun vor Gericht als strafmildernd angerechnet. Nach sowjetischer Rechtsprechung hätten die Luftpiraten zum Tode verurteilt werden können. So erhielt Posdejew 13 Jahre und Giljow 10 Jahre Arbeitslager.
Ende Dezember 1972 regelte Moskau seine Strafgesetzgebung bei Flugzeugentführungen. Mit Haft von 3 bis 10 Jahren wird nun bestraft, wer ein Flugzeug am Boden oder in der Luft enführt. Wenn dabei Gewalt angedroht oder angewendet wird oder die Aktion zu einem Unfall führt, beträgt das Strafmaß 5 bis 15 Jahre Gefängnis. Dabei kann auch der gesamte Besitz des Verurteilten eingezogen werden. Werden bei einer Flugzeugentführung Menschen getötet oder schwer verletzt, so droht eine Freiheitsstrafe von 15 Jahren oder die Todesstrafe samt Einzug des gesamten Besitzes des Verurteilten.

Der »Sabena«-Prozeß

Am 8. Mai 1972 wurde ein Düsenverkehrsflugzeug der belgischen Fluggesellschaft »Sabena« von vier jungen Arabern auf dem Weg von Wien nach Lod entführt. Die beiden Mädchen, die 18jährige Rima Issa Tannus und die 20jährige Therese Halaseh (auch Halasheh oder Chalasse geschrieben), wurden am 14. August 1972 von einem Militärgericht in Zriffin zu lebenslänglichem Kerker verurteilt. Einer der drei Richter war sogar für die Verhängung der Todesstrafe mit der Begründung, beide Frauen seien von Beruf Krankenschwestern, doch statt Leben zu erretten, hätten sie alles getan, um Leben zu zerstören.
Außer der lebenslänglichen Kerkerstrafe, die jeweils für die Flugzeugentführung und den illegalen Waffenbesitz ausgesprochen wurde, bekamen die Angeklagten zusätzlich 10 Jahre Kerker wegen ihrer Mitgliedschaft zu der »Al Fatah«. Israel, so sagte der Vorsitzende, habe in diesem Prozeß ein Beispiel statuieren müssen, um zu zeigen, wie dieser Art der modernen Kriminalität begegnet werden müsse.
Was waren das für Menschen, wie kamen sie zur »Al Fatah« (»Schwarzer September«), und was bewog sie zu dieser Tat?
Rima Issa Tannus war Vollwaise, wurde von Nonnen großgezogen und mit 13 Jahren von der Familie Tannus in Amman adoptiert. Als junges Mädchen hatte sie sich verliebt in »Doktor Hawas«, der Chef einer geheimen Guerilla-Organisation in der jordanischen Hauptstadt war und zur Tarnung als Arzt ein Hospital leitete. Rima wurde Krankenschwester in diesem Hospital. Während Kämpfen zwischen den Guerillas und jordanischen Regierungstruppen im Jahre 1970 wurde sie von Regierungssoldaten gefangengenommen und gefoltert.
Nach ihrer Freilassung wurde sie von den Guerillas nach Syrien und Libanon geschickt. Dort wurde sie geschult und für Sabotageakte ausgebildet.
Am 3. Mai 1972 wurde sie zusammen mit Therese Halaseh, die sie schon vorher kennengelernt hatte, zusammen mit dem Leiter ihres Kommandos, »Hauptmann Jussuf«, nach Frankfurt und weiter nach Brüssel geflogen, um dort den »Sabena«-Jet nach Israel zu besteigen. Sie gab an, erst nach dem Start von der geplanten Entführung erfahren zu haben.
Therese Halaseh hatte im November 1971 ihr Elternhaus in Akko (Israel) verlassen, um sich im Libanon der palästinensischen Untergrundorganisation »Al Fatah« anzuschließen. Ihr Vater erklärte, es sei schade, daß seine Tochter nicht getötet wurde, als israelische Soldaten die entführte Maschine auf dem Tel Aviver Flughafen Lod stürmten.
Der »Sabena«-Prozeß begann am 1. August 1972 vor dem Militärgericht Zriffin bei Tel Aviv, das zwei Wochen zuvor auch den japanischen Kamikaze-Attentäter von Lod, Kozo Okamoto, abgeurteilt hatte.
An Bord der gekaperten »Sabena«-Maschine waren 91 Menschen 21 Stunden lang als Geiseln festgehalten, ehe israelische Fallschirmjäger, als Mechaniker getarnt, das Flugzeug stürmten, die beiden Komplizen der Araberinnen erschossen und die Luftpiratinnen selbst gefangennahmen.
Wie im Fall des Japaners Okamoto wurden auch sie nach dem seit 1945 von der britischen Mandatsmacht in Palästina eingeführten Militärgerichtsbarkeit verurteilt. Den Einspruch der Verteidigung gegen die Urteile lehnte Mitte November eine israelische Appellationsinstanz ab. Israels oberste Soldatin, Oberst Dvorah Tomer, Kommandantin des weiblichen Korps, fand in der Urteilsbegründung, daß die lebenslange Haftstrafe für die beiden Entführerinnen »angemessen« sei.

20. Sklavenhandel

Nach mehr als 100 Jahren seit der Beendigung des amerikanischen Bürgerkrieges gibt es in 38 Ländern der Erde noch immer den Handel mit »menschlicher Ware«. Darunter versteht man neben dem eigentlichen Sklavenhandel auch die Leibeigenschaft, den Verkauf von Kindern und die Stiftung von Zwangsehen. 17 dieser 38 Länder liegen in Afrika, 15 in Asien und 6 in Lteinamerika. Dieser Tatbestand lag im November 1972 vor, ungeachtet dessen, daß 81 Staaten der 1956 verkündeten Deklaration der Vereinten Nationen sich gegen Sklaverei ausgesprochen hatten. Demnach dürfte es z. Zt. Zehntausende Menschen geben, die als Sklaven leben müssen oder zur Prostitution gezwungen werden. Ging einerseits die Sklaverei in den Saharaländern zurück, so verbreitete sie sich gleichzeitig in den arabischen Ländern.
In diesen arabischen Ländern gelten die Sklaven zwar offiziell als »Hausangestellte«, in Wahrheit werden aber nach wie vor Kinder versteigert, Bauern, die ihr Soll an Opium nicht erfüllen, werden ausgepeitscht, verstümmelt oder einfach vertrieben. Kinder als Gastgeschenke gehören zur Tagesordnung.
Fast regelmäßig werden Schwarzafrikaner aus den ehemaligen französischen Kolonien in Afrika über die Sahara nach Tunis gebracht, von da kommen die Bewohner der Elfenbeinküste, von Mali oder aus dem Senegal nach Palermo, nach Rom und schließlich über Norditalien nach Frankreich, wo sie entweder über Marseille oder über die Pyrenäen eingeschmuggelt werden. Im Juni 1972 lebten etwa 55 000 solche Schwarzafrikaner in Frankreich, ungefähr ein Drittel davon wurde illegal eingeschleust. In Frankreich werden sie als billige Arbeitskräfte ohne Rechte auf Sozialversicherung, Rente oder gar Kündigungsschutz eingesetzt, sie hausen in Primitivstwohnungen, mehrere zusammen in unmöblierten und oft fensterlosen Zimmern, pro Kopf haben sie zwischen 75 und 90 Franc im Monat zu zahlen.
Die römische Polizei, der gelegentlich Sklaventransporte in die Hände fallen, vermutet einen regelrechten Menschenschmuggelring, an dem Militärs, Industrielle und auch Minister beteiligt sind. Solange das Geschäft blüht, wird es auch kaum Stimmen geben, es zu unterbinden.
Eine Bande von Menschenhändlern, die schwarze Arbeitskräfte aus Afrika über Italien nach Frankreich verfrachtete, wurde am 18. Juli 1972 von der italienischen Polizei gestellt. Die modernen »Sklavenhändler« wurden entdeckt, als ein mit 59 Menschen beladener Lastwagen kurz hinter der italienisch-französischen Grenze eine Panne hatte.
Da der Wagen plombiert und verschlossen war, fingen die Schwarzen nach einer Weile zu schreien an und trommelten mit den Fäusten gegen die Wände. Der Fahrer selbst hatte keinen Schlüssel, um die Türen zu öffnen. Da die Schwarzen ununterbrochen Lärm schlugen, wandte sich der Fahrer in seiner Verzweiflung an die Polizei und gestand, welche Fracht er zu befördern hatte. Die schwarzen Arbeiter waren halb verhungert und verdurstet. Es gab kaum Luft in dem verschlossenen Wagen. Ihre Notdurft mußten sie auf Stroh in einer Ecke auf dem Boden verrichten.
Die Neger stammten aus Mali, Senegal und von der Elfenbeinküste. Sie sollten zur Zentrale nach Rom gebracht werden, um von hier aus mit Spezialtransportern nach Frankreich weitergefahren und als billige Arbeitskräfte für Schwerstarbeit eingesetzt zu werden. Der Chef der Menschenhändlerbande war ein 24jähriger Sarde.

21. Polizisten vor Gericht

Kurras, Karl-Heinz

Der Berliner Kriminalhauptmeister Kurras kam ins Gespräch durch den Tod des Studenten Benno Ohnesorg anläßlich der Demonstrationen beim Besuch des Schah von Persien in der BRD 1967. Der Kriminalbeamte wurde von der Anklage der fahrlässigen Tötung im Fall Ohnesorg zwar freigesprochen (dieser erste Freispruch wurde durch den Bundesgerichtshof später aufgehoben), doch 4 Jahre vom Dienst suspendiert. Seit 1971 durfte er im Innendienst der Berliner Polizei wieder arbeiten.
Im August 1971 war er erneut in eine Affäre verwickelt. In angetrunkenem Zustand hatte er ein 9jähriges Mädchen geküßt. Er wurde festgenommen, weil er unerlaubt eine Dienstpistole besaß und außerdem seine vorgesetzte Behörde nicht vom Besitz dieser Waffe unterrichtet hatte.

Salzwedel, Horst

Am 31. Januar 1971 erschoß der Westberliner Polizeiobermeister Horst Salzwedel Peter Braatz, als dieser einen gestohlenen Opel-Kapitän besteigen und wegfahren wollte. Obgleich der Dieb durch den Besitzer des gestohlenen Wagens und dessen Schwager bereits festgehalten wurde, zog Salzwedel seine Dienstpistole und tötete den Dieb durch Genickschuß.
Vor Gericht versuchte er wie sein Kollege Kurras, die Angelegenheit mit Notwehr abzutun. Der psychiatrische Sachverständige bescheinigte ihm einen »pathologischen Ausnahmezustand« und eine »persönlichkeitsfremde Tat«, und der Psychologe Dr. Günther Suttinger meinte: »Es war nicht notwendig, zu schießen, aber es geschah aus der Diensterfüllung heraus, ohne Billigung durch den Verstand.« Salzwedel, bekannt geworden durch Vorurteile wie: »Südländische Typen sind von vornherein als Kriminelle verdächtig«, und »Es gibt nur wenige gute Studenten. Kommunarden sind Halbkriminelle«, erhielt im Oktober 1971 wegen fahrlässiger Tötung 7 Monate Freiheitsstrafe mit Bewährung.
Im Anschluß an den Fall Salzwedel zog die Presse Vergleiche mit dem Fall Kurras und vor allem mit dem Münchner Bankraub vom 4. August 1971 (Rammelmayer), bei dem der Oberstaatsanwalt Sechser 7 Stunden lang Zeit hatte, zu überlegen, ob die Polizisten schießen sollten oder nicht. Sie schossen und erschossen die Geisel Ingrid Reppel. Das Verfahren gegen Sechser wurde eingestellt, Salzwedel wurde verurteilt, obgleich ihm nur wenige Sekunden zur Verfügung standen, um die Frage zu entscheiden, ob er schießen solle oder nicht.

Schabl, Georg

Ende September 1972 wurde der Haftbefehl gegen den 53jährigen Polizeihauptmeister Georg Schabl, der im März 1972 in München vier Personen mit Schüssen verletzt hat, außer Vollzug gesetzt. Der Polizist blieb jedoch weiterhin von seinem Dienst suspendiert. Eine Strafkammer des Landgerichts München begründete die Außervollzugsetzung des Haftbefehls mit der Feststellung, Schabl habe bei der Schießerei in Notwehr gehandelt.
Der Polizist, dessen Wohnung sich gegenüber einem Münchner Lokal befand, hatte sich durch Lärm in dem Gasthaus in seiner Nachtruhe gestört gefühlt, war mit Pistole und Dienstausweis in das Lokal gegangen und hatte um Ruhe gebeten. Daraufhin kam es zu einer Auseinandersetzung zwischen Schabl und den Gästen. Der Polizist zog seine Pistole und schoß auf Gäste, von denen er sich angeblich bedroht fühlte.
Das Gericht stellte zu diesem Vorfall fest, die Gäste seien angetrunken gewesen und hätten den Beamten angegriffen, als er versucht habe, die Kennzeichen ihrer Autos zu notieren.
Schabls vier Opfer hatten einen Bauchschuß, einen Hüftdurchschuß, einen Hodenschuß und einen Oberschenkelschuß erhalten.

22. Ärzte vor Gericht

Dohrn, Axel Dr.

Der frühere Chefarzt des Kreiskrankenhauses in Burgwedel (Deutschland) hatte zwischen 1947 und 196 etwa 1300 Frauen sterilisiert. 1963 wurde Anklage gegen ihn erhoben, sich in 149 Fällen strafbar gemach zu haben. Im einzelnen lautete die Anklage: Dr. Dohrn hatte Frauen unfruchtbar gemacht, ohne daß ein Gefahr für das Leben oder die Gesundheit der Patientin bestand; er hat Operationen ohne Genehmigun der Gutachterstelle der Ärztekammer vorgenommen; er hat in fünf Fällen ohne Einwilligung der Patienti gehandelt.
Die Anklage warf ihm vorsätzliche schwere Körperverletzung vor.
Der Prozeß warf wiederholt die Frage auf, die auch in der Diskussion um Beibehaltung oder Abschaffun des § 218 in den Jahren seit etwa 1970 erörtert wurde: Darf der Mensch frei über seinen Körper verfügen Wenn ja, war der Eingriff Dohrns nicht als sittenwidrig zu bewerten, wenn nein, machte sich der Arzt eine strafbaren Handlung schuldig.
Im Strafgesetzbuch der BRD gibt es zumal keinen Paragraphen, der die Sterilisation, vorgenommen vo einem Arzt, direkt verbietet.
Im Oktober 1964 wurde Dr. Dohrn wegen erwiesener Unschuld freigesprochen (in der Revisionsverhand lung), nachdem ihn 1963 das Landgericht Hannover zu 6 Monaten Gefängnis verurteilt hatte.

Hellmann, Rudolf, Dr.

Das Amtsgericht Hamburg verurteilte am 15. November 1971 den Frauenarzt Dr. Rudolf Hellmann (66) wegen unterlassener Hilfeleistung an einem neugeborenen Kind zu einer Geldstrafe von 5000 Mark. Der Arzt hatte am 12. Februar 1968 die in seiner Hamburger Privatklink geborene Anja Fröscher unversorgt in einen Nebenraum gebracht, da er das Kind für lebensunfähig hielt. Diese Prognose des Arztes hatte sich als falsch erwiesen.

Issels, Josef, Dr.

Auf Anzeige einer ehemaligen Patientin kam 1960 ein Ermittlungsverfahren gegen den berühmten »Krebsarzt vom Tegernsee«, Dr. Josef Issels, in Gang. Die Justiz warf dem Krebsarzt vor, er habe als Arzt versagt. Wegen dringenden Verdachts der fahrlässigen Tötung und des Betrugs wurde er verhaftet.
Der Arzt behandelte seine Patienten nicht mit den Methoden der traditionellen Schulmedizin, sondern nach eigener Heilmethode. Er kam mit dem Strafgesetzbuch in Konflikt, machte sich des Betruges schuldig, weil er Patienten wider besseres Wissen in seine Klinik aufgenommen hatte, zumal solche, denen er nicht mehr helfen konnte. Fahrlässige Tötung in zwei Fällen wurde ihm zum Vorwurf gemacht, weil er Krebskranke nach seiner Theorie behandelt hatte, anstatt ihnen eine Behandlung nach den Lehren der Schulmedizin zu empfehlen.
Haftbefehl erging am 13. September 1960, zwei Tage später kam er in Untersuchungshaft, gegen eine Kaution von 200 000 Mark wurde er nach 3 Monaten wieder auf freien Fuß gesetzt. Inzwischen war das Personal seiner Klinik entlassen, die Klinik selbst geschlossen worden. Das Lebenswerk des Arztes war damit zerstört.
Die erste Verhandlung brachte ihm 1 Jahr Gefängnis wegen fahrlässiger Tötung ein, die Berufungsverhandlung vor dem Landgericht München am 11. Dezember 1964 sprach ihn mangels begründeten Tatverdachts frei und stellte seinen Ruf als Arzt wieder her.
Am 15. September 1965 konnte er seine Klinik wieder eröffnen. Dr. Issels, der nun wieder die »Ringberg-Klinik« am Tegernsee leitet, hatte vom bayerischen Staat einen Schadensersatz in Höhe von mehr als 2 Millionen Mark mit der Begründung gefordert, daß die im Ermittlungsverfahren gegen ihn tätig gewordenen staatlichen Organe ihre Amtspflicht verletzt hätten. Im Juni 1972 wurde entschieden, daß das Land Bayern dem Arzt keinen Schadensersatz zu zahlen braucht, weil Dr. Issels die Revision beim Bundesgerichtshof zurückgenommen hat, nachdem das Gericht die Absicht mitgeteilt hatte, die Revision zurückzuweisen.

Sander, Hermann, Dr.

Dr. Sander, einem der leitenden Internisten des Krankenhauses in Manchester (Staat New Hampshire, USA) wurde im Schwurgerichtsprozeß vom 20. Februar 1950 vorgeworfen, eine 59jährige, unheilbar an Krebs erkrankte Frau durch drei Injektionen von Luft von ihrem Leiden erlöst, d.h. getötet zu haben.
Den Totenschein hatte Dr. Sander auf Krebs ausgestellt, aber seine Sekretärin hatte auf das Krankenblatt einen Vermerk über die Luftinjektion gemacht. Über sie erfuhr auch der zuständige Kreisarzt von dem Eingriff, und dieser informierte die Strafverfolgungsbehörde. Der Sheriff, der Dr. Sander als erster vernahm, sagte sofort: Es gebe in diesem Staat kein Gesetz, das erlaubt, einen Menschen aus Mitleid zu töten. Doch Dr. Sander berief sich auf die moralische Berechtigung seiner Tat.
In der Hauptverhandlung sagte der Ehemann der Verstorbenen aus, er habe niemals den Arzt gebeten, dem qualvollen Leiden seiner Frau ein Ende zu bereiten, bestätigte aber gleichzeitig, daß sich der Arzt vorzüglich um seine Frau im langen Verlauf ihrer Krankheit gekümmert hatte. Durch die Injektion von Luft war eine Herzembolie eingetreten, die zum Tod geführt hatte.
Eine Wende kam in den Prozeß, als ein Pathologe als Sachverständiger aussagte, der Arm, in den Dr. Sander die Luft injiziert hatte, sei durch Blutpfropfen bereits so verstopft gewesen, daß er zu 95% nicht mehr funktionsfähig war, was bezweifeln lasse, ob die Nadel der Spitze überhaupt in eine Vene habe eindringen können. Im Falle des Eindringens habe die Luft aber durch die Blutpfropfen gar nicht weitergeleitet und damit auch nicht den Tod der Patientin herbeiführen können.
Diese Aussage machte es unmöglich, Dr. Sander wegen Mordes anzuklagen. Am 9. Mai 1950 wurde Dr. Sander freigesprochen. Die zuständige Medizinalbehörde erkannte ihm lediglich für kurze Zeit die ärztliche Approbation ab.

23. Verschiedenes

Abtreibung

Chevalier, Madame

Der Abtreibungsprozeß gegen Madame Chevalier wurde in der französischen Presse und im Fernsehen lebhaft diskutiert, sowohl von politischer, medizinischer und kirchlicher Seite. Es ging um den § 317 des französischen Strafgesetzbuches, der dem § 218 des deutschen Strafgesetzbuches entspricht und jede vorzeitige Beendigung der Schwangerschaft untersagt. In Frankreich wie in Deutschland waren Bestrebungen im Gang, die entsprechenden Paragraphen ganz abzuschaffen oder zumindest zu modifizieren. Alljährlich verzeichnete die inoffizielle französische Statistik etwa 200 000 Fälle von Abtreibungen.

Die 16jährige Schülerin Marie-Claire Chevalier war von einem 19jährigen Schüler verführt worden. Als ihre Mutter davon erfuhr, bestand ihre Schwangerschaft schon im dritten Monat. Madame Chevalier, die von ihrem Mann verlassen wurde, sah keinen anderen Ausweg, als die Schwangerschaft ihrer Tochter zu unterbrechen. Zwei Freundinnen führten sie zu einer »Engelmacherin«, Madame Bambuck, der dann nach viermaligem Versuch die Abtreibung glückte. Der Vater des Kindes wurde von Freunden auf die heimliche Aktion hingewiesen und benachrichtigte die Polizei. Dadurch kam der ganze Fall an die Öffentlichkeit.
Das Gericht des Pariser Vorortes Bobigny urteilte überraschend milde: Die 16jährige Schülerin Marie-Claire wurde freigesprochen, ihre Mutter erhielt eine Geldstrafe von 320 Mark; die »Engelmacherin« wurde zu 1 Jahr Haft verurteilt. Beide Strafen wurden jedoch zur Bewährung ausgesetzt. Die beiden Freundinnen, die als Vermittlerinnen fungiert hatten, wurden freigesprochen.
Dieses gelinde Urteil nahmen sofort die Befürworter einer Liberalisierung des Verbots der Schwangerschaftsunterbrechung für sich in Anspruch und machten daraus eine Angelegenheit von grunsätzlicher Tragweite.
Der § 317 des französischen Strafgesetzbuches sieht für Schwangerschaftsunterbrechung Gefängnis bis zu 5 Jahren und Geldstrafen bis zu 38000 Franc vor.
Das milde Strafmaß setzte offenbar genau die Bestrebungen fort, die im Sommer 1970 343 im ganzen Land bekannte Französinnen einleiteten, als sie in einem Zeitungsinserat offen zugaben, eine Abtreibung vorgenommen zu haben, ohne jemals strafrechtlich verfolgt worden zu sein. Ihr Wahlspruch lautete: »Unser Bauch gehört uns!«

Beleidigung

Jussupoff, Irena Alexandra

Fürstin Jussupoff war die Gattin des Mannes, der am 29. Dezember 1916 zusammen mit dem Großfürsten Dimitri, einem Politiker und einem Arzt, den russischen Wundermönch Rasputin in Petersburg ermordet hatte. Die Fürstin war überdies eine der wenigen Überlebenden des russischen Zarenhofes, die Tochter einer Schwester des Zaren.
1934 verklagte sie vor einem Londoner Gericht die amerikanische Filmgesellschaft Metro-Goldwyn-Mayer wegen Beleidigung.
Diese Filmgesellschaft hatte einen historisch getreuen Film über Rasputin gedreht mit dem Titel : »Rasputin, der verrückte Mönch.«
Die bereits verstorbenen Personen wurden mit ihren richtigen Namen genannt, die wenigen noch Lebenden, wozu das Ehepaar Jussupoff gehörte, erhielten jedoch andere Namen zum Schutz ihrer Persönlichkeit. Aber gerade hinsichtlich der noch lebenden Personen hatte das Drehbuch einige unhistorische Veränderungen vorgenommen.
Um den Mörder Rasputins den amerikanischen Kinobesuchern unsympathisch erscheinen zu lassen, fügte es dem rein patriotischen Motiv zum Mord noch ein (unwahres) persönliches hinzu, nämlich die Rache für die verletzte Frauenehre. Nach dem Drehbuch soll die »Prinzessin« eine Verehrerin Rasputins gewesen (sie hatte ihn nie persönlich gesehen) und als dessen Geliebte verführt oder vergewaltigt worden sein. Dieses Erlebnis hatte die Prinzessin (im Film) dem Fürsten, ihrem späteren Gemahl, anvertraut.
Daraufhin soll dieser aus Rache zum Mord an Rasputin geschritten sein. Damit wäre zu seinem politischen Motiv ein rein kriminelles noch dazu gekommen.
Obgleich die Prinzessin im Film als »Prinzessin Natascha« auftrat, erkannte sich die Fürstin Jussupoff wieder und war bestürzt über die Entstellung der Tatsachen.
Durch eine einstweilige Verfügung suchte sie die Aufführung des Films zu verhindern und, als dies nicht möglich war, verlangte sie, die »Natascha-Szenen« zu streichen. Auch dies lehnte die Filmgesellschaft ab mit der Behauptung, die im Film dargestellten Personen des Prinzen und der Prinzessin seien erfunden und mit keiner lebenden Person identisch.
Fürstin Jussupoff verklagte darauf die Filmgesellschaft wegen Beleidigung und forderte Schadenersatz.
Am 27. Februar 1934 begann vor einem Londoner Schwurgericht der Prozeß, in dem die Filmgesellschaft für schuldig befunden und auf Zahlung von 25000 Pfund Schadenersatz verurteilt wurde.
Damit war in einer Art Grundsatzurteil für die Zukunft den Filmgesellschaften untersagt worden, die Erlebnisse wirklich existierender Persönlichkeiten filmisch auszuschlachten und nach eigenem Gutdünken auszuwerten. Vor allem die Vermischung von wahren und erfundenen Tatsachen sollte unterbleiben, da die Darstellung von nur wahren Tatsachen jede Filmgesellschaft vor Schadenersatzklagen bewahren werde.

Brandstiftung

Brandstiftung ist heutzutage nicht mehr ein allzu häufiges Delikt. Meist ist das Motiv Rache, die der Täter anonym an seinem Gegner bzw. dessen Besitz begehen will. In Südfrankreich vor allem kommt es immer wieder zu fahrlässigen Brandstiftun-

gen, verursacht oft durch Camper, die durch unachtsam weggeworfene Zigarettenstummel Waldbrände verursachen, ohne dies beabsichtigt zu haben.
Jüngst wurde nun in Frankreich eine Brandstiftung in einem Tanzlokal in Saint Laurent du Pont vor Gericht verhandelt.

Bas, Gilbert; Moskovits, Alfred, und Vimfles, Marcel

Die Angeklagten waren im November 1972 von einem Lyoner Gericht für schuldig befunden worden, 1970 fahrlässig in dem Tanzlokal Brand gestiftet zu haben, wodurch eine Feuersbrunst ausbrach, bei der 146 junge Menschen bei lebndigem Leib verbrannten oder erstickt sind.
Hauptursache war die Mißachtung der Sicherheitsvorschriften. Der einzige Überlebende der drei Besitzer des Tanzlokals, Gilbert Bas, erhielt 2 Jahre Gefängnis mit Bewährung, Alfred Moskovits, der Chef der Firma, die den Saal mit hochentzündlichen Plastikdekorationen ausgekleidet hatte, wurde zu 10 Monaten Freiheitsentzug verurteilt, die ebenfalls zur Bewährung ausgesetzt wurden. Marcel Vimfles und dessen Sohn, die das Heizungssystem eingebaut hatten, erhielten 15 bzw. 13 Monate Haft mit Bewährung. Und zuletzt erhielt der Bürgermeister von Saint Laurent du Pont 10 Monate Haft mit Bewährung.
Gegen diese milden Urteile hatten die Eltern der ums Leben gekommenen Jugendlichen heftig protestiert.

Boutin, Jean-Marc, und O'Brien, James

Die beiden 24 und 23 Jahre alten Männer wurden Anfang Dezember 1972 in Montreal zu lebenslanger Freiheitsstrafe verurteilt, weil sie am 1. September 1972 in dem Nachtlokal »Blue Bird« in Montreal ein Feuer gelegt hatten, in dem 37 Menschen ums Leben kamen.

Diebstahl

Prinz, Lothar, der »König der Einbrecher«

Von 1967 ab trieb der 36jährige Hamburger Malergeselle sein Unwesen im Raum Hamburg. Innerhalb von 5 Jahren brach er in 735 Wohnungen ein und erbeutete 300000 Mark und Schmuck im Wert von 25000 Mark. Sein Rekord waren 18 Einbrüche in einer Nacht.
5 Jahre suchte die Polizei vergebens nach dem »Bohrer« (so genannt, weil er mit Bohrern Löcher in Fenster- oder Türrahmen drehte, um dann mit Haken die Sperriegel zu öffnen).
Im Gefängnis schrieb er Gedichte für die Polizei.

Voith, Bernhard; Gabriel, Karl-Heinz, und Müller, Peter

In der Nacht zum 20. Januar 1971 hatten die drei voll geständigen Täter in der Schloßkirche von Blutenburg und in der Peterskirche bei Flintsbach (Bayern) eingebrochen und dabei die berühmte Blutenburger Madonna gestohlen.
Voith hatte später 300000 Mark, dann nur noch 100000 Mark vom bayerischen Staat für die Rückgabe der Madonna gefordert. Der Handel um die Rückgabe der Diebesbeute, die von Experten auf einen Wert von einer halben Million geschätzt wurde, scheiterte jedoch, weil man sich über die Übergabemodalitäten nicht einigen konnte. Nach der Festnahme Voiths wurde die Madonna dann doch zurückgegeben.
»Alle Taten sind von den Angeklagten wohlüberlegt, von langer Hand vorbereitet und kaltblütig ausgeführt worden«, sagte der Gerichtsvorsitzende des Münchner Landgerichts. Die Täter hätten sehr genau gewußt, daß sie enorme Werte und Kunstwerke stahlen, die unwiederbringlich und durch Geld nicht zu ersetzen waren.
Der kaufmännische Angestellte Bernhard Voith (27), der Gelegenheitsarbeiter Karl-Heinz Gabriel (27) und der Tiefdrucksetzer Peter Müller (24) wurden zweier Vergehen des gemeinschaftlich begangenen Diebstahls und eines Vergehens der gemeinschaftlich versuchten Erpressung für schuldig befunden und zu 3 Jahren und 9 Monaten Haft verurteilt. Außerdem wurde Voith die unerlaubte Führung einer Schußwaffe vorgeworfen.

Erpressung

Zoller, Monika, »Banklady von Solnhofen«

Zu einer Freiheitsstrafe von 4 Jahren wurde am 21. Januar 1972 in Nürnberg die 21jährige Büglerin Monika Zoller verurteilt. Das Gericht sprach die in Bertoldsheim (Landkreis Neuburg/Donau) geborene Frau der räuberischen Erpressung und des Autostraßenraubes schuldig.
Die Angeklagte hatte am 11. August 1971 in Verkleidung eines Mannes mit Hilfe einer Spielzeugpistole einen 60jährigen Autofahrer und dann die Sparkasse von Solnhofen in Franken überfallen und 18420 Mark erbeutet. Den Autofahrer hatte sie zunächst in den Kofferraum gesperrt, aber später freigelassen, als er einen Herzanfall vortäuschte. Mit seinem Wagen war sie dann zur Kasse gefahren. Verhaftet wurde die Fußball spielende Banklady auf dem Fußballplatz, nachdem aufgefallen war, daß sie ihre Schulden in Höhe von 15000 Mark bezahlt hatte.

Folterung

Ein Militärgericht in Brüssel verurteilte am 22. November 1972 sechs belgische Fallschirmjäger, die im Verlauf eines internationalen Manövers im Osten Belgiens Kameraden, die »Gefangene« zu spielen hatten, mißhandelt hatten. Sie hatten ohne Befehl den Versuch unternommen, in einer kalten Novembernacht 1971 von zwölf »Gefangenen« Aussagen über die »Gegenseite« zu bekommen. Die »Gefangenen« erhielten während der Verhöre wiederholte Schläge, wurden mit Schnee »behandelt«, mußten sich auf den schneekalten Boden legen und elektrische und akustische Schocks über sich ergehen lassen.
Die Urteilsbegründung wies darauf hin, daß derartige Folterungen den Grundsätzen des Rechts und der Menschenrechte widersprachen. Vor allem der Gruppenführer, ein 30 Jahre alter Leutnant, wurde beschuldigt, die Verhöre geduldet zu haben. Er erhielt mit 5 Monaten Gefängnis die höchste Strafe.
Die »Gefangenen« bekamen vom Gericht lediglich einen symbolischen Schadenersatz von 1 Franc.

Korruption

Der bisher größe Korruptionsprozeß gegen sechs ehemalige Minister unter den insgesamt vierzehn Angeklagten begann Ende September 1972 in der marokkanischen Hauptstadt Rabat. Zwei der Angeklagten, zu denen hohe Staatsbeamte und Geschäftsleute gehörten, waren außer Landes und in Abwesenheit angeklagt worden. Ihnen allen wurde Amtsmißbrauch bzw. Bestechung vorgeworfen. König Hassan II. hatte schon nach dem Putschversuch vom 10. Juli 1971 rigorose Maßnahmen gegen die Korruption im öffentlichen Leben angekündigt.

Nötigung

Koch, Gernot

Anfang des Jahres 1972 versetzte der ehemalige Fremdenlegionär und Werbetexter Gernot Koch (34 Jahre alt) zwei amerikanische Luftfahrtgesellschaften in Alarmzustand, indem er Bombendrohungen ankündigte und Millionenforderungen stellte. Am 27. November 1972 wurde er nicht wegen Erpressung, sondern wegen besonder schwerer Nötigung zu viereinhalb Jahren Gefängnis verurteilt.
Koch hatte 60 000 Mark Schulden und befand sich in einer Phase der Depression, die er dadurch hatte kompensieren wollen, daß er die Flugzeugbesatzungen »wie Marionetten tanzen« lassen wollte.
Diese Kompensierung von persönlichen Mißerfolgen wertete das Gericht als besonder schwere Nötigung.
Das erste Mal hatte sich Koch am 16. Februar 1972 telefonisch bei der Fluggesellschaft »Pan American« in Frankfurt gemeldet und behauptet, er habe einen mit einem Höhenmesser gekoppelten Sprengsatz in eine schon auf dem Flug nach New York befindliche Maschine geschmuggelt. Die Maschine landete trotz der Drohung, die geforderte Summe von 400000 Mark hatte Koch nicht erhalten.
Das zweite Mal teilte er am 28. März 1972 der Fluggesellschaft »Transworld Airlines« in Frankfurt mit, eine Maschine der Gesellschaft werde demnächst gesprengt, wenn er nicht 850000 Mark bekomme. Als ihm aber am 13. April 1972 ein Koffer mit dem Geld übergeben werden sollte, kam abends in Zimmermanns Sendung »Aktenzeichen XY . . . ungelöst« seine Stimme im Fernsehen. Daraufhin ließ er sich nicht mehr sehen. Fünf Tage später hatten ihn Kriminalbeamte aufgrund der Stimme identifiziert und in Karlsruhe festgenommen.

Porno-Urteile

Ginzburg, Ralph

1963 wurde wegen Verbreitung pornographischer Schriften der Amerikaner Ralph Ginzburg zu 3 Jahren Gefängnis verurteilt. Erst im Februar 1972 mußte er seine Strafe in Lewisburg (Pennsylvania) antreten. Damit ist der fast 10 Jahre lang dauernde Kampf durch alle Instanzen für den amerikanischen Verleger des Magazins »Eros« erfolglos geblieben.
Mit Hilfe prominenter Anwälte hatte er nachweisen wollen, daß sein Vergehen nach den Maßstäben, die man jetzt (1971) an veröffentlichte Pornographie anlegt, überhaupt nicht mehr beachtet werden würde. In groß aufgemachten Zeitungskommentaren war die Ansicht vertreten worden, »Eros« wäre inzwischen eine durchaus »salonfähige« Zeitschrift geworden.
Trotzdem mußte der Verleger seine Strafe absitzen, da der Maßstab seiner früheren Vergehen für die Haftbemessung angenommen wurde.

Schwarz, Aribert

Wegen mehrerer Sprengstoffanschläge gegen die »Verpornung der Sitten« verurteilte am 23. März 1972 eine Große Strafkammer des Landgerichts Bremen den früheren Kapitän zur See Aribert Schwarz (38) zu fünfeinhalb Jahren Gefängnis.
Der Verurteilte hatte als Protest gegen die Pornowelle und die Liberalisierung des Sexualstrafrechts im Juni

1971 mit einem selbstgebauten Sprengkörper ein Fachgeschäft für Ehehygiene in Bremen schwer beschädigt. Außerdem hatte er die Schaufenster zweier anderer Sexläden zertrümmert und mit einer Pistole in die Auslagen geschossen.

Sachbeschädigung

Röder, Manfred

Rechtsanwalt Manfred Röder, bekanntgeworden als »Anti-Porno-Anwalt«, wurde im November 1971 zu 100 Mark Geldstrafe verurteilt, weil er am 9. März 1971 die Schaukästen eines Kinos mit schwarzer Farbe übermalt hatte, um die ausgestellten Fotos des Filmes »Schulmädchenreport« unsichtbar zu machen und die Aufführung des Filmes zu verhindern. Der »Anwalt aller Eltern« hatte schon zuvor mehrfach versucht, Filmvorführungen mit pornographischem Inhalt zu verhindern, und hatte sich auch dazu bekannt, daß von Mitgliedern der von ihm gegründeten »Deutschen Bürgerinitiative« eine übelriechende Flüssigkeit in den Kinoeingang geschüttet worden war.
Zu der Darstellung Röders, er betrachte sich als »Vorkämpfer gegen die um sich greifende Sexualisierung und den dadurch bedingten Verfall der Sittenordnung«, erklärte der Richter, nicht die Moral der Gesellschaft sei Prozeßgegenstand, sondern die Unrechtmäßigkeit einer Sachbeschädigung.

Vergewaltigungen

van der Merwe, William Frederik

Der 20jährige weiße Südafrikaner van der Merwe wurde am 2. März 1972 von einem Gericht in Johannesburg wegen Vergewaltigung in mehreren Fällen zum Tode verurteilt. Ihm wurden 5 Vergewaltigungen, 4 versuchte Fälle von Notzucht und 1 Fall von Körperverletzung zur Last gelegt. Alle Opfer waren Weiße. Das jüngste war ein 14jähriges Mädchen. Van der Merwe hatte 1971 die weibliche Bevölkerung von Johannesburg, Pretoria und Vereeniging in Angst und Schrecken versetzt.

Henry, Solomon James

Ein Geschworenengericht in Houston (Amerika) verurteilte den 19jährigen farbigen Solomon James Henry wegen Vergewaltigung einer 18jährigen weißen Studentin zu 1000 Jahren Gefängnis (Mai 1972).
Im Oktober 1971 hatte Henry mit seinem Bruder und einem Freund drei Studentinnen zur Mitfahrt in ihrem Auto eingeladen, sie anschließend in einem Haus zum Rauchen von Marihuana gezwungen und sie dann vergewaltigt.
Die Jury brauchte für die Beratung 31 Minuten. Zur Festsetzung des Urteils benötigten die 12 Geschworenen 15 Minuten. Henrys Bruder und der Freund erhielten wesentlich geringere Freiheitsstrafen.

Wehrdienstverweigerung

Neumann, Giora

Mitte Juli 1972 verurteilte ein israelisches Militärgericht den Wehrdienstverweigerer Giora Neumann zu 8 Monaten Gefängnis. Neumann gehörte zur linksextremistischen Studentengruppe »Mazpen«, eine Organisation, die auch in Europa existiert (vgl. S. 447). Er hatte sich geweigert, den Diensteid zu leisten, weil die israelische Armee »ein Heer von Eroberern« sei. Auch zu einem Ersatzdienst erklärte er sich nicht bereit. Das Gericht verurteilte ihn, weil es die Argumentation Neumanns nicht anerkannte: Es sei ihm keinerlei Gewissenszwang auferlegt worden.

Zollvergehen

Nach einmonatiger Dauer ging am 28. Dezember 1972 der größte Finanzskandalprozeß der österreichischen Nachkriegsgeschichte zu Ende. Vor einem Wiener Schöffengericht waren fünf Geschäftsleute und vier Zollbeamte angeklagt, fünf von ihnen wurden verurteilt, für vier gab es Freispruch. Die Höchststrafe, 4 Jahre schwerer verschärfter Kerker und 1 Jahr strenger Arrest sowie 4 Millionen Schilling Geldstrafe und 19,5 Millionen Schilling Wertersatz erhielt der 57jährige Zolldirektor Franz Ranger. Er war der »Verkürzung der Eingangsabgaben« schuldig befunden worden. Die Textilkaufleute Alexander Haffner, David Heitner und das Ehepaar Markus und Herta Wolf erhielten je 1 Jahr schweren Kerker, 1 Jahr strengen Arrest und Geldstrafen von 2,2 bzw. 2,7 Millionen Schilling. Der mitangeklagte Kaufmann Manole Neuberger und die Zollbeamten Josef Zoufal, Rudolf Toman und Friedrich Uhlenhut wurden freigesprochen.
Die Verteidiger der Verurteilten kündigten die Berufung an und eine Beschwerde beim internationalen Gerichtshof wegen vermutlicher Verletzung der Menschenrechte zur Zeit der Untersuchungshaft der Angeklagten.
Wegen zweier verschiedener Zollvergehen hatten sich die Angeklagten zu verantworten: Einerseits wurde

ihnen vorgeworfen, unter Führung des flüchtigen Leon Geller seit 1956 Baumwollgewebe, Textil- und Strickwaren als »Baumwolle, gewaschen« oder als Material geringerer Qualität deklariert zu haben. Der ebenfalls flüchtige Ludwig Hornstein hatte 1961 vom österreichischen Finanzministerium die Erlaubnis erhalten, aufgrund der von ihm vorgelegten Warenproben ein Kontingent von 416000 Meter Textilien zu einem festgesetzten niederen Zollsatz einzuführen. Und dies war dann der zweite Anklagepunkt: Hornstein importierte weder geringwertige Warensorten noch hielt er sich an die vorgeschriebene Warenmenge. In der Folgezeit wurde dieses »Hornstein Übersiedlungsgut« auch von anderen Kaufleuten benutzt, wobei Hornstein Vermittlungshonorare kassierte.
Durch solche falschen Angaben bei Textilimporten wurde der österreichische Fiskus um mehrere Millionen Schilling an Zollabgaben geprellt. Die Angeklagten hatten vor Gericht behauptet, daß Regierungsmitglieder von ihren Zollhinterziehungen gewußt hätten. Dies allerdings konnte das Gericht nicht nachweisen. Jedenfalls waren die eigentlichen Drahtzieher und Nutznießer des Skandals nicht zu bestrafen, weil sie sich rechtzeitig ins Ausland abgesetzt hatten.

24. Die Justiz in der Kritik

a) Rassenjustiz

McCollum, Ruby

Der Fall der Negerin Ruby McCollum beschäftigte jahrelang die amerikanische Justiz, weil er als typisches Beispiel für fehlerhafte Rechtsprechung aufgrund von Rassenvorurteilen gilt.
Die Negerin hatte 1952 ihren Geliebten, den weißen Arzt Dr. LeRoy Adams, durch vier Schüsse getötet. Sie wurde zum Tode verurteilt. Das Urteil konnte aber nicht vollstreckt werden, weil festgestellt worden war, daß Ruby durch jahrelangen Rauschgiftgenuß wahnsinnig geworden war, vermutlich ausgelöst durch die starken Nervenanspannungen während des Prozesses.
Dr. Adams gehörte zur obersten Gesellschaftsschicht: Er war Staatssenator und Kandidat für den Gouverneursposten von Alabama. Er war in der Umgebung von Live Oak ein geschätzter Mann und Arzt, hatte sich jedoch mehrere hunderttausend Dollar verschafft durch Abtreibungen und Rauschgiftschmuggel. Durch ihn erst war die Negerin süchtig geworden. Dr. Adams hatte sich bereits eine Pistole zugelegt, mit der er die schwangere Frau umbringen wollte. Sie aber war ihm zuvorgekommen.
Das Gericht entschied sich für ihre Einweisung in eine Heilanstalt.

b) Justizhysterie

von Rauch, Johann Heinrich

Gegen den Deutschen Johann Heinrich von Rauch, Sohn von Georg von Rauch (67), Professor für Osteuropäische Geschichte an der Universität Kiel, und Bruder des am 4. Dezember 1971 in Berlin erschossenen Georg von Rauch, begann am 25. Januar 1972 ein Pozeß vor dem Landgericht I in München. Die Anklage lautete auf gemeinschaftlich versuchten Mord in zwei Fällen, Widerstand gegen die Staatsgewalt und unerlaubten Waffenbesitz.
Am 2. April 1971 hatte von Rauch in der Nähe des Münchner Hauptbahnhofes in einem Geschäft eine Schaltuhr gekauft, wie sie für den Bau von Zeitzünderbomben verwendet werden. Als er mit einem zunächst Unbekannten den Laden verließ, fiel ihm eine Pistole Modell 32 Browning, Kaliber 7.65 mm, aus der Tasche. Zwei Polizisten auf Zivilstreife, Heinz Thurnhofer und Johann Eberl, hatten das beobachtet und wollten sofort die beiden festnehmen. Aber von Rauch hatte die Waffe noch aufheben und davonlaufen können. Thurnhofer rannte hinter ihm her und riß ihn nach etwa 30 Metern zu Boden. Bei dem Gerangel war die Pistole wieder zu Boden gefallen. Später wurde festgestellt, daß sie entspannt und gesichert war. Eberl rannte dem zweiten Mann nach, der auf den Polizisten schoß, eine Passantin als Schutzschild benutzte und entkam.
Soweit der Sachverhalt.
Da von Rauch während des Prozesses zunächst schwieg und es kaum Indizien gab, verließ sich der Staatsanwalt Peter Pawlowski aufs Spekulieren. Er lastete von Rauch an, ein linker Anarchist zu sein und Kontakte zur Baader-Meinhof-Gruppe zu haben. Rauchs Verteidiger, Rechtsanwalt Frank Niepel und Eggert Langmann, warfen daraufhin dem Staatsanwalt »Stimmungsmache« vor, und von Rauch betonte: »Die Behauptung, ich gehöre zur Baader-Meinhof-Gruppe, ist völlig abwegig und aus der Luft gegriffen . . . Ich bin kein Krimineller und insbesondere auch kein Mörder.«
Der Staatsanwalt folgerte jedoch aus einer Äußerung der Ulrike Meinhof, »daß die Polizei als Repräsentanten des Systems rücksichtlos, skrupellos und bedenkenlos zu bekämpfen ist«, daß auch von Rauch so gedacht haben müsse. Folglich müsse er versucht haben, den Polizisten Thurnhofer zu erschießen.
Von Rauch entgegnete, es sei inzwischen jedem klar, »daß sich Polizei und Staatsanwaltschaft in einer Verfolgungspsychose« befinden, und er verlange vom Gericht »ein objektives Urteil und Schutz gegen die willkürliche Anklage der Staatsanwaltschaft«. Seine Waffe habe er nur zu Demonstrationszwecken besessen, und die Notwendigkeit dazu habe sich »aus der speziellen Situation in West-Berlin« ergeben, wo Anschläge

gegen Linke durch äußerst aggressive rechtsradikale Gruppen, deren Mordversuche und Drohungen auch ihn gefährdet hätten.
Thurnhofer hatte ausgesagt, der am Boden liegende von Rauch habe mit der Pistole auf seinen Kopf gezielt. Doch diese Aussage blieb merkwürdig. Wie sollte Rauch, der bäuchlings auf der Straße lag und auf dessen Rücken der Polizist kniete, die Waffe gegen Thurnhofers Kopf gerichtet haben?
Eine Wendung trat im Prozeßverlauf ein, als der Zeuge Georg Lugeder aussagte, von Rauch habe den Polizisten überhaupt nicht mit der Waffe bedroht, sondern er habe vielmehr seine Pistole weggeworfen und sie auch noch im Handgemenge mit dem Polizisten mit dem Fuß weggeschoben. Damit war die Anklage des ersten Mordversuches in sich zusammengefallen.
Auch die Anklage des zweiten Mordversuchs beruhte auf einer Spekulation. Denn der Schuß, den der Unbekannte gegen den zweiten Polizisten Eberl abfeuerte (ob es eine Schreckschuß- oder eine scharfe Pistole war, konnte nicht festgestellt werden, da kein Projektil gefunden wurde), lastete der Staatsanwalt ebenfalls von Rauch als Mordversuch an, insofern er »bewußt oder gewollt« mit dem Unbekannten zusammengearbeitet habe. Obgleich der Staatsanwalt zur Untermauerung seiner These einige Briefe zu Hilfe zog, die von Rauchs Ehefrau, die Nordvietnamesin Jacqueline le Volant, geschrieben hatte, ließ sich das Schwurgericht von derart dünnen Indizien nicht beeindrucken. Auch die Konstruktion des zweiten Mordversuchs brach in sich zusammen.
Schließlich mußte die Staatsanwaltschaft auch ihren dritten Anklagepunkt zurücknehmen, wonach von Rauch Mitglied der Baader-Meinhof-Gruppe gewesen sein.
Unsauberkeiten im Gerichtsverfahren kamen zutage, als die Verteidiger von Rauchs kritisierten, wichtige Ermittlungsergebnisse seien ihnen vorenthalten worden, auch sei der Name des Unbekannten dem Gericht seit Monaten bekannt (es drehte sich um den Heidelberger Bernhard Braun, der auch bei der Erschießung Georg von Rauchs eine Rolle spielte), Befangenheitsanträge wurden gestellt, und von Willkürjustiz, von systematisch geschürter Hetze war die Rede. Ungewöhnlich scharf waren auch die Sicherheitsvorkehrungen: Einige Hundertschaften Polizei hatten das Gerichtsgebäude umstellt, Zuschauer und Presseleute mußten sich einer Körpervisitation unterziehen, Damen mußten ihre Perücken lüpfen und die Schuhe ausziehen.
Immer mehr wendete sich das Blatt zugunsten von Rauchs. Zwei Ärzte und mehrere Zeugen konnten ihm attestieren, daß er bei oder nach seiner Festnahme im Revier von Polizisten verletzt worden war. Der als »ganz gefährlicher Mann« angekündigte von Rauch blutete aus der Nase, die Lippen waren blutig, und sein Allgemeinzustand war schlecht. Er habe wie nach einer Schlägerei ausgesehen. Die Polizisten hatten lediglich eine Schramme an der Oberlippe bemerkt. Die beiden Verteidiger hatten ein Ermittlungsverfahren gegen die beiden Polizisten einleiten wollen, weil von Rauch angeblich auf dem Polizeirevier geschlagen worden war, das bayerische Justizministerium hatte den Antrag jedoch abgelehnt.
Als die Staatsanwaltschaft von Rauchs Kontakte zur Baader-Meinhof-Gruppe nicht mehr aufrechterhalten konnte, verallgemeinerte sie diesen Anklagepunkt dahin, daß von Rauch »laufend Kontakt mit linksextremistischen Kreisen« gehabt habe.
Das politische Bewußtsein der beiden Professorensöhne war geprägt vom Tod des Studenten Benno Ohnesorg, durch den Freispruch des Todesschützen Polizist Kurras und das Attentat auf Rudi Dutschke.
Am 4. Februar 1972 wurde das Urteil gefällt. Staatsanwalt Peter Pawlowski hatte eine Gesamtstrafe von 12 Jahren Freiheitsentzug gefordert. Er verlangte keine lebenslange Strafe, weil von Rauch nicht vorbestraft war. Im einzelnen forderte der Staatsanwalt: 8 Jahre Freiheitsentzug für den versuchten Mord an dem Polizisten Thurnhofer in Verbindung mit erschwertem Widerstand, 5 Jahre für einen zweiten Mordversuch an dem Polizisten Eberl, auf den von Rauch überhaupt nicht geschossen hatte, jedoch von Rauch »intellektuell mitgewirkt« habe, 6 Monate wegen besonderen Widerstandes, 6 Monate wegen Erwerbs einer Waffe und 9 Monate wegen unberechtigten Führens einer Waffe.
Das Gericht folgte dem Vorschlag der Verteidigung und sprach von Rauch von der Anklage des zweifachen Mordversuches frei. Es verurteilte ihn wegen Widerstands gegen die Staatsgewalt und unerlaubten Waffenbesitzes zu zweieinhalb Jahren Freiheitsstrafe unter Anrechnung der 10 Monate Untersuchungshaft. Dreiviertel der Kosten trug die Gerichtskasse.
Am 23. Oktober 1972 bestätigte der Erste Strafsenat des Bundesgerichtshofes in Karlsruhe das Urteil gegen von Rauch in vollem Umfang. Demnach kann von Rauch nicht wegen versuchten Mordes zur Verantwortung gezogen werden.
Wie unterschiedlich Gerichte ihre Urteile fällen, zumal wenn der Angeklagte ein politisch Linker ist, zeigt ein anderes Urteil, das – so will es der Zufall – am gleichen Tag (4. Februar 1972) in Münster gegen einen Studenten gefällt wurde: Wegen Trunkenheit am Steuer und wegen Verstoßes gegen das Waffengesetz bekam der 21jährige lediglich eine Geldstrafe von 800 Mark, obgleich er am 10. August 1971 in der Innenstadt von Münster zwei Polizisten beschoß und ohne Führerschein einen Wagen gesteuert hatte. Vor Gericht stand er aber nicht von vornherein als »ganz gefährlicher Mann«, sondern als untadelige, voll sozialisierte und politisch harmlose Persönlichkeit, zumal gottgläubig, fleißig, reuig und eben angepaßt. Sein Akoholpegel betrug von 1,75 bis 1,80 Promille, was im Verein mit Tabletten zu einem »psychischen Ausnahmezustand« geführt und ihm die Unzurechnungsfähigkeit nach § 51 Absatz 1 eingebracht hatte.

c) Justizirrtümer

Die Literatur über Justizirrtümer ist recht rar gesät, gemessen am tatsächlichen Vorkommen richterlicher Fehlentscheidungen. Eine aktenmäßige Sammlung von Fehlurteilen gibt es noch nicht. Nur einzelne Institute, z.B. an der Hamburger Universität, sammeln seit einigen Jahren das Material von Fehlurteilen.
Um hinter das Problem der Fehlurteile zu kommen, wäre neben genauen psychologischen Analysen der Zeugen, der Sachverständigen, der Ankläger vor allem auch solche der Richter erforderlich. Aber gerade die Figur des Richters ist zumindest im deutschen Strafrecht so gut wie unantastbar. Der Richter genießt ein Ausmaß an Immunität, wie es wohl nur mit dem des Arztes vergleichbar ist.
Fälle, bei denen nahezu eine ganze Nation aufsteht, um für die Revision eines Justizirrtums einzutreten wie etwa in Frankreich im Falle des Hauptmanns Dreyfus, sind in Deutschland beinahe unbekannt. Mögliche Fehlurteile wie vielleicht im Falle Vera Brühne geistern gelegentlich durch die Presse, doch viel mehr geschieht nicht.
In den Vereinigten Staaten hatte die Verurteilung und Hinrichtung der höchstwahrscheinlich unschuldigen Anarchisten Sacco und Vancetti 1927 eine Protestwelle ausgelöst, wie sie bei uns unvorstellbar ist. Obgleich das amerikanische Strafprozeßverfahren durch die Praxis des Kreuzverhörs durch Ankläger und Verteidiger dem Richter weniger autonome Macht einräumt als in Deutschland, sind auch in den USA die Fälle von Fehlurteilen eklatant genug.
In England hat der Grundsatz, wonach der Angeklagte so lange als unschuldig zu gelten hat, bis seine Schuld eindeutig nachgewiesen ist, manchem Angeklagten geholfen, freizukommen. Dieser Grundsatz aber beinhaltet die Gefahr, daß ein Angeklagter verurteilt wird, weil er seine Unschuld nicht beweisen kann, obgleich der Anklagevertreter auch nicht in der Lage war, seine Schuld zu beweisen.
Fehlurteile gibt es in allen Ländern, gleich welche politische, soziale, moralische o. ä. Struktur sie haben. In den meisten Fällen läßt sich eine Gemeinsamkeit als Ursache der Fehlurteile feststellen: Die gesetzliche Schwierigkeit, ein Wiederaufnahmeverfahren durchzusetzen, gibt dem Richter einerseits eine ziemliche Selbstherrlichkeit in der Urteilsfindung, andererseits die Chance, daß seine mögliche Verfehlung der Rechtsfindung eben aufgrund der Schwierigkeit, eine Revision einzuleiten, unaufgedeckt und damit auch unangefochten bleibt. Daher kommt es, daß gerade in Deutschland solche Fälle höchst selten sind, bei denen es beim Wiederaufnahmeverfahren zu Freisprüchen kam. Die Schwierigkeit, Fehlurteile aufzudecken, besagt in keinem Fall, daß es wenig Fehlurteile gäbe. Hinzu kommt, daß viele aufgedeckte Fehlurteile in keiner Statistik aufgenommen werden. Man nimmt an, daß fast 50% der Urteile der amerikanischen Geschworenengerichte Fehlentscheidungen sind.
Die Chancen, Fehlurteile zu fällen, sind beinahe so groß wie die, richtige Urteile zu verkünden. Fehlurteile sind unvermeidbar, es sind wie alle Urteile Sprüche, die Menschen über Menschen fällen auf der Basis eines Hintergrundes, der oft mitbestimmend ist, ohne eigens artikuliert zu werden. Vor allem politische Fehlurteile stehen hier als abschreckende Beispiele, wenngleich hier andere Ursachen für die Fehlentscheidung gelten als bei gewöhnlichen Strafprozessen. Im gewöhnlichen Strafprozeß ist es dem Richter viel leichter, seine Unparteilichkeit zu wahren als im politischen Strafprozeß, bei dem die Urteilsfindung nicht selten politisch motiviert ist. Interessant ist anzuführen, daß Fehlurteile im politischen Prozeß weit mehr in der Freisprechung Schuldiger liegen als im unpolitischen Strafprozeß.
Zu Fehlurteilen kann es kommen durch unzuverlässige Zeugen, durch unkritische Sachverständige (z. B. der Fall Maria Rohrbach), durch Voreingenommenheit des Richters (oft bei Zuhälterprozessen). In vielen Ländern sind die Richterämter un-

terbesetzt weil unterbezahlt. Richter, die pro Tag acht oder zehn Urteile zu fällen haben, unterliegen häufiger der Gefahr, zu vorschnellen Fehlurteilen zu kommen, als Richter, die genügend Zeit zur Vorbereitung und zum Aktenstudium haben. Mit der Zunahme des Verbrechens nimmt auch die Massenjustiz zu mit der Folge, daß der Leidtragende meist der Angeklagte ist. Daher kommt es auch, daß Schwurgerichtsverfahren, zahlenmäßig geringer als erstinstanzliche Verfahren, seltener zu Fehlurteilen gelangen.

Ein erster Weg zum Fehlurteil kann schon ein erzwungenes Geständnis des Angeklagten sein. Ein Angeklagter kann ein falsches Geständnis ablegen aus Furcht, andere mit hineinzuziehen und später deren Lynchjustiz ausgesetzt zu sein. Andere Möglichkeiten liegen z.B. in der Bewertung von Kinderzeugenaussagen; in immer wieder vorkommenden Meineiden (pro Jahr mehr als 50000 in Deutschland; in Amerika werden sogar bei 90% aller Kriminalfälle Meineide geschworen); im falschen Wiedererkennen eines Beschuldigten; in der bewußten Lüge, die als Schuldbeweis gewertet wird; im Sachverständigenurteil, sei es als Schriftgutachten, als psychiatrisches Gutachten, als gerichtsmedizinisches Gutachten oder auch als Milieugutachten (durch Sozialfürsorger etwa).

Die Prozeßpraxis selbst kann ebenfalls zu Fehlurteilen führen, etwa dort, wo es weniger um die Wahrheitsfindung geht als darum, der einen oder anderen Partei zum Sieg zu verhelfen (altes deutsches und englisches Recht, erst zu Ende des vorigen Jahrhunderts abgeschafft); oder dort, wo Wahrscheinlichkeiten und Hypothesen mehr gelten (etwa die Fiktion der Unzurechnungsfähigkeit hinsichtlich dessen, was geistig normal und irr ist, § 51 StGB; abschreckende Wirkung der Todesstrafe; die Interpretation der Geständnisfreudigkeit als seelische Reue; die Annahme, Anklage und Verteidigung als gleichrangig zu bewerten) als begründete Gewißheit.

Auch das Gesetz kann Fehlurteile begünstigen. Dies beginnt bei der Vernehmung des Angeklagten, bei der »Berufsbefangenheit des Richters«, bei der raffinierten Fragestellung, dem Verhör, das Fallen stellt; der Suggestivfrage; der Eitelkeit des Verteidigers, durch spektakuläre Freisprüche berühmt zu werden; vor allem aber bei der nicht bestehenden Gleichstellung von Staatsanwalt und Verteidiger (der Staatsanwalt verfügt über alle staatlichen Machtmittel, z.B. die Polizei; der Verteidiger hat erst das Recht, Akten einzusehen, wenn die Voruntersuchungen bereits abgeschlossen sind oder nach Einreichung der Anklageschrift); bei der Möglichkeit, einen Prozeß hinauszuzögern oder nicht, alle geladenen Zeugen zu vernehmen (Zeugenauswahl gibt es im englisch-amerikanischen Recht nicht); bei der Ablehnung von Beweisanträgen; bei der Befangenheit des Gerichts, gegen bestimmte Personen vorzugehen, die gesellschaftlich oder politisch hochgestellt sind usw. Und es endet schließlich bei den Riegeln, die einem Wiederaufnahmeverfahren vorgeschoben sind. Ein eigenes Problem bezüglich der Rechtfindung stellen die Sensations- und Schauprozesse dar, die von vornherein darauf angelegt sind, nicht Recht zu sprechen, sondern z.B. den Willen des Diktators durchzusetzen und zu legitimieren (etwa die Moskauer Schauprozesse).

Die Fehlurteile, die im politischen Prozeß möglich sind, liegen weniger im Recht selbst begründet als vielmehr in der politischen (Pseudo-)Anwendung des bestehenden Rechts.

Politische Prozesse werden geführt gegen Delikte wie Hoch- oder Landesverrat oder gegen Delikte, die politisch motiviert sind. Bei Hoch- oder Landesverrat ist der »Gegner« des Täters der Staatsführer (Attentat, Beleidigung) oder der Staat selbst (Geheimnisverrat).

Auch politische Morde, etwa an Rosa Luxemburg und Karl Liebknecht, die Fememorde der Schwarzen Reichswehr, Staatsputsche (Kapp, Hitler) werden im politischen Prozeß geahndet.

Fehlurteile im politischen Prozeß gibt es in Deutschland ebenso wie in anderen Staaten. Statistische Erhebungen darüber sind allerdings in Folge der meistenteils vorgezogenen Verschweigung derselben nicht herausgebracht worden.
Dem Staatsgerichtshof der Weimarer Republik entspricht in Amerika der Supreme Court in Washington, der besonders tätig wird bei Prozessen in Rassenfragen. Der Supreme Court dient in erster Linie dem Schutz der amerikanischen Verfassung und der verfassungsmäßig verbrieften Freiheiten. Seine Richter werden vom Präsidenten unter Zustimmung des Kongresses auf Lebenszeit ernannt. Im Unterschied zu Deutschland gibt es in Amerika ein umfangreiches Material über politische Fehlurteile. Von Frankreich sind vor allem die Fehlurteile im Falle Dreyfus und Emile Zola bekanntgeworden. In Italien machte die Ermordung des Sozialistenführers Giacomo Matteotti 1924 Schlagzeilen. Der Mord soll auf Anstiftung Mussolinis geschehen sein. Die gedungenen Mörder Dumini, Filipelli und Rossi wurden von dem Faschistenführer Farinacci verteidigt, und Ziel des Prozesses war es, auf Befehl des »Duce« nicht die Mörder anzuklagen, sondern den Ermordeten. Die Mörder wurden wegen fahrlässiger Tötung zu 5 Jahren Gefängnis verurteilt, wovon 4 Jahre unter Amnestie fielen, so daß unter Abrechnungen der Untersuchungshaft der Haupttäter, der Massenmörder Dumini, nach wenigen Tagen auf freien Fuß gesetzt werden konnte.

Beispielfälle

Beck, Adolf

Der norwegische Staatsangehörige Adolf Beck (geb. 1841), das Opfer eines der eklatantesten Justizirrtümer in der Geschichte der englischen Rechtsprechung, stand im Verdacht, zahlreiche Frauen betrogen und geschädigt zu haben.
Der Abenteurer Beck, Schiffsmakler, wanderte 1868 von England nach Amerika aus und kam gut begütert 1885 zurück nach London, lebte als »Bergwerksbesitzer« auf großem Fuß, bis die Geldmittel durchgebracht waren und er pumpen mußte. Er unterhielt zahlreiche Frauenbekanntschaften, von der Kusine eines britischen Politikers bis zur Dirne.
Wegen Verdachts der Zuhälterei und Betrugs wurde er 1896 erstmals zu 7 Jahren Zuchthaus verurteilt. Zum zweitenmal wurde er abermals wegen Betrugs Frauen gegenüber 1904 für schuldig erkannt. Doch die Strafe wurde für zwei Wochen ausgesetzt. Innerhalb dieser Zeit kam heraus, daß Beck unschuldig war, sowohl 1896 wie 1904. Von der ersten Strafe hatte er 5 Jahre abgesessen – unschuldig. Zu diesem Justizirrtum kam es aufgrund einer Personenverwechslung. Ein Mann namens John Smith (er hieß in Wirklichkeit anders) war nach der Methode vorgegangen, auf der Straße Frauen anzusprechen, sich als Angehöriger des britischen Adels vorzustellen und die Frauen in seinem Haus als Hausdamen zu engagieren. Er schlug seinen Hausdamen vor, sich neu und d. h. standesgemäß einzukleiden, und dazu entlockte er ihnen ihr Geld, vor allem aber Schmuck (Ringe), die er versetzte – und dann spurlos verschwand.
Siebzehn der geschädigten Frauen erstatteten Anzeige gegen Smith. Er wurde zu 5 Jahren Zuchthaus verurteilt und ging nach Verbüßung seiner Strafe 1881 nach Deutschland.
In den Jahren 1894/95 wiederholten sich die Betrügereien und Schwindeleien Frauen gegenüber fast wortwörtlich.
Wiederum sprach ein Mann unter dem Pseudonym Lord Wilton Frauen an und engagierte sie als Hausdamen. Wieder entlockte er ihnen zur Beschaffung neuer Kleider Geld und Schmuck. Eine der Geschädigten glaubte 1895 in der Victoria Street den Mann wiederzuerkennen, der sie vor Wochen hier angesprochen hatte. Doch dieser Mann war nicht der gesuchte Betrüger, sondern Adolf Beck. Beck wurde verhaftet und dreizehn geschädigten Frauen gegenübergestellt. Alle erkannten in ihm den Betrüger, nur eine einzige hatte Zweifel. Der Richter erließ Haftbefehl. Erschwerend für Beck war es, daß er keine guten Alibis vorzuweisen hatte. Nachteilig war ferner, daß in seiner Wohnung viele Pfandscheine für Broschen und Ringe gefunden wurden, nachteilig war schließlich, daß er in den gleichen Hotels zu verkehren pflegte wie der echte Täter.
Der Fall ging durch die Presse, und daraufhin erschien ein Mann bei Scotland Yard und behauptete, Beck sei identisch mit Smith. Die Beamten, die damals den Fall Smith bearbeitet hatten, erklärten die Behauptung dieses Mannes als richtig. Schriftsachverständige kamen zum gleichen Ergebnis.
Und Beck beteuerte unentwegt seine Unschuld.
So kam es 1896 zum ersten Prozeß gegen Beck.
Ausgerechnet war in diesem Prozeß der Richter, Forrest Fulton, der gleiche, der Smith verurteilt hatte. Vor Gericht erklärten elf Zeuginnen, daß der Täter mit Beck identisch sei. Alle Zeuginnen unterlagen der gleichen Erinnerungstäuschung.

Als der verurteilte echte Täter Smith in der Presse vom Prozeß gegen Beck las, änderte er sofort seinen Namen und eröffnete im Londoner Westend ein Juweliergeschäft. Im August 1897 verschwand er und tauchte erst 1904 wieder auf.
Nach der ersten Verurteilung Becks 1896 wäre es fast schon zu einer Wende gekommen, als der Verteidiger Becks erfuhr, daß Smith ein Jude und beschnitten war. Aber in den vom Gericht angeforderten Unterlagen des Falles Smith fehlten 1896 diese Angaben. Da Beck nicht beschnitten und von einer Beschneidung in der Akte Smith keine Rede war, sah sich das Gericht sogar noch in seiner Annahme bestätigt, Smith und Beck seien identisch.
Im zweiten Prozeß gegen Beck 1904 wiederholten sich die falschen Aussagen der Zeuginnen. Deshalb wurde Beck abermals schuldig gesprochen.
Aber noch während der Zeit, da Beck in Haft war, passierten erneut »Becksche« Betrügereien und Schwindeleien Frauen gegenüber. Trotzdem wurde Beck zu 5 Jahren Zuchthaus verurteilt.
Erst nachdem neue Fälle von Schwindeleien dem Gericht bekannt geworden waren, wurde er am 29. Juli 1904 auf freien Fuß gesetzt. Die Presse reagierte ungewöhnlich scharf gegen diesen Justizirrtum, denn immerhin war Beck zweimal zu Unrecht verurteilt und 5 Jahre unschuldig gefangengesetzt worden.
Beck bekam eine Entschädigung von 5000 Pfund.
Entscheidend an diesem Justizirrtum ist aber, daß die englische Strafjustiz im Anschluß daran erstmals in ihrer Geschichte die Möglichkeit der Berufungsinstanz einführte, den »Court of Criminal Appeal«.
Beck starb 1909 an einem Lungenleiden.

Hetzel

Aufgrund eines falschen Gutachtens des Gerichtsmediziners Professor Dr. Albert Ponsold (Münster) wurde am 17. Januar 1955 der Deutsche Hetzel als Sexualmörder hingestellt und zu lebenslangem Zuchthaus verurteilt. 14 Jahre später wurde ein neues Gutachten erstellt, das Hetzels Unschuld bewies und seinen Freispruch bewirkte.
In dem Prozeß gegen Hetzel ging es um die Frage, ob er bei einem Schäferstündchen am 1. September 1953 die damals 25jährige Magdalena Gierth mit einem Kälberstrick erdrosselt hat, oder ob die junge Frau an akutem Herzversagen eines natürlichen Todes gestorben ist.
Nachdem bei einem Wiederaufnahmeverfahren 1969 seine Schuld nicht bewiesen werden konnte und er mehr als 14 Jahre unschuldig hinter Gittern verbracht hatte, forderte Hetzel eine Entschädigung von 200000 Mark. Erhalten hat er nur 40000 Mark.
Der Gutachter Professor Ponsold kann wegen seines Fehlgutachtens mit nachfolgendem Justizirrtum strafrechtlich nicht belangt werden.

Jesus

Der israelische Rechtsanwalt Yitzhak David stellte im Juli 1972 den Antrag, den Prozeß Jesu nachträglich zu einem ungerechten Verfahren zu erklären.
David stellte den Antrag mit der »Hoffnung, die Zahl der Antisemiten in der Welt zu verringern«. Jesus hatte nach seiner Meinung keinen fairen Prozeß bekommen. Er sei »aus blindem Haß und mit abgekarteten Vorwürfen« vor den Sanhedrin, den obersten jüdischen Gerichtshof der damaligen Zeit, gebracht worden. »Solange das (heutige) Oberste Gericht dies nicht klar herausstellt, wird die Welt weiter in der Finsternis blinden Hasses bleiben und Israel endlose Schwierigkeiten machen.« David wies darauf hin, daß »Griechen und der Vatikan das Neue Testament von Textstellen gereinigt haben, in denen den Juden die Schuld am Tode Christi gegeben wird. Nur wir Juden haben nichts getan.«
Das Oberste israelische Gericht wies nun im Juli 1972 den Antrag Davids zurück mit der Entscheidung, Jesus sei damals von der römischen Besatzung und nicht von einem zivilen Gericht abgeurteilt worden. David solle sich deshalb besser an ein italienisches Gericht wenden. Außerdem sei der Prozeß Jesu heute »eine historische, keine juristische Angelegenheit« mehr, und David sei es nicht gelungen nachzuweisen, daß durch den vermeintlichen »Justizirrtum« Jesus persönlichen Schaden erlitten habe.

Klein, Karl

Der 68jährige Deutsche Karl Klein, einer der am längsten einsitzenden Häftlinge der Bundesrepublik, wurde im Juni 1972 nach 39 Jahren Gefängnis bedingt aus der Saarbrücker Strafanstalt »Lerchesflur« freigelassen.
Im März 1932 hatte er gemeinsam mit seiner Freundin deren Ehemann getötet. Im April 1933 wurde er zum Tode verurteilt und dann zu lebenslangem Zuchthaus begnadigt.
In den Wirren des Krieges kam Klein frei. Im April 1945 wurde im Saarland ein Polizist von drei Männern erschossen. In Mordverdacht kam auch der kommunistische Bürgermeister des Ortes, Karl Klein. Warum der Polizist erschossen wurde, ist bis heute noch ungeklärt. Fest steht nur, daß Klein ein sicheres Alibi hatte. Das amerikanische Militärgericht sprach ihn frei. Auf Betreiben der französischen Militärregierung wurde er ein Jahr später verhaftet und zu lebenslangem Gefängnis verurteilt. Zeugen, die ihn hätten entlasten können, waren vermutlich von der französischen Geheimpolizei unter Druck gesetzt und zu Falschaussagen genötigt worden: Der kommunistische Bürgermeister war den Franzosen ein unbequemer Mann, weil die Kommunistische Partei (KPD) damals die einzige Partei war, die gegen die französischen Pläne einer Angliederung des Saarlandes an Frankreich opponierte.

Klein entkam in die DDR, wurde dort aber wegen mehrerer Diebstähle zu 5 Jahren Gefängnis verurteilt. Wenig später wechselte er wieder in die Bundesrepublik über, und seit 1954 saß er seine Reststrafe ab. Klein reichte über 50 Wiederaufnahmeanträge ein, die alle abgelehnt wurden, bis seine Unschuld am Polizistenmord 1945 nachgewiesen werden konnte.
Seine bedingte Freilassung, sein Gesundheitszustand war nicht gut, regte in der Presse die Frage an, ob dieser Gnadenakt in erster Linie nicht dem Gefangenen zugute komme, sondern viel eher der Strafanstalt, die mit ihm einen Pflegefall losgeworden ist.

Lettenbauer

1947 war Lettenbauer (1884–1969) wegen Totschlages und Mordes an seiner Tochter und seinem Enkelkind zu lebenslangem Gefängnis verurteilt worden. 1965 wurde endlich der wahre Täter, Manfred Jung, ermittelt, den das Jugendschöffengericht Augsburg zwei Jahre später zu 8 Jahren Jugendstrafe verurteilte. Inzwischen war Lettenbauer 18 Jahre unschuldig inhaftiert. Als er 1965 entlassen wurde, war er bereits 81 Jahre alt, vier Jahre später starb er in Konstanz. Für seine unschuldig erlittene Haftstrafe erhielt er eine Entschädigung von 100000 Mark.
Die Vorgänge um die beiden Morde wurden indes nie ganz geklärt. Jung legte zwar ein Teilgeständnis ab, aber es konnte nie einwandfrei nachgewiesen werden, ob Lettenbauer nicht doch irgendwie mit der Bluttat zu tun gehabt hat. Fest stand jedoch, daß Jung mit einem Komplizen am Bodensee unterwegs war und aus Lettenbauers Haus einige Kleinigkeiten gestohlen hatte. Dabei wurde er von Lettenbauers Tochter Maria, zur Tatzeit 24 Jahre alt, erwischt. Um die Aufdeckung des Diebstahls zu vertuschen, richtete Jung offenbar am 16. Juli 1947 in Oberreitenau das Blutbad an.

Mariotti, Eva-Maria

Die gebürtige Tschechin Eva-Maria Mariotti wurde 19 Jahre lang von der Polizei des Raubmordes verdächtigt. 14 Jahre wurde sie überall gesucht, bis sie 1960 in Sao Paulo festgenommen wurde. Ihr wurde vorgeworfen, im Jahre 1946 zusammen mit ihrem Freund Erich Sterba in Hamburg die Witwe Maria Moser überfallen, getötet und ausgeraubt zu haben. Der Tscheche Sterba wurde im Juni 1950 in der Tschechoslowakei zu 30 Jahren Zuchthaus verurteilt, nach 12 Jahren aber wieder auf freien Fuß gesetzt.
In dem Prozeß gegen Eva-Maria Mariotti 1964 sagte er als Kronzeuge aus und belastete seine ehemalige Freundin schwer. Er schob ihr allein den Mord in die Schuhe. Daraufhin wurde Eva-Maria Mariotti zu lebenslangem Zuchthaus verurteilt.
Im Revisionsverfahren 1965 wurde sie jedoch freigesprochen. Das Gericht hatte zu viele Widersprüche in den Aussagen des Kronzeugen Sterba entdeckt und seine ganzen Anschuldigungen zurückgewiesen.

Meinberg, Arthur

Im Mai 1970 wurde Arthur Meinberg von der Mordanklage freigesprochen, nachdem er 19 Jahre unschuldig inhaftiert war. 1950 war er vom Schwurgericht Siegen wegen Mordes an seinem Arbeitskollegen Georg Sommerhoff zu lebenslangem Zuchthaus verurteilt worden. Er war der Tat verdächtig gewesen, weil er als letzter mit dem Opfer, das mit eingeschlagenem Schädel gefunden wurde, zusammen war. Zudem hatte der Melker Meinberg Blutspritzer an seiner Jacke, war vorbestraft und konnte kein einwandfreies Alibi nachweisen. Ein Gutachter hatte ihm zudem attestiert, daß ihm die Tat zuzutrauen sei.
Also wurde er verurteilt.
Sein Freispruch gründete sich auf mangelnden Tatverdacht. Indizien sprachen ebenso für wie gegen ihn. Schuld oder Unschuld konnten ihm nach 20 Jahren nicht mehr nachgewiesen werden.
Meinberg erhielt eine Haftentschädigung von rund 196000 Mark.
Meinberg war wie Hetzel, Lettenbauer und Rohrbach das Opfer eines Systems geworden, das jedes Urteil eines Schwurgerichts oder einer großen Strafkammer unangreifbar macht, sofern es formell hieb- und stichfest ist.

Rohrbach, Maria

Der Prozeß gegen Maria Rohrbach (geb. am 18. Juli 1929 in Münster), der die Anklage die Ermordung ihres Mannes Hermann Rohrbach vorgeworfen hatte, war ein klassischer Indizienprozeß. 1958 wurde die gefühlskalte Frau zu lebenslangem Zuchthaus verurteilt, im Revisionsverfahren 1961 freigesprochen.
Indizienprozesse bieten eine breite Palette von möglichen Anschuldigungen, Fehlschlüssen, falschen Selbstbezichtigungen und falschen Zeugenaussagen. Urteile, die anhand von Indizien gefällt werden, führen oft zu Justizirrtümern, zumal dort, wo es nicht gelungen ist oder auch unterlassen wurde, die Frage nach der Beweisschlüssigkeit eindeutig zu beantworten. Vor allem im zweiten Rohrbach-Prozeß kamen unverzeihliche Irrtümer in den wissenschaftlichen Gutachten zutage, Irrtümer, die der Angeklagten fast das Leben gekostet hätten.
Am 12. April 1957 wurde im Aasee in Münster ein kopfloser männlicher Torso gefunden. Der Kopf war mit einer Säge vom Rumpf getrennt worden. Kurze Zeit später wurde im münsterischen Fluß Aa ein menschlicher Unterkörper gefunden, der genau zu dem schon entdeckten Oberkörper paßte.
Anhand eines Ledergürtels, in den der Name eingekratzt war, konnte der Tote rasch identifiziert werden. Da Frau Rohrbach auf die Nachricht vom Tod ihres Mannes nicht besonders gefühlsbetont reagierte, fiel der Verdacht auf sie, am Tod ihres Mannes schuldig zu sein. Bei Vernehmungen benahm sich die Frau nicht

wie jemand, der ein reines Gewissen hat, sie belastete ihren Mann wegen seiner abartigen sexuellen Neigungen, wurde von ihrer als notorischen Lügnerin bekannten Zellengenossin bezichtigt, ein Geständnis ihr gegenüber abgelegt zu haben, ihr Vorleben wurde aufgerollt, und so fanden sich überall ein paar Indizien, die für sie als mögliche Mörderin sprachen.
Am 3. Februar 1958 wurde Anklage gegen sie erhoben, 7 Sachverständige und über 40 Zeugen waren aufgeboten, um an dem Prozeß gegen die junge Frau, die in der Nacht vom 9. zum 10. April 1957 ihren Mann, den Anstreicher Hermann Rohrbach, aus niedrigen Beweggründen heimtückisch getötet haben soll, teilzunehmen. Erst im Moment der Anklageerhebung rückte das Gericht mit einem bis dahin nicht bekanntgewordenen weiteren Punkt heraus: Die Angeklagte soll mit dem Gift Thallium bereits monatelang versucht haben, ihren Mann umzubringen.
Thallium und Gutachter spielten in diesem Prozeß die Hauptrolle. Vergiftung, Tötung und Zerstückelung der Leiche standen gegen Maria Rohrbach, die vor Gericht wie schon bei ihrer ersten Verhaftung immer wieder ihre Unschuld beteuert hatte.
Aussagen der Polizei, der Staatsanwaltschaft und der Sachverständigen hatten inzwischen, obgleich Tatzeugen nicht vorhanden waren und auch der Kopf Hermann Rohrbachs noch nicht gefunden war, bereits ein so lückenloses Bild des Tathergangs konstruiert, daß außer Maria Rohrbach kein anderer Mensch als Täter in Frage zu kommen schien. Gegen die Angeschuldigte sprach zunächst, daß das Gift Thallium in den Leichenteilen und im Ruß des Küchenherdes gefunden wurde, daß Blutspuren des Ermordeten in der Wohnung festzustellen waren, Stichverletzungen und Sägespuren, eine große Einkaufstasche, mit der sie die Leichenteile transportiert haben könnte, alles Indizien, die man ihr vorhielt, wozu noch zwei Vorstrafen kamen wegen Diebstahls. Nachbarn wollten Lärm in der Wohnung gehört haben und dumpfe Schläge, doch die »sägende Mörderin« bekannte sich in keinem Punkt schuldig.
Am 18. April 1958 wurde sie wegen Mordes zu lebenslangem Zuchthaus verurteilt. »Ich bin unschuldig«, rief sie spontan nach der Urteilsverkündung in den überfüllten Gerichtssaal.
Der Bundesgerichtshof hatte ihr Revisionsbegehren abgelehnt.
Erst zwei Jahre später wurde der Kopf des Ermordeten gefunden. Im Gerichtsmedizinischen Institut wurde festgestellt, daß dieser Kopf nicht die geringsten Brandspuren aufwies. Trotzdem wurde nicht am entscheidenden Gutachten des Professors Dr. Specht gezweifelt, auf dessen Gutachten hin die Verurteilung erfolgt war.
Neue Gutachter wurden bemüht, und sie kamen zu anderen Ergebnissen. Daraufhin wurde ein zweiter Prozeß eröffnet.
Die neuen Gutachter fanden die Arbeit des Professors Specht ungeheuer eindrucksvoll abgefaßt, was sie aber vermißten, waren schlüssige Beweise. Neues Beweismaterial wurde zusammengetragen, neue Zeugen aufgespürt. Entscheidend war die jetzt erst mögliche Erkenntnis, daß Hermann Rohrbachs Schädel noch alle Haare besaß, wohingegen bei der angenommenen Thalliumvergiftung er längst einen totalen Haarausfall hätte bekommen müssen. Das Thallium, im Küchenherd gefunden, stammte von den verbrannten Kohlen. Damit war der eine Punkt im Gutachten des Professor Specht ad absurdum geführt. Auch die Schläge mit einem stumpfen Gegenstand auf den Kopf des Ermordeten erwiesen sich als unhaltbare Anschuldigungen, denn der jetzt erst gefundene Kopf zeigte keinerlei Zeichen einer gewaltsamen Zerstörung. Die in der Küche gefundenen Blutspuren könnten durchaus auch von Nasenbluten herrühren, und schließlich war der Fundort der Leiche 24 Kilometer von der Rohrbach-Wohnung entfernt, was unmöglich erscheinen ließ, daß Maria Rohrbach das schwere Paket mit den Leichenteilen so weit getragen haben sollte.
Am 3. Mai 1961 begann der zweite Prozeß gegen Maria Rohrbach. Wieder waren es 7 Sachverständige, diesesmal jedoch 92 Zeugen. Viele Zeugen, die im ersten Prozeß gegen Frau Rohrbach ausgesagt hatten, distanzierten sich nun von ihren damaligen Anschuldigungen. Professor Specht, von Gegengutachtern hart in Bedrängnis gebracht, unfähig, schlüssige Beweise zu seinem damaligen Gutachten nachzuliefern, hatte sich gegen den Vorwurf zu wehren, einen »Gefälligkeitsbefund« abgeliefert zu haben, und es blieb ihm nur übrig, sich gegen die »öffentliche Diffamierung« seiner Arbeit und Person zu verwahren.
Am 26. Juni 1961 erklärte der Oberstaatsanwalt, daß nicht mit Sicherheit festzustellen sei, woran Hermann Rohrbach gestorben sei. Es könnten Schläge auf den Kopf, ein Stich in den Hals oder auch Thalliumvergiftung in Betracht kommen. Da Maria Rohrbach weder Schuld noch Unschuld nachzuweisen waren, wurde sie von der Staatsanwaltschaft freigesprochen. Am nächsten Tag plädierte ihr Verteidiger Dr. Gross und prangerte das Fehlurteil der ersten Instanz an. Hermann Rohrbach war gar nicht in seiner Wohnung, sondern außerhalb umgebracht worden. Das konnte anhand von Trüffelspuren festgestellt werden, die bewiesen, daß der Ermordete nicht zu Hause seine letzte Mahlzeit eingenommen hatte.
Am 30. Juni 1961, der Schwurgerichtssaal war überfüllt, mehr als 50 internationale Journalisten, Rundfunk- und Fernsehreporter waren zugegen, wurde Maria Rohrbach dann freigesprochen. Woran ihr Mann gestorben ist, konnte das Gericht nicht mehr ermitteln.
Heute lebt Maria Rohrbach unter anderem Namen.

Sheppard, Samuel

Obgleich seine Schuld am Tod seiner Frau nie einwandfrei erwiesen war und der amerikanische Arzt Dr. Sheppard immer wieder seine Unschuld beteuerte, wurde er 1954 zu lebenslänglichem Zuchthaus verurteilt. 9 Jahre der Strafe saß Dr. Sheppard ab. Erst 1966 fand ein Revisionsverfahren statt, das mit seinem Freispruch endete, nachdem er 1964 vorzeitig aus der Haft entlassen worden war.

d) Kritik an der deutschen Richterschaft der Gegenwart

Urteile hoher Richter, die in der deutschen Öffentlichkeit auf offene Kritik stießen, weil sie nicht im Namen des Rechts, sondern als Tendenzurteile bewertet wurden, führten zu einer Kritik am Richterstand selbst.
Zu den strittigen Gerichtsurteilen gehörten folgende Fälle:
Ein junger Mann, der einer Passantin die Handtasche wegriß, wurde wegen schweren Raubes zu zweieinhalb Jahren Gefängnis verurteilt.
Der im »Fall Below« bekanntgewordene Hamburger Fleischwarenimporteur Friedhelm Busch, der 2 Millionen Mark Steuergelder hinterzog, wurde zu einer Geldbuße von 400000 Mark verurteilt. Sein Strafverfahren wurde eingestellt.
Der Kommunarde Dieter Kunzelmann erhielt wegen versuchten Mordes (er hatte Anfang Januar 1970 auf dem Berliner Juristenball einen Sprengkörper, der nicht explodierte, versteckt) 9 Jahre und 1 Monat Gefängnis.
Der ehemalige SS-Obersturmbannführer Dr. Otto Bradfisch ließ 1941 als Leiter des Einsatzkommandos 8 beim Reichssicherheitshauptamt 15000 Juden umbringen. Wegen Beihilfe zu gemeinschaftlich begangenem Mord erhielt er 10 Jahre Zuchthaus.
Derartige Urteile wurden als zweierlei Maß empfunden. Selbst Juristen standen auf und übten Kritik an der Klassenjustiz der deutschen Richter, warfen ihnen autoritäres Staatsdenken und antiquiertes Selbstverständnis vor. Fast die Hälfte der deutschen Richter, 41%, bewerten Ordnung höher als Gerechtigkeit. Ihr Staatsdenken stamme aus den Tagen des Kaiserreiches, sie seien orientiert an Begriffen wie Lauterkeit, Gründlichkeit, Treue, Fleiß, Unbestechlichkeit und Loyalität dem Staat gegenüber, gleichzeitig aber so weltfremd, daß sie ihre eigene Umwelt nicht zu durchschauen in der Lage seien. Ihr Denken sei auf die Macht hin ausgerichtet und nicht auf die Freiheit.
Als Ursache ihrer formellen Steifheit wurde angeführt: Die konservative Einstellung vieler Richter hängt mit ihrer sozialen Herkunft zusammen. 50% aller Richter kommen aus Beamtenfamilien, 64% aus der Oberschicht, die durch Akademikerberufe geprägt wird. Richter verkehren zumeist wieder nur in Richter- oder Akademikerkreisen, sie betreiben also »soziale Inzucht«.
Diese soziale Inzucht hat nun zur Folge, daß 50% der Bevölkerung in der Justiz überhaupt nicht vertreten sind. Daher kommt es, daß vor Gericht die eine Hälfte der Gesellschaft über die andere Hälfte, die ihr unbekannt ist, ihre Urteile fällt.
Aus ihrer relativen Weltfremdheit wurde weiterhin gefolgert, daß die Richter in den wenigsten Fällen vorurteilsfrei ihre Urteile sprechen. Statt gesellschaftswissenschaftliche und dem Angeklagten zukommende psychologische »Milieu«-Studien durchzuführen, würden vor Gericht lieber und leichter Allgemeinplätze als Grundlage in der Rechtsbeurteilung angeführt. Derartige Allgemeinplätze wie »gesunder Menschenverstand« und »praktische Lebenserfahrung« hätten die lückenhafte Allgemeinbildung des Richters zu kompensieren. Was also dem Richter in den meisten Fällen fehle, sei ein gutes sozial-psychologisches Studium. Das Studium der Jurisprudenz allein reiche nicht aus, um Recht zu sprechen.
Ein Tübinger Strafrechtler stellte fest: »Tausende von Prozessen kommen (allein) infolge bewußter falscher Aussagen zu falschen Ergebnissen.« Es sei nicht auszumachen, wie viele Fehlurteile pro Jahr in der BRD zustande kommen, basierend auf Meineiden, Aussagen eingeschüchterter Zeugen und Angeklagten, auch fehlerhafte Ermittlungen der Kriminalpolizei. Schätzungsweise passieren pro Jahr etwa 300 Fehlurteile.
In den Jahren 1951 bis 1964 gab es 1115 Wiederaufnahmeverfahren, und nur in

86 Fällen wurde das angefochtene Urteil im Revisionsprozeß bestätigt, in den übrigen Fällen wurde das Urteil ganz oder teilweise wieder aufgehoben.
Eine Zentralstelle, bei der Fehlurteile gesammelt werden, gibt es bisher noch nicht. Diese Stelle könnte mithelfen, die Legende von der Unfehlbarkeit der Justiz abzubauen.
Ihr teilweiser Abbau spiegelt sich in einer statistischen Umfrage, wonach nur 26 von 100 Bundesbürgern noch ein uneingeschränktes Vertrauen zum deutschen Richter haben.
Kritisiert wurde vor allem auch die Beeinflußbarkeit des Gerichts durch eine betonte Unterwürfigkeit des Angeklagten. Tritt er als justizkritischer Bürger vor die Schranke des Gerichts, macht er wie Fritz Teufel den »Unsinn der Stehgymnastik« nicht mit, widerspricht er dem Richter, oder erscheint er gar in »unordentlicher« Kleidung, so kann von solchen Äußerlichkeiten der Urteilsspruch wesentlich abhängen.

25. Falsche medizinische Gutachten vor Gericht

Zum erstenmal sickerte Ende 1971 eine verläßliche Zahl über die Fehlerquote medizinischer Gutachten, abgegeben vor deutschen Gerichten, durch. Die Ärzte im Gerichtssaal, oft »Richter im weißen Kittel« genannt, sind nicht unfehlbar. Der Gerichtsmedizinische Ausschuß des Landes Nordrhein-Westfalen (Deutschland) hat 1970 insgesamt 435 medizinische Gutachten kontrolliert. 60 davon mußten wegen erheblicher Fehler beanstandet werden. Danach war also jedes siebte Gutachten nicht korrekt. Die Fehlerquote beträgt prozentual 13,8 vom Hundert.
Diese hohe Fehlerquote wird als um so erschreckender betrachtet, als gerade aufgrund solcher medizinischen Urteile über Bestrafung oder Freispruch des Angeklagten vor Gericht entschieden wird.
Die Analyse und Überprüfung der medizinischen Gutachten geschah im Anschluß an die eklatanten Justizirrtümer der Fälle Rohrbach, Mariotti, Hetzel und Meinberg. Falsche medizinische Gutachten hatten hier zur Verurteilung wegen Mordes geführt. Viele Jahre saßen die Verurteilten unschuldig im Gefängnis. Vor allem der Fall des Fehlgutachtens des Münsteraner Professors Ponsold hatte den Ärger der Öffentlichkeit hervorgerufen.
Bedenkt man, daß vor den Gerichten des ganzen Bundeslandes vermutlich weit mehr als die nachgeprüften 435 Gutachten vor Gericht abgegeben worden sind, dürfte die 13,8-Fehlerquote noch höher liegen. Bei den beanstandeten 60 Gutachten handelte es sich um schwerwiegende Beanstandungen, denn Kleinigkeiten wurden gar nicht erst gerügt. Dabei ist zu berücksichtigen, daß sich die Zahl 60 nicht auf 60 Strafverfahren oder 60 Angeklagte bezieht, weil in einem Verfahren oft mehrere Gutachten angefordert werden.
Das medizinische Gutachten ist indes nicht nur hinsichtlich seiner möglichen Fehlerhaftigkeit problematisch, sondern auch hinsichtlich seiner Erstellung. In Anbetracht der Vielzahl der von Gerichten angeforderten medizinischen Gutachten gibt es zu wenig psychiatrische Fachärzte, die sich den anstehenden Fällen mit Gründlichkeit und Sorgfalt und genügend Zeit widmen können. Denn bei fast allen Kapitalverbrechen, jedoch auch bei mittelschweren Delikten bis zum Komplex Wirtschaftskriminalität und Privatrecht pflegt sich die Justiz auf medizinische Gutachten zu berufen, die in erster Linie über die Zurechnungsfähigkeit des Angeklagten zur Tatzeit zu befinden haben. Bei 80% aller in Auftrag gegebenen Gutachten dauert es etwa drei Monate bis zur Fertigstellung derselben, bei 10% ein halbes Jahr und bei den restlichen 10% über ein Jahr. So lange muß der Untersuchungshäftling einsitzen. Justiz,

Gerichtsmediziner und Psychiater sind also gleichermaßen überlastet. Man behilft sich gelegentlich mit sogenannten »Vorweggutachten«, in denen wenige Angaben enthalten sind, aufgrund deren aber die Justiz in der Lage ist, sich ein Bild vom dereinst fertigen Gutachten zu machen und danach zu handeln.
Dieses Verfahren ist freilich nicht in allen Fällen anwendbar. Neben den rein medizinischen lassen aber auch in der Regel die technischen, wissenschaftlichen und wirtschaftlichen Gutachten zu lange auf sich warten. So vergehen oft Jahre, bis sich der Richter auf exakte Expertenaussagen stützen und sein Urteil finden kann.
Der Bundesgerichtshof in Karlsruhe entschied im November 1972 in einem Grundsatzurteil, daß das Land als Träger der Justizhoheit nicht haften muß für die Schäden, die durch die Erstellung eines gerichtlich angeforderten medizinischen Fehlgutachtens einem Bürger entstehen können. Anlaß zu diesem Urteil war der Rechtsstreit eines teilinvaliden Verkaufsfahrers gegen den Chefarzt eines Dortmunder Krankenhauses, der nach der Meinung des Klägers eine unsachgemäße und oberflächliche Untersuchung durchgeführt hatte, als es darum ging, ein vom Gericht erbetenes medizinisches Gutachten zu erstellen. Der Gesundheitszustand des Klägers verschlechterte sich, weil er durch den Arzt nicht richtig erkannt worden war. Der Kläger forderte von dem Arzt ein Schmerzensgeld in Höhe von 3000 Mark. Der Arzt hatte diese Forderung zurückgewiesen mit der Begründung, für derartige »Kunstfehler« habe das Land als Träger der Justizhoheit zu haften, denn das Land habe das Gutachten angefordert.
Dieser Ansicht des Arztes widersprach der Bundesgerichtshof.

d) Bandenkriminalität

Unter einer Bande versteht man nach den Richtlinien der Strafgesetzbücher i. A. eine lose zusammenhängende Gruppe von mehr als zwei Mitgliedern. Wichtig bei der Tätigkeit von Banden ist das gegenseitige Sichanstacheln und Imponieren mit Rechtsbrüchen.

1. Amerika

Barbara, Joseph, genannt Barbier Joe

Mit 16 Jahren kam Joseph Barbara (geb. 1905 in Castellamare in Westsizilien, gest. 1957) mit seinem Bruder in die USA nach Endicott und wurde Arbeiter in einer Schuhfabrik. 1927 wurde er amerikanischer Staatsbürger, 31jährig war er bereits ein gefürchteter Mafiaboß, lebte von Alkoholschmuggel, Glücksspiel und Zuhälterei. 1931 ermordete er mit einem Komplicen den Alkoholschmuggler Calomare Calogaro. Andere Mafiabosse verschafften den beiden sichere Alibis, so daß der Mord nicht nachgewiesen werden konnte. Joseph Barbara verübte zahlreiche weitere Morde, wurde aber immer wieder gedeckt und zog sich dann lange Zeit nach Endicott zurück, wo er Chef einer Tafelwasserfabrik war.
Sein Name machte Schlagzeilen, als am 14. November 1957 in seinem Haus in Apalachin im Staate New York eine Gangsterkonferenz stattfand, an der 65 berühmte italienische und amerikanische Gangsterbosse teilnahmen.
Die Polizei kam der Konferenz auf die Spur und hatte erstmals den Beweis in der Hand, daß es in den USA ein großangelegtes Netz, ein richtiges Gangstersyndikat gab. Barbier Joe regte sich über die Polizeiaktionen derart auf, daß er einem Herzschlag erlag.

Barker-Karpis-Bande

Eine amerikanische Gangsterbande, deren Boß eine Frau war: Kate Barker, genannt »Mamma Barker« Die resolute Dame aus Missouri hatte vier Söhne, die sie alle zu Räubern und Mördern erzog. Als altes mißtrauisches Mütterchen getarnt, ließ sie sich in verschiedenen Banken die Sicherheitsvorrichtungen zeigen, denn sie wollte ihr Geld nur einer absolut zuverlässigen Bank anvertrauen.
In einer der darauffolgenden Nächte besuchte sie mit ihrer Bande die Bank und plünderte die Tresors aus sie wußte ja nun genau, wo das Geld war und wie es gesichert ist.

1935 wurde sie zusammen mit ihrem Sohn Fred von einem FBI-Agenten erschossen. Ebenfalls erschossen (auf der Flucht aus einer Strafanstalt) wurde ihr Sohn Arthur (1939). Der älteste beging Selbstmord, und der vierte Sohn wurde von seiner eigenen Frau ermordet.
Mamma Barkers Komplize war Alvin Karpis, der den Spitznamen »der Grausige« hatte. Er war bekannt geworden als Entführer eines Mannes und Erpresser eines Lösegeldes in Höhe von 100000 Dollar. Als Mitglied der Barker-Bande beging er zwischen 1931 und 1936 zehn Morde, dabei erbeutete er ungefähr 1 Million Dollar an Bargeld. Als 1935 Mamma Barker mit ihrem Sohn erschossen worden war, sann er auf Rache. Er wollte den Chef des FBI, Edgar Hoover, ermorden. Hoover erfuhr am 30. April 1936, daß sich Karpis in New Orleans aufhielt. Er fuhr persönlich dorthin und verhaftete Karpis, der in einem bald darauffolgenden Prozeß zu lebenslangem Zuchthaus verurteilt wurde (wegen Entführung).

Buchalter, Louis (»Lepke«)

Louis Buchalter (geb. 1897, auf dem elektrischen Stuhl hingerichtet im März 1944) war um 1940 herum der gefährlichste Gangster und Rauschgiftkönig Amerikas. Über 10 Jahre lang erpreßte er Gewerkschaften und Betriebe und kassierte auf diese Art über 10 Millionen Dollar jährlich. Außerdem beging er mit zwei Komplizen ungefähr 100 Morde. Noch aus dem Gefängnis heraus machte er seine Geldgeschäfte.
Nachdem er aus 14jähriger Zuchthaushaft entlassen war, nahm er seine Erpressungen wieder auf. Als ihm mehrere Morde nachgewiesen werden konnten, gelang es ihm immer wieder, der Polizei zu entwischen. Die höchste Belohnung von 50000 Dollar war auf seinen Kopf ausgeschrieben. In ganz Amerika wurde er steckbrieflich gesucht, obgleich er immer in Brooklyn lebte.
Er pflegte Beziehungen zu höchsten Regierungsstellen, u. a. zum späteren Präsidentschaftskandidaten Thomas Dewey. 1936 hatte er seinen ersten Mord begangen, als Motiv kam meistens Gelderpressung in Frage.

Capone, Al

Al Capone (17. Januar 1899–25. Januar 1947), der vermutlich bekannteste amerikanische Gangsterboß, kam in einem muffigen Haus in der Navy Street in Booklyn (USA) zur Welt, wo viele Italiener wohnten und sein Vater, der 1893 aus Neapel nach New York ausgewandert war, zunächst einen kleinen Laden mit Spaghetti und Parmesankäse, später ein Barbiergeschäft betrieb. Der kräftige Junge, eines von neun Kindern, hieß ursprünglich Alphonso Caponi, doch wurde im Lauf der Zeit der Name in Al Capone abgeschliffen.
Er kam zu mehr Macht, als sie jemals ein amerikanischer Präsident innehatte, er kümmerte sich weder um Gesetze noch um die Verfassung, kannte nur Korruption, Terror, Mord und Bestechung von Politikern, Richtern und Polizeipräsidenten. Seine Gürtelschnalle war mit Brillanten besetzt, er liebte Seidenanzüge und Maiglöckchen-Parfüm, nahm Einfluß auf Wahlen, kontrollierte Gewerkschaften, Bordelle, Rathäuser und Gerichte, legte auch Menschen einfach mit einem Faustschlag um – und wurde nie wegen Mordes angeklagt, obgleich die Polizei sicher ist, daß mindestens 100 Morde auf sein Konto kamen.
Sein Klassenkamerad in der Schule, die er vorzeitig verließ, war Salvatore Lucania, genannt Lucky Luciano. Seine ersten Sporen verdiente sich Capone bei den Five-Pointers, einer besonders schlagkräftigen Jugendbande New Yorks.
Die Five-Pointers, die ihren Namen einer Straßenkreuzung entnommen hatten, waren eine Bande mit guter Tradition: Schon 1825 gab es die Forty-Thieves (die Vierzig-Diebe), danach kamen die Shirt-Tails (Hemdschwänze), die so hießen, weil sie ihre Hemden hinten aus den Hosen heraushängen ließen, dann die Plug-Uglies, die mit Leder verstärkte Hüte trugen und ihre Opfer mit einem Keulenschlag niedermachten; es folgten ihnen die Dead-Rabbits, die immer ein Kaninchen auf ihrer Lanzenspitze trugen.
Nach dem Bürgerkrieg (1861–1865) kamen die Whyos zu Rang und Namen, die nur als Mitglieder duldeten, wer einen Mord nachweisen konnte, und die bereits damals ein Mordgeschäft betrieben: Blaue Augen kosteten 4 Dollar, ein gebrochener Kiefer 10, ein Schuß in den Oberschenkel 19 und ein Mord schließlich 100 Dollar. Von den Whyos trennten sich die Five-Pointers, deren Boß Paul Kelly war, als Al Capone mit 14 Jahren zu der Bande stieß.
Kelly wurde Al Capones Vorbild: Er beherrschte vier Sprachen, besaß mehrere Tanzlokale, ein paar hundert Dirnen arbeiteten für ihn, er war Präsident der Straßenreinigergewerkschaft und Vizepräsident der Schauerleutegewerkschaft und befehligte etwa 1500 Five-Pointers.
Bei ihnen lernte Al Capone, mit dem Messer, der Pistole, aber auch mit seiner bloßen Faust umzugehen. Er lernte Frank(ie) Yale kennen, den Chef der »Unione Siciliana«, einer mächtigen Geheimorganisation, zu der Geschäftsleute, Bankiers, Staatsbeamte, Zuhälter und Berufskiller zählten.
Frankie nannte sich »Beerdigungsunternehmer«, denn er sorgte auch für die feierliche Bestattung der Leute, die er umgebracht hatte. Die Jungens von Frankie, dessen Mord- und Beerdigungsgeschäft oft auf Wochen hinaus ausgebucht war, waren Streikposten und zuverlässige Transporteure von Whiskyfässern, und vor allem sorgten sie für den Vertrieb der Zigarettenmarke »Frank Yale«: Für Zigarettenhändler und -verkäufer war es gut, von dieser Sorte größere Mengen zu bestellen, sonst riskierten sie, daß ihr Laden kurz und klein geschlagen wurde.
Frank Yale entdeckte Al Capones Talente und verschaffte dem 17jährigen einen Job als Barkeeper und Rausschmeißer im »Harvard-Inn«.
Am 19. Dezember 1917 heiratete Al Capone die um zwei Jahre ältere Verkäuferin Mae Coughlin, eine gläubige Katholikin, worauf Al Capone größten Wert legte.

Während eines Rausschmisses aus dem »Harvard-Inn« zog ein rabiater Gast, der Sizilianer Galuccio, ein Messer und verletzte Al Capone an der Wange. Seitdem hatte er den Spitznamen: das Narbengesicht. Ein Jahr nach der Hochzeit kam ein Junge zur Welt: Albert Francis. Als Pate tauchte ein Mann auf, der einen Pfandbrief von 5000 Dollar als Geschenk mitbrachte: John Torrio. Dieser hatte als erster erkannt, daß Al Capone in New York der Mann der Zukunft sein würde. Also kaufte er sich ihn auf diese Art. Torrio war der mächtigste Mann aus Chikagos Unterwelt und wollte mit dem großzügigen Geschenk nichts als Al Capones Freundschaft. Das rührte den empfindsamen Al Capone sehr, zumal beide neapolitanischer Herkunft, beide mit gläubigen Irinnen verheiratet und beide Schüler der Five-Pointers waren und beide für Puccini-Musik schwärmten.

Torrio, 17 Jahre älter als Al Capone, hatte den Beinamen »der Schreckliche«. Er lebte vor allem in Chikago und hatte die Führung seiner New Yorker »James-Street-Bande« zuverlässigen Untergebenen verpachtet. Schwächlich von Natur, hatte er kaum Chancen, selbst als Mörder zu fungieren. So entwickelte er geistige Führungskräfte. Er war in Chikago der Generalbevollmächtigte seines Onkels Big Jim Colosimo, Beiname »der Dicke«. Dieser Jim hatte das Bordellwesen aufgebaut, organisiert und lebte davon. 1895 als 17jähriger aus Cosenza in Kalabrien eingewandert, war er der ungekrönte Herrscher über Dirnen und Zuhälter. Er gründete einen Klub für seine Freunde: Taschendiebe, Zuhälter, Killer, Zeitungsjungen und ging schließlich in die Politik: Er sorgte für die in Frage stehende Wiederwahl der Ratsherren Michael Kenna und John J. Coughlin, die ihm nach erfolgter Wahl volle Rückendeckung für seine Aktionen versprachen. Mit Erfolg, denn Wahlhelfer Colosimo wurde an den Einnahmen von allen Bordellen beteiligt, die Kenna und Coughlin führten. Mit dem Bordellgeld bestach Colosimo Polizisten und städtische Beamte, die dafür nicht gegen die Prostitution eintraten.

Bald konnte sich Colosimo ganze Bordellketten leisten, in denen er für jedes Mädchen genau die Preise festsetzte und auch, was sie dafür dem Freier zu bieten hatte.

1909 rief Colosimo seinen Neffen John Torrio aus New York nach Chikago und machte ihn zum Geschäftsführer seiner Bordellbetriebe. Unter Torrios Leitung belebte sich das Bordellgeschäft noch mehr, warf Unsummen Dollar ab, und nach zehn Jahren war er nicht mehr in der Lage, die Arbeit allein zu leisten. Also holte Torrio den kommenden Mann nach Chikago: Al Capone.

Als Capone 1919 als 20jähriger nach Chikago kam, begann er ganz klein als Torrios Fahrer, Gorilla (Leibwächter) und Schlepper für die Bordelle. Chikago hatte damals 1020 Bordelle. Nachdem Colosimo die Kirchensängerin Dale Winters geheiratet hatte und es mit ihm danach immer mehr bergab ging, denn sie wollte aus ihm einen Gentleman machen, übernahm nach und nach Torrio dessen Geschäfte. Big Jim unterhielt ein luxuriöses Café, in dem Enrico Caruso sang und eben auch seine Frau Dale Winters.

Mit Sorge beobachteten Torrio und Capone, wie der König von Chikago immer mehr in den Einfluß seiner zweiten Frau geriet.

Am 11. Mai 1920 kam dann die Abrechnung: Colosimo wurde Punkt 16 Uhr erschossen, als er zwei Lastautos mit Whiskyfässern in seinem Café in Empfang nehmen wollte. Ob Frankie Yale, der New Yorker Berufskiller, für viel Geld Al Capones Colosimo niedergeknallt hat, wurde nie ganz geklärt. Jedenfalls war Colosimo gerächt für etwas, das ein gläubiger Katholik nicht tun sollte: Er hatte sich scheiden lassen von seiner ersten Frau, um die Sängerin Winters heiraten zu können.

Nach italienischer Sitte rasierten sich Capone und Torrio so lange nicht, bis Colosimo unter der Erde war. 5000 Menschen folgten Colosimos Sarg, darunter 9 Ratsherren, 3 Richter, 2 Kongreßabgeordnete und 1 Senator.

Am 17. Januar 1920, Capones 21. Geburtstag, trat das »Nationale Prohibitionsgesetz« in Kraft, an dem er im Laufe der Jahre eine runde Milliarde Dollar verdienen sollte.

Dieses Gesetz verbot den Vertrieb und Ausschank alkoholischer Getränke in den USA. Doch das Gesetz bewirkte das Gegenteil: Die Alkoholfabrikation ging in den Untergrund, der Alkoholhandel wurde von Gangstersyndikaten übernommen, die Nachfrage stieg höher an als je zuvor, und die Steuern gingen dem Staat verloren. Sie kassierten die Gangsterbosse.

Al Capone wußte, daß seine Stunde nun gekommen war. Zwar hatte er keinerlei Startkapital und auch keinen Whisky auf Vorrat eingekellert wie die beiden Ratsherren Kenna und Coughlin, doch als Fahrer und Gorilla von John Torrio gewann er immer mehr dessen Vertrauen – und wurde mit 25% an allen Einnahmen aus dem Bordellgeschäft beteiltigt. Nach einem Jahr in Chikago verdiente er rund 25000 Dollar.

Mit diesem Geld gründete er ein eigenes Geschäft in Chikagos Wabash-Avenue Nr. 2220, einen Antiquitätenladen mit allerlei Kitsch und Plunder. Von dem ganzen Laden war die Adresse das wichtigste: eine Deckadresse, hinter der er seine »großen« Geschäfte verstecken konnte, eben den Alkoholschmuggel.

Nach Inkrafttreten des Prohibitionsgesetzes hatten sich neben Torrio auch noch andere Bandenchefs um das Geschäft mit dem verbotenen Alkohol bemüht: Dion O'Banions irische Bande, die die Italiener haßten O'Banion beherrschte den Norden Chikagos, die Politiker mußten um seine Freundschaft buhlen, denn er hatte die Stimmen der Wähler in der Hand. Etwa 25 Menschen soll er umgelegt haben, doch dank seines politischen Engagements wurde er nie wegen Mordes angeklagt. Auch er betrieb ein Tarngeschäft, einen Blumenladen. Und es war ein ungeschriebenes Gesetz der Chikagoer Unterwelt, die sündhaft teuren Blumengebinde für das Grab eines erschossenen Gangsters bei ihm anfertigen zu lassen. In der Hauptsache jedoch war er darauf spezialisiert, kanadischen Whisky einzuschmuggeln und zu verkaufen.

John Torrio und Al Capone hatten das Biergeschäft übernommen. Mit Bier ließ sich in der Dreimillionenstadt Chikago der größe Umsatz erreichen.

Neben O'Banion gab es noch andere Rivalen im Alkoholgeschäft: die sechs Brüder Genna, gebürtige Sizilianer. Sie hatten mehrere Hundert arme italienische Familien mit »Heimdestillierapparaten« ausgestattet, mit denen ein Rohprodukt hergestellt wurde, das die Gennas abendlich abholten und zu Whisky, Kognak und Gin verarbeiteten. Die Gennas erzielten monatliche Reingewinne von 150000 Dollar. Torrio schloß mit den O'Banions und den Gennas einen Pakt, wonach O'Banion kanadischen Whisky, die Gennas Kognak, Gin und Fuselwhisky und Torrio Starkbier liefern durften. Torrio wurde von allen als der »König« anerkannt.

Al Capone hatte sich, um ja sicher zu gehen, inzwischen die Marke eines Hilfssherrifs von einem befreundeten Politiker verschafft, die ihn praktisch unangreifbar machte.

Das Starkbiergeschäft Torrios und Capones war mittlerweile lukrativer geworden als das Bordellgeschäft; der Profit betrug jährlich 12 Millionen Dollar.

Das Alkoholgeschäft ging gut, bis im Sommer 1923 ein anderer Gangster aus dem Gefängnis entlassen wurde und ebenfalls mitmischen wollte: Spike O'Donnel. Er sammelte sofort seine alte Bande um sich und braute ein Dünnbier, Nadelbier genannt, das er ebenfalls absetzen wollte. Nun waren aber die Kneipen durch Vertrag daran gebunden, Bier nur von Torrio/Capone abzunehmen. Im Süden Chikagos gewannen die O'Donnels Einfluß, indem sie die Wirte bedrohten, ihre Kneipen zusammenzuschlagen, falls sie nicht ihr Dünnbier abnehmen würden. Al Capone schritt dagegen ein, indem er Miglieder der O'Donnel-Brüder umlegen, ihre Biertransporte überfallen und ausrauben ließ.

Im Winter 1923 reiste Torrio mit seiner vom Heimweh geplagten Mutter nach Europa. Al Capone, jetzt 24 Jahre alt, konnte in seine Fußstapfen treten und sich ebenfalls der Politik zuwenden.

Am 1. April 1924 sollte die Stadtverwaltung von Cicero, einem Vorort Chikagos, neu gewählt werden. Stadtpräsident Joseph Klenha mußte unter allen Umständen wieder gewählt werden, er war Al Capones Freund.

Klenha (Republikaner) und die Demokraten heuerten Gangster an für ihre Wahlkämpfe. Doch Al Capone sorgte dafür, daß für die Demokraten nur zweitklassige Wahlhelfer übrigblieben. Al Capones Männer, insgesamt 200, belagerten die Wahllokale, horchten die Wähler aus, und sobald sie merkten, daß sie nicht bereit waren, Klenha zu wählen, nahmen sie ihnen den Wahlschein weg, füllten ihn selbst aus und zwangen die Wähler mit der Pistole in der Hand, richtig zu stimmen. Klenha wurde wiedergewählt.

Der dritte Große nach Torrio und Capone im Alkohol- und Bordellgeschäft war Al Capones Lehrmeister in Buchhaltung und Bordellwirtschaft, Jake Guzik, wegen seiner Fettleibigkeit »Fatty Thumb« (fetter Daumen) genannt. Als er am Abend des 8. Mai 1924 in einer Kneipe auf einen Mann namens Joseph Howard stieß, schlug ihm dieser sofort ins Gesicht. Howard war ein Geschäftskonkurrent und bekannt dafür, daß er Biertransporte überfiel und ausraubte. Kaum hatte Al Capone von diesem Affront erfahren, da machte er sich allein, ohne Gorillas, auf den Weg, besuchte alle Lokale, bis er in einem auf Howard stieß. In aller Ruhe zog er seinen Trommelrevoler und schoß Howard nieder. Obgleich drei Tatzeugen zur Stelle waren und Capone steckbrieflich wegen Mordes von der Polizei gesucht wurde, kam es zu keiner Anzeige. Im Gegenteil: Nach etwa vier Wochen ging er ins Polizeipräsidium, fragte, was gegen ihn vorliege, leugnete alles ab, so daß die Untersuchungskommission zu dem Ergebnis kam, Howard sei durch eine oder mehrere unbekannte Personen getötet worden.

Als im Frühjahr 1924 Torrio wieder aus Italien zurückkam, hörte er, daß O'Banion sich von seinem Whiskygeschäft zurückziehen und nur noch seinem Blumenladen leben wollte. O'Banion vermachte sein Alkoholgeschäft Torrio für eine halbe Million Dollar. Um das Geschäft abzuschließen, kamen Torrio und O'Banion mit nur je drei Mitarbeitern (Capone fehlte). Torrio zahlte mit Tausenddollarnoten. Als dreizehn Lastzüge mit der Whiskyladung aus O'Banions Brauerei losfahren wollten, wimmelte es von Polizisten. Die Wagen wurden samt Ladung beschlagnahmt und die Brauerei geschlossen.

Torrio zahlte mit ein paar Tausenddollarscheinen die Kaution für seine Mitarbeiter. O'Banion hatte nicht so viel Geld einstecken.

Von einem befreundeten höheren Polizisten erfuhr Torrio das abgekartete Spiel O'Banions: Dieser hatte von der Polizeiaktion einen Tip erhalten und wollte noch rechtzeitig vor der Razzia seinen Besitz veräußern. Den materiellen Schaden von einer halben Million konnte Torrio verschmerzen, nicht aber die Demütigung O'Banions.

Das letzte große Geschäft konnte O'Banion machen, als der Präsident der mächtigen »Unione Siciliana«, Mike Merlo, starb, Al Capone ein Rosenarrangement für 8000 Dollar bei ihm bestellte und Torrio Chrysanthemen für 10000 Dollar.

Am nächsten Morgen (10. November 1924) betraten drei Männer O'Banions Blumengeschäft. Der erste begrüßte ihn herzlich, der zweite erschoß ihn aus nächster Nähe.

Nach alter sizilianischer Sitte waren vorher die Kugeln in Knoblauch getaucht worden, in der Meinung, Knoblauch löse schlimme Entzündungen in den Wunden aus für den Fall, daß die Schüsse nicht tödlich waren. Nach gleicher Sitte wurde zuerst dem Opfer in den Kehlkopf geschossen, damit es nicht mehr reden, dann in die Beine, damit es nicht mehr weglaufen konnte, und als drittes erst gab es Schüsse in den Kopf oder die Brust.

Zehntausende folgten dem Toten, darunter auch Al Capone und John Torrio in Trauerbärten. Wer die Mörder waren, kam nie heraus.

Torrio und Capone wußten, daß ihre schärfsten Feinde nun unter den O'Banion-Leuten zu suchen waren. Der offene Krieg zwischen den beiden Gangs (= Banden) brach aus, als Capones einer Fahrer im Wagen

erschossen, der Nachfolger plötzlich für zwei Monate verschwand und dann ermordet im Wasser gefunden wurde.
Daraufhin ließ sich Capone von General Motors eine gepanzerte Limousine bauen mit kugelsicheren Scheiben, eingebautem Gewehrschrank und ließ seine Fahrten immer zusätzlich durch Geleitfahrzeuge absichern.
Unter den Leuten der O'Banion-Gang hatten sich drei als besonders gerissen herauskristallisiert: Hymie Weiss, Erfinder der sogenannten »Spazierfahrten«: Um Auseinandersetzungen mit einem Menschen beizulegen, wurde dieser zu einer Spazierfahrt eingeladen und in einer ruhigen Gegend von hinten abgeknallt. Der zweite unter O'Banions Erben war Bugs Moran, Erfinder des »Autokorso«: Um solche beseitigen zu können, denen nichts an Spazierfahrten lag, wartete man, bis das Opfer irgendwo im Café, einer Bar, beim Friseur etc. am Fenster saß. Eine Wagenkolonne fuhr vorbei, und jeder Wagen feuerte eine Breitseite ab. Ein Entkommen war ausgeschlossen. Der dritte Erbe hieß Louis Alterie, Erfinder der »Einzelzimmer«-Aktion: An Orten, wo das Opfer regelmäßig zu verkehren pflegte, wurde ein günstig gelegenes Zimmer gemietet und von da aus mit einem Zielfernrohr gewartet, bis das Opfer ankam. Sofort nach dem Mord wurden die Zimmer spurlos geräumt.
Mit diesen drei O'Banion-Nachfolgern hatte nun Capone zu rechnen. Ihre Gang bestand aus etwa 50 Mann.
Am 17. Januar 1925 wurde Capone 26 Jahre alt. An diesem Tag erhielt Torrio eine Vorladung bei Gericht wegen der Lastwagen voll Alkohol, die bei einer Polizeirazzia nach dem Geschäft mit O'Banion beschlagnahmt worden waren.
Torrio kam, erklärte sich für schuldig und ließ sich sogar wider Erwarten für mehrere Monate einsperren. Er erhielt 9 Monate ohne Bewährung. Ehe er jedoch seine Haft antrat, wollte er noch einige Besorgungen machen. Die Stunde der Rache war für die O'Banion-Leute gekommen: Mit vier Schüssen in die Kehle, die Beine, den rechten Arm und in die Brust brach er auf der Straße zusammen. Torrio wußte genau, wer die vier Täter waren, doch er schwieg.
Nach seiner Genesung kam er ins Gefängnis (am 9. Februar 1925) und führte im Lake-County-Zuchthaus in Waukegan das Leben eines Fürsten wie in einem Luxushotel. Vor seiner Tür standen zwei Wächter, die Zimmerfenster waren aus kugelsicherem Glas, die Technik von Bugs Morans Autokorso war bekannt genug.
Die Schußverletzungen hatten Torrios Nerven zermürbt, und er war noch im Gefängnis bereit, die ganze Macht an Al Capone abzutreten. Und diese Macht war unvorstellbar: Capone bewohnte ein Acht-Zimmer-Appartement im Metropol-Hotel Chikagos, darin waren auch Trainingsräume für seine Gorillas, die in die Verwaltung abgeschoben wurden, wenn sie nichts mit Frauen anzufangen wußten. Capone sorgte aus seinen Bordellen für die richtigen Partnerinnen. Er hatte Vereinbarungen mit der Polizei, der es untersagt war, seine Männer zu verfolgen oder gar zu inhaftieren. Klenha mußte tun, was Capone von ihm verlangte. Neben den O'Banion-Leuten hatte er nur noch die mächtige »Unione Siciliana« zum Gegner, deren Präsident, jeweils auf Lebzeit gewählt, Angelo Genna (»der blutige Angelo« genannt) war, verheiratet mit der Schwester des Unterwelt-Rechtsanwalts Dr. Spingola.
Angelo war mit seiner Geheimgesellschaft, zu der Capone als Neapolitaner keinen Zutritt hatte, gesellschaftlich renommiert. Bei ihm verkehrte die politische Führungsspitze von Chikago und Illinois. Es gab für Capone nur eine Möglichkeit, die Macht der »Unione« zu brechen: Sein Freund Toni Lombardo mußte Präsident werden. Zwischen dem 25. Mai und 8. Juli 1925 wurden nacheinander drei der sechs Genna-Brüder umgebracht. Die restlichen drei beschlossen daraufhin, nicht mehr für die »Unione« zu kandidieren und sich nur dem Geschäft mit Parmesankäse zu widmen. Als die Sizilianer immer noch nicht Capones Wünsche verstanden und Sanoots Amatuna zum Präsidenten wählten, kam dieser am 13. November 1925 in einem Frisiersalon ums Leben.
Nun hatte Capone sein Ziel erreicht: Die Sizilianer wählten endlich Toni Lombardi. Und nun war Capone auch noch der Herrscher über »Klein Sizilien«.
Vier unangenehme Gewerkschaftsbosse aus New York wurden aus dem Wege geräumt, und 1926 mußten achtundzwanzig weitere Menschen ins Gras beißen, darunter auch der unbestechliche Staatsanwalt William McSwiggin und Hymie Weiss, der letzte Führer der alten O'Banion-Bande (am 11. November 1926), dann war Capone mit seinen 29 Jahren der unangefochtene Herrscher der Unterwelt Amerikas.
Nachdem er alle seine Gegner beseitigt hatte, wollte sich Capone in Miami Beach langsam zur Ruhe setzen. Der letzte Akt seiner Tätigkeit begann damit, daß sein Freund Toni Lombardo ermordet wurde und er nacheinander drei unliebsame Nachfolger auf dem Präsidentenstuhl der »Unione Siciliana« beseitigen mußte, bis wieder Ruhe in seinem Reich herrschte.
Zu seinen letzten Morden zählte der an seinem verehrten Lehrmeister Frankie Yale. Er hatte die Whiskytransporte, die er an Capone verkauft hatte, auf dem Weg nach Chikago wieder geraubt und nochmals verkauft. Seine letzte Stunde schlug am 1. Juli 1927.
An drei Menschen scheiterte schließlich Capones Karriere:
Bei einem Mädchen aus einem seiner Bordelle hatte er sich die Syphilis geholt, an der er auch starb, weil er sich weigerte, sich von einem Arzt untersuchen zu lassen.
Edgar Hoover wurde 1924 Chef des FBI und begann sofort seinen Kampf gegen die Capone-Herrschaft.
Schließlich war es ein kleiner Steuerbeamter, der herausgefunden hatte, daß Capone nie einen Cent Steuer

bezahlt hatte. Er besaß nie ein Bankkonto, unterschrieb weder Schecks noch Quittungen, und von Buchführung konnte gar keine Rede sein.
Der Steuerbeamte Mike Malone schlich sich, unter dem Pseudonym Mike Lepito, getarnt als ein in Philadelphia ausgerissener Einbrecher, in Capones Haus, gewann die Sympathie der Gorillas und Capones selbst und brachte im Laufe von zwei Jahren Capone zur Strecke.
Capones älterer Bruder Ralph wurde 1931 wegen Steuerhinterziehung zu 10000 Dollar Geldstrafe und 3 Jahren Gefängnis verurteilt. Capones Schatzmeister Jake Guzik bekam im gleichen Jahr 17500 Dollar Strafe und 5 Jahre Gefängnis.
Capone selbst stand am 16. Juli 1931 vor Gericht, angeklagt nicht wegen Mordes, sondern wegen Steuerhinterziehung. Am 24. Oktober 1931 erhielt er 50000 Dollar Strafe aufgebrummt, dazu 30000 Dollar Verfahrenskosten und 11 Jahre Gefängnis.
Im Gefängnis ließ er es sich nochmals gutgehen: Er veranstaltete Pressekonferenzen auf dem elektrischen Stuhl, spielte Tennis und empfing seine Berufskollegen Dutch Schultz und Lucky Luciano. Auch John Torrio erschien, doch beide gingen als Feinde auseinander.
Am 5. Dezember 1933 wurden die Prohibitionsgesetze, die Capone zum Dollar-Milliardär gemacht hatten, wieder aufgehoben. Vom Gefängnis in Atlanta wurde Capone in das wesentlich ungemütlichere Zuchthaus auf der Insel Alcatraz in der Bucht von San Francisco verlegt.
Die Syphilis nahm ihren Fortgang. Am 16. November 1939 wurde er aus der Haft entlassen, lebte anschließend ruhig vor sich hin dämmernd bei seiner Familie und starb am 25. Januar 1947.
Das letzte Mitglied der alten Al-Capone-Bande, Paul Ricca, starb am 12. Oktober 1972 in einem Chikagoer Krankenhaus an Herzschlag.

Costello, Frank

Costello, ein gebürtiger Sizilianer, war es, der in Amerika das Gangstertum erstmals organisierte und in sogenannten Syndikaten zusammenfaßte.
Er hatte mit Alkoholschmuggel begonnen, war zu Reichtum gekommen und wurde Besitzer von Ölquellen, Hotels, Restaurants und Luxusbars. Ihm gehörten viele New Yorker Wolkenkratzer und Spielautomatenfabriken. Er galt als der »Premierminster der Unterwelt«. 1952 wurde er zu 18 Monaten Gefängnis verurteilt wegen Mißachtung des Kongresses. 1954 wurde er abermals zu 5 Jahren Zuchthaus verurteilt wegen Steuerhinterziehung. Er hatte den US-Staat um ungefähr 250000 Dollar betrogen.

Dillinger, John Herbert

Die Dillinger-Brigade war eine Mörderbande, die zwischen 1933 und Juli 1934 Amerikas Mittelwesten terrorisierte. Obgleich zehn Morde auf das Konto der Bande gehen, dazu sieben Mordversuche, vierfacher Bankraub, Häftlingsbefreiung aus Gefängnissen, wurde Amerikas Staatsfeind Nr. 1 erst steckbrieflich verfolgt, als er sich wegen eines anderen Deliktes schuldig gemacht hatte: Nach einer Strafverbüßung im Mai 1933 stahl er einen Wagen und fuhr damit von einem US-Bundesstaat in einen anderen. Damit war ein Bundesgesetz verletzt worden, und das FBI schaltete sich ein. Abermals verhaftet, konnte er am 3. März 1934 aus dem Gefängnis Crown Point in Indiana entfliehen. Wie er das geschafft hat, ist bis heute ungeklärt. Nach eigenen Aussagen habe er mit einer aus Seife hergestellten Pistole, die er mit Schuhcreme schwarz gefärbt hatte, die Gefängniswärter einschüchtern können – nach Aussagen der Wache war die Pistole jedoch echt und geladen.
Geschnappt wurde er am 21. Juli 1934. FBI-Leute hatten seine Freundin beschwatzt und ihr für die Auslieferung Dillingers 5000 Dollar geboten. Daraufhin hatte sie verraten, daß sie am nächsten Tag mit Dillinger und einer anderen Frau ein bestimmtes Kino in Chikago besuchen würde. Als der Film zu Ende war und die drei herauskamen, war das Kino von FBI-Agenten umstellt. Dillinger bemerkte, daß sie ihn eingekreist hatten, und rannte davon, die Hand am Revolver. FBI eröffnete das Feuer und erschoß ihn am 22. Juli 1934.

Flegenheimer, Arthur, Spitzname »Dutch Schultz«

Neben »Buggsy« Siegel und John Dillinger zählte Flegenheimer (geb. 1902, erschossen am 23./24. Oktober 1935) zu den mächtigsten amerikanischen Bossen der Unterwelt. Er war deutscher Abstammung.
Nach dem Ersten Weltkrieg nach New York gekommen, hatte er einen umfangreichen Bierschmuggel eingerichtet, wobei er von den großen Firmen sogenannte »Schutzgelder« kassierte, die ihm jährlich mehr als 2 Millionen Dollar einbrachten.
Mit 17 Jahren wurde er wegen Einbruchs zu 15 Monaten Zuchthaus verurteilt und gründete dann nach seiner Haftentlassung eine Bande, die vor allem im Spielautomatengeschäft tätig geworden ist. 1933 mußte er fliehen, weil ihm ein Prozeß wegen Steuerhinterziehung drohte. Darauf übernahmen Louis »Lepke« Buchalter und Lucky Luciano seine Geschäfte.
In den dreißiger Jahren hatte der damalige Generalstaatsanwalt und spätere Präsidentschaftskandidat Thomas E. Dewey eine verschärfte Verfolgung der Bandenkriminalität in den USA eingeleitet. In der Unterwelt war man darüber einig geworden, daß Dewey verschwinden müsse. Flegenheimer wollte die Liquidation an dem »unangenehmen Schnüffler« selbst besorgen, das war aber den anderen Bossen nicht recht. Einmal war Flegenheimer zu bekannt, zum anderen waren die Bosse zu der Überlegung gekommen, daß die Untersuchungen nur noch verschärft fortgesetzt würden, falls Dewey ermordet würde.

Flegenheimer war aber anderer Meinung. Da schickte ihm Buchalter seinen »Chefkiller« vorbei, einen gewissen Charly Workman, Spitzename »Die Wanze«, und diese Wanze erschoß Flegenheimer in der Toilette eines Restaurants.

Giannini, Eugenio

Mit dem amerikanischen Strafgesetzbuch kam der Kalabrier Giannini (geb. 1910) erstmals in Konflikt, als er 1928 wegen eines Raubüberfalls zu 5 Jahren Zuchthaus verurteilt wurde. Mitte der dreißiger Jahre begann er dann seine große Karriere als Geschäftsmann der Unterwelt.
Zunächst ließ er sich in verschiedenen teueren Restaurants anstellen. Er hatte die Aufgabe aufzupassen, daß in den vornehmen Speisesälen, in denen die High Society verkehrte, keine Stinkbomben explodierten, und hatte die Küche zu überwachen, daß hier keine schlechte Ware verwendet würde. Obgleich er bei diesem Job sehr gut bezahlt wurde, war es ihm zu wenig.
Er stieg ins Pferde- und Rauschgiftgeschäft ein, wurde erwischt und bekam 1942 15 Monate Gefängnis.
Dann lernte er den großen Boß Lucky Luciano kennen. Als er hörte, daß in Italien Penicillin gebraucht würde, baute er sofort einen großen Schmuggelring auf. Außerdem hatte ihm Luciano verraten, daß es besonders leicht ist, in Frankreich amerikanische »Blüten« zu versetzen. Also machte Giannini auch dieses Geschäft mit großem Erfolg und unermeßlichem Verdienst.
Die Spitze seiner Raffinesse war jedoch, daß er sich vom US-Finanzministerium als Spitzel anheuern ließ und natürlich dafür sorgte, daß die Finanzbehörde seinen eigenen Steuerhinterziehungen und seinem Wirtschaftsbetrug nicht auf die Schliche kam.
Einer seiner Helfershelfer verpfiff ihn jedoch beim Geldgeschäft. Giannini wurde inhaftiert, vor Gericht aber fiel der Zeuge um: Er konnte sich an nichts mehr erinnern. Also wurde der Angeklagte freigesprochen.
Das Schicksal ereilte ihn, als er 10 Kilo Heroin (Wert 100000 Dollar) von Italien nach Amerika schaffen wollte und dabei den Argwohn seiner Mafia-Kollegen erweckte: Diese befürchteten, von ihm betrogen zu werden. Also wurde er eines Morgens auf offener Straße erschossen (am 21. September 1952).

Gillis, Lester

Lester Gillis hatte den Spitznamen »Babygesicht Nelson«. Seine Karriere als einer der berühmtesten amerikanischen Gangster begann 1922 mit einem Autodiebstahl in Chikago. Er wurde gestellt und verhaftet, aber auf Bewährung wieder freigelassen. Vier Jahre später verübte er einen Bankraub und erhielt dafür eine Gefängnisstrafe, die er in der Strafanstalt von Illinois abzusitzen hatte. Es gelang ihm aber, auszubrechen (1932), wobei er einen FBI-Agenten erschoß. Andere FBI-Beamte nahmen die Verfolgung auf. Während einer Schießerei wurde er so schwer verletzt, daß er wenige Stunden später in den Armen seiner Frau starb. Um ihn und um John Dillinger, zu dessen Bande er gehörte, rankte sich manche rührselige Story, die vor allem von deren Frauen verbreitet wurden.

Kelly, George

Kelly hatte den Spitznamen »MG-Kelly«, weil er mit seinem Maschinengewehr auf eine Entferung von 25 Metern Walnüsse von einem Zaun wegschießen konnte. Er gehörte zusammen mit seiner Frau Kathrin Kelly und Albert L. Bates zu jener Bande, die am 23. Juli 1933 zwei Männer, Charles F. Urschel und Walter Jarret aus Oklahoma City, entführten und die Familie Urschel mit einem Lösegeld von 200000 Dollar für die Freilassung der Entführten erpreßte. Das Geld wurde einem Mittelsmann übergeben, und die beiden entführten Männer kehrten unversehrt zurück.
Das FBI übernahm anschließend die Verfolgung der Entführer und fand das Haus, in dem die beiden Männer untergebracht waren. Kelly und seine Frau wurden in einem Haus in Memphis in Tennessee aufgespürt. »MG-Kelly« war nicht bewaffnet. Aus lauter Angst bettelte er: »Nicht schießen, G-Men! Nicht schießen, G-Men!«
Dieser Ausspruch G-Men für die FBI-Beamten sollte noch lange Zeit deren Spitznamen bleiben. 21 Personen waren bei dieser Entführungsaktion beteiligt. Kelly, Bates und andere Bandenmitglieder erhielten lebenslange Zuchthausstrafen. Beide sind inzwischen gestorben.

Lucania, Salvatore, genannt Lucky Luciano

Lucky, der »Glückliche« (geb. 1898, gest. 1962), war der berühmteste, aber auch geschickteste amerikanische Gangsterboß, dem während seines ganzen Lebens nicht ein einziges Mal ein Mord nachgewiesen werden konnte.
Der gebürtige Sizilianer kam mit 10 Jahren in die USA und lebte in den Slums von Manhattan. Als 14jähriger hatte er in einer Spielhölle 244 Dollars gewonnen und war darüber so glücklich, daß er sich den Beinamen »Lucky« zulegte.
1920 wurde er Fahrer und Leibwächter von Joe Masseria, dem New Yorker Mafiaboß. Nachdem dieser von Bandenmitgliedern ermordet worden war, übernahm er dessen Geschäfte und lebte von Akoholschmuggel, Rauschgifthandel und Zuhälterei. Dabei verdiente er mehrere Millionen Dollar. Eine seiner Dirnen verpfiff ihn jedoch. Wegen Zuhälterei bekam er 35 Jahre Zuchthaus. Dies war 1937.
1946 wurde er vorzeitig aus der Haft entlassen und nach Italien abgeschoben. Dort baute er seine Karriere neu auf und verlegte sich auf Heroinschmuggel. Sehr rasch war er wieder ein steinreicher Hausbesitzer und unterhielt drei exklusive Nachtklubs in Rom.

Erst 1954 konnte ihm die Polizei nachweisen, daß er in Verbindung mit chemischen Fabriken eine halbe Tonne Heroin in die USA exportiert hatte. Trotzdem konnte ihm in seinem Prozeß im März 1958 kein unehrenhaftes Leben nachgewiesen werden. Er wurde freigesprochen.
1962 starb er an einem Herzschlag.
Seit Lucky im Rauschgiftgeschäft tätig war, hatte sich der Schwerpunkt des Rauschgifthandels von Italien nach den USA verlagert. Dort stieg der Schmuggel um das Sechsfache an.

Manson, Charles

In der Villa des Filmregisseurs Roman Polanski in der Nähe von Los Angeles geschahen am 8. August 1969 fünf Morde. Darunter befand sich die Filmschauspielerin Sharon Tate (damals 26 Jahre alt). Sie war im siebten Monat schwanger.
Täter waren Angehörige einer Hippy-Kommune aus dem kalifornischen »Tal des Todes«. Der Hippy-Führer war Charles Manson (damals 34 Jahre alt). Er nannte sich abwechselnd Jesus und Satan.
Er brachte seine Hippy-Anhänger derart unter seinen persönlichen Einfluß, daß sie auf seinen Befehl wie in Trance alles taten, was er wollte, auch morden.
Neben Sharon Tate wurden ermordet: Abigail Folgers (26), Day Sebring, ein Prominentenfriseur (35), der polnische Freund Polanskis Wojtek Frykowski (37) und Steve Parent (18).
Manson hatte das Blutbad angeordnet, weil ihm früher einmal eine Bitte vom Sohn der Schauspielerin Doris Day, der kurze Zeit in der Villa gewohnt hatte, abgeschlagen worden war.
Manson wollte in den USA einen Rassenkrieg zwischen Schwarzen und Weißen inszenieren. Er haßte das Establishment und hatte starke negerfeindliche Gefühle.
Im Prozeß, der am 14. Juli 1970 begann, wurden am 30. März 1971 Charles Manson, Susan Atkins (21), Krenwinkel und van Houten wegen Mordes an Sharon Tate und den anderen Personen zum Tode verurteilt.
Seit 1967 wurde in Amerika kein Todesurteil mehr vollstreckt. Zur Zeit des Urteilsspruches saßen etwa 600 Kandidaten in den Todeszellen.
Nachdem 1972 in Amerika die Todesstrafe abgeschafft worden war, wurden die Todesurteile in lebenslanges Zuchthaus umgewandelt.
Am 10. Oktober 1972 wurde der wegen achtfachen Mordes verurteilte Manson aus dem kalifornischen Zuchthaus San Quentin in das Stadtgefängnis von Folsom verlegt, weil die Todeszellen in San Quentin nach der Abschaffung der Todesstrafe geräumt wurden.

Masseria, Giuseppe, genannt Joe

Masseria ist das gute Beispiel eines gefürchteten Mafiabosses. Er war gebürtiger Sizilianer, der den eigenen Mafia-Gesetzen nicht gehorchen wollte und ihnen schließlich zum Opfer fiel.
Er war der große Boß bis etwa 1930. Dann erreichte er ein Alter, das es einem Boß gebietet, zurückzutreten. Masseria hielt sich nicht daran. Er wurde gewarnt. Er hörte nicht auf die Warnung. Im April 1931 wurde für Masseria in New York ein fürstliches Essen gegeben, an dem auch Lucky Luciano teilnahm, der damals noch sein Chauffeur und Leibwächter war. Als Lucky auf die Toilette ging, betraten drei Männer das Lokal, das inzwischen leer war – so lange hatte man getagt –, und schossen Masseria zusammen. Als Lucky zurückkam, war er bereits tot. Sofort danach wurde Lucky sein Nachfolger als Chef der New Yorker Mafia.
Der Mord an Masseria war einer der typischen Racheakte der Mafia. Das Opfer wurde zuerst noch zu einem guten Essen eingeladen – und dann aus dem Weg geschafft.

McGinnis, Joseph Francis

Am 17. Januar 1950 wurde in Boston die große Brinks-Firma überfallen. Die Räuber entkamen mit 1,2 Millionen Dollar in bar und 1,5 Millionen Dollar in Wertpapieren.
Initiator dieses Überfalls, bei dem die besten Helden der Unterwelt mitmachten, war ein gewisser McGinnis. Er hatte den Coup zwei Jahre lang ausgetüftelt, Skizzen der Safes angefertigt und dazu einen genauen Zeitplan.
Einer der Räuber, Joseph O'Keefe, wurde kurz darauf wegen verbotenen Waffenbesitzes verhaftet. 1954 wurde er wieder entlassen und verlangte von McGinnis seinen Beuteanteil. Statt der Beute schickte ihm aber McGinnis einen zuverlässigen New Yorker Killer, der O'Keefe beiseiteschaffen sollte. Bei dem Schußwechsel wurde O'Keefe aber nur verletzt. Er wurde wieder festgenommen (Waffenbesitz) und verriet in der U-Haft seine früheren Komplizen. Alle elf Beteiligten erhielten daraufhin den Prozeß gemacht und bekamen alle lebenslängliches Zuchthaus.

Reles, Abe

Wegen seines kleinen Wuchses und nervösen Gesichtszuckens wurde das Mitglied der gefürchteten »Mord-Ges. m.b.H.« in Amerika »Kid Twist Reles« genannt.
Sechsmal stand er wegen Mordes vor Gericht, aber kein einziger Mord konnte ihm nachgewiesen werden. Er tötete seine Opfer in der Regel nicht durch Erschießen mit der Pistole, sondern durch Erwürgen. Um das Jahr 1931 war Reles als Boß der »Mord-Ges.« Staatsfeind Nr. 1 von Brooklyn. Seine Gesellschaft unterhielt Filialen in Florida, Cleveland, New Orleans, Chikago und Kuba.
Reles lebte von Alkoholschmuggel und mischte im Spielautomatengeschäft mit, war Chef einer Bande, die

»Schutzgelder« von Geschäftsleuten kassierte. Weigerte sich ein Geschäftsmann, diese oft sehr hohen »Schutzgebühren« zu zahlen, so wurde sein »schutzloses« Geschäft von der Reles-Bande zerstört.
1940 stellte sich Reles der Polizei. Er erklärte genau die Organisation der »Mord-Ges.«, ihre Struktur und Hierarchie, er verriet, daß er allein 14 Morde im Auftrag von Ben »Buggsy« Siegel und Albert Anastasia ausgeführt hatte und daß mehr als 50 Angehörige der Unterwelt von Gangsterkollegen gekillt worden seien.
Reles wurde in Schutzhaft genommen und in seinem Hotel in Coney Island von sechs Polizisten scharf beacht. Da stürzte er 1941 während seiner Haftzeit aus dem 5. Stock des Hotels und war auf der Stelle tot. Reles war einwandfrei ermordet worden. Wie aber die Mörder sechs Polizisten hatten umgehen können, wurde nie ergründet.

Rojas, Teofilo

Etwa von 1955 bis 1963 terrorisierte Rojas mit seinen Mordbrigaden Lateinamerika. Er soll 592 Menschen umgebracht haben, allein 162 im Jahre 1957. Seine »Mordbrigade« trug in der Regel Soldatenuniformen, die gestohlen oder erbeutet waren. Vor allem in den Bergen Kolumbiens wütete die Brigade, der Männer, Frauen, Kinder, Gehöfte und Vieh zum Opfer fiel.
80 000 Pesos waren als Prämie zur Erfassung Rojas ausgesetzt. 1963 wurde er schließlich nach einem stundenlagen Feuergefecht von einer Armeestreife erschossen.

Siegel, Ben, genannt Buggsy

Der aus Deutschland eingewanderte »Buggsy« wurde 1940 Boß der »Mord-Ges. m.b.H.« in Kalifornien. Er berief die berühmte Gangsterkonferenz im New Yorker Park-Hotel ein, in der über strenge interne Reglements der Mord-Ges. beschlossen wurde: Jedes Mitglied, das »singt«, sollte unverzüglich »exterminiert« werden. Anlaß zu dieser Maßnahme war das umfassende Geständnis, das Abe Reles der New Yorker Polizei über die Organisation der Mord-Ges. abgelegt hatte. Nach dieser Konferenz wurden Hunderte Gangster, denen man nicht ganz traute, von zuverlässigen Komplizen umgebracht.
Siegel selbst mordete auch. 1932 kam er auf die Idee, sich als Patient in einem Krankenhaus einliefern zu lassen, um ein sicheres Alibi für sein Vorhaben nachweisen zu können. Er schickte die Nachtschwester hinaus, weil er schlafen wollte. Dann verließ er heimlich das Haus, ließ sich von einem Freund zur Villa seines früheren Freundes Anthony Fabrizzio fahren, läutete ihn heraus und schoß ihn nieder. Danach fuhr er ins Krankenhaus zurück und schlief ruhig ein. Dieser Mord war ein Racheakt einem Unzuverlässigen gegenüber.
Fabrizzio hatte die Absicht geäußert, seine Memoiren zu schreiben und alle Morde der Mord-Ges. aufzuführen. Siegel verhinderte den Verrat am obersten Gesetz der Mord-Ges.: das Schweigen.
Buggsy, gegen den viele Mordversuche fehlschlugen, besaß eine Traumvilla im Wert von 200 000 Dollar und verdiente jährlich etwa 400 000 Dollar durch seinen Erpresserring: Er verlangte »Schutzgebühren« von reichen Kaufleuten, die bezahlten, weil sie fürchteten, ihre Geschäfte würden von der Mord-Ges. zerstört, falls sie nicht die hohen Summen entrichteten. Buggsys Freundin war die berühmte Gangsterbraut Virginia Hill.
Siegel fiel seiner eigenen Größe und Macht in der Unterwelt zum Opfer. 1947 wurde er vermutlich von einem Bandenmitglied erschossen.

Strauss, Harry

Der Amerikaner Strauss wurde »Pittsburgh Phil« genannt. Er war jahrelang der perfekteste Chefkiller der »Mord-Ges. m.b.H.« und hat mehr als 30 Menschen getötet. Dem bestialischsten Berufsmörder Amerikas wurde wegen des Mordes an Whitey Rudnik im Jahre 1937 der Prozeß gemacht. 1941 starb er auf dem elektrischen Stuhl.

2. Sizilien

Giuliano, Salvatore

Giuliano war ein sizilianischer Bandenführer, der auf der Seite der Kleinen und Armen kämpfte und sein Volk vom »italienischen Joch« befreien wollte. Lange Zeit wurde er ohne Erfolg von der Polizei gejagt. Da verriet ihn 1950 sein Freund Benedetto Minasola, der wiederum ein Bandenmitglied namens Gaspar Pisciotta auf Giuliano gehetzt hatte. Aber ehe die Polizei mit 2000 Mann und Panzerwagen anrückte, hatte Pisciotta den Giuliano bereits mit zwei Schüssen getötet. Um aber beweisen zu können, daß der lang Gesuchte von Polizeikugeln erschossen worden war, jagten ihm die Polizisten noch nach seinem Tod eine Maschinenpistolengarbe durch den Körper (vgl. S. 427f.).
Am 20. Februar 1956 passierte dann die Blutrache: Der Mörder Giulianos wurde von Unbekannten auf offener Straße erschossen. Die Täter sind bis heute noch nicht gefaßt.

3. Deutschland

Die Affeld-Bande

In der Nacht zum 24. Juni 1958 wurde im Landkreis Bonn ein 50jähriger Bauer und ein Gemeindediener kaltblütig, aus reinem Übermut niedergeschossen. Der Bauer war Vater von sieben Kindern. Die Bande setzte sich zusammen aus Wilhelm, Bruder Heinz und Vetter Fritz Affeld.
Im Prozeß gegen die Affeld-Bande erhielten die Brüder Willi und Heinz Affeld lebenslänglich, Vetter Fritz bekam 15 Jahre Zuchthaus.

Die Becker-Bande

Roman Becker war zusammen mit Stanislaw Bratkowski der Anführer einer Bande, die um 1940 in der deutsch-polnischen Grenzgegend 7 Raubmorde, 1 Mord an einem Polizisten und 1 an einer Dirne verübte, dazu kamen 7 Mordversuche an Polizisten und 2 Raubmordversuche, ferner 34 Raubüberfälle.
Die Waffen, Pistolen, Eierhandgranaten, hatte sich die Bande aus deutschen Wehrmachtslagern beschafft.
Als Becker nach einer feuchtfröhlichen Nacht in einer Wirtschaft gestellt werden konnte und er die Aussichtslosigkeit seiner Lage eingesehen hatte, nahm er sich mit einem Schuß in die Stirn das Leben. Die anderen Bandenmitglieder wurden entweder verhaftet und hingerichtet, oder sie kamen bei Feuergefechten um.

Europäische Befreiungsfront

Mitglieder der »Europäischen Befreiungsfront«, eine rechtsextreme Kadertruppe ehemaliger Nationaldemokraten (NPD), standen von April bis Juli 1972 wegen Gründung einer kriminellen Vereinigung und wegen zahlreicher Waffendelikte vor Gericht.
Nach den Plänen der Gruppe, die im Mai 1970, am Vorabend des Kasseler Treffens zwischen Bundeskanzler Brandt und DDR-Ministerpräsident Stoph von der Polizei ausgehoben wurde, sollten Politiker und Journalisten entführt, innerdeutsche Grenzzwischenfälle mit Waffengewalt provoziert und das Kasseler Spitzengespräch durch einen Anschlag auf das Stromnetz der Stadt gestört werden.
Doch außer all diesen Plänen, die nicht ausgeführt wurden, blieb vor allem dem Spitzentrio Helmut Krahberg, Helmut Blatzheim und Hohannes Brodka nicht viel mehr nachzuweisen als Waffenbesitz und versuchte Gründung einer kriminellen Vereinigung.
So kam es zu Freiheitsstrafen zwischen 6 Monaten und 1 Jahr mit 3jähriger Bewährung.
Gegen das Urteil wurde Revision eingelegt.

Gladow, Werner

Werner Gladow (geb. am 8. Mai 1931, hingerichtet am 9. Dezember 1950) entwickelte sich im Nachkriegs-Berlin zur Zeit der Schmarzmarkt-, Schieber- und Schmugglergeschäfte zum Kriminellen. Er war ein guter Schüler und hatte es nicht ganz bis zum Einjährigen gebracht. Da erkrankte er an Lungen-Tb. Um sich von dem Leiden zu heilen, verschaffte er sich auf dem Schwarzmarkt in Ost-Berlin, wo er wohnte, das entsprechende Essen. Sein erster Trick war, mit einem Bündel Tausendmarkscheinen Schmuggler hereinzulegen: Der oberste und unterste Schein war echt, die Scheine dazwischen hatte er durch Blüten ersetzt. Sein Traum war bis zum Ende eine schußsichere Villa in Berlin-Dahlem, gepanzerte Wagen in der Garage für ganz große Sachen: Bankraub zu begehen und Geldtransporte zu überfallen.
Auf dem Schwarzmarkt am Alexanderplatz lernte er nach und nach seine späteren Bandenmitglieder kennen. Der »Henker-Hannes« gehörte dazu, Gerhard Rogasch, Kurt Gaebler, Franz Redzinski, genannt »Bomme«, der »Dicke«, die »Nase«, der »Schnelle«, insgesamt acht Mann stark war die Bande.
Weil Werner immer Medizin hatte studieren wollen, nannten ihn die Bandenmitglieder »Doktorchen«, er selbst verstand sich als Gangsterkönig im Rang Al Capones.
Anfang November 1948, zur Zeit der Berlin-Blockade, »stand« die Bande. Um seine Mitglieder zu bewaffnen, kam er auf die Idee, Volkspolizisten an der Sektorengrenze zu entwaffnen. Drei Vopo-Streifen konnte er nacheinander die Waffen aus dem Halfter ziehen. Mit einem Schlag hatte er Waffen für seine Bande, alles 08-Pistolen.
Beim ersten Überfall auf ein Geschäft in der Stalin-Allee ließ er eine Geldkassette mitgehen (die Bande verübte ihre Überfälle stets gemeinsam, abgestuft vom Schmierensteher über den Einbruchspezialisten bis zum Boß hinauf).
Die »schwarze Katja«, Gladows Freundin, hatte in Dahlem eine Villa ausgekundschaftet, in der eine alleinstehende reiche Dame lebte. Über Berlin war Stromsperre verhängt, und alle fünf Minuten flogen schwere Maschinen über die Luftbrücke in die blockierte Stadt ein. Den Motorenlärm nutzte die Bande aus. Die Villa befand sich neben der Wohnung des Westberliner Polizeipräsidenten.
Dummerweise wurde die alte Dame mit einem Gummiknüppel bewußtlos geschlagen, so daß die Bande sie nicht mehr nach dem hinter Bildern versteckten Safe aushorchen konnte. Also mußte sie suchen, fand aber den Safe nicht. Die ganze Beute bestand aus 200 Westmark.
Am 21. Dezember 1948 überfiel die Bande einen Juwelierladen in der Köpenicker Straße. Der Geschäftsinhaber wurde durch einen Schuß verletzt. Gladow hatte nie die Absicht, Menschen zu töten. Er wollte sie immer nur kampfunfähig schießen.
Trotzdem passierte am 9. April 1949 der erste Mord. Wieder ein Überfall auf ein Juweliergeschäft am

Friedrichshain. Die Bande sollte mit Stoppuhren ausgerüstet werden. In dem Geschäft stieß Gladow auf zwei Männer, den Geschäftsführer und einen Angestellten. Gladow schoß sofort und wollte mit seinem Fahrrad flüchten. Der getroffene Verkäufer verfolgte Gladow, holte ihn ein und hielt sich an seinem Rad fest. Gladow schoß in die Hände und Beine des Mannes. Den Geschäftsführer hatte er tödlich getroffen.
Am 11. Mai 1949 kam es zum zweiten Mord. Die Bande hatte ausgemacht, die Kasse der »Gasag« in Ostberlin zu überfallen. Dazu brauchte sie einen schnellen Wagen. Unter den Linden fand Gladow einen schweren BMW, der Fahrer schlief am Steuer.
»Aussteigen, sonst knallt's!« schrie ihn Gladow an. In dem Moment, da der Fahrer den Zündschlüssel abziehen wollte, schoß Gladow. Die Brustschlagader war zerrissen. Der Überfall auf die Kasse wurde abgeblasen.
Beim Überfall auf ein Vorortlokal wurde das Bandenmitglied Rogasch vom Sohn des Wirtes erkannt. Über ihn kam die Kripo auch Werner Gladow auf die Spur.
Nachdem der Chauffeur Alte erschossen worden war, ging die Ost-Kripo gezielt gegen Gladow vor. Das Haus seiner Eltern, wo er wohnte, wurde umstellt. Auf den Ruf: »Gladow, mach auf!« verbarrikadierte sich Werner in seinem Zimmer und lud zwei Pistolen durch. Kurz ehe die Tür eingerannt werden konnte, schoß er auf jede Gestalt, die sich draußen bewegte. In der Wohnung waren außer mehreren Polizisten sein Vater, seine Mutter und seine kleine Schwester.
Der eine Beamte bekam einen Lungenschuß, Werner einen Wadenschuß. Beim Versuch, über den Balkon zu fliehen, sah er, daß das Haus von Polizisten umstellt war, daß auf dem Dach des gegenüberliegenden Hauses Posten schußbereit warteten. Als er vom Balkon ins Zimmer gehen wollte, um seine Pistole neu zu laden, wurde Gladow ein drittes Mal getroffen. Stark blutend konnten ihn dann die Vopos (= Volkspolizisten) überwältigen.
Am 3. Juni 1949 war er verhaftet. Der Prozeß gegen ihn und seine Bande begann am 21. März 1950 in Ost-Berlin. Zum Tode durch das Beil wurden verurteilt: Werner Gladow, Gaebler und Rogasch. Am 9. Dezember 1950 wurden die Urteile vollstreckt.
Interessant an diesem Prozeß und den darüber erschienenen Pressemeldungen war, daß die Ost-Propaganda versuchte, der Bande westliches, kapitalistisches Gedankengut zu unterstellen. Der Prozeß gegen die Gladow-Bande sollte gleichzeitig ein Schauprozeß gegen den Imperialismus darstellen.

Herzberger-Bande

Die Herzberger-Bande, bestehend aus sechs Mitgliedern, hatte in den Jahren 1969 bis 1971 bei 10 Banküberfällen und 16 schweren Diebstählen Sachwerte und Bargeld in Höhe von 570000 Mark erbeutet. Ihr »größter Coup« war ein Überfall auf die Bayerische Hypotheken- und Wechselbank in Mainburg, bei dem sie 214000 Mark erbeutete. Die Bande war stets bewaffnet.
Der 36jährige Hauptangeklagte Robert Herzberger aus Remagen erhielt wegen schweren Raubes in 8 Fällen, räuberischer Erpressung und 5 Diebstahlsdelikten 15 Jahre Freiheitsstrafe mit anschließender Sicherungsverwahrung. Im gleichen Prozeß verurteilte das Landgericht Koblenz Mitte Oktober 1972 die anderen Bandenmitglieder: Adolf Maria Winkler (10 Jahre Gefängnis), Marcel Josef Hambüchen (7 Jahre Gefängnis), die drei restlichen Angeklagten erhielten Freiheitsstrafen zwischen 2 Jahren und 6 Monaten und 4 Jahren und 6 Monaten.
Während der Urteilsbegründung und -verkündung war der Hauptangeklagte an den Händen gefesselt. Bei seiner richterlichen Vernehmung war er seinen Bewachern nämlich entwichen.

Hoelz, Max

Zu den politischen Unruhen, die die frühe Weimarer Republik erschütterten, trug auch der Bandenchef Max Hoelz bei. Im Innern mußte sich die erste deutsche Republik gegen extreme Kräfte von rechts und links behaupten. Den Rechten widerstand sie im März 1920 beim Kapp-Putsch, als reaktionäre Politiker und Militärs die Reichsregierung stürzen, die Durchführung des Versailler Friedensvertrages und die Abrüstung verhindern wollten.
Während in den Revolutionsjahren 1918/19 die Linken ihr Ziel, eine sozialistische Räterepublik, nicht erreichten, gelang es linken Extremisten wie Max Hoelz, Aufruhr im Reich zu stiften.
Mit Parolen wie: »Sprengt die Fabriken in die Luft. Holt euch Geld aus den Häusern der Reichen!« hatte er sich vor allem bei jungen Arbeitern beliebt gemacht. Als 1921 im März im Mansfelder Revier Unruhen ausbrachen, war er dabei, nachdem er schon im Vogtland bei Unruhen mitgemacht hatte. Seine Anhänger waren eine Art »Rote Armee«, die in der Taktik des Guerillakrieges bei Übergriffen, Anschlägen, Bankrauben, Geiselnahmen und Sprengungen von Wohnhäusern oder Fabriken mitwirkten. Durch die Polizei wurden die Unruhen im Mansfelder Revier niedergehalten.
In seinem Prozeß wurde der linke Terrorist mit Thomas Münzer verglichen. Er wurde zu Gefängnis verurteilt, 1928 aber vorzeitig entlassen, wurde ein Aushängeschild der Kommunisten, mußte 1933 ins russische Exil, wo er, der Ausgediente, umgebracht wurde. Auf welche Art, ist bis heute nicht genau geklärt worden. Er wurde mit zerschlagenem Kopf in einem Flusse treibend gefunden.

Die Jaeger-Korbmacher-Bande

Fünf Jahre lang war der heute berühmte Schriftsteller Henry Jaeger der Boß der Jaeger-Korbmacher-Bande, die Ende der vierziger, Anfang der fünfziger Jahre als die schnellste und gefürchtetste Einbrecherbande Deutschlands galt.

Jaeger kannte die beiden Brüder Willi und Horst Korbmacher von seinem 6. Lebensjahr an. Das war 1933. Gleich alt mit ihm war Willi, dessen Bruder war 3 Jahre jünger. Sie trafen sich im Frankfurter Arbeiterviertel Bornheim. Vater Korbmacher saß wegen Bandendiebstahls zwischen 1930 und 1945 im Zuchthaus. Nachdem Willi Korbmacher in mehreren Berufen gescheitert war und Jaeger sein Medizinstudium abgebrochen hatte, begannen die drei 1950 ihre Einbrechertätigkeit. Aus einer Wurstfabrik stahlen sie zwei Geldkassetten mit 10000 Mark Inhalt. Ein Jahr lang unterließen sie die Einbrüche, schmuggelten aber amerikanisches Benzin und lebten recht und schlecht davon. Dann stiegen sie wieder auf die »harte Tour« um, nachdem sie kurze Gefängnisstrafen von 6 Monaten abgesessen hatten. Sie nahmen dann Kontakte zur Frankfurter Unterwelt auf, lernten Hehler kennen und spezialisierten sich auf Büromaschinen, schwere elektrische Addiermaschinen, die in Paris verkauft wurden. Vom Lösegeld lebten Hehler und Diebe. Der Hehler Gartenbaum gab den nächsten heißen Tip: Es sollten Brillanten und der Geldschrank einer Brauerei beschafft werden. Die Brillanten klauten sie aus einem Schloß, in dem gerade eine Fete ablief, wurden entdeckt und rannten mitten durch die Gesellschaft ins Freie. Noch in der gleichen Nacht knackten sie den Geldschrank in der Brauerei.

Der wichtigste Hehler der Bande war ein gewisser Wladimir, den die drei 1951/52 in ihrem Spielklub kennenlernten. Er führte die drei Einbrecher an Geschäfte in Köln, Düsseldorf, Duisburg, Krefeld, Wuppertal und manch andere Städte. Um beweglicher zu sein, klauten sie schnelle Wagen, frisierten sie, so daß sie damit 180 Kilometer fahren konnten – schneller als jedes Polizeifahrzeug.

Mit Wladimir begann das große Geldverdienen durch Einbrüche in Pelzgeschäfte. Nur die besten und teuersten Pelze kamen in Frage. Wladimir verkaufte sie weiter nach Frankreich und teilte mit ihnen das Geld. Immer kehrte die Bande nach ihren Streifzügen nach Frankfurt zurück, wo sie Wladimir erwartete. Der erste Einbruch in ein Pelzgeschäft in Duisburg brachte 25000 Mark. Es folgten andere Städte, ihr »Verbrecherstolz« wuchs, und sie waren in der ganzen Bundesrepublik gefürchtet als die »Pelzmarder«.

Immer wieder hatte die Bande die Hoffnung, mit dem erbeuteten Geld sich eine solide bürgerliche Existenz aufzubauen. Wladimir hatte so gute Geschäftsfreunde, daß nach der Verhaftung der Bande am 2. Mai 1955 110 Personen in Oslo, Paris, London, Amsterdam und vielen anderen Städten verhaftet wurden.

Gelegentlich wurde die Bande während ihrer Einbrüche von Nachtwächtern oder Passanten gestellt, aber immer entkamen sie, ohne jemals auf einen Menschen zu schießen.

Im Frühjahr 1953 wurden sie erstmals von der Kriminalpolizei festgenommen. Da ihnen aber nichts nachgewiesen werden konnte, mußten sie wieder auf freien Fuß gesetzt werden. Bei zwei darauffolgenden Einbrüchen in Frankfurter Pelzgeschäfte »erarbeiteten« sie sich 100000 Mark.

Auf Wladimirs Vorschlag stieg dann die Bande auf Brillanten und Fotoapparate um. Wiederum erfolgreich. Da wurde Wladimir von der Kripo verhaftet. Es war ausgemacht, daß jeder, dem dies passierte, alle Schuld auf sich nehmen würde, um die anderen Bandenmitglieder zu entlasten. Wladimir tat es, aber die Kripo glaubte ihm nicht. Er erhielt nicht wegen Hehlerei, sondern wegen Einbruchs eineinhalb Jahre Gefängnis.

Nachdem Wladimir ausgefallen war, hatte die Bande ihren geschäftlichen Kopf verloren. Horst Korbmacher arbeitete als Kraftfahrer in einer Möbelgroßhandlung. Aber wegen seiner Vorstrafen wurde er entlassen. Aus Rache beschloß die Bande, den Geldschrank der Möbelfirma zu holen.

Bei einem geplanten Einbruch in Mannheim gerieten sie in eine Polizeistreife. Unter dem Kugelhagel der Beamten gelang die Flucht. Und wieder kassierten sie für Fotoapparate ein paar tausend Mark.

Da die Bande ohne den Hehler Wladimir keine Gelegenheit hatte, Pelze, Fotos u.a. abzusetzen, verlegte sie sich auf das Geldschrankknacken. Im August 1954 stahlen sie aus einerFabrik in der Nähe des Ostbahnhofs in Frankfurt einen 7 Zentner schweren Geldschrank, verluden ihn auf einen geklauten Lastwagen und fuhren ihn in ihre Garage in Offenbach, wo sie ihn öffneten. Beute: 10000 Mark. Mehr als 60 schwere Einbrüche konnten der Bande am Ende nachgewiesen werden.

Die letzte große Tour startete die Bande als Geldschrankknacker im November 1954. Sie hatte sich mit Pistolen bewaffnet, vorher Schießübungen durchgeführt, ohne je die Absicht gehabt zu haben, einen Menschen zu töten. Die Waffe sollte nur zur Abschreckung dienen. Innerhalb von 10 Minuten gelangen 2 Raubüberfälle in einer Treibstoffgesellschaft und einer Baustoffgroßhandlung in Frankfurt. Die anwesenden Personen wurden mit den Pistolen in Schach gehalten – und abermals fiel der Bande ein Betrag von zusammen etwa 10000 Mark in die Hände.

Der größte Coup gelang der Bande bei einem Überfall auf die Rentenzahlstelle der Bundespost am 31. Dezember 1954 in Sachsenhausen. Sie erwarteten in der Frühe die Anfahrt des Geldes in einem von der Polizei eskortierten Postwagen, und als die Zahlstelle um 7 Uhr öffnete und schon etwa 35 Personen in der Schalterhalle standen, stürmten sie hinein und erbeuteten 80000 Mark.

Nun hatte die Bande endlich soviel Geld beisammen, daß die Mitglieder daran denken konnten, bürgerlich selbständig zu werden. Horst und Willi Korbmacher dachten an ein Transportunternehmen, Henry Jaeger wollte sich als Schriftsteller versuchen.

Doch die Firma »Gebrüder Korbmacher, Transportunternehmen« bestand nur vier Monate. Der frühere Hehler Gartenbaum war bei einem Diebstahl erwischt worden und hatte auch über die Jaeger-Bande Aussagen gemacht. Am 2. Mai 1955 wurden alle drei Bandenmitglieder von der Mannheimer Kriminalpolizei aus ihren Betten geholt. Das war das Ende der Bande. Im Zuchthaus Bruchsal wurden sie inhaftiert, erhielten Sicherheitszellen, Einzelhaft und -spaziergang, Redeverbot. Innerhalb von 6 Monaten legten alle drei ihre Geständnisse ab. Nach eineinhalb Jahren Untersuchungshaft begann der Prozeß im September 1956 vor dem Mannheimer Schwurgericht. Henry Jaeger erhielt 12 Jahre Zuchthaus, Willi Korbmacher elfeinhalb

und sein Bruder Horst zehneinhalb Jahre Zuchthaus. Die Strafe mußten sie wiederum im Zuchthaus Bruchsal absitzen.
Während der Haftzeit schrieb der heute in Ascona (Schweiz) lebende Henry Jaeger seinen ersten Roman, der gleich ein Bestseller und verfilmt wurde: »Die Festung«. Von dem damaligen Ministerpräsidenten Kurt Georg Kiesinger wurden ihm die 4 restlichen Jahre seiner Haftzeit 1963 zur Bewährung ausgesetzt. Das geraubte Geld zahlte er inzwischen mit Zinsen wieder zurück.
Die Brüder Korbmacher indessen schafften nicht den Einstieg ins bürgerliche Leben. Wegen eines Überfalls auf die Bayerische Hypotheken- und Wechselbank in Aschaffenburg am 12. Juli 1971, bei dem sie innerhalb von 30 Sekunden fast 300000 Mark erbeuteten, wurden sie im September 1972 wegen schweren Raubes abermals verurteilt: Willi erhielt 10 Jahre und Horst Korbmacher 9 Jahre Freiheitsstrafe. Gegen dieses Urteil wurde Revision eingelegt.

Die Kimmel-Bande

Die Kimmel-Bande, die auch unter dem Namen »Al Capone der Pfalz« bekannt wurde, suchte in den Jahren 1956 (April) bis Ende 1960 vorwiegend in Deutschland das Gebiet Rheinland-Pfalz heim. Sie hatte sich spezialisiert auf Geldschränke in ländlichen Sparkassen, Raiffeisen- und Winzergenossenschaften sowie in Industriebetrieben. Zwischen dem 24. Oktober 1957 und dem 9. Februar 1961 verübte die Bande 187 Straftaten, insgesamt erbeutete sie 128240 Mark. Der Bande gehörten an: Bernhard Kimmel, Rudi Hartmann, Lutz Cetto, Benno Kratz, Mathilde Dohn, Gerhard Kastauer, Hans Bartsch und Fritz Steiner. Sie waren von Beruf Tuchweber, Schlosser, Weber, Vertreter, Textilarbeiterin und Schriftsetzer, alle bis auf Kimmel in der Pfalz geboren. Kimmel stammte aus Liestal/Schweiz, kam aber schon in früher Jugend nach Lambrecht in der Pfalz.
Die von der Bande geknackten Geldschränke hatten entweder keinerlei ausreichende Sicherungen oder sie waren alt und relativ leicht aufzubrechen.
Kimmel entwickelte zunächst eine Leidenschaft für das Messerwerfen und wurde dann zum Schußwaffennarr. Der gefürchtete und respektierte »Bombenkimmel« scharte die zwischen 1935 und 1941 geborenen späteren Bandenmitglieder um sich, fand im Lambrechter Wald in der Pfalz noch genügend Waffen und Munition, die durch die Nachkriegszeit bedingt dort liegengelassen worden sind, machte Schießübungen und stahl zunächst aus einsam gelegenen Wochenendhäuschen Lebensmittel und Spirituosen. Mathilde Dohn, genannt »Tilly«, wurde seine »Räuberbraut«.
Die Bande war vorzüglich ausgerüstet, jedes Mitglied brachte seine Spezialqualitäten mit. (Lediglich Kastauer entzog sich der weiteren Tätigkeit der Bande durch Eintritt in die Bundeswehr.)
Es waren Entwicklungs- und Erfolgstäter besonderer Art, die einen unwiderstehlichen Hang zum Verbrechen hatten, einen fast psychopathischen Geltungstrieb. Die Bande vervollkommnete ständig ihre Arbeitsweise. Rasche Erfolge verleiteten sie dazu, immer größere Ojekte in Angriff zu nehmen. Die notwendigen Werkzeuge verschafften sie sich teils durch Kauf, teils durch Diebstahl. Über die Methoden des Diebstahls und Geldschrankknackens informierte sich Kimmel zuvor anhand von Film, Funk, Fernsehen und Literatur.
Vor jedem Einbruch wurde ein Angriffsplan generalstabsmäßig ausgearbeitet, die Sicherungsanlagen und Raumverhältnisse genau ausbaldowert. Dabei ging es der Bande, speziell Kimmel, gar nicht immer um die große Beute, sondern um den Reiz, Erfolg zu haben. So gelang es Kimmel eines Tages, mit einem selbstgefertigten Dietrich den Panzerschrank einer Schuhfabrik zu öffnen. Obgleich darin aber kein Bargeld zu finden war, bezeichnete Kimmel dies als seinen größten Erfolg.
In sicheren Verstecken im Lambrechter Wald wurde dann die Beute untergebracht. Auch dafür hatte die Bande eine spezielle Methode entwickelt: Sie nahmen Milchkannen, schlugen sie mit Plastikhüllen aus, versteckten Waffen und Bargeld darin, dichteten den Deckel mit Talg ab und vergruben dann die Kanne. Um die evtl. auftretende Feuchtigkeit im Inneren der Kannen abzusaugen, legten sie eine Streichholzschachtel hinein. Die Schwefelköpfe der Hölzer nahmen jede Feuchtigkeit auf und schützten damit die Waffen vor dem Verrosten.
Die Bande zeichnete sich dadurch aus, daß sie immer neue Tricks erfand. So wurden die Geldschränke aufgeschnitten, aufgebrochen, aufgebohrt, aufgesprengt oder im ganzen abtransportiert.
Es wurde großer Wert darauf gelegt, am Tatort keine Spuren zu hinterlassen. Die Bandenmitglieder trugen bei Überfällen alte Kleider, die sie dann wegwerfen konnten. Hausschuhe mit glatter Sohle wurden bevorzugt, mit Wolldecken wurden die Fenster abgehängt, sie dienten auch dazu, den bei Bohrungen an Geldschränken entstehenden Lärm abzudämpfen. Ein Bandenmitglied hatte die Sonderaufgabe, vor Verlassen des Tatortes genau nachzusehen, ob nichts vergessen worden ist. Einmal ging Kimmel sogar an den Tatort zurück, weil er dort zwei Patronen verloren hatte. Cetto war von Beruf Vertreter und daher besonders geeignet, in Frage kommende Objekte auszukundschaften. Bei Tag und mehrmals bei Nacht wurde dann der Tatort aufgesucht und genau geprüft. Die Größe der Ortschaft, Beleuchtungsverhältnisse, Sicherungsmöglichkeiten, Einstiegsluken, der Abstellplätz für die PKWs wurden untersucht. Es war ein Grundsatz der Bande, beim Ausbaldowern vorgefundene Geldbeträge niemals anzutasten.
War eine Tür verschlossen und steckte innen der Schlüssel, so hatte die Bande folgende Methode, die Tür zu öffnen: Mit einem Dietrich wurde der Schlüssel aus dem Schloß gestoßen. Er fiel auf eine vorher unter die Tür durchgeschobene Zeitung. Die Tür wurde etwas angehoben, Zeitung samt Schlüssel herausgezogen und dann ganz »normal« die Tür mit dem Schlüssel geöffnet. Zum Verschließen wurde der Schlüssel dann

wieder von innen ins Schloß gesteckt. Durch den Ring im Schlüssel wurde als Hebel ein starker Draht horizontal gesteckt. An diesem Draht war eine Schnur befestigt, die unter dem Türspalt hindurch nach außen geführt wurde. Nachdem die Tür dann zugeschlagen war, konnte an der Schnur gezogen werden. Durch die Hebelwirkung des Drahtes konnte der Schlüssel, der sich innen befand, von außen umgedreht und damit die Tür wieder »ordnungsgemäß« verschlossen werden. Der Draht fiel dabei zu Boden und konnte wie zuvor mit der untergeschobenen Zeitung herausgezogen werden.
Bei keinem einzigen Einbruch wurde die Bande überrascht, nie mußte sie fliehen, nie wurde die Arbeit durch die Polizei, einen Nachtwächter oder sonst eine Person gestört.
Mit dem Erfolg wuchs auch der Übermut der Bande. War ein Einbruch gelungen, so feierte die Bande z.B. in der Küche des Tatortes, oder sie riefen die Polizei an mit dem vertraulichen Hinweis, deren Frauen seien überfallen worden.
Obgleich Kimmel die Devise ausgegeben hatte, niemals auf einen Menschen zu schießen, er benutzte seine Schußwaffe, eine MP, nur zum Zwecke der moralischen Abschreckung für alle Fälle, »passierte« der Bande ein Mord. In der Neujahrsnacht 1960/61 wurde der Hüttenwart Wertz auf der Hellerhütte im Lambrechter Wald erschossen. Nach diesem Mord wollte Kimmel die Polizei irreführen. Da er annahm, daß sich nun die polizeilichen Ermittlungen auf den Lambrechter Raum konzentrieren würden, verübte er am 7. Januar 1961 einen Feuerüberfall auf die Gaststätte »Deidesheimer« in Haardt. Der Todesschütze im Fall Wertz war Lutz Cetto. Zu dem Zwischenfall, den Kimmel sehr verurteilte, kam es, als der Hüttenwirt Karl Wertz Gäste der Silvesterfeier etwa um 4 Uhr 10 morgens hinausbegleitete und dabei verdächtige Personen – es waren vier Bandenmitglieder: Kimmel, seine Braut Tilly und zwei weitere Männer – bemerkte. Kimmel rief den Hüttenwart und seine Gäste an: »Hier Al Capone, sieben Meter Distanz!« Die Angesprochenen glaubten zunächst an einen Silvesterscherz. Als Kimmel aber wieder mit einer Taschenlampe angeleuchtet wurde, gab er zwei Warnschüsse in den Boden ab. Es kam zu einem Gerangel zwischen Kimmel und Wertz, das Cetto beobachtete. Um zu verhindern, daß Kimmel unterliegen könne, was das Auffliegen der ganzen Bande hätte bedeuten müssen, gab er drei Schüsse auf Wertz ab, und alle drei trafen den Mann, der später im Krankenhaus starb.
Am 7. Januar 1961 startete die Bande dann ihr »Ablenkungsmanöver« im Winzerverein Haardt. Am 21. Januar 1961 wurden Kimmel und Lutz Cetto verhaftet, am 8. Februar legte Kimmel sein Geständnis ab, und einen Tag danach führte ihn die Mordkommission von Frankenthal nach Lambrecht zur Tatortbesichtigung. Kimmel hatte zugestimmt unter der Bedingung, daß er seine Verlobte Tilly sehen dürfe. Sie folgte, begleitet von einem Kriminalbeamten, etwa 50 Meter dem gefesselten Kimmel nach. Als plötzlich ein Gewitterregen einsetzte, bat er, seiner Braut seinen Mantel geben zu können. Zu diesem Zweck wurden ihm die Fesseln abgenommen und nicht wieder angelegt, da zudem der Weg zu dem Ort, wo die Waffen der Bande versteckt waren, sehr schmal wurde. Kimmel täuschte die Suche vor, geriet dabei an einen Steilhang, ließ sich hinunterstürzen und entkam. Obgleich die Kripobeamten sofort nach ihm schossen und Verstärkung herbeiholten, eine Hundertschaft Bereitschaftspolizei, blieb er verschwunden. Aber er wollte nicht ohne seine Braut die Flucht fortsetzen. Er schlich sich an den Steinbruch zurück, wo das Polizeifahrzeug abgestellt war, in der Annahme, daß dort Tilly warten müsse. Sie sah ihn etwa 30 Meter entfernt hinter einem Busch stehen. Als sie hinblickte, bemerkte dies auch der Kriminalbeamte, der sofort dem fliehenden Kimmel nachrannte und Schüsse abgab. Da auch Kimmel zurückschoß, zwang er den Kriminalbeamten in die Flucht. Dies nutzte Tilly aus, rannte zu Kimmel, und beiden entkamen.
Einige Tage später – die Polizei hatte über 1000 Beamte, Hunde und Hubschrauber zur Suche eingesetzt – ergab sich Kimmel samt seiner Braut.
In zwei Prozessen vor dem Landgericht Frankenthal im Oktober 1962 wurde Kimmel zu 14 Jahren Zuchthaus verurteilt. Die Anklage warf ihm Einbruch, Diebstahl, Sachbeschädigung, Brandstiftung, Nötigung, Hausfriedensburch, schweren Raub und Widerstand gegen die Staatsgewalt vor. Wegen guter Führung wurde ihm das letzte Drittel der Strafe erlassen, und Mitte Juni 1970 kam er wieder auf freien Fuß. Im Gefängnis fiel er auf durch eifrige Lektüre von Goethe, Schiller und Hölderlin. Zuvor hatte er sich mit Hitlers »Mein Kampf« beschäftigt.
Am glimpflichsten von allen Bandenmitgliedern kam Kimmels damalige Braut davon. Bald nach ihrer Verurteilung wurde sie wieder auf freien Fuß gesetzt. Kimmel lebt heute unter seinem richtigen Namen in einer süddeutschen Großstadt. Inzwischen wurden alle anderen Bandenmitglieder aus den Haftanstalten entlassen.

Die »Panther-Bande«

Die Geschichte der gefürchteten »Panther-Bande« begann 1943 in München, zu einer Zeit, als die Schüler einer Münchner Volksschule aus Schutz vor den Luftangriffen in ein Lager in Aindling evakuiert wurden. Aus den Schülern der 7. und der 8. Klasse entstanden sich bekämpfende Gruppen, die sich die »Panther« und die »Tiger« nannten. Es ging bei den Kämpfen um das bessere Essen, den besseren Schlafstellenplatz, um körperliche Stärke. Der Chef der »Panther« war schon damals der Primus Hugo Werner (geb. 1931). Die Schüler wurden gegen Ende des Krieges an scharfen Waffen ausgebildet, um gegen den Feind kämpfen zu können. Als der Krieg zu Ende war, hatten die Bandenmitglieder den Umgang mit der Waffe nicht mehr aufgeben können. Sie blieben zusammen, nannten sich nach wie vor die »Panther« und verlegten sich auf das »Organisieren« von Zigaretten und Lebensmitteln, die sie bei den Amerikanern klauten. Einmal geriet die Bande in die Streife der amerikanischen Militärpolizei und wurde zusammengeschlagen. Das verstärkte

nur noch den Haß gegen die »Amis«. Die Bande bewaffnete sich erneut. Waffen und Munition gab es genügend aus den Beständen der ehemaligen Wehrmacht. Nie mehr sollte die Bande riskieren, zusammengeschlagen zu werden. Nach Beendigung der Schulzeit gingen die Bandenmitglieder tagsüber in eine Lehre, nachts trafen sie sich in einem Ruinenkeller in Schwabing. Das viele Geld, das man auf dem Schwarzmarkt verdienen konnte, reizte sie, zumal sie als Lehrlinge kaum etwas verdienten. Ziel der Bande war es, durch Diebereien nach oben zu kommen.
Bandenchef Hugo Werner verfaßte die Satzungen der »Panther«, die sich den Wohlstand gemeinsam erkämpfen, die Beute zu gleichen Teilen vergeben wollten, die den Umgang mit Mädchen verpönten und dem Anführer absoluten Gehorsam zu leisten hätten. Jedes Zuwiderhandeln sollte mit dem Tod bestraft werden. Die Satzungen unterschrieben sie mit ihrem Blut.
Am 14. November 1946 begann die Bande in Aktion zu treten. Gleich nach dem ersten Einbruch in eine amerikanische Werkstatt wurden sie erwischt und zu 2 Jahren Jugendstrafe verurteilt. Im Mai 1949 wurde erstmals die Bandensatzung in die Tat umgesetzt: Ein als Spitzel entlarvtes Bandenmitglied wurde erschossen. Wiederum verübte die Bande Einbrüche, doch die Beute war nie so groß wie erhofft.
Im Oktober 1951 hatte die Bande bereits 3 Morde zu verzeichnen, da wurden sie am 29. Oktober 1951 an ihren Arbeitsstellen verhaftet. Die Anklage warf der Bande dreifachen Mord, 2 Mordversuche, Raub, Erpressung und Diebstahl vor. Bandenchef Werner erhielt lebenslänglich Zuchthaus, die anderen Freiheitsstrafen zwischen 2 und 15 Jahren. 1972 wurde Werner aufgrund eines Gnadenerlasses des bayerischen Ministerpräsidenten aus der Haft entlassen.
Zwei Bandenmitglieder hatten während der Haftzeit Selbstmord begangen, ein drittes verletzte sich lebensgefährlich beim Sprung aus dem vierten Stockwerk.

4. England

»Hell's Angels«

Drei Mitglieder der englischen Rockergruppe »Hell's Angels« wurden am 2. November 1972 von einem Gericht in Winchester verurteilt, weil sie ein 14jähriges Mädchen vergewaltigt hatten. Sie hatten das Mädchen von der Straße in ein Café gezerrt und dort vor den Augen der gaffenden Menschenmenge mißbraucht. Der 18jährige Haupttäter erhielt 7 Jahre, seine 19 und 23 Jahre alten Freunde bekamen wegen Beihilfe je 4 Jahre Gefängnis.
Auch in Amerika (Kalifornien) gibt es eine Rockergruppe namens »Hell's Angels«. Die kalifornische Polizei fahndete nach ihnen, seit auf einer Farm etwa 150 Kilometer nördlich von San Franzisko die Leichen von drei jungen Leuten gefunden wurden, die vermutlich von den Rockern ermordet und im Frühjahr 1971 vergraben worden sind. Drei Mitglieder auch dieser Bande wurden verhaftet. Gegen den Bandenchef Ralph Barger wurde in Oakland ein Mordprozeß geführt.
In einem Bericht des kalifornischen Justizministeriums hieß es, die »Hell's Angels« seien nicht mehr eine Bande von locker organisierten Motorrad-Enthusiasten, sondern sie seien auf dem Weg, eine wohlorganisierte Verbrecherbande zu werden. Die Rocker hatten in den letzten drei Jahren Drogen im Schwarzmarktwert von 100 Millionen Mark verschoben.

5. Kolumbien

Die »Gallada«-Banden

Die jugendlichen Banden (»Galladas«) von Bogota setzen sich aus Kindern zwischen 6 und 14 Jahren zusammen. In Rudeln von drei bis acht, dazu gehören auch Mädchen, lauern sie den ganzen Tag darauf, legal oder illegal irgend etwas zu erwerben, das sie dann wieder verscheuern können. Es sind Straßenjungen, kleine Vagabunden, die von zu Hause ausgerissen sind und in der Hauptstadt Kolumbiens sich über Wasser zu halten versuchen. Sie schlafen eng aneinandergedrängt im Freien, klauen Lebensmittel, Radkappen oder auch Scheibenwischer von Autos, besonders gewichste klauen sogar die Uhr vom Arm eines Autofahrers, der an einer Ampel halten muß.
In der »Gallada« herrscht das Gesetz der Solidarität. Alles, was geklaut wurde, wird auch untereinander aufgeteilt. Insgesamt soll ihre Zahl mehr als 10000 sein (1972).
Die meisten bilden die unmittelbare Vorstufe zum Berufsverbrecher. Wird ein durchaus intelligenter und situationsbewußter »Gallada« gelegentlich von der Polizei aufgegriffen, so kommt er in sogenannte »Beobachtungsstellen«, wird dort betreut und nach einiger Zeit zu seinen Eltern, wenn sie sich finden lassen, zurückgeschickt oder in Landheime eingewiesen.
Angesichts der Tatsache, daß in Kolumbien täglich 100 Kinder an Unterernährung sterben, ist diese Bandenbildung als einzige Überlebenschance gar nicht so unnatürlich. Die jugendlichen Banden sind hier der unmißverständliche Ausdruck für die sozial total unterentwickelte Lage Kolumbiens.

6. Frankreich

Attia, Joseph Brahim, genannt »Jo«

Jo Attia, auch »Jo der Schreckliche« genannt, war der wohl berühmteste Bandenchef im Nachkriegsfrankreich, eine Art französischer Al Capone. Geboren am 10. Juni 1916 bei Rennes, nahm er als 16jähriger erste Kontakte zu einer Jugendbande in Marseille auf. Bei einem Einbruch ging er der Polizei ins Netz. Mit 19 Jahren wurde er in ein Strafbataillon in Nordafrika versetzt. Er mauserte sich zum Meisterboxer und Meisterkiller. Hier traf er auch mit einem seiner späteren Bandenmitglieder zusammen, mit Pierre Loutrel, der im Milieu »Pierrot der Verrückte« genannt wurde. 1938 wurden Jo und Pierre aus der französischen Armee entlassen. Jo blieb in Marseille, und als 1940 Frankreich von deutschen Truppen besetzt wurde, schloß er sich der Résistance an. Sein Freund Loutrel hingegen kollaborierte mit der Gestapo.
Im Juli 1942 wurde Jo von der Gestapo verhaftet und ins KZ Mauthausen gesteckt. Hier kam der bärenstarke Riese in die Rolle einer Lagerberühmtheit, als er einen SS-Wärter niederschlug, der einen KZ-Häftling drangsalierte. Obgleich auf einem solchen Delikt (Angriff auf die Wachmannschaft) die Todesstrafe durch sofortiges Erschießen stand, wurde Jo nicht hingerichtet.
Schnell avancierte er zum »Helden von Mauthausen«. Als solcher stahl er Medikamente, Lebensmittel und Zigarren, setzte sich für Kranke ein und sorgte für bessere Haftbedingungen seiner Mithäftlinge. Als berühmter Mann wurde er nach dem Krieg aus dem KZ befreit. Er kehrte nach Paris zurück und schlug sich als Sänger, Schauspieler und Schauboxer durch.
Eines Tages traf er in einer Kneipe auf dem Montmartre seinen alten Freund Loutrel. Er hatte für die Gestapoarbeiten mehrere hunderttausend Franc erhalten, war aber gleichzeitig vor Kriegsende zu der Résistance übergewechselt, so daß ihm nun niemand etwas anhaben konnte. Jo und Loutrel beschlossen, eine Bande zu gründen, jene Bande, die später unter dem Namen »Auto-Gang« Schlagzeilen machen sollte. Noch drei Männer kamen dazu, dann war die Bande komplett: René Boucheseiche, Raymond Naudy und Henri Feufeu.
Kurz nach ihrer Gründung schlug diese gefährliche Bande bereits zu: Am 7. Februar 1946 überfielen sie die Bank »Crédit Lyonnais« in Paris und erbeuteten 15 Millionen Franc. Am 11. Februar 1946 raubten sie beim Überfall auf einen Geldtransport in Lyon binnen 30 Sekunden 1 Million Franc. Drei Tage später fielen ihnen bei einem weiteren Banküberfall in Südfrankreich 2 Millionen Franc in die Hände. In kürzesten Zeitabständen führte die Bande ihre Coups aus. Krönung war der Raub von 50 Kilo purem Gold aus der Staatlichen Goldschmelze in Paris.
Der erste Zusammenstoß der »Auto-Gang« mit der Polizei passierte am 25. September 1946. Der Polizei war verraten worden, daß die Bandenmitglieder im »Hotel l'Auberge« in Champigny südwestlich von Paris zu Abend speisen. Etwa 300 Polizisten in Panzerfahrzeugen belagerten gegen 21 Uhr abends das Hotel und forderten per Sprechtüte die Bande auf, sich zu ergeben. Jo Attia eröffnete sofort das Feuer. Er selbst wurde auch verwundet, schoß aber weiter.
Zum Glück befand sich sein Freund Loutrel in einem benachbarten Restaurant. Als die Schießerei losging, stürzte er zu seinem Wagen hinaus und fuhr im Kugelhagel die wenigen hundert Meter zum Hotel »L'Auberge«. Er stoppte eine Sekunde vor dem Hoteleingang, Jo Attia fiel in den Wagen – und die Polizei hatte das Nachsehen. Boucheseiche entkam dem Zugriff der Polizei, indem er sich in eine Wassertonne setzte und durch einen Schlauch Sauerstoff einatmete. Nachdem die Polizei ihre Panzer abgezogen hatte, stieg er aus seiner Tonne, zwar klitschnaß, aber gerettet.
Loutrel kam bald danach durch einen Schuß ums Leben, den er sich versehentlich selbst beibrachte. Er mußte operiert werden, aber Jo konnte nicht zulassen, daß er möglicherweise von der Polizei verhört würde. Also tarnte er sich zusammen mit Boucheseiche als Krankenwärter und entführte Loutrel kurz nach seiner Operation aus dem Krankenhaus. Noch in derselben Nacht starb jedoch »Pierrot der Verrückte«.
Jo Attias Macht nahm immer mehr zu. Er war der König der Pariser Unterwelt, die er ungefähr 25 Jahre lang kontrollierte und ausbeutete. Er unterhielt die besten Beziehungen zu Geschäftsleuten, Polizisten und Politikern, herrschte über Gangster, Geheimagenten und Guerillas.
Freilich wurde ihm auch verschiedentlich der Prozeß gemacht. So wurde er im Herbst 1949 nach einer Schießerei mit der Polizei in Marseille verhaftet. Ein Konkurrent, der Barbesitzer Henri Stark, hatte ihn »verpfiffen«. Ehe es zum Prozeß gegen Jo kam, war Henri bereits mit 17 Einschüssen aus der Seine gefischt worden. Wer die Täter waren, kam nie heraus. Der Prozeß gegen Jo wurde ein Schauprozeß gegen den »Helden von Mauthausen«, den zu hohen Gefängnisstrafen zu verurteilen die Richter keinen Mut hatten. Er erhielt nur 4 Jahre Gefängnis wegen »Verheimlichung von Leichen« (Jo hatte mit Boucheseiche den Toten Loutrel auf einer unbewohnten Seine-Insel »in aller Stille« beigesetzt, ohne die Behörden davon zu verständigen) und wegen unerlaubten Waffenbesitzes. Seine Strafe saß er im Gefängnis Frèsnes ab, heiratete hier jene Frau, von der er bereits die uneheliche Tochter Nicole hatte. Wegen guter Führung wurde er sogar vorzeitig Anfang 1953 aus dem Gefängnis entlassen. Sein Schweizer Bankkonto belief sich auf mehrere Millionen Franken.
Seine KZ-Vergangenheit sollte sich nun auch noch auszahlen. Eines Tages meldete sich ein ehemaliger Mithäftling, nun ein Oberst beim französischen Geheimdienst namens Bertrand, bei Jo und bat um dessen Mitarbeit. In Nordafrika sollte ein Unterschlupf marokkanischer Terroristen ausgehoben werden. Jo war einverstanden und machte sich auf den Weg nach Tanger. Da lief er aber der spanischen Polizei in die Hände und kam ins Gefängnis Tetuan.

Um der gewissen Todesstrafe zu entgehen, sann er auf einen Ausweg. Da las er in der Zeitung, daß in der Nähe von Paris zwei männliche Leichen gefunden wurden. Sofort legte Jo ein »Geständnis« ab, gab vor, der gesuchte Täter zu sein und gab damit Oberst Bertrand das Startzeichen zur Ausstellung eines Auslieferungsantrages. Die spanischen Behörden waren einverstanden und schoben den vermeintlichen Mörder erleichtert ab.
Um das kuriose Schauspiel voll zu machen, wurde Jo tatsächlich in Paris vor Gericht gestellt, was die spanischen Behörden sehr beruhigte, aber mangels Beweisen endete das »Verfahren« mit Freispruch.
Eine zwielichtige Rolle spielte Jo Attia auch bei der Entführung und Ermordung des marokkanischen Oppositionspolitikers Ben Barka.
Am 29. Oktober 1965 wurde er auf dem Boulevard Saint Germain in Paris verhaftet und entführt. Jo Attia soll dabei gewesen sein, nachzuweisen war das bisher nicht. Jedenfalls wurde der entführte Ben Barka in die Villa von Boucheseiche gebracht und dort von General Oufkir erstochen. Außerdem war ein Mitglied seiner Bande, Roger Lentz, ein Verwandter von General Oufkir.
Eindeutig mitverwickelt war Attia jedoch in die Entführung des OAS-Obersten Argoud.
Argoud verschwand im Februar 1963 aus München. Die beiden Entführer brachten ihn nach Paris, wo er sofort verhaftet wurde. Argoud identifizierte im Juli 1971 die beiden Entführer als Boucheseiche und Attia.
Noch zweimal stieß Attia mit der Justiz zusammen. Einmal 1959, als er per Auftrag einen Pariser Buchhändler ermorden sollte und dafür 5 Millionen Franc »Arbeitsgeld« kassierte. Er führte den Mord nicht aus, sondern zeigte den Auftraggeber bei der Polizei an. Trotzdem erhielt er 1 Jahr Gefängnis mit Bewährung. Die Bewährung lautete: 5 Jahre darf er sich nicht in Frankreich sehen lassen.
Das war für Attia keine Strafe. Er ging in den Kongo und lebte von Nachtklubs. Obgleich er mehrmals illegal nach Frankreich einreiste, ließ ihn die Polizei unbehelligt. 1964 wurde er noch einmal angeklagt wegen Unterschlagung von 350 Millionen algerischer Dinar. Die 2jährige Gefängnisstrafe münzte er durch eine hohe Kaution in Freiheit um.
Inzwischen hatte sich in Paris eine andere Bande etabliert, deren Boß ein gewisser Georges Segard war. Sein Stellvertreter war der Berufskiller Christian Jubin. Auch diese Bande lebte (seit Anfang 1969) von Banküberfällen. Es war die große Konkurrenz zur Attia-Bande. Segard erhob Anspruch auf Attias Position des »Königs der Unterwelt«. Am 28. Dezember 1969 hatte Roger Lentz den Schlupfwinkel der Segard-Bande aufgespürt. Attia benachrichtigte die Polizei, und die Bande wurde verhaftet. Besonders unbeliebt gemacht hatte sich die Segard-Bande durch Jubin, der 1969 in Attias Bar »Gavroche« auf dem Montmartre eindrang, ein Barmädchen und deren Verlobten erschoß, Attias schöne Tochter Nicole entführte und vergewaltigte. Dies war als Denkzettel gedacht für den neuen Umstand, daß von nun an der Chef der Unterwelt Segard heiße. »Jo der Schreckliche« sann auf Rache, und es kam zu einem regelrechten Bandenkrieg in Paris. Der Krieg endete mit besagter Verhaftung von Segard und Jubin.
Jo Attia starb am 22. Juli 1972 an Kehlkopfkrebs. Um zu Hause sterben zu können, ließ er sich aus dem Krankenhaus entführen. Während man ihn begrub, stahlen Unbekannte aus seiner Villa Schmuck im Werte von 10000 Mark.

e) Bank- und Postraub

Zur Typologie des Bankräubers

Zufolge einer Untersuchung des »Instituts für Kriminologie und Strafvollzugskunde« der Universität Freiburg/Br. zählen Bankräuber nicht zu den Berufsverbrechern. Die Hälfte der Bankräuber besitzt eine abgeschlossene Berufsausbildung 75% aller Bankräuber sind vorbestraft. Gründe für ihre Taten sind meist eine erhebliche Verschuldung und ein zu aufwendiges Leben.
Die Untersuchung des Instituts erstreckte sich auf 360 Täter von 297 Banküberfällen. Jugendliche zwischen 21 und 25 Jahren bilden mit 38% das Haupttäterkontingent. Die Erwachsenen folgen mit 27%. Ausgesprochen jugendliche Täter sind in der Minderzahl mit nur 2%.
77% der Bankräuber haben nur die Volksschule besucht, 28% das Lehrverhältnis vorzeitig aufgelöst.
Zur Tatzeit befanden sich 53% der Bankräuber weder in Arbeit noch in Ausbildung 22% besaßen keinen festen Wohnsitz. Ihr Vorstrafenregister wies in erster Linie Vermögensdelikte vor.
Gegenüber Raubtätern beginnen Bankräuber ihre Karriere später. Üblicherweise ist der Bankräuber eher ein Vermögensverbrecher und nicht ein Gewaltverbrecher

Sie gehören jedoch nicht zum Kreis der sogenannten Intelligenzverbrecher oder Großbetrüger. Nur etwa 10% der Bankräuber waren nach den Feststellungen des Instituts als eigentliche Berufsverbrecher zu bezeichnen. Bankraub ist eher ein Geschäft für »Unspezialisierte« oder »Nichtprofessionelle«. Als Gründe dafür kommen in Betracht: Banken sind jedermann zugänglich; die Tatplanung erfordert keine große Intelligenz; die Tatausführung keine speziellen Fertigkeiten; das Erfolgsrisiko gilt als positiv und schließlich: Der Täter braucht keinen Hehler.
Als Tatzeit ergaben sich besonders anfällig: der Dezember, der Freitag, die Zeit kurz nach der Öffnung der Bank am Morgen und kurz vor Schließung der Bank am Abend. 57% aller Überfälle spielten sich in 2 Minuten ab.
Überraschend war die Feststellung, daß nur bei 28,6% der untersuchten Banküberfälle geladene Schußwaffen, bei 65,4% ungeladene Waffen oder Schreckschuß- bzw. Gaspistolen, auch Spielzeugpistolen verwendet wurden.
In gewisser Weise begünstigen die Geldinstitute Banküberfälle, weil sie zu ungenügend abgesichert sind. Nur 38,7% der Banken besaßen Schutz- und/oder Alarmanlagen, bei 63 gesicherten Kassen versagten die Sicherungen, der Alarm wurde nicht rechtzeitig ausgelöst. Geschickte Täter kennen die Alarmanlagen und wissen, wie man sie außer Funktion setzen kann.
Von den 360 Tätern, die das Institut untersuchte, wurden 8 freigesprochen, 14 erhielten eine Jugendstrafe, 170 eine Gefängnis-, 133 eine zeitliche und 5 eine lebenslängliche Zuchthausstrafe. Das Institut kam zu dem Schluß, daß bei der Rechtsprechung in bezug auf das Delikt Bankraub ein über dem Durchschnitt liegender Unrechtsgehalt zu finden sei. Die Rechtsprechung beurteile i.a. den Bankraub zu scharf, was den Bankraub unter den Delikten zu einem besonders sträflichen Verbrechen mache.

1. Deutschland

Gaier-Czenki, Margit, genannt »Banklady«

Am 13. April 1971 wurde die Zweigstelle der Bayerischen Hypotheken- und Wechselbank am Frankfurter Ring in München überfallen und beraubt. Die 30jährige frühere Kindergärtnerin Margit Gaier-Czenki aus Stuttgart wollte mit ihren Komplizen Rolf Heißler, Roland Otto und Karl-Heinz Kuhn mit dem geraubten Geld eine Organisation nach dem Vorbild der südamerikanischen Stadtguerillas aufbauen. Bei dem Überfall wurden 54000 Mark erbeutet.
Mit einem Trommelrevoler bewaffnet stand die blonde Frau mit den besonders betonten Backenknochen und ihrem weißen Knautschlackmantel auf dem Tresen und beschattete die Bankangestellten, während Kuhn das Geld einsackte, Otto die Bankkunden in Schach hielt und Heißler draußen im Fluchtauto wartete. Der Wagen, ein BMW, war zuvor gestohlen worden.
Zuvor hatten die vier in einem Wald ihre Schußwaffen, neben dem Revolver eine Flinte, ausprobiert. Auf Menschen sollte jedoch nicht geschossen werden, höchstens ein Warnschuß in die Decke. Als Otto Kuhn und die Czenki nach dem Überfall durch das Fenster flüchteten, fiel trotzdem ein Schuß. Ob es ein Warnschuß aus Ottos Schrotflinte war, oder ob sich der Schuß von selbst löste, war vor Gericht nicht mehr festzustellen.
Otto und Kuhn wurden kurz nach dem Überfall geschnappt, gerade nachdem sie auf der Flucht ihre Frauenperücken und die Tarnkleidung abgelegt hatten. Die »Banklaydy« und Heißler entkamen mit dem Wagen und wurden erst zwei Monate später in der Münchener Kellerwohnung des Studenten Heißler verhaftet.
Mit 18 Jahren hatte Margit ihre Familie in Stuttgart verlassen, um sich in Freiburg/Br. als Kindergärtnerin ausbilden zu lassen. Sie bekam dann eine Stellung in einem Heim nervengeschädigter Kinder und heiratete später den Pädagogen Otto Gaier. Als dieser Dozent in Ulm geworden war, schien die Ehe auseinanderzugehen. Margit zog mit ihrem Sohn nach München, um Politologie zu studieren. Sie lebte in einer Kommune, schloß sich linken Studentenkreisen an, wo sie auch Rolf Heißler kennenlernte. Inzwischen war ihre Ehe vollends zerbrochen.
Die blonde Revolutionärin konnte nächtelang über die Ideologie der Tupamaros diskutieren und versuchte sich später als Gründerin antiautoritärer Kinderläden. Obgleich sie bei vielen Eltern auf begeisterte Zustimmung stieß, machte ihr Unternehmen wegen Geldmangels Pleite.

Bald danach reifte in ihr der Plan, sich zur Verwirklichung ihrer revolutionären Ideen das Geld dort zu holen, wo es herumlag: in den Banken.
Das Geld sollte ausschließlich der »politischen Arbeit« zugute kommen. Politische Arbeit ohne Gewaltanwendung schien der Bande nutzlos. Als der Staatsanwalt fragte, ob Otto darunter auch das »Legen von Bomben« verstehe, antwortete dieser: »Auch das Legen von Atombomben.« Die technischen Kenntnisse, wie man eine Bank überfällt, hatten sie sich durch die Lektüre von Marighellas Buch über die Stadtguerillas angeeignet.
Während der Untersuchungshaft im August 1971 wurde ein Kassiber sichergestellt, in dem Heißler Überlegungen angestellt hatte, nach seiner Entlassung eine Elitetruppe von vier oder fünf Scharfschützen zu organisieren, um »ein Schwein nach dem anderen umzulegen«. Begründet wurde dieser Plan mit der »dem kapitalistischen System immanenten Gewalttätigkeit«. Der Kassiber enthielt die Grußformel: »Rache, Kampf, Mut, Sieg, Liebe.«
Am 28. Februar 1972 wurde die Banklady zu einer Freiheitsstrafe von sechseinhalb Jahren verurteilt. Der 23jährige Student Rolf Heißler erhielt 8 Jahre Freiheitsstrafe. Das Gericht verurteilte sie wegen schweren Raubes und wegen widerrechtlichen Führens einer Schußwaffe.
Nach der Urteilsverkündung schrie Heißler: »Der Kampf geht weiter!«, und die Banklady, die lächelnd das Urteil entgegennahm, sagte: »Das macht uns gar nichts aus.«
Der Verbleib des geraubten Geldes war bei Prozeßende noch nicht geklärt.

Kuhn, Karl-Heinz, und Otto, Roland

Im Prozeß um den Münchener Bankraub vom 13. April 1971 (Gaier-Czenki) wurde der 20 Jahre alte Arbeiter Karl-Heinz Kuhn von einer Jugendkammer beim Landgericht München zu 4 Jahren und 8 Monaten Gefängnis verurteilt. Sein Komplize, der 21jährige Student Roland Otto, erhielt 4 Jahre und 4 Monate Jugendstrafe. Beide wurden des schweren Raubes, eines Vergehens gegen das Waffengesetz und des Diebstahls für schuldig befunden. Kuhn darüber hinaus der versuchten Brandstiftung und der Sachbeschädigung. Er hatte sich an Anschlägen gegen das Münchner Konsulat von Panama, eine Bankfiliale und zwei Polizeifahrzeugen beteiligt.

Rammelmayer, Hans Georg, und Todorov, Dimitri

Unter den Augen Tausender von Menschen spielte sich am 4. August 1971 eines der atemberaubendsten Gangsterstücke in der Kriminalgeschichte der Bundesrepublik ab.
Kurz vor 16 Uhr betraten zwei Maskierte, von denen jeder einen Motorradhelm trug, eine Filiale der Deutschen Bank in der Münchner Prinzregentenstraße, schüchterten Angestellte und Kunden mit ihren Waffen ein und befahlen den Anwesenden, sich an die Wand zu stellen. Bis auf vier Frauen und einen Mann, die sie als Geiseln zurückbehielten, durften die Anwesenden die Bank zur Hintertür hinaus verlassen, nachdem zuvor die Vordertür verriegelt worden war. Anschließend setzten sich die Täter mit der Polizei in Verbindung und verlangten ein Lösegeld von 2 Millionen Mark in Form von gebrauchten Hundertmarkscheinen, dazu die Zusicherung freien Geleits und die Stellung eines Fluchtwagens.
Die Deutsche Bank erklärte sich nach Rücksprache mit der Polizei bereit, das Geld zur Verfügung zu stellen, konnte aber das Geld nicht so rasch in der gewünschten Form beschaffen. Darauf setzten die Täter ein Ultimatum auf 22 Uhr fest. Das Ultimatum mußte zweimal verschoben werden: auf 23 Uhr und auf 23 Uhr 30.
Kurz vor 22 Uhr entließen die Räuber eine der Geiseln, eine Frau, die angeblich einen Herzanfall erlitten hatte. Die anderen Geiseln baten um Essen und Trinken, das ihnen ein nahe gelegenes Speiserestaurant auch gab. In der telefonisch an die Polizei übergebenen Erklärung der Räuber hieß es: »Sollte die Deutsche Bank AG oder die Polizei unsere Forderungsnote in nur einem einzigen Punkt verletzen oder versuchen, Verzögerungen herbeizuführen, wird sich die Rote Front mit brachialer Gewalt an der Bevölkerung rächen! Maschinengewehrattentate auf beliebige Passanten und Personenkraftwagen sowie Sprengstoffanschläge von verheerender Wirkungskraft werden die Folge sein. Zur Demonstration wird heute ein Bombenanschlag verübt, der in seiner Wirkung absichtlich um ein Vielfaches reduziert wird. Für den Fall, daß Polizei oder andere Organe erwägen, unser Unternehmen konkret zu gefährden oder zu zerschlagen, kennt die Rote Front nur eine Alternative: die Vergeltungsaktion ›Elend‹. ›Elend‹ beginnt mit der Vernichtung der Deutschen Bank AG durch Zündung von 20 Kilogramm Sprengmasse, verformbar. Unsere Leute werden durch Zerreißen ihrer Giftampullen in den Freitod gehen. Nach Eintritt dieses Ereignisses wird der Raum München von der Roten Front für die Dauer von 48 Stunden von Mordanschlägen und der Zerstörung vorwiegend sozialer Einrichtungen heimgesucht. Danach wird die Aktion in ihrer Gesamtheit andernorts wiederholt. Ausdrücklich weisen wir darauf hin, daß Vergeltungsmaßnahmen auch dann zum vollen Einsatz kommen, wenn die Überprüfung des Geldes ergibt, daß es chemisch präpariert, radioaktiv verseucht oder alle Scheine aus laufender Serie sind.«
Soweit die gut ausgeklügelte und wohl formulierte Forderung der Räuber.
Um 18 Uhr 11 hatte der Münchner Polizeipräsident Dr. Schreiber die Einsatzleitung übernommen, nachdem er sich mit der Staatsanwaltschaft und Staatssekretär Kiesel vom Innenministerium abgesprochen hatte. Vor dem Bankeingang wurde wie gewünscht ein BMW mit geöffneten Türen und laufendem Motor bereitgestellt. Nach 23 Uhr 30 wurden auch die 2 Millionen Mark (echte Scheine) in einer Geldtasche, die im Wagen lag, übergeben.

Inzwischen hatte die Polizei in einem Großeinsatz das gesamte Gebiet um die Bank abgesperrt. Die umliegenden Häuser wurden aus Sicherheitsgründen evakuiert. Tausende von Neugierigen waren zum Tatort geeilt und brachten den Verkehr völlig zum Erliegen. In den Häusern gegenüber der Bank waren Scharfschützen mit Zielfernrohrgewehren postiert.
Gegen 22 Uhr waren sich die Verantwortlichen, Minister Merk, sein Staatssekretär Kiesel, Oberstaatsanwalt Erich Sechser und der Polizeipräsident einig, daß die Gangster kein freies Geleit bekommen sollten, obgleich es ihnen von Dr. Schreiber zugesichert worden war. Entscheidend für den Schießbefehl war der Gedanke, die Geiseln so rasch wie möglich aus der ihnen unmittelbar drohenden Gefahr zu befreien.
Als etwa um 23 Uhr 30 der 31jährige Chemigraph Rammelmayer die Bank verließ und sich ans Steuer des bereitgestellten BMW setzen wollte, eröffneten die Scharfschützen der Polizei das Feuer und verletzten ihn tödlich. Bei dem einsetzenden Feuergefecht wurde auch eine Geisel, die hinter ihm die Bank verließ, gefesselt und mit verbundenen Augen, durch einen Bauchschuß tödlich getroffen. ihr Name war: Ingrid Reppel (20). Es war nicht sofort zu klären, ob die Geisel von einem Polizisten oder von dem sterbenden Rammelmayer erschossen wurde.
Der zweite Bankräuber, Dimitri Todorov, befand sich während der Schießerei noch mit vier Geiseln, drei Frauen und einem Mann, in der Bank. Er wurde sofort festgenommen.
Nach diesen Aktionen geriet der Schießbefehl in München in den Streit der öffentlichen Meinung. Gegen Oberstaatsanwalt Erich Sechser und Polizeipräsident Dr. Manfred Schreiber wurde ermittelt, zahlreiche Strafanzeigen wegen fahrlässiger Tötung waren eingegangen. Allein der Münchner Rechtsanwalt Fleckenstein hatte 62 Strafanzeigen gegen den Oberstaatsanwalt gesammelt. Es wurde geprüft, ob ein strafrechtlich verfolgbarer Tatbestand vorlag. Mehr als 160 Zeugen wurden vernommen.
Die Vorwürfe gegen den Schießbefehl der Münchner Polizei wurden seitens der Bevölkerung, aber auch der internationalen Presse, besonders laut, nachdem ein lange geheimgehaltener Anruf an die Öffentlichkeit kam. Danach hatten die beiden Gangster eine halbe Stunde vor der Schießerei die Polizei abermals telefonisch von ihrem Fluchtplan unterrichtet. Sie wollten in Etappen fliehen: Einer von ihnen wollte zunächst mit dem Lösegeld und der Geisel Ingrid Reppel wegfahren, das Geld verstecken und anschließend wiederkommen, um den Komplizen und die restlichen Geiseln zu holen. Der Polizeipräsident und die Staatsanwaltschaft hielten nach kurzer Beratung den Schießbefehl trotzdem aufrecht, obwohl sie wußten, daß in jedem Fall zunächst nur der eine Gangster entwischen würde und die restlichen Geiseln dem zweiten Mann ausgeliefert sein würden.
Die Verantwortlichen, so hieß es, hätten Zweifel an diesem Fluchtplan gehabt und hätten befürchtet, daß der erste Täter nicht mehr zurückkommen würde.
Noch zwei Tage nach dem Überfall herrschte eine totale Verwirrung unter den Verantwortlichen. Nachrichtensperre wurde verhängt. Es stand noch nicht fest, wie viele Polizisten außer den sechs Scharfschützen zur Pistole gegriffen und auch geschossen hatten. Die Obduktion der Geisel Ingrid Reppel wurde zunächst geheimgehalten, es sickerte jedoch durch, daß Rammelmayer aus seiner russischen MP gar nicht geschossen haben konnte, weil er dazu zwei Hände hätte freihaben müssen. In der rechten Hand trug er aber zusätzlich einen Revolver.
Die Polizei berief sich bei ihrer Aktion auf den Begriff »Nothilfe«. Unter »Nothilfe« versteht man einen Unterfall der gesetzlich normierten »Notwehr«, die nach § 53 StGB jedermann dazu berechtigt, alle notwendigen Verteidigungsmaßnahmen zu ergreifen, »um einen gegenwärtigen, rechtswidrigen Angriff von sich abzuwenden«. Ob der Tatbestand diesem Paragraphen entsprach, sollte erst später geklärt werden.
Zum erschossenen Täter Rammelmayer: Sein Vater war in Rußland gefallen, er verbrachte eine lange Zeit in einem Heim, besuchte eine Klosterschule bei Köln und versuchte – ohne Erfolg –, das Abitur nachzumachen. Bereits als Chemigraphielehrling verließ er 1959 die Wohnung seiner Mutter (61), um ein Einzelzimmer in München zu beziehen. Er beging kleinere Straftaten, wegen deren er bei der Polizei als »guter Bekannter« geführt wurde.
Fest stand sehr bald, daß hinter den beiden Bankräubern keine linksradikale Gruppe »Rote Front« stand, sondern daß sie als Einzeltäter zu bewerten seien.
Am 2. Dezember 1971 wurden die Ermittlungsverfahren gegen den Polizeipräsidenten Dr. Schreiber und den Oberstaatsanwalt Erich Sechser eingestellt. In der Einstellungsverfügung hieß es, die von Schreiber und Sechser angeordneten Schüsse auf Rammelmayer seien als »Nothilfemaßnahmen rechtmäßig« gewesen. Beide seien für den Tod der Bankangestellten Ingrid Reppel »strafrechtlich nicht verantwortlich«, da die Geisel nun doch von Rammelmayer erschossen worden sein soll.
Wieweit ein Banküberfall samt Geiselnahme auch unblutig gelöst werden kann, zeigt der Kölner Banküberfall (s. Vicenik, S. 202f.).
Jedenfalls zeitigte der Münchner Bankraub in der Folgezeit eine ganze Serie von weiteren Bankeinbrüchen im ganzen Bundesgebiet. Die Frage, die sich bei derartigen Bankrauben erhebt, ist die: Wer zahlt den Schaden? Rammelmayer und Ingrid Reppel hatten keine Versicherung, also brauchte auch niemand etwas zu zahlen. Nicht einmal die betriebliche Unfallgenossenschaft. Niemand vergütete den Geiseln die verlorene Zeit, die Schrecken des Eingesperrtseins. Manche Kunden wurden verletzt, als die Polizei die Bank stürmte. Die ärztliche Hilfe ging auf Kosten der Krankenkasse. Ob eine Versicherung auch für das Lösegeld hätte aufkommen müssen, wäre es geraubt worden, ist noch strittig. Fest steht aber, daß ein Bankkunde nichts bekommt, wenn ihn ein Räuber in der Schalterhalle gleich mit ausplündert . . .
Am 10. April 1972 sollte der mit großer Spannung erwartete Sensationsprozeß gegen den überlebenden

Dimitri Todorov beginnen. Er wurde vom Münchner Schwurgericht angeklagt wegen des Mordes an Ingrid Reppel, wegen 3 Mordversuchen an Polizeibeamten sowie 18 gemeinschaftlich begangener Vergehen der Freiheitsberaubung. Als Nebenkläger sollten Vater und Bruder der erschossenen Ingrid Reppel gehört werden.
Doch bereits zwei Stunden nach Prozeßeröffnung mußte die Verhandlung ausgesetzt werden, da Todorov wegen einer vermeintlich akuten Blinddarmentzündung vom Gerichtsarzt als verhandlungsunfähig bezeichnet wurde. Nach genauerer Untersuchung ergab sich jedoch, daß Todorov (25) gesund ist und nicht operiert werden muß.
Auch ein zweites Mal (am 25. September 1972) gelang es nicht, Todorov den Prozeß zu machen. Überraschend hatte er sich geweigert, Aussagen zur Person und zur Sache zu machen. Rechtsanwalt Libbertz, der Wahlverteidiger, legte daraufhin sein Mandat nieder.
Der dritte Prozeß gegen den in Graz geborenen berufslosen deutschen Staatsangehörigen begann dann am 2. Oktober 1972. Nun war er bereit, auszupacken.
Am 13. Oktober sprach dann das Münchner Schwurgericht sein Urteil: Todorov wurde schuldig befunden eines Verbrechens des versuchten Mordes, eines Vergehens der schweren räuberischen Erpressung und 18 Vergehen der Freiheitsberaubung, davon in einem Fall mit Todesfolge. Er erhielt die höchste Strafe, die für versuchten Mord möglich ist: lebenslange Freiheitsstrafe. Außerdem wegen der Erpressung und Freiheitsberaubung zusätzlich 12 Jahre Freiheitsstrafe.
Das Gericht folgte dem Antrag der Staatsanwaltschaft nicht in allen Punkten. Es sah z. B. einen versuchten Mord an einem zweiten Polizisten nicht als erwiesen an und hielt ihn auch der Mittäterschaft bei der Ermordung der Geisel Ingrid Reppel nicht für schuldig. Er wurde jedoch des versuchten Mordes an einem Polizisten schuldig befunden, weil er die Mündung seiner Pistole eindeutig auf den Polizeibeamten Rudolf Trog gerichtet hatte. Nach der Überzeugung des Gerichts mußte er damit den möglichen Tod des Polizisten in Kauf genommen haben.
Nach der Urteilsverkündung legten sowohl der Pflichtverteidiger wie der Staatsanwalt Revision gegen das Urteil ein.

Die Gebrüder Sass

Am 30. Januar 1929 gelang den Brüdern Max-Franz und Erich Sass mit dem Einbruch in die Disconto-Gesellschaft am Wittenbergplatz in Berlin, wo sie einen Tunnel zur unterirdischen Stahlkammer bohrten, der senstationellste Bankraub der deutschen Kriminalgeschichte. Sie erbeuteten dabei 40000 Reichsmark in bar und 120000 Mark in Devisen. Außerdem brachen sie zahlreiche Safes auf und nahmen deren Inhalt mit. Trotz belastender Indizien und zahlreicher Verhöre mußten sie wieder aus der Untersuchungshaft entlassen werden, weil ihnen die Taten nicht bewiesen werden konnten.
In den nächsten Jahren setzten sie ihre Einbruchserien fort. Im August 1929 raubten sie aus der Hannoverschen Landesband 60000 Reichsmark, und am 29. Dezember 1930 fielen ihnen 90000 Mark aus der Mainzer Volksbank in die Hände.
Im September 1933 verlegten sie ihre Einbruchtätigkeit nach Dänemark und wurden dort wegen Einbruchs zu Gefängnis verurteilt. Auf Antrag der NS-Justiz wurde ihre Auslieferung gefordert. Als die Brüder im Sommer 1938 nach Deutschland zurückkehrten, wurden sie verhaftet und vor dem Berliner Landgericht zu 13 Jahren (Franz) und 11 Jahren (Erich) Zuchthaus verurteilt. Sie verbüßten ihre Freiheitsstrafe in einem Konzentrationslager und wurden später »auf der Flucht«, wie es amtlich hieß, erschossen (am 27. März 1940).

Thalmayer, Rudolf

Der 26jährige Rudolf Thalmayer wurde am 27. Januar 1972 vom Schwurgericht in Orleans (Frankreich) zu lebenslanger Haft verurteilt. Der gebürtige Münchner war unter anderem angeklagt, 4 bewaffnete Banküberfälle und 1 Mordversuch verübt zu haben. Der Staatsanwalt hatte die Todesstrafe gegen den Deutschen beantragt, der beim letzten Banküberfall in Orléans einen Bankkassierer mit zwei Schüssen schwer verletzt hatte. Dem 34jährigen Komplizen Thalmayers, dem aus Österreich stammenden Robert Herzenberger, war es gelungen, bei einer Vorführung beim Untersuchungsrichter in Orléans am 27. Mai 1971 in die Bundesrepublik zu flüchten, wo er festgenommen und inhaftiert wurde.

Vicenik, Kurt

Am 27. Dezember 1971 wurde in der Kölner Innenstadt ein tolldreister Bankraub durchgeführt. In unmittelbarer Nähe des Domplatzes überfielen gegen 10 Uhr 20, zu einer Zeit, wo der Domplatz sehr belebt ist, drei Männer eine Filiale der Deutschen Bank. Sie waren mit einem braunen VW vorgefahren, zwei von ihnen sprangen mit Maschinenpistolen bewaffnet in die Bank und riefen: »Überfall!«, wobei sie mehrmals in die Decke der Schalterhalle schossen. Sie rissen das gesamte Bargeld der Bank, etwa 300000 Mark, an sich und versuchten zu fliehen.
Kurz zuvor hatte aber ein beherzter Kunde die Polizei verständigt. Sie war sofort zur Stelle und versperrte den Räubern den Rückweg, indem sie die Reifen des VW zerschoß. Daraufhin nahmen die Räuber mehrere Bankangestellte als Geiseln fest und verlangten von der Polizei freien Abzug sowie einen Ersatzwagen für die Flucht.
Inzwischen war aber von der Polizei der gesamte Domplatz umstellt. Mehrere tausend Menschen schauten

zu. Innerhalb einer halben Stunde war die gesamte Innenstadt von Polizei belagert, über dem Domplatz kreiste ein Hubschrauber.
Der Kölner Kriminaldirektor Werner Hamacher verhandelte längere Zeit mit den drei Räubern über deren Abzugsbedingungen. Auf jeden Fall wollte die Polizei zum Schutze der Geiseln keinen Schußwechsel riskieren. Die Verhandlungen ergaben, daß die Geiseln freigelassen würden, wenn an ihrer Stelle Hamacher und der Kölner Polizeioberrat Hans Kraus als Geiseln mitführen.
Mit einem neuen Fluchtauto, einem Ford-Transit, fuhren die drei Räuber mit den beiden Polizeigeiseln gegen 12 Uhr 30 auf der Autobahn davon Richtung Bonn.
Den Fluchtwagen begleiteten zahlreiche Einsatzwagen der Polizei, Journalisten in Privatwagen folgten, über ihnen kreisten ständig Polizeihubschrauber. Der Fluchtwagen wurde von Hamacher gesteuert, während Kraus, inzwischen gefesselt, auf dem Beifahrersitz vor den Verbrechern hatte Platz nehmen müssen.
Die beiden Polizeigeiseln schienen in höchster Lebensgefahr, als zwischen Koblenz und Boppard die Täter anhielten und einem Polizisten zuriefen: »Wenn die Journalisten hinter uns nicht verschwinden, dann machen wir von der Schußwaffe Gebrauch!«
Unterwegs tankten die Verbrecher und kauften sich Erfrischungsgetränke und Zigaretten – auf Kosten der Polizeigeiseln. Als sie sich verfahren hatten, forderten sie einen Polizeiwagen als Lotsen an. Gegen 16 Uhr 15 kam Nebel auf, so daß die Polizei die Verfolgung des Fluchtwagens einstellen mußte.
Bis zum Abend des darauffolgenden Tages blieben dann die Kölner Bankräuber verschwunden. Fast 600 Polizisten mit Suchhunden und Hubschraubern suchten die Umgebung von St. Ingert (Saarland) vergeblich ab. Es entstand der Verdacht, daß die Bankräuber über die (inzwischen geschlossene) Grenze nach Frankreich entkommen wollten.
Am 29. Dezember 1971 wurden in der Nähe des einsam gelegenen Gehöfts Geistkircher Hof die beiden Polizeibeamten Hamacher (47) und Kraus (51) freigelassen. Es wurde vermutet, daß sich die drei Bankräuber im Wald versteckt hielten. Sämtliche Zufahrtstraßen wurden abgeriegelt.
Plötzlich tauchten die Bankräuber am Ortsausgang von Limbach (Kreis Homburg) mit einer neuen Geisel auf. Sie beauftragten einen Passanten, für 500 Mark Arbeitskleidung zu kaufen. Dieser alarmierte sofort die Polizei, weil er die Geisel, Karl Friedrich Bach (21), flüchtig kannte.
Durch einen Hubschrauber gesichtet, übergaben sie der Polizei einen Zettel mit der Forderung nach einem neuen maßgeblichen Verhandlungspartner. Sie wollten die Geisel gegen einen neuen Polizisten austauschen.
Polizeioberrat Groß, der nun mit ihnen verhandelte, konnte ihnen das geforderte freie Geleit nach Hamburg nicht zusichern. Da spitzte sich die Situation blitzschnell zu. Die neue Geisel saß am Steuer des Wagens, zwei Bankräuber auf dem Rücksitz, die Waffen auf die Polizisten gerichtet. Groß wollte den Boß dazu bringen, seine Waffe fallen zu lassen, um ihn unschädlich zu machen. Da richtete der Boß seine Waffe auf Groß, Groß schoß sofort und verletzte ihn schwer.
Haupttäter und Boß der Bande war der Österreicher Kurt Vicenik (geb. am 20. Juli 1927 in Wien), die beiden anderen waren der 24jährige Korse François Mattei und der 34jährige Charles Donadio aus Marseille. Diese beiden wurden nach dem Schußwechsel zwischen Groß und Vicenik unverletzt überwältigt. Der mutmaßliche vierte Komplize war der 37jährige Roger Roch aus Marseille, der in Bonn mehrere Kleinkalibergewehre ohne Waffenschein gekauft hatte, die wahrscheinlich zu den Tatwaffen der Kölner Bankräuber gehörten. Damit hatte der wohl spektakulärste Bankraub der neueren Kriminalgeschichte sein Ende gefunden.
Durch die Schießerei auf dem Parkplatz in der Ortschaft Baltersweiler, nahe der Kreisstadt St. Wendel, hatte Vicenik einen Leber- und Magendurchschuß erhalten. Auf dem Asphalt liegend, sagte er: »Ich wäre froh, wenn ich sterben würde, ich habe ohnehin nicht mehr lange zu leben.«
Bereits am 30. Dezember 1971 wurden die beiden unverletzten Bankräuber François Mattei und Charles Donadio dem Haftrichter vorgeführt, während Vicenik den Haftbefehl in der Universitätsklinik Homburg/Saar entgegennahm. Die ihnen angelasteten Delikte lauteten: Mordversuch an zwei Polizeibeamten, Einbruch in ein Tierheim, Geiselnahme und Freiheitsberaubung.
Das Vorgehen der Polizei wurde in der Presse überwiegend positiv beurteilt. Sowohl die Bereitschaft der Kölner Beamten Hamacher und Kraus, sich als Geiseln den Bankräubern auszuliefern, wie das entschlossene Handeln des Polizeioberrates Julius Groß, der auf Vicenik schoß und damit höchstwahrscheinlich das Leben der Geisel Bach gerettet hat, wurde mit »höchster Anerkennung für das umsichtige Verhalten« bewertet.
Der Fall dieses Bankraubes war als geschlossener Sachverhalt geradezu exemplarisch und ließ manche Schlußfolgerungen zu. Die Täter hatten mit der Geiselnahme in Köln überraschend Erfolg und wiederholten sie, weil sie wußten, daß der Schutz des Lebens von Geiseln immer den Vorrang vor der Verbrechensbekämpfung hat. Dies zeitigte – im Jupiterlicht des Fernsehens und der Öffentlichkeit – die paradoxe Situation, daß die Polizei eine Zeitlang als »Freund und Helfer« der Verbrecher auftreten mußte.
Dieses neuartige Verbrechen, das nur in einer dicht besiedelten Industriegesellschaft, verflochten mit rechtsstaatlichen und humanitären Grundsätzen, möglich war, ließ die Frage nach einem eventuellen Wandel des Verbrechens und der Verbrechensbekämpfung entstehen. Bei Wiederholung eines solchen Falles könnte nämlich die Gefahr entstehen, daß sich Polizei und Öffentlichkeit nicht mehr so »lammfromm« nach den Wünschen und Nötigungen der Gangster richten und somit auch nicht mehr ohne weiteres den Grundsatz des Geiselschutzes befolgen können. Eine Schießerei an Ort und Stelle wäre die unvermeidliche Folge.

Der 44jährige Vicenik stammte aus Wien. Bereits mit 15 Jahren wurde er straffällig. Ob er tatsächlich in einem Konzentrationslager war, wie er Hamacher gegenüber äußerte, steht nicht einwandfrei fest. Sein Ganovenleben begann ganz harmlos mit kleineren Einbrüchen und Diebstählen. Später wurde gegen ihn wegen eines unaufgeklärten Mordes ermittelt. Wegen Verstoßes gegen das Waffengesetz, Körperverletzung, schweren Raubes und Erpressung erhielt er in Österreich 7 Jahre Zuchthaus.
In den fünfziger Jahren begann sein Wanderleben zwischen Wien, Düsseldorf, Hamburg und Marseille, wo er unter dem Spitznamen »Vic« bekannt war. In Düsseldorf heiratete er 1962 eine Verkäuferin und wohnte bei seinen Schwiegereltern. Die Ehe ging in die Brüche (2 Kinder), und seit 1968 wurde Vicenik in Düsseldorf nicht mehr gesehen.
Es war der Polizei indes nicht gelungen, Vicenik der Beteiligung bei einem Einbruch in die Commerzbank in Düsseldorf zu bezichtigen. Diese Tat machte als »Riffifi der Wühlmäuse« 1967 Schlagzeilen. Roger Roch, der ursprünglich zu dem Gangstertrio gehörte, flüchtete in dem Moment, als ein Polizist die Reifen des Fluchtwagens vor der Deutschen Bank in Köln zerschoß. Er beteiligte sich nicht direkt am Bankraub.
Zunächst sah es aus, als habe Vicenik mit seinen Schußverletzungen »echte Überlebenschancen«. Da verstarb er am 11. Januar 1972 an Kreislaufversagen, ausgelöst durch die Verletzungen an der Bauchspeicheldrüse.
Polizeidirektor Werner Hamacher und Polizeioberrat Hans Kraus erhielten für ihren mutigen persönlichen Einsatz das Bundesverdienstkreuz.
Die Fahndung nach den Bankräubern kostete die saarländische Polizei rund 23000 Mark. Die Kosten entstanden vor allem durch die Verpflegung der zeitweise 600 Beamten, die nach den Räubern suchten, durch zusätzlichen Kraftstoffbedarf und erhöhte Inanspruchnahme des zivilen Fernsprechnetzes.
Am 12. Juni 1972 begann vor der Großen Strafkammer des Kölner Landgerichts der Prozeß gegen den Marseiller Viehhändler Charles Laurent Donadio und den korsischen Hirten François Antoine Mattei. Der dritte Komplize der Vicenik-Bande, der 37jährige Fernfahrer Roger Roch, konnte wegen Krankheit nicht am Prozeß teilnehmen. Sein Verfahren steht noch aus. Die beiden Angeklagten versuchten sich zu entlasten. Da sie kein Wort Deutsch beherrschten (Vicenik sprach gut Französisch), wollten sie von den Plänen des toten Bosses keine Ahnung gehabt haben. Die Anklagevertretung war jedoch der Ansicht, daß der Raub (etwa 311000 Mark) bis ins kleinste und von langer Hand vorbereitet war. Lediglich vom Tatbestand der Geiselnahme, einem aus der Situation hervorgegangenen plötzlichen Entschluß Viceniks, seien sie »überrollt« worden.
Die beiden Täter wurden zu je 10 Jahren Freiheitsstrafe verurteilt.
Zum erstenmal in der bundesdeutschen Justizgeschichte wurde in diesem Prozeß ein neuer Paragraph angewendet, der erst 11 Tage zuvor als § 239 b in das Strafgesetzbuch aufgenommen worden war. Grund für diese Gesetzeserweiterung war der Münchner Bankraub vom 4. August 1971.
Am 10. Oktober 1972 wurde auch der dritte Komplize Viceniks, Roger Roch, von der Dritten Großen Strafkammer des Kölner Landgerichts zu 3 Jahren Freiheitsstrafe verurteilt.

Wallin, Peter-Jürgen; Rubusch, Detlev, und Muder, Manfred

Zu einem dramatischen Zwischenfall kam es am 9. Juni 1972 im Saal des Berliner Kriminalgerichts Moabit, als nach der Urteilsverkündung einer der drei Verurteilten sich von seinen Bewachern losriß und versuchte, durch die Scheibe des im Hochparterre gelegenen Saales zu springen. Das Durcheinander, das entstand, als sich Polizisten und Justizwachtmeister auf den Mann stürzten, nutzte ein anderer Verurteilter und entkam aus dem Saal.
Daraufhin umstellte die Polizei das Gerichtsgebäude und stellte den Ausbrecher kurze Zeit später hinter den Schränken auf einem Korridor.
Der Student Peter-Jürgen Wallin und die beiden früheren Bereitschaftspolizisten Detlev Rubusch und Manfred Muder waren angeklagt, im Juni 1971 mit einer Beute von 304000 Mark den größten Bankeinbruch der Nachkriegszeit in West-Berlin verübt zu haben.
Sie erhielten Freiheitsstrafen zwischen 7 und 8 Jahren und 2 Monaten.

2. Sowjetunion

Die Häufung von Banküberfällen in der Bundesrepublik wirft die Frage auf, wie z. B. die UdSSR mit derartigen Kapitalverbrechen fertig wird. Gegen Bandenkriminalität, schwere Körperverletzung und Mordversuch wird in der Sowjetunion die Todesstrafe verhängt.
Jedoch ist in Rußlands Großstädten die Chance gering, Banken zu berauben. Im Foyer jeder Bank steht ein gut bewaffneter Sicherheitssoldat, ein weiterer am Eingang zur Schalterhalle. Alle Bankangestellten, auch die alten und langjährigen, müssen sich ausweisen, wenn sie zu den Safeanlagen wollen.
Banküberfälle passieren eher auf weniger gut gesicherte Vorortbanken. Vor einiger Zeit drangen ein Schlosser und ein Autoschweißer in eine Bank des Moskauer Vorortes Kolomenskoje ein, ganz nach dem Muster der Gebrüder Sass, indem sie unterirdische Tunnels in die Bank gruben und den Tresor aufschweißten. Aber es gibt in Rußland nur wenige Orte, wo man sein vieles Geld verjubeln kann, abgesehen davon, daß die Grenzen gut abgeschirmt, die Fluglinien kontrolliert sind und in den Hotels eine strenge Meldepflicht besteht.

Leuten, die zuviel Geld haben, kommt die Polizei schnell in Sotschi am Schwarzen Meer oder in Jalta auf die Spur. 14 Tage nach der Tat waren dort die beiden Bankräuber und Sass-Genossen bereits inhaftiert. Auch gegen andere Delikte wird scharf, oft aus Abschreckungsgründen, durchgegriffen. Jagdfrevel z.B. können mit hohen Zuchthausstrafen geahndet werden. Schlägereien und Rowdytum (unter Jugendlichen) kann 2 Jahre Haft einbringen. Auf Vergewaltigung steht die Todesstrafe.
Kleinere Diebstähle werden im Ernstfall meist von Kameradschaftsgerichten verhandelt, wobei sich die Belegschaft um die Erziehung und Resozialisierung des Täters kümmert. Das gleiche gilt bei Eigentumsdelikten. Auf jeden Fall besteht der Versuch, den (auch Wiederholungs-)Täter schnell wieder in die Gesellschaft einzugliedern. In normalen oder je nachdem verschärften Lagern erhält er eine Spezialausbildung als Facharbeiter, um später schneller in der Gesellschaft Fuß fassen zu können.
Kriminelle Halbwüchsige und Jugendliche, Haschraucher oder Gammler werden ebenfalls durch Betreuung, meist von Studenten, langsam zum rechten Weg der Gesellschaft zurückgeführt.

Stalin

Das unmittelbare Vorspiel zur russischen Revolution von 1905 war der Aufstand und Streik der Arbeiter auf den Ölfeldern von Baku, der durch ein Tarifabkommen zwischen Unternehmern und Arbeitern, dem ersten, das in Rußland zustande kam, pro forma geschlichtet wurde. Als der Streik begann, reiste Stalin, damals unter dem Decknamen Koba, in die Provinz Baku und hielt Versammlungen ab gegen die Menschewisten, Anarchisten und Föderalisten. Er war nur mittelbar durch Beratungen der Streikführer an diesem Aufstand beteiligt. Am 8. Januar 1905 veröffentlichte die sozialdemokratische Partei einen Aufruf Stalins (Kobas) mit dem Titel: »Arbeiter des Kaukasus, es ist Zeit, Rache zu nehmen!« Er war der Meinung, das zaristische Regime verliere seine zuverlässigste Stütze, nämlich die Armee, was aber tatsächlich nicht der Fall war. Die Armee wäre bereit gewesen, gegen streikende Arbeiter zu kämpfen. Um der spürbaren Revolutionsgefahr zu begegnen, ließ das zaristische Innenministerium die »Schwarzen Hundert« gegen die streikenden Ölarbeiter, Sozialisten und Literaten antreten, doch die schwelende Revolution war nicht auf einen Schlag zu besiegen. Koba forderte die Vereinigung der revoltierenden Kräfte unter den Armeniern, Türken, Persern und Russen.
Gleichzeitig verschäfte sich aber der Konflikt zwischen Menschewisten und Bolschewisten. Stalins Heimat war das Zentrum der Menschewisten, die Bolschewisten waren im Kaukasus nur im Untergrund tätig. Stalin an führender Stelle. Unermüdlich verfaßte Stalin-Koba Streitschriften, Zeitungsartikel, Flugblätter und Kampfparolen gegen die Menschewisten. Lenin wurde natürlich auf Koba und dessen in Lenins Sinne verfaßte Flugblätter angenehm aufmerksam, denn in seinem Kampf gegen die Menschewisten konnte sich Koba-Stalin auf eine Lehre Lenins stützen, die den bewaffneten Aufstand betraf.
Lenin betrachtete den Aufstand als eine Kunst, die man lernen könne. Seine Grundthese der Revolution lautete: Ein Aufstand ist nur dann und solange erfolgreich, wie er in der Offensive ist. Defensive bedeute bereits den Tod jedes Aufstandes. Seinen Anhängern in der Partei legte er nahe, sich zu bewaffnen, Werkstätten zur Herstellung von Sprengmitteln einzurichten und sich zum bewaffneten Kampf gegen den Zarismus zu rüsten. Zwar wurde der bewaffnete Aufstand 1905 noch nicht verwirklicht, denn Lenin dachte nicht nur an die Bewaffnung einzelner Parteistoßtrupps, sondern an die Bewaffnung des ganzen Volkes und dessen spontane Erhebung, um sein Ziel, nämlich »eine demokratische Diktatur der Arbeiter und Bauern«, zu erreichen. Da der Zarismus nie freiwillig abdanken werde, müsse er durch einen bewaffneten Aufstand des ganzen Volkes beseitigt werden.
Stalin übernahm diese Lehre und begann mit der Bewaffnung bolschewistischer Stroßtrupps im Kaukasus. Nachdem der Zar im Oktober 1905 die Schaffung verfassungsmäßiger Rechte und damit eine Liberalisierung und Demokratisierung der Diktatur versprochen hatte und damit den revolutionären Kräften Wind aus den Segeln nahm, verlagerte sich die Vorbereitung des bewaffneten Aufstandes in den Untergrund. Die Revolutionäre waren mit den Zugeständnissen der Regierung nicht zufrieden, und Stalin rief zum Boykott der »freien« Wahlen auf, denn Wahlen würden »am Vorabend einer allrussischen Volkserhebung« das Interesse des Volkes unnötigerweise von den revolutionären Aktionen ablenken. Abermals kam es im Kaukasus in der Provinz Kutais zu Auseinandersetzungen zwischen Aufständischen und der Polizei, und die Revolutionäre, die von Tiflis aus den Aufstand leiteten, trugen den Sieg davon.
Auf dem vierten Kongreß der kaukasischen Bolschewisten, der in Tammerfors in Finnland stattfand, lernte Stalin erstmals Lenin persönlich kennen. Als Stalin-Koba Anfang Januar 1906 wieder nach Tiflis zurückkam, war die Revolution bereits beendet.
Im April 1906 fand ein Parteikongreß in Stockholm statt, und Stalin reiste neben zehn Menschewisten als einziger bolschewistischer Vertreter des Kaukasus nach Schweden. Auf diesem Kongreß wurde erneut über die Methode des bewaffneten Aufstandes diskutiert. Lenin erhärtete seine These von der Rechtmäßigkeit von Überfällen der Stoßtrupps auf Banken, Geldtransporte, Arsenale und Regierungsgebäude. Er sah in solchen Überfällen die beste Schule für die Ausbildung der Stoßtrupps, die im Falle eines allgemein bewaffneten Volksaufstandes eine führende Rolle zu übernehmen hätten und deshalb Kenntnisse aus dem Kleinkrieg nutzen könnten.
Zwar verurteilte der Stockholmer Kongreß Partisanenüberfälle, ohne jedoch ein solches Verbot ausdrücklich zu formulieren. Und so setzte sich die Reihe der Überfälle auf zaristische hohe Beamte, Banken, Geldtransporte und Waffenarsenale fort. Vor allem der Kaukasus war das Hauptaktionsgebiet solcher Überfälle. Zwischen den Jahren 1905 und 1908 wurden hier insgesamt 1150 Terrorakte verübt. Dazu gehörte auch

der berühmte Überfall auf einen Geldtransport in Tiflis am 23. Juni 1907, der eine Viertelmillion Rubel an Beute erbrachte. Das Geld floß in die Parteikassen der Bolschewisten, die im Ausland lebten, und von hier aus die durch die Gegenrevolution geschwächte finanzielle Lage der bolschewistischen Partei im Kaukasus aufbesserten. Denn der Mißerfolg der Revolution von 1905 schlug bei den Revolutionären auch finanziell zu Buche insofern, als sehr viele Parteimitglieder abwanderten oder aus der Partei austraten, die Zahlungen der Mitgliedsbeiträge blieben aus, die Partei hatte kein Geld mehr, um ihren Verwaltungsapparat zu unterhalten – und da kam eben die bewaffnete Ausbildung der Partisanen, die gegen die zaristische Diktatur kämpfen sollten, der Partei selbst zugute: Sie finanzierten die Partei mit ihren Raubüberfällen. Wieweit Stalin-Koba selbst an solchen Überfällen beteiligt war, wurde nie eindeutig nachgewiesen. Fest steht aber einwandfrei, daß er mittelbar dabei war, denn er hatte die Funktion eines Verbindungsoffiziers zwischen den Bolschewisten im Kaukasus und den Partisanen. Es war seine Aufgabe, die Partisanen bei ihren Aktionen zu beraten, sie mit Waffen, Munition und Sprengstoffen zu versorgen und ihren Einsatz zu überwachen. Obgleich die Terroristen von der zaristischen Polizei (steckbrieflich) gesucht wurden, gelang es ihr nie, Stalin dingfest zu machen. Und als die kaukasischen Menschewisten ihn vor einem Parteigericht anklagen wollten, weil er sich an das Parteiverbot gegen Überfälle und Terrorakte nicht hielt, verstand er es, das Verfahren gar nicht erst zustande kommen zu lassen.

3. Ukraine

Julin, Sergej

Wegen bewaffneten Banküberfalls in der ukrainischen Stadt Lwow (Lemberg) wurde der 18jährige Sergej Julin zum Tode durch Erschießen verurteilt (Anfang Februar 1972). Seine drei Komplizen erhielten Freiheitsstrafen zwischen 8 und 10 Jahren Arbeitslager.

Bei dem Überfall waren eine Kassenkundin und die Kassiererin durch Schüsse verletzt worden.

Die als »Hippies« bezeichneten Räuber flüchteten, wurden aber bald gefaßt. Die Lwower »Hippy«-Bande soll durch Abhören des Senders »Stimme Amerikas« zu dem Überfall angeregt worden sein. Vor Gericht gestanden die vier, sie hätten mit dem erbeuteten Geld über die sowjetisch-türkische Grenze fliehen und in die USA fliegen wollen, um dort eine berühmte »Gitarren-Combo« zu gründen.

Sie wußten aber sowenig wie die meisten Sowjetbürger, daß die sowjetische Binnenwährung nicht konvertierbar und nicht transferierbar und damit im Ausland wertlos ist.

Wäre der Lwow-Bande der Überfall gelungen, so hätte ihr Beutegeld spätestens an der Grenze nur noch Makulaturwert gehabt.

4. England

Am Morgen des 8. August 1963 überfielen 30 maskierte Männer den zwischen Glasgow und London verkehrenden Postzug bei Cheddington in der Grafschaft Buckinghamshire. Der bis ins letzte Detail gut vorbereitete Überfall passierte nachts um 3.15 Uhr in der Nähe einer Brücke, wo der Zug auf freier Strecke zum Halten gebracht wurde. Das grüne Durchfahrtslicht war mit einem Handschuh zugedeckt, statt dessen zwang ein mit einer Batterie betriebenes rotes Licht den Zug zum Anhalten. Damit war eine auffällige Störung der Signalanlage vermieden worden.

Ein Teil der Männer kuppelte die letzten zehn Waggons ab, die andere Gruppe überwältigte den Lok-Führer Wills und seinen Gehilfen. Im hinteren Zugteil saßen 75 Postbeamte, die nichts bemerkten, als der vordere Zugteil mit dem Geld davonfuhr und ein Stück weiter weg wieder anhielt. Dort luden die Räuber ihre Beute in einen wartenden Lastwagen um. Der Lok-Führer, der Widerstand leistete, wurde niedergeschlagen und verletzt.

Der Überfall wurde erst entdeckt, als der Zug nicht pünktlich wie immer durch Cheddington fuhr.

Obgleich sofort das gesamte Gebiet abgeriegelt und im ganzen Land nach den Tätern gesucht wurde, gelang ihnen zunächst die Flucht. Die Telefondrähte an der Eisenbahnstrecke waren durchgeschnitten.

Bei diesem in der englischen Kriminalgeschichte bisher größten Coup wurden 27,5 Millionen Mark erbeutet.

Für die Ergreifung der Täter waren 60000 Pfund ausgesetzt, zwei Versicherungsgesellschaften stellten zusätzlich 200000 Pfund als Belohnung zur Verfügung.

Dank der hohen Belohnung fühlten sich zahlreiche Privatfahnder zur Aktion berufen.

Schon am 18. August 1963 konnten verhaftet werden:

der Buchmacher Charles Wilson (31), der Cafébesitzer James White (43), der Antiquitätenhändler Bruce Reynolds (41), der Tischler Ronald Biggs (34) und John Thomas Daly (31).

Am 20. Januar 1964 begann der Prozeß gegen 20 Angeklagte, am 16. April 1964 wurden sieben davon zur Höchststrafe von 30 Jahren Zuchthaus verurteilt.

Am 13. August 1964 wurde der zu 30 Jahren Zuchthaus verurteilte Wilson von zwei Komplicen aus dem Gefängnis in Birmingham befreit, am 8. Juli 1965 entwich der ebenfalls zu 30 Jahren Zuchthaus verurteilte Ronald Biggs mit drei anderen Strafgefangenen aus einem Londoner Gefängnis.

Wilson konnte 1968 (26. Januar) in Kanada wieder festgenommen werden, zwei Jahre zuvor wurde der

um die ganze Welt verfolgte Ronald Edwards am 19. September 1966 verhaftet, und am 8. November 1968 wurde der letzte englische Posträuber Bruce Reynolds festgenommen, nachdem er sich als einziger fünf Jahre dem Zugriff der Polizei hatte entziehen können.
Bis Anfang des Jahres 1971 war als einziger Biggs noch nicht wieder verhaftet worden. Von ihm und vom Hauptteil der Beute fehlte bis zu diesem Zeitpunkt noch jede Spur.

f) Wirtschaftskriminalität

1. Allgemeines

Wirtschaftsdelikte sind solche, die für Kaufleute, Industrielle, Gewerbetreibende, überhaupt Angehörige der Privatwirtschaft typisch sind. Man rechnet dazu: Betrugshandlungen, Veruntreuungen, Insolvenzdelikte, Wucher, Verletzungen von Urheber-, Patent- und Warenzeichenrechten, unlauterer Wettbewerb, Steuerhinterziehungen oder sonstige Steuervergehen.
In jährlich steigendem Maße werden durch Wirtschaftskriminalität große wirtschaftliche und finanzielle Schäden angerichtet.
Die Strafverfolgung von Wirtschaftsdelikten ist ebenso die Angelegenheit der Polizei und des Staatsanwalts wie die anderer Delikte. Nach wie vor ist es jedoch schwieriger, Wirtschaftsdelikten nachzugehen als anderen Delikten, weil die Taten fast immer auf einem Spezialgebiet begangen werden, in dem die Strafverfolgungsorgane keine ausreichenden Kenntnisse oder Erfahrungen haben. Meist ist der Täter intelligent und Fachmann seines »Falles«.
Deutschland ist für Wirtschaftsdelikte besonders begünstigt, weil der Kompetenzbereich der Kriminalpolizei an der jeweiligen Landesgrenze endet. Daraus ziehen Wirtschaftsverbrecher ihren Nutzen und transferieren ihre »schiefen« Bilanzen von einem Land ins andere. Nachteilig wirkt sich ferner das 100 Jahre alte Strafgesetzbuch aus, in dem die typischen Strafbestände mit wirtschaftlichem Hintergrund fehlen.
Als zwei besonders ergiebige Praktiken der Wirtschaftskriminalität ergaben sich in letzter Zeit (1972) Fälle von Abgabenhinterziehung oder Subventionserschleichung. Die Verfolgung dieser Art Delikte ist äußerst schwierig, da es keine Tatwerkzeuge, keine Spuren und auch nicht unmittelbar Tatopfer gibt.
Steuerhinterziehung galt als besonders beliebtes Delikt, das nur in den seltensten Fällen aus wirtschaftlicher Not begangen wird, dafür aber regelmäßig.
Durch Wirtschaftsverbrechen, angefangen bei der harmlosen Bilanzfrisur bis zum massiven Betrugsmanöver, entstehen der Bundesrepublik jährlich mehr als 15 Milliarden Mark Schaden bei einer Dunkelziffer von ungefähr 60 Prozent. Dieser Schaden entspricht dem jährlichen Kaufkraftschwund der D-Mark. So wurde angenommen, daß die inflationäre Entwicklung in Deutschland nicht zuletzt auf die hohe Quote der Wirtschaftskriminalität zurückzuführen sein dürfte. Über vier Millionen krumme Geschäfte werden in der BRD jährlich registriert. Der Schaden von 15 Milliarden Mark sicherte der BRD bisher (1972) eine Spitzenposition auf dem Gebiet der Wirtschaftsverbrechen auf der ganzen Welt. Die USA schätzen ihren jährlichen Verlust nur auf etwa eine Milliarde Dollar.
Nur 30000 dieser »Partisanen des Verbrechens« fielen 1971 in Deutschland der Polizei oder der Staatsanwaltschaft auf. Die Aufklärung der »Weißen-Kragen-Kriminalität« dauert oft Jahre. Manager, Unternehmer und Angestellte mit Firmengründungen sind besonders »prädestiniert«, mit Buchhaltungstricks, Steuerklauseln und Subventionsanträgen den Staat zu schädigen.
Die Erwirkung eines Haftbefehls gegen einen Beschuldigten kann dadurch un-

schädlich gemacht werden, daß dieser verlangt, von einem Richter vernommen zu werden. Dadurch kann er sein Verfahren um Monate oder gar Jahre hinauszögern – und in dieser Zeit weiterhin seine »Weiße-Kragen-Geschäfte« tätigen.
Zur Typologie des Wirtschaftsverbrechers kann nach einer Untersuchung des Kriminologen Professor Armand Mergen von der Universität Mainz angeführt werden:
Der »weiße Partisan« besitzt meist höhere Schulbildung, die er abgebrochen hat, hatte eine »enttäuschende Kindheit«, ist kontaktarm, krankhaft geltungsbedürftig, mißtrauisch, aber ausdauernd egoistisch, hat nur oberflächliche Beziehungen zum anderen Geschlecht und ist ein »süchtiger Sammler«, der »alles haben und behalten will«. Man spricht von einem »anal-sadistischen Beigeschmack«.
Nur moderne Gesetze, eine schärfere Gewerbeaufsicht, vorbeugende Vorkehrungen und »eine eigene Anstrengung der Wirtschaft« könne wirksam gegen diese Tätersorte eingesetzt werden. Aber die rechtlichen Voraussetzungen dazu fehlen noch.
Vor allem ist der Betrugsparagraph (§ 263 StGB) völlig ungeeignet, um gegen Wirtschaftsverbrecher vorzugehen. Es müßten strafrechtliche Spezialbestimmungen z. B. gegen Scheck- und Wechselbetrüger geben, eine Verschärfung des »Gewerbeuntersagungsverfahrens« und die Schaffung eines zentralen Gewerberegisters, um erfolgreich vorgehen zu können.
Hinderlich ist auch die Sitte der Amtsverschwiegenheit der Polizei. Sie kann nämlich nur ganz allgemein auf bestimmte Praktiken hinweisen, sie darf aber nicht konkret, gar unter Nennung des Namens, die Bevölkerung warnen, auch dann nicht, wenn gegen die bestimmte Firma X oder Y bereits Sammelverfahren laufen.
Außerdem trägt derjenige, der vor einer wirtschaftskriminellen Firma warnt, das volle zivilrechtliche Risiko. Er muß mit einstweiligen Verfügungen, mit Unterlassungs- oder Schadenersatzklagen rechnen. Wiederum ein Vorteil, den sich die »Weißen Täter« zunutze machen.
Aus dieser Kaschierungstendenz gegenüber jener Art Kriminalität entsteht auch immer wieder der falsche Eindruck, daß Gewaltverbrechen die Szene beherrschen. Dabei ist die Beute eines Bankraubes z. B. nur ein kleines Taschengeld, gemessen an dem Schaden, den Wirtschaftsstraftäter verursachen. Nur hat der Verbrecher den Nachteil, daß seine Fälle von Raub, Mord, Totschlag o. ä. in viel stärkerem Maß der Öffentlichkeit mitgeteilt werden als die Taten der Wirtschaftsverbrecher.
Prof. Mergen von der Mainzer Universität ist daher der Ansicht, daß die derzeitigen Gesetze nur ein Strafrecht des kleinen Mannes seien, daß aber die Wirtschaftsstraftäter, die »Pioniere des Bösen«, dank gesetzgeberischer Hilfe fast ungehindert operieren können.
Prof. Mergen sieht in der Wirtschaftskriminalität die gefährlichste Form der Kriminalität überhaupt. Einerseits sei die Gesellschaft selbst kriminalitätsfördernd, weil der Erfolgs- und Machtmensch noch immer auf der obersten Stufe der gesellschaftlichen Leiter stehe, Wirtschaftsverbrechen keine blutigen Gewalttaten sind und deshalb eher als Form der Geschäftstüchtigkeit und -geschicklichkeit bewertet werden; andererseits ist der Täter meist ein arrivierter, unauffällig in der Gesellschaft lebender Mann, zwar sozial angepaßt, aber eben doch auch von einem »sehr hohen Kriminalitätstrieb« besessen. Er nutzt die Schwächen des Systems, und das Verbrechen lohnt sich für ihn allemal.

2. Computer-Kriminalität

Viele Betriebe sind heutzutage dazu übergegangen, die Arbeiten der Buchführung, der Lohnabrechnungen, der Statistik, der Verwaltung von Computern ausführen zu lassen. Erstreckte sich zuvor die Kriminalität innerhalb der Betriebe auf Unterschlagungen oder Diebstähle, so bietet nun der Computer eine neue Variante, kriminelle Delikte zu begehen. Generell werden solche Delikte nur durch Zufall aufgedeckt, denn die Täter sind zumeist Computer-Fachleute, die die Fähigkeit haben, ihre Manipulationen entsprechend abzusichern.
Es wurden vier Möglichkeiten von Computer-Kriminalität festgestellt: Programm-Manipulationen, Datendiebstahl und Spionage, Zeitdiebstahl und Sabotage.

Dazu einige Beispiele:

Ein Betrieb war dazu eingrichtet, Abrechnungssummen der Einfachheit halber auf ganze Markbeträge auf- oder abzurunden. Nur Belege über 500 Mark bedurften der Unterzeichnung des Prokuristen, wenn diese durch den Computer hergestellt worden sind. Ein Fachmann des Rechenzentrums nutzte diese Anordnung zu seinen Gunsten aus, indem er die Abrechnungsprogramme manipulierte: er überwies per Pogramm den jeweiligen Auf- oder Abrundungsbetrag bis zur Grenze von 500 Mark auf sein Bankkonto. Damit das nicht auffiel, wurden nicht die vielen kleinen Beträge einzeln auf sein Konto überwiesen, sondern als Sammelbeleg. Auf diese Art schädigte er die Firma um 450000 Mark.
Ein Bankangestellter, der mit den Scheckabrechnungen zu tun hatte, baute in das Abrechnungsprogramm eine »Schleife« ein, die dazu da war, zu verhindern, daß Kontoüberziehungen registriert wurden. Die Überziehungen galten als normale Ausleihen. Er konnte also dauernd ungedeckte Schecks einreichen und bekam auch das Geld, denn der Computer spuckte aufgrund dieser Manipulation immer nur die Abdeckung der Schecks aus.
Ein anderer führte dadurch viel Geld auf sein Konto, daß er den Computer so manipulierte: von jeder Zinsgutschrift eines Kontos, das häufig »bewegt« worden ist, zog er einen Dollar ab. Zusätzlich manipulierte er einen Code in den Computer, der diese einzelnen Dollars als Gesamtbuchungen auswies. Schließlich verhinderte er durch die Einsetzung eines weiteren Codes die Deklarierung der Beträge als Zinsgutschriften. Der Code gab sie als normale Überweisungen aus.
In einer anderen Firma starben Betriebsangehörige immer nur in der Zeit zwischen Januar und März. Zwischen April und Dezember starb niemand. Diese seltsame Todesrate hatte ihren Grund in einer Computermanipulation. Der Operateur hatte sich nämlich die Löhne und Gehälter von Mitarbeitern, die zwischen April und Dezember gestorben waren, auf sein Privatkonto überweisen lassen. Erst zur Zeit der Steuererklärungen, zwischen Januar und März, ließ er die schon Verstorbenen auch per Computer sterben.
Unter den Begriff Datendiebstahl und Industriespionage fällt z. B. die Möglichkeit, sich über den Computer Kundenlisten zu beschaffen, etwa von der Konkurrenzfirma, oder auch ganze Forschungsprogramme eines Unternehmens, die die Konkurrenz ausnutzen und den Forschungsvorsprung des »Gegners« dadurch beträchtlich verringern können. Zeitdiebstahl bedeutet einfach dies, daß Computerfachleute nebenberuflich den Dienst des Betriebscomputers in Anspruch nehmen und mit seiner Hilfe vielleicht die Abrechnungen anderer kleinerer Betriebe nebenher durchführen.
Sabotage liegt dann vor, wenn das vom Computer gespeicherte Datenwissen zerstört wird. Es ist möglich, mit einem starken Elektromagneten das gesamte Datenwissen des Computers auszulöschen. Es genügt auch schon, eine einzige Lochkarte zu stehlen, um das Programm des Computers durcheinanderzubringen. Bis der Fehler entdeckt wird, können unter Umständen mehrere Wochen vergehen.
Computer-Kriminalität: ein hübsches Beispiel dafür, wie hoher technischer Fortschritt durch menschliche Manipulationen zu einem großen Sicherheits- und Perfektionsrisiko werden kann.

3. Beispiele für Wirtschaftsdelikte

Abschleppunternehmen

Ein moderner Gewerbezweig, der vorwiegend von Verkehrsunfällen lebt, sind die sog. »Unfallhelfer« oder Abschleppunternehmen. Wie in jedem Gewerbezweig gibt es auch hier seriöse Firmen und solche, die die Notlage der verunfallten Autofahrer ausnutzen und daraus hohe Gewinne schlagen.
Einen besonders üblen Ruf haben solche Unternehmen, die sogar noch die Chance nutzen, wenn ein Autofahrer beim Unfall verletzt und in ein Krankenhaus eingeliefert werden mußte. Dann ist der Unfallwagen Freiwild für ihr Geschäft. Das beschädigte Fahrzeug wird einfach abgeschleppt, meist nicht in Hallen abgestellt, sondern auf freiem Feld, wo die Wagen weder eingezäunt noch bewacht sind. Die Unterstellgebühren werden vom Tag des Abschleppens an gerechnet. Bis der Wagenbesitzer wieder hergestellt ist und nach sei-

nem Fahrzeug sehen will, haben oft Diebe wertvolle Gegenstände wie Kofferradios o. ä. ausgebaut. Die Unterstellgebühren sind oft so hoch, daß sich ein Auslösen des beschädigten Wagens nicht mehr rentiert. Nun beginnt das Geschäft der Abschlepper: sie reparieren den Wagen und verkaufen ihn dann als Gebrauchtwagen, oder sie nehmen Einzelteile wie Kotflügel, Motor, Reifen, Sitze, die noch in Ordnung sind, und verkaufen sie.
Hie und da stehen auch Polizisten mit den »Abschlepphyänen« unter einer Decke. Gegen Schmiergelder oder »Präsente« sind sie bereit, immer wieder ganz bestimmte Unternehmer bei einem Unfall zu verständigen, um ihnen das gute Gescäft zukommen zu lassen. Dieses Schmiergeschäft geht mitunter so weit, daß es zu regelrechten »Machtkämpfen« der Unternehmer am Unfallort um das Geschäft mit dem Unfallwagen kommt. Bei einem solchen Fall war der Unternehmer Heribert Schön mit seinem Kranwagen auf seinen Konkurrenten Dieter Seeboth losgefahren und hätte ihn beinahe schwer verletzt.
Vom Frankfurter Schwurgericht wurde Schön (1972) wegen gefährlicher Körperverletzung und Nötigung zu 9 Monaten Freiheitsentzug auf Bewährung und 1000 Mark Geldstrafe verurteilt.

Der Bullen-Mast-Prozeß

Vor der Achten Großen Strafkammer des Kölner Landgerichts fand 1972 der sog. »Bullen-Mast-Prozeß« sein Ende, in dem der 34jährige Hamburger Kaufmann Dieter Aengenheyster zu 22 Monaten Freiheitsstrafe, auf drei Jahre Bewährung ausgesetzt, und 30000 Mark Geldstrafe verurteilt wurde. Der mitangeklagte 58jährige Tierarzt Dr. Peter von Leers erhielt 10 Monate Freiheitsstrafe, ebenfalls für drei Jahre auf Bewährung ausgesetzt, und aus standesrechtlichen Gründen ein befristetes Berufsverbot. Die beiden waren angeklagt wegen Vergehens gegen das Lebensmittel- und das Arzneimittelgesetz.
Aengenheyster wurde überführt, das mit dem Wirkstoff MTU versehene Präparat »Anko« als Mastmittel für Schlachtbullen an Bauern im ganzen Bundesgebiet vertrieben zu haben. Als das Präparat 1964 verboten wurde, brachte er das selbe Mittel unter anderem Marktnamen (»Meyko») und mit dem tarnenden Hinweis »Beruhigungsmittel« nach wie vor auf den Markt. Über 900 Vertriebsstellen im Bundesgebiet, die meist bei Bauern eingerichtet waren, verkauften das Mittel. Da es verschreibungspflichtig war, schloß Aengenheyster Verträge mit zwei Apotheken. Von dort aus wurden die Pakete an die Landwirte verschickt. Die erforderlichen Rezepte lieferte Dr. von Leers schließlich nur noch vom Schreibtisch aus, obwohl er standesrechtlich verpflichtet war, die Tiere vorher zu untersuchen. Er wurde daher wegen Ausstellung sog. »Schreibtischrezepte« für das apothekenpflichtige Mastpräparat verurteilt.

Der Prozeß gegen neun Chemiefaser-Unternehmen

Anfang April 1972 verhängte das Bundeskartellamt (Deutschland) Geldbußen in Höhe von insgesamt 48,44 Millionen D-Mark gegen 9 Chemiefaser-Unternehmen, die sich an inländischen, europäischen und weltweiten Kartellen beteiligt hatten. Zweck der Kartellabsprachen war es, den Wettbewerb auf den Märkten für unverarbeitete Fasern aus Zellwole, Polyamid (Perlon und Nylon), Textil-Reyon und Acetat zu beschränken.
Gegen 18 Vorstandsmitglieder, Verkaufsleiter, Leiter der Rechtsabteilungen und leitende Angestellte dieser Firmen verhängte das Bundeskartellamt außerdem Geldbußen in Höhe von insgesamt 410450 Mark. Als Grund gab das Amt »fortgesetzte Ordnungswidrigkeiten« an.

Die neun Firmen waren:
Glanzstoff AG, Wuppertal. Strafe: 21,14 Mill. DM
Enka-Glanzstoff GmbH, Wuppertal. Strafe: 85000 DM
Deutsche Rhodiaceta, Freiburg. Strafe: 11,015 Mill. DM
Farbenfabriken Bayer AG, Leverkusen. Strafe: 7,5 Mill. DM
Farbwerke Hoechst AG, Frankfurt. Strafe: 5,08 Mill. DM
Süddeutsche Chemiefaser AG, Kehlheim. Strafe: 1,4 Mill. DM
Phrix-Werke AG, Hamburg. Strafe: 1,7 Mill. DM
Lonzona GmbH, Säckingen. Strafe: 410000 DM
Deutsche Zellwolle GmbH, Frankfurt. Strafe: 20000 DM

Die festgesetzten Geldbußen orientierten sich zum größten Teil an den Erlösen der genannten Firmen in den Jahren 1968–1970, die laut Bundeskartellamt ohne die jetzt aufgedeckten und geahndeten Wettbewerbsbeschränkungen unmöglich gewesen wären. Die Befolgung aller Absprachen bewirkte die Schaffung nahezu wettbewerbsfreier Räume auf den Binnenmärkten, ein Vorteil, der in Europa gegenüber der wirtschaftlich schwächeren Textilindustrie voll ausgenutzt wurde. Die Chemiefaser-Unternehmen versuchten, ihre wettbewerbsbeschränkenden Systeme dadurch geheimzuhalten, daß sie die kartellrechtlich legalisierbaren Teilaspekte als Export- oder Rabattkartell anmeldeten.
Da jedoch keine verbindlichen Kartellabsprachen bestanden, konnten die Absprachen und ihre Praktizierung erst nach langwierigen Ermittlungen nachgewiesen werden. Zudem benutzten die Unternehmensleitungen Verfahren, die bewußt und geschickt das Vorhandensein unzulässiger Kartellabsprachen verschleierten.
Die Firmen beschlossen, Rechtsmittel gegen das Urteil einzulegen.

Der Cyanid-Prozeß

Am 22. Dezember 1972 ging nach vierwöchiger Verhandlung vor der Großen Strafkammer des Bochumer Landgerichts ein Prozeß zu Ende, der in der Bundesrepublik Deutschland mit großem Interesse verfolgt wurde. Der Chef der Bochumer Entgiftungsfirma Orm-Fairtec GmbH, Josef Maluga, wurde wegen fortgesetzten Betrugs und Vergehens gegen das Wasserhaushaltsgesetz zu 18 Monaten Freiheitsstrafe verurteilt. Mit ihm schuldig befunden wurde sein ehemaliger Chemotechniker Hermann Schelhorn. Er erhielt eine neunmonatige Freiheitsstrafe, die zur Bewährung ausgesetzt wurde.

Folgendes stand zur Diskussion: Zwischen Januar 1970 und August 1971 wurden rund 5000 Fässer hochgiftiger cyanidhaltiger Schadstoffe in fester und flüssiger Form illegal auf der städtischen Müllkippe in Bochum-Gerthe vergraben, weil die Entgiftungsanlagen des Unternehmens »völlig unbrauchbar« und funktionsunfähig waren.

Der Gerichtsvorsitzende bescheinigte den beiden Hauptangeklagten zwar ein ursprünglich ehrliches Bemühen und eine anerkennenswerte Bestrebung, der Umweltverschmutzung Einhalt zu gebieten, doch hatten beide ihre Kundenwerbung fortgesetzt, auch nachdem sie schon festgestellt hatten, daß ihre Entgiftungsanlage unbrauchbar war. Sie hatten trotzdem weiterhin Kunden für ihre Firma angeworben, »um vorherige Investitionen auf betrügerischem Wege systematisch wieder herauszuholen«. Die Firma wurde überreichlich von ihren Kunden mit Giftmüll versorgt, so daß sie nicht mehr in der Lage war, den Müll ordnungsgemäß zu vernichten. So schlug in der Firma das Problem der Beseitigung von Umweltschmutz ins Gegenteil um: zum Betrug kam daher der Vorwurf der wissentlich durchgeführten Umweltverschmutzung durch Cyanid-Giftstoffe.

Finanzierungsbetrug

In West-Berlin ging Mitte August 1972 einer der umfangreichsten und kompliziertesten Wirtschaftsstrafprozesse der Nachkriegszeit zu Ende. Nach 50 Verhandlungstagen verurteilte die 6. Große Strafkammer des Landgerichts Berlin den 50 Jahre alten Hauptangeklagten Walter Landsrath zu vier Jahren, die Mitangeklagten Werner Potthoff zu 27 Monaten und den Rechtsanwalt Karl-Heinz Homberg zu 21 Monaten Freiheitsstrafe wegen fortgesetzten gemeinschaftlichen Betrugs.

Drei weitere Angeklagte erhielten ebenfalls wegen Betrugs Freiheitsstrafen zwischen 9 und 15 Monaten, die zum Teil auf Bewährung ausgesetzt wurden.

Die Staatsanwaltschaft hatte Landsrath und Potthoff als verantwortlichen Kaufleuten einer Berliner Finanzierungsgesellschaft vorgeworfen, mit Hilfe der gesetzlichen Möglichkeiten des Berlin-Förderungsgesetzes von etwa 320 westdeutschen Kapitalanlegern insgesamt 5 Millionen Mark unter Vortäuschung risikoloser Geschäfte erschwindelt zu haben.

Die auf diese Weise zusammengekommenen Gelder wurden nicht, wie vorgesehen, in den Ausbau von Ladengeschäften in der Westberliner City gesteckt, sondern zur Tilgung alter Schulden und für geschäftsfremde Zwecke verwendet. Den gutgläubigen Kommanditisten war versichert worden, mit dem Bau der Projekte sei begonnen worden, in Wirklichkeit war aber kein einziges Projekt fertiggestellt. Bereits Ende 1969 war die Gesellschaft in Schwierigkeiten geraten und mußte im Frühjahr 1970 ihre Zahlungen einstellen. Die Kapitalgeber hatten damit ihr Geld verloren.

Dem Angeklagen Landsrath, der seit August 1970 in Untersuchungshaft saß, gewährte das Gericht Haftverschonung unter der Voraussetzung, daß er 250000 Mark Kaution stellt, Personalausweis und Reisepaß abgibt und das Gebiet von West-Berlin und der Bundesrepublik nicht verläßt. Potthoff verbüßt in Dortmund seine Freiheitsstrafe.

Die Urteile waren Ende August 1972 noch nicht rechtskräftig. Alle Verteidiger hatten Freisprechung ihrer Mandanten gefordert, weil deren schuldhaftes Verhalten nicht erwiesen worden sei. Über die Revision wird der Bundesgerichtshof entscheiden müssen.

Führerscheinbetrug

Anfang Mai 1972 fand in Neapel ein Massenprozeß gegen 274 Angeklagte ein Ende, von denen 221 zu Gefängnisstrafen zwischen acht Monaten und fünf Jahren verurteilt wurden. Insgesamt sprach das Gericht Strafen über 300 Jahre Haft aus.

In dem Massenprozeß hatten sich vor allem Beamte und Angestellte der neapolitanischen Verkehrsbehörde, Amtsärzte und Fahrlehrer zu verantworten. Sie hatten Hunderte von Führerscheinen, meist gegen hohe Bezahlung, unrechtmäßig an zum Teil Schwerkörperbehinderte verkauft.

Die Geschichte flog auf, als bei einem schweren Autounfall vier Menschen ums Leben kamen. Die Polizei überprüfte die Papiere des Unfallfahrers und stellte fest, daß der 60jährige Mann neben anderen Gebrechen ein Glasauge hatte, auf dem anderen Auge war er stark kurzsichtig und vom Autofahren hatte er auch nicht viel Ahnung. Er gab an, wer ihm seinen Führerschein ausgestellt hatte, die Polizei ging den Hinweisen nach und deckte schließlich den Riesenskandal auf.

Geldfälschung

1971 wurden in Deutschland 10mal so viele Falschmünzen und 55mal so viele falsche Geldscheine wie 1965 sichergestellt. Die Geldfälscher begnügten sich nicht mehr mit der Herstellung »kleiner Fische« wie 10- und 20-Mark-Scheinen, sondern vorwiegend mit der von 100-Mark-Scheinen. Ursache dafür ist nicht eine zunehmende Zahl von Falschmünzern, sondern die Tatsache, daß die einzelnen Druckereien immer mehr

Falschgeld in Umlauf bringen. Im Durchschnitt gilt die Qualität der falschen 100-Mark-Noten als schlecht: das Papier ist weich, lappig, oft fehlen die Wasserzeichen, der Sicherheitsfaden ist durch einen Aufdruck ersetzt und die Bildteile sind verschwommen.
Falsche 500-DM-Noten sind sehr selten, falsche 1000-DM-Noten so gut wie unbekannt, vermutlich deshalb, weil bei derartigen Beträgen die Aufmerksamkeit des Empfängers größer ist als bei kleineren Notenbeträgen.
Völlig abgekommen sind die Fälscher indes von der Herstellung gängiger Geldmünzen. Lukrativ ist für Münzhersteller noch die Pressung ausländischer Gold- und Silbermünzen, die unter Münzsammlern zu Liebhaberpreisen gehandelt werden.
Abgesehen davon ist die Produktion von Münzen im Verhältnis zum Nennwert relativ teurer als das Drukken von falschen Hundertmarkscheinen.

Das Geschäft mit Matrosen

Üblicherweise werden Matrosen zu international vereinbarten »Heuertarifen« von Reedereien angestellt. Um jedoch Personalkosten zu sparen, ziehen es einige Reedereien vor, auf hoher See, außerhalb der Hoheitsgewässer, Matrosen anzuheuern und nach eigenem Gutdünken zu bezahlen. Vor allem deutsche Reedereien gehen immer mehr dazu über, außerhalb der Legalität nach billigen Arbeitskräften zu suchen. Da besonders ausländische Seeleute bereit sind, für billiges Geld auf Schiff zu arbeiten, ist bereits jeder zweite Matrose auf deutschen Schiffen kein Deutscher mehr. Von 10 arbeitslosen deutschen Seeleuten findet zur Zeit (1972) nur ein einziger einen Arbeitsplatz.
Diesem Übel kann vor allem auch so lange nicht Einhalt geboten werden, als das Überangebot an Seeleuten den Reedern immer wieder die Möglickeit gibt, solche zu finden, die sich unter Preis verkaufen.
Das Geschäft mit dem Menschenhandel kann nach dem Arbeitsvermittlungsgesetz mit einer Freiheitsstrafe bis zu einem Jahr geahndet werden oder mit einer hohen Geldstrafe. Während große Reedereien wie Hapag-Lloyd legal verfahren und ihre ausländischen Seeleute nach den deutschen Heuertarifen entlohnen, holen sich kleinere und finanzschwächere Schiffsunternehmer immer wieder billige Arbeitskräfte aus Übersee, die zudem meist ohne Seemannserfahrung in Dienst genommen werden.
Maßnahmen seitens der Staatsanwaltschaften gegen derartige Geschäfte mit Matrosen scheiterten bisher an den finanziellen Mitteln.

Goldschmuggel

Zu den schwierigsten Aufgaben der Zollbehörden in Deutschland zählte die Bekämpfung des Goldschmuggels. Nach statistischen Angaben des Zollkriminalinstitutes wurde 1971 die illegale Einfuhr von 18600 kg Barrengold im Wert von 82 Mill. DM nachgewiesen. Dies entsprach 7,3% der im Jahre 1970 legal in die Bundesrepublik eingeführten Feingoldmenge von 107,6 Tonnen. Die hinterzogene Einfuhrumsatzsteuer, deren Einsparung ein Hauptreiz zum Schmuggel bildet, betrug 8,7 Mill. DM.

Krieger, Armin, und Proest, Rainer

Der größte Goldschmuggelprozeß seit Bestehen der Bundesrepublik fand am 8. Dezember 1972 vor der Wirtschaftsstrafkammer des Landgerichts Darmstadt sein Ende. Angeklagt waren sieben Personen wegen gewerbsmäßigen Schmuggels, Steuerhinterziehung und Urkundenfälschung. Von Januar 1970 bis März 1971 hatte der Schmuggelring etwa 6476 Kilogramm Barrengold im Wert von 28,6 Millionen Mark aus der Schweiz per Flugzeug in die Bundesrepublik geschleust und dabei den Staat um nahezu 2,9 Millionen Mark Einfuhrumsatzsteuer gebracht.
Das illegal eingeführte Gold wurde der Firma Degussa (»Deutsche Gold- und Silber-Scheideanstalt«) in Frankfurt angeboten und von ihr auch aufgekauft. Die Firma zahlte neben dem Goldpreis auch die 11%ige Steuerabgabe, die die Schmuggler nur scheinbar vorausbezahlt hatten. In Wahrheit hatten sie die Steuern gar nicht bezahlt, sondern durch einen Trick das Gold unverzollt in die BRD eingeführt. Das Gold wurde in der Schweiz legal gekauft und mit Linien- oder Sportmaschinen über die Grenze gebracht. In Frankfurt deponierten die Schmuggler das Barrengold in Schließfächern und passierten mit leeren Händen den Zoll. Ein dem Schmuggelring angeschlossener Gepäckträger konnte dann das Gold unbeanstandet am Zoll vorbeischmuggeln, da Gepäckträger nicht kontrolliert werden.
Um die Geschichte vollends glaubhaft zu machen, hatten sich die beiden Hauptangeklagten, Armin Krieger und Rainer Proest, einen Zollhauptsekretär »gekauft«, der ihnen Blankozollformulare samt Dienststempel überließ. Es bestand somit keine Schwierigkeit, den Degussa-Goldkäufern die amtlich gültigen gefälschten Papiere mitzuliefern.
Das Unternehmen flog auf, als eines der mit Gold geladenen Sportflugzeuge auf dem Weg von der Schweiz nach Frankfurt in Bad Nauheim zwischenlandete. Die Schmuggler legten beim Umladen des Goldes aus der Maschine in ein Auto eine solch verdächtige Eile an den Tag, daß ein Flugplatzangestellter mißtrauisch wurde und sich die Nummern der Maschine und des Wagens notierte.
Armin Krieger, zuständig für die Herbeischaffung des Goldes aus der Schweiz, erhielt vier Jahre Gefängnis

und 160000 Mark Geldstrafe; Rainer Proest, der den Weiterverkauf besorgte, bekam vier Jahre und drei Monate Gefängnis und ebenfalls 160000 Mark Geldstrafe; Speditionskaufmann Lothar Fuchs, ein Angestellter des Frankfurter Flughafens, der die Blankoschecks besorgte, erhielt 3 Jahre Gefängnis und 25000 Mark Geldstrafe; Zollhauptsekretär Walter Körber, der Beschaffer des Dienststempels, bekam 7 Monate und 1000 Mark Geldbuße; Gepäckträger Otto Klee zwei Jahre und drei Monate Gefängnis sowie 20000 Mark Geldstrafe; schließlich Bernd Cimadom, Privatpilot, und Flugleiter Gerold Fischer erhielten 10 bzw. 9 Monate Gefängnis und je 3000 Mark Geldstrafe.
Sämtliche Freiheitsstrafen wurden in Bewährungsstrafen umgewandelt.

Heiratsschwindel

Der deutsche Heiratsbetrüger Otto Fröschl wurde am 4. Mai 1960 nach dreieinhalbjähriger Haftzeit aus dem Hamburger Gefängnis entlassen. Er war wegen Betrugs im Rückfall verurteilt.
Erst vier Jahre danach fiel er der Polizei wieder auf, diesmal als versierter Heiratsschwindler. Unter dem Namen »Flugkapitän Stefan Pöll« oder »Aufsichtsratsmitglied der PANAM« hatte er vor allem Witwen um nahezu 50000 Mark betrogen. Die Polizei suchte ihn unter dem Titel: »Kaiser der Heiratsschwindler«.
Als Zimmermanns XY-Fernsehsendung am 20. Oktober 1967 nach ihm fahndete, hatte sich Fröschl gerade wieder bei einer Witwe eingemietet und sie betrogen, hatte aber Glück und war am Abend der Sendung bereits verschwunden.
Obgleich sein Fahndungsfoto aus den Tagen seiner Haft stammte und einen hageren Mann zeigte, erkannte eine Frau den inzwischen schwergewichtigen Zweizentnerbetrüger am 29. Februar 1968 wieder. Sie hatte ihn einmal bei ihrer Freundin gesehen, die er um 11500 Mark erleichtert hatte. Im fotografischen Gedächtnis der Frau gab es keinen Zweifel. Sie verfolgte den Mann, ließ die Polizei herbeirufen, und ohne Widerstand ließ sich der Gesuchte in München festnehmen.
Das Landgericht Hannover verurteilte Otto Fröschl am 15. April 1969 zu 6 Jahren Zuchthaus, 6 Jahren Ehrverlust und 10000 Mark Geldstrafe.

Menschenschmuggel

Die Notlage des geteilten Deutschland machten sich in den letzten Jahren sog. Fluchthelfer zunutze, indem sie gegen hohe Honorare Menschen aus der DDR in die Bundesrepublik Deutschland schmuggelten.
Zu den Fluchthelferbossen, die die Flucht organisieren, das Honorar einstecken und die gefährliche Arbeit den Kleinen überlassen, nämlich das Überbringen der gefälschten Pässe und das Schmuggeln der Menschen in Wagen oder per Flugzeug, gehörte der Westberliner Wolfgang L., der pro geschmuggelte Person 7500 DM verlangte.
Ist die Flucht geglückt, so müssen die betreffenden Personen Stillschweigen üben, um Nachkommende vermeintlich nicht zu gefährden, und durch harte Arbeit die Fluchtkosten abverdienen und in Raten nachbezahlen (einschließlich Zinsen) oder die Wechsel einlösen. Fluchtkosten stiegen in den letzten fünf Jahren (bis 1972) von etwa 5000 auf 12000 Mark an.
Die Fluchthelfer Albert Sch. und Dieter J. haben seit dem Bau der Berliner Mauer etwa 500 DDR-Flüchtlinge gut über die Grenze geschmuggelt. Sie boten ihre Dienste durch Inserate (»Familienzusammenführung«) in der Zeitung an.
Ein weiterer bekanntgewordener Fluchthelfer ist Kurt »Hein« Wordel, der 1967 zu sechs Monaten Gefängnis verurteilt worden war, weil von ihm gefälschte Führerscheine in Berliner Zuhälterkreisen sichergestellt worden sind.
Neben der Zahl der gelungenen Fluchthilfen steht die hohe Zahl der gescheiterten Fluchtversuche: jeder fünfte Versuch endete nicht in der Freiheit, sondern in DDR-Gefängnissen.
Auch eine Schweizer Firma beteiligt sich am Fluchtgeschäft. Auch sie bietet ihre Dienste per Inserat an. Die Firma verlangt bis zu 50000 Mark pro Flüchtling.

Musikpiraterie

Unter Musikpiraterie versteht man die nicht lizenzierte Kopierung von Tonträgern, d.h. konkret: die illegale Vervielfältigung des Musikreprtoires vorwiegend von Top-Stars und ihren Schallplattenfirmen. Illegal wird durch Überspielen etwa in Form von Bandaufnahmen Musik gestohlen und unlizenziert weiterverbreitet, oder die Kopien kommen als Nachbildungen der Originale samt widerrechtlich übernommenen Titeln, Etiketten, Marken und sogar Illustrationen auf den Markt. Durch solchen Musikdiebstahl werden Interpreten, Komponisten, Texter und schließlich Musikverleger um ihr Honorar gebracht.
Im Jahr 1971 waren von den etwa 12 Millionen D-Mark, die in der westlichen Welt für Musikalien umgesetzt worden sind, etwa 5–7 Prozent für gestohlene Musik ausgegeben worden.
In Amerika betrug der illegale Umsatz 1970/71 etwa 450 Millionen D-Mark. Das entsprach ungefähr dem gesamten Umsatz von Musikalien in der BRD.
Musikpiraterie wurde in der BRD etwa 1970 in ihrem ganzen Umfang bekannt.
Günstig für die weltweite Musikpiraterie war natürlich die leichte und jedermann zugängliche Möglichkeit, etwa durch Tonbandgeräte Musik vom Radio, der Platte oder dem Fernseher selbst aufzunehmen. Vor allem auf dem Gebiet der Unterhaltungsmusik ist die juristische Absicherung gegen Piraterie noch unzureichend. Denn das Urheberrechtsgesetz, 1966 in der BRD reformiert, schützt in erster Linie nur Verleger und Komponisten von klassischer Musik.

Erst im Oktober 1971 unterzeichneten 23 Staaten die »Genfer Konvention« gegen die »Phono-Piraterie«, wonach es verboten ist, Schallplatten und Tonbänderaufzeichnungen zu reproduzieren, illegal einzuführen und dann meist billiger (als »Schwarzdruck«) zu verkaufen. In jedem Fall müßte die Erlaubnis des Herstellers des Originals eingeholt werden. Dies wäre zwar ein möglicher Schutz, doch bis Ende 1972 wurde dieser Piraterieentwurf noch von keinem Staat ratifiziert.
Mag auch in der BRD der Musikmarkt noch nicht so überschwemmt sein von Piratenakten wie in den USA, so ist doch der Kampf gegen die Herstellung und Verbreitung illegaler Musik beschwerlich genug. Wie in jedem Ermittlungsverfahren können auch in solch einem Fall die »Musikfahnder« nur tätig werden, wenn sie selbst auf illegale Musik stoßen oder durch Hinweise aus der Bevölkerung aufmerksam gemacht werden. Meist ist die schlechte Tonqualität ein Zeichen für »geklaute« Musik, weil die Piraten billiger arbeiten als die großen Schallplattenfirmen, d.h. mit weit weniger aufwendigen und guten Aufnahmegeräten. Wird illegale Musik aufgespürt, so ist es weit schwerer, den Hersteller zur Rechenschaft zu ziehen, weil er meist im Ausland arbeitet, als die Plattenfirma, die verpflichtet ist, jede Kassette beim Einkauf genauestens zu überprüfen.
Musikpiraterie galt bisher als ziemlich sicher vor der strafrechtlichen Verfolgung. Denn im Falle der Verletzung von geistigem Eigentum liegt nur ein »Antragsdelikt« vor, was bedeutet, daß der Staatsanwalt das Verfahren einstellen kann, sofern kein öffentliches Interesse an der Verfolgung des Falles anzunehmen ist. Erst im Falle eines »Offizialdeliktes« ist er gezwungen, Anklage zu erheben, dann nämlich, wenn illegale, also geklaute Musik etwa in Form von Kassetten gestohlen wird und dabei z.B. die Schaufensterscheibe des Plattengeschäftes eingeschlagen wurde. Dies ist dann ein Fall von Diebstahl und wird als solcher auch behandelt.
Musikpiraterie, vor allem wenn sie sich auf gerade gängige »Hits« spezialisiert hat, pflegt in der Regel ein gutes Massengeschäft zu sein.

Preiserhöhungen

In einer wettbewerbsrechtlich wie völkerrechtlich bedeutsamen Entscheidung wies der Europäische Gerichtshof in Luxemburg die Klagen von neun europäischen Chemiekonzernen ab, die von der Europäischen Kommission im Jahre 1969 wegen »abgestimmter Preiserhöhungen« bei Farben mit Bußgeldern in Höhe von etwa 2 Millionen Mark belegt worden sind. Damit wurden die Strafen nun rechtskräftig.
Drei der Chemiekonzerne waren Schweizer Firmen. Bei ihnen ergaben sich interessante Vollstreckungsprobleme, weil diese Firmen ihren Sitz nicht im Gebiet der Europäischen Wirtschaftsgemeinschaft haben. Das Urteil machte klar, daß Unternehmen auch aus Gebieten außerhalb der EWG-Länder die Wettbewerbsregeln und bestimmte Verbotsvorschriften zu respektieren haben, wenn sie innerhalb des EWG-Gebietes tätig werden wollen.

Scheckbetrug

Der frühere Hauptkassier beim nordrhein-westfälischen Landesrechnungshof, Günther Krächter, wurde von der Großen Strafkammer des Landgerichts in Düsseldorf 1971 zu acht Jahren Freiheitsentzug verurteilt. Er hatte die obersten Landesrechnungsprüfer innerhalb von 4 Jahren mit fingierten und gefälschten Schecks um 642300 Mark geschädigt.
Die zahlreichen »Kassentricks« wertete das Gericht als fortgesetzte schwere Amtsunterschlagung in Tateinheit mit fortgesetzter Urkundenfälschung.
Das Gericht konnte indes nicht klären, wo die etwa 400000 Mark von Krächters Gesamtbeute geblieben sind. Der »Finanzexperte« Krächter hatte behauptet, sie in den Spielbanken von Spa und Bad Neuenahr verspielt zu haben. Aber keiner der Spielbankenangestellten konnte sich an ihn erinnern, auch wurde er in keiner Spielbankenkartei geführt noch kannte er die Roulettegrundregeln oder die Spielbankenörtlichkeiten.
Das Gericht war somit zu dem Schluß gekommen, daß Krächter noch immer über die 400000 Mark verfügt. Solange aber Krächter das Versteck des Geldes nicht preisgibt, kann er nach Beschluß des Gerichts nicht mit einer vorzeitigen Haftentlassung rechnen. Der Richter rechnete ihm vor, daß die 400000 Mark, während der 8 Jahre Freiheitsentzug zu 7% angelegt, eine Gesamtsumme von 700000 Mark ergeben, so daß Krächter nach seiner Entlassung mit einer monatlichen Rente von 4000 Mark werde rechnen können.

Steuerhinterziehung

Die Staatsanwaltschaft Kopenhagen bereitete im April 1972 einen Prozeß gegen den wohl bekanntesten Rechtsanwalt Dänemarks vor, den 50jährigen Mogens Glistrup, der unter dem Namen »Mr. Null Prozent« zum Schrecken der Finanzminister und Steuerbehörden geworden ist. Glistrup ging von der Voraussetzung aus, daß es geradezu verbrecherisch sei, Einkommensteuer zu bezahlen. Durch Ausnutzung aller Möglichkeiten des Gesetzes hatte er es verstanden, für sich und seine zahlreichen Klienten das steuerpflichtige Einkommen auf Null zu bringen. Denn nur die Dummen würden Steuern zahlen, und es sei angesichts der Ungerechtigkeiten der Steuerbestimmungen die Pflicht eines jeden Staatsbürgers, dieses Steuersystem zu sabotieren, wo es nur geht. In aller Öffentlichkeit prahlte er damit, durch die Gründung einer großen Zahl von sog. »leeren« Scheinfirmen und einem komplizierten System von Geldtransaktionen zwischen diesen Firmen selbst reich geworden zu sein und seinen Klienten zu steuerfreiem Einkommen verholfen zu haben.

Vor dem Düsseldorfer Landgericht wurde am 30. Januar 1970 einer der größten Finanzskandale der deutschen Nachkriegsgeschichte abgeschlossen. Nach 72 Verhandlungstagen verurteilte das Gericht 6 Helfershelfer des Düsseldorfer »Steuerkünstlers« Friedrich Wilhelm Ermisch. Der Hauptangeklagte Friedrich Wilhelm Ermisch erlebte den Urteilsspruch nicht mehr. Er hatte am 11. November 1969 in der Düsseldorfer Untersuchungshaft durch Erhängen Selbstmord begangen.
Mit gefälschten und fingierten Umsatzsteuerrückvergütungsanträgen hatte er den Staat um etwa 12,72 Millionen Mark geschädigt. Er hatte in den Jahren 1961 bis 1967 derartige Vergütungen für nie ausgeführte Kohle- und Stahlexporte eingereicht und die rückgezahlten Gelder kassiert. Sein »Geschäft« flog auf, als sich ein Essener Finanzbeamter eingehender mi. den Unterlagen befaßte.
Ermisch setzte sich daraufhin mit seiner Geliebten ins Ausland ab. In Mexiko wurde er gestellt, verhaftet und in die BRD ausgeliefert. Von der Beute blieben etwa 4 Millionen Mark unauffindbar.
Die Helfershelfer waren: Ermischs Geliebte Brigitte Szypa (4 Jahre Gefängnis), der Steueramtmann Paul Vosen (3 Jahre Gefängnis), die Steueroberinspektorin Ingeborg Herchenröder (4¹/₂ Jahre Gefängnis), der Finanzamtsangestellte Ernst August Bieler (2 Jahre Gefängnis und 500 D-Mark Geldstrafe), der Vater der Ermisch-Geliebten Werner Szypa (9 Monate Gefängnis) und der Kaufmann Jakob Napoleon Wirtz (2 Jahre Gefängnis).

Der Teerfarben-Prozeß

In einem über vier Jahre sich hinziehenden Monsterprozeß gegen die europäischen Farbenhersteller fällte der Europäische Gerichtshof in Luxemburg im Juli 1972 ein Grundsatzurteil, das für die Wettbewerbspolitik der EWG von beinahe historischer Bedeutung ist.
Folgender Sachverhalt stand zur Debatte: zwischen den europäischen Farbenherstellern pflegten routinemäßige Zusammenkünfte stattzufinden, in denen Erfahrungen ausgetauscht und über die Ertragslage diskutiert wurde. Bei einem derartigen Treffen 18. August 1967 in Basel gab ein Schweizer Hersteller bekannt, daß er seine Preise für Teerfarben zum 16. Oktober 1967 um 8 Prozent erhöhen werde. Der französische und vier deutsche Hersteller schlossen sich dem Schweizer Vorgehen an und vereinbarten eine gemeinsame Preiserhöhung von 8 Prozent.
Dieser Teerfarbenfall war der Anlaß zu einer wettbewerbsrechtlichen Grundsatzentscheidung. Es ging um die Frage, ob die Farbenhersteller eine gemeinsame Absprache getroffen hatten, die nach dem Wettbewerbsrecht verboten und damit zu bestrafen war.
Das deutsche Kartellgesetz erlaubt derartige Absprachen nicht, es sei denn, es wäre zu einer vertraglichen Einigung im Sinne des Gesetzbuches gekommen. Diesen Nachweis zu führen, war nicht möglich.
Es ging um die Frage, ob die getroffene Vereinbarung als abgestimmtes Verhalten zu bewerten war, was eine Form der bewußten Wettbewerbsbeschränkung bedeutet hätte – oder um eine formlose Vereinbarung im Sinne von Gentlemen's Agreements, von Frühstücksabsprachen oder sog. Zwinkerkartellen.
Der Luxemburger Gerichtshof sah darin die Merkmale eines abgestimmten Verhaltens als erfüllt (im Unterschied zu einem Urteil des Bundesgerichtshofes in Karlsruhe, der darin ein gleichförmiges Verhalten sah). Durch das Luxemburger Urteil wurde erstmals klargestellt, was abgestimmte Verhaltensweisen sind, die der EWG-Vertrag verbietet. Die Bußgeldbescheide gegen abgestimmtes Verhalten, die das Deutsche Kartellamt verhängt hatte und die das Berliner Kammergericht ebenso wie der Bundesgerichtshof in Karlsruhe zurückgewiesen hatten, wurden nach dem Luxemburger Urteil rechtskräftig.

Umweltverschmutzung

Bisher wurden umweltschädliche Handlungen nur als Ordnungswidrigkeit geahndet. Zu Beginn des Monats September 1972 forderte der Landesjustizminister von Nordrhein-Westfalen (Deutschland), Dr. Josef Neuberger, daß der Umweltverschmutzer, der Luft, Wasser und Boden verpestet, zukünftig bestraft werden soll wie einer, der ein kriminelles Unrecht tut.
Von Dezember 1971 bis September 1972 liefen allein bei der Staatsanwaltschaft Hamm 230 Strafanzeigen wegen Verdachts umweltschädigender Ablagerung von Industriemüll ein. In einem ganzen Jahr verzeichnete die Hammer Anklagebehörde 953 Umweltschutzanzeigen, das sind drei Viertel aller im Land registrierten Ermittlungsverfahren. Eigens zur Bekämpfung dieser Form von Wirtschaftskriminalität wurden sog. »Umweltschutzstaatsanwälte« eingesetzt. Während 1966 Verfahren gegen Wirtschaftsstraftäter bis zur Anklageerhebung drei bis acht Jahre benötigten, konnte diese lange Zeitspanne im Jahre 1972 dank eigens eingerichteter Schwerpunkstaatsanwaltschaften für Wirtschaftskriminalität auf etwa die Hälfte reduziert werden.
Im Juli 1972 lag die Zahl der bearbeiteten Verfahren wegen Wirtschaftskriminalität um mehr als doppelt so hoch wie am selben Stichtag des Jahres 1970. Die in Wirtschaftsprozessen verhängten Freiheitsstrafen liegen maximal bei fünf Jahren, in Umweltschutzverfahren maximal bei zwei Jahren.

Versicherungsbetrug

Am 27. November 1929 fuhr kurz vor Regensburg ein Opel »Laubfrosch« gegen einen Kilometerstein. Der Wagen fing Feuer. Der Fahrer verbrannte. Aufgrund des Nummernschildes wurde die verkohlte Leiche des Wagenbesitzers identifiziert. Frau Emma Tetzner in Leipzig wurde von dem Unfall benachrichtigt. Am 30. November 1929 sollte die Beerdigung sein. Noch aus Regensburg hatte die Witwe verschiedene Versicherungsgesellschaften (»Nordstern«, »Allianz«, »Vaterländische«) vom Tod ihres Mannes Kurt Erich Tetzner (geb. 1903) unterrichtet. Es standen ihr 145 000 Mark zu. 1927 hatten Kurt und Emma Tetzner geheiratet. Tetzner war Kaufmann, besaß zunächst ein Feinkostgeschäft und übernahm dann von der Schwiegermutter ein kleines Café zwischen Leipzig und Dresden. Das Café ging nicht besonders gut, aber durch den Tod der Schwiegermutter kam Tetzner in den Besitz von insgesamt 35 000 Mark (das Café wurde verkauft). 1929 wurde Tetzner Vertreter eines Verlags. Seiner Frau erklärte er, er müsse 10 000 Mark in den Verlag investieren, in Wahrheit hatte er das Geld in Nachtbars durchgebracht. Tetzner besann sich, wie er wieder zu Geld kommen könnte und schloß Lebens- und Unfallversicherungen ab. Dabei kam ihm der Gedanke, seinen eigenen tödlichen Autounfall zu fingieren, um in den Besitz der hohen Versicherungssumme zu kommen. Also brauchte er ein geeignetes Opfer. Das Opfer mußte im so ähnlich wie möglich sehen. Durch ein Zeitungsinserat (»Junger, unabhängiger Mann, etwa 24 Jahre alt, als Reisebegleiter gesucht«) lernte er einen genau passenden Mann kennen, der jedoch gegenüber Tetzners Geschäftsgebaren mißtrauisch wurde und nicht mitfuhr. So kam Tetzner die Idee, einen Anhalter mitzunehmen. Das war sein Pech, denn der Wanderer war viel kleiner, leichter und jünger als Tetzner.

Während der Fahrt betäubte er seinen Beifahrer, ermordete ihn und steckte anschließend seinen Wagen in Brand.

Tetzner ging zu Fuß nach Regensburg, fuhr nach Paris, wieder zurück nach Straßburg und telefonierte von dort unter dem (ausgemachten) Namen Sranelli mit seiner Frau Emma. Das Ferngespräch wurde von der Polizei überwacht, und noch in der Telefonzelle in Straßburg wurde er verhaftet.

Die Versicherungsgesellschaften waren mißtrauisch geworden (die Policen waren erst vor sechs Wochen unterschrieben worden), außerdem ergaben die Nachforschungen der Kripo und der Gerichtsmediziner, daß die verkohlte Leiche in Tetzners Wagen nicht mit Tetzners Körpergröße identisch war. Noch vor der Beerdigung wurde die Leiche obduziert. Weder in den Atmungsorganen noch in Herz und Lunge konnte Ruß festgestellt werden. Somit war es klar, daß der Tote vor dem Brand des Wagens umgebracht worden war.

Am 5. Dezember 1929 wurde Tetzner verhaftet. Die Tagespresse berichtete von dem Mann, der sein eigener Mörder war.

Am 17. März 1931 wurde Tetzner der Prozeß gemacht. Er wurde wegen Raubmordes zum Tode verurteilt und hingerichtet, seine Frau bekam wegen Beihilfe zum Mord vier Jahre Zuchthaus.

Waffenhandel, illegaler

In Deutschland nahm in den letzten Jahren der illegale Waffenhandel immer mehr zu. Die Straftaten mit Schußwaffengebrauch haben sich in den Jahren 1965 bis 1970 um tausend Prozent erhöht. 1971 allein waren es 18 000 Schußwaffendelikte.

In Deutschland war es bis zum Erlaß eines neuen Waffengesetzes am 1. 1. 1973 sehr leicht, sich eine Waffe zu beschaffen, auch ohne Waffenschein. In Waffengeschäften, im Versandhandel, vor allem auf dem Schwarzmarkt wurde alles, von der zierlichen Damenpistole bis zum schweren Maschinengewehr, angeboten.

Obgleich Innenminister Genscher eine verschärfte Jagd auf die waffenschmuggelnde Unterwelt angesagt hatte, dürfte dieselbe die Gangster kaum kleinzwingen.

Vor allem auf den Hauptbahnhöfen und in den Nachtklubvierteln der Großstädte werden fabrikneue Waffen gehandelt. Gerade vorbestrafte Täter können sich fast ungehindert mit allen möglichen Waffen eindekken. Unter den Bürgern wächst die Angst vor bewaffneten Verbrechern.

1972 kündigte die Bundesregierung an, mit einem Aufwand von 785 Millionen Mark gegen die Waffenganoven vorzugehen.

Käufer auf dem Schwarzmarkt der Unterwelt sind neben Berufsverbrechern auch Gastarbeiter. Waffen werden aus dem Libanon, dem Vorderen Orient, der Tschechoslowakei nach Deutschland geschmuggelt. Ein einziger Waffenschieber, der inzwischen gefaßt wurde, beschaffte aus der Tschechei insgesamt 6000 Pistolen und 20 Millionen Schuß Munition. Über Jahre hin kam er ungehindert durch den Zoll. Gerade die Tschechei machte es den Waffenschiebern leicht: sie kauften dort legal die Waffen ein, wurden an die Grenze gebracht und von CSSR-Zöllnern auffallend lange kontrolliert. Doch nur zum Schein. Mit dem Ergebnis, daß die deutschen Zöllner dachten: die können wir ruhig durchlassen, sie sind ja drüben schon genau kontrolliert worden.

Auf in Ungarn fabrizierten Waffen steht schon gar kein Firmenzeichen mehr, sondern der Aufdruck: Made in Germany.

Die Waffenschiebersyndikate verdienen am Waffenhandel Millionen. Das Geschäft der Syndikate brachte für Deutschland eine regelrechte Waffenschwemme.

Man kann zwar hier vom 18. Lebensjahr an im legalen Handel Schußwaffen kaufen, doch bevorzugen viele Interessenten den illegalen Waffenkauf, weil man im normalen Waffengeschäft registriert wird. In Deutschland ist vor allem Frankfurts Unterwelt berüchtigt für das illegale Waffengeschäft.

g) Kunstfälschungen, -beschädigungen und -diebstähle

1. Allgemeines

So mannigfach die Möglichkeit künstlerischer Gestaltungskraft und die Darstellung künstlerischer Ideen ist, so vielfältig ist auch die Möglichkeit, Kunst zu fälschen, Kunstwerke zu kopieren und als echte auszugeben, mit einem nachgemachten Kunstwerk ein echtes, originales vorzutäuschen, also Betrug zu begehen.
Da die Kunstfälscher meist selbst sehr begabte Künstler sind, ist es oft gar nicht leicht, ein originales Kunstwerk von einem gefälschten zu unterscheiden, und schon mehr als einmal fiel ein noch so berühmter Experte auf die »genialen« Fälschungen herein.
Die Idee, Kunstwerke zu fälschen, ist ebenso alt wie die, überhaupt Kunstwerke herzustellen. Und die Absicht, bestimmte Kunstwerke zu fälschen, steht in direktem Verhältnis zu dem Marktwert, den ein Künstler gerade einnimmt. Werke, die kein Interessent kauft, rentieren zumeist auch nicht, in Kopien vervielfältigt und zu enormen Preisen auf den Kunstmarkt gebracht zu werden.
Manchmal sind es Schüler großer Meister, die im gleichen Maße zu Kunstfälschern erzogen werden wie ihr Streben dahin geleitet wird, der Meisterschaft des großen Lehrers so nahe wie nur möglich zu kommen. Dies mag so lange angehen, als die kommerzielle Absicht im Hintergrund bleibt.
Wo aber Kunst gefälscht wird, um mit den Fälschungen betrügerische Geschäfte zu machen, mag ein Schüler noch so meisterhaft sein, er wird die Stufe etwa des Geldfälschers nicht überzeugend verlassen können.
Es gibt nichts auf künstlerischem Gebiet, das man nicht fälschen könnte. Dazu gehören: Gemälde, Möbel, Holzschnitte, Kupferstiche, Briefmarken, Plastiken, Papyri, Münzen, Musikinstrumente (vor allem Streichinstrumente), Keramik, Emailarbeiten, Miniaturen und vieles mehr.
War es in früherer Zeit nicht einmal sträflich, Meisterwerke zu manipulieren (Michelangelo, Rubens, del Sarto und andere führten Kopieraufträge meisterhaft aus), so fallen heutzutage solche »Meisterschaften« unter den Begriff des Betrugs.
Fälschern von Kunstwerken auf die Spur zu kommen, ist oft ebenso schwer, wie Fälschungen als solche festzustellen. Denn die Fälscher arbeiten so gut wie nie in Organisationen oder Banden. Bandenmäßig organisiert ist aber sehr oft der Handel mit gefälschten Kunstwerken. Agentenringe sind über die ganze Welt verteilt.
Erst in der jüngsten Vergangenheit kamen vor allem italienische Fälscher auf den Gedanken, im Team zu arbeiten. Da entsteht z.B. ein Meisterwerk durch die Hand verschiedener Meisterfälscher: Der eine hat sich spezialisiert auf den Hintergrund, der andere auf die Figuren, der dritte auf das Ornament, wieder einer auf Gesichter oder die Kleidung.
Nun einige Beispiele z.T. auch prozeßrechtlich verfolgter Kunstfälscher oder ganzer Fälscherringe.

2. Beispielfälle

Boer, Jelle de

1968 tauchten in Luzern plötzlich 113 Gemälde von van Gogh auf, auch solche von Matisse, Cézanne, Toulouse-Lautrec, Manet und Paul Klee. Als Herkunft der millionenschweren Meisterwerke wurde der Besitz eines »berühmten holländischen Kunstfreundes, der die Meisterwerke in langjähriger Speicherung zu einem einmaligen Kunstschatz vereinigen konnte«, angegeben.
Als Besitzer tauchte ein gewisser Jelle de Boer auf, der zu Hause in Amsterdam lediglich als Möbelhändler bekannt war. Er bot der »Luzerner Hofgalerie« seine Schätze für eine Verkaufsschau an. Doch kaum waren die »Originalgemälde« ausgestellt, als schon die Luzerner Polizei eingriff. Es bestand der Verdacht auf Betrug in Höhe von 8 Millionen Francs. Wären die Gemälde verkauft worden, so wäre vermutlich die

Summe von 11 Millionen Francs erzielt worden. Genauere Untersuchungen hatten ergeben, daß nicht ein einziges der angebotenen Werke als Original des Malers, dessen Signatur auf dem Gemälde war, anzusehen war. Da der Inhaber der »Luzerner Hofgalerie«, Anton Achermann, der als Fachmann galt, die Gemälde zu einem außergewöhnlich hohen Kaufpreis angeboten hatte, wurde der Fall als besonders schwerwiegend angesehen.
So war z. B. das angebotene Bild »Madame Cézanne als Obsthändlerin« für 1200000 Franken angeboten worden, war aber kaum mehr als 500 Franken wert. Achermann und de Boer hätten also bei gelungenem Geschäft zweitausendmal mehr gewonnen, als das Bild wert war. 125 Bilder wurden beschlagnahmt. Achermann wurde wegen Betrugsversuchs und Irreführung der Öffentlichkeit angeklagt.
Der Besitzer der Bilder, Jelle de Boer, hatte sich rechtzeitig nach Holland abgesetzt.

de Groot

Im Jahre 1924 kaufte ein Sammler von einem Kunsthändler in Amsterdam das Gemälde »Lächelnder Kavalier«, das als »unzweifelhaftes Werk des Frans Hals« von C. Hofstede de Groot per Gutachten ausgegeben wurde. Experten meldeten alsbald ihr Mißtrauen an. Die einen waren der Meinung, das Gemälde stamme von Judith Leyster, einer Schülerin des Frans Hals, andere kamen zu der Überzeugung, es handle sich um eine moderne Fälschung.
De Groot indes blieb bei seinem Gutachten.
Um die Echtheit des Gemäldes herauszufinden, wurde ein Prozeß angestrengt. Zwei Experten, die das Gemälde genau untersuchten, bezeichneten es einwandfrei als moderne Fälschung. Chemische Analysen ergaben außerdem, daß das vermeintliche Gemälde von Frans Hals erst nach 1820 gemalt worden sein konnte, mit Farben also, die Frans Hals nicht gekannt haben konnte.
Das Gericht entschied sich für den Sammler, der damit den Unechtheitsbeweis in der Hand hatte.
De Groot blieb auch nach dem Gerichtsurteil bei seinem Gutachten. Damit der Prozeß aber nicht in einer Berufungsinstanz abermals aufgerollt werden konnte, kaufte de Groot das »echte« Gemälde für 50000 Gulden. Damit war der Rechtsstreit offiziell beigelegt und das umstrittene Bild den kritischen Blicken der Öffentlichkeit entzogen.

Friedländer, Richard

Richard Friedländer gab sich als »Kunsthistoriker« aus und machte aus seiner Namensgleichheit mit dem bereits gestorbenen, international renommierten Experten Geheimrat Max J. Friedländer ein großes Geschäft mit gefälschten Werken.
Friedländer hatte den »Schweizerischen Verband der Kunsthändler und -experten« gegründet, nahm sich einen Bilderrestaurator als Präsident und brachte über den »Verband«, versehen mit als »maßgebend« geltenden Gutachten, gefälschte »Originalgemälde«, darunter solche von van Dyck, auf den Kunstmarkt.
1951 fand in Zürich um seine Person ein großer Kunstfälscherprozeß statt, bei dem es um einen Schadensbetrag von einer Million Schweizer Franken ging.
Der Prozeß kam nicht zu einem Ende, da er wegen Erkrankung des Hauptangeklagten Richard Friedländer ausgesetzt werden mußte.

Latour, Claude

Die Pariser Malerin Claude Latour, bekannt unter dem Namen »Zézi du Montparnasse«, war 1947 in einen Prozeß verwickelt, in dem ihr nachgewiesen werden konnte, daß sie massenweise Bilder von Picasso und Utrillo als Fälschungen hergestellt hatte.
Sie arbeitete im Auftrag eines Jacques Marisse, der ihr für jedes Bild 100 bis 300 Francs bezahlte, die Bilder aber bis zu 70000 Francs weiterverkaufte.
Vor Gericht sollte Utrillo nun die Bilder als Fälschungen erklären, war aber nicht in der Lage, genau zu unterscheiden, welche von ihm und welche von Zézi gemalt waren.

Malskat, Lothar

1913 als Sohn eines Antiquitätenhändlers geboren, lernte Lothar Malskat schon in frühen Jahren, alte italienische Meister zu kopieren. 1929 kam er in eine Stubenmalerlehre, danach in die Kunstgewerbeschule Lübeck. 1937 wurde er in Berlin zufällig mit dem angesehenen Restaurator Prof. Fey und später auch mit dessen Sohn Dietrich bekannt. Bald arbeitete er in deren Auftrag. Nach der Rückkehr aus dem 2. Weltkrieg lebte er als freier Maler und Restaurator bei Lübeck.
Bekannt wurde sein Name im Zusammenhang mit Deutschlands größtem Kunstskandal der Nachkriegszeit.
1952 hatte sich Malskat selbst bezichtigt, mit Wissen und im Auftrag Dietrich Feys die »gotischen Wandmalereien in der Lübecker Marienkirche« und in anderen Kirchen Norddeutschlands selbst entworfen, neu gemalt und später als mittelalterliche Originale ausgegeben zu haben, obwohl überhaupt keine Reste einer mittelalterlichen Malerei vorhanden waren.
Zwischen 1945 und 1951 habe er außerdem zahlreiche Bilder und Zeichnungen international berühmter Maler kopiert und signiert. Diese Werke hatte er zusammen mit Fey als echte verkauft.
Eine einberufene Untersuchungskommission bestätigte diese Behauptungen und war von Malskats genialer Fähigkeit als Fälscher beeindruckt.

In einem Prozeß wurde er 1955 zu 18 Monaten, Fey zu 20 Monaten Gefängnis verurteilt. Die Revision wurde 1956 verworfen.
Im Juli 1956 entzog sich Malskat seinem Strafvollzug durch die Flucht nach Schweden.
Die Deutsche Botschaft in Stockholm stellte daraufhin einen Auslieferungsantrag, doch gab der schleswig-holsteinische Justizminister dem Gesuch Malskats statt, die Vollstreckung der Strafe erst 2 Monate später antreten zu müssen, da ihm durch den sofortigen Strafantritt erhebliche, außerhalb des Strafzwecks liegende Nachteile erwachsen würden. Er fand Arbeit in Schweden und stellte in der Zwischenzeit mehrmals eigene Werke mit Erfolg aus.

Meegeren, Han van

Der Holländer Han van Meegeren wurde vermutlich nur deshalb zum genialsten Bilderfälscher der Nachkriegszeit, weil er als Maler eigener Bilder nie sonderlich viel Beachtung fand.
Er fälschte Bilder vor allem von Vermeer van Delft und Pieter de Hoch, signierte sie mit deren Handzeichen und verkaufte sie für entsprechend hohe Preise.
Er benutzte alte Farben, alte Leinwand und alte Rahmen so geschickt, daß lange Zeit die Fälschungen unentdeckt blieben. Er wurde jedoch von Fachleuten überführt. Sie hatten herausgefunden, daß er statt Öl wie die Meister ein synthetisches Harz verwendet hatte, das erst im 20. Jahrhundert hergestellt wurde.
Er starb 1947 im Gefängnis.
Erst nach seinem Tod wurden seine eigenen Bilder in Courtrai ausgestellt und fanden die Anerkennung der Fachwelt.

Millet, Jean Charles

Der Pariser Kunstmarkt wurde um 1930 plötzlich mit Bildern von François Millet überschwemmt. Sein berühmtestes Gemälde ist »Angelus«. Neben Millet waren aber auch Werke von Corot, Diaz, Degas in reicher Auswahl zu haben, Werke, die bisher zu enormen Summen gehandelt wurden.
Die Kunstexperten wurden mißtrauisch und schalteten die Polizei ein. Nach langen Ermittlungen stieß sie auf Jean Charles Millet, einen Enkel von François Millet, der die Fälschungen des Malers Caseau über geschäftstüchtige Zwischenhändler auf den Markt gebracht hatte.

Vlaminck, Maurice de

Selbst dem Maler gelingt es nicht immer, bei seinen eigenen Bildern echte von gefälschten zu unterscheiden. 1910 sollte Maurice de Vlaminck vor Gericht aussagen, welche mit seinem Signum versehenen Gemälde von ihm stammten und welche nicht. Er war nicht in der Lage, mit letzter Sicherheit die echten zu identifizieren.
Er gab vielmehr zu, selbst einmal ein Bild im Sinne Cézannes gemalt zu haben, das als originales Gemälde, jedoch mit einer falschen Signatur Cézannes, in den Handel kam und hohe Preise erzielte. Cézanne selbst erklärte es für sein eigenes Gemälde und erkannte nicht die »geniale« Fälschung.

3. Kunstbeschädigungen

Menzel, Walter

Im Februar 1959 betrat ein Mann die Münchner Pinakothek und zerstörte mit Säure ein weltberühmtes Gemälde von Rubens, den »Höllensturz der Verdammten«. Der Fall des Bilderzerstörers ging durch die gesamte Presse.
Menzel wollte durch diese Tat bekannt werden und auf seine Bücher über eine neue Philosophie aufmerksam machen. Er wurde zu drei Jahren Gefängnis und zur Zahlung eines Schadensersatzes von 808000 D-Mark

Steegen, Botho von

Am 9. Mai 1960 wurde in Beethovens Geburtshaus in Bonn ein Brand gelegt, wodurch zahlreiche handschriftliche Kompositionen und Erinnerungsstücke Beethovens vernichtet wurden.
Täter war der 60jährige deutsche Kaufmann Botho von Steegen, der mit seiner Brandstiftung die Öffentlichkeit auf seine eigene Notlage als Flüchtling aufmerksam machen wollte. Der Sachschaden wurde auf ungefähr 170000 Mark geschätzt.
Steegen erhielt fünf Jahre Zuchthaus und Aberkennung der bürgerlichen Ehrenrechte für fünf Jahre.

Toth, László

Am 21. Mai 1972, dem Pfingstsonntag, wartete eine festliche Menge vor dem Ausgang von St. Peter in Rom, um die Mittagsansprache des Papstes Paul VI. zu hören. Da übersprang der 34jährige Ungar László Toth die Schranke vor der Altarnische vor den Augen der Gläubigen, schwang sich mit einem Schrei auf den Altartisch und schlug mit einem schweren Hammer auf die weltberühmte »Pietà« von Michelangelo ein. Unter dem lauten Ruf: »Ich bin Christus, Christus ist auferstanden!« schlug er mit aller Macht zuerst in den Nacken der Muttergottes, um ihren Kopf abzuhauen. Da dies keinen Erfolg hatte, schlug er auf den linken Arm der Madonna, er fiel zu Boden und zerbrach dabei in mehrere Stücke. Am Kopf war vor allem die Nase abgehauen und die linke Augenbraue beschädigt.

Ein junger Feuerwehrmann aus Genua, der inmitten der von Panik und Entsetzen ergriffenen Menge stand, stürzte sich auf den Täter und riß ihn zu Boden. Andere kamen hinzu, und es hätte nicht viel gefehlt, wäre der Täter gelyncht worden. Nur mit Hilfe der päpstlichen Gendarmen konnte der Täter gerettet werden. Papst Paul nannte die Tat ein schweres moralisches Verbrechen.
Vor der Polizei sagte der Täter nach langem Schweigen aus, er sei am Tattag 33 Jahre alt geworden, das Alter, in dem Christus gestorben ist. Er habe die Pietà zerstören wollen, weil es keine Muttergottes gebe. »Ich bin Christus, ich bin Michelangelo. Ich habe das Alter Christi vollendet, und jetzt kann ich sterben.«
Toth war in Australien als Theologe tätig, bis er offenbar in religiösem Wahn zum »Propheten« wurde, Stimmen hörte und sieben Geheimnisse verkündete.
Die Pietà wurde im Jahre 1500 vollendet, geschaffen aus carrarischem Marmor. Sie ist das einzige Werk, das den Namenszug Michelangelos trägt, und zwar auf dem Schulterband der Madonna.

4. Kunstdiebstähle

Kunstdiebstähle nahmen etwa seit 1968 in alarmierendem Maße zu. Museen, Kirchen und archäologische Ausgrabungen waren in erster Linie betroffen. Allein in Italien wurden 1970 mehr als 4760 Kunstschätze gestohlen. Darin waren nicht mitgerechnet die zahlreichen aus »Schwarzausgrabungen« stammenden Funde, die illegal exportiert und im Ausland zu hohen Preisen verkauft wurden. Die Länder Lateinamerikas wurden zwischen 1950 und 1970 von präkolumbischen Kunstgegenständen regelrecht leergeraubt. Die Diebstähle richteten sich sowohl gegen kleine Gegenstände, aber auch ganze Tempelgiebel wurden abgetragen.
Maßnahmen gegen Kunstdiebstähle diskutierten auf Einladung der UNESCO im September 1972 Experten unter Teilnahme von Interpol in Brüssel. Man beschloß eine Verschärfung der Kontrollen bei der Ein- und Ausfuhr und beim Transport von Kunstgegenständen. Bisher (Ende 1972) hatten jedoch nur drei Länder der EWG diese Maßnahmen ratifiziert.

h) Rauschgift

1. Zum Rauschgiftproblem: Zahlen – Fakten

Der illegale Rauschgiftmißbrauch ist etwa seit 1965 zu einem weltweiten Problem geworden. Vorwiegend Minderjährige flüchten zum »Stoff« (Cannabis, LSD, Halluzinogene, Opiate). Nach einer Schätzung vom Oktober 1971 gab es in *Deutschland* etwa 60 000 Personen unter 30 Jahren, die durch fortgesetzten Drogenmißbrauch so geschädigt sind, daß sie sich körperlich nicht mehr selbst versorgen können und der Allgemeinheit zur Last fallen. Man nennt sie »Jungrentner«.
1970 befaßte sich die deutsche Kriminalpolizei in 14 000 Fällen mit Drogenkonsumenten und illegalen Verteilern. 1964 waren es nur 117, 1969 bereits 4400 Fälle. Während die allgemeine Kriminalität von 1968 bis 1969 um 2,8% zunahm, waren es bei der Rauschgiftkriminalität im gleichen Zeitraum 151,8%. 1970 betrug der Zuwachs der allgemeinen Kriminalität 8%, der der Rauschgiftkriminalität jedoch 338,2%.
In ähnlichem Maße nahm die Menge der beschlagnahmten Rauschgifte zu. 1960 wurden in der BRD nur 1,9 kg Cannabis sichergestellt, 1969 waren es 2287 kg und 1970 4332 kg. Ähnliche Zahlen liegen vor von Österreich, Belgien, den Niederlanden, Frankreich, Schweiz, Norwegen, Finnland, Spanien, Israel, Türkei, Malaysia, Hongkong und Singapur. Es wird angenommen, daß jeder zweite bis dritte Jugendliche einmal Rauschgift zu sich genommen hat. In den USA rauchten 1970 4,5 Millionen regelmäßig Cannabis. Jährlich wird dort eine Milliarde Dollar für Heroin ausgegeben.

Nach der Statistik des Zollkriminalinstitutes (ZKI) in Köln haben die Zollfahndungsämter im Jahr 1971 3232 Ermittlungsverfahren in Rauschgiftsachen mit 5051 Beschuldigten eingeleitet. Von den verdächtigen Tätern waren 3862 Deutsche, 1189 Ausländer und Staatenlose. 463 galten als Schmuggler, 60 als Schmuggler und Händler, 1547 als Händler und 2655 als Erweber.

Von Zoll und Polizei wurden 1971 1626 Kilo Cannabis-Produkte (1970: 828 kg), 19,5 kg Rohopium (1970: 7,7 kg), 90 kg Rohmorphium (1970: 0) und 21 000 LDS-Trips (1970: 123) sichergestellt.

Die Zahl der bekanntgewordenen Verstöße gegen das Opiumgesetz stieg von 16 104 (1970) auf 25 287 (1971) an.

In den ersten 7 Monaten des Jahres 1972 wurden in *Frankreich* 1864 Personen wegen Rauschgiftschmuggels verhört und 430 Personen verhaftet. Die Polizei hatte im gleichen Zeitraum 427 Kilo Opium, 574 Kilo Heroin, 161 Kilo Morphium-Grundstoffe und 467 Kilo Haschisch beschlagnahmt.

Anfang November 1972 veröffentlichte die deutsche Bundesregierung eine Dokumentation zum Rauschgiftproblem.

Danach werden immer mehr Jugendliche unter 21 Jahren drogen- und rauschgiftsüchtig. Sie machen fast 70% aller Drogenabhängigen aus. Die Zahl der Konsumenten von »harten« Drogen stieg in den letzten zwei Jahren um mehr als 65 Prozent. Auch die Apothekeneinbrüche mehrten sich.

Die Zahl der bekanntgewordenen Rauschgift- und Drogendelikte stieg von 1970 bis 1971 um mehr als 50 Prozent (von 16 000 auf 25 000 Fällen). Die Zahl der Apothekeneinbrüche hat sich mehr als verdoppelt.

Waren es früher vor allem Oberschüler, die sich in der »Drogenszene« heimisch machten, so nun (1972) mehr Haupt- und Berufsschüler. Die »Szene« verlagerte sich mehr von der Stadt aufs Land, sie fand einen Ausgleich zwischen Jungens und Mädchen.

Es gab im genannten Jahr etwa 10 000 bis 12 000 Jugendliche unter 21 Jahren, die durch Rauschgiftmißbrauch arbeitsunfähig waren. Dabei wurde die Chance einer dauerhaften Heilung als gleich Null bezeichnet.

Unter dem »harten Kern« versteht man die dauerhaft Drogenabhängigen. Die Bundesregierung rechnete mit einem jährlichen Zuwachs von 4000 bis 10 000 Jugendlichen des »harten Kerns«.

Die erste Drogengeneration sei inzwischen von der Bühne abgetreten. Es waren dies Angehörige der Studentenunruhen des Jahres 1968, die die Drogen als Mittel des gesellschaftlichen Protestes einsetzten. Heute werden die Drogenabhängigen als »unechte Protestierer« eingeschätzt. Je kritikloser und risikobereiter diese »unechten Protestierer« sind, desto skrupelloser und krimineller wurde der illegale Handel mit Drogen. Der Handel hatte sich stärker organisiert und wurde in der Hauptsache von Berufs- und Gewohnheitsverbrechern betrieben.

Zum erstenmal seit fünf Jahren konnte für die erste Hälfte des Jahres 1972 in *Amerika* eine rückläufige Zahl der durch Rauschgift verursachten Todesfälle verzeichnet werden. Trotzdem gab es in den USA zu diesem Zeitpunkt noch immer etwa eine halbe Million Rauschgiftsüchtige.

Als Grund für die rückläufige Tendenz führte der Leiter des amerikanischen Rauschgiftdezernates, Myles Ambrose, an, daß Heroin immer mehr Mangelware werde, die Preise ansteigen und die Qualität des »Stoffes« schlechter werde.

Im Jahre 1971 war *Schweden* das einzige Land, das, einem Bericht von Interpol zufolge, einen Rückgang der Festnahmen, Ermittlungsverfahren und Beschlagnahmungen im Zusammenhang mit Rauschgiftdelikten gegenüber dem vorangegangenen Jahr zu verzeichnen hatte.

Ein erster Überblick über die Zeit von Januar bis Juni 1972 zeigte jedoch, daß der

Trend sich umzukehren scheint: Die Rauschgiftkriminalität steigt demnach auch in Schweden wieder an. Höhepunkt des Rauschgiftproblems war in Schweden das Jahr 1969.

Zu den Ländern, die das Rauschgiftproblem nicht kennen, gehört neben *Argentinien* vor allem die kommunistische *Volksrepublik China*. Dort sind Krankheiten ausgerottet, die einst als gefährliche Seuchen galten, wie: Cholera, Pocken, Pest und Geschlechtskrankheiten. Unter Kontrolle sind Tuberkulose, Typhus, Windpocken und Malaria. Das chinesische Gesundheitsprogramm kennt neben den Ärzten die sog. »Gesundheits-Arbeiter«, die zur vorbeugenden Gesundheitspflege eingesetzt sind. Sie sind ausgebildet, Injektionen zu geben und Krankheiten frühzeitig zu erkennen. Es sind Männer, deren genaue Kenntnis der Nachbarschaft ihnen eine solche vorbeugende medizinische Kontrolle gestattet. Ihnen ist auch der erfolgreiche Kampf gegen den Drogenmißbrauch zu verdanken.

Als Gründe für den Rauschgiftkonsum der Jugendlichen kommen überall in Betracht: Streben nach Lustgewinn, gestörte Beziehungen zum Elternhaus, falscher Beruf und falsche Ausbildung, Zweifel an der Leistungsgesellschaft, unbefriedigte religiöse oder mystische Bedürfnisse.

Gerade in der Leistungsgesellschaft fühlt sich der Jugendliche vereinsamt und ohne Halt. Er entzieht sich dem Druck der Schule oder des Berufs und gerät in eine kritische und konträre Einstellung zum Establishment, das vorwiegend getragen wird von der älteren Generation. Zum oft absichtlichen Versagen in Schule und Beruf kommt die jugendliche Neugier, die Lust am Experimentieren, auch mit dem eigenen Körper und Geist, und als Ausweich zur legalen Konsumreizüberflutung der Hang, dem Reiz des Verbotenen zu erliegen. Die Unsicherheit des Verbotenen gab schon immer eine eigenartige Outsider-Sicherheit. Aus dieser heraus wächst schließlich die feindselige Einstellung gegenüber der bürgerlichen »Alten-«Gesellschaft, gegenüber Schlagworten wie Leistung, Arbeit, Fortschritt und Existenzsicherheit und die Bereitschaft zur kriminellen Haltung.

Der Drogenkonsum schlug sich 1971 auch in der Geburt »süchtiger« Babies zu Buche. In *New York* waren es in dem genannten Jahr etwa 2000 Babies, die mit Rauschgiftsymptomen geboren wurden. Die »süchtigen« Kinder kamen schon mit Entziehungserscheinungen auf die Welt, weil ihre Mütter Heroin oder Methadon genommen hatten. Nach den Ausführungen einer parlamentarischen Sonderkommission New Yorks bestand eine Wechselbeziehung zwischen der Dosis, die die Mutter genommen hatte, und der Stärke der Entziehungssymptome beim Kind. Ein Neugeborenes sei gewöhnlich »symptomfrei«, wenn die Mutter eine Woche vor der Geburt Drogenabstinenz geübt habe.

Bei Nichtbehandlung der Entziehungssymptome liege bei den kranken Kindern die Sterbequote zwischen 50 und 90 Prozent.

2. Rauschgiftkriminalität

Als Rauschgiftkriminalität bezeichnet man Straftaten, die im Rauschzustand selbst oder im Anschluß daran begangen werden. Schon wer sich ohne ärztliche Verschreibung »Stoff« beschafft, macht sich strafbar, dazu gehören auch Schmuggel, Handel und Verbrauch. 1969 waren von den 4400 deutschen Tätern 48% Jugendliche. Kinder oder Heranwachsende spielen als Kleinverteiler eine wichtige Rolle.

Die Beschaffungskriminalität macht sich vor allem in Apothekeneinbrüchen bemerkbar. 1966 waren dies in der BRD nur 10 Fälle, 1970 bereits 737. Und 19[illegible] wurde mehr als 2700mal in Apotheken, pharmazeutische Großbetriebe, Depots, Arztpraxen etc. in der Bundesrepublik eingebrochen. Als Einbrecher wurden in der Mehrheit Jugendliche registriert.

Die Zahl der Apothekeneinbrüche stieg also im gleichen Maße an wie die Rauschgiftdelikte zunahmen. Die Statistik zeigt jedoch auch an, daß die Einbruchsziffer in den Städten im Abnehmen begriffen ist. Die Aktivität der Apothekeneinbrecher hat sich demnach auf das Land verlagert, offenbar weil hier die Einbrüche mit geringerem Risiko durchgeführt werden können.

Neben den Vermögensdelikten sind es vor allem Rauschgiftdelikte, an denen junge Mädchen wesentlich beteiligt sind. Unter den Jugendlichen unter 21 Jahren wurden 14 Prozent Mädchen als Straftäter ermittelt.

Apotheker stehen derartigen Einbrüchen oft recht hilflos gegenüber. Zwar müssen sie nach der neuen Apothekenbetriebsordnung ihre Betäubungsmittel gegen Diebstahl besonders absichern, aber diese Sicherungen (Gitter, Alarmanlagen oder Stahlschränke) sind neben den hohen Unkosten oft selbst kein sicherer Schutz. Abhilfe könnte eine Neuregelung des Betäubungsmittelgesetzes bringen, wonach die Apotheken dann nicht mehr relativ große Mengen von Betäubungsmitteln zu lagern hätten, sondern nur die unmittelbar benötigte Menge. Damit wäre die potentielle Beute der Einbrecher geringer und würde vielleicht auch einen Einbruch gar nicht mehr lohnen.

Im ganzen gesehen ließe sich aber dadurch trotzdem das Drogenproblem nicht lösen, weil sowieso nur ein ganz geringer Prozentsatz des gesamten Rauschgiftes aus derartigen Einbrüchen stammt. Die Hauptsache wird noch immer auf dem Schwarzmarkt gehandelt.

Neben den »Anschlußdelikten« wie Einbrüche in Apotheken müssen auch die in Banken erwähnt werden, die Raubüberfälle auf Bankboten und Tresoraufbrüche, die verübt werden, um das Geld für Rauschgifte zu beschaffen. Im Staate New York werden jährlich Raubüberfälle und Diebstähle begangen, bei denen 2 Milliarden Dollar entwendet werden, um damit Rauschgifte zu kaufen.

Auch ist bekannt, daß es im Cannabis- oder LSD-Rausch immer wieder zu Körperverletzungen, Messerstechereien, Gewalttätigkeiten schwerer und schwerster Art kommt. So gab z.B. auch Patricia Krenwinkel, eine der Angeklagten im Manson-Prozeß, an, daß sie bei den Morden an der Filmschauspielerin Sharon Tate und anderen unter LSD-Einfluß gestanden habe.

Auch über die Morde von My Lai in Vietnam wurde bekannt, daß die Angehörigen der betreffenden Truppeneinheiten kurz vor den Morden Cannabis geraucht hatten. 80% aller dort eingesetzten Soldaten waren Cannabiskonsumenten. 1969 wurden 26000 amerikanische Soldaten bestraft wegen Cannabismißbrauchs.

LSD verursacht einen regelrechten Tötungsdrang. Das Britische Innenministerium veröffentlichte 1970 eine Untersuchung, wonach im November 1969 vier Piloten eines amerikanischen Atombomberkommandos festgenommen wurden, weil sie im Besitz von Cannabis, LSD und Barbituraten waren. Auch ist nachgewiesen, daß im Vietnam-Krieg eigene US-Soldaten getötet wurden, weil im Drogenrausch irrtümlich Bomben auf eigene Stellungen abgeworfen wurden, berauschte Armeeangehörige GIs als Feinde ansahen oder ihre Erkennungsparole nicht mehr wußten und deshalb umkamen.

Da der dauernde Konsum von Drogen allmählich zum Abbau der menschlichen Persönlichkeit führt, zu einer regelrechten Enthemmung, zur sozialen Ausgliederung des Konsumenten, wird sie für die Arbeitswelt unbrauchbar; ja, es wird sogar von der Gefahr der Dauerkriminalität gesprochen, die sich äußern kann durch: Beteiligung am illegalen Drogenhandel, an Erpressung oder Betteleien, nur um sich den dürftigsten Lebensunterhalt zu sichern.

Was kann nun die Kriminalpolizei zur Bekämpfung der Rauschgiftdelikte tun?

Das Bundeskriminalamt in Wiesbaden (BKA) unterhält dazu Kontakte zu Interpol und zu den Polizeibehörden derjenigen Staaten, die als Herkunfts- oder Transitlän-

der für das illegal eingeführte Rauschgift infrage kommen. Immer wieder finden Arbeitstagungen der Rauschgiftsachbearbeiter statt, bei denen auch ausländische Fachleute zum Meinungsaustausch herangezogen werden. Als bessere Maßnahmen der nationalen und internationalen Bekämpfung des illegalen Rauschgifthandels wurden besondere Vereinbarungen getroffen, die die Überwachung von Rauschgifttransporten betrafen, den Einsatz von Spezialgeräten für die polizeiliche Ermittlung, die Ausbildung von Spezialisten und die Kenntnis besonderer Anbaugebiete.
Neben dem Bundeskriminalamt (BKA) ist in Deutschland vor allem auch das Zollkriminalinstitut in Köln (ZKI), das seit 20 Jahren besteht, in den Kampf gegen die Rauschgiftkriminalität eingesetzt. Wie das BKA hat aber auch das ZKI keine Möglichkeit, direkt zu fahnden oder gar Festnahmen vorzunehmen. Die 45 Mitarbeiter des ZKI sind Wissenschaftler oder Verwaltungsexperten. Sie sind den Zollfahndern nicht weisungsberechtigt. Ihre Aufgabe ist es, vom Schreibtisch aus die Zollfahnder zu unterstützen. Eine Form einer solchen Unterstützung bestand z. B. in der Entwicklung eines Mittels, mit dem die Fahnder in kürzester Zeit Haschisch feststellen können. Es ist das »Fast Blue B Salt«.
Einerseits wird durch das BKA eine verstärkte Aufklärungsaktion über Rauschgiftdelikte und über die Strafverfolgung von Herstellern, Verbreitern, Schmugglern, Händlern und Verteilern durchgeführt. Vor allem überregional oder sogar international tätige Tätergruppen werden durch die Kriminalpolizei der Länder und des Bundes verfolgt, hinzu kommen verschärfte Zoll- bzw. Grenzschutzkontrollen.
Andererseits wird die Bevölkerung aufgeklärt, und es werden qualifizierte Fachkräfte für die Öffentlichkeitsarbeit herangebildet, sowohl auf medizinischem wie auf fürsorgerischem Gebiet.
Es werden zentrale Institute und Entziehungsanstalten für die Betreuung rauschgiftgefährdeter oder -abhängiger Personen eingerichtet.
Etwa die Hälfte der Rauschgiftsachbearbeiter im BKA ist damit beschäftigt, sich um die Fälle des Rauschgifterwerbs zu kümmern, so daß nur noch wenig Zeit bleibt, eine konzentrierte Ermittlung bezüglich der Hersteller, Händler, Schmuggler etc. durchzuführen. Die Folge davon ist, daß die Bekämpfung des organisierten Rauschgifthandels immer wieder vernachlässigt werden muß. Die Verfahren gegen die Erwerber jedoch enden meist mit der Einstellung des Prozesses oder mit geringen Geldstrafen, was bisher noch nicht zu einer massiven Einschränkung der Rauschgiftkriminalität geführt hat.
Um das Rauschgiftproblem an der Wurzel zu erreichen, ist eine enge Zusammenarbeit zwischen deutschen und ausländischen Polizeibehörden, vor allem jener Länder, die die Stoffe herstellen oder ausführen, erforderlich.
So sagten sich die im Brüsseler Zollrat zusammengeschlossenen 66 Staaten der Welt im März 1972 gegenseitige Unterstützung auf allen Gebieten der Schmuggelbekämpfung zu, speziell auf dem Gebiet des Rauschgiftschmuggels.
Bisher sind in der BRD die Rauschgiftdienststellen beim BKA und den Landeskriminalämtern personell noch immer unterbesetzt, obgleich die Rauschgiftkriminalität in den letzten fünf Jahren (seit 1965) um mehr als das Zehnfache angestiegen ist. So kann nur vereinzelt und konzentriert gegen Händlergruppen vorgegangen werden. Da zur Ermittlung und Überführung der meist äußerst raffiniert arbeitenden Rauschgiftverteiler umfangreiche Observationen, Heranziehung von V-Männern, Kontaktaufnahmen mit Auskunftspersonen nötig sind, verlaufen wegen Personalmangels derartige Aktionen meist im Sand oder führen nur zu geringen Erfolgen.
Um Rauschgifthändlern auf die Schliche zu kommen, wäre es am besten, die eingesetzten Beamten könnten ohne viele Formalitäten so ausgestattet werden, daß sie selbst als Scheininteressenten auftreten (was hie und da schon mit Erfolg praktizier

worden ist). Sie müßten mit entsprechenden Geldmitteln, Wohnungen oder Hotelzimmern als Umschlagplätze, mit PKWs ausgestattet sein, um möglichst beweglich zu sein. Dazu kämen Funkgeräte, Ferngläser, Tarnfahrzeuge und -kleidung, Fotoapparate, also ein regelrecht ausgebildeter Rauschgiftfahndungstrupp, der von den Rauschgifthändlern unerkannt als ernstzunehmender Partner angenommen würde. Doch um derartige Aktionen durchzuführen, fehlt es wiederum an Personal und Geld, trotz inzwischen verbesserter personeller und materieller Ausstattung.
Die Rauschgiftkriminalität weist eine der höchsten Dunkelziffern auf (Aufklärungsquote bei Mordfällen: 95%), weil Händler und Verbraucher immer auf geheime Geschäftsabwicklungen achten. Nur etwa 6% der Rauschgiftdelikte fallen der Polizei in die Hände. Der größte Teil der Rauschgiftdelikte wird also gar nicht erkannt.
Um die illegale Einfuhr von Rauschmitteln zu drosseln, gibt es bis heute nur die Möglichkeit, straffällig gewordene Ausländer außer Landes zu verweisen. Davon wurde bisher nur wenig Gebrauch gemacht, zumal die illegal eingereisten Ausländer, die sich oft als Stoffschmuggler betätigen, gar nicht oder nur zufällig erfaßt werden können.
Die »heiße« Ware kommt zu Land, Wasser oder Luft in die BRD. Der normale Reise-, Güter- und Postverkehr wird in Anspruch genommen. Neuerdings werden besonders dressierte Rauschgiftschnüffelhunde eingesetzt, doch reicht auch diese Maßnahme bei weitem noch nicht aus.
Ein großer Mangel dürfte in erster Linie in dem viel zu engen Strafrahmen für Verstöße gegen das Opiumgesetz liegen. In der BRD waren bisher die Strafen für Rauschgifthandel etc. im Vergleich zu anderen europäischen Staaten bei weitem die niedrigsten. Dies hat sich längst herumgesprochen mit dem Erfolg, daß die BRD einer der größten Hauptumschlagplätze für Haschisch und Opium ist.
Manch ein erwischter Rauschgifthändler muß wieder auf freien Fuß gesetzt werden, wenn er eine feste Wohnung nachweisen kann und keine anderen Haftgründe gegen ihn vorliegen. Selbstredend geht er nach seiner Freilassung wieder seinen Geschäften nach und ist dann meist nicht mehr auffindbar.
Rauschgiftgeschäfte werden meistens telefonisch durchgeführt. Da aber die Überwachung des Telefonverkehrs an bestimmte gesetzliche Regeln gebunden ist, ist ein Anzapfen der Leitungen wegen Verdachts des illegalen Rauschgifthandels meist nicht durchführbar.
So sind es neben der personellen Unterbesetzung der Dienststellen, neben Geldmangel vor allem manche Gesetzesbestimmungen, die der Rauschgiftkriminalität in der BRD einen sehr günstigen Boden bieten.
Erst am 24. Dezember 1971 wurde das alte Opium-Gesetz von 1929 wesentlich verschärft. In besonders schweren Fällen können nunmehr Freiheitsstrafen zwischen einem und zehn Jahren verhängt werden, daneben Geldstrafen in unbegrenzter Höhe. Ein »schwerer Fall« liegt schon vor, wenn der Täter Rauschgift in »nicht geringen Mengen« besitzt. Eine solche »nicht geringe Menge« ist für den Richter bereits eine Menge von 0,1 Gramm LSD oder Heroin. Diese Strafverschärfung hat jedoch, erkennbar bis Oktober 1972, nicht allzu viel genützt.

3. Von der Herstellung von und dem Handel mit Rauschgift

In den westtürkischen Provinzen Kutahya, Isparta, Burdur und Afyon beginnt das Geschäft mit Heroin im Oktober, wenn die Saat des Schlafmohns ausgestreut wird. Im Mai öffnen sich die Mohnblüten, Ende Juni, Anfang Juli fallen die Blätter ab und setzen den Blütenkelch frei. Mehrmals am Tag prüft der Bauer die Kelche. Der

richtige Augenblick für die Ernte ist gekommen, wenn der milchige Opiumsaft die geeignete Konsistenz erreicht hat. Innerhalb von 24 Stunden muß die Ernte eingebracht sein. Der Opiumsaft gerinnt über Nacht, und am nächsten Morgen kratzen die Bauern die Opiumschicht von den Kelchen ab und kneten sie zu etwa zwei Kilogramm schweren Klumpen zusammen.
Die Opiumbauern von Afyon z.B., insgesamt ungefähr 150000 Menschen, sind verpflichtet, ihre Ernte bei den Sammelstellen der Regierung abzuliefern. Von diesen Sammelstellen aus werden die Opiumklumpen über das staatliche türkische Opiummonopol an die pharmazeutische Industrie in aller Welt weitergeleitet.
Die Opiumernte von Afyon kommt aber nicht vollständig zu den staatlichen Sammelstellen. Obgleich es den Bauern verboten ist, nutzen sie die Chance, reisenden Käufern zum doppelten Preis »Ware« zu verkaufen. Ihre illegalen Empfänger sind die Rauschgiftbosse in Istanbul.
Etwa 80% der illegalen türkischen Rohopiumproduktion landet in Amerika.
Ehe es benutzt werden kann, muß aus dem Opium zunächst eine Morphinbase hergestellt werden. Durch einen technischen Prozeß wird das Morphin vom Opium getrennt. Ein Kilogramm Rohopium ergibt etwa 100 bis 150 Gramm Morphinbase. Diese erste Verfeinerung des Opiums wird in Syrien oder im Libanon, auch in der Türkei oder in Bulgarien vorgenommen.
Der nächste Schritt, die Umwandlung von der Morphinbase in Heroin, wird in geheimen Laboratorien in Marseille durchgeführt. Hier arbeiten die besten Heroin-Chemiker für die größten Rauschgiftbosse überall in der Welt. Marseille gilt als das wichtigste Zentrum des internationalen Heroingeschäftes.
Von Marseille gelangt dann das Heroin nach New York. In Marseille sind vor allem die Korsen »Spitzenkräfte« im Geschäft. Die Bosse, zu denen auch solche der sizilianischen Mafia gehören, arbeiten international nach Mafia-Gesetzen zusammen: Die Mafia in Amerika übernimmt das Heroin von den Bossen aus Marseille, denen gegenüber strengste »Loyalität« gewahrt wird, wozu blinder Gehorsam gegenüber dem Boß und absolute Verschwiegenheit kommen. Wer diesen Gesetzen zuwiderhandelt, wird nach Mafia-Manier umgebracht.
Vor allem die amerikanischen Bosse sind durch ihre engen Beziehungen zu Führern der Wirtschaft und der Politik, auch zu Rechtsanwälten, vor jedem Risiko abgesichert.
Die Gewinnspanne im Heroin-Geschäft ist beträchtlich. Zehn Kilogramm Rohopium kosten in Afyon 400 Mark. Ein Kilo Morphinbase kostet auf dem europäischen Markt ab 4000 Mark. Aus einem Kilo Morphinbase fabrizieren die Chemiker in Marseille nahezu ein Kilo Heroin, das schon 60000 Mark kostet. Wird es in Amerika verkauft, so steigt der Preis bereits auf 100000 Mark.
Die Gewinnspanne wächst vor allem noch dadurch, daß das reine Heroin mit Milchpulver und anderen Zutaten »verdünnt« wird, so daß auf dem Handel der Reinheitsgrad von 98% bis auf 5% reines Heroin herabgedrückt wird. Dadurch kostet ein Kilo reines Heroin in Amerika fast eine Million Mark.
Auf dem Schwarzmarkt in der BRD wurden vom ZKI für das Jahr 1971 folgende Preise notiert: ein kg Haschisch: 600 bis 3000 Mark; Haschisch pro Gramm 3 bis 7 Mark; Heroin pro kg: 60000 Mark; Kokain pro »Schuß«: 7 Mark; LSD pro »Trip«: 15 Mark. Mescalin pro »Trip«: 7 Mark; Morphinbasen pro kg 8000 bis 12000 Mark; Rohopium pro kg: 2000 bis 4000 Mark.
Nach einem Bericht der Bundeszollverwaltung wurden Cannabisprodukte (Haschisch und Marihuana) vor allem aus dem Osten, zumeist über Österreich, in die Bundesrepublik eingeführt. LSD-Importe kamen hauptsächlich aus den USA Großbritannien; Rohopium aus der Türkei. Der Rauschgiftschmuggel über die EWG-Grenzen nahm im gleichen Zeitraum (1971) ebenfalls stark zu. Für den

Schmuggel auf dem Luftwege haben sich Hamburg, Frankfurt, Berlin und München als Schwerpunkte erwiesen. Dabei gilt die BRD nicht als Konsumland, sondern als Transitgebiet aus dem Mittleren Osten, insbesondere für England, USA und Skandinavien.

Einer der Hauptumschläge speziell der Morphinbase ist inzwischen München geworden. Von hier aus, auf dem Weg zwischen Istanbul und Marseille, wird die Morphinbase an Zwischenhändler weitergeleitet. In Deutschland wird die Base anders bearbeitet als in Marseille. Durch Zusatz von Essigsäure wird eine Opiumtinktur hergestellt, die wie das Heroin in die Vene gespritzt wird. Diese Tinktur macht nicht so stark süchtig wie die »Königin der harten Drogen«, das Heroin. Die Tinktur gilt als »Umsteigdroge« zum härteren Heroin. Die Rauschgiftkonzerne verfügen zumeist über unbeschränkte Geldmittel und sind auch in Deutschland in regelrechten Syndikaten organisiert. Jeder, der in der Organisation mitarbeitet, kennt immer nur zwei andere Mitarbeiter, den, von dem er seine Aufträge erhält, und den, dem er sie weiterleitet. Dieses System bietet die Sichereit, daß beim Zugriff der Polizei keiner ein ganzes Syndikat verraten kann. Nur die obersten Bosse haben den nötigen Überblick über das Netz der Mitarbeiter. Das Geschäft wickelt sich über tote Briefkästen, Deckadressen, geheime Telefonnummern ab, die Geldmittel sind meist auf Geheimkonten auf Schweizer Banken deponiert.

Eine weitere, Mafiamethoden vergleichbare Eigentümlichkeit liegt darin, daß die Partner unbewaffnet sind, solange die Vorverhandlungen geführt werden. Sobald aber Ware und Geld getauscht werden, tragen beide Parteien immer Waffen.

Aus einem Kilogramm reinem Heroin kann man 60000 Spritzen machen, wobei eine Spritze in Deutschland 7 bis 8 Mark kostet. Zwei Spritzen genügen schon, um einen Menschen süchtig zu machen. Mit einem Kilo Heroin kann man demnach etwa 30000 Menschen von der Droge auf längere Zeit abhängig machen. Eine Entziehungskur kostet ungefähr 100000 Mark. Und nur 0,5 Gramm reines Heroin können bereits zum Tod eines Menschen führen.

Landeskriminalämter und die seit einiger Zeit beim amerikanischen Generalkonsulat in München untergebrachte Zweigstelle des »Bureau of Narcotics and Dangerous Drugs (BNDD)« gehören zu den aktiven Hauptfahndungsapparaten nach Rauschgiften innerhalb der Bundesrepublik.

Neben der Türkei gelten vor allem Birma, Laos und Kambodscha, wo auf einigen hundert Quadratkilometern rund die Hälfte allen illegalen Opiums in der Welt erzeugt wird, als die wichtigsten Länder, in denen Rauschgifte produziert werden. Sicher ist inzwischen, daß die Volksrepublik China nicht das heimliche Hauptquartier des Opiumhandels ist. Fest steht dagegen, daß auch der Vietnam-Krieg die Rauschgiftwelle mit ausgelöst hat.

Es gibt verschiedene Möglichkeiten, die »Ware« zu schmuggeln. Koffer mit doppeltem Boden sind ebenso beliebt wie die um den Leib geschlungene Binde mit Taschen für Rauschgiftplatten. Verkleinerte Benzintanks, die zusätzlich ausgehöhlte Holme besitzen, und kofferartig präparierte Autorücksitze gehören ebenso zu den Verstekken wie Radkappen oder das Gehäuse von Kameras und Uhren. Auch Gesteinsbrocken, die mit Gips präpariert sind, dienen zum illegalen Transport von Rauschgiften.

Vor allem in der Urlaubsstoßzeit zwischen Juni und September blüht der Schmuggel. Im Verkehrstrubel können Flugpassagiere ebensowenig bis ins kleinste untersucht werden wie die Grenzgänger auf Schiene oder Straße.

Die Haschschmuggler haben es besonders auf deutsche Touristinnen abgesehen, die nach einem »Traumurlaub« im Süden ihrem geliebten »Ali« gern den kleinen Gefallen tun, eine Liebesgabe für einen in Frankfurt lebenden Verwandten des Arabers z.B. mitzunehmen. Am Zoll endet oft die »Liebe« mit der Überraschung über den wahren Inhalt des Päckchens.

1971 wurden in der Welt legal etwa 1450 Tonnen Opium produziert. Davon 945 Tonnen in Indien, 150 Tonnen in der Türkei, 200 Tonnen in der UdSSR und 155 Tonnen im Iran. Hauptabnehmer des Opiums war die pharmazeutische Industrie.
Illegal jedoch wurden in Thailand, Laos und Burma 1971 700 Tonnen Opium produziert, in Indien 100 Tonnen, ebensoviel in Afghanistan, 160 Tonnen in Pakistan, in der Türkei 80 Tonnen, in Mexiko 20 Tonnen.
Die Regierung in Ankara hat 1972 zwar für die ganze Türkei den Mohnanbau verboten, in der Praxis aber sind Polizei und Zoll so gut wie machtlos gegenüber dem illegalen Mohnanbau und dem Rauschgiftschmuggel, weil Persönlichkeiten des öffentlichen Lebens, der Verwaltung, der Polizei, der Staatsanwaltschaft, bis hinauf zu Senatoren und Abgeordneten ins Rauschgiftgeschäft verwickelt sind. Eine Strafverfolgung ist daher für die Behörden meist nicht möglich, da die »heißen« Verfahren eingestellt werden, ehe es zu einer Anklageerhebung kommt.
Das Geschäft mit dem Opium ist ein Milliarden-Dollar-Geschäft. Es spielt vom Ursprungsland bis in den Untergrund New Yorks und bis nach Bonn, Paris, London. Die Verfolgungsbehörden sind nach wie vor zahlreich, aber der Kampf im Untergrund geht noch immer 10 zu 1 für die Rauschgifthändler aus (1972).
Gefaßt werden fast immer nur die »kleinen Fische«, die oft nicht einmal ihre Hintermänner kennen.
Die Rauschgiftwelle begann in Asien und nahm von dort auch politische Formen an.
Tschiangkaischeks Taiwan beschuldigte seit langem die Kommunisten in Peking, den Rauschgifthandel zu fördern und zu lenken. Es sei das Ziel Pekings, den kapitalistischen Westen durch Rauschgift zu zersetzen, ihn widerstandsunfähig und sogar kampfunfähig zu machen.
Wieweit dies nur eine politische Propaganda Taiwans gegen Peking ist, bedarf noch der genaueren Nachprüfung. Fest steht, daß der südvietnamesische General Dzu wegen seiner Teilnahme am Rauschgiftgeschäft schon mehrmals beschuldigt und seines Postens enthoben wurde. Er ist bisher der einzige, der im grellen Scheinwerferlicht der Öffentlichkeit stand. Die anderen bleiben im Dunkeln verborgen, wie der laotische General Quane Rattikone, der zehn Jahre lang den Rauschgiftanbau in Laos kontrolliert hat.
Auch die Erben der legendären Gangsterbosse Lucky Luciano und Meyer Lansky haben in Saigon ihr Rauschgiftgeschäft etabliert.

4. Rauschgifthandel in Vietnam

Bezeichnete einerseits US-Präsident Nixon die Drogen als »Staatsfeind Nr. 1«, so konnte 1972 nachgewiesen werden, daß der Mohnanbau in Indochina vom Geheimdienst CIA selbst kultiviert wird, daß US-Militärmaschinen für den Rauschgifttransport zur Verfügung gestellt werden und die südostasiatischen Politiker und Militärs im Drogengeschäft reich geworden sind.
Amerikas Beteiligung am »schmutzigsten Geschäft der Welt« ist in Südostasien seit Jahren kein Geheimnis mehr. Nun erst (1972) wurde die amerikanische Öffentlichkeit aufgeschreckt.
Bereits 1959 begann CIA im Norden von Laos eine Antikommunistentruppe aus Angehörigen des Bergvolkes der Meo aufzustellen. Sie sollten die Nachschubwege sperren, die die Guerillas aus China und Nordvietnam nach Thailand und Südvietnam nahmen.
Als Lohn für ihre Dienste bekamen sie Rohopium, das Maschinen der CIA-eigenen »Air America« in die laotische Hauptstadt Vientiane einflogen. Dort wurde es zu-

meist gleich zu Heroin, dem gefährlichsten Rauschgift, verarbeitet. Die Meo-Leute wurden Händler.

Schon 1967 wurde im Norden Birmas, Thailands und Laos' etwa 70% der Weltproduktion an Opium hergestellt.

Hauptnutznießer des Geschäftes waren Generale der mit den USA verbündeten Armeen von Laos, Thailand und Südvietnam. Die CIA verpflichtete sich die Generale durch Vergabe von Konzessionen auf dem Opiummarkt. So stieg der Monatsverdienst des Exstabschefs der laotischen Armee, General Quane Rattikone, auf rund 100000 Dollar. Im Drogengeschäft beteiligt sind auch die Generale Ky, Quang, Pao, Dzu und Präsident Thieu.

Einer der wichtigsten Abnehmer des Opiums von General Rattikone ist die Schwester des südvietnamesischen Fliegergenerals Ky, Madame Nguyen Thi Ly. Einmal monatlich fliegt sie nach Vientiane, um Heroin einzukaufen und es von da nach Phnom Penh, der Hauptstadt Kambodschas, zu transportieren. Von dort wird es nach Saigon gebracht. Gegen diese Generalsgeschäftsleute ist die amerikanische Diplomatie machtlos.

Als Nixon damit begann, Truppen aus Südvietnam abzuziehen, verlegten die Drogenhändler ihren Markt in die USA.

Der amerikanische Kampf gegen den Rauschgiftmarkt könnte also zur Folge haben, daß die Südvietnamesen die Lust am Krieg verlieren, bzw. dem Kommunismus keinen Widerstand mehr bieten wollen.

Aufsehen erregte Ende Dezember 1972 die makabre Meldung, daß ein gut ausgebauter Heroinschmuggelring Rauschgift in den Leichen gefallener US-Soldaten einnähte und aus Vietnam in die USA brachte. Dieser seit etwa 1964 arbeitende »Ring« soll das Heroin zu einem Kilopreis von 1700 Dollar in Thailand gekauft und in Amerika für 20000 Dollar abgesetzt haben. Leichen eignen sich besonders gut als »Transportkiste«, weil mühelos ein 20-Kilogramm-Paket Rauschgift »untergebracht« werden kann und außerdem Leichen beim Zoll nicht kontrolliert werden. Außerdem arbeiteten die »Operateure« so gut, daß selbst »frisch« operierte Leichen völlig unverdächtig erschienen und ihr »Inhalt« von amerikanischen Ärzten nicht entdeckt wurde.

5. Rauschgift und die US-Armee

Haschisch-Erfahrungen in Vietnam hatten aber nicht nur einzelne amerikanische GIs, militärische Fehlentscheidungen aufgrund von Drogengenuß sind nicht mehr zufällige Einzelentgleisungen, sondern eher das Symptom dafür, daß die Schlagkraft einer ganzen Armee vom Haschisch unterwühlt und ausgehöhlt worden ist.

Beispiel dafür ist die 7. amerikanische Armee, während des Zweiten Weltkrieges eine der erfolgreichsten, im Vietnam-Krieg bewährt, heute ruiniert und kriminalisiert. Mitte 1972 hatte jeder zweite in der Bundesrepublik stationierte Soldat der 7. Armee Haschischerfahrung. Die Droge hat die Disziplin unterwandert, die Kriminalität, Desertierungen und Sucht nahmen bedenkliche Ausmaße an.

1971 desertierten pro Monat etwa 550 GIs der 7. Armee, die Gewaltkriminalität wuchs gegenüber 1970 im Jahr 1971 um 40,5 Prozent, der Rassenhaß zwischen Schwarzen und Weißen brach immer häufiger durch Befehlsverweigerung aus. Etwa zwei Drittel Befehlsverweigerer waren Schwarze. Um gegen sie anzukommen, bildeten die Weißen »Schutz-Clubs«, in denen mittlerweile die Ideologie und Taktik des Ku-Klux-Klan praktiziert wird.

Die im Vietnam-Krieg zermürbte Truppe hat kaum noch Kampfmoral. Aber auch ihre friedliche Disziplin als Besatzungsmacht ist weitgehend dahin. Immer wieder

kommt es zu Überfällen auf Deutsche, auch auf Polizisten. Am Zahltag steigt der Bordellbesuch ebenso wie der Drogenkonsum, und im Drogenrausch steigt auch die Kriminalität wie Körperverletzung, Mord, Totschlag, Notzucht, Raub und Erpressung.
Der Kampf gegen die Drogenseuche in der US-Armee ist inzwischen ein soziales Problem geworden. Belastet von Geldsorgen, überzeugt von der Sinnlosigkeit des Vietnam-Krieges und der Besatzungszeit, Ungerechtigkeiten bei der Beförderung, bei der regelmäßig die Weißen den Schwarzen vorgezogen werden, kaum gute Berufschancen bei der Rückkehr in die Staaten und das Gefühl, nicht nur überflüssig, sondern nur noch geduldet zu sein, solche Komponenten öffneten den GIs in der BRD die Anfälligkeit zum »Ausflippen«, zur »Rettung« in eine Scheinwirklichkeit, die die Jugend überall auf der Welt sucht.
Eine Umfrageuntersuchung in der amerikanischen Armee in Europa (USAREUR) im Dezember 1972 ergab, daß 40% der Soldaten Haschisch und 20% härtere Drogen wenigstens einmal ausprobiert hatten. 1–2,5% nahmen täglich harte Drogen 10–15% griffen täglich zum Haschisch. 29% der Suchtfälle, die ärztlich behandelt werden mußten, waren auf Alkoholmißbrauch zurückzuführen.

6. Jugendliche Rauschgiftbanden in Amerika (1972)

Wie viele Jugendliche zwischen ungefähr 15 und 25 Jahren, äußerlich gekennzeichnet durch Wappen, Panther, Dolche, Fäuste auf ihren Jacken, in New York heute zu sogenannten »Gangs« zusammengeschlossen sind, ist schwer zu schätzen. Die Zahlen schwanken zwischen 4000 und 200000. Viele Gang-Mitglieder sind Schwarze oder Portorikaner. Sie versammeln sich in den Slums und bilden Gruppen, nennen sich »Young Sinners« oder »Assassins«, »The Royal Javelins« oder »Savage Nomads«. Vor allem der New Yorker Stadtteil Bronx wird von Gangs heimgesucht. Morde und Brandstiftungen passieren immer wieder. Allein in Bronx gibt es etw[a] 200 Gangs.
Die Geschichte der Gangs reicht von der großen Bandenkriminalität der dreißiger Jahre über die Bandenkämpfe der fünfziger Jahre in den Straßen der West Side (dargestellt in dem Musical »West-Side-Story«) bis in die Rauschgiftgangs der heutigen Zeit.
Waren die Gangs zwanzig Jahre zuvor meist nur mit Messern bewaffnet, so verfügen die heutigen Gangs über ausgesprochene Waffenarsenale. Sie reichen von Pistolen über Kleinkaliberwaffen zu Maschinengewehren, die meist in den Hauptquartieren der Banden gehortet werden. Die Benutzung von Waffen wird als reine Notwehr verstanden. Gangs anderer Straßen schwärmen aus, dringen in »feindliche« Hauptquartiere ein, es gibt Streit, sei es um Mädchen, um Waffen, um die Hautfarbe und schon kann es zu Schießereien kommen.
Die Banden der sechziger Jahre hatten sich allmählich von selbst aufgelöst, nicht unter Polizeigewalt, sondern durch Heroin. Diese Droge hatte den Bandengeist unterhöhlt.
1972 zeigte sich umgekehrt das Rauschgift als Motiv einer neuen Bandenbildung. Die Benutzung von Rauschgift in den heutigen Gangs gilt auch hier als ablehnende Antwort an die Gesellschaft. Viele Gang-Mitglieder entstammen zerrütteten Familienverhältnissen, haben wenig Aussicht auf Arbeit, bleiben in den überfüllten Schulen hängen, sind verägert über uneingelöste Versprechungen der Regierung. Hatte also vor 10 Jahren das Heroin die Banden aufgelöst, so ist das gemeinsame Haschrauchen heute der direkte Weg zur neuen Bandenbildung.
Als Vorbild dienen diesen jugendlichen Gangs die politisch profilierten und mei[st]

militanten Verbände der Black Panther, der Black Muslims oder der Gang der Young Lords.
Die Stadtverwaltung und auch die Polizei New Yorks haben eine Art »Mittelmänner« zu den Gangs eingesetzt, die sog. »street worker«, die meist selbst frühere Bandenmitglieder oder gar Bandenchefs waren, sich gut auskennen, die Sprache der Banden sprechen und vermittelnd wirken. Oft schon konnten sie größere Bandenkämpfe verhindern, oft aber wurden sie auch bei ihren »Waffenstillstandsmissionen« selbst umgebracht.
Es wäre jedoch einseitig berichtet, wollte man das Rauschgiftproblem nur auf die Jugendlichen abwälzen. Gerade in Amerika passiert es immer wieder, wie zu Zeiten der großen Banden der dreißiger Jahre, daß »Etablierte« im Rauschgiftgeschäft mitmischen und den Jugendlichen zum »guten« Vorbild werden. Mitte Juni 1972 wurde in New York aufgedeckt, daß Richter, Anwälte, Staatsanwälte und höhere Polizeioffiziere, solche also, denen die Bekämpfung des Rauschgiftproblems ein Hauptanliegen sein sollte, in und um New York von Rauschgifthändlern bestochen worden sind, die sich dadurch Straffreiheit erkauften. Die Bestechbarkeit hoher Beamter reicht in Amerika bekanntlich zurück bis in die allerersten Anfänge der Verbrechensbekämpfung.

7. Methoden zum Nachweis von Rauschmitteln, insbesondere Haschisch und LSD

Neben der ärztlichen Untersuchung auf Haschisch oder LSD steht vor allem die chemische Analyse, die verschiedene Verbindungen zu berücksichtigen hat, z.B. Haschisch, Opium, synthetische Suchtmittel, Halluzinogene, Weckamine und auch Schlafmittel, Schmerzmittel und einige Lösungsmittel. Die chemischen Untersuchungen können in der Körperflüssigkeit, in Ausscheidungen und auch an Utensilien wie Pfeifen oder Spritzen durchgeführt werden. Das bevorzugte biologische Untersuchungsmaterial ist der Urin, in dem die »Stoffe« eine Zeitlang nachgewiesen werden können. Er enthält oft Abbauprodukte der Drogen, was zur Identifizierung derselben und zur Feststellung des Zeitpunktes der letzten Einnahme führen kann.
Zur Identifizierung von Rauschmitteln werden fast alle in der analytischen Medizin bekannten Verfahren herangezogen. Wenn Reinsubstanzen vorliegen, so führt die Infrarotspektrometrie zu schnellen und eindeutigen Ergebnissen. Auch fluorimetrische Verfahren finden Anwendung. Fast alle Fälle sind durch die sog. chromatographische Arbeitsweise zu analysieren. Dazu trägt man einen Tropfen der zu untersuchenden Lösung auf das untere Ende eines Papierstreifens oder einer mit Kieselgel versehenen Glasplatte auf. Dann läßt man eine organische Flüssigkeit, das sog. Laufmittel, an diesen Punkten vorbeigehen. Dieses löst die Substanzen auf und nimmt sie verschieden schnell mit, so daß eine Auftrennung erreicht werden kann.
Hat das Laufmittel das Ende des Papierstreifens oder der Glasplatte erreicht, so wird es getrocknet und mit gewissen Chemikalien, den Anfärbereagenzien, behandelt.
Die Wirkstoffe färben sich und können anhand der Entfernung vom Startpunkt identifiziert werden. Durch Verwendung mehrerer Laufmittel kann man die Sicherheit der Analyse noch erhöhen.
Haschisch bzw. Marihuana sind heutzutage die am meisten verbreiteten »natürlichen« Rauschmittel. Nach amerikanischen Angaben werden pro Zigarette 300 bis 400 mg geraucht.
Durch solche und ähnliche Analysen können nunmehr Haschischraucher, die in einen Verkehrsunfall verwickelt werden, nicht mehr darauf hoffen, daß sich ihr

Drogenmißbrauch nicht einwandfrei nachweisen ließe. Durch an Versuchspersonen erprobte Tests konnte festgestellt werden, daß in Blut, Urin und Speichel die psychotoxisch wirksamen Inhaltsstoffe des Hanfs quantitativ genau zu bestimmen sind, weil der Wirkstoff THC in der Speicheldrüse gespeichert wird.

8. Die bisher größten »Stoff«-Beschlagnahmungen

Die bisher größten Mengen Haschisch wurden im November 1971 in *Deutschland* sichergestellt. In einer Kiesgrube bei Hockenheim konnten 768 kg Haschisch mit Verkaufswert von 5 Millionen Mark beschlagnahmt werden. Gegen die 3 Türken wurden wegen Vergehens gegen das Opium-Gesetz Gefängnisstrafen von 2 Jahren 3 Monaten bis 2 Jahren 6 Monaten verhängt.
Der größte Rauschgiftring der *BRD* in der Nachkriegszeit wurde im Juli 1972 im Saarland aufgedeckt. Es wurden 1200 kg Haschisch mit einem Marktwert von 5,5 Millionen Mark sichergestellt. 170000 Mark Bargeld wurde der Bande beschlagnahmt. Zehn Personen wurden verhaftet.
Die bisher größte Menge Heroin wurde Anfang März 1972 durch *französische* Zollbeamte auf einem Fischkutter in Marseille sichergestellt. Es waren 425 Kilo reines Heroin, das im Endverkauf in den Vereinigten Staaten hundert Millionen Dollar erzielt hätte.
Die bisher größte Menge Rohopium wurde am 12. Juni 1972 von der *thailändischen* Polizei, 1760 Kilogramm, beschlagnahmt. Bei diesem größten Schlag der thailändischen Polizei wirkten Beamte des amerikanischen Rauschgiftdezernats mit.
In *Dänemark* gelang es am 19. Juli 1972, einen Rauschgifthändlerring zu zerschlagen und dabei die bisher größte Menge Morphinbase (157 Kilogramm) und Haschisch (250 Kilogramm) sicherzustellen. Sechs Türken wurden verhaftet. Einer der Festgenommenen hatte 400000 dänische Kronen Bargeld bei sich. Der Schwarzmarktwert des beschlagnahmten Rauschgiftes wurde auf etwa 10 Millionen Mark geschätzt.
Ein großer Schlag gegen den internationalen Rauschgifthandel glückte Mitte Oktober 1972 der *türkischen* Polizei. In der osttürkischen Stadt Malatya entdeckte sie 270 Sack reinen Opiums im Gesamtgewicht von über einer Tonne. Sieben Personen, darunter auch prominente Lokalpolitiker, wurden festgenommen. Auf dem Schwarzmarkt hätte die »heiße« Ware einen Wert von 170 Millionen Mark gehabt. Die türkische Polizei war unterstützt worden von amerikanischen Rauschgiftagenten und Interpol. Die Ware sollte vermutlich in Marseille in Heroin umgewandelt und dann nach USA geschmuggelt werden.
Mitte Oktober 1972 beschlagnahmte die *österreichische* Polizei in der Nähe von Leoben in der Steiermark 500 Kilogramm Haschisch. In diesem Zusammenhang wurden auch zwei Bürger der BRD und 4 Perser festgenommen. Die Polizisten beobachteten, wie die »heiße« Ware von einem Personenwagen in einen Kombiwagen umgeladen wurde. Sie nahm die Verfolgung der 6 Personen auf. Das Rauschgift hatte einen Schwarzhandelspreis von zwei Millionen Schilling (= 260000 Mark).
Kurz zuvor, am 29. September 1972, beschlagnahmten österreichische Zöllner am Jugoslawien-Grenzübergang Spielfeld 1000 Kilogramm Haschisch, das sich in einem persischen Sattelschlepper befand. Die Beamten hatten das Fahrzeug mit ihren drei Spürhunden zunächst nur »zur Übung« untersuchen wollen. Als sie merkten, daß die Besatzung des Lkw nervös wurde, sahen sie genauer nach und fanden den Stoff.
Nach Angaben der *amerikanischen* Rauschgiftbehörde wurden 1971 648 Rauschgifthändler verhaftet und insgesamt 235 Kilo Heroin sichergestellt.

In den ersten sechs Monaten des Jahres 1972 wurden bereits 434 Händler verhaftet und 574 Kilo Heroin beschlagnahmt. Diese hohe Erfolgsquote lag in der engen Zusammenarbeit der USA mit Kanada und Frankreich. Seit der gemeinsamen Rauschmittelbekämpfung hat sich der Preis für Heroin verzehnfacht, wohingegen die Reinheit des Rauschgiftes auf die Hälfte zurückgesunken ist.

9. Einige Strafbestimmungen für Rauschgiftdelikte

Rauschgifthändler, im Fachjargon Dealer genannt, hatten in der *Bundesrepublik* bisher mit Strafen zwischen einem und viereinhalb Jahren zu rechnen. Verschärfte Strafbestimmungen für die »kleinen Fische« sehen Freiheitsstrafen bis zu zehn Jahren vor.
Allein in den Gefängnissen Hessens verbüßen z. Z. (März 1972) über 50 arabische Staatsangehörige und etwa ebenso viele Afghanen, Pakistani, Inder, Türken und Perser sowie rund 200 Deutsche Freiheitsstrafen wegen Vergehens gegen das Opiumgesetz.
Das *spanische* Strafrecht wurde seit dem 17. Dezember 1971 »humanisiert«, das bedeutet: Rauschgiftvergehen werden nicht mehr starr mit sechs Jahren Mindeststrafen belegt, sondern die Skala für Gefängnisstrafen reicht nun von zwei Monaten bis zu 20 Jahren.
Die Rauschgiftvergehen in *Spanien* werden als »Verbrechen an der spanischen Volksgesundheit« geahndet. Es gibt in Spanien drei Gefängniskategorien, die der Häftling durch gute Führung durchlaufen kann. Drehscheiben für den Haschschmuggel in Spanien sind vor allem Algeciras und Málaga.
Die in *Beirut* verhängte Haftstrafe beträgt im Durchschnitt 3 Jahre Gefängnis.
Auf den *Philippinen* wurde sogar Ende März 1972 die Todesstrafe für das illegale Geschäft mit dem Mohn festgesetzt.
Und Präsident Nixon *(USA)* erklärte den Heroinverkauf und -konsum zur öffentlichen Gefahr Nr. 1.
Im August 1972 verschärfte der *südvietnamesische* Staatspräsident Nguyen Van Thieu das Rauschgiftgesetz, das für organisierten Handel mit »harten« Drogen wie Heroin und Kokain die Todesstrafe vorsieht. Lebenslange Haft droht Personen, die diese Drogen benutzen. Solche, die Marihuana, LSD oder Mescalin benutzen, haben mit Gefängnisstrafen bis zu 5 Jahren zu rechnen. Auf organisiertem Handel mit diesen Drogen steht lebenslanges Zuchthaus.
Diese Strafverschärfung mag sich um so verwunderlicher anhören, als Van Thieu selbst zu den Nutznießern des Rauschgiftgeschäftes zählt.
In der *Schweiz* sollen Rauschgifthändler mit Zuchthaus bis zu 20 Jahren, Geldstrafen bis zu einer halben Million Franken (= 425000 D-Mark) und Beschlagnahme der erzielten Gewinne bestraft werden. Dieser Gesetzentwurf, der noch vom Parlament angenommen werden muß, stuft die Rauschgifthändler genauso ein wie Mörder.

10. Urteile wegen Verstoßes gegen das Drogengesetz (international)

Aar, Hans von der

Der 24jährige deutsche Staatsangehörige Hans von der Aar war wegen eines Rauschgiftdeliktes von einem türkischen Gericht zu 30 Jahren Gefängnis verurteilt worden.
Eine Reihe von deutschen Bundestagsabgeordneten hatte sich bemüht, den jungen Mann aus der Türkei

herauszuholen. Es wurde ihm im Juli 1972 ein neues Rauschgiftdelikt zur Last gelegt, das er angeblich im Gefängnis begangen haben soll. Dieses Vergehen könnte ihm eine weitere Strafe von 10 Jahren einbringen.
Angesichts des bevorstehenden zweiten Strafverfahrens beabsichtigte die Verteidigung, einen Gerichtsbeschluß zu beantragen, wonach der Inhaftierte zur Untersuchung in eine Nervenheilanstalt eingewiesen werden kann.

Akalin, Sabri

Der Türke Sabri Akalin ging der hessischen Kriminalpolizei ins Netz, als diese ihn, getarnt als vermeintliche Kaufsinteressenten, bei der Vermittlung der »Ware« überführen konnten. Er erhielt 1971 vier Jahre Gefängnis und 5000 Mark Geldstrafe.

Davey, Timothy

Ein türkisches Gericht in Istanbul verurteilte Anfang März 1972 den 14jährigen britischen Schüler Timothy Davey zu 6 Jahren und einem Monat Gefängnis, dazu einer Geldstrafe von 35700 Mark, weil er mit drei weiteren Angeklagten etwa 25 Kilogramm Haschisch geschmuggelt und dann zu verkaufen versucht hatte. Dabei war er an einen Zivilfahnder geraten und erwischt worden.
Der 14jährige Timothy hatte mit dem Geld seiner Familie, die sich in finanziellen Nöten befand, helfen wollen. Er hatte mit seiner Mutter und fünf jüngeren Geschwistern auf dem Rückweg von Indien nach Großbritannien in Istanbul Station gemacht.
Das harte Urteil rief in Großbritannien sofort große Entrüstung hervor. Außenminister Douglas-Home bat den türkischen Botschafter zu einer Unterredung zu sich, und Oppositionsführer Wilson ersuchte Premierminister Heath, persönlich zu intervenieren.
Eine solche Intervention ist aber insofern schwierig, als gerade die britische Regierung es gewesen ist, die die türkische Justiz dazu bewogen hatte, scharf gegen Rauschgiftschmuggel vorzugehen.
Ende Oktober 1972 übergab ein Holländer beim türkischen Justizministerium eine Petition mit 50000 Unterschriften, in der um die Freilassung von Th. Davey ersucht wurde. Der Holländer hatte die Unterschriften gesammelt in Holland, England, Frankreich, Deutschland, Schweiz und Belgien.
Der türkische Staatssekretär für Justiz machte dem Holländer Jan Hoornweg gegenüber Andeutungen, daß durchaus Hoffnungen auf eine vorzeitige Haftentlassung bestünden, allerdings müsse Davey noch mit einer zusätzlichen Bestrafung wegen seines Fluchtversuchs (im Oktober 1972) aus der Erziehungsanstalt Kalaba rechnen. Tatsächlich wurde Davey deshalb am 11. Dezember 1972 zu weiteren 6 Monaten und 21 Tagen Gefängnis verurteilt.

David, Christian

Der französische Heroinschmuggler David wurde im November 1972 in New York zu 20 Jahren Freiheitsstrafe verurteilt. Er trat sofort seine Haftstrafe an und schob damit einem französischem Auslieferungsbegehren einen Riegel vor. Er war 1966 in Abwesenheit in Frankreich wegen Ermordung eines Polizisten zum Tode verurteilt worden.
20 Jahre ist die Höchststrafe, die für ein solches Delikt verhängt werden kann. David hatte 1969 mehr als 60 Pfund Heroin in die USA geschmuggelt und galt als Chef eines der beiden größten Drogensyndikate in Amerika, das in drei Jahren (seit 1969) mehr als 500 Kilogramm Heroin aus Marseille über Lateinamerika in die USA geschmuggelt hatte.

Dawalon, Houchang

Ein Verwandter des persischen Kaiserhauses, der iranische Diplomat Prinz Houchang Dawalon, wurde Anfang März 1972 in Genf verhaftet, weil er einem in Genf ansässigen iranischen Geschäftsmann 35 Gramm reines Opium geliefert hatte.
Gegen eine selbst für die Schweiz sehr hohe Kaution von zwei Millionen Franken wurde er wieder auf freien Fuß gesetzt. Der Prinz verließ daraufhin die Schweiz. Der gegen ihn erlassene Haftbefehl konnte wegen seiner diplomatischen Immunität nicht vollstreckt werden.

Fiedler, Josef

Weil er dem befreundeten, mitangeklagten Ehepaar Alfred und Johanna Schwan finanziell helfen wollte kam der deutsche Justizhauptsekretär Josef Fiedler mit dem Gesetz in Konflikt.
Er mißbrauchte zwischen Mai und November 1971 das Vertrauen des Staates, indem er von der Polizei beschlagnahmtes Haschisch von etwa einem Zentner, 500 Gramm Heroin und 350 Pornohefte samt sieben Pornofilme entwendete und dem Haschhändler Schwan zum erneuten Verkauf brachte. Für das veruntreute Rauschgift, das einen Wert von 60000 bis 80000 Mark hatte, erhielt er 2000 Mark. Seine Aufgabe wäre gewesen, das von der Polizei beschlagnahmte Material in der Müllverbrennung zu vernichten.
Sein Geschäft flog auf, als erneut beschlagnahmtes Heroin, das eine »einmalige Qualität« besaß, auf Grund eines Gutachtens des Bundeskriminalamtes wiedererkannt wurde.
Das Frankfurter Gericht fand ihn des fortgesetzten Diebstahls und Verwahrungsbruches sowie Rauschgifthandels und Verbreitung unzüchtiger Schriften schuldig und bestrafte ihn im Juni 1972 zu 20 Monaten Freiheitsstrafe.

Glaros, Jean

Am 26. November 1972 wurde in Paris der 44jährige Schneider Jean Glaros wegen seiner Beteiligung am Schmuggel großer Heroinmengen nach Kanada zu 15 Jahren Gefängnis und 10 Millionen Franc (=. 6 Millionen D-Mark) verurteilt. Dies ist eine der höchsten Strafen, die in Frankreich wegen dieses Deliktes verhängt wurde.

Keller, Horst Kurt

Ein libanesisches Gericht verurteilte im April 1972 den aus der Bundesrepublik stammenden Autohändler Horst Kurt Keller zu drei Jahren Gefängnis, weil er zusammen mit zwei Skandinavierinnen, die die gleiche Strafe erhielten, im August 1971 versucht hatte, auf dem Flughafen von Beirut 36 Kilo Haschisch an Bord einer nach Frankfurt abgehenden Maschine zu schmuggeln.

Kocabas, Mehmet Sami

Der 44jährige türkische Kaufmann Kocabas wurde im März 1972 vom Landgericht München wegen Vergehens gegen das Opiumgesetz und wegen gewerbsmäßiger Steuerhehlerei in je sechs Fällen zu einer Freiheitsstrafe von 10 Jahren und 75000 Mark Geldstrafe verurteilt. Er hatte in der Zeit zwischen November 1970 und Juli 1971 über zwei Tonnen Haschisch in die Bundesrepublik eingeführt und großenteils hier auch verkauft.

Kuhrmann, Dieter

Der Volkswirtschaftsstudent Dieter Kuhrmann ließ im Fernen Osten Rauschgift aufkaufen und schlug dann seine »Ware« in Hamburg mit 250fachem Gewinn wieder los. Die Zollfahndung stellte seinen Opel Coupé sicher, in dem 170 Kilogramm Haschisch versteckt waren. Am 7. Oktober 1970 wurde er vom Hamburger Landgericht zu zwei Jahren und sechs Monaten Haft verurteilt.

Manfredi, Joseph

Amerikanische Gerichte sind offenbar gewillt, immer schärfer gegen Rauschgifthändler vorzugehen. Ein New Yorker Gericht verurteilte den Joseph Manfredi und seinen Neffen zu je 30 Jahren Haft (Anfang November 1972), und ein dritter Mann erhielt 15 Jahre Gefängnis. Das Gericht hatte die drei Männer schuldig befunden, wöchentlich Heroin im Wert von mehr als 15 Millionen Mark abgesetzt zu haben. Manfredi galt als Geschäftspartner des mutmaßlichen Mafia-Bosses Carlo Gambrino, der als Manager eines großen Verteilerringes galt, aber nicht in die Netze der Polizei ging.

Orsini, Jean

Im April 1972 wurden in New York der Franzose Jean Orsini und einer seiner Komplicen, der Amerikaner Luiz Ortega, zu 25 Jahren Gefängnis verurteilt. Sie wurden für schuldig gesprochen, Heroin im Wert von 40 Millionen Dollar in die USA geschmuggelt zu haben.

i) Berühmte Gefängnisse und Gefängnisrevolten

Wie oft hieß es bei den vorangegangenen Fällen, der Täter XY wurde zu soundso viel Jahren Gefängnis verurteilt. Mit diesem einfachen Satz wird zwar der gerichtliche Abschluß zu einem nachgewiesenen Verbrechen zum Ausdruck gebracht, aber das Leben des Verurteilten geht weiter. Nun, vollends am Rande der Gesellschaft, isoliert von ihr, unschädlich gemacht, hat er seine Tage und Nächte in einer im wörtlichen Sinne »geschlossenen« Gesellschaft zu verbringen.

Aber auch dort brodelt das Leben weiter. Auch dort gibt es Ungerechtigkeiten von unten und von oben. Auch dort, jenseits der »ordentlichen« Gesellschaft, gibt es Gesetze, die das Zusammenleben vieler Menschen regeln sollen. Auch dort lockt wie überall, wo es Gesetze gibt, die Chance, diese zu übertreten.

Es folgt nun ein nach Ländern geordneter kurzer Überblick über die wichtigsten Gefängnisse und die jüngsten Revolten, die den Gefängnissen Schlagzeilen brachten:

1. Amerika

Attica:

Die Strafanstalt Attica im Bundesstaat New York wurde zuletzt »berühmt« durch den blutigen Aufstand am 13. September 1971, der 11 Gefängnisbeamten und 32 Insassen das Leben kostete. Es war der »blutigste Zusammenstoß zwischen Amerikanern seit dem Bürgerkrieg, ausgenommen die Massaker an Indianern Ende des 19. Jahrhunderts«.
Zur Zeit des Aufstandes befanden sich in Attica 2254 Häftlinge, davon waren 70 Prozent Neger oder Puertorikaner. Unter dem Wachpersonal gab es keine Schwarzen. Die ursprüngliche Annahme, der Aufstand sei von langer Hand geplant gewesen, wurde inzwischen widerlegt. Es war vielmehr eine spontane Erhebung als Ergebnis vereinzelter Hoffnungen und unerfüllter Erwartungen, nachdem alle Versuche gescheitert waren, sinnvolle Veränderungen des Gefängnissystems zu erzielen.
Während die Truppen der New Yorker Staatspolizei mit tödlichen Waffen ausgerüstet waren, hatten die Aufständischen zwar auch Waffen, aber keine Feuerwaffen. 2200 tödliche Kugeln wurden abgefeuert, es war eine wahllose Schießerei, nichts wurde zum Schutz der Geiseln unternommen, auch gab es keine notwendige Befehlskoordinierung.
Die sich damals am Aufstand beteiligt haben, sitzen heute (1972) in fensterlosen Zellen.
Der Aufstand hatte 5 Tage gedauert.

Chino:

Die Strafanstalt Chino im Bundesstaat Kalifornien gilt als »offenes« Gefängnis, das den Insassen erlaubt, sich frei auch außerhalb zu bewegen, Urlaub zu nehmen oder Besuch zu empfangen. Aber auch hier herrscht keine absolute Ruhe und Ordnung. Anfang Oktober 1972 wurde bei der Befreiung eines Gefangenen ein begleitender unbewaffneter Wächter erschossen. Ein weiterer Bewacher wurde schwer verletzt. Die beiden Beamten sollten den Gefangenen zu einer Gerichtsverhandlung begleiten. Unterwegs wurde der Dienstwagen gestoppt von zwei anderen Wagen. Mehrere Männer sprangen aus den zwei Wagen und eröffneten sofort das Feuer auf den Dienstwagen. Mit dem befreiten Häftling entkamen sie.

Columbia:

Im Columbia-Gefängnis in Washington wurden am 11. Oktober 1972 mehrere Gefängnisbeamte von etwa 200 revoltierenden Häftlingen überwältigt. Sie verbarrikadierten sich mit ihnen als Geiseln und forderten ihre Freilassung in Gruppen von 4–6 Mann.

Green Haven:

Auch das gibt es: Die Häftlinge des Gefängnisses von Green Haven im Bundesstaat New York bildeten im April 1972 eine Gewerkschaft, die als erstes eine Gehaltserhöhung für ihre Wärter forderte. Die Gewerkschaft umfaßte 1400 der 1700 Inhaftierte. Leider wurde jedoch die Häftlingsgewerkschaft von den Behörden nicht akzeptiert.

New York:

Das berüchtigte New Yorker Untersuchungsgefängnis »The Tombs« (Die Gruft) wurde 1941 erbaut und galt seither als absolut ausbruchsicher. Am 24. Oktober 1972 gelang es dann erstmals sieben Gefangenen, aus dem Gefängnis auszubrechen. Die Ausbrecher waren alle Schwerverbrecher, und sie hatten den Tag genau geplant: nämlich den »Veterans Day«, bei dem um die frühe Morgenstunde kein Verkehr auf den sonst geschäftigen Straßen Südmanhattans zu sein pflegt. Sie schnitten die Stahlvergitterung durch, knüpften Bettücher aneinander und zwängten sich durch die knappe Öffnung.
Nachlässigkeit seitens des Gefängnispersonals begünstigte vermutlich den Ausbruch. Erst vier Stunden nach der Flucht, die von einem Passanten beobachtet worden war, alarmierten die Wächter die Polizei. Unter den Flüchtenden befand sich ein Schwarzer, der wegen versuchten Mordes an zwei Polizisten angeklagt war, der Chef einer Kidnapperbande, Räuber, Rauschgiftschmuggler und andere.
»The Tombs« ist heute mit 1398 Mann besetzt.

Jessup:

Innerhalb von 48 Stunden kam es im Juli 1972 zweimal im Gefängnis Jessup in Baltimore im Bundesstaat Maryland zu einem Gefangenenaufstand. An der Meuterei beteiligten sich etwa 200 Insassen. Einmal wurden vier, beim zweitenmal sechs Gefängniswärter als Geiseln genommen. Drei weitere Aufseher wurden verletzt. Die Meuterer kehrten freiwillig wieder in ihre Zellen zurück, nachdem sie ihre Anliegen wegen Hafterleichterung dem Gouverneur von Maryland hatten vortragen dürfen. Dieser sicherte ihnen zwar keine Zugeständnisse zu, versprach ihnen aber »körperliche und geistige Unversehrtheit«.

Paterson: Auch in der überfüllten Bezirksstrafanstalt in Paterson im Bundesstaat New Jersey nahmen revoltierende Gefangene mehrere Gefängnisbeamte und eine Krankenschwester als Geiseln, um damit für bessere Haftbedingungen einzutreten.

Die Gefängnisrevolten, von denen hier einige der neueren Zeit namentlich genannt wurden, hatten alle den Zweck, den Wunsch nach Reformen durchzusetzen. Je mehr die Gefangenen revoltieren, desto mehr sind aber auch die Gefängniswärter um ihre Sicherheit besorgt.
Die Gefängnisse gelten in Amerika als »Universitäten des Verbrechens«. Das amerikanische Gefängnissystem ist über 200 Jahre alt, und es gibt kaum Anzeichen für grundlegende Reformen. 1972 saßen mehr als 400000 Menschen in Amerika in Gefängnissen. Es gibt über 4000 Gefängnisse und Zuchthäuser. Die meisten sind überbelegt, oft vier Gefangene in einer Einmannzelle.
Hier noch die Namen einiger weiterer berühmter amerikanischer Gefängnisse: San Quentin; Sing-Sing; Leavenworth; Charleston; Soledad (in San José, bekannt durch den Aufstand der Soledad-Brothers); Pontiac in Illinois; Lake County in Waukegan; Atlanta; Joliet in Chikago; Lecumberry in Mexiko; Crown Point in Indiana; Upper Marlboro in Maryland; Eddyville in Kentucky; Rahway in New Jersey; Raiford in Florida; Reidsville im Bundesland Georgia.

2. England

Die Zahl der männlichen Häftlinge in den englischen Gefängnissen hat sich in etwa 20 Jahren auf 40070 im Jahre 1971 verdoppelt. 1950 wurden in den Haftanstalten von England und Wales nur 20000 männliche Insassen gezählt. Die Zahl der weiblichen Häftlinge betrug 1971 1035 und lag damit erstmals seit 1955 über der Tausendergrenze.
Auch in England nahmen die Unruhen unter den Häftlingen zu. Bis Anfang September 1972 waren in England, Schottland und Wales insgesamt 10 Gefängnisse von Unruhen betroffen. Hunderte von Häftlingen protestierten gegen die Zustände in den überbelegten Haftanstalten. Sie verlangten die Anerkennung ihrer Häftlingsgewerkschaft PROP (Preservation of the Rights of Prisoners). Auch hier forderten die Frauen der Gefängniswärter schärfere Maßnahmen gegen rebellierende Häftlinge. Die Unsicherheit nahm demnach auf beiden Seiten zu.

Albany: Das Gefängnis Albany auf der Isle of Wight gilt als »Luxus-Haftanstalt«. Trotzdem kam es auch hier im August 1972 zu einem Aufruhr von Häftlingen. Etwa 375 demolierten ihre Zelleneinrichtungen, steckten Kleidungsstücke in Brand und warfen brennende Matratzen aus den Fenstern.
Die Haftanstalt war in Alarmzustand versetzt worden, nachdem Pläne zu einem Massenausbruch entdeckt worden waren. Bei der Durchsuchung der Zellen wurden Messer, Greifhaken, Meißel und Geldbeträge gefunden.

Peterhead: In der Strafanstalt Peterhead in Schottland meuterten Anfang 1972 170 Gefangene gegen die Haftbedingungen. Sie hatten sich auf das Dach des Gefängnisses geflüchtet und dort 24 Stunden lang ohne Verpflegung ausgeharrt.

London: Auch in einer Haftanstalt Londons meuterten zur gleichen Zeit 200 Gefangene. Sie weigerten sich, nach dem Hofspaziergang wieder in ihre Zellen zurückzukehren.

Parkhurst und Camp Hill: Beide Haftanstalten liegen auf der Isle of Wight. Ihre Insassen demonstrierten durch Sitzstreiks aus Solidarität zu dem Aufstand in Albany.

Chelmsford: Auch hier verwüsteten die Gefangenen, etwa 60 Mann, ihre Zellen und die Kantine, kletterten auf das Dach und forderten bessere Haftbedingungen.

Weitere Namen von englischen Gefängnissen sind:
New Gate, Pentonville, Wormwood Scrubs in London; Dartmoor in der Grafschaft Devon; Broadmoore (Haftanstalt für geistig gestörte Verbrecher).

3. Frankreich

Aufsehen erregte im April 1972 die Entwaffnung von 5 Wachbeamten im Pariser Justizpalast durch drei Häftlinge. Sie bedrohten außerdem 9 Personen, bis die Behörden auf ihre Forderungen eingingen. Anführer war der wegen zwei Morden, einer Vergewaltigung und mehreren Überfällen angeklagte Christian Jubin, der gerade im Justizpalast dem Untersuchungsrichter vorgeführt werden sollte. Von den Behörden hatten die 3 Meuterer zwei Wagen erpreßt und waren mit vier Geiseln davongefahren.
Neben den Gefängnissen La Santé und Frèsnes, das als absolut ausbruchsicher gilt, beide in Paris, und dem Gefängnis Saint Martin de Ré, verknüpft sich mit dem Namen Frankreich als gefürchtetstes Gefängnis die »grüne Hölle« der französischen Sträflingskolonie in Guayana, die »Teufelsinsel«.
Viele Gefangene gingen hier an Mißhandlungen, Hitze oder Seuchen zugrunde. Besonders berüchtigt wurden auch die der Teufelsinsel benachbarten Inseln Royal und St. Joseph. Zu den prominentesten Häftlingen zählte Hauptmann Dreyfus.
1949 wurde die Teufelsinsel von Frankreich endgültig ihrer Funktion als Strafanstalt enthoben. Heute befindet sich dort die Beobachtungsstation des französischen Weltraumzentrums und ein Hotel. Die Insel wird zunehmend vom Tourismus erschlossen.

4. Irland

Gefängnisse Nordirlands wurden besonders bekannt im Zusammenhang mit den Verhaftungen von IRA-Mitgliedern. So das Armagh-Gefängnis in Belfast, das von Soldaten der britischen Armee bewacht wird und in dem es immer wieder zu Folterungen der Häftlinge kommt. Von geradezu anrüchigem Ruf ist das Internierungslager Long Kesh, in dem gegen IRA-Häftlinge mit grausamen KZ-Verhörmethoden vorgegangen wird.

5. Italien

Die internationale Welle der Gefängnisrevolten erfaßte 1972 auch Italien. Anfang Juni richteten etwa 2000 Häftlinge im Gefängnis *Poggioreale* in Neapel schwere Verwüstungen an. Sie forderten eine Reform der Strafvollzugsordnung, besseres Essen und bessere sanitäre Verhältnisse. Die Meuterer zerstörten ihre Zellentüren, verbrannten ihre Strohsäcke und schlugen die Einrichtungsgegenstände kurz und klein. Mehrere Wärter wurden überwältigt. Bei Schießereien verletzten die Wärter drei Häftlinge. Die eingesetzten Polizeieinheiten hatten dann nicht nur den Widerstand der Häftlinge zu brechen, sondern sie mußten auch aufgebrachte Häftlingsangehörige zurückdrängen, die sich in wachsender Zahl vor dem Gefängnis angesammelt und sich mit den Häftlingen solidarisch erklärt hatten.
Der Aufruhr endete mit der Kapitulation der Häftlinge.

Bergamo: Auch in der norditalienischen Stadt Bergamo revoltierten Anfang Juni 1972 die Häftlinge. Nach der abendlichen Fernsehstunde gelang es etwa 30 Insassen, auf das Dach der Anstalt zu klettern, wo sie trotz starken Regens die ganze Nacht über aushielten. Auch hier wurde der Aufstand durch die Polizei gebrochen.

Weitere bekannte Strafanstalten in Italien sind:
San-Vittore-Gefängnis in Mailand, Regina-Coeli-Gefängnis in Rom.

6. Deutschland

Bekannte deutsche Strafanstalten sind diejenigen von *Bruchsal, Köln* (Klingelpütz), *Saarbrücken* (Auf der Lerchesflur), *Berlin* (Moabit) und Plötzensee (in dem die vom NS-Volksgerichtshof Verurteilten einsaßen), und immer wieder ins Gerede kommt *Hamburg* mit der berüchtigten Beruhigungszelle in der »Glocke«, der Untersuchungshaftanstalt. Eklatant waren hier die mysteriösen Todesfälle des Deutschamerikaners Ernst Haase, der 1964 an einer Fettembolie in der Lunge starb, und am 23. September 1972 der Tod des Franzosen Pascal Marc Laoubé Abdel Kader (alias Louis Silversmith) aus St. Amand les Eaux, der an offener Tbc litt. Er hatte bereits am 12. August seine Strafe, fünf Monate Gefängnis wegen Betrugs, abgebüßt und befand sich in sog. »Abschiebehaft«.
Er hatte sich in seiner Zelle verbarrikadiert, den Abfluß seines Waschbeckens verstopft und den Wasserhahn aufgedreht, so daß es in seiner Zelle zu einer Überschwemmung kam, die erst entdeckt wurde, als das Wasser auf den Flur hinauslief. Völlig durchnäßt lag er auf seiner Pritsche. Daraufhin wurde er ausgezogen und in die Beruhigungszelle gebracht. Sein Fall leitete einen parlamentarischen Untersuchungsausschuß ein, da die Möglichkeit nicht ausgeschlossen wurde, daß der Häftling beim Transport in die Beruhigungszelle verletzt worden ist.
Ende des Jahres 1972 erhob der Vater von Abdel Kader schwere Vorwürfe gegen die Beamten der Hamburger Untersuchungshaftanstalt. Der Vater hatte in Hamburg die Leiche seines Sohnes gesehen und festgestellt, daß zwei Finger seiner Hand abgerissen waren. Außerdem habe er Spuren von Ketten und zahlreiche Wunden entdeckt, so daß er annehmen müsse, sein Sohn sei »wahrscheinlich von rassistischen Wärtern zu Tode gequält worden«.
Die Leiche des Verstorbenen war kurz vor Weihnachten 1972 von der Staatsanwaltschaft freigegeben worden.
In der *Hamburger* Strafanstalt Fuhlsbüttel, »Santa Fu« genannt, saßen 1972 rund 500 Häftlinge, darunter 75 mit lebenslanger Freiheitsstrafe. Hier sollte zum erstenmal in der Bundesrepublik offiziell eine gewählte Vertretung der Häftlinge konstituiert werden, die in allen Fragen der Haftbedingungen eine Mitsprache hat.
Hafterleichterungen gab es in der Justizvollzugsanstalt *Celle*, wo die noch mit Milchglas oder mit undurchsichtigen Scheiben verblendeten Zellenfenster mit normalem Glas versehen werden sollen.
Werden einerseits Hafterleichterungen hie und da durchgesetzt, so werden sie andererseits von den Häftlingen auch gleich ausgenutzt. So wurde bekannt, daß in der als »Modellanstalt« in *Düren* (Nordrhein-Westfalen) geltenden Haftanstalt die Insassen sich mit selbstgebranntem Schnaps die Zeit vertrieben. Sie benutzten Wasser, Brot und Obstreste, um mit dem Fusel in fidelere Stimmung zu kommen. Aber auch Niedersachsens größte Strafvollzugsanstalt, das 1000-Plätze-Gefängnis in *Hannover*, hat Fehler. Zwar wurden hier keine rauschenden Feste gefeiert, aber es passierte eine lange Kette kleinerer Unregelmäßigkeiten wie z.B. das Einschmuggeln von Narkotika-ähnlichen Medikamenten. Auch die sanitären Verhältnisse und die medizinische Versorgung der Häftlinge stieß auf öffentliche Kritik.

7. Zum Abschluß seien noch einige ausländische Strafanstalten erwähnt:

Tschechoslowakei:	Strafanstalten Mirov und Bory
Uruguay:	Gefängnis von Punta Carretas in Montevideo
Irland:	Holloway
Triest:	Coroneo-Gefängnis. Auch hier hatten revoltierende Häftlinge einen Brand gelegt, der jedoch für zwei Insassen zur Falle wurde: Sie erstickten am 9. August 1972 im Rauch, ehe die Feuerwehr die Flammen löschen konnte.
Argentinien:	Gefängnis der Marineinfanterie in Trelew. Hier kam es am 22. August 1972 zu einem Blutbad. 16 Häftlinge wurden bei einem Ausbruchversuch erschossen. Drei überlebten. Die 19 Personen waren Guerilleros, die am 15. August von dem 1600 Kilometer südlich von Buenos Aires gelegenen Rawson-Gefängnis ausgebrochen waren. Dabei war der Aufseher getötet worden. Sechs Ausbrecher hatten auf dem Flughafen von Trelew eine Maschine gekapert und waren nach Chile geflüchtet. Die restlichen 19 mußten sich den Marineinfanteristen ergeben. Staatspräsident General Lanusse hatte zwar sofort nach dem Blutbad die Militärjunta und sein Kabinett zu Sondersitzungen einberufen, doch eine öffentliche Erklärung seinerseits zu dem Blutbad blieb aus. Statt dessen wurde im Eiltempo ein Gesetz erlassen, das die Veröffentlichung von Verlautbarungen subversiven Charakters unter Strafe stellte. In der Öffentlichkeit festigte sich der Verdacht, daß von amtlicher Seite an den Guerilleros eine Art Schnelljustiz vollzogen worden sei, getarnt unter dem Vorwand, man habe deren Fluchtversuch verhindern wollen. Selbst die engsten Anhänger des Generals Lanusse glaubten nicht an die »Fluchttheorie«. Im Juni 1956 wurde eine ähnliche Aktion gegen Peronisten gestartet. Auf einem Müllfeld in der Nähe von Buenos Aires fanden bis heute weder geklärte noch bestrafte Massenerschießungen von Peronisten statt. Selbst wenn nun, wie es offiziell hieß, die Guerilleros sich Waffen beschafft und einen Ausbruchversuch unternommen haben sollten, so war es doch sehr verdächtig, daß es nur auf seiten der Guerilleros Tote und Verwundete gab, nicht aber auf der Seite der Regierungstruppen.
Saigon:	Berichte sickerten durch, wonach in Saigoner Gefängnissen die Folterstrafe praktiziert werde.
Jugoslawien:	Ogulin.
Spanien:	Carabanchel in Madrid, Figueras, Zamora, Tetuan.
Sowjetunion:	Lubjanka in Moskau, die Peter- und Paul-Festung in Leningrad, die seit 1922 als Gefängnismuseum dient.
Schweiz:	Bois-Mermet in Lausanne.
Schweden:	Zentralgefängnis von Kumla. Hier glückte Mitte August 1972 der Massenausbruch von 15 besonders gefährlichen Verbrechern. Es wurde vermutet, daß Hilfe von außen kam, möglicherweise von internationalen Rauschgifthändlern. Unter den Ausbrechern befanden sich auch die beiden Mörder des jugoslawischen Botschafters in Stockholm, Vladimir Rolovic. Bisher galt das Gefängnis von Kumla als absolut ausbruchsicher.

C Politische Kriminalität und Justiz

a) Das Attentat

1. Zur Typologie des Attentäters

Unter einem Attentat versteht man meistens den politischen Mord, den Mord, dessen Motiv politisch bedingt ist. Attentate gab es wie die meisten anderen Verbrechen auch in der ganzen Geschichte. Die Aufklärung eines politischen Mordes pflegt im allgemeinen schwieriger und auch langwieriger zu sein, als es bei einem rein kriminellen Mord der Fall ist, weil der Hintergrund, der mitspielt, oft undurchsichtiger ist und es meist auch Hintermänner gibt, die kein Interesse an der einwandfreien Klärung eines Attentates haben. Stehen hinter einer kriminellen Tat meist ›nur‹ persönliche Motive, seien diese psychologischer oder soziologischer Natur, so gehört zum politischen Mord der Bereich der Geschichte, der Kulturgeschichte, der Politik, auch der Religion.

Da es im Normalfall ausgeschlossen ist, daß der Attentäter in die nächste Nähe seines Opfers gelangt, hängt das Gelingen des politischen Mordes in erster Linie davon ab, wie die räumliche Distanz zwischen Täter und Opfer überbrückt werden kann. Während dem Raub- oder Sexualmörder z.B. daran gelegen sein muß, mit seinem Opfer in Kontakt zu kommen (was ihm ermöglicht, »Nahkampfmittel« wie Erwürgen, Schlagen, Niederstechen o.ä. anzuwenden), benutzt der moderne politische Mörder in erster Linie die Schußwaffe, ganz selten werden als Mordinstrumente noch ein Messer oder ein Dolch benutzt. Hat der Pistolenmörder die Chance, sein Opfer auch aus weiterer Entfernung, wenn er Glück hat, mit nur einem Schuß niederzustrecken, so kann er sich üblicherweise nicht wie der Meuchelmörder still und heimlich davonschleichen. Der Knall des Schusses oder der Feuerstrahl setzen ihn allemal dem schnellen Zugreifen der Schutzbeamten aus.

Ein guter Schütze kann auch aus einer größeren Menschenmenge sein Opfer herausschießen, ohne andere Menschen zu verletzen. Dies ist bei einem Bomben- oder Sprengstoffattentat nicht garantiert. Die Wirkung einer Sprengstoffexplosion läßt sich im allgemeinen nicht genau vorausberechnen. Der Sprengstoffattentäter nimmt daher wenig Rücksicht auf das Leben Unschuldiger.

Während der rein kriminelle Täter im allgemeinen schnell als Verbrecher klassifizierbar ist, schwankt manche Einschätzung eines politischen Mörders zwischen Fanatiker, Patriot, Held – und Verbrecher, dem gelegentlich Strafminderung zugebilligt wird, wenn sich nachweisen läßt, daß er im Auftrag des Staates gehandelt hat. Der politische Mord, früher oft gleichbedeutend mit Tyrannenmord, wird in der Regel aus politischer oder moralischer Überzeugung begangen. Im früheren deutschen Reichsgericht gab es zur Verteidigung des politischen Mordes den Begriff des Handelns aus Vaterlandsliebe und den Begriff der Notwehr zur Abwendung eines Angriffes auf den Staat. Vor allem im Dritten Reich wurde der politische Mord zu legalisieren versucht.

Der Unterschied zwischen dem kriminellen und dem politischen Täter liegt in erster

Linie im Motiv. Letzterer handelt oft aus Haß, aus Weltverbesserungsabsicht, aus Feindschaft gegen ein politisches System. Selten überdenkt er die möglichen Folgen seiner Tat, fast nie erreicht er durch den Tod seines Opfers eine Veränderung der politischen Zustände. Der kriminelle Täter, der Raub- oder Lustmörder, erreicht in der Ausbeutung oder sexuellen Ausnutzung seines Opfers eher sein Ziel.

Die Be- und Verurteilung des Kriminellen richtet sich ausschließlich nach dem Strafgesetzbuch, die des politischen Mörders nach der jeweiligen politischen Situation. Mancher veranlaßte durch einen Mord z.B. eine Revolution und war dadurch der Held des Tages, scheiterte aber die Revolution, so wurde er vom nächsten politischen System als Mörder verurteilt.

Heute wird der politische Mord meist genauso bestraft wie der rein kriminelle. Früher wurde der politische Mord sogar härter geahndet als der kriminelle.

Eine gewisse Rolle bei der Beurteilung beider Mordformen spielt auch die Frage der Zurechnungsfähigkeit (in Deutschland der § 51 StGB), die Frage, ob der Täter wegen einer Bewußtseins- oder Geistesstörung überhaupt in der Lage war, die Folgen seiner Tat genau abzuschätzen. Hier ist das Gebiet für medizinische Fehlurteile und daran anschließend für Justizirrtümer sehr groß.

Die durch einen Mord erregte Öffentlichkeit trägt oft unbewußt dazu bei, daß der Täter möglichst schnell abgeurteilt wird. Das Gericht vertritt hier eine Art öffentliche Moral, setzt sich aber zugleich dem Verdacht aus, den Stimmen des Ruf- oder Fememordes zu folgen.

Nicht immer wird der politische Mörder von einem »ordentlichen« Gericht verurteilt. Je nach politischem System werden eigens Sonder- oder Militärgerichte einberufen, die nach eigenen Rechtsgrundsätzen urteilen. Dies gilt heute z.B. auch noch für den Bundesgerichtshof der BRD in Karlsruhe, sofern er über politische Delikte zu befinden hat.

Justizirrtümer kommen immer wieder vor. In der BRD sind es pro Jahr einige hundert bei der Verurteilung krimineller Straftaten, wesentlich mehr bei politischen. Der Justizirrtum im politischen Prozeß besteht weit mehr im Freispruch des Angeklagten als im kriminellen Prozeß.

Die Mehrzahl der politischen Täter ist sehr jung, kaum einer ist älter als 50 Jahre die meisten zwischen zwanzig und dreißig Jahren. Höchst selten begeht eine Frau einen politischen Mord, wenn, dann meist als Freundin oder Geliebte des Täters.

Der Täter, der einen (Mord-)Anschlag auf politisch exponierte Persönlichkeiten, höchste Regierungsrepräsentanten, etwa ein Staatsoberhaupt, einen Regierungschef, verübt, wird in nahezu allen Ländern als Hochverräter deklariert; ist sein Opfer dagegen nur der Ministerpräsident eines Landes, so gilt er »nur« als ganz gewöhnlicher Mörder.

Auch im Bereich der unpolitischen Anschläge spricht man von Attentat, z.B. von »Eisenbahn-Attentat«, »Gift-Attentat«, »Sprengstoff-Attentat« usw.

Neben Attentaten gilt auch der Landesverrat, der vorliegt, wenn etwa Geheimnisse die die Sicherheit des Staates schützen sollen, verraten werden, zumeist als ein politisches Verbrechen. Weil das politische Verbrechen in den meisten Fällen über den engen Rahmen etwa eines Trieb- oder Sexualmörders, eines Raubmörders, hinausgeht, wird ihm im allgemeinen mehr Interesse seitens der Bevölkerung und auch seitens der Gerichte entgegengebracht.

Der Attentäter, der politische Verbrecher, will mit seiner Tat z.B. auf Mißstände in der Staatsführung hinweisen, er spricht für unterdrückte Schichten, prangert Ungerechtigkeiten an, ist ein Verteidiger der Freiheit, auch ein Revolutionär, wenn man will.

Attentäter ist sowohl derjenige, der als einzelner die Tat ausführt, aber auch der

der als Hintermann oder als Anstifter dem Täter die theoretische Rechtfertigung und auch die Waffen liefert.

Die große Gruppe der Attentäter wird untergliedert in den Ideentäter, den schwärmerischen Weltverbesserer und den Geisteskranken, der aus unbeherrschten Affekten heraus zur Tat schreitet.

Am bedeutendsten, weil mit dem meisten Hinterland versehen, ist der Ideentäter, der nicht selten für sich in Anspruch nimmt, im Namen eines ganzen Volkes zu handeln. Hinzu kommt, daß sein Attentat eine lange, oft unbekannt bleibende Vorarbeit hat, die plötzlich, unerwartet zuschlägt. Als Tatmotiv kommen weniger Abartigkeiten seiner Persönlichkeit (wie beim Triebmörder, beim Massenmörder) in Betracht als vielmehr – von seiner Sicht aus – Abartigkeiten der Gesellschaft, in der er lebt und unter denen er leidet. So ist der politische Verbrecher nicht nur Rächer, sondern auch Ankläger gegen bestimmte soziale oder politische Mißstände. Er ist der Repräsentant des Widerstandes, hinter dessen Tat bereits Pläne für eine Neuordnung des Staates, der Gesellschaft, der Politik stehen (so z. B. das Attentat auf Hitler am 20. Juli 1944).

Es gibt Einzeltäter, die für ihre Tat und die Motive dazu ganz allein verantwortlich zeichnen, es gibt den beauftragten Einzeltäter, der im Namen oder im Auftrag einer hinter ihm stehenden Gruppe sein Attentat ausführt, und es gibt schließlich die Gruppentäter oder Banden, die alle Aktionen von der Vorbereitung bis zur Tat gemeinsam ausführen. Während im 19. Jahrhundert ein Drittel aller Attentate von Einzeltätern durchgeführt worden sind, ist im 20. Jahrhundert der Gruppentäter der Hauptträger der Attentate geworden. Verschwörungen, Geheimorganisationen, Putsche, Revolutionen usw. werden im Regelfall von Gruppen ausgeführt. Dazu gehören z. B. auch die Mafia, Ku-Klux-Klan, Fememorde, aber auch der geheime Nachrichtendienst, Spionage und Sabotage.

Daß zu den Attentätern auch rein kriminelle Menschen gehören, berufsmäßige Killer wie etwa in den amerikanischen Banden vor dem Zweiten Weltkrieg, oder daß vorbestrafte Täter als Attentäter eingesetzt werden, bedarf kaum eines besonderen Hinweises. Auch die Tatsache sei erwähnt, daß berühmte Attentäter zu einer Art Idol gemacht werden und Nachahmer finden. Die Nachahmung reicht von der Übernahme des Namens, im rein kriminellen Sinne z. B. Al Capone von Amerika und von der Pfalz (B. Kimmel), bis zur getreuen Kopie der Tatausführung, etwa in der Herstellung von Sprengkörpern und ihrer Anwendung.

Die Mittel, die bei einem Attentat eingesetzt werden, decken sich zumeist mit den Mitteln, die bei rein kriminellen Delikten verwendet werden. Dazu gehören Gift, Hieb- und Stichwaffen, Schußwaffen und Sprengkörper (Bomben), Höllenmaschinen, Zeitzünder etc.

Zunächst werden nun dem Leser eine Reihe von Attentaten auf führende Persönlichkeiten vorgestellt; dann auf Gegenstände und schließlich einige Attentätertypen.

2. Attentate und Attentatsversuche auf Personen

Alexander, König von Serbien

Zwischen den Jahren 1817 und 1903 wechselten Mitglieder der Häuser Karageorgevic und Obrenovic auf dem serbischen Königsthron. Der siebente Obrenovic war Alexander, der 1889 als 13jähriger nach der Abdankung seines Vaters zum König gekrönt worden war. Die Serben waren anfangs mit ihrem jungen König recht zufrieden, den aber bald die Liebe seines Volkes zu einem starrsinnigen und eigenwilligen Monarchen machte. So lud er 1893 seine Statthalter zu Tisch, ließ sie bestens bewirten und anschließend alle verhaften, weil er allein zu regieren wünschte. Da er aber dazu unfähig war, mußte er neue Minister einsetzen, die ganz seinem Willen zu gehorchen hatten. Der Unmutswille unter der Bevölkerung wuchs immer mehr an und erreichte einen Höhepunkt, als Alexander 1900 sich mit seiner Geliebten Draga Maschin ver-

lobte, einer viel älteren Witwe. Minister und öffentliche Meinung waren einstimmig gegen Draga, diplomatische Beziehungen wurden abgebrochen, doch am 5. August 1900 heiratete Alexander seine Draga. Bereits 1902 gab es einen Plan, Alexander mit Gewalt aus dem Weg zu räumen. Am 7. April 1903 hob er plötzlich die Verfassung auf, entließ Senatoren und Richter, und der Haß gegen den König schwoll noch mehr an, als er den Bruder der Königin Draga zum Thronerben proklamierte.
Die Verschwörung begann am 10. Juni 1903, als sich eine Gruppe serbischer Offiziere in einem Lokal in der Vorstadt Belgrads versammelte, entschlossen, den König samt seiner Frau zu liquidieren.
Um Mitternacht marschierten die Soldaten zum Königspalast »Konak«, verwickelten die Wache in eine Schießerei, sprengten mit Dynamit das verschlossene Doppeltor auf und drangen in den »Konak« ein. Plötzlich gingen alle elektrischen Lichter aus. Kerzen mußten beigeschafft werden. Da trat den Verschwörern General Lazar Petrovic in den Weg, der seit Jahren für den persönlichen Schutz des Monarchen zuständig war. Der General trat den Eindringlingen kaltblütig entgegen und fragte sie, was sie wollten. Sie nahmen ihn und einen Rittmeister mit bei der Durchsuchung der königlichen Gemächer. Aber Alexander und Draga hatten sich versteckt. Ihre Überlebenschance hing allein am Zeitvorsprung. Denn vermutlich hatte der General absichtlich einen Kurzschluß herbeigeführt, der möglicherweise das Zeichen dafür war, daß die in einer nahen Kaserne stationierte Donau-Division zur Rettung abmarschieren solle.
Unterdessen durchsuchten die Verschwörer das ganze Schloß, immer noch mit Kerzenbeleuchtung. Da wurde endlich die Tür zu einer geheimen Kammer gefunden. Darin waren Alexander und Draga in Nachthemden. Sie wurden auf der Stelle niedergemetzelt, mit Säbeln und Pistolen. Jeder der dreißig bis fünfzig Offiziere beteiligte sich. Die verstümmelten Leichen des Königspaares wurden dann zum Fenster hinausgeworfen. Die anmarschierenden Truppen stellten sich den Verschwörern nicht in den Weg. Gegen zwei Uhr früh war der Anschlag beendet. Er kostete 17 Tote und 10 Verwundete, darunter auch General Petrovic.
Am 15. Juni 1903 wurde die Verfassung von 1901 wieder in Kraft gesetzt und Fürst Peter Karageorgevic als neuer König proklamiert. In der Öffentlichkeit wurde das Attentat gelassen oder mit Wohlwollen hingenommen. Das Leben in Belgrad nahm am darauffolgenden Tag seinen gewohnten Lauf. Es gab keine Trauerbeflaggung, auf öffentlichen Plätzen wurde Tanzmusik gespielt.

Alexander I., König von Jugoslawien

Das Königreich Jugoslawien wurde nach dem Ersten Weltkrieg aus dem alten Königreich Serbien, Mazedonien und aus den serbisch-kroatisch-slowenischen Gebieten der österreichisch-ungarischen Monarchie gebildet. Es war schwierig, die verschiedenen Volksteile miteinander zu vereinen. Immer wieder gab es Spannungen, vor allem zwischen Serben und Kroaten.
1928 fiel der Kroatenführer Stefan Radic einem Attentat in Belgrad zum Opfer, aus Rache schlugen Kroaten gegen serbische politische Führer zurück.
König Alexander wollte mit der Errichtung eines autoritären Regimes im Jahre 1929 und der Einsetzung eines Gardegenerals als Ministerpräsident die Einheit seines Landes sichern. Zwei Jahre später kehrte er zur konstitutionellen Monarchie zurück.
Der Monarch, der 1921 mit 33 Jahren König geworden war, hatte sich in seiner Regierungszeit viele Feinde geschaffen: Er war ein hart durchgreifender, gnadenloser Regent.
Etwa ab 1929 hatte eine kroatische Splittergruppe den Gedanken gefaßt, ein selbständiges Kroatien ins Leben zu rufen. Unter ihnen war der Rechtsanwalt Dr. Ante Pavelic (geb. 14. Juli 1889).
Dieser Pavelic war von Jugend an ein Gegner Jugoslawiens, scharte kroatische Separatisten um sich und bildete eine Untergrundbewegung. Als Alexander 1929 seine »Königsdiktatur« proklamierte, gründete Pavelic die Ustascha-Bewegung, deren Ziel es war, mit Waffengewalt Kroatien zu befreien und einen selbständigen Staat zu bilden.
Pavelic wurde wegen Verbreitung hochverräterischer Gedanken von einem serbischen Gericht zum Tod verurteilt, floh nach Rom und organisierte von dort, unterstützt von Mussolini, demonstrative Aktionen. Die Ustascha-Terroristen verübten vor allem Bombenanschläge auf Eisenbahnzüge, ermordeten Polizisten, Zöllner und Politiker. Ziel der Bewegung war es, König Alexander von Jugoslawien zu ermorden.
Bei einem Besuch in Agram sollte die Tat ausgeführt werden. Pavelic hatte dem Mörder eine Belohnung von 500000 Lire zugesagt. Das Geld hatte er von Mussolinis Geheimpolizei erhalten. Der Plan wurde polizeibekannt, doch bis die Polizei gegen die Attentäter vorging, waren diese bereits verschwunden. Später stellte sich heraus, daß der Polizeichef selbst Mitglied der Ustascha-Bewegung war. Er wurde deshalb nach dem Zweiten Weltkrieg zum Tod verurteilt.
Das Attentat schlug fehl.
1934 reiste König Alexander nach Frankreich. Als Gegenposition zum Hitler-Deutschland waren von Frankreich Bestrebungen im Gange, ein Bündnissystem mit den Ländern der kleinen Entente zu schaffen, wozu auch Jugoslawien gehörte. Nun war für die Ustascha-Bewegung die Stunde gekommen. Obgleich der König gewarnt worden war, landete er am 9. Oktober 1934 in Marseille. Während der Fahrt durch die Stadt wurde er erschossen. Mit ihm kam der französische Außenminister Barthou ums Leben. Der Täter hatte sich aus der Zuschauermenge gelöst, war zum Wagen vorgesprungen mit dem Ruf: »Es lebe der König« und feuerte gleichzeitig auf Alexander. In dem Tumult wurden noch zwei Frauen erschossen, ein Polizist wurde verletzt, der Mörder von den Säbelhieben eines berittenen Polizisten niedergeschlagen. Die Menge übte Lynchjustiz und schlug ihn halbtot, so daß er wenige Stunden nach dem Attentat selbst starb.

Der Attentäter, der einen gefälschten Paß bei sich hatte, war Welitschko Kérin-Dimitrow, ein 36jähriger erprobter Verschwörer. Pavelic hatte die Situation in Jugoslawien nach dem Mord falsch eingeschätzt. Trauer, Empörung und Erschütterung herrschten vor und der Ruf nach dem wahren Mörder: Mussolini. Pavelic hatte seine Mannschaft zum Zeitpunkt des Attentats entlang der jugoslawischen Grenze aufgestellt, um sofort eingreifen zu können, falls in Jugoslawien Unruhen ausbrechen sollten. Doch dem war nicht so. Pavelic wurde 1941 Staatschef von Kroatien. 1945 floh er nach Argentinien, wo 1957 auf ihn ein Attentat versucht wurde. Am 28. Dezember 1959 starb er in Madrid eines natürlichen Todes.
Nach wie vor bestehen die alten Feindschaften zwischen Serben und Kroaten, heute unter dem politischen Zeichen des Antikommunismus und des Kommunismus. Gelegentlich passieren Attentate von Exilkroaten auf Jugoslawen (1966, 1967; s. S. 275), es gibt geheime kroatische Terrororganisationen, und 1967 sollte durch einen Exilkroaten in Wien Marschall Tito von Jugoslawien umgebracht werden.

Alfons XIII., König von Spanien

Am 31. Mai 1906 wurde König Alfons von Spanien mit der Prinzessin Ena von Battenberg getraut. Prinzessin Ena war eine Enkelin der Königin Victoria von England. Später nannte sie sich Victoria Eugenia. Der Primas von Spanien und Erzbischof von Toledo, Kardinal Sancha, traute das Paar. Als sie nach der Trauung zum Schloß zurückfahren wollten, mußte der Wagen der Frischvermählten wegen einer Stockung anhalten. In dem Moment flog eine Bombe vom oberen Stockwerk eines Hauses zwischen die Hinterpferde und den Kutschbock des Hochzeitswagens. Die Bombe verursachte eine mächtige Explosion. Die Pferde bäumten sich auf und rasten in die fliehenden Menschen hinein. Es gab mehrere Tote und Verletzte, Männer, Frauen, Kinder, Soldaten. Das Königspaar selbst war nur mit Glassplittern überschüttet, aber unverletzt. Der König erhob sich in seinem Wagen und rief um Ruhe in das aufgestörte Getümmel des Publikums.
Attentäter war der Anarchist Mateo Morales. Er hatte bereits am 22. Mai das Zimmer gemietet, von dem er später die Bombe hinabzuwerfen gedachte. Die Bombe war übrigens in ein Blumenbukett gesteckt.
Nachdem der Täter sein »Hochzeitsgeschenk« hinuntergeworfen hatte, zog er sich sofort vom Fenster zurück, wechselte die Kopfbedeckung und verließ unerkannt das Haus.
Bei diesem Attentat gab es insgesamt 106 Tote.
Kurze Zeit später wurde der Täter von einem Gendarm in der Provinz Madrid gestellt.
Dieser erschoß sofort den Gendarm und entleibte sich anschließend.
Das Tatmotiv wurde nicht bekannt.
König Alfons starb 1941 in Rom eines natürlichen Todes.

Bernadotte, Graf

Höhepunkt der Unruhen, Bombenanschläge, Attentate, Bankraube und Überfälle im Staat Israel nach dem Zweiten Weltkrieg war die Ermordung des UNO-Vermittlers Graf Folke Bernadotte.
Zur Vorgeschichte dieser Unruhen: Nach dem Ersten Weltkrieg wurde Palästina von den Engländern verwaltet, und erst 1929 gelang es der zionistischen Weltbewegung, eine eigene »Jewish Agency« in die britische Mandatsregierung in Palästina zu entsenden.
Die britische Regierung unterband das Bestreben der Juden, in Palästina eine »Nationale Heimstätte« für sich zu schaffen, indem sie eine Einwanderungssperre für Juden erließ, nicht zuletzt, um die uralte Feindschaft zwischen Juden und Arabern nicht anzuheizen und die Araber zu beruhigen.
Dies hatte zur Folge, daß die Juden eine Geheimorganisation gründeten, die »Irgun Zwai Leumi«, eine zionistische Widerstandsbewegung. 1940 teilte sich die »Irgun« in einen rechten, England-feindlichen Teil, die »Stern-Liga«, sogenannt nach ihrem Führer, dem Dichter und Revolutionär Abraham Stern, und in einen linken, militärisch ausgerichteten Teil, die »Haganah«. Daneben entstanden eine ganze Reihe radikaler kleinerer Gruppen, die entschlossen waren, für die Freiheit ihres Landes zu kämpfen.
Bedingt durch den Zweiten Weltkrieg, wo viele Juden zu kampftüchtigen Soldaten, Untergrundkämpfern und Saboteuren ausgebildet worden waren, hatten die Guerilla-Kämpfer nach dem Krieg die Schule hinter sich, die notwendig war, um erfolgreich im Untergrund tätig werden zu können.
Die Folge der Terrorakte begann am 22. Juli 1946, als das King-David-Hotel in Jerusalem in die Luft flog, in dem das britische Oberkommando untergebracht war. 91 Tote und 45 Verletzte zeugten von der Handschrift des Widerstandes. »Irgun« und »Haganah« zeichneten für den Anschlag verantwortlich. Immer noch hinderten die britischen Behörden, ausländische Juden nach Israel einwandern zu lassen. Die Folge davon war, daß die Terroraktionen gegen die britischen Behörden in verschärftem Maße fortgesetzt wurden. Offiziersklubs, Ölleitungen, eine britische Bank, Hafenanlagen wurden durch Bombenanschläge z.T. schwer beschädigt, immer wieder kamen Zivilisten und Militärpersonen ums Leben.
Angehörige der »Stern-Liga« und des »Irgun« wurden verhaftet, verurteilt und hingerichtet, andere wurden aus den Gefängnissen gewaltsam befreit.
Die israelischen Widerstandsorganisationen arbeiteten aber nicht nur in Israel selbst, sondern sie besaßen ein über ganz Europa verzweigtes Netz von Anhängern, die z.B. in Frankfurt/Main aus dem US-Hauptquartier Munition stahlen, die Anschläge auf britische Militärzüge verübten usw.
Immer deutlicher wurden die Forderungen der Israelis an die Briten, die Einwanderungsbestimmungen zu lockern. Um dieser Forderung Nachdruck zu geben, war geplant, in London Sprengstoffattentate durchzuführen.
Nachdem die britische Mandatsverwaltung über Palästina aufgehoben und die UNO nach dem israelisch-

arabischen Krieg für die Sicherheit im Lande engagiert worden war, nahmen die Terroraktionen des israelischen Widerstands noch heftiger zu.
Im Verlauf solcher Anschläge versuchte Graf Bernadotte die israelische Regierung dafür zu gewinnen, die 8000 arabischen Flüchtlinge, die aus ihren Dörfern nahe Haifa, ungeachtet der Waffenstillstandsvereinbarungen, widerrechtlich vertrieben worden waren, wieder im Lande aufzunehmen. Die »Stern-Liga« hatte angekündigt, die UNO-Vermittler zu ermorden, um Verhandlungen zu verhindern, die möglicherweise eine friedliche Verständigung beider Seiten zur Folge gehabt hätten. Graf Bernadotte (geb. 2. Januar 1895) war das Hauptziel des jüdischen Hasses, weil er dafür eingetreten war, Jerusalem den Arabern zu übergeben. Obgleich er von Attentatsdrohungen gewarnt war, nahm er den geplanten Weg vom Flugplatz nach Jerusalem.
Am 17. September 1948 wurde er im Vorort Katamon von einer Gruppe uniformierter, vermeintlich israelischer Soldaten, die den Weg seiner Wagenkolonne versperrt hatten, mit einer Maschinenpistole niedergeschossen. Auf dem Weg ins Krankenhaus starb er. Sofort tot war sein Begleiter, der französische Oberst André Serot.
Die »Stern-Liga« und eine ihrer Splittergruppen erklärten sich am nächsten Tag für den Mord verantwortlich (s. S. 446).
Nach dem Mord verbot die israelische Regierung die Widerstandsgruppen »Irgun« und »Stern-Liga«. Der Führer der »Stern-Liga«, Nathan Friedman Yellin, und sein Adjudant wurden am 30. September 1948 verhaftet. Ein großer Teil der Widerstandskämpfer wurde von der regulären israelischen Armee übernommen, ein anderer Teil, der im Untergrund blieb, bildete die »Jüdische Partisanenorganisation«.

Carlos, König von Portugal

Der König besuchte mit seiner Familie am 1. Februar 1908 Lissabon. Als die Wagenkolonne am Finanzministerium vorbeifuhr, drängte sich ein Mann aus der jubelnden Menge nach vorn und feuerte mit einem Revolver auf den König, dessen linke Seite getroffen wurde. Der König konnte sich trotz seiner Verletzung noch schützend vor den Kronprinzen im Wagen stellen und deutete mit einem Blumenstrauß auf den Attentäter, offenbar um die erregte Menschenmenge aufzufordern, seiner habhaft zu werden. Da schoß der Täter abermals. Der König wurde drei weitere Male getroffen. Die letzte Kugel war tödlich.
Unter den Zuschauern entstand eine Panik. Jeder rannte in eine andere Richtung um sein Leben. Mehrere Personen stürzten sich auf den Mörder, der immer wieder davonrennen konnte. Noch während der Jagd nach ihm trat ein zweiter Mann an den noch haltenden Wagen des Königs und erschoß völlig ruhig aus nächster Nähe den Kronprinzen. Dieser Attentäter wurde sofort durch einen Säbelhieb getötet, nach ihm noch zwei weitere Personen, die zur Attentätergruppe gehört hatten. Die Gruppe gehörte, wie es damals oft recht pauschal hieß, extremistischen Kreisen an.
König Carlos stand im 45., der Kronprinz Louis Felipe im 21. Lebensjahr.

Darlan, Admiral

Admiral Darlan (1881–1942) war im Juni 1940 im Kabinett Pétain Marineminister geworden, nachdem er sich beim Aufbau der französischen Mittelmeerflotte verdient gemacht hatte. Als im Dezember 1940 Laval gestürzt war, wurde er Stellvertreter Pétains und Vizepräsident der Vichy-Regierung. Im April 1942 kehrte Laval an die Macht zurück, Darlan wurde Oberbefehlshaber der französischen Streitkräfte. Im November 1942 schloß er mit den Amerikanern unter Eisenhower in Nordafrika einen Waffenstillstand und machte sich zum Hochkommissar eines souveränen Nordafrika, getrennt von der Vichy-Regierung. Warum er dies tat, ist bis heute noch nicht geklärt.
Am 23. Dezember 1942 gab Darlan für Eisenhower und andere Generäle ein Festessen. Er wußte, daß Verschwörungen gegen ihn geplant waren, und fragte einen politischen Berater Eisenhowers, wer wohl sein Nachfolger werden könne. Dieser zeigte ihm eine Namensliste. An erster Stelle standen die Namen von de Gaulle und Giraud.
Am 24. Dezember fuhr gegen 14.30 Uhr ein junger Mann vor der Residenz Darlans vor, um einen hohen Beamten zu sprechen. Da dieser nicht anwesend war, wartete der junge Mann. Etwa eine halbe Stunde später kam Darlan mit seinem Adjutanten, Kapitän Hourcade, den Flur entlang. Als sie an dem jungen Mann vorbeigingen, fielen plötzlich zwei Schüsse. Darlan starb im Lazarett. In einem Zweikampf zwischen dem Mörder und Hourcade wurde auch dieser schwer verletzt. Als der Täter fliehen wollte, wurde er von Wächtern übermannt. Sein Name war Fernand Bonnier de la Chapelle, der 20jährige Sohn eines Gerichtsreporters in Algier. Bonnier hatte sich nach der Niederlage Frankreichs gegen Deutschland der französischen Widerstandsbewegung angeschlossen und sich an einer Demonstration französischer Studenten gegen die Deutschen (am 11. November 1940) beteiligt. In England wollte er in de Gaulles Exilregierung eintreten. Da er dort nicht ankam, ging er nach Algerien, wo er sich einer nationalistischen Gruppe junger Menschen anschloß, die sich zum Ziel gesetzt hatte, den Verräter Darlan zu beseitigen. Per Los wurde Bonnier für die Ausführung des Mordes bestimmt.
Der Mord war von langer Hand vorbereitet worden. Bonnier hatte einen falschen Paß erhalten und Pläne des Regierungsgebäudes, in denen der Fluchtweg eingezeichnet war.
Bereits einen Tag nach dem Attentat rief der Oberbefehlshaber der französischen Truppen in Nordafrika, General Giraud, ein Kriegsgericht zusammen. Nach kurzer Verhandlung war Bonnier zum Tode verurteilt. Bonnier bereute nie seine Tat, verriet auch seine Hintermänner nicht, sondern bezeichnete sich als gläubiger

Katholiken, der aus nationalem Interesse einen Menschen beseitigen wollte, der dem allgemeinen Wohl im Wege stand.
Immer wieder hatte er gehofft, in der Nacht befreit zu werden. Ein Gnadengesuch wurde von Giraud abgelehnt. Am Morgen des 26. Dezember 1942 wurde er von einem Exekutionskommando erschossen. Der Grund, warum die Exekution so rasch nach der Verurteilung erfolgte, wird darin gesehen, daß man nicht durch ein doch noch mögliches Geständnis des Mörders auf die Hintermänner kommen sollte, unter denen hohe Regierungs- und Militärpersonen vermutet wurden.
Später wurde das Urteil des Kriegsgerichts aufgehoben. Bonniers Tat, so wurde nun erkannt, hatte der Befreiung Frankreichs gegolten, und Darlan habe gegen Frankreich gearbeitet. Die nachträglich ermittelten Hintermänner erhielten hohe Orden und Posten in der Regierung de Gaulles.

Dollfuß, Engelbert Dr.

Dollfuß übernahm im Mai 1932 die politische Führung Österreichs, zu einer Zeit, als die Lebensfähigkeit des Staates enge Grenzen hatte. Österreich war der Rest der Habsburger Monarchie und mußte nach Wegen suchen, die aus seiner Isolierung herausführten. Naheliegend schien die Verbindung mit dem Deutschen Reich. Aber unter dem Eindruck von Hitlers Machtergreifung fürchteten die Österreicher, »gleichgeschaltet« zu werden. Dafür begann aber von Berlin aus eine Propaganda- und Terrorkampagne, die Österreich langsam »weich« und »reif« machen sollte.
Dollfuß versuchte, sich den Einflüssen aus Berlin zu widersetzen. Einerseits aktivierte er das österreichische Nationalbewußtsein und gleichzeitig die ablehnende Einstellung zum preußischen Zentralismus, andererseits versuchte er außenpolitisch, eine Großmacht als Protektor zu finden. Er suchte Freundschaft und Schutz bei Mussolini. Als Gegenleistung verlangten die Italiener von ihm, er solle die Entwicklung seines Landes zugunsten des autoritären Faschismus vorantreiben.
Wenn auch widerwillig, erfüllte Dollfuß die Forderungen Mussolinis. 1933 rief er einen autoritären Ständestaat aus, ein Jahr später zerschlug er gewaltsam die Sozialistische Partei Österreichs. Damit machte er sich zwar Italien gefügig, beraubte aber gleichzeitig Österreich seiner stabilen rechtsstaatlichen Grundlage, die allein stark genug gewesen wäre, gegen den Nationalsozialismus Hitlers wirkungsvoll anzutreten.
Je mehr nun die Nazis ihren Druck auf Österreich steigerten, desto mehr war Dollfuß gezwungen, den Forderungen Mussolinis nachzukommen.
Indessen war die verstärkte Einmischung Berlins in die österreichische Innenpolitik möglich über den Weg der österreichischen Nationalsozialisten. Hitlers eigentliches Werkzeug für Österreich war die in München ansässige Exillandesleitung der österreichischen NSDAP unter Führung des Landesinspekteurs Habicht.
Der Druck Berlins auf Wien wurde immer stärker und fand schließlich seinen Höhepunkt im Putsch von 1934, dem Bundeskanzler Dollfuß zum Opfer fiel.
Um 12.53 Uhr des 25. Juli 1934 wurde vor dem Bundeskanzleramt in Wien die Wache abgelöst. Direkt hinter der neuen Garde zogen die Putschisten auf. Die Wachmannschaften wurden entwaffnet, ohne daß sie Widerstand geleistet hätten. Die Tore wurden geschlossen, und zwar von den Attentätern, deren Führer Offiziersuniformen trugen. Eine Gruppe der Putschisten, zu denen der frühere Feldwebel Otto Planetta gehörte, stürmte in das Zimmer des Bundeskanzlers. Der Staatssekretär Karl Karwinsky wollte Dollfuß in Sicherheit bringen, indem er ihn über eine Hintertreppe aus der Gefahrenzone führte. Doch Dollfuß kamen Zweifel, er wurde unsicher und versuchte, wieder sein Arbeitszimmer zu erreichen. Im sog. Eckzimmer wurde er vom Anführer des Trupps überrascht. Sein Name war Franz Holzweber. Ohne ein Wort zu sagen, trat Planetta auf Dollfuß zu und feuerte aus nächster Nähe zwei Schüsse auf ihn ab. Dollfuß verlangte nach einem Arzt und einem Priester. Beide Bitten wurden ihm abgeschlagen. Er starb wenig später auf der Couch des Eckzimmers im Bundeskanzleramt am Wiener Ballhausplatz. Er glaubte sich von der Welt und seinem Volk verlassen. Denn die Mörder waren in Bundesheeruniform ihm gegenübergetreten und gaukelten ihm bis zuletzt eine Volkserhebung vor.
In den Mordplan der NSDAP eingeweiht war der österreichische Gesandte in Rom, Rintelen, und der Wiener Heimwehrführer Fey. Nach dem Attentat führte Holzweber, »Hauptmann Friedrich« genannt, Fey zum sterbenden Kanzler.
Nachdem die Ermordung von Dollfuß bekanntgeworden war, entsandte Mussolini sofort Truppen an den Brenner, um einen möglichen Einmarsch Hitlers zu verhindern. Durch den Mord wurde das Verhältnis zwischen Hitler und Mussolini empfindlich getrübt, zumal mit Italien nun auch Frankreich seine Sympathien für Österreich öffentlich bekundet hatte.
So hielt sich die deutsche Diplomatie zunächst zurück. Später aber sah die NSDAP ihre Politik Österreich gegenüber als innerdeutsche Angelegenheit, der sich niemand mehr zu entziehen vermochte.
Wichtige Unterlagen über den NS-Putsch wurden 1964 aus dem Schwarzen See im Böhmerwald herausgefischt. SS-Kommandos hatten das Archivmaterial bei Kriegsende wasserdicht verpackt und im See versenkt.

Doumer, Paul

Doumer wurde im Jahre 1931 mit 74 Jahren zum Präsidenten der französischen Republik gewählt. Ein Jahr später, am 6. Mai 1932, wurde er erschossen, als er in Paris eine Ausstellung eröffnete, die Schriftstellern gewidmet war, die ehemalige Kriegsteilnehmer waren.
Mörder war der Russe Gorguloff (geboren 1895), ein unsteter Einzelgänger und Psychopath, der sich in

der Gesellschaft nie zu etablieren wußte. Während des Attentats verlor er ein Manuskript mit dem Titel: »Memoiren von Paul Gorguloff, Chefpräsident der russischen faschistischen politischen Partei, der den Präsidenten der Französischen Republik getötet hat.«
Er bezichtigte sich selbst, das Lindbergh-Baby entführt und ein Attentat auf Hindenburg geplant zu haben. Gorguloff war viermal verheiratet, zuletzt mit einer Schweizerin, hatte sich in der Tschechoslowakei als Arzt niedergelassen, war angeklagt wegen Notzucht und Abtreibung, wurde freigesprochen und ging nach Frankreich. Motiv seiner Tat war die Anerkennung der Sowjetunion durch Frankreich.
Am 25. Juli 1932 begann die Hauptverhandlung gegen Gorguloff. Er wurde des Mordes für schuldig gesprochen und zum Tode verurteilt. Am 14. September 1932 wurde er hingerichtet.

Dutschke, Rudi

Am 11. April 1968 stellte der SDS-Führer Rudi Dutschke sein rotes Damenfahrrad an der Hauswand des SDS-Hauptquartieres in Berlin, Kurfürstendamm/Ecke Joachim-Friedrich-Straße ab, um in der SDS-Zentrale Material für einen Artikel zu holen. Während er oben war, fragte ein Unbekannter, ob Dutschke da sei. Als ihm die Frage bejaht wurde, machte er wortlos kehrt.
Kurze Zeit später verließ Dutschke das Haus, hängte seine Tasche ans Fahrrad und wurde von einem Kommilitonen angesprochen: »Da draußen ist einer, Rudi, der will dich sprechen.«
Dutschke schob sein Rad auf den belebten Kurfürstendamm. Da sprang ihn jener Unbekannte an, das Fahrrad fiel zu Boden, und schoß dann dreimal aus einer umgebauten belgischen Schreckschußpistole auf den Studentenführer. Er traf ihn in Kopf, Hals und Brust. Dutschke verlor – wie, ist bis heute ungeklärt – seine Schuhe, taumelte zurück Richtung SDS-Zentrale und brach zusammen. Passanten legten ihn auf eine Bank. Vier Minuten nach dem Attentat wurde die Polizei alarmiert (um 16.39 Uhr).
Als sie eintraf, war der Attentäter den Kurfürstendamm entlang in Richtung Gedächtniskirche geflohen und hatte sich in einem noch unbewohnten Neubau in der Nestorstraße 54 im Keller verschanzt.
Polizisten verfolgten die Spur, die Passanten angegeben hatten. Als der Attentäter einen Beamten auf das Kellerloch zukommen sah, in dem er sich hinter einem Betonpfeiler versteckt hatte, eröffnete er das Feuer, und damit hatte er sich verraten.
Etwa 100 Polizisten umstellten das Versteck, warfen Tränengasbomben in den Keller, doch durch die starke Zugluft im Keller kam das Gas nicht zur Wirkung.
Trotz mehrmaliger Aufforderung, sich zu ergeben, schoß er weiter. Da eröffnete auch ein Polizist das Feuer und traf den Attentäter in Brust und Arm.
Attentäter und Opfer wurden im gleichen Krankenhaus operiert, beide schwebten zunächst in Lebensgefahr, kamen aber davon.
Noch im Krankenhaus nahmen Kriminalbeamte Fingerabdrücke des Attentäters ab und fotografierten ihn. Personalpapiere hatte er nicht bei sich. Fotos und Fingerabdrücke wurden dann nach Wiesbaden ins Bundeskriminalamt geschickt, wo der Leiter des BKA-Erkennungsdienstes unter 1,5 Millionen Fingerabdrükken diejenigen des Attentäters innerhalb von 17 Minuten gefunden hatte. Durch Abzählung der Papillarlinien von innen nach außen konnte er eine Erkennungsformel errechnen und anhand derselben einen Stapel in Frage kommender Karten aussortieren, die dann im einzelnen mit den Abdrücken des Attentäters verglichen wurden.
Allein mit Hilfe der Papillarlinien-Identifikation wurde der Attentäter gefunden: der 24jährige, zweimal vorbestrafte Anstreicher Josef Bachmann aus Peine.
Als Tatmotiv gab Bachmann an: Er habe Dutschke für einen Kommunisten gehalten, und da er Kommunisten nicht ausstehen könne, habe er geschossen. Hintermänner hatte er keine.
Bachmann wurde zu 7 Jahren Zuchthaus verurteilt, nahm sich aber später in seiner Zelle das Leben.

Eisner, Kurt

Am 21. Februar 1919 begab sich gegen 10 Uhr morgens der bayerische Ministerpräsident Kurt Eisner (geb. 14. Mai 1867 in Berlin) in das Parlamentsgebäude in München. Begleitet von einem Privatsekretär und einem Soldaten der Leibwache bog er in die Promenadenstraße ein. Von hinten näherte sich ein junger Mann, zog seine Pistole und gab drei Schüsse auf Eisner ab. Eisner war sofort tot. Eisners Wachsoldat traf mit sechs Schüssen den Attentäter. Es war der 22jährige Student und Leutnant d. R. im 1. Schweren Reiterregiment Graf Anton von Arco-Valley. Er wurde sofort in die Chirurgische Uni-Klinik gebracht, wo ihn Prof. Sauerbruch operierte.
Nach der Ermordung Eisners teilte der Alterspräsident dem Parlament den Anschlag mit. Nach ihm erhob sich der bayerische Innenminister Auer, um dem Toten einen Nachruf zu verlesen. In diesem Moment betraten der Metzger Alois Lindner und der Bäcker Georg Frisch den Sitzungssaal. Lindner gab mit einem Revolver zwei Schüsse auf Auer ab und verletzte ihn lebensgefährlich. Er feuerte noch weitere Schüsse auf andere Abgeordnete. Der Abgeordnete Osel wurde ebenfalls getroffen und getötet.
Lindner und Frisch verließen daraufhin das Parlament. Die Saalwache brachte ihre Sympathie den beiden gegenüber zum Ausdruck und ließ sie ungehindert ziehen.
Als Motiv dieser Taten muß man den geschichtlichen Hintergrund in Betracht ziehen.
Eisner, von Beruf Journalist, Jude, ein linksradikaler Literat, hatte im Januar 1918 die Münchner Arbeiter zum Streik aufgerufen. Wenige Monate später wurde er, wegen Landesverrats noch in Haft, als Kandidat der Unabhängigen zur Reichstagswahl aufgestellt und deshalb von Prinz Max von Baden vorzeitig aus der

Haft entlassen. Bei Ausbruch der Revolution wurde er Ministerpräsident und gleichzeitig Außenminister der Bayerischen Regierung (am 8. November 1918).
Es gelang ihm und seiner Regierung nicht, der durch die Beendigung des Ersten Weltkrieges bedingten Unruhen im Lande Herr zu werden. Arbeiter kamen nicht mehr in die Fabrik, den vom Krieg heimkehrenden Soldaten wurden die Kokarden und Orden abgerissen, Offiziere wurden bespuckt, die Stadt wurde geplündert, die Lebensmittelvorräte wurden knapp, das Chaos versetzte die Bürger seit der Ausrufung der Republik in Sorge und Angst.
In diesen Tagen der inneren Unruhe ließ Eisner verbreiten, Deutschland trage die alleinige Kriegsschuld. Nur von Bayern könne die Kraft ausgehen, für Deutschland einen Friedensvertrag abzuschließen. Später kam heraus, daß Eisner, der zu Kriegsbeginn zu den eifrigsten Befürwortern von Kriegskrediten gehörte, nur aufgrund von Aktenfälschungen diese Behauptung hatte aufstellen können.
Am 4. Dezember 1918 zogen Soldaten vor Eisners Amtssitz auf und verlangten von ihm die unverzügliche Ausschreibung von Neuwahlen zum bayerischen Landtag. Sie forderten die Regierung auf, die herrschende Anarchie zu bekämpfen.
Die Landtagswahlen fanden dann am 12. Januar 1919 statt. Lindner und Frisch waren am 21. Februar sofort dem Ruf rechtspolitischer Fanatiker gefolgt und hatten Rache für Eisner geschworen. Als politischer Gegenspieler Eisners war seit langem der Innenminister Auer bekannt. Damit war das politische Tatmotiv für Lindner und Frisch gegeben. Lindner ging nach dem Attentat nach Ungarn, von wo er nur ausgeliefert werden konnte, wenn er in Deutschland nicht zum Tode verurteilt wird.
Am 7. April 1919 wurde in München die Räterepublik ausgerufen nach dem Vorbild Rußlands und Ungarns. Die Kommunisten waren an der Macht.
Am 9. Dezember 1919 wurden Lindner und Frisch von einem Münchner Volksgericht verurteilt, Lindner bekam wegen Totschlags (nicht Mord) 14 Jahre Zuchthaus, Frisch wegen versuchten Totschlags $3^1/_2$ Jahre Gefängnis.
Am 15. Januar 1920 wurde die Hauptverhandlung gegen den Grafen Arco eröffnet. Der Graf war seit 1915 Kriegsteilnehmer, Leutnant geworden und erhielt zahlreiche Tapferkeitsauszeichnungen.
Am 7. November 1918, dem Tag des Umsturzes, befand er sich in München und wurde Augenzeuge, wie schändlich die heimkehrende Truppe von der aufgepeitschten Bevölkerung empfangen wurde. Das verletzte seine Offiziersehre. Er hielt sich noch immer an den Fahneneid gebunden und meldete sich samt seinen Offizieren und dem Regiment der jungen Republik zum Dienst an. Seine Hoffnung, Eisner werde wieder für Ruhe und Ordnung im Lande sorgen, schwand immer mehr. Das Übergreifen kommunistischen Terrors im Lande ließ den Grafen zu einem erbitterten Gegner Eisners werden. Er sah in ihm einen Wegbereiter des Kommunismus und faßte den Entschluß, diesen Mann zu liquidieren.
Als Motiv seiner Tat gab er vor Gericht Vaterlandsliebe und Ehrgefühl an. Er war der alleinige Täter ohne Hintermänner, nur der Stimme seines Landes gehorchend. Das Gericht verurteilte ihn wegen Mordes zur Todesstrafe.
Dieses als ungerecht verstandene Urteil brachte die Massen wieder in Bewegung und Erregung. Ein riesiger Demonstrationszug wälzte sich durch die Stadt mit dem Aufruf: »Gebt Arco heraus!« Tausende Studenten versammelten sich in der Universität, um über das Todesurteil mit ihren Professoren zu diskutieren. Man verstand nicht, warum ein Mann, der aus Vaterlandsliebe gehandelt hatte, nun zum Verbrecher gestempelt werden sollte.
Am 18. Januar 1920 wurde dann seitens der bayerischen Staatsregierung die Todesstrafe in lebenslängliche Festungshaft umgewandelt. Nach 4 Jahren wurde der Graf entlassen. Der Rest der Strafe war ihm erlassen worden.

Erzberger, Matthias

Von zwei ehemaligen Marineoffizieren wurde bei Bad Griesbach im Schwarzwald Matthias Erzberger erschossen. Er war Staatssekretär ohne Geschäftsbereich im letzten kaiserlichen Kabinett des Prinzen Max von Baden und Reichsfinanzminister vom Juni 1919 bis März 1920. Der Tod des damals einflußreichsten, aber auch umstrittensten Politikers der ersten Epoche der Weimarer Republik löste in Deutschland Jubel und zugleich Entrüstung aus. Auf der einen Seite drängte die demokratische Öffentlichkeit auf den Fememord der beiden Täter, die Angehörige der Brigade Ehrhardt waren, und die Regierung unter Reichskanzler Joseph Wirth erließ im Anschluß an das Attentat die erste der umstrittenen »Verordnungen zum Schutz der Republik«; auf der anderen Seite feierten große Kreise der Rechten den Tod Erzbergers als »gerechte Sühne für einen Vaterlandsverräter«.
Als Sohn eines streng katholischen Schneiders und Postboten am 20. September 1875 in Buttenhausen geboren (im Schwäbischen Oberland), war er zuerst Volksschullehrer, dann Redakteur beim Stuttgarter Zentrumsorgan »Deutsches Volksblatt«. Als 28jähriger wurde er vom Wahlkreis Biberach in den Reichstag gewählt.
Aufgrund seiner fundierten Sachkenntnisse in Finanz- und Militärfragen kam er rasch zu Einfluß. Große Sympathien zeigte er für die Donaumonarchie und eine deutsch-französische und deutsch-polnische Annäherung, Antipathie hegte er gegen Preußen, Rußland und England.
Der bestinformierte Zivilist in Militärfragen unterstützte die kaiserliche Rüstungs- und Flottenpolitik und wurde im Lauf des Ersten Weltkrieges einer der einflußreichsten Parlamentarier, der immer wieder außenpolitische Missionen wahrzunehmen hatte. War er zu Beginn des Krieges ein ausgesprochener Annexionist,

so schwenkte er im Frühjahr 1917 um und trat für einen Verständigungsfrieden ohne Annexionen und Tribute ein. Als einer der Väter der Friedensresolution vom Juli 1917 wurde er zum stärksten Motor für die Zusammenarbeit der Mehrheitsparteien Zentrum, Sozialdemokratie und Fortschrittliche Volkspartei.
Als Staatssekretär ohne Geschäftsbereich war Erzberger zunächst mit Propagandaaufgaben betraut. Dann übernahm er die Leitung der deutschen Waffenstillstandskommission. Mit dem Gesandten Graf von Oberndorf, Generalmajor von Winterfeld und Kapitän zur See Vanselow traf er in der Nacht vom 10. zum 11. November 1918 im Wald von Compiègne mit dem französischen Marschall Foch zusammen. Vor der Unterzeichnung des Vertrages erklärte er die Bereitschaft der Deutschen, die unerfüllbaren Bedingungen treu zu erfüllen.
Sein Gang nach Compiègne anstelle der Obersten Heeresleitung trug ihm den tödlichen Haß der Rechten Kreise ein, der noch geschürt wurde, als Erzberger sich auch noch für die Unterzeichnung des Versailler Vertrages einsetzte.
Am 21. Juni 1919 übernahm er in dem zwei Tage zuvor gegründeten Kabinett des sozialdemokratischen Reichskanzlers Gustav Bauer das Reichsfinanzministerium. Er führte innerhalb von acht Monaten eine Finanzreform durch (die seinen Namen trägt), die erstmals eine reichseigene Steuerverwaltung ins Leben rief und die Finanzhoheit des Reiches gesetzlich verankerte.
In einem Beleidigungsprozeß gegen seinen unerbittlichsten Gegner, den ehemaligen Staatssekretär des Reichsschatzamtes und des Reichsamtes des Innern, Karl Helffrich, konnten Erzberger zwar nicht Bestechlichkeit oder unehrenhafte Handlungen nachgewiesen werden, wohl aber eine unrühmliche Ausnützung seines hohen Amtes zugunsten eigener Geschäftsinteressen. Der Prozeß im März 1920 kompromittierte Erzberger so stark, daß er zurücktreten mußte.
Im Sommer 1921 gelang ihm nochmals über die Zentrumspartei der Sprung in die Politik, da wurde er am 26. August 1921 ermordet.
Täter waren der 26jährige Oberleutnant zur See a. D. Heinrich Tillessen und der 28jährige Leutnant a. D. Heinrich Schulz. Tillessen war der Anführer. Er hatte bereits am Kapp-Putsch teilgenommen, trat später der Brigade Ehrhardt bei, die ein Sammelbecken für Rechtsradikale war, und hatte schon längere Zeit die Ermordung Erzbergers geplant.
Nach dem Attentat flüchteten die beiden Täter mit einem Wagen, in dem der spätere Rathenau-Mörder Leutnant a. D. Kern auf sie gewartet hatte. Über die Grenze entkamen sie nach Österreich, von da nach Ungarn. Am 21. März 1933 kehrte Tillessen nach Deutschland zurück und wurde im Zweiten Weltkrieg wiederum Marineoffizier. 1946 wurde er in Freiburg/Br. verhaftet und vor ein Gericht gestellt. Er konnte jedoch nicht verurteilt werden, weil das Gericht die Amnestieverordnung des Jahres 1933 (vom 21. März) noch anerkannte. Erzbergers Frau hatte zudem brieflich darum gebeten, Tillessen nicht zu verurteilen. Als er das Gericht verließ, wurde er am Ausgang von französischen Polizisten abermals verhaftet. Am 6. Januar 1947 wurde er dann vor das höchste Gericht der französischen Besatzungszone gestellt und am 28. Februar 1947 zu 15 Jahren Zuchthaus verurteilt, was möglich war, weil sich das französische Gericht nicht an die Amnestieverordnung halten brauchte. 1952 wurde Tillessen dann auf Bewährung freigelassen.

Franco

Im September 1970 hatte der baskische Nationalist Elósegui einen Attentatsversuch auf den spanischen Staatschef Franco unternommen, indem er sich bei einer von Franco präsidierten Sportveranstaltung in San Sebastián selbst anzündete und sich von einer hohen Tribüne aus brennend auf die Plätze herabstürzte, wo Franco und seine Eskorte saßen.
Der Staatschef wurde nicht verletzt, wohl aber zwei Polizisten. Den Vorfall hatten die Spanier im Fernsehen beobachten können. Am 12. März 1972 wurde nun Elósegui zu sieben Jahren Gefängnis verurteilt, nicht aber wegen seines Attentatsversuches auf Franco, sondern nur wegen illegaler Propaganda, Körperverletzung und Brandstiftung.
Er hatte schon früher Aufsehen erregt, als er die baskische Fahne auf dem Turm der Kathedrale von San Sebastián aufpflanzte.

Franz Ferdinand, Erzherzog von Österreich

Die Balkanländer wurden seit ihrer Befreiung von der Türkenherrschaft immer wieder von nationalistischen Kämpfen erschüttert. Hinzu kamen religiöse Gegensätze zwischen Katholiken, Orthodoxen und Mohammedanern. Am 5. Oktober 1908 annektierte Österreich-Ungarn die bisher türkischen Provinzen Bosnien und Herzegowina. Serbiens politisches Ziel war es aber, das Reich aller Slawen zu schaffen, zu dem Serbien und die von Südslawen bewohnten Teile Österreich-Ungarns gehören sollten. Die Idee des Panslawismus wurde weniger offiziell als von nationalistischen Gruppen verfolgt, die auch für Gewaltanwendung eintraten. In vier Jahren wurden bis zum Beginn des Ersten Weltkrieges fünf Attentate auf monarchiefreundliche bosnische und serbische Beamte verübt.
Serbische Nationalisten fürchteten, daß unter dem Thronfolger Erzherzog Franz Ferdinand ein Abfall der Slawen von der Monarchie verhindert werden könnte. Im Sommer 1914 reiste er in der Position eines Generalinspekteurs der österreichisch-ungarischen Armee mit seiner Frau nach Bosnien. Geplant war ein besonders feierlicher Einzug in Serajewo, obgleich bekannt war, daß gegen Franz Ferdinand ein Attentat durchgeführt werden sollte. Der Erzherzog und seine Frau waren sich ständig der Gefahr bewußt. Nach mehreren Vorwarnungen lief die letzte Warnung am Vorabend des Einzuges in Serajewo ein. Der nächste Tag, de

28. Juni 1914, war überdies ein serbischer Gedenktag (Schlacht der Serben gegen die Türken im Jahre 1389).
Am Sonntagmorgen dieses St.-Veits-Tages fuhr der Thronfolger im ersten Wagen in Serajewo ein, seine Begleitmannschaft saß in der Wagenkolonne dahinter. Der erste Attentäter, Nedeljko Cabrinovic, warf eine Bombe, diese rollte jedoch über das Dach des Wagens und explodierte auf dem Pflaster. Zwei Offiziere wurden verletzt. Der Täter schluckte sofort Zyankali, aber das Gift wirkte nicht. Er wurde verhaftet.
Nach dem Empfang im Rathaus von Serajewo beschloß der Erzherzog, die verletzten Offiziere im Garnisonsspital zu besuchen. Da jedermann ein neues Attentat befürchtete, wurde zunächst die geplante Fahrtroute geändert. Der Wagen fuhr den Appelkai entlang und blieb beim Gangschalten einen knappen Moment stehen. Da fielen aus der Menschenmasse zwei Schüsse. Der Erzherzog und seine Frau waren tödlich getroffen. Der 2. Attentäter war Gavrilo Princip, wie Cabrinovic zwanzig Jahre alt, der Nationalität nach Serbe, der Staatszugehörigkeit nach Untertan der Monarchie (Bosnier). Beide waren erbitterte Hasser der Monarchie.
Auch Princips Selbstmordversuch schlug fehl.
Nach diesem Doppelmord stieg das Erzherzogspaar zu nationalen Helden auf. Serbische Häuser wurden gestürmt, geplündert, niedergebrannt. Erst nachdem das Standrecht verkündet war, kehrte wieder Ruhe in der Stadt ein.
Die ganze Welt verabscheute diesen Doppelmord. Er galt als Anlaß zum Ausbruch des Ersten Weltkrieges.
Am 12. Oktober 1914 begann der Prozeß gegen die beiden Attentäter. 25 andere Personen waren als Mittäter angeklagt. Der Mord war für die Täter weniger eine politische als eine patriotische Tat. Als einziger bekannte sich Princip schuldig. Er sagte: »Ich bin kein Verbrecher, denn ich habe einen Übeltäter beseitigt.«
Drei der Gehilfen wurden zum Tode verurteilt, Princip und Cabrinovic erhielten die Höchststrafe für Minderjährige: 20 Jahre schweren Kerker. Sie mußten ihre Strafe in Theresienstadt abbüßen, wo der Strafvollzug besonders hart war.
Geistig abgestumpft, tuberkulös, bereute Princip seine Tat.
Er starb 1917, Cabrinovic starb noch früher während des Krieges.
Nach dem Ersten Weltkrieg wurde Princips Leiche nach Serajewo gebracht und am 22. Juli 1920 beigesetzt.
Am Ort des Attentats auf den Erzherzog und seine Frau wurde eine Gedenktafel angebracht. 1941 nahm ein deutscher Offizier diese Tafel ab und brachte sie Hitler ins Führerhauptquartier. Heute befindet sich in Serajewo wieder eine Gedenktafel, in den Gehweg sind Fußabdrücke Princips eingehauen, eine Brücke ist nach ihm benannt, und die Stadt unterhält eigens ein Princip-Museum.
Heute leben noch zwei der ehemaligen Mitangeklagten; einer ist Professor für Geschichte an der Universität Belgrad, der andere ist Direktor des Landesmuseums in Serajewo.
Der Wagen des Erzherzog befindet sich im heeresgeschichtlichen Museum in Wien, sein Fahrer starb 1968 in Triest im Alter von 77 Jahren.

Gandhi, Mahatma

Am Abend des 30. Januar 1948 wurde Gandhi von einem Hindu-Extremisten erschossen. Der Täter, Ram Naturam, gab aus nächster Nähe mehrere Schüsse auf die »Seele Indiens«, wie Gandhi genannt wurde, ab. Das Attentat passierte in den prachtvollen Gärten des Birla-Hauses in Delhi in Gegenwart von etwa 1000 Gästen, die mit Gandhi zusammen zu dem kleinen Sommertempel gegangen waren, um dort ihre Andacht zu halten. Gandhi war wie immer in ein grobes, selbstgewebtes Lendentuch gehüllt. Wenige Schritte vor dem Tempel trafen ihn die tödlichen Kugeln. Er krümmte sich zusammen und legte die flache Hand an die Stirn. Dieses Zeichen der Hindus bedeutet: Vergebung für den Mörder. Bis zu seinem Tod sprach er kein Wort mehr.
Der Attentäter stand am Rande des Weges und hatte seine Hände vor der Brust gefaltet, das ist die Haltung des Hindus bei der Begrüßung. Doch in der Hand hielt er eine kleine Taschenpistole. Drei Schüsse gab er auf Gandhi ab, mit dem vierten wollte er sich selbst töten, doch die Kugel streifte nur seine Kopfhaut.
Die Anhänger Gandhis wandten sich sofort gegen den Attentäter und hätten ihn wohl auch gelyncht, wäre er durch die Polizei nicht in Schutzhaft genommen worden.
Gandhi starb wenig später im Schoß seiner Enkelin Mani. Sie teilte der wartenden Menge, worunter auch Ministerpräsident Nehru sich befand, den Tod Gandhis mit. Dann betete sie 2000 Jahre alte Verse des Bhagavad-Gita, der Heiligen Schrift der Hindus.
Die Nachricht vom Tod Gandhis verbreitete sich blitzschnell in Delhi, wo sofort Tausende Menschen ihre Häuser verließen, auf die Straßen gingen und an Gandhis Haus vorbeidefilierten. In der Nacht verlangte die Menge, den toten Mahatma noch einmal zu sehen. So wurde er auf einem Sessel hinausgetragen und gezeigt, das Gesicht zur jammernden Menschenmasse gewandt.
Unmittelbar nach dem Attentat brachen Unruhen aus, ganz Indien wurde von Hindu-Extremisten heimgesucht, in Bombay passierten zahlreiche Überfälle auf Moslems.

Gaulle, Charles de

Frankreich ist reich an Attentaten auf Könige und Präsidenten, reicher als jedes andere Land. Mordanschlägen und -versuchen fielen zum Opfer: Heinrich III. (1589), Heinrich IV. (1610), Ludwig XV. (das Attentat scheiterte 1757), Napoleon (das Attentat scheiterte 1800), ein weiteres Attentat scheiterte 1809, Napoleon III. (das Attentat scheiterte 1858), Präsident Sadi-Carnot (1894).

Am 22. August 1962 wurde ein Attentat auf Staatspräsident de Gaulle verübt. Täter war der Luftwaffen-Oberstleutnant Bastien-Thiry. Hintergrund dieser Tat war der in Frankreich ewig schwelende Konflikt zwischen Politik und Militär. Nach den zwei Weltkriegen nahm Frankreich die Rolle einer Großmacht ein, verweigerte aber stets der Armee, diese Rolle auch durchzusetzen. Die Armee fühlte sich nach ihrer Niederlage im Zweiten Weltkrieg von der Politik verraten. Nach 1945 setzte sich der Kampf zwischen Politikern und Militärs in der Kolonialpolitik fort. Einerseits sollte die Armee um jede Kolonie kämpfen, aber die Regierung verweigerte das erforderliche Geld und die Bereitstellung einer schlagkräftigen Truppe.
Als Algerien von Frankreich getrennt und verselbständigt werden sollte, putschten die Generale und machten am 13. Mai 1958 de Gaulle zum Präsidenten der fünften Republik. Doch nun trat der General in die Fußstapfen seiner politischen Vorgänger. Wiederum fühlte sich die Armee verraten. Hauptanführer des Putsches waren die Generale Salan und Jouhaud. Sie gingen in den Untergrund und bauten von da die Terrororganisation OAS auf. Diese OAS plante auch verschiedene Attentate auf de Gaulle. Sein Landsitz Colombey-les-Deux-Eglises sollte durch einen Zivilflieger zerstört werden. Am 22. April 1961 sollte de Gaulle durch eine Bombe in der Comédie Française getötet werden. Weitere Attentate waren geplant für den September 1961, für Juni 1962, für den 14. Juli 1962 (zur OAS vgl. S. 444f.).
Das Attentat vom 22. August 1962 wäre fast gelungen, als de Gaulle mit seiner Begleiteskorte im 130-km-Tempo auf der Avenue de la Libération südlich von Paris dahinraste. Die Täter gaben etwa 160 Schüsse ab, de Gaulles Wagen wurde getroffen, eine Kugel durchschlug in Kopfhöhe die hintere Scheibe. Da der Wagen Sicherheitsreifen hatte, setzte der Fahrer die Fahrt in hohem Tempo fort. Zufällig kam im Moment der Beschießung ein anderer Wagen entgegen, der als Kugelfang de Gaulles Wagen deckte. In diesem Wagen wurde ein Mensch getroffen und leicht verletzt.
Hauptangeklagter war der Oberstleutnant Bastien-Thiry. De Gaulle hatte zu seiner Aburteilung ein Sondergericht geschaffen, weil das zuständige Hohe Militärgericht General Salan nicht zum Tode verurteilt hatte.
Bastiens Vater und Schwiegervater hatten der Vichy-Regierung angehört, er selbst war Spezialist für die Raketenforschung. Nach dem Attentat stellte er sich freiwillig.
Als Motiv gab er religiöse Überzeugung an. Er sei gegen die Unterdrückung, und eine Beseitigung des Tyrannen de Gaulle sei ein Segen für Frankreich. Französische Bischöfe nahmen im Anschluß an diese Äußerung zum Problem des Tyrannenmordes durch einen Christen Stellung. Sie kamen lediglich zu dem Schluß, Bastien habe sich das Problem zu leichtgemacht.
Mehrere Wochen tagte das Sondergericht, in dessen Verlauf mehr Vorwürfe gegen de Gaulle als gegen Bastien erhoben wurden.
Bastien wurde trotzdem zum Tode verurteilt. De Gaulle lehnte das Gnadengesuch ab. Am 11. März 1963 wurde Bastien von 12 Luftwaffensoldaten erschossen.
Die öffentliche Meinung konnte de Gaulles Entscheidung nicht billigen. Immerhin waren Salan und Jouhaud von ihm begnadigt worden. Die Presse diskutierte die Frage, ob es rechtens sei, daß sich in Frankreich Generäle zwar gegenseitig verurteilen, aber nicht hinrichten, wenn andererseits ein kleiner Soldat auffallend knapp nach seiner Verurteilung bereits exekutiert werde.
Diese verschiedene Beurteilung gleicher Delikte veranlaßte 77 Abgeordnete, im Parlament für die Abschaffung der Todesstrafe zu plädieren. –
Ein weiterer Anschlag auf de Gaulle mißlang am 15. August 1964 anläßlich der Eröffnung eines Befreiungsmuseums in Toulon zum 20. Jahrestag der Invasion. In einer Blumenvase wurde eine 2 kg schwere Bombe entdeckt. Die Sprengladung explodierte nicht, weil die Zündung defekt war.
Auch das Attentat auf de Gaulle im Mai 1965 kam nicht zum Zuge, weil die Polizei die Höllenmaschine, die ihm zugedacht war, kurz zuvor bei einem Mitglied der OAS gefunden hatte.

Georg, König von Griechenland

König Georg wurde am 19. März 1903 mit einem Revolverschuß getötet, als er gerade das Palais seines Sohnes, des Prinzen Nikolaus, in Saloniki verlassen hatte, um spazierenzugehen. Ins Herz getroffen sank er in die Arme seines Adjutanten Frangudis. Auf dem Weg ins Militärhospital starb er. Seine letzten Worte sollen gewesen sein: »Ich bin glücklich, daß ich als Abschluß meines Lebenswerkes meinen Sohn und seinem Volk Griechenland hinterlassen habe, doppelt so groß, als ich es empfangen hatte.«
Der Attentäter hatte keine Hintermänner. Er war der schwachsinnige ehemalige Lehrer Aleko Schimas. Als sein Motiv kam möglicherweise die Ablehnung eines Bittgesuches in Betracht, das Schimas kurz zuvor dem König eingereicht hatte.

Gustloff, Wilhelm

Der jüdische Student David Frankfurter erschoß am 4. Februar 1936 den Landesgruppenleiter der NSDAP, Wilhelm Gustloff, in Davos (Schweiz). Frankfurter sprach in der Pivatwohnung Gustloffs vor mit der Bitte, den Gruppenleiter in einer dringenden Angelegenheit sprechen zu wollen. Gustloff empfing ihn, bat ihn Platz zu nehmen, und sofort zog der Student seine Pistole. Er sagte, er sei Jude und wolle sich an einem führenden Judenverfolger rächen. Daraufhin erschoß er Gustloff, der sofort tot war.
Frankfurter stellte sich der Polizei und wurde zu der in Graubünden möglichen Höchststrafe von 15 Jahren Zuchthaus verurteilt. Nach dem Zweiten Weltkrieg wurde er begnadigt.

Harden, Maximilian

Das Attentat auf Maximilian Harden war das letzte der Serie politischer Morde und Anschläge nach dem Ersten Weltkrieg in Deutschland, deren Opfer Erzberger, Rathenau und Scheidemann waren.
Harden, eigentlich Maximilian Witkowski, Jude (und Homosexueller?), war Herausgeber der Zeitschrift »Zukunft«, Bismarck-Anhänger und Kritiker der Wilhelminischen und republikanischen Politik, ein vielgelesener Autor und aufrechter Literat.
Wer letztlich die Auftraggeber seiner geplanten Ermordung waren, kam nie eindeutig heraus. Im März 1922 erhielt der Buchhändler Grenz aus Oldenburg einen Brief aus München, in dem er aufgefordert wurde, »zwei junge tatenfrohe Männer« zu finden, die gegen Bezahlung bereit wären, Harden umzubringen. Statt einer Unterschrift hatte der Brief einen fünfzackigen Femestern. Den Mördern war außer der Bezahlung eine Anstellung im bayerischen Staatsdienst und Schutz nach Ausführung der Tat zugesichert worden.
Für die dem Brief beiliegende Geldsumme, 23000 Mark, fand Grenz zwei Männer nach Wunsch: den Landwirtschaftsbeamten Weichardt und den ehemaligen Oberleutnant, nun vorbestraften Zuhälter Ankermann.
Am 3. Juli 1922 überfielen die beiden gedungenen Täter Harden im Grunewald bei Berlin und schlugen mit einer Eisenstange auf dessen Kopf, töteten ihn aber nicht, sondern rannten davon, als das Opfer zu schreien anfing. Sie meldeten die Erledigung Hardens dem Büro der Deutschnationalen Partei und renommierten damit in Zuhälterkreisen. Harden überlebte das Attentat. Ankermann floh nach Österreich und wurde im Oktober 1923 nach Deutschland ausgeliefert. In dem Prozeß gegen Grenz und die beiden Täter war aber mehr Harden, der als Antipatriot und Jude beschimpft wurde, als die Attentäter Gegenstand der Anklage.
Grenz und Weichardt wurden nicht wegen versuchten Mordes verurteilt, sondern nur wegen Körperverletzung.
Am 15. Dezember 1922 wurde das Urteil verkündet: Grenz erhielt 4 Jahre und 9 Monate Gefängnis, Weichardt 2 Jahre und 9 Monate. Ankermann bekam am 2. Juni 1924 wegen versuchten Mordes 6 Jahre Zuchthaus. Aufgrund einer Amnestie vom 14. Juli 1928 wurde er in Freiheit entlassen.

Hassan II., König von Marokko

Die Sondermaschine König Hassans wurde beim Rückflug von Frankreich, wo Hassan Ferien gemacht hatte, am 16. August 1972 von drei marokkanischen Begleitjägern plötzlich unter Beschuß genommen. Der König blieb unverletzt. Er kam vermutlich durch einen Trick mit dem Leben davon. Als er nämlich merkte, daß seine Maschine beschossen wurde, griff er zum Sprechfunkgerät, stellte sich den angreifenden Piloten als »Funker« vor und meldete, die beiden Piloten der Maschine des Monarchen seien tot, der König selber lebensgefährlich verletzt, eine weitere Beschießung sei also überflüssig. Er bat darum, landen zu dürfen, um wenigstens das Leben der 100 anderen Personen an Bord nicht zu gefährden. Die Attentäter glaubten dem Funkspruch und ließen die Maschine tatsächlich landen. Das Cockpit und ein Triebwerk waren schwer beschädigt.
Auch nach der Landung bewahrte der König seine Kaltblütigkeit. Er schritt wie üblich auf dem Flugplatz Rabat-Saléan die Ehrenformation ab und begrüßte die Regierungsmitglieder. Da wurde erneut geschossen. Der König sprang hinter einen Busch. Bei diesem Angriff auf dem Flughafen wurden nun 8 Menschen getötet und 47 verletzt, darunter 4 Kabinettsmitglieder. Der König blieb abermals unverletzt.
Das prominenteste Mitglied dieses Putschversuchs war der marokkanische Verteidigungsminister General Oufkir, seit 12 Jahren der starke Mann und die »graue Eminenz« an der Seite des Königs. Nachdem der Putsch gescheitert war, beging der 52jährige Oufkir Selbstmord. Wie schon 1971, als ebenfalls ein Attentat auf den König scheiterte, hat auch dieses Mal Libyen nur wenige Stunden nach dem Putschversuch seine Unterstützung den Putschisten zugesagt. Libyen rief die marokkanische Bevölkerung auf, sich gegen »Tyrannei, Ignoranz, Verrat und Sklaverei« zu erheben. Auch bei dem Putsch vom 10. Juli 1971 hatte vermutlich Oufkir seine Hände im Spiel.
Oufkir war vier Jahre nach der Unabhängigkeitserklärung Marokkos, 1960, vom Vater König Hassans II. zum Chef der königlichen Sicherheitspolizei ernannt worden. Ein Jahr später bestieg Hassan den Thron. 1963 deckte Oufkir ein erstes Komplott gegen den König auf, dessen Freund er war. International bekannt wurde Oufkir 1965 durch seine Mitwirkung an der Ermordung des Oppositionspolitikers Ben Barka. Er wurde damals wegen Entführung von einem französischen Ausnahmegericht zu lebenslangem Zuchthaus verurteilt.
Daß der Putschversuch ausgerechnet von Streitkräften ausging, überraschte, denn die Armee galt als Instrument der königlichen Macht. Hassan regierte nur mit der Armee, um politische Parteien brauchte er sich nicht kümmern.
Die Piloten, die an dem Flugzeugattentat beteiligt waren, wurden bei der Rückkehr zur Basis Kenitra von Mitgliedern des königlichen Leibregiments verhaftet. Der mutmaßliche Anführer des Putsches, Major Kouera, wurde von der marokkanischen Küstenwacht festgenommen, nachdem er vor der Nordküste Marokkos mit einem Fallschirm ins Meer gesprungen war. Die gleichen Maschinen, die Hassans Flugzeug beschossen hatten, griffen kurze Zeit später auch den Flugplatz Rabat-Saléan, auf dem der König seine Minister begrüßte, an. Auch den Königspalast in Rabat beschossen sie.
In einer Rundfunk- und Fernsehrede bezeichnete Hassan als Motiv des Attentats die mangelnde Stabilität der politischen Parteien, die schuld gewesen seien an der Unruhe innerhalb der Streitkräfte. Das Militär

weiterhin gegenüber den Parteien schützend, versicherte er, die Putschversuche von 1971 und 1972 seien nichts weiter als vorübergehende Zwischenfälle gewesen. Oufkir habe bei Gelingen des Attentats den neunjährigen Sohn des Königs inthronisieren wollen, um dann selbst uneingeschränkt als Regent herrschen zu können.

Beim ersten Putschversuch 1971 stürmten marokkanische Offiziere die Geburtstagsparty des »göttlichen Kommandeurs«, wie sich der König gern selbst nannte, und töteten 92 Personen. Auch hier überlebte Hassan dank seiner Kaltblütigkeit. Er brachte die putschenden Offiziere durch Zitieren von Koran-Versen zur Vernunft. Immerhin war Hassan ängstlich geworden und versprach nach dem Attentatsversuch erstmals Reformen: eine neue Verfassung, freie Wahlen und die Einberufung des Parlaments. In Wahrheit wurde aber nichts geändert. Die großen sozialen Diskrepanzen in der Bevölkerung blieben. Die Armen wurden noch ärmer, die Reichen noch reicher. Auch nach dem zweiten Putschversuch versprach er Reformen. Dabei blieb es zunächst. Hassan hatte 1967 das Parlament aufgelöst und die Oppositionspolitiker verbannt, ins Gefängnis gesteckt oder umbringen lassen. Das Restparlament in Rabat funktionierte seitdem ohne Opposition und ohne nennenswerte politische Bedeutung.

Wegen Beteiligung an dem blutigen Umsturzversuch vom Juli 1971 gegen König Hassan II. fällte ein marokkanisches Militärtribunal in der Stadt Kenitra am 1. März 1972 seine Urteile. Bei den Angeklagten drehte es sich nur um Offiziere und Unteroffiziere.

Bereits eine Woche nach der Niederwerfung des Putsches waren 98 beteiligte Offiziere standrechtlich erschossen worden.

Von den 1081 angeklagten Soldaten wurden nun in Kenitra 1008 freigesprochen, der Kadett Mohames Raiss zum Tode verurteilt, weil er gestanden hatte, den Adjutanten des Königs erschossen zu haben; drei Angeklagte erhielten lebenslängliche Freiheitsstrafen, und der Rest bekam Haftstrafen zwischen einem und zwanzig Jahren.

Auch gegen die Putschisten des Jahres 1972 wurde ein Attentatsprozeß eingeleitet, an dessen Seite gleichzeitig ein »Korruptionsprozeß« lief.

Nach dem Attentat im August 1972 war die Basis der Regierungsgewalt König Hassans II. so schmal geworden, daß er die Führer der beiden großen Parteien um Mitarbeit bitten mußte.

Die beiden großen demokratischen Parteien in Marokko: die national-bürgerliche Istiqlal-Partei und die sozialistische »Nationalunion der Volkskräfte« (UNFP) hatten es aber abgelehnt, sich an der von König Hassan II. angestrebten »Regierung der Nationalen Einheit« zu beteiligen.

Die beiden Prozesse in Rabat und Kenitra machten indes deutlich, worum es in der marokkanischen Regierungskrise ging: um die Korruption in den höchsten Regierungsstellen und um die Unzuverlässigkeit der Militärführung.

Im Korruptionsprozeß in Rabat standen im Oktober 1972 sieben ehemalige Minister Hassans vor Gericht, im Attentatsprozeß in Kenitra die gesamte Luftwaffenführung. Zwischen beiden Prozessen bestanden gewisse Zusammenhänge. Die Verschwörer um General Oufkir hatten sich im Hause der Frau des Exministers Lazrak getroffen. Lazrak war aber einer der Hauptangeklagten im Korruptionsprozeß.

Andererseits wurde der Korruptionsprozeß durch die Angaben des Generals Medbouh in die Wege geleitet, des gleichen Generals, der beschuldigt wurde, Führer des Aufstandes vom Juli 1971 gewesen zu sein. Er war bei dem Putschversuch ums Leben gekommen.

Der Hauptangeklagte in Kenitra war der stellvertretende Kommandeur der marokkanischen Luftstreitkräfte, Oberstleutnant Amikrane. Mit ihm waren 14 weitere Offiziere, 166 Unteroffiziere und 40 Soldaten angeklagt.

Der Kenitra-Prozeß endete am 7. November 1972 mit 11 Todesurteilen und 43 Gefängnisstrafen. Amikrane, der als Kopf des Attentats galt, war unter den zum Tode Verurteilten, die nur noch durch König Hassan persönlich vor der Exekution gerettet werden können, nachdem der Oberste marokkanische Gerichtshof am 27. Dezember 1972 das Kassationsgesuch der Verurteilten abgelehnt hatte.

Heath, Edward

Am 29. Februar 1972 verurteilte ein Brüsseler Gericht die 31jährige Marie-Luise Kwiatkowski zu sechs Monaten Gefängnis, von denen drei zur Bewährung ausgesetzt wurden, und einer Geldstrafe von rund 120 Mark wegen ihres »Tintenattentates« auf den britischen Premierminister Heath. Sie hatte Heath am 22. Januar 1972, kurz vor der Unterzeichnung der EWG-Erweiterungsverträge in Brüssel, Druckertinte über Gesicht und Anzug geschüttet.

Kwiatkowski, eine deutsche Staatsangehörige mit Wohnsitzen in Schweden und Großbritannien, wollte dagegen protestieren, daß die Regierung Heath einen von ihr entworfenen Plan zur Einrichtung eines internationalen Begegnungszentrums in London angeblich vereitelt hatte.

Das Gericht sprach sie schuldig wegen Betrugs, Urkundenfälschung und der mutwilligen Sachbeschädigung. Sie hatte sich unter dem Namen Karin Cooper als Pressefotografin für ein britisch-schwedisches Magazin ausgegeben und war so in den Besitz eines Presseausweises gelangt.

Durch das »Tintenattentat« konnten die Verträge erst nach einer Stunde Verzögerung unterzeichnet werden, da der britische Premier den Anzug wechseln mußte.

Heydrich, Reinhard

Die Persönlichkeit Heydrichs (geb. 7. März 1904) hinterließ der Geschichte kein ganz einheitliches Bild. Einerseits zählte er zu den großen Verbrechern der Geschichte, andererseits war er innerlich unsicher, schwankte zwischen Aggression und Depression, war ein gehaßter Schreibtischmörder und doch kein blinder Gefolgsmann Hitlers.
Heydrich war zunächst Marineoffizier. Wegen seiner Liebe zu einer zweifelhaften Dame wurde er durch einen Ehrenrat der Marine wegen Unwürdigkeit ausgestoßen.
Lange war er arbeitslos. Von Himmler erhielt er schließlich den Auftrag, einen Nachrichtendienst innerhalb des Sicherheitsdienstes zum Schutze der NS-Führer aufzubauen. Schnell avancierte er nun in der SS.
Als SS-Obergruppenführer und Leiter des Reichssicherheitshauptamtes wurde Heydrich im September 1941 zum Stellvertretenden Reichsprotektor in Böhmen und Mähren ernannt.
Kurz nach seinem Amtsantritt begann eine großangelegte Säuberungswelle in der Tschechei. Unbarmherzig griff der »Schlächter von Prag« durch. Der Ministerpräsident des Protektorats wurde in einem Schauprozeß zum Tode verurteilt.
Nachdem aber die tschechischen Widerstandsgruppen ausgemerzt waren, beendete Heydrich seine politischen Verfolgungen und ließ der harten eine weiche Welle folgen. Tschechische Arbeiter und Bauern wurden zur Mitarbeit aufgerufen, auf der Prager Burg empfing Heydrich tschechische Delegationen. Das Verhältnis zur Bevölkerung schien sich nach der Säuberungswelle zu normalisieren.
Ungern wurde aber das recht gute Einvernehmen zwischen Heydrich und dem tschechischen Volk von der tschechoslowakischen Exilregierung in London gesehen. Dort befürchtete man, in Verhandlungen mit den Alliierten nicht genug Rückendeckung zu haben. Die tschechische Widerstandsbewegung konnte für die Alliierten erst glaubhaft werden, wenn der deutsche Druck auf die Tschechei wieder einsetzen würde. Um deutsche Repressalien hervorzurufen, beschloß die Exilregierung, Heydrich zu ermorden.
In einem englischen Flugzeug wurden zwei tschechische Unteroffiziere, Jan Kubis und Josef Gabcik, in die Tschechei eingeflogen. Mit dem Fallschirm sprangen die beiden ab, fanden in Prag Unterschlupf und beobachteten ausgiebig Heydrichs Tageslauf.
Zur Ausführung des Attentats wurde Heydrichs tagtägliche Fahrt von seiner Privatwohnung etwas außerhalb Prags zu seinem Amtssitz im Hradschin ausersehen. Heydrich fuhr meist ohne Begleitung im offenen Wagen. Er mußte in der Nähe der Troja-Brücke eine scharfe Haarnadelkurve benutzen, was ihn zwang, das Tempo stark zu drosseln. An dieser Stelle hatten sich Kubis und Gabcik postiert, als Heydrich am Morgen des 27. Mai 1942 zum Dienst fahren wollte. Ein dritter Verschwörer stand ungefähr 270 Meter davor Schmiere und gab einen Pfiff ab, um die Ankunft Heydrichs den beiden anderen anzugeben. Als Heydrichs Wagen langsam in die Haarnadelkurve einfuhr, schoß Gabcik mit einer Maschinenpistole auf ihn. Die Waffe versagte jedoch. Daraufhin warf Kubis eine Sprengladung in seinen Wagen, der sofort explodierte. Heydrich konnte noch aus dem Wagen herausspringen und auf die Attentäter, die davonrannten, schießen, brach dann aber zusammen und starb am 4. Juni 1942 an den Verletzungen: Teile der Polsterung des Wagens waren durch die Explosion in seinen Körper eingedrungen.
Nun passierte genau das, was die Exilregierung in London erwartet hatte: Kubis und Gabcik wurden verraten, verhaftet und mit anderen Widerstandskämpfern in den Katakomben der Bartholomäuskirche festgesetzt. Sie leugneten hartnäckig und wehrten sich gegen die Folterungen, die sie zum Sprechen bringen sollten. Da wurden die Katakomben unter Wasser gesetzt. Ehe die Häftlinge ertranken, erschossen sie sich.
Um das Attentat auf Heydrich zu rächen, wurden 10000 Tschechen verhaftet und in Prag und Brünn 1339 Menschen erschossen. Dazu kamen sämtliche Männer des Dorfes Lidice (in der Nähe von Prag, 199 an der Zahl), weil angeblich die Bewohner dieses Dorfes die Attentäter unterstützt hätten. Das Dorf Lidice wurde total zerstört.
1946 wurden dann die Männer verhaftet, die die beiden Heydrich-Attentäter 1942 verraten hatten. Nun wurden sie zum Tode verurteilt und aufgehängt.
Heute sieht man an der Bartholomäuskirche in Prag noch Kugeleinschläge im Mauerwerk. Eine Gedenktafel weist auf die Ermordung Heydrichs und die Attentäter hin.

Hitler, Adolf

Gegen Hitler wurden mehrere Attentatsversuche unternommen. Erste, wenig bekannte Anschläge waren von zwei deutschen Kriminellen, Döpking und Kremin, während des Reichsparteitages 1937 geplant. Der Anschlag schlug fehl. Anläßlich eines Besuches von Mussolini bei Hitler versuchten die beiden in der Zeit vom 25. bis 29. September 1937, beide Staatschefs gleichzeitig umzubringen. Auch dieser Plan schlug fehl. Ein drittes Mal sollte Hitler während des Erntedankfestes auf dem Bückeberg am 3. Oktober 1937 mit Dynamit in die Luft gesprengt werden. Doch die Gestapo kam hinter den Plan und vereitelte ihn. Die beiden Täter wurden inhaftiert. –
Der nächste große Attentatsversuch war derjenige von Elser.
Jedes Jahr kam Hitler zum Gedenken an den Putsch vom 9. November 1923 in den Bürgerbräukeller in München, um der Toten zu gedenken und sich mit Alten Kämpfern zu treffen.
Am 8. November 1939 kam Hitler wieder nach München. Gegen 21.20 Uhr explodierte eine mit 50 kg Donarit geladene Höllenmaschine und verwüstete den Bürgerbräukeller. Es gab 7 Tote und ungefähr 63 Verletzte. Entgegen seiner sonstigen Gewohnheit hatte Hitler den Saal 18 Minuten früher verlassen – wegen einer wichtigen Besprechung in Berlin. Das war seine Rettung oder die »göttliche Fügung«. Noch am

selben Abend wurde der Attentäter, Georg Elser, gefaßt, als er die Grenze zur Schweiz in der Nähe von Kreuzlingen überschreiten wollte. Bei Elser fanden die Zöllner ein KPD-Abzeichen.
Er wurde verhaftet und nach München ins Gestapo-Gefängnis gebracht. Elser leugnete. Himmler selbst verhörte ihn, beschimpfte ihn und trat dem gefesselten Elser mit den Stiefeln in den Leib. Dann wurde er von einem Gestapo-Mann im Waschraum ausgepeitscht. Wieder kam er vor Himmler, in den Waschraum, die Szene wechselte mehrmals, bis Elser aus Mund und Nase blutete, ohne jedoch seine Tat einzugestehen.
Elser (geb. am 4. Januar 1903 in Königsbronn/Württemberg) war ein scheuer, eigenbrötlerischer, aber fleißiger Mann. Er arbeitete zunächst in einer Konstanzer Uhrenfabrik, dann in einer Schreinerei und kam schließlich in eine Firma in Heidenheim, wo er mit Zündern und Granaten zu tun hatte.
Schon vor Ausbruch des Krieges hatte er das Attentat geplant. Durch die Presse informierte er sich sehr genau über den Ablauf der Zusammenkünfte im Bürgerbräukeller. Er wußte, daß Hitler immer am Fuße eines bestimmten Pfeilers seine Rede halten würde, und in diesen Pfeiler baute er in mühsamer Kleinarbeit, nächtelang, seine Höllenmaschine ein.
Seine Vorbereitungen gingen von Mitte August bis zum 6. November 1939. Da er den Hund des Nachtwächters immer gefüttert hatte, bellte das Tier den nur im Schein einer Taschenlampe arbeitenden Elser auf den Rundgängen auch nicht an. Ein anderes Mal erwischte ihn der Pächter, der aber keinen Verdacht schöpfte und den komischen Mann, der sich nur sein verletztes Knie hatte verbinden wollen, laufen ließ.
Am 8. November mittags fuhr Elser, nachdem er sich nochmals vom richtigen Lauf des Uhrwerks überzeugt hatte, nach Konstanz. Kriminalrat Huber, der Elser zu vernehmen hatte, besichtigte den Tatort und fand heraus, daß eine solche Arbeit nur kniend geleistet worden sein kann. Elser mußte sich ausziehen – und tatsächlich waren seine Knie verschwollen und vereitert. Jetzt legte er ein Geständnis ab.
Abermals wurde Elser Himmler vorgeführt, dieses Mal in Berlin. Es war der Parteiführung unglaublich, daß ein solcher Anschlag ohne Hintermänner hatte ausgeführt werden können. Elser schwieg. Himmler und sogar Hitler selbst vernahmen dann die langjährige Geliebte Elsers – ohne Erfolg. Elser hatte niemandem etwas von seinem Vorhaben verraten. Er stand allein hinter seiner Tat.
Als Motiv dafür gab er einmal die Unzufriedenheit unter den Arbeitern seit 1933 an, zum anderen wollte er den unvermeidlichen Krieg verhindern. Dies schien ihm nur möglich dadurch, daß die Führung (Hitler, Göring und Goebbels) getötet würde, um anderen Männern Platz zu machen.
Der Gestapo gelang es also nicht, Hintermänner ausfindig zu machen. Aber der englische Secret Service sollte als Mittäter wenigstens ins Spiel gebracht werden. So inszenierte die Gestapo an der deutsch-holländischen Grenze die Entführung der beiden englischen Offiziere Best und Stevens. Dabei wurde ein holländischer Offizier erschossen. Die beiden Engländer wurden grundlos ins KZ Sachsenhausen gebracht. Dort konnte Best Kontakt zu Elser aufnehmen. Elser habe ihm gesagt, er habe das Attentat auf Veranlassung der Gestapo selbst und auf Hitlers persönlichen Befehl hin ausgeführt, um damit einer Verschwörung der Alten Kämpfer gegen Hitler zuvorzukommen. Ob diese Version stichhaltig ist, ist heute wohl schwerlich genau zu ermitteln.
Dafür spricht vielleicht die Tatsache, daß sich Hitler am 11. November 1939, in Anwesenheit des Reichskriminaldirektors Nebe, in München jede Einzelheit des Attentatsversuchs, der Höllenmaschine, ihren Einbau in den Pfeiler, die Zünduhr etc. erklären ließ, mit großem Interesse, aber auch mit Empörung und Abscheu.
Jedenfalls steht fest, daß Elser im KZ Dachau, wohin er später gebracht wurde, als prominenter Häftling galt, daß er dort sogar zwei Zimmer zur Verfügung hatte und im zweiten, das als Kunsttischlerwerkstatt eingerichtet war, schreinern durfte.
Da erhielt am 9. April 1945 der Kommandant von Dachau vom Chef der Sicherheitspolizei in Berlin den Auftrag, Elser bei einem der nächsten Bombenangriffe auf München absolut unauffällig zu liquidieren. Später sollte dann öffentlich bekanntgegeben werden, Elser sei bei einem der Luftangriffe ums Leben gekommen.
Elser kam ums Leben. Wer ihn aber getötet hat, ist bis heute unbekannt. –
Das letzte große Attentat auf Hitler war dasjenige vom 20. Juli 1944. Die Hintergründe dieses Bombenattentats des Grafen Stauffenberg wurden im ganzen erst nach dem Zweiten Weltkrieg aufgerollt. Eine »legale« Opposition gab es zur Zeit der Hitler-Diktatur in Deutschland nicht. Die »illegale« Opposition arbeitete im Unter- oder Hintergrund, und ihre Aktivität ist bereits vor dem Ausbruch des Zweiten Weltkrieges festzustellen gewesen. Nicht die ganzen oppositionellen Kräfte beteiligten sich an dem Mordversuch, sondern nur eine aktive Gruppe unter dem Generalobersten Beck.
Nach dem Ersten Weltkrieg war die Reichswehr so weit wie möglich unter Führung des Generalobersten von Seeckt von politischen Einflüssen ferngehalten worden; eine neutrale Haltung besonders unter dem Offizierskorps, die bis nach der Machtergreifung 1933 durchhielt. Wachgerüttelt wurde die Generalität nicht durch politische, sondern rein militärische Maßnahmen Hitlers: die Entlassung des Generalobersten Freiherrn von Fritsch 1938 und die Vorbereitungen zur Annexion der Tschechoslowakei (ebenfalls 1938).
Pläne zur Ermordung Hitlers mußten in Anbetracht seiner militärischen Anfangserfolge im Krieg etwa bis zur Niederlage in Stalingrad immer wieder zurückgestellt werden. Erst mit dem Jahr 1943, als Hitlers Siege immer seltener, verlustreicher und die Aussichten auf einen erfolgreichen Endsieg gedämpfter wurden, regte sich der Widerstand der militärischen Opposition. Führende Männer waren der Generalfeldmarschall von Witzleben, Generaloberst Hoeppner, Admiral Canaris (Chef des Amtes Auslandsabwehr), Generalmajor Oster, Reichsgerichtsrat a. D. von Dohnanyi, Generalstabschef Halder (der Anfang November 1939 bereits daran dachte, Hitler durch ein Attentat zu beseitigen), der Chef der Reichskriminalpolizei Arthur

Nebe und der Berliner Polizeipräsident SA-Gruppenführer Graf Helldorf. Hinzu kamen die Zivilisten: der Oberbürgermeister von Leipzig Goerdeler, der preußische Finanzminister Popitz, Botschafter von Hassel und einige andere Persönlichkeiten.

Später stießen zum inneren Kreis der militärischen Opponenten Generalmajor von Treskow und andere Offiziere.

Von Treskow stammte die Idee, Hitler durch Gewalt zu beseitigen, dadurch den Staatsstreich zu verkünden und die neue Staatsführung Beck anzuvertrauen. Vor allem sollte durch das Attentat das feindliche Ausland günstig für Deutschland gestimmt und zu einem annehmbaren Friedensvertrag überzeugt werden.

Treskow und dessen Ordonanzoffizier Schlabrendorff hatten bereits am 13. März 1943 bei Smolensk versucht, mit einem Sprengstoffpäckchen Hitler zu beseitigen. Der Anschlag schlug aber fehl.

Als Oberst Graf Schenk von Stauffenberg (geboren am 15. November 1907 in Stuttgart) zu der Opponentengruppe stieß, wurden die Pläne zur Beseitigung Hitlers in erhöhtem Maße und mit Nachdruck weitergetrieben. Stauffenberg, ein begabter Generalstäbler, war zunächst begeisterter Anhänger Hitlers, Frontoffizier in Polen, im Westen und in Afrika, wo er schwer verwundet wurde. Vermutlich brachten ihn Überlegungen während seiner Lazarettzeit dazu, sich von Hitler loszusagen und sich der Gruppe um Beck anzuschließen.

Nach seiner Entlassung aus dem Lazarett stieß er jedenfalls zur Beck-Gruppe, drängte zur Tat und erklärte sich bereit, das Attentat selbst auszuführen. Weitere Offiziere stießen zur Widerstandsgruppe, Major von Gersdorf, Oberst Freytag-Loringhoven, Generalmajor Stieff u.a.

Die kleine Verschwörergruppe konnte sich nur auf einige Offiziere um Beck verlassen. Sie arbeitete den »Walküre-Befehl« aus, wonach im Falle eintretender Unruhen im Staat nach dem Attentat der gesamte Staat militärischen Führern unterstellt werden sollte. Mit Unruhen mußte auch seitens der Bevölkerung gerechnet werden, die 1943 noch großenteils Hitler-gläubig war und die Absichten der Verschwörer kaum verstanden hätte.

Das Zentrum der Verschwörer war die Bendlerstraße in Berlin, das Allgemeine Heeresamt, in dem offiziell »kriegswichtige Besprechungen« geführt, insgeheim aber über den Staatsstreich gesprochen wurde. Dieses Amt hatte zudem den Vorteil, nicht von der Gestapo überwacht zu werden. Erst relativ spät schöpfte die Gestapo Verdacht, und die Verschwörer wurden zur Eile getrieben, als am 17. Juli 1944 Dr. Goerdeler von der Gestapo verhaftet wurde.

Stauffenberg scharte wenige jüngere Offiziere um sich, darunter auch den Obersten Merz von Quirnheim, nicht zuletzt, um die älteren und zaudernden Verschwörer zur Tat zu drängen. Stauffenberg wurde immer mehr zum führenden Kopf des Verschwörerkreises, er wurde später als »der einzige Revolutionär« unter den Putschisten bezeichnet, zumal er als einziger Gelegenheit hatte, mit Hitler in dessen Hauptquartier oder auf dem Obersalzberg zusammenzutreffen.

Wie bei den Heydrich-Mördern und dem Hitler-Attentäter Elser sollte auch diesmal Sprengstoff benutzt werden. Zwei Gründe werden dazu angeführt: Stauffenberg war wegen seiner Kriegsverletzungen, ihm fehlten die rechte Hand, zwei Finger der linken Hand und das linke Auge, kaum in der Lage, mit der Schußwaffe Hitler gegenüberzutreten; zum anderen sollte er selbst unverletzt bleiben, denn er sollte nach der Beseitigung Hitlers Staatssekretär im Kriegsministerium werden. Dies, daß das Attentat eine »Ein-Mann-Aktion« war, wurde später als einer der großen Fehler des Putschversuches verurteilt. Die Verschwörergruppe hatte sich zu leicht dem Ehrgeiz und dem übersteigerten Selbstbewußtsein des Obersten ausgesetzt.

Der Anschlag war zuerst auf den 11. Juli 1944 angesetzt. Stauffenberg traf Hitler auf dem Obersalzberg, doch erkannte er, daß die Voraussetzungen für ein Gelingen nicht gegeben waren. Nächster Termin war der 15. Juli. Abermals ließ Stauffenberg vom Attentat ab, denn er hatte Zweifel, ob es sinnvoll sei, Hitler ohne Göring und Himmler, die nicht anwesend waren, aus dem Weg zu räumen.

Beim dritten Anlauf brachte Stauffenberg dann die Bombe, die aus britischem Sabotagematerial bestand, zur Zündung im Führerhauptquartier in der Wolfsschanze bei Rastenburg in Preußen. Um 12.30 Uhr war eine »Lagebesprechung« angesetzt. Bereits auf dem Weg in das Zimmer – Hitler pflegte pünktlich zu erscheinen – zündete Stauffenberg die Bombe, deren Explosion für zehn Minuten später berechnet war.

Mit Feldmarschall Keitel betrat er den Raum, in dem General Heusinger schon mit seinem Vortrag begonnen hatte. Hitler reichte Stauffenberg die Hand. Dazu mußte dieser die Mappe, in der sich die Bombe befand, abstellen. Er deponierte sie an den rechten Fuß des Kartentisches, etwa zwei Meter von Hitler entfernt.

Kurze Zeit später verließ er den Raum unter dem Vorwand, ein Telefongespräch aus Berlin zu erwarten. Er verließ eilig die Baracke, ging zum Parkplatz, wo sein Wagen wartete, und fuhr zum Flugplatz.

12.42 Uhr detonierte die Bombe. Hitler kam vermutlich nur deshalb mit dem Leben davon, weil er links von dem schweren Tischsockel stand, an den zur rechten Seite Stauffenberg die Tasche abgestellt hatte. Dieser Sockel nahm die erste Wucht auf. Hitler wurde durch eine Tür, die hinter ihm war, in den Korridor geschleudert und nur leicht verletzt. Vier Personen wurden getötet: Generaloberst Korten, Generalleutnant Schmundt, Oberst Brandt und der Stenograph Dr. Berger; eine Reihe anderer Offiziere, es waren insgesamt über 20 Personen im »Führer-Bunker«, wurde zum Teil schwer verletzt. Der Raum war nahezu total zerstört, und trotzdem wurde Stauffenberg der Vorwurf gemacht, daß die von ihm verwandte Sprengstoffmenge nicht ausreichend war. Hinzu kam, daß ausgerechnet diese Lagebesprechung nicht wie üblich im unterirdischen Betonbunker, wofür die Sprengstoffmenge ausgereicht hätte, abgehalten wurde, sondern in einer Holzbaracke, die dem Explosionsdruck nachgab und damit die Wirkung abschwächte. Eine andere

Version besagt, daß derartige »Lagebesprechungen« regelmäßig im sog. »Lage-Bunker«, einer »Speer-Baracke«, stattfanden, die Stauffenberg hinsichtlich ihrer Bauweise genau kannte – und sich trotzdem in der Wirkung des Sprengstoffes verschätzte. Außerdem soll er vorherige Warnungen bezüglich der einzusetzenden Sprengstoffmenge nicht ernst genommen haben. So wurde ihm der Vorwurf gemacht, eben kein »berufsmäßiger Terrorist« gewesen zu sein, sonst hätte er sein Attentat sorgfältiger vorbereitet und berechnet. Bei Einsetzung einer doppelten Sprengstoffmenge, die Stauffenberg zur Verfügung stand, hätte das Attentat unweigerlich geklappt.

Stauffenberg flog nach Berlin zurück in der Meinung, Hitler getötet zu haben. Der »Walküre-Befehl« wurde gegeben. Feldmarschall von Witzleben übernahm die gesamte Führung über das Heer. Als aber gegen Abend des 20. Juli 1944 feststand, daß der Putsch gescheitert und Hitler noch am Leben war, verschwand er aus der Bendlerstraße.

Generaloberst Fromm, den Befehlshaber des Ersatzheeres, hatten die Verschwörer sofort unter Hausarrest gesetzt. Nach Telefonaten mit der »Wolfsschanze«, die ergaben, daß Hitler noch lebte, ließ er am Abend des 20. Juli Stauffenberg, Quirnheim, Olbricht und den Oberleutnant von Haeften standrechtlich im Hof der Bendlerstraße erschießen. Generaloberst Beck beging Selbstmord, Generaloberst Hoeppner ließ sich gefangennehmen, von Treskow beging ebenfalls Selbstmord.

Vom Volksgerichtshof unter seinem berüchtigten Präsidenten Roland Freisler wurden dann die weiteren Attentäter, Witzleben an erster Stelle, zum Tode verurteilt.

Hussein, König von Jordanien

König Hussein, am 14. November 1935 in Amman geboren, gehört zu den direkten Nachkommen des Propheten Mohammed. Sein Großvater Emir Abdullah, König von Jordanien, wurde vor den Augen Husseins am 20. Juli 1950 in der Al-Aqsa-Moschee in Jerusalem ermordet.

Sein Vater Tala bestieg den Thron, mußte aber schon zwei Jahre später wegen eines unheilbaren Nervenleidens abdanken.

Am 11. August 1952 wurde dann sein Sohn Hussein zum König von Jordanien proklamiert.

Im Laufe seiner Regierungszeit wurden mehrere Attentate auf den Monarchen verübt – er soll den Rekord von Attentatsversuchen auf seine Person halten –, doch alle Anschläge auf sein Leben verliefen glimpflich. Waren es früher vor allem Anhänger des ägyptischen Staatspräsidenten Nasser, die nach seinem Leben trachteten, so heute in erster Linie palästinensische Freiheitskämpfer.

Attentate auf den König wurden z. B. verübt am 16. Oktober 1966, am 1. September 1970, am 26. Dezember 1971. Einmal wurde seine Wagenkolonne auf dem Weg zum Flughafen von Amman beschossen, dann kündigten Angehörige der radikalen marxistischen Organisation »Volksbefreiungsfront« Mordpläne an, dem unerschrockenen König passierte bisher nichts.

Auf einen Attentats- und Putschversuch vom 5. November 1972 gegen König Hussein reagierte ein jordanisches Militärgericht mit härtesten Strafen. Neun Offiziere der jordanischen Armee wurden zum Tode durch Erschießen verurteilt, darunter befand sich auch der als Anführer des Attentatsversuches bezeichnete Oberstleutnant Rafei Hindawi, Kommandeur einer Panzerbrigade der königlichen Armee. Weitere 35 Offiziere erhielten Freiheitsstrafen zwischen 15 Jahren und lebenslanger Haft. Ein persönlicher Berater des Königs dementierte diese Todesurteile. Sie wurden jedoch als wahrscheinlich bewertet, da auch bekannt wurde, daß die Untersuchungshäftlinge gefoltert wurden, was der Berater ebenfalls bestritt. Außerdem war seit langem bekannt, daß der König gegen Attentäter und »Kollaborateure« mit schärfsten Maßnahmen vorzugehen pflegt.

Der König hatte die palästinensische Fedaijin beschuldigt, mit finanzieller Unterstützung Libyens den Anschlag vorbereitet zu haben. Nach seinen Angaben soll sich der libysche Staatspräsident Gaddafi nach Damaskus begeben haben, um dort die Unterstützung der syrischen und irakischen Luftwaffe zu erwirken und für die Bombardierung der königlichen Paläste, Rundfunkstationen und militärischen Anlagen Jordaniens zu sorgen. Auf jordanischer Seite war ein Offizier nachweislich mit dem Führer der palästinensischen Befreiungsorganisation (PLO) und Chef der Al-Fatah, Yassir Arafat, zusammengekommen, um mit ihm den Putsch- und Attentatsplan zu besprechen.

Jaurès, Jean

Jaurès (3. September 1859 – 31. Juli 1914) stammte aus Südfrankreich, war Lehrer für Philosophie am Gymnasium in Albi, später Dozent an der Universität Toulouse. Mit 26 Jahren wurde er als Abgeordneter in die Kammer gewählt, gehörte zur sozialistischen Bewegung, war ein hervorragender Rhetor und sein Leben lang einer der engagiertesten Förderer sozialistischer Ideen. Im Lauf der Jahre als Abgeordneter wurde er von der französischen Rechten immer mehr gehaßt, weil er zu sehr für eine Zusammenarbeit mit Deutschland eingetreten war.

Gegen Ausbruch des Ersten Weltkrieges wurde die Hetzkampagne gegen Jaurès immer bedrohlicher. Offen wurde mit seiner Ermordung gedroht. Jaurès wußte, daß seine Gegner ihn töten wollten. Täglich erhielt er Droh- und Erpressungsbriefe. Einem Freund gegenüber machte er einmal die Äußerung: »Derjenige, der mich töten wird – ich verzeihe ihm im voraus. Die Schuldigen, das werden die sein, die ihn bewaffnet haben. Ich verlange nur eins: daß sie mich nicht zu sehr leiden lassen.«

Ende Juli 1914 machte sich Raoul Villain auf den Weg nach Paris, um Jaurès zu ermorden. Der 28jährige Mörder war ein Diplom-Landwirt, unfähig, einem dauernden Beruf nachzugehen, unausgeglichen und labil.

Am 30. Juli wartete Villain zwei Stunden lang, bis Jaurès das Gebäude der ›Humanité‹ verließ. Er verfolgte und beobachtete Jaurès. Am nächsten Tag kaufte er sich eine Waffe und besuchte das ›Café du Croissant‹ in der Rue Montmartre in Paris, wo Jaurès mit Kollegen zu Abend aß. Jaurès wollte noch in der Nacht in die Redaktion zurückkehren, um einen wichtigen Artikel zu schreiben.
Da wurde er durch das Fenster hindurch von außen mit zwei Kopfschüssen getötet.
Der Mörder Villain ließ sich widerstandslos abführen. Die Hauptverhandlung gegen ihn fand vom 25. bis 29. März 1919 statt. Ohne zu bereuen, behauptete er, im Namen des Vaterlandes gehandelt zu haben. Während des Prozesses wurde auf die Verwerflichkeit des politischen Mordes hingewiesen. Villain wurde patriotische Gesinnung zugebilligt, seine Tat, im Namen des Vaterlandes begangen, könne aber nicht als Mord verurteilt werden. Villain wurde tatsächlich freigesprochen.
Kurz darauf erlebte Paris eine der größten Massendemonstrationen seiner ganzen Geschichte. Mehr als 300000 Menschen hatte die Sozialistische Partei Frankreichs auf die Straßen gebracht. Pressemeldungen sprachen von der Dialektik der Geschichte, wonach einer der eifrigsten und aufrichtigsten Kämpfer für den Frieden kurz vor Ausbruch des Krieges durch Mörderhand umgekommen war.
Nach seinem Freispruch war Villain auf die Insel Ibiza gezogen, hatte sich dort ein Haus gebaut, galt als Menschenfeind und fiel der Bigotterie anheim.
Als der Spanische Bürgerkrieg ausbrach, wurde die Insel Ibiza von den Republikanern erobert. Spanier und Franzosen kamen per Motorboot in die Bucht von San Vincente, stürmten Villains Haus, brachen es auf und besetzten es. Als am Abend Villain zurückkam, wurde er von einem Schuß schwer verletzt. Keiner half ihm. Erst drei Tage später wurde er in sein Haus geschafft, wo er wenige Stunden später starb. Wer die Mörder des Jaurès-Mörders waren, kam nie heraus.
Die sterblichen Überreste von Jaurès ruhen seit 1924 im Pantheon. In der Rue Montmarte, wo er ermordet wurde, befindet sich heute eine Gedenktafel.

Kanafani, Ghassan

Anfang Juli 1972 wurde der Sprecher der »Volksfront für die Befreiung Palästinas (PFLP)», Kanafani, ermordet. Er fiel einem Sprengstoffanschlag zum Opfer. Etwa fünf Kilogramm Dynamit explodierten, als er seinen Sportwagen starten wollte. Zusammen mit ihm wurde seine 17jährige Nichte getötet.
In einem Kommuniqué der PFLP hieß es zunächst, daß der Ursprung des Attentats im imperialistischen, zionistischen und reaktionären Feindlager zu suchen sei. Es wurde aber auch als möglich angenommen, daß Kanafani das Opfer einer internen Abrechnung innerhalb der Widerstandsbewegung geworden ist.
Kanafani, der 36jährige Journalist und Schriftsteller, gehörte seit Anfang der sechziger Jahre zu den Vertrauten des PFLP-Führers Georges Habbasch. Als Sprecher der Organisation und Herausgeber der Wochenzeitschrift »Al Hadaf« (Das Ziel) hatte er die Ideologie der marxistischen PFLP, der drittstärksten Kommando-Organisation nach Al Fatah und Al Saika, von der der übrigen Organisationen abzuheben und ihre Aktionen, besonders die Flugzeugentführungen, zu rechtfertigen. Die PFLP hatte sich auch für das Lod-Massaker vom 30. Mai 1972 verantwortlich erklärt.
Habbasch, der zur Tatzeit zur Behandlung eines Herzinfarktes in der Sowjetunion weilte, wurde der Tod Kanafanis zunächst verschwiegen. Bereits im Sommer 1970 wurde auf einen seiner engsten Vertrauten, den Arzt Haddad, der die Operationen für die Flugzeugentführungen geplant hatte, ein Anschlag unternommen.

Karume, Abeid

Am 7. April 1972 wurde der Vorsitzende der Revolutionsregierung von Sansibar, Scheich Abeid Amani Karume, ermordet. Zur Zeit seiner Ermordung war der 67jährige Karume zugleich erster Vizepräsident der »Vereinigten Republik von Tansania«, die aus Sansibar, Pemba und dem weitaus größeren Festlandteil Tanganjika besteht. Karume regierte über Sansibar und Pemba seit 1964 wie ein absoluter Herrscher. Präsident Nyerere gab die Ermordung Karumes über den Rundfunk bekannt. Danach wurde völlige Nachrichtensperre aus Sansibar verhängt. Bei dem Attentat soll der Generalsekretär der auf Sansibar regierenden Afro-Shirazi-Partei schwer verletzt worden sein. Sein Name: Scheich Thatib Kombo.
Karume war bis zu seinem 46. Lebensjahr als Matrose auf arabischen Segelschiffen gefahren, entdeckte 1954 seine Leidenschaft für Politik und gründete eine kleine politische Gruppe, die vor allem die Interessen der afrikanischen Mehrheit gegenüber der seit Jahrhunderten herrschenden arabischen Minderheit vertreten sollte. Später schloß er sich der Afro-Shirazi-Partei an, die in seinem Sinne politisch tätig war.
Im Januar 1964 kam für ihn die große Stunde, als John Okello, ein aus Uganda stammender Soldat der früheren britischen Kolonialtruppe, putschte, mit ein paar Kollegen das Waffenlager der Polizei in der Hauptstadt stürmte, die Regierung festsetzte und ein Blutbad unter den wehrlosen Arabern anrichtete. Okello beförderte sich zu einem Feldmarschall, hatte jedoch keinerlei politische Gefolgschaft und kein politisches Geschick.
Diese Situation nutzte Karume und übernahm die Macht. Vor allem Ostblockstaaten, darunter die DDR, und Kuba erkannten den neuen Staatschef an.
Der Staatschef von Tanganjika, Nyerere, war beunruhigt über die neue Entwicklung und überredete Karume zu einer Union mit dem Festland.
Die Union wurde im April 1964 unter dem Namen »Vereinigte Republik von Tansania« ausgerufen.
Nyerere regierte nach Karumes Ansicht aber viel zu gemäßigt. Karume überging ihn, enteignete so gut wie

allen Privatbesitz, hielt nichts von freien Wahlen, gründete eine eigene Armee und herrschte schließlich über das Inselreich wie ein absoluter Fürst. Freie Wahlen in Sansibar versprach er spöttisch genug für das Jahr 2030. Er engagierte sich vor allem für Peking, das sein Regiment mit großzügiger Hilfe unterstützte.
Dann tat er etwas, das möglicherweise als Mordmotiv in Betracht kommen könnte: Er und einige seiner Genossen aus dem Revolutionsrat zwangen junge, zum Teil noch minderjährige Mädchen aus der kleinen indischen und pakistanischen Gemeinde ohne Einwilligung von deren Eltern zur wilden Ehe. Die Mörder Karumes könnten durchaus von indischen und pakistanischen Familienvätern angeworben worden sein, um sich an Karumes Affront zu rächen. Es waren insgesamt vier Attentäter. Der eine wurde schon bei dem Mordanschlag auf Karume getötet, drei konnten zunächst fliehen, wurden jedoch etwa 25 km von der Stadt Sansibar entfernt von der Polizei aufgespürt. Beim Schußwechsel kamen zwei ums Leben, der letzte, der vierte, richtete die Waffe auf sich selbst.
Nach dem Tod der vier Attentäter nahm eine Gruppe von auf der arabischen Halbinsel im Exil lebenden Sansibaris für sich in Anspruch, den Mordanschlag auf Karume veranlaßt zu haben. Ein Sprecher der »Vereinigung der Sansibaris in Dubai« sagte, man werde das Andenken der vier ums Leben gekommenen Attentäter in Ehren halten und den Freiheitskampf auf Sansibar so lange fortsetzen, bis die Insel wieder demokratisch regiert wird.

Kennedy, John F.

Der Mord am Präsidenten der Vereinigten Staaten, John F. Kennedy, empörte die ganze Welt. Der Anschlag passierte, als Kennedy am 22. November 1963 von Texas nach Dallas geflogen war und mit seiner Frau ›Jacky‹ auf dem Rücksitz eines schwarzen Kabrioletts vom Flughafen aus nach Dallas einfahren wollte. Er wurde begleitet vom Gouverneur von Texas, Connally, und dessen Frau. Der Wagen hatte ein kugelsicheres Verdeck, das aber abgenommen worden war. Kennedy wollte durch die Stadt fahren und anschließend eine Handelsmesse eröffnen. Hinter dem Präsidentenwagen fuhr ein Wagen mit den Leibwächtern, in einem dritten Wagen saß der Vizepräsident der USA, Lyndon B. Johnson und seine Frau.
Der Empfang in Dallas war herzlich. Tausende säumten die Straßen, durch die der Präsident fahren sollte. Da krachten plötzlich Schüsse, abgefeuert aus der Nähe eines großen Bürohauses, des Texas-Schulbuch-Verlages. Kennedy und Connally wurden getroffen. Der Präsident, der vom Sitz gekippt war, wurde sofort ins Parkland-Krankenhaus gebracht. Versuche der Ärzte, ihn zu retten, hatten keinen Erfolg. Die Todesstunde wurde auf 13 Uhr festgesetzt. Connally kam mit dem Leben davon.
Der Mörder von John F. Kennedy hieß Lee Harvey Oswald.
Geboren am 18. Oktober 1939 in New Orleans, war er stets ein Einzelgänger, der sich in keine Gemeinschaft einordnen konnte. Er beschäftigte sich gern mit marxistischen Wirtschaftstheorien und trat mit 17 Jahren in die Marine ein, leistete in Japan seinen Dienst ab und kam wegen kleinerer Vergehen zweimal mit dem Gesetz in Konflikt. Nach seiner Entlassung aus der Marine im Herbst 1959 fuhr er in die Sowjetunion in der Absicht, sowjetischer Staatsbürger zu werden. Sein Gesuch wurde abgelehnt. Er arbeitete in Minsk, lernte dort seine Frau kennen und kehrte mit ihr 1962 nach Amerika zurück. Aus der Marine war er unehrenhaft entlassen worden. Nach seiner Rückkunft aus Rußland beschwerte er sich deshalb beim damaligen Staatssekretär der Marine, Connally, dem späteren Gouverneur von Texas. Es ist denkbar, aber heute nicht mehr nachweisbar, daß seine Schüsse diesem Conally gegolten hatten.
Oswald zog mit seiner Frau und seinen zwei Kindern nach Dallas und arbeitete dort in einer Werbefirma, allerdings nur für kurze Zeit. Am 10. April 1963 unternahm er seinen ersten Mordversuch. Generalmajor Walker sollte wegen seiner Angehörigkeit zu einer rechtsradikalen Organisation umgelegt werden. Das Attentat mißglückte, Walker bückte sich in dem Moment, wo der Schuß fiel, gerade auf ein Buch herunter, so daß die Kugel über seinen Kopf wegflog.
Nach dem Attentat auf Kennedy wurde das Verlagsgebäude sofort abgeriegelt. Oswald befand sich noch darin, konnte aber unbehelligt das Haus verlassen, da er angab, hier beschäftigt zu sein.
Später schoß er einen Polizisten nieder, der ihn festnehmen wollte, nachdem eine erste Täterbeschreibung durchgegeben werden konnte. Verhaftet wurde Oswald schließlich in einem Kino. Auch dort versuchte er zunächst, mit seinem Revolver die vier Polizisten abzuschütteln, aber seine Waffe versagte.
Zwei Tage nach seiner Verhaftung sollte Oswald in das Bezirksgefängnis von Dallas mit einem gepanzerten Wagen gebracht werden. Presse und Fernsehen waren zugegen. Er wurde, gefesselt an einen Polizisten, durch den Keller geführt. Da sahen Millionen Amerikaner auf dem Bildschirm, wie sich ein Mann vordrängte und auf Oswald schoß. Im selben Krankenhaus, in dem auch sein Opfer, Präsident Kennedy, eingeliefert worden war, starb Oswald genau 48 Stunden und 7 Minuten nach Kennedy.
Sein Mörder, der Nachtklubbesitzer Jack Ruby, hatte sich unter die Reporter gemischt und aus nächster Nähe Oswald erschossen.
Wie es Ruby gelang, unkontrolliert in das Gefängnis zu kommen, ist bis heute ungeklärt. Unklar ist auch, warum Presse und Fernsehen zur Überführung Oswalds zugelassen waren. Üblicherweise werden solche Täter nur nachts und unter strengster Geheimhaltung transportiert. Wie manche Staatsoberhäupter mißachtete auch Kennedy die üblichen Sicherheitsvorkehrungen. Auch Truman, Eisenhower und de Gaulle benahmen sich mitunter erstaunlich arglos.
Dallas war bekannt als eine gefährliche Stadt. Politischer Extremismus, Rassenunruhen und ein organisiertes Gangstertum verunsicherten immer wieder das heiße Pflaster dieser Stadt. In den ersten neun Monaten des Jahres 1963 waren hier bereits 63 Morde geschehen. Warren, der Präsident des Obersten Bundesge-

richts, sollte hier gelyncht werden. Adlai Stevenson, der amerikanische UN-Delegierte, wurde hier bespuckt und ausgeschimpft.
Die Hintergründe des Mordes an Kennedy werden wohl nie ganz aufgeklärt werden können. Es ist sogar fraglich, ob Oswald der einzige Schütze war. Kennedys Nachfolger, Präsident Johnson, beauftragte die Warren-Kommission, die Gründe des Mordes an Kennedy zu erforschen. Der Warren-Report ist inzwischen erschienen, aber eine eindeutige Antwort steht noch immer aus, zumal über 40 danach erschienene Publikationen die Ergebnisse des Warren-Reportes in Frage stellten.
Dunkel ist, warum Leibwächter Kennedys in der Nacht vor dem Mord Ausgang bekamen und Alkohol zu sich nehmen durften, obgleich in den Dienstvorschriften steht, daß die Beamten des Secret Service während einer Dienstreise mit dem Präsidenten keinen Alkohol trinken dürfen. Die Beamten reagierten zu langsam, als die Schießerei begann. Wie Straßenpassanten hätten auch sie das Aufblitzen eines Gewehrlaufes im Fenster des Verlagshauses bemerken und zuerst schießen müssen. Denkbar, daß Kennedy bei schnellerem Handeln seiner Leibwächter heute noch am Leben wäre. Nach dem Mord wurde keiner dieser Leibwächter bestraft.
Dunkel ist auch, ob Oswald Hintermänner hatte oder als alleiniger Täter in Frage kam.
Dunkel sind aber auch die Ergebnisse, die der Prozeß gegen Jack Ruby zeitigte. Die Hauptverhandlung begann in der zweiten Februarwoche 1964 in Dallas. Rubys Verteidiger war einer der am meisten verdienenden Anwälte der Welt. Mit äußerster Sorgfalt suchte er sich die Geschworenen aus. Von 162 Kandidaten wurden schließlich 8 Männer und 4 Frauen ausgewählt.
Nach 23 Tagen wurde Ruby des vorsätzlichen Mordes beschuldigt und zum Tode verurteilt. Auch dieser Schuldspruch hinterließ Zweifel an der Rechtmäßigkeit des Gerichtsverfahrens. Rubys Verteidiger schrie immer wieder in den Saal, daß das Urteil der Jury schon vor Prozeßbeginn festgestanden habe. Die Jury habe der Verteidigung überhaupt kein Gehör geschenkt.
Rubys Verteidiger selbst wurde vorgeworfen, er habe die Verurteilung seines Mandanten mitverschuldet, weil er Ruby nicht als Zeuge in eigener Sache habe aussagen lassen. Nach amerikanischem Recht sieht die Jury in 98 aller Fälle in einer solchen Aussage-Verweigerung ein Indiz für die Schuld des Angeklagten.
In amerikanischen Strafprozessen geht es nicht so sehr um die Aufklärung von Schuld oder Unschuld des Angeklagten, als vielmehr um die Einhaltung ganz bestimmter Prozeßregeln zwischen Staatsanwalt und Verteidiger. Derjenige gewinnt, der bei der Jury den besten Eindruck hinterläßt.
Als Ruby gegen sein Urteil Revision einlegte, tauchte ein weiterer dunkler Punkt auf: Es sei vorauszusehen gewesen, daß in Dallas nicht mit einem fairen, unparteiischen Verfahren hatte gerechnet werden können.
Ehe es zu einer erneuten Aufrollung des Falles Ruby kam, starb dieser am 3. Januar 1967 an Krebs.
Heute will das Gerücht wahrhaben, daß Kennedy an jenem 22. November 1963 in Dallas überhaupt nicht erschossen, sondern nur schwer verletzt worden sei und jetzt auf der Insel Skorpios lebt, die Jackys Mann, dem Großreeder Aristoteles Onassis, gehört.
Zweifel werden erhoben gegen die Angabe der Todesstunde des Präsidenten. Erst zwanzig Minuten nach der Todeszeit, um 13.20 Uhr, wurde Vizepräsident Lyndon B. Johnson vom Tode Kennedys unterrichtet. Was geschah in diesen zwanzig Minuten?
Als die Leiche Kennedys zum Flugplatz von Dallas zur Überführung nach Washington gebracht wurde, protestierten Vertreter von Dallas gegen die Auslieferung und beantragten eine Obduktion der Leiche. Ihren Antrag lehnte Jacky Kennedy ab.
Erst in Washington wurde Kennedys Leiche obduziert. Es wurden zwar Fotoaufnahmen des toten Präsidenten gemacht, aber sie wurden nie veröffentlicht, sondern dem Justizministerium übergeben, wo sie bis heute unter sicherem Verschluß aufbewahrt werden.
Auch der Warren-Report enthält kein Foto des toten Kennedy.
Ungeklärt ist schließlich, warum der Sarg Kennedys bei seiner Beisetzung nicht mehr geöffnet wurde, ganz gegen die sonst übliche Gepflogenheit in Amerika.
Nach den jüngsten Berichten eines Ex-Fremdenlegionärs, dessen falscher Name José Luis Romero ist, sollte Kennedy bereits am 31. Mai 1961 während eines Staatsbesuches in Paris erschossen werden. Romero, einer der besten Scharfschützen der französischen Armee, Mitglied der Untergrundorganisation OAS, erhielt den Auftrag, im Namen interessierter amerikanischer Kreise der Hochfinanz Präsident Kennedy zu liquidieren. Die Ermordung sollte nach einem mißglückten Attentat auf den französischen Staatspräsidenten de Gaulle aussehen. Der gekaufte Killer erhielt die Hälfte des Kopfgeldes (insgesamt 1,7 Millionen Mark) bereits ausbezahlt.
Hintermänner beschafften ihm einen gefälschten Paß auf den schweizerischen Namen Broeger, sie gaben ihm zwei Orte an, die zur Ausführung der Tat günstig waren: die Rue de Rivoli am Louvre oder an der Place d'Etoile. Er sollte dazu in die Wohnungen alleinstehender alter Leute eindringen, diese in Schach halten und vom Fenster aus Kennedy erschießen, genau nach der gleichen Taktik, die dann in Dallas verwirklicht worden ist.
Im letzten Moment kamen Romero jedoch Bedenken, und er fragte seine Freunde bei der OAS um Rat. Nachdem sich die OAS ablehnend verhalten hatte, flüchtete Romero vor seinen Bewachern durch Paris, entkam nach Rom und von hier aus in den Kongo.
Dieser Attentatsplan würde auf jeden Fall die Vermutung bestätigen, daß Kennedy am 22. November 1963

im Auftrag von Hintermännern erschossen worden ist. Romero fürchtete außerdem, daß er nach der Ausführung des Attentats selbst liquidiert werden könne, wie es später tatsächlich auch mit Oswald, Jack Ruby und 14 anderen Personen geschah, die mit der Aufklärung des Mordes befaßt waren oder zuviel davon wußten.

Kennedy, Robert F.

Der jüngere Bruder (geb. 20. November 1925 in Boston/USA) des ermordeten US-Präsidenten John F. Kennedy trat 1951 als Rechtsanwalt in die Kriminalabteilung des Justizministeriums in Washington ein und war hier mit Steuervergehen befaßt.
Ein Jahr später gab er seinen Posten auf und betätigte sich als Wahlhelfer seines Bruders. 1957 wurde er Berater eines Senatskomitees, das kriminelle Praktiken der Gewerkschaften in Amerika bekämpfte. Im Dezember 1960 trat er als Justizminister in das Kabinett seines Bruders ein, wurde durch seinen Einsatz gegen die Rassendiskriminierung und als Schlüsselfigur bei der Bewältigung der Kubakrise im Oktober 1962 bekannt.
1964 trat er als Justizminister zurück und engagierte sich im demokratischen Parteiapparat, um Anhänger für seinen Bruder zu gewinnen und damit einen Vorsprung gegenüber dem Präsidentschaftskandidaten Lyndon B. Johnson.
Als scharfer Kritiker der Politik Präsident Johnsons, des Nachfolgers von John F. Kennedy, erklärte er sich jedoch 1968 bereit, Johnsons Präsidentschaftskandidatur zu unterstützen, um eine Spaltung der demokratischen Partei zu verhindern.
Am 5. Juni 1968 wurde er durch drei Schüsse des Jordaniers Sirhan Bishara Sirhan (damals 23 Jahre alt) so schwer verletzt, daß er an den Folgen am 6. Juni 1968 starb.
Auf dem National-Friedhof in Arlington ist er neben seinem Bruder beigesetzt.
Vom Obersten Gerichtshof des amerikanischen Bundesstaates Kalifornien wurde Sirhan wegen Mordes an Senator Kennedy zu lebenslanger Freiheitsstrafe verurteilt.

King, Martin Luther

King (geb. 15. Januar 1929 in Atlanta, Georgia/USA) promovierte 1955 zum Dr. phil., leitete seit 1954 den Pfarrbezirk der Dexter Avenue Baptist Church in Montgomery, Alabama, und war seit Mitte 1950 einer der wichtigsten Kämpfer für die Bürgerrechte der Neger in USA. Im Sinne Gandhis trat er für eine gewaltlose Ungehorsamkeitskampagne zur friedlichen, aber systematischen Verletzung der Rassentrennungsgesetze des Südens der Staaten ein. Er nahm an zahlreichen Demonstrationen teil und wurde auch mehrmals verhaftet und zu Gefängnis verurteilt.
Einen ersten Erfolg erzielte er 1956, als die Aufhebung der Rassenschranke in den öffentlichen Verkehrsmitteln von Montgomery/Alabama beschlossen wurde.
Immer wieder versuchte er, ausgleichend und schlichtend in die Negerunruhen der Jahre 1963/64 einzugreifen.
Im Herbst 1964 erhielt er den Friedensnobelpreis. Die Preissumme von 225 000 Mark stiftete er der Bürgerrechtsbewegung.
Der Mississippi-Marsch der 20 000 Neger im Juni 1966, auf dem die neue Parole »Schwarze Macht« verkündet wurde, endete vorzeitig mit dem Attentat auf den Negerführer James Meredith.
Auf der »Black-Power-Konferenz« in Newmark im Sommer 1967 forderten 1100 schwarze Delegierte die Teilung der USA in einen weißen und schwarzen Staat, das genaue Gegenteil von Kings Bürgerrechtsbewegung.
Ständige Bedrohungen versetzten King immer wieder in Todesahnungen. In einer solchen Stimmung sprach er den berühmt gewordenen Satz: »Was mir auch immer passieren mag, jetzt hat es keine Bedeutung mehr. Ich habe auf dem Gipfel des Berges gestanden.«
24 Stunden später (am 4. April 1968) wurde er auf dem Balkon des Hotels »Lorraine« in Memphis/Tennessee erschossen.
Der Mörder, James Earl Ray, wurde auf dem Londoner Flughafen festgenommen und am 10. März 1969 zu 99 Jahren Zuchthaus verurteilt.
Die Anwälte von Ray reichten Anfang Dezember 1972 eine Petition beim zuständigen Bundesgericht in Tennessee ein und forderten eine Anhörung, in der sie darzulegen wünschten, daß der Schuldspruch durch Zwang und Nötigung zustande gekommen sei. Sie forderten außerdem den Freispruch von Ray.

McKinley

Am 6. September 1901 wurde anläßlich einer Ausstellung im »Temple of Musics« in Buffalo der Präsident der Vereinigten Staaten von Amerika, McKinley, erschossen. Der Täter hatte sich mit dem Besucherstrom an Soldaten und Wachmannschaften vorbei bis zum Präsidenten, der eine Reihe von Ausstellungsbesuchern per Handschlag begrüßte, vorbewegt. Er zog inmitten von etwa 50 Wächtern und Beamten des Secret Service seinen Revolver aus der Tasche, wickelte ihn in ein Taschentuch, näherte sich seinem Opfer und erschoß es.
Am 14. September 1901 starb der Präsident an den Folgen der Schußverletzungen.
Täter war der 1873 geborene Léon F. Czolgosz, zunächst religiöser Fanatiker, dann Anhänger radikaler politischer Ideen. Er verkehrte in Anarchistenkreisen und war der Meinung, eine große Tat auszuführen,

wenn er den Präsidenten, der dem Volk nur Schaden bringe, töte. Die öffentliche Meinung verurteilte den Mord und verlangte rasche Bestrafung. Bereits am 29. Oktober 1901 wurde er auf dem elektrischen Stuhl hingerichtet.

Lenin

Am 30. August 1918 saß Lenin nachmittags an seinem Schreibtisch, um zwei Reden auszufeilen, die er am Abend in zwei Moskauer Fabriken halten wollte. Bucharin und Swerdlow beschworen ihn, an diesem Tag seine Wohnung nicht mehr zu verlassen, denn am Vormittag, gegen 11 Uhr, war der Vorsitzende der Petrograder »Tscheka«, Moses Uritzki, auf offener Straße ermordet worden. Man befürchtete, daß dieser Mord zum Fanal für einen konterrevolutionären Aufstand werden könne und daß auch Lenins Name auf der Liste der zu beseitigenden Personen stand.

Doch Lenin schlug alle Mahnungen ab. Wie geplant fuhr er mit seinem Wagen, chauffiert von dem bulligen Stepan Gil, zu einer Arbeiterversammlung in der Getreidebörse im Basmannaja-Distrikt in Moskau. Nach etwa einer Stunde Redezeit machte er sich wiederum im Wagen auf den Weg in die Michelson-Fabrik. Der Fahrer Gil fuhr mit hoher Geschwindigkeit durch Moskau, doch Bewacher oder Begleiter gab es nicht. Lenin schritt sofort nach Ankunft in die Fabrik hinein und begann mit seiner Rede.

Gil, sein Fahrer, wartete draußen im Wagen, der im Hof der Fabrik parkierte. Ungefähr eine Viertelstunde nach Beginn der Rede Lenins erschien im Fabrikhof eine schwarzgekleidete unscheinbare Frau mit jüdischen Gesichtszügen, fragte Gil, ob Lenin schon eingetroffen sei, und ging dann in die Maschinenhalle der Fabrik, in der Lenin gerade redete. Schweigend und rauchend saß sie an einem der Tische.

Nach etwa einer Stunde war Lenin mit seiner Rede fertig, die Arbeiter sangen die Internationale und strömten aus der Fabrik heraus.

Wie immer gab es auch diesesmal einige, die noch Fragen an Lenin vorzutragen hatten. Lenin ging auf derartige Fragen spontan ein und sprach in schnellen, knappen Sätzen. Unter den Fragern waren schließlich auch zwei Frauen. Ihre Fragen betrafen das Problem der Lebensmittelversorgung, die im argen lag. Und Lenin versprach, Abhilfe zu schaffen.

Lenin verließ die Fabrik, war auf dem Weg zu seinem Wagen, dessen Türen schon geöffnet waren, als plötzlich, nur wenige Zentimeter von ihm entfernt, eben jene Frau, die zu spät gekommen war und den Fahrer gefragt hatte, mit einer Browning-Pistole in der Hand auf Lenin zielte und abdrückte.

Gil, der Fahrer, hatte das gesehen, sprang aus dem Wagen und rannte der Frau nach, wollte ihr zwar in den Kopf schießen, konnte es aber nicht, weil der Fabrikhof voller Menschen war, die panikartig durcheinander liefen und schrien. So ging Gil zu Lenin, der am Boden lag und mit offenen Augen, bei vollem Bewußtsein, fragte, ob Gil den Täter erwischt habe.

Das Attentat war um 19.30 Uhr passiert. Lenin wurde in seinen Wagen gebracht und nach Hause gefahren. Seine Frau und ein ganzer Ärztestab kümmerten sich um ihn. Von zwei Kugeln war er getroffen worden. Die eine hatte seinen Hals durchschlagen und nur um ein paar Millimeter blieb die Aorta unverletzt. Sie hatte die Lunge durchbohrt und war dann oberhalb des rechten Schlüsselbeines im Hals hängengeblieben. Die zweite Kugel war ein Steckschuß in der linken Schulter.

Während sich die Ärzte um Lenins Leben bemühten, der erste Schuß war lebensgefährlich, weil Blut in die Pleurahöhle eingedrungen war, unterschrieb gegen 11 Uhr abends Swerdlow, der nun die Regierung führte, ein Dekret, in dem eine unbarmherzige Terrorherrschaft als Vergeltung auf das Attentat gegen Lenin angekündigt wurde.

Kaum war das Dekret ins Land telegraphiert worden, als bereits die Massenvernichtungen begannen. Vor allem die »Tscheka« war maßgeblich beteiligt an den Hinrichtungsaktionen. Allein in Petrograd brachte sie 512 Menschen ums Leben, im Monat September weitere 300. Überall in Rußland wurden Menschen erschossen, die die Tscheka als Sozialrevolutionäre, als ehemalige Offiziere oder Angehörige des Bürgertums erkannte.

Es war ein Schreckensterror, der ganz Rußland ergriff, bei dem viele Unschuldige umkamen, denn der Terror war nicht zentral durch die Regierung geleitet, sondern örtlichen Tscheka-Behörden überlassen. Die politischen Kommissare wetteiferten miteinander, Menschen zusammenzutreiben und ohne jedes Gerichtsverfahren zu erschießen. Von überall her im Lande kamen Ergebenheitsbekundungen an Lenin und Swerdlow. Stalin telegraphierte, daß der »verruchte Anschlag der kapitalistischen Mietlinge auf das Leben des größten Revolutionärs« nur mit einem »systematischen Massenterror gegen die Bourgeoisie und ihre Agenten« geahndet werden könne.

Nun war aber jene Frau, die das Attentat verübt hatte, Fanja Kaplan, weder ein kapitalistischer Mietling noch eine Angehörige der Bourgeoisie, sondern eine Sozialrevolutionärin, die bereits 11 Jahre Zwangsarbeit hinter sich hatte, dazu verurteilt, weil sie einen zaristischen Beamten hatte ermorden wollen, und nun in Moskau als Modistin ihr Leben fristete. Sie hatte Lenin umbringen wollen, weil sie der Meinung war, er habe die Revolution verraten, als er die konstituierende Versammlung aufgelöst hatte.

Zwischen ihrem Attentat und der Ermordung Uritzkis bestand kein Zusammenhang. Beides passierte zufällig am gleichen Tag.

Fanja Kaplan wurde nach dem Attentat sofort verhaftet und ins Lubjanka-Gefängnis in Moskau gebracht, wo damals auch die Moskauer Tscheka untergebracht war. Da sie fast blind war, mußte sie so nahe an Lenin herantreten. Lenin drehte sich nach dem ersten Schuß sofort zur Seite, was ihm, neben der schlechten Sehverhältnisse der Kaplan, vermutlich das Leben gerettet hat.

Am 3. September 1918 wurde Fanja Kaplan von einem jungen Tschekisten namens Pawel Malkow durch einen Schuß in den Hinterkopf getötet.

Liebknecht, Karl, und Luxemburg, Rosa

Im Deutschland vor dem Ersten Weltkrieg gab es relativ wenig politische Morde. Erst nach 1918 änderte sich das schlagartig. Die Monarchie war zwar gestürzt, aber die im Hintergrund verbliebenen Mächte und ungelösten Probleme wirkten fort. Gewaltsame Auseinandersetzungen zwischen Rechts- und Linksradikalen waren an der Tagesordnung. Zwischen 1919 und 1922 wurden von den Rechtsradikalen 54, von den Linksradikalen 22 Morde verübt. Zu den Opfern zählten Karl Liebknecht und Rosa Luxemburg.
Liebknecht war sozialdemokratischer Reichstagsabgeordneter und Mitbegründer der Kommunistischen Partei Deutschlands. Geboren am 13. August 1871, studierte er Jura und wurde Rechtsanwalt. Rosa Luxemburg bestimmte seinen politischen Werdegang.
1916 wurde er nach einer Antikriegskundgebung verhaftet und zu zweieinhalb Jahren, in zweiter Instanz sogar zu vier Jahren Zuchthaus verurteilt, nach dem Kriege wieder befreit.
Er und Rosa Luxemburg wurden im Anschluß an die russische Revolution zu führenden Theoretikern der deutschen Revolution.
1919 wollten beide in Berlin das Proletariat an die Macht bringen. Der Versuch scheiterte.
Rosa Luxemburg (geb. 1870) gehörte zum radikalen Flügel der Sozialdemokratie, wurde 1914 in Frankfurt/Main wegen Aufforderung zum Ungehorsam der Truppe zu einem Jahr Gefängnis verurteilt, kam nach Verbüßung der Strafe in Schutzhaft und wurde erst am 9. November 1918 befreit.
Nach dem Zusammenbruch des kommunistischen Aufstandes wurden beide am 15. Januar 1919 einem Generalstabsoffizier der Kavallerie-Schützendivision zum Verhör ausgeliefert. Hauptmann Pabst, der das Verhör leitete, ordnete ihre Überführung ins Untersuchungsgefängnis Moabit an. Auf dem Weg dorthin sollten die beiden liquidiert werden. Sie wurden erschossen von Oberleutnant Vogel. Anschließend wurde Rosa Luxemburg in den Berliner Landwehrkanal geworfen (vgl. S. 140).
1962 erklärte der Hauptmann Pabst, der das Verhör geführt hatte, das Leben dieser beiden in Moskau geschulten Volksverhetzer sei es nicht wert gewesen, geschont zu werden. Im gleichen Jahr bestätigte ein Bulletin der Bundesregierung die beiden Morde als »standrechtliche Erschießung«.

Long, Huey P.

Geboren am 30. August 1893 in einer der ärmsten Gegenden von Louisiana (USA) wuchs der rhetorisch hochbegabte, ehrgeizige, auf großem Fuß lebende Long heran, einmal wegen Verleumdung angeklagt und auch verurteilt, aber sein Ruf als geschliffener Oppositionsredner war bereits so gefestigt, daß es nur noch zu einer Strafe von einem Dollar und einer Stunde Haft im Arbeitszimmer des Richters reichte.
Mit 34 Jahren wurde Long Gouverneur von Louisiana, vorwiegend mit den Stimmen der Landbevölkerung, die ihn wie einen Christus verehrte. Sein Ziel war aber von Anfang an das Weiße Haus. Mit einer ausgeklügelten Wahlparole, nämlich durch Vermögensaufteilung jeder Familie im ganzen Land 5000 Dollar schenken zu wollen, machte er sich beliebt, zumal manche seiner Versprechungen auch eingelöst wurden. Schulen und Straßen wurden gebaut, die Reichen wurden hart besteuert. Long selbst wurde Millionär.
Als er jedoch auch noch die Ölgesellschaften besteuern wollte, kam es zu einer Anklage wegen Amtsmißbrauchs.
Ab 1930 herrschte er wie ein Diktator in Louisiana, von kolossaler Angst vor Attentaten geplagt, ständig von bulligen Leibwächtern umgeben. Mit diktatorischer Gewalt brachte er im Parlament jedes Gesetz durch, wie er es haben wollte. Als er zum Senator von Louisiana gewählt war, wollte er auch den Posten des Gouverneurs noch behalten, was dem herrschenden Gesetz nicht entsprach. Um zu verhindern, daß sein bisheriger Stellvertreter, den er nicht mochte, Gouverneur wurde, machte er seine Sekretärin und Geliebte zur Staatssekretärin (ein selbst für Amerika ziemlich einmaliges Manöver) und besetzte den Gouverneursposten mit einem ihm genehmen Mann. Auch durch unmögliche Wahlmanipulationen machte er von sich reden. In einem bestimmten Bezirk (St. Bernhard) gab es nur 2000 Wähler, aber 3000 Stimmen für Long!
Mit eiserner Hand herrschte er über Louisiana. Man verglich sein Regiment mit dem Al Capones über Chikago. In Washington war er nicht besonders beliebt. Er schockierte seine Kollegen durch rüdes Benehmen und hielt sich selten an die Vorschriften des Protokolls. Präsident Roosevelt warf er vor, sich im Ersten Weltkrieg vor dem Wehrdienst gedrückt zu haben, während er selber sich hatte zurückstellen lassen (als unentbehrlicher Notar). Immer mehr sickerten seine unsauberen Machenschaften, Korruption und Bestechung, Amtsmißbrauch und Vetternwirtschaft durch. Je mächtiger und skrupelloser seine Herrschaft ausartete, desto dichter wurde der Gürtel von Sicherheitsbeamten um ihn. Zuerst schießen und dann fragen, das war seine Parole für die Leibwächter, falls sich ihnen eine zweifelhafte Gestalt nähern sollte.
Im Untergrund wuchs die Zahl seiner Feinde. Zu ihnen gehörte der Hals-, Nasen- und Ohrenarzt Dr. Carl Weiss (29) aus Boston. Weiss hatte persönlichen Anlaß für seine Feindschaft Long gegenüber: Sein Schwiegervater, ein aufrechter und von Long nicht geschätzter Richter von Louisiana, war von Long verdächtigt worden, daß Negerblut in seinen Adern fließe. Ein Vorwurf, der damals einem Rufmord gleichkam. Die berufliche Laufbahn war ruiniert, die Familie lebte nicht mehr sicher. Auch Weiss' Familie hatte unter diesem Vorwurf zu leiden.
Am 8. September 1935 verließ Dr. Weiss mit einem Revolver bewaffnet gegen Abend sein Haus und ging zum Kapitol. Im Korridor traf er auf Long, der von Leibwächtern umgeben war. Diese eröffneten sofort

das Feuer, schossen wild um sich und leerten ihre Magazine. Long wurde schwer verletzt und starb zwei Tage später im Krankenhaus. Weiss wurde von den Leibwächtern auf der Stelle getötet. 61 Einschüsse wurden in seinem Körper gezählt.
Es ließ sich später nicht mehr feststellen, wurde auch gar nicht untersucht, ob Long tatsächlich von einem Schuß aus der kleinen Pistole des Dr. Weiss getötet worden sein kann, ja es stand nicht einmal fest, ob Weiss überhaupt geschossen hatte. Denkbar, daß Long von seinen eigenen, wild um sich knallenden Wächtern erschossen wurde. Bis heute blieb diese Frage ungeklärt.

Marcos, Imielda

Auf die Frau des philippinischen Präsidenten Ferdinand Marcos, Imielda, wurde während einer vom Fernsehen übertragenen Veranstaltung in der Hauptstadt Manila am 7. Dezember 1972 ein Attentat verübt. Imielda Marcos, eine frühere Schönheitskönigin, war gerade dabei, Auszeichnungen an verdiente Bürger des Landes auszuteilen, als ein mit einem Messer bewaffneter Mann das Podium betrat und auf die Frau einstach. Sie erlitt Schnittwunden an beiden Armen und Händen. Bevor die Leibwächter den Unbekannten erschossen, verletzte er noch drei andere Personen, die sich bei der Präsidentengattin auf dem Podium befanden.
Als Tatmotiv kamen vermutlich politische Gründe in Betracht. Zu Beginn des Jahres 1972 war nämlich Imielda Marcos von Oppositionspolitikern beschuldigt worden, die Abgeordneten der verfassunggebenden Versammlung bestochen zu haben, um eine, inzwischen auch eingetretene, Verfassungsänderung zugunsten einer lebenslangen Amtszeit ihres Mannes durchzusetzen.

Moyne

Lord Moyne gehörte zum Kriegskabinett Churchills und war der höchste Repräsentant der englischen Krone in Kairo. Er wurde am Nachmittag des 6. November 1944 von zwei jungen Männern erschossen, als er in seinem Wagen, von seinem Amtssitz kommend, in den Hof seiner Villa einfahren wollte. Sein Chauffeur war sofort tot, Moyne starb wenig später nach einer Operation. Die beiden Täter versuchten mit dem Fahrrad zu fliehen, wurden aber von einem Polizisten eingeholt und festgenommen.
In England und in Ägypten löste der Mord eine große Empörung aus. Die Regierung in Ägypten war dem Sturz nahe, die palästinensische Presse verurteilte mit Abscheu den Mord. Die Juden hatten einen guten Freund und Streiter für ihre Interessen verloren.
Die beiden Täter waren Juden: Eliahu Bet Zouri (22) aus Tel Aviv und Eliahu Hakim (17) aus Haifa. Sie gehörten der Terrororganisation »Stern« an und kämpften für die Freiheit Israels. Lord Moyne wurde nach ihrer Aussage ermordet, weil er an der Unterdrückung jüdischer Nationalisten schuld und zudem das verhaßte Symbol der englischen Herrschaft in Palästina sei.
Schon zu Beginn der dreißiger Jahre hatten die beiden Jungens die jüdische Verteidigungsorganisation Haganah mit Waffen und Nahrung versorgt. Die Haganah kämpfte gegen die Araber, die Palästina als ihre Heimat ansahen und den zunehmenden Einwandererstrom von Juden mißbilligten. Als die arabische Wirtschaft nach dem englisch-italienischen Konflikt um Abessinien in Palästina immer tiefer sank, machten die Araber die Juden und die englische Regierung dafür verantwortlich. Die Engländer ihrerseits verurteilten Araber und Juden gleichermaßen als Unruhestifter.
Der Prozeß gegen die beiden Täter fand vom 10. bis 18. Januar 1945 statt. Beide wurden wegen Mordes zum Tode verurteilt.
Ihr Gnadengesuch wurde abgelehnt, zumal am 24. Februar 1945 der ägyptische Ministerpräsident Ahmed Maher von einem Ägypter auf offener Straße erschossen wurde.
Der Mord an Lord Moyne soll die Engländer derart beunruhigt haben, daß sie beschlossen, Palästina endgültig den Vereinten Nationen anzuvertrauen und damit den Weg für den freien Staat Israel freizumachen.

Papst Paul VI.

Als Papst Paul VI. zur Bischofskonferenz am 27. November 1970 in Manila eintraf, stürzte sich der als Priester verkleidete 35jährige bolivianische Maler Benjamin Mendozay Amor mit einem langen Messer auf den Papst. Ehe er zustechen konnte, wurde er vom Sekretär des Papstes zur Seite gerissen und sofort von Polizisten abgeführt. Der Papst blieb unverletzt.
Als Motiv gab der Attentäter an, er habe die »Menschheit von dem Aberglauben retten und dem philippinischen Volk die Heuchelei und Ignoranz des römischen Katholizismus deutlich machen wollen«.

Rasputin

Rasputin, ursprünglich Bauer, dann Mönch, hatte als solcher Zutritt zu den höchsten Gesellschaftskreisen des Zarenreiches. Vor allem die Damen fanden Gefallen an dem ungepflegten Mönch ohne »höfisches« Benehmen. Er kam in den Ruf, »Wundermönch« mit geheimnisvollen, magischen Kräften zu sein und brachte selbst die Zarin in seine persönliche Abhängigkeit.
Seine Anhängerschaft nahm stetig zu, die Damen machten einen Kult aus ihm, und als er seinen Einfluß auch noch auf den Zaren Nikolaus II. ausüben konnte, sahen viele in ihm den eigentlichen Herrn Rußlands. Vor allem den hohen Beamten und dem Adel waren seine Einflüsse, Rußland befand sich im Krieg, bedenklich, und so wuchs eine ganze Reihe Rasputin-Gegner am Zarenhof heran, unter ihnen vor allem der Großfürst Dimitrij Pawlowitsch, ein Abgeordneter der Duma namens Purischkiewitsch und Baron Suchtin.

Am 29. Dezember 1916 wurde Rasputin von dem damals 26jährigen Fürsten Felix Jussupoff ermordet. Zunächst sollte Rasputin im Palais des Fürsten mit Zyankali vergiftet werden, doch das Gift in Wein und Gebäck wirkte nicht, denn der Zucker bindet Zyankali und macht es dadurch unschädlich. Daraufhin wurde er erschossen und in die Newa geworfen.
Rasputins Einfluß auf die Zarenfamilie bestand in seiner Fähigkeit, die beim Zarewitsch auftretenden Blutungen, die von der Bluterkrankheit herrührten, zu stillen. Weil er dies konnte, schrieb man ihm übernatürliche hypnotische Fähigkeiten zu. Sein ausschweifender Lebenswandel, insbesondere seine sexuellen Exzesse, waren seinem Ruf keineswegs abträglich.

Rath, Ernst vom

Am 7. November 1938 betrat der 17jährige deutsch-polnische Jude Herschel Feibel Grünspan (auf polnisch: Grynszpan), bewaffnet mit einem Trommelrevolver, die Deutsche Botschaft in Paris, in der Rue de Lille. Unter dem Vorwand, ein wichtiges Dokument überreichen zu wollen, wurde er zu dem Legationssekretär Ernst Eduard vom Rath vorgelassen. Von hinten erschoß er den am Schreibtisch sitzenden vom Rath mit fünf Schüssen. Zwei Tage später, am 9. November 1938, starb vom Rath.
Die Motive dieses Attentats sind bis heute noch nicht eindeutig geklärt.
Dieser Mord hatte zwei Nachspiele: einmal wurde die sog. »Reichskristallnacht«, die große Judenverfolgung in Deutschland und im von Deutschen besetzten Ausland, in großem Umfang durchgeführt; zum anderen hatte 1960 der Bruder vom Raths den Schriftsteller Michael Graf Soltikow (»Eine Frau genügt nicht?«, »Die Katze«, »Rittmeister Wronski«) angeklagt wegen Verunglimpfung des toten Ernst vom Rath (§ 189 StGB). Dieser hatte in einem Bericht über den Mord behauptet, vom Rath und Grünspan hätten miteinander homosexuelle Beziehungen gehabt.
Während der Zeit des Dritten Reiches kam der Verdacht auf, Grünspan sei ein »Agent provocateur« der Nazis gewesen, in deren Auftrag er gehandelt habe, um einen Anlaß zur Inszenierung der »Reichskristallnacht« zu haben. Leo Trotzki jedoch kam in der Zeitung »Lutte Ouvrière« zu der Ansicht, eine solche Interpretation sei eine »politische Dummheit«, denn es widerspreche allen Erfahrungen, einen gedungenen Spitzel hinterher groß aufzubauen, wie es die Nazis getan hatten. Denn es bestand die Gefahr, daß der Täter vor einem Gericht über die wahren Hintergründe Aussagen macht.
Nach dem Attentat war Grünspan zunächst in Frankreich untergetaucht. Nach der Besetzung Frankreichs im Sommer 1940 begann die Geheime Feldpolizei nach ihm zu fahnden. Zwar war er von der französischen Justiz am 8. Juni 1940 wegen Mordes angeklagt worden – er hatte sich widerstandslos noch im Dienstzimmer vom Raths verhaften lassen –, war nach Bourges gebracht, dann auf freien Fuß gesetzt und schließlich auf seine eigene Bitte hin im Gefängnis von Toulouse untergebracht worden, doch es kam nicht mehr zu einem Prozeß, denn die französische Vichy-Regierung lieferte ihn am 18. Juli 1940 der Geheimen Feldpolizei aus.
Die Deutschen brachten ihn ins KZ Sachsenhausen und anschließend in das Untersuchungsgefängnis Moabit.
Der Prozeß gegen ihn, der eine Monster-Schau gegen das Judentum werden sollte, war auf den 11. Mai 1942 angesetzt, dann aber auf unbestimmte Zeit vertagt worden. Er fand schließlich überhaupt nicht mehr statt.
1945 kam Grünspan auf freien Fuß und soll heute noch unter falschem Namen in der Nähe von Paris leben. Indes erklärte ihn das Amtsgericht Hannover im Auftrag seiner Eltern, die jetzt in Israel leben, am 1. Juni 1960 für tot.
Die Frage nach dem Motiv seiner Tat verdichtete sich mittlerweile immer mehr auf eine Art Privatrache eines armen Juden an seinem begüterten Homo-Partner, wodurch das politische Motiv, das ihm die Nazis, allen voran Goebbels, unterstellten, verpuffte.
Es gibt neuerdings die Version, wonach Grünspan den vom Rath gar nicht hatte erschießen, sondern ihm nur einen Denkzettel hatte verpassen wollen, weil er die von Grünspan geleisteten »Dienste« zu schlecht honoriert habe.
Grünspan selbst hatte seine »Homo«-Veranlagung selbst zugegeben; er war Stammgast in den Pariser Homo-Lokalen »Eldorado« und »Tout va bien«, er besaß immer etwas Geld, ohne je einer geregelten Arbeit nachgegangen zu sein.
Goebbels konterte auf seine homosexuellen Beziehungen mit der Bemerkung: »Das ist natürlich eine unverschämte Lüge; immerhin aber ist sie geschickt erdacht, und sie würde, wenn sie im öffentlichen Prozeß vorgebracht würde, sicherlich das Hauptargument der ganzen gegnerischen Propaganda werden . . . Man kann hier wieder einmal erkennen, mit welch einer infamen Perfidie die Juden vorgehen, wenn man ihnen an den Kragen will.«

Rathenau, Walther

Rathenau (geb. am 29. September 1867 in Berlin) hatte Physik, Mathematik und Chemie studiert. Bei Ausbruch des Ersten Weltkrieges wurde ihm die Organisation der Rohstoffversorgung des Deutschen Reiches übertragen, und es war sein Verdienst, daß der Krieg länger als ein Jahr geführt werden konnte.
Kaum hatte er die politische Bühne betreten, begannen antisemitische Kampagnen gegen ihn. 1921 wurde er unter Reichskanzler Wirth Außenminister, trat für den Abschluß des Rapallo-Vertrages mit Rußland ein und drängte auf die genaue Erfüllung des Versailler Vertrages, was ihm den verhaßten Ruf eines »Erfüllungspolitikers« eintrug. Durch die ständige Hetze, der er ausgesetzt war, war er sich wohl bewußt, daß er

keinen natürlichen Tod sterben würde. Bewachung durch Polizei oder Detektive hatte er sich jedoch verbeten.

Am Morgen des 24. Juni 1922 fuhr er wie üblich in einem offenen Wagen von seiner Wohnung im Grunewald zum Außenministerium. In der Königsallee wurde sein Wagen von einem anderen Wagen überholt. Ein Täter schoß auf ihn mit einer Maschinenpistole, ein anderer warf eine Eierhandgranate in seinen Wagen. Rathenau starb wenige Minuten später.

Täter waren der 24jährige Leutnant a.D. Kern und der 26jährige Leutnant a.D. Fischer. Zur Gruppe der Verschwörerbande gehörte auch der 19jährige Ernst von Salomon.

Im In- und Ausland wogte eine Empörungswelle hoch, in Berlin kam es zu einer Massendemonstration von ungefähr 150000 Menschen, die gegen das Morden in Deutschland protestierten.

Das Attentat hatte zur Folge, daß bereits zwei Tage nach dem Mord eine Notverordnung zum Schutze der republikanischen Staatsform und der Mitglieder der republikanischen Regierung erlassen wurde. Republikfeindliche Straftaten wurden in Zukunft von einem eigens eingerichteten »Staatsgerichtshof zum Schutze der Republik« geahndet.

Eine Million Reichsmark war für die Ergreifung der Täter ausgeschrieben. Kern und Fischer hatten sich auf die Burg Saaleck bei Kösen geflüchtet. Bei einem Feuergefecht mit der Polizei wurde Kern erschossen, Fischer beging Selbstmord. Der Rest der Verschwörergruppe, 13 Angeklagte, wurde im Oktober 1922 vom Staatsgerichtshof in Leipzig angeklagt. Die Gruppe hatte keinerlei politisches Niveau, auch keine revolutionäre Theorie als Hintergrund für ihre Taten aufzuweisen.

Die Restgruppe war der Beihilfe zum Mord angeklagt. So auch der bekannte Schriftsteller Ernst von Salomon. Er wurde am 22. Oktober 1922 zu fünf Jahren Zuchthaus und fünf Jahren Ehrverlust verurteilt. Die Höchststrafe für ein anderes Mitglied der Gruppe betrug 15 Jahre Zuchthaus. Die Verschwörer waren nicht im strengen Sinne Verbrecher. Sie rekrutierten sich aus Professoren-, Offiziers- und Beamtensöhnen, waren selbst Offiziere im Krieg oder Studenten. Sie fühlten sich nach dem Krieg deklassiert und deplaziert, was Gefühle wie Verzweiflung und Erbitterung hervorrief. Die Republik mußten sie von ihrer Erziehung her als verwerflich bewerten, denn jetzt ging es ihnen und ihren Eltern schlecht. Die Monarchie, die sie hervorgebracht hatte, hatte auch den sozialen Status bereitgehalten, den Wohlstand und das geordnete politische System, an dessen Verlust die Generation krankte.

Alle Verurteilten wurden später begnadigt. Auf der Burg Saaleck, wo Kern und Fischer umgekommen waren, wurde im Dritten Reich eine Gedenktafel enthüllt mit der Inschrift: »Tu, was Du mußt, Sieg oder stirb – Und lass Gott die Entscheidung!«

Rathenau selbst war eine Persönlichkeit von großer geistiger Klarheit – und doch voll Widersprüche. Von Professoren wurde der junge Wissenschaftler als Dilettant verlacht, das Großkapital nannte ihn einen Anarchisten, für die Linken war er ein verkappter Kapitalist, nicht zuletzt warfen ihm die Gegner seine Bücher vor und die Literaten die Geschäfte mit seinen Büchern.

Der durch seinen Roman »Der Fragebogen« (1951) weltbekannt gewordene Schriftsteller von Salomon starb Anfang August 1972 im Alter von 69 Jahren an einem Herzversagen. Nach seiner Haftentlassung im Zusammenhang mit dem Rathenau-Mord kam er kurz darauf abermals wegen angeblicher Beteiligung an einem versuchten Femernord ins Gefängnis, wurde jedoch vorzeitig entlassen. Danach nahm er als Mitglied des Freikorps des Kapitäns Erhardt am Kapp-Putsch teil.

Rebet, Dr. Lev, und Bandera, Stefan

Im Jahre 1957 waren Dr. Lev Rebet, 1959 Stefan Bandera, beide ukrainische Exilpolitiker, in München ermordet worden. Täter war der Russe Bogdan Nikolajewitsch Staschynski. Gegen den 31jährigen fand 1962 vor dem Bundesgerichtshof in Karlsruhe der »Agentenprozeß des Jahres« statt. Am 19. Oktober 1962 wurde er wegen Beihilfe zum Mord in zwei Fällen und verräterischer Beziehungen zu einer Gesamtstrafe von 8 Jahren Zuchthaus verurteilt.

Staschynski (geb. am 4. November 1931) wurde in der Westukraine geboren und erlebte die Auseinandersetzungen zwischen Ukrainern und Polen mit. 1939 stand die Ukraine unter russischer, 1941 unter deutscher Herrschaft.

Die Ukraine hatte nur einmal ihr Ziel erreicht, ein selbständiger Staat zu sein, nämlich 1917. Zuvor und danach kämpften die Ukrainer teils offen, teils aus dem Untergrund gegen die Russen.

Nach dem Abitur (1948) studierte Staschynski in Lemberg. Es galt unter den Studenten als besonders mutig, schwarz zu fahren. Bei einer solchen Schwarzfahrt wurde er von der Transportpolizei erwischt. Der Polizei war bekannt, daß die Familie Staschynski der Widerstandsbewegung angehörte, und der junge Bogdan wurde von dem vernehmenden Hauptmann aufgefordert, für den sowjetischen Staatssicherheitsdienst zu arbeiten. Dafür sollte seine Familie vor Repressalien verschont werden, was auch Jahre hindurch geschah.

Als erstes wurde ihm aufgetragen, einer Widerstandsbewegung beizutreten und in Erfahrung zu bringen, unter welchen Umständen ein ukrainischer, aber prosowjetischer Schriftsteller ermordet worden war. Bogdan ermittelte den Täter, der später hingerichtet worden sein soll.

Nach diesem Erfolg seines ersten Auftrages wurde er nun in zwei Jahren als Agent ausgebildet, vor allem in Waffentechnik und deutscher Sprache. Als Agent hieß er von nun an Josef Lehmann.

Sein zweiter Auftrag bestand darin, in München den ukrainischen Exilpolitiker Dr. Lev Rebet zu beobachten. Grund: Durch die Emigrantenpresse werde ständig das Ansehen der Sowjetunion diskreditiert, weshalb die Führungsköpfe der ukrainischen Widerstandsbewegung zu beseitigen seien.

Von einem Offizier aus Moskau erhielt er dann in Berlin-Karlshorst eine Waffe, die aus einem 20 cm langen Rohr bestand mit einem Durchmesser von 2 cm. Im Rohr war eine Ampulle mit Gift. Durch einen Schlagbolzen wurde eine Pulverladung entzündet, dadurch die Giftampulle zerstört, so daß das Gift in Gasform das Rohr verlassen konnte. Durch das Einatmen des Giftes verengten sich beim Opfer alle Blutgefäße, wodurch der Tod binnen ganz kurzer Zeit eintrat. Staschynski selbst mußte vor der Benutzung der Waffe eine Tablette schlucken, die die Einwirkung des austretenden Giftes für ihn selbst unschädlich machte.
Am 12. Dezember 1957 rollte er seine Waffe in Zeitungspapier und ging in das Haus, in dem Rebet wohnte. Er traf Rebet im Treppenhaus und schoß das Gift auf ihn ab. Erst gegen Mittag wurde die Leiche gefunden. Da keinerlei Gewalteinwirkung festzustellen war, wurde als Todesursache Herzschlag angenommen.
Ende April 1959 wurde Staschynski in Moskau eröffnet, daß er nun den Ukrainer Bandera umzubringen habe. Die Waffe war inzwischen verbessert worden. Sie hatte zwei Läufe, und vor jedem Lauf war ein Netz angebracht, das das Herausschleudern von Glassplittern der Ampulle verhindern sollte.
Ein erster Anschlag auf Bandera schlug fehl. Eine zweite Person hatte ihn bei der Ausführung der Tat gestört.
Daraufhin bekam Staschynski Urlaub in Rußland. Im Oktober 1959 sagte ihm ein General in Karlshorst, sein Auftrag sei nunmehr als »Regierungsauftrag« zu betrachten.
Bogdan Staschynski fuhr abermals nach München und erledigte seinen Auftrag erfolgreich am 15. Oktober 1959.
Bandera wurde obduziert. Im Mageninhalt fand man Reste von Blausäure, so daß der Verdacht einer Vergiftung entstand.
Staschynski kehrte nach Ost-Berlin zurück und wurde als Held gefeiert. Er verfolgte die Beisetzung Banderas in der Wochenschau.
Plötzlich fühlte er sich als Mörder und machte starke innere Konflikte durch. In Moskau wurde ihm der »Kampforden des Roten Banners« durch Schelepin verliehen, den Vorsitzenden des Komitees für Staatssicherheit. Die Verleihungsurkunde war vom sowjetischen Staatsoberhaupt unterschrieben.
Staschynski heiratete Inge Pohl, die er in Berlin kennengelernt hatte. Als eines seiner Kinder starb, floh er mit seiner Frau von Ost-Berlin in den Westen. Er stellte sich der amerikanischen und der deutschen Polizei.
Im Prozeß gegen ihn stellte der Bundesgerichtshof fest, daß eigentlich nicht er, sondern seine Auftraggeber die Schuld trügen. Deshalb lautete das Urteil auch nicht auf Mord, sondern auf Beihilfe zum Mord.

Roosevelt, Franklin D.

Der mehrfach vorbestrafte Täter hieß Guiseppe Zangara, am 7. September 1907 in Italien (Ferruzzano) geboren, von Beruf Maurer. Sein Tatmotiv blieb bis heute ungeklärt.
Im Winter 1932 kam er zum erstenmal auf die Idee, einen amerikanischen Präsidenten, damals Herbert Hoover, zu ermorden. Da las er die Meldung, daß der neugewählte Präsident Roosevelt nach Miami reisen werde, und so beschloß er, eben diesen umzubringen.
Er kaufte sich einen Trommelrevolver mit zehn Schuß Munition.
Zum Empfang des Präsidenten am 15. Februar 1933 hatten sich in Miami viele Menschen eingefunden, um den neuen Präsidenten zu hören und zu sehen. Als gegen 21.30 Uhr der Wagen Roosevelts in den Park, wo die Veranstaltung stattfinden sollte, einfuhr, stürmten die Zuschauer nach vorn, um ihn zu begrüßen. Unter der Menschenmasse war auch Zangara. Er schoß fünfmal auf den Kopf des Präsidenten, doch dieser blieb unverletzt. Statt seiner sank der tödlich getroffene Bürgermeister von Chikago, Anton J. Cermak, zu Boden.
Der Täter wurde überwältigt und zum Tode verurteilt. Ein Gnadengesuch hatte er abgelehnt. Verärgert darüber, daß weder Kameramänner noch Leute vom Film anwesend waren, ließ er sich ungerührt auf dem elektrischen Stuhl hinrichten.

Scheidemann, Philipp

Das Attentat auf Philipp Scheidemann (1865–1939), den Oberbürgermeister von Kassel und ersten Reichskanzler der Weimarer Republik, hatte ein fast makabres Nachspiel. Am Pfingstsonntag 1922 ging Scheidemann mit seiner Tochter und seiner Enkelin in der Nähe der Wilhelmshöhe in Kassel spazieren. Da überholte ihn von hinten ein Mann, der, als er auf gleicher Höhe mit Scheidemann war, eine rote Flüssigkeit gegen Scheidemanns Wange spritzte. Ein zweiter Strahl traf die Nase. Scheidemann zog sofort seine Pistole und schoß, fiel dann aber bewußtlos zu Boden. Nach einer Viertelstunde hatte er sich wieder erholt und konnte nach Hause gehen. Die rote Flüssigkeit, so wurde festgestellt, war Blausäure, die nur deshalb kaum eine Wirkung hinterließ, weil es stark windig war.
Rechtsstehende Zeitungen nahmen den Vorfall zum Anlaß, Scheidemann fast einen Mord anzulasten. Er war nämlich in diesen Kreisen als »Novemberverbrecher« verhaßt, weil er am 9. November 1918 vom Deutschen Reichstag aus die Republik ausgerufen hatte. Scheidemann, gelernter Buchdrucker und später Schriftsteller, Mitglied des sozialdemokratischen Parteivorstandes, wurde im Februar 1919 von Reichspräsident Ebert zum ersten Kanzler der Weimarer Republik bestellt. Vier Monate später trat er schon zurück, nachdem er sich entschieden gegen die Annahme des Versailler Friedensvertrages gewandt hatte.
Den Mordanschlag hatten der Kaufmann Heinz Hustert (22) und der Landwirt Karl Oehlschläger (29) verübt. Der Mordplan stammte von Oehlschläger. Am 6. April fuhren die beiden nach Kassel und beobachteten

Scheidemann. Oehlschläger gab Hustert den Gummiball mit der Blausäure, und dieser spritzte dann auf Scheidemann.
Am 6. Dezember 1922 begann der Prozeß gegen die beiden Attentäter. Sie waren sofort geständig. Motiv: Scheidemann habe die Revolution gewollt und habe dadurch die Front geschwächt.
Beide wurden zu zehn Jahren Zuchthaus verurteilt, später jedoch begnadigt.

Shachori, Ami

Der 40 Jahre alte Landwirtschaftsattaché Shachori war israelischer Botschaftsrat in London. Er öffnete am 20. September 1972 einen an ihn persönlich adressierten Briefumschlag, der in Amsterdam aufgegeben war. Beim Öffnen explodierte der Inhalt und verletzte ihn so schwer, daß er auf dem Transport ins Krankenhaus starb. Ein weiterer Botschaftsangehöriger wurde dabei verletzt.
Der Anschlag gelang, obgleich für alle israelischen diplomatischen Vertretungen strenge Sicherheitsmaßnahmen getroffen wurden. Einen Tag vor dem Attentat hatte die Botschaft das jüdische »Versöhnungsfest« gefeiert. Die Botschaft erhielt am gleichen Tag noch zwei andere Briefumschläge, die ebenfalls mit Sprengstoff gefüllt waren, aber keinen Schaden anrichteten.
Beamte von Scotland Yard äußerten die Vermutung, daß hinter dem Anschlag die Terroristen-Organisation »Schwarzer September« stand. Überdies wurde ermittelt, daß die bekannte arabische Freischärlerin Leila Khaled sich kurze Zeit vor dem Attentat in Amsterdam aufhielt. Den Sprengstoffsendungen lagen nach Angaben des israelischen Rundfunks Zettel mit der Aufschrift bei: »Rache für die Invasion in unserem Vaterland – Schwarzer September.«
Zur gleichen Zeit wurden in Frankreich, der Schweiz, Großbritannien, Montreal und in Israel insgesamt 15 weitere Sprengstoffpäckchen abgefangen und unschädlich gemacht. Alle waren in den Niederlanden aufgegeben worden.
Die Sprengstoffsendungen gehörten in die Reihe der Racheakte, die arabische Untergrundorganisationen gegen Israelis starteten und die ihren Höhepunkt im Münchner Attentat hatten (s. S. 454ff.).
Die Briefbomben funktionierten nach dem sog. »Mausefallenprinzip«: Ein Federbügel wird nach dem Verschließen des Briefumschlages in Ruhestellung gebracht. Wird der Umschlag geöffnet, so wird der Bügel frei und schlägt auf den Zünder, der dann den Sprengstoff zur Explosion bringt.

Stalin

Der Plan der SS, Generalissimus Stalin mit Gift, Pistole und Panzerfaust umzubringen, stützte sich darauf, daß Stalin fast jeden Tag im Auto von seiner Wohnung im Kreml zu einem Moskauer Untergrundbahnhof fuhr. Dort war der sowjetische Generalstab bombensicher untergebracht. Und hier hatte auch Stalin sein Büro. Auf dem Weg durch die Stadt sollte das Attentat durchgeführt werden.
Der Attentatsversuch lief unter dem Decknamen »Unternehmen Zeppelin«.
In der Nacht vom 5. zum 6. September 1944 flog eine viermotorige Arado 232 B in einer Höhe von 7500 Metern Richtung Smolensk. Pilot und Kommandant der Arado war Oberleutnant Neumann. In der Maschine saß ein Mann in der Uniform eines Majors der Roten Armee, geschmückt mit Leninorden und dem goldenen Stern, wie er Helden der Sowjetunion verliehen wird. Sein Tarnname war Pjotr Iwanowitsch Tawrin. Neben dem Agenten saß eine etwa 20jährige Frau in Leutnantsuniform. Sie hatte den Namen Lidia Jakowlewna Schilowa erhalten.
Angeblich waren die beiden auf Dienstreise mit einem streng geheimen Auftrag des sowjetischen Abwehrdienstes.
Kurz vor Smolensk riß die Wolkendecke auf, und die Maschine wurde unter Flakbeschuß genommen. Der vorgesehene Landeplatz konnte daher nicht angeflogen werden.
Mit einem mitgeführten Motorrad mit Beiwagen, dunkelgrün angestrichen, wie es bei der Roten Armee üblich war, wollten die beiden Agenten sofort nach der Landung nach Moskau fahren.
Auf einem Ersatzlandeplatz setzte die Maschine hart auf und ging in die Brüche. Personen wurden nicht verletzt, auch das Motorrad war heil geblieben. Das »Unternehmen Zeppelin« konnte gestartet werden.
Der Agent, Major Tawrin, war im Mai 1942 zu deutschen Truppen übergelaufen und hatte sich angeboten, mit den Deutschen gegen die Russen zu kämpfen. In Wirklichkeit hieß er Pjotr Iwanowitsch Schilo, geboren 1909.
Der desertierte Russe verriet den Deutschen die Stärke, die Kampfmoral und die Bewaffnung der Sowjets von dem Frontabschnitt, wo er als Kompaniechef gekämpft hatte. Die Deutschen setzten ihn als Spitzel in russischen Kriegsgefangenenlagern ein und waren mit seiner Entlarvung verschiedener Spione recht zufrieden. Beim SS-Hauptkommando Nord in Riga wurde er zum Agenten ausgebildet. Langsam wurde er dann in den Plan eingeweiht, »eine höchste Persönlichkeit in Moskau« zu liquidieren. Der hitlertreue Russe war einverstanden. Der Plan, Stalin umzubringen, stammte von Walter Schellenberg, dem Chef der Spionageabteilung des Reichssicherheitshauptamtes, und seinem Mitarbeiter Otto Skorzeny, dem Befreier des Duce. Erstmals trat der Plan 1943 in der Diskussion zwischen beiden SS-Führern auf.
Monatelang mußte sich Tawrin einem Konditionstraining aussetzen. Dabei lernte er auch Lidia kennen, die er heiratete.
Beide bekamen Sowjetuniformen, Orden und Papiere, alles gefälscht. Mit auf die Reise bekam er einen fünffach versiegelten Briefumschlag, der auswies, daß er Geheimpapiere von größter Wichtigkeit enthielt. Dazu kamen noch 500 Dokumente, Schecks, ein Führerschein, Diplome eines Akademikers, sogar die

Unterschrift des Staatspräsidenten Kalinin war so perfekt gefälscht, daß keine russische Streife an ihrer Echtheit Zweifel gehegt hätte.
Pistole, Panzerfaust, Taschenlampe, eine Haftmine von gewaltiger Zerstörungskraft, ein Spezialfunkgerät und eben das Beiwagenmotorrad gehörten zu seiner Ausrüstung. Nicht zuletzt auch seine Frau Lidia. Seinen letzten Schliff erhielt er von Otto Skorzeny persönlich.
Hitler und Himmler waren in den Plan eingeweiht und hatten ihn auch gebilligt.
Twarin sollte sich nach der Landung mit dem Motorrad bis Moskau durchschlagen und erforschen, welchen Weg Stalin in seinem Wagen vom Kreml zur Metro-Station zu nehmen pflegt. Im richtigen Moment sollte er dann Stalin töten. Die deutsche Führung erhoffte sich von dem gelungenen Attentat Panik und Unruhe unter der russischen Bevölkerung, ein Abstoppen des Vormarsches der Sowjetarmee und endlich Uneinigkeit unter den Alliierten.
Doch ehe der Plan ausgereift, Twarin ausgebildet und die Maschine startfertig gebaut war (sie war eine Sonderausführung), war der Attentatsplan bereits dem sowjetischen Geheimdienst bekannt geworden.
Ende Juni 1944 hatten die Sowjets in den Wäldern um Smolensk deutsche Fallschirmjäger gefangengenommen, die den Auftrag hatten, einen geeigneten Nachtlandeplatz für das Sonderflugzeug Arado auszukundschaften. Die Soldaten wurden verhört und gaben schließlich ihren Auftrag preis.
Daraufhin verschärften die Sowjets ihre Kontrollen an Brücken und Straßen. Trotzdem gelang es Twarin mit Lidia, nach der Bruchlandung durch die Kontrollen zu kommen und den Weg nach Moskau einzuschlagen.
Etwa 30 Kilometer vor Moskau gerieten sie in eine Militärkontrolle. Sein Offiziersausweis und seine Orden nutzten ihm nichts. Unter dem Vorwand, auf seinem Marschbefehl fehle ein Stempel, wurde Twarin ins Wachhäuschen beordert. Kaum hatte er es betreten, wurden ihm schon Handschellen angelegt. Draußen wurde Leutnant Lidia verhaftet.
Die beiden Agenten wurden daraufhin nach Moskau gebracht und tagelang verhört.
Der Geheimauftrag Twarins endete mit einem Spiel zwischen dem russischen und deutschen Abwehrdienst. Lidia mußte nämlich nach Riga funken, daß der Auftrag geklappt habe. Auf deutscher Seite war man sicher, daß das Attentat gelingen würde. In Wahrheit waren aber Tawrin und Lidia bereits Gefangene der Sowjets. Dann brach die Funkverbindung nach Riga ab. Von Tawrin und Lidia fehlt bis heute jede Spur.
Auch der Versuch der Deutschen, das Begleitpersonal der Agenten vom Ort der Bruchlandung herauszuschlagen, scheiterte.
Das Attentat auf Stalin mißlang aufgrund der Arbeit des sowjetischen Geheimdienstes.

Stürghk, Graf

Am 21. Oktober 1916 wurde in Wien der Ministerpräsident Graf Stürghk von dem österreichischen Sozialistenführer Dr. Friedrich Adler erschossen.
Früh schon war Adler in die Arbeiterbewegung gekommen, begeisterte sich für die Revolution 1848 und hatte schon als Zehnjähriger die Idee, einen österreichischen Vogt zu töten. Adler studierte Physik und Philosophie, habilitierte sich, wurde Redakteur der Zeitung »Volksrecht« und Sekretär der österreichischen SPD.
Adler wußte, daß Stürghk regelmäßig im Hotel »Meißl und Schadn« zu Mittag aß. Am Tattag aß auch er in diesem Hotel zu Mittag, wartete, bis eine Dame, die hinter Stürghk saß und leicht hätte verletzt werden können, gegangen war, stand auf, trat an den Tisch des Ministerpräsidenten und schoß ihn mit vier Schüssen nieder. Stürghk war auf der Stelle tot, Adler wurde sofort in der Vorhalle des Hotels verhaftet.
Bei seiner Vernehmung bekannte er sich nur in dem Sinne schuldig, wie jeder Offizier im Krieg schuldig wird, der den Feind erschießt. Anderthalb Jahre hatte er den Mord geplant, und er sehe jede Gewalttat gegen die in Österreich Herrschenden als gerechtfertigt an. Der Regierung warf er Verfassungsbruch vor, weil sie die Schwurgerichte abgeschafft und damit einen Staatsstreich begangen habe. Der hochintelligente Täter bescheinigte jedem Staatsbürger das Recht, sich sein Recht selbst zu schaffen. Sein Verteidiger stufte ihn als Revolutionär ein und beantragte Freispruch. Das Gericht verurteilte ihn aber wegen Mordes zum Tode durch den Strang. Ehe der Vorsitzende die Verhandlung schloß, rief Adler: »Es lebe die internationale Sozialdemokratie!«
Die Habsburger Monarchie war gegen Ende des Jahres 1916/Anfang 1917 bereits so geschwächt, daß sie es sich nicht leisten wollte, in der unruhigen Kriegszeit noch einen politischen Märtyrer zusätzlich zu schaffen. Kurz vor seinem Abdanken amnestierte Kaiser Karl Adler.
Nach dem Ersten Weltkrieg organisierte Adler die österreichische Arbeiterbewegung und wurde zum geistigen Führer der neugegründeten Sozialistischen Internationale. Die österreichische SPD wurde zur radikalsten aller sozialdemokratischen Parteien in Europa.
Zu Beginn des Dritten Reiches emigrierte Adler nach Amerika und starb, ohne nach dem Krieg nochmals politisch aktiv geworden zu sein, am 2. Januar 1960 in Zürich im Alter von 81 Jahren.

Trotzki, Leo

Die russische Revolution von 1917 war die wohl stärkste revolutionäre Bewegung der Geschichte. Nach dem Grundsatz: Gewalt erzeugt Gegengewalt, wurden zahlreiche Attentate ausgeführt.
Am 30. August 1918 sollte Lenin umgebracht werden. Er hatte auf einer Versammlung gesprochen. Als er den Saal verließ, trat eine Frau zu ihm und bat ihn um Beantwortung verschiedener Fragen. Als Lenin

draußen in seinen Wagen steigen wollte, schoß die Fragerin aus nächster Nähe dreimal auf Lenin, der am Hals und am Schlüsselbein verletzt wurde. Die Frau gab als Motiv an, Lenin habe die Revolution verraten. Lenin selbst setzte sich dafür ein, daß die Frau, Fanja Kaplan, nicht zum Tode verurteilt wurde. Sie starb am 3. September 1918.
Nach Lenins Tod kam es zu Auseinandersetzungen zwischen Stalin und Trotzki. Trotzki war Mitbegründer der Partei der Bolschewiken und hatte 1918 als Kriegsminister die Rote Armee aufgestellt. Er war gegen die Verbürgerlichung des Systems und gegen den Personenkult. Als sich Stalin 1927 durchgesetzt hatte, schloß er Trotzki aus der Partei aus und schickte ihn zwei Jahre später ins Ausland. Zeit seines Lebens war er der meistgehaßte Gegner Stalins. In seinem Asyl in Norwegen wurde er inhaftiert und mit seiner Familie grausamen Schikanen ausgesetzt. Norwegens Justizminister war damals Trygve Lie, der später unter Zustimmung der Sowjetunion zum ersten Generalsekretär der Vereinten Nationen ernannt wurde. Freunde Trotzkis, darunter der Maler Diego Rivera, verschafften ihm ein neues Asyl in Mexiko. Trotzki schätzte Stalin richtig ein: »Er versucht nicht, die Ideen seiner Gegner zu bekämpfen, sondern er zielt auf ihre Köpfe.« Und Stalin sagte 1937: »Die Welt ist zu klein für Leo Trotzki und mich.«
1938 war das erste Attentat auf Trotzki, 1940, am 24. Mai, das zweite. Siqueiros, ein bekannter Maler, Kommunist und Führer der mexikanischen Bergarbeiter, Teilnehmer am Spanischen Bürgerkrieg, hatte sich bereit erklärt, Trotzki zu beseitigen. Nachts zwischen 3 und 4 Uhr drangen 20 Männer in Polizei- und Militäruniform in Trotzkis Haus ein, entwaffneten die Posten, stellten im Hof mehrere Maschinengewehre auf und schossen in Trotzkis Schlafzimmer. Trotzki warf sich mit seiner Frau neben das Bett und überlebte den Anschlag. Wegen dieses Attentates wurde der Maler Siqueiros niemals angeklagt und verurteilt.
Nach diesem Feuerüberfall, der zwanzig Minuten dauerte (200 Schüsse wurden abgefeuert und das Haus wurde mit Brandbomben beworfen), wurde Trotzkis Haus in eine sichere Festung umgebaut. Ständig beschützte eine ausgesuchte Leibwache sämtliche Zugänge zum Haus. Panzertüren und Stahljalousien erhöhten noch die Sicherheit.
Nur ein Mann, der sich Frank Jacson nannte und über die Schwester einer Sekretärin Trotzkis eingeführt worden war, konnte jederzeit ungehindert das Haus betreten. Trotzki unterhielt sich mit ihm nach dem Feuerüberfall. Jacson sagte: »Beim nächsten Anschlag wird die GPU andere Methoden anwenden.« Trotzki wußte, daß ein als Freund getarnter GPU-Mann der beste Mörder wäre.
Am 10. August 1940 sagte Jacson zu Trotzki, er wolle einen Zeitungsartikel gegen Trotzkis Feinde schreiben. Eine Woche später kam er mit dem fertigen Artikel und bat Trotzki um sein Urteil. Trotzki spürte plötzlich ein Unbehagen dem Mann gegenüber und wurde mißtrauisch. Trotzdem wurde Jacson am 20. August 1940, gegen 17.30 Uhr, ohne Behinderung zu Trotzki vorgelassen. Trotzki las an seinem Schreibtisch den Artikel. In diesem Moment schlug Jacson mit einem mitgebrachten Eispickel auf Trotzkis Kopf. Trotzki schrie laut auf und griff Jacson an. Ein Leibwächter kam zu Hilfe und schlug Jacson zu Boden. Trotzki wurde operiert, starb aber am nächsten Tag. Am 27. August 1940 wurde seine Leiche eingeäschert und im Hof seines Hauses in Coyoacan beigesetzt, nachdem etwa 30000 Menschen am Sarg vorbeidefiliert waren.
Der Prozeß gegen Jacson, der sich auch Mornard nannte, begann 1943. Er wurde zu 20 Jahren und einem Tag Zuchthaus verurteilt (der höchsten Strafe nach mexikanischem Recht).
Nachdem 1944 die Revision des Urteils abgelehnt worden war, saß Mornard im Gefängnis Lecumberri in Mexiko. Am 6. Mai 1963, drei Monate vor dem Ende der Strafe, wurde dann Mornard, der seine Tat niemals bereut hatte, entlassen. Mit einem tschechoslowakischen Paß fuhr er zuerst nach Kuba und reiste dann wahrscheinlich nach Prag weiter.
Der Mörder Jacson-Mornard hieß in Wirklichkeit Jaime Ramon Mercader del Rio Hernandez, geboren 1913 in Barcelona, hatte sich früh Anarchistenkreisen angeschlossen, kämpfte als Angehöriger kommunistischer Gruppen gegen die Zentralregierung in Madrid, wurde mehrmals verhaftet und nahm schließlich am Spanischen Bürgerkrieg als politischer Kommissar teil.
Ein russischer Generalmajor namens Eitingon unterrichtete Ramon in der Technik des Guerillakrieges. Eitingon und Ramons Mutter warteten während des Attentats auf Trotzki in einer Nebenstraße. Als Ramon aber nicht kam, floh seine Mutter nach Lateinamerika, General Eitingon setzte sich nach Acapulco ab. Wochen später trafen sich die beiden in Moskau wieder und wurden auf Veranlassung Berijas Stalin vorgestellt. Stalin verlieh Ramon den Orden des »Helden der Sowjetunion«.

Truman, Harry S.

Am 1. November 1950 ließen sich zwei Männer mit einem Taxi in die Nähe von Präsident Trumans Wohnung in Washington fahren, näherten sich von zwei Seiten dem Haus, wollten es betreten und den Präsidenten erschießen.
Täter waren Oscar Collazo (geb. 1914) und Griselio Torresola. Als sie das Haus betreten wollten, wurden sie von Polizeibeamten zurückgehalten. Sofort zog Collazo seine deutsche Armeepistole, es gab einen Schußwechsel, da brach Collazo, in der Brust getroffen, auf der Treppe des Hauses zusammen.
Im gleichen Moment stürmte Torresola vor und schoß zwei Beamte nieder. Als er durch die Haustür laufen wollte, wurde er von einem anderen Beamten erschossen.
Im Krankenhaus konnte Collazo seine Verletzungen ausheilen. Als Tatmotiv kam die Ermordung von 65 Puertoricanern durch die amerikanische Regierung in Betracht. Die Täter traten für die Freiheit ihrer Landsleute ein, die als Soldaten in Korea kämpfen mußten für eine Freiheit, deren sie sich selbst zuhause niemals erfreuen durften.

Am 27. Februar 1951 begann der Prozeß gegen Collazo. Er wurde zum Tod verurteilt, doch Präsident Truman begnadigte ihn zu lebenslanger Freiheitsstrafe.
Damit war aber der Attentatsprozeß noch nicht zu Ende. Hinter den beiden Tätern stand nämlich eine Frau als führender Kopf der Verschwörung: Lolita Lebron, eine 34jährige Näherin aus New York. Sie war nach ihrem Attentat am 1. März 1954 zusammen mit Collazos Frau und anderen Puertoricanern verhaftet worden. Sie hatten versucht, das Interesse der Öffentlichkeit auf das ihrem Land von der US-Regierung angetane Unrecht zu lenken und wollten Mitglieder des Repräsentantenhauses »erledigen«.
Sie betraten gegen 14 Uhr des 1. März 1954 die Galerie des Repräsentantenhauses und feuerten von dort 25 Schüsse ab. Fünf Abgeordnete wurden dabei z.T. schwer verletzt. Die Täter wurden sofort überwältigt.
Auf einem Zettel war das Tatmotiv formuliert: »Vor Gott und der Welt schreit mein Blut nach der Unabhängigkeit Porto Ricos. Ich gebe mein Leben hin für die Freiheit meines Landes . . .«
Lolita Lebron bekam eine Zuchthausstrafe von 16 Jahren und 8 Monaten. Die Mittäter erhielten Zuchthausstrafen von 25 bis 75 Jahren.
Nach diesen Attentaten brach in Puerto Rico ein Aufstand aus, der mit Waffengewalt niedergeschlagen wurde. –
Im Jahre 1947 wollten Anhänger der militanten zionistischen »Stern-Gruppe« (Israel) Truman durch Briefbomben ermorden. Im Weißen Haus in Washington wurden damals eine Anzahl Briefumschläge abgefangen, die an Präsident Truman und Mitglieder seines Stabes adressiert waren. Die Briefumschläge enthielten Sprengstoffpulver, Batterien und Zünder, die die Sprengladungen beim Öffnen der Briefe zur Explosion gebracht hätten. Grund dieser Attentatsversuche war vermutlich Trumans Eintreten für die Aufteilung Palästinas zwischen Juden und Arabern. Außerdem hatte er 1947 die Zionisten aufgefordert, Zurückhaltung gegenüber den Arabern in Palästina zu üben.

Uweische, Abdul Hussein

Die Ermordung des Oberscheichs der nordwestjordanischen Beduinenstämme, Abdul Hussein Uweische, eine der bekanntesten Persönlichkeiten unter den arabischen Wüstenscheichs, erregte wegen ihrer Hinterlist und Grausamkeit die Weltöffentlichkeit.
Zwei Männer und eine Frau lockten am 21. März 1971 den Scheich in ein Haus in Beirut. Einer der Täter schuldete dem Scheich umgerechnet 50000 Mark. Unter dem Vorwand, ihm das Geld zurückzahlen zu wollen, hatten die Täter ein bestimmtes Haus als Treffpunkt vorgeschlagen, und der Scheich, in der Hoffnung, sein Geld endlich wiederzuerhalten, war auf den Vorschlag eingegangen.
Kaum hatte er das Haus betreten, überfielen ihn die drei Personen und brachten ihn um.
Sein Kopf war abgeschlagen und in einem Ofen verbrannt worden. Den Rumpf fand die Polizei auf einem Abfallhaufen.

Verwoerd, Hendrik

Vor den Augen der Abgeordneten erstach am 6. September 1966 der weiße Parlamentsdiener Dimitri Tsafendakis den südafrikanischen Ministerpräsidenten Hendrik Verwoerd (geb. 1901 in Amsterdam) gerade in dem Moment, als er ihm ein Schriftstück reichte.
Schon einmal, am 9. April 1960, war von dem Farmer David Prall ein Revolverattentat auf Verwoerd verübt worden, doch der Anschlag war danebengegangen.
Verwoerd, von Beruf Professor für angewandte Psychologie und Soziologie, war seit 1932 in der Politik tätig, seit 1950 Minister für Eingeborenenfragen und seit 24. August 1958 Regierungschef. Als harter Vertreter der Apartheidspolitik hatte er sich viele Feinde gemacht, zu denen vermutlich auch der Attentäter gehörte.

Wallace, George

Der Gouverneur von Alabama, George Wallace, wurde am 15. Mai 1972 während einer Wahlveranstaltung um die Präsidentschaftskandidatur der Demokratischen Partei durch ein Schußattentat schwer verletzt und von der Taille abwärts gelähmt. Der 52jährige Politiker wurde von 5 Pistolenschüssen getroffen. Wallace vertrat im Wahlkampf einen harten Kurs zur Rassentrennung und galt als amerikanischer Negerschreck.
Doch sein Attentäter war ein Weißer: der 21jährige Arthur Bremer, ein Einzelgänger, der ohne Hintermänner allein für den Anschlag verantwortlich war.
Er wurde von einem Geschworenen-Gericht in Maryland, wo auf politischen Attentaten eine Strafe von 123 Jahren Zuchthaus steht, schuldig befunden (am 6. August 1972) und zu 63 Jahren Gefängnis verurteilt. Dies bedeutet, daß er frühestens nach 16 Jahren wegen guter Führung aus der Haft entlassen werden kann.
Bremer, der vor Gericht auch keine politischen Gründe als Tatmotiv nennen konnte, verstand sich als Schüler von Sirhan Sirhan, der 1968 Senator Robert Kennedy ermordet hatte.
Am 1. Oktober 1972 erließ ein Untersuchungsausschuß in Upper Marlboro im Bundesstaat Maryland Bremer zehn Jahre von seiner Gefängnisstrafe. Eine Begründung wurde nicht angegeben.

Wessel, Horst

Der SA-Sturmführer Horst Wessel, Jura-Student und Pfarrerssohn, galt als Nationalheld des Dritten Reiches. Von ihm stammte, wie die NS-Propaganda verbreitete, das Horst-Wessel-Lied, neben dem Deutschland-Lied die zweite Nationalhymne (»Die Fahne hoch . . .«). Horst Wessel, so wurde berichtet, sei von Kommunisten ermordet worden.

Die andere Version seines Todes lautete jedoch: Horst Wessel war ein übler Zuhälter und sei in einem Zuhälter-Machtkampf um eine Dirne getötet worden.
Was ist der Hintergrund zu diesem Fall?
Horst Wessel hatte sein Studium und sein Elternhaus aufgegeben, um unter die Arbeiter zu gehen und sie vom Kommunismus zum Faschismus zu bekehren. Er hielt sich oft im Arbeiter- und Dirnenviertel um den Alexanderplatz in Berlin auf, um zu diskutieren. Hier lernte er eine Dirne namens Anna kennen. Diese gab ihr Gewerbe auf, wurde Schneiderin und lebte mit Wessel zusammen bei der Witwe Salm in der Großen Frankfurter Straße 62. Hier empfing er SA-Leute, es wurde laut geredet, die Witwe beschwerte sich. Außerdem gab es Streit wegen Anna.
Am Abend des 14. Januar 1930 ging die Witwe in eine Kneipe, in der Funktionäre der Bereitschaft Nr. 1 der kommunistischen Sturmabteilung Berlin-Mitte tagten. Sie war hervorgegangen aus dem verbotenen Rot-Front-Kämpfer-Bund, der offiziell nichts mehr mit der KPD zu tun hatte.
Bei ihnen beschwerte sich die Genossin über ihren Nazi und bat um Hilfe. Sie berichtete, daß Wessel Waffen besitze und ein Buch mit Namen von Kommunisten, ihren Adressen und ihrem Verhältnis zur Partei. Die Bereitschaft Nr. 1 beschloß, dem Nazi eine »proletarische Abreibung« zu verpassen, d. h.: ihn krankenhausreif zu schlagen. Dies sollte gleichzeitig als Rache dienen für einen Ermordeten aus ihren Reihen. Die Tat wurde dem SA-Sturm 5 angelastet, der unter Wessels Befehl stand.
Die Schlägertruppe setzte sich zusammen aus Mitgliedern eines »Ring-Vereins«, einer Organisation von Zuhältern und Verbrechern in Berlin. »Ali«, »Pipel« und Erwin machten sich bewaffnet auf den Weg. Sie waren schon vorbestraft wegen Zuhälterei, Hehlerei, Meineid.
Sie drangen in die Wohnung der Witwe Salm ein und eröffneten sofort das Feuer auf Horst Wessel, der zu Boden sank.
Da sah Ali die ehemalige Dirne Anna. Erstaunen auf beiden Seiten. Man kannte sich aus dem Milieu. Die drei Täter verließen die Wohnung, ohne jedoch die Liste mit den Namen der Rot-Front-Kämpfer gefunden zu haben.
Frau Salm schickte zu einem Arzt. Das hörte Horst Wessel und schrieb auf einen Zettel: »Einen Arzt. Aber nicht den Juden Selow! Bringt mich ins Achenbachkrankenhaus!«
Inzwischen hatten Hausbewohner die Polizei alarmiert. Bis ein anderer Arzt gefunden war, hatte Wessel bereits zwei Liter Blut verloren. Er war so geschwächt, daß er ein paar Tage später trotz Operation starb. Hätte er sich von dem Juden behandeln lassen, so wäre er mit dem Leben davongekommen. Sein Judenhaß tötete ihn.
Die politische Polizei und die Kripo schalteten sich in die Ermittlungen ein. Wessel hatte sich bei den Kommunisten verhaßt gemacht und bei Zuhältern, weil er denen die Dirne Anna ausgespannt hatte. Bei einer Hausdurchsuchung fand die Kripo bei einem Zuhälter, bei Ali, die Fahne der kommunistischen Sturmabteilung Mitte, rote Schärpen, Armbinden und die Uniform des verbotenen Rot-Kämpfer-Bundes.
Während Dr. Goebbels in einem pathetischen Aufruf Horst Wessel als politisches Opfer hinstellte, stand am nächsten Tag in der Zeitung (Rote Fahne) ein Artikel unter dem Titel: »Der beste Sturmführer der SA ein Zuhälter!« Es wurde weiter berichtet, Horst Wessel habe dem Albert Höhler (»Ali«) die Prostituierte Anna abspenstig gemacht. Aus Wut darüber habe Ali den Wessel dann niedergeschossen.
Diese Version versuchte die offizielle Parteipropaganda zu verheimlichen.
Ali war von Freunden in die Tschechoslowakei abgeschoben worden. Er hielt es aber nicht lange ohne das Milieu vom Alexanderplatz aus und kehrte nach Berlin zurück. Auch die offizielle KPD distanzierte sich übrigens von der Tat der kommunistischen Zuhälter.
In Berlin wurden Ali, Erwin und Pipel kurz darauf verhaftet. In einem Prozeß vom 22. September 1930 wurden sie wegen Totschlags zu sechs beziehungsweise fünf Jahren Zuchthaus verurteilt. Die Witwe Salm erhielt anderthalb Jahre Gefängnis wegen Beihilfe.
Die Beerdigung wollte Dr. Goebbels groß aufbauschen. Aber das Preußische Innenministerium hatte den Demonstrationszug verboten. Trotzdem kam es zu einer Straßenschlacht. Die kommunistische Zentrale hatte die Massen mobilisiert. Menschen stellten sich dem Leichenzug in den Weg. Der Sarg wurde mit Steinen beworfen. Autos, in denen Goebbels, Göring und andere NS-Führer mitfuhren, wurden umzuwerfen versucht.
An der Friedhofsmauer stand in großen Buchstaben: »Dem Zuhälter Horst Wessel ein letztes Heil Hitler!«
Das Horst-Wessel-Lied hatte Wessel weder komponiert noch getextet. Die Melodie stammte aus dem Liederschatz der Rot-Front-Kämpfer. Er hatte im Text nur statt »Rotfront« das Wort SA eingesetzt und statt »rote Bataillone« braune Bataillone. So war die deutsche Nationalhymne im Grunde ein kommunistisches Lied.
Am 20. September 1933 wurde Ali Höhler von der Gestapo der Berliner SA-Führung ausgeliefert. Später fand man seine Leiche in einem Stück Wald östlich von Berlin.
Der NS-Führung genügte die offizielle Version um den Tod ihres SA-Führers noch nicht. Auch erschien ihr der Täter, ein Zuhälter, zu unbedeutend.
Zwei völlig unschuldige Männer (Juden?), der Friseur Hans Ziegler und der Maler Sally Epstein, wurden denunziert, sie hätten bei der Ermordung Horst Wessels Schmiere gestanden.
So fand am 10. April 1935 erneut ein Prozeß statt. Die beiden wurden zum Tod durch das Beil verurteilt. Ein doppelter Justizmord. Aber es war erreicht, was die NS-Führung wollte: Der Mord an Horst Wessel war gereinigt von zwielichtigen Gestalten der Unterwelt.

X, Malcolm

Der Sohn eines farbigen Baptistenpredigers war in Omaha, Nebraska, geboren (19. Mai 1925). Nach dem sehr erfolgreichen Besuch der Volksschule ging er nach Harlem, wurde Zuhälter, Einbrecher und Rauschgifthändler. Mit 21 Jahren bekam er fünf Jahre Gefängnis. Als er entlassen wurde, nannte er sich Malcolm X (ursprünglicher Name: Malcolm Little). Im Gefängnis war er wie viele andere Häftlinge von den Lehren der Sekte der »Black Muslims« bekehrt worden.

Diese Sekte entstand im Sommer 1930 in Detroit, als im Negerviertel ein Hausierer auftauchte und den Negerfrauen Seidenstoffe verkaufte, wie sie im dunklen Afrika getragen werden. Er war ein unterhaltsamer Mann, der immer Geschichten aus fernen Ländern zu erzählen wußte, und mit der Zeit rankte sich um ihn der Nimbus eines Propheten. Plötzlich war er spurlos verschwunden.

Sein Nachfolger war ein gewisser Prophet namens Elijah Muhammed, der von Chikago aus seine Anhänger regierte. Die Lehre dieser Sekte schrieb strenge Lebensregeln vor: Verbot des Genusses von Alkohol, Rauschgift und Schweinefleisch, Glücksspiele waren unerlaubt, Ehebruch und der Warenkauf auf Kredit ebenso. Die Anhängerinnen pflegten wallende weiße Gewänder zu tragen und sich nur als Hausfrauen zu betätigen.

Hatte diese Sekte ihre Anhänger, deren genaue Zahl unbekannt ist, zu einem moralischen Leben erzogen, so wurde jedoch die Aggression und der Haß gegen die Weißen immer mehr geschürt.

Malcolm X war einer der Wortführer der Haßpredigten gegen die Weißen.

Als Malcolm X nach der Ermordung Präsident Kennedys von der gerechten Strafe eines weißen Teufels sprach, wurde er von Elijah Muhammed aus der Sekte ausgestoßen.

Daraufhin gründete Malcolm X eine eigene Sekte, die »Organisation of Afro-American Unity«, und als er sexuelle und finanzielle Fehltritte unter den Führern der »Black Muslims« aufdeckte und ihnen Tyrannei und Ausbeutung vorwarf, richtete sich der Terrorismus der »Black Muslims« nicht mehr nur gegen die Weißen, sondern auch gegen die schwarzen Abtrünnigen, vor allem gegen Malcolm X. Mehrmals wurde ihm nach dem Leben getrachtet, auf sein Haus in der Nähe New Yorks wurden Brandbomben geworfen.

Als Malcolm X am 21. Februar 1965 in Manhattan eine Rede halten wollte, entstand im Versammlungssaal plötzlich ein Tumult. Drei Männer aus der ersten Reihe nutzten die Unruhe, erhoben sich und schossen Malcolm X nieder. Er starb wenige Stunden nach dem Attentat.

Die drei Täter wurden am 14. April 1966 zu lebenslänglichem Gefängnis verurteilt. Sie waren alle drei Neger und Angehörige der »Black Muslims«.

Der Mord an Malcolm X beunruhigte Amerika. Das Haus des »Black Muslim«-Führers Elijah Muhammed wurde unter Polizeischutz gestellt, die Moschee der »Black Muslims« in Harlem niedergebrannt. Der Kampf der beiden Negersekten war offen ausgebrochen.

Für den Begräbnisgottesdienst von Malcolm X ließ sich in ganz Harlem keine Kirche finden. Als sich schließlich ein Pfarrer bereit erklärte, seine Kirche zur Verfügung zu stellen, erhielt er mehrere Morddrohungen.

3. Attentate auf Gegenstände

Das Bundesverfassungsgericht

Der Täter, Reinhold Brecht, geboren am 27. Februar 1927, wurde als schwieriges Kind in verschiedenen Pflegeanstalten großgezogen, floh wiederholt, wollte Kaufmann werden, dann zur Handelsmarine gehen, war vorbestraft wegen Diebstahls und Betrugs, kam 1944 in Spionageverdacht, wurde zu vier Jahren Gefängnis verurteilt, nach dem Kriege begnadigt. Rückfalldiebstahl, Einbruch, Hehlerei waren seine nächsten Delikte. Wegen eines bewaffneten Raubüberfalls auf eine Ladenkasse bekam er erneut 2 Jahre Gefängnis. Danach fand er Unterkunft in einem katholischen Männerheim, blieb arbeitsscheu und unstet.

Zu einer offiziellen politischen Tat entschloß er sich, als 1951 die Wiederbewaffnung des deutschen Heeres debattiert wurde.

In einer Dachkammer stellte er sich ein Laboratorium zur Herstellung von Sprengkörpern zusammen, sprach offen von seiner antimilitaristischen Einstellung, nannte sich Pazifist und Kriegsfeind und hörte schließlich die Wehrdebatte des Deutschen Bundestages vom 7. Februar 1952 am Radio mit. Nun war für ihn die Zeit des Handelns gekommen.

Nachmittags des 7. Februar 1952 kam es in Bonn zu Zusammenstößen zwischen der Polizei und kommunistischen Demonstranten. Brecht wollte den Nachweis liefern, daß auch in Karlsruhe die Menschen mit der geplanten Wiederbewaffnung nicht einverstanden seien, und so beschloß er, das Bundesverfassungsgericht in die Luft zu jagen. Er nahm seinen selbstgebastelten Sprengkörper, legte ihn unter den Reifen eines im Hof des Bundesverfassungsgerichts geparkten Wagens (er gehörte dem Präsidenten des Gerichts, Dr. Höpker-Aschoff) und wartete auf die Explosion. Zwei Wagen überrollten die Bombe in Größe einer Dose, ohne daß etwas geschah. Am nächsten Tag fand die Putzfrau rostrote Flecken am Boden, und als sie sie wegputzen wollte, gab es einen Knall, und eine Stichflamme schoß hoch. Die Polizei stellte anschließend die »Höllenmaschine« sicher.

Da Brecht in der Presse nichts über seinen Anschlag las, war er der Meinung, das Attentat sei absichtlich verschwiegen worden. Ein Schmähbrief, den er an das BVG schickte, lenkte die Fahndung auf ihn.

Am 13. November 1952 wurde er wegen versuchten Sprengstoffanschlags zu 2 Jahren Zuchthaus verurteilt.

Denkmäler im Baskenland

Die Welle der Attentate auf offizielle Gebäude und Denkmäler, mit denen baskische Franco-Gegner ihren Protest gegen das spanische Regime ausdrücken, setzte sich im April 1972 erneut fort.
Ein Monument auf dem Berg Lemona für die auf seiten Francos im Bürgerkrieg Gefallenen wurde zerstört. Gefallenendenkmäler gibt es in Spanien nur für die Toten, die gegen die Republik gekämpft hatten.
Aus Anlaß des baskischen Nationalfestes Aberri Eguna waren Attentate auf eine Rundfunkstation, ein großes Bürgerkriegsdenkmal in Tolosa, zwei Zeitungen in San Sebastian und auf ein Denkmal für den Komponisten der Falange-Hymne verübt worden.
Die Anschläge wurden ausgeführt von der sozialrevolutionären Autonomie-Organisation ETA und von Mitgliedern der Baskischen Nationalen Partei (s. S. 461).
Die Attentate auf die Rundfunkstation und die Zeitungen waren von der ETA ausgeführt worden, weil diese unwahre Veröffentlichungen über den Tod des prominenten ETA-Führers Juan Goicoechea herausgebracht hatten. Die offizielle Version sprach sich für Selbstmord des ETA-Führers aus, wohingegen Verwandte des Toten und baskische Regimegegner erklärten, die Leiche Goicoecheas habe nur einen Schuß im Nacken aufgewiesen, was gegen Selbstmord sprach.
Für Goicoechea und den anderen populären ETA-Führer Echevarrieta, der in einem Feuergefecht mit der Guardia Civil von einem Polizisten getötet worden war, wurden in baskischen Kirchen Gedenkgottesdienste abgehalten.

Denkmal in Spanien

Ende Juni 1972 sprengten spanische Regimegegner ein großes Denkmal des spanischen Generals Sanjurjo in die Luft. Sanjurjo war neben den Generalen Franco und Mola an führender Stelle am Aufstand gegen die zweite spanische Republik beteiligt, der dann zum Bürgerkrieg geführt hat. Mola und Sanjurjo kamen durch ein Flugzeugunglück ums Leben. Dadurch war Francos alleiniger Führungsanspruch am Ausgang des Krieges unbestritten.
Als Täter wurden baskische ETA-Mitglieder oder junge Carlisten verdächtigt.

Jugoslawisches Lokal

Am 8. April 1972 zerstörte eine explodierende Plastikbombe ein vorwiegend von Jugoslawen besuchtes Lokal im Frankfurter Gallus-Viertel und forderte acht Verletzte.
Das Attentat hatte vermutlich einen politischen Hintergrund. Am 10. April jährte sich nämlich zum 31. Mal die Gründung des kroatischen Staates unter dem Schutz des NS-Regimes. Zur Erinnerung an diese zeitweilige Unabhängigkeit Kroatiens von Jugoslawien finden immer wieder »Erinnerungszusammenkünfte« der aus Kroatien stammenden Gastarbeiter in der Bundesrepublik statt.
Der 10. April scheint überhaupt ein kritisches Datum zu sein. Regelmäßig kommt es nämlich in verschiedenen Teilen der Welt in den Tagen vor oder nach diesem Datum zu Terroranschlägen gegen Jugoslawen.

Pentagon in Washington

Im Mai 1972 explodierte in der Damentoilette des Pentagons in Washington eine Bombe, die großen Sachschaden anrichtete.
Ein Anrufer bei der »New York Post« hatte kurz vor der Explosion mitgeteilt, daß die »Weathermen Underground Nr. 12« für den Anschlag verantwortlich zeichne. Motiv des Anschlags war ein Protest gegen den Vietnam-Krieg der USA.
Die »Weathermen« sind eine radikale amerikanische Untergrundorganisation (s. S. 442).

Sprengstoffanschläge

Anonym im Hintergrund bleiben wollende Täter benutzen bisweilen die Post als Vermittlungsweg des Sprengkörpers vom Täter zum Opfer. So wurde am 5. Juli 1955 der slowakische Exilpolitiker Professor *Matus Cermak* auf dem Postamt 13 in München Opfer eines Sprengpaketes, das auf dem Postamt explodierte, als er es öffnen wollte.
Ein ähnlicher Sprengstoffanschlag auf den damaligen tschechoslowakischen Außenminister *Jan Masaryk* schlug am 11. September 1947 fehl. Auch auf den Berliner Bezirksbürgermeister *Kreßmann* wurde am 20. Januar 1956 ein Sprengstoffanschlag verübt. Das Päckchen mit dem Sprengstoff (in einer Bierflasche) schickten die Täter in dessen Privatwohnung, Kreßmann kam dabei nicht zu Schaden.
Tödlich verlief andererseits ein ähnlicher Sprengstoffanschlag auf den Polizeipräfekten von Straßburg, *Trevneaud*, am 18. Mai 1957, dessen Frau ums Leben kam, als sie das Päckchen öffnen wollte.

Transalpine Ölleitung (TAL)

Am 6. August 1972 wurden Sprengstoffanschläge auf das Umschlaglager der Transalpinen Ölleitung (TAL) bei Triest verübt. Das Öl von drei Behältern explodierte und entzündete sich, anschließend daran gerieten durch die Hitzeentwicklung zwei weitere Tanks in Brand. Vom Inhalt von insgesamt 600000 Tonnen Rohöl verbrannten 110000 Tonnen.
Die Attentäter, die sich als Experten erwiesen, legten ihre Ladungen an den Zufluß- und den Entladeventilen der Tankbehälter an. Da aber die Ventile der Sprengung standhielten, konnte ein noch größeres Ausmaß des Attentats verhindert werden.

Das Feuer war von Venedig aus als eine Rauchpilz von 1000 Meter Höhe zu sehen.
Für den Anschlag verantwortlich zeichnete die palästinensische Geheimorganisation »Schwarzer September« (s. S. 454ff.).

4. Einige Attentäter

Halacz, Erich Cederik von, alias Claude von Halacz, alias Gérard de Haller

Der technische Zeichner Erich von Halacz (geb. 29. November 1929) kann als echtes Beispiel eines technisch hochbegabten, besessenen Bastlers gelten, der, ohne politische Motivierung, an den sog. Nienburger Morden schuldig geworden ist. Der mehrfach vorbestrafte ledige Mann bastelte aus Papprollen, Glasröhrchen, Leinenbeuteln und Donarit-Gelatine-Patronen, dazu Kerzenresten und Taschenlampenbatterien, »serienmäßig« Bomben, mit denen er die Bundesbahn erpressen wollte. Er schickte seine Bomben per Post an führende Persönlichkeiten.
Am 25. April 1952 wurde er zu lebenslangem Zuchthaus verurteilt.

Oetinger, Ernst

Die Große Strafkammer von Waldshut verurteilte im November 1971 Ernst Oetinger zu zwei Jahren und drei Monaten Gefängnis, weil er in der Nacht vom 24. zum 25. Oktober 1970 in einer Jagdhütte in der Nähe des Schwarzwalddorfes Schwaningen seine frühere Geliebte mit Salzsäure bedrohte und anschließend Propangas in die Hütte einströmen ließ, um sie mit ihrem neuen Liebhaber umzubringen.
Am 1. Januar 1966 hatte Oetinger in Karlsruhe einen Teppichladen eröffnet. Er kam in Geschäftsverbindungen mit einem Landauer Ehepaar, das das gleiche Geschäft betrieb. Im Mai 1968 wurden beide Geschäfte zusammengelegt mit Sitz in Landau/Pfalz. Unterdessen hatte Oetinger Gefallen an der Frau seines Geschäftskompagnons gefunden. Deren Ehemann reichte die Scheidung ein und stieg aus dem gemeinsamen Geschäft aus. Oetinger machte im Sommer 1969 pleite und schlug sich als Kellner und Kraftfahrer durch. Seine Freundin interssierte sich nun für andere Männer, was Oetinger auf Rachegedanken brachte: Er verfertigte über 50 steckbriefähnliche Plakate, klebte sie an die Fachwerkhäuser von Dornstetten, wo seine verlorene Geliebte wohnte, und schrieb sie als »gefährliche, raffinierte Betrügerin« aus, was ihm eine Anzeige wegen Beleidigung und Verleumdung einbrachte, nannte sie Hure und Nutte, installierte Abhörwanzen in ihrem Schlafzimmer und zerschlitzte die Reifen am Mercedes seines Nebenbuhlers.
Ehe das Liebespaar in die Jagdhütte gekommen war, hatte Oetinger bereits die Waffen aus der Hütte entfernt. Der Anschlag auf seine Geliebte mißlang, weil deren Freund als erster aus der Tür trat und mit Salzsäure aus einem roten Plastikeimer beschüttet wurde.

Okamoto, Kozo

Der 24jährige japanische Student Kozo Okamoto (geb. am 12. Dezember 1947 in Kumamoto/Japan) wurde am 17. Juli 1972 von einem israelischen Militärgericht in Ziffrin wegen seiner Teilnahme an dem Massaker auf dem Tel Aviver Flughafen Lod zu dreimal lebenslanger Haft plus 10 Jahren verurteilt. Er hatte zusammen mit zwei anderen Japanern auf dem Flughafen 27 Menschen getötet und über 80 verletzt.
Die Anklage hatte auf die nach der Notstandsverordnung von 1945 aus der britischen Mandatszeit mögliche Todesstrafe verzichtet. Der einzige überlebende Attentäter des Massakers von Lod hatte gegen den Ra[t] seines Verteidigers sich geweigert, sich für den Zeitpunkt der Tat als zurechnungsunfähig erklären zu lassen.
Reglos, fatalistisch und geradezu phlegmatisch war Okamoto seinem Prozeß bis zur Urteilsverkündung gefolgt.
Okamoto war 1970 der Organisation »Rote Armee« beigetreten, erhielt im September 1971 die Weisung nach Beirut zu reisen und sich dort als Guerilla-Kämpfer ausbilden zu lassen.
Im Februar 1972 flog er von Tokio über Vancouver, New York, Paris und Rom nach Beirut, wo er seine Komplicen traf. Er wurde mit ihnen durch Angehörige von der »Volksfront für die Befreiung Palästinas« im Gebrauch von Waffen geschult. Einer der Ausbilder war Abu Hidscha, der vor einigen Jahren zu den Attentätern auf eine El-Al-Maschine gehörte.
Am 22. Mai 1972 flogen Okamoto und seine Komplicen nach Frankfurt, wo sie ihre gefälschten Pässe erhielten. Am 24. Mai fuhren sie per Bahn nach Rom, bestiegen dort eine Air-France-Maschine, mit der sie nach Lod flogen und am 30. Mai 1972 gegen 22 Uhr mit Maschinenpistolen und Handgranaten das Feuer auf Fluggäste und Polizisten eröffneten.
Der Terrorist Okamoto verstand sich als »Soldat der Weltrevolution«, lehnte zunächst das Gericht in der kapitalistischen Welt als Bestandteil des Establishments ab und bezeichnete dann seinen Prozeß als Propaganda für die »Rote Armee«. Er sprach von der Vorbereitung eines dritten Weltkrieges, um eine andere Welt zu schaffen, und gab offen zu, mit seinen bei dem Attentat umgekommen Freunden Yasuyuki Yasuda und Tsuhosi Okudaira in Baalbek im Libanon durch die »Volksfront für die Befreiung Palästinas (PFLP)« geschult worden zu sein. Die PFLP habe auch das Attentat auf den Flughafen von Lod vorgeschlagen. PFLP-Führer ist Georges Habbasch in Beirut. Es wurde angenommen, daß die Gefährtin des umgekommenen Attentäters Okudaira, die 26 Jahre alte Fusaki Shigenobu, die der arabischen Guerilla-Bewegung in Japan sehr nahe stand und zur Führung der roten Armeegruppe »Sekigun« gehörte, über die jordanische

Aktivistin Leilah Khaled die Verbindung zwischen den arabischen und den japanischen Terroristen hergestellt hatte. Von ihr soll auch die Anwerbung japanischer Studenten für die arabischen Guerillas ausgegangen sein. Ihr Vater erklärte, seine Tochter bekenne sich offen zu den erklärten Zielen der Roten-Armee-Gruppe Japan, in der ganzen Welt Unruhen anzuzetteln.

Okamotos 62jähriger Vater hatte angeboten, zum Zeichen der Sühne gegenüber der ganzen Welt Selbstmord zu begehen, denn er habe als Erzieher versagt. Okamotos beide Brüder sind Mitglieder einer linksradikalen Jugendbewegung. Einer von ihnen hatte zusammen mit anderen linksradikalen japanischen Jugendlichen im März 1970 ein Flugzeug nach Nordkorea entführt.

Eine kleine Affäre passierte während des Prozesses, als ein israelischer General dem Attentäter Okamoto eine mit einer Kugel geladene Pistole zum Selbstmord anbot, für den Fall, daß er über den Anschlag auf Lod aussagen werde. Generalmajor Seevi, Oberbefehlshaber des Zentralabschnittes, in dem der Flughafen von Tel Aviv liegt, erklärte im Prozeß, daß er Okamoto nur zum Sprechen habe bringen wollen, ohne daran gedacht dzu haben, nach dem Geständnis die Pistole an Okamoto auszuliefern. Trotz des nicht eingehaltenen Selbstmordversprechens erkannte das Gericht Okamotos Geständnis voll an.

Der Prozeß gegen Okamoto fand zum drittenmal in der kurzen Geschichte Israels unter schärfsten Sicherheitsvorkehrungen statt.

Zum erstenmal war es 1961, als Adolf Eichmann, angeklagt am Mord von 6 Millionen europäischen Juden, zum Tode verurteilt wurde; ihm folgte 1969 der Australier Denis Michael Rohan, der im religiösen Wahn die Jerusalemer El-Aksa-Moschee angezündet und damit die islamische Welt zu einer neuen Haßwelle gegen Israel veranlaßt hatte.

Weil, Ekkehard

Mit 21 Jahren hatte Ekkehard Weil endlich erreicht, wonach er sich seit Jahren gesehnt hatte: Die Öffentlichkeit mußte von ihm Kenntnis nehmen. In der Nacht zum 7. November 1970 beschoß er mit einem Kleinkalibergewehr den russischen Soldaten Iwan Iwanowitsch Stserbak, der am russischen Ehrenmal in Berlin (Brandenburger Tor), das Weil eigentlich hatte treffen wollen, Wache schob, und verletzte ihn schwer. Damit war ihm der langgehegte Wunsch, der Durchbruch zur rechtsnationalen Publizität, gelungen. Am 8. März 1971 verurteilte ihn ein britisches Militärgericht wegen versuchten Mordes zu sechs Jahren Gefängnis.

Vor Gericht öffnete der Krankenpfleger Weil die Schleusen, hinter denen sich ein krankhaftes Sendungsbewußtsein, Kühnheit und Arroganz angestaut hatten. Von einem Bundeswehrpsychologen war er schon als »versponnener Eigenbrötler« abqualifiziert worden. Im Moabiter Gerichtssaal spielte er sich auf, daß es mitunter sogar seinem Verteidiger die Sprache verschlug. Durch die Übersetzungen ins Englische etwas gehandicapt, kam der britische Lord-Richter Leslei Block, in patriarchalischem Habitus und mit Perücke angetan, kaum zu Wort.

Sowohl der Angeklagte wie sein Verteidiger hatten alles darauf abgestellt, die Zeugeneinvernahme und alles bisher als gesichert geltende Material durch sachfremde Vertiefungen einzunebeln und in verwirrende Zusammenhänge zu stellen. Beide spielten sich als Waffenexperten auf und diskutierten über die Frage, ob man mit einem Kleinkalibergewehr überhaupt auf Menschen schießen könne.

Weil bezeichnete sich als Mitglied einer »europäischen Befreiungsfront«, wollte mit den Schüssen auf das sowjetische Ehrenmal auf die deutschen Verhältnisse aufmerksam machen und dem kommunistischen Einfluß in Deutschland Einhalt gebieten.

Das Gericht sprach jedoch nur von einem heimtückischen Mordversuch aus niedrigen Beweggründen und erkannte die Jugend und Unreife des Angeklagten als strafmildernd an.

Am 13. November 1972 war Weil plötzlich aus seiner Zelle in der Haftanstalt Berlin-Tegel verschwunden. Er hatte einen Brief hinterlassen, in dem er vorgab, mit Hilfe zweier Nachschlüssel ausgebrochen zu sein. Eine bundesweite Fahndung nach ihm wurde ausgelöst, zumal unklar war, ob Weil Helfershelfer hatte. Zwei Tage später fand der vermeintliche »Ausbruch« ein klägliches Ende. Weil war überhaupt nicht ausgebrochen, sondern hatte sich lediglich in der Zelle eines Mitgefangenen in einem Holzkasten oberhalb der Heizungsrohre versteckt. Er sagte, das Ganze sei von ihm nur als »reiner Gag oder Wahlcoup« gedacht gewesen, und er habe weder Nachschlüssel noch Helfer gehabt.

Nach diesem »Gag« wurden die Sicherheitsvorkehrungen und die Haftbestimmungen für Weil drastisch verschärft.

b) Spionage

Spionagetätigkeit wurde Ende des 19., Anfang des 20. Jahrhunderts ein immer komplizierter und raffinierter ausgebautes System, mit dem sich die Mächte des Nationalismus und Imperialismus, des Kommunismus und Kapitalismus gegenseitig ihre Geheimnisse zu entreißen versuchten. Höhepunkte der Spionagetätigkeit sind jeweils Kriegszeiten, wo manch ein Spion bereits eine Schlacht entschieden hatte,

ehe die militärischen Kampfhandlungen begannen. Vor allem während des Zweiten Weltkrieges und den Jahren des kalten Krieges danach war Deutschland ein bevorzugter Tummelplatz westlicher und östlicher Spione.
Die Spionagetätigkeit pflegt meist dann zurückzugehen, wenn sich die Beziehungen zwischen den Supermächten normalisieren, etwa aufgrund von Vereinbarungen und gegenseitigem offiziellem Nachrichtenaustausch.

1. Berühmte Spionageorganisationen (international)

Die mächtigsten Spionagesysteme, die nach dem Zweiten Weltkrieg in Aktion traten, nämlich die der Sowjetunion, der USA und Rotchinas, haben die ältesten und »klassischen« Geheimdienste in den Hintergrund treten lassen.

a)
Der älteste Geheimdienst, der *britische* Secret Service, unter Eduard III. (1327–1377) eingerichtet, hatte die Aufgabe, den Thron zu sichern. Diese Aufgabe hatte er bis in die Mitte des 19. Jahrhunderts. 1872 wurde das »Military Intelligence Department« (MID) geschaffen, das dem Armee-Generalstab Nachrichten über fremde Heere zuzuleiten hatte. Die Admiralität gründete 1886 ihren eigenen Nachrichtendienst, ein Jahr später wurde in Scotland Yard eine Sonderabteilung eingerichtet, die die revolutionäre Tätigkeit irischer Republikaner zu bekämpfen hatte. 1924 wurde der »Security Service« (= Sicherheitsdienst) mit einer Sonderabteilung von Scotland Yard direkt dem Innenministerium unterstellt. Die Aufgabe bestand in Spionageabwehr und Gegenspionage im britischen Mutterland und in den britischen Kolonien. Der Nachrichtendienst der Marine erhielt die Bezeichnung SIS, »Secret Intelligence Service«.
Heute hat der britische Geheimdienst 3 Abteilungen:
SIS, zuständig für Spionage; dem Premierminister persönlich verantwortlich.
Security Service (Sicherheitsdienst), dem Innenministerium unterstellt. DI (Defense Intelligence), der Nachrichtendienst des Verteidigungsministeriums.

b)
Der Geheimdienst *Frankreichs* wurde unter Napoleon III. als politisch-militärischer Nachrichtendienst geschaffen. Dieser wurde nach dem Krieg 1870/71 das berühmte II. Bureau.
Heute gibt es in Frankreich dreierlei Geheimdienste:
S.D.E.C.E. (»Service de Documentation Extérieure et de Contre-Espionage«), der Auslandsnachrichten- und Gegenspionagedienst, der seit der Ben-Barka-Affäre direkt dem Verteidigungsministerium unterstellt ist.
S.N. (»Sûreté Nationale«), der Nationale Sicherheitsdienst, der dem Innenministerium untersteht und für Gegenspionage, innere Sicherheit und allgemeine Erkundungen zuständig ist.
S.R. und S.M. (»Service des Renseignements Militaires«) und (»Sûreté Militaire«), der militärische Abschirm- und Spionagedienst, der dem Armeeministerium unterstellt ist. Sie bilden heute die Fortsetzung des II. Bureau.
Diese drei französischen Geheimdienste, vor allem S.D.E.C.E., sind vergleichbar dem deutschen Bundesnachrichtendienst (BND). Der S.D.E.C.E. entstand in den Tagen der französischen Résistance und ist verknüpft mit den Namen Soustelle und Bidault.

c)
Die *USA* hatten bis zum Beginn des Zweiten Weltkrieges keine eigene Spionageorganisation. Als 1939 Hitler in Polen einfiel und den Amerikanern klar wurde, daß möglicherweise ein europäischer Konflikt drohte, gab es nur drei Organisationen, die sich als Geheimdienste eigneten: der Nachrichtendienst des Heeres G-2, der Marinenachrichtendienst ONI (Office of Naval Intelligence) und die Abwehr CIC (Counter Intelligence Corps). Nach dem Überfall auf Pearl Harbor sorgte Präsident F. D. Roosevelt für die Schaffung des »Office of Strategic Services« (OSS), in dem hohe Offiziere, Spezialisten und Geschichtsprofessoren tätig waren. Erst im Juni 1942 wurde der Auftrag des OSS deutlich formuliert: »strategische Informationen zu sammeln und zu analysieren und außerdem Sondermissionen vorzubereiten und durchzuführen«. Sondermissionen waren Geheimaktionen jeder Art.
Von 1943 an wurde die OSS auf allen Kriegsschauplätzen aktiv. Unmittelbar nach dem Krieg 1945 wurde die OSS wieder aufgelöst in der Hoffnung, der Friede sei nunmehr gesichert. Nur der geheime Nachrichtendienst und die analytische Abteilung blieben bestehen. Erst am 18. September 1947 wurde, nach dem Anwachsen des Kommunismus in den Sowjet-Satellitenstaaten und unter dem Eindruck der Berlin-Blockade die CIA (»Central Intelligence Agency«) gegründet, eine zentrale Nachrichtenagentur. So wurde die OSS zum Vorläufer der CIA, der Spionage und Gegenspionage obliegt. Heute ist das Nachrichtennetz der CIA über die ganze Welt verbreitet. Einer der Höhepunkte der CIA war die Beischaffung der Rede Chruschtschows auf dem XX. Parteikongreß in Moskau, in der Stalin schwere Verbrechen vorgeworfen wurden und die die Periode der Entstalinisierung einleitete.
Chefs der CIA waren u.a.: Vizeadmiral H. Hillenkoetter, General Walter Bedell Smith und Allen W. Dulles. Ende 1972 wurde James Schlesinger als Nachfolger von Richard Helms an die Spitze des CIA berufen. Die CIA verfügt über etwa 50000 Mitarbeiter, die Zehntausende Agenten verschiedenster Nationalität leiten. Das jährliche Budget beträgt (1970) 3 Milliarden Dollar.
Neben der CIA gibt es die NSA (»National Security Agency«), den Chiffrier- und Dechiffrierdienst und die DIA (»Defense Intelligence Agency«), den militärischen Nachrichtendienst.
Eine der wichtigsten geheimen Spionage-Behörden Amerikas ist die NSA (»National Security Agency«), die ihren Sitz in Washington hat und mit etwa 15000 Angestellten und einem doppelt so hohen Etat wie die CIA die vermutlich größte Entschlüsselungs- und Abhörbehörde der westlichen Welt ist. Sie unterhält 2000 Horchposten und kann jeden ausländischen Funkspruch, jeden Kode entschlüsseln.
Die NSA ist vor allem gegenüber der Sowjetunion tätig, ist genau informiert über jedes sowjetische Atom-U-Boot, über jeden Funktionär, über sämtliche Stellungen russischer Divisionen, über alle Waffen und Offiziere. Es gibt keinen sowjetischen Funkspruch, der nicht von NSA abgefangen würde.
Die NSA wurde 1952 gegründet und war zunächst eine Entschlüsselungsabteilung der US-Army. Später wurde die NSA ausgebaut und direkt dem Pentagon unterstellt.
Die NSA hat drei Aufgaben: die elektronische Spionage (das Entschlüsseln aller elektronischen Nachrichten und Kodes ausländischer Staaten), die Radarspionage, die auf ausländische Radar und Abwehrsysteme spezialisiert ist, und schließlich die Kommunikationsspionage, die den ganzen Funkverkehr des Auslandes aufzuzeichnen und zu entziffern hat.
Die NSA verfügt über elektronische Abhörgeräte, über Morse- und Stimmenspezialisten, die unzählige Signale gleichzeitig empfangen und die Stimmen über Funkgeräte Tausende Kilometer entfernt abhören können.

d)
Die Geschichte des staatlichen Sicherheitsdienstes der *UdSSR* geht zurück in die Tage der bolschewistischen Revolution. Am 20. Dezember 1917 wurde die »Wetscheka« oder kurz »Tscheka« gegründet, die »Außerordentliche Kommission gegen Sabotage und Gegenrevolution«. Lenin soll sich für eine Organisation ausgesprochen haben, die überall in Rußland gegen Gegenrevolutionäre und Anarchisten anzukämpfen hatte. Am 6. Februar 1922 wurde die Tscheka durch die GPU (Staatliche Politische Verwaltung) ersetzt, die sich seit dem 15. November 1923 OGPU (Vereinigte Staatliche Politische Verwaltung) nannte. Sie bestand bis Ende Juli 1934.
Nach der Ernennung von Jagoda zum Chef der OGPU wurde diese vom NKWD (Volkskommissariat für innere Angelegenheiten) übernommen. Jagoda war es auch, der für Stalin die großen Säuberungsprozesse der Jahre 1936–1938 vorbereitete, selbst in Stalins Ungnade fiel, 1936 entlassen, 1937 vor Gericht gestellt und hingerichtet wurde.
Jeschow wurde neuer Chef des NKWD. Er begann seine Amtszeit mit einer Säuberung des Parteiapparates von den alten Revolutionären, den einstigen Mitkämpfern Stalins. Im März 1938 wurde dem »antibolschewistischen Block der Rechten und Trotzkisten« in Moskau der Prozeß gemacht.
Außenpolitisch wurde die NKWD in Spanien tätig während des Bürgerkrieges. Sie inszenierte Attentate, Entführungen und Ermordungen im Exil lebender Kommunisten. Zu ihren Opfern zählte Trotzki in Mexiko (1940), General Petljura in Paris (er war der Führer der ukrainischen Nationalisten), Massaryk in Prag, auch Lev Rebet 1957 und Stefan Bandera 1959 in München.
Jeschows Nachfolger wurde Berija, unter dessen Führung die Terror- und Liquidationsaktionen mit einer technischen Perfektion ohnegleichen fortgesetzt wurden. Er selbst wurde 1953 hingerichtet.
Nach seinem Sturz wurde das KGB (Komitee für Staatssicherheit) geschaffen, das direkt dem ZK (Zentralkomitee der KPdSU) unterstellt wurde. Heute ist das allmächtige KGB das sowjetische Staatssicherheitsorgan des In- und Auslandes, fähig, jeden Auftrag auszuführen, den Staats- bzw. Parteiführung ihm übertragen. Das KGB unterhält eigens eine »Mordabteilung« und eine für Falschinformationen.
Neben dem KGB gibt es das GRU (Nachrichtenhauptverwaltung), ein Nachrichten- und Spionagenetz, das dem Generalstab der Roten Armee unterstellt ist. Ihm angeschlossen sind die Militärattachés im Ausland, die fast alle ausgebildete GRU-Offiziere sind. Während das KGB eher einer Gestapo vergleichbar ist, ist die zahlenmäßig schwächer besetzte GRU eine rein militärische Spionageorganisation.

e)
Der geheime Nachrichten- und Spionagedienst *Rotchinas* ist wie in allen Diktaturen ein politischer Machtfaktor ersten Ranges. Das Nachrichtensystem ähnelt dem sowjetischen, ist aber viel umfangreicher. Sein Chef, Chao K'ang, hat eine Macht in der Hand wie sonst vermutlich kein Nachrichtendienst-Chef auf der Welt. Er ist Leiter der inneren Sicherheit und zugleich des ausländischen Nachrichtendienstes, also der Geheimpolizei und des Spionagesystems. Der Vertraute Maos baute ein Spitzelsystem auf, das kaum zu übertreffen ist. Wo immer Peking diplomatisch vertreten ist, haben geheime Agenten ihre Hände im Spiel. Da K'ang über sehr viel Geldmittel verfügt, konnte er einen Nachrichten- und Spionagedienst aufbauen, der in Rom, Paris, Brüssel, Madrid, Wien, Athen, Amsterdam, Frankfurt/Main, West-Berlin und Bonn-Godesberg seine Zentralstellen unterhält. Fast jede Handelsmission ist eine getarnte Spionagezentrale. Hauptaufgabe der rotchinesischen Spionagetätigkeit ist es, die Gegner und auch die Freunde politisch zu unterwandern. 1960 wurde

eigens in Peking eine Schule eingerichtet, in der lateinamerikanische Kommunisten in den Fächern Gewaltaktionen und Subversion unterrichtet werden. Das wichtigste Lehrbuch war Maos »Handbuch für Guerillakriegführung«.
Das Zentrum der rotchinesischen Spionagetätigkeit im Ausland war früher Prag, heute ist es Bern.

f)
Die Geschichte des *deutschen* Nachrichten- und Spionage(abwehr)dienstes geht zurück in das Jahr 1906. Es war in erster Linie ein Abwehrdienst, bedingt durch die Friedenspolitik des Bismarckreiches. Vor Beginn des Zweiten Weltkrieges bestand die aus etwa 80 Offizieren gebildete Abteilung IIIb, deren Aufgabe es war, auf rein militärischem Gebiet speziell Frankreich und Rußland zu beobachten. Ein politischer Nachrichtendienst wurde erst im Laufe des 1. Weltkrieges ins Leben gerufen, und zwar auf Anregung des Abgeordneten Erzberger. Der erste bedeutende Chef der Abteilung IIIb im Großen Generalstab war seit 1913 Oberst Walter Nicolai. Seine Abteilung war trotz ihrer guten Einrichtungen dem Nachrichten- und Spionagenetz der Feindmächte weit unterlegen. Erst nach dem 1. Weltkrieg, 1921, entstand eine Abwehrgruppe unter Major Gempp, die jedoch nur reinen Defensivcharakter hatte. Nach Hitlers Regierungsantritt wurde diese relativ kleine Abwehrgruppe erweitert, dem Admiral Canaris unterstellt und das Amt hieß »Ausland/Abwehr« im Oberkommando der Wehrmacht. Die Hauptarbeit dieses Amtes lag bei der Auslandserkundung, der Spionageabwehr und Gegenspionage und schließlich der Sabotage. Neben diesem Amt Canaris entstand unter Heydrich der politische Auslandsnachrichtendienst des SD, der sich bald dem militärischen Geheimdienst als überlegen zeigen sollte. Der SD war weltanschaulich Hitler unbedingt treu, wohingegen das Amt Canaris, von reaktionären Offizieren besetzt und geleitet, immer wieder Hitlers Mißtrauen hervorrief. Bis zu seinem Sturz im Februar 1944 hatte Canaris gegen eine Eingliederung der militärischen Geheimorganisationen in den SD (»Sicherheits-Dienst«) zu kämpfen.
Der SD war eine persönliche Schöpfung Heydrichs, gebildet aus einem SS-Elitekorps, das ursprünglich SS-Sicherheitsdienst hieß. Bereits 1933 hatte Heydrich mit dem Aufbau des SD begonnen, ein Jahr später wurde er von Himmler zum Chef der Preußischen Staatspolizei berufen. Nach der Niederwerfung des Röhm-Putsches wurden alle Polizeiorgane des Reiches der SS unterstellt. Heydrich unterstanden damit alle wichtigen Positionen der Polizei in ganz Deutschland. Er baute ein weitverzweigtes Spitzel- und Kontrollsystem auf, dem sich auch die höchsten Parteiführer nicht entziehen konnten.
1936 wurden durch Himmler alle politischen Polizeien des Reiches zur Geheimen Staatspolizei (Gestapo) zusammengefaßt, die Kriminalpolizei wurde zur staatlichen Sicherheitspolizei im Reichskriminalamt. Diese beiden Polizeien wurden im Juni 1936 dem SD angeschlossen und dem Chef der Sicherheitspolizei des SD, Heydrich, unterstellt. Heydrich wurde mit seinem vorwiegend politisch orientierten Polizeiapparat, der eben auch die Abwehr, Spionage und Gegenspionage umfaßte, zum immer schärferen Gegner des militärischen Meldedienstes unter Canaris. Schließlich wurde die militärische Abwehr auf dem Sektor des politischen Nachrichtendienstes ausgeschaltet. Dadurch ergaben sich gerade auch in der Frage der Abwehr erhebliche Diskrepanzen in beiden Ämtern, die nicht selten gegen- oder auseinanderarbeiteten. Parteiintrige verhinderte eine gedeihliche Koordination der beiden Ämter.
Nach Heydrichs Tod im Juni 1942 in Prag verschärfte sich die Kontroverse zwischen Abwehr und SD. Himmler selbst übernahm das Reichssicherheitshauptamt (RSHA), ihm folgte 1943 Dr. Kaltenbrunner im Amt nach. Innerhalb des RSHA kam es überdies zu Spannungen zwischen dem Chef der Gestapo, SS-Obergruppen-

führer Heinrich Müller, und dem Chef des Auslandsnachrichtendienstes, SS-Brigadeführer Walter Schellenberg.
Diese internen Rivalitäten innerhalb des RSHA und zwischen SD und Abwehr sollten erst 1944 beseitigt werden, als Hitler den Befehl herausgab, die militärische Abwehr dem RSHA einzugliedern und einen einheitlichen, koordinierten Geheimdienst aufzubauen. Obgleich die rein militärische »Abwehr« dem politischen SD immer unterlegen war, sollte sich diese Entscheidung Hitlers als nicht besonders günstig erweisen. Der SD war für diese große Aufgabe nicht genügend gerüstet, vieles wurde improvisiert, es kam nicht zur erwünschten, straffen Führung, und es fehlte an qualifizierten Nachrichtenoffizieren ebenso wie an solchen der Abwehr.
Nach dem Zweiten Weltkrieg entstand am 1. April 1956 aus der »Organisation Gehlen« der Bundesnachrichtendienst (BND). Gehlen war im Frühjahr 1942 zum Chef der 12. Abteilung des Generalstabes des Heeres, »Fremde Heere Ost« genannt, berufen worden. Aus dieser Abteilung machte Gehlen binnen kurzer Zeit einen gut funktionierenden militärischen »Front-Nachrichtendienst« für die gesamte Ostfront. Bei Kriegsende verlegte er seinen Befehlsstand nach Oberbayern (bei Miesbach), um das bis jetzt gerettete Nachrichtenmaterial nicht den Russen in die Hände fallen zu lassen.
Am 20. Mai 1945 wurde er mit einigen anderen Offizieren, darunter Oberstleutnant Wessel, dem heutigen Chef des BND, von den Amerikanern in der Nähe von Schliersee gefangengenommen. Sein Nachrichtenapparat hatte unversehrt das Kriegsende überstanden. Er bot den Amerikanern seine Dienste an und gründete dann schließlich in Pullach bei München die »Organisation Gehlen«, die ihre Hauptaufgabe in der Informierung der Bundesregierung über alle Krisengebiete der Welt sah.
Nach der Überführung der »Organisation« in den BND erweiterte sich ihre Aufgabe. Während das Bundesamt für Verfassungsschutz (BfV) für die Spionageabwehr und »Bekämpfung gegnerischer Spionage« im Inland zuständig ist, hat der BND sein Aufgabengebiet auf das Ausland verlegt, hier vor allem auf die Ostblockstaaten. –
Das sind die bedeutendsten Geheimdienstorganisationen der Welt. Zwar gibt es auch in Italien, Spanien, Finnland, Jugoslawien Geheimdienstorganisationen von Bedeutung. Sie ähneln aber in verkleinertem Maßstab den großen Organisationen der USA und der UdSSR, die wie ein Hohlspiegel alle Möglichkeiten geheimdienstlicher Tätigkeit ausschöpfen.

g)
Der *polnische* Geheimdienst wurde im Oktober 1918 gegründet als eine Informationsabteilung II des Generalstabes. Wie alle Organisationen war auch diese gegliedert in Spionage, Gegenspionage und Abwehr. Das Augenmerk des polnischen Geheimdienstes war insbesondere auf Deutschland gerichtet. Viele Agenten saßen in Berlin und im Reich. So konnte der polnische Geheimdienst den deutschen Aufmarschplan gegen Polen schon vor dem September 1939 ziemlich genau auskundschaften, vor allem, nachdem eine deutsche Chiffriermaschine in die Hände polnischer Agenten gefallen war. Postsendungen der Wehrmacht wurden abgefangen, kontrolliert und fotografiert, viele Agenten waren bei Post und Eisenbahn angestellt, so daß auch aus Güterwagen wichtige Waffen und Geräte beseitigt werden konnten. Außerdem arbeitete der polnische Geheimdienst mit demjenigen Englands und Frankreichs eng zusammen. Der heutige polnische Geheimdienst ist demjenigen Moskaus eingegliedert.

a)
Der *schweizerische* Geheimdienst machte sich während des Zweiten Weltkrieges vor allem verdient für die Neutralität der Schweiz, die mit der Zeit immer schwerer zu erhalten war. Es bestanden nämlich Pläne der deutschen Führung, das Alpengebiet und das schweizerische Verkehrsnetz unter deutsche Kontrolle zu bringen. Gegen diese Pläne mußte sich die Schweiz zur Wehr setzen können, weshalb der Begriff der »bewaffneten Neutralität« geprägt wurde. Der Nachrichtendienst hatte somit u erkunden, welche Absichten seitens der Deutschen gegen die Schweiz zur Debatte standen. Dies war auch deshalb nicht einfach, weil der schweizerische Nachichtendienst nur sehr wenige Geldmittel und kaum geschultes Personal zur Verfüung hatte. Bestand die Aufgabe der Schweizer eher in der Spionageabwehr, so war die Schweiz während des 2. Weltkrieges ein Sammelbecken ausländischer Spionaeorganisationen, gegen die ebenfalls der schweizerische Nachrichtendienst vorzuehen hatte. Der berühmteste Fall war die Aushebung des Spionagenetzes »Die Rote Drei« unter Alexander Rado.
Während des Zweiten Weltkrieges wurden von schweizerischen Abwehrstellen und von der Polizei 1380 Personen »wegen Verrats militärischer Geheimnisse, politichem und wirtschaftlichem Nachrichtendienst zum Nachteil der Schweiz« verhaftet. Militärgerichte verurteilten zwischen 1939 und 1945 478 Personen wegen Spionage nd Verrat, davon waren 283 Schweizer und 195 Ausländer. Zivile Gerichte verureilten im gleichen Zeitraum 245 Schweizer und 142 Ausländer ebenfalls wegen Spionage. Von 33 Todesurteilen wurden 17 vollstreckt.

Der *israelische* Geheimdienst bewährte sich vor allem im Sechs-Tage-Krieg 1967, ls es den beiden Organisationen, dem »Allgemeinen Informations- und Sichereitsdienst« und dem »Nachrichtendienst der Streitkräfte« einerseits gelang, den Feind durch irreführende Meldungen fehlzuleiten, andererseits aber auch, einwandfreie Nachrichten aus dem gegnerischen Lager zu beschaffen. Der israelische Sieg darf in erster Linie als ein Sieg der Spionagetätigkeit bewertet werden. Für den Geheimdienstchef Shin Beth arbeiteten Männer und Frauen, die, ehe sie nach Israel kamen, in arabischen Gebieten gelebt und die Länder genau studiert hatten. Sie areiten mit den besten Apparaten für den Nachrichtendienst, besitzen Computer und usgezeichnete Dechiffriermaschinen, modernste Abhör- und Störgeräte, nicht zuetzt ein über die ganze Welt verbreitetes Nachrichtennetz. Der frühere Ministerräsident David Ben Gurion suchte die besten Leute zusammen, die geeignet waren, n der Spionage und Sabotage, auf dem Gebiet der Fälschungen und im Untergrund u arbeiten. Vor allem die israelische Untergrundbewegung »Haganah«, geführt on General Chaim Herzog, hatte auf dem Gebiet der Sicherheit große Erfolge zu erzeichnen.
Drei israelische Untergrundbewegungen sind von Bedeutung. Sie alle kämpfen für die Unabhängigkeit des Landes Palästina, heute für die nationale Einheit Israels. s sind dies: die »Haganah«, der »Irgun Zwai Leumi« und die »Sterngruppe«. (s. S. 446).

)
er *ägyptische* Nachrichten- und Geheimdienst entwickelte sich vor allem zu einer hlagkräftigen Organisation, nachdem geflüchtete Nazis die Ägypter mit SD- und estapo-Methoden vertraut gemacht hatten. Hier spielte der Name Prof. Omar min, alias Dr. Johannes von Leers, eine wichtige Rolle.

2. Die Spionageabwehr in der BRD (1968)

Seit Jahren ist die Bundesrepublik Deutschland das bevorzugte Operationsgebiet östlicher Spionagetätigkeit. Das Interesse kommunistischer, vorwiegend von DDR-Spionen gilt in erster Linie militärischen, politischen und wirtschaftlichen Objekten.
Immer wieder versuchen die gegnerischen Nachrichtendienste Personen anzuwerben, die zu Geheimpapieren des Militärs, der Wirtschaft, Wissenschaft und Forschung Zugang haben.
Jedes Jahr wird eine Reihe von Spionen erkannt und auch festgenommen. Nicht selten gelingt es, solche Personen »umzudrehen« und über sie weitere Namen von Agenten zu erfahren. In den Jahren 1958–1968 gaben mehr als 100 hauptamtliche fremde Spione ihre Kenntnisse den deutschen Dienststellen bekannt.
Vor allem Angehörige von Botschaften oder anderen offiziellen Vertretungen östlicher Staaten nutzen ihre Vorteile, an Geheimmaterial heranzukommen.
Die Nachrichtendienste der DDR machen etwa 80% der gesamten Spionagetätigkeit östlicher Agenten aus. Der Rest fällt auf die Sowjetunion, Polen und die Tschechoslowakei.
Die Sowjetunion unterhält zwei Nachrichtendienste, deren Agenten in der BRD tätig sind:
Das KGB (Komitee für Staatssicherheit) und die GRU (Hauptverwaltung für Aufklärung). Das Präsidium des ZK der KPdSU überwacht, koordiniert und kontrolliert die Arbeit des KGB und grenzt seine Zuständigkeiten gegenüber der GRU ab.
Die DDR hat einen Nachrichtendienst, der dem KGB entspricht und MfS (Ministerium für Staatssicherheit) genannt wird. Seine Hauptaufgabe besteht im Auskundschaften interessanter Objekte in der BRD. Der militärische Nachrichtendienst (entsprechend der GRU) wird von der VfA (Verwaltung für Aufklärung) übernommen.
Der zivile polnische Nachrichtendienst (SB) untersteht dem polnischen Innenministerium, der militärische ist eine Abteilung im polnischen Verteidigungsministerium.
Auch in der Tschechoslowakei untersteht der zivile Auslandsnachrichtendienst (StB) dem Innenministerium, der militärische dem Verteidigungsministerium.
Die meisten hauptamtlichen Mitarbeiter der kommunistischen Nachrichtendienste bleiben im Heimatland und versuchen von dort aus, Personen aus der BRD für eine Spionagetätigkeit zu gewinnen. Offizielle hauptamtliche Spione der DDR sitzen meist in den Botschaften oder Handelsvertretungen. Um sich zu tarnen, nehmen sie auch ihre Botschafts- o.ä. Aufgaben in gewissem Umfang wahr. Meist sind die Agenten Offiziere des Nachrichtendienstes, die ihre Spionagetätigkeit aufgrund ihres exterritorialen Status ohne persönliche Gefährdung durchführen können.
Wegen der Vielzahl der kommunistischen Vertretungen in der BRD ist eine sorgsame Überwachung der Spione äußerst schwierig.
1968 interessierte sich der Nachrichtendienst der DDR z.B. besonders für Namen von NPD-Mitgliedern, für Berichte über NPD-Versammlungen, für die Finanzierung dieser Partei und für die Originalunterschriften führender NPD-Funktionäre. Ferner war der ND der DDR darauf aus, den Beruf oder die Dienststelle von Beamten oder Angestellten zu erfahren, die auf ihren Anträgen auf Erteilung einer Einreiseerlaubnis in die DDR lediglich Angestellter oder Beamter angegeben hatten.
Für DDR-Spionagetätigkeit angeworben werden vor allem Angehörige des Zoll und des Bundesgrenzschutzes, aber auch Studenten und Diplomaten.
Der »Militärische Abschirmdienst« (MAD) entdeckte 1971 rund 1200 gegen di

Bundeswehr gerichtete Spionageaufträge. Sie stammten von Nachrichtendiensten aller Staaten des Warschauer Paktes. 80% der aufgedeckten Spionageunternehmen waren wiederum auf die DDR zurückzuführen. Der Anteil der tschechoslowakischen, polnischen und sowjetischen Auftraggeber lag nur bei 10%, 5% und 4%. Dreiviertel der Aufträge galt den Teilstreitkräften, und zwar 62,3% dem Heer, 31,2% der Luftwaffe und 6,5% der Marine. Ein Viertel entfiel auf die Gesamtstreitkräfte und die Bundeswehrverwaltung.
Im Jahre 1971 wurden insgesamt 3008 Fälle von Staatsschutzdelikten abschließend behandelt. Gegenüber 1970 waren es 1000 Fälle mehr. Unter Staatsschutzdelikten versteht man Vergehen gegen Recht und Ordnung in der BRD. Dazu gehören Sabotagevorbereitungen und Sabotageakte. 1971 waren es 26 Fälle, 1970 nur 18. Neben 290 Verstößen gegen Parteien-, Vereins- und Vereinigungsverbote stehen nur 48 Fälle im Jahre 1970.
Industriespionage wurde 1971 in 324 Fällen aufgedeckt (1970: 63 Fälle). An politischen Straftaten kamen 407 von linken, 43 von rechten verfassungsfeindlichen Organisationen.
Auch im ersten Halbjahr 1972 galt die Bundesrepublik als derjenige Staat, der am meisten vom gegnerischen Geheimdienst überschwemmt war. Kein Land der Welt hat auch nur einen Bruchteil dieser Spionagetätigkeit zu verzeichnen. Über 10000 Agenten des Ostens sind ständig in der BRD tätig, Jahr für Jahr werden von der Abwehr aber nur 1500 bis 2000 erkannt und unschädlich gemacht. Niedersachsen, Nordrhein-Westfalen und Bayern waren in diesem Zeitraum die bevorzugten Länder ausländischer Spionagetätigkeit. 1972 waren es um 40% mehr Agentenwerber als 1971. Allein in Niedersachsen werden jährlich etwa 2000 Spionageverdachtsfälle registriert. Östliche Agentenwerber werden meist aktiv bei Reisenden aus dem Westen durch die kommunistischen Machtbereiche und die DDR, oft nach fahrlässigen Übertretungen dortiger Gesetze. Ihre Methode ist dann meist die Erpressung.
Nachdem die NPD kaum noch politische Bedeutung hat, sind es rechtsextremistische Splittergruppen (in Niedersachsen gibt es davon 42), die das Lager für Spionage und Agentenwerbetätigkeit bilden.
Besonders die Deutsche Kommunistische Partei (DKP) gilt nach wie vor als bundeswehrfeindliche, sicherheitsgefährdende Kraft. Die DKP und die von ihr gesteuerte »Sozialistische Deutsche Arbeiterjugend« fordern immer wieder ihre Mitglieder auf, in der Bundeswehr Dienst zu tun und dabei »antimilitaristisches Gedankengut« in die Truppe zu infiltrieren.

3. Bericht des Bundesamtes für Verfassungsschutz (Juni 1972)

Nach Angaben des Bundesamtes für Verfassungsschutz stieg die Zahl rechts- und linksradikaler Gruppen 1971 weiter an. Vor allem die linksradikalen Gruppen waren einem Zersplitterungsprozeß ausgesetzt. Ende 1970 gab es 120 linksradikale Vereinigungen mit etwa 3000 Mitgliedern, 1971 waren 260 Gruppen mit 6000 Mitgliedern. Bemerkenswert war das Aufkommen der »Neuen Linken«, die zwar Gewaltakte ablehnte, aber doch an Störungen und Ausschreitungen an Hochschulen beteiligt war. Ihr zu Lasten kamen Anschläge auf Polizisten, Banküberfälle und andere Gewaltaktionen. Doch weder sie noch die Kommunisten konnten, dem Bericht zufolge, Staat und Gesellschaft gefährden. Wesentlich angestiegen ist die Aktivität anarchistischer Kreise, die immer wieder zu schweren Gewalttaten und Terrorakten schritten. Insgesamt sei jedoch die Sicherheit der BRD nicht bedroht.
Den größten Anteil an der Spionagetätigkeit auf dem Gebiet der BRD trugen, wie gesagt, Agenten der DDR. Von 47 im Jahr 1971 wegen Landesverrats von deut-

schen Gerichten verurteilten Personen hatten 42 Beziehungen zur DDR. Drei hatten für den tschechoslowakischen, zwei für den sowjetischen Geheimdienst gearbeitet.
Bedenklich angewachsen ist auch die Tätigkeit politisch-radikaler Ausländer in der BRD. Ende 1971 gab es in der BRD 22 Ausländervereinigungen mit etwa 65000 Mitgliedern (im Vorjahr: 50000 Mitglieder). Androhungen von Mord- und Sprengstoffanschlägen von dieser Seite hatten zugenommen.
Die sinkende Aufklärungsquote bei den Spionagedelikten geht in erster Linie auf die unzureichende personelle und materielle Ausstattung des Verfassungsschutzes zurück. Das Kräfteverhältnis zwischen Spionagediensten der kommunistischen Staaten und der deutschen Spionageabwehr ist noch immer ungleich.
Linksradikale hatten 1971 555mal Bürger zusammengeschlagen, 29 Sprengstoffanschläge verübt und 40 Brandstiftungen verursacht.
Als deutsche Terroristengruppen galten in der BRD (1971):
die Baader-Meinhof-Gruppe
das Sozialistische Patienten-Kollektiv Heidelberg (SPK)
die Schwarzen Zellen in West-Berlin
eine namenlose Gruppe unter Dieter Kunzelmann (1972 verurteilt).

4. Spione in Aktion

a) Der Diebstahl einer deutschen V-2 vom Spionagedienst der polnischen Widerstandsbewegung

Nach dem Einmarsch deutscher Truppen in Danzig am 19. September 1939 hielt Hitler eine Rede über den Rundfunk, in der er von einer Waffe sprach, die »noch nicht bekannt ist und mit der wir selbst nicht angegriffen werden können«.
Die Rede wurde von der BBC London aufgenommen, sofort übersetzt und der britischen Regierung unter Premierminister Neville Chamberlain weitergeleitet. Der britische Intelligence Service erhielt die Aufgabe, herauszubekommen, um welche Waffe es sich handelt.
Der Leiter der wissenschaftlichen Abwehr, Prof. Reginald Victor Jones, wurde mit der Aufgabe betraut, einen über Oslo nach London geschmuggelten Zünder dieser neuen Waffe zu untersuchen. Auch war bekannt, daß die Deutschen zwei verschiedene Arten von Radar entwickelt hatten, mit deren Hilfe es ihnen gelang, viele britische Flugzeuge bei Angriffen auf Kiel und Wilhelmshaven abzuschießen.
Bereits 1932 hatten die Deutschen begonnen, auf der Versuchsstelle Kummersdorf südlich von Berlin eine Rakete zu konstruieren, die später unter dem Namen »V-2« bekannt werden sollte. Ab 1936 waren Peenemünde und die Insel Usedom die wichtigsten Experimentierstationen für Großraumraketen. Nach dem Kriegsausbruch 1939 und den ersten Erfolgen des Blitzkrieges gegen Polen und Frankreich hielt es jedoch Hitler nicht mehr für notwendig, eine weitere Entwicklung des sehr teuren Raketenprogramms fortzuführen.
Erst am 20. August 1941 gab Hitler den Befehl heraus, die Versuche mit den Großraumraketen wieder aufzunehmen. In Peenemünde war die Organisation Todt neben einer Reihe von privaten Baufirmen und einem Heer meist polnischer und russischer Zwangsarbeiter bzw. Kriegsgefangener dabei, das Versuchsfeld auszubauen und Werkhallen, Unterkünfte, Prüfstände etc. herzustellen.
Etwa ein Vierteljahr nach dem ersten Start einer dieser neuen Raketen (am 3. Oktober 1942) funkte der Nachrichtendienst des polnischen Widerstandes nach London Berichte, die auch von einem dänischen Chemiker bestätigt wurden.
Der Zufall half dem Feind weiter: Nach dem Fall von El Alamein gerieten die deutschen Generale Ludwig Crüwell und Wilhelm Ritter von Thoma in englische Gefangenschaft. In einem Aufenthaltsraum, in dem sich Abhöranlagen befanden, unterhielten sie sich über die neue Rakete. Sie sprachen davon, daß die Raketen innerhalb eines Jahres einsatzbereit wären . . .
Diese Mitteilung erhöhte bei den Alliierten die Anstrengungen, Näheres über Hitlers Wunderwaffe zu erfahren.
Die polnische »Heimatarmee« unter General Sikorski, die Agenten unter die Zwangsarbeiter von Peenemünde eingeschleust hatte, schickte Ende 1941 die Zeichnung einer Werkhalle mit einer Rakete nach London und berichtete, daß die neue Rakete ein donnerndes Geräusch von sich gebe.
Es dauerte bis zum 20. April 1943, bis die englische Führung von der Ernsthaftigkeit der Nachrichten aus Peenemünde überzeugt war und den 35jährigen Duncan Sandys, einen Schwiegersohn Churchills, zu Aufklärungsflügen nach Peenemünde schickte. Aufgrund der Aufnahmen wurde ein Modell der Anlagen von

Peenemünde angefertigt, und in der Nacht vom 17. auf den 18. August 1943 flog die britische Luftwaffe ihren ersten Großeinsatz auf Peenemünde. Innerhalb von zehn Minuten wurden 2000 Tonnen Sprengstoff abgeworfen und Peenemünde fast vollständig zerstört.

Am 7. Juli 1943 hatte Hitler das Rüstungsprogramm von Peenemünde zur ersten Dringlichkeitsstufe erklärt. Nach dem britischen Großangriff war die deutsche Führung davon überzeugt, daß nur Verrat oder Spionage für die Vernichtung Peenemündes verantwortlich gemacht werden könne. Ganze Einheiten von Gestapo- und SS-Spitzeln wurden nach Peenemünde geschickt, um mögliche Spionagenester auszuheben.

Indessen hielt die deutsche Führung die Engländer in dem Glauben, durch den Luftangriff sei die Geheimwaffenproduktion von Peenemünde ausgeschaltet worden. In Wahrheit waren die Schäden nicht allzu groß, weil ein großer Teil der Anlagen unterirdisch verborgen und unbeschädigt geblieben war.

Unterdessen wurde bei Nordhausen am Harz von Tausenden von KZ-Häftlingen eine unterirdische Produktionsstätte der Geheimwaffe errichtet. Bereits am 1. September 1943 wurde hier mit der Fließbandproduktion der V-2 begonnen. Dieses unterirdische Werk ist vor allem durch den Namen »Dora« bekannt geworden, der auch in späteren Kriegsverbrecherprozessen eine Rolle spielen sollte. Denn unter schärfster SS-Bewachung kamen hier Tausende von KZ-Häftlingen ums Leben. Immer wieder gelang es ihnen nämlich, Sabotageakte durchzuführen: viele V-2 explodierten schon auf der Startrampe, andere zu früh in der Luft – etwa ein Drittel der Gesamtproduktion wurde durch KZ-Arbeiter im Werk »Dora« vernichtet.

Der Schutz der Wunderwaffe V-2 wurde von Hitler dann vollständig der SS anvertraut. Himmler stellte den SS-Truppenübungsplatz »Heidelager« in der Nähe von Debica in Südpolen zur Verfügung. Hier, versteckt in tiefen Wäldern, hatten abermals KZ-Häftlinge und russische Kriegsgefangene am Aus- und Aufbau der Produktionsstätte der V-2 zu arbeiten. Noch ehe jedoch die Deutschen Eisenbahnlinien verlegen konnten, berichteten Spione der polnischen Widerstandsarmee davon nach London. Mitglieder der polnischen Untergrundbewegung fotografierten Versuchsstarts von V-2-Raketen, sie fotografierten die Geschosse während des Eisenbahntransportes, sie stellten fest, woher die Einzelteile der Rakete geliefert wurden: aus Thüringen.

Vor allem aber war es das Benehmen der Deutschen selber, das den polnischen Spionagedienst auf die Spur der Geheimwaffe brachte: sobald eine Rakete probehalber über menschenleerem Gebiet in Polen abgeschossen und wieder abgestürzt war, kamen deutsche Trupps und sammelten sämtliche Bruchstücke an der Absturzstelle wieder ein, verluden sie auf Lkw und fuhren sie fort.

Die polnischen Widerstandskämpfer, denen sich inzwischen viele Bauern angeschlossen hatten, kannten sich aber im Gelände viel besser aus als die Deutschen. Oft gelang es ihnen, per Fahrrad schon vor den Deutschen die Absturzstelle zu erreichen, Fotografien herzustellen, herumliegende Raketenteile einzusammeln und wieder zu verschwinden. Oft waren Aufschlagstellen schon völlig aufgeräumt und eingeebnet, und die Deutschen mußten ohne Fundstücke umkehren.

Auch Aufrufe der deutschen Führung, Absturzstellen anzugeben und gefundene Stücke bei Belohnung durch einen Liter Wodka zurückzugeben, nutzten nichts.

Solche Teile der von polnischen Widerstandskämpfern und Spionen gefundenen Raketen wurden dann nach London geschickt.

Da stürzte Ende Mai 1944 eine Rakete, ohne zu explodieren, in einem Sumpf in der Nähe des Dorfes Klimczyce ab. Bauern und der Bruder des Dorfarztes rannten los, um die Rakete zu fotografieren. Sie schoben den hinteren Teil mit den Flossen ins Wasser und bedeckten die Raketenspitze mit Schilf und Heu.

Deutsche Truppen suchten drei Tage lang vergebens nach der Rakete – und brachen ihre Suchaktion ohne Erfolg wieder ab.

Spezialisten aus Warschau waren inzwischen angekommen und begannen mit der Demontage der Rakete. Mit drei Lastwagen, unter Kartoffeln versteckt, wurden die Raketenteile nach Warschau transportiert. Vor allem die Funkanlage interessierte den besten polnischen Fachmann auf dem Gebiet der Funktechnik: Prof. Janusz Groszkowski. Dieser funkte seine Untersuchungsergebnisse nach London. Dort wurde beschlossen, eine Dakota-Transportmaschine über Süditalien nach Polen zu entsenden, um die wichtigsten Teile der V-2-Rakete abzuholen.

Ende Juli 1944 war jedoch Polen bereits übersät von zurückziehenden deutschen Soldaten. Der Flugplatz, auf dem die Dakota landen sollte, lag nur einen Kilometer von deutschen Einheiten entfernt. Ja, der Flugplatz wurde sogar von deutschen Maschinen benutzt, von Bombern, und regelmäßig landeten zweimal am Tag deutsche Maschinen vom Typ Fieseler Storch.

Spione und Mitglieder der polnischen Widerstandsarmee hatten als günstigsten Landezeitpunkt für die Dakota die Mitternacht nach London gefunkt.

Genau um 24 Uhr, im Dröhnen des Kanonendonners der nahen Front, landete die Maschine, wurde schleunigst beladen, überprüft und wieder startklar gemacht. Der Boden des Flugplatzes war aber zu weich und die Räder der Maschine hatten sich eingefressen. Dreimal mußte die Besatzung wieder aussteigen, Zweige und Bretter unter die Räder schieben, bis die Maschine endlich vom Boden abheben konnte.

In London wurde die Rakete abermals genau untersucht. Die Ingenieure fanden heraus, daß es nicht möglich war, das Steuerungssystem der Rakete während ihres Fluges durch Störfunk zu beeinflussen, weil die mit Überschallgeschwindigkeit fliegende Rakete von einem eigenen Kreisel in der Raketenspitze gesteuert wurde, der nicht gestört werden konnte.

Kurz nach der Entführung der Rakete am 15. Juli 1944 zerstörte eine erste V-2 am 3. September 1944 eine Reihe von Wohnhäusern im Londoner Stadtteil Chiswick. Doch Hitlers Hoffnung, den Endsieg mit einem Großeinsatz der »Wunderwaffe« V-2 zu erringen, erfüllte sich nicht mehr. Der Bau von Raketen war längst durch Sabotage verraten und nahezu unschädlich gemacht worden.

b) Die Rote Kapelle

Die Rote Kapelle war die größte sowjetrussische Spionageorganisation zur Zeit des Zweiten Weltkrieges. Ihr Netz hatte ganz Europa überspannt. Mehrere hundert Geheimsender funkten unermüdlich ihre Nachrichten nach Moskau. Dort wurden die Details zusammengefügt und ergaben ein exaktes Abbild des Feindes.

Hochqualifizierte russische Spezialisten (Parteifunktionäre und Offiziere der Roten Armee) hatten Vertreter aller Nationen Eruopas als Mitarbeiter, die alle Hitlers Machtpolitik Einhalt gebieten wollten.

Kopf der Roten Kapelle war Leopold Trepper. 1904 bei Krakau geboren, studierte er Geschichte und Literatur, fand aber während der Wirtschaftskrise in Rußland keine Arbeit. So ging er nach Polen und von da nach Palästina (als Leiba Dab). Hier trat er der kommunistischen Partei bei, wurde wegen politischer Agitation verhaftet, kam wieder frei und emigrierte illegal nach Frankreich. In Marseille war er Tellerwäscher, ehe er sich in Paris einem sowjetischen Spionagering anschloß. In Moskau wurde er zum Spezialisten ausgebildet und kam 1935, fünf Jahre nach seiner Flucht aus Rußland, wieder nach Frankreich. Als kanadischer Staatsbürger ließ er sich im Herbst 1938 in Brüssel nieder, um dort eine Spionageorganisation aufzubauen. Mit dem Kaufmann Leo Großvogel, den er von Palästina her kannte, gründete er eine Tarnfirma, die bald Filialen in Belgien, Frankreich, Holland und Skandinavien besaß.

Als die deutschen Truppen im Mai 1940 Belgien besetzten, fuhren ihnen zwei renommierte Geschäftsleute aus Brüssel nach: Trepper und Großvogel. Sie wollten die militärischen Aktionen der Deutschen beobachten und Material über die Taktiken des Blitzkrieges sammeln.

Zwei sowjetische Offiziere wurden Trepper zugeteilt: Michail Makarow, Oberleutnant und Neffe des damaligen Außenministers Wjatscheslaw Molotow, und Hauptmann Viktor Sukulow, späterer Deckname »Kent«. Kent ließ sich in Brüssel mit der Import- Exportgesellschaft »Simexco« nieder. Im August 1940 verlegte Trepper, der sich nun Jean Gilbert nannte, einen Teil der Spionageorganisation nach Paris, wurde zum Leiter der sowjetischen Spionage in ganz Westeuropa ernannt und zum General der Roten Armee befördert. Mit ihm zog Leo Großvogel nach Paris, der binnen weniger Monate die finanzielle Basis für die Organisation schaffen konnte.

Im Mai 1941 berichtete Trepper/Gilbert, auch der »Grand Chef« genannt, über den bevorstehenden Angriff Hitlers auf die Sowjetunion nach Moskau. Dies war sein erster großer Erfolg, obgleich ihm Stalin keinen Glauben schenkte.

Am 22. Juni 1941 marschierten deutsche Truppen nach Rußland ein. Von nun an begann die eigentliche Arbeit der Roten Kapelle.

Am 16. Oktober 1941 wurde in Paris (Champs-Elysées Nr. 78) eine weitere Tarnfirma gegründet: Import-Export-Simex. Zehn geheime Wohnungen dienten in Paris als Kontaktlokale.

In Berlin fand Kent im November 1941 Kontakt zur deutschen Abteilung des Netzes, dessen Nachrichten über Kents Sender PTX von Brüssel aus nach Moskau zum »Direktor« gefunkt wurden. Am 26. Juni 1941 war von der Deutschen Abwehr dieser Sender PTX erstmals geortet worden. Der Hauptmann der Reserve Harry Piepe (im Privatberuf Staatsanwalt) erhielt den Auftrag, den Sender in Brüssel ausfindig zu machen. Als holländischer Kaufmann namens Riepert getarnt gründete Piepe in Brüssel ebenfalls eine Firma, und zwar zufälligerweise im gleichen Haus, in dem sich die Simexco befand (Rue Royal 192). Mit Hilfe von Nah-Peilgeräten, versteckt in harmlosen Lieferwagen, war nach 14 Tagen der Standort des Senders PTX ausfindig gemacht: Rue des Atrébates Nr. 101.

In der Nacht vom 12. zum 13. Dezember 1941 stürmte Piepe mit zehn Mann der GFP (= Geheime Feldpolizei) das Haus (kurz nach 2.30 Uhr). Da sprang ein Mann über die Mauer eines nahegelegenen Gartens; er wurde kurze Zeit später gestellt und festgenommen. Er war der Funker. Piepe fand ein völlig intaktes russisches Funkgerät, das vorsichtig abgeschaltet wurde, um den Empfänger in Moskau nicht zu irritieren. Im ersten Geschoß stießen die GFP-Leute auf eine Dame im Pyjama. Zwei Etagen höher befand sich eine weitere Dame, die gestand, spioniert zu haben und bereit war, Auskünfte zu geben. Ihr Name: Rita Arnould, eine Jüdin mit echten belgischen Papieren, die 1933 mit ihren Eltern von Deutschland nach Belgien emigriert war.

Neben dem Funkgerät fanden sich auch viele Telegramme in deutscher Sprache, so daß der Verdacht entstand, daß nicht nur deutsche Privatpersonen, sondern vielleicht sogar deutsche amtliche Stellen mit dem Spionagenetz zusammenhingen. Rita führte Piepe und seine Leute zu einer hinter einem Metallbett befindlichen Tapetentür, die in eine perfekt ausgerüstete Fälscherwerkstatt führte. Sie enthielt Wehrmachtsstempel, Formulare, Personalausweise und eine Reihe von Paßfotos. Rita Arnould spielte Piepe zwei davon in die Hände: die des »Grand Chef« (Trepper) und des »Petit Chef« (Kent). Damit war erstmals bekannt, wie die führenden Spione aussahen. Ferner wurde neben Tinkturen, mit deren Hilfe Ruhrepidemien und Typhusepidemien hervorgerufen werden konnten, auch eine Geheimtinte entdeckt, die nach ihrer Benutzung völlig verblaßte und bei Wissenschaftlern bisher unbekannt war.

Während die schweigsame Pyjama-Dame die Chiffriererin der Agententruppe war, konnte in dem geflüchteten Funker der jetzige Hauptmann der Roten Armee und Neffe Molotows, Makarow, genannt Carlos Alamo, identifiziert werden.

Das Haus in der Rue des Atrébates blieb von Deutschen besetzt. Am nächsten Tag erschien ein Herr und wollte Kaninchen verkaufen. Da er sich ausweisen konnte und einen guten Eindruck machte, ließen ihn die Wachtposten laufen. Es war der »Grand Chef« persönlich, der nach dem Rechten sehen wollte ...
Nach der Aushebung des Spionagesenders nannte Piepe die Organisation »Rote Kapelle«. Die Fahndung nach ihr wurde zur »Geheimen Reichssache« gemacht. Hitler befahl: »Dieses Geschwür muß ausgebrannt werden!« Nachdem das Codewort für die Zahlenkombinationen auf den gefundenen Papieren, die Makarow vor seiner Flucht im Kamin nur zum Teil hatte verbrennen können, entschlüsselt war, konnte etwa ein Drittel der Funksprüche von PTX verstanden werden, darunter auch ein Spruch der Zentrale in Moskau an Kent. Es waren drei Adressen in Berlin genannt: Altenburger Allee 19, Fredericiastraße 26a, Wilhelmshöher Straße 18. Dabei standen die genauen Namen und Stockwerke.
Piepe fuhr mit diesen Adressen sofort nach Berlin ins Canaris-Hauptquartier. Dort schlugen diese Einzelheiten des Geheimmaterials wie ein Blitz ein. Sofort wurden die Oberkommandos der drei Wehrmachtsteile alarmiert.
Die Gestapo konnte rasch ermitteln, daß in der Altenburger Allee die Privatwohnung des Oberleutnants im Reichsluftfahrtministerium, Harro Schulze-Boysen, lag. Dieser Mann, Idealist, Kommunist mit Weltverbesserungsvorstellungen, war seit Hitlers Machtübernahme ein erbitterter Gegner des Regimes. Er versuchte zunächst mit Plakataktionen Unruhe zu stiften und Gleichgesinnte für sich zu werben. Als Offizier standen ihm sämtliche Panzerschränke zur Einsicht zur Verfügung. Er galt als Günstling Görings und der Reichsmarschall war auch Trauzeuge bei seiner Eheschließung.
Schulze-Boysen war jedoch in Wahrheit der Chef der Berliner Gruppe des russischen Spionagenetzes. Die beiden anderen Adressen führten auf den Oberregierungsrat im Reichswirtschaftsministerium Arvid Harnack und auf den Schriftsteller und Regisseur Dr. Adam Kuckhoff.
Die Gruppe Schulze-Boysen/Harnack funkte seit Juni 1941 jede Nacht Informationen nach Moskau, es waren etwa 500 Berichte z.B. über neue Kampfflugzeuge, Flugortungsgeräte, Flugabwehrwaffen, Geheimwaffen.
Am 30. August 1942 wurde Schulze-Boysen verhaftet. Er war nach dem geplanten Sturz Hitlers zum Kanzler eines kommunistischen Regimes ausersehen. In dem Hochverratsprozeß, dessen oberster Gerichtsherr Göring war, wurde er mit acht anderen Männern und drei Frauen zum Tode verurteilt und am 22. Dezember 1942 hingerichtet.
Unterdessen hatte Trepper in Paris mit seiner Firma Simex sich zum Hauptlieferanten von Zement, Betonmischmaschinen, Baugeräten etc. selbst Lkws und Pkws für die Organisation Todt, die den Atlantikwall baute, aufgeschwungen. Die Geschäftsverbindungen klappten so seriös, daß die französische Résistance mißtrauisch gegen Simex und Simexco wurde, die Firmen überwachte und sie nach dem Krieg wegen Kollaboration mit den Deutschen anklagen wollte ...
Immer mehr deutsche Beamte und Offiziere wurden von Treppers Leuten bestochen. Die Verdienste der Firma waren so hoch, daß das gesamte Spionagenetz »Rote Kapelle« davon bezahlt werden konnte und Trepper und Kent sich in Frankreich Luxusvillen leisteten, die auch zur Erholung von russischen Agenten dienten.
Kent hatte im Dezember 1941, nachdem der Sender in Belgien ausgehoben worden war, begonnen, in Marseille ein Ausweichnetz aufzubauen. Kurz nach Aushebung des Brüsseler Senders war nämlich die größte Agentenjagd in der Geschichte des Dritten Reiches gestartet worden: Abwehr, Gestapo, GFP, Peiltrupps, Sicherheits- und Ordnungspolizei, alle rückten gegen die Rote Kapelle vor. Hauptmann Piepe arbeitete von nun an mit dem Kriminalrat und SS-Hauptsturmführer Karl Giering zusammen.
Am 10. Juni 1942 wurde im Pariser Vorort Rueil-Malmaison der feindliche Sender geortet, das aus Polen stammende Ehepaar Hersch und Myra Sokol verhaftet und verhört. Sie verrieten Details über Funksprüche und die Adresse eines neuen Geheimsenders bei Brüssel in Schaerbeek. Das Haus wurde besetzt. Auf dem Dachboden befand sich der gesuchte Sender, der Funker konnte jedoch durch seine Flucht über die Dächer entkommen. Er beschoß die ihn verfolgenden Soldaten, sprang weiter und verschwand schließlich in einer Dachkammer, deren Fenster er eingeschlagen hatte. Eine Frau schrie auf. Im Keller dieses Hauses wurde er dann unter einer umgestülpten Badewanne festgenommen. Es war der Deutsche Johannes Wenzel, ein Funktionär der KPD und Chef-Funker der Roten Kapelle.
In Paris ging die Jagd auf Trepper und seine Leute weiter. Trepper hatte beschlossen, zu sterben, sich einen Totenschein ausstellen und als Unbekannter beerdigen zu lassen. Dann wäre er untergetaucht.
Der deutschen Abwehr gelang es aber herauszufinden, daß sich der »Grand Chef« zuvor noch seine Zähne in Ordnung bringen lassen wollte. Im Behandlungszimmer des Zahnarztes wurde er verhaftet. »Sie haben gut gearbeitet«, sagte er zu Piepe.
Zehn Wochen lang wurde er verhört und vornehm behandelt. Denn die Gestapo wollte ihn nun für ihre eigene Arbeit gewinnen, um aus Moskau wichtige Informationen für Deutschland zu erhalten. Dies konnte nur gelingen, wenn Moskau unbekannt bleiben würde, daß Trepper sich in deutschen Händen befand. So bekam er von der Gestapo Geld, Papiere und eine Villa, er durfte sich völlig frei in Paris bewegen, nur von einem einzigen Gestapo-Beamten begleitet. Am 13. September 1943 ging Trepper in die Bailly-Apotheke in der Nähe der Gare St.-Lazare, um für seinen Gestapo-Begleiter ein Magenmittel zu kaufen. Er verschwand in der Apotheke und kehrte nie mehr zu seinem draußen im Wagen wartenden Begleiter zurück.
Erneut begann die Fahndung. Kent, inzwischen ebenfalls gefaßt, verriet Treppers Adresse. Doch im letzten Moment konnte dieser entkommen. Als am 31. August 1944 alliierte Panzer in Paris einrückten, ergriff

die deutsche Abwehr die Flucht. Trepper war frei und wurde am 6. Januar 1945 von einer sowjetischen Maschine aus Paris nach Moskau geflogen.
Dort lernte er zum erstenmal den »Direktor«, seinen Chef, persönlich kennen – und wurde ins Gefängnis Lubjanka eingeliefert. Er war nicht zuletzt aufgrund deutscher Intrigen in Ungnade gefallen, weil seine Vorgesetzten glaubten, er habe die »Rote Kapelle« an die Deutschen verraten. Bis 1954, ein Jahr nach Stalins Tod, war er dort inhaftiert. 1957 ging Trepper nach Polen. Aber die polnische Regierung verweigerte Trepper (er nannte sich nun Leiba Domb) die Ausreise nach Israel (Trepper und seine Frau sind Juden). Begründung: er weiß zuviel über die Methoden der russischen Spionage und gilt deshalb im Osten als »Sicherheitsrisiko«.
Sein gefürchteter Jäger Harry Piepe kehrte 1948 aus der Gefangenschaft zurück und starb am 5. August 1971 im Alter von 78 Jahren in seinem Haus in Hamburg-Harburg.
Nach unbestätigten Berichten soll Kent heute in Leningrad leben.

c) Die rote Drei

Eine der wichtigsten Gestalten hinter den Kulissen des Zweiten Weltkrieges in der Welt der internationalen Spionage war Rudolf Roessler, der von der Schweiz aus gegen Hitler-Deutschland spionierte.
Geboren 1897 in Kaufbeuren, wurde er nach dem Kriegsdienst ab 1915 Redakteur in Augsburg. 1933 lernte er in Berlin Xaver Schnieper kennen, der Roessler dazu brachte, 1934 in die Schweiz zu emigrieren. In Luzern wurde er Leiter des Vita Nova Verlages.
1939 organisierte der schweizerische Generalstab einen Nachrichtendienst, dessen Chef der Schweizer Oberstbrigadier Roger Masson wurde. Seine Dienststelle sammelte geheime Informationen aus Deutschland und war im Hotel »Schweizer Hof« in Luzern untergebracht. Daneben gab es einen halboffiziellen Nachrichtendienst, das »Büro Pilatus«, das im Laufe des Krieges ein Netz von 80 Informanten aufbaute, die aus fast allen europäischen Hauptstädten insgesamt 25000 Berichte nach Luzern übermittelten.
Nachdem Dr. Xaver Schnieper, der ebenfalls in die Schweiz emigriert und als Antinazi bekannt war, 1939 zum Nachrichtendienst eingezogen wurde, bahnte er für seinen Freund Roessler eine Verbindung zum Büro Pilatus an. Ab Juli 1939 ließ Roessler regelmäßig geheime Nachrichten über die politische und militärische Situation in Deutschland, auch den Überfall auf Polen, in die Schweiz zum Büro Pilatus gelangen. Der Verleger Roessler entwickelte sich zu einer Zentralfigur des schweizerischen Geheimdienstes, der Kontakte zu Admiral Canaris, zum englischen Intelligence Service, zum französischen Deuxième Bureau und zur tschechischen Exilregierung in London besaß, nicht zuletzt auch zu »A 54« (Paul Thümmel), der direkt aus Prag berichtete. Ab Sommer 1939 arbeitete ein Dr. Schneider in Roesslers Verlag. Er wurde in Roesslers Spionage eingeweiht, lernte als Dolmetscher beim Internationalen Arbeitsamt die deutsche Kommunistin Rachel Dübendorfer kennen, der er in der Annahme, sie arbeite für den sowjetischen Geheimdienst, Einsicht in seine Geheimpapiere gestattete.
Rachels Ehemann, Paul Boettcher, ein Altkommunist aus Leipzig, bot der geheimen Nachrichtenquelle Roesslers seine Mitarbeit an. Es wurden Decknamen vereinbart (Roessler = Lucie, Rachel = Sissy, Dr. Schneider = Taylor). Sissy oder ihr Mann Paul holten die von Roessler geschriebenen Nachrichten in Dr. Schneiders Wohnung ab und brachten sie zu ihrem Chef, Alexander Rado. Dieser Rado (Deckname Dora) war Oberst der Roten Armee, beherrschte sechs Sprachen, hatte in Berlin studiert und seit 1936 in Genf eine Presseagentur eröffnet. Sein Funktechniker Edmond Hamel installierte einen Sender in einer Reiseschreibmaschine für den Funker Alexander Foote (Deckname Jim). Er sandte vom 30. März 1941 mehr als 6000 Meldungen nach Moskau zum »Direktor«, darunter auch den Angriffsplan der Operation »Barbarossa«, Hitlers Einfall in die Sowjetuion. Die Nachrichten waren so exakt, daß Foote zum Hauptmann der Roten Armee befördert wurde.
Der dritte schweizerische Sender funkte aus der Wohnung der Geliebten Rados, Margaret Bolli (22 Jahre), nach Moskau.
Diese Margaret lernte nun 1942 einen sehr gut aussehenden Deutschen namens Hans Peters kennen. Er war Agent der deutschen Abwehr. Sie verriet ihm ihren Sonderauftrag, gab ihm Chiffrierunterlagen und Codeworte preis und den Namen des »Direktors« in Moskau: General Fjodorow Kusnetsow.
Inzwischen war auch die deutsche Funkabwehr dem schweizerischen Sender auf die Spur gekommen (am 6. September 1941). Der »Fall Schweiz« wurde dem Abwehrchef SS-Brigadeführer Schellenberg unterstellt und unter dem Kennwort »Rote Drei« behandelt.
Roesslers Meldungen wurden für Moskau ungeheuer wichtig, als 1943 die große Sommeroffensive gegen Rußland von Hitler geplant war. Der Aufmarschplan wurde Ende März 1943 dem Wehrmachtsführungsstab vorgelegt. Zwei Tage später war Moskau von »Dora« schon unterrichtet. Aufgrund dieser Schweizer Meldung zog die Rote Armee in dem Gebiet, das Hitler angreifen wollte (Kursker Bogen) riesige Truppenmassen zusammen, die Nord- und Südflanke des Bogens wurde ausgebaut, Tausende Kilometer Schützengräben ausgehoben und Minenfelder angelegt. Am 15. April 1943 erließ Hitler den Operationsbefehl »Zitadelle«, der aber wegen schlechten Wetters auf später verschoben wurde. Fünf Tage danach meldete »Dora an Direktor«, daß der Angriff auf Kursk erst für Anfang Mai geplant sei.
Inzwischen wurde auch Hitler von den russischen Truppenkonzentrationen unterrichtet und wollte die deutschen Linien mit den Panzermodellen »Panther« und »Ferdinand« verstärken. Deren Fertigstellung erforderte eine abermalige Verzögerung des Angriffstermins bis Mitte Juni. Als Hitler schließlich den 12. Juni als Termin bekanntgab, war der »Direktor« von »Dora« bereits davon in Kenntnis gesetzt.

Ein drittes Mal mußte der Angriffstermin für »Zitadelle« verschoben werden, z. T. waren nochmals Produktionsschwierigkeiten aufgetreten, z. T. war die russische Partisanentätigkeit innerhalb der deutschen Reihen sehr stark geworden.
Schließlich sollte am 5. Juli der deutsche Großangriff beginnen. Die Stunde X war den Russen aber durch einen deutschen Überläufer bekanntgegeben worden, so daß die Russen eine Stunde früher, um 2.30 Uhr in der Frühe, den Kampf eröffneten und die Deutschen noch in den letzten Vorbereitungsarbeiten überraschten. Die deutsche Offensive wurde daraufhin um zwei Stunden verschoben.
Auf Vorschlag Chruschtschows waren Hunderte russische Panzer T 34 eingegraben worden (eine Idee, die Stalin nicht gebilligt hatte) und unter ihrem Feuer brach dann auch der deutsche Panzerangriff zusammen. Am 11. Juli 1943 ging die Rote Armee zum Gegenangriff über und entfesselte die größte Panzerschlacht der Geschichte. Die großen deutschen »Tiger«-Panzer waren den leichteren russischen T 34 unterlegen. Am 13. Juli 1943 befahl Hitler die Feldmarschälle von Kluge und von Manstein in sein Hauptquartier und teilte ihnen mit, daß die Operation »Zitadelle« einzustellen sei, weil er befürchtete, daß Eisenhower in Italien oder auf dem Balkan landen würde. Um dies zu verhindern, brauchte Hitler Truppen aus dem Osten. Wie sich später herausstellte, beruhte der Abbruch des Unternehmens »Zitadelle« auf einem geschickten Täuschungsmanöver der Alliierten.
In Wirklichkeit wollten die Alliierten nämlich nicht in Italien oder auf dem Balkan landen, sondern auf Sizilien. Um das zu erreichen, erfanden sie einen der geschicktesten Tricks der Kriegsgeschichte, um Hitlers Abwehrarmee von Sizilien weg zu verlegen.
Schon vom November 1942 an wurde die Landung der Alliierten auf Sizilien geprobt, die dann auch am 11. Juli 1943 glückte. Der deutschen Führung mußte aber irgendwie weisgemacht werden, daß die Alliierten nicht an Sizilien interessiert wären.
So wurde vom Secret Service die Geschichte des toten Majors William Martin entwickelt. Der Tote sollte als Kurier dienen und den Deutschen die Absichten der Alliierten übermitteln.
Eine Leiche wurde gefunden, sie wurde zu einem Major der Royal Marines, der Königlichen Marine-Infanterie, gemacht und mit geeigneten Dokumenten versehen. Zwei fingierte Privatbriefe, einer von Sir Archibald Nye (stellv. Chef des Generalstabes) an General Alexander, der die britischen Armeen in Nordafrika befehligte, und einer von Lord Mountbatten an den Oberbefehlshaber der britischen Mittelmeerflotte, Sir Andrew Cunningham, berichteten ganz nebenbei, daß Griechenland und Sardinien die nächsten Angriffsobjekte der Alliierten seien. Die Invasion auf Sizilien war für den 10. Juli 1943 geplant, also mußte die Leiche des Majors Martin rechtzeitig, schon am 30. April 1943, den Deutschen in die Hände gespielt werden. Der vorgetäuschte Absturz eines Flugbootes vor Huelva in Spanien war der Anlaß, Major Martin zunächst den (mit Deutschland verbündeten) Spaniern anzubieten.
Martin wurde eine Aktentasche mitgegeben mit den Dokumenten, unter denen sich überdies noch ein Brief von Lord Mountbatten an Eisenhower befand, in dem die volle Vertrauenswürdigkeit Martins zum Ausdruck gebracht wurde. Martin wurde mit einem britischen U-Boot vor die spanische Küste in die Nähe des Huelva-Flusses gebracht und ins Wasser geworfen. Damit er im Wasser seine Aktentasche nicht verlor, wurde sie mit einer durch den Ärmel gezogenen Kette am Mantel befestigt. Am 30. April wurde dann wie erwartet die Leiche von einem Fischer gefunden, der sie Beamten der Marinekommandantur Huelva übergab. Die Papiere des Toten wurden überprüft, seine Leiche obduziert, und für Major Martin wurde am 2. Mai 1943 auf dem Friedhof von Huelva ein Begräbnis mit allen militärischen Ehren veranstaltet.
Unterdessen hatte der Chef des spanischen Marine-Generalstabes den Chef der deutschen Abwehr in Spanien, Wilhelm Lenz, über die Dokumente des Toten unterrichtet. Dieser erkannte ihre Wichtigkeit und schickte einen Sonderkurier von Madrid per Flugzeug nach Berlin, wo die Schriftstücke des Majors Martin nochmals überprüft und schließlich an Hitler weitergeleitet wurden. Nicht nur die deutsche Abwehr, sondern der gesamte Generalstab samt Hitler wurden durch die Dokumente getäuscht. Hitler blies deshalb die Operation »Zitadelle« ab und kommandierte seine beste Panzereinheit, die 1. Panzerdivision, auf den Peloponnes. Generalfeldmarschall Keitel, der Chef des OKW (Oberkommando der Wehrmacht), sorgte persönlich für eine starke Verteidigung Sardiniens – und dadurch für eine Schwächung der Verteidigung Siziliens. Zur gleichen Zeit, als die Operation »Zitadelle« in Rußland der Entscheidung zustrebte, landeten die Alliierten am 11. Juli 1943 genau dort, wo Hitler sie nicht erwartet hatte: auf Sizilien.
Wenige Monate später wurde in der Schweiz der Sender verfolgt, dem die Russen letztlich ihren Sieg über die Deutschen in der Panzerschlacht bei Kursk verdankten: Der Chef des schweizerischen Nachrichtendienstes, Oberstbrigadier Roger Masson, berief im März 1943 einen erfahrenen Kriminologen und Experten auf dem Gebiet der Code-Entschlüsselung aus der Türkei zurück in die Schweiz: Marc Payot. Er wurde Verbindungsoffizier zwischen der Chiffrierabteilung des Armeekommandos und der Gegenspionageabteilung mit der Aufgabe (nach dem Sturz Mussolinis) die Südgrenzen der Schweiz zu bewachen. Ihm war ein Trupp von etwa 60 Mann unterstellt, der erstmals im September 1943 einen illegalen Sender ortete, dann einen zweiten, zuletzt einen dritten. Die beiden ersten funkten von Genf aus, der dritte von Lausanne.
Am 15. Oktober 1943 wurde die Villa des Ehepaares Hamel in Genf umstellt, mit Dietrichen wurden die Türen geräuschlos geöffnet und noch am Funkgerät, die Hand auf der Taste, wurde Olga Hamel überrascht. Sie wurde mit ihrem Mann Edmond sofort verhaftet.
Der zweite Sender in Genf wurde in einem Block von Mietshäusern geortet. Vor einem Haus schlug das Abhörgerät am meisten an: vor dem Appartement der Margarete Bolli, die mit ihrem Freund Hans Peters hier wohnte. In ihrer Wohnung wurden neben wichtigem Adressenmaterial von Agenten auch der Schlüssel

zur Dechiffrierung der Codes der Schweizer Sender gefunden. Das Codewort hieß »Distanz« und das Codebuch, das bei den Funksprüchen zugrunde gelegt wurde, lag aufgeschlagen auf dem Schreibtisch der Margarete Bolli. Auch der dritte Sender mit Alexander Foote als Funker flog auf. Bei weiteren Recherchen kamen die Beamten des Kriminologen Payot auf den Namen Dr. Schneider und über ihn auf die der Hintermänner: das Ehepaar Dübendorfer aus Genf, den Journalisten Paul Boettcher und den Hauptinformanten Rudolf Roessler in Luzern. Der Chef des Spionageringes, der Oberst der Roten Armee Alexander Rado, hielt sich bei dem Dirigenten Hermann Scherchen verborgen.
Nach über dreimonatiger Untersuchungshaft wurde bis zu Prozeßbeginn Roessler am 6. September 1944 auf freien Fuß gesetzt, zwei Tage später Foote.
Rado und Foote wurden von Paris aus in der gleichen Militärmaschine, in der auch der Chef der »Roten Kapelle« saß, Trepper, nach Moskau geflogen (am 6. Januar 1945). Während eines Zwischenaufenthaltes in Kairo floh Rado und stellte sich den britischen Behörden. Er wurde bald auf Intervention Moskaus von NKWD-Offizieren aufgegriffen und den Sowjets ausgeliefert. In Paris hatte man ihm »sicherheitshalber« einen falschen Paß mitgegeben. Dies war sein Pech, denn Moskau forderte nicht die Auslieferung des Alexander Rado, sondern die des Deserteurs Alexander Kuliczew, Oberst der Roten Armee. Rado traf im Sommer 1945 in Moskau ein, wurde verhaftet, vor Gericht gestellt und zu 10 Jahren Arbeitslager verurteilt (vermeintlich als Kuliczew). Nach Stalins Tod 1953 wurde er begnadigt und lehrte dann als Professor an der Universität Budapest Geologie.
Rudolf Roessler begann 1947 wieder zu spionieren, und zwar für das sowjetfreundliche Prager Verteidigungsministerium. Er übermittelte Nachrichten aus der Bundesrepublik (militärische Stützpunkte und NATO-Flugplätze), wurde jedoch durch eine fehlgeleitete Adresse entdeckt und von einem schweizerischen Bundesstrafgericht am 5. November 1953 zu 12 Monaten Gefängnis verurteilt.
1958 starb er in Luzern und nahm eines der größten, bis heute nicht gelösten Rätsel mit ins Grab: wer nämlich sein deutscher Informant während der Kriegszeit gewesen ist. Ob die Hypothese stimmt, Roessler habe überhaupt keine deutschen Informanten gehabt, sondern nur Schweizer, die er als deutsche Informanten ausgab, oder ob er sich auf Vernehmungsprotokolle, die bei Verhören deutscher Deserteure entstanden, stützte, wird wohl ebenfalls nie eindeutig geklärt werden können.

d) Das französische Résistance-Netz »Interallié«
»Die Katze«

Als im September 1939 die deutschen Truppen in Polen eindrangen, war der spätere Chef der »Interallié«, Roman Czerniawski, Hauptmann der polnischen Luftwaffe. Er wurde nach Frankreich zur Kriegsakademie befohlen, um von dort aus die Organisation der deutschen Armee zu studieren und später im Abwehrdienst zu arbeiten. Doch im Juni 1940 war Frankreich bereits von Deutschen besetzt. Czerniawski schlug sich nach Lunéville durch und fand Unterschlupf bei Madame Renée Borni. Diese gab ihm bei seiner Weiterreise die Papiere ihres verstorbenen Mannes Armand Borni in die Hand. Roman sah deutsche Truppen auf dem Vormarsch und lernte anhand ihrer Abzeichen die einzelnen Einheiten kennen. Daraufhin beschloß er, seine geplante Reise nach England abzubrechen und schon ab Sommer 1940 unter dem Namen Armand Borni Mitarbeiter für den Geheimdienst anzuwerben. Seine von Toulouse aus gesteuerte Organisation nannte sich »Interallié« und setzte sich zum Ziel, Kontakte mit London aufzunehmen.
In Toulouse lernte er im September 1940 Mathilde Carré kennen und gewann sie zur Mitarbeit. Mitte November 1940 zogen die beiden nach Paris und bauten dort die Zentrale auf. Einer der engsten Mitarbeiter wurde Bernhard Krótki (Pseudonym Christian), der so ziemlich als einziger Armands Wohnung in Paris kannte. Nach wenigen Monaten hatte Armand in den meisten Teilen des von Deutschen besetzen Frankreich zuverlässige Mitarbeiter und konnte am 10. Mai 1941 den ersten Funkkontakt zu London herstellen. Er funkte Ziele nach London, die von der Royal Air Force bombardiert werden sollten. Von nun an nannte sich Mathilde Carré »la Chatte – die Katze«. Renée Borni war mit der Chiffrierarbeit betraut, die »Katze« verwaltete personelle Angelegenheiten und das Geld, das von London überwiesen wurde.
Am 1. Oktober 1941 kam Armand von London zurück mit neuen Anweisungen und Unterlagen. Ein neuer Mitarbeiter, ein gewisser Emile, ein notorischer Trinker, war gewonnen worden. Er arbeitete auf dem deutschen Flugplatz Cherbourg und deshalb versprach sich Armand wichtige Informationen von ihm. Doch im Suff renommierte er vor deutschen Soldaten mit seinem neuen Job als Spion. Der Abwehrhauptmann Erich Borchers wurde mit der Nachprüfung des Falles betraut und fuhr zu Hugo Bleicher, Unteroffizier der GFP (= Geheime Feld-Polizei), nach Cherbourg. Emile wurde verhaftet und verhört. Aufgrund seiner Angaben konnte auch der Chef des Teilnetzes Calvados, Paul, bei seiner Ankunft in Cherbourg festgenommen werden. Mit Pauls Hilfe sollte ein gewisser Valenty, der oberste Chef, ausfindig gemacht werden. Hauptmann Borchers veranlaßte Paul, an Valenty eine Nachricht zu schreiben, um dessen Adresse herauszubekommen. Dies gelang, das Haus von Valenty alias Armand Borni in der Rue Villa Léandre, Montmartre, wurde umstellt und genau an dem Tag, als die Interallié ein Jahr alt war (16. November 1941), wurde Armand Borni verhaftet und in das Gefängnis Frèsnes gebracht.
Von der ebenfalls festgenommenen Renée Borni erfuhr Bleicher erstmals etwas über »La Chatte«, die Katze, die in der Organisation eine große Rolle spielte. Sie wohnte in der Nähe von Sacré Cœur und konnte mit Hilfe Renées auch geschnappt werden. Die »Katze« gab nach einer Nacht im berüchtigten Pariser Frauengefängnis das Versteck der Personalkartei und der Kasse der »Interallié« bekannt. Bleicher war wochenlang mit der »Katze« unterwegs, bis er alle Agenten, etwa 100 Personen, gefunden hatte.

Unter dem Decknamen »Katzensteg« richteten die Deutschen im Pariser Vorort Maisons-Lafitte ein »Hauptquartier Sonderreferat Paul« ein. Die »Katze« mußte nun für die Deutschen arbeiten und solche Personen in Paris aufspüren, die verdächtig waren, zum alliierten Nachrichtendienst zu gehören.
Bald meldete sich bei der »Katze« ein Mann namens Lucas, der aus England gekommen sei, um in Frankreich ein neues, kleineres Spionagenetz aufzubauen. Lucas war der französische Offizier Pierre de Vomécourt. Die »Katze« gewann sein Vertrauen, doch er ahnte nicht, daß sie für die Deutschen spionierte.
Als er den Auftrag bekam, nach England zu kommen, beschloß die deutsche Abwehr, die »Katze« mit Lucas nach London zu schicken, um drüben für die Deutschen zu spionieren.
In der Nacht vom 27. zum 28. Februar 1942 wurde die deutsche Küstenwacht benachrichtigt, der Landeplatz des Schnellbootes wurde von sämtlichen Posten geräumt, damit die beiden ungehindert entkommen konnten.
Im Juli 1942 wurde die »Katze« auf Veranlassung des Intelligence Service verhaftet. Die britische Abwehr hatte ihre Doppelspionage durchschaut und sie festgenommen.
Mit der weiteren Bearbeitung des »Falles Paul« war in Paris Oberst Reile betraut, der sich im März 1942 entschloß, Czerniawski für die deutsche Abwehr zu gewinnen. Im Gefängnis von Frèsnes kam es zur Unterredung, Czerniawski erklärte sich unter der Bedingung einverstanden, daß die anderen 65 Mitgefangenen, die alle im Gefängnis Frèsnes inhaftiert waren, nicht dem Kriegsrichter vorgeführt würden. Die Bedingung wurde von Reille angenommen. Bleicher bekam Anfang Juli 1942 den Auftrag, Czerniawski/Armand im Gefängnis abzuholen. Am 14. Juli 1942 fuhr er mit ihm vom Gefängnis Frèsnes nach Paris. In einer scharfen Kurve stand das vereinbarte Hindernis: ein Lastzug. Bleicher mußte stoppen und Armand rannte, wie von der deutschen Abwehr erwartet, davon. Pro forma, damit die Flucht möglichst echt aussehen sollte, schoß Bleicher ihm nach, machte sich mit anderen Soldaten auf die Verfolgung, doch Armands Flucht war gelungen. Ein seltener Fall, daß dem Chef einer feindlichen Spionageorganisation derart zur Flucht verholfen wird!
Armand entkam nach England und sandte Anfang Januar 1943 die ersten Funksprüche von drüben. Aber auch er spielte eine Doppelrolle: er hatte den englischen Secret Service von seinem Auftrag der deutschen Abwehr unterrichtet. Um auf alle Fälle das Leben der 65 Inhaftierten in Paris zu schonen, wurde Armand erlaubt, weiterhin für die Deutschen Material zu funken, das für die deutschen Stellen im Grunde jedoch wertlos war.
Jedenfalls überlebten alle 65 ehemaligen Mitarbeiter Armands den Krieg.
Nach Kriegsende wurde die »Katze« den französischen Behörden ausgeliefert. Vor einem Pariser Gericht war sie zusammen mit Renée Borni im Januar 1949 wegen Hochverrats angeklagt und zum Tode verurteilt. Die Todesstrafe wurde in lebenslängliches Zuchthaus umgewandelt, doch wegen Haftunfähigkeit wurde die »Katze« schließlich begnadigt. Czerniawski trat nach dem Krieg wieder der polnischen Exilarmee bei und lebt heute noch in London.

e) Spionagering in Israel

Am 7. Dezember 1972 wurde in Israel ein Spionagering ausgehoben, dem vier jüdische und über 40 arabische Israelis angehörten. Über 100 Menschen sollen in die Spionageaffäre verwickelt gewesen sein, die als »größte, bestorganisierte und gefährlichste« seit der Staatsgründung bezeichnet wurde. Sie hatten Spionage für Syrien und gegen Israel betrieben. Im Auftrag des syrischen Geheimdienstes sollten sie über die innenpolitische Situation in Israel und über amerikanische Waffenlieferungen berichten. Außerdem war die Entführung oder Ermordung hoher Persönlichkeiten, allen voran Verteidigungsminister Mosche Dayan, geplant.
Die Jerusalemer Polizei bezeichnete die Agenten als »Links-Extremisten und Maoisten«. Zum erstenmal seit Bestehen des Staates Israel arbeiteten jüdische mit arabischen Israelis zusammen gegen Israel. Der Agentenring soll von dem früheren deutsch-französischen Studentenführer Daniel Cohn-Bendit zum Extremismus und zur Feindschaft gegen Israel animiert worden sein. Als Motiv galten ideologische, keine finanziellen Gründe.

f) Berühmte Agenten

Abel, Rudolf

Der sowjetische Meisterspion Oberst Abel arbeitete als unauffälliger Fotograf in Brooklyn. Jahrelang lebte er unentdeckt unter dem Deckmantel eines harmlosen Bürgers und er wäre vermutlich nie erwischt worden, wenn nicht einer seiner Agenten ihn verraten hätte. Er wurde 1957 von Beamten des FBI in New York verhaftet und bald darauf zu 30 Jahren Gefängnis verurteilt. In seiner Wohnung wurde umfangreiches Geheim-Material gefunden, das von seiner äußerst geschickten und vielschichtigen Geheimdiensttätigkeit zeugte. Er arbeitete mit Verkleidungstricks, mit harmlosen Radios, als Sende- und Empfangsstationen getarnt, und mit immer wieder wechselnden Codes.
Trotzdem wurde nie genau bekannt, wie umfangreich und wie wertvoll seine Nachrichten waren, die er den Russen übermittelte, denn er sagte niemals etwas, auch nicht in seinem Prozeß, über seine Tätigkeit aus, so daß bis heute unklar geblieben ist, welche politischen oder militärischen Entscheidungen der Russen auf das Konto seiner Spionagetätigkeit gehen.
1962 wurde er gegen den amerikanischen Piloten Gary Power ausgetauscht. Obgleich inzwischen viel über ihn geschrieben wurde, ist bis heute das Dunkel über diesen Spion noch nicht gelichtet.

Agent 54

Während des Zweiten Weltkrieges erfuhren die Alliierten den größten Teil ihres Wissens über Hitlers Pläne von einem Agenten aus Prag: Paul Thümmel (geb. 15. Januar 1902), gelernter Bäcker, Duzfreund Himmlers, altes Parteimitglied, Abwehroffizier und einer der erfolgreichsten Spione des Zweiten Weltkrieges. Er sagte den genauen Einmarsch der deutschen Truppen in die Tschechoslowakei, Polen, Norwegen, Holland, Belgien und Frankreich voraus, er wußte vom Überfall auf Rußland und von der geplanten Entführung des Herzogs von Windsor aus Lissabon durch SS-Männer.

Die Freundschaft zu Himmler reichte bis in die Tage zurück, da Thümmel in seinem Heimatort Neuhausen im Erzgebirge die NSDAP-Ortsgruppe mitbegründete und Himmler (von Beruf Geflügelzüchter) dort sprach. Himmler vermittelte nach 1933 Thümmel eine Stelle in der militärischen Abwehr des Admirals Canaris. Vermutlich aus Geldschwierigkeiten bot sich Thümmel in einem Brief vom 8. Februar 1936 dem tschechoslowakischen Verteidigungsministerium als Spion an. Er verlangte 15000,– Mark für seine Arbeit, eine sofortige Zahlung von 4000,– Mark. Nach anfänglichem Zweifel gingen die Prager Behörden auf das Angebot ein und testeten seine Nachrichten.

Am 6. April 1936 fand ein erstes persönliches Treffen zwischen Thümmel und dem Chef der Prager Abteilung, Oberstleutnant Frantisek Moravek, statt. Thümmel brachte interessantes Material mit und hieß von nun an »A 54«. A 54 berichtete über deutsche Agentennetze in der Tschechei und über geheime Erklärungen Hitlers über dieses Land. In unregelmäßigen Abständen kam A 54 nach Prag. Am 3. März 1939 sagte er die Annexion der Tschechei durch die Deutschen voraus. Gerade noch rechtzeitig konnten unter Moravek die wichtigsten Akten und Geheimdokumente der Regierung einem Bevollmächtigten des englischen Secret Service übergeben werden.

Am 15. März 1939 marschierten deutsche Truppen in die Tschechoslowakei ein. Reichsprotektor auf der Prager Burg wurde von Neurath. A 54 änderte seinen Namen: er hieß nun Dr. Paul Hans Steinberg oder auch Dr. Holm, wie er sich als Hauptvertrauensmann der deutschen Abwehr in Prag nannte. Er bekam zwei Dienstwagen und mietete sich mit seiner Frau in einer Villa im Norden Prags ein.

Von hier aus trieb Thümmel seine Spionage für England, änderte noch mehrmals seinen Namen (Franta, Voral, René, Peter Tomann), berichtete vom Bau der Maginot-Linie und von der Operation »Seelöwe« (Invasion in England), vom Fall »Barbarossa« (Hitlers Überfall auf die Sowjetunion).

Vom Juni 1940 an arbeitete A 54 in Verbindung mit einer Gruppe von tschechischen Nachrichtenoffizieren, die in Prag geblieben waren und von dort Funkkontakte zu London unterhielten.

A 54 spionierte für die tschechische Exilregierung in London, zugleich aber auch für den tschechischen Widerstand in Prag, wo er in Verbindung mit Moravek blieb.

Moravek, einer der Führer des Prager Widerstandes, wurde schon seit 1940 von der Gestapo beobachtet, sein Geheimsender angepeilt und schließlich am 3. Oktober 1941 von den Deutschen ausgehoben. Auch Material von »René« ging dabei verloren.

Der Gestapo gelang es, das Material zu entziffern. Ihr Verdacht bestätigte sich, daß für den tschechischen Widerstand ein hoher deutscher Funktionär arbeiten müsse. Die Fahndung nach dem »Verräter X« wurde zur »Geheimen Reichssache« erklärt.

Am 13. Oktober 1941 war der Gestapo bereits bekannt, daß im Norden Prags der deutsche Hauptvertrauensmann Dr. Steinberg wohnte. Er wurde festgenommen, sagte aber aus, er habe ein Doppelspiel getrieben, um gegen den tschechischen Widerstand losschlagen zu können. Seine Mitarbeit für Prag sei nur ein Vorwand gewesen. Daraufhin wurde er am 2. März 1942 auf Ehrenwort wieder entlassen, blieb jedoch unter ständiger Kontrolle. Statt jedoch von Moravek Geheimmaterial für die deutsche Abwehr zu bekommen, spielte Dr. Steinberg weiterhin diesem Spionagenachrichten zu. Dies gelang ihm, indem er wartete, bis der ihn auch in seiner Wohnung bewachende Gestapomann tief in der Nacht eingeschlafen war, um dann durch das Schlafzimmerfenster zu entwischen und Moravek zu treffen.

Am 20. März 1942 wurde Dr. Steinberg gezwungen, den vermeintlichen Nachrichtengeber Moravek in seine Wohnung einzuladen. Moravek kam auch zu dem vereinbarten Treffpunkt, als er jedoch Gestapobeamte in der Nähe Dr. Steinbergs sah, erschoß er sich. Daraufhin wurde Dr. Steinberg (Paul Thümmel) wegen Verdachts des Landesverrates festgenommen. Thümmel, der 40000,– Mark Verratsgeld für seine Arbeit erhalten hatte, wurde aus der NSDAP ausgeschlossen und ins Polizeigefängnis Prag-Pankrac eingeliefert. Thümmels Mutter schrieb an Himmler und bat um Gnade für ihren Sohn. Doch Himmler wollte den ehemaligen Freund einem Reichskriegsgericht zur Aburteilung übergeben. Dazu kam es nicht, weil man befürchtete, Thümmel könne in dem von der SS geplanten Prozeß gegen den Abwehrchef Admiral Canaris als Kronzeuge auftreten. Thümmel wurde am letzten Geburtstag Hitlers, am 20. April 1945, in Theresienstadt erschossen.

Bingham, David

Am 31. August 1971 kam der 32jährige Marineleutnant David Bingham auf die Kommandobrücke des britischen Kriegsschiffes »Rothesay«, salutierte vor seinem Kapitän und meldete mit ruhiger Stimme: »Sir, ich bin und war seit 18 Monaten ein Sowjetspion.«

Damit fand eine recht seltsame Karriere als Spionageagent ihr Ende. Bingham hatte wichtige Geheimnisse der NATO-Flotte, detaillierte Marineoperationspläne für den Kriegsfall mit genauen Angaben über Wellenlängen und Rufzeichen in der Nachrichtenübermittlung an die Russen verraten, weil er ein Pantoffelheld war und seine Frau, die zu viel Geld für Kleider und Spielschulden brauchte, ihn zum Spion dressiert hatte.

Der von ihm angerichtete Schaden der verratenen Marinegeheimnisse wurde von dem Ersten Kronanwalt, Sir Peter Rawlinson, als unbezahlbar bezeichnet. Bingham war Fachmann für Unterwasserkriegführung und hatte Zugang zu streng geheimem Material über nukleare Unterwasserbomben und über Sonargeräte zur Unterseebootabwehr, das er den Sowjets zuspielte.
Erstaunen hatte nach dem Prozeß gegen Bingham, der am 13. März 1972 von einem britischen Gericht zu 21 Jahren Gefängnis verurteilt wurde, vor allem die Tatsache ausgelöst, daß er und nicht seine Frau, die die treibende Kraft war, angeklagt worden ist.
Die 31jährige Frau Maureen Bingham kam mit der Marinelöhnung ihres Mannes (umgerechnet 15300 Mark jährlich) nicht aus. Als ihr Konto mit fast 2000 Pfund in den roten Zahlen stand und sie ihren Mann zur Rede stellte, wußte der keinen Ausweg.
Aber die resolute Frau wußte einen. Sie ging am nächsten Morgen zur Sowjetbotschaft in London und bot dort die Dienste ihres Mannes als Spion an. Ein gewisser »Ivan« überprüfte genau die Familienverhältnisse (das Ehepaar hatte vier Kinder), zahlte 500 Pfund als Vorschuß und weihte in der Kathedrale von Guildford – in betender Haltung – das Ehepaar in das Spionagegeschäft ein. Die von ihrem Mann angefertigten Filme fotografierter Dokumente deponierte Frau Maureen in verschiedenen »Briefkästen« (Autowracks, ausgehöhlte Baumstämme oder Steine) und erhielt im Laufe der 18 Monate von den Russen insgesamt 5000 Pfund (etwa 42000,– Mark). Damit war das Ehepaar schuldenfrei.
Ehe sich David seinem Vorgesetzten stellte, war die britische Spionageabwehr ihm bereits auf die Spur gekommen. Der russische Agent Lyalin, der kurz zuvor zu den Engländern übergelaufen war, hatte einen großen Teil des sowjetischen Agentennetzes verraten, darunter auch David Bingham und weitere 109 sowjetische Diplomaten in England, die schließlich ausgeliefert wurden.
Nachdem ihr Mann zu einer so hohen Haftstrafe verurteilt worden war, kamen Frau Bingham offenbar Bedenken. Sie bezichtigte sich selbst als Spion in der Absicht, ihrem Mann zu helfen. Nach ihrer Selbstanklage wurde sie vor ein Gericht in Winchester gestellt und schuldig gesprochen der »vorbereitenden Handlung für ein Vergehen«. Von der Anklage, »Informationen, die dem Feinde nutzen könnten«, weitergegeben zu haben, wurde sie freigesprochen.

Blake, George

Blake (geb. 1922) war ein Doppelagent, der für den britischen Geheimdienst arbeitete und gleichzeitig über neun Jahre hin den Russen Informationen über alle Einzelheiten der britischen Spionage lieferte. Er arbeitete vor allem in Berlin.
Im Oktober 1966 floh er aus einem Londoner Zuchthaus, nachdem er 1961 zu 42 Jahren Gefängnis verurteilt worden war, der höchsten Strafe, die je ein englisches Gericht verhängte.
Blake hatte das ganze Netz der britischen Agenten in der DDR und den Ostblockstaaten an die Russen verraten, so daß fast alle britischen Vertrauensleute in russische Gefängnisse kamen.
Einzelheiten über den Hochverratsprozeß 1961 gegen Blake wurden nicht bekannt, weil der Prozeß unter Ausschluß der Öffentlichkeit stattfand.

Cicero

Cicero war der Kammerdiener des britischen Botschafters in Ankara (Türkei). Am 26. Oktober 1943 erschien in Hut und Mantel ein unscheinbarer Mann in der Deutschen Botschaft in Ankara. Er wollte den Botschafter von Papen sprechen, doch da es bereits sehr spät war, verhandelte der Attaché mit dem Fremden. – Ohne seinen Namen zu nennen, sagte der Mann, er komme von der britischen Botschaft und könne für zwanzigtausend Pfund Sterling wichtiges Geheimmaterial verkaufen. Falls die Deutsche Botschaft nicht daran interessiert sei, wolle er sein Glück gegenüber bei der russischen Botschaft versuchen.
Am nächsten Morgen berichtete der Attaché seinem Chef von dem Angebot. Es wurde ein verschlüsseltes Telegramm nach Berlin an von Ribbentrop aufgesetzt. Die Reichsführung sollte selbst entscheiden, ob sie soviel Geld für noch unbekannte Dokumente ausgeben wolle. Rechtzeitig kam am 30. Oktober die Zusage aus Berlin. – Um drei Uhr nachmittags rief der Mann an, der den Decknamen »Cicero« erhielt, und wollte den Bescheid hören. Da die Deutschen mit dem Geschäft einverstanden waren, verabredeten sich der Attaché und Cicero für zehn Uhr abends desselben Tages.
Cicero brachte zwei Filme mit. In der Dunkelkammer im Keller der Botschaft wurden die Filme entwickelt und stellten sich tatsächlich als außerordentlich wichtige Dokumente heraus, Korrespondenz zwischem dem britischen Außenministerium und der britischen Botschaft in Ankara. Insgesamt waren es 52 Negative, Instruktionen, Anfragen und Antworten. Alle neuesten Datums. Die Dokumente erwiesen sich als echt.
In Berlin wurden die Dokumente jedoch nie ausgewertet, die mitgeteilten Details über die Stärke und Pläne des Feindes blieben ohne Wirkung, obgleich daraus hervorging, daß die Alliierten bereit waren, das Dritte Reich militärisch zu vernichten.
Unterdessen funktionierte die Operation perfekt. Cicero lieferte noch viele streng geheime Dokumente der Briten, die er haßte, doch im Grunde waren sein persönlicher Einsatz, sein Geschick und der Rang seiner Dokumente wertlos, weil sie die Deutschen nicht zu nutzen verstanden.
Plötzlich lieferte Cicero nur unbedeutendes Material. Die britische Botschaft war gewarnt worden und Cicero war von seiner Informationsquelle abgeschnitten.
Das Geld, das er von den Deutschen erhielt, waren gefälschte Pfundnoten. Nach dem Krieg versuchte Cicero vergebens, die deutsche Regierung auf Herausgabe des echten Geldes zu verklagen.

Felfe, Heinz

Heinz Felfe war einer der führenden Männer des deutschen Bundesnachrichtendienstes (BND), tätig im Referat Gegenspionage Sowjetunion. Als Spion wurde er entlarvt, als im Juni 1961 Günther Männel, ein Agent des ostdeutschen Staatssicherheitsdienstes, in den Westen überlief. Er hatte Hunderte von Geheimdokumenten und Tonbandaufnahmen bei sich, aufgrund deren sofort 15 Ostspione verhaftet wurden, darunter eben auch Heinz Felfe.
Zehn Jahre lang hatte Felfe als wichtiges Mitglied des russischen Geheimdienstes in der Abteilung Gegenspionage des westdeutschen Geheimdienstes in leitender Position gearbeitet, ohne entdeckt worden zu sein. Die Aufdeckung des Falles Felfe, der als Referats-Chef über Vorgänge seiner eigenen russischen Organisation wie über solche des BND unter General Gehlen informiert war, war spektakulär genug und hätte beinahe zur Entlassung des »unfehlbaren« Generals Gehlen geführt.
Felfe wurde am 6. Juni 1961 verhaftet, mit ihm zusammen seine Kollegen Hans Clemens und Erwin Tiebel. Noch aus dem Gefängnis in Karlsruhe verstand er es, über ein Jahr lang den Russen wichtige Geheimnachrichten zu übermitteln.
An Wochenenden hatte der »unpolitische« Häftling Felfe die Erlaubnis erhalten, mit einem gewissen Jürgen Ziebell Schach zu spielen. Felfe bekam sogar die Stellung eines Gefängnisbibliothekars übertragen, durfte als solcher seine Zelle täglich verlassen und sich so gut wie unbeobachtet im ganzen Gefängnis bewegen. Obwohl die Gefängnisbeamten Felfe nicht sonderlich trauten und gegen seine Freiheiten Einspruch erhoben, hörte man von höherer Instanz nicht auf die Warnungen. Als Bibliothekar stellte er sofort Verbindungen zur Außenwelt her. Ein Teil der Gefangenen hatte die Erlaubnis, für verschiedene Illustrierten zu arbeiten, die im Gefängnis verpackt und versandfertig gemacht wurden.
Felfe und Ziebel bestachen den Gefangenen namens Kurrle, unter dessen Aufsicht der Versand durchgeführt wurde, und dieser erlaubte ihnen, in bestimmte Zeitschriften Briefe einzulegen, die Felfe mit unsichtbarer Tinte geschrieben und auch adressiert hatte.
Außerdem durfte Felfe seiner Mutter nach Ostdeutschland schreiben. Zwischen den sichtbaren Zeilen teilte er ihr (unsichtbar für die Gefängniszensur) geheime Nachrichten für den sowjetischen Geheimdienst mit. Moskauer Kuriere entzifferten die Nachrichten und lieferten sie nach Moskau weiter.
Als alter Berufsspion hatte er genügend Erfahrung gesammelt, wie man aus Fragen des Untersuchungsrichters herausbekommen konnte, welche seiner Operationen im Westen bekannt geworden waren und welche nicht. So erhielt er aus den Fragen selbst wieder Informationen über noch unentdeckte und intakt funktionierende Spionagearbeiten, die er in Briefen an seine Mutter der Moskauer Zentrale mitteilen konnte. Felfe hatte mit Moskau sogar einen Fluchtplan ausgearbeitet und die Pläne waren schon über die ersten Vorbereitungen hinaus gediehen, da kam im Februar 1963 heraus, daß der russische Meisterspion Felfe noch im Karlsruher Gefängnis, wo er als biederer Mustergefangener galt, seine Tätigkeit fortgesetzt hatte. Felfe war von einem gerade entlassenen Mitgefangenen verraten worden.
Hans Clemens war im Krieg SS-Hauptsturmführer, war Chef der SD-Leitstelle in Dresden und wurde schließlich in das Reichssicherheitshauptamt (RSHA) nach Berlin berufen, wo er Heydrich und Himmler diente. Gegen Ende des Krieges wurde er nach Italien kommandiert und war dort an der Erschießung von 330 italienischen Geiseln beteiligt. In Rom wurde ihm der Prozeß als Kriegsverbrecher gemacht, doch da er nur Befehle ausführte, wurde er freigesprochen.
Auch Tiebel war bei der SS, nach dem Krieg Geschäftsmann, und über ihn nahm Clemens Verbindung zu seiner Frau auf, die noch in Dresden wohnte. Er reiste in die DDR und nahm sofort Kontakt zum russischen Nachrichtendienst auf. Von dort bekam er den Auftrag, im westdeutschen Nachrichtendienst Spionage zu treiben.
Heinz Felfe, geboren 1918, war Obersturmführer der SS und ebenfalls im RSHA tätig. Nach dem Krieg fand er einen Job im Ministerium für Gesamtdeutsche Fragen und wurde Spezialist für die Überläufer der DDR-Volkspolizisten. Nebenher war er auch für den britischen Geheimdienst tätig.
1950 wurde er zusammen mit Clemens Doppelagent für den russischen Spionagedienst. Zu dieser Zeit war der frühere SS-Standartenführer Krichbaum Leiter der Gehlen-Bezirksvertretung in Bad Reichenhall. Als ebenfalls ehemalige SS-Führer fanden Clemens und Felfe Eingang in die Organisation Gehlen, vermittelt durch Krichbaum.
Bald hatten die beiden russischen Doppelagenten einen Posten in der Abteilung III, Gegenspionage, der Organisation Gehlen.
Kurze Zeit später schleusten sie auch Tiebel in die deutsche Nachrichtenorganisation ein.
Felfe hatte die Aufgabe, die Operationen der BND-Agenten in Rußland zu betreuen. Ihm ist zuzuschreiben, daß etwa 95 BND-Agenten von den Russen geschnappt wurden. Unterdessen fotografierte er wichtige Geheimdokumente des BND und schickte sie an das KGB in Moskau. Es gab kaum etwas, das in Pullach, dem Sitz der Organisation Gehlen, geschah, wovon die Russen keine Kenntnis hatten. Tiebel fungierte als Kurier nach Ostberlin oder nach Dresden zu Frau Clemens. Wichtiges Material schafften die drei persönlich in den Osten.
Als die drei Spione zehn Jahre im Dienst waren, wurden sie von Gehlen ausgezeichnet und gleichzeitig auch vom Chef des KGB, Alexander Scheljepin.
Kurz danach wurde Felfe von der Sicherungsgruppe des Bundeskriminalamtes in Pullach verhaftet.
Der Prozeß begann am 8. Juli 1963 in Karlsruhe. Es war der größte Spionageprozeß der Nachkriegszeit in Deutschland.

Felfe, Clemens und Tiebel wurden verurteilt: Felfe erhielt 14 Jahre, Clemens 10 Jahre und Tiebel 3 Jahre Gefängnis.
Im Februar 1969 wurde Felfe gegen die drei Heidelberger Studenten Naumann, Sonntag und Schaffhauser ausgetauscht. Die Studenten waren aus politischen Gründen in Moskau zu hohen Zuchthausstrafen verurteilt worden.

Frenzel, Alfred

Frenzel (geb. 1899 in Josefsthal, Sudetenland), seit 1922 Mitglied der Kommunistischen Partei, war Leiter eines Ladens einer Konsumgenossenschaft in Karlshorst (heute DDR), fliegender Händler, arbeitslos, war im Krieg als Koch bei einem englischen Bombergeschwader tätig, kehrte 1946 als ehemaliger Sergeant der RAF nach Deutschland (in die Nähe Augsburgs) zurück, trat hier in die SPD ein und wurde 1950 Mitglied des Bayerischen Landtags, 1953 zog er als Abgeordneter in den Deutschen Bundestag ein. 1956 erhielt er eine Einladung, mit Repräsentanten der Prager Regierung in Wien zusammenzutreffen. Für 3000 Mark »Spesengelder« wurde er hier für den tschechischen Geheimdienst gekauft. Er unterließ es, dem Bundestagspräsidenten oder dem Verfassungsschutz davon Nachricht zu geben, aus Furcht, seine kommunistische Vergangenheit könne herauskommen.
Als Mitglied des Verteidigungsausschusses waren ihm militärische Geheimnisse, Berichte über die Luftstreitkräfte, das Raketenprogramm und über die Bewaffnung verschiedener NATO-Einheiten zugänglich. Diese Kenntnisse teilte er dem tschechischen Geheimdienst mit. Frenzel entpuppte sich zu einem meisterhaften Spion. Seine Nachrichten waren so wichtig, daß die Tschechen auch die Russen davon unterrichteten. Über einen Mittelsmann erhielt er das Handwerkszeug des gewieften Spions, Kleinstkameras mit Blitzlicht, Mikrofilme etc., womit er Sitzungsprotokolle des Bundestages ablichten konnte. Vor allem streng geheime Verteidigungsdokumente über die BRD und die NATO wurden abfotografiert.
Bald kam der Verfassungsschutz dahinter, daß die Tschechen außerordentlich gut über Verteidigungsangelegenheiten in der BRD Bescheid wußten. Der Verdacht der Spionage kam auf und Frenzel, dessen Verbindung mit der »Tschechischen Legion« bekannt war, wurde ab Juni 1960 samt seinem Verbindungsmann Altmann ständig überwacht; Freunde Frenzels wurden beschattet. Bereits am 28. Oktober 1960 wurde er verhaftet, nachdem zwei Tage vorher beobachtet worden war, daß er mit Altmann eine Aktentasche auf offener Straße tauschte, in der sich Geheimmaterial befand. Am 24. April 1961 begann der Prozeß gegen Alfred Frenzel. Der Bundesgerichtshof in Karlsruhe verurteilte ihn zu 15 Jahren Zuchthaus wegen Verrats des gesamten Luftverteidigungsprogramms der Bundesrepublik, der Reorganisation von Heer und Marine. Altmann erhielt 6 Jahre Zuchthaus.
Frenzel war kaum ein Jahr in Haft, als Versuche eingeleitet wurden, ihn gegen in der Tschechei inhaftierte Deutsche auszutauschen. Der Ostberliner Anwalt Wolfang Vogel kam als Vermittler der beiden Staaten, die keine diplomatischen Beziehungen unterhielten, in Betracht. Ihm war es bereits gelungen, den US-Piloten Gary Power gegen den russischen Spion Rudolf Abel auszutauschen, der in Amerika zu 30 Jahren Gefängnis verurteilt worden war.
Frenzel legte die deutsche Staatsbürgerschaft ab und wurde wieder Tscheche. Wegen schwerer Krankheit begnadigte ihn Bundespräsident Lübke am 21. Dezember 1966.
Nun konnte Vogel in Aktion treten. Es gelang ihm, Martina Kischke, eine Berichterstatterin der »Frankfurter Rundschau«, die 1966 in Rußland verhaftet und wegen Spionage angeklagt worden war, aus dem Moskauer Lubjanka-Gefängnis herauszuholen und sie am Grenzübergang in Ostberlin gegen Frenzel einzutauschen.
Altmann und ein weiterer Mittelsmann namens Langer wurde ein Jahr nach ihrer Verurteilung gegen deutsche Generale ausgetauscht, die in Rußland wegen Kriegsverbrechen verurteilt waren.
Frenzel starb 1968 im Alter von 69 Jahren. Als verdienter Tscheche erhielt er in Prag eine offizielle Trauerfeier.

Fuchs, Klaus

Klaus Fuchs (geb. am 29. Dezember 1911 in Rüsselsheim), ehemals SPD-Mitglied, dann Kommunist, kam 1933 nach England, arbeitete bei Professor Max Born, war sechs Monate in Kanada interniert, war dann im Atomforschungszentrum der USA tätig, von wo aus er wissenschaftliche Untersuchungen über einen Kurier nach New York schaffen ließ, wo sie an den sowjetischen Vizekonsul Jakowlew weitergeleitet wurden. Nach Igor Guzenkos »Absprung« wurde bekannt, daß der russische Geheimdienst gegen die amerikanisch-britische Atomforschung spionierte. Das war bereits 1946. Erst drei Jahre später konnten die britischen Behörden eine »undichte« Stelle unter ihren Wissenschaftlern aufstöbern. Unter den Verdächtigten war Klaus Fuchs, der damals bereits in England tätig war und eine führende Position im Atomzentrum Harwell innehatte.
Eine erste Vernehmung von Fuchs in Harwell brachte kaum brauchbare Hinweise, daß er der wichtigste Spion sein könnte.
Anfang 1950 siedelte der Vater von Fuchs, ein bekannter Theologe, in die DDR über. Fuchs war daraufhin gezwungen, seinen Posten in Harwell aufzugeben und als Dozent an eine Universität zu gehen.
Auf alle Befragungen, was er in seiner New Yorker Zeit getan, ob er mit Russen Kontakt gepflegt habe und von daher jene »undichte« Stelle herrühre, gab Fuchs ausweichende Antworten.
Endlich, am 13. Januar 1950, erklärte sich Fuchs bereit, Aussagen zu machen. Seit 1942 war Fuchs als Spion tätig, über die ganze Zeit der Entwicklung der Atombombe, also bis zur ersten Explosion.

Zuerst hatte er den Russen nur über seine eigene Arbeit in Amerika berichtet, dann von der seiner Kollegen; immer arbeitete er mit anderen Kontaktpersonen, immer an anderen Orten, bis eben zum Jahr 1949. Das wichtigste, was er den Russen verriet, waren technische Daten über die Herstellung der Atombombe.
Er hatte 1949 die Mitteilung von wissenschaftlichen Details eingestellt, weil er, der Altkommunist, mit dem herrschenden System in Rußland nicht mehr konform ging und weiterhin in England bleiben wollte.
Nach dem ersten vollen Geständnis glaubte Fuchs, alles sei in Ordnung und er könne in England ruhig im Atomzentrum weiterarbeiten. Er hatte nicht mehr die Absicht, Harwell zu verlassen.
Fuchs Verrat lag eine humane Idee zugrunde: er wollte mit der Übermittlung von Atomgeheimnissen an die Russen eine einseitige Vormachtstellung der Amerikaner verhindern.
Am 1. Mai 1950 wurde Fuchs zu 14 Jahren Zuchthaus verurteilt. Er konnte nicht wegen Landesverrates belangt werden, weil dieses Delikt, das in England mit der Todesstrafe geahndet wird, nur dann als gegeben vorliegt, wenn Geheimnisse an den Feind verraten wurden. Rußland aber war Verbündeter Großbritanniens.

Guzenko, Igor

Der Chiffrierfachmann der sowjetischen Botschaft in Ottawa (USA) bat am 5. September 1945 bei der kanadischen Regierung um politisches Asyl. In seinem Gepäck waren nahezu hundert Geheimdokumente, die Auskunft gaben über das weitverzweigte sowjetische Spionagenetz in Amerika. Aufgrund dieser Dokumente konnten in Amerika 26 sowjetische Agenten verhaftet werden, dazu gehörte Dr. Allan Nunn May, später der Atomspion Klaus Fuchs, das Ehepaar Rosenberg und andere.
Guzenkos Verrat des russischen Spionagesystems im Westen und die Enthüllungen des deutschen Nachrichtenchefs General Gehlen, der mit einem großen Teil seines über den Untergang des Dritten Reiches hinweg geretteten Materials in amerikanische Dienste getreten war, veranlaßten die Amerikaner, ihren eigenen Geheimdienst zu reorganisieren bzw. neu aufzubauen. Eine spezielle Behörde zur Bekämpfung der östlichen Spionagetätigkeit wurde geschaffen und später unter dem Namen CIA (Central Intelligence Agency) berühmt. Die Organisation Gehlen half wesentlich mit, einen der modernsten und wissenschaftlich aufgebauten Nachrichtendienste des Westens, der sich auf Ostfragen spezialisiert hatte, ins Leben zu rufen.
Guzenko hatte aus Gewissenszweifeln gehandelt. Einerseits waren Amerika und Rußland alte Kriegsverbündete gegen Deutschland, andererseits behandelten die Russen ihre Verbündeten über den Weg der Spionage wie Erzfeinde. Ständig liefen bei Guzenko Nachrichten darüber ein, daß kanadische Bürger liquidiert und kanadische Geheimdokumente gestohlen werden sollten.
Nach seinem Verrat verschwand er von der Bildfläche und es ist dem sowjetischen Geheimdienst bisher nicht gelungen, seiner habhaft zu werden.
Guzenko hatte das wichtigste Material der russischen Botschaft unter sein Hemd verstaut und herausgeschmuggelt. Damit ging er zum »Ottawa Journal«. Es waren Dokumente, die bewiesen, daß sowjetische Spione in Kanada Material über die Atombombe gesammelt hatten. Der Redakteur, mit dem Guzenko verhandelt hatte, erklärte sich jedoch für nicht zuständig und ließ den Agenten einfach sitzen. Auch seine Versuche, beim Justizministerium und der Einbürgerungsbehörde Interesse an seinem »Fall« zu wecken, schlugen fehl. Für Zeitungsreporter war es ein viel zu heißes Eisen, über russische Spionage in Kanada zu berichten, denn die Weltöffentlichkeit sollte nicht allzu viel über die Atombombe erfahren und vor allem sollte das Verhältnis Amerikas zu Stalin durch einen solchen »Fall« nicht getrübt werden.
Inzwischen waren Agenten des NKWD und dessen Chef, Pawlow, auf Guzenko aufmerksam geworden und verfolgten ihn. Sie brachen seine Privatwohnung auf und durchsuchten sie. Von einer Nachbarwohnung aus, wo sich Guzenko mit seiner Frau und seinem Kind aufhielt, beobachteten sie die NKWD-Leute und alarmierten die Polizei. Doch Pawlow und seine Männer genossen diplomatische Immunität.
Durch den Schutz der Polizei gelang es Guzenko im letzten Moment, Pawlow zu entweichen und ein Gespräch im Justizministerium zu erwirken, wo nun plötzlich ein goßes Interesse an dem Überläufer wach wurde. Guzenko wurde angehört, nachdem zuvor die kanadische Polizei sich insgeheim davon überzeugt hatte, daß er nicht einer der vielen Spinner war, die mit derartigen Spionage-Enthüllungen berühmt zu werden hofften.

John, Otto

Das Bundesamt für Verfassungsschutz (BfV), das die junge deutsche Demokratie gegen alle radikalen Kräfte von links und rechts schützen sollte, wurde am 27. September 1950 vom Deutschen Bundestag per Gesetz ins Leben gerufen. Präsident wurde der NS-politisch »saubere« Otto John (geb. 1909 in Marburg). Er hing nur sehr lose mit den Verschwörern um Generaloberst Beck, der das Attentat auf Hitler am 20. Juli 1944 vorbereitet hatte, zusammen. Nach dem Fehlschlag des Attentats flog John nach Madrid und teilte den britischen Nachrichtenoffizieren Einzelheiten über den mißglückten Putsch mit. Über Lissabon kam er nach London und wurde hier im November 1944 Mitarbeiter von Sefton Delmer, der in der »schwarzen Propaganda« tätig war und Rundfunksendungen für die deutsche Truppe zusammenstellte, die aus Unterhaltung und demoralisierenden Skandalberichten bestanden und die deutschen Soldaten zum Ungehorsam und zur Einstellung ihres aussichtslosen Kampfes aufforderten.
1948 arbeitete John mit an der Vorbereitung eines Kriegsverbrecherprozesses gegen deutsche Generale (von Manstein, von Rundstedt, von Brauchitsch und Strauss).
Als Theodor Heuss Bundespräsident wurde, kehrte John nach Deutschland zurück und gründete ein Institut

für politische Wissenschaften. Seiner Einstellung zum Leiter des Bundesamtes für Verfassunggschutz war eine Protestwelle vorausgegangen, die John wegen seiner Teilnahme am Manstein-Prozeß als ungeeignet für dieses hohe Amt erklärte, ihm außerdem kommunistische Neigungen, Alkoholismus und homosexuelle Veranlagung vorwarfen. Doch Heuss, den John aus der Vorkriegszeit kannte, befürwortete seine Berufung und nach einjähriger Probezeit war er der Präsident des BfV.
Da es kaum genügend gut ausgebildete Leute für die Mitarbeit in diesem Amt gab, sah sich John gezwungen, viele ehemalige Angehörige der SS, des SD und der Gestapo einzustellen, was ihm wiederum nur Kritik eintrug. Doch John und seine Mitarbeiter bewährten sich im Kampf gegen Faschisten und Kommunisten in der BRD. Erste Fehlschläge stellten sich ein, als es John und seinem BfV entgangen war, daß im Odenwald eine neonazistische militante Jugendgruppe von amerikanischen CIA-Leuten im Partisanenkampf ausgebildet worden ist, um einen Krieg gegen Ostdeutschland vorzubereiten. John wurde beschuldigt, von diesem Unternehmen gewußt, es aber gedeckt zu haben, um die Amerikaner zu schützen. Um einen Skandal zu vermeiden, versuchte er, einen Untersuchungsausschuß zwischen Deutschen und Amerikanern einzuberufen, konnte aber nicht verhindern, daß zahlreiche Jugendliche in der DDR als Agenten verhaftet und zu hohen Zuchthausstrafen verurteilt wurden. Gleichzeitig wurden wieder die Feinde Johns wach und drängten auf seine Absetzung.
1953 wurden 35 kommunistische Spione in der BRD verhaftet, die größte Schlappe, die der DDR-Geheimdienst bisher erlitten hatte. Da unter den Verhafteten aber auch viele Unschuldige waren, kam John erneut in das Kreuzfeuer der Kritik. Obgleich das BfV auch erfolgreich gegen kommunistische Untergrundorganisationen einschritt, es gab damals etwa 16000 kommunistische Agenten in der BRD, waren es gerade die wenigen Fehlschläge, die durch die Presse gingen und das BfV zu diskreditieren in der Lage waren. Obgleich das BfV mit der Organisation Gehlen eng zusammenarbeitete, kam es zu keinem fruchtbaren Kontakt zwischen General Gehlen und Otto John, der von Gehlen, dem Fachmann, als Laie und Dilettant nicht ernst genommen wurde.
Zu den Erfolgen des BfV gehörte die jährliche Verhaftung von 2000 bis 3000 feindlichen Agenten in der BRD.
Otto John wurde zum »Fall« John, als er 1954 nach West-Berlin reiste, um an der Wiederwahl seines alten Bekannten Theodor Heuss teilzunehmen, und in dieser Zeit Kontakt aufnahm mit dem Arzt Dr. Wohlgemuth. Am 20. Juli verließ er sein Hotel, um Wohlgemuth zu treffen. Von diesem Moment an blieb er 10 Tage verschwunden. Dann erst meldete der ostdeutsche Rundfunk, Otto John sei ins kommunistische Lager übergewechselt.
Über die genauen Hintergründe dieses Schrittes gibt es bis heute keine plausiblen Erklärungen, zumal von John und Wohlgemuth zwei verschiedene Versionen vorliegen.
Auf einer Pressekonferenz vom 11. August 1954 in Ost-Berlin wiederholte John seine bereits bekannte Kritik an der BRD: die Gefahren der Wiederaufrüstung, die vielen Exnazis in leitenden Stellungen, das Problem der Wiedervereinigung. Die entscheidende Frage, ob er geflohen oder entführt worden sei, blieb unbeantwortet.
Zwei Wochen später (24. August) wurde John nach Moskau gebracht, von da in den Kaukasus, wo er täglich verhört und nach Geheimnissen des BfV gefragt wurde. Nach einem Gespräch mit dem Chef der Abteilung Auslandsspionage des sowjetischen Geheimdienstes, General Alexander Panjuschkin, kehrte John nach Ost-Berlin zurück. Nachdem die Zusammenarbeit mit dem Propagandachef der SED, Albert Norden, nicht zu dessen Zufriedenheit verlaufen war, nutzte John im Dezember 1955 eine Chance, nach West-Berlin zu fliehen. Beamte des Bundeskriminalamtes nahmen ihn in Empfang, verhörten ihn und steckten ihn in Untersuchungshaft.
Am 12. November 1956 begann der Prozeß vor dem Bundesgerichtshof in Karlsruhe. John wurde wegen landesverräterischer Fälschung in Tateinheit mit landesverräterischer Konspiration zu vier Jahren Zuchthaus verurteilt.
Nach Zeugenaussagen des Arztes Dr. Wohlgemuth soll John im Zustand der Volltrunkenheit an jenem 20. Juli 1954 seine Entscheidung getroffen haben, in den Osten überzusiedeln. Auch diese Version gab keine genaue Auskunft auf die Frage, ob John übergelaufen oder verschleppt worden ist.
Am 25. Juli 1958 wurde John entlassen.
Im Dezember 1958 stand Dr. Wohlgemuth vor Gericht, angeklagt, verräterische Beziehungen zur Ostzone unterhalten zu haben. Nun war John Zeuge. Wohlgemuth wurde freigesprochen.
Inzwischen kämpft John um eine Wiederaufnahme seines Prozesses, da herausgekommen ist, daß Dr. Wohlgemuth als langjähriger Agent der Russen die Verschleppung Johns in die Wege geleitet habe.

Makarow, Michail

Einer peinlichen Geheimdienstaffäre machten sich Anfang April 1972 der 32jährige Attaché Michail Makarow (Politisch-wirtschaftliche Abteilung) und möglicherweise auch der Presse-Attaché der Sowjetunion in Schweden, Leonid Makarow, schuldig.
Zunächst hatte Michail Makarow dem Leiter der dänischen Anti-EWG-Kampagne sowjetische Unterstützung in Form von 5000 Flugblättern angeboten. Als der Däne abwinkte, zog sich Makarow aus der Affäre, indem er sagte, der Däne habe offenbar sein Englisch falsch verstanden.
Danach wurden die Lebensdaten und die KGB (sowjetische Geheimpolizei) -Ausbildung des in Cambridge geschulten Makarow sowie seine verschiedenen Kontaktaufnahmen zu anderen ausländischen Diplomaten

in Schweden veröffentlicht. Bei einem gemeinsamen Essen hatte er einen thailändischen Diplomaten dazu veranlaßt, zwei Texte aus dem Englischen ins Thailändische zu übersetzen. Dafür hatte er ihm 100 Dänenkronen gegeben. Anschließend hatte er den Thailänder ersucht, ihm den diplomatischen Geheimcode seines Landes zu übergeben, damit die Sowjetunion mit Hilfe des Code beweisen kann, daß China Opium in die Sowjetunion schmuggelt.

Der Thailänder ging nicht darauf ein. Da erschien am 16. März 1972 ein angeblich südamerikanicher Diplomat aus Bonn, der aber in Wahrheit ein Russe war, abermals bei dem Thailänder und bot ihm 10000 Kronen für die Bekanntgabe des Code an. Da der Thailänder wiederum ablehnte, verlangte der Besucher die beiden Honorare zurück. Bei dem Besucher handelte es sich um den Ersten Sekretär an der Kopenhagener Sowjetbotschaft, Lobanow.

Zusammen mit Leonid hatte auch Michail Makarow versucht, zwei Diplomaten eines südeuropäischen NATO-Landes dazu zu bewegen, geheime NATO-Dokumente zu verkaufen.

Pearl Harbor

Seit dem 7. Dezember 1941, als Schlachtschiffe und Kreuzer der amerikanischen Pazifik-Flotte im Hafen von Pearl Harbor von den Japanern versenkt wurden, kam die Frage nicht zur Ruhe, warum diese kriegsentscheidende Katastrophe von den Amerikanern nicht hatte verhindert werden können, obgleich die Amerikaner, einmalig in der Geschichte des Krieges, alle Phasen der Planung genau kannten und Mittel in der Hand gehabt hätten, etwas dagegen zu unternehmen. War das Ignorieren der guten Kenntnisse über die japanischen Kriegsführungspläne einfach Schlamperei oder gar Absicht? Die Frage geht so weit, daß sogar das politische Geschick des damaligen US-Präsidenten Roosevelt angezweifelt wurde. Die Frage lautet: hatte Roosevelt, der genau wußte, daß die Japaner die amerikanische Flotte in Pearl Harbor angreifen würden, dies zugelassen oder sogar provoziert, um die Japaner in den Krieg zu stoßen? Hatte er aus politischer Berechnung heraus die amerikanische Pazifik-Flotte absichtlich geopfert?

Nie zuvor hatten die Amerikaner eine solche Überfülle an Nachrichtenmaterial in der Hand, nie zuvor waren die Aktionen des Gegners auf dem Weg der Spionage so erschöpfend aufgeklärt worden – und trotzdem kam es zu einer der größten Niederlagen der Amerikaner in ihrer gesamten Kriegsgeschichte.

Penkowskij, Oleg

Die meisten Fälle, wo Russen gegen ihre Heimat spionierten, werden von Rußland verschwiegen. Einer der wenigen Spione, der aufgrund eines Prozesses der breiteren Öffentlichkeit bekannt wurde, ist der russische Oberst Oleg Penkowskij, der am 20. April 1961 in London im Hotel Mount Royal zwei Engländern und zwei Amerikanern Geheimdokumente über russische Raketen und politisches Material in die Hände spielte.

Der Oberst hatte Kontakte zum Westen 1960 über einen britischen Handelsreisenden angeknüpft, von dem er annahm, er sei Angehöriger eines westlichen Geheimdienstes. Unzufriedenheit mit dem Sowjetsystem, mit der Politik und Wirtschaft, Mißtrauen gegen die GRU (= russischer militärischer Nachrichtendienst) hatten ihn in seinem Entschluß bekräftigt, in den Westen überzuwechseln. Als eine russische Delegation Anfang 1961 nach London flog, um verschiedene englische Firmen aufzusuchen und Handelsgeschäfte abzuschließen, nutzte er die Gelegenheit, mitzureisen. Der englische Unterhändler, sein Name war Wynne, erkannte die Möglichkeit, den Obersten für den britischen Geheimdienst zu interessieren.

Die GRU traute jedoch dem Obersten als einem geschätzten Nachrichtenoffizier und gab ihm einen Brief an den britischen Geheimdienst mit. Die GRU schickte ihn nach England, um wirtschaftliche und technische Spionage für Rußland zu treiben. In England angekommen, trat er sofort mit dem britischen Geheimdienst in Verbindung und bot sich als Spion gegen Rußland an. Die Engländer erkannten in ihm einen wichtigen Mann und akzeptierten ihn.

Am 6. Mai 1961 kehrte er mit seiner Delegation nach Moskau zurück und begann, Geheimdokumente zu fotografieren und nach London zu schmuggeln. Mittelsmann war der Engländer Wynne, der auf Geschäftsreisen öfters in Moskau mit dem Obersten zusammentraf. Die GRU billigte die Kontakte zwischen dem Obersten und Wynne.

Am 15. Juli 1961 traf Penkowskij erneut in London ein und übergab Wynne einen ganzen Stapel von Filmen und Dokumenten für den britischen Geheimdienst. Es waren Geheimprotokolle über Chruschtschows Berlin-Politik, über dessen Zusammentreffen mit Kennedy in Wien. Penkowskij knüpfte Kontakte zu einflußreichen russischen Damen und Herren, besorgte für sie Einkäufe in London, engagierte sich als linientreuer Parteimann in Moskau und blieb unverdächtigt, flog wieder nach Moskau zurück und wurde für seine gute Arbeit belobigt. Er erhielt neue vertrauliche Aufträge und das Recht, Streitkräfte in Rußland und in der DDR zu inspizieren, und unterdessen erkundigte er sich nach den Möglichkeiten, englischer oder amerikanischer Staatsbürger werden zu können.

Er traf mit Wynne sowohl in London wie in Paris zusammen und überbrachte diesem jedesmal ausgiebiges und wichtiges Geheimmaterial. Immer wieder ging er zurück nach Moskau, die GRU durfte nicht mißtrauisch werden, lernte mit Spionage-Funkgeräten umzugehen und benutzte zur Übergabe von Spionagematerial gern eine unverdächtige Schachtel mit Bonbons. Er verriet in Paris das weitverzweigte sowjetische Nachrichtensystem in Frankreich, das aufgrund seiner Mitteilungen bald ausgehoben werden konnte. In Paris lernte er das freie Leben kennen, hielt sich gern im Louvre auf, schlenderte durch die Straßen, nahm an Festessen teil, lernte Mädchen kennen und beschloß eines Tages, im Westen zu bleiben.

Zwischendurch kehrte er immer wieder nach Moskau zurück, um neues Material zu sammeln und es an Kontaktpersonen weiterzugeben.
Allmählich wurde der russische Geheimdienst doch mißtrauisch und am 22. Oktober 1962 wurde er vom KGB verhaftet. Am 2. November wurde sein Kontaktmann Wynne aus Budapest entführt und nach Moskau gebracht. Der Oberst saß bereit im Lubjanka-Gefängnis.

Philby, Harold Adrian Russell, genannt Kim

Der am 1. Januar 1912 in Ambala, Indien, geborene Sohn eines englischen Regierungsbeamten in Indien kam 1931 in das Trinity College in Cambridge, wo er wahrscheinlich schon für die Kommunistische Partei arbeitete und zum Schweigen verpflichtet wurde. Zwei Mitschüler, Donald McLean und Guy Burgess, die in Kims späterem Leben noch eine Rolle spielen sollten, lenkten sein Interesse zum Marxismus. Nach dem Examen 1933 wurde Kim Journalist, bereiste Europa und heiratete eine Polin, die als überzeugte Kommunistin bei Ausbruch des spanischen Bürgerkrieges 1936 in Paris ein Rekrutierungsbüro für die Republikaner unterhielt. Vermutlich kam Kim schon während dieser Zeit mit der russischen Spionage in Berührung und arbeitete gegen Franco für die Republikaner. 1938 wurde die Ehe mit der Polin geschieden.
Da er stotterte, war Kim für die Offizierslaufbahn ungeeignet. Zu Beginn des Zweiten Weltkrieges bekam er eine leitende Stellung bei der Military Intelligence und war mit Aufgaben der Spionage und Gegenspionage betraut, hatte englische Doppelagenten zu überwachen und den Russen falsche Nachrichten zuzuspielen. Da im Krieg Russen und Briten Allierte gegen Deutschland waren, tilgte er offiziell seine kommunistische Vergangenheit, war jedoch in dieser Zeit bereits russischer Geheimagent und versorgte die Russen durchaus auch mit »echten« Geheimdokumenten. Dies war um so leichter, als er aus Amtsgründen Kontakte mit dem russischen Geheimdienst zu pflegen hatte.
Da Kim nach außen hin ein unverdächtiger und fleißiger Arbeiter war, hatte er alle Chancen, zum Leiter des britischen Geheimdienstes zu avancieren. Und genau darauf warteten die Russen.
1947 wurde er Sekretär der britischen Botschaft in Istanbul. 1949 zog er nach Washington als erster Botschaftssekretär und Verbindungsoffizier zum State Departement, zum Verteidigungsministerium und zum CIA.
1950 stieß er wieder mit seinem alten Mitschüler Guy Burgess zusammen, der als zweiter Botschaftssekretär in Washington tätig war. Burgess, ein Trinker, unsteter Mensch und Homosexueller, später rauschgiftsüchtig, fiel auch in Amerika durch extravagante Eskapaden aus der Rolle.
Zu dieser Zeit erfuhr Kim, daß das FBI seine Freunde, Burgess und MacLean, der Sowjetspionage verdächtigte. Auf seine Warnungen hin floh Burgess 1951 aus den USA nach England, wo er mit MacLean zusammenstieß und untertauchte, ohne überwacht zu werden.
Burgess' Flucht aus Amerika brachte auch Kim, der als einziges Botschaftsmitglied die Geheimberichte des FBI einsehen durfte, in die Zwickmühle. Im Juni 1951 wurde er entlassen und nach England zurückgeschickt.
Inzwischen wieder verheiratet, Vater von fünf Kindern, mußte er sich zunächst als schlecht bezahlter Klatschschreiber durchschlagen. Der britische Geheimdienst überprüfte seine Akten und schwankte zwischen der Frage hin und her, ob Philby dem Kommunistenhasser McCarthy zum Opfer gefallen oder tatsächlich ein Sowjetspion sei. Der Geheimdienst entschied sich zu einer raffinierten Taktik: um Philby zu beweisen, daß er ein Spion ist, mußte man ihm Gelegenheit zum Spionieren geben und ihn dann überführen. Also wurde er dorthin versetzt, wo er spionieren konnte: in den Vorderen Orient.
Der damalige Außenminister Harold Macmillan entlastete ihn am 7. November 1955 von dem Vorwurf, Burgess und McLean gewarnt oder seine Pflichten im Staatsdienst verletzt und Landesverrat begangen zu haben.
Um weder die Gegenspionage stutzig zu machen noch Kim selber, der als Köder benutzt wurde und sich selber entlarven sollte, wurde er als Nahostkorrespondent des »Oberserver« im September 1956, als die Suezkrise ihrem Höhepunkt zusteuerte, nach Beirut geschickt. Wo immer er auftauchte, was er auch tat, alles wurde beobachtet. Er galt als der am besten beschattete Mann des britischen Geheimdienstes.
Doch Kim verhielt sich schlau und unauffällig. Zwei seiner Bewacher waren ein amerikanischer Nahostkorrespondent der New York Times, Sam Pope Brewer, und dessen Frau und beide waren davon überzeugt, daß Kollege Kim völlig harmlos sei. Niemals fiel er auf einen bereitgelegten Köder, etwa eine halboffizielle Nachricht aus der Botschaft, herein.
Kim fing zu trinken an, wieder ein Beweis dafür, daß er kein gewiefter Sowjetspion sein könne, und verkehrte mit dem Ehepaar Brewer auch privat.
Die Freundschaft brach auseinander, als Kim im Frühjahr 1958 Sam's Frau, Eleanor Brewer heiratete.
Bis 1962 tat Kim nichts, was den Verdacht, ein aktiver Sowjetspion zu sein, hätte bestätigen können. Verdächtig machte er sich aber, als er einen hohen arabischen Politiker für den britischen Geheimdienst anwerben wollte. Der Araber ging auf Kims Werbung pro forma ein, horchte ihn aus, fragte nach der Höhe der Bezahlung und wurde mißtrauisch: er war bereits britischer Geheimagent und kam auf den Verdacht, daß Kim ohne weiteres Agenten für den russischen Geheimdienst anwerben könne, indem er so tat, als ob der Angeworbene für den britischen Geheimdienst arbeiten würde.
Da Kim oft nach Syrien, Jordanien und Arabien reiste, verbesserten sich die Möglichkeiten, mit russischen Agenten in Verbindung zu treten.
Mit seiner Beschattung wurde der Chef der libanesischen Geheimpolizei, Oberst Jalbout, beauftragt, der

sich in Beirut, einem Zentrum der Geheimdienste, bestens auskannte. Bald fand Jalbout heraus, daß Kim ein Doppelleben führte, immer wieder seinen Bewachern entkam und an abgelegenen Orten mit irgendwelchen Leuten zusammentraf. Da wurde Kim eines Nachts erwischt, als er vom Balkon seiner Wohnung aus Nachrichten mit »schwarzem Licht«, das nur mit einer Polaroid-Brille gesehen werden kann, einem Armenier zufunkte, der sie weitergab.
Der britische Geheimdienst wurde informiert, doch gelang es nicht, die chiffrierten Zeichen zu entziffern. Da beschloß man, den Armenier festzuhalten, um Kim zu zwingen, direkt mit seinem Auftraggeber Kontakt aufzunehmen. Dies tat denn auch Kim, ein Fehler, der jedem Spion anzukreiden ist.
Eines Abends fuhr Kim mit verschiedenen Taxis durch Beirut, telefonierte, nahm ein neues Taxi, nur um seine Bewacher loszuwerden, und verschwand schließlich in einer Altstadtwohnung, wo er einen Beamten der sowjetischen Botschaft traf. Oberst Jalbout meldete seine Entdeckung, und der britische Geheimdienst beschloß Ende 1962, Philby mit belastendem Material auf die Nerven zu fallen. Lange Verhöre brachten viel von seinem Doppelleben heraus. Kim stand schließlich vor der Wahl: Flucht oder Selbstmord, und er entschied sich für ersteres.
Auf einer Party am 23. Januar 1963 war Kim mit seiner Frau geladen. Ein Botschaftsrat der britischen Botschaft hatte englische und amerikanische Freunde zu Gast. Frau Philby erschien pünktlich, doch Kim, der ein bißchen später nachkommen wollte, ließ sich überhaupt nicht blicken.
Am frühen Morgen des 24. Januar 1963 bestieg er ein russisches Schiff und fuhr nach Odessa.
Über den in Beirut gebliebenen Beamten der russischen Botschaft gab er seiner Frau Instruktionen, an Bord eines tschechischen Flugzeuges den Libanon zu verlassen und ihm nachzureisen.
Doch Frau Philby unterrichtete die britische Botschaft von den verschlüsselten Anweisungen ihres Mannes. Sie flog mit ihren Kindern nach England, dann nach New York, wo sie zurückgezogen lebte. Am 1. Juli 1963 gab die britische Regierung zu, daß Philby in die Affäre Burgess/McLean verwickelt war und seit 1946 Sowjetspionage getrieben habe. Diese Eröffnung, dazu noch die brisante Affäre des britischen Heeresministers Profumo mit dem Starlet Keeler, brachte das englische Parlament an den Rand einer Regierungskrise.
Am 30. Juli 1963 meldete die sowjetische Presse, Kim Philby habe in Rußland politisches Asyl erhalten.
Philby, der von keinem gekauft oder zur Spionage überredet worden war, sondern aus persönlichen Gründen Haß gegen England empfand, teilte den Russen militärische und politische Geheiminformationen von höchster Wichtigkeit mit. Er half den Russen, gegen sie gerichtete englische Spionageaktionen zu erkennen und unschädlich zu machen. Hätten ihn Burgess und McLean nicht belastet, so hätte er durchaus die Chance gehabt, oberster Chef des britischen Geheimdienstes zu werden.
Kim Philby lebt heute in einer luxuriösen Wohnung in der Nähe Moskaus, verheiratet mit der von Donald MacLean geschiedenen Frau.

Der Portland-Spionagering

Am 7. Februar 1961 begann der bisher größte Agentenprozeß in der Geschichte Englands. Angeklagt waren drei Männer und zwei Frauen, weil sie die Gesetze zur Wahrung von Staatsgeheimnissen mißachtet und wichtige Details der britischen U-Boot-Abwehr, die im Kriegshafen Portland stationiert war, an die Spionagezentrale in Moskau verraten hatten.
Die Agenten:
Gordon Arnold Lonsdale (damals 37 Jahre) – erhielt 25 Jahre Gefängnis, Peter Kroger (damals 50 Jahre) und seine Frau Helen Joyce (damals 47 Jahre) erhielten je 20 Jahre Gefängnis;
Henry Frederik Houghton (damals 55 Jahre) und Miß Ethel Elizabeth Gee (damals 46 Jahre) erhielten je 15 Jahre Gefängnis.

Redl, Alfred

Der Österreicher Alfred Redl war k.u.k. Oberst und Generalstabschef des Prager Korps, von 1901 bis 1905 Chef der Gegenspionage im Militärnachrichtendienst der österreichisch-ungarischen Monarchie.
Unter dem Decknamen Nikon Nizetas verkaufte er dort seit 1902 an Rußland die gesamten österreichischen Aufmarschpläne, die der österreichische Generalstab für den Fall eines Krieges mit Rußland ausgearbeitet hatte. Außerdem hatte er Fotokopien von Geheimbefehlen an das Ausland verkauft.
Redl war homosexuell veranlagt und oft deswegen erpreßt worden. Da er auch ein aufwendiges Leben führte, brauchte er mehr Geld als sein Offizierssold abwarf. Also beschaffte er es sich durch seine großangelegten Spionageaffären.
Die Polizei kam ihn nicht gleich auf die Spur.
Im April 1913 war ein postlagernder Brief im Hauptpostamt Wien von dem Empfänger, Nikon Nizetas, nicht abgeholt worden. Der Brief wurde nach Berlin zurückgeschickt und geöffnet, um den Absender ausfindig machen zu können. Er enthielt aber keine Absenderangabe, sondern Geld und eine Reihe von Angaben, deren Sinn nicht verstanden wurde. Den Brief bekam dann die deutsche Spionageabwehr, die ihn an den österreichischen Generalstab zurücksandte.
Der Brief wurde dann ein zweites Mal im Wiener Hauptpostamt hinterlegt und zwei Detektive lauerten zwei Monate lang auf den Abholer. Da erschien Nikon Nizetas, alias Oberst Alfred Redl.
Der Spionagefall erregte ganz Österreich einschließlich des Generalstabes.
In seinem Hotelzimmer legte Redl sofort ein Geständnis ab. Die Gerichtskommission hinterließ in seinem Arbeitszimmer eine geladene Pistole, um Redl die letzte Offiziersehre zu ermöglichen: sich selbst zu erschießen.

Obgleich die Aufmarschpläne bei Ausbruch des Ersten Weltkrieges geändert waren, wußten die Russen durch Redls Spionage noch immer genügend Bescheid, was vielen österreichischen Regimentern zu Beginn des Krieges den sicheren Tod brachte.

Rosenberg, Julius und Ethel

Im Januar 1945 wurde in einem New Yorker Broadway-Kino das Geheimnis der Atombombenzündung den Russen verraten. Die Russen hatten zwar schon das Prinzip der Atombombenherstellung gekannt, aber sie wußten noch nicht die Methode, wie die Bombe zur Explosion gebracht werden konnte. Um dies selbst zu erforschen, hätten sie vermutlich noch mehrere Jahre gebraucht.

David Greenglass gab in jenem Kino einem sowjetischen Agenten einen Zettel, auf dem die Zündungsformel aufgezeichnet war.

Greenglass war seit 1944 Feldwebel der amerikanischen Armee im Atomversuchswerk Los Alamos. Seine Schwester war Ethel Rosenberg. Julius, ihr Mann, war als Elektroingenieur im Generaldepot des Kriegsministeriums in New York tätig und arbeitete nebenher als alter Kommunist für den sowjetischen Geheimdienst.

Bei »Kaffeebesuchen« im Hause der Rosenbergs engagierte Ethel ihren Bruder zur Mitarbeit im Geheimdienst.

Greenglass machte mit und übergab seine Informationen gewissen Mittelsmännern: dem Vizekonsul des sowjetischen Generalkonsulats in New York und dem Kurier Harry Gold. Ihm war es zu verdanken, das Ethel und Julius Rosenberg als Spione entlarvt werden konnten. Im Februar 1950 wurden die Rosenbergs verhaftet. Klaus Fuchs, schon in Haft, identifizierte auf einem Film, der ihm vorgeführt wurde, Harry Gold als Kurier. Daraufhin wurde Gold festgenommen und verriet die Namen der anderen Beteiligten. Alle legten Geständnisse ab, nur die Rosenbergs nicht. Sie verrieten keinen einzigen Namen von Teilnehmern des Spionageringes.

Alle anderen behaupteten, nicht aus materiellen, sondern aus ideellen Absichten heraus Spionage betrieben zu haben, um ein Kräftegleichgewicht auf dem Gebiet der Atomwaffen herzustellen. Nur die Rosenbergs schwiegen.

Sie wurden vom amerikanischen Bundesgericht 1952 zum Tode auf dem elektrischen Stuhl verurteilt und am 19. Juni 1953 in Sing-Sing hingerichtet. Ihr Richter hieß Irving Kaufmann.

Die Kommunisten machten aus dem Prozeß einen Fall kapitalistischer Justiz. Journalisten von Weltrang, Nobelpreisträger, Kardinal Feltin, Erzbischof von Paris, Albert Einstein und andere Persönlichkeiten setzten sich für eine Begnadigung der Rosenbergs ein. Vergebens.

Greenglass erhielt 14 Jahre Zuchthaus.

Runge, Jewgenij

Der deutschstämmige sowjetische Meisterspion Runge war jahrelang Chef der Sowjetspione auf westdeutschem Boden, lebte unter dem Namen Willi Gast in Köln und Hamburg als Automatenaufsteller und spionierte mit einer Reihe von Agenten für die Sowjetunion. So arbeitete für ihn ein Kellner als Spezialist für Abhöranlagen bei diplomatischen Empfängen, sein eigener Schwager war eingesetzt als Hausbote in der Militärabteilung der französischen Botschaft, und nicht zuletzt war es das Ehepaar Sütterlin, das die Geheimpapiere des Auswärtigen Amtes ausschlachtete. Überdies gab Runge in Ost-Berlin Spionagekurse für junge Agenten.

Er war für die Russen ein so guter Spion, daß sie ihn zum Oberstleutnant beförderten und mit dem »Roten Stern« auszeichneten.

In Konflikt mit seinen sowjetischen Auftraggebern kam Runge, als er das freie Leben in der bundesrepublikanischen Wohlstandsgesellschaft mehr schätzte als das Leben in Moskau, wohin er immer wieder zurückbeordert wurde und dort nur noch ein willenloses Werkzeug in der Hand des »Chefs« war. Schließlich verlangte man sogar von ihm, daß er seinen Sohn André als Sicherheitspfand in ein Moskauer Internat geben sollte.

Da entschloß er sich, mit der ganzen Familie abzuspringen. Am 11. Oktober 1967, nach zwölfjährigem Auslandsdienst für den sowjetischen Geheimdienst, meldete er sich beim CIA in West-Berlin und übergab sein umfangreiches Geheimmaterial den Amerikanern.

Seither lebt er an verstecktem Ort und unter anderem Namen in Amerika.

Schultz, Irene, und Weber, Ingeborg

Zu den schwerstwiegenden Spionagefällen der deutschen Nachkriegszeit gehörte die Arbeit von zwei Frauen: Irene Schultz und Ingeborg Weber. Irene Schultz wurde verdächtigt, als ehemalige Chefsekretärin im Bundeswissenschaftsministerium fast über zehn Jahre hin Geheimnisse aller Art mit Hilfe der DDR-Agentenresidentin Ingeborg Weber verraten zu haben. Ingeborg Weber wurde Anfang März 1970 in der BRD verhaftet. In ihrer Wohnung beschlagnahmte die Polizei geheime Protokolle über Sitzungen des Bundeskabinetts. Dabei ging es auch um den ersten Bericht von Staatssekretär Bahr über seine Gespräche mit dem sowjetischen Außenminister Gromyko und über den damals noch im Anfang begriffenen Stand der Verhandlungen über das nun (1972) ratifizierte Luftverkehrsabkommen zwischen der Bundesrepublik und der Sowjetunion.

Irene Schultz war seit dem 1. Juli 1957 im Bundesdienst tätig und seit 1962 im Ministerium für Bildung

und Forschung. Von 1965 bis 1969 war sie Chefsekretärin des damaligen Wissenschaftsministers.
Ende September 1972 wurden die beiden Frauen aus dem Untersuchungsgefängnis entlassen und in die DDR abgeschoben. Dafür entließ die DDR 100 politische Häftlinge, darunter einige zu lebenslanger Haft verurteilte, und schob sie in die BRD ab.
Dieser Agentenaustausch machte einmal mehr deutlich, wie sehr Spionage zwar ein illegales Geschäft ist, aber längst nicht mehr so gefährlich wie ehedem.
Die beiden erfolgreichsten DDR-Agentinnen standen kurz vor ihrem Prozeß, der bereits mit einem Aufwand von über 100000 Mark bis ins kleinste vorbereitet war. Plötzlich kam von der Bundesanwaltschaft in Karlsruhe die interne Order, die gesamten Anklageakten zu retournieren. Damit war der Prozeß gegen die beiden Spioninnen geplatzt. Der Prozeß war nach § 153c der Strafprozeßordnung eingestellt worden.
Dieser Paragraph läßt es ausdrücklich zu, einen noch so sensationellen Landesverratsprozeß abzustoppen, die Dokumente der Anklage zu archivieren und die Beschuldigten auf freien Fuß zu setzen. Nach den Bestimmungen dieses § 153c kann die Bundesanwaltschaft »von der Strafverfolgung absehen, wenn die Durchführung des Verfahrens die Gefahr eines schweren Nachteils für die Bundesrepublik Deutschland herbeiführen würde oder wenn der Verfolgung sonstige überwiegend öffentliche Interessen entgegenstehen«.
Der Düsseldorfer Prozeß, der im Oktober 1972 hätte beginnen sollen, hätte gewiß keinen Nachteil für die BRD erbracht, denn er sollte unter Ausschluß der Öffentlichkeit stattfinden. Der Grund für die Absetzung des Prozesses lag vielmehr in der Möglichkeit, für die beiden DDR-Agentinnen 100 in der DDR festgehaltene Personen freizubekommen.
Der Austausch der Agenten wurde inzwischen fast zum Regelfall. Selbst verurteilte Agenten können nach zwei bis drei Jahren spätestens mit ihrem Austausch rechnen. Vor allem Ingeborg Weber nahm für die DDR einen sehr hohen Wert ein, so daß das Bonner Bundeskanzleramt entsprechend einen hohen Gegenwert fordern konnte. Vor ihrer Abschiebung saßen die beiden Frauen fast zweieinhalb Jahre in Untersuchungshaft. Ingeborg Weber hatte übrigens den Decknamen Liane Lindner.
Es gab nach dem Austausch auch Meldungen, die besagten, die Bundesregierung habe für die Freilassung der 100 Personen auch Geld – mehrere Millionen Mark – gezahlt. Der Sprecher des Bundesministeriums für innerdeutsche Beziehungen in Bonn konnte dies weder dementieren noch bestätigen. Er erklärte jedoch, daß es nicht im Interesse der humanitären Maßnahme liege, alle Einzelheiten zu veröffentlichen . . .

Sool, Lim Chang

Der 50 Jahre alte nordkoreanische Spion Sool wurde im Juli 1972 von einem südkoreanischen Gericht zum Tode verurteilt. Er war schuldig gesprochen worden, Führer eines Spionageringes gewesen zu sein, dem außer ihm noch weitere 18 Personen, zumeist Bauern und Arbeiter, angehörten. Die anderen 17 Beschuldigten erhielten Freiheitsstrafen zwischen 2 und 15 Jahren.

Sorge, Richard

Spione erleiden oft das Schicksal, daß die Staaten, denen sie unter meist gefährlichen, gehetzten, unsicheren Lebensbedingungen dienten, sich ihnen gegenüber letztlich nicht sonderlich dankbar zeigen. Richard Sorge gehört zu diesen Männern, für den die Russen nicht das Geringste unternahmen, nachdem er 1941 von den Japanern verhaftet worden war. Dabei hatten gerade seine Geheimnachrichten die sowjetische Führung unter Stalin maßgeblich beeinflußt und die Kriegsführung in Bahnen gelenkt, die von Stalin nicht geplant waren: es war seine Meldung, daß Rußland 1941 nicht von den Japanern angegriffen werden solle. Mehr als 20 Jahre nach seiner Hinrichtung durch die Japaner (1944) fanden sich die Russen endlich genötigt, Sorge zu rehabilitieren, eine offizielle Biographie über ihn herauszubringen und sein Konterfei auf einer Briefmarke zu verewigen.
Sorge und sein Spionagenetz war eines der berühmtesten und erfolgreichsten der Sowjetunion. Sorge und sein wichtigster Funker Max Klausen versorgten den Nachrichtendienst der Roten Armee mit ihren Instruktionen. Das Netz bestand in der Hauptsache aus japanischen Mitarbeitern.
Sorges und Klausens Kontaktmann in Tokio war ein Russe, der sich Serge nannte, der das Geld brachte und dafür das Geheimmaterial in Empfang nahm. Von Kriegsbeginn 1939 an hatte Sorge, entgegen sonstigen Spionagegepflogenheiten, Verbindung zu russischen Diplomaten in Japan aufgenommen. An verschiedenen Orten Tokios, im Theater, in Klausens Wohnung oder seinem Büro, trafen sich die Spione mit Serge.
Am 18. Oktober 1941 wurde Klausen verhaftet und von Japanern verhört. Nachdem auch Sorge verhaftet war, verließ Serge, der in Wahrheit Viktor Sergewitsch Zaitsew hieß und zur russischen militärischen Abwehr gehörte, Japan und wurde zwei Jahre später in der sowjetischen Botschaft in Canberra eingesetzt.
Sorges Spionage funktionierte anhand eines Codes, der aus einer Kombination aus Buchstaben des Alphabetes und Zahlen bestand. Das System war so sicher, daß es den Japanern niemals gelang, den Code zu entschlüsseln, obgleich sie Nachrichten aus dem Sorge-Netz bereits seit 1937 abgefangen hatten.
Von 1936 bis 1941 arbeitete Sorge mit seiner Gruppe und erhielt dafür 40000 Dollar zur Finanzierung des Lebens, der Mieten etc.
Nachlässigkeiten im Sorge-Spionagering traten erst auf, als die Russen mit ihren Zahlungen sparsamer wurden, Sorge nur noch 1000 Dollar pro Monat zur Verfügung standen und Klausen von Moskau die Anweisung erhielt, Gelder seiner Firma in den Ring zu stecken. Klausen rächte sich, indem er Nachrichten zer-

störte, unbearbeitet herumliegen ließ oder auch falsches Material abschickte. So fielen den Japanern bei seiner Verhaftung wertvolle Akten in die Hände.
Von der Gruppe waren nur Sorge und Klausen direkt von Deutschland aus aktiviert worden, sie allein kannten ihre Vorgesetzten und wußten um die Ziele ihrer Arbeit.
Nur sie kannten die Decknamen der Mitglieder und die Codeschlüssel, obgleich sie nicht immer wußten, wer im einzelnen hinter den Decknamen fungierte. Während der Funker Klausen das Geld verwaltete, hatte nur Sorge persönlichen Kontakt zu den Mitgliedern. Haupttreffpunkt war Sorges Haus in Tokio. Konnten die japanischen Behörden nichts gegen Zusammenkünfte zwischen Sorge und Klausen einwenden, beide waren Mitglieder des »Deutschen Clubs« in Tokio, so gestalteten sich die Treffs zwischen europäischen und japanischen Agenten wesentlich schwieriger, weil die japanische Polizei keine Kontakte unter Ausländern in Japan duldete. Sorge, der als Journalist arbeitete, mußte aber nachgesehen werden, daß er mit ausländischen Kollegen zusammenkam.
Die Arbeit der Gruppe war stark beeinträchtigt durch jederzeit mögliche Kontrollen der japanischen Polizei, die routinemäßig Häuser und Kraftfahrzeuge durchsuchte.
Der japanische Mittelsmann Ozaki berichtete Sorge regelmäßig über Dinge aus den japanischen Regierungskreisen, über Finanzfragen und Kriegspläne, über die Bewaffnung und Stärke der Japaner, über Aufmarschpläne etc. Sorge ließ diese Meldungen sofort durch Klausen nach Moskau funken.
Acht Jahre lang arbeitete Sorge mit seinem Ring, ohne entdeckt zu werden. Die Mitglieder hatten alle bürgerliche Berufe, die sie den Behörden unverdächtig machten. Das rettete sie lange vor dem Zugriff der Polizei. Nie wurde er beschattet. Die undichte Stelle in seinem Ring war bei den japanischen Mitgliedern zu suchen. Japanischen Agenten gelang es dann auch, Sorge und seine Gruppe zu verhaften.

Sütterlin, Heinz

Wegen Spionagetätigkeit für die Sowjetunion wurde am 30. April 1970 Heinz Sütterlin (48) zu sechs Jahren Freiheitsstrafe verurteilt. Drei Tage nach seiner Verhaftung im November 1969 beging seine Frau und Ko-Spionin (»die rote Lore«) in der Zelle Selbstmord. Bis zur Rechtskraft seines Revisionsurteils wurde Sütterlin auf freien Fuß gesetzt. Am 21. Dezember 1970 heiratete Sütterlin seine zweit Frau in der Strafvollzugsanstalt Köln-Ossendorf. Noch im Dezember 1970 setzte sich Sütterlin ins Ausland, wahrscheinlich nach Jugoslawien, ab. Wäre er in Deutschland geblieben, so wäre damit zu rechnen gewesen, daß seinem Gnadengesuch auf Erlaß der Reststrafe von 18 Monaten stattgegeben wird. Doch seine als Erholungsreise nach Jugoslawien getarnte Flucht in die DDR bewog die Behörden, den Fotografen und Meisterspion per Haftbefehl zur Festnahme zwecks Verbüßung der Reststrafe auszuschreiben.
Auch seine zweite Ehefrau, Ute-Gisela Sütterlin-Rotscheidt, übersiedelte im August 1972 in die DDR. Zuvor bezahlte sie jedoch die Gerichts- und Prozeßkosten in Höhe von 73000 Mark. Dadurch waren die Behörden veranlaßt, den Sütterlin-Bungalow in Bonn nicht mehr als Pfand einzusetzen. In diesem Haus wohnt Sütterlins Mutter.

Walczak, Daniel

In Düsseldorf wurde am 15. November 1972 der 49jährige Werkzeugmacher Daniel Walczak wegen geheimdienstlicher Tätigkeit für die Sowjetunion zu zwei Jahren Gefängnis verurteilt. Er hatte zusammen mit seinem Sohn, der als Soldat in der Bundeswehr diente, von Januar 1969 bis November 1970 die elektronische Ausrüstung des Kampfpanzers »Leopard« untersucht und das Material darüber einem in der sowjetischen Botschaft in Rolandseck tätigen Geheimdienstoffizier übergeben.
Die Spionage von Walczak wurde entdeckt, als er mit seinem Sohn versuchte, einen anderen Soldaten der Bundeswehr anzuwerben.
Der Sohn Walczaks wurde bereits 1971 im formalen Sinne »ausgetauscht«, lebt aber weiter in der Bundesrepublik, weil er nicht in die DDR übersiedeln möchte. Wer einmal »ausgetauscht« ist, kann nicht mehr angeklagt werden.

Wennerström, Stig

Wennerström war Oberst der schwedischen Luftwaffe und als solcher Doppelagent für Rußland und Amerika. Von Stockholm aus kam er in Kontakt zur amerikanischen Botschaft, von der er gegen hohe Bezahlung den Auftrag erhielt, militärische Informationen aus Rußland zu sammeln. Er wurde ein wichtiges Rädchen in dem umfangreichen Spionagenetz, das die Amerikaner über ganz Rußland hin gezogen hatten. Dieses Netz hatte zur Aufgabe, russische Geheimflugplätze auszukundschaften, von denen aus die Russen möglicherweise Einsätze gegen Amerika fliegen konnten, Flugzeugfabriken und neue Raketenflugzeuge zu fotografieren und Bomberstützpunkte festzustellen. Sowohl von der Luft aus, mit den U-2-Maschinen, mit in großer Höhe fliegenden Luftballons, als auch mit Agenten, die per Fallschirm über Rußland abgesprungen waren, arbeiteten die Amerikaner.
Wennerström hatte die Aufgabe, für die Amerikaner brauchbare russische Ziele für ihre Bombenangriffe auszukundschaften.
Als Angehöriger eines neutralen Landes war es ihm nicht schwer, sich frei in der Sowjetunion zu bewegen und jederzeit Einreisebewilligungen zu erhalten. Um seine offiziellen Aufgaben als Attaché Schwedens in Moskau wahrnehmen zu können, bekam er von einem russischen Verbindungsmann namens Nikituschew jede notwendige Hilfe. So reiste er im Auftrag Schwedens nach Sibirien, in den Kaukasus und in die Ukraine,

wo er für die Amerikaner einen besonders wichtigen Militärflughafen fotografierte und gleichzeitig herausbekam, daß es in der Warlamowo-Bucht einen strategisch wichtigen Bomberstützpunkt gab, von dem aus die Russen via Nordpol Amerika und Kanada hätten anfliegen können.
Gleichzeitig nutzte er seine guten Verbindungen zu den Amerikanern, um für Rußland zu spionieren. Beide Tätigkeiten hielt er vor seinen schwedischen Auftraggebern geheim.
Auch von Rußland erhielt er Geld für Informationen über die amerikanischen Kriegspläne gegen Rußland. Für beide Länder lieferte Wennerström sehr gutes und brauchbares Material, vor allem änderten die Russen ihre Taktik aufgrund seiner Mitteilung, daß die Amerikaner bzw. die NATO den Luftkrieg einem Landkrieg vorziehen würden. Daraufhin verstärkten die Russen ihre Luftabwehrkräfte. Wennerström verschaffte den Russen auch detaillierte Nachrichten über neue amerikanische Bombertypen, über ihre Luftstützpunkte, und Pläne, wie die Sowjetunion angegriffen werden könne. Er brauchte nur seine guten Beziehungen zu amerikanischen Kollegen spielen lassen und erhielt jede nur gewünschte Auskunft.
Als von beiden Seiten bezahlter Spion führte Wennerström ein gutes und selbständiges Leben und bekam sogar noch für sich und seine Frau den Urlaub bezahlt.
Insgesamt dürfte er von 1950 an den Russen wesentlich mehr Material geliefert haben als den Amerikanern. War auf seine Veranlassung hin das Schwergewicht der russischen Strategie auf die Luftstreitkräfte verlagert, so galt es, abermals mit seiner Hilfe, den Rückstand der russischen Luftwaffe hinter der amerikanischen aufzuholen. Da die Russen nicht in der Lage waren, wie die Amerikaner von ihrem Stützpunktgürtel aus mit Mittelstrecken- und Kurzstreckenbombern die Russen direkt anzugreifen, entschloß sich die russische Führung, Interkontinentalraketen mit Sprengsätzen zu bauen und Bomber herzustellen, mit denen die amerikanischen Basen in Europa und Asien angeflogen werden konnten. Bis in kleinste technische Einzelheiten hinein versorgte Wennerström die Russen mit Daten über die amerikanische Luftwaffe.
Trotz der vielen Arbeit als Doppelagent versah er seine »hauptberufliche« Arbeit als Luftattaché Schwedens vorbildlich.
Als er 1952 den Posten des Luftattachés in Washington antrat, von seiner schwedischen Behörde dorthin versetzt, taten die Russen natürlich außerordentlich erfreut darüber, einen so guten Sowjetspion nun im Zentrum der amerikanischen Politik zu wissen, doch in Wahrheit hatten die Russen inzwischen herausbekommen, daß der schwedische Oberst, dem sie versprochen hatten, ihn zum Generalmajor der Roten Armee zu befördern, auch für die Amerikaner Spionage getrieben hatte. Durch eine Unvorsichtigkeit der Amerikaner war sein Name genannt worden in einem verschlüsselten Funkspruch, den die Russen auffingen.
Obgleich ihn die Russen sofort hätten erledigen können, verhielten sie sich rücksichtsvoll gegenüber Wennerström und sahen in seiner Doppelspionage nur den Grund für die Tatsache, daß seine Informationen über Amerika so zuverlässig waren. Der russische Nachrichtengeneral bat ihn sogar, seine Spionage für die Russen noch intensiver fortzusetzen als bisher und seine Verbindung zum amerikanischen Nachrichtendienst nunmehr von Washington aus noch mehr auszubauen.
Damit war Wennerström ganz auf die Seite der Russen gezogen worden und ging »offiziell« als russischer Agent an seine neuen Aufgaben in Amerika.
Wennerström, der im Mai 1964 wegen Landesverrats an Schweden und Spionage für die Sowjetunion zu lebenslänglichem Gefängnis verurteilt wurde, war ein nicht ganz einheitlicher Charakter. Es ist denkbar, daß er im Verlauf seines Prozesses die Spionage zugunsten Amerikas stark übertrieb, um seine Richter milder zu stimmen. Die Russen verstanden es offenbar besser, die Eitelkeit dieses Offiziers auszunützen, ihn für sich aufzubauen und ihn, gerade auch nach Aufdeckung seines Doppelspiels, weiterhin für sich arbeiten zu lassen.
Im September 1972 erhielt Wennerström, nun 64 Jahre alt, Hafterleichterung. Er durfte seine Frau zu sich nehmen und gemeinsam mit der Familie eines anderen Gefangenen in eine Villa bei Uppsala umziehen. In der Gegend um Uppsala durfte er sich völlig frei bewegen und erhielt sogar vom Staat einen Wagen gestellt.
Und einen Monat später wurde seine lebenslängliche Haftstrafe in eine solche von 20 Jahren umgewandelt, was bedeutet, daß er 1974 freigelassen werden kann, da dann die Hälfte seiner Strafe abgebüßt ist. Der Gnadenerlaß stützte sich auf eine Empfehlung des schwedischen Obersten Gerichtshofes. Der Oberbefehlshaber der schwedischen Streitkräfte hatte dagegen von der Umwandlung der lebenslangen in eine zeitliche Strafe abgeraten, weil Wennerström noch immer so viel weiß, daß er seinen früheren Auftraggebern noch nützlich sein könnte. Wennerström arbeitet an seinen Memoiren, mit deren Erlös er seine Schulden (Gerichtskosten) abzahlen möchte. Sein Fall war die schwerste Spionageaffäre in Schwedens jüngerer Geschichte.

Zelle, Gertrude Margarete, genannt »Mata Hari«

Die gebürtige Holländerin heiratete mit 18 Jahren einen Offizier, der sie nach Java mitnahm, von wo ihre Großmutter stammte. Dort ließ sie sich von Stammespriestern in Ritualtänzen unterrichten, ging nach Paris und trat als Nackttänzerin auf, mit großem Erfolg. Sie lernte zahlreiche hochgestellte Persönlichkeiten kennen und wurde zu einer Art Nitribitt zur Zeit des Ersten Weltkrieges.
Wegen ihrer guten Beziehungen auch zu Politikern wurde sie von verschiedenen Geheimdiensten für ihre Arbeit angeworben und wurde eine hochdotierte Meisterspionin.
Am 15. Oktober 1917 wurde sie standrechtlich erschossen.

Industrie-Spionage

So modern sich das Wort Industrie- oder Wirtschafts-Spionage anhört und sosehr dieser Bereich der Illegalität sowohl in das Gebiet der Spionage wie der Wirtschaftskriminalität gehört, so handelt es sich doch im Prinzip um eine uralte Form, hinter die Kulissen des Handelspartners zu spitzen. Bereits 1500 vor Christus gelang es den Indern, durch Werkspionage den Chinesen deren streng bewahrtes Geheimnis der Seidenherstellung zu entreißen.

Im Zeitalter des technischen Fortschrittes wurde indes auch der illegale technische Fortschritt auf dem Gebiet der Wirtschaftsspionage immer raffinierter. Die Wirtschaftsspionage blüht verständlicherweise dort am meisten, wo sich die Zentren der Wirtschaft befinden: in New York, London, Paris, Tokio, Zürich. Wirtschaftsspione sind weder immer versierte Agenten wie in der politischen Spionage noch sind sie ausgesprochene »Weiße-Kragen-Täter« wie im Bereich der Wirtschaftskriminalität. Es sind oft harmlose Unternehmensberater, Marktforscher, Werbeagenten oder auch Wirtschaftsjuristen, die am Schalthebel sitzen und Agenten als Mitarbeiter in die zu bespitzelnde Firma einschleusen. Die technischen Möglichkeiten, die diese Agenten einsetzen können, werden immer raffinierter. So kann man Abhöranlagen in einen Kugelschreiber einbauen und diesen versehentlich liegenlassen. Ein eingebauter Sender nimmt dann die Gespräche der Gegenpartei auf und sendet wissenswertes Material oft mehrere hundert Meter weit, wo der Spion mit einem UKW-Radio alles mithören kann. In jedes Telefon kann man eine solche Abhöranlage in die Muschel einbauen; es gibt Aschenbecher mit eingebauten »Hochleistungs-Sendemikrofonen«, die 250 Meter weit abgehört werden können; man kann Abhörgeräte (= »Wanzen«) in Blumenvasen oder Schubladen unterbringen; ein sog. »Transmitter«, kaum briefmarkengroß, ist in der Lage, noch so leise geführte Gespräche über mehr als 250 Meter weit zu übertragen.

Während man die »Wanzen« geschickt und an verstecktem Platz, etwa im Konferenzzimmer der Gegenpartei anbringen muß, bietet der »elektronische Stethoskop-Sender« den Vorteil, daß er aufgrund seiner Saugfüße an jedem Fenster, an jeder Mauer, an jedem Stuhl »angeklebt« werden kann. Das geht sehr schnell, ohne daß jemandem etwa der Griff an die Stuhllehne verdächtig vorkommen muß. Sein »Spezial-Körperschall-Mikrophon« sendet bis auf eine Entfernung von einem Kilometer. Zwar ist es jederzeit möglich, mit einem »Spezial-Abhörsuchgerät« die angebrachten »Wanzen« ausfindig zu machen und abzunehmen, aber es ist so gut wie ausgeschlossen, den Empfänger der Sendungen auszumachen. Das hat zur Folge, daß Wirtschaftsspione so gut wie gar nicht strafrechtlich verfolgt werden können. Um in solchem Fall ein Ermittlungsverfahren einzuleiten, muß der Staatsanwaltschaft ein genau begründetes Verdachtsmoment vorliegen. Überdies ist die Strafe für derartige Delikte sehr gering: in Deutschland erhält ein überführter Wirtschaftsspion wegen Geheimnisverrats nur eine Gefängnisstrafe bis zu drei Jahren oder eine Geldstrafe. Diese Strafe ist erstaunlich gering angesichts des Schadens, den Wirtschaftsspione anrichten können. Denn jedes Betriebsgeheimnis, etwa im Bereich der Herstellung eines neuen Markenartikels, kann gelüftet werden. Einer der größten Spionagefälle geschah in den Jahren 1970–1972 am englisch-französischen Großbauprojekt des Überschall-Flugzeuges »Concorde«, über dessen Baueinzelheiten der Russe Sergej Pawlow bestens informiert war und seine Kenntnisse an Rußland weitergab.

Zwar gab es schon immer das Interesse der Firmen an dem, was sich bei der Konkurrenz tut. Auf legale Art kann man traditionellerweise ein Marktforschungsinstitut einschalten, man kann Arbeitskräfte von der Konkurrenz abwerben und dann aushorchen oder man kann eigene Angestellte sich bei der Konkurrenz bewerben lassen, die dann an Ort und Stelle spionieren.

Früher wurden die Geheimpapiere in Tresors mit Kombinations- und Sicherheitsschloß aufbewahrt. Sie trugen die Bezeichnung »geheim« oder »streng geheim« oder »vertraulich«. Im Zeitalter des Computers ist es aber relativ leicht geworden, sämtliche Daten, die auf Magnetplatten oder Bändern gespeichert sind, auf Kopien zu übertragen und aus der Firma herauszuschmuggeln.

Gegen Industriespione vorzugehen, gibt es die Möglichkeit, »Abwehrspitzel« einzusetzen. Da diese aber meist sehr schnell entdeckt werden, ist ihre Aufklärungstätigkeit meist nur von kurzer Dauer und von kurzem Erfolg. So gibt es in Deutschland (1972) kaum eine gute Möglichkeit, den Industrie-Spionen wirksam das Handwerk zu legen.

c) Politische Justiz in der Weimarer Republik

Die Frage nach der politischen Justiz in der Weimarer Republik, bisher kaum ausführlich erörtert, kann nur gestellt werden auf dem politischen Hintergrund dieses Staates, der aus dem Sturz der Monarchie und nach der Revolution von 1918 entstanden ist. Die Justiz dieses Staates konnte vor allem dort, wo sie politisch tätig wurde, nicht für sich in Anspruch nehmen, unabhängig und objektiv Recht zu sprechen. Von Überparteilichkeit konnte keine Rede sein, denn links- und rechtsradikale Gruppen wurden mit verschiedenen Maßstäben beurteilt; Ermessensüberschreitungen und einseitige politische Orientierung der Richter, einseitige,

tendenziöse Beweisführungen und unausgewogene Strafzumessungen erschütterten bei den Zeitgenossen das Vertrauen in die Justiz.
Noch bis in die heutige internationale Praxis politischer Prozesse ist erhalten geblieben, was schon damals Kritik hervorrief: von der üblichen Bahn der Strafprozeßordnung werden Abweichungen zugelassen, hart bis an die Grenze der Illegalität. Der Angeklagte und sein Verteidiger haben kaum eine Chance, bei der Wahrheitsfindung mitzuwirken. Das Prozeßergebnis pflegt schon vor Prozeßbeginn festzustehen, die Verteidigung darf nur selten etwas vorbringen, auf ungenannte Zeugen wird seitens des Gerichts Wert gelegt, oft wird die Öffentlichkeit ausgeschlossen, geladene Zeugen werden nicht vernommen, vernommene Zeugen ergeben nur ein »wertloses« oder »ungeeignetes« Beweismaterial. Daher kommt es auch immer wieder, daß zwei Prozesse mit vergleichbaren Anklagen zu völlig unterschiedlichen Urteilen kommen.
Wie uneinheitlich ging z.B. die Justiz der Weimarer Republik gegen Angehörige der bayerischen Räterepublik (Fall Eugen Leviné und Ernst Toller), des Kapp-Putsches und des Ulmer Reichswehrskandals (1930) vor oder gegen Hitlers Putsch in Bayern (1923). Die politische Anfälligkeit der Justiz mag mitgeholfen haben am Scheitern der Weimarer Republik, mag Wegbereiter gewesen sein für die »harte« Justiz des Dritten Reiches, die im Verfolgungsapparat der Gestapo begann und bis zu den Konzentrationslagern reichte.
Einige typische Beispiele seien angeführt:

1. Prozesse gegen Angehörige der bayerischen Räterepublik

Die Räterepublik wurde in Bayern am 7. April 1919 ausgerufen. Sie hatte ihren Namen von der Regierung ihres Ministerpräsidenten Eisner, der mit Hilfe des Parlaments und Räten, die ein starkes Übergewicht hatten, den bayerischen Staat führte. Nach seiner Ermordung durch den Grafen Arco-Valley am 21. Februar 1919 forderte das radikalisierte Proletariat, seines Führers beraubt, die Ausrufung der Räterepublik. Sie wurde zuerst von Anarchisten, dann von Kommunisten geführt, hatte eine eigene Rote Armee und eine Rote Garde (= Polizei). Am 1. Mai 1919 rückte die »Weiße Garde«, Regierungstruppen, die von der Reichsregierung in Berlin geschickt waren, in München ein.
Einen Tag zuvor, am 30. April 1919, erschossen Rotgardisten im Münchener Luitpoldgymnasium zehn als Geiseln festgehaltene Personen. Dieser »Geiselmord« wurde von der »Weißen Garde« mit brutalen Mordaktionen geahndet, in deren Verlauf mehr als 1000 Menschen getötet wurden, meist, wie das Rechtfertigungsargument lautete: auf der Flucht erschossen. Willkürlich wurden Personen verdächtigt, Spartakisten zu sein und deshalb erschossen. Die Spartakus-Gruppe ging zurück auf Rosa Luxemburg und Karl Liebknecht. Sie löste sich am 30. Dezember 1918 von der Unabhängigen Sozialdemokratischen Partei Deutschlands und gründete die Kommunistische Partei Deutschlands, deren führende Köpfe bis zu ihrer Ermordung Luxemburg und Liebknecht geblieben sind. Der Verdacht, Spartakist zu sein, bedeutete also: Kommunist zu sein. Dieser Verdacht genügte schon, um Personen zu verfolgen. Zu den Opfern zählte der anarchistische Dichter Gustav Landauer, der Gymnasialprofessor Karl Horn, zwölf Einwohner des Dorfes Perlach und zuletzt, am 6. Mai 1919, 21 katholische Gesellen, die denunziert worden waren, Spartakisten zu sein, was nicht stimmte. Ihre Morde wurden als »tödliche Unglücksfälle« kaschiert. Die mordenden Soldaten wurden entweder gar nicht bestraft, ihr Ermittlungsverfahren wurde eingestellt oder sie erhielten nur wenige Wochen Haft.

Zu den Führern der Räterepublik, die den Maimorden entgangen waren und denen im Sommer 1919 der Prozeß gemacht wurde, gehörten Eugen Leviné und Ernst Toller.

2. Leviné, Eugen

Vom Sommer 1919 an urteilten Standgerichte über die Führer der Räterepublik, die wegen Hochverrats angeklagt waren. Eugen Leviné hatte sich 1918 dem Spartakusbund angeschlossen und war im März 1919 von der Berliner KPD-Leitung nach München beordert worden und gewann dort rasch Einfluß in der Partei.
Die Räterepublik war auf zwei Etappen entstanden: am 7. April unter Führung der Anarchisten, am 14. April übernahmen die Kommunisten die Macht. Da Leviné erst als Kommunist die Führung übernommen hatte, wäre ihm rechtmäßig nur eine Anklage wegen Beihilfe zum Hochverrat zugestanden mit der Höchststrafe von 15 Jahren Zuchthaus. Das Standgericht war aber der Meinung, der Hochverrat habe erst mit Einsetzung der 2. Räterepublik am 14. April begonnen. So war die Voraussetzung geschaffen, Leviné zum Tode zu verurteilen. Am 6. Juni 1919 wurde er hingerichtet.

3. Toller, Ernst

Der Schriftsteller Ernst Toller war ein enger Mitarbeiter Kurt Eisners und der führende Kopf der ersten Räterepublik. In der 2. Räterepublik wurde er Heerführer und leitete einen Sturmangriff auf Dachau, brach aber den Kampf ab, weil ein Sieg über die Übermacht der »Weißen Garde« ausgeschlossen schien.
Er legte sein Amt nieder und hielt sich in München verborgen, bis er Anfang Juni 1919 verhaftet wurde.
Auch ihn verurteilte das Standgericht zum Tode, die Anklage war die gleiche wie im Fall Leviné. Nur auf Intervention berühmter Schriftstellerkollegen wie Thomas Mann, Max Halbe, Björn Björnsen entging er der Hinrichtung. Sein Urteil wurde auf fünf Jahre Festungshaft reduziert.

4. Der Geiselmord-Prozeß

Wegen der Ermordung von zehn Geiseln am Vortage des Einmarsches der »Weißen Garde« in München begann am 19. September 1919 vor dem Volksgerichtshof in München der Prozeß. 16 Personen standen vor Gericht, von ihnen wurden drei freigesprochen, sieben wegen Beihilfe zum Mord für 15 Jahre ins Zuchthaus geschickt, die restlichen 6 wurden zum Tode verurteilt.
Das Münchener Luitpold-Gymnasium war am Mordtag, dem 30. April 1919, der letzte Stützpunkt der Roten Armee, der Truppe der 2. Räterepublik. Als die Nachricht in München eintraf, daß München von der »Weißen Garde« eingeschlossen sei und auf jeden Kopf eines Rotgardisten 30,– bzw., war er Offizier, 60,– Mark ausgesetzt waren, die Rotgardisten um ihr Leben fürchteten, wollten sie ihre gefangenen Weißgardisten als Geiseln benutzen, ebenso einen Angehörigen des Freikorps Regensburg und die Mitglieder der Thule-Gesellschaft, einer Völkischen Vereinigung, die als Spione und reaktionäre Diebe angeprangert wurden. Als die Weißgardisten anrückten, wurden die Geiseln im Luitpoldgymnasium von Rotgardisten erschossen.

5. Kapp-Putsch (13. März 1920–17. März 1920)

Schon im Jahre 1919 waren innerhalb der deutschen Reichswehr Vorbereitungen getroffen worden, gegen die noch junge Republik Weimars zu putschen. Gegenrevolutionäre Kräfte hatten sich vor allem im Offizierskorps breitgemacht und hier stand an führender Stelle jener Hauptmann Pabst, der bei der Ermordung Rosa Luxemburgs und Karl Liebknechts eine entscheidende Rolle gespielt hatte. Unmittelbarer Anlaß zum Putschen war die von der Reichsregierung unter Reichspräsident Friedrich Ebert beabsichtigte Auflösung der Freikorps, die sich im Kampf gegen den Bolschewismus im Baltikum zu einer brutalen Schlägertruppe entwickelt hatten. General von Lüttwitz widersetzte sich der Anordnung, die Marinebrigaden Ehrhardt und Löwenfeld aufzulösen, und kommandierte die Brigade Ehrhardt nach Berlin. Die Reichsregierung hatte zuvor die Stadt bereits verlassen, weil der Reichswehrführer General von Seeckt ihren Schutz nicht hatte übernehmen wollen. In der Reichskanzlei ernannte sich Kapp zum neuen Reichskanzler und Ministerpräsidenten von Preußen.

Aber bereits nach vier Tagen war der Putsch gescheitert am Widerstand der Gewerkschaften und der Arbeiter, die streikten und sich dem reaktionären Militär zur Wehr setzten.

Am 18. März verkündete Reichskanzler Bauer in der nach Stuttgart einberufenen Nationalversammlung, daß den »Reichsverbrechern«, den Putschisten, strengste Strafen bevorstünden. Zu einer Verurteilung der Putschisten kam es jedoch nicht, weil ein Amnestiegesetz vom 4. August 1920 allen Teilnehmern des Putsches Straffreiheit zubilligte, es sei denn, sie gehörten zu den Urhebern oder Führern des Hochverrats. Von den zehn Führern konnten sieben (darunter Pabst, Kapp, Lüttwitz und Ehrhardt) ins Ausland fliehen. Die drei Angeklagten Jagow, Wangenheim und Schiele erhielten nur fünf Jahre Festungshaft.

Während die Putschisten dem Tod entgingen, wurden in den vier Tagen Kapp-Regierung zahlreiche Arbeiter, die sich gegen die Putschisten gestellt hatten, laut Verordnung vom 16. März 1920 mit dem Tode bestraft.

Vor allem das Freikorps Roßbach wütete unter den Arbeitern. Es kam zu Schlägereien, Folterungen, Mißhandlungen und »standrechtlichen« Erschießungen. Nach dem Kapp-Putsch wurde Rossbach zwar unter Anklage gestellt wegen der Arbeitermorde, aber nicht verurteilt, sondern auf freien Fuß gesetzt. Mehr noch: den hinterbliebenen Witwen verweigerte der Staat eine bescheidene Rente, wohingegen General von Lüttwitz und von Jagow von dem Staat ihre Pensionen bezogen, den sie hochverräterisch hatten beseitigen wollen.

Um nach dem Kapp-Putsch im Reichsgebiet Ruhe und Ordnung wieder herzustellen, beorderte die legale Reichsregierung am 2. April 1920 den General von Watter, einen Sympathisanten der Kapp-Regierung, in das Ruhrgebiet, wo erneut Schreckenstage über die republikanisch gesinnte Bevölkerung hereinbrachen. Neben dem Ruhrgebiet tobte der »weiße Schrecken« der Regierungstruppen auch in Thüringen, Schlesien, Mecklenburg (hier befehligte der mit den Hochverrätern liierte General von Lettow-Vorbeck die Truppe und sorgte für die Einrichtung von Standgerichten), und anderen Teilen des Reiches. Vor allem richteten sich die brutalen Ausschreitungen gegen die sogenannte »Rote Armee«, eine zivile, aber bewaffnete Vereinigung von Arbeitern, die sich gegen die Kapp-Regierung zusammengetan hatte. Dabei übertrafen die Verbrechen der Reichswehr unter den Arbeitern bei weitem deren eigene Kampfmethoden. Es kam zu Plünderungen und Erschießungen. Denunziationen und Sittlichkeitsdelikte seitens der Reichswehr veranlaßten aber keinen Staatsanwalt, sofort Anklage gegen Reichswehrführer zu erheben.

Übrigens sei angemerkt, daß die Truppen der Regierung Kapp das Hakenkreuz am Helm trugen.
Die Standgerichte der Reichswehr hatten schon genügend Tote gefordert, als sie in einem Erlaß des Reichspräsidenten am 25. März 1920 wieder aufgehoben worden waren. Am 24. Januar 1921 waren aber bereits 5755 Teilnehmer der Kämpfe im Ruhrgebiet angeklagt, etwa 4000 waren inhaftiert und 822 von sogenannten außerordentlichen Kriegsgerichten verurteilt, zu einer Zeit also, als noch keiner der Kapp-Putschisten zur Rechenschaft gezogen worden war. 200 Personen waren erschossen worden. Die Standgerichte gegen Angehörige der »Roten Armee«, die noch nach Niederwerfung des Putsches wüteten, stammten vom 13. März 1920, also aus den Tagen der Kapp-Regierung, und der Reichspräsident Ebert hatte die Standgerichtsbarkeit der Truppe sogar noch nach dem Scheitern des Putsches durch eine Notverordnung vom 19. März 1920 für legal erklärt.
Nach dem Amnestiegesetz vom 4. August 1920 wurde zwar offiziell allen Straffreiheit zugesichert, die sich am Kampf gegen die Hochverräter beteiligt hatten. Um jedoch die Putschisten zu schonen, wurden Kapp-Getreuen bis zum Generals- und Ministerrang hinauf Führungseigenschaften abgesprochen, weil ja nur die Führer des Putsches bestraft werden sollten.
Aufgrund dieser paradoxen Gesetzesauslegung wurden Teilnehmer des Freikorps Aulock, das die republikanisch eingestellte Bevölkerung Schlesiens durch zahlreiche Fälle von Rohheit und Brutalität geknechtet hatte, vor dem Landgericht Breslau am 5. März 1921 nur wegen gefährlicher Körperverletzung zu Gefängnisstrafen zwischen zweieinhalb und vier Jahren verurteilt. Diese Urteile wurden aber durch eine Entscheidung des Reichsgerichts wieder aufgehoben. Waren in der Presse die Urteile von Breslau für das demokratische »Volksempfinden« als gerecht interpretiert worden, so fand das Fehlurteil des Reichsgerichts kein Verständnis mehr.

6. Die Organisation »Consul«

Angehörige dieser Geheim-Organisation waren mitverantwortlich für die Attentate auf Erzberger, Rathenau und Scheidemann.
Die Freikorps, die nach den Wirren des Ersten Weltkrieges und zu Beginn der Weimarer Republik überall in Deutschland wirkten, standen dem Staat durchweg ablehnend gegenüber. Sie waren ein Zentrum der militärischen Opposition, ehemalige Soldaten, die den Anschluß ins zivile Leben nicht mehr geschafft hatten.
Die Reichsregierung verbot alsbald die Freikorpsbewegung, die sich dem Verbot widersetzte, allen voran die Marine-Brigade Erhardt unter Leitung des ehemaligen Korvettenkapitäns Erhardt, die am 13. März 1920 nach Ausbruch des Kapp-Putsches zum Marsch nach Berlin ansetzte. Nach Scheitern des Putsches wurde die Brigade aufgelöst. Ehrhardt wurde danach im Münchener Untergrund unter dem Namen »Consul« politisch tätig. Bald sammelten sich neue Anhänger um ihn und bildeten die Geheimorganisation »Consul«. Diese Organisation, genau nach vier Abteilungen untergliedert, trat ein: für nationales Gedankengut, gegen Judentum, Sozialdemokratie und linksradikale Parteien, gegen die Weimarer Verfassung und für eine generelle Revolutionierung Deutschlands. Ihre Mitglieder mußten sich zu bedingungslosem Gehorsam und zur Schweigepflicht bekennen, jeder Verräter war der Feme ausgeliefert.
Es ist nicht direkt festzustellen, ob die Befehle zu den Attentaten auf Erzberger, Rathenau und Scheidemann unmittelbar von »OC« ausgingen, jedenfalls stammte von ihr der Trend zum politischen Mord.

7. Seeckt, General von

Einer der berühmtesten Prozesse, der nicht stattgefunden hat, war der Hochverratsprozeß gegen General von Seeckt.
Als man wußte, daß meuternde Truppen von Döberitz nach Berlin in Marsch gesetzt waren, befahl der Reichswehrminister Noske in der Nacht vom 12. zum 13. März 1920, daß die Reichswehr den meuternden Soldaten entgegenzumarschieren habe. Von Seeckt, einer der Oberkommandierenden, widersetzte sich dieser Anordnung mit der berühmt gewordenen Äußerung: »Reichswehr schießt nicht auf Reichswehr«. Von seiner Privatwohnung aus wartete er den weiteren Verlauf des Kapp-Putsches ab.
Dies, daß er sich der Anordnung des Reichswehrministers widersetzte, war eindeutig nach strafrechtlicher Auffassung als Hochverrat zu bewerten. Folge seiner Nichtausführung, d.h. seines Nichthandelns nach ministerieller Anordnung, war der Rücktritt von Noske und eines regierungstreuen Offiziers namens von Reinhard.
Von Seeckt wegen Hochverrats anzuklagen, hatte damals der Oberreichsanwalt nicht gewagt. Fraglich wäre bei Abhaltung des Prozesses gewesen, ob von Seeckt überhaupt verurteilt worden wäre, da die Putschisten selbst nur sehr nachlässig verfolgt wurden. Zu den wenigen Teilnehmern des Kapp-Putsches, die verurteilt wurden, gehörte der frühere Berliner Polizeipräsident von Jagow. Er bekam eine kleine Festungshaft, die aber seine spätere Anwartschaft auf Staatspension nicht gefährdete. Von da her rührt der zweifelhafte Brauch, wonach der Staat seinen Feinden auch noch Pension bezahlt.
Daß von Seeckt nicht angeklagt wurde, entsprach dem Brauch der Weimarer Justiz, Generale so gut wie nie vor Gericht zu zitieren. Die große Ausnahme bildete Ludendorff, der 1924 beim Hitler-Putsch-Prozeß zwar angeklagt, aber mit fadenscheinigen Begründungen freigesprochen worden ist.

8. Der Jorns-Prozeß

Im Anschluß an die Ermordung von Karl Liebknecht und Rosa Luxemburg am 15. Januar 1919 in Berlin kam es zu einem der eklatantesten Prozesse der Weimarer Republik. Reichsanwalt Jorns führte die Voruntersuchungen und erhob Anklage gegen den Oberleutnant Vogel, der Rosa Luxemburg erschossen hatte und sie in den Landwehrkanal in Berlin werfen ließ. Vogel erhielt vier Monate Gefängnis wegen »Beiseiteschaffung einer Leiche und wissentlich falscher Dienstmeldung«. Deshalb, weil er das Gerücht verbreitet hatte, Rosa Luxemburg sei von einer erregten Volksmenge entführt worden. Vogel war zwei Tage nach der Urteilsverkündung mit einem gefälschten Paß nach Holland entkommen. Die Hintergründe zu diesem Prozeß wurden erst 1928 aufgedeckt. Der Redakteur Josef Bornstein hatte in der Zeitschrift »Das Tagebuch« am 24. März 1928 den damaligen Anklagevertreter Jorns beschuldigt, den Prozeß manipuliert und den Mörder begünstigt zu haben. Seine Tätigkeit und Integrität als Reichsanwalt wurde in Frage gestellt. Jorns stellte sofort Strafanzeige gegen Bornstein, es kam zu einer Verhandlung, doch Bornstein wurde am 27. April 1929 freigesprochen. Das Gericht war von Bornsteins Anschuldigungen Jorns gegenüber überzeugt.
Jorns hatte nämlich, wie sich jetzt erst herausstellte, den Mörder Rosa Luxemburgs zwischen dem 17. Januar 1919 und dem 20. Februar 1919 in Freiheit gelassen, obgleich seine Tat spätestens seit dem 23. Januar 1919 einwandfrei feststand. Der Haftbefehl gegen Vogel war zunächst aber nicht wegen Verdachts der Ermordung Rosa Luxemburgs ausgestellt, sondern wegen eines Bagatellvergehens, nämlich

Vernachlässigung seiner Pflicht als Transportführer. Erst am 22. Februar erging ein Haftbefehl wegen Mordverdachts. Derartige Versäumnisse des Ermittlungsverfahrens machten offenkundig, daß der Reichsanwalt einem Mörder Vorschub geleistet hatte. Jorns hatte außerdem unterlassen, Spuren, die zur Aufdeckung des Mordes hätten führen können, zu untersuchen und zu sichern, und hatte sich vor allem gehütet, Verdachtsmomenten nachzugehen, die den Hauptmann Pabst hätten belasten können. Nicht nur Unterlassungssünden wurden Jorns vorgeworfen, sondern mehr noch sein aktives Eingreifen in eine Verfälschung der Vorgeschichte der Mordaktionen des Hauptmanns Pabst. Durch einen Zeugen wußte Jorns, daß Pabst seine Wachsoldaten im Eden-Hotel zu Berlin, wo Liebknecht und Luxemburg »verhandelt« wurden, zur Falschaussage (»Entführung«) hatte verleiten lassen. Jorns versuchte, diese Beschuldigung von Pabst auf den Soldat Runge abzuwälzen, dem Geld versprochen worden war, falls er die Verantwortung der beiden Morde auf sich nehmen und Pflugk-Hartung, den Mörder Liebknechts, und Vogel dadurch entlasten würde. Jorns hatte ihm lediglich vier Monate Gefängnis angekündigt, ansonsten aber könne er sich ruhig an ihn, Jorns, wenden, wenn er einmal in Not geraten solle.
Vor Gericht, wo Jorns solange wie möglich verschont werden sollte, unterschob man dem Soldaten Runge Unzurechnungsfähigkeit.
Ein weiterer Vorwurf gegen Jorns betraf dessen äußerst lässige Handhabung der Untersuchungshaft von Vogel. Vogel durfte ungestört mit Hauptmann Pflugk-Hartung reden, die Zellentüren waren offen, Besucher durften ohne Ausweiskontrolle bis 12 Uhr nachts bleiben, es wurden Feste, auch mit Damen, gefeiert, und gegen den hohen Alkoholkonsum hatte Jorns auch nichts einzuwenden.
In der Berufung vor dem Schöffengericht in Berlin wurde der Angeklagte Bornstein abermals freigesprochen, doch die Richter konnten sich nicht dazu überwinden, Jorns, dem Vorschub nachgewiesen worden war, zu verurteilen.
Ein drittes Mal, nun vor dem Reichsgericht, wurde der Fall Jorns behandelt. Auch das höchste Gericht der Weimarer Republik fand einen Ausweg, um den Kollegen Jorns zu schonen. Es machte eine Unterscheidung zwischen »bewußter« und »absichtlicher« Vorschubleistung, Verschleppung, Verzögerung und Vertuschung der Ermittlungsarbeit. Das Äußerste, wozu das Reichsgericht greifen konnte, ohne Jorns die Legitimation als Jurist völlig abzusprechen, war folgendes Urteil: sofern Jorns den Mördern der Kommunisten Liebknecht und Luxemburg nicht »absichtlich«, sondern nur »bewußt« Vorschub geleistet hatte, konnte er nicht verurteilt werden. Da es Bornstein aber nicht möglich war, eine absichtliche Vorschubleistung dem Reichsanwalt nachzuweisen, wurde Jorns freigesprochen, blieb Reichsanwalt und wurde 1936 zum Volksgericht des Dritten Reiches wiederum als Reichsanwalt berufen.

9. Bullerjahn

Der Fall Bullerjahn war durch den früheren Reichstagsabgeordneten und Rechtsanwalt Paul Levi aus Berlin im Reichstag vorgestellt worden.
Bullerjahn war Lagerverwalter in einer Munitionsfabrik. Er war beschuldigt, einem Angehörigen der französischen Entwaffnungskommission ein Lager verraten zu haben, in dem sich angeblich noch Waffen- und Munitionsvorräte befanden, was nach den Bestimmungen des Versailler Vertrages verboten war.
Bullerjahn hatte diese Anschuldigung nie bestritten.
Als einziger Zeuge trat vor dem Reichsgericht ein Kriminalbeamter auf, der aussagte, einen ganz zuverlässigen Zeugen zu kennen, von dem er wisse, daß Bullerjahn den Franzosen das Waffen- und Munitionslager verraten habe. Diesen Zeugen könne er, der Kriminalbeamte, aber nicht nennen.

Das Reichsgericht verzichtete darauf, diesen nicht genannten Zeugen zu vernehmen, sondern verurteilte auf Grund dieser indirekten Anschuldigung Bullerjahr zu 15 Jahren Zuchthaus (am 11. Dezember 1925).
Später wurde dieses Urteil von Paul Levi öffentlich diskutiert. Dabei ergab sich, daß sich der Kriminalbeamte auf den Generaldirektor der Firma berufen hatte, der selbst aber auch nicht Augenzeuge des »Verrats« war, sondern sich seinerseits auf einen weiteren Zeugen berufen hatte. Es war also ein Urteilsspruch aufgrund eines doppelt indirekten Zeugen.
Es kam zur Wiederaufnahme des Falles Bullerjahn. Einen stichhaltigen Beweisgrund für das Urteil gab es nicht mehr.

10. Erzberger, Matthias

Vor der Großen Strafkammer eines Berliner Landgerichts lief vom 19. Januar bis 12. März 1920 der Erzberger-Helfferich-Prozeß.
Dieser Prozeß war für die Entwicklung der Weimarer Republik und überhaupt die Bedeutung der Demokratie in Deutschland von weittragender Bedeutung.
Dr. Karl Helfferich, ordentlicher Professor der Wirtschaftswissenschaften, früher kaiserlicher Staatssekretär und königlicher Staatsminister, hatte den Reichstagsabgeordneten und späteren kaiserlichen und republikanischen Staatssekretär Erzberger, den führenden Zentrumspolitiker, in einer Reihe von Zeitungsartikeln politisch unmöglich zu machen versucht. Diese Artikel erschienen 1919. Im gleichen Jahr, am 11. August, wurde die Weimarer Verfassung verkündet, und im gleichen Jahr entstand der Versailler Friedensvertrag.
Erzberger galt als der Urheber der Friedensresolution des Reichstages vom Juli 1917. Im November 1918 hatte er den Vorsitz der Waffenstillstandskommission inne und unterzeichnete das oft umstrittene Waffenstillstandsabkommen von Compiègne.
Als Unterzeichner dieses Abkommens zog sich Erzberger den erbitterten Haß weiter Kreise der Bevölkerung zu. Als späterer erster Reichsfinanzminister gehörte er zu den stärksten Persönlichkeiten der Regierung, seit Prinz Max von Baden Reichskanzler geworden war.
Helfferich hatte mit seiner Broschüre »Fort mit Erzberger« diesem unlautere Verquickung von Geschäft und Politik vorgeworfen, ihm »politische Tätigkeit zum Nachteil Deutschlands« angekreidet und vor allem Unanständigkeit und Unwahrhaftigkeit.
In dem Prozeß wurde Helfferich zwar wegen formaler Beleidigung zu einer Geldstrafe von 300 Mark verurteilt, doch der von ihm vorgetragene Wahrheitsbeweis wurde vom Gericht anerkannt, womit Erzberger nicht von dem Vorwurf entlastet wurde, unanständig, unwahrhaftig und politisch zum Nachteil Deutschlands gehandelt zu haben.
Während des laufenden Prozesses wurde Erzberger schon seiner Ämter enthoben und war somit ein politisch toter Mann. Viele seiner Anhänger waren von ihm enttäuscht, und durch seine Niederlage vor Gericht erlitt die junge Demokratie, deren aktivster und wortgewandter Vertreter er war, eine große Einbuße an Ansehen und eine politische Niederlage.
Denn seit diesem Prozeß kam die Weimarer Demokratie nicht mehr von dem Verruf los, daß Bestechlichkeit und politische wie geschäftliche Unsauberkeiten in ihr herrschten. Gerade dieser Anschein konnte später von den Nationalsozialisten zu ihren Gunsten ausgenutzt werden.

11. Ebert, Friedrich

Reichspräsident Ebert weilte im Juni 1922 in München. Dr. Emil Ganßer, ein Hitler-Gefolgsmann, beschimpfte ihn als Landesverräter, weil er als Leiter des Munitionsarbeiterstreiks im Jahre 1918 Waffen- und Munitionslager an den Feind verraten haben soll. Auf Antrag Dr. Ganßers vernahm das Münchner Amtsgericht eine Reihe von Zeugen, die über Eberts Beteiligung an jenem Streik aussagen konnten. Ebert, der bereits unter Eid seine Aussagen gemacht hatte, wurde zu einer erneuten Vernehmung nach München bestellt. Da er wußte, daß in München mit Pöhner und Frick ebenfalls hitlergetreue Männer die Polizeigewalt ausübten und er dort nicht mit einem »gerechten« Schutz seiner Ehre würde rechnen können, zog er seinen Strafantrag gegen Ganßer zurück.

Daraufhin veröffentlichte Ganßer in der »Mitteldeutschen Presse«, deren Herausgeber und Redakteur Rothardt war, einen offenen Brief, in dem er behauptete, Ebert habe den Vorwurf des Landesverrats auf sich sitzen lassen. Er forderte den Reichspräsidenten auf, unverzüglich zurückzutreten.

Ebert stellte nun Strafantrag gegen Rothardt, der sofort die Behauptung, Ebert sei ein Landesverräter, zurücknahm. Trotzdem gestattete die Strafkammer beim Landgericht Magdeburg Rothardt, den Wahrheitsbeweis der Behauptung zu erbringen.

Am 23. Dezember 1924 sprach das Landgericht sein Urteil. Rothardt bekam wegen formeller Beleidigung drei Monate Gefängnis. Er wurde aber vom Vorwurf der üblen Nachrede freigesprochen, weil Ebert nach Ansicht des Gerichts durch seine Mitwirkung am Munitionsarbeiterstreik tatsächlich Landesverrat begangen habe.

Dieses Urteil ist eines der umstrittensten in der gesamten Rechtsgeschichte aller Länder. Obgleich das Gericht Rothardts Vorwurf des Landesverrats, begangen durch den Reichspräsidenten, als verwerflich erklärte und den Angeklagten verurteilte, erklärte es gleichzeitig eben diesen Vorwurf für tatsächlich begründet.

Ebert war durch diesen Urteilsspruch äußerst gekränkt und konnte nur mit Mühe daran gehindert werden, abzutreten. Die Ehre des Präsidenten war in diesem Prozeß in die Hände eines Richters namens Bewersdorff gelegt, der kein Interesse daran hatte, die Weimarer Republik mit ihrem Präsidenten zu schützen, sondern selbst den Rücktritt Eberts gewünscht hatte.

Dieses Gerichtsurteil wurde zu einer Art Startzeichen zur politischen Hetze gegen den Mann, der im Frühjahr 1919 zum ersten Reichspräsidenten der Weimarer Republik gewählt worden war. Nicht zuletzt führte das Urteil zu einer vorzeitigen Erschlaffung der körperlichen und seelischen Widerstandskraft des Präsidenten, so daß sein früher Tod am 28. Februar 1925 als unmittelbare Folge des effektiven Urteils angesehen wurde.

Nach Ebert wurde der greise Feldmarschall Hindenburg zum Präsidenten gewählt, der Mann, der Hitler zum Reichskanzler ernannte. So gesehen, mag das Gerichtsurteil auch als schicksalhafte Weichenstellung für den weiteren Weg der Weimarer Republik gelten.

Heute wirft die Geschichtsschreibung jenem Magdeburger Gericht Republikfeindlichkeit vor; zumindest aber trug es dazu bei, das Vertrauen in die politische Strafjustiz zu erschüttern.

12. Hochverrats-Prozeß gegen die »Deutsche Tscheka«

In der Zeit, als in Deutschland (1923–1924, in Bayern bis 1925) die Kommunistische Partei verboten war, kam es immer wieder zu Terroraktionen dieser Partei aus dem Untergrund. Die politische Justiz reagierte auf die von Kommunisten, also von links, ausgeübten Morde unverhältnismäßig schärfer als auf die Mordtaten, die von rechts begangen wurden.

Der Mord an einem von Kommunisten abgeknallten Friseur führte zum Tscheka-Prozeß, der seinen Namen von der russischen Tscheka ableitete (vgl. S. 280).

Der kommunistische Friseur Rausch wurde von dem Kommunisten Felix Neumann am 7. Januar 1924 angeschossen und erlag zwei Monate später seiner Verletzung. Der Mord war ein Racheakt. Rausch hatte nämlich der Berliner Polizei verraten, daß sich Kommunisten Waffen beschaffen wollten, die zu den Beständen eines Potsdamer Reichswehrregiments gehörten.

Im Prozeß behauptete Neumann, den Mord auf Befehl eines Russen namens General Peter Alexander Skobelewski ausgeführt zu haben. Skobelewski war 1923 nach Deutschland gekommen, um eine geheime Organisation aufzubauen, die von der Moskauer Parteizentrale direkte Weisungen erhielt, um führende politische Gegner, wie General von Seeckt, Hugo Stinnes, Borsig u.a. umzulegen. Führer der Geheimorganisation wurde Felix Neumann in Berlin. Diese Organisation entwikkelte sich, ausgehend von russischen revolutionären Ideen, zu einer Terror- und Mordorganisation, die der Deutschen Kommunistischen Partei ideell und finanziell zur Seite stand. Jeder, der zu der Organisation gehörte, wurde überwacht, zu bedingungsloser Loyalität verpflichtet, und wer diesen Grundsätzen zuwider handelte, wurde kaltblütig liquidiert. Vom Herbst 1923 an war die Organisation so weit aufgebaut und ihre Mitglieder bewaffnet, daß sie in Aktion treten konnte. Vor allem sollte die deutsche Reichswehr durch Spionage und Geheimnisverrat zermürbt werden. Ihr Führer, General von Seeckt, stand dreimal auf der Attentatsliste. Doch jedesmal zögerten die Täter, ihn umzubringen, weil er einerseits stets von Offizieren bewacht war und den Tätern andererseits das Risiko, entdeckt zu werden, zu groß erschien. Die Aktion des Generals Skobelewski scheiterte schließlich am Fall Rausch.

Im April 1925 wurde Neumann mit Skobelewski und einer dritten Person zum Tode verurteilt, ein vierter Beteiligter erhielt wegen Beihilfe zum Mord 15 Jahre Zuchthaus.

Das Gericht hatte diese Urteile gefällt, obgleich die Beweisführung in mehr als einem Punkt dunkel blieb. So wurde der Russe von einem Kriminalkommissar belastet, der sich seinerseits auf nicht genannte Zeugen berief und zur Deckung derselben sich auf seine Amtsverschwiegenheit zurückzog. In das Untersuchungsgefängnis wurden Spitzel eingeschleust, die Neumann zu Geständnissen verführten und davon Bericht anfertigten, die dem Gericht als zuverlässiges Beweismaterial dienten. Um den Russen gesprächig zu machen, wurde er zwei Monate in der Untersuchungshaft festgehalten, lebte in einer Dunkelzelle ohne frische Wäsche. Das Ungeziefer seiner Zelle zu töten wurde ihm verboten. Viele Verfahrensverstöße unterliefen dem Gericht (Zeugen verhedderten sich in Widersprüche, dem Verteidiger wurde mehrmals das Wort entzogen, Entlastungszeugen wurden gar nicht angehört). Das Gericht konnte um so selbstherrlicher vorgehen, als eine Berufung ausgeschlossen war.

Mehrere Juristen übten harte Kritik an den Gesetzeswidrigkeiten des Reichsgerichts, das im Grunde für die Nazis Propaganda machte, indem es deren (rechte) Gesetzesübertretungen durch besonders rigorose Urteile gegen linke Gewalttaten absicherte.

Der Tscheka-Prozeß prangerte Neumanns Mord als Spitzelmord an und beschuldigte direkt das Revolutionskomitee in Moskau als Anstifter zum Mord. Das Gericht folgte der rechten Ideologie, jeden Kommunisten als Hochverräter zu demaskieren. Hinzu kam, daß in solchen politischen Prozessen angeklagte Kommunisten nicht von eigenen Parteifreunden, sondern nur von ausgesprochenen Parteigegnern verteidigt werden durften, um ihnen jede Chance auf einen fairen Prozeß zu nehmen.

Die zum Tode verurteilten drei Personen wurden später begnadigt. General Skobelewski wurde gegen 11 deutsche Gefangene der GPU ausgetauscht.

1932 machte sich der spätere Propagandaminister des Dritten Reiches, Dr. Josef Goebbels, den Tscheka-Prozeß zunutze, indem er Neumann, jetzt Mitglied der NSDAP, feierte, weil er einen kommunistischen Spitzel dem Gericht ausgeliefert hatte. Mit dem russischen Hintermann konnte er eindeutig Moskau den Mord in die Schuhe schieben und Neumanns kommunistische Vergangenheit sogar als Scheintaktik rechtfertigen.

13. Die Fememorde der (illegalen) »Schwarzen Reichswehr«

Der Versailler Friedensvertrag hatte den Bestand der deutschen Reichswehr auf 100000 Mann beschränkt. Um diese Bestimmung zu hintergehen, wurde 1923 unter der Deckbezeichnung »Arbeitskommandos« die »Schwarze Reichswehr« aufgebaut, die unter strengster Geheimhaltung ihre hochverräterischen Pläne zu verwirklichen trachtete. Diese »Schwarze Reichswehr« praktizierte ihre eigene Justiz, die Feme.

Femejustiz bedeutet: das Opfer wird ohne Prozeß bestraft. Wer auch nur verdächtig ist, wer denunziert wird, wer Mißtrauen erweckt, ist nur dem »Urteil« der Feme ausgeliefert. Und das »Urteil« war immer ein Todesurteil. Um einen aus dem Weg zu schaffen, benutzte die Feme verschiedene Methoden: entweder passierten Autounfälle oder beim Umgang mit Schußwaffen ereignete sich ein tödlicher Unglücksfall oder erzwang man von dem »Schuldigen« den Selbstmord.

Fememorde geschahen in Bayern, Oberschlesien, Pommern und Mecklenburg. Die Mordmaschinerie kam erstmals in Bayern in Gang, als es darum ging, die im Versailler Friedensvertrag ausgehandelte Vorschrift, Waffen und Waffenlager anzuzeigen, als Verrat zu verurteilen und den Verräter, in diesem Fall ein 19jähriges Mädchen, zu »bestrafen«, nämlich zu töten. Die bayerische »Einwohnerwehr«, aus dem Freikorps entstanden, widersetzte sich mit Einverständnis der Regierung Kahr der Ablieferungspflicht von Waffen und als das Mädchen ein Waffenlager entdeckt hatte und es anzeigen wollte, wurde es erdrosselt.

Keiner der bayerischen Fememorde wurde in einem Prozeß geahndet. Die Morde an Waffenverrätern wurden vielmehr von den vaterländischen Kreisen und der Justiz geduldet.

Die Eigenjustiz der Reichswehr richtete sich vor allem gegen Neulinge in den eigenen Reihen, von denen zu befürchten war, daß sie kommunistische Spitzel seien, desertieren oder Verrat begehen würden. Verdächtige wurden tagelang gefoltert, verhört, verprügelt, zu Geständnissen gezwungen und schließlich erschlagen oder erschossen.

Erst drei Jahre nach den Fememorden, 1926, begannen Dutzende von Prozessen im ganzen Land gegen bekannt gewordene Fememörder. Da die Existenz der »Schwarzen Reichswehr« vor allem dem Ausland gegenüber verschwiegen werden mußte, fanden die Prozesse unter Ausschluß der Öffentlichkeit und unter strenger Schweigepflicht aller Beteiligten statt. Das mörderische Vorgehen der »Schwarzen

Reichswehr«, die wegen versuchten Landesverrats und wegen des Bruchs der Versailler Vertragsbestimmungen hätte verurteilt werden können, kam überhaupt nicht zur Sprache; die Frage nach dem Hauptverantwortlichen wurde nicht gestellt, Mordanklage wurde nicht erhoben und die Prozeßführung klärte in keiner Weise die Schuld der Femejustiz und der Rädelsführer der Morde auf.
Einer der Haupttäter namens Schulze z. B. wurde vom Gericht freigesprochen, nicht wegen mangelnder Beweise, sondern weil die Hauptverhandlung nichts Belastendes gegen ihn hatte beibringen können.
Erste Stimmen der Kritik an diesen Gerichtsurteilen wurden 1927 laut. Immer mehr war durchgesickert, daß die Justiz die Hauptschuldigen der Fememorde verschonte, und die legale Reichswehrführung wurde aufgefordert, sich zu ihren Maßnahmen und ihrer Duldung oder sogar Unterstützung der »Schwarzen Reichswehr« offen zu bekennen, statt die gemeinen Morde zu decken.
Einer der ersten, der öffentliche Kritik übte, war Carl von Ossietzky in seiner »Weltbühne«. Für sein offenes Wort wurde er zu einem Monat Gefängnis verurteilt. Denn das Reichswehrministerium war nicht bereit, daß Offiziere, die nun (1927) hohe Stellungen innehatten, mit den Fememorden des Jahres 1923 belastet wurden und daß durch die Publizierung der Feme-Prozesse das Ansehen von Staat und Wehrmacht erschüttert werde. –
Zum Begriff »Feme« läßt sich historisch nachtragen: Die Feme war im Mittelalter ein Freigericht, das berechtigt war, außerhalb der ordentlichen Gerichtsbarkeit seine Urteile zu fällen. Die Femegerichte tagten oft unter einer Linde, der »Femelinde«, öffentlich oder unter Ausschluß der Öffentlichkeit. Dem Beklagten wurde die Vorladung vom Gerichtsboten mit einem Dolch an die Tür »gesteckt«. Diese Vorladungen nannte man auch Steckbrief, der sich in etwas anderer Bedeutung bis zum heutigen Tag erhalten hat. Von daher stammt auch die Redewendung: »Dem werde ich es stecken!«

14. Hochverrats-Prozeß gegen Adolf Hitler, 1924

Die junge Republik Deutschland kam seit ihrer Gründung im November 1918 nie zur Ruhe, nie zu einer inneren Sicherheit und gefestigten Ordnung. Einen ersten Höhepunkt der Schwächen der Republik brachte das Jahr 1923: Das Ruhrgebiet wurde von den Franzosen besetzt; die Inflation brachte Massenarbeitslosigkeit, Hunger und Not in die Bevölkerung; die verschiedenen politischen Richtungen radikalisierten ihre Programme; Kommunisten bereiteten einen Aufstand vor; in Sachsen und Thüringen war die legale Regierungskoalition SPD und KPD zur Keimzelle des geplanten Umsturzes geworden; in Norddeutschland traten nationalkonservative Kreise gegen die Regierung in Berlin zusammen, und am 1. Oktober 1923 putschte die Reichswehr in Küstrin.
Die Voraussetzungen für einen Sturz der Regierung waren also von verschiedener Seite aus gegeben.
Hitler war 1923 der Führer des »Kampfbundes«, zu dem die SA, der Bund Oberland und die Reichskriegsflagge gehörten. Für ihn wurde der Marsch nach Berlin, um mit den »Novemberverbrechern« aufzuräumen, zur Notwendigkeit, als Stresemann den Ruhrkampf einstellen wollte.
Die Bayerische Regierung ordnete den Ausnahmezustand an, Stresemann in Berlin tat das gleiche und übergab die vollziehende Gewalt an die Wehrkreisbefehlshaber. Von Kahr von der Bayerischen Regierung folgte dieser Anordnung nicht, sondern verpflichtete den bayerischen Wehrkreisbefehlshaber von Lossow der Bayerischen Regierung. Dieser Verfassungsbruch wurde nicht geahndet. Kahr war vielmehr

ebenfalls zum Marsch auf Berlin entschlossen und beauftragte den Chef der Brigade Ehrhardt, im Raum Coburg die Vorbereitungen für diesen Marsch zu treffen, wozu die links orientierte Entwicklung in Sachsen und Thüringen der äußere Anlaß sein sollte. Da besetzte aber die Reichswehr im Oktober 1923 diese beiden Länder, deren Regierungen mußten zurücktreten, und damit war das »Herbstmanöver 1923« gescheitert.

Hitler war jedoch nach wie vor entschlossen, mit seinem »Kampfbund« die Berliner Regierung zu stürzen.

In der Nacht vom 8. zum 9. November 1923 hielt von Kahr, der bayerische Generalstaatskommissar, im Münchener Bürgerbräukeller eine Rede. Hitler drang mit bewaffneten Verbündeten ein und erklärte den Beginn der nationalen Revolution. Die Bayerische und die Berliner Regierung der »Novemberverbrecher« unter Ebert seien abgesetzt. Er selbst wolle die politische Leitung der provisorischen Nationalregierung übernehmen, Ludendorff werde der Führer der Nationalarmee, Lossow Reichswehrminister und Oberst von Seisser Reichspolizeiminister; Kahr war zum Landesverweser ausersehen (in Bayern) und Pöhner sollte bayerischer Ministerpräsident werden. Wegen dieses Putsches vom 8./9. November 1923 wurde am 26. Februar 1924 der Prozeß eröffnet. Angeklagt waren Hitler, General Ludendorff, Oberstlandesgerichtsrat Pöhner, Oberamtmann Dr. Frick und sechs Führer des Kampfbundes. Zu ihnen gehörten Ernst Röhm und Robert Wagner. Die Anklage des Volksgerichtshofes München lautete auf Hochverrat.

Den Beschuldigten wurde vorgeworfen, sie hätten die Bayerische und die Reichsregierung stürzen und die Verfassung außer Kraft setzen wollen.

Die Anklage entlastete sofort von Kahr, Lossow und Seisser, die nur pro forma bereit gewesen seien, wie sie nun aussagten, mit Hitler zu paktieren, in Wahrheit aber bereits am Morgen des 9. November 1923 begonnen hätten, gegen Hitler zu arbeiten und die Durchführung des geplanten Putsches zum Scheitern zu bringen.

Im Verlauf des Prozesses kam es zu deftigen Beschimpfungen der November-Verbrecher, die Landesverräter, Juden und Deserteure genannt wurden; Friedrich Ebert hieß nur noch der Ebert Fritze, doch das Gericht tat nur wenig, um die Beschimpfungen der Reichsregierung durch Angeklagte einzudämmen.

Hitler benutzte seinen Auftritt vor Gericht, um seine politischen Gedanken zu erläutern, die darin gipfelten, dereinst den Marxismus zerschlagen zu wollen.

Eine Wende kam in den Prozeßverlauf, als sich die Überläufer von Kahr, Lossow und Seisser in ihren Rechtfertigungsargumenten verhedderten und dem Gericht weismachen wollten, der geplante Marsch auf Berlin sei gar keine militärische, sondern eine legale Aktion gewesen. Ihre Scheinzustimmung zu Hitlers Putschversuch wurde als »lügnerischer« Hochverrat hingestellt. Hitler und seine Männer bekannten sich jedoch offen und »ehrlich« zum hochverräterischen Putsch und waren bereit, die volle Verantwortung zu übernehmen. Diese Ehrlichkeit hob sich äußerst günstig von den Scheinargumenten der Mitangeklagten von Kahr, Lossow und Seisser ab, so daß es dem Staatsanwalt gegen Ende des Prozesses nicht mehr gelang, diese drei Angeklagten zu schützen.

Am 1. April 1924 sprach das Gericht seine Urteile: Hitler erhielt mit Pöhner fünf Jahre Festungshaft, die nach Verbüßung von sechs Monaten zur Bewährung ausgesetzt wurde. Ludendorff wurde freigesprochen, die anderen Angeklagten erhielten je ein Jahr und drei Monate Festungshaft, die sofort zur Bewährung ausgesetzt worden ist.

Da Hitler als gebürtiger Österreicher ein Ausländer war, hätte er, wegen Hochverrats verurteilt, nach den Bestimmungen des Republikschutzgesetzes ausgewiesen werden können. Doch das Gericht fand, daß bei einem Mann, »der so deutsch denkt und fühlt«, die Vorschrift dieses Gesetzes »keine Anwendung finden« könne.

Für Hitler war der Prozeß ein politischer Triumph. Er hatte sich vor Gericht zur »Seele des Putsches« aufgeschwungen und seine Führerrolle unter Beweis gestellt. In der Festung Landsberg, wo er an seinem Buch »Mein Kampf« schrieb, verbüßte er seine Strafe und wurde am 20. Dezember 1924 wieder in Freiheit entlassen. Nach Erstarken des Nationalsozialismus wurden die erschossenen bzw. verwundeten »Mitkämpfer« Hitlers, die am Marsch zur Feldherrnhalle am 9. November 1923 teilgenommen hatten, zu Helden und Symbolen des Deutschtums schlechthin erhoben.

Der Prozeß gegen Hitler, eindeutig ein Hochverratsverfahren, wurde nicht, wie erforderlich, vor dem Reichsgericht durchgeführt, sondern vor dem Bayerischen Volksgerichtshof in München. Dies galt als Schwäche, wenn nicht gar Feigheit der Strafjustiz und Strafvollstreckung des republikanischen deutschen Reiches. Die damalige Presse rügte bereits, daß der Hochverrat gegen das Reich von einem Sondergericht des Landes Bayern abgeurteilt wurde, das selbst am Hochverrat beteiligt war. Die Hauptverhandlung selbst war eine einzige Farce. Die Angeklagten, vor allem Hitler, durften stundenlang Propagandareden für die eigene politische Überzeugung halten, ohne vom Vorsitzenden unterbrochen zu werden. War Hitlers Putschversuch zwar mißlungen, so war doch der Prozeß auch ein Symptom dafür, daß Hitlers Machtergreifung im Jahre 1933 durch einen solchen Staat mit einer solchen Justiz nicht verhindert werden konnte.

Insgesamt war das Urteil dieses Gerichts eine juristische Anerkennung des nationalsozialistischen Putsches vom 9. November 1923. Der Prozeß gegen Hitler war einer der größten politischen Prozesse, der zur Zeit der Weimarer Republik durchgeführt wurde, obgleich er für die Republik selbst kein sehr günstiges und vor allem kein bleibendes Ergebnis gezeitigt hatte.

15. Großer Bombenleger-Prozeß

In den Jahren 1928 und 1929 wurden in Nordwestdeutschland eine ganze Reihe von Sprengstoffanschlägen verübt (13 an der Zahl), die allerdings weniger den Attentatscharakter trugen als vielmehr eine Art Erpressung waren. Die Regierung sollte darauf hingewiesen werden, Maßnahmen zur Linderung der sich ständig mehrenden Not der Landbevölkerung zu ergreifen. Die Krise in der Landwirtschaft hatte ihre Ursachen in der hohen Steuerlast, mit der das Deutsche Reich seine Kriegsschulden bei den ehemaligen Feindmächten des Ersten Weltkrieges abzuzahlen hatte. Die Wirtschaft im allgemeinen, die Landbevölkerung im besonderen hatte schwer darunter zu leiden.

Zunächst versuchten die Bauern, auf friedlichem Weg auf ihre Not aufmerksam zu machen. Es kam zu Gesprächen zwischen einem Bauerndelegierten und dem Reichskanzler, doch die zugesagten Steuererleichterungen oder gar -befreiungen konnten nicht eingehalten werden.

Da griff die Landbevölkerung, da neun Monate nach dem Gespräch ihres Abgeordneten noch immer nichts geschehen war, zu härteren Maßnahmen. Im November 1928 wurde in Mühlheim-Ruhr ein umfangreicher Sprengstoffdiebstahl durchgeführt und kurz darauf explodierten die ersten Bomben, 1929 im August und September folgten weitere Anschläge gegen das Haus eines Rechtsanwalts (Jude), gegen das Gebäude der Landeskrankenkasse (beide in Lüneburg), am 1. September 1929 explodierte im Reichstag zu Berlin eine weitere Bombe. Diese Anschläge wurden in der Presse verharmlosend dargestellt als Reklametrick unzufriedener Bauern (Menschenleben wurde nirgendwo geschädigt), die damit im Grunde überhaupt nichts erreichen würden.

Am 26. August 1930 begann vor dem Schwurgericht in Hamburg-Altona der »Große Bombenleger-Prozeß« gegen 19 Angeklagte der »Landvolkbewegung«. Das Gericht zeigte sich zwar verständig für den Demonstrationscharakter dieser Bombenanschläge, die man »Propaganda der Tat« nannte, billigte den Tätern »Überzeugungstäterschaft« zu, lehnte aber Bombenattentate als unzureichendes Mittel, auf die Not der Landbevölkerung hinzuweisen, ab und sprach den meisten Angeklagten eine lebenslange Zuchthausstrafe zu.

16. Ossietzky, Carl von

Landesverrat war zur Zeit der Weimarer Republik ein gern benutztes und strafrechtlich streng verfolgbares Delikt, das man leicht all denen anhängen konnte, die Kritik übten an den verfassungsfeindlichen Maßnahmen der »legalen« Reichswehr, die insgeheim aufrüstete, mit Sowjetrußland zusammenarbeitete und den Femeterror der illegalen »Schwarzen Reichswehr« duldete. Eine demokratische Opposition war oft gleichbedeutend mit Landesverrat, denn die Reichswehr-»Geheimnisse« unterstanden der strikten Schweigepflicht. Jeder, der verdächtige Verbindungen zwischen der Reichswehr und irgendwelchen illegalen Geheimverbänden anprangerte, um das In- und Ausland zu warnen, wurde von der Strafjustiz der Weimarer Republik verfolgt.
Während in der Kaiserzeit (1882–1913) nur 127 Personen wegen Hoch- und Landesverrats verurteilt worden sind, waren es in der Zeit der Republik zwischen 1919 und 1927 1670 Fälle, die zur Aburteilung gekommen sind.
Verdächtig war der Führung der Republik vor allem jede Form einer pazifistischen Bewegung. Als der Vorsitzende des deutschen Friedenskartells, der international berühmte Pazifist Prof. Dr. Ludwig Quidde, am 10. März 1924 in der Zeitung »Welt am Montag« von der geheimen Aufrüstung der Reichswehr berichtete, wurde er schon am 15. März 1924 in München verhaftet und des Landesverrats angeklagt. Doch die nationale und internationale Presse empörte sich über den Fall Quidde, und so wurde er am 22. März 1924 mangels Fluchtverdachts entlassen und am 28. März 1925 stellte das Reichsgericht ein Verfahren gegen ihn ein.
Nicht so glimpflich kam Carl von Ossietzky ab. Der Herausgeber der »Weltbühne« veröffentlichte am 12. März 1929 eine Arbeit von Walter Kreiser, der abermals die geheime Aufrüstung der Reichswehr beklagte, insbesondere jene Abteilung des Reichsverkehrsministeriums, die 30–40 Flugzeuge unterhielt und Probeflüge mit den neuen Maschinen im In- und Ausland durchführen ließ.
Das Reichswehrministerium stellte Strafanzeige wegen Landesverrats. Das Reichsgericht verurteilte am 23. November 1931 Ossietzky zu einem Jahr und 6 Monaten Gefängnis, Kreiser erhielt die gleiche Strafe, beide wegen Verrats militärischer Geheimnisse.
Abermals reagierte die Presse scharf gegen den Landesverratsparagraphen, der immer mehr als politische »Waffe« benutzt wurde, um damit eine öffentliche Pressezensur durchzuführen. Mit den literarischen Landesverratsprozessen sollten die Aktionen des Reichswehrministeriums mit Hilfe der Justiz abgedeckt werden.
Ein Gnadengesuch an den Reichspräsidenten von Hindenburg wurde abgelehnt. Lediglich der Paß wurde Ossietzky zurückgegeben, in der Hoffnung, daß er ins Ausland emigrieren würde. Doch er blieb. In der Nacht nach dem Reichstagsbrand wurde er am 28. Februar 1933 in der Frühe verhaftet. 1936 erhielt er als KZ-Häftling den Friedensnobelpreis. Die Gestapo betrachtete ihn nach wie vor als Landesverräter und hielt ihn deshalb in »Schutzhaft«. Er starb kurz nach der Entlassung aus dem KZ.

17. Der Ulmer Reichswehrprozeß 1930

Die Bedeutung politischer Strafprozesse liegt weniger darin, durch ordentliche Gerichte ein strafrechtliches Problem zu lösen, als darin, politische Auffassungen der herrschenden Regierung über das, was Recht, Macht und Staat ist, offenkundig zu machen.
Der Ulmer Reichswehrprozeß, der am 23. September 1930 vor dem Reichsgericht in Leipzig stattfand und in dem drei Reichswehroffiziere wegen versuchten Hochverrats verurteilt wurden, gab Adolf Hitler zum ersten Male die Gelegenheit, als Zeuge vor dem Gericht die verfassungsmäßige Legalität seiner Partei, der NSDAP, darzulegen.
Bei den Reichstagswahlen vom 14. September 1930 konnte die NSDAP ihren Sitzanteil im Reichstag von 12 auf 107 Sitze erhöhen. Auch die KPD konnte 23 neue Mandate (77 Sitze) gewinnen, wohingegen das Zentrum nur 8 neue Sitze bekam und im Reichstag mit 69 Abgeordneten vertreten war. Damit war die parlamentarische Demokratie des Weimarer Staates ernstlich bedroht.
Die damalige Presse interpretierte den Wahlausgang als Umsturzwille, und Hitler gab in einer Rede bekannt, daß für ihn das Parlament kein Selbstzweck, sondern nur ein Mittel zum Zweck sei. Es war deutlich, daß Hitler die Revolution zwar durchführen wollte, aber erst, wenn er auf legalem Weg an die Macht gekommen sein würde.
Für einen möglichen zweiten Putsch gegen die Reichsregierung (der erste war 1923 gescheitert) versuchte Hitler, die Unterstützung oder zumindest Neutralität der Reichswehr zu gewinnen.
Nach seinem großen Erfolg bei den Wahlen vom 14. September 1930, der ihm den legalen Weg zur Macht eröffnete, wollte Hitler die Reichswehr für die Ideen seiner NSDAP interessieren.
Schon in einer Rede vom 15. März 1929 hatte er die Reichswehr von ihrer Treuepflicht der Republik gegenüber zu entbinden versucht. Das Heer habe nicht dem Staat und seinen »Novemberverbrechern« (1918) zu dienen, sondern dem Volk, und es sei die Aufgabe der Reichswehr, zusammen mit der NSDAP den »faulen und brüchigen Staat« zu beseitigen.
Die Reichswehrführung war sich indes klar darüber, welche Bedrohung für die Republik vom Nationalsozialismus ausging. In einem Tagesbefehl vom 22. Januar 1930 wurde das Heer eindringlich an seine Treuepflicht dem Staat gegenüber erinnert. Trotzdem hatte Hitlers Propaganda bereits viele, vor allem junge Reichswehroffiziere beeinflußt.
Am 10. März 1930 wurden in Ulm zwei Leutnants des 5. Artillerieregiments verhaftet, weil sie nationalsozialistische Propaganda unter Reichswehroffizieren betrieben hatten. Hans Ludin und Richard Scheringer waren junge Offiziere und dazu politisch engagiert. Nach Überprüfung ihrer Zuverlässigkeit wurden sie von dem SA-Führer Pfeffer dazu verpflichtet, im Falle eines Putsches, »nationale Revolution« genannt, die Unterstützung oder Neutralität der höheren Offiziere zu erreichen. Man machte ihnen klar, daß die NSDAP nach außen sich legal zu verhalten gedenke und mit der Putschsache nichts zu tun haben wolle.
Oberleutnant Hans Friedrich Wendt konnte zusätzlich für ihre Pläne gewonnen werden. Die drei Offiziere reisten in viele Garnisonen und setzten sich dafür ein, daß im Falle eines Putsches das Heer nicht auf die aufständischen Nationalsozialisten schießen solle. Reichswehrminister General Groener war angesichts der hochverräterischen Umtriebe nicht mehr in der Lage, die Sache disziplinarisch aus der Welt zu schaffen. Er gab den Fall der drei Offiziere an den Oberreichsanwalt weiter, der sofort einen Haftbefehl erwirkte.

Der Ulmer Prozeß lief vom 23. September bis 4. Oktober 1930 in Leipzig. Die Anklage lautete auf Vorbereitung zum Hochverrat zugunsten der NSDAP. Den Angeklagten wurde vorgeworfen, innerhalb der Reichswehr Propaganda-Zellen für die NSDAP aufgebaut und ihre Kameraden zur Unterstützung von Putschisten aufgewiegelt zu haben.
Die Angeklagten gaben offen zu, versucht zu haben, im Heer eine Organisation aufzubauen, die ein erneutes Scheitern eines Putsches wie 1923 verhindern sollte. Vernommene andere Offiziere waren ganz ihrer Meinung. Der Prozeß zeigte, wie stark die Reichswehr politisch bereits mit Parolen der NSDAP infiltriert war.
Für Hitler selbst war der Prozeß äußerst unangenehm, da er die Beteuerungen seiner »Legalität« in Frage stellte. Er hatte im Reichstag immerhin die zweitstärkste Fraktion gestellt und zwar legal! Andererseits konnte er auf die Unterstützung der Reichswehr auch jetzt noch nicht verzichten.
Hitler trat vor Gericht als Zeuge und Führer einer großen nationalen Partei auf und versuchte das Heer davon zu überzeugen, daß er und seine NSDAP für die Armee unentbehrlich sei und er deshalb auf ihre Unterstützung rechne.
Hitler mußte vor Gericht die Legalität seiner Partei beweisen (erstmals geschah dies in der deutschen Rechtsgeschichte). In der Anklage war nämlich die NSDAP als revolutionäre Partei angeprangert worden, die das Ziel verfolge, die Reichsregierung gewaltsam zu stürzen und dazu die Loyalität der Armee dem Staat gegenüber zu unterwandern.
Zur großen Überraschung gab das Gericht dem Antrag statt, den Parteiführer Hitler vorzuladen und ihm Gelegenheit zu geben, die Anklage rhetorisch sehr geschickt zu entkräften und selbst vor Gericht für die Ideen seiner Partei zu werben. Er versicherte der Reichswehr und den angeklagten Offizieren, daß seine Partei nicht die geringste Gefahr für Heer und Staat darstelle. Er bezeichnete den Versuch, die Reichswehr zersetzen zu wollen, als Wahnsinn. Seine SA habe lediglich die Aufgabe, seine Parteipropaganda zu schützen, und er habe alles getan zu verhindern, daß die SA militärischen Charakter annehme. Er sprach ferner die Überzeugung aus, daß nach seiner legalen Machtergreifung aus der jetzigen Reichswehr die »große deutsche Volksarmee« hervorgehen werde.
Unter starkem Beifall des größtenteils aus NSDAP-Mitgliedern bestehenden Publikums sagte Hitler ferner, daß nach seiner Machtergreifung ein nationalistischer Staatsgerichtshof kommen werde, der den November 1918 sühnen würde. Dabei würden selbstverständlich auch Köpfe rollen. Der Reichsgerichtshof nahm an dieser provokatorischen und aufsehenerregenden Äußerung keinen Anstoß.
Auch daß die Bemühungen des Staatssekretärs im Reichsinnenministerium, Dr. Zweigert, Führer der hochverräterisch tätigen NSDAP vor ein Gericht zu stellen, immer wieder beim Oberreichsanwalt gescheitert seien, nahm das Gericht unbeeindruckt zur Kenntnis.
Am 4. Oktober sprach das Gericht die drei Offiziere wegen Vorbereitung zum Hochverrat schuldig und verurteilte sie zu je einem Jahr und sechs Monaten Festungshaft. Der »Völkische Beobachter« sprach von einem »politischen Tendenzurteil«.
Hitler konnte aus dem Prozeß sogar für sich noch den Vorteil buchen, daß seine unter Eid abgegebenen Erklärungen vor Gericht ihn davor schützten, selbst als ein am Hochverrat mittelbar Beschuldigter angeklagt zu werden. Vor Gericht hatte er beschworen, daß sich die Vorgänge vom November 1923 im Münchner Bürgerbräukeller nicht wiederholen würden.
Die Verurteilten wurden von Hindenburg nicht begnadigt. Scheringer trat noch während seiner Haftzeit zum Kommunismus über und wurde nach seiner Entlassung ein erbitterter Kämpfer gegen die NSDAP. Er entging der Säuberungswelle des

Röhm-Putsches vom 30. Juni 1934, kam über den Krieg und trat nach 1945 in München als führender Kommunist in Erscheinung.
Ludin blieb der NSDAP treu, wurde in den Reichstag gewählt und nach 1933 hoher SA-Führer. Im Krieg war er Gesandter des Reiches in Pressburg, wurde 1945 wieder wegen Hochverrats verurteilt und mit dem Tod bestraft.
Hitlers Äußerung, eine nationalsozialistische Zersetzung der Reichswehr komme überhaupt nicht in Frage, beruhigte das höhere Offizierskorps der Reichswehr und das Reichswehrministerium. Die jüngeren Offiziere sahen in Hitlers Bemerkung, er werde eine größere bewaffnete Armee schaffen, alle Chancen, Karriere machen zu können. So kam es, daß die Gemeinsamkeit zwischen Reichswehr und NSDAP immer mehr betont wurde. Hitler mochte durch sein raffiniertes Auftreten vor Gericht schon die Voraussetzungen gelegt haben für die späteren Verhandlungen mit den Reichswehrführern und schließlich für deren Zustimmung zu seiner Machtergreifung.

18. Der Staatsstreich von 1932 und das Ende der Demokratie in Deutschland

Schlagzeilen wie: »Todesopfer der roten Mordfront«, oder: »Feuerüberfälle im ganzen Reich«, oder: »Das Rote Tier über deutschem Land« hatten Kommunisten und Sozialdemokraten diskriminiert und sie als »Zerstörer der Kultur« angeprangert. Die Kommunistische Partei, so hieß es, bereite den gewaltsamen Sturz der Verfassung vor, arbeite an der Zersetzung von Polizei und Wehrmacht und habe durch »illegale Terrorgruppen Gewalt und Mord in den politischen Kampf hineingetragen«.
Dieser Pressehetze hatte die NS-Propaganda ihre »aufstrebende Bewegung« entgegengesetzt und den »Zerstörern der Kultur« sich als die »wahren Kulturbringer« angepriesen.
Reichspräsident Paul von Hindenburg erließ auf Veranlassung des Reichskanzlers Franz von Papen am 20. Juli 1932 eine Verordnung, aufgrund derselben Papen befugt wurde, einen Reichskommissar für Preußen, wo der »marxistische Spuk« am meisten tobte, einzusetzen.
Die Sozialdemokraten in Preußen unter Severing leisteten diesem Staatsstreich keinen Widerstand, zogen sich nach Leipzig zurück und wollten den Staatsgerichtshof um einen Schiedsspruch anrufen. Diese »Resignation der Sozialdemokratie und die offene Demonstration ihres fehlenden Machtwillens« verärgerten viele SPD-Anhänger, die zum Kampf bereit gewesen wären, und trieben sie in die Reihen der Nationalsozialistischen Partei. Die Absetzung von Severing galt als »Sterbetag der Republik«.
Die NS-Presse kommentierte Papens Staatsstreich als »Liquidierung der Novemberherrschaft« und als »Ende des Severing-Spukes«. Der äußere Rahmen für die Rechtmäßigkeit von von Papens Recht zur Einsetzung eines Reichskommissars für Preußen lag in dem Argument, in Preußen tobe eine rote Mörderzentrale, die Autorität des Staates sei untergraben und die preußische Regierung unter Severing sei außerstande, den kommunistischen Einflüssen in Preußen Wirksam entgegenzutreten.
Innenminister Severing tat effektiv nichts gegen Papens Aktionen, obgleich er genügend Polizei gegen den Staatsstreich hätte mobilisieren können.
Der Staatsgerichtshof befaßte sich mit der Angelegenheit und entschied am 25. Oktober 1932, daß Hindenburgs Verordnung vom 20. Juli »zur Wiederherstellung der öffentlichen Sicherheit und Ordnung im Gebiet des Landes Preußen . . . mit der

Reichsverfassung vereinbar« sei, was den Reichskanzler zu Recht ermächtigt habe, preußische (sozialdemokratische) Minister abzusetzen und die Macht in die Hand von Reichskommissaren zu legen.
Damit war der von den Nationalsozialisten vorbereitete Staatsstreich legitimiert und Preußen bereits ein halbes Jahr vor Hitlers Machtergreifung fest in deren Händen.

19. Der Osthilfe-Skandal

Die Wochen und Monate vor Hitlers Machtergreifung am 30. Januar 1933 waren erfüllt von innerparteilichen Kämpfen, in denen Namen wie Strasser, von Papen, Schleicher, Hess, Göring, Himmler u.a. ihre Rolle spielten.
Noch Anfang des Jahres 1933 war Hitler in einer Mammuttournee durch Deutschland gereist, hielt täglich drei bis vier Parteivorträge und es gelang ihm, die noch zaudernden Parteiführer der NSDAP von seinen Zielen zu überzeugen und die Einheit der Partei nach Strassers Abfall aufrechtzuerhalten.
Während sich Schleicher um eine stabile Regierung bemühte, fanden bereits Geheimabsprachen zwischen Hitler und Papen um die künftige Regierung unter Hitlers Leitung statt.
Schleicher hatte in einer Rundfunkansprache vom 15. Dezember 1932 der Bevölkerung versprochen, die Arbeitslosigkeit zu beseitigen und das Land wirtschaftlich wieder zu sanieren. Steuererhöhungen und Lohnkürzungen, wie sie zur Zeit der Papen-Regierung eingeführt worden waren, wurden nicht mehr vorgenommen. Vor allem aber hatte Schleicher den Plan gefaßt, die Subventionierung des Großgrundbesitzes abzustoppen und 800000 Morgen Land der schlecht bewirtschafteten oder gar bankrotten Besitzungen im Osten an 25000 Siedlerfamilien aufzuteilen. Sofort formierten sich Großindustrie und Großgrundbesitz und attackierten das »bolschewistische Programm« des neuen Reichskanzlers. Auch die Gewerkschaften versagten Schleicher ihre Mitarbeit.
Am 12. Januar 1933 reichte der »Landbund« ein Protestschreiben beim Reichspräsidenten von Hindenburg ein, der dann auch seinen Kanzler zur Rechenschaft zog. Doch Schleicher hatte ein Machtmittel gegen Hindenburg in der Hand und kündigte an, die Öffentlichkeit davon in Kenntnis zu setzen. Es ging um den sog. »Osthilfe-Skandal«. Schleicher drohte, einen geheimen Reichstagsbericht über diesen Skandal zu publizieren. Jeder wußte damals, um was es dabei ging. Viele alte Junkerfamilien hatten sich Geld verschafft, indem sie »Anleihen« der Regierung nicht zurückbezahlten. Auch die Familie des Reichspräsidenten von Hindenburg war in den Skandal verwickelt und fürchtete nichts mehr, als daß Schleicher seine Drohung wahrmachen könnte. Um Erbschaftssteuer nicht bezahlen zu müssen, hatte Hindenburg nämlich sein ostpreußisches Gut unrechtmäßig auf den Namen seines Sohnes Oskar überschreiben lassen. Hindenburg nahm Abstand davon, Schleichers Politik in diesem Punkte zugunsten der Industriellen und Großgrundbesitzer zu beeinflussen.
Um Oskar von Hindenburgs Rolle im Osthilfeskandal wußte natürlich auch Hitler und erpreßte ihn damit.
Hindenburgs Sohn stand immer auf seiten der Gegner Hitlers. Niemals war er bereit, mit den Nationalsozialisten zusammenzuarbeiten, bis er am 22. Januar 1933 abends in der Privatwohnung Joachim von Ribbentrops in einem Berliner Vorort mit Hitler zusammentraf. Neben Hitler waren auch Papen, Göring und Frick zu Gast.
Hitler wünschte, mit Oskar von Hindenburg »unter vier Augen« zu reden. Der junge Hindenburg stimmte zu. Eine Stunde lang bearbeitete ihn Hitler. Über den Inhalt des Gespräches ist nie etwas bekannt geworden. Es wird aber angenommen,

daß Hitlers starke Persönlichkeit auf den geistig und charakterlich labilen jungen Mann Eindruck machte. Jedenfalls dürfte Hitler gedroht haben, Oskars Rolle im »Osthilfe-Skandal« und die Steuerhinterziehungen des Hindenburg-Gutes Neudeck bekannt zu machen. Nach der Unterredung jedenfalls äußerte Oskar von Hindenburg – ganz im Gegensatz zu seiner Meinung vor dieser Unterredung mit Hitler – die NSDAP müßte in die Regierung Aufnahme finden.
Dieser Gesinnungswandel wurde belohnt mit Oskars Beförderung vom Oberst zum Generalmajor im August 1934 und damit, daß Hindenburgs Gut 5000 Morgen Land steuerfrei zugesprochen wurde.
Nachdem Hitler den Sohn auf seine Seite gezogen hatte, galt es, auch den greisen Reichspräsidenten noch für sich einzunehmen. Papen war es, der den alten Hindenburg täglich »bearbeitete« mit dem Erfolg, daß es dem regierenden Kanzler Schleicher nicht gelang, die Nationalsozialisten zu spalten und zu schwächen, da ihm die Unterstützung des Präsidenten immer mehr versagt wurde. Von diesem Zeitpunkt an war der Sturz der Regierung Schleicher nicht mehr aufzuhalten.

d) Klassenjustiz im Dritten Reich

1. Der Reichstagsbrand-Prozeß

Der frühere amerikanische Ankläger bei den Nürnberger Kriegsverbrecher-Prozessen, der Frankfurter Rechtsanwalt Dr. Robert M. W. Kempner, betrachtete die Chancen eines Wiederaufnahmeverfahrens des Reichstagsbrand-Prozesses von 1933 nun, im Juli 1972, als günstig. Er teilte mit, daß er im Auftrag des in Holland lebenden Bruders des 1933 vom Reichsgericht zum Tode verurteilten und 1934 hingerichteten vermeintlichen Brandstifters, Marinus van der Lubbe, beim Generalstaatsanwalt von West-Berlin die Schritte zur Wiederaufnahme des Verfahrens eingeleitet habe.
Inzwischen haben zwei Professoren (der Historiker Walther Hofer aus Bern und der Politologe Eugen Kogon aus Darmstadt) die These aufgestellt, daß van der Lubbe unmöglich der alleinige Täter gewesen sein konnte. Die Gutachten der Brandsachverständigen von 1933 wurden veröffentlicht (»Der Reichstagsbrand«, 1972), in denen behauptet wurde, van der Lubbe habe (an jenem 27. 2. 1933) allein innerhalb von zehn Minuten dieses Großfeuer entfacht. Um dies zu erreichen, wäre aber eine Entzündungstemperatur von 300 Grad Celsius nötig gewesen. Dazu wiederum hätte van der Lubbe aber mindestens 30 Minuten gebraucht.
Vorwürfe werden erhoben gegen die ermittelnden Kriminalbeamten von damals, die bereits vor Hitlers Machtergreifung den Nationalsozialisten nahestanden und gar nicht so treue Anhänger der Weimarer Republik waren, wie immer behauptet wurde. Es sei auch absurd zu behaupten, die Errichtung der Hitler-Diktatur durch die am Tag nach dem Brand erlassene Notverordnung sei nicht geplant, sondern zufällig gewesen.
In einem großen Schauprozeß im Berlin des Jahres 1933 wurde Marinus van der Lubbe der Brand des Reichstagsgebäudes in die Schuhe geschoben. Der Holländer machte einen unbeteiligten Eindruck während des Prozesses, verteidigte sich nicht, gab die Tat aber auch nicht zu. Historiker vermuten, daß der Prozeß, an dem auch Hermann Göring als Zeuge auftrat, die Kommunisten als Brandstifter entlarven sollte, obgleich heute ziemlich sicher ist, daß die Nationalsozialisten selbst den Brand gelegt hatten. Zeugen, die Lubbe hätten entlasten können, wurden ebenfalls ermordet: Oberbranddirektor Gempp, Ernst Oberfohren (er wollte einen Tatsachenbericht über den Brand verfassen) und der SA-Mann Rall, der sich als Mittäter selbst beschuldigt hatte.

2. Der Fall Hanussen

Der Mord an dem Hellseher Eric Jan Hanussen (er hieß eigentlich Hermann Steinschneider) geschah auf Befehl des damaligen SA-Gruppenführers von Berlin-Brandenburg, Ernst. Hanussen wurde am 7. April 1933 aus seiner Wohnung entführt und in der Nähe Berlins erschossen. Als Täter, die im Auftrag des im Röhm-Putsch ein Jahr später selbst erschossenen Ernst handelten, wurden drei SA-Führer ermittelt, die später im Krieg gefallen sind.
Hanussen hatte enge Verbindung zu den damaligen NS-Größen, darunter auch zum Berliner Polizeipräsidenten Graf Helldorf. Es wurde angenommen, daß dieser die Anweisung gegeben hatte, keine polizeilichen Ermittlungen durchzuführen. Daher wurden auch während der Zeit des Dritten Reiches die Namen der Täter, die Hanussen auf der Chaussee zwischen Zossen und Baruth südlich Berlins niederschossen, nicht bekannt.
Als Tatmotiv kam folgendes in Betracht: Polizeipräsident Graf Helldorf hatte bei Hanussen, der der Star des Berliner Varietés »Scala« war, ein Darlehen aufgenommen, möglicherweise nicht nur für sich selbst, sondern auch für die Kasse der SA. Die SA fühlte sich aber durch Hanussens Darlehen kompromittiert, denn einerseits war Hanussens jüdische Abstammung bekannt geworden, andererseits hatte Hanussen die Stirn, selbst SA-Mitglied zu werden. Die SA wollte es sich nicht eingestehen, Geld von einem Juden angenommen zu haben.
Nach seiner Erschießung ließ deshalb Ernst wichtige Dokumente aus Hanussens Wohnung entfernen, Material, das wahrscheinlich belastend gegen Helldorf hätte verwendet werden können. Helldorf hatte jedenfalls großes Interesse daran, die Geldaffäre mit dem Juden zu vertuschen. Denn nach der Erschießung von Ernst beim Röhm-Putsch kümmerte sich Helldorf persönlich um eben diese Dokumente, ließ sie aus Ernsts Wohnung abholen und verwahrte sie an geheimem Ort. Helldorf wurde nach dem gescheiterten Attentat auf Hitler am 20. Juli 1944 als Mitverschwörer hingerichtet. Erst nach dem Krieg wurde das tatsächlich Helldorf belastende Material gefunden.

3. Der Fall Röhm

Als 1934 die Lebenskraft des hochbetagten Reichspräsidenten von Hindenburg immer mehr abnahm und täglich mit seinem Ableben zu rechnen war, wuchs die Rivalität zwischen den radikalen SA-Führern unter Stabschef Röhm und der SS unter Himmler über die Frage um die Nachfolge Hindenburgs.
Die SA zählte damals etwa 2,5 Millionen Mitglieder. Im Februar 1934 hatte Röhm in einer langen Denkschrift gefordert, die SA zu einem neuen Volksheer aufzubauen, in das die Reichswehr, die gesamte SS sowie sämtliche Kriegsteilnehmerverbände aufgenommen werden sollten. Den Oberbefehl über dieses Volksheer in einem Reichsverteidigungsministerium beanspruchte Röhm für sich. Doch das höhere Offizierskorps stand geschlossen gegen diese Pläne Röhms, denn immer mehr kamen Fälle von Korruption und Ausschweifungen homosexueller Art aus den Reihen der SA ans Tageslicht. Röhm selbst war als Homosexueller bekannt, und das lärmende Auftreten der Braunhemden, unter denen Kassenräuber und Trunksüchtige ihr Wesen trieben, waren nicht geeignet, das von altem Standesbewußtsein getragene Offizierskorps für sich einzunehmen.
Hitler selbst stand Röhms Plan ablehnend gegenüber, denn er wußte zu genau, daß er die Reichswehr mit der Unterstellung unter die SA nicht für seine Politik gewinnen könnte.

Anthony Eden gegenüber hatte er am 21. Februar 1934 sogar vertraulich zugesichert, die SA um zwei Drittel zu reduzieren und dafür zu sorgen, daß das restliche Drittel weder Waffen besitzen noch eine militärische Ausbildung erhalten dürfe. Röhm war verärgert und verbittert. Die Beziehungen zwischen ihm und Hitler verschlechterten sich ebenso wie die zwischen SA und Reichswehr. Als dann die SA trotzdem heimlich mit schweren Maschinengewehren sich zu bewaffnen begann, kam es zu heftigen Auseinandersetzungen zwischen dem Reichswehrminister Blomberg und Röhm. Blomberg sah darin eine Gefahr für die Reichswehr.
Hitler durfte nichts zulassen, was die Reichswehr verstimmen würde. Denn nach dem bevorstehenden Tod Hindenburgs brauchte er die Mithilfe des Offizierskorps, sollte nicht der Wunsch besonders der konservativen Kreise der Reichswehr in Erfüllung gehen, wonach die Hohenzollernmonarchie nach Hindenburgs Tod an die Spitze des Staates treten könnte.
Um die Oberbefehlshaber des Heeres und der Marine, General Freiherr von Fritsch und Admiral Raeder, für sich zu gewinnen, versprach Hitler ihnen anläßlich eines Frühjahrsmanövers in Ostpreußen, unterstützt durch General von Blomberg, die Macht der SA und ihres Stabschefs Röhm zu brechen, damit Heer und Marine die alleinigen bewaffneten Mächte im Dritten Reich werden könnten. Unter der Bedingung freilich, daß Heer und Marine ihn, Hitler, dabei unterstützen, Hindenburgs Nachfolger statt der Hohenzollern zu werden. Raeder war sofort einverstanden, Fritsch bat sich Bedenkzeit aus, schloß sich dann aber Raeders Einverständnis an.
Die SA und Röhm mußten also geopfert werden, wenn Hitler als Reichspräsident und Reichskanzler des Dritten Reiches die höchste Macht im Staate einnehmen wollte.
Die allmähliche Ausschaltung Röhms begann mit der Einsetzung seiner beiden wichtigsten Gegner in hohe Ämter: Himmler, der Führer der SS, die damals noch die schwarze Uniform trug, wurde von Göring zum Leiter der Gestapo (Geheime Staatspolizei) ernannt, und Göring selbst, der im August 1933 von Hindenburg zum General der Infanterie befördert worden war, stellte sich auf die Seite der Reichswehr und baute eine eigene Polizeimacht auf, die »Landespolizeigruppe General Göring«. Himmler und Göring hatten damit Machtapparate in der Hand, gegen die Röhm mit seiner SA nicht mehr viel ausrichten konnte. Beiden war daran gelegen, Röhm und seine SA auszuschalten. Das Gerücht von Säuberungsaktionen und Liquidierungen unter der SA ging um.
Anfang Juni 1934 unternahm Hitler in einem fünfstündigen Gespräch mit Röhm letztmals den Versuch, seinen alten und getreuen Kampfgenossen zur Mitarbeit unter von Hitler aufgestellten Bedingungen zu bewegen. Röhm versprach zwar Hitler ins Gesicht, gegen die in der SA breitgewordenen »nationalbolschewistischen Aktionen« einzuschreiten, in Wirklichkeit aber traf er Vorbereitungen zur Beseitigung Hitlers; wie dieser selbst behauptete. Wieweit das stimmt, wurde nie ganz geklärt, da möglicherweise alle diesbezüglichen Dokumente auf Görings Befehl vernichtet wurden.
Um die SA vor allem für die Augen der Reichswehr sichtbar unschädlich zu machen, schickte Hitler Röhm und seine SA für den Monat Juli 1934 in Urlaub.
Ehe Röhm selbst in den verordneten Urlaub fuhr, lud er Hitler für den 30. Juni 1934 zu einer Tagung der SA-Führer in Bad Wiessee ein. Hitler nahm die Einladung an. Obwohl sich Hitler gezwungen sah, seine Versprechungen der Reichswehr gegenüber einzulösen und die SA soweit wie möglich auszuschalten – hätte er das nicht getan, so bestand die Gefahr, daß sich die Reichswehr seiner Ernennung zum Reichspräsidenten widersetzt, was bedeutet hätte, daß sie die Macht im Staate übernehmen könnte, was das Ende der NS-Regierung hätte sein können –, so hatte er doch Bedenken, allzu brutal gegen die SA, der er viel verdankte, vorzugehen.

Unterdessen hatten aber bereits Göring und Himmler ihre Fäden gesponnen. Lange Listen mit Namen von Hitler-Gegnern in der SA waren aufgestellt worden. Sie bestätigten Hitler, daß die SA ein »Komplott« gegen ihn vorbereitet hätte und die Zeit zum Handeln dränge. Himmler überzeugte Hitler davon, »daß Röhm einen Putsch machen wolle«. Daraufhin gab Hitler den Befehl heraus, daß Himmler in Bayern und Göring in Berlin den geplanten Putsch zu unterbinden hätten. Die Reichswehr wurde in Alarmzustand versetzt, und am 28. Juni wurde Röhm aus dem Deutschen Offiziersbund ausgeschlossen.
Neben Göring und Himmler drängte auch die Reichswehr unter General von Blomberg zum Handeln. Am 29. Juni veröffentlichte Blomberg im »Völkischen Beobachter« einen Artikel, in dem es hieß, daß die Reichswehr geschlossen hinter Hitler stehe. Eine Treueerklärung, die Hitler nicht ungenutzt lassen konnte.
Hitler faßte daraufhin den Plan, Röhm seines Amtes als Stabschef der SA zu entheben und in Verwahrung zu nehmen. SA-Führer, denen Verbrechen nachgewiesen werden konnten, sollten verhaftet werden.
In der Nacht zum 30. Juni 1934 kam die Meldung durch, daß die SA in Berlin das Regierungsgebäude besetzen wolle und in München in Alarmzustand versetzt worden sei. Das widersprach den Abmachungen mit Röhm, und Hitler sah darin Meuterei. Nun erst war er entschlossen, hart durchzugreifen. Diese Meldung stammte vermutlich von Göring und Himmler.
Als Hitler am 30. Juni um zwei Uhr morgens nach München flog, schliefen Röhm und seine SA-Führer ruhig in einem Hotel in Bad Wiessee. Nichts deutete darauf hin, daß die SA kurz vor einem Putsch gegen Hitler stand. Als Hitler um vier Uhr morgens in München landete, hatte der bayerische Innenminister Adolf Wagner bereits die Münchner SA-Führer verhaften lassen. Hitler mußte nun selbst den Putschplan ernst nehmen.
Als er morgens nach Bad Wiessee kam, lagen die SA-Führer samt Röhm noch immer in ihren Betten im Hotel Hanslbauer. Hitler ging in das Zimmer Röhms. Es kam zu einem lauten Wortwechsel. Hitler befahl, Röhm ins Strafgefängnis Stadelheim einzuliefern. Dort wurde ihm eine Pistole gegeben, damit er sich selbst richten könne. Röhm lehnte ab mit den Worten: »Das soll Adolf selbst tun.« Daraufhin stürmten zwei SS-Männer in die Zelle und erschossen Röhm. Mit ihm starben viele andere SA-Führer.
Allein in Berlin hatten Göring und Himmler 150 SA-Führer erschießen lassen. Unter den Erschossenen waren auch der ehemalige Reichskanzler General von Schleicher und seine Frau, dessen Freund General von Bredow, Gregor Strasser, Mitarbeiter von Papens; Papen selbst erhielt Hausarrest, immerhin war er als Vizekanzler noch im Amt!
Wie viele Menschen an diesem 30. Juni 1934 hingerichtet wurden, ist nie eindeutig zutage getreten. Hitler selbst sprach von 61 Personen, im Münchner Prozeß von 1957 war von über tausend die Rede.
Hitler jedenfalls hatte mit dem vermeintlichen Putsch Röhms sein Versprechen der Reichswehr gegenüber eingelöst. Nach Hindenburgs Tod wurde er Reichspräsident.

4. Der Fall Blomberg

Generalfeldmarschall von Blomberg, der Reichswehrminister, war seit 1932 Witwer und machte 1937 seiner Sekretärin, Fräulein Erna Gruhn, einen Heiratsantrag. Das von altem Standesdenken getragene Offizierskorps sah sich von einer Heirat zwischen dem ranghöchsten Offizier der Wehrmacht und einer Bürgerlichen brüskiert und versuchte, gegen die Heiratsabsichten zu intrigieren. Blomberg holte sich Rat bei Göring, der nichts gegen die Heirat einzuwenden hatte, denn im Dritten Reich gebe es keine Klassenunterschiede. Göring trug sich sogar an, den Nebenbuhler Blombergs, der auch Fräulein Gruhn den Hof machte, nach Südamerika abzuschieben.

Nach Beendigung der Beisetzungsfeierlichkeiten für General Ludendorff am 22. Dezember 1937 trug Blomberg Hitler persönlich seine Heiratspläne vor. Auch Hitler war einverstanden.

Am 12. Januar 1938 heiratete Blomberg seine Sekretärin. Hitler und Göring waren Trauzeugen.

Während der Marschall mit seiner jungen Frau auf Hochzeitsreise war, sickerte einiges aus der Vergangenheit seiner Frau durch. Beim Berliner Polizeipräsidium gab es eine Akte »Erna Gruhn«, die sie eindeutig als Dirne und Fotomodell, einschließlich einer Vorstrafe, auswies. Statt die Akte Himmler vorzulegen – Polizeipräsident Graf Helldorf fürchtete, dieser könne die Akte gegen Blomberg und konservative Generale ausspielen – kam die Akte zu General Keitel, dessen Sohn mit Blombergs Tochter verheiratet war. Helldorf hoffte, Keitel und dessen Vorgesetzter, General von Fritsch, würden die Angelegenheit intern erledigen. Doch Keitel empfahl, die Akte Göring vorzulegen. Göring war die Akte Wasser auf die Mühle. Es war sicher, daß Blomberg nun abtreten mußte. Göring wollte schon lange dessen Posten als Oberbefehlshaber der Wehrmacht einnehmen und zeigte die Akte am 25. Januar Hitler. Dieser fühlte sich von Blomberg hinters Licht geführt und betrogen und außerdem zum »Narren gehalten«, denn er selbst war ja Trauzeuge.

Als Blomberg aus dem Urlaub zurückkam und seinen Posten im Reichskriegsministerium wieder einnehmen wollte, eröffnete ihm Göring, was geschehen war. Blomberg wußte offenbar nichts von der Vergangenheit seiner Frau und erklärte sich bereit, sofort die Scheidung einzureichen. Doch damit war Göring nicht einverstanden. Die Wehrmachtführung könne nicht hinnehmen, daß ihr Feldmarschall mit einer Hure verheiratet sei. Noch am gleichen Tag wurde Blomberg von Hitler entlassen. Er fuhr anschließend zu seiner Frau nach Capri. Begleitet wurde er im Auftrag Admiral Raeders von einem Marineoffizier namens von Wangenheim, der ihm die Scheidung nahelegen sollte, doch über seinen Auftrag hinausging und dem abgesetzten Feldmarschall eine Pistole in die Hand legte.

Blomberg wies die Waffe zurück. Hitler selbst hatte ihm angeboten, ihn wieder an seiner Seite zu verwenden, sobald die allgemeine Erregung sich gelegt haben würde. Im Kriegsfalle war ihm sogar der Posten des Oberbefehlshabers der Wehrmacht wieder in Aussicht gestellt worden.

Doch Hitler hielt sein Wort nicht. Bei Kriegsausbruch bot ihm Blomberg seine Dienste an, aber Hitler lehnte ab. Blomberg lebte mit seiner Frau bis zum Kriegsende in Bad Wiessee, völlig abgeschieden und vergessen und starb am 13. März 1946 im Nürnberger Gefängnis, wo er als Zeuge hätte aussagen sollen.

5. Der Fall Fritsch

Als neuer Oberbefehlshaber des Heeres wäre nach der Absetzung Blombergs Generaloberst Freiherr Werner von Fritsch in Frage gekommen. Doch Göring spekulierte auf diesen Posten. Es gab sogar das Gerücht, Göring habe Blomberg zur Ehe mit Erna Gruhn gedrängt und auch von deren Vergangenheit als Dirne gewußt, um so ein Mittel in der Hand zu haben, das er zur Absetzung des Feldmarschalls verwenden konnte. Hitler zögerte aber, Göring als Nachfolger Blombergs zu ernennen. Er war ihm zu »genußsüchtig« und hatte auch zu wenig Fleiß und Geduld. Auch

von Fritsch stand nicht in Hitlers uneingeschränkter Gunst. Seine Abneigung gegen die Partei und vor allem gegen die SS war zu bekannt. Himmler hätte in Fritschs Ernennung einen persönlichen Affront sehen müssen.
Um Fritsch für den Posten des Oberbefehlshabers unmöglich zu machen, erfand Himmler eine der heimtückischsten Intrigen gegen den General. Am gleichen Tag, als Göring Hitler die Akte »Erna Gruhn« vorlegte, am 25. Januar 1938, zeigte er ihm noch ein anderes Dokument, das aussagte, Fritsch sei ein Homosexueller und werde von einem Vorbestraften erpreßt.
Dieses Dokument stammte von Himmler und Heydrich. Hitler ließ sich von dem Inhalt des Dokuments überzeugen. Schließlich war Fritsch ein Junggeselle, was seine homosexuellen Neigungen als möglich erscheinen ließ. Fritsch wurde Gelegenheit gegeben, sich vor Hitler zu rechtfertigen. Er gab im Beisein Himmlers und Görings sein Ehrenwort als Offizier, daß die gegen ihn erhobenen Anschuldigungen »nichts wie gemeine Lügen« seien.
Nun spielte aber Himmler seinen Trick aus. Zu einer Nebentür in der Bibliothek der Reichskanzlei, wo das Gespräch stattfand, wurde ein zwielichtiger junger Mann, ein Fürsorgezögling und Vorbestrafter namens Hans Schmidt, hereingelassen. Von Schmidt war polizeibekannt, daß er reichen Homosexuellen auflauert, um sie zu erpressen. Auf Befragen behauptete er, in Fritsch den gleichen Offizier wiederzuerkennen, der sich vor einiger Zeit in der Nähe des Potsdamer Bahnhofs mit einem Homosexuellen eingelassen habe. Und von dem gleichen Offizier erhalte er seit Jahren Schweigegelder.
Fritsch war dermaßen schockiert, daß er kein Wort der Rechtfertigung über die Lippen brachte. Für Hitler war das das Zeichen für Fritschs Geständnis und er forderte ihn auf, zurückzutreten. Fritsch lehnte ab und wünschte, vor ein militärisches Ehrengericht gestellt zu werden. Damit war Hitler wiederum nicht einverstanden und so schickte er den General auf unbestimmte Zeit in Urlaub, was einer Entlassung als Oberbefehlshaber der Wehrmacht gleichkam.
Fritsch berichtete dem Chef des Generalstabes, General Beck, von der Affäre. Beck soll zu einem sofortigen Militärputsch gegen Hitler bereit gewesen sein, doch Fritsch lehnte dies ab. Erst als einige Tage später 16 weitere hohe Generale abgesetzt und 24 auf niedrigere Posten zurückversetzt worden waren, sollen Fritsch und Beck ernsthaft an Gegenmaßnahmen gedacht haben. Die oberste Heeresführung konnte es sich kaum bieten lassen, daß sukzessive der Generalität der letzte Rest der Macht von Hitler entrissen wurde, indem dieser nur ihm streng ergebene Generale im Amt beließ und beförderte. Doch ein Putsch der Heeresgenerale kam nicht infrage, da man wußte, daß sowohl die Luftwaffe Görings wie die Marine Raeders sich sofort gegen das Heer erheben würden.
Der Wehrmacht blieb als Schlag gegen Hitler nur übrig, die Affäre Fritsch restlos aufzuklären. Bald war nämlich bekanntgeworden, daß die Anschuldigungen gegen General Fritsch auf gefälschten Gestapo-Akten basierten, auf einer von Himmler und Heydrich inszenierten hämischen Intrige. Den Homosexuellen Hans Schmidt gab es zwar tatsächlich, auch stimmte es, daß er in der Nähe des Potsdamer Bahnhofes einen höheren Offizier im Verkehr mit einem Homosexuellen in flagranti erwischt hatte, aber dieser Offizier hieß nicht Fritsch und war auch kein General, sondern hieß Frisch und war ein pensionierter alter Rittmeister. Beide Namen waren der Gestapo bekannt. Damit Frisch nicht eine Gegenaussage machen konnte, war er von der Gestapo in Gewahrsam genommen, und Schmidt war verhaftet und zur Aussage gegen General Fritsch gezwungen worden, andernfalls würde er umgebracht.
General Fritsch war nach dieser Aufdeckung der Affäre voll rehabilitiert. Mit dieser Tatsache hofften die Generale, Hitler, Himmler, der SS samt der Partei einen Schlag

versetzen zu können. Aber wie schon öfters zuvor, wagten die Generale doch nicht, den letzten Schritt gegen Hitler zu unternehmen.
Blomberg und Fritsch blieben suspendiert. Am 4. Februar 1938 verkündete Hitler vor dem deutschen Kabinett, daß er ab sofort selbst das »Oberkommando der Wehrmacht« übernehme und die gesamte Befehlsgewalt über die Wehrmacht von ihm allein ausgehe.
Chef des Oberkommandos der Wehrmacht (OKW) wurde der willfährige General Keitel, der gleichzeitig die Stellung des bisherigen Reichskriegsministers einnahm. Um Göring zu entschädigen, beförderte ihn Hitler zum Generalfeldmarschall und damit zum ranghöchsten Offizier des Deutschen Reiches. Der Öffentlichkeit wurde bekanntgegeben, die Generale Blomberg und Fritsch seien aus »Gesundheitsrücksichten« zurückgetreten. Zu einem Ehrengerichtsverfahren gegen General Fritsch kam es damit nicht mehr.
Diese Säuberungsaktion innerhalb der Generalität (auch die Generale von Rundstedt, von Leeb, von Witzleben, von Kluge und von Kleist und 24 andere hohe Offiziere wurden ihrer Posten enthoben) setzte sich fort, als anstelle des Reichsaußenministers von Neurath der Hitlertreue von Ribbentrop trat; Papen wurde aus Wien abberufen und Walter Funk wurde mit der Leitung des Wirtschaftsministeriums betraut. Damit waren die wichtigsten Konservativen ausgeschaltet, die nicht hundertprozentig hinter Hitler standen. Ein Putsch gegen den Führer war von diesem Zeitpunkt aus so gut wie unmöglich. Die Offiziere ließen sich ebenso ohne Widerstand absetzen, wie sie sich auch nicht für die Morde an den Generalen Schleicher und von Bredow gerächt hatten. Die Verachtung Hitlers gegenüber der in Traditionen verkrusteten preußischen Offiziersclique schien sich zu bestätigen.
General Fritsch suchte und fand im Polenfeldzug den Tod (gefallen am 22. September 1939).

6. Der Fall Rommel

Generalfeldmarschall Erwin Rommel (geboren am 14. November 1891 in Heidenheim/Brenz) war der populärste deutsche Heerführer im Zweiten Weltkrieg. Von Hause aus Berufssoldat, übernahm er im Februar 1940 die Führung der 7. Panzerdivision, die als »Division miraculeuse« vor allem von den Franzosen gefürchtet war. Von dem bei Freund und Feind gleichermaßen geachteten General hieß es: »Wo Rommel ist, da ist vorne.« Bei seinen Feldzügen in Afrika, wo er zwei Panzerdivisionen und eine motorisierte Infanteriedivision sowie acht italienische Divisionen befehligte, das berühmte »Afrikakorps«, und in Frankreich war er immer an erster Stelle der Front, unerschrocken und mutig zupackend, wo immer er gebraucht wurde. Anfangs stand Rommel im Gegensatz zu Hitler, vor allem seit den Willkürmaßnahmen des 30. Juni 1934 (Ermordung Röhms) und den brutalen Liquidierungen der Generale Schleicher und von Bredow. Nach Hitlers Proklamation der »Wehrfreiheit« im März 1935 änderte sich seine feindselige Einstellung Hitler gegenüber, weil er an dessen friedliche politische Ziele glaubte.
Nach dem Ende des Westfeldzuges kamen ihm jedoch erneut Bedenken am NS-Staat, und als er nach der Schlacht um El Alamain Hitlers Ansichten über die Weltherrschaft widersprach, wurde der »Führer« zunehmend mißtrauisch gegenüber seinem Lieblingsgeneral. Trotzdem schob er Rommel immer wieder vor, nicht zuletzt aus propagandistischen Gründen und vor allem auch deshalb, weil er in Rommel einen Gegenspieler des ihm verhaßten Generalstabes sah.
Gerade weil Rommel, trotz scharfer Auseinandersetzungen mit Hitler, als »führertreuer« General galt, fand sein Eintritt zu der Gruppe der Hitlergegner um Stauf-

fenberg zunächst wenig Gegenliebe. Diese Widerstandsgruppe sah in Rommel, dem »Wüstenfuchs«, dem »Feldherrn des Krieges ohne Haß«, einen treuen Nazi und Opportunisten, der um Hitlers Gunst geworben hatte, mit höchsten Orden dekoriert, und nun, da er ahnte, daß der Krieg nicht zu gewinnen sein würde, seinen Platz auf der Gegenseite suchte.
Rommel war im Januar 1944 Oberbefehlshaber der Heeresgruppe B im Westen geworden und sollte die erwartete englisch-amerikanische Invasion aufhalten und zurückschlagen. Von diesem Zeitpunkt an wurden seine Kontakte zur Widerstandsgruppe intensiviert. In Frankreich traf er häufig mit zwei Männern zusammen, die aktiv an den Plänen, Hitler abzusetzen und den Krieg zu beenden, arbeiteten und die Rommel immer mehr in den Kreis der aktiven Widerständler hineinzogen: General von Falkenhausen, Militärgouverneur von Belgien und Nordfrankreich, und General von Stülpnagel, Militärgouverneur von Frankreich. Hinzu kam ein alter Freund Rommels, der Stuttgarter Oberbürgermeister Dr. Karl Strölin, der mit dem Leipziger Oberbürgermeister und führenden Kopf der Widerstandsbewegung, Dr. Goerdeler, Kontakt hatte. Mit diesem zusammen hatte Strölin bereits im August 1943 eine Denkschrift verfaßt, in der die Einstellung der Juden- und Kirchenverfolgung gefordert wurde, die Rückkehr zum Gesetz der bürgerlichen Rechte und die Wiederherstellung einer Justizverwaltung, die frei sein sollte von allen Einflüssen seitens der Partei, der SS und der Gestapo.
Rommel las diese Denkschrift, offenbar hatte er ihren Gedanken zugestimmt. Jedenfalls banden ihre Pläne Rommel noch fester an den Widerstandskreis.
Ende Februar 1944 traf Strölin in Rommels Haus in Herrlingen bei Ulm ein. Bei einem Gespräch unter vier Augen teilte Strölin Rommel mit, daß einige hohe Offiziere an der Ostfront einen Plan ausgearbeitet hätten, wonach Hitler festgenommen und gezwungen werden sollte, über den Rundfunk seine Abdankung als Führer und Reichskanzler dem Deutschen Volk mitzuteilen. Strölin sagte zu Rommel: »Sie sind der populärste General und Sie sind im Ausland geachteter als irgendein anderer von unseren Truppenführern. Sie sind der einzige, der einen Bürgerkrieg in Deutschland verhindern kann. Sie müssen der Bewegung ihren Namen leihen!«
Nach einiger Überlegung war Rommel bereit, an der Beseitigung Hitlers mitzuwirken. Den Gedanken, Hitler zu ermorden, lehnte er ab. Statt dessen sollte Hitler von der Armee verhaftet und wegen seiner Verbrechen am eigenen und an fremden Völkern von einem deutschen Gericht verurteilt werden.
Zu dieser Zeit wurde ein Mann Rommels Chef des Stabes, der enge Verbindungen zum späteren Hitler-Attentäter Stauffenberg hatte: General Dr. Hans Speidel. Dieser knüpfte Verbindungen zu Widerstandsgruppen in der Heimat an, vor allem zur Gruppe um Goerdeler und Beck.
Nach den Plänen der Widerstandskämpfer, zu denen auch der ehemalige Außenminister von Neurath gehörte, sollte Rommel nach Hitlers Beseitigung entweder Oberster Befehlshaber der Wehrmacht oder aber vorübergehend Regierungschef des Deutschen Reiches werden. Es wurden bereits Pläne für Waffenstillstandsverhandlungen ausgearbeitet, wonach die deutschen Truppen im Westen bis an die deutsche Grenze zurückgenommen werden sollten, Einstellung der anglo-amerikanischen Luftangriffe auf Deutschland, Hitlers Festnahme und der Sturz des NS-Regimes. Im Osten sollte der Krieg weitergeführt werden, denn die Generale hofften, daß die Alliierten sich am Krieg gegen Rußland beteiligen würden.
General Beck und Rommels unmittelbarer Vorgesetzter, Feldmarschall von Rundstedt, waren einverstanden. Letzterer sagte zu Rommel: »Sie sind jung, Sie kennt und liebt das Volk, Sie müssen es machen!« Am 6. Juni 1944 landeten die Alliierten in der Normandie. Rommel fuhr sofort mit seinem Wagen von Herrlingen in sein Hauptquartier an der Front. Er erkannte die Übermacht des Feindes und die Aus-

sichtslosigkeit, mit den zur Verfügung stehenden deutschen Truppen den Feind zu schlagen. Er forderte von Hitler, die Truppen hinter die Reichweite der mörderischen feindlichen Schiffsgeschütze zurückzuziehen. Doch Hitler war zu keinem Rückzug bereit. Er verließ sich auf den baldigen Einsatz der V-1-Waffe und gab den Befehl zum Ausharren.

Am 15. Juli 1944 schickte Rommel an Hitler jenes bekannte Fernschreiben, in dem es hieß: »Die Truppe kämpft allerorts heldenmütig, jedoch der ungleiche Kampf neigt sich dem Ende entgegen.« In einem Nachsatz hieß es: »Ich muß bitten, die politischen Folgerungen aus dieser Lage unverzüglich zu ziehen. Ich fühle mich verpflichtet als Oberbefehlshaber der Heeresgruppe, dies klar auszusprechen.«

Das Wort »politisch« wurde später gestrichen.

Da Hitler nicht reagierte, entschloß sich Rommel zusammen mit den Widerstandskämpfern zu handeln.

Aber die Aktion zur Beseitigung Hitlers wurde jäh unterbrochen, als der führende Kopf, Rommel, am 17. Juli 1944 bei der Rückfahrt von der Normandie-Front in seinem Wagen von Tieffliegern beschossen und schwer verwundet wurde. Er erlitt einen doppelten Schädelbasisbruch.

Mit dem Ultimatum vom 15. Juli hatte Rommel aber für sich selbst sein Todesurteil gesprochen. Hitler war nicht nur mißtrauisch geworden, sondern der Name Rommels war eindeutig mit den Verschwörerkreisen verknüpft, nachdem einer der verhafteten Widerständler, Oberst von Hofacker, während eines Verhörs und unter Folterqualen, als Mitwisser die Namen der Generale Kluge, Rommel und Speidel genannt hatte. Kluge beging Selbstmord durch Gift und wurde durch Feldmarschall Model ersetzt. Stülpnagels Selbstmordversuch schlug fehl, auch er wurde verhört und dabei entfuhr auch ihm der Name Rommels. Speidel wurde verhaftet und blieb bis Kriegsende in Gewahrsam der Gestapo. Rommel wurde zur Auskurierung seiner Verletzungen in sein Haus nach Herrlingen überführt und dort ständig vom SD überwacht.

Am 14. Oktober 1944 erschienen zwei Generale aus dem Führerhauptquartier bei Rommel. Die beiden Generale Burgdorff und Maisel brachten Rommel im Auftrag Hitlers Gift, das binnen drei Sekunden wirkte.

Rommel wurde vor die Entscheidung gestellt, entweder das Gift zu nehmen, dafür ein Staatsbegräbnis zu erhalten und seine Familie sollte unbehelligt bleiben – oder er sollte wegen Hochverrats angeklagt und vor den Volksgerichtshof gestellt werden.

Rommel entschied sich für das Gift. Er zog seine alte Uniform des Afrikakämpfers an und bestieg, den Marschallstab in der Hand, den Wagen der Generale Burgdorff und Maisel. Kurz darauf nahm er in einem Wald das Gift. Wie von Hitler versprochen, war er in drei Sekunden tot.

Der Öffentlichkeit wurde mitgeteilt, er sei an den Folgen seiner am 17. Juli erlittenen Verletzung gestorben. Hitler schickte zum Staatsbegräbnis einen riesigen Lorbeerkranz. Die Trauerrede hielt der dienstälteste Offizier des Heeres, Feldmarschall von Rundstedt.

Damit war der letzte hohe General, der es gewagt hatte, Hitler die Stirn zu bieten, auf »legalem« Weg beseitigt worden.

e) Kriegsverbrecher-Prozesse

1. Nach dem Ersten Weltkrieg

Die Frage, wer einen Krieg rechtswidrig beginnt und damit die Schuld am Krieg trägt, ist nicht modern. Bereits in der Antike gab es Kriegsverbrecher, im Mittelalter und eben in der Neuzeit. Nach altrömischem Recht galt ein Krieg dann als gerecht, wenn er unter Wahrung der gesetzlich festgelegten Normen begonnen worden ist. Es ist bekannt, daß die alten Römer die Herausgabe der Kriegsschuldigen verlangten, wenn sie einen Gegner besiegt hatten.

Nach mittelalterlich-christlicher Ansicht war ein Krieg dann gerecht, wenn er zwecks Rächung von Unrecht geführt wurde, für das Gute und gegen das Böse. Dabei wurden die Wertbegriffe »gerecht« und »ungerecht« nach christlichen Maßstäben bemessen. Gegen solche, die sich eines »ungerechten« Krieges schuldig gemacht hatten, wurde die Todesstrafe verhängt.

In diesem Jahrhundert wurde die Frage nach Kriegsverbrechern im Anschluß an den Ersten Weltkrieg erneut gestellt.

Am 25. Januar 1919 wurde in Paris nach Eröffnung der Friedenskonferenz eine Kommission eingesetzt, die über die Kriegsschuld und die Bestrafung der Schuldigen zu beraten hatte. Aber weder der Ausbruch des Krieges noch die Neutralitätsverletzungen seitens der deutschen Führung galten als verbrecherisch, sondern ganz bestimmte strafbare Handlungen, die während des Krieges begangen worden sind; dazu gehörten Mord, Massenmord und Terror, Marterung und Deportation der Zivilbevölkerung und ihre Internierung unter unmenschlichen Bedingungen, Zwangsarbeit, Plünderung und Vernichtung von Eigentum, die Bombardierung der Städte, die Zerstörung von Kirchen oder historischen Gebäuden und Denkmälern, Anwendung von Gas und Vergiftung von Brunnen, Zerstörung von Rot-Kreuz-Schiffen usw.

Menschen, die sich diesem Katalog entsprechend der Kriegsverbrechen schuldig gemacht hatten, sollten vor ein internationales Gericht gestellt werden.

Interessanterweise wurde damals auch die Frage erörtert, ob der deutsche Kaiser als Kriegsverbrecher anzuklagen sei. Straffreiheit sollte nur innerhalb des eigenen Staates gelten, nicht aber auch nach internationalem Standpunkt. Gegen die Stimmen der Japaner und der Amerikaner wurde im Versailler Vertrag, Artikel 227, der deutsche Kaiser Wilhelm II. schuldig befunden, internationale Gesetze und die Heiligkeit der internationalen Verträge aufs schwerste verletzt zu haben. Der Kaiser sollte vor einen internationalen Gerichtshof, bestehend aus fünf Mitgliedern (USA, Großbritannien, Frankreich, Italien und Japan), gestellt werden, wohingegen alle anderen Personen, die sich des Kriegsverbrechens schuldig gemacht hatten, von den jeweiligen Militärgerichten angeklagt werden sollten. Die Verurteilung der Kriegsverbrecher stehe im Interesse der Gerechtigkeit und diene gleichzeitig der Abschreckung, einen neuen Krieg jemals wieder zu beginnen.

Inzwischen war der Kaiser aber nach Holland geflüchtet. Die holländische Regierung wurde am 16. Januar 1920 von der Friedenskonferenz aufgefordert, den Kaiser auszuliefern. Holland lehnte den Antrag ab. Die Punkte, wegen deren der Kaiser angeklagt werden sollte, Verletzung der Moral und der Heiligkeit der Verträge, entsprachen nicht den holländischen Auslieferungsbedingungen. So wurde der deutsche Kaiser, wie später auch Hitler oder Stalin, nicht als Kriegsverbrecher angeklagt.

Wohl aber wurden Prozesse gegen hohe Offiziere und Soldaten angestrengt. Auf der Liste standen die Namen von Hindenburg, Ludendorff, Bethmann Hollweg, Tirpitz, die Söhne des Kaisers, der Kronprinz von Bayern und die meisten Mitglie-

der der deutschen Generalität. Das zuständige Gericht sollte das Deutsche Reichsgericht sein. Die Alliierten hatten insgesamt 45 Personen zur Anklage ausgesucht. Tatsächlich angeklagt wurden aber nur relativ unbedeutende Kriegsverbrecher wie U-Boot-Kommandanten, die z. T. freigesprochen oder zu geringen Gefängnisstrafen von sechs bis zehn Monaten verurteilt wurden, oder Offiziere wie General Stengel, Major Crusius und Leutnant Laule, die die französische Regierung freisprach. Nur Crusius bekam zwei Jahre Gefängnis, weil er »Kriegsgefangene achtlos getötet hatte«. Die Prozesse waren mehr oder weniger nur eine Farce. Niemand wurde zum Tode oder zu lebenslanger Freiheitsstrafe verurteilt. –
Die nächsten großen Kriegsverbrecher-Prozesse waren die von Nürnberg (1946), an die nur ein knapper Überblick erinnern soll.

2. Nach dem Zweiten Weltkrieg

a) Der Nürnberger Hauptkriegsverbrecher-Prozeß

Die Urteile in diesem wohl größten Prozeß des Jahrhunderts wurden vom 30. September bis 1. Oktober 1946 in Nürnberg verkündet.
403 öffentliche Sitzungen mit 33 Anklagezeugen, 61 Verteidigungszeugen und 101 außergerichtlichen Zeugen waren den Schuldsprüchen vorausgegangen.
Die Hauptankläger waren Vertreter der vier Siegermächte:
Jackson (USA), Sir Hartley Shawcross (England), de Menthon (Frankreich) und General Rudenko (Rußland).
Die NS-Führer wurden nach vier Hauptanklagepunkten verurteilt:
I = Verschwörung gegen den Frieden
II = Entfesselung eines Angriffskrieges
III = Kriegsverbrechen
IV = Verbrechen gegen die Menschlichkeit

Hauptkriegsverbrecher	Anklage-punkte	Urteile
Göring, Reichsmarschall	I–IV	Tod durch Strang, Selbstmord in Gefängniszelle
Hess, Stellvertreter des Führers	I–IV	lebenslanges Gefängnis
Ribbentrop, Reichsaußenminister	I–IV	Tod durch Strang
Rosenberg, Reichsleiter	I+IV	Tod durch Strang
Schirach, Gauleiter von Wien, Reichsjugendführer	I+IV	20 Jahre Gefängnis
Sauckel, Generalbevollmächtigter für den Arbeitseinsatz	I–IV	Tod durch Strang
Frank, Reichsminister ohne Geschäftsbereich	I, III, IV	Tod durch Strang
Kaltenbrunner, Polizeichef von Wien, Nieder- und Oberösterreich, Nachfolger Heydrichs	I, III, IV	Tod durch Strang
Funk, Wirtschaftsminister	I–IV	lebenslanges Gefängnis, 1957 vorzeitig entlassen, inzwischen gestorben
Streicher, Gauleiter der NSDAP, Herausgeber des »Stürmer«	I+IV	Tod durch Strang
Seyß-Inquart, Reichskommissar in Holland	I–IV	Tod durch Strang
Frick, Reichsprotektor für Böhmen und Mähren	I–IV	Tod durch Strang

Hauptkriegsverbrecher	Anklage-punkte	Urteile
von Neurath, Reichsprotektor für Böhmen und Mähren	I–IV	15 Jahre Gefängnis, 1954 entlassen, inzwischen gestorben
Speer, Reichsminister für Bewaffnung und Munition	I–IV	20 Jahre Gefängnis, 1966 entlassen
Keitel, Generalfeldmarschall, Chef des OKW	I–IV	Tod durch Strang
Jodl, Generaloberst, Chef des Operationsstabes des OKW	I–IV	Tod durch Strang
Dönitz, Großadmiral, seit 1943 Oberbefehlshaber der Marine, letzter Regierungschef nach Hitlers Selbstmord	I, II, III	10 Jahre Gefängnis, 1956 entlassen
Raeder, Großadmiral, Oberbefehlshaber der Marine bis 1943	I, II, III	lebenslanges Gefängnis, 1955 vorzeitig entlassen
Bormann, Leiter der Parteikanzlei, Sekretär Hitlers	I, III, IV	in Abwesenheit Tod durch Strang
von Papen, Botschafter in Ankara	I, II	Freispruch
Schacht, Reichsbankpräsident bis 1937	I, II	Freispruch
Fritzsche, Sprecher des Pgpagandaministeriums	I, II, IV	Freispruch

Im unmittelbaren Anschluß an das Hauptverfahren fanden 1946–1948 folgende weitere Prozesse statt:
drei SS-Prozesse
drei Generals-Prozesse
drei Industrie-Prozesse (I.G. Farben, Karl Krauch)
ein Prozeß gegen hohe Justizbeamte und Richter (u.a. Altstötter)
ein Ärzte-Prozeß (u.a. Karl Brandt)
ein »Omnibus-Prozeß« gegen hohe Staatsbeamte und Wirtschaftsfunktionäre
Geiselprozeß (Wilhelm List)
Krupp-Prozeß (Alfried Krupp erhielt 12 Jahre Gefängnis, wurde 1951 freigelassen)
Wilhelmstraßen-Prozeß (Ernst von Weizsäcker)

b) Weitere Prozesse (Überblick)

Seit den Nürnberger Kriegsverbrecher-Prozessen (1946) wurden mehrere hundert weitere Prozesse gegen Personen durchgeführt, die sich während des Zweiten Weltkrieges schuldig gemacht hatten. Tausende Menschen waren angeklagt und werden noch heute vor Gericht gestellt. Die Zahl der verurteilten Personen ist so hoch, daß es unmöglich ist, alle hier namentlich aufzuführen. Nur die wichtigsten Prozesse und die »berühmtesten« Verurteilten seien erwähnt.
Neben den Prozessen, die Massenvernichtungen, sei es durch Euthanasie-Morde, Morde in Vernichtungslagern im Osten oder Morde durch Einsatzgruppen, betrafen, unterscheidet man die direkten KZ-Prozesse, der umfassendste war der Auschwitz-Prozeß, und Prozesse wegen Einzelaktionen, die zu Verbrechen vor allem während der letzten Kriegswochen geführt haben.
Um Massenverbrechen und Völkermord unter Anklage stellen zu können, mußten nach dem Krieg in Deutschland erst die entsprechenden Gesetze erlassen werden. Denn das Strafgesetzbuch stammte noch aus dem Jahre 1871, aus einer Zeit also, in der es Massenverbrechen, wie sie nach dem Krieg zu ahnden waren, noch gar nicht gab.

Am 9. August 1954 erließ der Deutsche Bundestag ein Gesetz, das für Völkermord die Höchststrafe, lebenslanges Zuchthaus, vorsah. Die Todesstrafe wurde in der BRD 1949 abgeschafft. Das Gesetz zur Verurteilung von Massen- und Völkermord konnte aber nach altem Rechtsgrundsatz nicht rückwirkend angewendet werden, sondern erst vom Tag seiner Verabschiedung an, so daß NS-Massenmörder, denen vor dem 9. August 1954 der Prozeß gemacht wurde, durchweg mit milderen Urteilen abkamen.
Im deutschen Strafrecht verjähren Völkermord und Strafvollstreckung wegen Völkermordes überhaupt nicht. Bei der Erforschung eines bisher unbekannten Täters verjährt der Fall, wenn er mit lebenslanger Freiheitsstrafe bedroht wird, nach 30 Jahren. Nach 20 Jahren verjährt die Tat, wenn sie mit mehr als 10 Jahren Freiheitsentzug bedroht wird.
Nach dem Untergang des Dritten Reiches 1945 gab es zunächst überhaupt keine deutschen Gerichte mehr. Die Alliierten hatten die Verfolgung von NS-Verbrechern übernommen und im Nürnberger Kriegsverbrecher-Prozeß die ersten, wie man damals meinte, exemplarischen Strafen verhängt.
Es folgten gesonderte Prozesse, die von amerikanischen, französischen, englischen und russischen Gerichten durchgeführt wurden. Die drei westlichen Alliierten verurteilten 5025 Personen wegen NS-Verbrechen und sprachen in 806 Fällen die Todesstrafe aus. Die meisten Verurteilungen zu Haftstrafen sprachen die Franzosen aus, die meisten Todesurteile die Amerikaner. Insgesamt standen etwa 31 700 Personen auf den Kriegsverbrecherlisten der Alliierten. Über die Verurteilungen sowjetischer Gerichte liegen keine genauen Zahlen vor. Nur wenige große Prozesse, wie der gegen die SS-Mannschaft des KZ Sachsenhausen, der im Oktober 1947 in Pankow durchgeführt wurde und für 14 von 16 Angeklagten lebenslanges Zuchthaus brachte, sind bekanntgeworden.
Unter Kriegsverbrecher-Prozessen versteht man hauptsächlich solche, die gegen die Führer des NS-Staates abgehalten worden sind (z.B. die Nürnberger Angeklagten von 1946). Dagegen bezeichnet man diejenigen Angeklagten, die in Vernichtungs- oder Konzentrationslagern Häftlinge ermordet haben, schlechthin als Verbrecher, weil deren Taten nichts mit der Kriegsführung zu tun hatten.
Die Ermittlung von NS-Verbrechen war anfangs sehr schwierig. Die einzelnen als verbrecherisch deklarierten Organisationen war zu vielfältig, viele später Verurteilte waren oft unter falschem Namen nach dem Krieg untergetaucht, und nicht selten erfolgte die Anzeige eines NS-Täters nicht auf dem amtlichen, sondern dem privaten Weg. Prozeßunterlagen waren oft dürftig und viele Urteile von alliierten Militärgerichten endeten sehr bald in Gnadenakten. Da am 26. Mai 1952 ein sog. »Überleitungsvertrag« zwischen der BRD und den drei westlichen Besatzungsmächten abgeschlossen wurde, war es nicht mehr möglich, einen von den alliierten Gerichten verurteilten oder begnadigten NS-Verbrecher erneut vor ein deutsches Gericht zu stellen. Da deutsche Gerichte schon nicht mehr eingreifen konnten, wenn alliierte Gerichte auch nur ein Ermittlungsverfahren eingeleitet hatten, entkamen viele NS-Verbrecher der Bestrafung durch deutsche Gerichte.
Andererseits war es nach dem Strafrecht der Alliierten möglich, eine Person pauschal wegen »Verbrechen gegen die Menschlichkeit« zu verurteilen, wohingegen das deutsche Strafrecht nur aufgrund genau festgestellter Einzeldelikte Urteile auszusprechen erlaubt. So kam es durch diesen Überleitungsvertrag mitunter geradezu zu Ungerechtigkeiten. Die Ärztin des Lagers Ravensbrück, Dr. Herta Oberheuser, war von den Alliierten verurteilt und anschließend begnadigt worden. Wegen bestrafungswürdiger Vergehen konnte sie aber, trotz Protesten, von einem deutschen Gericht nicht mehr verurteilt werden.
Nur zwei Bestimmungen erlaubten, ein Verfahren erneut vor einem deutschen

Gericht aufzurollen: entweder es konnten einem von den Alliierten Verurteilten noch nachträglich Straftaten nachgewiesen werden, die den alliierten Gerichten zur Zeit ihres Urteilsspruches nicht bekannt waren, oder es war eine Person von einem nichtalliierten ausländischen Gericht verurteilt worden.
Ein Beispiel hierfür ist der ehemalige Universitätsprofessor von Münster, SS-Obersturmführer und KZ-Lagerarzt Dr. Paul Johann Kremer. Er war von einem polnischen Gericht wegen seiner Verbrechen im KZ Auschwitz bestraft worden. Trotzdem konnte er dann wegen der gleichen Delikte von einem deutschen Gericht ein zweites Mal verurteilt werden. Doch war die deutsche Strafe (zehn Jahre Zuchthaus) durch die lange Haft in Polen bereits abgebüßt.
In der Zeit zwischen dem 8. Mai 1945 (Kapitulation Deutschlands) und dem 15. März 1961 waren von deutschen Gerichten 12715 Personen angeklagt und 5372 verurteilt worden. Die meisten dieser Urteile wurden 1948 gesprochen, in 80 Fällen gab es die Todesstrafe, die erst am 23. Mai 1949 abgeschafft worden ist. Statt ihrer trat nun lebenslängliches Zuchthaus.
Waren bisher die Verfolgungen von NS-Verbrechern mehr oder weniger dem Zufall überlassen, so änderte sich dieser Zustand, als am 5. Oktober 1958 beschlossen wurde, eine zentrale Stelle zur Verfolgung der NS-Verbrechen zu schaffen. Diese Stelle hatte in Ludwigsburg ihren Sitz. Elf Staatsanwälte als Vertreter der elf Bundesländer unter Leitung des Oberstaatsanwaltes Erwin Schüle sammelten hier Material, systematisierten die Unterlagen und haben inzwischen mehr als 90000 Karteikarten über NS-Verbrecher zusammengestellt. Problematisch ist nach wie vor die Verfolgung von Gruppenverbrechen. Kann derjenige, der unmittelbar Opfer erschoß oder vergaste, einwandfrei verurteilt werden, so ist es schwierig, denjenigen Morde nachzuweisen, die nur die Befehle dazu erteilt hatten. Die sog. »Schreibtischmörder« flüchteten meist in die Ausrede, sie hätten nicht gewußt, wie die von ihnen befohlenen Vernichtungsaktionen im einzelnen durchgeführt worden sind.
Weitere Schwierigkeiten in der Urteilsfindung lagen darin, daß die Angeklagten leugneten und es oft kaum möglich ist, Tatzeugen aufzutreiben oder Beweismaterial zusammenzutragen, zumal Unterlagen aus der Sowjetunion so gut wie fast nie zur Verfügung stehen.
Die große Reihe von NS-Schwurgerichtsprozessen ist noch längst nicht abgeschlossen. Bis ins Jahr 1977 stehen noch wichtige, teilweise von großem Ausmaß, bevor.

c) Prozesse wegen Massenvernichtungsaktionen

Mit Kriegsbeginn am 1. September 1939 erließ Hitler einen Befehl, wonach »lebensunwerte« Menschen, Geisteskranke oder unheilbar körperlich Kranke durch einen »Gnadentod« beseitigt werden sollten. Für die Aktion »Gnadentod« gab es außer diesem Hitler-Erlaß nie ein Gesetz. Der »Erlaß« war ein Privatbrief Hitlers an Reichsleiter Bouhler und Dr. med. Brandt vom 1. September 1939.
Der Wortlaut des Hitler-Briefes: »Reichsleiter Bouhler und Dr. med. Brandt sind unter Verantwortung beauftragt, die Befugnisse namentlich zu bestimmender Ärzte so zu erweitern, daß nach menschlichem Ermessen unheilbar Kranken bei kritischer Beurteilung ihres Krankheitszustandes der Gnadentod gewährt werden kann.«
Die Massenaktion »Gnadentod«, die später unter der Bezeichnung »Euthanasie« bekannt geworden ist, erfaßte aber nach und nach immer mehr auch solche Menschen, die weder geistig noch körperlich zu den »Unheilbaren« gehörten. Vor allem Juden wurden davon betroffen und KZ-Häftlinge. Anfangs wurden die »Selektio-

nen«, d.h. die Auswahl, wer zu töten oder in ein Arbeitslager einzuweisen war, von Ärzten durchgeführt. Als ärztliche Diagnose, die den »Gnadentod« zur Folge hatte, konnte gelten: »Judenschickse«, oder: »schlecht modellierte Ohren«, oder: »Kind mit Mongolenfalte« etc.

Euthanasie-Prozesse fanden nach dem Krieg statt in:

Frankfurt (1947) wegen Verbrechen in der Anstalt Hadamar, in der Anstalt Idstein und in der Anstalt Eichberg. Die verhängten Todesstrafen, Dr. Hans Bodo Gorgass, Dr. Adolf Wahlmann, 9 Pfleger, wurden in lebenslange Zuchthausstrafen umgewandelt.

Berlin (1946) wegen Verbrechen an 600 Geisteskranken in Meseritz-Obrawalde. Die Chefärztin Dr. Hilde Wernicke und eine Krankenschwester wurden zum Tode verurteilt.

Freiburg (1948) wegen Verbrechen in Baden. Lebenslanges Zuchthaus für Medizinalrat Dr. Josef Arthur Schreck.

Tübingen (1949) wegen Verbrechen in den Anstalten Grafeneck und Hadamar. Gefängnisstrafen für Dr. Otto Mauthe, Dr. Alfons Stegmann, Dr. Marta Fauser.

Hamburg (1949) wegen Tötung von geisteskranken Kindern in Rothenburgsort. Alle Angeklagten wurden außer Verfolgung gesetzt.

München (1949) wegen Verbrechen in der Anstalt Eglfing-Haar. Zuchthausstrafe von 6 Jahren für den Anstaltsleiter Dr. Hermann Pfannmüller.

Nürnberg-Fürth (1952). Zur Anklage standen die Judendeportationen aus Rumänien, Bulgarien, Kroatien, Frankreich, Holland und Belgien im Jahre 1942 und die Judenerschießungen in Serbien 1941. Der Angeklagte Franz Rademacher erhielt drei Jahre und fünf Monate Gefängnis wegen Beihilfe zum Totschlag von 1300 Menschen. Das Revisionsurteil hob die Strafe auf.

Weitere Euthanasie-Prozesse liefen und laufen immer noch in Göttingen, Dortmund, Hannover, Köln, München und anderen Städten der BRD.

Die Gerichte beurteilten Euthanasie-Verbrecher um so milder, je später die Prozesse geführt wurden. Die meisten Euthanasie-Prozesse fanden in den Jahren unmittelbar nach dem Krieg statt, zu einer Zeit, als noch kein Prozeß gegen Einsatzkommandos, die Massenmorde im Osten durchführten, terminiert war.

d) Einsatzgruppen-Prozesse

Die Einsatzgruppen-Prozesse offenbarten erstmals das ganze Ausmaß der von Hitler, Himmler und anderen hohen NS-Führern angeordneten, planmäßig durchgeführten Massenvernichtungsaktionen während des Zweiten Weltkrieges. Im Ulmer-Einsatzgruppen-Prozeß (April–August 1958) waren zwölf Personen angeklagt, die Zuchthausstrafen zwischen drei und fünfzehn Jahren bekamen wegen Massenmorden an Juden und Kommunisten an der litauischen Grenze im Sommer und Herbst 1941. Die Höchststrafe wurde wegen Beihilfe zum Mord in 3907 Fällen für Hans-Joachim Böhme und wegen des gleichen Deliktes in 1656 Fällen für Werner Hermann ausgesprochen. Beide waren SS-Sturmbannführer und Leiter der Gestapo bzw. des SD in Tilsit.

Hauptentlastungsvorwand bei diesem und anderen Einsatzgruppen-Prozessen war die Berufung auf den sog. »Befehlsnotstand«, was bedeutet, daß Soldaten die Mordbefehle bekommen haben und sie auch auszuführen hatten. Um klare Abgrenzungen zu schaffen, hatten die Ulmer Richter entschieden, daß Befehlsgeber und insofern Haupttäter Hitler, Himmler und Heydrich waren, alle anderen waren nur die Ausführer der Befehle und konnten somit nur wegen Beihilfe zum Mord angeklagt werden. Diese Urteilsbegründung wurde von allen weiteren Einsatzgruppen-Prozessen übernommen.

Mordanklagen wurden nur dann erhoben, wenn den Angeklagten einzelne Mordtaten nachgewiesen werden konnten. Dies war bei folgenden Prozessen der Fall: Ein Koblenzer Gericht (1962/63) verurteilte einen der Einsatzgruppen-Angeklagten, den SS-Hauptsturmführer Franz Stark, wegen Mordes an drei jüdischen Friseuren, ohne einen Befehl dazu erhalten zu haben, zu dreimal lebenslänglich Zuchthaus. In Stuttgart folgte das Gericht 1962 im Falle Felix Landau ebenfalls der Mordanklage. Zuvor waren in Hanau (1959), Stade (1960), Berlin (1960) und anderen Prozessen Mordschuldsprüche verhängt worden. Weitere Mordanklagen folgten, doch blieben sie im Vergleich zu den Anklagen wegen Beihilfe zum Mord in der Minderzahl.
Weitere Einsatzgruppen-Prozesse fanden statt in:
Gießen (1959), wegen Erschießung von Polen in Schöneck,
Hanau (1959), wegen Erschießung von Juden in Czenstochau,
Bielefeld (1959), wegen Massenmordes in Augustowo 1941,
Hagen (1959), wegen Erschießung von 208 Fremdarbeitern bei Warstein im Sauerland,
Bielefeld (1959), wegen Massenerschießungen im Gefängnis Bialystok usw. Bis zu den großen Prozessen von Nürnberg-Fürth, Freiburg und Wuppertal (1963) waren bereits 26 Prozesse gelaufen, die hier im einzelnen aufzuführen nicht möglich ist.

e) KZ-Prozesse

aa) Übersicht über die wichtigsten Konzentrationslager (KZ)

Auschwitz
Birkenau (Außenlager von Auschwitz)
Monowitz (Außenlager von Auschwitz)
Sachsenhausen
Theresienstadt
Dora
Heydebreck
Ravensbrück
Dachau
Neuengamme
Buchenwald
Fuhlsbüttel
Groß-Rosen
Stutthof
Golleschau (Außenlager von Auschwitz)
Czenstochau (Ghetto)
Kulmbach (= Chelmo) = Vernichtungslager
Treblinka
Lublin
Belzec (Todeslager)
Bergen-Belsen
Zwickau
Sonneberg (KZ-Außenlager) bei Frankfurt/Oder
Wewelsburg/Niederhagen (Außenlager von Sachsenhausen)
Salaspils bei Riga
Natzweiler (Elsaß)
Sobibor
Flossenbürg

Gneisenau
Grafeneck und Sonnenstein (bei Pirna, Sachsen) = Anstalten für Geisteskranke
Ebensee (Salzkammergut)

bb) Der Auschwitz-Prozeß

Nach den Nürnberger Kriegsverbrecher-Prozessen 1946 gab es vor allem in Polen und Frankreich Prozesse gegen Einzelpersonen. Der erste große und bisher größte Massenmord-Prozeß war der Auschwitz-Prozeß, der nach fünfeinhalbjähriger Vorbereitung am 20. Dezember 1963 begann und bis zum 20. August 1965 dauerte. Er fand im Römer zu Frankfurt/Main statt. (Ein »kleiner« Auschwitz-Prozeß hatte bereits 1947 in Krakau stattgefunden. Maurer, Arthur Liebehenschel u.a. wurden zum Tod verurteilt).

Im »großen« Auschwitz-Prozeß waren 22 ehemalige SS-Angehörige angeklagt, von denen 13 bei Prozeßbeginn noch auf freiem Fuß lebten. Insgesamt 359 Zeugen wurden vernommen, es waren ehemalige SS-Männer, Auschwitz-Häftlinge, die sich aus Juden, Zigeunern, politischen und kriminellen Häftlingen zusammensetzten, und sonstige Zeugen, die mit dem KZ Auschwitz zu tun hatten. Aus 19 Ländern kamen Überlebende von Auschwitz als Zeugen nach Frankfurt.

Auschwitz, eine Kleinstadt zwischen Krakau und Kattowitz, wurde 1940 auf Befehl Himmlers evakuiert und unter Führung des späteren Lagerkommandanten Höß zum größten Konzentrationslager des 3. Reiches gemacht. Am 14. Juni 1940 kamen die ersten 700 polnischen Häftlinge an. Himmler besuchte am 1. März 1941 das Lager und ordnete den Ausbau des Lagers, einschließlich des Dorfes Birkenau, für 200000 Häftlinge an. Später kam das Lager Monowitz dazu. Zunächst war Auschwitz ein reines Arbeitslager, dessen Häftlinge für die IG-Farben-Werke und die Firma Siemens-Schuckert eingesetzt wurden. Die ersten Vernichtungstransporte kamen Ende März 1942 in Auschwitz an. Von November 1944 an war Auschwitz mit Birkenau und Monowitz offiziell zum Konzentrationslager erklärt worden. Von den 35000 Häftlingen, die im Buna-Werk der IG-Farben arbeiteten, starben 25000.

Die »Endlösung«, d.h. die Ausrottung der Juden und anderer Häftlinge, wurde mit Giftgas durchgeführt, wozu eigens Vergasungsräume angelegt waren. Zu Gaskammern wurden zwei Bauernhäuser in Birkenau umgebaut.

Die Lagerleitung und vor allem IG-Farben begannen mit Giftgasen zu experimentieren und Medikamentsversuche an Häftlingen vorzunehmen, die Leber-, Gallen- und Nierenschäden verursachten.

In Transporten zwischen 700 und 3000 Personen wurden die Häftlinge per Eisenbahn angeliefert, mußten an einer von etwa 100 SS-Männern bewachten Rampe aussteigen und wurden selektiert. Noch für Arbeitseinsätze brauchbare Häftlinge (etwa 20%) kamen ins Lager, der Rest wurde meist sofort in die Gaskammern getrieben. Das Gepäck wurde auf LKWs verladen, das Stroh aus den Waggons genommen und verbrannt. Die SS-Bewacher sorgten dafür, daß keine menschlichen Spuren in den Waggons zurückblieben. Pro Nacht kamen bis zu sechs oder acht Transporte an. An der berüchtigten Rampe kam es kaum zu Zwischenfällen oder gar Revolten, denn die SS erließ sofort nach Öffnung der Waggontüren absolutes Sprechverbot. Nach und nach kamen nicht nur Juden, sondern auch russische und polnische Kriegsgefangene. Von Oktober 1941 bis Juni 1942 waren es z.B. 13000 Russen, von denen nur 150 am Leben blieben. Allmählich konnten die Öfen der vier Krematorien die Zahl der Getöteten nicht mehr fassen, so mußten viele Häftlinge vor ihrer Vergasung Gräber ausheben, in denen sie danach verbrannt wurden. Bis zu 3000 Menschen gleichzeitig wurden nackt in die Gaskammern getrieben. Die SS-Männer drängten sich zu den Vergasungsaktionen, weil sie dafür Sondervergü-

tungen in Form von einem Fünftel Liter Schnaps, fünf Zigaretten und 100 Gramm Wurst bekamen.
Die im Auschwitz-Prozeß immer wieder aufgetauchte Frage nach der möglichen Befehlsverweigerung ergab, daß gegebenenfalls SS-Männer nie die Todesstrafe zu fürchten gehabt hätten, sondern nur mit einer Beförderungs- und Auszeichnungssperre und dem dazugehörigen Vermerk in die Personalakte bestraft worden wären.
Wenn die Gaskammern nicht nachkamen, wurden Häftlinge, Männer, Frauen und Kinder, im Block 11 des Lagers durch Genickschuß getötet und dann aufgestapelt wie Raummeter Holz und verbrannt. Das SS-Aufsichtspersonal, darunter waren auch Frauen, war scharf hinter den Wertgegenständen her, die die Häftlinge in ihrem Gepäck mitgebracht hatten.
Immer wieder neue Häftlinge kamen an, im Mai 1944 z.B. 35000 ungarische Frauen, die zusammengepfercht (15 auf einer Pritsche), schlecht verpflegt und kaum bekleidet auf den Tod warten mußten. Viele Häftlinge zogen den Selbstmord durch Berührung des elektrisch geladenen Umzäunungsdrahtes vor.
Nach statistischen Angaben sollen zuletzt in Auschwitz in den vier Krematorien täglich zwischen 12000 und 16000 Leichen eingeäschert worden sein. Bis 1945 sind in Auschwitz etwa 770000 Menschen ums Leben gekommen.

Im großen Auschwitz-Prozeß wurden angeklagt:

Robert Mulka,	SS-Hauptsturmführer und Adjudant des Lagerkommandanten Höß. Er wurde in vier Fällen der gemeinschaftlichen Beihilfe zum gemeinschaftlichen Mord schuldig gesprochen, wobei in jedem einzelnen Fall mindestens 750 Menschen getötet wurden. 14 Jahre Zuchthaus.
Karl Höcker,	SS-Hauptsturmführer und Adjudant des Lagerkommandanten Baer. Er wurde in drei Fällen der gemeinschaftlichen Beihilfe zum gemeinschaftlichen Mord schuldig gesprochen, wobei in jedem Fall mindestens 1000 Menschen getötet wurden. Sieben Jahre Zuchthaus.
Franz Hofmann,	SS-Hauptsturmführer im Schutzhaftlager, Führer im Stammlager und im Zigeunerlager Birkenau. Wegen Mordes an einem Häftling, wegen gemeinschaftlichen Morden an 30 Menschen und wegen drei weiterer Morde bekam er lebenslanges Zuchthaus.
Oswald Kaduk,	SS-Unterscharführer im Stammlager. Wegen Mordes an mindestens 1012 Menschen erhielt er zwölfmal lebenslanges Zuchthaus.
Stefan Baretzki,	SS-Rottenführer und Blockführer in Birkenau. Er erhielt acht Jahre Zuchthaus wegen Beihilfe zum Mord an mindestens fünf Selektionen, von denen bei jeder mindestens 100 Menschen dem Tod überantwortet wurden.

Wilhelm Boger,	SS-Oberscharführer, Gestapo-Ermittler in der politischen Abteilung. Fünf Jahre Zuchthaus wegen Mitwirkung an einer Selektion mit etwa 1000 Opfern.
Hans Stark,	SS-Untersturmführer und Leiter der Aufnahmeabteilung der Lager-Gestapo. Wegen 44 Fällen des Mordes oder der Mittäterschaft erhielt er zehn Jahre Zuchthaus.
Klaus Dylewski,	SS-Oberscharführer und Gestapo-Ermittler der politischen Abteilung. Wegen Beihilfe zum Mord in 32 Fällen erhielt er eine Gesamtstrafe von fünf Jahren Zuchthaus.
Pery Broad,	SS-Rottenführer und Gestapo-Ermittler in der politischen Abteilung. 22 Fälle der Beihilfe zum Mord brachten ihm vier Jahre Zuchthaus.
Bruno Schlage,	SS-Unterscharführer, Blockführer und Arrestaufseher im Block 11. Gemeinschaftliche Beihilfe zum Mord in 80 Fällen: Gesamtstrafe von 6 Jahren Zuchthaus.
Johann Schobert,	SS-Unterscharführer im Standesamt der Lager-Gestapo. Da keine zwingenden Beweismittel gegen ihn vorlagen, wurde er freigesprochen.
Dr. Franz Lucas,	SS-Obersturmführer und Lagerarzt in Birkenau. Er bekam wegen vier Fällen der Beihilfe zum Mord drei Jahre und drei Monate Zuchthaus.
Dr. Viktor Capesius,	SS-Sturmbannführer und leitender SS-Apotheker im KZ Auschwitz. Schuld an vier Fällen der Beihilfe zum Mord. Es wurde angenommen, daß bei den Transporten aus Ungarn, die Capesius selektiert hatte, etwa 2000 Menschen zum Gastod geschickt wurden. Er erhielt neun Jahre Zuchthaus.
Dr. Willi Frank,	SS-Hauptsturmführer und leitender Zahnarzt im KZ. Wegen sechs Fällen der gemeinschaftlichen Beihilfe zum Mord, bei jedem Fall wurden mindestens 1000 Menschen dem Tod zugeführt, erhielt er eine Gesamtstrafe von sieben Jahren Zuchthaus.
Dr. Willi Schatz,	SS-Untersturmführer, zweiter Lagerzahnarzt im KZ. Er wurde mangels ausreichender Beweise freigesprochen.
Josef Klehr,	SS-Oberscharführer, Sanitätsdienstgrad und Leiter des Vergasungskommandos. Durch selbst durchgeführte Giftinjektionen hatte Klehr mindestens 475 Menschen getötet. Er wurde als Haupttäter mit der höchsten Strafe belegt: Für jeden seiner Morde erhielt er lebens-

	lange Zuchthausstrafe.
Herbert Scherpe,	SS-Oberscharführer, Sanitätsdienstgrad. Wegen Beihilfe zum Mord in 200 Fällen erhielt er eine Gesamtstrafe von vier Jahren und sechs Monaten.
Emil Hantl,	SS-Rottenführer, Sanitätsdienstgrad. Drei Jahre und sechs Monate Zuchthaus wegen Beihilfe zum Mord in 42 Fällen.
Arthur Breitwieser,	SS-Unterscharführer, Desinfektor und Kammerwart. Wegen mangelnder Beweise freigesprochen.
Emil Bednarek,	Blockältester in der Strafkompanie. Wegen elf Morden, die er nicht einmal auf Befehl, sondern gegen Befehl und aus reiner Mordlust begangen hatte, wurde er zu lebenslangem Zuchthaus verurteilt.
Gerhard Neubert,	SS-Oberscharführer, Sanitätsdienstgrad, und
Heinrich Bisch,	SS-Unterscharführer und Blockführer im Lager Birkenau waren schon während des Prozesses wegen Krankheit ausgeschieden.

cc) Das KZ »Dora«

Das Konzentrationslager »Dora« wurde 1943 eingerichtet, Höhlen, die an den südlichen Hängen des Harzes gelegen waren und in denen, unterirdisch vor Bombardierungen gesichert, an der V-2-Rakete gearbeitet wurde. Unter den 50000 Häftlingen, die zu Arbeitskommandos eingesetzt waren, befanden sich sowjetische Kriegsgefangene, tschechische und polnische Zwangsarbeiter, aber auch Franzosen, Belgier und Holländer.

Der Prozeß gegen drei führende SS-Angehörige des KZ Dora begann am 17. November 1967. Angeklagt waren der ehemalige SS-Sturmbannführer Bischoff, der SS-Hauptscharführer Sander und der SS-Unterscharführer Busta. Die Anklage lautete auf Mord an mehr als 150 Häftlingen.

Bischoff war zunächst Chef der Gestapo-Leitstelle Magdeburg und nach der Besetzug Polens Gestapo-Chef in Poznan. Als Sicherheitschef des KZ Dora war es seine Aufgabe, Sabotageakte unter den »Arbeitern« an der V-2-Waffe zu verhindern.

Sander gehörte zur SS-Leibstandarte Adolf Hitler und kam 1943 zur Gestapo-Leitstelle des KZ Dora.

Busta war als SS-Mann zunächst im KZ Dachau, dann im KZ Sachsenhausen und schließlich im KZ Dora tätig.

Bischoff war schon von den Sowjets zu 25 Jahren Zwangsarbeit verurteilt, ehe er wegen der Morde im KZ Dora in Hamburg verhaftet werden konnte. Sander und Busta waren nach Kriegsende in bürgerlichen Berufen unbestraft untergetaucht.

Unter den Zeugen waren Russen, Polen, Franzosen, Amerikaner, Belgier, Tschechen und Österreicher, insgesamt waren es über 200 Zeugen. Bischof und Sander erhielten lebenslange, Busta zehn Jahre Gefängnisstrafe.

Folgende Tabelle gibt einen Überblick über in verschiedenen KZ-Prozessen verurteilte Personen:

dd) Tabellarische Übersicht über weitere KZ-Prozesse

KZ	Prozeß-Ort	Name des Angeklagten	Urteil	Delikt
Auschwitz	München 1958	Wilhelm Reischenbeck SS-Obersturmführer	10 Jahre Zuchthaus	Beihilfe zum Totschlag in 30 Fällen
Auschwitz	Osnabrück 1959	Bernhard Rakers SS-Hauptscharführer und Rapportführer in Buna	6 Jahre Zuchthaus und 15 Jahre Zuchthaus	Erschießung eines Häftlings und Mord und Mordversuch
Auschwitz	Münster 1960	Paul Johann Kremer, Prof. Dr. SS-Obersturmführer und Lagerarzt	10 Jahre Zuchthaus	Beihilfe zum Mord in einer unbestimmten Zahl von Fällen
Auschwitz	Berlin 1957	Otto Locke Capo (= Häftling)	7mal und lebenslängl. Zuchthaus	7 Morde
Auschwitz	Bremen 1953	Johann Mirbeth SS-Oberscharführer u. Kommandoführer	6 Jahre Zuchthaus	Totschlag
Auschwitz	Kiel 1957	Carl Clauberg, Prof. Dr.	—	in Untersuchungshax gestorben
Auschwitz	Frankfurt 1969	Otto Hünsche Hermann Krumey	12 Jahre Gefängnis lebenslängl. Gefängnis	Beihilfe zum Massenmord an 300000 ungarischen Juden
Auschwitz	Bamberg 1968	Franz Rademacher Legationsrat 1. Klasse und Leiter des Judenreferates im Auswärtigen Amt, genannt: »Eichmann des Auswärtigen Amtes«	5 Jahre Zuchthaus	Beihilfe zum Mord an 3230 Juden
Auschwitz	Warschau 1947	Rudolf Höss SS-Obersturmführer und Kommandant von Auschwitz	zum Tode verurteilt und in Auschwitz hingerichtet	
Auschwitz	Krakau 1947	Arthur Liebehenschel KZ-Kommandant	zum Tode verurteilt und hingerichtet	
Auschwitz	Nürnberg 1947	Karl Sommer SS-Hauptsturmführer	zum Tode verurteilt, 1951 zu lebenslangem Zuchthaus begnadigt	Selektionen im KZ
Belzec	München 1965	Josef Oberhauser SS-Oberscharführer	4½ Jahre Gefängnis	Mord in 360000 Fällen
Birkenau	Krakau 1947	Hans Hermann Kremer, Prof. SS-Hauptsturmführer	zum Tod verurteilt und hingerichtet	Selektionen im KZ
Blyzin bei Radom	Wuppertal 1961	Artur Gosberg	12 Jahre Zuchthaus	Körperverletzung mit Todesfolge

Buchenwald	Bayreuth 1958	Walter Sommer SS-Hauptscharführer	lebenslanges Zuchthaus	25 Morde
Buchenwald und Dachau	München 1966	Dr. Hans Eisele KZ-Lagerarzt	im Juli 1958 nach Kairo geflohen, dort als Arzt tätig, am 3. Mai 1967 gestorben. War vom Alliierten Militärgericht 1946 zweimal zum Tode verurteilt worden. Dann zu 10 Jahren Gefängnis begnadigt. 1957 wurde er entlassen, stand aber seit 1956 unter erneuter deutscher Anklage	des vielfachen Mordes an KZ-Häftlingen verdächtigt
Buchenwald und Dachau	Stade 1970	Otto Hoppe SS-Oberscharführer	15 Jahre Gefängnis, durch 16 Jahre Untersuchungshaft bereits verbüßt	Erschießung von 21 Juden
Buchenwald und Dachau	Frankfurt 1970	Arnold Strippel SS-Rapportführer des KZ Buchenwald	6 Jahre Zuchthaus	Beihilfe zur Ermordung von 21 Juden
Dachau	München 1960	Wolfgang Seuss SS-Hauptscharführer	lebenslanges Zuchthaus	1 Mord und mehrere Mißhandlungen
Dachau	München 1961	Franz Hofmann SS-Hauptsturmführer u. Lagerführer	lebenslanges Zuchthaus und 12 Jahre Zuchthaus	Mord und Totschlag
Dachau	München 1955	Egon Zill SS-Sturmbannführer u. Lagerführer	lebenslanges Zuchthaus und 15 Jahre Zuchthaus	Morde, Beihilfe zu Morden, Körperverletzung mit Todesfolge
»Dora«	Essen 1970	Erwin Busta SS-Hauptscharführer	$8^1/_2$ Jahre Gefängnis	Beihilfe zum Mord in 2 Fällen
»Dora«	Essen 1970	Ernst Sander SS-Oberscharführer	$7^1/_2$ Jahre Gefängnis	Beihilfe zum Mord in 2 Fällen
Pflegeanstalt Grafeneck	Tübingen 1949	Dr. Otto Mauthe	5 Jahre Gefängnis	Mord an 10654 Personen durch Vergasen
Pflegeanstalt Grafeneck	Tübingen 1949	Dr. Martha Fauser	1 Jahr und 6 Monate Gefängnis	Totschlag in 3 Fällen
Pflegeanstalt Grafeneck	Tübingen 1949	Dr. Alfons Stegmann	2 Jahre Gefängnis	Beihilfe zu einem Verbrechen
Groß Rosen	Hannover 1962	Albert Layer SS-Unterscharführer	7 Jahre Zuchthaus	Totschlag in 6 Fällen
Groß Rosen	Braunschweig 1970	Johannes Hassebrock KZ-Kommandant	Freispruch	Mord in 9 Fällen
Heilanstalt Hadamar	Limburg 1963	Werner Heyde, alias Sawade, Prof. Dr. med., SS-Arzt	Selbstmord Februar 1964 in Gefängniszelle	Mord an mindestens 100000 Menschen durch Euthanasie
Heilanstalt Hadamar	Limburg 1963	Dr. Hans Hefelmann	Prozeß 1964 wegen Haftunfähigkeit ausgesetzt	Mord an 73000 Geisteskranken durch Euthanasie

KZ	Prozeß-Ort	Name des Angeklagten	Urteil	Delikt
Hinzert	Trier 1961	Johann Krischer SS-Oberscharführer	4 Jahre + 9 Monate Zuchthaus	Mord in 2 Fällen
Hinzert	Trier 1961	Wilhelm Kleinhenn SS-Hauptscharführer u. Rapportführer	2 Jahre Zuchthaus	Beihilfe bei 1 Mordversuch
Hinzert	Trier 1961	Paul Sporrenberg SS-Hauptsturmführer und Lagerkommandant	—	nach Anklageerhebung gestorben
Mauthausen und Nebenlager Steyr und Melk	Fulda 1960	Gottlieb Muzikant SS-Scharführer	21mal lebenslanges Zuchthaus und 15 Jahre Zuchthaus	20 Morde, 9 Totschläge und 2 Mordversuche
Mauthausen	Ansbach 1961	Karl Chmielewski SS-Hauptsturmführer und Lagerführer Gusen I	lebenslanges Zuchthaus	Mord und Beihilfe zum Mord in 282 Fällen
Mauthausen	Hagen 1970	Werner Fessel	$6^1/_2$ Jahre Gefängnis	Beihilfe zum Mord
Mauthausen	Hagen 1970	Martin Roth	7 Jahre Gefängnis	Beihilfe zum Mord
Neuengamme	Hamburg 1951	Walter Döning	lebensl. Zuchthaus	Erschießung eines russischen Kriegsgefangenen
Ravensbrück	Nürnberger Ärzteprozeß 1946	Dr. Oberheuser KZ-Ärztin	20 Jahre Gefängnis	Sterbehilfe in 6–8 Fällen
Sachsenhausen	Bonn 1958/59	Gustav Sorge SS-Hauptscharführer und Rapportführer	67mal lebenslängl. Zuchthaus	67 Morde + 20 Mordversuche
Sachsenhausen	Bonn 1958/59	Wilhelm Schubert SS-Oberscharführer	46mal lebenslängl. Zuchthaus + 15 Jahre Zuchthaus	46 Morde 8 Mordversuche
Sachsenhausen	München 1960	Richard Bugdalle SS-Hauptscharführer u. Blockführer	lebenslanges Zuchthaus	9 Morde + 5fache Mittäterschaft bei Morden
Sachsenhausen	Düsseldorf 1960	August Höhn SS-Untersturmführer u. Lagerführer	lebenslanges Zuchthaus	7 Morde, 2 Totschläge und Beihilfe zum Mord in 5 Fällen
Sachsenhausen	Nürnberg-Fürth 1952	Jakob Fries SS-Oberscharführer	14 Jahre Zuchthaus	Körperverletzung mit Todesfolge in 2 Fällen und 5malige fortgesetzte Körperverletzung
Sachsenhausen	Düsseldorf 1960	Otto Böhm SS-Hauptscharführer und Rapportführer	lebenslanges Zuchthaus	41 Morde und Beihilfe zum Mord in 5 Fällen
Sachsenhausen	Düsseldorf 1960	Horst Hempel SS-Unterscharführer	5 Jahre Zuchthaus	Beihilfe zum Mord in 3 Fällen

		SS-Obersturmführer und Lagerarzt		
Sachsenhausen	Verden 1962	Heinrich Otto Wessel SS-Obersturmführer und Adjutant des Lagerkommandanten	7 Jahre und 6 Monate Zuchthaus	Beihilfe zum Mord in 16 Fällen und Beihilfe zum Totschlag
Sachsenhausen	Düsseldorf 1962	Dr. Albert Widmann SS-Hauptsturmführer	3 Jahre und 6 Monate Zuchthaus	3fache Verbrechen
Sachsenhausen	Coburg 1962	Kurt Eccarius SS-Hauptscharführer und Leiter des Arrestbaus	4 Jahre Zuchthaus	Erschießung von 6 Häftlingen
Sachsenhausen	Köln 1969	Otto Kaiser	lebenslanges Zuchthaus	
Sachsenhausen	Köln 1969	Rchard Hofmann	lebenslanges Zuchthaus	
Sachsenhausen	Köln 1969	Erwin Seifert	lebenslanges Zuchthaus	
Sachsenhausen	Köln 1969	Willy Busse	lebenslanges Zuchthaus	Mordversuch Beihilfe zu mehreren 100 Morden
Sachsenhausen	Köln 1969	Josef Nägele	lebenslanges Zuchthaus	
Sachsenhausen	Köln 1969	Kurt Simke	10 Jahre Zuchthaus	
Stutthof	Bochum 1957	Paul Werner Hoppe SS-Sturmbannführer und Lagerkommandant	9 Jahre Zuchthaus	
Treblinka	Düsseldorf 1971	Franz Stangl SS-Hauptsturmführer und KZ-Kommandant	lebensl. Gefängnis, am 28. Juni 1971 in Haft gestorben	Mord an 500000 Juden
Treblinka	Düsseldorf 1965. Durch Entscheidung des Bundesgerichtshofes Karlsruhe 1970 sind die Urteile rechtskräftig geworden	Wilhelm Miethe SS-Unterscharführer	lebensl. Freiheitsstrafe	
Treblinka	Düsseldorf 1965	Willi Mentz SS-Untersturmführer	lebensl. Freiheitsstrafe	
Treblinka	Düsseldorf 1965	Heinz Arthur Matthes SS-Oberscharführer	lebensl. Freiheitsstrafe	mitverantwortlich an der Ermordung von mindestens 700000 jüdischen Menschen und Zigeunern durch Vergasung
Treblinka	Düsseldorf 1965	Kurt Hubert Franz SS-Untersturmführer	lebensl. Freiheitsstrafe	
Treblinka	Düsseldorf 1965	Gustav Münzberger SS-Unterscharführer	12 Jahre Gefängnis	
Treblinka	Düsseldorf 1965	Otto Stadi SS-Hauptscharführer	7 Jahre Gefängnis	
Treblinka	Düsseldorf 1965	Franz Suchomel SS-Unterscharführer	6 Jahre Gefängnis	
Treblinka	Düsseldorf 1965	Erwin Hermann Lambert	4 Jahre Gefängnis	
Zwickau	Trier 1956	Wlli Müsch SS-Unterscharführer und Lagerkommandant	4 Jahre und 6 Monate Gefängnis	Totschlag in mehreren Fällen

ee) Zur Praxis der KZ-Verwaltung

Im Unterschied zur Aufdeckung solcher Verbrechen, die von Einsatzgruppen begangen worden sind, gab es bei KZ-Verbrechen meist einen oder mehrere Zeugen, die konkrete Angaben über die Vergehen der einzelnen Täter machen konnten. In jedem KZ gab es namentlich bekannte SS-Angehörige, die von Häftlingen nach dem Krieg wiedererkannt worden sind. Für das KZ Sachsenhausen stehen die Namen Schubert und Sorge; für Auschwitz Boger, Kaduk, Klehr; für Neuengamme Thumann; Dr. Mengele wütete in Auschwitz, Sommer in Buchenwald; für Dachau Wolfgang Seuss; für Mathausen Gottlieb Muzikant und Chmielewski; usw.

Um die Lager mit oft Zehntausenden Häftlingen leichter verwalten und überwachen zu können, richtete die SS unter den Häftlingen eine Art Hierarchie ein. Deutsche Häftlinge standen an der Spitze. Es gab darunter rein kriminelle Häftlinge mit einem grünen und politische mit einem roten Dreieck auf dem Kittel. Oft wurde innerhalb der Lager zwischen den »Grünen« und den »Roten« ein Kampf um die Vormacht ausgefochten. Es gab Lagerälteste, Blockälteste und Capos. Mit deren Hilfe gelang es der SS-Leitung, ihre Bestimmungen und Befehle bis in die letzte Baracke durchzuführen. Aus verständlichen Gründen waren solche Häftlinge aus der Führungsschicht schlechte Zeugen vor Gericht, weil ihre Aussagen über die SS-Führer sie selbst meist mitbelastet hätten. So kam es nicht selten vor, daß die SS-Führer aufgrund solcher Zeugenaussagen recht milde bestraft worden sind. Dies war im Prozeß gegen Albert Layer, der SS-Unterscharführer im KZ Groß-Rosen war, ebenso der Fall (er bekam sieben Jahre Zuchthaus) wie im Prozeß gegen SS-Obersturmführer Heinrich Otto Wessel, den Adjudanten des Lagerkommandanten im KZ Sachsenhausen. Wessel erhielt wegen Beihilfe zum Mord in 16 Fällen sieben Jahre und sechs Monate Zuchthaus.

Bei vielen KZ-Prozessen war es jedoch möglich, ehemalige nichtdeutsche Häftlinge als Zeugen zu vernehmen. Die Strafen fielen entsprechend höher aus. So erhielt der Bunkerführer des KZ Buchenwald, SS-Hauptscharführer Walter Sommer, wegen 25 nachgewiesener Morde lebenslängliches Zuchthaus und lebenslangen Ehrverlust auferlegt. Richard Bugdale, SS-Hauptscharführer und Blockführer im KZ Sachsenhausen, erhielt lebenslängliches Zuchthaus und lebenslangen Ehrverlust wegen neun Morde und fünffacher Mittäterschaft bei Morden. Waren die Lagerkommandanten selbst wohl selten oder nie unmittelbare Mörder von Häftlingen, so bestimmte ihr Regime doch die Atmosphäre im Lager. Vom ersten Kommandanten des KZ Auschwitz, Rudolf Höß, ist bekannt, daß er die täglichen Folterungen und Ermordungen seiner Untergebenen gern sah und auch honorierte. Nach seiner Ablösung im November 1943 durch SS-Obersturmbannführer Arthur Liebehenschel nahmen die täglichen Grausamkeiten ab, weil der neue Kommandant in einigen Fällen selbst dagegen einschritt.

Jeder KZ-Kommandant hatte unumschränkte Vollmachten in seinem Lager. Seine Macht übertrug sich auf die Rapportführer. Als solcher wurde SS-Hauptscharführer Gustav Sorge vom KZ Sachsenhausen wegen 67 nachgewiesener Morde zu 67mal lebenslänglichem Zuchthaus verurteilt, was möglich war, weil sein Kommandant ihm, dem Rapportführer, die ganze Vollmacht für die Morde erteilt hatte. Der Kommandant von Sachsenhausen, SS-Obersturmführer Wessel, wurde nur wegen Beihilfe zum Mord in 16 Fällen für schuldig befunden, obgleich das Gericht ihm hatte nachweisen können, daß er die Brutalitäten von Schubert, Sorge und Höhn gekannt hatte.

Nicht nur SS-Leute hatten die Häftlinge geprügelt, ermordet, gefoltert, an Bäume gehängt, sondern auch die »Grünen«, die Führer, die selbst Häftlinge waren. Je mehr sie hausten, desto mehr Privilegien erhielten sie von den SS-Führern.

ff) Zwei Einzelschicksale:

Koch, Ilse (1907–1967)

Ilse Koch heiratete 1937 den SS-Standartenführer Karl Koch, der damals Lagerkommandant des KZ Sachsenhausen war. 1939 wurde er Kommandant des KZ Buchenwald. Seine Frau mit ihren drei Kindern zog nach Buchenwald und lebte dort.
Im Buchenwald-Prozeß (Mai 1947) kamen erstmals die unmenschlichen Verbrechen der Ilse Koch zur Sprache. Sadistische Perversitäten wurden ihr vorgeworfen. Sie besaß Fotoalben und Lampenschirme, die aus der Haut von jungen KZ-Häftlingen hergestellt waren.
Am 14. August 1947 wurde sie von einem amerikanischen Lagergericht in Dachau wegen Verbrechen gegen die Menschlichkeit zu lebenslangem Zuchthaus verurteilt.
Mitte September 1948 begnadigte sie der amerikanische Militärgouverneur General Lucius D. Clay zu vier Jahren Gefängnis.
Aufgrund neu ermittelter Straftaten wurde sie 1949 erneut vor ein Gericht gestellt, diesmal ein deutsches in Augsburg. Ihr zweiter Prozeß lief von Ende November 1950 bis 15. Januar 1951. Sie wurde abermals zu lebenslänglichem Zuchthaus wegen Grausamkeiten an KZ-Häftlingen, wegen Anstiftung zum vollendeten Mord in einem Fall, wegen versuchten Mordes in einem Fall und wegen gefährlicher Körperverletzung in fünf Fällen verurteilt.
Ein neuerliches Revisionsbegehren wurde abgelehnt. Ilse Koch starb am 1. September 1967 im Frauengefängnis Aichach/Oberbayern.

Eichmann, Adolf

Einer der längsten Kriegsverbrecher-Prozesse, der gegen ein führendes Mitglied der SS geführt wurde, war der Schauprozeß gegen den Vollstrecker der »Endlösung der Judenfrage«, Adolf Eichmann, zu Beginn des Zweiten Weltkrieges Leiter des Judenreferates im Reichssicherheitshauptamt. Spektakulär wie sein Prozeß waren sein Leben nach dem Krieg und seine Entführung nach Israel.
Gegen Ende des Krieges von Himmler und Kaltenbrunner kaltgestellt und mit keinen wichtigen Aufgaben mehr betraut, wurde Eichmann im Mai 1945 in Österreich in Alt-Aussee von den Amerikanern gefangengenommen und in ein Lager für SS-Angehörige gebracht, wo er seine Identität verheimlichen konnte, obgleich Mitgefangene wußten, wer er war. Sein Name und die mit diesem Namen zusammenhängende Juden-Tötungsmaschinerie spielte bei den Nürnberger Hauptkriegsverbrecher-Prozessen 1946 eine Rolle, so daß Eichmann sich entschloß, aus dem Lager zu fliehen und zunächst in der Lüneburger Heide als Holzfäller unterzutauchen. Vier Jahre blieb er verschwunden. 1950 verschaffte ihm ein Franziskaner-Pater, der ihn kannte, einen Flüchtlingspaß, mit dem ihm die Flucht nach Argentinien gelang. Dort lebte er unter dem Namen Ricardo Klement, Junggeselle, staatenlos, katholisch, 37 Jahre alt, offiziell sieben Jahre jünger als er wirklich war.
Zwei Jahre später ließ er seine Frau und seine Kinder nachkommen. Er arbeitete in einer Mercedes-Benz-Fabrik in Suarez, einem Vorort von Buenos Aires, als Autoschlosser und Vorarbeiter, baute sich Anfang 1960 in einem anderen Vorort der Stadt ein einfaches Ziegelhaus, in dem er dann mit seiner Familie lebte.
Er verkehrte ziemlich regelmäßig in Nazi-Kolonien, unterhielt sich mit ehemaligen SS-Angehörigen und Nazis, die alle wußten, wen sie vor sich hatten.
Obgleich er kein Geheimnis um sich und seine Identität gemacht hatte, brauchte der israelische Geheimdienst viele Jahre, bis zum August 1959, um diesen Mann aufzuspüren. Woher die Israelis schließlich Eichmanns Aufenthaltsort erfahren haben, ist bis heute nicht ganz geklärt worden. Zeitweise wurde es für möglich gehalten, daß der russische Geheimdienst einen entsprechenden Tip gegeben hatte. Nach einem Ende November 1972 in der britischen Zeitung »Daily Express« erschienenen Bericht von Ladislas Farago, einem der ehemals bekanntesten Fachleute des US-Geheimdienstes, soll Eichmann acht Jahre lang vom argentinischen Geheimdienst beschattet worden sein, ehe er verhaftet wurde. Eindeutig jedoch waren seine Entführer israelische Agenten, die ihn schon Wochen vor der Entführung genau beschattet hatten.
Am 11. Mai 1960, als Eichmann gegen 18.30 Uhr aus einem Autobus stieg, den er täglich zur Fahrt zwischen Wohnung und Arbeitsplatz benutzte, ergriffen ihn plötzlich drei Männer, warfen ihn in ein parkendes Auto und fuhren mit ihm in ein bereits gemietetes Haus bei Buenos Aires. Dort mußte er eine Erklärung unterzeichnen, daß er bereit sei, sich einem israelischen Gericht zu stellen. Möglicherweise wurde ihm diese Erklärung auch erst in Jerusalem vorgelegt; sie sollte jedenfalls die Tatsache der gewaltsamen Entführung Eichmanns kaschieren.
Am 22. Mai 1960 traf er über den Luftweg in Israel ein.
In dem Monsterprozeß, der am 11. April 1961 gegen ihn eröffnet wurde, hatte Dr. Servatius, sein Verteidiger, keinen leichten Stand. Er hatte allein eine Unmenge Dokumente zu bearbeiten, besaß »weder die erforderliche Zeit noch Mittel«, den Angeklagten ordentlich zu vertreten, zumal es in Israel als einzigem Land der Welt möglich ist, Entlastungszeugen nicht zu vernehmen, und wo es der Verteidigung untersagt war, bestimmte Belastungszeugen ins Kreuzverhör zu nehmen. Überdies konnte der Angeklagte keine eigenen Entlastungsdokumente beischaffen, er war von vornherein der israelischen Justiz ausgeliefert.
Am 11. Dezember 1961 trat das Gericht zur Urteilsverkündung zusammen. Drei Richter verlasen an zwei Tagen die 224 Paragraphen des Urteils. Sie sprachen ihn von dem Vorwurf frei, hauptverantwortlich für

all das gewesen zu sein, was mit der »Endlösung« zu tun hatte, wodurch Eichmann nicht zum »Hauptkriegsverbrecher« gemacht wurde, verurteilten ihn jedoch in allen 15 Anklagepunkten, hauptsächlich (Anklagepunkte 1–4) wegen »Verbrechen gegen das jüdische Volk«, die er begangen habe in der Absicht, »das jüdische Volk zu vernichten«; die Tötung von Millionen Juden habe er veranlaßt, er habe für sie unwürdige Lebensverhältnisse herbeigeführt, ihnen körperlich und seelisch Schaden zugeführt und den jüdischen Frauen im KZ Theresienstadt ein Geburtenverbot bzw. Schwangerschaftsunterbrechungen auferlegt.
Die Anklagepunkte 5–12 betrafen »Verbrechen gegen die Menschheit«, wozu der Völkermord an nichtjüdischen Personen wie Zigeunern und Polen gehörte; Punkt 7 warf ihm »Raub des Vermögens von Millionen Juden unmittelbar vor (ihrer) Ermordung« vor, die Deportation von Hunderttausenden Juden, Polen und Zigeunern nach Auschwitz. Außerdem wurde Eichmann wegen seiner Zugehörigkeit zu drei der vier in Nürnberg als »verbrecherisch« bezeichneten Organisationen verurteilt: zur SS, zum Sicherheitsdienst (SD) und zur Gestapo (Geheime Staatspolizei). Auf allen Verbrechen, deren er schuldig gesprochen wurde, stand die Todesstrafe, die am 15. Dezember 1961, morgens um 9 Uhr, verkündet wurde.
Eichmann und sein Verteidiger reichten ein Revisionsgesuch ein. Die Revisionsverhandlung begann am 22. März 1962 vor fünf Richtern des Obersten Israelischen Gerichts. Die Anklagevertreter (Hausner und vier Gehilfen) und der Verteidiger (Dr. Servatius) waren die gleichen wie im ersten Prozeß. Abermals versuchte Servatius, die Zuständigkeit des israelischen Gerichts zu bezweifeln. Es war ihm jedoch nicht gelungen, neue und stichhaltige Entlastungszeugen aufzubieten, sein Plädoyer war ein ziemlich konfuses Gerede, teilweise getragen aus purem Mißverständnis der Dokumente. Er machte keine glückliche Figur und konnte vor allem in keinem Punkt das Urteil des Gerichts erschüttern.
Am 29. Mai 1962 sprach dann die Zweite Instanz ihr Urteil, eine volle Bestätigung des erstinstanzlichen Urteils.
Noch am gleichen Tag richtete Eichmann ein Gnadengesuch an den israelischen Präsidenten Ben-Zvi. In Hunderten von Telegrammen und Briefen setzten sich führende Persönlichkeiten aus aller Welt für eine Begnadigung Eichmanns ein, unter ihnen auch der Religionsphilosoph Martin Buber.
Am 31. Mai lehnte Präsident Ben-Zvi sämtliche Gnadengesuche ab und nur wenige Stunden später, kurz vor Mitternacht, wurde Eichmann gehängt. Die Asche seines verbrannten Leichnams wurde ins Mittelmeer geworfen, und zwar außerhalb des israelischen Hoheitsgebietes.
Nachdem die Israelis das Todesurteil vollstreckt hatten, kamen von überallher scharfe Proteste, Martin Buber z.B. bezeichnete die Hinrichtung als einen »Fehler geschichtlichen Ausmaßes«, andere nannten die Todesstrafe für Verbrechen dieser Art und dieses Umfanges eine Absurdität, denn Eichmanns Taten überstiegen die Grenzen einer menschenmöglichen Bestrafung. –
Dies war der erste große Schauprozeß, der in Jerusalem geführt wurde. Der zweite fand zehn Jahre später gegen den Lod-Attentäter Okamoto statt.

f) Prozesse wegen Einzelaktionen

Nach Kriegsende fanden viele Prozesse gegen Einzelpersonen statt, denen keine direkten Vergehen weder durch die Methode der Euthanasie noch durch Massenvernichtungsaktionen noch durch KZ-Verbrechen, sondern solche durch eigenes Verschulden nachgewiesen werden konnten. In dieser Gruppe konnten Vergehen aufgedeckt werden, die man als »Kriegsverbrechen« bezeichnen kann.
So wurde in Nürnberg 1962 der ehemalige General der Waffen-SS Erich von dem Bach-Zelewski wegen Ermordung von sechs Kommunisten im Jahre 1933 zu lebenslänglichem Zuchthaus verurteilt.
Der frühere SS-Brigadeführer Heinz Karl Fanslau wurde wegen der Erschießung eines SA-Scharführers zur Zeit des Röhm-Putsches am 30. Juni 1934 von einem Münchener Gericht 1963 zu drei Jahren Zuchthaus verurteilt.
Wegen der Tötung eines Juden in der »Kristallnacht« wurde 1962 der SS-Rottenführer Wilhelm Strysio zu fünf Jahren Gefängnis wegen Totschlags verurteilt.
Wurden nach dem Krieg erst einzelne Verbrechen geahndet, die bereits in den Anfängen des 3. Reiches geschehen sind, so betraf doch die Hauptsache der Verfahren solche Delikte, die in den letzten Kriegswochen begangen wurden. So erschoß Franz Feucht im April 1945 in der Nähe von Wien 27 rumänische Kriegsgefangene. 1958 erhielt er dafür 9 Jahre Zuchthaus wegen Beihilfe zu 27 Morden. Wegen Erschießung von drei Häftlingen bei einem Evakuierungsmarsch in der Nähe von Hannover im April 1945 erhielt SS-Stabsscharführer Paul Maas drei Jahre und sechs

Monate Zuchthaus. Der ehemalige Polizeipräsident und SA-Gruppenführer Franz Bauer bekam fünf Jahre Gefängnis, weil er am 21. März 1945 die Erschießung von 23 Fremdarbeitern in Duisburg angeordnet hatte.
Wegen derartiger Einzelaktionen wurden, um nur einige Namen zu nennen, verurteilt:
Dr. Helmuth Thieme, zehn Jahre Gefängnis wegen Erschießung von drei Soldaten; Karl Hornberger, zehn Jahre Zuchthaus wegen Tötung eines angeblichen Kommunisten; Major Erich Stentzel, drei Jahre und sechs Monate Zuchthaus wegen Erschießung eines Müllers in Rummelsmühle, der am 12. April 1945 die weiße Fahne gehißt hatte; SA-Standartenführer Kurt Schädlich, acht Jahre Zuchthaus wegen vierfachen Totschlags von Bürgern in Ingelheim und Hechtsheim, die ebenfalls die weiße Fahne herausgehängt hatten.
Zu den prominentesten nach dem Krieg wegen Einzelverbrechen verurteilten NS- oder Wehrmachtsführern gehörten: General Hans Eccard von Manteuffel (18 Monate Gefängnis), SS-Obersturmbannführer Kurt Ellersiek (vier Jahre und sechs Monate wegen Erschießung eines Gefreiten am 25. März 1945 in Frankfurt), Generalfeldmarschall Ferdinand Schörner (vier Jahre und sechs Monate wegen Erschießung von deutschen Soldaten 1945); General der Waffen-SS Sepp Dietrich (ein Jahr und sechs Monate wegen Mitwirkung beim Röhmputsch 1934). Diese Urteile gegen führende Köpfe fanden wegen ihrer Milde viel Kritik. Wurden doch Generale weit weniger hart bestraft als kleine Soldaten, die auf ihren Befehl hin hatten töten müssen. So hielt das Gericht von Düsseldorf 1959 dem General von Manteuffel zugute, daß er sich als Führer der Panzergrenadierdivision »Großdeutschland« tapfer bewährt habe und noch im Februar 1945 als 27. Soldat der Wehrmacht die höchste deutsche Tapferkeitsauszeichnung, die Brillanten zum Ritterkreuz mit Eichenlaub und Schwertern von Hitler verliehen bekam.

g) Namensliste verurteilter Persönlichkeiten des Dritten Reiches

SS-Obergruppenführer Dr. med. Rudolf Brandt. Im Ärzteprozeß zum Tode verurteilt und 1948 in Landsberg hingerichtet.
SS-Sturmbannführer Anton Alois Brunner. Eichmanns Fachmann für Judendeportationen. In Wien 1946 hingerichtet.
General Alexander von Falkenhausen. 1951 in Brüssel zu zwölf Jahren Gefängnis verurteilt, kurz darauf freigelassen.
SS-Brigadeführer Hermann Harster. 1947 in Haag zu 12 Jahren Gefängnis verurteilt, 1953 freigelassen.
Generalfeldmarschall Erich von Manstein. 1949 von einem britischen Gericht in Hamburg zu 18 Jahren Gefängnis verurteilt, 1952 freigelassen.
Generalfeldmarschall Erhard Milch. 1947 in Nürnberg zu lebenslänglichem Kerker verurteilt, 1954 aus der Haft entlassen.
SS-Obergruppenführer Oswald Pohl, 1947 in Nürnberg zum Tode verurteilt, 1951 hingerichtet.
Generalleutnant Hans von Salmuth. In Nürnberg 1948 wegen Mitwirkung an den Judenmassakern in Kolyma zu 20 Jahren Gefängnis verurteilt. 1953 aus der Haft entlassen.
SS-Gruppenführer Walter Schellenberg. Wegen Teilnahme an der Ermordung russischer Kriegsgefangener 1949 zu sechs Jahren Gefängnis verurteilt. 1950 freigelassen, 1952 gestorben.
SS-Hauptsturmführer Heinz Schubert. 1948 in Nürnberg zum Tod verurteilt, 1952 freigelassen.

SS-Standartenführer Walter Seibert. 1948 in Nürnberg zum Tod verurteilt. 1955 freigelassen.

SS-Brigadeführer Jakob Sporrenberg. Wegen Leitung der Massaker in Majdanek 1950 in Warschau zum Tod verurteilt.

SS-Obergruppenführer Karl Wolff, Stellvertreter Himmlers. 1946 zu vier Jahren Arbeitslager verurteilt, 1949 freigelassen.

SS-Sturmbannführer Friedrich Pradel und

SS-Untersturmführer Harry Wentritt. Im sog. »Gaswagen-Prozeß« wegen Beihilfe zum Mord in 3832 Fällen zu sieben bzw. drei Jahren Gefängnis verurteilt (in Hannover 1961).

SS-Standartenführer Albert Rapp wegen gemeinschaftlich begangenen Mordes in 1180 Fällen zu zehnmal lebenslangem Gefängnis verurteilt (in Essen 1965).

SS-Obersturmbannführer Wilhelm Wiebens wegen gemeinschaftlich begangenen Mordes in zwei Fällen zu lebenslangem Gefängnis verurteilt, in Westberlin 1966.

SS-Sturmführer Martin Fellenz wegen Beihilfe zum Mord in vier Fällen 1966 in Kiel zu sieben Jahren Gefängnis verurteilt.

Kriminaloberrat a. D. Georg Heuser 1963 in Koblenz zu 15 Jahren Gefängnis verurteilt.

Staatssekretär im Bundeskanzleramt unter Konrad Adenauer Hans Globke 1963 in der DDR in Abwesenheit zu lebenslangem Gefängnis verurteilt wegen seiner Mitarbeit an den Gesetzen und Verordnungen während des Dritten Reiches, die die Grundlage für die Ausrottung der Juden geschaffen hatten.

Panzergeneral Hasso von Manteuffel, 1961 begnadigt, nachdem er 1959 wegen Totschlags zu eineinhalb Jahren Gefängnis verurteilt worden war. Er war schuldig gesprochen worden, 1944 die Erschießung eines 19jährigen Soldaten angeordnet zu haben, der von einem ordentlichen Kriegsgericht wegen unerlaubter Entfernung von der Truppe bereits zu zwei Jahren Gefängnis verurteilt worden war.

SS-Obersturmbannführer Wolfgang Wetzling erhielt lebenslanges Gefängnis wegen Mordes in drei Fällen.

Hauptmann Ernst Moritz Klönne erhielt im »Fremdarbeiter-Prozeß« in Hagen 1959 wegen Totschlags und Beihilfe zum Totschlag sechs Jahre Gefängnis.

Major Manfred Blume, 1966 in Hamburg wegen Morde im Raum Woronesch zu 15 Jahren Gefängnis verurteilt.

Polizeihauptmann Paul Degenhardt erhielt im Mai 1966 wegen Mordes an fast 50 Juden lebenslanges Gefängnis.

SS-Oberführer Erich Ehrlinger in Karlsruhe 1961 wegen Beihilfe zum Mord an Juden in über 1000 Fällen zu zwölf Jahren Gefängnis verurteilt.

SS-Hauptsturmführer Dr. Hans Schumacher in Karlsruhe 1961 wegen Beihilfe zum Mord in 240 Fällen zu vier Jahren Gefängnis verurteilt.

SS-Untersturmführer Reinhold Brunnert in Karlsruhe 1961 wegen Beihilfe zum Mord in 30 Fällen zu vier Jahren Gefängnis verurteilt.

SS-Obersturmführer Hans Graalfs in Kiel 1964 wegen Beihilfe zum gemeinschaftlich begangenen Mord in 760 Fällen zu drei Jahren Gefängnis verurteilt.

Heinrich Mocek und Wilhelm Richardt erhielten in Mannheim 1965 im sog. »Tuchelprozeß« wegen Mordes in 17 bzw. 45 Fällen lebenslanges Gefängnis. Sie hatten im Staatswald zwischen Tuchel und Rudabruck an der Erschießung polnischer Staatsangehöriger teilgenommen.

Robert Mohr, Theodor Groever und Walter Pohl erhielten im Wuppertaler Einsatzkommando-Prozeß 1966 acht bzw. fünf bzw. vier Jahre Gefängnis.

Gestapo-Kommissar Alfred Krumbach, 1963 in Dortmund wegen Beihilfe zum Mord in 827 Fällen zu vier Jahren und sechs Monaten Gefängnis verurteilt.

Gestapo-Kommissar Wilhelm Gerke, 1963 in Dortmund wegen Beihilfe zum Mord in 1109 Fällen zu fünf Jahren Gefängnis verurteilt. Gerke und Krumbach waren angeklagt, an der Erschießung von Juden und Kommunisten an der litauischen Grenze beteiligt gewesen zu sein.

SS-Gruppenführer Otto Ohlendorf. Als Führer der »Einsatzgruppe D«, der die Ermordung von 90000 Juden und Kommunisten in Südrußland zur Last gelegt wurde, am 10. 4. 1948 in Nürnberg zum Tode verurteilt und 1951 in Landsberg hingerichtet.

SS-Obersturmführer Richard Hartmann erhielt im Dezember 1970 sechs Jahre Freiheitsstrafe, weil er als Angehöriger des »Judenreferates« im Reichssicherheitshauptamt wissentlich an der Deportation und Ermordung von mindestens 5741 Menschen mitgewirkt hat. Die Transporte kroatischer Juden waren ins KZ Auschwitz gebracht worden.
(Das Urteil war noch nicht rechtskräftig).

Max Krahner, Otto Goldapp und Otto Drews wurden am 17. Oktober 1967 in Hamburg zu lebenslänglichem Zuchthaus verurteilt, weil sie als Angehörige des »Kommando 1005« an der Tötung von 500 Russen, Polen und Juden beteiligt waren.

Kurt Migge erhielt lebenslanges Zuchthaus (1951 in Hamburg) wegen Mitwirkung bei der Erschießung von fünf Juden.

Rudolf Seck erhielt lebenslanges Zuchthaus (Hamburg 1951) wegen Beihilfe zur Erschießung von acht Juden.

Wilhelm Rosenbaum erhielt lebenslanges Zuchthaus (Hamburg 1968) wegen Mordes in 18 Fällen an mindestens 148 Menschen.

Karl Reisener, zu lebenslangem Zuchthaus 1969 (Hamburg) verurteilt wegen Judenerschießungen.

Willi Schroth erhielt sechs Jahre Gefängnis wegen Beihilfe zum Mord an drei jüdischen Zwangsarbeitern im Rüstungsbetrieb »Reichswerke Hermann Göring«.

Walter Paulikat, Leiter des Gendarmerie-Kreispostens Mielen/Polen, erhielt 1971 (Arnsberg) lebenslange Freiheitsstrafe wegen Mordes an einer 18jährigen Jüdin.

SS-Oberscharführer Kurt Dannenberg wurde 1971 (Memmingen) zu zwei Jahren Gefängnis verurteilt wegen Judenerschießungen. Die Revision wurde beantragt.

Bruno Berger, Dr., erhielt im »Ahnenerbe-Prozeß« in Frankfurt (1971) drei Jahre Gefängnis.

Paul Zapp wurde 1970 in München zu lebenslangem Zuchthaus verurteilt wegen acht Verbrechen des in Mittäterschaft begangenen Mordes an mindestens 13449 Menschen.

SS-Scharführer Baron Leo von der Recke erhielt wegen zweier Verbrechen der Beihilfe zum Mord an mindestens 5000 Menschen 13 Jahre Zuchthaus (München 1970, Einsatzkommando-Prozeß).

SS-Obersturmführer Karl Heinrich Noa erhielt wegen Beihilfe zum Mord an mindestens 897 Menschen sieben Jahre Zuchthaus (München 1970, Einsatzkommando-Prozeß)

Joachim Becker erhielt im 3. Euthanasieprozeß in Frankfurt 1970 wegen Beihilfe zum Massenmord an rund 28000 geisteskranken und invaliden KZ-Häftlingen zehn Jahre Freiheitsstrafe.

Wilhelm Lorent erhielt ebenfalls im 3. Frankfurter Euthanasieprozeß 1970 wegen Beihilfe bei der Ermordung von über 3200 KZ-Häftlingen sieben Jahre Freiheitsstrafe.
Becker und Lorent verkündeten nach Urteilsspruch, daß sie Revision einlegen wollten.

SS-Hauptscharführer Franz Josef Müller in Kiel 1970 zu zwölf Jahren Freiheitsstrafe verurteilt wegen gemeinschaftlichen Mordes in vier Fällen im Ghetto Bochnia/Polen. Die Anklagebehörde erhob Einspruch gegen das Urteil.

SS-Hauptsturmführer Franz Novak wurde in Wien (1972) zu sieben Jahren schweren Kerkers verurteilt. Als Transportleiter des in Israel hingerichteten Adolf Eichmann wurden ihm »öffentliche Gewalttätigkeit durch boshafte Handlungen und Unterlassungen unter besonders gefährdenden Verhältnissen« vorgeworfen.

SS-Mann Hans Sobotta wurde in München 1971 zu lebenslangem Gefängnis wegen Ermordung von jugendlichen Juden verurteilt.

SS-Obersturmbannführer Fritz Gebauer erhielt (Saarbrücken 1971) wegen Ermordung von drei jüdischen Häftlingen in den von ihm geleiteten »Deutschen Ausrüstungswerken« in Lemberg lebenslange Haftstrafe. Das Revisionsverfahren wies der Bundesgerichtshof 1972 als unbegründet zurück.

SS-Sturmbannführer Friedrich Boßhammer wurde in Berlin im April 1972 wegen gemeinschaftlich begangenen Mordes an 3300 italienischen Juden zu lebenslanger Freiheitsstrafe verurteilt. Das Gericht stellte fest: »Er war ... als mit Hitler, Himmler und Eichmann gemeinschaftlich handelnder Mittäter wegen Mordes zu lebenslanger Freiheitsstrafe zu verurteilen.« Die Verteidigung legte gegen das Urteil Revision ein. Wegen schwerer Krankheit erhielt er im November 1972 Haftverschonung. Am 18. Dezember 1972 starb er in einem Westberliner Krankenhaus.

SS-Obersturmführer Kurt Trimborn, in München 1972 zu vier Jahren Freiheitsentzug wegen Beihilfe zum Mord verurteilt.

SS-Untersturmführer Friedrich Severin, 1972 in München zu vier Jahren Freiheitsentzug wegen Beihilfe zum Mord verurteilt.

SS-Untersturmführer und Arzt Dr. Heinrich Görz zu vier Jahren Freiheitsentzug 1972 in München verurteilt (Beihilfe zum Mord).

Horst Schumann, Arzt im KZ Auschwitz. Er floh nach dem Ende des Krieges in den Sudan und wurde in Accra der persönliche Arzt von Präsident Nkrumah. Zwei Jahre nach dem Staatsstreich von 1966 wurde er an die BRD ausgeliefert. Nach dreijähriger Haft wurde er am 29. Juli 1972 aus dem Gefängniskrankenhaus entlassen.

Anton Ganz wurde Mitte November 1972 zu lebenslangem Gefängnis verurteilt, weil dem nun 73jährigen nachgewiesen werden konnte, daß er als Kommandant des KZ Ebensee im Salzkammergut den Tod durch Erhängen von fünf Häftlingen aus niedrigen Motiven angeordnet und zwei andere Häftlinge zu Tode getrampelt habe.

Wilhelm Bartsch wurde im sog. »Arnsberger Judenmordprozeß« im Dezember 1972 wegen Beihilfe zum Mord an etwa 5000 Juden während des Jahres 1942 in Polen zusammen mit Josef Laibenthal zu je fünf Jahren Freiheitsstrafe verurteilt. Im gleichen Prozeß erhielt Walter Augustin fünf Jahre, Albert Krischok vier Jahre, Ludwig Romeis zwei Jahre Gefängnis. Alle Verurteilten waren Mitglieder der Gestapo gewesen.

h) Schlagzeilen über: »Die Drei von Breda« ...

Mitte Februar 1972 schlug der holländische Justizminister van Agt (Jahrgang 1931) vor, die drei letzten deutschen Kriegsverbrecher, die zunächst zum Tode, dann aber zu lebenslanger Haft verurteilt worden waren, zu begnadigen.

Die drei deutschen ehemaligen SS-Angehörigen verbüßen ihre Freiheitsstrafen im

holländischen Schwerverbrechergefängnis in Breda. Es sind dies: der ehemalige Kommandant des Konzentrationslagers Amersfoort, Ferdinand aus der Fuenten, die SS-Männer Franz Fischer und Josef Kotaella. Außer zwei weiteren deutschen Offizieren, die in Italien inhaftiert sind (dazu gehört Kappler), und Gauleiter Koch in Polen sind sie die letzten Deutschen, die wegen ihres Verhaltens im Zweiten Weltkrieg im Ausland im Gefängnis sitzen.
Da nach holländischem Recht der Königin erst dann eine Begnadigung vorgeschlagen werden kann, wenn zuvor die Abgeordnetenkammer befragt ist und die Meinungen verschiedener Organisationen eingeholt sind, entstand im Februar 1972 in Holland eine leidenschaftliche Diskussion, verstärkt durch Demonstrationszüge, über die Frage, ob 27 Jahre nach Kriegsende ein Verbrechen abgebüßt sein könne, das über 30000 bis 40000 jüdische Familien Schrecken und Tod gebracht hatte. Von den 41 Sprechern, die gehört werden mußten, waren nur sechs für die Begnadigung. Unter dem Druck der Öffentlichkeit, vor allem älterer Menschen, Juden und ehemaligen KZ-Insassen, konnte sich van Agt nicht durchsetzen und ein Gnadengesuch bei der Königin einreichen.
Der Wunsch van Agts, daß die Zeit Wunden heilen könne, ging nicht in Erfüllung. Die Erinnerung habe sich vielmehr vererbt. Van Agt blieb bei seiner grundsätzlichen Einstellung, »wonach eine Strafe, die ihren gesellschaftlichen Sinn verloren hat, nicht mehr zu vollziehen ist. Aus Gründen, die außerhalb des Rechts liegen, ist aber die sofortige Entlassung der drei heute unausführbar.«
Wie Mitte 1972 mitgeteilt wurde, wurden die »Drei von Breda« in eine Klinik in Utrecht zur Untersuchung ihres Geisteszustandes eingeliefert. Der niederländische Justizminister van Agt gab bekannt, daß die Regierung damit ihrem Versprechen nachkommen wolle, die früheren SS-Angehörigen dann freizulassen, wenn die weitere Strafverbüßung aus gesundheitlichen Gründen sinnlos geworden ist.

. . . und Kappler, Herbert

Im Juli 1948 wurde vom römischen Militärtribunal der ehemalige SS-Obersturmbannführer Herbert Kappler als Verantwortlicher für die Erschießung von 335 Geiseln zu lebenslangem Gefängnis verurteilt. Alle Bemühungen um eine vorzeitige Freilassung blieben ebenso erfolglos wie ein Gnadengesuch. Kein italienischer Staatsanwalt wollte es auf sich nehmen, den vor allem von der linken Presse als Inbegriff des SS-Verbrechers dargestellten Kappler, »den Henker von Rom«, in Freiheit zu setzen.
Im März 1972 gab der ehemalige deutsche Polizeichef von Rom, der in Gaeta seine Strafe verbüßt, bekannt, daß er, heute 64 Jahre alt, im Gefängnis eine Heilpraktikerin aus Fallingbostel (Lüneburger Heide) heiraten werde.
Die genauere Geschichte Kapplers ist folgende: Rom war 1944 zur »offenen Stadt« erklärt worden, was bedeutet, daß die Stadt vor direkten Kriegshandlungen verschont werden sollte. Aus Rücksicht auf die Bevölkerung waren auch keine deutschen Truppen in der Stadt, als die alliierten Verbände vom Süden her gegen Rom vorrückten. Diese Lage nutzten die Partisanen unter Führung von Kommunisten aus. Täglich wurden Menschen, Deutsche und Italiener, Männer, Frauen und Kinder, aus dem Hinterhalt erschossen.
Zur Sicherung der Stadt ordnete Kappler den Einsatz von deutschen Polizeieinheiten an, die ständig durch Rom patrouillierten. Kappler, von Beruf Kriminalrat, versuchte die Partisanen durch Plakataktionen und Vergeltungsmaßnahmen abzuschrecken.
Am 23. März 1944 marschierte eine deutsche Polizeieinheit singend zur Wachablösung durch die Via Rasella in die deutsche Standortkommandantur.
Plötzlich explodierte ein Müllwagen. Es gab 32 Tote, darunter zwei Frauen und ein Kind.
Der Attentäter entkam in der Kleidung eines Straßenkehrers. Es war der damalige Medizinstudent Rosario Bentivegna, heute ein angesehenes Parteimitglied und ein renommierter Arzt.
Noch am gleichen Tag gab Kappler eine Meldung des Überfalls an das Oberkommando der Wehrmacht durch. Von dort erhielt er den Befehl, für jeden Ermordeten zehn Geiseln zu erschießen, und zwar innerhalb von 24 Stunden.
320 Geiseln wurden daraufhin auf Befehl Kapplers in die unterirdischen Gänge der Via Ardeatina gebracht und dort erschossen. Während der Vorbereitungen zu diesem Vergeltungsschlag starb ein weiterer deutscher Polizist. Auf eigenen Entschluß Kapplers hin wurden 10 weitere Geiseln erschossen. Damit waren es 330 Menschen.
Einen Tag später stellte sich nun heraus, daß fünf Geiseln zuviel erschossen worden waren, also 335. Dies war aber nicht ein Verschulden Kapplers, sondern des italienischen Gefängnisdirektors Donato Caretta, der

aus Versehen fünf Geiseln zu viel geschickt hatte. Sie alle stammten aus dem Gefängnis, dem Caretta vorstand.
Im Kriegsverbrecher-Prozeß 1948 verurteilte das Tribunale di Roma Kappler nicht wegen der erschossenen 320 Geiseln – die Vergeltungsquote 1:10 galt nach Partisanenkriegsregeln als gerecht –, sondern wegen der zehn Geiseln, die Kappler auf eigene Verantwortung hatte erschießen lassen, zu lebenslänglichem Gefängnis.
Caretta wurde wegen der fünf Geiseln, die er versehentlich zur Exekution freigegeben hatte, später von Partisanen entführt und im Tiber ertränkt.

i) NS-Prozesse in der BRD und der DDR

In den Jahren zwischen 1958 und 1968 fanden in der Bundesrepublik Deutschland 228 NS-Prozesse statt.
86 Angeklagte erhielten lebenslange Freiheitsstrafen,
610 Personen waren wegen Mordes und Beihilfe zum Mord angeklagt,
267 Personen erhielten zeitlich begrenzte Gefängnisstrafen,
165 Personen wurden freigesprochen,
60 Verfahren wurden wegen Todes oder schlechten Gesundheitszustandes des Angeklagten eingestellt.

Gerichte der DDR sprachen zwischen 1949 bis 1967 mindestens 194 Todesurteile aus, davon 75 in NS-Prozessen. Genaue Angaben über die Aburteilung von NS-Verbrechern in der DDR wurden nicht bekannt, weil die zuständigen Behörden keine Materialeinsicht zu gewähren pflegen.
Nur gelegentlich werden Einzelfälle bekannt.
So wurde 1966 der Auschwitz-Arzt Horst Fischer in der DDR wegen Beteiligung am Mord von etwa 70000 Menschen hingerichtet; 1971 wurde von einem Ost-Berliner Stadtgericht Hans Baumgartner zum Tode verurteilt wegen Ermordung von 6330 Menschen im Juli 1941 in der heutigen lettischen Sowjetrepublik.
Im Dezember 1970 wurde in Erfurt Paul Weckmüller wegen Ermordung von mindestens 30 Polen zu einer längeren Freiheitsstrafe verurteilt. Mit ihm verurteilt wurden Wilhelm Wegener und Max Kuckuck.

j) Verbrechen an der Zivilbevölkerung

Wie es in der Geschichte Namen gibt, die an besonders große Siege oder Niederlagen erinnern (z.B. Austerlitz, Waterloo, Verdun, Stalingrad u.a.), so bleiben auch bestimmte Namen im Gedächtnis, die mit der planmäßigen Ausrottung von Zivilisten während des Kriegsgeschehens verknüpft sind. Solche Namen sind natürlich in erster Linie die von Konzentrationslagern in aller Welt.
Treblinka mag für viele stehen: hier wurden zwischen Juli 1942 und Oktober 1943 mindestens 700000 polnische Juden getötet. Aber auch andere Ortsnamen erinnern an Greueltaten: Lidice etwa, jenes Dorf bei Prag, wo die SS am 10. Juni 1942 sämtliche männlichen Einwohner über 16 Jahre erschoß und die Frauen in Konzentrationslager verschleppte. Ein Racheakt für das Attentat auf den stellvertretenden Reichsprotektor von Böhmen und Mähren, Reinhard Heydrich (vgl. S. 255).
Das französische Dorf Oradour sei erwähnt, wo am 10. Juni 1944 nahezu die ganze Bevölkerung von Angehörigen der SS-Division »Das Reich« in die Dorfkirche zusammengetrieben und mit der Kirche verbrannt wurden. Auch dies war ein Racheakt gegen die heimtückischen Anschläge französischer Heckenschützen, die nach Art des Guerilla-Krieges die auf dem Weg zur Normandie befindliche Division aus dem Hinterhalt überfallen hatten. Unbeteiligte mußten für den wilden Patriotismus ihrer Landsleute büßen.

Im spanischen Bürgerkrieg wurde der Name Guernica weltweit bekannt. Deutsche Luftstreitkräfte der »Legion Condor«, jener Truppe, die in Spanien Kriegserfahrungen sammelte und auf der Seite Francos kämpfte, bombardierten am 26. April 1937 die kleine baskische Stadt, die etwa 30 Kilometer hinter der Front lag, unverteidigt und unvorbereitet. Die Stadt wurde völlig zerstört, 1654 Menschen starben im Bombenhagel und Maschinengewehrfeuer, 889 wurden verwundet. Später vermuteten Historiker, die Zerstörung der Stadt sei eine Art Probeunternehmen der Deutschen gewesen, die die Wirkung eines genau geplanten Luftangriffes studieren wollten.

Wie hier hatte auch während der vielen Luftangriffe im Zweiten Weltkrieg fast ausschließlich die Zivilbevölkerung das ganze Ausmaß des Terrors allein zu tragen. Für die vielen zerstörten Städte stehen die Namen Dresden, Hamburg, Berlin, München, aber auch Rotterdam, London und nicht zuletzt Hiroshima und Nagasaki und heute Vietnam. Namen, die an die Opfer der Zivilbevölkerung erinnern; Namen, die den Feind der Kriegsverbrechen schuldig machten; Namen, die an eine totale Kriegsführung gemahnen: durch Terror gegen Zivilisten soll allemal der militärische Widerstand an der Front zermürbt, demoralisiert, geschwächt oder gar gebrochen werden.

k) Kriegsverbrechen, begangen von Nicht-Deutschen

Während Kriegsverbrechen, die im Verlauf des Zweiten Weltkrieges von Deutschen begangen wurden, nach dem Krieg ziemlich ausführlich und streng verfolgt wurden, kam es kaum zu Urteilen gegen Ausländer, die Kriegsverbrechen begingen. Bekannt wurden nur wenige Fälle, darunter folgende:

Die beiden polnischen Staatsangehörigen *Grimbowski* und *Fuhrmann* waren die verantwortlichen Leiter des polnischen KZ Lamsdorf, in dem zahlreiche deutsche Häftlinge untergebracht waren und 6480 ermordet wurden.

Ein mehrmals geforderter Prozeß wegen dieser Morde kam bisher nicht zustande.

Das Urteil des Prozesses gegen den Polen *Alexander Palczynski*, der als Angehöriger der polnischen Miliz im Sommer 1945 zwei Deutsche erschossen hat, wurde nicht bekannt.

Stasaitis, Juozas

Die Große Frankfurter Jugendstrafkammer verurteilte am 27. April 1972 den heute 50 Jahre alten Juozas Stasaitis zu dreieinhalb Jahren Jugendstrafe. Er wurde schuldig gesprochen, als 19jähriger litauischer Hilfspolizist in Tauroggen während der Monate Juli und August 1942 an zwei Exekutionen beteiligt gewesen zu sein, bei denen mindestens 220 Juden und drei Kommunisten erschossen wurden. Das Gericht verurteilte ihn wegen Beihilfe zum Massenmord in zwei Fällen.

Stasaitis hatte sich nach dem Einmarsch deutscher Truppen freiwillig zum litauischen Ordnungsdienst gemeldet, der von der Gestapo, der SS und dem SD zuerst für Bewachungsaufgaben aufgestellt worden ist, dann aber zu Exekutionen an Juden und Kommunisten herangezogen wurde.

In diesem Prozeß gab es, erstmals in der Frankfurter Justizgeschichte, keine Tatzeugen.

Kriegsverbrecherprozeß in Moskau

Anfang April 1972 verurteilte ein sowjetisches Militärgericht in der ukrainischen Stadt Golowanjewsk zwei Männer zum Tod durch Erschießen. Ihnen wurde vorgeworfen, während der deutschen Besatzungszeit Kriegsverbrechen an mehr als hundert Juden begangen und Kontaktpersonen zu sowjetischen Partisanen zusammengetrieben und getötet zu haben. Die beiden Männer hatten sich einer von der deutschen Besatzung aufgestellten Polizeitruppe angeschlossen und gegen die Sowjetunion gekämpft.

Massaker in Katyn

Nach dreißigjähriger Geheimhaltung gab das britische Foreign Office 1972 Dokumente bekannt, wonach eindeutig hervorgeht, daß das Massaker von Katyn, dem 1940 rund 10000 polnische Offiziere zum Opfer gefallen waren, von der Sowjetunion verschuldet wurde.

Die deutsche Reichsregierung hatte im April 1943 bekanntgegeben, daß von deutschen Soldaten in den Wäldern des 20 Kilometer westlich von Smolensk gelegenen Dorfes Katyn Massengräber mit den Leichen der polnischen Offiziere gefunden worden seien.
Die sowjetische Regierung hatte diese Behauptung stets energisch bestritten und die Schuld den Deutschen in die Schuhe geschoben. Nach den nun veröffentlichten Geheimdokumenten hatten die Sowjets bei ihrem Einfall in Ostpreußen 1939 etwa 180000 Kriegsgefangene gemacht. Anfang 1940 seien 9000 bis 10000 Offiziere und 6000 andere Dienstgrade, sowie Polizeioffiziere und Beamte in Lager nach Kozielsk, Starobielsk und Ostaschkow gebracht worden. Hier wurden sie umgebracht.
Über den riesigen Massengräbern pflanzten die Mörder Koniferensetzlinge.
Die Geheimakten wurden deshalb so lange zurückgehalten, um die guten Beziehungen zwischen England und der Sowjetunion nicht über Gebühr zu belasten. Die britische Regierung war gegenüber der sowjetischen zur Zurückhaltung gezwungen.

Petricevic, Bosko

Ende Dezember 1972 verurteilte ein Gericht in Titograd in Jugoslawien den naturalisierten amerikanischen Bürger *Bosko Petricevic* wegen Kriegsverbrechen zu 13 Jahren Freiheitsentzug. Der 68jährige Angeklagte war für schuldig befunden worden, während des Zweiten Weltkrieges in Jugoslawien Zivilisten widerrechtlich inhaftiert und mißhandelt zu haben. Petricevic bestritt während des 13 Tage dauernden Prozesses die ihm zur Last gelegten Verbrechen. Vor allem wurde ihm vorgeworfen, von Titos Partisanen desertiert zu sein und sich der Polizei gestellt zu haben, um anschließend als Polizist zahlreiche Partisanen verhaften zu können.
Nach dem Krieg entkam er in die Vereinigten Staaten, kehrte aber 1970 nach Jugoslawien zurück.
Da der Angeklagte als jugoslawischer Staatsbürger galt, lehnte das Gericht den Antrag der amerikanischen Botschaft ab, an seiner Verteidigung mitzuwirken.

3. Kriegsverbrechen, begangen (nach 1945) in:

a) Israel

Mitte März 1972 beschuldigte die UNO-Kommission für Menschenrechte Israel, in den von Israelis besetzten arabischen Gebieten die Menschenrechte verletzt und Kriegsverbrechen begangen zu haben. Die Kommission bezeichnete alle Maßnahmen zur Annektierung oder Besiedlung der besetzten Territorien als null und nichtig. Eine entsprechende Resolution wurde mit 15 gegen vier Stimmen bei elf Enthaltungen angenommen.
In der von Ägypten, Libanon und Tansania eingebrachten Resolution äußerte die Menschenrechtskommission ihre ernste Besorgnis darüber, daß Israel in den besetzten arabischen Gebieten israelische Siedlungen errichte, Menschen deportiere, Ortschaften zerstöre, Eigentum beschlagnahme, kollektive Bestrafungen vornehme, Gefangene mißhandle und Personen nur durch Verwaltungsentscheid verhafte.
Zu den Ländern, die für die Resolution stimmten, gehörten u.a. Frankreich, Sowjetunion, Rumänien, Polen, Indien, Pakistan, Türkei, Persien, Ägypten, Libanon, Marokko, Nigeria und Tansania.
Dagegen stimmten die USA, Niederlande, Guatemala.
Der Stimme enthielten sich u.a. Großbritannien, Italien, Österreich, Norwegen, Chile, Mexiko, Peru, Venezuela und die Philippinen.

b) Bangla Desh

Die Regierung von Bangla Desh bildete Mitte März 1972 73 Sondergerichte, von denen »Kollaborateure« mit der pakistanischen Armee wegen »Völkermordes« abgeurteilt werden sollten. Aus Dacca (Indien) wurde bekanntgegeben, daß rund 15000 »Kollaborateure«, darunter 50 Frauen, inhaftiert seien und ihrem Prozeß entgegensehen würden.

Scheich Mujibur Rahman begründete die Anklage wegen Mordes an drei Millionen Bengalen und wegen Vergewaltigung von rund 79000 bengalischen Frauen und Mädchen.

Die Kriegsverbrecherprozesse haben ihren geschichtlichen Hintergrund: In Bangla Desh leben etwa drei Millionen Menschen, die nur eines wollen: fort aus Bangla Desh. Es sind die Biharis, die ihrer pro-pakistanischen Einstellung wegen von jetzt unabhängigen Bengalen verfolgt und von Soldaten vor deren Haß geschützt werden müssen. Doch Pakistan interessierte sich bisher höchstens offiziell für ihr Schicksal.

Bei der Aufteilung des Subkontinents vor 25 Jahren waren sie aus dem hinduistischen Indien (vor allem aus der Provinz Bihar) geflüchtet, weil sie als Mohammedaner im Moslemstaat Pakistan leben wollten. Sie verurteilen noch jetzt den Unabhängigkeitskampf der Bengalen.

Als die Awami-Liga, Mehrheitspartei im damaligen Ostpakistan, 1970 ihre Autonomieforderungen in Islamabad anmeldete, gerieten die Biharis zum erstenmal in den Strudel des bengalischen Nationalismus. Tausende von Biharis wurden von fanatischen Awami-Anhängern umgebracht.

Am 25. März 1971 begann die Militärregierung von Islamabad ihren brutalen Feldzug gegen den Unabhängigkeitswunsch der Bengalen, bei dem Hunderttausende von ihnen ihr Leben verloren, bis Indien die Situation zur Abrechnung mit dem Erzfeind Pakistan nutzte und aus dem Krieg das unabhängige Bangla Desh entstand. Die Biharis sind die Schuldiggesprochenen von Bangla Desh geworden.

Ein Ausweg ergäbe sich aus einem Austausch der 400000 Bengalen in Pakistan gegen drei Millionen Biharis.

Doch dieser würde Monate in Anspruch nehmen. Unterdessen nimmt das Schicksal seinen Lauf. Vor allem die von pakistanischen Soldaten vergewaltigten Frauen und Mädchen sollen zu Abtreibungen bewogen werden. Dadurch soll verhindert werden, daß die Kinder dieser vergewaltigten Frauen nach ihrer Geburt getötet werden. In Dacca wurden eigens zum Zwecke der Abtreibung entsprechende Hospitäler eingerichtet. Doch für viele Frauen und Mädchen, darunter erst Neunjährige, kommt jede Hilfe zu spät: Sie werden von ihren Familien verstoßen und müssen als Bettlerinnen oder als Dirnen weiterleben.

Die Hilfsorganisation »medico international« stellte im Oktober 1972 fest, daß die Regierung in Dacca »permanent gegen die ›Allgemeine Erklärung der Menschenrecht‹ sowie gegen die ›Genfer Konvention‹ verstößt«. Die Organisation bestätigte, daß in Bengalen Menschen »allein auf Grund ihrer Volkszugehörigkeit vertrieben, gefoltert und ermordet werden«. Beim letzten großen Blutbad im März 1972 in Khulna sollen allein 3000 Biharis mit Messern und Knüppeln niedergemacht worden sein.

Inzwischen hatte sich die Lage etwas beruhigt. Die Zahl der Mordfälle ging seit März 1972 rapide zurück. Seitdem wurden in Bangla Desh aber nicht nur Biharis ermordet. Denn viele ehemalige und gefeierte Freiheitskämpfer der Mukti Bahini schlossen sich zu Räuberbanden zusammen und verübten viele Überfälle und auch Attentate auf Führer der regierenden Awami-Liga.

Nach neuesten statistischen Angaben möchten rund 90 Prozent der Biharis nach Westpakistan. »Herr Bhutto kann sie haben, ich habe nichts dagegen«, soll daraufhin Scheich Rahman gesagt haben.

c) Vietnam (My Lai)

Das kleine vietnamesische Dorf My Lai wurde 1968 (16. März) durch das amerikanische Massaker unter der Zivilbevölkerung bekannt. Die blutigen Vorgänge von

My Lai warfen die Frage auf, ob angesichts eines solchen Massakers noch ernsthaft an den Wert der Nürnberger Hauptkriegsverbrecher-Prozesse geglaubt werden könne.
Am 16. März 1968 stiegen Soldaten des 1. Zuges der amerikanischen C-Kompanie in Kampfhubschrauber, um ins Gefecht zu fliegen. Sie sollten als erste Welle den Feind (Vietkong) stellen. Seine Stärke wurde auf 250 Mann geschätzt.
Mit anderen Soldaten landete auch Leutnant Calley in einem Reisfeld. Sie sollten erst die Landezone fest in amerikanischen Besitz bringen, damit nachfolgende Truppen eingeflogen werden könnten. Kampfhubschrauber jagten mit MG-Stößen auf My Lai zu, der Vietkong sollte gestellt werden.
Plötzlich tauchte ein Mann mit einem Strohhut im Reisfeld auf. Die Amerikaner dachten, das sei bereits ein Vietkong, und schossen ihn nieder. Es war nur ein unbewaffneter Bauer.
Immer wieder glaubten die Amerikaner, die Zone sei »heiß«, d.h. von Vietkong besetzt. Die amerikanische Einheit hatte kaum Kriegserfahrung. Mit etwa 100 Mann pirschten sie sich zu Fuß zum Dorf vor. Sie kamen ungeordnet an und verfehlten die Angriffsrichtung. Da eröffneten sie das Feuer auf My Lai. Bauern und Wasserbüffel rannten davon.
Im Dorf befanden sich ungefähr 700 Menschen. Das Morden begann ohne Vorwarnung. Die Bevölkerung kämpfte nicht, wehrte sich nicht. Vor allem Frauen, Greise und Kinder wurden die Opfer amerikanischer Todessalven.
Ein Soldat aus Leutnant Calleys Zug stöberte einen etwa 50jährigen Bauern auf und stach ihm das Bajonett in die Brust. Momente später machten die Soldaten eine ängstlich beisammenstehende Gruppe von Frauen und Kindern nieder.
Trotz des Rufes »Kein Vietkong hier!« ließ Calley weitere 80 Frauen und Kinder zusammenjagen. Zu einem seiner Soldaten sagte er: »Sie wissen doch, was ich gern hätte.« Dies war ein indirekter Befehl zum Weitermorden.
Nach etwa drei Stunden war das ganze Dorf ausgerottet. Über 450 Leichen wurden später in Massengräbern gefunden.
Nach dem Massaker frühstückte die Kompanie gemütlich.
Als Motiv für dieses Gemetzel wurde die Angst genannt. Die Truppe hatte sich vor diesem Einsatz gefürchtet. Hauptverantwortlich für den Massenmord war vermutlich Hauptmann Medina.
Am Tag zuvor hatte die Truppe einen toten Kameraden begraben. Medina redete am Grab. Er sprach Rachegefühle aus, obgleich später nicht mehr festzustellen war, ob er die Truppe aufgefordert hatte, sich am nächsten Tag für den toten Amerikaner zu rächen.
Die C-Kompanie war bei den Vietkong gefürchtet. Denkbar, daß die Vietkong vom Einsatz dieser Kompanie wußten und sich deshalb nicht dem offenen Kampf in My Lai stellten. Hauptmann Medina jedenfalls nahm an den Mordhandlungen unter der Zivilbevölkerung teil.
Vor Gericht galt Calley als der Mann, der allein die Morde auf dem Gewissen hat. Doch er war nur Beteiligter, ein Soldat aus Überzeugung, aber ein schlechter Truppenführer.
Am 31. März 1971 verurteilte ein amerikanisches Militärgericht Leutnant Calley wegen Ermordung von 22 vietnamesischen Zivilisten zu lebenslanger (20 Jahre) Haft. Gegen Hauptmann Medina wurde gesondert verhandelt. Sein Prozeß endete am 23. September 1971 mit dem Freispruch von der Anklage auf Mord, Totschlag oder Überfall. Somit bleibt Calley der einzige amerikanische Offizier, der wegen der Massaker in My Lai schuldig gesprochen wurde.
Die Affäre von My Lai schadete natürlich dem öffentlichen Ansehen der Amerikaner sehr. Und TASS (Moskau) berichtete im Januar 1972, daß Massaker wie in My

Lai zum Bestandteil der amerikanischen Aggressionspolitik gehörten, wenngleich nur wenige My Lais bekannt würden.
Der amerikanische Mitankläger in den Nürnberger Kriegsverbrecher-Prozessen, Telford Taylor, nannte das Verhalten der US-Justizbehörden bei der Strafverfolgung der Massaker von My Lai eine »widerliche Rechtsbeugung«. Den Obersten Kenneth Howard, der im Verfahren gegen Hauptmann Medina den Vorsitz geführt hatte, bezichtigte er, die Geschworenen irregeführt und dadurch Medina zu einem Freispruch verholfen zu haben.
Im Juni 1972 veröffentlichte die »New York Times« Dokumente, aus denen hervorging, daß nicht nur in My Lai Massaker vorgekommen sind, sondern am gleichen Tag auch in Son My, wo 90 südvietnamesische Zivilisten hingemetzelt worden sind. Verantwortlich dafür sei der amerikanische Divisionskommandeur Generalmajor Koster, der für 27 Fälle des schuldhaften Verhaltens oder der Unterlassung verantwortlich gemacht wird, sein Stellvertreter Brigadegeneral Young für 16 solche Fälle.
Koster hatte von der Tötung der Zivilisten erfahren, aber seine Berichte nicht an die vorgesetzte Dienststelle weitergeleitet.
Gegen Koster und Young wurde zwar Anklage erhoben, die aber später wieder fallengelassen worden ist.
Damit bleibt der einzige Verurteilte am Massaker von My Lai nach wie vor der kleine Leutnant Calley. Generale zieht man ungern in ein Gerichtsverfahren hinein.

Lavelle, John

Im Juni 1972 gab der frühere Oberbefehlshaber der amerikanischen Luftstreitkräfte in Vietnam, General Lavelle, zu, zwischen November 1971 und März 1972 ingesamt 28 Luftangriffe auf politisch nicht genehmigte militärische Ziele Nordvietnams angeordnet zu haben, die durch seine Instruktionen nicht gedeckt wurden und in Berichten an die vorgesetzten Dienststellen fälschlich als »Schutzreaktionen« gegen Erdbeschuß ausgegeben worden sind, wie sie sich die Vereinigten Staaten trotz des Bombardierungsstops vorbehalten hatten. Der Oberkommandierende, General Abrams, wußte zwar von den Bombenflügen, nicht aber davon, daß die Berichte gefälscht wurden.
Der Vier-Sterne-General Lavelle hatte die Unregelmäßigkeiten, die von einem Unteroffizier an einen Senator nach Washington gemeldet worden sind, offen zugegeben und wurde daraufhin zum Drei-Sterne-General degradiert und vorzeitig in den Ruhestand versetzt.
Der Fall Lavelle wurde in Amerika ein Zeichen dafür, wie der schon jahrelang sich hinziehende Krieg in Vietnam das psychologische Klima in den USA negativ beeinflußt hat. Der Konflikt ist nicht nur ein politischer, sondern er entfremdet auch die Generationen. Nur so war es zu verstehen, daß ein junger Offizier sich zum Richter seines Generals aufwarf und zum öffentlichen Ankläger wurde.
Erste Hinweise auf Befehle des Generals zur Bombardierung Nordvietnams waren durch entlassene Soldaten, die sich als Kriegsdienstgegner verstanden, an die Öffentlichkeit gedrungen. Der junge Leutnant Delbert Terrill gab den Anstoß zur Anklage gegen Lavelle und zugleich wurde er zum Ausdruck der Tatsache, daß die ganze junge militärische Generation Vietnams wegen gegen die ältere und vorgesetzte Generation rebellisch geworden ist.
Bis zum September 1972 zog jedoch der Fall Lavelle weitere Kreise nach sich. General Abrams, der frühere amerikanische Oberbefehlshaber in Vietnam, sollte nun vom Senat zum neuen Heeresstabschef ernannt werden. Hatte Abrams zunächst bestritten, von den unzulässigen Bombenangriffen auf Nordvietnam gewußt zu haben, so versuchte Lavelle nun, in Geheimaussagen vor dem Senatsausschuß die Verantwortung Abrams und dem Generalstabschef Admiral Moorer anzulasten. Immer mehr kam dabei heraus, daß Lavelle nicht der einzige Befehlshaber war, der seine Kompetenzen überschritten hatte. Offiziell durften die amerikanischen Piloten nur auf Direktangriffe von Jägern oder Raketenflak mit Vergeltungsschlägen antworten. Sie flogen aber darüber hinaus auch Angriffe auf Radarstellungen, Treibstofflager und Flughäfen, ohne daß eine Bedrohung durch Jäger oder Flak vorgelegen hätte.
Am 25. Oktober 1972 stellte die amerikanische Luftwaffe das Militärgerichtsverfahren gegen Generalmajor Lavelle ein. Die Einstellung des Verfahrens wurde kurz damit begründet, daß der General durch die gegen ihn erhobenen disziplinarischen Maßnahmen (Zurückversetzung und Pensionierung) genügend bestraft worden sei.

Das Vietnam-Tribunal

Am 4. Dezember 1967 tagte in Kopenhagen ein von dem englischen Philosophen und Mathematiker Lord Bertrand Russell einberufenes Tribunal über Amerikas Vietnam-Krieg. Das Tribunal sprach die USA des

Völkermordes schuldig, des Gebrauchs verbotener Waffen, der Mißhandlung und Tötung von Gefangenen, der Deportation von Zivilpersonen unter Gewaltanwendung.
In der Schlußerklärung sagte der französische Philosoph Jean-Paul Sartre: »Die Amerikaner töten die Vietnamesen, nur weil sie Vietnamesen sind, so wie die Nazis die Juden töteten, nur weil sie Juden waren. Deshalb haben sich die USA des Völkermordes schuldig gemacht.« Japan, die Philippinen und Thailand wurden als mitschuldig verurteilt.
Den Schuldspruch unterzeichneten 13 Mitglieder des Tribunals.

Loan, Nguyen Ngoc

Loan wurde bekannt als Gefangenen-Killer von Saigon. Auf offener Straße hatte er aus nächster Nähe einen gefangenen Nordvietnamesen durch Pistolenschuß getötet.
Nachdem er in USA eine Kriegsverletzung auskuriert hatte und nach Saigon zurückgekehrt war, wurde er seines Postens als Polizeichef zwar enthoben, dafür aber zum Zwei-Sterne-General befördert.

d) Burundi

Ende April 1972 brach in dem kleinen zentralafrikanischen 3,5-Millionen-Einwohner-Staat Burundi, am Nordostufer des Tanganijka-Sees gelegen und ehemals zu Deutsch-Ostafrika gehörend, ein Aufstand aus, der die jahrhundertealte Feindschaft zwischen der unterdrückten Masse der Bahutus und der Oberschicht der Watussis, die nur etwa 15 Prozent der Bevölkerung ausmachen, wieder aufleben ließ. Der belgische Premierminister Eyskens, dessen Land als ehemaliger Mandatsträger von Burundi fungierte, gebrauchte für die Auseinandersetzungen das Wort Genozid, Englands »Sunday Telegraph« sprach vom größten Massaker in Afrika seit der Kongo-Rebellion.
Die Feindseligkeiten brachen aus, als der seit November 1966 im Exil lebende Burundi-König Ntare V. als »gewöhnlicher Bürger« in sein Heimatland wiederkehrte. Der Regierungschef Oberst Micombero und seine jungen Offiziere brachen ihr Versprechen und stellten den letzten Mwami in seinem ehemaligen Palast unter Hausarrest. Damit haben sie möglicherweise den Aufruhr bewußt provoziert.
Am Abend des 29. April 1972 stürmten etwa 8000 Rebellen des Bahutu-Volkes, angeblich im Drogenrausch, die Stadt Kitega und andere Orte, richteten ein Blutbad unter der Bevölkerung an und hatten die Absicht, den König Ntare zu befreien. Bei diesen Befreiungskämpfen soll der König ums Leben gekommen sein.
Vierzehn Tage nach Ausbruch der Unruhen schien die Armee des Regierungschefs Micombero Herr der Lage zu sein.
Doch die Watussi beugten sich nicht dem Scheinfrieden und setzten zu einem Rachefeldzug an, bei dem auch jugendliche und greise Bahutu nicht geschont wurden. Bis Ende Juni 1972 sollen nach amtlichen Berichten etwa 150000 Menschen bei dem Rassenkampf ums Leben gekommen sein. Inoffiziell soll die Zahl der Toten dreimal so hoch liegen.
Die Regierungstruppen des Obersten Micombero machten regelrecht Jagd auf die kleingewachsenen und rundköpfigen Bahutus, deren Leichen mit Lastwagen zu Massengräbern in der Nähe des Flugplatzes gefahren wurden.
Der amtierende Präsident Micombero warf dem Exkönig Ntare vor, er habe sich durch seine Rückkehr ins Land Hoffnungen auf die Macht gemacht und die »Hilfe von Söldnern zu mobilisieren versucht«.
Seit Ausbruch des Aufstandes flohen etwa 20000 Menschen aus Burundi in die Nachbarländer Zaire, Tansania und Ruanda.
Was seit der Niederschlagung des Aufstandes in Burundi vor sich geht, wurde kaum bekannt.

4. Verbrechen, begangen durch Söldner

Müller, Siegfried

Der DDR-Staranwalt F. K. Kaul erstattete am 3. März 1966 Anzeige gegen den Unterführer in Tschombes weißer Söldnertruppe, den Deutschen Siegfried Müller. Er warf ihm unmenschliche Grausamkeit an gefangenen und verwundeten Kongolesen, Zivilisten und Kindern vor. »Kongo-Müller« soll seine Opfer zu Tode gefoltert und ihre präparierten Schrumpfköpfe an Europäer verkauft haben.

Tschombe zahlte seinem Söldnerführer monatlich 3000 Mark netto, dazu 40 Pfund Gefahrenzulage. Knapp 500 Söldner säuberten im Laufe weniger Monate das Land von Kommunisten. Dabei zahlte »Kongo-Müller« die Grausamkeit des roten Terrors im Kongo mit den gleichen Grausamkeiten heim.

Steiner, Rolf

Der Prozeß gegen den deutschen Söldnerführer Rolf Steiner lief gleichzeitig als Schauprozeß gegen die Bundesrepublik Deutschland über die Bühne. Er war am 25. Juli 1971 in der sudanesischen Hauptstadt Khartum vor ein Sondergericht gestellt und wegen führender Beteiligung am Aufruhr im Südsudan angeklagt worden. Er soll »enge Beziehungen zu imperialistischen und zionistischen Kreisen« in der BRD, USA und Israel unterhalten haben.

Steiner war im Herbst 1970 in Uganda festgenommen und von der damaligen Regierung Obote an den Sudan ausgeliefert worden. Er soll Aufständische gegen die Regierung in Khartum geführt haben. Außerdem wurden ihm Söldnerdienste im Kongo, in Biafra, Indochina u. a. zur Last gelegt. Am 9. November 1971 wurde er vom sudanesischen Militärtribunal zum Tod durch den Strang verurteilt. Staatschef Numeiri begnadigte ihn noch am gleichen Tag zu 20 Jahren Gefängnis. Seine Haft sitzt er im Zentralgefängnis von Khartum ab.

Er ist der erste weiße Söldner, dem in Afrika der Prozeß gemacht wurde. Schuldig befunden wurde er der illegalen Einreise, der Kriegsführung gegen die Regierung und der illegalen Verteilung von Medikamenten.

Der Häftling steht mittlerweile (Juli 1972) den neuen diplomatischen Kontakten zwischen Westdeutschland und dem Sudan im Wege. Um die gerade anlaufende Entwicklungshilfe von Bonn zu honorieren, wollte die Regierung von Khartum Steiner freilassen unter der Bedingung, daß er als »Inkarnation des Bösen« nach seiner Entlassung nie wieder afrikanischen Boden betreten werde. Doch Steiner (42 Jahre) ging auf das Angebot nicht ein.

Vermutlich beabsichtigte die sudanesische Armee, Steiner nun als Berater im Südsudan einzusetzen. Denn die Schlupfwinkel der Aufständischen kenne keiner besser als er.

Westerling, Raymond Pierre

Westerling (geb. 1919 in Istanbul), dessen richtiger Name Rem Pul ist, wurde neben Steiner und Kongo-Müller als Freischärler berühmt. Zunächst zeichnete er sich als Offizier der niederländischen Armee während des Zweiten Weltkrieges aus. Er sprang mit dem Fallschirm über dem von Deutschen besetzten Holland ab und führte Sabotageakte gegen die Besatzer durch.

Nach dem Krieg fand er Verwendung bei Fallschirmabsprüngen in Sumatra, wo er gegen die Japaner zu kämpfen hatte, und befehligte zuletzt als Hauptmann niederländische Einheiten auf Celebes.

Wegen angeblich begangener Grausamkeiten bei der Niederwerfung der Unruhen in Celebes wurde er vor ein Kriegsgericht gestellt und freigesprochen, mußte aber 1948 die niederländische Armee verlassen. Danach lebte er mit seiner javanischen Frau in Westjava. Von dort begann seine eigentliche Freischärlertätigkeit. Auf eigene Faust kämpfte er 1949 gegen die Regierung Sukarno, stellte eine eigene Truppe mit einer Stärke von 16000 bis 20000 Mann auf, die aus niederländischen Deserteuren und Moslems bestand, und wurde vor allem bekannt als der gefürchtete »Türko-Westerling«, als er am 23. Januar 1950 mit Teilen seiner »Armee« die westjavanische Stadt Bandung besetzte. Kurz darauf griff er eine Polizeikaserne in Djakarta an, wurde aber zurückgeschlagen.

Sein Plan war, die Regierung Sukarno zu stürzen und einen unabhängigen Staat Pasundan in Westjava zu gründen.

Nachdem dieser Plan gescheitert war, ging er auf eine Weltreise, tauchte in Singapur, Belgien, Frankreich, möglicherweise auch in Spanien und Tanger auf. Ein Prozeß wegen seiner Tätigkeit gegen Sukarno wurde ihm nicht gemacht.

Sein abenteuerliches Leben fand einen skurrilen Höhepunkt, als er plötzlich 1958 als Tenor auf der Opernbühne der niederländischen Stadt Breda auftrat.

f) Diktatur, Politische Justiz, Kampf gegen Opponenten (Ausland)

1. Amerika (Politische Hexenjagd)

McCarthy, Joe

Mit 31 Jahren wurde McCarthy (geb. 1908) in einer Kleinstadt in Wisconsin zum Richter ernannt, im Jahre 1946 zum Senator des Staates Wisconsin in Amerika. Bis zum Jahr 1950 war er durch fragwürdige, ja korrupte Methoden im Wahlkampf und in seiner Mandatsausübung aufgefallen. Mit Kommunisten hatte er sich nie zu befassen. Er stieß aber mit dem Kommunismus zusammen auf der Suche nach Mitteln zur Steigerung seiner politischen Publizität. Unter dem Stichwort Kommunisten hatte er den »inneren Schweinehund« des Amerikaners gefunden, den er zu bekämpfen entschlossen war. Er hatte sich den Feind selbst geschaffen, wie Hitler seine Juden.

Im Februar 1950 hielt er vor einem republikanischen Damenklub in der Kleinstadt Wheeling in West-Virginia eine Rede, die seinen Aufstieg zum politischen Star begründete. Auf einer Liste hatte er 205 Namen aufgezeichnet von Menschen, die im State Department arbeiteten und Mitglieder der Kommunistischen Partei waren.

Die Versammlung war schockiert, obgleich seine Namensliste mit den Beschuldigungen ein einziger Schwindel war. Es gab keine Kommunisten, und er hatte auch gar keine Namen auf seinem Blatt stehen, das er den Versammlungsteilnehmern vorgehalten hatte.

Aber der Sprung in die Öffentlichkeit war ihm damit geglückt. Und nun entwickelte er seine demagogischen Fähigkeiten: Mit nichts an Tatsachen und Beweisen begann er seinen politischen Hetzfeldzug.

Zu Hilfe kam ihm, daß zwei Monate später der Korea-Krieg ausbrach und wie in jedem Volk so auch in Amerika der »Furcht- und Haßbazillus« um sich griff.

Der Demokrat Truman hatte den Krieg gegen die Kommunisten eröffnet, und McCarthy scheute sich nicht, die demokratische Regierung von Präsident Truman als kommunistisch verseucht zu verleumden.

Durch meisterhaft geführte Denunziationen griff er einzelne Personen an und baute ein fast unwiderlegbares System der genau kalkulierten Lüge auf. Nach dem Kettenreaktionsprinzip sprach er sofort eine zweite kommunistische Beschuldigung aus, wenn seine erste durch stichfeste Beweise widerlegt worden war. So drängte er seine Opfer in einen Irrgarten von Anschuldigungen, Lügen, Verleumdungen, bis in manchen Fällen doch etwas von seinen Vorwürfen hängenblieb. Gerade die Atmosphäre der Lüge ist ja eine Form von common sense, die öffentliches Interesse erweckt und es den Beschuldigten schwermacht, sich zu verteidigen.

Der Trick seiner Angriffe war immer wieder die Berufung auf geheime Quellen und Informationen. Mit dick gefüllten Aktenmappen erschien er in den Sitzungen, beängstigte die Leute damit, obgleich sich in den Mappen nur Fotokopien von völlig harmlosem Inhalt befanden. Die Taktik, öfters die Zahl der vermeintlichen Kommunisten auf seiner Liste zu ändern, sich selbst in Widersprüchen zu ergehen und das Mißverständnis den Angeschuldigten anzulasten, stiftete ein Reizklima der Unsicherheit, Unruhe und Angst, mit dem er fünf Jahre lang ganz Amerika in Atem hielt und viele Nachahmer fand.

Das Wort McCarthyismus ist zum Schlagwort geschicktester moderner Demagogie geworden.

Er belog Reporter mit vermeintlich dokumentarischen Nachrichten, die nur Sensationen waren, hielt die Presse durch ständige Ankündigungen neuer »Fälle« im Trab, versprach Zeugen – und vertuschte so alle Kritik, die gegen ihn selbst hätte erwachsen können.

Denn immerhin war McCarthy Senator der USA, und es war nicht leicht, seine Vorwürfe des Verrats, der Spionage, der Korruption, der Kommunistenfreundlichkeit zu ignorieren. Er war Politiker von Einfluß und bei der Republikanischen Partei angesehen. Aber weil er auf dem Gebiet der Lüge und Falschmeldung ein fast genialer Neuerer war, weil seine Lügen mit den allbekannten Maßstäben der Lüge nicht sofort zu entlarven waren, fand sich kaum eine Zeitung, die gegen ihn antrat. Da er sich immer auf geheime Quellen berief, war es nie möglich, seine erfundenen Aussagen nachzuprüfen.

Nachdem er Vorsitzender eines ständigen Senatsausschusses geworden war, lief sein Apparat der Verdächtigungen und Denunziationen auf vollen Touren. Er erhielt aus allen Teilen der Bevölkerung Riesensummen zugeschickt, die er für den Kampf gegen verdächtige Personen einsetzen sollte. Schließlich war jeder verunsichert, kaum einer wagte etwas zu sagen, da McCarthy jede Aussage umdrehen und zur Anklage zu erheben wußte. Es war gefährlich, als Individualist bekannt zu sein. Die vergiftete öffentliche Meinung hatte sich auf eine verlogene Art von Gemeinschaft festgefahren. Höhepunkt seiner Demagogen-Laufbahn war der »Abschuß« des Generalstabschefs, Außen- und Kriegsministers General George Marshall, den McCarthy mit einer Rede voll massiver Unwahrheiten, tendenziös-bösartig ausgewählter historischer Daten und unsinniger Übertreibungen fertigmachte. Diese Rede hielt er am 4. Juni 1951. Sie zwang Marshall zum Rücktritt. Kurz darauf starb er.

1954 wurde dem McCarthy-Spuk ein Ende bereitet. 37 Tage dauerten die Verhandlungen vor einem Unterausschuß, dessen republikanischer Vorsitzer jedoch ein Sympathisant des Angeklagten war. Am 2. Dezember 1954 wurde er wegen zweier Tatbestände (Verruf des Senats und unwürdiges Verhalten) verurteilt. Die Masse seiner Anhänger setzte sich für ihn ein. Da aber die Mehrheit im Senat auf die Demokraten über-

ging, verlor er seinen Vorsitz im Ständigen Ausschuß und hatte damit auch den »amtlichen« Rückhalt seiner Demagogie abgeben müssen.
Nach seiner Verurteilung atmete Amerika auf. Stimmen der Kritik wurden wach, der McCarthyismus aufgedeckt und einer der größten Volksverhetzer dieses Jahrhunderts in die moralische Enge getrieben. An den Folgen von Alkoholmißbrauch starb er am 2. Mai 1957.

2. Bolivien (Politischer Mord)

Guevara, Ernesto, Dr. med., genannt »Che«

Seine Mutter war aktive Kommunistin, und so wuchs »Che« (geb. 14. Juni 1928 in Rosario, Argentinien) schon frühzeitig in die Ideen des Marxismus hinein. Nach seiner Promotion 1953 arbeitete er an einer bolivianischen Lepra-Station, um dem Militärdienst unter dem von ihm gehaßten Staatschef Perón auszuweichen und revolutionäre Arbeit zu tun in Bolivien, Peru, Kolumbien, Costa Rica und Guatemala.
Im Sommer 1954 scheiterte nach dem Sturz des linken guatemaltekischen Präsidenten Arbenz der organisierte Widerstand gegen Präsident Castillo Armas.
In Mexiko stieß »Che« auf Fidel Castro und dessen Freischärler, die einen Arzt suchten. »Che« wurde ihr theoretischer Kopf.
1956 fuhr er von Mexiko per Schiff nach Kuba, um die Insel zu erobern. Er organisierte einen jahrelangen Guerillakrieg in der Sierra Maestra und siegte im Januar 1959 über Batista. Castro erklärte ihn zum »geborenen Kubaner«, er wurde Wirtschaftsberater und Chefideologe Castros, der ihm im November 1959 die Leitung der Nationalbank übertrug. Seit 1961 war »Che« Industrieminister Kubas, gerade zu der Zeit, als sich die Zuckerrohrinsel vom Westen löste und Bindungen zum Ostblock suchte. Als Industrieminister sorgte er für die Nationalisierung Kubas, die vornehmlich durch die Beschlagnahme amerikanischen Eigentums auf der Insel vor sich ging.
Auf einer Weltreise 1961 besuchte er Ostblockstaaten, darunter auch Moskau.
Im gleichen Jahr scheiterte ein Attentat auf ihn.
1962 trat er mit Moskau in Verhandlungen über Waffenlieferungen. Die Vorbereitung des Baues von Raketenabschußrampen auf Kuba führte im Herbst 1962 zur »Kuba-Krise«, die die Sowjets zum Einlenken gegenüber Amerika zwang.
Als scharfer Kritiker der mangelnden Produktivität und Ordnungsliebe machte er sich bei den Kubanern und den Sowjets gleichermaßen unbeliebt. 1964 zwangen die Russen Fidel Castro, wieder zur Zucker-Monokultur zurückzukehren. Die von »Che« geplante Industrialisierung des Landes wurde auf zehn Jahre vertagt. Am 14. März 1965 unternahm »Che« eine Reise durch neun afrikanische und asiatische Staaten. Von da an wurde er nicht mehr gesehen. Hie und da kamen noch Grußbotschaften von ihm.
Wenige Zeit später wurde er vom bolivianischen Präsidenten Barrientos als Urheber der Guerillatätigkeit im Lande bezichtigt und eine Kopfprämie von 6000 Dollar auf ihn ausgeschrieben.
Am 10. Oktober 1967 fand er in einem Guerillakampf den Tod.
Fünf Tage später gab Castro seinen Tod bekannt und ordnete eine 30tägige Staatstrauer an.

3. England (Hochverrat)

Casement, Roger

Casement (geb. 1864 in Dublin) war im britischen Konsulardienst in Afrika und Südamerika tätig, schrieb einen Bericht über die Mißstände in der belgischen Kongokolonie und wurde schließlich in Anerkennung seiner Verdienste um die britische Krone im Jahre 1911 von König Georg V. in den Ritterstand erhoben, so daß er sich nun Sir Roger Casement nennen durfte. 1912 trat er in den Ruhestand und ging zurück in seine Heimat Irland.
Casement war irischer Nationalist, der seit 1912 offen für die Befreiung Irlands aus dem englischen Staatsverband eintrat. Von Amerika und Berlin aus leitete er die Aktion gegen England ein, veröffentlichte Kampfschriften und stellte eine irische Brigade zum Kampf gegen England auf.
Für Ostern 1916 war in Dublin ein bewaffneter Aufstand gegen England geplant. Casement fuhr mit zwei Kriegsgefangenen in einem U-Boot von Deutschland nach Irland. Am Karfreitag, dem 21. April 1916, gingen die drei Männer an Land und suchten Kontakt mit Angehörigen der Irischen Republikanischen Armee (IRA) aufzunehmen. Da der Kontakt jedoch nicht wie vereinbart klappte, hielt sich Casement in einer Ruine versteckt, während seine beiden Begleiter Verbindung zur IRA herzustellen versuchten. Von einem der Männer erhielt Casement den Codeschlüssel, den er im Auftrag des deutschen Generalstabes im republikanischen Hauptquartier in Dublin abgeben sollte.
Bauern fanden an der Stelle, wo die drei Männer an Land gegangen waren, das Faltboot und mehrere Revolver, dazu Fußspuren im Sand. Sie benachrichtigten die Polizei, die bereits gegen ein Uhr nachmittags Casement in seiner Ruine aufstöberte. Da er sich nicht ausweisen konnte, mußte er mit zur Wache. Unterwegs bestiegen sie eine Kutsche. Da sah ein junger Mann, wie Casement ein Stück Papier (mit dem Codeschlüssel darauf) zerriß und wegwarf. Nachdem die Kutsche abgefahren war, ging der junge Mann hin und sammelte die Papierschnitzel auf. Im Rucksack Casement fanden die Polizisten außerdem Munition,

Wäschestücke, Landkarten, Fernglas und Taschenlampe und einen Zettel. Darauf stand: »16. Februar. Verließ Cork, kam in Dublin um 12 Uhr an.« Da diese Angaben denen widersprachen, die Casement mündlich gegeben hatte, wurde er verhaftet.
Von einem Arzt, der mit der IRA sympathisierte, verlangte Casement, er solle Aktionen in die Wege leiten, die zu seiner Befreiung führen würden. Der Arzt nahm daraufhin Verbindung zu Mitgliedern der IRA auf. Diese jedoch hatten Befehl, nichts vor Ostermontag zu unternehmen. Während schon die Vorbereitungen zu seiner Befreiung angelaufen waren, bat Casement einen Pfarrer, die Aktion wieder abzublasen, um unnötiges Blutvergießen zu vermeiden. Der Pfarrer führte seinen Auftrag bei den IRA-Führern aus.
Am Ostersamstag wurde Casement nach England gebracht. Bei seiner Vernehmung in Scotland Yard gab er zu, daß er einen irischen Aufstand gegen England geplant hatte. Die Papierschnitzel des Codes, die der Junge zufällig gefunden hatte, belasteten ihn. Er berichtete, daß er niemals für Geld, sondern aus ideellen Motiven heraus die nationalirische Bewegung unterstützt habe.
Da wurden seine Tagebücher, die bis ins Jahr 1903 zurückreichten, vorgelesen. Aus ihnen ging hervor, daß Casement ein Homosexueller war, was ihn abermals schwer belastete.
Am 25. Mai 1916 wurde Anklage gegen ihn erhoben. Inzwischen hatte die britische Regierung den irischen Osteraufstand mit Gewalt niedergeschlagen, 3420 Männer und 79 Frauen waren festgenommen, 170 Männer und Frauen durch Schnellgerichte bereits verurteilt, 15 davon zum Tode.
Dieses Vorgehen der Engländer hatte in der ganzen Welt Empörung und Proteste hervorgerufen. Um mit dem Fall Casement nicht erneut Öl aufs Feuer zu gießen, wurde der Angeklagte weniger wegen seiner antibritischen Aktionen beschuldigt, sondern wegen seiner homosexuellen Ausschweifungen. Die politische Motivation seines Land- bzw. Hochverrats wurde auf die rein kriminelle Basis abgewälzt. Doch Casements Verteidiger waren nicht bereit, seinen Nimbus als politischer Märtyrer den sexuellen Verfehlungen zu opfern. Damit hatte die Verteidigung das ehrenvollere Todesurteil bereits der moralischen Diffamierung vorgezogen. Nicht zuletzt Bernard Shaw hatte Casement aufgefordert, sich als irischer Nationalist auszugeben.
Am 26. Juni 1916 begann der Prozeß gegen Casement. Sein Ankläger und Todfeind der irischen Freiheitsbewegung war der Rechtsprofessor der Londoner Universität Sir Frederick E. Smith. Seit mehreren Jahrhunderten war dies der erste Prozeß, der gegen einen britischen Sir wegen Hochverrats geführt wurde. Die Anklage konnte sich nur auf ein Gesetz aus dem Jahr 1351 berufen. Casement forderte das Gericht auf, zu erkennen, daß dieses alte Gesetz nicht die Gewähr dafür biete, einen Iren zu verurteilen, der in erster Linie für sein Land gekämpft habe.
Er verlangte, vor ein irisches Gericht gestellt zu werden. Der Antrag wurde natürlich abgelehnt. Nachdem Casement noch die englischen Verantwortlichen an der Teilung Irlands angegriffen hatte, wurde er, wie erwartet, zum Tode verurteilt und im Zuchthaus Pentonville am 3. August 1916 hingerichtet. Zahlreiche Petitionen, die seine Gnade forderten, wurden abgelehnt, darunter auch ein Gesuch des amerikanischen Präsidenten Wilson. Die britische Geistlichkeit wäre sogar für eine Begnadigung Casements eingetreten – doch da er Homosexueller war, ließ sie davon ab.

England (Majestätsbeleidigung)

Georg V. von England

Nachdem 1911 Georg V. von England den Königsthron bestiegen hatte, wollten die Gerüchte nicht verstummen, der Monarch habe 1890 in Malta heimlich die Tochter eines englischen Admirals geheiratet, was zur Folge hatte, daß er mit seiner Frau, Prinzessin Mary von Teck, in Doppelehe zusammenlebe und seine Kinder deshalb illegitim seien.
Keiner derjenigen, die das Gerücht verbreiteten, konnte dingfest gemacht werden, bis ein bisher unbescholtener fanatischer Republikaner namens Mylius geschnappt wurde, der das Gerücht von der heimlichen Eheschließung offiziell verbreitete mit der Absicht, die Monarchie in England zu bekämpfen und unter der Bevölkerung in Mißkredit zu bringen.
Mylius war in London der Verteiler einer in Paris gedruckten republikanischen Zeitung, die immer wieder Notizen über die königliche Doppelehe brachte.
Der König las alle Nachrichten, die ihn betrafen, mit besonderer Aufmerksamkeit, so auch diese.
Fest stand indes, daß der König 1890 gar nicht auf Malta war, und mit der Tochter des Admirals erst 1893, und zwar nach seiner Eheschließung mit Mary von Teck, zusammentraf, aber rein zufällig während eines Empfangs, ohne mit ihr sprechen zu können.
Gegen Mylius konnte nun erstmals strafrechtlich vorgegangen werden und gleichzeitig mit ihm gegen alle anderen, die die Bigamiethese vertraten.
Die Hauptverhandlung gegen Mylius fand am 1. Februar 1911 statt. Unter den zahlreichen Zuhörern befand sich Winston Churchill. Der Angeklagte Mylius stand voll und ganz zu seinen Behauptungen. Der König selbst brauchte nicht vor Gericht zu erscheinen, wohl aber der Admiral mit seinen Söhnen und der Tochter, mit der der König die heimliche Ehe geschlossen haben sollte.
Mylius bestand darauf, daß der König persönlich im Zeugenstand erscheinen solle. Da sein Antrag vom Richter abermals abgelehnt wurde, sprach er den Vorwurf aus, daß ihm das Gericht »das verfassungsmäßige Recht auf eine faire Verhandlung verweigert« habe – und schwieg.

Der Lordoberrichter verurteilte Mylius zu zwölf Monaten Gefängnis mit der Begründung, er habe nicht den geringsten Beweis für seine Behauptungen erbringen können.
Am 3. Dezember 1911 wurde Mylius begnadigt und auf freien Fuß gesetzt.

4. Griechenland (Politischer Mord)

Die harte politische Justiz Griechenlands trat besonders eklatant seit der Machtergreifung der Obristen in Erscheinung. Aus der Zeit davor sei lediglich an den Fall Lambrakis erinnert.

Lambrakis, Griorios

Der Abgeordnete der oppositionellen kommunistischen EDA, Griorios Lambrakis, wurde am 22. Mai 1963 vorsätzlich ermordet. Er war in Saloniki nach einer Kundgebung linker »Friedensfreunde« von einem dreirädrigen Lieferwagen angefahren und dabei von zwei Männern durch Schläge auf den Kopf tödlich verletzt worden.
Am 3. Oktober 1966 begann der Prozeß um seinen Tod. Er brachte keinen Beweis dafür, daß die organisierte Vorbereitung zu seiner Tötung durch staatliche Behörden erfolgt sei. Damit hatte das Gericht der von der extremen Linken und der Zentrumsunion Papandreous vertretenen Ansicht vom rein politischen Charakter des Mordes die Basis entzogen, obgleich feststand, daß der Mord durch passives Verhalten der Polizei und ihres Chefs begünstigt und die Ermittlungen der Staatsanwaltschaft politisch beeinflußt worden sind.
Der Dreiradfahrer Gotzamanis erhielt wegen Körperverletzung mit Todesfolge elf Jahre Zuchthaus, sein Beifahrer Emmanouilidis wegen Mittäterschaft achteinhalb Jahre Zuchthaus.
Die kommunistische Presse prangerte den Urteilsspruch als Beleidigung an. Vermutlich hatten extreme Elemente dem unbequemen Politiker Lambrakis eine »Abreibung« verpassen wollen, ohne ihn allerdings töten zu wollen.
Extremisten benutzten den toten Lambrakis als Beweis dafür, daß Karamanlis ein Diktator und Griechenland ein vom Terror heimgesuchter Polizeistaat ist.
Der Mord an Lambrakis wurde in dem französichen Film »Z« dargestellt. »Z« bedeutet altgriechisch: »Er lebt.« Lambrakis Witwe forderte von dem französischen Produzenten 500000 Franc Schadenersatz, weil sie den Film als Eingriff in ihr Privatleben ansah.

Griechenland und die Opposition

Am 21. April 1967 kam durch einen Putsch der Obersten der ehemalige Geheimdienstoberst Georgios Papadopoulos in Athen an die Macht. König Konstantin und seine Frau mußten Griechenland verlassen und leben seither im Exil.
Die Jahre der Diktatur in Griechenland haben sich besonders auf wirtschaftlichem Gebiet günstig ausgewirkt. Umfangreiche ausländische Investitionen brachten Steuererleichterungen und die Voraussetzung für Ruhe und Ordnung im Land. Athen ist ein riesiger Bauplatz, der Tourismus hatte eine kolossale Aufwärtsentwicklung zu verzeichnen.
Die Schattenseiten des Wirtschaftsbooms sind indes fast ununterbrochen laufende Prozesse gegen Widerstandskämpfer und Regimegegner, die inzwischen mit wenigen Ausnahmen nicht mehr vor den Sondergerichten stattfinden, sondern vor den ordentlichen Strafgerichten, die i.a. mildere Urteile fällen.
1972 saßen in griechischen Gefängnissen etwa 340 Personen, die wegen Widerstandes gegen das Regime verurteilt worden sind. Die Regierung hatte nicht reagiert auf Hunderte von Appellen griechischer Intellektueller, die eine allgemeine Amnestie für die politischen Gefangenen forderten.
Das ein wenig liberalere Klima seitens der Regierung machte sich lediglich in Hafterleichterungen bemerkbar. So wurden viele Gefangene aus alten primitiven Kerkern in moderne Haftanstalten gebracht, Kranke wurden vorzeitig entlassen oder sie erhielten Haftunterbrechung. Während die griechische Bevölkerung noch immer auf freie Wahlen wartet, geht die Justiz weiter gegen die Oppositionellen, wozu in erster Linie die griechischen Intellektuellen gehören, vor. So wurden am 20. März

1972 von einem Sondermilitärgericht in Athen 15 Oppositionelle des Athener Militärregimes zu Freiheitsstrafen zwischen einem Jahr und achteinhalb Jahren Gefängnis verurteilt. Die Anklage warf ihnen vor, Mitglieder der Widerstandsorganisation »Panhellenische Befreiungsbewegung (PAK)« zu sein, die von dem griechischen Exilpolitiker Andreas Papandreou geführt wird. Die höchste Strafe verlangte der Kronanwalt für den 55jährigen Rechtsanwalt Joannis Koronaeos, der gestanden hatte, am 3. Oktober 1970 einen Sprengkörper beim Amtssitz des Ministerpräsidenten Papadopoulos gelegt und den Sturz des Regimes vorbereitet zu haben.
Es folgen nun einige Fälle, die die Verfolgung kritisch-oppositioneller Tätigkeit charakterisieren:

Arkoudakos, Panayotis

Im Jahre 1969 wurde Panayotis Arkoudakos wegen Mißachtung von Anordnungen der griechischen Militärbehörden und wegen illegaler politischer Betätigung in Form von Verbreitung von Fluglättern zu einer Freiheitsstrafe von fünf Jahren verurteilt.
Der Verurteilte gehörte der »liberalen Demokratischen Union« an. Im August 1972 wurde er mit Rücksicht auf seinen angegriffenen Gesundheitszustand von der Regierung Papadopoulos vorzeitig aus der Haft entlassen.
Die Haftaussetzung des im Oktober 1969 zu zehneinhalb Jahren Gefängnis verurteilten Strafgefangenen *Demetrios Lekkas* wurde ebenfalls im August 1972 auf vier weitere Monate verlängert. Ende Juli wurde, zunächst mit einer Befristung auf 8 Monate, auch die Entlassung des ehemaligen Direktors der Handelsmesse, *Paul Zannas*, verfügt. Er war 1968 wegen staatsfeindlicher Betätigung zu zehneinhalb Jahren Gefängnis verurteilt worden.
Diese Entscheidungen der Sicherheitsbehörden gingen auf die Haltung der Regierung und des Regierungschefs zurück, der sich damit gegen die Verfechter des »harten Kurses« des Regimes durchsetzte. Er behauptete diese Haltung auch nach der »Affäre Mangakis«, die zu zeitweiligen Einstellungen von Begnadigungen geführt hatte. Professor Mangakis war unter noch nicht vollständig geklärten Umständen mit einer Maschine der deutschen Bundesluftwaffe nach Bonn gebracht worden.

Fleming, Amalia

Die Witwe des Penicillin-Entdeckers, Lady Amalia Fleming, wurde am 28. September 1971 zu 16 Monaten Gefängnis von einem Athener Gericht verurteilt, weil sie, zusammen mit fünf weiteren Angeklagten, versucht hatte (am 31. August 1971), den 1968 zum Tode verurteilten, dann zu lebenslanger Haft begnadigten Alexandros Panagoulis zu befreien. Dieser war verurteilt worden wegen eines erfolglosen Anschlags auf den griechischen Regierungschef Papadopoulos, an dem er beteiligt war.
Wegen ihres schlechten Gesundheitszustandes wurde Lady Fleming am 14. November 1971 aus Griechenland abgeschoben. Sie durfte nach England reisen.

Horn, Yannis

Der Herausgeber der Zeitung »Athens News«, Yannis Horn, mußte Ende Mai 1972 eine Gefängnisstrafe von sechseinhalb Monaten antreten, nachdem ein Athener Berufungsgericht einen schon im November 1971 gefällten Urteilsspruch von 7 Monaten lediglich um 15 Tage reduziert hatte. Die Strafe von 10000 Drachmen Geldbuße blieb bestehen. Der Verleger war mit der Begründung verurteilt worden, die Zeitung habe durch eine »irreführende Überschrift« gegen das Pressegesetz verstoßen.
Die Überschrift, die einen Tag nach der Ankunft des amerikanischen Vizepräsidenten im Oktober 1971 erschienen war, hatte gelautet: »Bomben und rekrutierte Schulkinder grüßen Agnew.«
Der Text des Artikels ging jedoch nicht auf die beiden Bomben ein, die kurz vor Agnews Ankunft explodiert waren.
Horn erklärte dies als technischen Fehler, der auch in der nächsten Ausgabe korrigiert worden war. Doch das Gericht ließ diese Entschuldigung nicht gelten.

Perrakis, Stylianos

Am 11. November 1971 wurde der griechische Verleger und Dichter Perrakis von einem Athener Militärgericht wegen Veröffentlichung einer Anthologie, wegen Verbreitung von falschen Informationen über die griechische Militärregierung und wegen Beleidigung zu 15 Monaten Gefängnis ohne Bewährung verurteilt.

Der Athener Widerstands-Prozeß

Am 12. April 1970 fällte das Athener Militärgericht im Hochverratsprozeß gegen 34 Mitglieder der Untergrundorganisation »Demokratische Verteidigung« seine Urteile:
Prof. Karagioges erhielt lebenslanges Zuchthaus, Prof. Mangakis 18 Jahre Gefängnis, der französische

Journalist Starakis und der Chemiker Loukas ebenfalls 18 Jahre Freiheitsentzug. Generalleutnant Jordanides bekam 15 Jahre und der Rechtsanwalt und Generalsekretär der »Sozialdemokratichen Union« Protopapas ebenfalls 15 Jahre.
In diesem politischen Prozeß, der in der gesamten Öffentlichkeit starke Beachtung fand, wurde ein großer Teil der griechischen Opposition gegen das Militärregime unter Papadopoulos mundtot gemacht.
Der Staatsrechtsprofessor Mangakis und seine Frau wurden am 16. April 1972 mit einem Kurierflugzeug der deutschen Bundeswehr ohne Zustimmung der griechischen Behörden nach Deutschland ausgeflogen. An der Universität Heidelberg erhielt Mangakis einen Lehrstuhl.

Verbannung

Im Mai 1972 nahm die griechische Regierung sieben Regimegegner fest und verbannte sie in einsam gelegene Dörfer. Gleichzeitig wurde die »Gesellschaft für das Studium der griechischen Probleme« und die »griechisch-europäische Jugendbewegung« aufgelöst. In der »Gesellschaft« waren besonders kritisch und oppositionell eingestellte Intellektuelle zusammengeschlossen, genau jene Gesellschaft, vor der der deutsche Schriftsteller Günter Grass Ende März 1972 seine »Rede gegen die Gewöhnung« gehalten hatte. Zu den Verbannten gehörten neben einem Arbeiter, Angestellten und Bauingenieur zwei Rechtsanwälte, der ehemalige Generaldirektor der staatlichen griechischen Rundfunkanstalt, Anastasios Peponis, und der Dozent Georgios Poumandos.
Den sieben Personen wurde vorgeworfen, Spannung, Zwietracht und Unruhe in Griechenland hervorgerufen zu haben. Zum erstenmal seit zwei Jahren wurden damit wieder Regimegegner auf dem Verwaltungswege deportiert.
Zur gleichen Zeit deuteten viele Anzeichen darauf hin, daß die von der Armee gestützte griechische Regierung unter Papadopoulos die Zügel wieder straffer in die Hand genommen hat. Bei einer Protestdemonstration zum fünften Jahrestag des Umsturzes wurden von etwa 100 Studenten 20 inhaftiert. Sie hatten gegen die Unterdrückung der politischen Freiheitsrechte opponiert. Weitere Verhaftungen führender Regimegegner folgten. Unter ihnen der Rechtsanwalt Kanellakis, der Wissenschaftler Joannis Pesmasoglu u. a.
Wie weit die Unterdrückung regimekritischer Äußerung ging, zeigte die Verurteilung von drei griechischen Soldaten, die sich für das sowjetische Regime ausgesprochen hatten, das sie für besser als das gegenwärtige griechische hielten. Die drei Soldaten waren angeklagt, auf das Tor ihrer Kaserne kommunistische und regierungsfeindliche Parolen geschrieben zu haben. Die achtjährige Gefängnisstrafe wurde zur Bewährung ausgesetzt.

5. Haiti (Diktatur)

Duvalier, François, Dr. med., genannt »Papa Doc«

Duvalier (geb. 14. April 1907 auf Haiti) war seit 1935 als Arzt tätig und führte einen jahrelangen Kampf gegen die unter Negern wütende Seuche Himbeerpocken. 1946 wurde er Leiter des Nationalen Volksgesundheitsdienstes auf Haiti, 1950 Arbeitsminister.
Im Mai 1950 wurde General Magloire durch einen Staatsstreich Diktator auf Haiti, Duvalier zog sich daraufhin aus der Politik zurück, arbeitete aber insgeheim gegen Magloire. Nach dessen Sturz wurde Duvalier am 22. Oktober 1957 zum Präsidenten der Republik Haiti gewählt. Er regierte mit eiserner Hand das »Land voll Armut und Elend«. Er errichtete eine totalitäre Diktatur mit rassistischen Tendenzen zugunsten der schwarzen Mehrheit, wobei er sich auf eine zwar gute, aber korrupte Miliz stützen konnte. Im Parlament saßen ausschließlich Anhänger Duvaliers.
Nachdem er die katholischen Bischöfe des Landes verwiesen hatte, wurde er 1962 exkommuniziert, was ihn kaum traf, weil er Anhänger des magischen Vodoo-Kultes war, zu dem rituelle Tänze und Blutopfer gehören.
1964 ließ er sich zum Präsidenten auf Lebenszeit wählen. Mehrere Attentate und Umsturzversuche schlugen fehl. Dabei inszenierte Duvalier auch selbst Putsche gegen sich, um Gelegenheit zu blutigen Säuberungsaktionen unter seinen Feinden zu haben. Nach kurzer Zeit waren nahezu alle seine Gegner entweder getötet oder ins Exil verbannt.
Duvaliers Geheimpolizei erstickte jede Opposition mit brutaler Gewalt. Duvalier beteiligte sich selbst maßgeblich an Korruptionen. Die Entwicklungshilfe aus USA floß fast vollständig in seine eigene Tasche, so daß er sich ein luxuriöses Leben mit Palastgarde und prunkvollem Aufwand leisten konnte. Um das Elend unter der Bevölkerung zu mildern, tat er nichts. 1963 stellten daraufhin die Amerikaner ihre Entwicklungshilfe wieder ein.
Nach einem Mordanschlag auf ihn Ende Juli 1967 wurden über 100 Personen verhaftet, 19 davon hingerichtet.
Vierzehn Jahre lang übte »Papa Doc« seine Zivildiktatur aus. Seine Miliz war gefürchtet, es waren die berüchtigten »Tonton Macoutas«, rücksichtslos zuschlagende Dunkelmänner, die vor allem Angehörige der früheren Oberschicht verfolgten, in der Mehrzahl Mulatten. Aus lauter Mißtrauen vor einer möglichen Opposition bildete der Präsident halbjährlich sein Kabinett um. Wagten sich Oppositionelle dennoch nach vorn, so wurden sie in den Kellern seines Palastes gefoltert und ohne Gerichtsverfahren hingerichtet. Exilhaitaner sprachen von mindestens 12000 Opfern.

Am 21. April 1971 starb der zuckerkranke Präsident der ältesten Negerrepublik der Welt an Kreislaufstörungen. – Zuvor hatte er seinen 20jährigen stotternden Sohn, Playboy und Freund hübscher Mädchen, Jean-Claude, zum »Präsidenten auf Lebenszeit« wählen lassen.
Unter dem Regime des Sohnes, eines Strohmannes, lockerte sich etwas der harte Druck gegen die Mulatten. Als Gegengewicht zur gefürchteten »Papa-Doc«-Miliz, den »Tonton Macoutas«, wurden nun die »Leoparden« gebildet, eine militärische Elitetruppe von 600 bis 700 Mann.
Unverändert blieb aber der Kontrast zwischen arm und reich. Nach einem Expertenbericht der UNO gehört Haiti zu den 25 am wenigsten entwickelten Länder der Erde.
Ein Volksaufstand gegen die Diktatur der Duvaliers würde an der auch geistigen Unterentwicklung der Haitianer scheitern: neun von zehn sind Analphabeten. Das fatalistisch eingestellte Volk beweinte sogar in bewegenden Trauerszenen den Tod seines Diktators. »Papa Doc« hatte seinen Landeskindern eingehämmert: »Haiti ist dazu bestimmt, zu leiden.«

6. Italien (Politischer Mord)

Matteotti, Giacomo

Die Ermordung des Sekretärs der Italienischen Sozialistischen Partei am 10. Juni 1924 soll auf Anstiftung Mussolinis geschehen sein. Der gedungene Mörder, Amerigo Dumini, war ein Freund Mussolinis und Leiter der faschistischen Geheimpolizei. Er und vier weitere Männer, darunter Filipelli und Rossi, lauerten am Tiberufer Matteotti auf, schlugen ihn nieder, brachten ihn mit einem Auto außerhalb Roms und ermordeten ihn dort. Erst am 16. August 1924 wurde die total verstümmelte Leiche gefunden.
Der Massenmörder Dumini wurde von dem Faschistenführer Farinacci verteidigt, und Ziel des Prozesses war es, auf Befehl des »Duce« nicht die Mörder anzuklagen, sondern den Ermordeten. Die Mörder wurden wegen fahrlässiger Tötung zu fünf Jahren Gefängnis verurteilt, wovon vier Jahre unter Amnestie fielen, so daß unter Abrechnung der Untersuchungshaft der Haupttäter Dumini nach wenigen Tagen auf freien Fuß gesetzt wurde.
Obgleich Mussolini jede Trauerkundgebung verboten hatte, beteiligten sich etwa 15000 Menschen an der Beerdigung des beliebten Sozialistenführers. – Erst nach dem Krieg wurde Dumini am 22. Januar 1947 zu dreißig Jahren Zuchthaus für diesen Mord verurteilt.

7. Jugoslawien (Politische Prozesse)

Im Dezember 1971 hielt der jugoslawische Staats- und Parteichef Tito seine als »historisch« bewertete »Jagdrede« in Karadjordjevo, in der er seinen Kampf ansagte gegen den »Bund der jugoslawischen Kommunisten« und gegen die »Massenbewegung der kroatischen Nationalisten und Chauvinisten«.
Nach dieser Rede folgte zunächst der Sturz der kroatischen Parteiführung und dann eine »Säuberungs«-Welle unter den Funktionären der örtlichen Parteiorganisationen, in der Verwaltung und der Justiz, in den Verlagen und Redaktionen, in den Studenten- und gesellschaftspolitischen Verbänden, sogar in der Polizei und Armee. Allein in Kroatien waren davon etwa 7000 Funktionäre betroffen. Ungefähr 300 Personen wurden in gerichtlichen »Schnellverfahren« wegen »konterrevolutionären Verhaltens und Angriffen auf die staatliche und gesellschaftspolitische Ordnung« bereits abgeurteilt.
Nach Titos Besuch in Kroatien im April 1972 wurden dann die Weichen gestellt für die nun folgenden großen politischen Strafprozesse. In einem ersten Verfahren hatten sich die bereits im Dezember 1971 verhafteten Studentenführer und einige Dozenten vor Gericht zu verantworten; danach fand ein zweiter, mit großer Spannung erwarteter Prozeß statt gegen die erst im Januar 1972 festgenommenen führenden Funktionäre des kroatischen Kulturverbandes »Matica Hrvatska«. In beiden Prozessen waren insgesamt 44 Personen wegen »konterrevolutionärer Aktivität gegen Volk und Staat« angeklagt.
Tito persönlich verlangte für die der Aburteilung harrenden Studentenführer und Kulturbundfunktionäre ausdrücklich harte und exemplarische Strafen.
Vor dem Hintergrund der wiederaufgelebten politischen Auseiandersetzungen in Kroatien wurden Mitte April 1972 weitere Verhaftungen von Intellektuellen und Studenten durchgeführt. Darunter war auch der frühere Chefredakteur der

Monatszeitschrift »Hrvatski Knjizevni List (Kroatisches Literaturblatt)«, Zlatko Tomicic. Ihm und weiteren Jugoslawen wurden Verbindungen zu extremistischen Emigrantenkreisen vorgeworfen und konterrevolutionäre Aktivität. Tomicic erhielt am 6. Oktober 1972 eine dreijährige Haftstrafe. Das Gericht warf ihm vor, für »nationalistische« und »separatistische« Ideen eingetreten zu sein. Es wurde ihm untersagt, sich nach Verbüßung seiner Haftstrafe öffentlich zu betätigen.
Die jugoslawische Justiz übte seit Titos »Jagdrede« verschärfte Kritik an dem politischen Verhalten eines Teiles der Studenten. So sollen z. B. die Bewohner eines Studentenheimes den Absturz einer jugoslawischen Passagiermaschine Ende Januar in der Tschechoslowakei gefeiert haben, nachdem vermutet wurde, daß er durch einen Bombenanschlag kroatischer Terroristen verursacht worden war.
Die Autoren von Artikeln »nationalistischen Inhalts« mußten ihre Honorare zurückerstatten. Diese Maßnahme betraf vor allem die Mitarbeiter des jetzt nicht mehr erscheinenden Organs der »Matica Hrvatska«, die als nationalistisch bezeichnet wurde.
Der ehemalige Zagreber Parteichef Srecko Bijelic und zwei weitere Mitglieder der früheren Parteiführung in der kroatischen Hauptstadt Zagreb wurden aus der kommunistischen Partei ausgeschlossen. Ihnen wurde auch »nationalistische, fraktionsbildende und feindliche Aktivität« vorgeworfen.
Über der Tatsache des äußerst harten Durchgreifens Titos gegenüber illegalem Verhalten vorwiegend der Intelligenzschicht sollte nicht die andere Tatsache vergessen werden, daß vor mehr als 40 Jahren derselbe Tito wegen subversiver Tätigkeit ebenfalls ins Gefängnis gesteckt wurde.

Broz, Josip, genannt Tito

Der spätere jugoslawische Staatschef Tito saß im Laufe der frühen Jahre des Entstehens der kommunistischen Partei mehrmals im Gefängnis. Einmal 1925, als er während der Beerdigung eines Altgenossen der verbotenen KP hinter dem katholischen Pfarrer eine rote Fahne entrollte und ein paar Abschiedsworte am offenen Grab sprach. Am nächsten Tag wurde er von Gendarmen abgeholt und acht Tage lang in Untersuchungshaft gehalten. Nach königlichem Dekret waren alle Verbände verboten, die Revolution, Diktatur und Gewalt predigten. Dazu gehörte auch die KP, die Kommunistische Partei.
Tito war abermals im Untergrund tätig und wurde im Juni 1927 ohne Angabe von Gründen verhaftet und in Ketten abgeführt. Bis zum 28. Oktober 1927 saß er in der Festung Ogulin, dann fand sein Prozeß statt, und er bekam fünf Monate Gefängnis, von denen zwei durch die Untersuchungshaft als verbüßt galten. Der Rest wurde zur Bewährung ausgesetzt.
Nun war Josip Broz zwar frei, wurde aber als verdächtige Person ständig bespitzelt. Dies zwang ihn, ganz in den Untergrund zu gehen und ein illegales Leben zu führen. Er nahm falsche Namen an, wohnte bei Freunden und veranstaltete heimliche Agitationskurse in Fabriken. Als er bei der Maifeier 1928 in Zagreb durch Zwischenrufe die Diskussion anzuheizen versuchte, wurde er erneut festgenommen und 14 Tage lang eingesperrt.
Am 20. Juni 1928 erschoß ein königstreuer Abgeordneter den Führer der kroatischen Bauernpartei, Stjepan Radic. Daraufhin kam es zu blutigen Kämpfen in Zagreb. Die Gewerkschaften riefen zur bewaffneten Revolution der Kroaten gegen die Serben auf. Die Polizei führte strenge Razzien durch, und am 4. August 1928 wurde Tito ein weiteres Mal verhaftet. Nun bekam er eine Gefängnisstrafe von fünf Jahren zudiktiert, und diese fünf Jahre mußte er auch bis zum 12. März 1934 absitzen. In der Haftanstalt Maribor lernte er Mosche Pijade kennen, den bedeutenden jugoslawischen Theoretiker des Kommunismus. Dieser hatte eine 20jährige Gefängnisstrafe abzusitzen. Von ihm lernte Tito im Gefängnis das theoretische und praktische Rüstzeug, das ihm später als Partisanen- und Parteiführer zugute kommen sollte.
Während der Zeit seiner Haft löste König Alexander am 6. Januar 1929 das Parlament auf, annullierte alle demokratischen Freiheiten und führte eine Regierungsform ein, die der absoluten Monarchie nicht fern war.
Der IV. Parteikongreß der jugoslawischen Kommunisten fand im November 1928 im Exil in Dresden statt. Der italienische Kommunistenführer Togliatti verkündete hier das Dogma, das Tito später anwenden sollte: »Die Intellektuellen müssen sich der Arbeiterklasse unterwerfen. Sie dürfen sie nicht anführen!« Dieser Satz wurde auch für Tito zum Dogma. Er begann, die verbotene und durch Verhaftungen führender Köpfe geschwächte kommunistische Partei neu aufzubauen, abermals aus dem Untergrund. Von nun an nannte er sich nur noch Tito.

Zurück zur Gegenwart und zum Schicksal einiger anderer im Zuge der »Säuberungswelle« verurteilter Personen:

Djuric, Mijalo

Das Jahr 1972 brachte also zahlreiche weitere politische Prozesse in allen Teilen Jugoslawiens an den Tag. Herausragend war das Verfahren und das drakonische Urteil gegen den Professor der juristischen Fakultät der Belgrader Universität, Mijalo Djuric, der Mitte Juli 1972 wegen »feindlicher Propaganda« und wegen »Verbreitung von Nationalismus« nach dem gerade in politichen Prozessen gern bemühten Paragraphen 118 des jugoslawischen Strafrechts zu zwei Jahren schweren Kerkers verurteilt wurde. Dieser § 118 pflegte dann angewendet zu werden, wenn es galt, kritische politische Äußerungen in Jugoslawien strafgerichtlich zu verfolgen.

Im Zusammenhang des Prozesses gegen Professor Djuric geriet auch die marxistisch-philosophische Zeitschrift »Praxis« in die Schußlinie der Kritik. In ihr hatten sich international bekannte »linke« Gelehrte wie die Professoren Bloch, Habermas und Marcuse geäußert. Sie wurde noch vor der Urteilsverkündung gegen Djuric verboten. Ihr wurde vorgeworfen, sie würde »lügenhafte und alarmierende Behauptungen verbreiten, die geeignet sind, Unruhe unter den Bürgern hervorzurufen«.

Dieses Verbot der »Praxis«, die sich unter den internationalen Linken eines großen Ruhmes erfreute und im Inland seit Jahren für das Forum der Elite der jugoslawischen Intelligenz galt, war kaum geeignet, den Unmut über das Urteil gegen Djuric in Belgrads akademischen und publizistischen Kreisen zu dämpfen.

Politische Prozesse gab es in Jugoslawien seit etwa 20 Jahren in diesem Ausmaß nicht mehr. Die Mehrzahl der jüngsten Prozesse war eine unmittelbare Folge der dramatischen Ereignisse in Kroatien Ende des Jahres 1971, die in dem Sturz der damaligen Parteiführung und in der Verhaftung der Exponenten der »nationalen Strömung« in der Studentenschaft gipfelten.

Dazu gehörten die »Zagreber Studentenprozesse«[1], die Prozesse gegen »serbische Nationalisten«, der Fall des Belgrader Rechtsanwaltes *Subotic*, der im Juni 1972 zu 14 Monaten strengen Kerkers verurteilt wurde, und nicht zuletzt auch der Fall des Belgrader Rechtsanwaltes *Milovanovic*, der 1969 dem damaligen »SPIEGEL«-Korrespondenten Rullmann Material für einen Artikel über die Verurteilung albanischer Demonstranten in der mazedonischen Stadt Tetovo übergeben hatte. In dem Material hatte Milovanovic behauptet, die Angeklagten seien zu Unrecht verurteilt worden, weil sie gar nicht die tito- und jugoslawienfeindlichen Parolen geschrieben hätten, die ihnen vor Gericht zur Last gelegt wurden. 1972 wurde Milovanovic zu einem Jahr Kerker verurteilt, nicht weil er dem später wegen Spionage beschuldigten Rullmann das Material gegeben hatte, sondern weil er nationalen Haß hervorgerufen habe.

Die Gerichte standen bei derartigen Urteilsfindungen unter starkem Druck der Partei, die angewiesen hatte, gegen alle als nationalistisch zu bezeichnenden Erscheinungen scharf vorzugehen.

[1] abgehandelt unter »Studentenunruhen und -Prozesse«

Erwähnt sei schließlich auch:

Ilic, Zivko

Am 28. April 1972 verurteilte das Kreisgericht in Leskovac den 35jährigen Zivko Ilic zu sieben Jahren strengen Kerkers, weil er für schuldig befunden wurde, mit der serbischen Emigrantenorganisation »Sveti Sava« in Verbindung gestanden zu sein und regimefeindliches Material an die Organisation verteilt zu haben.

Ein neuer politischer Prozeß in Zagreb begann im September 1972. Wegen angeblicher Spionage und staatsfeindlicher Tätigkeit sowie Propaganda wurden zwei bekannte kroatische Intellektuelle angeklagt: der Publizist *Ante Bruno Busic* und der Historiker und frühere Partisanan-General *Franjo Tudjman*.

Tudjman leitete in den sechziger Jahren das Zagreber Institut zur Erforschung der Geschichte der Arbeiterbewegung. Er verlor sein Amt 1967 wegen nichtkonformistischer Ansichten. Am 11. Januar 1972 wurde er verhaftet. Bis dahin gehörte er zur Führung des kroatischen Kulturverbandes »Matica Hrvatska«, den Tito als den Generalstab der Konterrevolution bezeichnet hatte.

Busic war der bedeutendste Mitarbeiter der Wochenzeitung »Hrvatski Tjednik«, die im Frühjahr 1971 erschienen war und sogleich in der kroatischen Intelligenz großen Anklang gefunden hatte.

Die Anklage warf Busic vor, mit einem nicht genannten ausländischen Nachrichtendienst zusammengearbeitet und staatsfeindliche Artikel veröffentlicht zu haben.

Tudjman wurde vorgeworfen, mit einer Emigranten-Organisation vor allem in den USA und Kanada zusammengearbeitet und mit Agenten ausländischer Nachrichtendienste Kontakte unterhalten zu haben.

Hatte die erste Zagreber Prozeßwelle vor allem Anklage erhoben wegen Nationalismus, Konterrevolution, prowestlicher Abweichung, Revisionismus und Sozialdemokratismus, so verlegte sich die Anklage in der zweiten Zagreber Prozeßwelle vornehmlich auf Kooperation mit ausländischen geheimen Nachrichtendiensten.

Am 12. Oktober wurden Tudjman und Busic zu je zwei Jahren verschärften Kerkers verurteilt.

Ein dritter Zagreber Prozeß begann am 13. Oktober 1972 gegen den Dozenten der Nationalökonomie, ehemaligen Gewerkschaftsführer und Parlamentsabgeordneten *Marko Veselica*, den Dozenten *Djodan*, den Universitätsprofessor *Ivicevic* und den Schriftsteller *Komarica*. Ihnen wurden separatistische Pläne zur Loslösung Kroatiens aus dem jugoslawischen Staatenbund vorgeworfen.

8. Kongo (Politischer Mord)

Lumumba, Patrice

Der Postbeamte Lumumba (geb. 2. Juli 1925 in Katako-Kombe, Provinz Kasai) war seit 1953 Angestellter im Postscheckamt von Stanleyville. Um Geld für seine nationalistischen Aktionen zu bekommen, unterschlug er zwischen 1953 und 1960 120000 belgische Francs und beging zugleich Urkundenfälschung. Zwei Jahre Zwangsarbeit waren seine Strafe dafür.
Nach seiner Entlassung war er Handelsdirektor einer Brauerei in Léopoldville. Von hier aus organisierte der unermüdliche Volksredner den Widerstand gegen die belgische Kolonialherrschaft. Die blutigen Unruhen im Kongo seit Anfang 1959 gingen auf sein Konto.
Seit 1958 war er der Führer der »Nationalbewegung des Kongo«, wurde 1960 verurteilt zu sechs Monaten Gefängnis wegen Anstiftung zu schweren Unruhen, wurde per Flugzeug nach Brüssel gebracht zur Teilnahme an der »Table-Ronde-Konferenz«, wo er mit anderen farbigen Politikern für die sofortige Unabhängigkeit des Kongo eintrat.
Aus den Wahlen im Mai 1960 ging er als Sieger unter 69 Parteien hervor. Heftigster Gegner bei der Regierungsbildung war der Führer der Abako, Kasavubu. Doch beide Politiker einigten sich später und bildeten am 24. Juni 1960 die erste selbständige Kongo-Regierung, Lumumba als Erster Ministerpräsident des Kongo, Kasavubu als Staatspräsident.
Es kam jedoch zu keinen geordneten Staatsverhältnissen im Kongo. Da brach Lumumba am 14. Juli 1960 die Beziehungen zu Belgien ab und flog Ende Juli nach New York, um die UN, USA und Kanada um wirtschaftliche und politische Hilfe zu bitten.
Am 5. September 1960 setzte Kasavubu Lumumba als Ministerpräsidenten ab. Neuer Regierungschef wurde nun der Kasavubu-treue Ileo. Durch leidenschaftliche Reden brachte Lumumba jedoch den Senat und die kongolesische Kammer auf seine Seite und setzte nun Kasavubu ab.
Ehe es jedoch zu einer Kraftprobe zwischen Lumumba und Kasavubu kam, unternahm Oberst Mobutu am 14. September 1960 einen Staatsstreich und erklärte beide Regierungen samt Staatsoberhaupt und den beiden Häusern des Parlaments für »neutralisiert« und bildete eine eigene Regierung.
Lumumba wurde unter UN-Bewachung in seiner Residenz unter Hausarrest gestellt.
Ende November 1960 verschwand er plötzlich, wurde einen Monat später von Mobutus Truppen festgenommen, mißhandelt, gefoltert und nach Katanga überführt.
Rußland, Guinea, die VAR (Vereinigte Arabische Republik) und andere Staaten reagierten mit scharfen Protesten. Doch vergebens. Am 10. Februar 1961 meldete die Regierung Katangas Lumumbas angebliche Flucht und schließlich am 13. Februar seinen Tod durch »aufgebrachte Dorfbewohner«. Sehr wahrscheinlich erlag jedoch Lumumba seinen Mißhandlungen.
Im Februar 1964 erklärte Tschombé eindeutig Kasavubu als hauptschuldig am Tod Lumumbas. Sein Tod rief weltweite Proteste des Ostblocks gegen die UN und ihre Maßnahmen im Kongo hervor. Geändert haben die Proteste nichts.

9. Litauen (Selbstverbrennungen)

Um gegen die Zugehörigkeit ihrer Heimat zur Sowjetunion zu protestieren, wählten fanatische oder verzweifelte litauische Bürger den Selbstmord durch Verbrennen.
Die erste Selbstverbrennung des 20jährigen litauischen Studenten *Roman Kalanta* am 14. Mai 1972 konnte noch als Einzelfall abgetan werden. Nachdem sich aber in der Nacht vom 18. zum 19. Mai 1972 erneut ein Student selbst verbrannte, kam es zu schweren Unruhen in Kaunas. Mehrere tausend Jugendliche zogen durch die Stadt und forderten in Sprechchören »Freiheit für Litauen!« Durch litauische Polizisten und sowjetische Fallschirmjäger wurde der Aufruhr niedergeschlagen. Mehr als 200 junge Litauer wurden verhaftet.
Am 3. Juni 1972 ereignete sich die dritte Selbstverbrennung durch den Arbeiter *Andruschka Witschus*. Sechs Tage später wollte ein ebenfalls unzufriedener Arbeiter namens *Salischauskas* in Kaunas dem Beispiel Witschus folgen, wurde aber, zwar lebensgefährlich verletzt, von der eingreifenden Polizei gerettet.
Am 3. Juli 1972 hat sich aus Protest gegen die »sowjetische Besetzung« in der litauischen Hauptstadt Kaunas erneut ein 60jähriger Mann verbrannt.

10. Norwegen (Hoch- und Landesverrat)

Quisling, Vidkun

Der norwegische Politiker Quisling (18. Juli 1887–24. Oktober 1945) wurde durch zwei Entscheidungen bekannt: einmal 1936, als er als Gegner Trotzkis in Hoenefoß diesen veranlaßte, Norwegen zu verlassen. Trotzki wich nach Mexiko aus. Zum anderen durch seine Verbindung zum Dritten Reich. Er lehnte die sozialistische Regierung Norwegens ab und ließ sich dazu verleiten, auf Deutschland zu vertrauen. Am 14. Dezember 1939 wurde er von Hitler empfangen. Welche Versprechungen Hitler ihm machte, wurde nie ganz geklärt. Jedenfalls forderte Quisling die norwegische Bevölkerung zur Einstellung jeden Widerstandes auf, nachdem deutsche Truppen am 9. April 1940 in Oslo gelandet waren. Am 1. Februar 1942 wurde er offiziell zum norwegischen Regierungschef ernannt.
Nach dem Krieg wurde ihm, dem Symbol des Verräters und Paktierers mit dem Feind, der Prozeß gemacht. Am 10. September 1945 wurde er wegen Hoch- und Landesverrats zum Tode verurteilt und am 24. Oktober 1945 erschossen.

11. Persien (Subversion)

Am 1. März 1972 richtete ein Erschießungskommando sechs Personen in Teheran hin, die wegen »staatsfeindlicher Tätigkeiten, Sabotage, Mord und Raubüberfall« von einem Militärgericht zum Tode verurteilt worden waren. Die Hingerichteten gehörten zu einer Gruppe von 23 Personen, die sich vor dem Militärgericht zu verantworten hatten. Trotz Proteste der Amnesty International wurden die Hinrichtungen durchgeführt. Der Schah von Persien war nicht dem Appell gefolgt, im Geiste der Menschlichkeit zu handeln und keine weiteren Hinrichtungen mehr zuzulassen.
Im Gegenteil: Bereits am 12. März 1972 wurden neun Personen hingerichtet, die als »Saboteure« bezeichnet wurden und Mitglieder einer »subversiven Organisation« gewesen sein sollen.
Die Staatsanwaltschaft hatte den neun »kommunistischen Guerillas« vorgeworfen, an bewaffneten Überfällen auf Polizeiwachen in Tabriz und in Golhak teilgenommen und dabei zwei Polizisten getötet zu haben. Die gleiche Gruppe soll außerdem in Teheran und Umgebung drei Banken ausgeraubt und versucht haben, die iranische Regierung zu stürzen.

12. Peru (Staatsdiktatur und Gesetzesinterpretation)

Espantoso, Pedro Beltrán

In Peru gibt es ein »Statut der Pressefreiheit«. Danach darf kein Ausländer eine peruanische Zeitung führen und ein Peruaner nur, wenn er sechs Monate im Jahr ohne Unterbrechung im Heimatland lebt.
Pedro Beltrán Espantoso, ehemaliger Finanzminister und Botschafter Perus, ist heute Direktor eines der einflußreichsten Blätter des Landes, nämlich von »La Prensa«. Er führte seine Zeitung so vorbildlich, daß er 1956 mit der Bezeichnung »Held der Pressefreiheit« geehrt wurde.
»La Prensa« war in der Tat ein freies Blatt, das nicht davor zurückschreckte, Maßnahmen der Regierung zu kritisieren und sogar die Kritik zu begründen.
Dem Präfekten von Lima, Oberst Guido Genza Chacón, war diese Kritik jedoch zu häufig und zu scharf, so daß er durch eine einfache Rechnung dekretierte, Beltrán dürfe seine Zeitung »La Prensa« nicht mehr leiten.
Der Trick lag in der Interpretation des Gesetzes, das sechs Monate Anwesenheit im Lande vorschreibt. Beltrán hielt sich genau daran. 1971 war er ein halbes Jahr in Peru, ein halbes außer Landes, er ist Gastprofessor an der Universität Virginia in den USA. 1972 wollte er es ebenso handhaben, doch da schlug Oberst Chacón zu.
Beltrán habe falsch gerechnet, so hieß das Argument. Wenn das Gesetz sagt, daß man ununterbrochen mindestens sechs Monate im Lande sein muß, so heißt das auch, daß man nicht länger als sechs Monate ununterbrochen im Ausland sein darf. Beltrán war aber, als er am 21. Januar 1972 nach Peru zurückkehrte, genau elf Tage zu lange weggeblieben.
Somit ist ein Presseorgan, das die Regierung zu kritisieren wagte, auf ganz legale Rechenart ausgeschaltet worden.

13. Sowjetunion

a) Der Aufstand der Kronstädter Matrosen

Der Aufstand der Kronstädter Matrosen war einer der verzweifelten Versuche, die unerbittliche Sowjetmacht unter Lenin zu brechen. Lenin hatte immer für die unumschränkte Macht und Autorität der Partei plädiert, und jeder, der gegen diese Autorität opponierte, mußte vernichtet werden.
Nun waren es ausgerechnet die Matrosen von Kronstadt (einem Kriegshafen vor Leningrad), die Lenin und

der Partei die Autorität streitig machen wollten, gerade die Matrosen, die Trotzki den »Stolz der Revolution« genannt hatte, seine zuverlässigen Stützen im Oktober 1917, von denen Lenin meinte, sie seien die besten Bürgen dafür, daß die Revolution niemals scheitern könne.
Aber die Matrosen standen nicht mehr hinter Lenin. Sie griffen seine diktatorische Herrschaft an und forderten die Sowjets ohne Kommunismus, weil die Kommunisten nicht den Willen der Arbeiter und Bauern repräsentierten. Sie forderten geheime Wahlen und eine ungehinderte Wahlkampagne unter allen Bauern und Arbeitern, dazu die Wiederzulassung sämtlicher Linksparteien wie Menschewisten, Sozialrevolutionäre und Anarchisten. Lenin wußte, daß dies und weitere 14 Punkte ihrer Resolution das Ende der Revolution bedeuten könne.
Unter freiem Himmel veranstalteten die Matrosen am 1. März 1921 in Kronstadt eine Versammlung, an der etwa 16000 Matrosen teilnahmen. Die Matrosen erkannten der Sowjetregierung alle von ihr ausgeübten Rechte ab und traten für einen gerechten Sozialismus ohne Tyrannei und vor allem ohne die verhaßte »Tscheka« ein.
Da diese Resolution den Rang einer offenen Rebellion gegen die Sowjetmacht einnahm, blieb der Sowjetführung nichts anderes übrig, als entweder sich den Forderungen der Kronstädter zu beugen – oder sie auszumerzen.
Lenin entschied sich für letzteres. Er befahl sogar die Vernichtung Kronstadts, falls sich die Revolutionäre nicht ergeben würden. Trotzki sollte den Aufstand unterdrücken. Er kam am 5. März 1921 in Petrograd an und verkündete ein Ultimatum der Regierung. Sollten die Matrosen nicht zur Vernunft kommen, so würden sie niedergemacht »wie die Rebhühner«. Die Tscheka griff hart unter den Arbeitern und Bauern durch. Alle Sympathisanten der Matrosen wurde auf der Stelle erschossen.
Die Matrosen jedoch verhielten sich ruhig und unternahmen keinerlei Angriffsversuche, obgleich sie stark genug waren, Oranienbaum samt Petrograd einzunehmen. Sie hätten ihre Schiffe nehmen, das schwache Eis brechen und damit verhindern können, daß regierungstreue Truppen, befehligt von der Geheimpolizei, über das Eis gegen sie vorrückten.
Acht Tage nach der Verkündung der Resolution schlug Trotzkis Armee zu. Die kommunistischen Soldaten rückten in weißen Mänteln und im Schutz eines Schneesturmes gegen die Matrosen vor. Tagelang rollte Nachschub an, doch die Matrosen wehrten sich verbissen und unerhört mutig. Aber sie waren bald in der Minderheit gegenüber den kommunistischen Truppen. Ihre Hoffnung auf einen Sieg mußten sie am 16. März 1921 begraben, als sie von allen Seiten eingekreist waren. Die wenigen Matrosen, die den letzten Angriff überlebt hatten, es waren kaum 100 Mann, flüchteten über das Eis nach Finnland. Die anderen Überlebenden wurden nach der Schlacht erschossen.
Lenin hatte den Befehl herausgegeben, Kronstadt zu vernichten. Nach Beendigung des Kampfes glich es einem Trümmerhaufen.
Die Matrosen waren Russen und hatten sich für die Idee des »freien« Sowjets eingesetzt. Viele stammten aus dem Bauernstand und litten unter der harten Diktatur Lenins.
Nach der Niederwerfung des Aufstandes der Kronstädter Matrosen war für Lenin der Weg zum kommunistischen Sozialismus frei.
Für den anschließend abgehaltenen Schauprozeß wurden völlig untypische Vertreter des Aufstandes ausgesucht, so ein Geistlicher, fünf adlige Offiziere und sieben Bauern. Ihnen wurde vorgeworfen, sie hätten die »Diktatur der Bourgeoisie errichten« wollen.
Dieser Aufstand und seine brutale Niederwerfung waren ein konkretes Beispiel dafür, wie Aufrufe der damaligen Sowjetführer geahndet wurden, wenn sie in die Tat umgesetzt werden sollten. Trotzki hatte einst gesagt: »Der unbestreitbare Charakterzug der Revolution ist die direkte Einmischung der Massen in die historischen Ereignisse.«
Trotzkis Antwort auf diese »Einmischung« war eben die Ausmerzung des Kronstadter Aufstandes.

b) Die Moskauer Schauprozesse 1936–1938

In den dreißiger Jahren wurde sich Stalin immer mehr der Tatsache bewußt, daß die alten Revolutionäre, die mit ihm gekämpft hatten, kaum bereit sein würden, seinen Aufstieg zum Diktator als legitime Konsequenz der Revolution zu akzeptieren. Sie sahen in ihm den Fälscher bolschewistischer Prinzipien, und der Ex-Menschewik Trotzki wurde zur Zielscheibe Stalinscher Hetzangriffe.
Das Gegengewicht zur alten Garde war im Politbüro beisammen: Männer wie Molotow, Kaganowitsch, Woroschilow, Kuibyshew, Kossior, Rudsutak, Mikojan, Andrejew repräsentierten den neuen, Stalin ergebenen Führungsstil.
Stalins Anspruch, der geistige Führer seines Reichs zu sein, hatten Rußlands Intellektuelle, Schriftsteller, Historiker, Philosophen, Dichter durch Stalin-Zitate und durch Übernahme stalinschen Gedankengutes gerecht zu werden. Einer der letzten ganz Großen der russischen Literaturgeschichte, Maxim Gorki, war der einzige, der es wagen durfte, an Stalins despotischem Einfluß auf das literarische Leben, das immer mehr verödete, Kritik zu üben. Er starb 1936. Stalins Aufstieg zum Diktator war begleitet von einer adäquaten Politisierung der Justiz, die bei den späteren Schauprozessen zu einem willfährigen Instrument für Stalins Säuberungsaktionen geworden war.
Die politische Justiz hatte ihren Anfang in den Jahren 1917–1921 genommen. Die Wetscheka, oder be-

kannter unter der Kurzform Tscheka, organisierte die Terroraktionen gegen die »Feinde der Sowjetmacht«. Die Tscheka war der Parteileitung unterworfen und wurde zum gefürchteten Justizinstrument in der Hand der bolschewistischen Führer nach den beiden Attentaten auf Uritzki, den Petersburger Chef der Tscheka, und auf Lenin. Das Attentat der Sozialrevolutionärin Fanja Kaplan scheiterte am 30. August 1918.
Die Tscheka war ein Werk Lenins und wurde im ganzen Land tätig gegen jede Form von Widerstand, sei es durch Arbeiter, Parteimitglieder oder unzufriedene Bolschewiki.
1921 wurde die Tscheka in GPU umgetauft, zentralisiert und neben ihrer Aktivität im Inland zur Gegenspionage im Ausland eingesetzt. 1922 wurde Stalin Generalsekretär des Zentralkomitees der KPdSU und verfügte die enge Zusammenarbeit zwischen Parteiführung und GPU. Als Lenin 1924 starb, war die GPU das mächtigste und brutalste Instrument in der Hand Stalins, das rücksichtslos gegen jede Stimme der Opposition eingesetzt wurde.
Lenin hatte in seinem Testament keinen Anstoß genommen an der eminenten Machtfülle, die das Generalsekretariat Stalin eingebracht hatte. Er bezeichnete Stalin und Trotzki als die »beiden fähigsten Führer« und erwähnte jüngere Mitglieder des Zentralkomitees, darunter Bucharin, den Parteitheoretiker, und Pjatakow.
Zwölf Jahre nach Lenins Tod, 1936, saßen alle die »edlen Bolschewiki« auf der Anklagebank, die er in seinem Testament als führende Köpfe gepriesen hatte. Es fehlten nur Trotzki und Stalin selbst.
Mit Hilfe der GPU hatte Stalin die Oppositionellen untereinander ausgespielt, die Linken mit Sinowjew und Kamenew gegen die Rechten mit Bucharin, Rykow und Tomski und beide gegen Trotzki.
Vorläufer zu den großen Moskauer Schauprozessen waren auf dem Weg der »Revolution von oben«, der Unterwerfung der gesamten Russischen Gesellschaft unter Stalins Willen, der »Schachty-Prozeß« (18. Mai bis 5. Juni 1928), der »Industrie-Prozeß« (25. November bis 7. Dezember 1930), der Prozeß gegen das »Zentrum der Menschewiki« 1931 und als letzter im April 1933 der Prozeß gegen die »Vickers-Ingenieure«.
Diese vier Prozesse waren von der GPU angelegt worden, die Anklage lautete in allen vier auf Sabotage und Spionage gegen das Sowjetregime.
Die Prozesse dienten dazu, unter Beweis zu stellen, daß der Klassenkampf in der UdSSR verschärft fortgesetzt werde, daß imperialistische Mächte nicht geduldet werden und die eingeschlagene Parteilinie als »unfehlbar« zu gelten habe.
Die »Verschärfung des Klassenkampfes« brachte für Tausende Deportationen in Arbeits- und Konzentrationslager, und am Ende des politischen Liquidierungsprozesses befanden sich etwa 800000 Menschen in Lagern.
Die »Richtigkeit der Parteilinie« wurde vor allem auf industriellem und wirtschaftlichem Gebiet angestrebt, doch sollten die aufgetretenen Schwierigkeiten bei der »Erfüllung des Fünfjahresplanes« den imperialistischen Saboteuren und Spionen in die Schuhe geschoben werden.
Da auch in der Außenpolitik nicht die Erfolge belegt werden konnten, die Stalin für seine Machtkonsolidierung brauchte, in Deutschland wurde z.B. 1933 die KPD völlig liquidiert, mußten die ersten Schauprozesse in Moskau über reale Fehlschläge hinwegtäuschen helfen.
In den Jahren 1933/34 bereitete Stalin die zweite große Säuberung vor. Generalstaatsanwalt war der alte Stalin-Getreue A. J. Wyschinski, Chef der GPU wurde 1934 Heinrich Jagoda. Um die geplanten Prozesse mit aller Schärfe durchführen zu können, ordnete Stalin die Sippenhaft bei politischen Verbrechen an.
Zwischen die beiden Prozeß-Wellen fiel die Ermordnung Kirows am 1. Dezember 1934. Die Hintergründe dieser Ermordung wurden nie völlig geklärt. Chruschtschow sprach in seiner »Geheimrede« auf dem XX. Parteitag der KPdSU am 25. Februar 1956, in der er mit der Stalin-Ära abrechnete, von diesem Attentat als einem »mysteriösen« Vorgang.
Kirow war von 1926 bis zu seiner Ermordnung der Erste Sekretär der Parteiorganisation in Leningrad und wurde noch im Todesjahr (1934) zum Sekretär des Zentralkomitees der KPdSU ernannt. Er wurde zu den liberalen Stalinisten gerechnet (mit Woroschilow, Rudsutak und Kalinin), wohingegen Molotow und Kaganotwitsch als Vertreter des harten Kurses galten.
Der Attentäter, der junge Kommunist Nikolajew, handelte sehr wahrscheinlich im Auftrag der GPU. Er gehörte zur Gruppe um Sinowjew und Kamenew, den beiden Führern des oppositionellen »Moskauer Zentrums«. Es wurde ferner angenommen, daß mit Hilfe des Attentats Kirow posthum zum Gegner Stalins gemacht werden sollte. Das Attentat sah nach Vorbereitung von langer Hand her aus, denn es bestand aus auffällig vielen günstigen Zufällen. Der Attentäter konnte ungehindert das Büro Kirows betreten, die übliche Wache war nicht zur Stelle; und als der verantwortliche GPU-Mann, der für Kirows Schutz abgestellt war, zum Verhör wegen dieses Mordes gefahren werden sollte, kam auch er »zufällig« bei einem Verkehrsunfall ums Leben.
Nach dem geglückten Attentat konnte der GPU-Chef Jagoda seinen Apparat voll einsetzen. Eine stattliche Reihe von Verhaftungen verdächtiger Personen wurde im ganzen Land vorgenommen, bereits am 28./29. Dezember 1934 fand der Prozeß gegen Nikolajew und einige andere statt, die die Anklage als »Leningrader terroristisches Zentrum« bezeichnete, und alle Angeklagten wurden ohne Ausnahme zum Tode verurteilt, die Urteile sofort durch Erschießen vollstreckt.
Und schon am 15./16. Januar 1935 wurde der Prozeß gegen Sinowjew und Kamenew eröffnet. Ihnen wurden Beziehungen zum Leningrader Terroristenzentrum vorgeworfen. Sie erhielten drei und zehn Jahre

Gefängnis. Wiederum folgten dem Prozeß gegen die »Kirow-Mörder« massenweise Deportationen, meist wurden alle Familienangehörigen nach Sibirien gebracht.
Die Hoffnung auf politische Milde nach dem Kirow-Prozeß trog. Zwar ließ Stalin die »demokratischste Verfassung der Welt« verkünden, zwar war dieselbe unter dem Vorsitz Wyschinskis mit den Oppositionellen Bucharin, Radek und Sokolnikow ausgearbeitet worden, Bucharin, Radek und Pjatakow erhielten sogar wichtige Posten, die innere Sicherheit wurde durch die Umorganisierung der Roten Armee in ein stehendes Heer gewährleistet, fünf verdiente Offiziere wurden zu Marschällen ernannt (Tuchatschewski, Jegorow, Blücher, Woroschilow und Budjonnyi), da brach im August 1936 der erste der großen Säuberungsprozesse in die Tage trügerischer Ruhe herein.
Es war der »Prozeß der Sechzehn« (angeklagt waren Sinowjew, Kamenew, Smirnow u.a.); der »Prozeß der Siebzehn« im Januar 1937 (angeklagt waren Pjatakow, Radek Sokolnikow, Muralow u.a.); der »Tuchatschewski-Prozeß« (sieben Generale als Mitangeklagte) im Juni 1937; als letzter der »Prozeß der Einundzwanzig« im März 1938 (angeklagt waren Rykow, Bucharin, Jagoda, der GPU-Chef, u.a.). Es waren alles Männer, die einst in Lenins Politbüro saßen. Trotzki wurde in absentia verklagt. Allen warf die Anklage vor, sie hätten geplant, Stalin und andere Mitglieder seines Politbüros zu ermorden. Weiter hätten sie den Kapitalismus wieder herstellen wollen und sie seien gegen die militärische und wirtschaftliche Macht Rußlands eingetreten. Schließlich wurden ihnen Spionagedienste für England, Frankreich, Japan und Deutschland vorgeworfen. Und als Krönung der Anklage wurden sie zu Mitschuldigen an der Ermordnung Kirows gemacht.
Die politische Polizei (GPU) verhaftete deren Familienangehörige und hielt sie als Geiseln fest, um die Angeklagten zu Geständnissen zu zwingen. Das Recht auf Berufung wurde ihnen abgesprochen. Alle Angeklagten wurden für schuldig befunden und hingerichtet.
Wahr an den Anklagen war, das kam vor allem im Tuchatschewski-Prozeß heraus, daß die Generale einen Staatsstreich gegen Stalin geplant hatten. Stalin sollte ermordet und das Hauptquartier der GPU besetzt werden. Im Anschluß an die Liquidierung der Generale wurden 20000 Offiziere der Roten Armee, ein Viertel des Offizierskorps, verhaftet und einige tausend erschossen.
Im November 1936 verkündete Stalin auf dem 8. Sowjetkongreß die neue Verfassung, die »demokratischste der Welt«, und zog damit den Schleier vor der Mordmaschinerie seiner Säuberungsprozesse zu. Danach wurde die »Kurze Geschichte der Kommunistischen Partei in der Sowjetunion«, die in Stalins Sinne die Geschichte dargestellt und verfälscht hatte, zur unangefochteten Bibel der Partei.

c) Einzelpersonen:

Berija, Lawrenti

Berija, am 29. März 1899 am Schwarzen Meer geboren, war wie Stalin Georgier, mit dem er frühzeitig bekannt wurde. Schon 1917 schloß er sich dem Bolschewismus an und fand ab 1921 Verwendung in der bolschewistischen Sicherheitsorganisation, die unter den Namen Tscheka, GPU, NKWD und MWD bekannt ist. Gegen Ende der 20er Jahre war er bereits Chef des Sicherheitswesens im Kaukasusgebiet.
1931 wurde er Oberster Parteisekretär von Transkaukasien, drei Jahre später stellvertretendes Mitglied im Zentral-Komitee der Partei, 1938 wurde er von Tiflis nach Moskau berufen als Volkskommissar für innere Angelegenheiten (NKWD). Später wurde er Stalins Stellvertreter und ordentliches Mitglied des »Politbüros«, d.h. der Leitung der Kommunistischen Partei in der UdSSR.
Nach Stalins Tod (am 5. März 1953) blieb er auch weiterhin Inhaber der Gewalt im Staatsinneren und im Spitzengremium der kommunistischen Führung der UdSSR.
Der Sturz dieses allgewaltigen Mannes, der gern mit Himmler verglichen wurde, kam völlig überraschend. In einem Kommuniqué vom 10. Juli 1953 wurden erste schwere Anschuldigungen gegen Berija erhoben, in deren Anschluß er aus all seinen Ämtern entfernt wurde. Eine Gerichtsverhandlung gegen ihn wurde anberaumt, in deren Hauptanklagepunkten er wegen hochverräterischen Verhaltens aus den Jahren 1919/1920 angeklagt war (die Hauptverhandlung fand vom 18. bis 23. Dezember 1953 statt). Er wurde angeklagt wegen seines Versuchs, die Macht zu ergreifen, wegen seiner Aktivierung der Nationalitätsthese, wegen Sabotage der Wirtschaftspläne, wegen Begehung zahlreicher Verbrechen unter Mißbrauch seiner Amtsbefugnisse, und am 23. Dezember 1953 wurde das gegen ihn verhängte Todesurteil vollstreckt: der allmächtige Geheimpolizeichef wurde erschossen.

Gläser, Ilja

Wegen »antisowjetischer Propaganda« verurteilte ein Moskauer Gericht am 23. August 1972 den jüdischen Biologen Ilja Gläser zu drei Jahren Arbeitslager. Der frühere wissenschaftliche Mitarbeiter der Moskauer Universität hatte in Briefen an Redaktionen, Botschaften und Einzelpersonen Kritik an der sowjetischen Politik gegenüber der jüdischen Minderheit im Lande geübt.
Da der Prozeß ungewöhnlich ausführlich veröffentlicht wurde, entstand die Vermutung, daß der Druck gegen die jüdischen »Abtrünnigen«, wie sie von der sowjetischen Presse genannt werden, noch verstärkt werden soll.

Jakir, Pjotr

Sein Vater war der General Iona Jakir, der im Zug der großen »Moskauer Schauprozesse« im Jahre 1937 liquidiert worden war. Damals war Pjotr gerade 14 Jahre alt. Drei Marschälle, 13 Armeekommandeure und 57 Kommandierende Generale waren Stalins Säuberungsaktionen zum Opfer gefallen.
Vier Wochen nach der Erschießung seines Vaters erhielten seine Mutter und er selbst den Deportationsbefehl nach Astrachan.
Der junge Pjotr wurde zu fünf Jahren Arbeitskolonie verurteilt. Begründung: er sei ein sozialgefährliches Element.
1954, nach Stalins Tod, wurde der nun Einunddreißigjährige entlassen. Zwei Jahre später erlebte er auf dem XX. Parteitag die öffentliche Rehabilitierung seines Vaters durch Chruschtschow, der sich persönlich um Pjotr kümmerte.
Als Chruschtschow 1969 gestürzt wurde, schloß sich Pjotr Jakir einer Gruppe von Bürgerrechtskämpfern in der UdSSR an und übte öffentliche Kritik an Stalin, den er den »größten Verbrecher, den unser Land in seiner ganzen zeitgenössischen Geschichte erlebt hat«, nannte.
Unterdessen schrieb er seine Memoiren, die in Rußland nicht verlegt werden durften, aber illegal ins Ausland gerieten und unter dem Titel »Kindheit in Gefangenschaft« auch in deutscher Sprache 1972 erschienen sind.
Jakir wurde deshalb abermals im Juni 1972 verhaftet und sollte wegen »antisowjetischer Agitation und Propaganda« erneut vor Gericht gestellt werden. Sein Prozeß fand bis Ende 1972 noch nicht statt.
Seine Verhaftung wurde in Zusammenhang gebracht mit dem mysteriösen Auftauchen von Flugblättern mit Streikparolen, die im Juni 1972 in den Briefkästen Moskauer Appartmenthäuser landeten und in denen eine scharfe Kritik an den gesellschaftlichen Verhältnissen der UdSSR geübt wurde. Unter dem Vorwurf der Mitgliedschaft des unterzeichneten »Bürgerkomitees« griff die Geheimpolizei KGB zu.
Anfang Dezember 1972 berichtete der in London erscheinende »Observer«, Jakir sei »umgefallen« und habe der Untersuchungskommission belastendes Material über andere Oppositionelle zur Verfügung gestellt.
Vermutlich handelte es sich bei dieser Nachricht um eine vom sowjetischen Sicherheitsdienst KGB gezielt in Umlauf gesetzte Falschmeldung. Solche Falschmeldungen gehören zur Auslandspropaganda des KGB. Es wurde nämlich bekannt, daß ein in der Illustrierten »Stern« 1970 abgedrucktes »Exklusiv-Interview« mit einer angeblichen Tante des Literatur-Nobelpreisträgers Solschenizyn ebenfalls eine gezielte Falschmeldung war. Die »Tante« hatte in dem Interview Schlechtes über ihren Neffen ausgesagt. In Wahrheit war die »Tante« von dem sowjetischen Nachrichtenbüro »Nowosti«, einer Nebenstelle des KGB, aufgebaut worden.
Um eine ähnliche »Nowosti«-Meldung könnte es sich nun auch bei dem Bericht über Jakir handeln. Kurz vor seiner Verhaftung hatte Jakir nämlich der »Times« gegenüber erklärt: »Wenn sie mich schlagen, werde ich alles sagen. Ich kenne das aus meiner früheren Lagererfahrung. Aber Sie werden wissen, daß dann nicht mein wirkliches Ich spricht.« Die mögliche Falschmeldung über Jakirs »Umfallen« (was auch herbeigeführt worden sein kann durch seine Behandlung mit dem »Wahrheitsserum« Natriumpentathol) sollte sein Eingeständnis liefern, daß er zu Recht wegen »verfassungswidriger Tätigkeit« verhaftet worden ist und nun Reue übt. In Wahrheit jedoch hatte der prominente Bürgerrechtler die Einhaltung der Verfassung gefordert.
Am 13. November 1972 wurde auch Jakirs Frau Valentina Sawénkowa verhaftet. Die Behörden versuchen offenbar damit, ihren Mann unter Druck zu setzen.
Es wird angenommen, daß das Verfahren gegen Jakir der wichtigste politische Prozeß in der Sowjetunion seit Stalins Tagen werden dürfte.

Ljubarski, Kronid

Der sowjetische Astrophysiker Kronid Ljubarski wurde am 31. Oktober 1972 von einem Gericht in Noginsk bei Moskau wegen »antisowjetischer Betätigung« zu fünf Jahren Arbeitslager unter erschwerten Bedingungen verurteilt. Dem 38 Jahre alten Wissenschaftler wurde vorgeworfen, »antisowjetische« Schriften besessen und verbreitet zu haben. Unter anderem soll er mehrere Nummern der im Selbstverlag (Samisdat) erscheinenden Untergrundzeitung »Chronik der laufenden Ereignisse« besessen haben. Diese Zeitung kursiert unter der Hand in maschinengeschriebenen Exemplaren.
Der sowjetische Atomphysiker Andrej Sacharow sprach sich sofort für eine »unverzügliche Intervention« des UN-Generalsekretärs Waldheim im Falle Ljubarski aus.

Politische Justiz und Psychiatrische Klinik: Der Fall Eichwald

Im Juni 1971 wurde der estnische Radioingenieur Vladimir Vasilevitsch Eichwald (geb. 1914) aus politischen Gründen in eine psychiatrische Klinik eingeliefert. Zu einem nicht bekannten Zeitpunkt wurde er in Tallinin (Reval) verhaftet und zu einem nicht genannten Zeitpunkt »wegen Verteilung von klar erfundenen Fälschungen über den Sowjetstaat und Mißachtung der öffentlichen Ordnung« mit Artikel 194 Absatz 1 des estnischen Strafgesetzbuches unter Anklage gestellt.
Dieser Artikel, der genau dem Artikel 190 Absatz 1 des sowjetischen Strafgesetzbuches entspricht, stellt alle solche Handlungen unter Strafe, die sich auf oppositionelle Äußerungen gegen das Sowjetregime beziehen.

Obgleich nun Eichwald aufgrund dieses Deliktes, auf dem eine Freiheitsstrafe bis zu drei Jahren Gefängnis steht, für schuldig befunden wurde, ist er rechtswidrig in eine psychiatrische Klinik eingeliefert worden. Man hatte den Angeklagten einfach für unzurechnungsfähig erklären lassen und damit eine formaljuristische Verurteilung vermieden, ihn jedoch in Haft behalten.
Obgleich Ende Oktober 1971 der international renommierte russische Psychiater Professor Andrej Sneschewski derartig motivierte Einweisungen abstritt, scheint der Fall Eichwald außer Frage zu stehen. Meldungen über psychiatrische Zwangsbehandlungen sowjetischer Dissidenten haben sich inzwischen so erhärtet, daß selbst einige kommunistische Parteien Westeuropas deswegen in Moskau protestiert haben. Der russische Schriftsteller Bukowskij veröffentlichte zu diesem Thema eine authentische Studie, denn er gehörte selbst zu solchen »Patienten«.

Medwedjew, Schores

Medwedjew ist ein weiteres Beispiel für die in der UdSSR geübte Praxis, oppositionelle Intellektuelle nicht mehr ins Gefängnis, sondern in psychiatrische Kliniken einzuweisen. Der Biologe Medwedjew hatte sich für freien wissenschaftlichen Austausch eingesetzt. Er wurde am 29. Mai 1970 in das psychiatrische Krankenhaus Kaluga eingeliefert. Dank der Proteste zahlreicher prominenter Wissenschaftler wurde er nach 20 Tagen wieder auf freien Fuß gesetzt.
Medwedjew veröffentlichte 1972 zusammen mit seinem Bruder einen Bericht mit dem Titel: »Sie sind ein psychiatrischer Fall, Genosse.« Demzufolge steuert die opponierende Mittelschicht und Intelligenz in der UdSSR nicht auf einen »Umsturz« hin, sondern sie fordert die Realisierung der verfassungsmäßigen Rechte.
Ende Dezember 1972 wurde bekannt, daß der durch seine Forschungen auf dem Gebiet der Genetik international berühmte Biologe Ausreiseerlaubnis erhalten hat. Damit dürfte die UdSSR einen ihrer prominentesten und am meisten kritisierten Bürgerrechtskämpfer abgeschoben haben, zumindest für ein Jahr, in dem er an einer britischen Universität lehren wird. Solche Erteilungen von Ausreisevisa werden in der UdSSR im allgemeinen als verschleierte Exilierung gewertet. Denn von solchen, den sowjetischen Behörden unbequemen Dissidenten wird üblicherweise nicht erwartet, daß sie in ihre Heimat zurückkehren.
Neben Medwedjew und dem Lyriker Jossif Brodskij wurden auf ähnliche Art der Physiker Walderij Tschalidse, der Maler Juri Titow, der Dokumentarfilmer Juri Stein, der Orientalist Juri Glasow und der Mathematiker Alexander Jesseninwolpin abgeschoben. Einige der »Dissidenten« waren vom KGB vorgeladen worden, wo ihnen Haftstrafen angedroht wurden, falls sie nicht »freiwillig« Ausreisevisa beantragen würden.

14. Spanien

Der Fall El Ferrol

Verschärfte Reaktion auf die Unruhen und das Aufbegehren spanischer Studenten und Arbeiter veranlaßte der spanische Vizepräsident, Admiral Carrero Blanco, indem er die Genehmigung zur Militarisierung der Bazán-Werft in El Ferrol und der Zweigbetriebe in Cadiz und Cartagena erteilte.
Der Marineminister wurde vom Kabinett ermächtigt, die staatliche Bazán-Werft zu militarisieren, das heißt: die revoltierenden Arbeiter konnten nun dienstverpflichtet und wie Soldaten mobilisiert und Streikende unter ihnen können als Deserteure behandelt werden.
Bei einem Protestmarsch der Werftarbeiter von El Ferrol Anfang März 1972 gegen ihre Militarisierung waren zwei Arbeiter erschossen und über zwanzig durch Schüsse verletzt worden.
Nach diesem Zusammenstoß zwischen Arbeitern und Polizei kam es in vielen Städten zu zahlreichen Solidaritätsstreiks. Madrider Studenten protestierten am 13. März 1972 in den Straßen nahe der Universität. Dabei wurden drei Polizisten verletzt, als die Studenten einen Mannschaftswagen der Polizei angriffen. Die Demonstranten bauten Barrikaden, stoppten den Verkehr und zerstörten die Fenster einer Madrider Staatsbank. Zum erstenmal veranstalteten die Studenten eine Mitternachtsdemonstration, die sich gegen den Waffengebrauch der Polizei in El Ferrol richtete. In Ferrol selbst hatte die Polizei eine ungenannte Anzahl von Oppositionellen verhaftet, in Madrid kamen zahlreiche Studenten ins Gefängnis.
Der Bischof von El Ferrol und die Priester hatten in ihren Predigten eindeutig für die Arbeiter Partei ergriffen. Daraufhin wurden einige Predigten in den Kirchen von der Polizei und Regimeanhängern gestört. Bischof Aranjo von Mondeñedo und Ferrol hatte den Schußwaffengebrauch der Polizei verurteilt und die Angehörigen der privilegierten Schichten in Spanien aufgefordert, ihr soziales Denken und Verhalten den Arbeitern gegenüber zu revidieren. Auch wandte er sich scharf gegen die offizielle Erklärung, schuld an den Vorfällen in El Ferrol hätten die kommunistischen Agitatoren.
Nach dem Fall El Ferrol wurden an fast allen spanischen Universitäten einzelne Fakultäten geschlossen, andere wurden von den Studenten bestreikt. Daraufhin kündigte Admiral Blanco neue Gesetze gegen subversive Professoren an. Seitdem wurden ständig Maßnahmen gegen Dozenten und Professoren befürchtet. In Madrid gab es schon Listen mit den Namen der Lehrkräfte, die fristlos entlassen werden sollten.
Im Anschluß an diese Repressionen gegen die spanischen Intellektuellen kam es Mitte März 1972 zu erneuten Studentenunruhen, die zur Folge hatten, daß ständig bewaffnete Polizeipatrouillen in die Gänge und Spitzel in die Hörsäle eingeschleust wurden.

Im Zusammenhang mit dem zur gleichen Zeit von der verbotenen Gewerkschaft »Arbeiterkommissionen« ausgerufenen Bauarbeiterstreik wurden rund 40 Arbeiter in Madrid verhaftet, 20 davon in der Wohnung der Film- und Theaterschauspielerin Julia Peña.
Die Schauspielerin selbst wurde im Goya-Theater nach einer Vorstellung verhaftet. Sie war schon vor zwei Jahren festgenommen worden, weil der Verdacht bestand, daß sie sich öffentlich für die im Burgos-Prozeß Angeklagten eingesetzt hatte. Sie wurde damals nach einem Tag wieder freigelassen unter dem Druck einer deutschen Schauspielgruppe, die gedroht hatte, ihre Mitwirkung am Internationalen Theater-Festival von Madrid abzubrechen.
Während dem Bauarbeiterstreik 7000 Arbeiter folgten, wurden etwa 100 Madrider Schauspieler und Regisseure von der Polizei verhaftet. Sie hatten die Freilassung ihrer Kollegin Peña aus dem Madrider Gefängnis Carabanchel gefordert.
Die 25jährige Schauspielerin wurde vermutlich irrtümlich verhaftet: Während sie im Theater war, hatte sie einem ihr bekannten Arbeiter den Schlüssel zu ihrer Wohnung gegeben, um eine Reparatur darin ausführen zu lassen. Mit diesem Arbeiter versammelten sich andere Kollegen in der Wohnung. Das Sondergericht für öffentliche Ordnung warf ihr nun vor, ihre Wohnung den Arbeitern zur Unterstützung des Aufruhrs zur Verfügung gestellt zu haben. Mit Julia Peña hat sich inzwischen auch der Vorstand der spanischen Filmproduzenten solidarisiert.

Spanische Anwälte vor Gericht

Barberá, Solé

Francos Regime griff immer härter gegen Arbeiter, Studenten und Oppositionelle durch, zu denen auch spanische Staranwälte wie Solé Barberá und Jaime Miralles zählen.
Am 21. April 1972 wurde einer der berühmtesten spanischen Staranwälte für politische Verfahren, Solé Barberá, vor das Sondergericht für öffentliche Ordnung zitiert, wo er sich selbst verteidigte.
Die Anklage lautete auf Teilnahme an einer »nicht friedlichen Versammlung«. In dieser Versammlung hatten sich mehrere Anwälte für eine Amnestie in Spanien ausgesprochen. Die Versammlung war ohne Zwischenfälle verlaufen. Erst danach hatten sich in der Nähe des Versammlungslokals politische Polizisten mit Versammlungsteilnehmern geprügelt.
Als einer der Zeugen erklärte, bei seiner Festnahme sei er von Polizisten geschlagen worden, kam es zu einem Murmeln im Gerichtssaal. Daraufhin verlor der Präsident des Sondergerichts die Beherrschung und forderte schreiend die Polizei auf, sofort jeden Zuhörer zu verhaften, der noch einmal seinen Mund bewegt.
Für Barberá forderte der Staatsanwalt ein Jahr Gefängnis.

Miralles, Jaime

Am 18. April 1972 wurde Jaime Miralles, einer der bekanntesten spanischen Rechtsanwälte und liberaler Politiker, auf Verlangen der Militärjustiz ins Madrider Gefängnis Carabanchel gebracht. »Beleidigung eines Korps der spanischen Streitkräfte« (der militarisierten Polizei Guardia Civil) und illegale Propaganda wurden ihm zum Vorwurf gemacht.
Anlaß dieser Anklage war ein Brief an den Obersten Staatsanwalt, in dem Miralles als Anwalt der Witwe die Untersuchung der Erschießung des Bauarbeiters Patiño gefordert hatte.
Patiño (33) war im September 1971 unter dem Verdacht, Streikpropaganda zu verbreiten, von der Guardia Civil festgehalten und dann von dem Polizisten Jesus Benito erschossen worden.
Die Verhaftung von Miralles erregte großes Aufsehen. Vor allem sahen die spanischen Anwälte darin ein Indiz für weitere Einschränkungen ihrer Berufsfreiheit. Andererseits überraschte das harte Vorgehen gegen eine so prominente Persönlichkeit wie Miralles, der nicht zu den Linken, sondern zu den demokratischen Monarchisten gehört und der jüngere Bruder jener sechs Miralles ist, die im Bürgerkrieg auf seiten Francos gefallen sind und vom Regime als Helden verehrt werden.
In der Anklage hieß es, das Schreiben des Anwalts sei tendenziös abgefaßt gewesen und habe die Umstände beim Tod des Bauarbeiters so dargestellt, daß die Autorität des Staates erschüttert und das Ansehen des hochverdienten Polizeikorps Guardia Civil geschädigt worden sei.
Miralles warf der Polizei vor, den Arbeiter Patiño vorsätzlich und fahrlässig erschossen, Todesursache und Tatort in den offiziellen Dokumenten falsch angegeben und die wichtigsten Beweisstücke verbrannt zu haben.
Miralles ist für das spanische Regime ein unbequemer Kritiker, der immer wieder für rechtsstaatliche Verhältnisse plädiert. So durfte man seiner Anklage exemplarische Bedeutung zumessen und in ihr das Zeichen für einen erneut verschärften Kurs der spanischen Regierung sehen.

Eguren

Das Gericht des Militärbezirks von Bilbao, das seit dem großen Burgos-Prozeß nun fast immer in der Küstenstadt Santander tagt, verurteilte im Juli 1972 den 20jährigen baskischen Studenten Eguren zu 20 Jahren Gefängnis »wegen Anschlages auf Privateigentum mit separatistischen Zielsetzungen«. Eguren hatte mit anderen Mitgliedern der baskischen Oppositionsbewegung ETA Schreibmaschinen und Multi-Kopier-

geräte im Wert von etwa 40 000 Mark in einem Laden geraubt, um damit politische Propaganda herzustellen.
Ein großer Teil der entwendeten Objekte wurde von Priestern und Mönchen aufbewahrt. Vor allem in Klöstern und Pfarrhäusern wurden damit Pamphlete gegen das Franco-Regime hergestellt.

Falcón, Doña Lidia

Höchst eigentümliche Ereignisse beschäftigten im Juli 1972 die Bewohner Barcelonas. Als ein gerade neu erbautes Haus in der Prachtstraße Capitán Arenas einstürzte und 18 bzw. 24 Menschen unter sich begrub, wurde zunächst eine Gasexplosion für das Unglück verantwortlich gemacht. Doch in- und ausländische Experten konnten keinen Beweis für diese Theorie erbringen. Der Architekt des Hauses kommentierte nur: »Meine Häuser sind nicht bombensicher.«
Vermutlich war eine Bombenexplosion schuld am Einsturz des Hauses. Überall in Barcelona wurden Bomben- und Munitionslager vermutet, nachdem aus einer Kaserne eine große Menge Munition und Waffen gestohlen worden war. Eine Polizeirazzia durch fast alle Stadtviertel förderte denn auch etwa tausend Verdächtige und eine Menge Waffen zutage.
Weitere Nachforschungen über die Gründe des Hauseinsturzes mußten unterbleiben, da die Polizei eine wochenlange Informationssperre angeordnet hatte.
Der Fall des Hauses Capitán Arenas machte erneut Schlagzeilen, als die 1500 Blatt dicken Untersuchungsakten dazu plötzlich aus dem Justizpalast verschwunden waren.
Des Aktendiebstahls verdächtig war eine der bekanntesten Anwältinnen und Publizistinnen der Stadt, Doña Lidia Falcón. Sie befand sich an dem Tag, an dem die Akten spurlos verschwanden, zusammen mit ihrer hübschen Tochter Regina im Gericht Nr. 8, das die Ermittlungen über den Hauseinsturz führte.
Während die Mutter in den Gerichtsakten blätterte, fiel die Tochter in Ohnmacht, fiel auf den Boden und mit ihr ein Paket mit Parfümflakons und einer Flasche Ammoniak. Aus der zerbrochenen Flasche entquoll ein ätzendriechender, weißer Dampf. Gerichtsdiener rissen sofort die Fenster auf, bis Regina wieder bei sich war.
Unterdessen soll ein junger blonder Mann durch das Gerichtszimmer gelaufen sein, dem nun angelastet wurde, die Akten entwendet zu haben. Nach ihm fahndet die Polizei bisher (Ende August 1972) erfolglos. Die Geschichte des Hauseinsturzes und des Aktendiebstahls hatte indes einen typisch politischen Hintergrund.
Lidia Falcón und der hochgeschätzte Journalist Bayo waren sehr bekannte linke Köpfe in Barcelona. Linke Regimegegner schätzten den Hauseinsturz von vornherein als politischen Fall ein. Mit in die Geschichte verwickelt war ein Arzt namens Zuzunegui, der im 4. Stock des eingestürzten Hauses eine Wohnung besaß, in der nach Expertenmeinung die Explosion erfolgt sein soll.
Während des Unglücks war der Arzt mit seiner Familie gerade auf Wochenendurlaub. Als er zurückkam und das Haus in Trümmern fand, zog er mit seiner Familie zunächst ungerührt in ein Hotel und kehrte dann sorglos an seinen Urlaubsort zurück.
Das Verhalten des Arztes gab zu Spekulationen Anlaß. Vor allem regimetreue Kreise sagten dem Arzt Verbindungen zu rechtsradikalen Jugendgruppen nach, außerdem sei er Vertrauensarzt der politischen Polizei in einer nordspanischen Stadt gewesen.
Die Polizei selbst war der Meinung, linke Gruppen hätten die Akten gestohlen, weil sie darin eine möglicherweise verheimlichte Schuld Rechtsextremer zu finden hofften.
Von Linken wurde der Polizei zum Vorwurf gemacht, sie verdächtige Linksradikale und schiebe ihnen die Verantwortung für mögliche Waffenlager in die Schuhe.
Kurios, wie der Fall anfing, fand er auch sein vorläufiges Ende: die Untersuchungsrichter wurden ebenso zur Zielscheibe des Spotts wie die Polizei. Diese hatte nämlich auf der Suche nach dem blonden pickeligen jungen Mann, der durch den qualmenden Gerichtssaal geschlichen war, versehentlich einen der bekanntesten spanischen Pressefotografen festgenommen und schwer verhört, dessen Gesicht zufällig auch verpickelt war.

Garcia-Salve

Der Arbeiterpriester Garcia-Salve wurde im Juli 1972 in Madrid wegen Widerstands gegen die Staatsgewalt zu zwei Jahren Gefängnis verurteilt. Er hatte einen Arm gegen Polizisten erhoben, als diese ihn und einige Arbeiter, die Anti-Franco-Parolen an die Wand malten, verhafteten. Einige Wochen zuvor war er mit dem bekannten Arbeiterführer *Camacho* und anderen Gewerkschaftlern in einem Kloster verhaftet worden. Camacho, der erst im März 1972 nach fünf Jahren Haft aus dem Gefängnis entlassen wurde, hatte nach seiner erneuten Verhaftung in einem Brief an seine Freunde und Verwandten auf seinen schlechten Gesundheitszustand hingewiesen und seine neuerliche Festnahme als ungesetzlich bezeichnet.

Der Burgos-Prozeß

Vor dem Militärgericht in Burgos/Spanien wurden im Dezember 1968 Basken verurteilt, die der sozialrevolutionären autonomen Bewegung ETA angehörten und im Gefängnis von Zamora inhaftiert waren.
Ausgangspunkt war am 1. August 1968 die Erschießung des Polizeichefs von Irun, Manzanas. Am 1. Dezember 1968 wurde der deutsche Wahlkonsul in San Sebastian, Beihl, in seinem Wagen entführt. Für die Tat zeichnete die ETA verantwortlich.

Am 3. Dezember 1968 begann der Burgos-Prozeß gegen 16 Basken, angeklagt wegen der Erschießung Manzanas und wegen verschiedener Terrorakte.
Einen Tag später verhängte das spanische Kabinett den Ausnahmezustand über die Basken-Provinz Guipuzcoa.
Mehrere der 16 Angeklagten berichteten von Folterungen durch die spanische Polizei. Da kam es am 9. Dezember zu tumultartigen Szenen im Gerichtssaal, als die Angeklagten republikanische Marschlieder sangen. Daraufhin wurde die Öffentlichkeit ausgeschlossen. Der Prozeß wurde weitergeführt ohne Zeugenvernehmung, ohne Plädoyers. Der Staatsanwalt forderte sechs Todesurteile und für die restlichen zehn Angeklagten Gefängnisstrafen von insgesamt 754 Jahren.
Am 19. Dezember beteiligten sich über 100000 Madrider an einer Pro-Franco-Demonstration. Fünf Tage später wurde der deutsche Konsul Beihl wieder freigelassen.
Am 28. Dezember wurden schließlich die Urteile verkündet:
Sechs Todesstrafen, neun Freiheitsstrafen zwischen 15 und 62 Jahren, ein Freispruch. Am 30. Dezember wandelte Franco die Todesstrafen in lebenslange Haftstrafen um.
Der Burgos-Prozeß galt als der größte politische Prozeß seit den Säuberungsaktionen nach dem Spanischen Bürgerkrieg. 18 Monate dauerte die Prozeßvorbereitung. Die ETA ist eine militante Baskenorganisation, der Banditentum und Terrorismus, Besitz und Weitergabe von Sprengstoff und immer wieder illegale Propaganda gegen das Franco-Regime zum Vorwurf gemacht wird.

15. Tschechoslowakei

Nach dem Zweiten Weltkrieg gab es in der Tschechoslowakei zwei große politische Säuberungswellen. Einmal in den fünfziger Jahren, als die Namen von Masaryk, Slansky und Clementis durch die Weltpresse gingen; zum anderen im Jahr 1972, als in fünf Prager und vier Brünner Prozessen mit Männern abgerechnet wurde, die zur Zeit des politischen Tauwetters in der Dubcek-Ära führende Positionen innehatten.
Die Prozesse der fünfziger Jahre sprechen für sich. Die Prozesse von 1972 bedurften immer wieder der Rechtfertigung, galten sie doch in aller Welt als einwandfrei politische Prozesse, während die tschechische Partei- und Staatsführung glaubhaft zu machen suchte, es würden hier rein kriminelle Delikte abgeurteilt.

a) Die Säuberungswelle in den fünfziger Jahren

Masaryk, Jan

Von 1920–1921 war Masaryk (geb. 14. September 1886 in Prag als Sohn des Gründers und ersten Präsidenten der Tschechoslowakischen Republik Thomas Masaryk) Gesandter seines Landes in London, von 1923 bis 1925 war er im Völkerbund in Genf tätig. Als es 1938 nicht gelang, eine für die Tschechoslowakei günstige Haltung Englands zu erreichen, ging er nach Amerika.
Am 18. Juli 1940 wurde in London eine tschechische Exilregierung unter Johann Sramek gebildet. Masaryk trat als Außenminister in das Exilkabinett ein und leitete alle Verhandlungen mit den Alliierten über die Wiedererrichtung des tschechoslowakischen Staates nach der Befreiung von der deutschen Besatzung.
Nach dem Rückzug der deutschen Truppen wurde er abermals Außenminister im Kabinett Fierlingen und Klement Gottwald.
Masaryk, der nie Mitglied der Kommunistischen Partei war, sackte allmählich immer mehr ab zum bloßen Aushängeschild der kommunistischen Regierung unter Gottwald.
Nach dem Prager Links-Putsch im Februar 1948 wurde Jan Masaryk am 10. März 1948 im Hof des Czernin-Palais tot aufgefunden. Nach offizieller Version war er aus dem Badezimmerfenster seiner im zweiten Stock gelegenen Dienstwohnung gestürzt (»Zweiter Prager Fenstersturz«) und erlag wenig später seinen inneren Verletzungen. Die Regierung Gottwald verbreitete diese Version vom Selbstmord und ordnete für den 13. März ein Staatsbegräbnis an. – Schon Anfang Mai 1948 wurden in der Presse Zweifel an diesem Prager Fenstersturz laut. Eine vom UN-Vertreter der CSSR geforderte Untersuchung des Falles wurde vom Generalsekretär der Kommunistischen Partei abgelehnt.
Bis heute gibt es keine letzte Klarheit über die Hintergründe dieses Todesfalles.
Sein Tod wurde im Volk jedoch zu einem Symbol für den vergeblichen Widerstand gegen die Vergewaltigung durch den sowjetischen Stalinismus.
Am 19. Februar 1969 kam ein Mitwisser des Todes von Masaryk durch einen mysteriösen Autounfall ums Leben (in Prag), just zu dem Zeitpunkt, als er als erster behauptet hatte, der letzte nichtkommunistische Außenminister der CSSR sei aus politischen Gründen ermordet worden.

Slansky, Rudolf

Slansky (geb. 31. Juli 1901 bei Pilsen/CSSR) war seit 1929 Mitglied der Kommunistischen Partei der CSSR. Am 27. November 1952 wurde er zum Tod verurteilt und am 3. Dezember 1952 hingerichtet. 1963 wurde seine Urne liquidiert und seine Asche auf vereisten Straßen verstreut.
Diese kurzen Lebensdaten sind auf dem politischen Hintergrund zu sehen, der wiederum in die Periode der Titoisten-Prozesse fiel. 1929 wurde Slansky ins ZK und ins Präsidium der Kommunistischen Partei gewählt. Während der Besetzung der Tschechoslowakei durch deutsche Truppen ging er in die Emigration nach Rußland. Dort war er Partisan bei Kiew und in den Jahren 1944/45 Führer der Partisanenbewegung in der Slowakei. 1945 wurde er zum Generalsekretär der KP in der CSSR ernannt.
In der Nacht vom 23. zum 24. November 1951 wurde er mit seiner Frau nach einer Geburtstagsfeier bei Klement Gottwald verhaftet. Dies geschah im Zuge von Stalins Aktionen gegen national-kommunistische Gruppen. Wegen Hochverrats, Spionage, Sabotage, Militärverrats und Mitgliedschaft eines staatsfeindlichen Verschwörerzentrums wurde er angeklagt. In seinem Prozeß vom 20. bis 27. November 1952, der übrigens einen stark antisemitischen Trend aufwies, bekannte sich Slansky schuldig, eine Beseitigung des Präsidenten Gottwald geplant zu haben. In dem Schauprozeß wurde ihm vorgeworfen, »nie ein echter Kommunist«, sondern vielmehr als »Söldling des amerikanischen Imperialismus« an der Bekämpfung des Kommunismus in der CSSR beteiligt gewesen zu sein.
Der Schauprozeß war von Anfang bis Ende genau einstudiert: der Angeklagte hatte vor dem Prozeß bereits sämtliche Antworten Wort für Wort auswendig lernen müssen, wodurch das Gericht sicher sein konnte, daß kein Wort der Kritik fiel.
Nach seiner Verhaftung war Slansky in ein Prager Gefängnis eingeliefert worden, seine Frau und seine beiden Kinder wurden in eine abgelegene Hütte in der Nähe Prags verbannt.
1963 wurde Slansky rehabilitiert, 1964 erhielt er posthum all die Orden wieder zurück, die ihm der Staat aberkannt hatte, der ihn zum Tod durch Erhängen verurteilt hatte.

Clementis, Vladimir

Der am 20. September 1902 in der Slowakei geborene Politiker wurde 1935 ins Parlament gewählt, kam nach dem Einmarsch der deutschen Truppen im März 1939 über Polen, UdSSR und Frankreich nach England, wo er sich mit Benesch zusammenschloß und Unterstaatssekretär im Außenamt der Exilregierung wurde.
Nach dem Selbstmord Masaryks übernahm er nach dem Krieg, am 22. März 1948, das Außenministerium in Prag und wurde ein Jahr später Chef der tschechischen Delegation bei der UNO-Vollversammlung. Nach seiner Rückkehr nach Prag wurde er am 14. März 1950 plötzlich durch Sirovy abgelöst.
Er wurde interniert und mußte auf dem Parteitag im Mai 1950 eine Erklärung über seine Abweichungen von der Parteilinie abgeben. Danach fand er Verwendung als Direktor der tschechischen Nationalbank. Am 27. Januar 1951 war er plötzlich spurlos verschwunden. Es folgte die Ausstoßung aus der Partei.
Vom 20. bis 28. November 1952 wurde ihm nach seinem Wiederauftauchen in Prag ein politischer Schauprozeß gemacht. Die Anklage lautete auf Spionage und Hochverrat. Er wurde zum Tode durch den Strang verurteilt und am 3. Dezember 1952 hingerichtet.
Mit Slansky wurde er das Opfer der Stalinschen Säuberungspolitik in der CSSR. Im Zuge der Entstalinisierung im Sommer 1963 wurde Clementis zusammen mit Slansky und fünf slowakischen Schriftstellern posthum rehabilitiert und wieder in die Partei aufgenommen. Dazu gehörte auch der slowakische Poet Laco Novomesky, der heute wieder eine führende Rolle im Schriftstellerverband spielt.
Im einzelnen lautete die Hochverratsanklage gegen Clementis: er habe die Ermordnung des Präsidenten Gottwald geplant und die Absetzung Slanskys und des Ministerpräsidenten Zapotocky betrieben. Ferner soll er die CSSR mit Hilfe des Marshall-Planes dem Lager der Imperialisten ausgeliefert haben und schon 1939 ein Geheimabkommen mit der französischen Geheimpolizei geschlossen haben, das das Ziel des Sturzes der Gottwald-Regierung verfolgt haben soll.
Zu den mit Clementis festgenommenen Politikern gehörte übrigens auch der heutige KP-Chef Husak.
Ende September 1972 wurde zu Ehren Clementis in seiner slowakischen Heimatstadt Tisova ein Denkmal eingeweiht. Sowohl die Zeitungen wie auch der Präsident des slowakischen Nationalrates, Ondrej Klokos, ließen in ihren Würdigungen die Umstände von Clementis Tod unerwähnt. Sie sprachen lediglich von seiner Rehabilitierung, durch die ihm die Kommunistische Partei seine »Ehre als Mensch und Kommunist« zurückgegeben habe.

b) Die Säuberungswelle im Jahr 1972

Der Prager Führung des Jahres 1972 fiel es nicht leicht, mit den Reformern des Jahres 1968 abzurechnen. Dafür fehlten die innen- und außenpolitischen Voraussetzungen ebenso wie die parteiinternen Bedingungen. Denn die führenden tschechoslowakischen »Revisionisten« verfügten über ein beträchtliches moralisches Hinterland. Die Festnahmen der Führer des »Prager Frühlings 1968« (Dubcek u.a.)

würden daher die Ergebnisse des Konsolidierungsprozesses zunichte machen und Unruhe in der Bevölkerung hervorrufen. Schon die Festnahme zweitrangiger Reformanhänger löste im Westen, vor allem in den kommunistischen Parteien Italiens und Frankreichs, heftige Proteste aus.

Die KPC war darauf aus, die Konsolidierung in ihren eigenen Reihen zu demonstrieren. Die Gemäßigteren unter Parteichef Husak traten nur für Entlassungen und »politische Überzeugungsarbeit« den Revisionisten und den Oppositionellen gegenüber ein. Die Dogmatiker verlangten dagegen scharfe Maßnahmen und strafrechtliche Verfolgung. Angesichts dieser Sachlage wurde die Säuberungswelle zu einer Machtprobe für die Husak-Führung und zu einer Kraftprobe für die immer wieder beschworene Einheit der Partei.

Diese innere Unsicherheit machte sich, vor allem nach den Erfolgen (99,9 Prozent) der Wahlen im November 1971 zunächst durch umfangreiche Verhaftungen Luft. Über 100 Personen waren betroffen, aber nach 72 Stunden wieder auf freien Fuß gesetzt, zumal das Politbüromitglied der Kommunistischen Partei Frankreichs, Leroy, einreiste und sich nach den Verhafteten erkundigte. Husak versicherte ihm, daß keine politischen Prozesse stattfinden werden, sondern es gehe darum, Untersuchungen anzustellen »über ein illegales Verschwörernetz«. Vor allem Kontakte zwischen der inneren und äußeren Emigration sollten nach seinen Worten unterbrochen und Keimzellen oppositioneller Gruppenbildungen im Lande aufgespürt werden.

Dazu gehörte auch die Herstellung und Verbreitung von Flugblättern, die im November 1971 zum Wahlboykott aufgerufen hatten.

So wurde im April 1972 z.B. ein Lehrer zu 20 Monaten Gefängnis verurteilt, weil er in Mittelmähren selbstgeschriebene Flugblätter mit einer Boykottaufforderung in die Briefkästen gesteckt hatte.

In den Betrieben wurde mit allen möglichen, nur zunächst nicht mit politischen Mitteln die Säuberungswelle 1972 begonnen. Die schlechte Stimmung unter der Arbeiterschaft schlug sich im Fernbleiben von der Arbeit zu Buche. In den tschechischen Fabriken fehlten täglich etwa 290000 Arbeiter und Angestellte, die man für arbeitsunfähig erklärt hatte. Allein in der Slowakei wurden 1971 28,8 Millionen versäumter Arbeitstage registriert, die den Staat zusätzlich noch 1,7 Milliarden Kronen Krankengelder kosteten.

Die von der Partei eingeführten »sozialistischen Wettbewerbe« und »freiwilligen Sonntagsschichten« fanden keine Gegenliebe. Die Bestarbeiter wurden von Kollegen verleumdet und mißachtet, so daß sie sich gegen die Popularisierung ihrer Spitzenleistungen verwahren mußten.

Parteimitglieder wurden deshalb mobilisiert, um für die Einhaltung des Fünfjahresplanes zu sorgen. Zwei frühere Pläne waren gescheitert, weil die Richtlinien für die Produktion zu spät erstellt worden waren. Da die tschechoslowakische Wirtschaft im Zusammenhang mit der Sowjetunion gesehen werden darf, mußte die Prager Parteiführung darauf bedacht sein, daß die Exporterzeugnisse in einwandfreiem Zustand das Land verließen. KP-Chef Husak kritisierte denn auch scharf die »Unordnung und Gleichgültigkeit« in den Betrieben, die selbst von Kommunisten schon als selbstverständlich hingenommen werde. Dann aber brachte das Jahr 1972 für die Tschechoslowakei harte Auseinandersetzungen zwischen der Parteiführung und Regimegegnern, die schließlich in einer Reihe politischer Prozesse endeten. Die Auseinandersetzungen steigerten sich entgegen den Erklärungen Husaks von der Verfolgung kleinerer Fälle bis zur Verurteilung ehemaliger Angehöriger des »Prager Frühlings« von 1968.

Die Prager Prozesse waren von der Regierung mit Bedacht in die Urlaubswochen verlegt worden, die dem 21. August 1972, dem Jahrestag der Niederschlagung des

»Prager Frühlings«, vorangingen. Einerseits sollte kein großes Aufsehen erweckt werden, andererseits war man sich klar darüber, daß die abschreckende Wirkung dieser Prozesse mit ihren Urteilen genau die erreichen würde, die gemeint waren. Gegen alle Angeklagten wurde der Vorwurf der Subversion erhoben und gegen alle wurden die Paragraphen 98 und 100 des Strafgesetzbuches angewendet. Die Aufteilung des Gesamtprozesses in verschiedene kleinere sollte wohl vor dem Ausland den negativen Eindruck eines politischen Mammutprozesses verhindern und unter der eigenen Bevölkerung schon gar nicht die Meinung aufkommen lassen, daß die angeklagten Oppositionellen eine einheitlich formierte Front bildeten, deren politischer Aktivität die Existenz einer versteckten politischen Kraft zuzuschreiben sei.

Nur einige Familienangehörige und wenige Beobachter, nicht die ausländische Presse, waren als Zuhörer zugelassen. Die Eingangstore zum Prager Gerichtssaal waren bewacht, doch wurden die Zuhörer nicht eigens kontrolliert. Den in Prag akkreditierten Korrespondenten wurde lediglich erlaubt, draußen vor dem Gerichtssaal die Urteile abzuwarten.

Es kamen Gerüchte auf, wonach die Prozesse auf Geheiß der Sowjets stattfanden. Als nicht stichhaltig erwies sich die andere Vermutung, die Prozesse seien gegen die gemäßigte Linie Husaks gerichtet; sie lagen vielmehr genau auf der Linie des KP-Chefs, wie sich später herausstellen sollte.

Denn der Kampf gegen die Oppositionellen des Jahres 1971 (November-Wahlen) wurde immer mehr zu einer Abrechnung mit der Dubcek-Vergangenheit. Die meisten Angeklagten waren schon lange vor Prozeßbeginn aus der KPC ausgeschlossen worden oder sie waren selbst ausgetreten. Nur wenige gehörten der Partei nie an. Einige von ihnen waren zuvor bereits kaltgestellt worden.

Im Zusammenhang mit den Ereignissen des 21. August 1968, als Truppen der fünf Warschauer-Pakt-Staaten in die Tschechoslowakei einmarschierten und dem »Prager Frühling« mit Waffengewalt ein Ende setzten, sei des Studenten Jan Palach gedacht, der sich am 16. Januar 1969 aus Protest gegen die Invasion der Truppen am Prager Wenzelsplatz mit Benzin übergoß und verbrannte. Bisher, an jedem Jahrestag des Einmarsches (21. August), wird sein Grab von der Bevölkerung in ein Meer frischer Blumen verwandelt, ein stilles, aber unübersehbares Gedenken an jene Tage der Niederschlagung der Freiheit.

Der erste Prager Prozeß

Der erste große Prager Prozeß im Juli 1972 begann mit Anklagen gegen den Historiker *Jan Tesar* und den Soziologen *Rudolf Battek*. Beide waren im November 1971 verhaftet worden unter der Beschuldigung, illegale Flugblätter verteilt zu haben, die zum Boykott der im gleichen Monat abgehaltenen Parlamentswahlen aufriefen. Beide gehörten außerdem zu den acht Intellektuellen, die im August 1969 in einer Zehn-Punkte-Petition zur Rückkehr zu den Reformen der Dubcek-Ära aufgerufen hatten. Der deshalb angestrengte Prozeß gegen beide wurde im Oktober 1970 überraschend verschoben, und die Anklage wegen Subversion war fallengelassen worden. Seit dieser Zeit befanden sich die beiden Wissenschaftler in Untersuchungshaft. Mit ihnen stand nun auch der ehemalige Vorsitzende des tschechoslowakischen Studentenverbandes *Jiri Müller* vor Gericht, der ebenfalls im November 1971 wegen Verteilung illegaler Flugblätter verhaftet worden war.

Das höchste Strafmaß dieses Prozesses wurde gegen den Historiker Tesar verhängt. Er erhielt 6 Jahre Gefängnis. Vor allem wurden ihm Verbindungen mit der Emigration und die Verbreitung ihrer Schriften vorgeworfen. Die Angeklagten (die beiden anderen bekamen Gefängnisstrafen von mehreren Monaten) bekannten sich alle zu den ihnen zur Last gelegten Taten. Husak wünschte aber nicht nur Schuldbekenntnisse, sondern vielmehr die Ausschaltung jedweder aktiven Opposition gegen seinen Kurs der »Konsolidierung«.

Der zweite Prager Prozeß

Im zweiten Prager Prozeß, der wie der erste am 17. Juli 1972 begann, wurde Anklage gegen den im Januar 1972 verhafteten ehemaligen Sekretär des Prager Parteikomitees *Jaromir Litera* sowie gegen drei weitere ehemalige Funktionäre der KPC namens *Stehlik, Rocek* und Frau *Svobodá* erhoben.
Litera erhielt in diesem Prozeß die Höchststrafe von zweieinhalb Jahren Gefängnis. Das Urteil wurde am 20. Juli 1972 verkündet.

Der dritte Prager Prozeß

Im dritten Prager Prozeß, gleichzeitig mit den beiden anderen am 17. Juli 1972 eröffnet, standen der ehemalige Professor der Prager Parteihochschule, der Soziologe *Krizanovski*, und zwei weitere Personen wegen politischer Delikte vor Gericht.
Ota Krizanovski erhielt 18 Monate Gefängnis mit Bewährung, der Mitangeklagte *Josef Belda* wurde zu zwölf Monaten Gefängnis verurteilt (ebenfalls mit Bewährung), und der Journalist und frühere Mitarbeiter des Informationsinstitutes *Premysl Vondra* wurde am gleichen Tag, am 19. Juli 1972, zu 28 Monaten Freiheitsstrafe verurteilt.
Den drei Verurteilten wurde subversive Betätigung vorgeworfen.

Der vierte Prager Prozeß

Im vierten Prager Prozez, der am 24. Juli 1972 vor dem Prager Stadtgericht begann, wurden der evangelische Pastor *Dus*, der Philosoph *Hejdanek* und dessen *Ehefrau* und der Historiker *Jiri Jirasek* angeklagt.
Dus und Hejdanek waren im November 1971 wegen Verteilung illegaler Flugblätter, die zum Boykott der bevorstehenden Parlamentswahlen aufriefen, verhaftet worden und saßen sechs Monate in Untersuchungshaft. Die Anklage lautete auf »Anstiftung zur Subversion«.
In diesem Prozeß standen mit Dus und Hejdanek erstmals Parteilose vor Gericht.
Hejdanek erhielt neun Jahre Gefägnis. Er war bei der Machtübernahme Husaks im April 1969 kaltgestellt worden und arbeitete als Nachtwächter in einem Museum, während Dus als Heizer im Prager Palace-Hotel angestellt war.

Der fünfte Prager Prozeß

Am 31. Juli 1972 begann der fünfte Prager Prozeß gegen den prominenten Historiker und Politiker aus der Dubcek-Ära *Milan Huebl* und mehrere Mitangeklagte. Auch ihnen wurde die Verbreitung illegaler Flugblätter zum Vorwurf gemacht. Sie hätten damit versucht, »das sozialistische System in der Sozialistischen Republik Böhmen zu schwächen«.
Huebl und die Mitangeklagten, der Historiker *Bartosek* und der in der Dubcek-Ära sehr bekannte Fernsehkommentator *Karel Kyncl*, waren bereits seit Januar 1972 in Haft.
Huebl wurde angelastet, über einen bereits ausgewiesenen Italiener, den Fernsehjournalisten Ochetto, Kontakt mit dem in Rom lebenden ehemaligen Direktor des tschechoslowakischen Fernsehens und Herausgeber der Emigrantenzeitschrift »Listy«, Jiri Pelikan, aufgenommen und ihm Dokumente zugespielt zu haben. Außerdem soll er an der illegalen Publikation der »Politischen Monatsschrift« mitgewirkt und seit Jahren schon zahlreiche Schriften über die interne Situation in der CSSR an Pelikan geleitet haben. Während des Prozesses hatte Huebl dies nicht bestritten. Er bemerkte aber, daß diese Mitteilungen für die italienische KP-Spitze gedacht waren im Rahmen völlig normaler Beziehungen, wie das zwischen Kommunisten üblich sei.
Die Anklage gegen Huebl rechtfertigte nun endgültig die Einschätzung der Prozesse als politische. Seit 1950 war Huebl an der Politischen Hochschule des Zentralkomitees der KPC tätig, seit 1962 deren Prorektor, bis er 1964 des Amtes enthoben wurde. 1962 war er in die Kommission für die Untersuchung der politischen Prozesse der fünfziger Jahre berufen worden und hatte sich für die Rehabilitierung des jetzigen KP-Chefs Husak eingesetzt, der damals wegen »slowakischen bürgerlichen Nationalismus« verurteilt worden war. Nun galt er als Initiator der Prozesse, denen auch Huebl zum Opfer fiel.
Auf dem 14. Geheimen Parteikongreß im August 1968 war Huebl zum Mitglied des Zentralkomitees gewählt worden und gehörte auch nach diesem als illegal bezeichneten Parteitag noch bis zum April 1969 dem ZK unter Dubcek als kooptiertes Mitglied an.
Drei Tage nach dem Einmarsch der Sowjetstreitkräfte wurde Huebl von der Moskauer »Prawda« als eines jener »Subjekte« bezeichnet, die sich als geschickte Organisatoren der rechtsgerichteten Kräfte hervorgetan hätten.
Huebl, der sich so sehr für Husak eingesetzt hatte, vertraute nach dessen Amtsübernahme dessen Aussage, wonach es in der CSSR keine politischen Prozesse geben werde. Doch bald darauf wurde er als Rektor abgesetzt und aus der Partei ausgeschlossen.
Huebl war als ehemaliges ZK-Mitglied das ranghöchste Parteimitglied aus der Dubcek-Ära, das unter Anklage stand.
Auch Kyncl war als Fernsehkommentator einem breiteren Publikum bekannt geworden. Zu Beginn seines Prozesses erschien unter den Zuhörern auch sein früherer Jugendfreund, der Schriftsteller Pavel Kohout.
Am 2. August 1972 wurden in Prag die Urteile gesprochen.
Milan Huebl erhielt mit sechseinhalb Jahren Gefängnis die höchste Strafe. Kyncl wurde zu 20 Monaten und Bartosek zu zwölf Monaten Gefängnis mit dreijähriger Bewährung verurteilt.

Immer wieder bemühte sich das CSSR-Parteiblatt »Rude Pravo« um eine nicht politische, sondern allein durch das Strafgesetzbuch fundierte Begründung der Urteile. So hieß es, die Personen seien nicht wegen ihrer politischen Ansichten verurteilt worden, sondern allein wegen ihrer Taten, die im Widerspruch zum Strafgesetzbuch stünden. Die Angeklagten seien für schuldig befunden worden, in den Jahren 1970 und 1971 Mißtrauen und Feindschaft gegenüber den Vertretern des Staates gesät und die Beziehungen zur Sowjetunion verletzt zu haben. So wurden die Beziehungen vor allem Huebls zu gewissen Emigranten im Ausland und die Herausschmuggelung von als »Pamphlete« bezeichneten Dokumenten als rein kriminelle Akte bewertet.

Das Parteiblatt richtete sich auch scharf gegen die Versuche der »bürgerlichen Propaganda des Westens«, diese Prozesse zu nutzen, um in ihrem antikommunistischen Kreuzzug dem Haß gegen die CSSR neue Nahrung zu geben.

Die westliche Welt, auch ihre kommunistischen Presseorgane, verurteilten diese Prozesse jedoch eindeutig als politische Säuberungsaktionen des Husak-Regimes.

Wiener Sozialdemokraten sowie Organe der italienischen und französischen Kommunistischen Partei übten erhebliche Kritik an den Gerichtsverfahren. Lediglich die Deutsche Kommunistische Partei (DKP) vertrat die Meinung, es handle sich bei den Prozessen keineswegs um Racheakte gegenüber früheren Dubcek-Anhängern, sondern die Betroffenen hätten, wie »Rude Pravo« es verkündet hatte, eindeutig gegen die sozialistische Gesetzgebung verstoßen.

Die demokratische Presse des Westens verurteilte die Prager Prozesse mit ihren »Terrorurteilen gegen oppositionelle Parteimitglieder« als eine Offenbarung des »faschistischen Charakters des Husak-Regiments«.

Die französischen Kommunisten bescheinigten indes Husak, daß er selbst nicht mehr Herr der eigenen Lage sei und gezwungen werde, die vermeintlich als »subversive Umtriebe« deklarierten Prozesse als ein radikales Vorgehen gegen eine politische und ideologische Opposition zuzulassen.

Die Genfer Internationale Juristenkommission äußerte ebenfalls die Ansicht, daß es sich bei diesen Prozessen um eine politische Säuberung handle. D.h. mit anderen Worten, daß Husak in die Fußstapfen Stalins und Wyschinskys getreten sei. Der Versuch von »Rude Pravo«, die Prozesse auf die rein kriminelle Basis abzustellen, entbehre jeder Wahrheit.

Neben der französischen Kommunistischen Partei verurteilte auch die kommunistisch beherrschte Gewerkschaft CGT, die stärkste Arbeitnehmerorganisation in Frankreich, die Welle der politischen Prozesse in Prag und Brünn. Der CGT-Vorstand bedauerte, daß die ihm im Februar 1972 gegebene Zusicherung, daß es keine politischen Prozesse geben werde, seitens der Prager Parteiführung nicht eingehalten worden sei.

Italienische Parlamentarier richteten am 3. August 1972 einen Appell an den tschechoslowakischen Staatspräsidenten Svoboda, um ihrer Mißbilligung der Prozesse Ausdruck zu verleihen. Sie forderten Svoboda auf, sich für die Achtung der universellen Werte der demokratischen Rechte und für die Angeklagten einzusetzen. Im Organ der sozialistischen Partei »Avanti« hieß es: »Die Verurteilung von Huebl in Prag eröffnet einen Prozeß gegen das Regime. Die stalinistische Sklerose, von der das Prager Regime befallen ist, läßt nicht auf Heilung hoffen.«

In die Stimmen der Kritiker schaltete sich auch der in Ostberlin lebende Physiker und Marxist Prof. Robert Havemann ein. Der 1964 wegen seines Eintretens für einen demokratischen Sozialismus aus der SED, der Akademie der Wissenschaften und der Ostberliner Humboldt-Universität ausgeschlossene Gelehrte erklärte: »Es ist eine Schande, wenn in einem sozialistischen Land Kommunisten deswegen vor Gericht gestellt und zu hohen Freiheitsstrafen verurteilt werden, nur weil sie noch heute Anhänger einer Politik sind, die von ihrer Partei vor Jahren mit überwältigender Mehrheit beschlossen und in Angriff genommen worden ist, und weil sie der Meinung sind, daß die ihrer Partei durch bewaffnete Intervention von außen aufgezwungene Politik falsch ist. Diese Prozesse sind eine schwere Verletzung der sozialistischen Demokratie, die den Bürgern der sozialistischen Staaten grundsätzlich das Recht der freien Meinungsäußerung garantiert.

Wenn in einem sozialistischen Land Menschen dafür bestraft werden, daß sie Kritik an der Politik ihrer Regierung geübt haben, dann werden die Regierungen in den kapitalistischen Ländern daraus das Recht herleiten, den Kommunisten auch in ihren Ländern die freie Meinungsäußerung zu verbieten. Ein Sozialismus, in dem man nur sagen, schreiben, drucken und verbreiten darf, was die jeweilige Regierung gerade für richtig hält, ist eine Farce, ein Zerrbild, das das Ansehen des Sozialismus untergräbt. Deshalb erfordern die politischen Prozesse in der CSSR den schärfsten Protest aller Sozialisten und Kommunisten. Diesem Protest schließe ich mich an.«

Wurde auch das Strafmaß in diesen Prozessen von Urteil zu Urteil in die Höhe geschraubt, so wurde doch peinlich vermieden, auf die Ereignisse der Jahre 1968 und 1969 einzugehen. Die Angeklagten wurden offiziell wegen Taten verurteilt, die sie von 1970 bis Januar 1972 begangen hatten. Dazu gehörte die Abfassung und Verteilung von illegalen Flugschriften, die Versuche, staatsfeindliche Gruppen zu bilden, die Verbreitung verbotener Schriften und somit auch Spionage.

Keiner der höchsten Funktionäre des »Prager Frühlings« wurde jedoch vor Gericht gestellt. Während Dubcek in der Forstverwaltung in Pressburg arbeitete, lebte der ehemalige Parlamentspräsident Josef Smrkovsky von seiner guten Ministerpension, und der ehemalige Ministerpräsident Oldrich Cernik hatte vermutlich eine leitende Funktion in der Wirtschaft inne.

Mit Unwille wurde in Prager Regierungskreisen auch jenes »Quartetts« gedacht, das vom Ausland her agierte und die Bevölkerung beeinflußte. An der Spitze der »feindlichen Emigranten« stand *Jiri Pelikan*, der

Philosoph *Ivan Svitak*, der ehamlige Vizeministerpräsident *Ota Sik* und *O. Rambousek*. Am gefährlichsten für das Regime galt Jiri Pelikan, der Herausgeber des Emigrantenblattes »Listy«, das im Kleinformat in Briefen auch in die CSSR geschickt wurde. Peinlich waren für Husak Pelikans sehr gute Beziehungen zur italienischen KP. In einer der Nummern von »Listy« war ein von zahlreichen Persönlichkeiten in Westeuropa unterzeichneter Aufruf abgedruckt, in dem die Bildung eines internationalen Tribunals gefordert wurde, das die Rechtsbeugungen in der CSSR untersuchen sollte.
Während der Westen immer härter auf die Prozesse reagierte, versuchte »Rude Pravo« und das KP-Jugendblatt »Mlada Fronta«, der westlichen Berichterstattung »eigene Erfindung und Spekulation« vorzuwerfen. Tatsachen würden durch »Lügen und Lärm« ersetzt, und die Abgeurteilten seien nur Einzelpersonen gewesen, »die sich gegen ihr eigenes Volk und gegen die Gesetze dieses Landes« gestellt hätten. Es seien rein »kriminelle Handlungen« zur Aburteilung gekommen.
Trotz aller Abschirmungen der westlichen Presse wurden vermutlich mehr Einzelheiten der Prozesse bekannt, als es der Prager Führung recht sein konnte.
Das tschechoslowakische Volk nahm die Urteile gelassen hin. Die verschiedenen geschichtlichen Epochen hatten es in die Reserve gedrängt: 1938 und 1939 vom Westen preisgegeben und von Hitler überfallen, 1945 von den Amerikanern und den Russen befreit, machte es die stalinistische Periode durch, atmete auf seit dem 31. Oktober 1967, als Dubcek seinen gemäßigten Kurs begann, und wurde wieder niedergeworfen durch den Einmarsch der Russen am 21. August 1968. Das Volk fügte sich jedesmal.
Rechtzeitig vor dem Jahrestag des 21. August wurden die Prozesse abgeschlossen. Innerhalb von vier Wochen waren insgesamt 46 Personen wegen »illegaler, organisierter umstürzlerischer Tätigkeit« verurteilt worden. Zum Abschluß begnadigte Staatspräsident Svoboda zehn Personen im jugendlichen Alter. »Rude Pravo« berichtete, daß diese Jugendlichen durch den verurteilten Jaroslav Sabata in unverantwortlicher Weise zu strafbaren Handlungen verführt worden seien.
Zum Abschluß der Prozeß-Serie rechtfertige Parteichef Husak die Verurteilungen. Die vor allem vom Westen geführten Anschuldigungen, die Partei kehre zu der Taktik der politischen Prozesse der fünfziger Jahre zurück, kämen vor allem von denen, deren konterrevolutionäre Absichten mißlungen seien. Er sagte: »Wir bestehen auf der konsequenten Beachtung der sozialistischen Gesetze, sowohl im Hinblick auf die Bürger dieses Landes als auch der sozialistischen Staaten. Wenn jedoch irgend jemand das Gesetz bricht, muß er die Verantwortung dafür tragen. Keine konstruierten und ungesetzlichen politischen Prozesse, über die die antikommunistische Propaganda ihre Fabrikation verbreitet, finden statt oder werden vorbereitet.«

Der erste Brünner Prozeß

Am 24. Juli 1972 wurde vor dem Bezirksgericht in Brünn der Prozeß gegen *Dr. Milan Silhan* »und seine Gesinnungsgenossen« eröffnet. Die Angeklagten wurden beschuldigt, im Jahre 1970 eine illegale Gruppe gebildet zu haben mit der Absicht, subversive Aktivitäten gegen den Staat auszuführen.
Am 27. Juli 1972 wurden die Urteile gesprochen. Der Arzt Dr. *Silhan* erhielt fünf Jahre Gefängnis, der Mitangeklagte *Zdenek Pokorny* vier Jahre. Die Verurteilten wurden beschuldigt, seit Ende 1970 bis Januar 1972 aus Feindschaft zum sozialistischen Staatssystem eine illegale Gruppe gegründet zu haben, deren Ziel es gewesen sei, das sozialistische Staatssystem zu stürzen. Der dritte Verurteilte war *Dr. Meznik*, er erhielt dreieinhalb Jahre Gefängnis. Es war der Sohn eines Richters, der zur Zeit der Okkupation der Tschechoslowakei durch die Nationalsozialisten von der Gestapo verhaftet und, um politischen Verhören zu entgehen, aus dem Fenster des Gefängnisses gesprungen war.

Der zweite Brünner Prozeß

Im zweiten Brünner Prozeß, der wie der erste am 24. Juli 1972 begann, wurden schon zwei Tage später sechs Urteile wegen »subversiver Umtriebe« gefällt. Der Hauptangeklagte in diesem Prozeß war *Jan Sabata*, der 25jährige Sohn des ehemaligen Chefs des Parteikomitees für die Stadt Brünn, Jaroslav Sabata. Er erhielt zweieinhalb Jahre Haft, während sein anderer Sohn, der 19jährige *Vaclav Sabata*, zwei Jahre verbüßen muß.
Die Urteile gegen vier andere Angeklagte wurden zur Bewährung ausgesetzt: *Suzana Richterova*, 20 Monate Gefängnis mit fünfjähriger Bewährung, *Ales Krehulka* erhielt die gleiche Strafe, *Marek Golias* und *Tomas Bochorak* erhielten jeweils 15 bzw. 12 Monate Gefängnis und drei Jahre Bewährung.

Der dritte Brünner Prozeß

Am 3. August 1972 begann in einem dritten Prozeß in Brünn das Verfahren gegen den ehemaligen Parteisekretär *Jaroslav Sabata*. Er und seine Mitangeklagten wurden beschuldigt, in den Jahren 1970 bis 1972 versucht zu haben, eine illegale antistaatliche Gruppe mit dem Ziel zu bilden, das sozialistische System zu stürzen. Sie wie die bisher in Prag und Brünn Verurteilten wurden der Subversion angeklagt.
Mit Jaroslav Sabata stand nun der Vater seiner bereits im zweiten Brünner Prozeß verurteilten Söhne Jan und Vaclav vor Gericht, wiederum ein Mann, der während der kurzen Periode des politischen Tauwetters in der Tschechoslowakei unter Dubcek eine führende Rolle gespielt hatte. Unter den Mitangeklagten befand sich auch der ehemalige Sekretär des Bezirksparteikomitees für Südmähren, *Alfred Cerny*.
Sabata erhielt ebenso wie Huebl die bislang härteste Strafe zudiktiert: sechseinhalb Jahre Kerker. Die Mitangeklagten *Antonin Rusek* erhielten fünf, *Zdenek Prikryl* vier, *Alfred Cerny* drei und *Cejka* zwei Jahre Gefängnis. *Karel Fridrich* und *Jiri Zaoral* erhielten je 18 Monate Freiheitsstrafe mit Bewährung.

Der Oberste tschechoslowakische Gerichtshof verwarf Anfang Oktober 1972 die Berufung Jaroslav Sabatas gegen seine Verurteilung. Damit ist das Urteil rechtskräftig geworden.

Der vierte Brünner Prozeß

Im vierten Brünner Prozeß, der am 7. August 1972 begann, standen weitere Mitglieder der Sabata-Familie vor Gericht: die Tochter Sabatas, Hana, und seine Schwiegertochter. Sie alle waren seit November 1971 in Haft.

Am 11. August verhängte das Brünner Bezirksgericht seine Strafen: die insgesamt acht Angeklagten, darunter vier Frauen, erhielten Gefängnisstrafen von zwölf Monaten bis zu vier Jahren verhängt.

Die Hauptangeklagte *Vlastimila Tesarova* bekam vier Jahre, die 21 Jahre alte Tochter von Jaroslav Sabata, *Hana Sabata*, dreieinhalb Jahre Gefängnis. *Kveta Markova* und *Zdenek Vasicek* erhielten drei Jahre, *Ladislav Zadina* zweieinhalb Jahre, *Hanna Kautna* zwei Jahre und ihr Ehemann *Kautny* zwölf Monate Gefängnis. *Stanislav Tesar*, vermutlich der Ehemann der Hauptangeklagten, erhielt fünfzehn Monate Gefängnis mit Bewährung.

Alle waren angeklagt, seit Anfang 1971 aktiv an antistaatlichen Handlungen beteiligt gewesen zu sein und staats- und gesellschaftsfeindliche Publikationen hergestellt und vertrieben zu haben. Nach § 98 des tschechoslowakischen Strafgesetzbuches wurden sie wegen »Subversion der Republik« bestraft.

Nach diesem vierten Brünner Prozeß war die Säuberungswelle in der CSSR noch nicht abgeschlossen. Weitere Prozesse wurden angekündigt, so z. B. gegen Jan Sling, den Sohn des 1952 im Slansky-Prozeß verurteilten und hingerichteten KP-Generalsekretärs, gegen den ehemaligen Chefredakteur des »Reporter«, Dienstbier, gegen die Professoren Kosik und Klofac, den Dozenten Sochor und den Historiker Kaplan. Das Verfahren gegen Kaplan dürfte sich besonders schwierig gestalten, da er als früheres Mitglied einer Untersuchungskommission die Übergriffe der Justiz in den fünfziger Jahren allzu gut kannte. Bisher fand sich kein Staatsanwalt bereit, seinen Fall zu übernehmen. Auch der ehemalige Redakteur des KP-Zentralorgans »Rude Pravo«, Jiri Hochmann, soll vor Gericht gestellt werden, doch wegen seines schlechten Gesundheitszustandes nahm man bisher davon Abstand.

Pachman, Ludek

Der tschechoslowakische Ex-Schachgroßmeister Pachman wurde am 5. Mai 1972 von dem Prager Stadtgericht zu zwei Jahren Gefängnis verurteilt. Nach der Urteilsverkündung wurde er sofort aus der Haft in ein Krankenhaus gebracht, da sich sein Gesundheitszustand verschlechtert haben soll.

Er war angeklagt wegen Verleumdung der Republik im Ausland und wegen Vorbereitung einer strafbaren Handlung, die »für die Gesellschaft gefährlich ist«, hinzu kam der Vorwurf umstürzlerischer Tätigkeit gegen die Republik, Aufhetzung und »Schädigung der Interessen der Republik im Ausland«.

Pachman saß bereits seit 18 Monaten in Untersuchungshaft. Die Verbüßung der restlichen Strafe von sechs Monaten wurde ihm erlassen.

Das Urteil bezog sich auf ein Interview, das Pachman mit einer holländischen Rundfunkstation gemacht und in dem er zu Spenden für die Angehörigen der inhaftierten und »verfolgten« Intellektuellen in der CSSR aufgerufen hatte. Gleichzeitig wurde er wegen seiner Mitwirkung an dem »Manifest der zehn Punkte« verurteilt, in dem Publizisten, Schriftsteller und Historiker in der CSSR im August 1969 die Rückkehr zur Reformpolitik der Dubcek-Ära gefordert hatten. Am 30. November 1972 durfte Pachman in die Bundesrepublik Deutschland ausreisen. Auf einer Pressekonferenz berichtete er, daß er im Sommer 1972 ständig von der Staatssicherheitspolizei der CSSR »umzingelt« gewesen und bei Spaziergängen von zwei Mann »begleitet« worden sei. Der 48jährige Pachman hatte während seiner Inhaftierungszeit vier Hungerstreiks durchgestanden, war einmal geschlagen worden und wegen eines, von amtlicher Seite sogenannten »Selbstmordversuches« ins Gefängniskrankenhaus eingeliefert worden. Er bestritt diese Version, weiß aber wegen einer »Gedächtnislücke von acht Tagen« nicht mehr, wie er im Dezember 1969 zu einem Schädelbruch und drei Rückenwirbelbrüchen gekommen ist.

16. Ungarn (Schauprozeß)

Mindszenty, Josef, Kardinal

Mindszenty (geb. 29. März 1892 in Westungarn) wurde 1915 Priester, 1927 Domkapitular, 1937 Kanonikus, 1944 Bischof. Von November 1944 bis April 1945 war er inhaftiert, wurde danach im Oktober 1945 Erzbischof und Fürstprimas von Ungarn. Als solcher war er nach der alten ungarischen Verfassung der höchste Würdenträger des Staates, sofern es keinen gekrönten König gibt. 1946 wurde er Kardinal.

Am 28. Dezember 1948 wurde er erneut verhaftet. Vorausgegangen war im Frühjahr 1948 ein Streit mit der kommunistischen ungarischen Regierung um die Verstaatlichung der Konfessionsschulen. In Hirtenbriefen hatte Mindszenty angedroht, jeder Katholik verfalle der Exkommunikation, der den Plan der Regierung unterstütze. Darauf erhielt er Rede- und Predigtverbot. Nach seiner Verhaftung verschwand er hinter den Mauern des berüchtigten Budapester Untersuchungsgefängnisses in der Andreassystraße. In 29 Nächten Untersuchungshaft mußte sich der Kardinal entkleiden und wurde mit Gummistöcken vorsätzlich in die Lungengegend geschlagen. Schließlich wurde er gezwungen, bei Orgien zuzusehen. Am Tag vor seinem Prozeß hängten die Gefängnisaufseher einen Strafgefangenen vor das Zellenfenster des Kardinals. Kurz vor seinem Prozeß konnte er noch einen handgeschriebenen Zettel für seine Freunde hinterlassen, auf dem stand: »Sollte ich zufällig irgendwelche Dinge gestehen und durch meine Unterschrift bestätigen, wäre das nur ein Beweis für die menschliche Schwäche. Ich erkläre von vornherein jedes Geständnis dieser Art für falsch.« Als ihm die kommunistischen Machthaber Ungarns 1949 dann den Prozeß machten, zeigten sie wie erwartet ein Geständnis des Kardinals vor. Darin gab er Spionage, Devisenschmuggel und Vergehen gegen den Staat zu.

1949 wurde er dann vom kommunistischen Volksgerichtshof zu lebenslanger Freiheitsstrafe verurteilt. Im Oktober 1956, während des Aufstandes in Ungarn, wurde der Kardinal befreit. Im Triumphzug kehrte er in die Hauptstadt Budapest zurück. Das neue Regime unter Ministerpräsident Nagy und Verteidigungsminister Maleter umwarb ihn. In Budapest hielt er am 3. November 1956 eine Rundfunkrede, in der er die klassenlose Gesellschaft forderte. Doch der Freiheitstaumel dauerte nur bis zum 4. November 1956, als russische Panzer den Aufstand niederwalzten. Nagy und Maleter wurden hingerichtet. Da der Kardinal nicht mehr in seine Residenz in Budapest zurückkehren konnte, weil die Donaubrücken bereits von Russen besetzt waren, begab er sich in die amerikanische Gesandtschaft ins Asyl. Seine neue Gefangenschaft dauerte 15 Jahre.

Ende November 1956 wurde er von Kadar beschuldigt, Führer der Gegenrevolution gewesen zu sein. 1958 durfte er nicht zur Papstwahl nach Rom reisen. Im März 1963 wurde er aufgefordert, einen Antrag auf Straffreiheit zu stellen. Mindszenty lehnte ab, weil er sich unschuldig fühlte. Einen Monat später lehnte er ein neues Angebot der Regierung Kadar ab, Ungarn unter Verzicht auf sein Amt zu verlassen. Schließlich gab die ungarische Regierung der starren Haltung des Kirchenfürsten nach und erklärte sich im Januar 1969 bereit, die Affäre Mindszenty zu bereinigen. Das »Tauwetter« um den aufrechten und streitbaren Kardinal trat ein, als die ungarische Regierung dem Wiener Kardinal Koenig im Februar 1969 die Erlaubnis erteilte, Minszenty in Budapest besuchen zu dürfen.

Auf Anordnung des Papstes verließ er 1971 das US-Asyl und reiste nach Rom. Heute lebt er in Wien.

g) Affären

Mit dem Begriff »Affären« werden solche Formen von Illegalität angesprochen, die im Zwischenbereich von Rechtswidrigkeit und nicht strafbarem Unrecht liegen, oder die vor Gericht verhandelt wurden, ohne daß eine eindeutige Klärung des Falles zustande gekommen wäre.

Der Contergan-Prozeß

Das längste Strafverfahren in der deutschen Justizgeschichte (27. Mai 1968 bis 18. Dezember 1970) endete mit der Einstellung des Verfahrens, ohne daß es zu einem Urteilsspruch gekommen ist. In diesem bisher größten Arzneimittelprozeß der Welt ging es um das Schlafmittel Contergan, das, wie später festgestellt wurde, bei Erwachsenen Nervenschäden und bei Embryos Mißbildungen hervorrief. Das Ergebnis: 2600 verstümmelte Kinder und einige Tausend bis zu ihrem Tod nervengeschädigte vorwiegend ältere Menschen. Das Verfahren gegen acht führende Mitarbeiter und den Firmensenior der Herstellungsfabrik, der »Chemie Grünenthal« in Stolberg, wurde eingestellt, obwohl das Gericht in der Hauptverhandlung die Überzeugung gewonnen hatte, daß das im Contergan enthaltene Thalidomid die Nervenschäden und Mißbildungen einwandfrei verursacht hatte. Entscheidend für die Einstellung des Verfahrens war einerseits, daß die Firma »Chemie Grünenthal« in einem außergerichtlichen Vergleich den Geschädigten 110 Millionen Mark (Kinder) und vier Millionen Mark (Erwachsene) bezahlen wollte; andererseits, daß es zum Zeitpunkt der Contergan-Tragödie weder verbindliche Richtlinien noch eine wirksame Kontrolle der Arzneimittelhersteller gegeben hat.

So wurde den Angeklagten zugute gehalten, daß sie »nicht viel anders gehandelt haben als es in der pharmazeutischen Industrie üblich ist«. Letzten Endes hätten die Angeklagten in einem Interessenkonflikt gestanden zwischen den Geboten wissenschaftlicher Gründlichkeit und ärztlicher Verantwortung einerseits sowie einem an sich legitimen und sogar wirtschaftlich notwendigen Gewinnstreben andererseits. Zudem hatte die Firma Grünenthal rechtzeitig nach den ersten Verdachtsmeldungen das Contergan aus dem Handel gezogen.

Die Eltern der mißgebildeten Kinder erhoben keinerlei Proteste gegen diesen unbefriedigenden Ausgang des Prozesses.

Der Prozeß hatte lediglich die Erkenntnis gebracht, daß »naturwissenschaftliche Abläufe in der Pharmakologie nicht kontrollierbar sind, soweit juristische Maßstäbe angelegt werden«. Dem Ausgang des Prozesses zufolge waren damit nicht die Angeklagten schuldig, sondern dem System der Gesundheitsbehörden wurde vorgeworfen, daß die staatlichen Gesundheitsinstanzen versagt hätten. Diese hätten frühzeitig erkennen müssen, daß beim Contergan unerkannte Nebenwirkungen aufgetaucht sind.

Inzwischen drohte jedoch die Contergan-Affäre zu einem Contergan-Skandal auszuwachsen. Denn zwölf Jahre nach der Contergan-Katastrophe und zwei Jahre nach dem Vergleichsangebot der Herstellerfirma haben die Contergan-geschädigten Kinder noch keinen Pfennig erhalten, was bedeutet, daß die Eltern der Contergan-Kinder deren gesamte ärztliche Versorgung selbst bezahlen müssen, denn die Krankenkassen kommen nicht dafür auf.
Seit dem 10. April 1970 liegen die 110 Millionen Mark der Herstellerfirma bereit. Nachdem ein Gremium von drei Treuhändern eingesetzt war, das das Geld verwalten und auszahlen sollte, meldete sich die Bundesregierung zu Wort und schlug vor, weitere 50 Millionen Mark zur Verfügung zu stellen unter der Bedingung, daß die 110 Millionen Mark der Chemie Grünenthal in die Stiftung »Hilfswerk für behinderte Kinder« eingebracht werden. Das Gesetz stammte vom 17. Dezember 1971. Mittlerweile wurde das Gesetz zwar beschlossen, aber noch nicht in Kraft gesetzt. Das Gesetz rief nämlich die Kritik der Treuhänder hervor, die betonten, daß in ihm viele Nachteile für die ConterganKinder enthalten seien.
Nach dem Vergleichsvertrag mit der Chemie Grünenthal sollten die 110 Millionen in zwei Raten ausbezahlt werden. Das Gesetz jedoch wollte nur eine kleine Kapitalentschädigung zahlen und zusätzlich eine Rente. Diese Entschädigung wäre aber viel geringer als diejenige aus dem Vergleichsvertrag, eben weil der Rest des Geldes für eine Rente verwendet werden sollte.
Strittig war auch die Frage, wie diese geplante Rente ausbezahlt werden könne: Die Vertreter der Contergan-Eltern traten für eine dynamische Rente ein, also eine jedes Jahr parallel zur Geldentwertung steigende Rente, die Bundesregierung hielt jedoch nur eine gleichbleibende Rente für tragbar.
Diese Streitpunkte waren bis November 1972 nicht geklärt.

Defregger, Matthias

Der Münchener Weihbischof Matthias Defregger (das Ermittlungsverfahren gegen ihn wurde am 18. September 1970 eingestellt) war in das Feuer der Kritik geraten, als herauskam, daß er am 7. Juni 1944 an der Erschießung von 17 italienischen Zivilisten in dem Abruzzendorf Filetto di Camarda teilgenommen hatte. 237 aufgebotene Zeugen konnten jedoch seine »strafrechtliche Unschuld« nachweisen.
Defreggers Vorgesetzter, Julius Kardinal Döpfner, Erzbischof von München und Freising, hatte 1968 in voller Kenntnis der Vorgänge in Filetto Defregger zum Regionalbischof bestellt. Er vertrat die Meinung, der damalige Hauptmann Defregger habe von seiner Pflicht, das Leben Unschuldiger auch im Krieg zu schützen, gewußt, weshalb er sich damals dem Befehl, alle männlichen Einwohner von Filetto zu erschießen, widersetzt habe. Er habe sich jedoch zum Befehl der Erschießung der 17 Zivilisten entschlossen, um größeres Unheil unter der Zivilbevölkerung zu verhindern.
Defregger ist nun als Bischofsvikar im Ordensreferat tätig.

Dreyfus, Alfred

Die Affäre Dreyfus gehört zu den berühmtesten und unangenehmsten in der französischen Justizgeschichte. Der Strafprozeß gegen den Hauptmann Dreyfus (geb. 10. Oktober 1859) und seine Folgen hätten Staat und Gesellschaft Frankreichs fast an den Rand des Chaos getrieben.
Die Affäre begann 1894, als im französischen Kriegsministerium bekannt wurde, daß irgendein Offizier für die deutsche Spionage gearbeitet und ihr militärische Geheimnisse der Franzosen übermittelt hatte. Um die undichte Stelle zu finden, wurde die Putzfrau Madame Bastian in der Deutschen Botschaft untergebracht mit dem Auftrag, zweimal monatlich dem französischen Nachrichtenoffizier Major Henry den Inhalt aus Papierkörben und Öfen der Botschaft zu übergeben.
Am 25. September 1894 stieß Major Henry auf Reste einer Urkunde, die den Beweis lieferte, daß im französischen Generalstab die fragliche undichte Stelle zu suchen sei. Es drehte sich dabei um ein Dokument, »Bordereau« genannt, auf dem handschriftlich Notizen standen, die als streng geheim galten. Es waren Angaben über Geschütze, eine Schießvorschrift, Bemerkungen über Truppenaufstellungen etc. Dem Dokument war zu entnehmen, daß die genannten Urkunden dem deutschen Militärattaché Oberstleutnant von Schwartzkoppen zugespielt worden waren.
Über Major Henry lief diese bisher größte Entdeckung einer Spionageaktion im französischen Heer zum Chef des Nachrichtendienstes, Oberst Sandherr, von diesem zum Kriegsminister General Mercier, der sofort eine Untersuchung des Falles anordnete.
Nach einigem Hin- und Herrätseln, wer der verräterische Offizier sein könnte, stieß man auf den Hauptmann im Generalstab Alfred Dreyfus, der zunächst keine andere Schuld hatte als ein Jude zu sein. Er konnte um so leichter verdächtigt werden, als seit den achtziger Jahren des vorigen Jahrhunderts eine Antisemitismuswelle über Frankreich hinwegzog, wie sie bisher nicht bekannt war. Schuld daran waren einige unsaubere Manipulationen der jüdischen Hochfinanz in Frankreich, die zum Zusammenbruch einiger Banken geführt hatten. Der Haß Frankreichs galt von da an den Juden.
In diesen Judenhaß kam auch Dreyfus hinein. Er wurde das Opfer eines Vorurteils, unter dem alle Juden im französischen Offizierskorps zu leiden hatten.
Der Verdacht auf Landesverrat konnte durch genauere Nachforschungen jedoch nicht bestätigt werden. Dreyfus galt als untadeliger, begabter Offizier, der schon mit 30 Jahren »Capitaine« (= Hauptmann) geworden war. Er war verheiratet, hatte zwei Kinder und einiges Vermögen.
Am 14. Oktober 1894 wurde er auf Grund eines einzigen Gutachtens verhaftet, das zumal der damals weltberühmte Alphonse Bertillon, der Begründer der »Anthropometrie« (der Identifizierung von Verbrechern

anhand von Körpervermessungen), hergestellt hatte: er hatte die Handschrift auf dem »Bordereau« mit der von Dreyfus verglichen und absolute Identität festgestellt.
Dreyfus war nun angeklagt wegen Landesverrats.
Er widerstand allen Nötigungen, ein Geständnis abzulegen, und behauptete immer wieder seine Unschuld.
Inzwischen hatte die Presse die Verhaftung von Dreyfus gemeldet und in der französischen Öffentlichkeit Stimmung gegen den Spion und Vaterlandsverräter erzeugt.
Am 19. Dezember 1894 begann die Hauptverhandlung, die den Hauptmann wegen Landesverrates anklagte. Ohne äußerlich sichtbare Rührung verfolgte Dreyfus den Prozeß, der vor allem durch Bertillons Belastung zu dem Urteil kam, den Hauptmann zu degradieren und auf die Teufelsinsel zu verbannen.
In der Presse wurde lebhaft bedauert, daß es anhand der bestehenden Gesetze nicht möglich war, Dreyfus mit dem Tod zu bestrafen. Um dies aber in einem ähnlichen Fall zu ermöglichen, wurde bereits am 24. Dezember 1894 die Todesstrafe auch auf Landesverrat verfügt.
Nach dem Urteilsspruch meldeten sich Stimmen der Kritik, allen voran Jean Jaurès und die sozialistische Partei: sie forderten die Todesstrafe und warfen der Militärjustiz Weichheit im Urteilsspruch vor. Dreyfus' Revisionsbegehren wurde abgelehnt.
Am 5. Januar 1895 fand vor einer riesigen Menschenmenge und in Anwesenheit von 4000 Soldaten die Degradierung des Hauptmanns statt.
Am 13. April 1895 kam Dreyfus per Schiff auf der Teufelsinsel an, wo er Tag und Nacht bewacht wurde.
Die Bemühungen um eine Wiederaufnahme des Verfahrens kamen in Gang, als am 1. Juli 1895 Oberst Picquart die Leitung des Nachrichtenbüros übernahm. Oberst Sandherr trat in den Ruhestand.
Im März 1896 kam Picquart ein Dokument in die Hände, das unter dem Namen »petit bleu« eine ähnliche Bedeutung erlangen sollte wie das »Bordereau«. Es drehte sich um einen Rohrpostbrief des Oberstleutnants von Schwartzkoppen an den französischen Major Esterhazy. Der Brief war von einer Dame geschrieben, aber nicht per Post an Esterhazy gelangt, sondern offenbar aus einem Papierkorb der Deutschen Botschaft entfernt worden, denn die Briefmarke war nicht abgestempelt.
Dieser seltsame Brief machte offenkundig, daß Beziehungen zwischen Schwartzkoppen und Esterhazy bestanden. Esterhazy wurde überwacht. Picquart erfuhr, daß sich der Major wiederholt darum bemüht hatte, in den Besitz vertraulicher oder geheimer Mitteilungen über die Artillerie zu kommen. Seine Untergebenen hatten ständig Dokumente zu kopieren.
Picquart meldete dies dem Major Henry, der jedoch mit Esterhazy befreundet war und diesen nur warnte.
Bertillon wurde wieder als Schriftsachverständiger eingeschaltet. Er stellte nunmehr ganz sicher fest, daß die Schriftzüge Esterhazys mit denen des »Bordereau« identisch waren. Damit war klar, daß Dreyfus zu Unrecht verurteilt worden war. Picquarts Versuche, die Affäre Dreyfus nochmals aufzurollen, scheiterten zunächst am Widerstand des französischen Generalstabes.
Inzwischen hatte auch die Familie Dreyfus, vor allem dessen Bruder, durch die Falschmeldung, Dreyfus sei von den Teufelsinseln geflohen, das Interesse der Öffentlichkeit wieder auf den Fall gelenkt. Am 6. November 1896 ließ Dreyfus' Bruder durch den Schriftsteller Bernard Lazare ein 24 Seiten starkes Schriftstück publizieren, in dem er offen von Justizirrtum im Falle Dreyfus sprach.
Das Bordereau wurde in der Presse veröffentlicht. Hier sah es erstmals Oberstleutnant von Schwartzkoppen, der sofort wußte, daß das Dokument von Esterhazy stammte. Dieser hatte es im August 1894 auf der Botschaft für ihn (Schwartzkoppen) abgegeben, aber die Putzfrau Bastian hatte es abgefangen und dem französischen Nachrichtendienst übermittelt.
Um jedoch das Urteil des Militärgerichts bei einer möglichen Wiederaufnahme des Verfahrens nicht zu gefährden, stellte der Major Henry durch eine geschickte Fälschung zwei Briefe her, die Dreyfus aufs neue schwer belasteten. Erst zwei Jahre später kam die Fälschung heraus. Sie brachte Major Henry den Tod und für Dreyfus den ersten Schritt in die Freiheit.
Um auch den wichtigsten mißtrauischen Kenner der Verhältnisse, speziell Esterhazy betreffend, aus dem Weg zu räumen, wurde im Herbst 1896 Oberst Picquart nach Nordafrika versetzt.
Picquart fürchtete nun, in die Schußlinie von Major Henry zu kommen und von ihm diffamiert zu werden. So ließ er das Gerücht verbreiten, er habe das Schriftstück, das »Bordereau«, das zu Dreyfus' Verurteilung geführt hatte, der Familie Dreyfus zugeleitet. Damit zog sich das Netz immer enger um Esterhazy, dessen Freund Henry ihm bald nicht mehr sollte helfen können.
Dreyfus' Bruder bezichtigte offen Major Esterhazy als Urheber des »Bordereau«. Daraufhin blieb dem Kriegsminister nichts anderes mehr übrig, als eine erneute Untersuchung der Affäre anzuordnen. Doch die Untersuchungsführer waren sehr rasch von Esterhazys Unschuld überzeugt. Er wurde freigesprochen.
Eine entscheidende Wende kam in die Affäre, als am 14. Januar 1898 der berühmte Schriftsteller Emile Zola in einer Pariser Tageszeitung sein Pamphlet »J'accuse« publizierte. Zola bezweckte mit seiner offenen Kritik am Kriegsminister, den Richtern und Schriftsachverständigen, was denn auch eintrat: ein Strafverfahren des Ministerpräsidenten Méline gegen Zola. Damit wollte Zola den Dreyfus-Prozeß aus dem Bereich der Militärjustiz in eine ordentliche Schwurgerichtsverhandlung überführen.
Am 18. Januar 1898 stellte der Kriegsminister Billot einen Strafantrag gegen Zola und den verantwortlichen Redakteur der Pariser Tageszeitung »L'Aurore«, Perreux. Die Hauptverhandlung gegen die beiden begann am 7. Februar 1898. Die öffentliche Meinung stand noch immer auf seiten der zahlreich anwesenden Offiziere und gegen Zola und Dreyfus. Einer der besten Redner unter den Pariser Anwälten, Maître Labori, verteidigte Zola. Er nahm die Zeugen hart ins Kreuzverhör. Doch am 28. Februar 1898 wurden Zola zu

einem Jahr, Perreux zu vier Monaten Gefängnis verurteilt. Beide erhielten eine Geldbuße von 3000 Francs.
Nach diesem Urteil brach in Paris und Algerien offen der Antisemitismus aus. Juden wurden verfolgt, ihre Geschäfte zerstört, ihre Synagogen angezündet. Picquart wurde inzwischen aus der Armee ausgestoßen, Frankreich war gespalten in Dreyfusfreunde und -gegner, in Zolafreunde und -gegner. Nun gehörte auch Jaurès neben Clemenceau und der Liga der Menschenrechte zu den Befürwortern einer Wiederaufnahme des Dreyfus-Prozesses.
Doch der neue Kriegsminister Cavignac sah nach wie vor die Schuld Dreyfus' als erwiesen an und veröffentlichte drei Partien der geheimen Dokumente, die zu Dreyfus' Verurteilung geführt hatten. Daraufhin schrieb Picquart einen offenen Brief an den Ministerpräsidenten und teilte ihm darin mit, daß die Schriftstücke, die nun durch ihre Plakatierung jedermann zugänglich geworden seien, gefälscht worden sind. Dreyfus habe nichts damit zu tun.
Picquart erhielt eine Strafanzeige wegen unbefugten Verbreitens von Urkunden und wurde ins Pariser Gefängnis La Santé gesteckt. Hier war bereits Major Esterhazy inhaftiert, der auf Betreiben Picquarts festgenommen worden war.
Im August 1898 entdeckte ein Hauptmann, daß die beiden Briefe, die Dreyfus namentlich genannt und ihn nach seiner Verurteilung schwer belastet hatten, eine Fälschung waren. Der Verdacht fiel sofort auf Henry. Der Oberst gab die Fälschungen zu und beging Selbstmord.
Nun schlug die öffentliche Stimmung in Frankreich ganz auf die Seite von Dreyfus um. Frau Dreyfus beantragte abermals ein Wiederaufnahmeverfahren.
Esterhazy mußte am 4. September 1898 Frankreich verlassen und ließ sich in England nieder.
Endlich beschloß das Kabinett am 26. September 1898, den Antrag beim Kassationshof einzureichen. Dieser gab dem Antrag statt.
Am 3. Juni 1899 wurde endlich das Urteil vom 22. Dezember 1894 aufgehoben, nachdem das Gericht erkannt hatte, daß das Bordereau nicht von Dreyfus, sondern von Esterhazy geschrieben worden war. Dreyfus wurde aus der Haft auf der Teufelsinsel entlassen, Uniform und alten Dienstgrad erhielt er zurück.
Nun stand er wieder als »normaler« Angeklagter vor Gericht, die neue Hauptverhandlung begann am 7. August 1899 vor einem Militärgericht. Nochmals wurde der ganze Fall aufgerollt. Die meisten Offiziere, die als Zeugen aussagten, neigten noch immer zu der Annahme, Dreyfus sei schuldig. Die Wogen der Stimmung der aufgebrachten Franzosen schlugen von einem Extrem ins andere aus. Einen unerwarteten Höhepunkt erreichte der Prozeß, als am 14. August 1899 Dreyfus' Verteidiger, der berühmte Maître Labori, durch das Attentat eines jungen Mannes angeschossen wurde. Der Täter wurde nie gefunden. Labori, obgleich nur leicht verletzt, mußte die Verteidigung an Maître Demange abgeben, der durch seine gemäßigtere Art vor Gericht für Dreyfus einen besseren Eindruck hinterließ. Obgleich nun auch deutsche Dienststellen für Dreyfus intervenierten und bekanntgaben, daß Dreyfus niemals Beziehungen zur Deutschen Botschaft unterhalten hatte, wurde Dreyfus dennoch am 9. September 1899 abermals schudig gesprochen. Diesmal erhielt er nur zehn Jahre Gefängnis und abermalige Degradierung.
Große Teile der Bevölkerung und auch die französische Regierung hatten Freispruch erwartet und waren nun von dem neuerlichen Schuldspruch tief enttäuscht. Die Wogen der Entrüstung und der Zubilligung prallten in der öffentlichen Meinung nochmals aufeinander. Vor allem Emile Zola und Clemenceau traten für eine Weiterführung des Kampfes für Dreyfus ein, doch dieser selbst war erschöpft und verzweifelt: er wollte nicht noch einmal in die Revision gehen.
Um das Land endlich zu beruhigen, machte schließlich am 19. September 1899 der französische Präsident von seinem Recht auf Gnadenerweis Gebrauch und erließ Dreyfus den Rest seiner Strafe. Auch die zweite Degradierung wurde wieder aufgehoben.
Doch durch den Gnadenerweis kam noch immer keine Ruhe in die Dreyfus-Affäre. Jetzt wurde nämlich behauptet, das umstrittene »Bordereau«, das ihn zum Schuldigen gemacht hatte, sei vom deutschen Kaiser Wilhelm II. persönlich mit Randnotizen beschrieben worden.
Daraufhin wurde Dreyfus beim französischen Ministerpräsidenten durch ein Schreiben vorstellig, in dem er um eine dritte Hauptverhandlung bat. Er bezeichnete das »Bordereau« abermals als Fälschung. Die Originalurkunde stamme allein von Esterhazy.
Doch die französische Regierung scheute sich davor, nochmals den Fall aufzurollen. Zwei Jahre lang geschah nichts.
Am 6. April 1903 ergriff Jaurès die Gelegenheit, in der Kammer den Fall Dreyfus zur Sprache zu bringen. Er behauptete, daß noch immer maßgebliche Stellen daran interessiert seien, die Wahrheit zu vertuschen. Um seine Behauptung zu beweisen, verlas er einen Brief des Generals de Pellieux an den Kriegsminister, der zur Zeit des Höhepunktes der Auseinandersetzungen verfaßt worden war. Der General hatte darin gebeten, ihn in den Ruhestand zu versetzen, da er kein Vertrauen mehr seinen Vorgesetzten gegenüber habe. Der Brief war datiert vom 31. August 1898, und die Regierung hatte keine Kenntnis davon erhalten. Abermals brach ein Sturm der Entrüstung los. Der Brief war damals durch den General Zurlinden zurückgehalten worden. Um den Fall endlich zu klären, wurden die Akten des Kriegsministeriums einer ausführlichen Revision unterzogen. Dabei stieß man auf Dokumente, von denen behauptet worden war, Dreyfus habe sie verschwinden lassen. Manche Schriftstücke enthielten ausdrückliche Hinweise auf Dreyfus' Unschuld.
Daraufhin mußte sich die Regierung noch einmal mit dem Fall befassen.

Die dritte Untersuchung lief dann vom 7. März bis 19. November 1904. Im Juni 1906 trat das Gericht zur Schlußverhandlung zusammen. Am 12. Juli 1906 wurde Dreyfus dann endgültig freigesprochen. Die früheren Urteilssprüche wurden als irrig bezeichnet. Dieses letzte Urteil wurde in Paris und Rennes (dem Verhandlungsort) durch Anschläge bekanntgegeben, und Dreyfus durfte auf Staatskosten in 50 Zeitungen auf seinen Freispruch hinweisen.
Nunmehr war Dreyfus endlich völlig rehabilitiert. Er wurde wieder in die Armee aufgenommen, befördert und mit dem Kreuz der Ehrenlegion dekoriert. Oberst Picquart wurde zum Brigadegeneral befördert.
Aus dem ganzen Wirrwarr von Tatsachen und Fälschungen blieb erhalten, daß das »Bordereau« von Esterhazy verfaßt war, der zwei Jahre lang mit dem deutschen Militärattaché von Schwartzkoppen in Verbindung stand und dieser Dreyfus niemals gesehen hatte.
Möglicherweise war Esterhazy als Doppelspion tätig, doch völlig geklärt ist seine damalige Rolle bis heute nicht.

Feltrinelli, Giangiacomo (1926–1972)

Am Fuß eines Hochspannungsmastes bei Mailand wurde am 15. März 1972 der von einer Explosion zerrissene Leichnam des italienischen Verlegers Feltrinelli gefunden.
Der Verleger, Erbe eines riesigen Vermögens (sein Vater war der »Holzkönig« Italiens), nach Einaudi in Turin und Mondadori in Mailand der größte Buchverleger Italiens, war bekannt geworden, als er das Buch des Sizilianers Lampedusa »Der Leopard« herausbrachte, das zum größten internationalen Bucherfolg eines italienischen Autors seit 1945 geworden ist. Weltweites Aufsehen erregte er dann 1957, als er Boris Pasternaks »Doktor Schiwago« unter bis heute noch ungeklärten Umständen in den Westen brachte. Nach der »Affäre Pasternak« wurde Feltrinellis Verlag zum Hauptsprachrohr maoistischer Gruppen.
Sein politischer Weg hatte in der Kommunistischen Partei begonnen und bei der äußersten Linken geendet. Der Verleger reiste mehrmals nach Kuba, veröffentlichte eine Reihe von Büchern über die kubanische Revolution und wurde ein persönlicher Freund Fidel Castros. Neben Schriften Maos brachte er auch Che Guevara heraus und das Buch »Revolution innerhalb der Revolution« des in La Paz zu lebenslänglichem Zuchthaus verurteilten französischen Linksintellektuellen Debray.
Im August 1967 wurde er, das Schicksal Che Guevara untersuchend, aus Bolivien ausgewiesen, kehrte nach Italien zurück, erließ Aufrufe und schrieb Handbücher über den Guerilla-Krieg. Im Zusammenhang mit den Bombenanschlägen gegen die Mailänder Landwirtschaftsbank 1969, die den Tänzer und Anarchisten Valpreda auf die Anklagebank brachten, floh Feltrinelli über die Grenze und kehrte trotz Freispruchs nicht mehr offiziell nach Italien zurück.
Ein brisantes Kapitel stellten auch Feltrinellis Beziehungen zu deutschen Linksextremen in den Jahren seines freiwilligen Exils dar. Als am 1. April 1971 der Konsul Boliviens in Hamburg, Quintanilla, ermordet wurde, bediente sich die Täterin einer Pistole, die Feltrinelli in Mailand erworben hatte. Die Mörderin blieb bis heute unbekannt.
Feltrinellis gewaltsamer Tod war für die extreme italienische Linke ein harter Schlag. Er war nicht nur einer ihrer bedeutendsten Repräsentanten, sondern auch ihr großzügigster Geldgeber.
Um die Ursache seines Todes entstanden verschiedene Versionen. Nach Angaben der Polizei soll der Verleger in Stücke gerissen worden sein, als er versuchte, eine sieben Kilogramm schwere Dynamitladung an einem Hochspannungsmast zu befestigen.
Das Verlagshaus Feltrinelli und die sich »Manifesto« nennende Partei der Maoisten erklärten dagegen, er sei ermordet worden, und zwar aufgrund eines staatlichen Komplotts, bei dem möglicherweise die Polizei und der amerikanische Geheimdienst CIA mitgewirkt hätten. Auch wurde behauptet, er sei ermordet worden, um den wachsenden Einfluß der Linksextremen auf die Arbeiterschaft zu unterbrechen. Anschließend sei dann seine Ermordung zum Schauplatz eines angeblichen Bombenanschlags umfunktioniert worden. Diese schwerwiegende Behauptung wurde vor allem von der außerparlamentarischen linken »Studentischen Bewegung« aufgestellt.
Das Geheimnis dieser Affäre ist indes bis heute noch nicht geklärt worden. Fest stand lediglich durch eine Autopsie, daß der Verleger durch Verbluten gestorben ist, da das rechte Bein bei der Explosion abgerissen worden ist. Die Verletzungen am Kopf und Brustkorb konnten daherrühren, daß er aus zwei Meter Höhe von dem Hochspannungsmast heruntergeschleudert wurde. An anderen Hochspannungsmasten in der Nähe von Mailand wurden weitere Sprengladungen gefunden und entschärft. Die Sprengkörper waren von der gleichen Herkunft wie der, durch den Feltrinelli getötet wurde.
Die Fahndung richtete ihr Augenmerk auf Feltrinellis Geheimfonds. Es wurde nämlich angenommen, daß er nicht nur die außerparlamentarische Opposition Italiens unterstützte, sondern in ganz Europa. Auch Verbindungen zur Baader-Meinhof-Gruppe wurden nicht ausgeschlossen, solche zur El-Fatah und zu den »Schwarzen Panthern« galten als sehr wahrscheinlich. Das Gerücht tauchte sogar auf, der Verleger habe geplant, eine revolutionäre Armee in Italien mit dem »Generalstab« in Mailand aufzubauen.
Einen Monat nach Feltrinellis Tod wurde der langgesuchte Helfershelfer, der Sarde *Giuseppe Saba*, in einer Mailänder Wohnung verhaftet. In ihr wurden neben Sprengstoff und Material, wie es bei den Sprengladungen an den Hochspannungsmasten gefunden wurde, auch zahlreiche Bücher und ein verschlüsseltes Tagebuch des Verlegers sichergestellt. Am Tag des Anschlags auf den Hochspannungsmast von Segrate bei Mailand hielt sich Feltrinelli in dieser Wohnung auf. Mit Saba wurde auch Augusto Viel verhaftet, der bereits

seit Monaten wegen des durch die maoistische Gruppe »22. Oktober« an dem Boten Alessandro Floris in Genua verübten Mordes gesucht wurde.
In der Wohnung befanden sich auch Stempel und gefälschte Personalausweise, Fotos und andere gefälschte Dokumente. Der 24jährige Elektromechaniker Saba wurde zunächst verdächtigt, Feltrinellis Komplice gewesen zu sein. Dies bestritt er nach seiner Verhaftung, leugnete aber nicht, daß Feltrinelli und er die Häupter einer Terrororganisation gewesen seien, die verschiedene Wohnungen in Mailand unterhielt. Durch seine Aussagen wurde die Vermutung entschärft, der Verleger sei ermordet worden. Es sei vielmehr geplant gewesen, »ein Attentat gegen die Sicherheit der zu der Stromversorgung bestimmten Einrichtungen« zu unternehmen. Der Verleger sei dabei durch einen »Irrtum« umgekommen. Wer aber an diesem »Irrtum« schuld war, der Verleger oder Saba, wurde nicht geklärt.
Nach der Verhaftung eines weiteren Mannes, der mit Feltrinelli zusammengearbeitet hatte, *Alfonso Socci*, wurde weiteres über die Terrororganisation bekannt: es gab die ligurische, die sardische, die toskanische und die piemontesische Geheimgruppe, die zwar selbständig voneinander arbeiteten, aber doch alle von Feltrinelli abhängig waren. Die Gruppen hatten die Absicht, die gegenwärtige Staatsordnung zu stürzen. Der Verleger war der Inspirator, Helfer und vor allem Geldgeber dieser Gruppen. Er war der Meinung, die von Che Guevara entwickelte revolutionäre Strategie lasse sich auch in Italien verwirklichen. Zu Beginn des Jahres 1970 hatte Feltrinelli eine eigene Organisation GAP (vgl. S. 448) geschaffen, die Verbindung mit zahlreichen anderen Geheimorganisationen vom Typ der *»Roten Brigaden«* herzustellen suchte. Diese GAP (Aktionsgruppe der Partisanen) schickte sich denn auch an, den Verleger zu rächen. Sie kündigte an, verhaftete Genossen zu befreien und richtete schwere Drohungen gegen Staatsanwalt Viola, der die Ermittlungen im Fall Feltrinelli leitete. Durch GAP wurde auch bekannt, daß Feltrinelli die Decknamen »Fabrizio« und »Oswaldo« gehörten, die in den beschlagnahmten Dokumenten vorkamen.
Anfang Mai 1972 gelang es der italienischen Polizei, ein Waffenlager der »Roten Brigaden« auszuheben. Feuerwaffen, Munition, mit Munition gefüllte Zigaretten, sogar Tellerminen und abermals gefälschte Pässe wurden sichergestellt. Dabei wurde auch eine »schwarze Liste« gefunden mit den Namen von etwa 20 Personen, die entführt werden sollten. Darunter waren Mitglieder der äußersten Rechten, Namen von Industriellen und Politikern. Fünf Personen, darunter zwei Frauen, wurden in Haft genommen. Die Frauen waren die 40 Jahre alte Professorin *Anna-Maria Bianci* und die 26 Jahre alte *Amalia Cochetti*.
Auf das Konto dieser Gruppe gingen auch die »Todesurteile«, die am 10. März 1972 zwei Direktoren der FIAT-Werke zugestellt wurden – es war ihnen offenbar das gleiche Schicksal zugedacht, das die argentinischen Tupamaros Sallustro bereiteten – und die Errichtung sog. Gefängnisse für »Volksfeinde«.
Über den Tod Feltrinellis entstand im Juli eine neue Version. Danach wurde festgestellt, daß auf die Dynamitladung, die der auf einem Pfeiler des Hochspannungsmastes stehende Verleger in der Hand hielt, schräg von unten nach oben ein Schuß abgegeben worden sei. Das Einschußloch eines Projektils fand man an einem Teil des Mastes. Ehe jedoch die Hypothese vom »manipulierten Tod« sich erhärten konnte, wurde Mitte September 1972 ein 600 Seiten starker Untersuchungsbericht veröffentlicht, dem zufolge Feltrinelli seinen Tod »so gut wie sicher« selbst herbeigeführt habe. Es wurde auf die Unerfahrenheit eines Dilettanten im Umgang mit Sprengstoff hingewiesen. Damit würde auch die Möglichkeit entfallen, daß ein Schuß von unten abgegeben worden ist.
Den vorläufigen Abschluß dieses Falles bildete die Veröffentlichung von Feltrinellis Testament. Universalerbe wurde sein 10jähriger Sohn Carlo und die dritte seiner vier Frauen, die frühere deutsche Journalistin Inge Schönthan, erhielt ein Drittel des Vermögens. Sie übernahm das Amt des Präsidenten des Verlages.

Die Fibag-Affäre

Die »Finanzbau-AG« (Fibag) sollte 1959 5600 Wohnungen für die US-Stationierungstruppen in Deutschland aus dem Boden stampfen, ein 300-Millionen-Projekt. Doch die Firma, die nie eine richtige war, kam nie zum Bauen, statt dessen aber wurde sie berühmt durch Bestechungs- und Korruptionsversuche.
Durch den SPIEGEL-Artikel »Hans und Franz« im Jahre 1961 wurde erstmals hinter das Geschäftsgebaren dieser Firma geleuchtet. Der Passauer Verleger Hans Kapfinger, ein Duzfreund des damaligen Verteidigungsminister Franz-Josef Strauß, entpuppte sich dabei als besonders engagierter Förderer des Fibag-Unternehmens. Strauß selbst hatte das zweifelhafte Unternehmen seinem US-Kollegen Gates empfohlen und damit den vermeintlichen Bauunternehmern die Wege nach oben bereitet.
Als Lohn für seine Mittlerdienste sollte Kapfinger ein Viertel des Fibag-Stammkapitals, 125 000 Mark, erhalten. Am 13. April 1960 wurde die Schenkung schriftlich festgelegt. Kapfinger sagte damals, es sei schade, daß er die Summe teilen müsse. Wer sollte die andere Hälfte erhalten? Als der Name Strauß als möglicher Empfänger fiel, war der Skandal komplett.
Ein Untersuchungsausschuß des Deutschen Bundestages beschäftigte sich mit dem geplatzten Millionen-Geschäft, doch die Frage, ob Kapfinger mit dem Teilenmüssen Strauß gemeint habe, blieb offen.
Die Ermittlungen in dieser Affäre dauerten ganze acht Jahre. Drei der Beteiligten wurden angeklagt wegen vorsätzlicher uneidlicher Falschaussage: Kapfinger, der nach der Ansicht der Staatsanwaltschaft mit dem Teilenmüssen eindeutig Strauß gemeint haben müsse; der Münchner Filmkaufmann Winkel und der Gastwirt Pell.
Das Verfahren gegen Kapfinger und Winkel wurde aufgrund des schlechten Gesundheitszustandes der bei-

den vorläufig eingestellt, und zwar im Juni 1971, nachdem es seinerzeit 1962 direkt nach der Polizeiaktion gegen den SPIEGEL eingeleitet worden war.
Der Vorwurf gegen Strauß hatte damals gelautet: er habe das Projekt, das nie zustande gekommen ist, leichtsinnig und aus nicht ganz uneigennützigen Motiven heraus gefördert. Doch am 25. Oktober 1962 kam der parlamentarische Untersuchungsausschuß in Bonn zu dem Schluß, das Verhalten von Strauß sei nicht ehrenrührig gewesen.
Lediglich das Verfahren gegen Toni Pell wurde im Juni 1971 durchgeführt. Dabei ging es aber gar nicht direkt um das Fibag-Problem, sondern um ein mehr privates Zusammentreffen mit Kapfinger in Ruhmannsfelden. Vom Landgericht Bonn wurde Pell vom Verdacht der falschen Aussage vor dem parlamentarischen Untersuchungsausschuß freigesprochen.
Der Vorsitzende der Strafkammer stellte überdies zur großen Überraschung der Prozeßbeteiligten fest, der CSU-Vorsitzende Strauß habe mit der ganzen Fibag-Affäre nichts zu tun.

Die Affäre Gerstenmaier

Der frühere Präsident des Deutschen Bundestages, Dr. Eugen Gerstenmaier, kam ins Gerede, als er sich selbst in den Genuß brachte, sich seine eigene Vergangenheit ausbezahlen zu lassen.
Gerstenmaier übernahm am 14. November 1954 als Nachfolger von Hermann Ehlers das Amt des Bundestagspräsidenten, das nach dem Bundespräsidenten zweithöchste Amt im Staat. Er wurde 1957, 1961 und 1965 abermals zum Herrn des »Hohen Hauses« gewählt. 1969 mußte er abtreten.
Grund für diese Affäre war sein Antrag auf Erneuerung seiner venia legendi, der Berechtigung, an einer Universität als Dozent tätig zu sein.
Gerstenmaier war 1935 Mitglied des SA-Reitersturms 1/111, promovierte im gleichen Jahr zum Dr. theol. und legte 1937 seine Habilitationsschrift vor. Doch der Zugang zur Hochschullehrerlaufbahn wurde ihm von den Machthabern des Dritten Reiches versagt. Im Zusammenhang mit dem Attentat auf Hitler am 20. Juli 1944 wurde er verhaftet und 1945 vom Volksgerichtshof Freislers (durch den übrigens etwa 45000 Todesurteile ausgesprochen wurden) zu sieben Jahren Zuchthaus verurteilt. 1963 warf ihm der ehemalige Fallschirmjäger-General Ramcke vor, sich zu Unrecht als Widerstandskämpfer auszugeben. Gerstenmaier strebte eine Klage gegen Ramcke an, doch vor der Hauptverhandlung kam es zu einer Einigung. Damit unterblieb eine gerichtliche Klärung des Vorwurfes.
1964 nahm Gerstenmaier erste Kontakte mit seinen Anwälten wegen eines evtl. Wiedergutmachungsantrages auf, und im April 1964 wurde dieser Antrag gestellt. Er erklärte dabei, es gehe ihm nicht um die Bezüge, sondern nur um die Anerkennung seiner Professorenrechte. Diese Äußerung stand aber im Widerspruch zu einem Brief an seine Anwälte, in dem es unter dem 12. März 1968 hieß: »Ich überlege mir nur, ob ich im Zweifelsfalle nicht auf zukünftige Versorgungszahlungen aus meinem Wiedergutmachungsbescheid verzichten soll, so daß die Evangelische Kirche in Deutschland mein ganzes Ruhegehalt zu tragen hätte. Auf die zurückliegende und möglicherweise noch nicht voll bezahlte Wiedergutmachungsleistung zu verzichten, sehe ich jedoch keinen Anlaß.« Die Frage, ob Gerstenmaier inzwischen Professor geworden wäre, hätten ihm die Nazis die Lehrbefugnis nicht aberkannt, schien nicht eindeutig geklärt. So sagte der Rektor der Bonner Universität, von einer Berufung zum Professor sei keine Rede gewesen, und zum Zeitpunkt seines Antrages sei Gerstenmaier schon lange nicht mehr wissenschaftlich tätig gewesen und habe sich auch nicht mehr auf seinem Fachgebiet ausgewiesen.
Doch Gerstenmaier paukte seinen Antrag durch. Welche Initiativen zu dem auf den 11. März 1965 zu datierenden Einschub in die Gesetzesvorlage führten, der eine Änderung der BWGöD (Gesetz zur Regelung der Wiedergutmachung nationalsozialistischen Unrechts für Angehörige des öffentlichen Dienstes) zugunsten der abgewiesenen Habilitanden bewirkte, ließ sich zum Zeitpunkt seines Rücktrittes nicht mehr ermitteln.
Im Juni 1964 veröffentlichte der Berliner Bundesverwaltungsrichter Eugen Hering einen Aufsatz, in dem er forderte, daß auch diejenigen Wiedergutmachungsgelder erhalten sollten, die sich zwar habilitiert hatten, aber auf Grund der NS-Intervention nicht zur Lehrtätigkeit zugelassen waren.
Im März 1965 begann der Wiedergutmachungsausschuß des Parlaments mit der Ausarbeitung einer Novelle zum Wiedergutmachungsgesetz.
Diese Novelle trat am 9. September 1965 in Kraft.
Bereits am 8. Dezember 1965 wurde Gerstenmaiers Antrag anerkannt, den Titel eines außerordentlichen Professors führen zu dürfen. Danach sei Gerstenmaier so zu behandeln, als wäre er am 1. November 1938 zum Dozenten im Beamtenverhältnis ernannt, am 1. November 1943 zum außerplanmäßigen Professor, am 1. November 1947 zum außerordentlichen Professor und schließlich emeritiert worden.
Gemäß dieser nachträglich konstruierten Biographie erhielt Gerstenmaier am 18. Oktober 1968 eine Nachzahlung von 281107 Mark. Das lebenslange Emeritierungsgehalt beläuft sich auf 2623 Mark monatlich, wozu noch 5500 Mark Pensionsgeld als Bundestagspräsident kommen. Die Nachzahlung mußte Gerstenmaier mit 50000 Mark versteuern. Die Evangelische Kirche verlangte eine Rückzahlung von 30000 Mark, die Gerstenmaier als Oberkonsistorial-Pension bis 1953 bezogen hatte.
Als diese Geldaffäre an die Öffentlichkeit drang, wurde die Kritik an Gerstenmaier immer heftiger, was schließlich zu seinem vorzeitigen Rücktritt als Bundestagspräsident führte.
Der kleinwüchsige Schwabe hatte aber nicht nur dank der »Lex Gerstenmaier« gute Geschäfte gemacht. So brachte er den »Vierherrenwald«, den die Ruhr-Industriellen-Witwe Ulrike Haniel 1949 der Evangeli-

schen Kirche abgetreten hatte, in seinen Besitz. 1959 kaufte er von der Stadt Stuttgart ein 1465 Quadratmeter großes Grundstück im Villenviertel »Am Kräherwald« zum Sonderpreis von 50000 Mark. 1966 bot er das gleiche Grundstück der Stadt Stuttgart wieder zum Kauf an, doch nun wollte er 305000 Mark dafür haben. Die Stadt bot dem hohen Herrn jedoch nur 98000 Mark.
Er sorgte dafür, daß per Gesetz seine Frau wieder den Adelstitel »von« führen konnte, ließ sich bei seinem Auftritt im Bundeshaus mit dem Ruf »Der Präsident« ankündigen, vergaß indes als CDU-Mann nicht, das Volk zu äußerster Sparsamkeit aufzurufen und es solle »Sex, Geld und Zeitvertreib« meiden.
Der Bundesvorstand seiner Partei brachte gerade noch eine notdürftige »Ehrenerklärung« zusammen, ehe dann »Der Präsident« abgeschoben wurde.

Die Affäre Globke

Dr. Hans Globke, 1898 in Aachen geboren, wurde im Oktober 1949 Ministerialdirigent im Bundeskanzleramt, ein Jahr später Ministerialdirektor und Leiter der Hauptabteilung für innere Angelegenheiten im Bundeskanzleramt.
Er sah sich immer wieder Anschuldigungen seitens der Gewerkschaften und der SPD ausgesetzt, die behaupteten, er habe sich an rassefeindlichen Maßnahmen des Dritten Reiches beteiligt. Doch Globke, immer gedeckt von Bundeskanzler Konrad Adenauer, beteuerte ständig, er habe die berüchtigten Rassegesetze nur sachlich interpretiert und keine eigene Meinung dazu geäußert. Außerdem habe er von 1933 bis 1944 zahlreichen Juden Unterstützung und Hilfe zukommen lassen.
1953 ernannte ihn Adenauer zum Staatssekretär im Bundeskanzleramt. Im Frühjahr 1956 begann eine wahre Presselawine über Globke niederzugehen. SPD (Arndt) und FDP (Dehler) betonten immer wieder, daß ein Rasse-Gesetz-Kommentator nicht geeignet sei, eine solche Machtstellung im Staate zu bekleiden.
Ein Jahr später kamen sogar Nachrichten ans Licht der Öffentlichkeit, Globke habe 1938 durch die Brandmarkung der Reisepässe von rassisch Verfolgten mit einem »J« zahlreichen Juden die Flucht ins Ausland unmöglich gemacht. Diese wie alle anderen Anschuldigungen prallten an Bundeskanzler Adenauer spurlos ab. Er hielt seinen Staatssekretär im Amt.
Während des Eichmann-Prozesses 1961 verstärkten sich die Angriffe gegen Globke. Zu den Stimmen der Ankläger gehörte auch die des Ost-Berliner Staranwalts F. K. Kaul. Zu dessen Vorwürfen nahm Globke im Fernsehen Stellung und versuchte sie zu entkräften.
In einem Ermittlungsverfahren der Bonner Staatsanwaltschaft im Mai 1961 wurde der Vorwurf, Globke habe Kontakte zu Eichmann gehabt, als nicht begründet zurückgewiesen.
Um besonders Adenauer zu treffen, inszenierte die DDR vor dem Obersten Gericht in Ost-Berlin einen Schauprozeß gegen Globke, in dem er Mitte Juli 1963 in Abwesenheit zu lebenslangem Zuchthaus verurteilt wurde.
Doch alle derartigen Vorwürfe bezweckten nichts. Eine letzte Klarheit über seine Mitarbeit an den Rassegesetzen konnte bis heute nicht gewonnen werden.
Globke trat zusammen mit Adenauer am 15. Oktober 1963 zurück. Danach tauchte sein Name in verschiedenen NS-Prozessen auf, in denen er als Zeuge auftrat, ohne sich jemals an wichtige Entscheidungen zur Zeit des Dritten Reiches erinnern zu können. Es waren dies: der Euthanasie-Prozeß (1967), der Sobibor-Prozeß (1966), der Freiburger Judenmord-Prozeß (1965), der Treblinka-Prozeß (1965).

Irrenhaus-Skandal in England

Durch Zufall kamen im Mai 1972 drei Fälle von Frauen ans Tageslicht, die uneheliche Kinder geboren hatten und seit 50 Jahren deshalb in britischen Irrenhäusern »untergebracht« waren. Die »National Association for Mental Health« (Nationale Vereinigung für geistige Gesundheit) gab bekannt, daß etwa 30000 Patienten in britischen Krankenhäusern nur aus »sozialen Gründen« gehalten werden, ohne ärztliche Betreuung oder Krankenhauspflege zu benötigen.
Zwei der drei Frauen waren in den zwanziger Jahren, damals waren sie 20 und 23 Jahre alt, nach der Geburt ihrer Kinder als »moralisch defekte Personen« ins Irrenhaus gesteckt worden.
Seitdem lebten die heute 70 Jahre alten Frauen im Irrenhaus. Nach ihrer jetzigen Entdeckung wurden sie mit einer Altersrente versehen und in Altersheimen untergebracht.
Die dritte ebenso alte Frau, gleichfalls wegen einer unehelichen Geburt als »moralisch defekte Person« eingestuft, lebt heute noch in einem »Heim für Geistesschwache«, ohne jemals geistesschwach gewesen zu sein.
Die Presse nahm sofort den Skandal auf und sprach von »wahnsinniger Krankenhauspolitik«.

Javilliey

Die französische Stadt Lyon machte im August und September 1972 durch eine brisante Affäre Schlagzeilen, in die sowohl die Unterwelt wie die Kriminalpolizei verwickelt war.
Am Anfang der Geschichte stand ein Mord, begangen am 11. Dezember 1968 an dem Zuhälter Robert Hehlen in der Bar »Le Fetich's Club« in einem Ort zwischen Lyon und Genf. Mit der Aufklärung des Mordes war einer der fähigsten französischen Kriminalisten, Kommissar Javilliey, und sein Mitarbeiter Georges Meyer beauftragt. Das Barbesitzer-Ehepaar Duclos sah nichts und wußte nichts. Gerüchte wußten aber, daß die Brüder Hubert und Augustin Sorba mit dem Mord etwas zu tun hatten, doch der Kommissar fand nichts Verdächtiges außer der Tatsache, daß beide ebenfalls Zuhälter waren.

Der Tod des Zuhälters Hehlen wurde als »Unglücksfall« ad acta gelegt. In Frankreich sind zwar Bordelle seit 1946 offiziell verboten, trotzdem gibt es in Lyon mehr Bordelle als in jeder anderen französischen Stadt, etwa 200. Lyon gilt als der bedeutendste Mädchenhandelsplatz Frankreichs, und eine wesentliche Rolle an diesem Handel spielte auch der »Fetich's Club«.

Die etwa 20000 Dirnen waren der Polizei ebenso bekannt wie deren Zuhälter, von denen 1971 681 verhaftet und 134 ausgewiesen worden sind.

Lyons Unterwelt wurde nun zur Affäre, als der Ex-Kommissar Georges Meyer ins Milieu übertrat und wegen Kuppelei und Verschleierung eines Verbrechens ins Gefängnis mußte. Dort »sang« er und belastete auch seinen ehemaligen Vorgesetzten, den Kommissar Javilliey, der mit 55 Jahren vorzeitig in den Ruhestand versetzt wurde. Ein neuer Untersuchungsrichter nahm sich noch einmal des Falles Hehlen an und stieß dabei auf sonderbare Dinge: so verbrachte Kommissar Javilliey zwei Jahre lang seinen Sommerurlaub in einer Villa des Ehepaares Dulac, und auf seine Veranlassung hin mußte Meyer Waffen aus dem »Fetich's Club« entfernen, ehe sie bei einer Polizeirazzia beschlagnahmt worden wären.

Das Kombinat zwischen Unter- und Oberwelt bekam dann noch eine politische Note, als herauskam, daß der Abgeordnete Edouard Charret (67) mit den Unterweltlern jahrelang zusammengearbeitet und mit ihnen den Gewinn aus dem Geschäft mit der Prostitution geteilt hatte.

Auch der Chef des Bandendezernates der Lyoner Kripo, eben Javilliey, kollaborierte, indem er die Zuhälter, die ihm Tips aus der Unterwelt verschafften, deckte, wo immer er konnte.

Vermutlich wurde der Mord an dem Zuhälter Hehlen auch deshalb nicht aufgeklärt, weil Charret den Zuhälter Hubert Sorba in Schutz nahm, der immerhin als ein möglicher Tatverdächtiger galt.

Javilliey wurde (ähnlich sein Kollege in der Affäre Tonnot) verhaftet, beide wegen des Verdachtes, von den Wirten der Dirnenlokale ausgehalten worden zu sein.

Kennedy, Edward

Noch immer ungeklärt ist, wie an jenem 18. Juli 1969 die Sekretärin des ermordeten Robert Kennedy ums Leben kam. Die Vermutungen lauteten auf Mord, fahrlässige Tötung oder Unfall. Nicht weit entfernt vom Stammsitz des Kennedy-Clans, auf der Insel Chappaquiddick, feierten Edward (»Ted«) Kennedy, die Sekretärin Mary Jo Kopechne und andere eine Party. Auf dem nächtlichen Heimweg kam Kennedys Wagen von der Hauptstraße, die zur Fähre hinführte, ab. In einem Winkel von 90 Grad bog Kennedy auf einen schmalen, holprigen Feldweg ein – als Unfallzeit wurde 23.15 Uhr angegeben –, der Wagen stürzte von einer schmalen Brücke ins Wasser und ging unter. Die Sekretärin ertrank dabei. Als Grund, warum er erst acht Stunden später die Polizei von dem Unfall informierte, gab Kennedy einen Schock an. Aber auch seine Freunde, die Rechtsanwälte Markham und Gargan, taten nichts, um die im Wagen eingeschlossene Sekretärin zu retten, obgleich Hilfe möglich gewesen wäre. Die Presse nahm als Schlußfolgerung an, die beiden hätten »Ted« aus der Klemme befreien und sein Alibi stützen wollen. Auf dem Weg zwischen dem Party-Haus und der Unfallstelle lagen vier Häuser, alle mit Telefonanschluß, und etwa 160 Meter vom Party-Haus weg befand sich die Feuerwehr von Chappaquiddick, die Tag und Nacht einen Bereitschaftsdienst unterhält. Binnen drei Minuten wäre von hier Hilfe möglich gewesen.

Doch nach acht Stunden war eine Rettung freilich nicht mehr möglich. Ehe die Ermittlungen angestellt werden konnten, waren die übrigen Partygäste verschwunden.

Die Polizeibeamten von Edgartown konnten unter diesen Umständen nicht sofort alle Implikationen des Unfalls erkennen. Sie waren der Meinung, von Kennedy überfahren worden zu sein. »Wir verhielten uns korrekt und anständig, sie aber haben uns hineingelegt«, sagte einer der Beamten. »Sie waren alle verschwunden, bevor wir überhaupt wußten, was geschehen war.«

Was genau geschehen war, weiß man bis heute noch nicht. Fest steht nur, daß gegen Kennedy kein Ermittlungsverfahren eingeleitet wurde, obgleich dies von mehreren Seiten verlangt worden war.

Die Lusitania-Affäre

Am Freitag, 7. Mai 1915, wurde das britische Passagierschiff »Lusitania« mit fast 1200 Menschen an Bord von New York nach Liverpool auf die Reise geschickt. Vor der Südküste Irlands wurde es ohne Vorwarnung von einem deutschen U-Boot torpediert und sank innerhalb von 18 Minuten. 1198 Passagiere wurden dabei getötet.

Die Versenkung des Schiffes war damals von der britischen und amerikanischen Regierung als »unprovozierter Kriegsakt« gegen ein »harmloses« Schiff hingestellt worden. Diese Versenkung war nicht zuletzt ausschlaggebend für den späteren Kriegseintritt der USA gegen Deutschland im Jahre 1917.

1972 wurde von einem britischen Journalisten die anglo-amerikanische Unschuldsversion als Lüge hingestellt. Danach war die »Lusitania« gar nicht so sehr zu Unrecht versenkt worden. Denn schon eineinhalb Jahre vor Ausbruch des Ersten Weltkrieges hatte die britische Admiralität damit begonnen, Passagierschiffe zu Hilfskreuzern umzubauen und zu bewaffnen. Bereits 1913 gab es für den Ersten Lord der Admiralität, Winston Churchill, keinen Zweifel daran, daß der Krieg im September 1914 losbrechen würde. So wurde schon im Mai 1913 der Rumpf der »Lusitania« mit Panzerplatten verstärkt und für den Transport von Granaten und Geschützen eingerichtet. Als dann das »Passagierschiff« am 1. Mai 1915 von New York nach Liverpool auslief, war es mit zehneinhalb Tonnen Geschütz- und Gewehrmunition beladen. Von diesem Transport des Kriegsmaterials in der »Lusitania« wußte die deutsche Regierung. Die britische Admiralität soll nun, nach neuesten Entdeckungen des Journalisten Simpson, wissentlich die »Lusitania« vor die Rohre deutscher U-Boote habe laufen lassen. Denn es war klar, daß die Deutschen das Schiff angreifen würden. Die britische Regierung habe somit vollverantwortlich den Untergang des Schiffes einkalkuliert, die Passagiere waren Amerikaner, um damit später die USA zum Kriegseintritt gegen Deutschland zu zwingen.

Mattei, Enrico

Mattei (geb. 29. April 1906 in Acqualagna, gest. 27. Oktober 1962 bei Flugzeugabsturz) war im Zweiten Weltkrieg italienischer Untergrundkämpfer, wurde zweimal verhaftet und eingekerkert und konnte zweimal fliehen. Er war der einzige nichtkommunistische Partisanengeneral der »Division Gottes«, die eine Stärke von 82000 Mann hatte.

Nach dem Sturz Mussolinis wurde er damit beauftragt, die äußerst unrentable staatliche Erdölgesellschaft AGR zu liquidieren. Er benutzte diesen Auftrag jedoch dazu, auf eigene Faust Bohrungen in der Po-Ebene durchführen zu lassen. Dabei fand er statt Öl Erdgas. Dieses Erdgas verkaufte er statt Benzin und Brennstoff für den Hausbedarf.

Seit 1949 entstanden riesige Rohrleitungen zu Zentren der italienischen Industrie. Ganze Städte stellten sich auf Methangas um. Mattei war zuerst Leiter der AGR, dann, 1953, wurde er zum Präsidenten der ENI, der beherrschenden Öl- und Kraftstoffgesellschaft Italiens, berufen. Er schloß lukrative Ölverträge mit dem Ausland, darunter auch mit Moskau.

1961 wurde er von Algerienfranzosen beschuldigt, sich mit der algerischen Exilregierung in Verbindung gesetzt und die Forderungen Tunesiens auf Sahara-Gebiete unterstützt zu haben. Todesdrohungen wurden ihm übermittelt.

Im eigenen Land häuften sich die Kritiken an seinen nicht immer ganz reinen geschäftlichen Methoden. Da kam er plötzlich am 27. Oktober 1962 beim Absturz seiner Privatmaschine östlich von Mailand ums Leben.

Als Absturzursache wurde Sabotage angenommen. Als Urheber derselben wurden genannt: die Mafia, die CIA, die OAS oder Konkurrenten.

Im Mai 1972 drehte Francesco Rosi einen Film über ihn mit dem Titel: »Il Caso Mattei.«

Maudling, Reginald

Am 18. Juli 1972 trat der britische Innenminister Reginald Maudling von seinem Posten zurück. Mit ihm wurde auch der schottische Landwirtschaftsminister W. D. Potter vom Dienst suspendiert. Beide gehörten vorübergehend einer in Konkurs geratenen Firma an. Diese Firma, das Architekturbüro Poulsen, hatte Gelder an Politiker der Konservativen Partei und der Labour-Partei (Maudling war gleichzeitig als Innenminister auch stellvertretender Führer der Konservativen Partei) bezahlt. Maudling war von 1966 bis 1969 mit Poulson geschäftlich als Verwaltungsvorsitzender von zwei Poulsen-Gesellschaften assoziiert. Innenminister wurde er erst im Juni 1970. Als solcher wurde er auch verantwortlich für das Polizeiwesen Großbritanniens. Er reichte seinen Rücktritt ein, als ein polizeiliches Ermittlungsverfahren gegen Poulson nicht mehr abgewendet werden konnte.

Der heute (1972) 62 Jahre alte Poulson unterhielt Europas größtes Architekturbüro mit 750 Angestellten im In- und Ausland. Das Unternehmen hatte 1966/67 einen Reingewinn von 112570 Pfund. Nun ging das Unternehmen mit 274000 Pfund Schulden in Konkurs.

Ein Konkursgericht bemühte sich im Oktober und November 1972 darum, den Verbleib der Gelder aufzuklären. Dabei wurde bekannt, daß Poulson immense Summen an Barzahlungen, Anleihen und Geldgeschenken an Personen des öffentlichen Lebens gezahlt hatte, die ihm dafür Aufträge zuwiesen, Kontakte herstellten oder auch als Berater tätig waren. Über diese Zahlungen hatte Poulsen niemals Buch geführt. So hatte der Staatssekretär Pottinger in einem Jahr 8000 Pfund erhalten, das er für seinen Hausbau benutzte.

Auch der Name Maudlings war mit in die Affäre verwickelt: Poulson hatte Maudlings Ehefrau für die Gründung eines Theaters von 1966 bis 1969 jährlich 8000 Pfund übergeben, auch noch zu einer Zeit, als die Theatergesellschaft bereits in Liquidation gegangen war. Mit diesen Zahlungen hatte Poulson Maudling zur Übernahme des Vorsitzes einer Poulson-Tochtergesellschaft bewegen wollen.

Der Rücktritt Maudlings war ein schwerer Schlag für die Regierung Heath. Maudling gehörte zu den populärsten Mitgliedern des Kabinetts. Seine persönliche Integrität wurde von niemandem angezweifelt, doch war die Art und Weise, wie er ins Gerede kam, für seine politische Karriere in England fast tödlich. So waren politische Beobachter nicht der Meinung, daß Maudling nach der möglicherweise Monate dauernden Zwangspause ein Comeback gelingen werde.

Neben dem Poulsen-Konkurs geriet Maudlings Name auch noch in Zusammenhang mit einem zweiten geschäftlichen Zusammenbruch, dem der von dem Amerikaner Jerome Hoffman geleiteten Investment-Gesellschaft. Maudling, der damals als Abgeordneter der Konservativen Opposition dem Unterhaus angehörte, hatte kurzfristig den Präsidentenposten in der Investmentgesellschaft inne. Vor kurzem wurde bekannt, daß Hoffman in New York wegen Betrugs eine Gefängnisstrafe verbüßt. Auch in diesen Fall wurde die Polizei eingeschaltet.

Montesi, Wilma

Am 11. April 1953 wurde am Strand von Tor Vajanica, südlich des römischen Hafens Ostia, die Leiche der Römerin Wilma Montesi (damals 21 Jahre alt) gefunden. Offenbar war sie ertrunken. Doch ihr Tod

wurde bald in Zusammenhang mit Rauschgiftorgien gebracht, an denen hochgestellte italienische Politiker oder deren Angehörige teilgenommen hatten.
Die italienische Kriminalpolizei konnte feststellen, daß die zunächst verdächtigte Hauptperson weder Täter noch Opfer war.
Ins Gespräch kam der falsche »Marchese Ugo Montagna di San Bartolomeo«, ein Geschäftemacher und Grundstücksmakler, der im Dienst der Faschisten und Antifaschisten stand, bei Deutschen und Amerikanern gern gesehen war, der auf dem Schwarzmarkt neben Lebensmitteln, Autos, Spirituosen auch Mädchen beschaffte. In allen Ministerien konnte er ungehindert ein und aus gehen.
Hauptbeschuldigter am Mord an der Montesi war der Sohn des stellvertretenden Ministerpräsidenten und späteren Außenministers von Italien, Piero Piccioni, ein Freund des Marchese. Der Marchese ließ zunächst alle seine Einflüsse spielen, um die Angelegenheit zu vertuschen, nicht zuletzt mit Hilfe hoher italienischer Polizeifunktionäre.
Als einer der ersten hegte der Journalist Muto Zweifel an der sog. »Fußbadthese«, die besagte, Wilma Montesi sei ertrunken, als sie im Fluß badete, um ein Fußekzem auszukurieren.
Licht in die Affäre kam, als eine verflossene Geliebte des Marchese, Anna Maria Caglio, Piero Piccioni sowie den Polizeipräsidenten Pavone und den Polizeipräfekten Polito beschuldigte, mit dem Tod der schönen Römerin etwas zu tun zu haben.
Daraufhin wurde Wilmas Leiche exhuminiert und neu untersucht. Die Fußbadethese ließ sich nicht mehr aufrechterhalten.
Inzwischen stapelten sich 85 Aktenbündel beim Untersuchungsrichter. Der Versuch, den Tod von einem politischen Skandal zu einem »harmlosen« Kriminalfall abzubauen, schlug fehl.
Am 15. März 1955 begann der Prozeß mit einer Anklage gegen Piccioni, am 20. Juli 1955 wurden auch der Marchese, Pavone und Polito angeklagt, dazu elf weitere Personen.
Der Prozeß zog sich hin und endete schließlich am 28. Mai 1957 mit Freisprüchen. In diesem größten Skandalprozeß in Italien nach dem Krieg konnte kein Schuldspruch gefällt werden. Sicher war man sich nur darin, daß Wilma Montesi nicht auf natürliche Art (etwa Selbstmord) ums Leben gekommen war.

Oppenheimer, J. Robert

Nachdem 1939 dem deutschen Nobelpreisträger Otto Hahn die Atomzertrümmerung gelungen war, übernahm der 1904 in New York geborene J. Robert Oppenheimer die wissenschaftliche Führung der amerikanischen Atomforschung. Im Frühjahr 1942 begann er mit dem sogenannten »Manhattan-Projekt«, der Errichtung eines großen Laboratoriums in Los Alamos. Zusammen mit Niels Bohr und Enrico Fermi stellte er die Atombombe für den ersten Versuch am 16. Juli 1945 fertig. Der Atombombenabwurf auf Hiroshima am 6. August 1945 beendete den Zweiten Weltkrieg. Oppenheimer hatte im Gegensatz zu seinen Mitarbeitern nicht gegen den Abwurf der Bombe protestiert.
In den darauffolgenden Jahren wurde Oppenheimer zur Hauptfigur eines Macht- und Gewissenskampfes, der sich in Washington um den Bau der Wasserstoffbombe entzündet hatte. Der Bau dieser in der Wirkung noch verheerenderen Bombe, als es die Atombombe schon war, wurde vor allem von Edward Teller und Admiral Lewis E. Strauß vorangetrieben.
Oppenheimer hatte sich nun unter dem Eindruck der vernichtenden Wirkung der Atombombe in Hiroshima und Nagasaki dem Bau der Wasserstoffbombe widersetzt. Sie wurde seit 1950 von Teller allein entwickelt und ein Jahr später auch fertiggestellt.
Seit 1949 stand Oppenheimer im Kreuzfeuer der öffentlichen Kritik, und das gegen ihn eingeleitete Inquisitionsverfahren endete im Juni 1954 mit dem Entzug seiner »Clearance«, d.h. der Erlaubnis, an geheimen Projekten mitarbeiten zu dürfen. Denn durch seine Kontakte mit dem französischen Kommunisten und Atomphysiker Chevalier hatte er die Sicherheitsvorschriften mißachtet und »Charakterschwäche« bewiesen.
Später wurde Oppenheimer das Opfer der McCarthy-Hetze: es wurde ihm zwar eine »loyale, aber unrealistische Einstellung« vorgeworfen. Eisenhower bestätigte diesen Entscheid des McCarty-Urteils, das in internationalen Forscherkreisen heftigste Proteste hervorrief. Erst nachdem die McCarthy-Hysterie abgeklungen war, wurde auch Oppenheimer rehabilitiert. 1963 erhielt er den Enrico-Fermi-Preis (50000 Dollar) für seine Verdienste um die Entwicklung des Atomenergie-Programms. Er starb am 18. Februar 1967 in Princeton.

Der Profumo-Keeler-Skandal

Baron Dennis Profumo, am 30. Januar 1915 geboren, wurde 1960 Heeresminister im Kabinett Macmillans, nachdem er zuvor 1950 ins britische Unterhaus gewählt und 1957 parlamentarischer Staatssekretär im Kolonialamt geworden war.
Am 5. Juni 1963 mußte er zurücktreten und seinen Sitz im Unterhaus aufgeben. Grund: er hatte am 22. März 1963 das Parlament belogen, als er erklärte, keinerlei unschickliche Beziehungen zu dem 21jährigen Mannequin Christine Keeler gehabt zu haben. Der Skandal seiner doch nicht ganz »schicklichen« Beziehungen zu der Lebedame weitete sich aus, als herauskam, daß Profumo darüber hinaus auch Beziehungen zu einem Sowjetdiplomaten, dem Militärattaché Iwanow, unterhielt. Iwanow soll die Keeler gebeten haben, von Profumo herauszufragen, wann die Bundesrepublik Deutschland Kernwaffenköpfe erhalten würde.
In die Affäre wurde auch der Modearzt, Kuppler und Zuhälter Dr. Stephan Ward, ein Freund der Keeler,

einbezogen. Er nahm sich das Leben. Der Prozeß gegen ihn warf mehr als peinliche Lichter auf Englands High Society.
Am 20. Februar 1970 wurde Profumo offiziell wieder rehabilitiert, als ihn die Königin Elizabeth II., anläßlich der Eröffnung des Attlee-Heimes in London, mit Handschlag begrüßte. Profumo hatte selbst zu seiner Rehabilitierung beigetragen, indem er als Sozialhelfer in Londoner Slums wirkte.

Die Pueblo-Affäre

Das amerikanische Nachrichtenschiff »Pueblo« drang am 23. Januar 1968 in nordkoreanische Hoheitsgewässer ein und wurde von einem nordkoreanischen Torpedoboot aufgebracht. Es kam zu einem Feuergefecht, während dessen das geheime Material, das das Schiff mit sich führte, vernichtet wurde. Anschließend ergab sich die Pueblo-Besatzung.
Der Hauptvorwurf an diesem Zwischenfall richtete sich gegen den Kommandanten der Pueblo, Lloyd Bucher, er sei ein unberechenbarer, launiger Offizier gewesen, der sich lieber um seine Trinkgelage statt um seine Pflichten als Kommandant des Nachrichtenschiffes gekümmert habe. Er sei schuld, daß überhaupt die Pueblo hatte aufgebracht werden können.
Während der Gefangenschaft in Nordkorea soll er seine Offiziere und Besatzungsmitglieder bearbeitet haben, daß eine einzige Fassung über den Pueblo-Bericht entstand: Mit Drohung, Erpressung und Charme gelang es ihm, seine Version, daß das Schiff bereits innerhalb der nordkoreanischen Zone sich befand, durchzusetzen.
Die Pueblo hatte Spionage-Aufträge zu erfüllen. Leutnant Stephen Harris und 28 Mann arbeiteten in der Geheimabteilung des Schiffes, zu der sonst niemand Zutritt hatte. Die Pueblo stand also unter militärischem und geheimdienstlichem Doppelkommando.
Mit seiner Version konnte Bucher die Anschuldigung entschärfen, er habe ohne Gegenwehr sein Schiff an die Nordkoreaner ausgeliefert. Amerikanische Flugzeuge hätten die Pueblo nämlich nur dann freibomben können, wenn sie noch außerhalb der nordkoreanischen Hoheitsgewässer gewesen wäre. Dies hätte aber erst die politische Entscheidung des Weißen Hauses vorausgesetzt.
Die Pueblo-Affäre entwickelte sich zu einem brisanten Fall, als Bucher vom Angeklagten zum Ankläger wurde.
Nach seiner Entlassung aus nordkoreanischer Haft stand er in Amerika vor Gericht. Er warf nun der Marineführung vor, daß das Schiff für seine Geheimaufträge viel zu schlecht ausgerüstet war und der Begleitung nur ein unzureichender Schutz durch andere Boote gewährt wurde. Lebensnotwendige technische Einrichtungen wie die Telefonverbindung seien fehlerhaft gewesen, das Schiffsruder habe nicht genau funktioniert und manches andere.
Bucher sagte auch vor dem Untersuchungsausschuß der amerikanischen Marine aus, die Pueblo-Besatzung sei zum Geständnis, in geheimer Spionagemission unterwegs gewesen zu sein, erpreßt worden, andernfalls der Besatzung die Erschießung gedroht hätte.
Vor allem sein ehemaliger Freund, Korvettenkapitän Hemphill, warf Bucher vor dem Untersuchungsausschuß der US-Navy im Mai 1969 vor, offensichtlich gegen ein ungeschriebenes Gesetz der US-Spionage verstoßen zu haben, wonach es seine Pflicht gewesen wäre, sich und die 83 Mann Besatzung samt dem Schiff in die Luft zu sprengen. Denn durch die Kaperung der Pueblo fielen den Nordkoreanern fast mehr Geheimdienstspezialisten in die Hände als im gesamten Pentagon sitzen. Elf Monate war die Besatzung in koreanischer Gefangenschaft und wurde erst nach dem »Spionage-Eingeständnis der US« freigelassen.
Das Kriegsgerichtsverfahren endete mit einem Freispruch Buchers. Als Chefstabsoffizier wurde er auf die kleine Insel Guam versetzt, welche Versetzung eher einer Verbannung gleichkam. Seitdem ist er nicht mehr befördert worden. Seine volle Rehabilitation steht noch aus.

Die »Quick-Affäre«

So spektakulär die »Quick-Affäre« begann, so still verlief sie (fast) im Sande. Was geschah? Am 9. August 1972 begann die gemeinsame Aktion von Staatsanwaltschaft, Steuerfahndung und Kriminalpolizei gegen die »Quick«-Redaktionsräume in München, im Bonner »Quick«-Büro und in der Geschäftsstelle des Bauer-Verlages in Hamburg. Nach zwei Tagen war der Spuk vorbei.
Die Bonner Staatsanwaltschaft als federführende Strafverfolgungsbehörde ging gegen »Quick« vor wegen des Verdachts des Verwahrungsbruches, der Beseitigung amtlicher Akten und wegen Steuervergehens.
Ausgelöst wurde die Durchsuchungsaktion von der Steuerfahndung gegen den Bonner »Quick«-Redakteur Limbach, dem vorgeworfen wurde, seit Jahren keine Steuererklärung abgegeben zu haben. Das eigentliche Motiv der Aktion war aber die Veröffentlichung des Rücktrittsschreibens des Wirtschafts- und Finanzministers Karl Schiller und bis dahin geheimer Papier des Staatssekretärs Egon Bahr über den Moskauer Vertrag (= Verwahrungsbruch). Die Illustrierte und der Verlag galten als nicht besonders gewogen gegenüber der sozial-liberalen Regierungskoalition unter Bundeskanzler Willy Brandt. Die Justizaktion sollte offenbar herausfinden, wer die Dokumente an die Illustrierte weitergegeben hatte.
Nun wurden tatsächlich in der Honorarabteilung des Bauer-Verlages Briefumschläge sichergestellt, die den Vermerk trugen: »Schmiergelder, Informant kann aus Sicherheitsgründen nicht genannt werden.«
Verdächtigt wurde eine Sekretärin des Bundesministeriums für Gesamtdeutsche Fragen, von Limbach 2000 Mark »Schmiergeld« erhalten zu haben.
Wer jedoch der eigentliche Drahtzieher dieser Aktion war, kam nie heraus. Es fielen die Namen des Mini-

sters im Kanzleramt, Horst Ehmke, des parlamentarischen Staatssekretärs im Auswärtigen Amt, Karl Moersch, schließlich gab der Kölner Generalstaatsanwalt Drügh bekannt, er habe persönlich die Aktion veranlaßt, ohne vorher politische Instanzen in Düsseldorf oder Bonn unterrichtet zu haben.
»Quick« konterte gegen die Aktion, sie würde gegen die Pressefreiheit zielen, der Verlegerverbandspräsident Strothe richtete einen offenen Brief an Bundeskanzler Brandt, den er beschuldigte, das Zeugnisverweigerungsrecht für Journalisten und damit die Pressefreiheit einschränken zu wollen.
Unterdessen erklärte die Bundesregierung, weder »direkt noch indirekt irgend etwas mit den Maßnahmen der Staatsanwaltschaft gegen ›Quick‹ zu tun zu haben«. Brandt erwiderte sogar, er habe Zweifel, ob das Ergebnis der Ermittlungen im richtigen Verhältnis zu dem Aufwand stehe. Die Illustrierte drohte mit einer Klage beim Bundesverfassungsgericht, der Redaktionsleiter der »Quick«, van Nouhuys, äußerte abermals in einem offenen Brief vom 14. August an Brandt Zweifel an dessen Erklärung.
Es war immer noch kein Schuldiger gefunden, da kam der Verdacht auf, zwei Bonner Journalisten seien als Agenten fremder Mächte tätig, doch auch dieser Verdacht ergab sich nur als Ente. Dann wiederum war der Bundesnachrichtendienst (BND) verdächtigt worden, »Inlandsspionage« getrieben zu haben, wozu er gar nicht berechtigt ist (der BND darf im Inland nicht nachrichtendienstlich tätig werden), und so verlief auch dieses Verdachtsmoment im Leeren. Und auch für das Problem »Schmiergelder« gab es plötzlich eine Lösung, als bekannt wurde, daß Limbach zwei Verträge hatte, einen als Leiter des Bonner »Quick«-Büros und einen als Repräsentant für Sonderaufgaben des Bauer-Verlages. Im Rahmen dieses zweiten Vertrages hatte er im Einvernehmen mit dem Bauer-Verlag sogar die Berechtigung, Gelder für die Nachrichtenbeschaffung zu bezahlen, und dies bis zu einer Höhe von 3000 Mark. So klärte sich denn auch die Geschichte mit den »Schmiergeldern« für die Sekretärin Christel Schliwka, die nach ihrer östlichen Agententätigkeit sich freiwillig den Behörden gestellt hatte. Nachdem dies geschehen war, schloß »Quick« mit der Sekretärin einen Vertrag ab, um exklusiv über ihren Fall berichten zu können, was tatsächlich auch unter dem Titel: »Aus Liebe wurde ich Spionin« publiziert worden ist. Als sie die vermeintlichen »Schmiergelder«, die in Wahrheit ihr Autoren-Honorar waren, bekam, war sie schon nicht mehr als Sekretärin tätig.
Auch der Vorwurf der »Beseitigung amtlicher Akten« verpuffte, als diese Akten auf dem Verhandlungstisch gefunden wurden, wo sie ein Staatsanwalt versehentlich hatte liegen lassen. Viele Anschuldigungen, viele Verdächtigungen, aber am Ende so gut wie keine Beweise.
Fest steht nur, daß in den durchsuchten Verlags- und Quick-Räumen eine große Zahl Buchungsunterlagen, Korrespondenzen und Informationen beschlagnahmt worden sind, die nun sorgfältig überprüft werden.

General Wladyslaw Sikorski

Sikorski, Kriegskamerad von Marschall Pilsudski, wurde 1922 zum Premierminister Polens ernannt, nachdem er zwei Jahre zuvor die nach Westen vorrückende Rote Armee unter General Tuchatschewski und die Reiterarmeen unter General Budjennyi aufgehalten und besiegt hatte. Als 1926 Pilsudski in Polen an die Macht kam und sich zum Diktator aufschwang, legte Sikorski seinen Staatsdienst nieder und wurde zum erbitterten Gegner Pilsudskis. Die Feindschaft zwischen den beiden früheren Freunden währte bis zu Pilsudskis Tod im Jahre 1936.
Sikorski wollte sich 1939, als Hitler in Polen einmarschiert war, der deutschen Wehrmacht als Berater zur Verfügung stellen, doch erhielt er von deutscher Seite nie eine Antwort auf sein Angebot. Daraufhin verließ er Polen und kam zwei Tage vor der Kapitulation Warschaus in Paris an.
Schon acht Tage danach wurde er zum Premierminister der polnischen Exilregierung in Paris ernannt und gleichzeitig zum Oberbefehlshaber einer neu zusammengestellten polnischen Armee.
Nach der Niederlage Frankreichs durch die Deutschen verließ Sikorski mit etwa 30000 polnischen Soldaten Frankreich und entkam nach England. Dort wurde die Exilregierung unter seiner Führung erneut aufgebaut. Die polnischen Exiltruppen kämpften auf der Seite der Alliierten und trugen entscheidend zum Sieg der Briten in der erbitterten Schlacht um England im Herbst 1940 bei.
Die Führung der polnischen Exilregierung wurde nach den Siegen der polnischen Exilarmee immer mehr anerkannt, und schließlich war Sikorski ein naher Vertrauter Churchills geworden. Die in Schottland stationierten polnischen Truppen (sie sollten die erwartete deutsche Invasion abwehren) wurden mit Geheimaufträgen betraut und für die S.O.E. (Special Operations Exekutive) ausgebildet.
Die S.O.E. war die britische Zentrale zur Koordinierung des Widerstandes im besetzten Europa, eine Art Untergrundorganisation, die auch Exilpolen schulte und nach Polen zurücksandte, um dort den Widerstand gegen die deutsche Besatzung zu übernehmen. Die meisten dieser Soldaten bildeten die »Heimatarmee«, ihr Oberbefehlshaber war Sikorski. Diese »Heimatarmee«, sehr erfolgreich und schwer geschlagen, war einer der wichtigsten Bestandteile der S.O.E.
Mit dem Einfluß Sikorskis wuchs aber auch die Feindschaft ehemaliger Pilsudski-Anhänger. Vor allem Offiziere konnten es Sikorski nicht verzeihen, daß er sie zur Verantwortung zog, weil sie 1939 die polnische Armee verlassen hatten.
Als am 22. Juni 1941 Hitler die Sowjetunion angriff, wurde Sikorski zum Verbündeten Stalins. Auf Veranlassung Churchills unterzeichnete er den »Sikorski-Stalin-Pakt«, durch den mehrere Hunderttausend Polen gerettet wurden, die nach Sibirien gebracht worden waren.
Im Dezember 1941 besuchte Sikorski Stalin in Moskau und unterzeichnete ein Abkommen über den gemeinsamen russisch-polnischen Kampf gegen die Deutschen.

Im März 1942 sah es so aus, als würden Churchill, Roosevelt und Stalin auf Kosten der polnischen Grenzen zu einer geheimen Übereinkunft kommen.
Um dies zu verhindern, flog Sikorski in die USA. Während dieses Fluges passierte ein erster, merkwürdiger Anschlag, der Sikorski beinahe das Leben gekostet hätte. Auf dem Flug über dem Atlantik wurde unter einem Schlafsack eine hochexplosive Brandbombe entdeckt. Sie konnte gerade noch rechtzeitig entschärft werden, der Zeitzünder war auf kurze Zeit später eingestellt. Sikorski flog mit einer Maschine, die ihm Churchill zur Verfügung gestellt hatte.
Nach der Landung in USA wurde der polnische Offizier verhört, der als erster die Bombe gefunden hatte. Er gab schließlich zu, selbst die Bombe gelegt zu haben, um die Öffentlichkeit auf ein mögliches Attentat auf General Sikorski aufmerksam zu machen. Der Offizier wurde kurze Zeit später von einem LKW in Edinburgh überfahren und kam zu Tode. Die näheren Umstände seines »Unfalls« sind bis heute ungeklärt.
Nachdem Sikorski wieder nach England zurückgekehrt war, verfaßte er mehrere Schreiben an Politiker Englands und Amerikas, in denen er seine Sorge um die polnischen Ostgrenzen zum Ausdruck brachte. Er wußte nicht, daß Hitler im Jahre 1939 Stalin bereits die Annexion Ostpolens zugesichert hatte.
Im November 1942 reiste er abermals nach Amerika, um erneut über den Fortbestand Ostpolens mit den Alliierten zu verhandeln. Auch bei diesem Flug stand sein Leben auf dem Spiel. Die Maschine war ihm wiederum von der R.A.F. (Royal Air Force) zur Verfügung gestellt worden. Beim Start in Montreal, die Maschine hatte schon eine Höhe von 30 Metern erreicht, setzten plötzlich die beiden Motoren aus, und die Maschine mußte notlanden. Alle Passagiere kamen mit dem Leben davon, jedoch wurde der Absturz streng geheimgehalten. Um den General zu beruhigen, wurde später die Behauptung aufgestellt, der Unfall der Maschine beruhe auf einem Sabotageakt der Deutschen. In Wahrheit ist aber auch diese Panne bis heute ungeklärt geblieben.
Sikorski wurde von Präsident Roosevelt empfangen und erhielt von ihm das schriftliche Zugeständnis, wonach sich die USA Polen gegenüber politisch verpflichtet fühlen. Vermutlich hatte dieses Zugeständnis sehr viele in Amerika lebende Exilpolen veranlaßt, bei den bevorstehenden Präsidentschaftswahlen in Amerika für die Regierung zu stimmen.
Dieses Dokument verstaute Sikorski zusammen mit den Zusagen Churchills in einer schwarzen Ledertasche, die später noch eine Rolle spielen sollte, und die der General immer bei sich trug.
Am 15. April 1943 wurde über Radio Berlin die Meldung verbreitet, wonach im Wald von Katyn mehrere Massengräber polnischer Offiziere gefunden worden sind. Sikorski suchte bei Churchill um Aufklärung dieses Massakers nach, doch Churchill wollte nicht in diese Affäre verwickelt werden und unternahm nichts. Um so mehr nutzte Goebbels die Chance, den Massenmord an den Polen den Alliierten in die Schuhe zu schieben. Stalin bezichtigte in seinem Staatsorgan »Prawda« General Sikorski der Bündnisschaft mit Hitler und brach unter diesem Vorwand seine politischen Beziehungen zur polnischen Exilregierung ab.
In London häuften sich die Meldungen, daß die »Heimatarmee« unter General Wladyslaw Anders Sikorski den Gehorsam verweigere. Sikorski betrachtete es als notwendig, sofort von London in den Osten zu fliegen, um mit Anders zu verhandeln und näheres über die Feindschaft der polnischen Truppen ihm gegenüber zu erfahren.
Der britische Außenminister Anthony Eden unterrichtete den sowjetischen Botschafter Majski über Sikorskis geplante Reise und teilte gleichzeitig mit, daß es bald zu einer Änderung in der Führung der polnischen Exilregierung kommen würde, um damit einem Wunsch Stalins Churchill gegenüber zu entsprechen.
Trotz mehrmaliger Warnung vor dem Flug begab sich Sikorski in Begleitung seiner Tochter, seinem Adjutanten, einem Verbindungsoffizier zwischen der exilpolnischen und der britischen Regierung, und einigen weiteren Offizieren am 25. Mai 1943 zu der Maschine, die ihm Außenminister Eden zur Verfügung gestellt hatte. Pilot war der tschechische Fliegerleutnant Edward Max Prchal, einer der fünf besten Bomberpiloten der Alliierten. In Gibraltar machte die Maschine Zwischenstation und flog am nächsten Morgen nach Kairo weiter. Von Kairo aus unternahm Sikorski mehrere Truppeninspektionen, reiste durch den Iran, Irak und durch Palästina. Als er am 28. Juni nach Kairo zurückgekehrt war, erhielt er ein Telegramm Churchills, das ihn nach London zurückzitierte.
Sikorski wünschte wieder mit dem Piloten Prchal zu fliegen. In seinem Gepäck befand sich ein silbernes Zigarettenetui mit seiner Widmung, das er Prchal zum Dank für sein fliegerisches Können schenken wollte. Kurz vor dem Start nach London am 3. Juli 1943 wurde Sikorski gebeten, drei weitere Personen mitzunehmen, die dringend in London erwartet würden. Es waren zwei Agenten des Geheimdienstes und ein Brigadier der Military Police.
Der Start von Kairo ging gut vonstatten. In Gibraltar wollte der übermüdete General Sikorski übernachten. Es war jedoch schwierig, ihm in Gibraltar eine geeignete Unterkunft zu beschaffen, weil genau in derselben Nacht der sowjetische Botschafter in London, Majski, der auf dem Weg nach Moskau war, ebenfalls in Gibraltar übernachten wollte. Das Massaker von Katyn, das zu Spannungen zwischen Polen und Rußland geführt hatte, ließ es nicht zu, daß Sikorski und Majski im selben Hotel untergebracht werden. Um ein Zusammenstoßen der beiden Herren zu verhindern, wurde ein Trick ausgedacht. Majski solle erst am frühen Morgen in Gibraltar ankommen, sich ausruhen und frühstücken und noch am gleichen Tag nach Moskau weiterfliegen. Während dieser Zeit würde Sikorski seine Hotelsuite nicht verlassen. Der Trick klappte.
Unterdessen wurde Sikorskis Maschine untersucht und überprüft, um am nächsten Morgen nach London weiterfliegen zu können. Obgleich nun ein paar Stunden vor Sikorskis Abflug eine andere Maschine nach

London startete, wünschten die beiden vermeintlich dringend in London erwarteten Geheimagenten und der Brigadier der Military Police, mit Sikorskis Maschine später zu fliegen.
Die Maschine startete – Prchal war wie gewünscht der Pilot –, bekam Höhe von etwa 200 Metern, und plötzlich sackte die Maschine ab, verlor ihre Höhe und schlug auf dem Wasser auf. Die Motoren liefen noch eine Weile, während die Maschine auf dem Bauch im Wasser schwamm. Einziger Augenzeuge dieses Absturzes war ein Funker der S.O.E., der mit seinem Funkgerät im Felsen von Gibraltar postiert war und alles mit ansehen konnte.
Erst in der achten Minute nach dem Aufsetzen auf dem Wasser begann die Maschine zu sinken. Zuvor hatte der Funker, trotz ziemlicher Finsternis, sehen können, daß ein Mann aus dem Flugzeug herauskam und auf der Tragfläche zu deren Spitze hin sich bewegte. Der Mann lief fast aufrecht und sehr sicher.
Suchmannschaften fanden später den Piloten Prchal, der eine Schwimmweste trug, und drei weitere Menschen, von denen einer noch lebte.
Mit Motorbooten wurden die Opfer zum Festland gebracht. Die vier Männer waren: General Sikorski, nur mit Hemd und Unterhose bekleidet, mit einer schweren Kopfwunde; der englische Brigadier der Military Police; General Klimecki, einer der Begleiter Sikorskis, in voller Uniform und ohne äußerlich sichtbare Verletzung; der Pilot Prchal, der als einziger überlebte und sofort in ein Krankenhaus gebracht wurde. Prchals Schwimmweste wurde ihm ausgezogen. Er hatte nur Schnittwunden im Gesicht und einen Knöchelbruch.
Der Gouverneur von Gibraltar war selbst zur Unfallstelle gekommen und hatte befohlen, nach Sikorskis schwarzer Ledertasche zu suchen. Sie wurde gefunden, dem Gouverneur übergeben – und seitdem ist sie verschwunden.
Der weltbekannte Froschmann Commander K. Crabb wurde zur Bergung der Maschine eingesetzt. Was er fand, wird die Welt nie erfahren: anläßlich eines Staatsbesuches eines sowjetischen Kriegsschiffes in London im Jahre 1956 hatte er in geheimer Mission unter den Rumpf des Schiffes zu tauchen – und ist seitdem verschwunden. Auch die Tochter Sikorskis wurde mit drei weiteren Passagieren des abgestürzten Flugzeuges nie gefunden. Eine Sektion von Sikorskis Leiche durfte aus politischen Gründen nicht vorgenommen werden. Nur das dem Piloten gewidmete Zigarettenetui wurde gefunden.
Die Leiche Sikorskis wurde eingesargt nach London überführt, und am 15. Juli 1943 wurde in der Westminster-Kathedrale die feierliche Totenmesse für ihn gelesen. Unter den Trauergästen befand sich neben englischen Ministern und Vertretern der alliierten Regierungen auch W. Churchill. Unterdessen wurde der Pilot Prchal verhört. Seiner Aussage zufolge war, als er die Maschine hochziehen wollte, der Steuerknüppel blokkiert. Auf die Frage, wie er sich noch rechtzeitig die Schwimmweste habe anlegen können, wußte er keine Antwort. Bei den Untersuchungen über die Gründe des Absturzes wurde der einzige Augenzeuge, der Funker der S.O.E., nie vorgeladen. Experten hatten aber auch bestritten, daß ein Defekt in der Steuerungsanlage als Grund für den Absturz in Frage käme. Und die offizielle britische Untersuchungskommission bestritt, daß Sabotage im Spiel gewesen sei. Vor allem dürfe der Pilot Prchal in keiner Weise getadelt werden.
Soweit der historische Vorgang des bis heute ungeklärten Todes von General Sikorski.
Den Fall seines mysteriösen Todes hatte der deutsche, in Basel lebende Schriftsteller Hochhuth in seinem Theaterstück »Soldaten« aufgerollt. Darin hatte Hochhuth dem früheren britischen Premierminister Sir Winston Churchill unterstellt, er habe ein Attentat auf General Sikorski ausführen lassen, um damit Stalin einen Gefallen zu tun. Der einzige Überlebende des Unglücks ist der heute noch in den USA lebende Pilot Prchal, der in Hochhuths Stück der Mitschuld am Tode Sikorskis bezichtigt wurde. Prchal hatte in Amerika eine Verleumdungsklage gegen Hochhuth eingereicht.
Am 4. Mai 1972 wurde Hochhuth von einem Londoner Gericht zur Zahlung von 50000 Pfund Sterling (= 415000 D-Mark) verurteilt.

Die SPIEGEL-Affäre

Die SPIEGEL-Affäre, 1962 passiert, gilt als Symptom des Mißbrauchs gesetzlicher Einrichtungen, die den Staat gegen Spionage und Umsturzversuche schützen sollen.
Eine Hauptfigur war der damalige Verteidigungsminister der BRD, Franz Josef Strauß, der mehrmals vom SPIEGEL sowohl als Politiker wie auch als Privatmann kritisiert worden war. Grundtenor der Kritik war: Strauß ist eine Gefahr für die Bundesrepublik, seiner Machtgier muß Einhalt geboten werden.
1962 hatte der SPIEGEL, das wohl am meisten gelesene, themenreiche und erträglich kritische Nachrichtenmagazin, eine Auflage von einer halben Million. Sein Herausgeber ist bis heute Rudolf Augstein.
Immer wieder konnten im SPIEGEL Skandale und Affären aufgedeckt werden, in die Strauß verwickelt war. Ging es um seinen Chauffeur, der trotz mehrerer Verkehrsdelikte von Strauß gedeckt wurde, ging es um »Onkel Aloys«, den heruntergekommenen Freund, der plötzlich durch ominöse Rüstungsaufträge zum Millionär avancierte, ging es um Hans Kapfinger, den alten Strauß-Spezi, der in der FIBAG-Affäre eine Rolle spielte, jedesmal hatte Strauß seine Finger im Spiel.
Der SPIEGEL veröffentlichte Anfang 1962 das undurchsichtige Geschäftsgebahren der FIBAG: 1959 beschlossen Strauß und Kapfinger, eine Baugesellschaft zu gründen, von der Kapfinger später 25% der Anteile erhalten sollte. Diese Gesellschaft hieß FIBAG. Sie sollte 5600 Wohnungen errichten und – hätte das Projekt geklappt, so wäre Kapfinger in den Besitz von 125 Tausend DM gekommen. Strauß empfahl die FIBAG dem amerikanischen Verteidigungsminister. Zum Eklat kam es, als eine Äußerung Kapfingers bekannt wurde, wonach er verpflichtet sei, die Hälfte seines Anteils – vermutlich – an Strauß abzuführen.
Strauß unternahm aber nichts gegen diese Äußerung Kapfingers, sondern er verklagte den SPIEGEL, der

ja nur davon berichtet hatte. Es kam zu einem Vergleich zwischen Kapfinger und Strauß – die Rolle, die Strauß gespielt hatte, war plötzlich in Dunkel gehüllt. Strauß, durch den SPIEGEL verdächtigt, sah seine Chance, als Nachfolger Adenauers Bundeskanzler zu werden, dahinschwinden. »Schuld« war der SPIEGEL.

Der Zeitpunkt, gegen das Nachrichtenmagazin loszuschlagen, war gekommen, als der SPIEGEL am 8. Oktober 1962 einen Artikel mit dem Titel »Bedingt abwehrbereit« veröffentlichte, das Ergebnis des NATO-Manövers Fallex 62, bei dem die Bundeswehr mit der schlechtesten Note abgeschnitten hatte. Der Artikel stammte aus der Feder von Conrad Ahlers, dem späteren Regierungssprecher der SPD-FDP-Koalition bis November 1972. Ahlers hatte darin Strauß für die schlechte Aufrüstungspolitik der letzten sechs Jahre verantwortlich gemacht.

Es gab damals zweierlei Verteidigungsprinzipien: Strauß und sein Generalinspekteur der Bundeswehr, Foertsch, vertraten den Standpunkt, einen möglichen Angriff mit dem sofortigen Einsatz von Atomwaffen niederzuschlagen. Der SPIEGEL dagegen plädierte für die Verteidigung mit konventionellen Waffen. Da dieses, auch der amerikanischen Strategie entsprechende Konzept nicht in Straußens Militärpolitik paßte, beschuldigte er den SPIEGEL des Verrats.

Das NATO-Manöver Fallex 62 hatte gezeigt, daß im Fall eines Angriffs der Russen auf Europa speziell die deutschen Streitkräfte versagen würden. Schuld daran war Straußens Fehlaufrüstung, die nur das Prinzip der nuklearen Abschreckung verfocht. So hatte er bereits begonnen, Atomwaffen für die Bundesrepublik zu verlangen.

Strauß war von der schlechten »Note«, die die Bundeswehr bei dem NATO-Manöver davontrug, um so mehr betroffen, als gerade er sich für den Schöpfer der »schlagkräftigsten und modernsten Militärmacht in Europa« hielt.

Am 26. Oktober 1962 wurde das SPIEGEL-Haus in Hamburg von Beamten der Sicherungsgruppe des Bundeskriminalamtes und von Hamburger Polizei nachts gegen 24 Uhr besetzt. Privatwohnungen der Redakteure wurden »gefilzt« und mehrere SPIEGEL-Redakteure verhaftet. Darunter waren Rudolf Augstein, Conrad Ahlers, der in Spanien festgenommen wurde, Hans Detlev Becker, Claus Jacobi, Hans Schmelz u.a.

Einen Monat lang hielt die Polizei das Verlagsgebäude besetzt, die Haftbefehle waren auf Antrag der Bundesanwaltschaft ausgestellt worden, und als Begründung wurde der Verdacht des Landesverrats und des Verrats von Staatsgeheimnissen angegeben.

Zur Vorgeschichte der SPIEGEL-Affäre gehörte der Prozeß gegen den Bandera-Attentäter Bogdan Staschinskij in Karlsruhe. Zu dieser Zeit entstand bereits aufgrund eines Artikels im SPIEGEL der Verdacht, daß er geheime militärische Informationen besitzen müsse.

Am 16. Oktober wollte Strauß sofort gegen den SPIEGEL vorgehen, wartete dann aber doch den Bericht eines Gutachters ab. Am nächsten Tag schon lag das Gutachten vor: In dem fraglichen SPIEGEL-Artikel wurden laut Gutachten 28 Geheimnisse gefunden, die noch nie zuvor veröffentlicht worden waren. Daraufhin beschloß die Bundesanwaltschaft, Haft- und Hausdurchsuchungsbefehle auszustellen.

Strauß schritt zur Tat, unterstützt von Bundeskanzler Adenauer, von dem die geflügelten Worte stammen: »Wir haben einen Abgrund von Landesverrat im Lande.«

Man sah in der Veröffentlichung der Geheimnisse die Sicherheit der BRD ernsthaft gefährdet, und vor allem sei die Schlagkraft der Bundeswehr empfindlich geschwächt worden. Auch wurde behauptet, die amerikanischen Militärs hätten sich über den Vertrauensbruch entrüstet und sie hegten Bedenken am Wert der westdeutschen Verteidigungsbereitschaft. Später stellte sich heraus, daß die Amerikaner nie eine solche Beschwerde verlauten ließen. Ebenso hieß es später, Strauß sei an der Aktion völlig unbeteiligt gewesen, ja, er habe das Gutachten niemals gelesen.

Diese Nacht-und-Nebel-Polizeiaktion gehört zu den sensationellsten, aber auch absurdesten der Nachkriegsgeschichte in Deutschland. Besonders kriminell artete die Verhaftungsaktion des Artikel-Autors Conrad Ahlers aus, der sich zur Zeit der Aktion in Spanien befand. Da weder das Außenamt noch Interpol für seine Verhaftung zu begeistern waren, gab Staatssekretär Dr. Hopf vor, Ahlers werde wegen eines kriminellen Deliktes gesucht, was nicht wahr war. Es gab, das wußte man beim Bundeskriminalamt ebenso wie beim Justizministerium, keinen legalen Weg, Ahlers in Spanien zu verhaften oder ihn zur Heimreise nach Deutschland zu zwingen.

Allein Strauß wußte einen Ausweg. Er telefonierte mit dem Militärattaché in Madrid, Oberst Oster, und ersuchte ihn, Ahlers inhaftieren zu lassen, denn er stehe unter dem Verdacht des Geheimnisverrates und aktiver Bestechung; Augstein befinde sich bereits auf der Flucht nach Kuba, und mehrere höhere Offiziere würden in Kürze verhaftet werden; mehr noch: Ahlers werde vermutlich versuchen, nach Marokko zu entkommen. Um seine Beschuldigungen glaubwürdig zu machen, fügte er hinzu, der Haftbefehl sei über Interpol bereits an die spanische Polizei unterwegs.

So bat Oberst Oster den Chef der spanischen Interpol, Ahlers zu verhaften.

Inzwischen waren die Akten des SPIEGEL gesichtet worden. Ahlers' Material enthielt keine Geheimnisse. Dies erweckte das Mißtrauen der Ermittlungsbeamten. Sie argwöhnten, es bestünden geheime Verbindungen zwischen dem SPIEGEL und dem Chef des Bundesnachrichtendienstes, General Gehlen, der für das Verschwinden der Geheimakten gesorgt haben könnte. Daraufhin wollten Strauß und Adenauer Gehlen verhaften. Doch es lag abermals kein Beweismaterial vor – und so mußten Strauß und Adenauer einen Rückzieher machen.

Da kam Strauß eine neue Idee: er vermutete, daß der SPIEGEL mit willigen Alliierten zusammenarbeite und beabsichtige, ihn und den Kanzler zu stürzen. Abermals ließ sich kein günstiges Beweismaterial finden. Die Hoffnungen von Strauß und Adenauer, gegen den SPIEGEL losschießen zu können, endeten immer wieder in mißmutigen Enttäuschungen.
Die deutsche Presse verurteilte fast einhellig diese Aktionen gegen den SPIEGEL, man sah darin einen generellen Angriff auf die Pressefreiheit, befürchtete das Heraufdämmern der Diktatur, und als Innenminister Höcherl im Bundestag zugab, die Festnahme von Ahlers sei »etwas außerhalb der Legalität« geschehen, war die schlechte Farce dieser Aktion allzu offensichtlich.
Als einer der wenigen, der »Verständnis« für das Vorgehen von Strauß hatte, fand sich »Spezi« Kapfinger, der in seiner »Passauer Neuen Presse« zu berichten wußte, der SPIEGEL liefere Stoff für die kommunistische Propaganda.
Nach der Kritik der Presse wurde auch massive Kritik an den Polizeimethoden der Regierung seitens der Bevölkerung laut. Professoren und Studenten protestierten per Brief oder per Demonstration, die Bundestagsopposition-SPD richtete scharfe Angriffe gegen die Regierungskoalition CDU/FDP; schließlich mußte Strauß zugeben, daß auf sein Betreiben hin Ahlers in Spanien verhaftet wurde. Noch immer bestritt er, etwas von den gegen den SPIEGEL unternommenen Aktionen gewußt zu haben.
Da mußte er unter dem Druck einer Anfrage der Opposition am 30. Januar 1963 offiziell zugeben, daß er weder Adenauer noch den Justizminister von seinem Vorgehen unterrichtet hatte. Strauß hatte überhaupt keine Zustimmung von Adenauer erhalten, sondern hatte vor Presse und Bundestag Falschaussagen gemacht. Diese Tatsache wurde im Laufe der Zeit unter den Tisch diskutiert, was später blieb, war die weiße Weste von Strauß.
Aus Protest gegen Strauß verließen am 19. November 1962 die fünf zur FDP gehörenden Minister das Kabinett. Strauß mußte seinen Ministersessel räumen.

Der Spielbanken-Prozeß

Der Spielbanken-Prozeß war einer der längsten politischen Prozesse in der Bundesrepublik Deutschland. Er wurde ins Licht der Öffentlichkeit gerückt durch den Artikel der Illustrierten STERN vom September 1970 mit dem Titel: »Herr Staatsanwalt, übernehmen Sie!«
Darin war behauptet worden, die CSU (Christlich-Soziale Union) in Bayern sei 1957 nach dem Sturz der Koalition aus SPD, Bayernpartei, FDP und Gesamtdeutschem Block nicht durch Wahlen, sondern durch ein »kriminelles Komplott« an die Macht gekommen, und die CSU soll dabei einen Mann gekauft haben, der mißliebige Politiker der Bayernpartei ruiniert hat.
Zur Vorgeschichte dieser Anschuldigung: Zur Zeit der Affäre war Dr. Friedrich Zimmermann Generalsekretär der CSU. Er soll, dem STERN-Artikel zufolge, im Auftrag des damaligen Ministerpräsidenten von Bayern, Dr. Hans Seidel, den Kaufmann Karl Freisehner in der zweiten Hälfte des Jahres 1958 unter Mitwirkung des Journalisten Ewald Zweig mit der Zusicherung einer Beteiligung an der Gesamtkonzession für die bayerischen Spielbanken (in Garmisch, Bad Wiessee, Reichenhall und Bad Kissingen) zu einer Selbstanzeige überredet haben, die dann im Sommer 1959 den Spielbanken-Prozeß ausgelöst hat.
Freisehner hatte sich damals dann auch selbst angezeigt mit der Aussage, vor dem parlamentarischen Untersuchungsausschuß des bayerischen Landtags einen Meineid geleistet zu haben, als er behauptet hatte, Politikern der Bayernpartei keine Schmiergelder bezahlt zu haben.
Zimmermann war damals ein Schützling des CSU-Vorsitzenden Franz Josef Strauß, der im Mai 1971 als Zeuge vor Gericht bekundete, die CSU habe in der Spielbanken-Affäre eine tadellose Rolle gespielt, und er selbst sei nie aktiv darin tätig geworden.
Zimmermann war 1959 wegen Meineids in zwei Fällen angeklagt, zunächst wegen fahrlässigen Falscheids verurteilt und später freigesprochen worden.
Die CSU hatte den STERN wegen des besagten Artikels auf Unterlassung seiner Behauptung verklagt. Zentralfigur in diesem Prozeß war Freisehner, der aus den Spielbanken zu der Zeit, als die CSU in der Opposition war (1954–1957), nahezu zwei Millionen Mark profitierte. Nachdem die CSU an die Macht gekommen war, verstaatlichte sie die Spielbanken. Freisehner meldete sofort seinen Anspruch auf Teilhabe an einer privaten Konzession an. Er starb 1967 an Lungenkrebs, ohne sein Ziel erreicht zu haben.
Nach Freisehners Selbstanzeige waren Spitzenpolitiker der Bayernpartei, Baumgartner und Geilshöringer, wegen Falscheids verurteilt worden.
Im Prozeß (Januar 1971) wurde dem STERN untersagt, fünf seiner Behauptungen weiterhin zu verbreiten, aber die entscheidende sechste blieb unangetastet: Der STERN durfte weiterhin behaupten, daß der damalige CSU-Geschäftsführer Dr. Zimmermann dem verstorbenen Karl Freisehner die Vollkonzession für die Spielbank in Bad Wiessee für den Fall versprochen hatte, daß Freisehner dem Dr. Zimmermann belastendes Material gegen die Bayernpartei aushändigt und gleichzeitig durch seine Selbstanzeige ein Meineidsverfahren gegen sich in Gang bringt.
Im Zivilstreit der CSU gegen den STERN konnte diese Behauptung nicht widerlegt werden, die STERN-Darstellung, die CSU sei durch ein »kriminelles Komplott« an die Macht gekommen, wurde vom Gericht nicht als »unrichtig« anerkannt.
Die Affäre bekam zusätzlich eine brisante Note, als bekannt wurde, daß Dr. Zimmermann in Anwesenheit seiner Frau bei einem feuchtfröhlichen Privatgespräch mit dem Rechtsanwalt Dr. Fritz Josef Berthold im Dezember 1960 gesagt hatte, daß Staatsanwalt Dr. Jörka nichts gegen ihn unternehmen könne, weil er zwei

junge Männer auf Jörkas Sekretärin angesetzt habe, damit diese ihm über den jeweiligen Stand des Verfahrens unterrichten und möglicherweise dem Staatsanwalt ein intimes Verhältnis mit seiner Sekretärin nachgewiesen werden könne, nur um ihn unter Druck zu setzen und ihn von Ermittlungen gegen Zimmermann abzuhalten.

Die Sekretärin hatte inzwischen den Justizdienst quittiert. In einem Fernsehinterview mit der nunmehr geschiedenen Frau Zimmermann sagte diese offen, daß ihr Mann bei der Materialbeschaffung gegen die Bayernpartei und bei der Besprechung der Selbstanzeige nichts ohne Wissen von Seidel und Strauß getan habe. Jörkas Sekretärin konnte vor Gericht die Richtigkeit dieser Aussage über das Gespräch bestätigen.

Bis heute ist es der CSU nicht gelungen, den Beweis dafür zu liefern, daß sie legal durch eine freie Wahl an die Macht in Bayern gekommen ist.

Die Starfighter-Affäre

Aufgrund von Prüfungsberichten des Bundesrechnungshofes von 1969 und 1971 zeigte im Januar 1972 der Frankfurter Rechtsanwalt Egon J. Geis den ehemaligen Bundesverteidigungsminister Franz Josef Strauß wegen fahrlässiger Tötung an. In der Anzeige wurden dem für die Beschaffung des Jagdbombers Starfighter F-104 zuständigen Ministerium, das bis 1962 von Strauß geleitet wurde, »Fehlgriffe bei der Beschaffung« vorgeworfen. Das Flugzeug, in Amerika als »Schönwetterjäger« konzipiert, war auf Initiative des Ministers Strauß für die Bundesluftwaffe mit einer Fülle konstruktiver Änderungen als Allwetterkampfmaschine übernommen worden.

Im Mai 1972 verklagten 50 Pilotenwitwen das Flugzeugwerk von Lockheed auf je 500000 Dollar Entschädigung für die Hinterbliebenen. Der amerikanische Rechtsanwalt Melvin Belli warf dem Werk vor, der für die Bundesluftwaffe umgerüstete Starfighter sei zu schwer, gemessen an der Leistungsfähigkeit der Triebwerke, und daher betriebsunsicher. Dieser »Herstellungsfehler« sei die Ursache der meisten Abstürze dieser Maschine. Von 915 gekauften Starfightern verlor die Luftwaffe bis Mitte 1972 über 150 Stück.

Ein Starfighter kostet in der Anschaffung etwa sieben Millionen D-Mark, die Ausbildung eines Piloten ca. eine Million D-Mark.

Nachdem die Entwicklung und die Serienproduktion in Gang gekommen waren, war es bereits aufgrund von vertraglichen Vereinbarungen zu spät, auf einen anderen Flugzeugtyp umzusteigen. Erst 1978 wird dazu der Zeitpunkt gekommen sein. Bis dahin muß die Bundesluftwaffe mit dem einmal beschafften Flugzeug auskommen.

Die von Strauß beschlossene Beschaffung des nicht beschaffungsreifen Waffensystems hatte indes der Bundesluftwaffe keinen Vorteil gebracht, abgesehen von den vielen tödlichen Abstürzen von Starfighter-Piloten und den Mehrausgaben von mehreren hundert Millionen Mark. Diese Beschaffung hatte vielmehr dazu geführt, daß die Ausrüstung der Bundeswehr mit brauchbarem Gerät verzögert, die militärische Einsatzfähigkeit über Jahre hinweg beeinträchtigt und die Ersatzteilbesorgung sowie Instandhaltung des Waffensystems erheblich erschwert worden sind.

Straußens Argument, die Beschaffung des Starfighters habe sich auf »das einhellige Urteil aller Mitarbeiter« stützen können, wurde inzwischen widerlegt. Bereits am 13. Mai 1960 war Strauß vor diesem Waffensystem gewarnt worden. Er hat die ihm vorgeworfene Fehlleistung aus der Zeit, wo er Verteidigungsminister war, zurückgewiesen.

Der Fall Tonnot

Louis Tonnot war bis Ende August 1972 Leiter der Kriminalpolizei der nordfranzösischen Stadt Roubaix, von 1964 bis 1971 Chef der Sicherheitspolizei von Lyon, ist Träger des nationalen Verdienstordens und der Ehrenmedaille der Polizei.

Er wurde von seinem Dienst in Roubaix suspendiert, weil er zusammen mit anderen Polizisten in einen Sittenskandal mit Zuhältern und Dirnen verwickelt war. Im Laufe des Skandals, der von Lyon aus immer weitere Kreise zog, wurden bis Ende August 1972 acht Polizeibeamte, darunter auch der frühere Leiter des Sittendezernates, ihrer Posten enthoben oder beurlaubt.

Den Beamten wurde vorgeworfen, über das übliche Maß hinausgehende »Beziehungen« zu ihren »Mitarbeitern« aus der Lyoner Unterwelt unterhalten zu haben.

In die Affäre verwickelt waren Polizisten, Zuhälter, Gangster und betrügerische Grundstücksmakler. Selbst hohe Polizeioffiziere waren Gäste bei Familienfeiern der »Unterweltler«. Einer der festgenommenen Polizisten war sogar Teilhaber eines gut florierenden Bordells in Lyon.

Auch Tonnot hatte eine ganze Reihe von Freudenhäusern unter seinen persönlichen Schutz gestellt. Statt das Banditenunwesen und die Zuhälterei zu bekämpfen, wurden ihm lukrative Kontakte mit diesen Kreisen vorgeworfen.

Tonnot selbst sah in der Affäre lediglich eine »von anderen Polizisten eingeleitete Verleumdungskampagne«.

Wie in Deutschland ist auch in Frankreich Prostitution nicht verboten, wohl aber Kuppelei (Bordellbetriebe) und Zuhälterei. Für beide Fälle sieht das französische Gesetz Höchststrafen bis zu zehn Jahren Gefängnis vor.

Valpreda, Pietro

Der Mailänder Taxi-Chauffeur Cornelio Orlandi sagte der Polizei folgendes: Am 12. Dezember 1969 gegen 16 Uhr sei ein Fahrgast mit einer schwarzen Tasche eingestiegen, um sich zu der nur 500 Meter entfernten Via Albricci fahren zu lassen. Auf halbem Wege sei er aber ausgestiegen, in Richtung der 120 Meter entfernten Piazza Fontana gegangen, nach drei bis vier Minuten wieder – ohne Tasche – zurückgekehrt und nach weiteren 300 Metern Taxifahrt endgültig ausgestiegen. Eine knappe halbe Stunde nach dieser Mini-Taxifahrt explodierte in der Mailänder Landwirtschaftsbank an der Piazza Fontana eine Zeitzünderbombe, die 16 Menschen tötete und 87 verletzte.
Der Taxifahrer identifizierte ein Foto, auf dem der kurz zuvor festgenommene Anarchist und Tänzer Pietro Valpreda (40) abgebildet war. Mitte Dezember 1969 schien es leicht möglich, den Terroranschlag und mit ihm drei gleichzeitig in Rom verübte Attentate, bei denen 19 Menschen verletzt wurden, aufzuklären. Als jedoch im Februar 1972 der Valpreda-Prozeß begann, standen die Richter vor kaum vorstellbaren Schwierigkeiten. Immer mehr Zeugenaussagen und Gegenzeugnisse hatten inzwischen fast alles, was gesichert schien, in Frage gestellt.
Taxifahrer Orlandi konnte seine Aussagen nicht mehr bekräftigen: er war inzwischen gestorben.
Neben Valpreda auf der Anklagebank saß Mario Michele Merlino, ein ehemaliger Neofaschist, und weitere zehn Angeklagte. Das Gerichtsviertel im Nordwesten Roms glich einer belagerten Festung: etwa dreitausend Karabinieri und Einsatzpolizisten in voller Kampfausrüstung waren aufgeboten, um linksradikale Demonstranten abzuwehren.
Am vierten Verhandlungstag beschimpfte Valpreda den Staatsanwalt: »Henker, Mörder!« Über die Frage, wie einer solchen Beleidigung eines Mitgliedes des Gerichtshofes zu begegnen sei (nach dem italienischen Strafgesetzbuch steht darauf eine Haftstrafe von einem bis vier Jahren), gerieten sich die Verteidiger und Zivilkläger in die Haare.
Zu weiteren prozessualen Schwierigkeiten kam es, als der Vorsitzende des Gerichtshofes, Oberlandesgerichtspräsident Falco, ein ihm im Auftrag des Mailänder Generalstaaatsanwaltes Bianchi d'Espinosa überwiesenes Aktenstück zurückwies.
Das Mailänder Protokoll enthielt Auszüge aus einem Untersuchungsverfahren, das gegen verschiedene Gruppen der äußersten Rechten eingeleitet worden war, die sich »Stoßtrupp Mussolini« und »Neue Ordnung« nennen. Damit war dem Prozeß ein politischer Hintergrund gegeben worden.
Der Artikel 98 der italienischen Verfassung sieht aber die Möglichkeit vor, gegen Richter vorzugehen, die einer Partei angehören oder in ihre Urteile Partei-Ideologien einfließen lassen.
Staatspräsident Leone hatte zu Beginn Februar 1972 eigens darauf hingewiesen, daß die Unabhängigkeit der Justiz unbedingt zu wahren sei.
Die Übersendung des Protokolls legte weiterhin die Frage nahe, ob der Prozeß in Rom nicht vom Gericht in Mailand gestohlen worden sei und ob er nicht besser ganz nach Mailand verlegt werden solle. Die zweite Frage war, ob der Prozeß nicht überhaupt wegen Verfahrensfehler in der Voruntersuchung abzusetzen sei.
Schließlich ging am 7. März 1972 der Prozeß gegen Valpreda und seine Mitangeklagten zu Ende, ehe er begonnen hatte. Nach der Diskussion über die Präliminarien, die 14 Tage in Anspruch genommen hatte, erklärte sich das römische Gericht für unzuständig und überwies den Prozeß nach Mailand. Der Hauptangeklagte Valpreda, der nun fast zweieinhalb Jahre in Untersuchungshaft saß, davon zwei Monate in einer Isolierungszelle des römischen Gefängnisses Regina Coeli, muß nun etwa ein Jahr bis zur Wiederaufnahme seines Prozesses warten. Unterdessen fanden am 7. Mai 1972 in Italien Parlamentswahlen statt. Valpreda wurde von Linksextremisten des »Manifesto« zur Kandidatur aufgefordert. »Du kannst uns dann helfen, herauszukommen«, hatten sie ihm gesagt. Valpreda nahm die Kandidatur an, und zwar für den Wahlkreis Mailand/Pavia. Dies war möglich, da er bisher von keinem Gericht schuldig gesprochen worden war.
Zudem hatte sich Ende März 1972 in diesem größten politischen Verfahren Nachkriegs-Italiens eine spektakuläre Wendung angebahnt: Das Valpreda und seinen Genossen angelastete Attentat soll wahrscheinlich von Neofaschisten verübt worden sein. Der Verdacht verdichtete sich nach der Verhaftung des rechtsgerichteten römischen Journalisten Pino Rauti am 3. März 1972.
Pino Rauti, Gründer der neofaschistischen Organisation »Neue Ordnung (Ordine Nuovo)«, war Anfang 1968 mit 40 Gesinnungsgenossen nach Athen gefahren, um an einem Kurzlehrgang für eine griechische Strategie in Italien teilzunehmen: Die Rechtsradikalen sollten linke Gruppen unterwandern und zu besonders unliebsamen Provokationen animieren. Kaum waren Rautis Ordnungsmänner zurück, explodierten Bomben in dem Messestand von FIAT und auf dem Hauptbahnhof von Mailand. Als sich im Herbst 1968 die Studentenbewegung auf die Industrie ausweitete und überall in Italien Arbeiter ihre Fabriken besetzten, streikten und demonstrierten, gingen am 12. Dezember in Rom und Mailand abermals Bomben hoch.
Das Kalkül war richtig: der Staatsanwalt hatte keinen Verdacht gegen die extreme Rechte. Büros und Wohnungen von Linken wurden durchsucht, Sozialisten und Anarchisten verhaftet. Bei einem Verhör stürzte der Anarchist Pinelli aus dem 4. Stock des Mailänder Polizeipräsidiums. Unter dem Druck der linken und liberalen Presse mußte die Polizei später ihre Verantwortung für Pinellis Tod eingestehen und alle Beschuldigungen gegen ihn zurücknehmen.
Neben Valpreda wurden Ende August 1972 zwei weitere Personen wegen der Anschläge am 12. Dezember 1969 in Rom und Mailand angeklagt: Franco Freda (31), Rechtsbeistand aus Padua, und Giovanni Ventura (28), Buchhändler-Verleger aus Treviso. Neben der Landwirtschaftsbank in Mailand hatten sich die

Anschläge nämlich auch gegen die »Banca Nazionale del Lavoro« in Rom und gegen das Denkmal des Unbekannten Soldaten in Rom gerichtet. In Rom waren 14 Menschen verletzt worden. Belastende Indizien gegen die beiden Personen waren der Erwerb von sechs Metallkassetten und 50 Zeitzündern, die mit denen identisch waren, die in Mailand verwendet worden sind.
Durch die erneute Anklage entstand abermals eine paradoxe Situation im »Valpreda-Prozeß«. Denn diese Anklageerhebung stand in direktem Widerspruch zu den Untersuchungsergebnissen, zu denen die italienische Justiz im Falle Valpreda, der zum Zeitpunkt dieser Anklageerhebung bereits 32 Monate in Untersuchungshaft saß, gekommen war. Fraglich schien, ob nun beide anstehende Prozesse getrennt oder gemeinsam geführt werden sollten.
Von neofaschistischer Seite wurde Ventura als ein Mann der Linken, als ein anarchistisch-marxistischer Buchhändler bezeichnet, der für die kommunistische Regierung Rumäniens gearbeitet hatte. Außerdem soll er Kontakte zu Feltrinelli und zu palästinensischen Untergrundgruppen gehabt haben.
Freda war zunächst Theoretiker einer Terroristengruppe in Veneto. Er gehört zur neofaschistischen (rechten) Sozialbewegung und verfaßte ein Buch gegen Juden. Im Jahre 1968 wechselte er überraschend von der äußersten Rechten zur extremen Linken. 1969 organisiert er, vermutlich mit Mitgliedern der Al-Fatah, in Padua eine Kundgebung für die palästinensische Widerstandsbewegung.
In das Blutbad von Mailand wurde nicht zuletzt auch die griechische Obristen-Regierung in Athen mit hineingezogen. Die Athener Regierung beschwerte sich darüber, daß die italienische Sozialistische Partei die griechische Widerstandsbewegung subventioniere. Das Parteiorgan »Avanti« konterte mit dem Vorwurf, daß das Obristen-Regime durch seine Geheimpolizei bei den Anschlägen des Jahres 1969 eine führende Rolle gespielt habe.
Je mehr sich die Eröffnung des Prozesses gegen Valpreda in die Länge zog, nicht zuletzt bedingt durch die Überweisung der Gerichsakten von einem Gericht an das andere, schließlich lehnte auch das Gericht von Catanzaro die Abhaltung des Prozesses aus Platzmangel ab, desto mehr schien sich das Blatt zugunsten Valpredas zu wenden.
Einerseits brachte ein noch dem Parlament vorzulegender Gesetzentwurf die Abkürzung der Untersuchungshaft auf 18 Monate zur Sprache, was eine baldige Haftentlassung Valpredas bedeuten würde, andererseits wurde am 22. Oktober 1972 ein gerichtliches Ermittlungsverfahren gegen drei hohe italienische Polizeibeamte eingeleitet: Elvio Catenacci (stellvertretender italienischer Polizeichef), Antonio Allegra und Bonaventura Provenza (stellvertretende Polizeipräfekten von Mailand und Rom). Die Mailänder Staatsanwaltschaft beschuldigte sie, Expertisen unterschlagen zu haben, die bereits 1969 die Spur auf neofaschistische Kreise gelenkt hatten. Die von der Polizei vernachlässigten Spuren führten nach Padua, wo Franco Freda lebt, der nunmehr als Hauptverdächtigter galt.
Das Ende des Jahres 1972 brachte schließlich einen vorläufigen Abschluß des Falles Valpreda: Auf Beschuß des Generalstaatsanwaltes von Catanzaro wurde am 29. Dezember 1972 der seit dem 16. Dezember 1969 in Untersuchungshaft einsitzende Linksanarchist Valpreda vorübergehend auf freien Fuß gesetzt. Mit ihm wurden auch drei seiner Mitangeklagten entlassen. Dieser überraschende Gerichtsbeschluß war vermutlich zurückzuführen auf die zahllosen Demonstrationen, die immer wieder Valpredas Haftentlassung gefordert hatten.
Mit seiner Freilassung kam dieser aufsehenerregendste Anarchisten-Prozeß in Italiens Nachkriegsgeschichte zu einem vorläufigen Abschluß.

Weigand, Gunter Dr.

Zur Zeit des Prozesses am 25. April 1966, einem der längsten der deutschen Nachkriegsgeschichte, war der »Sozialanwalt« Dr. Gunter Weigand jedem zweiten Deutschen ein Begriff. Weigand erhielt zwei Jahre Gefängnis und eine Geldstrafe von 1100 D-Mark, die Prozeßkosten beliefen sich auf 1,2 bis 1,4 Millionen D-Mark. Seit dem 13. Dezember 1968 ist Weigand wieder auf freiem Fuß.
Streitpunkt des Prozesses war die Blomert-Affäre, in deren Verlauf Weigand wegen Beleidigung in zahlreichen Fällen, wegen übler Nachrede, Widerstands gegen die Staatsgewalt und Beamtennötigung verurteilt worden ist. Das Urteil war im November 1967 rechtskräftig geworden, nachdem der Bundesgerichtshof das Revisionsbegehren abgelehnt hatte.
In dem spektakulären Prozeß ging es um den Tod des Rechtsanwaltes Paul Blomert aus Münster, der nach polizeilichen Ermittlungen Selbstmord begangen hatte. Weigand hatte diese Todesursache öffentlich bezweifelt und verschiedene Persönlichkeiten schwer beschuldigt mit der Behauptung, Blomert sei ermordet worden.
Weigand, weltberühmt geworden als Querulant und Behördenschreck, hatte wiederholt Kritik geübt an der schlampigen Ermittlungsarbeit und »trottelhafter Rechtsklempnerei« im Fall des Todes von Blomert.
Die Hauptverhandlung hatte 122 Sitzungstage gedauert. Die wahre Todesursache von Blomert ist bis heute noch ungeklärt.
Die Affäre Weigand hatte noch ein interessantes Nachspiel. Aufgrund eines psychiatrischen Gutachtens von Prof. Dr. Helmut Selbach aus Berlin wurde Weigand »krankhafte Störung der Geistestätigkeit (expansive Querulanz)« bescheinigt. Dies hatte seine Einweisung in eine Heilanstalt, das »Feste Haus« des Landeskrankenhauses Eickelborn, zur Folge. 14 Wochen mußte er unter Geisteskranken verbringen, obgleich er, wie sich später herausstellte, nicht im geringsten geisteskrank war.
Dr. Weigand verklagte nun seinen Gutachter auf 10000 D-Mark Schadenersatz wegen »Verletzung seines

Persönlichkeitsrechtes und seiner persönlichen Freiheit«. Er vertrat die Ansicht, der Arzt habe »sein Gutachten schuldhaft unrichtig erstattet«.
Ende des Jahres 1972 hatte sich der Bundesgerichtshof in Karlsruhe mit der Klage Weigands zu befassen, nachdem zuvor Weigands Forderungen durch das Kammergericht Berlin abgewiesen worden waren. Begründung: Schadenersatz sei nur bei einem vorsätzlichen Falschgutachten möglich, nicht aber bei grober Fahrlässigkeit. Ein vorsätzliches Tun sei dem Professor nicht nachzuweisen, ob Fahrlässigkeit in Frage komme, blieb offen.
Der Bundesgerichtshof stand nun vor der Frage, ob ein Gutachter, der irrtümlich für die Zwangseinweisung eines Menschen in eine Heilanstalt verantwortlich war, zivilrechtlich belangt werden könne oder nicht. Die Entscheidung dieser Frage stand Ende 1972 noch nicht fest.
Fest stand aber, daß zum Zeitpunkt der Klärung dieser Frage etwa 120000 Deutsche in psychiatrischen Anstalten lebten, von denen mehr als die Hälfte mit Hilfe eines richterlichen Urteils auf der Grundlage eines medizinischen Gutachtens eingewiesen worden waren.
Bisher hatte der deutsche Patient, ähnlich wie der sowjetische, keine Möglichkeit, sich gegen die Urteile von Juristen und Medizinern zu wehren. Gegen beide ist schwer anzukommen: denn der Mediziner erstellt sein Gutachten als »Richtergehilfe«, der Richter fällt sein Urteil aufgrund des medizinischen Gutachtens, auf das er sich verlassen darf. Beide hängen somit voneinander ab, keiner ist letztlich für das Urteil verantwortlich.
Das Berliner Kammergericht nahm den Gutachter Prof. Selbach in Schutz, obgleich ihm eine »offensichtliche Überschreitung seines Auftrages« nachgewiesen werden konnte, ferner »Widersprüche innerhalb des Gutachtens«, »irrige Beurteilung von Sinn und Zweck des Paragraphen 51 StGB« usw.
Dieses Gutachten brachte jedenfalls Dr. Weigand vor seinem Prozeß statt ins Untersuchungsgefängnis in die Heilanstalt.

Wienand, Karl

Der SPD-Bundestagsabgeordnete und parlamentarische Geschäftsführer der SPD-Fraktion, Karl Wienand, stand 1972 im Verdacht, der Fluggesellschaft »Paninternational« mit Hilfe seiner politischen Stellung geholfen und für seine Beratertätigkeit seit Anfang 1970 pro Monat 20000 Mark kassiert zu haben, insgesamt 162500 Mark.
Die Affäre Wienand machte Schlagzeilen, als im September 1971 ein Flugzeug vom Typ BAC 1-11 mit 115 Passagieren an Bord in der Nähe Hamburgs abstürzte. Die Maschine gehörte »Paninternational«. Beim Absturz kamen 22 Menschen ums Leben.
Die Luftverkehrsgesellschaft betrieb mit vier Kurzstrecken-Jets des britischen Typs BAC 1-11 und zwei Gebrauchtflugzeugen des amerikanischen Langstreckenmusters Boeing 707 vor allem Personenverkehr. Mit einiger List war das Braunschweiger Luftfahrt-Bundesamt (LBA) zur Zulassung der Maschinen gebracht worden. Ein als Reservemaschine für das Training der Piloten zugelassenes Flugzeug wurde kurzerhand in den Urlauberverkehr eingesetzt, »Paninternational« besaß nicht die notwendigen erfahrenen Boeing-Piloten, und die als Supervisor vorgesehenen Amerikaner sprachen weder deutsch noch kannten sie die vorgesehenen Urlaubsrouten. Als die Boeing-Maschinen nicht starten durften, wurden einfach die Kurzstrecken-Jets auch auf Langstreckenflüge eingesetzt.
Derartige geschäftliche Unsauberkeiten der Luftverkehrsgesellschaft kamen an den Tag, als das Unglück des Hamburger Flugzeugabsturzes mit Schlampereien in der Werkstatt der »Paninternational« in Düsseldorf begründet wurde. Bald nach diesem Unglück tauchte das Gerücht auf, Wienand sei mit in die Sache verstrickt, weil und sofern er sich als Lobbyist zu stattlichen Nebeneinkünften verholfen habe.
Bundestagsabgeordneten ist es offiziell nicht verboten, lukrative Nebeneinkünfte von Wirtschaftsunternehmen einzustreichen.
Wienand wurde vorgeworfen, er habe zugunsten von »Paninternational« interveniert, um der Gesellschaft eine Werkstatthalle zu verschaffen. Er vermittelte zwischen ihr und dem BLA und verschaffte ihr Landerechte in Rio de Janeiro; er soll sich dafür eingesetzt haben, das Flugprogramm der Gesellschaft zu genehmigen, dies, obgleich Verstöße der »Paninternational« gegen die Sicherheitsbestimmungen bekannt waren.
Die Fluggesellschaft »Paninternational« wurde Anfang 1972 aufgelöst, und Wienand stellte sich einem Untersuchungsausschuß des Bundestages. Er sagte hier aus, keinen Beratervertrag mit der Gesellschaft gehabt und auch kein Honorar von ihr erhalten zu haben. Das von der Gesellschaft erhaltene Geld in Höhe von rund 160000 Mark habe der Regulierung einer privaten Verbindlichkeit gegolten. Wienand erklärte sich sogar bereit, seine Steuerunterlagen dem Ausschuß zur Verfügung zu stellen, doch Kollegen aller Fraktionen rieten ihm, hier kein Präjudiz zu schaffen.
Anfang April 1972 veröffentlichte die Illustrierte »Stern« einen Artikel mit der Überschrift: »Er lügt und lügt und lügt . . .« Daraufhin erstattete Wienand Strafanzeige gegen die verantwortlichen »Stern«-Redakteure.
Ende September 1972 beendete der Paninternational-Untersuchungsausschuß des Deutschen Bundestages nach 26 Sitzungen seine Arbeit, ohne zu einem abschließenden Ergebnis in der Affäre Wienand gekommen zu sein. Durch die vorzeitige Auflösung des Parlamentes sei es nicht möglich gewesen, die Beweisaufnahme mit aller Umsicht zu Ende zu führen. Ob der neue Bundestag nach der Wahl am 19. November 1972 die Beweisaufnahme fortsetzen wird, war nicht zu ermitteln.

Die Strafanzeige, die Wienand gegen den »Stern« hatte erwirken wollen, kam ebenfalls nicht zustande, weil der Staatsanwalt die vom »Stern« gegen Wienand vorgelegten Beweise als »stichhaltig« ansah.
Weil Wienand schließlich den Delegierten der SPD-Landesdelegierten-Konferenz Nordrhein-Westfalen wahrheitswidrig erklärt hatte, kein Beraterhonorar erhalten zu haben, wurde er auf dem Listenplatz für die Bundestagswahl von Nr. 5 auf Nr. 12 zurückversetzt.

h) Schriftstellerprozesse und -affären

Die Art und Weise, wie ein Staat mit seinen Schriftstellern, mit den Intellektuellen ganz allgemein, zustreich kommt, läßt oft bedeutsame Rückschlüsse auf das geistige Niveau dieses Staates selbst zu. Dies betrifft weniger rein kriminelles Verhalten von Schriftstellern, etwa Fälle von Plagiat oder Betrug (Irving); auch nicht gegenseitige Rangelei vor Gericht (Böll – Löwenthal, Habe – Dürrenmatt), als vielmehr kritische Äußerungen von Autoren, die Dinge zu sagen wagen, die das schöne Image des Staates demaskieren.
Entsprechend pflegt der Staat zu reagieren. Vom Dritten Reich sind die Bücherverbrennungen noch ebenso bekannt wie das diskriminierende Werturteil von der »entarteten Kunst«; daß Exkanzler Erhardt die Schriftsteller einmal »Pinscher« nannte, bleibt als eine Farce dieses Mannes im Gedächtnis; daß der Staat noch hie und da zu beurteilen unternimmt, was Pornographie ist und was nicht (Lawrence), mag für seine gesetzestreue Antiquiertheit sprechen; ernst, todernst wird es aber dort, wo Kritik oder Antikritik des Staates so autoritär gelten, daß der betroffene Autor an den Rand des Existenzminimums getrieben wird wie in der UdSSR, wo derartige Fälle aus der jüngsten Vergangenheit geradezu erschreckend exemplarisch geworden sind. Nicht ganz so eklatant mag man die Fälle aus Spanien oder Griechenland bewerten; immerhin passieren auch dort immer noch so gravierende Urteile, daß der Staat Mühe hat, seine Maske der Demokratie zu wahren.

1. Sowjetunion

In der Sowjetunion gibt es verschiedene Möglichkeiten, unbequeme Autoren mundtot zu machen; entweder man schiebt sie in Irrenhäuser oder ins Ausland ab. Zur Gruppe der letzteren gehörte neben Josef Brodsky auch der Schriftsteller Valeri Tarsis. Pasternak und Solschenizyn waren Ausreisegenehmigungen angeboten worden, doch beide Autoren lehnten es ab, davon Gebrauch zu machen. Solschenizyn wurde statt dessen (dritte Möglichkeit) aus dem Schriftstellerverband ausgeschlossen, was bei einem weniger berühmten Kollegen den moralischen und oft auch physischen Tod bedeutet. Als Gründe für solche Ausschlüsse aus dem Schriftstellerverband gelten in der UdSSR: Trunksucht, Verstöße gegen die gesellschaftliche Ordnung, aber auch Abreise ins Ausland. Was immer man unter Verstößen gegen die gesellschaftliche Ordnung verstehen mag, der Staat weiß es von Mal zu Mal neu zu interpretieren.
Schlagzeilen machte 1972 z.B. der Lustspiel- und Drehbuchautor Alexander Galitsch, der aus den Berufsveränden der Schriftsteller und Filmschaffenden ausgeschlossen wurde; der Solotänzer Valeri Panow mußte zusammen mit seiner Frau das Leningrader Kirow-Ballett verlassen; und nicht zuletzt machte sich der Bänkelsänger und Liederdichter Bulat Okudschawa unbeliebt, weil ein Verlag eine Auswahl seiner Werke veröffentlichte und ihnen ein Vorwort antisowjetischen Charakters voranstellte, von dem Okudschawa sich nicht sofort distanzierte. Ihm wurde der Parteiausschluß angedroht. Damit wäre der Staat zugleich einen unliebsamen Kritiker los, denn Okudschawas Gedichte predigen den Haß gegen den Krieg, sie neh-

men den sowjetischen Alltag aufs Korn und setzen sich für das ungebundene Leben der Asozialen, der Bummler und Huren ein.
Etwas anders gelagert ist der Fall des Schriftstellers Wladimir Maksimow, den der sowjetische Schriftstellerverband zwingen möchte, sein Buch »Die sieben Tage der Schöpfung« zu verleugnen. Auch ihm droht die Gefahr, aus dem Schriftstellerverband ausgeschlossen zu werden und damit jede Existenzmöglichkeit zu verlieren.
Nur einige Fälle seien im einzelnen erinnert:

Brodsky, Josef

1964 war der russische Schriftsteller und »unbequeme Intellektuelle« Josef Brodsky zu fünf Jahren Zwangsarbeit verurteilt worden, weil er sich angeblich »antisowjetisch« betätigte und die Sowjetunion durch »nihilistische und pornographische Gedichte« korrumpierte. Seine Arbeiten durften offiziell in der UdSSR nicht publiziert werden. Seine Verurteilung hatte in der Sowjetunion und im Ausland heftige Proteste ausgelöst. Selbst Chruschtschow hatte zu seinen Gunsten interveniert. Nach 18 Monaten kam der Dichter wieder aus dem Lager in die Freiheit zurück.
1972 machte Brodsky abermals Schlagzeilen als »jüdischer Sowjetemigrant wider Willen«. Der sowjetische Geheimdienst hatte ihn kurzerhand ins westliche Ausland abgeschoben. Hätte er den behördlichen Wunsch ausgeschlagen, so wäre er mit Sicherheit entweder in einem Arbeitslager oder einem Irrenhaus gelandet. Mit einem Ausreisevisum für Österreich und Israel wurde er im Juni 1972 abgeschoben. Vor seinem Abflug in den Westen wurden ihm sämtliche Manuskripte aus dem Gepäck genommen. Er sagte: »Was ich von meinen Gedichten nicht im Kopf habe, ist verloren. Meine Gedichte waren niemals in irgendeiner Form antisowjetisch.«
Für ein Jahr erhielt er die Erlaubnis, an der Universität von Michigan (USA) Vorlesungen über russische Dichtung des 20. Jahrhunderts zu halten.

Bukowskij, Wladimir

Am 9. Juni 1970 wurde der russische Schriftsteller Wladimir Bukowskij zum Staatsanwalt Wanjkowitsch vorgeladen und verhört. Seine Anklage lautete auf »antisowjetische Agitation und Propaganda«. Am 5. Januar 1972 wurde sein Urteil, zwölf Jahre Freiheitsstrafe, rechtskräftig. Eine Berufung gegen das Urteil (»Untergrabung und Schwächung der Sowjetmacht«) wurde abgelehnt. In seinem Schlußwort hatte Bukowskij (29) auf die Unzulänglichkeit der Anklage hingewiesen. Er sei ständig von Agenten des KGB (Geheimdienst der Sowjetunion) verfolgt und einmal sogar mit dem Tod bedroht worden. In der Haft habe man ihm einen Spitzel in die Zelle eingewiesen, der den Auftrag hatte, ihn zu antisowjetischen Gesprächen zu verführen. In der Anklageschrift kam 33mal das Wort »verleumderich« und 18mal das Wort »antisowjetisch« vor, ohne daß jedoch gesagt wurde, welche der Tatsachen, die er begangen haben soll, verleumderisch und welche antisowjetisch waren.
Wie im Jahre 1967, als er wegen Organisation einer friedlichen Demonstration zu drei Jahren Arbeitslager verurteilt worden war, betonte er auch jetzt wieder vor Gericht, daß er weiterhin seine Stimme erheben werde.
Bukowskij brachte den größten Teil des vergangenen Jahrzehnts wegen seiner systemkritischen Einstellung im Gefängnis oder in psychiatrischen »Spezialkliniken«, u.a. im Institut für Gerichts-Psychiatrie namens Serbskij, zu.
In seinem Schlußwort sagte er: »Der Untersuchungsabteilung des UKGB war es sehr darum zu tun, mich als unzurechnungsfähig erklärt zu sehen. Wie wäre das bequem! Liegt doch bei mir kein strafbares Vergehen vor, die Anklage ist unbegründet, in einem solchen Fall wäre es aber nicht notwendig, das Begehen einer strafbaren Handlung nachzuweisen, der Mensch ist einfach krank, wahnsinnig . . .« Erst am 5. November 1971 hätten ihn Ärzte unter dem Druck der Öffentlichkeit für gesund erklärt.
1966 wurde er ohne Gerichtsurteil und ohne Untersuchung acht Monate lang in psychiatrischen Krankenhäusern festgehalten.
Keiner der von ihm benannten Zeugen wurde vom Gericht vernommen. Im besonderen unterstellte ihm die Anklage, antisowjetisches Material an den nach Moskau eingereisten Flamen Hugo Sabrechts übergeben zu haben. Dieses Material soll dem Flamen in Anwesenheit von Volpjuk und Tschalidse übergeben worden sein. Das Gericht entsprach nicht seinem Verlangen, diese zwei Männer als Zeugen zu vernehmen. Keiner der acht von ihm genannten Zeugen, die die Wahrheit seiner Behauptung hinsichtlich der Fakten von Einlieferung von Menschen in psychiatrische Krankenhäuser hätten bestätigen können, wurden vorgeladen.
»Indem man mich verurteilt, verfolgen die Machthaber das Ziel, ihre eigenen Verbrechen zu verbergen – die psychiatrische Justiz an andersdenkenden Menschen«, sagte er im Schlußwort.

Galanskow, Jurij

Im Januar 1968 wurde dem sowjetrussischen Schriftsteller Jurij Galanskow der Prozeß gemacht, nicht zuletzt wegen seiner Herausgabe der Zeitschrift »Phönix«, einem staatlich nicht lizenzierten Almanach, der seit 1966 erschien, zur gleichen Zeit also, als sich, anschließend an den Prozeß gegen Daniel und Sinjawski, die Bürgerrechtsbewegung in der UdSSR zu formieren begann.

In jenem Prozeß 1968 war Galanskow der Hauptangeklagte, mit ihm mußten sich die Schriftsteller Alexander Ginsburg, Vera Laschkowa und Alexej Dobrowolskij wegen »antisowjetischer Propaganda« verantworten. Galanskow erhielt sieben Jahre verschärftes Arbeitslager zudiktiert.
Bereits während seiner ungesetzlich langen Untersuchungszeit über zwölf Monate hin hatte der Dichter Galanskow an Magengeschwüren gelitten. Im Verlauf seines Prozesses mußt er mehrmals wegen starker Schmerzen den Gerichtssaal verlassen. Im Lager erhielt er bei körperlicher Schwerarbeit keinerlei Magendiät, sondern nur die schon für Gesunde kaum genießbare Gefangenenkost. Medikamente gab es im Lager nicht für ihn, und die Medikamente, die ihm seine Familie schickte, wurden ihm seitens der Lagerleitung vorenthalten.
Am 4. November 1972 starb der Dichter im Alter von 33 Jahren, wie es amtlich hieß, nach einer »Notoperation« wegen Magenkrebs.
Was ihm passierte, das kann auch andere inhaftierte Intellektuelle treffen, so z.B. Pjotr Grigorenko, Andreij Amalrik, Viktor Feinberg und Wladimir Borisow, die unter den gleichermaßen harten Lagerbedingungen körperlich und psychisch am Ende sind.
Mit Bukowskij hatte Galanskow das gleiche Schicksal, zwangsweise in eine psychiatrische Klinik eingewiesen worden zu sein. Ausschlaggebend für seine harte Strafe war vermutlich ein von ihm stammender Artikel in der zweiten Ausgabe des »Phönix«, in dem er die von der Partei korrumpierten Intellektuellen, allen voran den Nobelpreisträger Michail Scholochow (»Der stille Don«), anprangerte.
Galanskow rechnete sich zu jenen »Untergrundschriftstellern«, die sich nicht bereit finden konnten, die Diffamierung und gnadenlose Verurteilung russischer Intellektueller kritiklos hinzunehmen. Bis zuletzt hielt er allen Folterverhören stand und blieb sich selbst treu.
Aus Protest gegen die scharfen Haftbestimmungen in der Sowjetunion und gleichzeitig zur Erinnerung an den Tod Galanskows traten am 5. Dezember 1972 etwa 60 politische Häftlinge, darunter auch Bukowskij, in einen sechstägigen Hungerstreik.

Einige weitere verurteilte Schriftsteller:

Jurij Daniel und *Andrej Siniawskij*: in ihrem Moskauer Prozeß vom 10. bis 14. Febraur 1966 erhielten sie fünf bzw. sieben Jahre Gefängnis und Lageraufenthalt nach »strengem Regime«. Siniawskij, wegen antisowjetischer Betätigung verurteilt, wurde 1971 vorzeitig wegen »guter Führung« aus der Haft entlassen.
Alexander Ginsburg wurde 1968 wegen angeblicher antisowjetischer Aktivitäten zu fünf Jahren Gefängnis verurteilt. Er hatte ein Weißbuch über den Daniel-Siniawskij-Prozeß veröffentlicht.
Im Leningrader Prozeß vom Januar 1971 erhielten *Sylvia* und ihr Bruder *Wulf Salmanson* zehn Jahre Freiheitsstrafe.

2. England

Lawrence

Der englische Schriftsteller D. H. Lawrence starb 1930. 30 Jahre später erschien eine ungekürzte Ausgabe seines Romans »Lady Chatterley's Lover« im Penguin-Books-Verlag, London, als preiswerte Taschenbuchausgabe. Der Verleger konnte sich unbesorgt an die ungekürzte Herausgabe des Buches heranwagen, weil ein Jahr zuvor durch den Gesetzgeber der Begriff »unzüchtig« enger gefaßt wurde als es zuvor der Fall war, so daß mit einer strafrechtlichen Verfolgung aufgrund der »unzüchtigen« Passagen dieses Buches kaum noch zu rechnen war.
Um jedoch ganz sicherzugehen, schickte der Verleger vor der Auslieferung der Erstauflage von 200000 Exemplaren ein Buch an Scotland Yard mit der Bitte um Überprüfung. Wegen der ausgedehnten Schilderungen des Geschlechtsverkehrs und einer Anzahl »anstößiger« Ausdrücke sah sich die Behörde veranlaßt, gegen den Verlag vorzugehen.
Am 20. Oktober 1960 begann in London der Schwurgerichtsprozeß gegen den Verlag, der mit der Unterstützung derjenigen Kreise rechnen konnte, die in der Anklageerhebung gegen dieses Buch die freie Meinungsäußerung gefährdet sahen.
Etwa 60 literarische Sachverständige wurden von der Veteidigung zu Rate gezogen, darunter Moraltheologen, Kritiker, Journalisten und Lehrer. Die Staatsanwaltschaft brachte nicht einen einzigen Sachverständigen auf die Beine.
In diesem Prozeß ging es in erster Linie um Lady Chatterley und um die Freiheit des Wortes in der neueren englischen Literatur, weniger um den Verlag oder den Verleger. Die Frage lautete: was ist denn nun unzüchtig und was nicht?
Ehe Recht gesprochen werden konnte, empfahl der Richter den zwölf Geschworenen, das Buch erst einmal zu lesen, und zwar innerhalb des Gerichtsgebäudes. Nach drei Tagen hatten alle Geschworenen das Buch durchgelesen und wußten nun wenigstens, um was es überhaupt ging.
Während die Anklagevertretung die 13 ausführlichen Schilderungen des geschlechtlichen Lebens zwischen Lady Chatterley und einem Jagdhüter (ihr Mann war als geschlechtsunfähiger Krüppel aus dem Krieg heimgekehrt), die freie Liebe, die Sinnenlust und den Sex anprangerte, führten die Sachverständigen den Weltruhm des Autors ins Feld und erklärten die Sexpassagen als absolut unentbehrlich für das Gesamtverständ-

nis dieses Romanes. Und mit dem ständigen Gebrauch der Vulgärausdrücke habe der Autor versucht, auch diese Art der Sprache gesellschaftsfähig zu machen.
Der Roman wurde nach verschiedenen Aspekten untersucht, nach seinem literarischen, psychologischen, sexualethischen und theologischen Wert.
Das Schwurgericht sprach den Verlag von seiner »Schuld« frei. Ob der Roman als unzüchtig oder züchtig bewertet werden dürfe, wurde nicht entschieden.

3. Amerika

Irving, Clifford

Über zwei Millionen Mark hatte der amerikanische Schriftsteller Clifford Irving (41) bereits von dem angesehenen US-Verlag McGraw-Hill kassiert, als einer der größten literarischen Schwindel dieses Jahrhunderts aufflog.
Als »sensationellstes Buch des Jahrhunderts« hatte Irving seinem Verleger die Memoiren von Howard Hughes, einem seit 15 Jahren von der Öffentlichkeit isoliert lebenden Multimillionär, dessen Vermögen auf 2,3 Milliarden Dollar geschätzt wurde, angeboten.
Da Hughes als sehr menschenscheuer Sonderling galt, sollten der Wahrheitsgehalt und die Echtheit der Memoiren durch mehrere Besuche des Schriftstellers bei Hughes belegt werden. Irving ging auf Reisen nach Mexiko, Florida, auf die Bahamas, vermeintlich um Hughes zu treffen und mit ihm über die Abfassung seiner Memoiren zu sprechen. Irving bewahrte sämtliche Hotelrechnungen und Flugscheine sorgsam auf, sie sollten später die Beweise für seine Zusammenkünfte mit Hughes liefern.
Irving ging an die Arbeit und verfaßte Memoiren, die er nie aus dem Munde von Hughes gehört, und den er auch nie persönlich getroffen hatte. Das Material für sein Buch entnahm er den früheren Erinnerungen eines Mitarbeiters von Hughes, Noah Dietrich.
In der Annahme, das eingereichte Manuskript sei echt, nahm es der Verlag an und zahlte Irving 2,4 Millionen Mark, die Hughes zur Abgeltung der Urheberrechte über Irving zugeleitet werden sollten.
Hughes bekam das Geld nie. Irvings vierte Ehefrau Edith (36) schaffte dagegen das Geld (unter falschem Namen) auf Schweizer Konten.
Kaum hatte der Verlag die Buchsensation angekündigt, da ließ Hughes über seine Rechtsanwälte die Echtheit der Memoiren dementieren. Er habe weder jemals Irving getroffen noch das Verlagshonorar erhalten.
Der Verlag hielt dieses Dementi jedoch für eine von Hughes Schrullen und zweifelte noch immer nicht an der Authentizität der Irving-Memoiren. Der Text klang sehr echt und neben den Hotelrechnungen und Flugtickets konnte Irving immerhin auch Handgeschriebenes von Hughes vorweisen (was ebenfalls gefälscht war, wie sich später herausstellte).
Der Schwindel flog auf, als eine von Irvings Geliebten, die Sängerin Nina van Pallandt (39), auspackte und bestätigte, daß sie auf allen Reisen Clifford Irving begleitet hatte und dieser niemals mit Hughes zusammengetroffen war.
Anfang März 1972 wurde das Ehepaar Irving von einem New Yorker Gericht wegen Diebstahls, Fälschung und Meineids angeklagt. Gegen Edith Irving lief ein Sonderverfahren wegen Scheckbetrugs, weil sie unter falschem Namen 650000 Dollar auf eine Züricher Bank eingezahlt und alles bis auf einen kleinen Restbetrag ein paar Tage später wieder abgehoben hatte. Clifford Irving und seine Frau Edith hatten sich sofort für schuldig bekannt, den Verlag McGraw-Hill mit der falschen Hugh-Autobiographie um 765000 Dollar betrogen zu haben.
Am 19. Juni 1972 verurteilte ein amerikanisches Bundesgericht Clifford Irving zu zweieinhalb Jahren Gefängnis, seine aus Deutschland (Schwäbisch-Gmünd) stammende Ehefrau Edith erhielt zwei Monate Haft ohne Bewährung und zwei Jahre Gefängnis mit Bewährung. Außerdem soll das Ehepaar Geldstrafen von je 10000 Dollar zahlen. Die Haftstrafen konnten nacheinander abgesessen werden, damit sich jeweils ein Elternteil um die beiden Kinder kümmern konnte. Nachdem Edith ihre zwei Monate abgesessen und auf freien Fuß gesetzt wurde, mußte am 28. August 1972 ihr Ehemann seine Haftstrafe antreten.
Edith Irving reiste freiwillig in die Schweiz, um sich den dortigen Ermittlungsbehörden zu stellen. Schon bei ihrer Ankunft auf dem Flughafen Zürich wurde sie verhaftet, später jedoch gegen eine Kaution bis zu ihrem Prozeßbeginn auf freien Fuß gesetzt. Edith ist Schweizer Staatsbürgerin und wurde beschuldigt, Betrug und Urkundenfälschung begangen zu haben, als sie sich als »Helga R. Hughes« ausgab und die Schecks einlöste, die vom Verlag McGraw-Hill ihrem Mann zur Weiterleitung an Hughes übergeben worden waren. Möglicherweise kann sie in der Schweiz zu 15 Jahren Zuchthaus verurteilt werden.
Als Unikum sei erwähnt, daß der amerikanische Staat die 765000 Dollar, die Irving im Namen von Howard Hughes von dem Buchverlag erhielt und die seine Frau auf Schweizer Bankkonten eingezahlt hatte, mit einer halben Million Dollar besteuert, die Irving bezahlen muß. Zwar hatte der Verlag das Geld inzwischen wieder fast vollständig zurückerhalten, aber der Fiskus pochte auf seinen Anteil, weil die Summe den Besitzer gewechselt, dadurch also ein Umsatz stattgefunden hat.
Clifford Irving ging mit der Hoffnung ins Gefängnis, nach zehn Monaten wegen guter Führung wieder entlassen zu werden. Inzwischen schrieb er ein Buch über seinen eigenen Schwindel mit dem Titel: »Was wirklich passierte«.

4. Spanien

Nieto, Ramón

Seit der Vizepräsident der spanischen Regierung, Admiral Carrero Blanco, zu der Überzeugung gekommen ist, daß der internationale Kommunismus einen Krieg gegen Spanien führt mit den Waffen des Erotismus, unmoralischer und antipatriotischer Literatur, ist die Zensur etwa seit Februar/März 1972 wesentlich schärfer geworden. Was die Zensur übersieht, wird von einem Politischen Sondergericht für öffentliche Ordnung aufgedeckt.

Vor diesem Gericht mußte sich der spanische Schriftsteller Ramón Nieto wegen seines freizügigen Romans »La señorita B« (Fräulein B) verantworten. Der Roman war sofort nach seinem Erscheinen beschlagnahmt worden.

Badell, Gabriel G.

Prozessiert wurde auch gegen den Finalisten beim letzten Nadalpreis, Gabriel G. Badell. Sein Buch »De las armas a Montemolin« beschreibt das Leben der Menschen in der Stadt Saragossa aus der Sicht eines politischen Emigranten, der seit dem Bürgerkrieg zum erstenmal wieder in seine Heimat zurückkommt.

Rincón, Luciano

Unter Ausschluß des Publikums und der Presse verhandelte 1972 das Madrider Sondergericht für öffentliche Ordnung gegen den spanischen Schriftsteller und Journalisten Luciano Rincón. Auch der Vertreter der Liga für Menschenrechte durfte den Verhandlungssaal nicht betreten.

Rincón, für den der Staatsanwalt elf Jahre Gefängnis gefordert hatte, wurde vorgeworfen, unter einem Pseudonym eine Biographie über Staatschef Franco und einen Aritkel in einer spanischen Emigrantenzeitschrift veröffentlicht zu haben.

An diesem Artikel über den Burgos-Prozeß nahm das Gericht Anstoß, weil zwar die Todesurteile der Basken erwähnt, nicht aber die Umwandlung dieser Strafen, und weil in einer Karikatur in diesem Artikel Franco gezeigt wurde, wie er gerade einige Basken umbringt. Das Gericht verurteilte Rincón wegen dieses Artikels zu fünf Jahren Gefängnis.

Als Zeuge hatte der französische Verleger Maspéro ausgesagt, der gleichzeitig auch der verantwortliche Redakteur der spanischen Eimigrantenzeitschrift »Duadernos del ruedo ibérico« ist. Er erklärte, allein für den fraglichen Rincón-Artikel verantwortlich zu sein. Daraufhin wurde er sofort zum Flugplatz gebracht und nach Frankreich abgeschoben.

Diego, Jésus Guitierrez

Wegen eines Gedichtes wurde der spanische Dichter und Schriftsteller Diego im Juli 1972 zu 18 Monaten Gefängnis verurteilt. Das Gedicht hatte die Landpolizei Guardia Civil zum Inhalt. Nach der Ansicht des Militärgerichts in Santander waren die Verse beleidigend für »die hochverdiente Institution Guardia Civil«.

Würde zur gleichen Zeit Spaniens berühmtester Dichter der Moderne, García Lorca, seine »Romanze von der spanischen Guardia Civil« veröffentlichen, er hätte vermutlich mit lebenslanger Strafe zu rechnen. In seinem Gedicht stehen die Zeilen: »Ihre Schädel sind aus Blei, deshalb weinen sie nicht; mit ihren Seelen aus Lack ziehen sie über die Landstraßen.«

Matute, Ana Maria

Die bekannte spanische Roman-Autorin (»Erste Erinnerung«, »Nachts weinen die Soldaten«, »Die Zeit verlieren«) wurde im Juni 1972 von der Polizei die Ausreise aus Spanien verboten. Die Schriftstellerin wollte zur Entgegennahme des ihr verliehenen internationalen Preises für Jugendliteratur nach Nizza fahren. Sie war schon auf dem Flughafen auf dem Weg zum Flugzeug, als ihr spanische Polizisten die Ausreise verboten.

Hinter dem Ausreiseverbot steckte vermutlich ein politischer Akt. Die Autorin, die keiner politischen Gruppe angehörte, machte jedoch aus ihrer demokratischen und kritischen Einstellung keinen Hehl. Sie gehörte zu jener Intellektuellen-Gruppe, die sich im Dezember 1970 im Kloster Montserrat bei Barcelona zusammenfand, um gegen den Baskenprozeß von Burgos zu protestieren. Dafür wurde sie von der Regierung mit einer Geldstrafe belegt.

5. Kroatien

Tomicic, Hlatko

Der kroatische Dichter Tomicic wurde im August 1972 wegen politischer Subversion vor ein Strafgericht gestellt. Die Anklage warf ihm vor, »systematische, allgemeine und intensive feindliche Aktivität im In- und Ausland entwickelt zu haben«. Zwischen 1962 und 1971 soll er mit zahlreichen kroatischen Emigrantenführern in den Vereinigten Staaten und Westeuropa in Verbindung gestanden sein und mit ihnen Pläne zur »Errichtung eines unabhängigen Staates Kroatien« geschmiedet haben.

6. Westafrika

Ouologuem, Yambo

»Le Devoir de Violence« hieß der Roman des westafrikanischen Autors Ouologuem, der 1968 erschien und noch im gleichen Jahr einen französischen Literaturpreis erhielt. Nun wurde der Autor des Plagiats beschuldigt: gewisse Stellen seines Romans sind nahezu identisch mit Passagen aus Graham Greens 1934 geschriebenem Roman »It's a Battlefield«. Die Ähnlichkeit zwischen beiden Büchern war von australischen Studenten entdeckt worden. Daraufhin zog der amerikanische Verleger des Romans 3400 Hartbackexemplare aus dem Verkehr.

7. Schweiz

Däniken, Erich von

Der am 14. April 1935 in Zofingen/Schweiz geborene heutige Bestseller-Autor von Däniken kam schon früh mit dem Strafgesetzbuch in Konflikt. Als Zehnjähriger riß er von zu Hause aus und erhielt wegen mehrerer kleiner Diebstähle seine erste Strafe. Nach seiner Volksschul- und Gymnasiumzeit begann er eine Lehre als Kellner, war in Betrugsaffären verwickelt und bekam 1956 eine längere Freiheitsstrafe. Danach arbeitete er als Barkellner in Davos. Nach einem Hotelbrand erklärte er, sein wenige Wochen altes Kind sei bei dem Brand ums Leben gekommen. In Wahrheit war es aber schon früher gestorben. Die gegen ihn erhobene Klage wegen versuchten Versicherungsbetrugs wurde eingestellt.

1964 wurde er Oberkellner im Sporthotel »Rosenhügel« in Davos. Bald erhielt er die Pacht des Hotels. Das Hotel geriet aber rasch in Schulden, die verursacht worden sind durch Dänikens kostspielige Weltreisen für seine Forschungen. Mit Darlehen versuchte er immer wieder, die Schulden abzudecken. Es gelang nicht.

Am 19. November 1968 wurde er auf Antrag der Interpol auf dem Wiener Flughafen Schwechat verhaftet.

In dem Prozeß vor dem Kantonsgericht in Graubünden wurde er »wegen wiederholter und fortgesetzter Veruntreuung, fortgesetzten und gewerbsmäßigen Betrugs und wegen wiederholter und fortgesetzter Urkundenfälschung« am 13. Februar 1970 zu dreieinhalb Jahren Zuchthaus verurteilt.

Von den 440 Tagen Untersuchungshaft wurden ihm über 300 Tage auf die Haftzeit angerechnet. Die Geldstrafe belief sich auf 3000 Schweizer Franken.

Die von der Anklage errechnete Gesamtschadenssumme von etwa 400000 Franken wurde inzwischen von den Autoreneinnahmen von Dänikens zurückbezahlt.

Mitte September 1971 wurde er vorzeitig aus der Haft entlassen. Seine Bücher »Erinnerungen an die Zukunft« und »Zurück zu den Sternen« wurden inzwischen in 32 Sprachen übersetzt. Schätzungen zufolge verdiente er an diesen Büchern etwa 2,5 bis drei Millionen Mark. Zum Herbst 1972 erschien sein drittes Buch: »Aussaat und Kosmos. Spuren und Pläne außerirdischer Intelligenzen«.

Däniken selbst bezeichnete seine Delikte als »Veruntreuung von Kurtaxen«.

i) Studentenunruhen und -prozesse

1. Deutschland

Studentenunruhen sind ein internationales Phänomen. Sie kamen und kommen noch vor in USA, Frankreich, England, Belgien, Italien, Japan, Polen, Jugoslawien, Tschechoslowakei, Korea, Südvietnam und in verschiedenen Ländern Südamerikas.

Besonders in den USA und in Deutschland förderten sie erhebliche innenpolitische Auswirkungen zutage.

In Deutschland begannen die Unruhen 1965 in Berlin an der Freien Universität. Hier protestierten am 7. Mai 1965 etwa 500 Studenten gegen das Hausverbot von Erich Kuby, der an einer Podiumsdiskussion teilnehmen sollte. Ab Sommer 1965 häuften sich Proteste und Störaktionen zuerst an der Universität Berlin, dann an Universitäten verschiedener anderer Städte, und zwar unter Anwendung »begrenzter Regelverletzungen«.

Vor allem die Vietnampolitik der Vereinigten Staaten brachte am 5. Februar 1966 mehr als 2000 Studenten unter Führung des Sozialdemokratischen Hochschulbundes (SHB) und des Liberalen Studentenbundes Deutschland (LSD) auf die Straßen.

Der Staatsbesuch des iranischen Kaiserpaares, des Schah und der Farah Diba, ließen die Unruhen einen ersten Höhepunkt erreichen: Der Tod des Studenten Benno Ohnesorg am 2. Juni 1967 während eines Tumultes vor der Deutschen Oper Berlin, bei dem der Polizist Kurras die tödlichen Schüsse abgab, führte zu einer explosionsartigen Solidarisierung innerhalb der Studenten. An fast allen deutschen Universitäten kam es zu Trauerkundgebungen, in Berlin folgten allein 15 000 Studenten dem Trauerzug. Nicht so sehr der Schuß selber, sondern die Tatsache, daß er überhaupt möglich war, schreckte Studenten und Professoren auf. Die Frage nach dem Zustand der Gesellschaft wurde gestellt. Der größte Teil der Bevölkerung stand der Protestbewegung überwiegend ablehnend gegenüber, vertrauend auf die (Wahl-)Parolen der führenden Partei (CDU): Ruhe, Ordnung, Sicherheit, Fortschritt, Freiheit.

Die Studenten reagierten mit der Bildung der Außerparlamentarischen Opposition (APO). Ihr erster Kongreß fand Mitte Juni 1967 in Frankfurt/Main mit Unterstützung des Sozialistischen Deutschen Studentenbundes (SDS) und des »Aktionszentrums Unabhängiger und Sozialistischer Schüler« (AUSS) statt. Am 26. Oktober 1967 wurde an der FU Berlin von Studenten und Assistenten die »Kritische Universität« gegründet.

Seit Ende 1967 nahmen die Unruhen, die sich in verschiedenen Städten gegen den Vietnamkrieg, die politischen Verhältnisse in Griechenland und die Springer-Presse richteten, permanente Formen an. Höhepunkt war die Vietnam-Demonstration am 17./18. Februar 1968, an der etwa 10000 Menschen teilnahmen. Im November 1967 kam es zu Störungen des Universitätsbetriebes in Berlin bei der Rektoratsübergabe und einer Vorlesung von Prof. Carlo Schmid. Weihnachtsgottesdienste wurden in Berlin, Hamburg, Münster und Bonn gestört.

Die Ermordnung Benno Ohnesorgs und der Mordanschlag auf den Studentenführer Rudi Dutschke am 11. April 1968 waren für die Außerparlamentarische Opposition (APO) das klare Ergebnis einer Programmhetze gegen die Studenten, angeführt von der Springer-Presse, und gaben den Auftakt zu den »Osterunruhen« 1968.

In den nachfolgenden Prozessen gegen Anti-Springer-Demonstranten wurde von der Verteidigung immer wieder versucht, die Aktionen gegen die Springer-Presse als Notwehr zu rechtfertigen und den Springer-Blättern Volksverhetzung vorzuwerfen.

Die Eskalation der Auseinandersetzungen zwischen demonstrierenden Studenten und der Polizei hätten sich vielleicht vermeiden lassen, wenn die Presse es versucht hätte, die Motive der Proteste inhaltlich zu analysieren und zu vermitteln. Da sich die Studentenschaft nicht in ihren Aktionen verstanden fühlte, ging sie dazu über, ihre Erfahrungen mit Ideologien zu untermauern. Vor allem wurde Kritik geübt am demokratischen Parlamentarismus: im Parlament würden keine Entscheidungen mehr getroffen, die nicht zuvor in internen Zirkeln schon getroffen worden sind, so daß der Wahlakt kein Votum mehr darstellt für die Volksvertretung und eine politische Willensbildung nicht mehr stattfinden kann, woraus die Notwendigkeit abgeleitet wurde, das parlamentarische Regierungssystem abzuschaffen.

Die regierungstreue Springer-Presse war das erklärte Ziel der »Osterunruhen«, die in Berlin, Frankfurt/Main, Bremen, Düsseldorf, Freiburg, Ulm, Dortmund, Bonn stattfanden und in München zum Tod von zwei Unbeteiligten, dem Pressefotografen Klaus Frings und dem Studenten Rüdiger Schreck, führten.

Dieser wie auch die anderen Einsätze der Polizei, die gewiß nicht mit sehr großer Freude an regelrechten Straßenschlachten teilnahm, waren in jedem Fall letzten Endes veranlaßt worden durch die politisch Verantwortlichen des CDU-Staates zur Rechtfertigung eigener politischer Hilflosigkeit und Versagens und als Ersatz für politisches Handeln.

Im Spätsommer und vor allem im Herbst 1968 kam es erneut zu Unruhen, als am

4. November 1968 der APO-Anwalt Horst Mahler in Berlin in einem Ehrengerichtsverfahren verurteilt wurde.
Anfang Januar 1969 wurde das Institut für Gesellschaftswissenschaften an der Universität Frankfurt/Main unter Führung von Daniel Cohn-Bendit besetzt. Während eines »teach-in« am 7. Januar 1969 wurde der hessische Kultusminister Schütte mit Wasser übergossen, Senf beworfen und am Verlassen des Hauses gehindert. Noch einmal kam es zu schweren Zusammenstößen zwischen der Polizei und Studenten, als fünf des Land- und Hausfriedensbruchs angeklagte Studenten der Uni Heidelberg in den Räumen des Allgemeinen Studentenausschusses am 10. Januar 1969 in Heidelberg verhaftet wurden.
Gegen mehrere Studenten der FU Berlin wurden Verfahren aufgrund einer neuen Hausordnung eingeleitet. Wieder kam es zu Krawallen in Berlin und zur Schließung der juristischen Fakultät am 15. Januar 1969.
Im Februar 1969 kam es in mehreren Städten der BRD zu erheblichen Gewalttätigkeiten, unter anderem gegen ein Konzert der Berliner Philharmoniker unter Karajan, das zugunsten der deutschen Sporthilfe veranstaltet wurde und Berlins Kapitalisten-Prominenz versammelte.
Als Parallelen zu Verhältnissen in der BRD wurden der über Spanien verhängte Ausnahmezustande, die Diktatur in Griechenland sowie »politische Urteile« im Iran und in der Türkei interpretiert, was wieder zu Ausschreitungen deutscher und ausländischer Studenten vor allem gegen ausländische Konsulate führte.
Am 5. Februar 1969 wurde der Studentenführer Krahl anläßlich einer Institutsbesetzung in Frankfurt verhaftet. Erneut reagierte die APO mit der Verwüstung von Uni-Einrichtungen. Manche Institute mußten durch Polizeieinsatz geräumt werden.
Von Ende Februar 1969 an richteten sich die Studentenproteste und Agitationen von außen nach innen: d.h. Straßendemonstrationen nahmen an Häufig- und Heftigkeit ab, dafür wehrten sich die Studenten immer heftiger gegen neue Hochschul-Gesetzentwürfe.
Innerhalb der Universitäten wurden nun die Diskussionen ausgetragen, sei es durch Vorlesungsstreiks, Wandbeschmierungen, Flugblattaktionen oder Aufrufen zur Kriegsdienstverweigerung.
Immer mehr trat die »Krise der deutschen Hochschulen« in den Vordergrund der Diskussionen. Denn die Unruhe unter der Studentenschaft betraf nicht nur politische und gesellschaftliche Mißstände im Staat, sondern auch solche innerhalb der Universitäten selber. Die Übervölkerung der Universitäten mit Studenten machte ein gründliches Studieren fast unmöglich. Zur Unsicherheit im Studium kam die Frage der wenig günstigen späteren Berufschancen. Die Rede vom »akademischen Proletariat« kam auf; 1970 mußte an 24 Hochschulen für fast alle Fächer der »numerus clausus« (= Zulassungsbeschränkung) eingeführt werden. Zur Hochschulmisere kam die immer lauter werdende Kritik an der mittelalterlichen Ordinarien-Hierarchie, einer Kleinstaaterei sich eifersüchtig abschirmender »Götter«.
Aber die Auseinandersetzungen nahmen keine Formen ausgesprochen anarchischer Exzesse mehr an. Außer Einzelfällen, die als Psychoterror gegen bestimmte Ordinarien zu werten waren, Boykotte von Prüfungen etc., blieb es bei der persönlichen Abhängigkeit des Studenten von seinem Professor. Die wenigen reformwilligen Professoren vermochten sich kaum durchzusetzen. Im Grunde beruhte die Krise auf einer bewußt verfehlten Bildungspolitik.
Schon die Anfänge der Unruhen in Berlin hatten deutlich gemacht, daß sie vom SDS beeinflußt und gesteuert waren. Der SDS hatte die Führung übernommen und das Unbehagen und die Unzufriedenheit unter den Studenten politisch für seine Ziele ausgenutzt. Der SDS war 1947 als sozialdemokratisch orientierte Studentenorgani-

sation gegründet worden. Bis 1958 hatte er sich zu einem angesehenen politischen Studentenverband entwickelt. Nachdem die SPD ihr Godesberger Programm verkündet hatte, wandte sich der SDS von ihr ab. So entstand innerhalb des SDS die Tendenz, eine radikale Opposition gegen die Sozialdemokratie durchzusetzen.
Der SDS teilte sich in zwei Gruppen: die Antiautoritären mit revolutionären, trotzkistischen, maoistischen o. ä. Tendenzen; zu ihnen zählten: Wolff, Lefèvre, Rabehl, Dutschke, Krahl. Die anderen waren die Traditionalisten mit einer konservativmarxistischen Richtung, orientiert an Prof. Abendroth (Marburg).
Ziel der SDS war es, Kritik an der am materiellen Wohlstand orientierten Gesellschaft zu üben und Zweifel an ihrer Moral und Integrität geltend zu machen. Gegen den erreichten Fortschritt und Wohlstand wurden die ungelösten Probleme der Dritten Welt ins Feld geführt. Moralische Trägheit und Sattheit verhindern spontane Aktionen, wie eine der Thesen lautete.
Die SDS-Kritik richtete sich aber auch gegen die unzureichende Qualifikation und Vorbildung der Politiker, gegen ihren Pragmatismus und Dogmatismus, gegen ihren mangelnden Mut zu unpopulären Entscheidungen. Den Parteien wurde vorgeworfen: das Fehlen großer Zukunftsentwürfe, Ratlosigkeit in der Bildungspolitik, Oligarchie der Verbände. Vor allem waren es Themen der Tagespolitik, die immer wieder analysiert und angegriffen wurden: der Vietnam-Krieg, die Notstandsgesetze (zwischen dem 8. und 30. Mai 1968 herrschte geradezu eine Anti-Notstands-Kampagne mit einem Sternmarsch auf Bonn, an dem 30000 Menschen teilnahmen, ohne die Verabschiedung verhindern zu können), die Monopolstellung der Springer-Presse, die Diktaturen in Griechenland, Spanien, Türkei, Iran.
Als friedliche Demonstrations- und Protestformen entwickelten die Studenten das Sit-in (den Sitzstreik), das Go-in (Belagerung oder Besetzung eines wichtigen Uni-Gebäudes, Störung von Vorlesungen), das Teach-in (die permanente Diskussion).
Wie in der BRD gibt es in vielen Ländern der freien Welt eine »Neue Linke«, die versucht, durch Gewaltakte und vielfältige, sich im Ausmaß steigernde Demonstrationen die Voraussetzungen zu schaffen, um die bestehende, »spätkapitalistisch« oder »autoritär« genannte Gesellschaftsordnung revolutionär zu beseitigen.
Wortführer der »Neuen Linken« sind der russische Anarchist Bakunin, Mao Tsetung, Che Guevara, Marcuse. Während die »Neue Linke« auch die von Kommunisten angewendeten Formen des legalen Kampfes ablehnen, wurden die verfassungsfeindlichen Ziele des SDS vorwiegend durch Parolen durchgeführt, die dem Kampf der Gehorsamspflicht, dem Kampf der Bevormundung und dem Kampf den Manipulationen das Wort redeten. Das Ansehen der staatlichen und gesellschaftlichen Einrichtungen sollte in der Öffentlichkeit herabgesetzt, die dort tätigen Personen sollten eingeschüchtert (»verunsichert«) und die Formen der »Unterdrükkungsfunktion« dieser Einrichtungen sollten sichtbar gemacht werden. Parolen wie »Zerschlagt die Bundeswehr«, »Zerschlagt die Justiz« blieben am Ende jedoch ohne durchschlagende Wirkung.

2. Die französischen Studentenunruhen von 1968

1968 ereigneten sich in der Zeit vom 22. März bis etwa Ende Juni die bisher größten Studentenunruhen, die fast zu einem Sturz der Regierung de Gaulle geführt hätten. Vor allem die Linke hatte der Regierung zum Vowurf gemacht, seit mindestens zehn Jahren Universitätsreformen versprochen, aber nichts unternommen zu haben. Die Regierung versuchte im Gegenteil, die UNEF (= »Union Nationale des Étudiants Français«, den Nationalen Verband der Französischen Studenten) auszumerzen, um deren ständige Forderung nach Reformen mundtot zu machen. Hinzu kam, daß ein Teil der Professorenschaft nicht bereit war, von seinen konservativen Vorstellungen abzugehen. Da brachen zuerst in Nanterre am 22. März Unruhen aus, die rasch auf die Sorbonne übergriffen, dann die Arbeiter mit einbezogen und schließlich beinahe zu einer Staatskrise geführt hätten.

Völlig spontan, von niemandem organisiert, gingen die Studenten auf die Straße, um gegen das falsche Spiel des Parlamentarismus zu demonstrieren.

In Nanterre waren es zunächst wenige, aber entschlossene militante Studenten, die eine totale Reform der Universität, ihrer Struktur, ihres Geistes und nicht zuletzt einen Umsturz der ganzen bürgerlichen Gesellschaft wollten. Sie betrachteten die Universität als einen imperialistischen Machtfaktor, der wie in Frankreich in der ganzen Welt bekämpft werden müsse. Die Universität galt nur als ein Instrument zur Produktion von Spezialisten, die dieses System nach Abschluß der Studienjahre gar nicht beschäftigen konnte. Durch ständige Infragestellung der Inhalte und Ziele des Studiums und der unbefriedigenden Prüfungsmethoden sollte das Universitätssystem ausgehöhlt werden.

In Nanterre wurde nach Ausbruch der Unruhen die Hochschule geschlossen. Nicht aber das brachte die Studenten vollends auf, sondern der Einsatz der Polizei, als am 3. Mai 1968 Studenten der Sorbonne eine Solidaritätskundgebung abhielten. Zu den inneren Motiven kamen äußere: so der Protest am Vietnam-Krieg, das Attentat auf Rudi Dutschke, die italienische Studentenrevolte, die Diktatur in Griechenland. Zahlreiche Studenten wurden von der Polizei verhaftet, darunter auch Daniel Cohn-Bendit, der mit Jacques Sauvageot und Alain Geismar zu den führenden Köpfen der Mai-Revolte gehörte.

Von der Sorbonne griffen die Unruhen auf das Quartier Latin über. Es war eine ungemein machtvolle Demonstration, gegen die auch hier die Polizei eingriff. Am 8. Mai versicherte der französische Unterrichtsminister Peyrefitte, daß der Universitätsbetrieb wieder aufgenommen werde, sobald die Ordnung wiederhergestellt sei. Als aber die Studenten ihre Forderungen der Regierung vortragen wollten, erklärte diese sich nicht bereit, mit den Studenten zu verhandeln. So kam es am 10. Mai zu erneuten Massendemonstrationen vor allem in der Rue Gay-Lussac in Paris, wo Barrikaden errichtet waren, um den Polizeieinsatz zu brechen. Nirgendwo auf der Welt gab es zuvor einen vergleichbaren revolutionären Kampf in einem so hochentwickelten Land mit seinem durch den Gemeinsamen Markt gestärkten kapitalistischen System.

Die Studenten glaubten an die Errichtung einer klassenlosen Gesellschaft auf dem Weg der Selbstverwaltung. Da die einzige Reaktion der Regierung brutale Polizeieinsätze waren, wurde der Ruf nach dem Sturz der Regierung immer lauter.

Am 11. Mai riefen die Gewerkschaften aus Protest gegen den Polizeiterror zu einem 24stündigen Generalstreik auf, an dem sich zwei Tage später etwa eine Million Arbeiter, Studenten und Oberschüler beteiligten. Ministerpräsident Pompidou war nun endlich bereit, Konzessionen und eine Amnestie für die inhaftierten Studenten anzukündigen. Die Opposition stellte im Parlament einen Mißtrauensantrag gegen die Regierung de Gaulle. Am 15. Mai wurde die Automobil-Fabrik Renault in Paris von Arbeitern besetzt.

Aus den Studentenunruhen war längst eine politische Bewegung geworden, deren Grundtenor lautete: Kampf gegen den Polizeiterror, Kampf für eine Kritische Universität und für das Recht auf politische Diskussion innerhalb der Hochschulen. Es ging darum, den »latenten Autoritarismus manifest werden zu lassen und das wahre Gesicht der vorgeschlagenen ›Dialoge‹ zu entlarven«. Die »Dialoge« mit der Regierung endeten mit dem Einsatz der Polizisten.

Das solidarisierte Studenten und Professoren, alle linken Splittergruppen waren zu

gemeinsamen Aktionen zusammengeschlossen, wie es bisher in Frankreich nie der Fall gewesen ist. Aus der Theorie ist revolutionäre Praxis geworden.
Am 22. Mai wurde der Mißtrauensantrag der Opposition abgelehnt. Am 24. Mai kündigte de Gaulle ein »Referendum über die Mitbestimmung« an. Sollte dies Angebot scheitern, so wolle er zurücktreten. Die Antwort waren abermals Studentendemonstrationen in ganz Frankreich. In der Provinz kam es zu Barrikadenkämpfen mit der Polizei, in deren Verlauf ein Polizist getötet wurde. Als das »Referendum« von den Studenten abgelehnt wurde, trat zwar nicht de Gaulle zurück, wohl aber der Unterrichtsminister Peyrefitte. Pierre Mendès-France wäre bereit gewesen, die Regierung zu übernehmen, wenn sich die gesamte Linke hinter ihn gestellt hätte.
Da hielt de Gaulle am 30. Mai 1968 eine Fernsehansprache an die Nation und erklärte, er werde die Nationalversammlung auflösen. Er rief zur »staatsbürgerlichen Verantwortung« gegen das »totalitäre Unternehmen« der Studenten auf. Erneut antworteten die Studenten mit einem Protestmarsch von der Gare de Montparnasse zur Gare d'Austerlitz. Am 7. Juni versuchte de Gaulle, die zunächst rein studentische Bewegung als Aktionen der Kommunisten abzuqualifizieren. Die Renault-Werke, der Ort der Arbeiterunruhen, wurden von der Polizei besetzt.
Die Aktionen der Studenten und Arbeiter endeten und brachten erst dann eine allmähliche Normalisierung in Frankreich, als die Ferien kamen und die Studenten auseinanderliefen. Was von den Demonstrationen blieb, war das ungeheure Solidaritätsbewußtsein der Studenten, die jedoch ihre Ziele, vor allem eine umfassende Universitätsreform, nicht durchsetzen konnten.

3. Studentenunruhen an spanischen Universitäten

Wie schon Jahre zuvor war auch 1972 der Beginn des Studienjahres in Spanien voller Zündstoff. Die Stimmung gegen die Regierung war durch die in den Ferien gegen Professoren und Studenten verhängten strengen Disziplinarmaßnahmen noch stärker als in früheren Jahren durch Verbitterung und Aggressivität gekennzeichnet. Zwar zog die Regierung ihre Polizei aus den Universitätsgebäuden und den Fakultäten zurück, doch nur so weit, daß bei möglichen Krawallen ihr erneuter Einsatz sofort geschehen kann. Seit drei Jahren halten sich Polizeispitzel in den Hörsälen auf, was im Jahr 1971 zu oft tagelang dauernden Straßenschlachten zwischen Polizisten und Studenten führte.
Viele Studenten, die sich gegen die Polizei erhoben und sich regimefeindlich geäußert hatten, wurden aus der Universität ausgeschlossen, mit ihnen auch acht Dozenten der Universität Valencia. Nach wie vor ist die Regierung völlig unsicher in der Handhabung der Universitätsreformen. Am drastischsten und der Diktatur am meisten gemäß war ein Vorschlag des Generaldirektors für Universitäten, Suárez, der das sowjetische Beispiel zur Lösung der spanischen Universitätskrise vorschlug: Numerus clausus und politische Kontrolle.

4. Studentenunruhen in Portugal

Am 16. Oktober 1972 kam es in Lissabon zu einer Massendemonstration, an der etwa 10000 Studenten teilnahmen, durch Lissabon zogen und Fensterscheiben regimefreundlicher Firmen zerstörten.
Anlaß war die Erschießung eines Lissaboner Studenten durch die portugiesische Polizei. Nach der Totenmesse für den Studenten ging die Polizei gegen die Demon-

stranten vor und verhaftete etwa 20 Personen. Der Student war folgendermaßen ums Leben gekommen: Bei einer Studentenversammlung machten Studenten einen ihnen Unbekannten aus, den sie festhielten und befragten, bis er zugab, Mitglied der politischen Polizei zu sein und außerdem früherer Angehöriger der berüchtigten PIDE (ehemaliger Name der Geheimpolizei). Das Universitätssekretariat fragte daraufhin bei der Polizei an, ob es sich bei der festgehaltenen Person um einen Polizisten drehe. Die Frage wurde verneint. Kurze Zeit später erschienen jedoch zwei Polizisten in der Studentenversammlung und schossen den von Studenten Festgehaltenen frei. Dabei wurde der Student Ribeiro dos Santos durch Polizistenkugeln getötet.

5. Studentenunruhen in Ägypten

Studentenunruhen zogen sich in Ägypten über das ganze Jahr 1972 hin. Gründe dafür lagen in der Kritik an der zu weichen Haltung der Regierung Sadat gegenüber Israel und in der Unzufriedenheit mit der Universitätspolitik und -disziplin. Die Unruhen, von der subversiven Linken immer wieder geschürt, ließen den Eindruck entstehen, daß die Hauptdrahtzieher in Moskau saßen. Regierungsfeindliche Kundgebungen an den Universitäten Kairo und Alexandria waren die Antwort auf Verhaftungen von Studenten durch die Regierung. Neben subversiven Umtrieben wurde den Studenten die Verbreitung schädlicher Gerüchte und Verstöße gegen die nationale Einheit zum Vorwurf gemacht. Bereits im Januar 1972 war die Aula der Kairoer Universität der Schauplatz von Zusammenstößen zwischen Studenten und der Polizei. Vorlesungs- und Hungerstreiks sowie Aufrufe zum Barrikadenbau, Sit-ins und permanente Diskussionen behinderten den geordneten Lehrbetrieb.
Anfang 1972 billigte die Regierung den Studenten zwar innerhalb der Universität einen »Freiraum« zu, in dem sich die politischen Energien entladen konnten. Andererseits wurde den Studenten aber gleichzeitig jede politische Tätigkeit untersagt. So trieb der Gegensatz zwischen verbaler Erlaubnis und hartem Polizeieinsatz die Studenten immer wieder auf die Straße.
Gegen einige Studenten wurden Disziplinarverfahren eingeleitet, die unter Ausschluß der Öffentlichkeit durchgeführt wurden, abermals Zündstoff für studentische Proteste.

6. Prozesse

Cohn-Bendit, Daniel

Der frühere deutsch-französische Studentenführer Cohn-Bendit, der in Frankfurt lebt, wurde im Juni 1972 wegen Landfriedensbruches und Aufforderung zu strafbaren Handlungen zu neun Monaten Freiheitsstrafe verurteilt mit dreijähriger Bewährungsfrist und 300 Mark Geldbuße, die an das Rote Kreuz zu zahlen waren. Nach Ansicht des Gerichts hatte Cohn-Bendit während einer Demonstration zugunsten der amerikanischen »Black Panther« am 28. November 1971 in Frankfurt eine Gruppe von Demonstranten aufgefordert: »Bildet Ketten, schlagt die Bullen zusammen!«

Teufel, Fritz

Der ehemalige Berliner Kommunarde Fritz Teufel, bekanntgeworden als »Justiz-Eulenspiegel«, wurde am 12. Juni 1970 festgenommen, und am 5. Januar 1971 begann der Prozeß gegen ihn. Die Anklage lautete auf zwei Verbrechen der versuchten schweren Brandstiftung. Teufel soll im März 1970 zwei Brandsätze im Berliner Amtsgericht deponiert haben, die aber rechtzeitig entdeckt und entschärft wurden. Am 25. Mai 1970 warf er zwei Molotow-Cocktails »in Richtung eines im ersten Stock des bayerischen Landeskriminalamtes befindlichen Fensters«.
Aus seinem Prozeß machte Teufel eine Justiz-Farce. Er weigerte sich z. B. aufzustehen bei der Vereidigung der Geschworenen (»Stehgymnastik«), lehnte Angaben zur eigenen Person ab und meinte, es sei besser,

wenn die Anwesenden, einschließlich des Landgerichtsrates, Auskünfte über ihre Person erteilen würden, denn wer er selbst sei, das stehe ja in den Akten.
Er begann »als höflicher Mensch« mit einer langen Begrüßungsansprache. Voll Spott sagte er zum »Hohen Gericht«, die hier herumstehenden Beamten würden sich schämen, Dienst tun zu müssen. Langsam, damit der Protokollführer mitkam, verlangte er in seinem Antrag, das »Hohe Gericht« solle doch bitte den Namen des Volkes nicht länger »zur Bemäntelung von Herrschaftsinteressen« im Munde führen.
Schließlich erhob er sich vor dem Gericht mit dem berühmt gewordenen Satz: »Na ja, wenn es zur Wahrheitsfindung dient . . .«
Der ehemalige APO-Anführer (Außerparlamentarische Opposition) wurde am 15. Januar 1971 zu einer Freiheitsstrafe von zwei Jahren verurteilt. Nach der Urteilsverkündung brach unter den Zuschauern ein heftiger Tumult aus. In Sprechchören riefen seine Gesinnungsgenossen: »Macht kaputt, was euch kaputtmacht!« und »Feuer unterm Richterarsch verkürzt den langen Marsch!«.
Angesichts des unglaublich dürftigen Beweismaterials hätte Teufel freigesprochen werden müssen. Seine Verteidigung ging sofort in die Revision. Doch am 13. Januar 1972 verwarf der Bundesgerichtshof in Karlsruhe das Revisionsbegehren.
Nach Verbüßung seiner Haftstrafe wurde Teufel am 12. Juni 1972 aus der Haftanstalt Landsberg am Lech entlassen.
Das deutsche PEN-Zentrum kritisierte das Urteil gegen Teufel als ein »zum Racheakt ausgeartetes Urteil« und veranlaßte die Gründung eines justizkritischen Ausschusses. Auf Vorwürfe des Verbandes deutscher Schriftsteller antwortete die Bundesregierung, in der Bundesrepublik gebe es keine »politischen Gefangenen« und der Fall Teufel sei nicht als solcher zu bewerten. Trotzdem verstand die Öffentlichkeit seinen Prozeß und seine Haftbedingungen in diesem Sinne. Während seiner Einzelhaft wurde er vollkommen von anderen Häftlingen abgeriegelt, hatte Einzelausgang im Hof und andere verschärfte Haftbedingungen, die von seinen Verteidigern als »Psycho-Terror« angeprangert wurden.

Gezmis, Aslan und Inan

Die drei türkischen Studenten Deniz Gezmis (25), Yusuf Aslan (26) und Hueseyin Inan (25), die am 9. Oktober 1971 wegen Umsturzversuchs von einem Militärgericht zum Tode verurteilt worden waren, sind am 6. Mai 1972 am Galgen des Zentralgefängnisses von Ankara hingerichtet worden. Das Berufungsgericht, das Parlament und Staatspräsident Sunay hatten die Urteile bestätigt. Eine Anfechtungsklage des 87 Jahre alten Parteiführers, ehemaligen Ministerpräsidenten und Vertrauten des Republikgründers Kemal Atatürk, Ismet Inönü, war ohne Erfolg geblieben.
Die Hingerichteten wurden als Führer der Untergrundorganisation »Türkische Volksbefreiungsarmee« bezeichnet, die seit 1968 Entführungen, Raubüberfälle, Bombenattentate und Morde begangen hatte. Angehörige dieser Organisation hatten im Mai 1971 den israelischen Generalkonsul Ephraim Elrom entführt und getötet. Anfang April 1972 hatten ebenfalls Mitglieder dieser Organisation zwei britische und einen kanadischen Radartechniker von einer Beobachtungsstation am Schwarzen Meer entführt, um sie gegen die drei nun hingerichteten Studenten auszutauschen. Der Versuch endete mit einem Blutbad in dem Dorf Kizilderu, wo außer den drei Geiseln auch zehn Guerillas ums Leben kamen. Anfang Mai 1972 entführten wiederum Mitglieder der Untergrundorganisation eine türkische Verkehrsmaschine nach Sofia.
In der Nacht, in der die Hinrichtungen vollstreckt wurden, wurden in Ankara und Istanbul mehrere Bombenanschläge verübt.
Der türkische Senat hatte mit 105 gegen 36 Stimmen die Todesurteile bestätigt.

Athener Studenten-Prozeß

Ein Athener Militärgericht verurteilte am 19. Oktober 1972 vier deutsche Studenten wegen »Konspiration zu einer gesetzwidrigen Handlung« zu Gefängnisstrafen zwischen sechs und 18 Monaten. Angeklagt waren Ernst Ludwig Zorer, Jahrgang 1940, der die »Bande« am 7. Juli 1972 bei der Einreise aus Jugoslawien schon »angeführt« haben soll, Werner Robbers (26), Jürgen Obermayer (27) und die 19jährige Abiturientin Susanne Bausinger.
Nach Auffassung der fünf Offiziere, die das Verfahren führten, verfolgten die am 8. Juli 1972 in Athen festgenommenen Angeklagten mit ihrer Autofahrt nach Griechenland den Plan, einer von der Militärpolizei wegen staatsfeindlicher Handlungen gesuchten Griechin deutscher Abstammung die Flucht in die Bundesrepublik mit gefälschten Ausweisen zu ermöglichen.
Die drei Verteidiger plädierten auf Freispruch und vertraten die Ansicht, daß weder Zorer, der die Höchststrafe von 18 Monaten Gefängnis erhielt, noch die drei anderen Angeklagten eine Straftat begangen hätten. Der Plan zur Fluchtbeihilfe sei nämlich nicht auf griechischem Staatsgebiet, sondern in der BRD gefaßt worden. Es wurde in Abrede gestellt, daß man »allein schon Gedanken bestrafen« könne.
Gegen die Vollstreckung der Urteile gab es in Athen, wo noch immer das Kriegsrecht herrscht, keine Rechtsmittel oder Revision.
Kurz vor Weihnachten 1972 wurden die vier Verurteilten von der griechischen Regierung freigelassen und in die BRD abgeschoben. Die Studenten berichteten, daß sie bei Vernehmungen gefoltert, geschlagen und zu Scheinexekutionen an die Wand gestellt worden sind.

Der Zagreber Studentenprozeß

Der Prozeß gegen vier kroatische Studentenführer, die 1971 an der Spitze der Nationalen Studentenbewegung in Kroatien standen, wurde im August 1972 wieder aufgenommen und zum Abschluß gebracht.
Der Prozeß in Zagreb begann am 5. Juli 1972. Den Angeklagten wurde konterrevolutionäre Tätigkeit vorgeworfen.
Hauptangeklagter war der 24jährige ehemalige Vorsitzende der Zagreber Studentenschaft, *Drazen Budisa*. Mit ihm hatten sich der ehemalige studentische Prorektor der Zagreber Universität, *Ivan Zvonimir Cicak*, der frühere kroatische Studentenführer *Ante Paradzik* und Budisas früherer Stellvertreter *Goran Dodig* zu verantworten. Zu Beginn des Prozesses hatte der Hauptangeklagte Budisa jede Aussage verweigert, weil er das Gericht für politisch beeinflußt hielt. Budisa, wie die anderen offiziell wegen Hochverrats und Geheimbündelei angeklagt, begründete seine Haltung vor Gericht damit, daß nach der 21. Plenarsitzung des jugoslawischen Parteipräsidiums das politische Leben Jugoslawiens durch »Neostalinismus« und »Terrorismus« gekennzeichnet sei. Auf dieser Sitzung Anfang Dezember 1971 war die damalige kroatische Parteiführung von Tito wegen Nationalismus verurteilt worden.
Durch politische Propaganda in den Informationsmedien und durch Reden führender Politiker seien die Angeklagten schon vor dem Prozeß moralisch und politisch diskreditiert worden, so daß von einer Unabhängigkeit des Gerichts keine Rede mehr sein könne, so Budisa. Ihm schloß sich Cicak an. Er erklärte, daß Schweigen die beste Verteidigung sei, und bezeichnete die auf Hochverrat lautende Anklage als lügnerisch und konstruiert. Auch Cicak nannte die gegenwärtige Politik Jugoslawiens eine Art von Neo-Stalinismus.
Kurz nach Beginn des Prozesses versuchte Cicak Selbstmord zu begehen. Während Cicak im Gefängnishospital zugab, 20 Schlaftabletten eingenommen zu haben, erklärte ein Arzt im Zeugenstand merkwürdigerweise, der Mageninhalt Cicaks habe keinerlei medikamentöse oder toxische Spuren ergeben. Inzwischen wurde festgestellt, daß Cicak ein Beruhigungsmittel eingenommen hatte. Trotz dieser offiziellen Angabe blieb der Selbstmordversuch Cicaks letztlich ungeklärt.
Obgleich Cicak immer wieder von »stalinistischer Hetzjagd« sprach, bestätigten Prozeßbeobachter die korrekte Verhandlungsführung durch den Gerichtsvorsitzenden Mihajlevic. Er kam erst aus der Ruhe, als der dritte Angeklagte Paradzik eine Erklärung vom Blatt las, in der es hieß, es handle sich hier um einen »politischen, in Szene gesetzten Prozeß gegen alle progressiven Kräfte Kroatiens, gegen den Selbstverwaltungssozialismus in Jugoslawien, gegen Gleichberechtigung und Demokratie«. An diesem Punkt unterbrach ihn der Vorsitzende mit der Bemerkung, der Gerichtssaal sei »kein Platz für eine politische Show«.
Der 25jährige Angeklagte Goran Dodig erklärte sich zu Aussagen und zur Verteidigung bereit. Er kritisierte die Haltung seiner drei Mitangeklagten und meinte, Tausende von Studenten würden erwarten, daß ihre ehemaligen Führer vor Gericht klare Aussagen machen würden. Er widersetzte sich der Behauptung der Anklage, daß er zusammen mit den drei anderen die politische Ordnung des Selbstverwaltungs-Sozialismus in Jugoslawien habe beseitigen wollen. Er bestritt auch, daß es so etwas wie eine nationale kroatische Studentenbewegung und ein »revolutionäres Komitee« gegeben habe.
Der Medizinstudent Dodig, der bei der Organisation des Zagreber Studentenstreiks im November 1971 eine führende Rolle gespielt haben soll, verteidigte sich sehr geschickt und weniger provokativ gegenüber dem Gericht als seine drei Mitangeklagten. Nach seiner Ansicht sei damals wie auch heute noch die »Bewegung kroatischer Studenten« (PHS) eine mit der damaligen Parteilinie durchaus konforme, lose Vereinigung gleichgesinnter Hochschüler gewesen und keineswegs eine geheimbündlerische Verschwörung. Er machte geltend, daß man sich damals bei der Organisation des Zagreber Studentenstreiks gutgläubig auf die Parolen von Präsident Tito habe berufen können.
Am 6. Oktober 1972 sprach ein Zagreber Gericht seine Urteile über die vier kroatischen Studentenführer: Budisa erhielt vier, Cicak und Paradzik je drei Jahre und Dodig ein Jahr Gefängnis. Sie waren für schuldig befunden worden, die Hauptakteure einer »konterrevolutionären Verschwörung gegen den Selbstverwaltungssozialismus in Jugoslawien« gewesen zu sein.
Das Strafmaß der Urteile wurde als überraschend mild bewertet. Vermutlich hatte das Gericht manche Schärfen der Anklage stillschweigend zurückgerückt.
Schließlich wurden hier die eigenen Kinder der Revolution bestraft, Angehörige von Jahrgängen, die im sozialistischen Jugoslawien geboren und erzogen worden sind.

k) Ausländische Geheim-, Terror- und Untergrundorganisationen

Geheim-, Untergrund- und Terrororganisationen haben nicht unbedingt eine gemeinsame Basis. Während eine Geheimorganisation wie die Mafia z. B. im illegalen Untergrund lebt und in ihren Terrormethoden zu beachtlichen Meisterschaften gekommen ist, bleibt ihre Aktivität auf Geschäftspraktiken und Komplicenschaft mit führenden Politikern, Polizisten, Wirtschaftsbossen etc. beschränkt.
Die Untergrund- und Terrormaßnahmen von Ku-Klux-Klan sind ideologisch im

Rassenhaß begründet, ohne daß ihre Tätigkeiten sich gegen den Staat als solchen richten würden.
Dies ist aber eindeutig der Fall bei Terrororganisationen, wie es die OAS war, wie es griechische Organisationen sind, ebenso die italienische GAP, die japanische »Vereinigte Rote Armee«, die Iranische Befreiungsbewegung, die südafrikanischen Organisationen, die Tupamaros und schließlich die deutsche Baader-Meinhof-Gruppe. Ihnen ging und geht es darum, die kapitalistische Staatsordnung zu beseitigen, um Platz zu schaffen für wie immer geartete, meist marxistisch-leninistisch orientierte Staatsvorstellungen.
Im Unterschied zu rein kriminellen Banden, die zwar oft die gleichen Gewaltmaßnahmen anwenden wie die Terrororganisationen, haben letztere oft ein erstaunlich großes Feld von Hintermännern aus der gutbürgerlichen Intelligenzschicht.

1. Die Mafia (Sizilien)

Seit Jahrhunderten gibt es auf Sizilien die Mafia, die ›Ehrenwerte Gesellschaft‹. Sie war entstanden als eine Art Privatpolizei oder Leibgarde sizilianischer Feudalherren, weil es staatliche Polizisten so gut wie überhaupt nicht gab. Diese Leibgarde der Reichen überdauerte die Jahrhunderte und ist nun heute selbst reich, mächtig und autonom geworden.
Die Mafia hat ihre eigenen Gesetze. An erster Stelle steht noch heute die absolute Schweigepflicht, die in der Mentalität der Sizilianer, ihrem wenig ausgeprägten Sinn für Gemeinschaft und dem starken Egoismus ihre Wurzel hat.
Wer dem Mafia-Gesetz zuwiderhandelt, wurde früher und wird noch heute umgebracht.
Früher wurden die Opfer erstochen oder mit einer Schrotflinte erschossen, heute werden Maschinenpistolen benutzt.
Hat ein von der Mafia Getöteter einen Stein im Mund, so bedeutet das: Er hat die Schweigepflicht gebrochen.
Liegen seine ausgerissenen Augäpfel in seinen Händen, so bedeutet das: Er hat zu viel gesehen.
Liegt ein Kakteenblatt auf der Brust, so bedeutet das: Er hat die Mafia finanziell geschädigt.
Bekommt eine Familie ein Paket mit Fischen zugeschickt, so bedeutet das: Ein Familienmitglied ist bei den Fischen, also ins Meer geworfen worden.
Diese Mafia-Todesurteilsbegründungen werden auch in Amerika praktiziert.
In Sizilien gab es noch nie eine demokratische Regierung. Immer waren die Bürger unterdrückt, der Gewaltherrschaft und der Korruption der Mächtigen ausgeliefert. Gegen das autoritäre Regime hatte sich zuerst die Mafia gebildet als Geheimgesellschaft zur gegenseitigen Hilfe und zum gegenseitigen Schutz. Das Wort »Mafia« bedeutet »Ort der Zuflucht« (es stammt aus dem Arabischen), und die Mafia war auch lange Zeit die einzige Zufluchtsstätte der unterdrückten Sizilianer.
Inzwischen hat sich jedoch die Sozialstruktur der Mafia geändert, seit nämlich 1943, als die Amerikaner Sizilien besetzt hatten, viele Mafia-Bosse aus ihren Gefängnissen befreit und in öffentliche Ämter berufen wurden, um als Antifaschisten tätig zu sein. Von nun an begann der Druck der Mafia von oben.
Nach dem Ende des Zweiten Weltkrieges versuchten sizilianische Separatisten, einen unabhängigen Staat aus Sizilien zu machen. Die italienische Regierung opponierte und setzte ihre Armee in Marsch. In den Kampfhandlungen, die das Land nahe an die Grenze des Bürgerkrieges brachten, kämpfte auf sizilianischer Seite Salvatore Giuliano aus Montelepre als Heerführer der Separatisten. Salvatore, der

›König‹ der Armen, hatte seinem Volk versprochen, es vom italienischen Joch zu befreien. Auf seiner Seite stand auch die Mafia.

Der Aufstand der Separatisten brach aber unter der Übermacht der italienischen Armee zusammen. Die unterlegenen Separatisten lösten sich auf, die Mafia und Salvatore Giuliano wechselten auf die Seite der Sieger (wie es die Mafia seither immer tut), auf die Seite der christdemokratischen Regierung in Rom, über.

1948 ging bei Regionalwahlen die sizilianische Volksfront als Gewinner hervor. Kommunisten und Sozialisten wollten nun die gesetzlich vorgesehene Bodenreform durchführen. Als am 1. Mai 1948 die Volksfront in der Nähe von Montelepre auf freiem Feld viele Menschen zu einer Kundgebung versammelt hatte, schossen Bandenmitglieder Giulianos, die sich in den Hügeln der Umgebung verborgen hatten, in die Menge. Es gab 11 Tote und 54 Verletzte. Danach wurden noch zahlreiche Gewerkschaftler und Angehörige der Linksparteien ermordet. Die Volksfront verlor an Stimmen, und die von ihr geplante Durchführung der Bodenreform scheiterte.

Inzwischen weiß man, daß damals hinter Giuliano die Mafia und die christdemokratische Regierung Roms standen, ja, der römische Minister Mattarella soll Giuliano persönlich zu dem Feuerüberfall auf die Versammlung der Volksfront gewonnen und ihm dafür Straffreiheit zugesichert haben.

Die Behörden stempelten Giuliano jedoch zum ›Staatsfeind Nr. 1‹. 2000 Polizisten durchkämmten mit Panzern das Gebiet und suchten ihn.

Giulianos Stellvertreter, Gaspare Pisciotta, wurde bald verhaftet, er hatte mit Giuliano an dem Überfall teilgenommen.

Ihm sicherte nun die Polizei Straffreiheit zu, wenn er den Bandenchef ermorden würde. Außerdem wurde Pisciotta von der Mafia bestochen.

Ein Freund Giulianos, Benedetto Minasola, verriet Giulianos Versteck. Nun konnte Pisciotta seinen Auftrag ausführen. Er erschoß den schlafenden Bandenchef im Juli 1950 durch zwei Revolverschüsse in den Nacken. Dann erst kamen die Carabinieri unter dem Obersten Luca und jagten nachträglich dem toten Giuliano noch eine Maschinenpistolengarbe in den Körper. Damit sollte für die Öffentlichkeit der Nachweis geliefert werden, daß Giuliano durch eine Polizeiaktion getötet worden sei.

Doch nach der Ausführung seines Auftrages erhielt Pisciotta nicht die versprochene Straffreiheit. Er starb im Untersuchungsgefängnis binnen weniger Minuten an Strychninvergiftung (vgl. S. 190).

Gegen die Mitglieder der Giuliano-Bande wurde ein Prozeß geführt. Sie erhielten hohe Zuchthausstrafen, auch Minasola. Er bekam wegen seiner Mitgliedschaft zur Bande Giulianos 14 Jahre Zuchthausstrafe, wurde jedoch nach sechs Jahren begnadigt. Gemäß den Gesetzen der Blutrache wurde er am 20. Februar 1960 auf offener Straße erschossen. Bis heute ist nicht bekannt, wer seine Mörder waren.

Die Mafia, die sich auf die Seite der Mächtigen schlug, arbeitete etwa seit 1950 eng mit dem Staat zusammen. Die autonome, fast diktatorische Feudalstruktur blieb dadurch auf Sizilien erhalten.

Für viele unterdrückte Sizilianer wurden die Arbeitsbedingungen – vor allem auf dem Land – immer schlechter. Eine halbe Million von fünf Millionen Sizilianern emigrierte. Eine industrielle Entwicklung erlebte Sizilien nicht. Die nur wenigen Industriebetriebe in den Städten bieten nicht genügend sichere Arbeitsplätze. Palermo kann seinen 700000 Einwohnern nur 5000 Arbeitsplätze in der Schiffswerft und 1200 beim Stadttheater bieten. Die Masse des armen Proletariats lebt kärglich und unterdrückt – die besten Voraussetzungen für die Mafia, die gegen jeden demokratischen Reformversuch ihre Einflüsse in den höchsten Verwaltungs- und politischen Ämtern geltend macht, die in Rauschgifthandel und Tabak- und

Waffenschmuggel verwickelt ist und insgesamt als eine staatlich geduldete Verbrecherorganisation gilt. Immer wieder verstand es die Mafia, die von einer demokratischen Minderheit verlangten Untersuchungsausschüsse gegen die Mafia zu unterbinden. Nach dem Zweiten Weltkrieg kamen durch die Mafia mehr als 500 Menschen zu Tode. Fast nie wurde ein Mafia-Angehöriger verhaftet oder gar in einem Prozeß verurteilt.

Um die Bevölkerung zu beruhigen, werden hie und da, 1960 vor allem in Palermo, Polizeiaktionen gegen Mafia-Banden durchgeführt. Scharfe Kontrollen durch die Polizei und Straßensperren werden aufgeboten, aber die Mafia bleibt unbehelligt.

Zwischen 1962 und 1963 tobten Mafia-Bandenkriege um Rauschgift- und Tabakschmuggel. Im Kampf zwischen der Bande von Angelo La Barbera und Toto Greco wurde dieser getötet, mit ihm aber auch sechs Carabinieri und der Leutnant Malausa (am 30. Juni 1963).

Inzwischen hat sich eine neue Mafia-Generation ihr Monopol gesichert im Baugewerbe, der Stadtverwaltung und im Großhandel. Fünf Mafia-Bauunternehmer haben heute über 80 Prozent der Bauwirtschaft auf Sizilien in der Hand. Aber nicht die Altstadt von Palermo wird saniert, sondern es werden Trabantenstädte außerhalb Palermos neu aus dem Boden gestanzt, was die Grundstückspreise in schwindelnde Höhen ansteigen ließ. Die Mafia-Bosse verdienen am Boden, an den Bauten, Straßen und Leitungen, die zwischen Palermo und den neuen Siedlungen verlegt werden müssen.

Während die wenigen größeren Städte noch fest in der Hand der Mafia-Bosse sind, ist der Einfluß der Mafia auf dem Land stark zurückgegangen. Die Bauern halten sich nicht mehr an das Gesetz des Schweigens, was jetzt erstmals in Sizilien die Bildung von Gemeinschaften und das Diskutieren von gemeinsamen Problemen ermöglicht. Zumindest das Wasser, das bisher von der Mafia monopolisiert war, können nun alle ohne Tribut benutzen. Es sind Bestrebungen im Gange, mit demokratischen Mitteln und mit praktischer sozialer Hilfe für die proletarische Menge der Sizilianer die Macht der Mafia-Bosse zu unterwandern. Ohne ihre Genehmigung konnte bisher keine Stadtverwaltung Bauvorhaben durchführen lassen oder Geschäftskonzessionen vergeben. Die Mafia profitiert so lange als Zwischenglied zwischen Stadtverwaltung und Bürgern, als die Stadtverwaltungen selbst entweder korrumpiert oder durch Mafia-Bosse besetzt sind.

Die Mafia kassiert nicht umsonst von unten und von oben ihre Gelder. Wenn Parteien reich genug sind, um den Dienst der Mafia bezahlen zu können, so gelingt es der Mafia immer wieder, Wählerstimmen für einen von der Partei gewünschten Kandidaten zu sammeln, auch wenn dieser nicht in der Gunst des Volkes steht und auf demokratischem Wege auch nicht gewählt würde. Die Mafia hilft jedem, der bezahlen kann, ganz gleich, zu welcher Partei er gehört.

Die Macht, die die Mafia heute noch ausübt, ist Gewaltkriminalität. Ermordungen, Entführungen, Überfälle und Raub passieren auch heute noch. Als Bauunternehmer haben die Mafia-Bosse auch die Möglichkeit, ihre Opfer spurlos verschwinden zu lassen: Sie werfen sie in Baugruben und betonieren sie ein.

War früher die Mafia eine Schutzgarde der Feudalherren des Landes, so ist sie heute selbst nahezu feudal geworden mit eigenem Machtmonopol in den wichtigsten Ämtern, Firmen und Regierungen. In jeder Partei sitzen Mafiosi, obgleich die Mafia insgesamt unpolitisch ist, und in jedem Wirtschaftskonzern bestimmen die Mafiosi.

In den 70er Jahren hat sich abermals die Sozialstruktur der Mafia geändert. Vor allem dem »Nachwuchs« wurde der Boden auf dem angestammten Sizilien zu heiß, seitdem die Regierung daranging, Mafiosi, deren sie habhaft werden konnte, auf einsame und öde Inseln zu verbannen. Der »Nachwuchs« faßte auf dem Festland Italien Fuß, vor allem in Turin und Mailand, in Triest und nahe der jugoslawischen

Grenze, in Rom und im Alpental von Susa, das zur französischen Grenze führt und das wegen der zunehmenden Mafia-Aktivität »das Tal des Todes« heißt.
Die Mafia-Methoden im Norden Italiens sind indes die gleichen wie auf Sizilien. Mafia, ursprünglich der »Ort der Zuflucht«, heißt heute: Drohung, Bestechung, Erpressung, Brutalität, Brandstiftung und Mord. Das Gesetz der »Omertà« brachten sie mit in den Norden.
Bitten der Mafia abzuschlagen, kann sich auch im heutigen, hochindustrialisierten Italien keiner erlauben. Wünscht z. B. ein Mafia-Mitglied bei einem Lkw-Transport aus dem Norden in den Süden einen anderen Beifahrer und widersetzt sich der Transportunternehmer diesem Wunsch, so fehlt eines Tages einfach sein Lkw, seine Reifen sind zerschnitten, oder er ist in Brand gesetzt worden. Nach guten Mafia-Sitten pflegt vom Täter jede Spur zu fehlen. Beifahrer nach eigener Wahl mitzuschikken, wurde zu einer oft angewandten Mafia-Geschäftstaktik: Er sorgt nämlich unterwegs für die Zuladung von Schmuggelzigaretten, die im Süden abgesetzt werden.
Wie den Transportunternehmern ergeht es auch den Bauunternehmern: »Arbeitsvermittlungen« der Mafiosi abzulehnen, kann zum geschäftlichen Ruin führen; irgendwann überfallen bewaffnete Banden die Baustellen, zerstören die Baumaschinen oder stecken die Bauhütten in Brand. Und gar Nachtlokalbesitzer, die »sauber« bleiben wollen, erleben es, daß ihre Bars serienweise niederbrennen.
Bevorzugte Geschäfte pflegen die Mafiosi in Norditalien auf den Gebieten Schmuggel, Waffen- und Rauschgifthandel, Prostitution und Spielhöllen, Baugewerbe und Märkten zu tätigen.
Vorläufig steht die norditalienische Polizei den Einflüssen der sizilianischen Mafia ziemlich hilflos gegenüber. Sie hat keine Erfahrung im Umgang mit den Erben der »Bosse von Palermo«. Gegen Mafiosi im Norden vorzugehen, ist genauso heikel wie im Süden: Viele »ehrenwerte« Herren sitzen bereits in öffentlichen Ämtern und wissen von vornherein Antimafia-Aktionen zu hintertreiben, ehe es überhaupt zu konkreten Operationsplänen gegen die Mafiosi kommen kann.
Die allmächtige Mafia bestimmte auf Sizilien, was Recht und Unrecht ist, so lange, als die Sizilianer dem Mafia-Gesetz, der Omertà (Schweigepflicht) unterwürfig folgten.
Männer haben bisher noch nie gewagt, dieses Grundgesetz der »Ehrenwerten Gesellschaft« zu brechen. Erst 1972 unternahmen es erstmals fünf Witwen von Mafia-Opfern, als Zeuginnen aufzutreten und Mafia-Mitglieder offen des Mordes anzuklagen. Erfolge hatten sie allerdings kaum. Die fünf mutigen Frauen sind:
1. die 54jährige Rosa Messina aus dem Bergdorf Tommasso in der Nähe von Palermo. Ihr Mann, Francesco Riccobono, war selbst ein Mafiaboß und hatte sich, dem Brauch folgend, schon als junger Mann Ansehen bei der Mafia verschafft als Picciotto: als Mordknabe. Die Mutprobe der Mordknaben besteht darin, entweder selbst einen bestellten Mord auszuführen oder dabei behilflich zu sein. Rosa Messina hatte vier Söhne, von denen drei wie der Vater Mafia-Mitglieder wurden. Der Vater wurde im Oktober 1957 getötet. Über diesen Mord wie über die Morde an zwei ihrer Söhne schwieg die Witwe. Sie brach erst ihr Schweigen, als die Mafia eines ihrer ungeschriebenen Gesetze gebrochen hatte: Der erst 13 Jahre alte Paolino wurde getötet, als er seinem Bruder zu essen und zu trinken in die Berge brachte. Üblicherweise werden männliche Kinder unter 16 Jahren vom Zugriff der Mafia verschont.
Nach dem Mord an Paolino am 18. Januar 1961 landeten 30 von der Witwe angezeigte Mafiosi auf der Anklagebank. Einen einzigen Zeugen konnte sie auftreiben, einen alten Schäfer, der nur zu reden bereit war, nachdem er wußte, daß er lebensgefährlich an Krebs erkrankt war und seine Tage ohnehin gezählt waren. Doch von

den 30 Angeklagten wurden 29 freigesprochen. Als einziger verurteilt (zu drei Jahren Kerker) wurde der Sohn Ciccio der Witwe Rosa Messina. Gegen die anderen fand das Gericht keine Beweise. Ciccio aber wurde während seiner Inhaftierung so verprügelt, daß er den Verstand verlor. Die alte Frau ist in ihrer Heimat geächtet und von allen gemieden. Denn es heißt in einem Mafia-Gesetz: Wer zu einem Menschen hält, der die Omertà gebrochen hat, den trifft die Rache der Mafia.
Seit 1963 gibt es in Palermo eine Anti-Mafia-Kommission, deren Kampf gegen den Mafia-Terror so gut wie erfolglos ist, weil die Bevölkerung zwischen Palermo, Villalba (der Mafia-Hochburg) und der Hafenstadt Marsala nach wie vor schweigt.
2. Vittorina Orlando, die jüngste unter den Anklägerinnen, hatte sich schon bei ihrer Eheschließung mit Candido Ciuni den Unwillen der Mafia zugezogen, weil sie aus Liebe geheiratet hatte. Nach Mafiasitte werden aber die Ehen von den Eltern gestiftet, wodurch der Mafia-Clan erhalten bleibt.
Die kleine Pension, die sie mit ihrem Mann führte, ging schlecht, bis sich eines Tages neun Männer einmieteten und gut bezahlten. Es waren Mafiosi, die sich den jungen Candido kauften. Als eines Tages eine Leiche in der Pension »passiert« war und Candido die Polizei benachrichtigen wollte, belehrte ihn einer seiner »Gäste«: »Sie werden einen Weg finden, die Geschichte ohne viel Aufhebens zu erledigen!« Candido wußte Bescheid. Die Leiche verschwand in der Nacht im Meer. Damit aber war Candido einer Aufnahmeprüfung in die Ehrenwerte Gesellschaft würdig, die noch aus den Tagen der alten Mafia vor 250 Jahren stammt: Dem Neuling wird eine Nadel in den Mittelfinger gestochen und ein Tropfen Blut auf ein kleines Heiligenbild gedrückt. Anschließend wird das Bild verbrannt, und während der Prüfling die Asche des Bildes in seiner Hand hält, muß er den Mafia-Eid schwören: »Ich schwöre, meinen Brüdern die Treue zu halten, sie nie zu hintergehen, ihnen immer zu helfen, und wenn ich meinen Eid nicht halte, möge ich verbrennen und zu Asche werden wie die Asche dieses Heiligenbildes.«
Zurück zur kleinen Pension der Familie Ciuni. Durch die Mafia war nun ein regelmäßiger Verdienst gesichert. Mit dem gesparten Geld pachtete die Familie ein größeres Hotel in Palermo. Dort wurden sie wieder von Mafia-Gästen beehrt. Aber diesmal bezahlten sie nicht. Sie belegten lediglich die Zimmer, damit kein Platz mehr war für zahlende Gäste. Die Pension ging abermals schlecht. Und nach dieser kleinen Lektion bezahlten sie die Ciunis wieder fürstlich. Denn sie wußten nun, ohne die Hilfe der Mafia ist kein Geschäft zu machen. Niemals würden sie das, was auch immer in der Pension passiert, an die Polizei verraten.
Als Candido Ciuni sich aber weigerte, in seinem Hotel ein Heroin-Depot für die Mafia anzulegen, wurde er am 21. Oktober 1970 vor seinem Hotel angeschossen. Er kam ins Krankenhaus, genas, doch plötzlich erschienen drei Männer in Ärztekitteln im Krankenzimmer, in dem auch Frau Vittorina lebte, und erschossen Candido aus nächster Nähe.
Auch sie erstattete nun Anzeige gegen die Mörder, bisher ohne Erfolg.
3. Salvatore Serio wurde mit 31 Jahren von Mafiosi erschossen, weil er versucht hatte, kein Mafioso zu werden, kein Unrecht zu tun und nur mit Hilfe der Gewerkschaft zu einem besseren Leben zu kommen. Wer aber die Hilfe der Mafia verschmäht, macht sich schuldig. Am 16. Mai 1955 mußte er deshalb sein Leben lassen. Seine Mutter zeigte die vier Mörder an, es kam zum Prozeß, doch die vier Mafia-Mörder wurden freigesprochen, weil kein Sizilianer wagte, als Zeuge aufzutreten. Ohne Beweise konnte auch hier der Staatsanwalt nichts gegen die Mörder ausrichten.
Die Macht der Mafia besteht also nach wie vor, denn sie ist in der Mentalität der Sizilianer begründet: Sie wissen nichts, sehen nichts und hören nichts, was sie nicht selbst betrifft.

4. Am 13. September 1970 wurde der Journalist Mauro de Mauro auf der Straße in einen Wagen gezerrt, entführt – und ermordet. Grund: Er hatte für seine Zeitung »L'Ora« in Palermo eine Analyse über die Mafia im Zusammenhang mit dem Tod von (siehe) Enrico Mattei schreiben wollen. Auch für diese Entführung, die an jenem Sonntagnachmittag mitten in einer belebten Straße passierte, gibt es keine offiziellen Zeugen.
Auch seine Witwe gehört zu den Frauen, die das Gesetz des Schweigens brach und Anzeige erstattete.
5. Seit neun Jahren kämpft Serafina Battaglia aus Palermo, drei Mafia-Mörder ins Gefängnis zu bringen, die im April 1960 ihren Mann umgebracht hatten. Das Schwurgericht in Ancona tagte bereits zum drittenmal – und sprach die drei Mörder frei. Sie hatten sich inzwischen einwandfreie Alibis und absolut sichere Zeugen verschafft. Mafia-Morde sind nämlich Maßarbeit, und kommt es zu einem Prozeß, so sind bis dahin sämtliche juristischen Handhaben gegen die Mafia ausgemerzt.
Vermutlich aufgrund der mutigen Mafioso-Frauen entschloß sich die Justiz von Palermo, einen Prozeß gegen eine der brutalsten »Kontenbegleichungen« unter verschiedenen Mafia-Clans zu starten. Angeklagt war im September 1972 einer der vermutlichen Bosse der »Neuen Mafia«, der 44jährige Gerlando Alberti. Mitangeklagt wurden 24 weitere Mafiosi. Sechs von ihnen wurde vorgeworfen, am 10. Dezember 1969 in Palermo als Polizisten verkleidet in das Büro eines Bauunternehmens eingedrungen zu sein und dabei vier Menschen erschossen zu haben. Der Ausgang des Prozesses war Ende 1972 noch nicht erfolgt.

Corleone

In dem kleinen sizilianischen Bauernstädtchen Corleone wurden seit Ende des Zweiten Weltkrieges weit mehr als 100 Morde durch die Mafia verübt. Corleone wurde dadurch zu dem Ort mit der höchsten Mordquote der Welt.
Zu diesen Morden kam in der Nacht zum 31. August 1972 ein weiterer hinzu. Opfer war der Flurhüter Ignazio Falzone, der zwischen Corleone und Prizzi erschossen wurde. Er wurde auf seinem Maultier getroffen, das ihn, nach den Spuren zu schließen, offenbar noch ein Stück weit mitschleifte.
Die tödlichen Schüsse wurden aus dem in Sizilien beliebten großkalibrigen »Wolfsgewehr« abgefeuert. Nach Mafia-Sitte wurde der Mörder nicht entdeckt.
Der Mafia-Boß von Corleone, »Don« genannt, ist Luciano Liggio, einer der meistgesuchten Männer in Italien und Sizilien. Immer wieder gelingt es dem gefürchteten Boß unterzutauchen. Es ist bekannt, daß er an einer Knochen- und Nierentuberkulose leidet und sich regelmäßig in einer Klinik bei Lugano behandeln läßt. Da er aber vier Pässe besitzt und unter verschiedenen Namen aufkreuzt, gelang es bisher nicht, ihn zu verhaften.
Ins Netz der Polizei ging aber im Juli 1972 ein anderer Mafia-Boß, der 77jährige Frank Coppola, der unter dem Namen »Drei Finger« zu Zeiten »Lucky« Lucianos in den USA bekannt und berüchtigt geworden ist. Er wurde in Rom zu vier Jahren Hausarrest verurteilt, angeklagt wegen Drogenhandels und Waffenschmuggels. Er war 1948 als »unerwünschte« Person aus den USA ausgewiesen worden.
Ebenfalls verhaftet wurde eines der bedeutendsten Mitglieder der sizilianischen Mafia, Cesare Badalamenti, der auch in Corleone seine Macht ausgespielt hatte. Der 47jährige Boß wurde zur gleichen Zeit wie Coppola in Italien festgenommen. Er war gesucht wegen Erpressung und Drogenhandel.

Kuriosum

Im Juni 1972 wurde der 79jährige Mafia-Boß von Marsala, Mariano Licari, wegen Mordes zu lebenslänglichem Freiheitsentzug verurteilt. Um so erstaunter war der Stadtrat von Marsala auf Sizilien, daß der Verurteilte vom italienischen Staat mit dem Titel »Ritter von Vittorio Veneto« ausgezeichnet wurde, um ihn damit für die Dienste zu belohnen, die er dem italienischen Staat erwiesen haben soll. In der Laudatio wurden besonders seine Verdienste im Ersten Weltkrieg hervorgehoben. Nicht erwähnt wurde allerdings, daß er zur gleichen Zeit wegen Desertion angeklagt war, aber aus Mangel an Beweisen freigesprochen wurde.

Mafia-Boß Tommasso Buscetto

Er war einer der einflußreichsten Bosse der Mafia in Italien. Der aus Palermo stammende Glaser hatte sich vom kleinen Mafia-Soldaten zum Lire-Milliardär und Boß eines der bedeutendsten Zweige der internationalen Verbrecherorganisation »hochgedient«. Er gehörte zunächst zur »Familie« La Barbera aus Sizilien,

in deren Auftrag er offenbar mehrere Strafexekutionen gegen Mitglieder der gegnerischen Mafia-Familie Greco durchführte. Aus diesem Kampf ging jedoch die Greco-Familie siegreich hervor, und so wechselte Buscetto zu ihr über. Mit Hilfe der Grecos gelang seine Flucht nach Amerika, wo er »Familienmitglied« einer Greco-Anhänger-Mafia wurde.
1970 wurde er in Amerika verhaftet, doch die Cosa nostra bezahlte ihm die berühmtesten Anwälte, so daß er bald wieder gegen die Bürgschaft von 75 000 Dollar auf freien Fuß kam. Auch eine Auslieferung nach Italien wußte die Mafia zu vereiteln.
Buscetto war bald Chef einer eigenen Mafia-Familie, die mit den Grecos freundschaftlich zusammenarbeitete. Sein Hauptgeschäft war der internationale Rauschgifthandel, nicht nur in den Staaten, auch in Kanada, Südamerika und Italien.
1968 war er in Italien angeklagt, bei einem Mafia-Attentat 1965 beteiligt gewesen zu sein, bei dem sieben Carabinieri getötet worden sind. In Abwesenheit wurde ihm in Catanzaro der Prozeß gemacht, doch, wie üblich, mangels Beweises mußte er freigesprochen werden. Lediglich der Vorwurf der »Bandenbildung« konnte aufrechterhalten werden. Dafür erhielt er 14 Jahre Gefängnis.
Doch der Mafia-Boß war längst in die USA ausgewandert.
Die italienische Polizei vermutete, daß er auch in die bis heute ungeklärte Entführung des Mafia-Spezialisten und Journalisten Mauro de Mauro und die Ermordung des Oberstaatsanwaltes von Palermo, Scaglione, verwickelt war.
Mitte Dezember 1972 ging nun der »König der neuen Mafia« der Polizei in Brasilien ins Netz. Er wurde an Italien ausgeliefert und ist nun in den Händen der italienischen Justiz. Damit verlor die internationale Mafia einen ihrer besten Bosse.

2. Die Mafia in Amerika

Offiziell ist das Wort Mafia aufgrund einer Anordnung des Attorney General in Amerika verboten. Mafia und was man darunter versteht, heißt dort »Cosa Nostra«. Inhaltlich dürften aber beide Bezeichnungen ziemlich identisch sein. Denn Cosa Nostra ist der Begriff für das organisierte Verbrechen in Amerika, das heute nahezu alle Bereiche von Wirtschaft, Verwaltung und Politik beherrscht. Das organisierte Verbrechen bezieht seine Geldmittel aus dem Glücksspiel, dem Gaststättengewerbe, dem Unterhaltungsgeschäft (Bars, Spielhöllen, Rennplätzen und Wetten) und schließlich aus dem Beerdigungsunternehmen. Organisiertes Verbrechen, das bedeutet konkret: die Monopolstellung in diesen Wirtschaftszweigen einnehmen.
Cosa Nostra oder Mafia, wie man inoffiziell weiterhin sagt, ist das wohl größte Verbrechersyndikat in Amerika, dem im Jahre 1972 24 Familien angehörten, alle aus Sizilien oder Italien stammend, die sich in den meisten großen Städten der USA angesiedelt haben. Allein in New York gibt es fünf solcher Cosa-Nostra- oder eben Mafia-Familien, die sich alle auf allen Zweigen des organisierten Verbrechens betätigen.
An der Spitze einer jeden Familie steht der Boß oder der »Don«, der einen Stellvertreter (»under-boss«) und einen Berater (»Consigliere«) hat, die seine Weisungen auszuführen haben. Der »under-boss« pflegt die Kontakte zu den Untergebenen, der Berater, meist ein ehemaliger Krimineller, ist eine einflußreiche Person mit Anrecht auf den Zehnten aller Einnahmen der Familie. Weiter gibt es in der Mafia-Familien-Hierarchie den »buffer« (= Puffer), der für alle Nachrichten zuständig ist, für Geldangelegenheiten und auch für Beschwerden. Weiter unten auf der Stufenleiter folgen dann die Leutnants (»Capo« genannt, auch »Capodecina« oder »Caporegima«). Es sind zwischen 10 und 20 Männer, die wiederum die »Soldaten« unter sich haben.
Auf eine sogenannte »Familie« können 20 bis 1000 Menschen kommen. Diese Familienmitglieder werden vom Boß »eingestellt«, und eine »Kommission« wacht darüber, daß keine Familie durch Einstellung zu vieler Mitglieder allzu mächtig werden kann.
Die »Kommission« stellt die Spitze und die oberste Leitung aller Verbrechersyndikate dar, zu denen die Cosa-Nostra und noch verschiedene kleinere »Familien« gehören. In der Kommission sitzen die Bosse der mächtigsten Mafia-Familien. Sie

fungieren als »Präsidenten« oder »Advokaten« und sprechen auch regelrechte Gerichtsurteile aus, die absolut zu befolgen sind.
Heute sitzen in der »Kommission« die Vertreter von acht Familien.
Früher trug diese »Kommission« die Bezeichnung »Großrat der Mafia«, eine seit mindestens 1928 bestehende Einrichtung.
Zu Verbrecher-Syndikaten gehören aber nicht nur Sizilianer oder Italiener, sondern auch Iren, Juden, Farbige und Spanier. Die Zahl dieser Familien dürfte ebenso hoch sein wie die der Cosa Nostra.
In Amerika wird die Gesamtzahl der Angehörigen dieser Verbrecherfamilien auf weit mehr als 10000 Personen geschätzt.
Den Kontakt dieser Familien zu »Geschäftspartnern«, also Menschen, die nicht direkt zum organisierten Verbrechen gehören, pflegt in der Regel nicht der Boß, sondern »untere« Familienmitglieder oder Leute, die mit den Familien nichts zu tun haben, z.B. Juristen, Buchhalter, Finanzleute und immer wieder korrupte (Polizei-)Beamte. Solche Kontaktleute sind z.B. die Wettannehmer, die teils auf den Rennplätzen ihren festen Arbeitsplatz haben oder als »ambulante Annehmer« herumreisen.
Auf der nächsthöheren Stufe der Familienhierarchie steht dann der »Buchmacher«, der Soldat der Cosa-Nostra-Familie. Sein Geschäft trägt das ganze Risiko, das im Wetten liegt. Er hält sich zwar bei seinen Wettannahmen an die Quoten, die jeden Tag in der Zeitung stehen, kann aber nie genau im voraus wissen, ob seine Wetten mit Gewinn oder Verlust enden. Im Falle des Verlustes wird sein ganzes Risiko durch die Cosa Nostra abgedeckt.
Lotterien sind in Amerika vor allem bei den Farbigen beliebt, was zur Folge hat, daß auch Farbige als »Buchmacher« tätig und gleichfalls durch die Cosa Nostra rückversichert sind.
Das uralte Mafia-Gesetz der Omertà (= Schweigen) bestimmt auch heute noch die Cosa-Nostra-Geschäfte: niemals darf eine Anzeige erstattet werden, niemals dürfen Aussagen gegen Mafia-Mitglieder oder andere Menschen gemacht werden und niemals darf mit Behörden offiziell zusammengearbeitet werden.
Die Untergebenen haben sich genau an dieses Gesetz zu halten, sie müssen für alles geradestehen und nötigenfalls auch ins Gefängnis gehen, wenn dies dem Boß zum Vorteil gereicht oder eine Möglichkeit ist, ihn zu seinen Gewinnen kommen zu lassen. Die Untergebenen haben absoluten Gehorsam zu leisten.
Dieses nirgendwo schriftlich fixierte Cosa-Nostra-Gesetz wird hart praktiziert. Wer dagegen verstößt, bekommt die Rachemaßnahmen der Mafia zu spüren. Versucht z.B. ein Wettannehmer, den Boß zu hintergehen und sich eigenmächtig Geld zu verschaffen, so werden ihm die Arme gebrochen. Wer zu viel sagt oder gar verrät, wird kurzerhand umgebracht. Dieses Gesetz der absoluten Loyalität dem Boß gegenüber verleiht diesem eine enorme Machtfülle. Vor allem hat Verschwiegenheit zu herrschen über die finanziellen Verhältnisse der Familien, die den Staat nichts angehen. Durch Repressalien kann jeder Ungehorsam gebrochen werden.
Neben dem Glücksspiel (Lotterien, Pferderennwetten) verdienen die Mafia-Familien durch das Geschäft mit Wucherzinsen, mit dem Rauschgifthandel, dem illegalen Waffengeschäft, früher auch durch illegale Schnapsbrennerei (dies Geschäft ist heute unrentabel geworden), heute werden dagegen geschäftsmäßig Autodiebstähle durchgeführt (in New York wurden 1970 95000 Autos gestohlen), und schließlich nach wie vor mit der Prostitution.
Diese Geschäfte werden gern durch Korruptionsgelder gedeckt. Mafia-Bosse kontrollieren Flugplätze und große Hotels, Fabriken, Supermärkte und Rüstungsunternehmen. Bekanntlich beherrschen sie auch einen großen Teil der amerikanischen Gewerkschaften. Sie können die Bildung einer legalen Gewerkschaft verhindern

oder sie rufen Scheingewerkschaften ins Leben, indem sie den Arbeitern äußerst lukrative Arbeitsverträge anbieten, deren Beiträge kassieren und dann nicht mehr daran denken, deren Ansprüche zu befriedigen. Nicht zuletzt ist die Gewerkschaft auch ein beliebtes Mittel, Arbeitgeber zu erpressen, sie dem Willen der Bosse gefügig zu machen, indem diese damit drohen, legale Gewerkschaften zu bemühen, die dem Firmenchef das Leben schwermachen können. Besonders gefährlich ist es, wenn die Bosse drohen, die staatliche Aufsichtsbehörde (National Labor Relations Board) auf ein Unternehmen zu hetzen. Sie können einen Unternehmer aber auch dadurch »knebeln«, daß sie anbieten, ihm bei der Beseitigung von Schwierigkeiten zu helfen, die ein Chef mit den legalen Gewerkschaften hat. Es ist auch schon geschehen, daß sich die Bosse das finanzielle Vermögen der Gewerkschaften (Pensions- und Sozialversicherungskassen) aneignen und damit die Gewerkschaft ruinieren. Nur die ganz großen Gewerkschaften sind heute noch mächtig genug, sich gegen das organisierte Verbrechen der Cosa Nostra zu wehren.

Der Kampf gegen die Mafia in Amerika setzte erst in den letzten Jahren gezielt ein. Von 1969 bis 1972 wurden 1400 Mitglieder solcher Verbrecherorganisationen verurteilt, allerdings auch 170 staatliche oder kommunale Beamte wegen Korruption entlassen. –

Gelegentlich passiert es, daß ein Boß nicht mehr respektiert oder gar anerkannt wird. Dann kommt es zu innerfamiliären Machtkämpfen, die meist blutig enden. Dies war 1960 der Fall, als in Brooklyn zwischen den Profacis und den Gallos gekämpft wurde, wobei es 14 Tote und 15 Verwundete gab.

Am 7. April 1972 wurde an seinem 43. Geburtstag Joseph »Crazy Joe« Gallo in einem Fischrestaurant des New Yorker Stadtteils Manhattan durch Kugeln niedergestreckt. Es war keiner der üblichen Morde in der Achtmillionenstadt, sondern ein neuer Auftakt zu einem Krieg in der amerikanischen Unterwelt.

Zuvor hatte Gallo einen Mordanschlag auf seinen Erzrivalen, den New Yorker Mafia-Boß Joseph Colombo, inszeniert. Inzwischen wurde bekannt, daß der Gangsterkrieg zwischen den Mafia-Familien Gallo und Colombo geschürt wurde von dem 73jährigen New Yorker Mafia-Boß Carlo Gambino, der die Kontrolle über vier der fünf führenden Mafiafamilien NewYorks innehat.

Um die Fehde zwischen den Familien Gallo und Colombo anzuheizen, versorgte Gambino beide Familien mit Waffen und Munition.

Innerhalb der Mafiaclans in den USA nimmt der 73jährige Greis eine Sonderstellung ein. Er nennt sich »Capo di tutti Capi«, Boß aller Bosse, und knüpft damit an eine Mafiatradition an, die im Amerika des Jahres 1931 ihren Höhepunkt erreicht hatte.

Der Kampf unter den Mafiafamilien entbrannte um die Anteile am Milliardenumsatz, den das organisierte Verbrechen jedes Jahr in den USA macht.

1963 hatte sich der berüchtigte Gangster Joseph »Joe« Valachi einem Untersuchungsausschuß des amerikanischen Senates gestellt, nachdem er in der Unterwelt in Ungnade gefallen war und nur durch den Schritt in die Öffentlichkeit eine Chance zu überleben sah. Er berichtete als erster über den Umfang des organisierten Verbrechens in Amerika.

Die amerikanischen Behörden waren bis dahin machtlos gegen den Einfluß der Mafia-Bosse. Viele Angestellte des Staates, Bürgermeister und Senatsmitglieder standen auf der Honoratiorenliste der Syndikate, wurden von ihnen bestochen und zum Stillhalten verpflichtet. Auf Anweisungen »von oben« durften sie in ihren Ämtern bleiben.

Der Unbekannte, der Gallo niedergeknallt hatte, stellte sich nach einiger Zeit der Polizei und gab zu, daß der Mord an Gallo als Racheakt zu bewerten sei. Er war ein enger Mitarbeiter von Joseph Yacovelli, des amtierenden Chefs der Mafiafami-

lie von Joseph Colombo. Colombo wurde im Juni 1971 bei einem öffentlichen Auftritt ebenfalls in Manhattan niedergeschossen und ist seitdem spurlos verschwunden. Der Mörder hatte sich einen Massentrubel anläßlich einer Bürgerrechtskundgebung zunutze gemacht und Colombo liquidieren wollen. Man weiß lediglich, daß er heute schwer verletzt und schwer bewacht auf irgendeiner Ranch in Connecticut dahinvegetiert. Mitgemischt bei diesem Racheakt hat vermutlich auch ein anderer Boß der New Yorker Mafiaclans, Carlo Gambino.
Am 12. Juli 1972 wurde ein weiterer prominenter New Yorker Mafiaführer, der 61 Jahre alte Thomas »Tommy Ryan« Eboli, von der Besatzung eines Streifenwagens mit total durchlöchertem Körper auf dem Bürgersteig gefunden. Eboli galt als einer der Unterführer der Mafiafamilie des toten Vito Genovese. –
Zu den Geschäftstaktiken der fünf New Yorker Mafiabosse gehört es speziell, »schwarzes Geld« in legitime Geschäftsunternehmungen zu stecken: Cosa-Nostra-Leute nehmen z. B. bei renommierten Banken kurzfristige Kredite auf, um sie dann für Zinswucher, Wettgeschäfte und andere Betätigungen zu verwenden. Während Banken meist für Personalkredite einen Zinssatz von 1–1 1/2 Prozent pro Monat gewähren, kassieren die Bosse für das gepumpte Geld 5–6 Prozent pro Woche. Das Geschäft lohnt sich also.
Neuerdings geht die Polizei gegen diese Geldgeschäfte vor, indem sie den Banken Listen von vorbestraften Personen vorlegt oder von solchen, die Beziehungen zu Mafiaclans unterhalten. Ist eine der verdächtigen Personen unter den Kreditnehmern, so werden seine Personalien genau überprüft. Nach einem neuen Gesetz kann nämlich bestraft werden, wer unter Vorspiegelung falscher Tatsachen (wie Personalangaben) Kredite erschleicht.
Am 19. Oktober 1972 gelang der New Yorker Polizei einer der größten Schläge gegen die amerikanische Mafia (Cosa nostra). Vier Polizisten, als Weihnachtsbaumverkäufer getarnt, hatten Ende 1971 damit begonnen, die Mafia zu bespitzeln und ihr Hauptquartier zu beobachten. Ihre Aktion endete mit 667 Gerichtsvorladungen New Yorker Mafiosi. 1200 Polizisten, die die Vorladungen jeweils persönlich überbrachten, waren an dem Fischzug beteiligt. 1957 hatte das letzte Mal ein solcher Coup gegen die Mafia stattgefunden, als Detektive die Gangster bei einem Gipfeltreffen in den Appalachen-Bergen im Norden des Staates ausgekundschaftet und verhaftet hatten. Bei dem jüngsten Schlag hatten die vier Polizisten ermittelt, daß auf einem Autofriedhof im Brooklyner Kleinbürgerviertel Canarsie ein Luxuswohnwagen mit der Aufschrift »Coppola Brothers« als Hauptquartier von Mitgliedern aller fünf New Yorker Mafiafamilien benutzt wurde. Im Frühjahr 1972 brachten die Polizisten Abhörgeräte im Wohnwagen an und zapften die Telefongespräche ab. In einer gegenüberliegenden Schule wurden Filmkameras installiert, um jeden Besucher des Autofriedhofes fotografieren zu können. Das Ergebnis dieser Ermittlungsarbeit sind nun mehrere Millionen Meter Film- und Tonband. Die Gespräche im Wohnwagen drehten sich in erster Linie um Erpressung und Raub, um Entführungen und Fälschungen, Überfälle, Einbrüche und Versicherungsbetrug, schließlich um Rauschgifthandel, Autodiebstahl und Mord.
Unter den nun 667 vor Gericht geladenen Angehörigen der Cosa nostra befinden sich so illustre Namen wie Tramunti, Evola und Viro. Sie sind Nachwuchsbosse der berüchtigten Clanoberhäupter Vito Genovese, Thomas Lucchese, Gerardo Catena und Thomas Eboli.
Neben dieser Aktion lief gleichzeitig eine Überwachung all der Firmen an, die mit Mafiabossen ihre Geschäfte abgeschlossen hatten, und die »totale« Überwachung aller bekannten Mafiosi New Yorks, ihrer Wohnungen, Arbeitsstellen und ihres gesellschaftlichen Lebens. Man beabsichtigte, die geschäftlichen Beziehungen der Mafiosi zu unterbinden, die Namen ihrer Geschäfte sollten veröffentlicht werden, um dadurch das Geld- und Machtimperium der Mafia zu brechen.

Mafiosi pflegen auch völlig harmlose Geschäfte zu führen, sei es als Schein- oder als Kontaktunternehmen: Sie handeln mit Kinderwäsche, Gebrauchtwagen, Musik- und Spielautomaten, besitzen Beerdigungsinstitute und Baufirmen, Spirituosengeschäfte und dergleichen.
Ob der Schlag gegen die Mafia bis zum Ende durchgehalten werden kann, liegt nun an der Standfestigkeit der New Yorker Polizei. Ein Polizeireporter äußerte sich skeptisch genug: »Daß die New Yorker Polizei korrupt ist, weiß jeder. Warum sollte ihre Korruption ausgerechnet vor der Mafia haltmachen?« Daneben haben aber die Mafiosi sehr gute Beziehungen zur Polizei, zu Politikern und Gewerkschaftsführern, so daß vermutlich genügend Löcher in dem Netz sein dürften, in dem nun die 667 Mafiaangehörigen zappeln.
Die Mafiaclans fühlen sich jetzt natürlich durch diese Polizeiaktionen, aber auch durch den Mafiafilm »Der Pate« ins Licht der Öffentlichkeit gezerrt, was ihnen nicht recht ist. So bestand die Gefahr, daß die Verfilmung des Mafiabuches von Mario Puzo am Einspruch der Mafiosi scheitert. Es wäre leicht gewesen, durch die von den Mafiosi kontrollierten Gewerkschaften die Verfilmung zu blockieren. Auch 23 amerikanische Senatoren hatten Bedenken gegen die Verfilmung geäußert. Erst als der Filmproduzent den allmächtigen Mafiaboß Joseph Colombo bemüht hatte, stand der Verfilmung nichts mehr im Weg. Allerdings nur unter der Bedingung, daß beim Film einige Angehörige der Mafia mitspielen dürfen. Der Filmproduzent wußte, daß man einen Wunsch der Mafia nicht abschlagen darf. So willigte er ein, und Colombo half sogar bei den Dreharbeiten. Dies geschah, ehe er am 28. Juni 1971 erschossen wurde.
Joseph Gallo (»Crazy Joe«), der den Killer auf Colombo angesetzt hatte, war selbst einer der größten Killer, die jemals der Mafia gedient hatten. Er brachte mehr Männer ums Leben als jeder seiner Kollegen. Er gehörte zusammen mit seinen Brüdern Lawrence (Larry) und Albert (Kid Blast) zu einer Killerbande, die »Kontrakte« (Mordaufträge) prompt und zur vollsten Zufriedenheit der Auftraggeber ausführten. Gallo war auch äußerlich das Symbol eines Mafiabosses: 15000-Dollar-Autos, 500-Dollar-Anzüge mit schwarzem Hemd, weißer Krawatte und protzigen Ringen, dazu die obligatorische Sonnenbrille.
1960 veröffentlichte FBI eine Statistik, aus der hervorging, wie mächtig und reich die Mafia in den USA geworden war. Der Umsatz der Mafia war damals schon größer als die Gewinne der acht größten amerikanischen Industrieunternehmen, nämlich 50 Milliarden Dollar.
Als Finanzchef der Mafiasyndikate fungierte Meyer Lansky (geb. 1902). Er hatte zunächst versucht, seinen Lebensabend in Israel zu verbringen unter Berufung auf das »Gesetz der Rückkehr«, welches Gesetz jedem Juden Heimat- und Bürgerrechte verleiht, sofern seine Anwesenheit die öffentliche Sicherheit des Landes nicht gefährdet und er nicht wegen eines kriminellen Deliktes in irgendeinem Lande gesucht wird. Dieses Gesetz wurde inzwischen dahingehend geändert, daß auch Steuerhinterziehungen als kriminelles Delikt zu bewerten sind, was zur Folge hatte, daß der eben wegen dieses Deliktes in Amerika gesuchte Milliardär Meyer Lansky aus Israel ausgewiesen wurde; nicht zuletzt aber auch um zu verhindern, daß sich das internationale Verbrechen in Israel etabliert, was durch seine Anwesenheit möglich gewesen wäre.
Er verließ Israel, wo er sich bereits eine Luxusvilla gebaut hatte (er war 1970 nach Israel gekommen), und versuchte zunächst in der Schweiz und den Niederlanden unterzukommen. Doch die Behörden lehnten ihn ab. Daraufhin versuchte er in einer zweitägigen Odyssee in Rio de Janeiro, Buenos Aires, Paraguay, Bolivien, Peru und Panama Fuß fassen zu können, doch überall wurde er abgeschoben. So blieb ihm nichts anderes übrig, als in die USA weiterzureisen, wo er am 7. November

1972 auf dem Flughafen von Miami bereits von Beamten des FBI in Empfang genommen wurde. Der Haftbefehl wegen Steuerhinterziehung war schon ausgestellt. Außerdem wurden ihm Beihilfe zu Geschäftemacherei mit Gangstermethoden (Racketeering) über die Grenzen von US-Bundesstaaten hinweg vorgeworfen. Die Höchststrafe dafür beträgt nach amerikanischem Recht in beiden Fällen 5 Jahre Gefängnis. Gegen eine Kaution von 650000 Dollar (= 2,1 Millionen Mark) wurde er vorläufig auf freien Fuß gesetzt.
Meyer Lansky alias Little Meyer alias Meyer the Bug (die Wanze) gehörte in den dreißiger Jahren zu einem Mördersyndikat, zum berüchtigten »Murder Inc.«, dem jede Art von Verbrechen bis zum Mord auf Bestellung nachgesagt werden. Er wurde aber nie wegen Mordes verurteilt, sondern nur einmal zu drei Monaten Gefängnis, weil er eine Spielhölle betrieben hatte. Sein Vermögen wird auf mehr als 300 Millionen Dollar (= 1 Milliarde D-Mark) geschätzt. Vermutlich wurde er bisher deshalb gerichtlich nicht verfolgt, weil er den jungen Rechtsanwalt Richard Nixon entdeckt und gefördert hatte. Jedenfalls wurden, nachdem Nixon Präsident der USA geworden war und das Justizministerium an Mitchell überging, alle gerichtlichen Maßnahmen gegen Meyer Lansky bis 1972 eingestellt. Er war zusammen mit seinem Kollegen, dem Exboß der jüdischen Mafia in New York, Joe Statcher, im Sommer 1970 nach Israel gereist.
Nachdem die beiden jüdischen Mafiosi in Israel Fuß gefaßt hatten, verbreitete sofort die ägyptische Nachrichtenagentur die Meldung, Israel habe die Mafiabosse zur Einwanderung ermuntert, um mit ihnen, ihrem Geld und ihren Gangstermethoden gegen die Araber zu kämpfen.
Der in Rußland geborene Maier Suchowliansky, der das genialste Gehirn auf dem Gebiet des Verbrechens in der ganzen Welt haben soll, wuchs in jüdischen Elendsvierteln von New York auf, wohin seine Eltern 1911 eingewandert waren. Schon als junger Mann beschaffte er sich sein Geld durch illegales Würfelspiel und durch Autodiebstähle. Er frisierte die Wagen um und verkaufte sie wieder. Später traf er mit so berühmten Bossen der Unterwelt wie Bugsy Siegel, Lepke Buchalter, dem Boß der Mörder-GmbH, Lucky Luciano zusammen. Es war für den Nichtitaliener und Juden Lansky nicht einfach, Rang und Namen in der Mafia zu bekommen. Er schaffte es durch brutale Methoden. Es geschah in New York kein Mord ohne seine Billigung. Ein kleiner Wink genügte, um Gegner umbringen zu lassen. Auf Veranlassung Lanskys wurde z. B. der Chefhenker der »Mörder-GmbH«, Albert Anastasia, im Oktober 1957 erschossen, als er sich bei einem Friseur in New York die Haare schneiden lassen wollte. Im Jahre 1946 kam es zu einer tödlichen Auseinandersetzung mit Lanskys Jugendfreund Bugsy Siegel, der ebenfalls Boß eines Verbrechersyndikates war. Er hatte den Auftrag, in Las Vegas ein Luxushotel und ein Spielkasino zu errichten, das »Flamingo«.
Das Syndikat investierte dazu mehrere Millionen Dollar, doch statt als Boß harte Geschäfte zu machen, verliebte sich Bugsy in den Filmstar Virginia Hill und genoß das süße Nichtstun.
Lansky erfuhr davon, rief den »Großrat der Mafia« zusammen und berichtete über Bugsy. »Umlegen«, wurde beschlossen. Lansky besuchte seinen Freund noch einmal am 21. Juni 1946 in Las Vegas und versuchte, ihm ins Gewissen zu reden. Doch Bugsy blieb bei seiner Virginia; Lansky wußte, daß der Freund nicht mehr zu retten sein wird. In der Luxusvilla von Virginia wurde er von Killern umgelegt. Ein Mord, der bis heute noch nicht gerichtlich geahndet worden ist.
Denn wie jeder Boß war Lansky nie persönlich an einer solchen Mafiaexekution beteiligt. So wurde er insgesamt nur fünfmal verhaftet, stand zwar sechsmal unter Mordverdacht, mußte aber immer wieder mangels Beweisen freigelassen werden.
Lansky verdiente sein Geld mit organisiertem Verbrechen, mit Rauschgifthandel,

Prostitution und der Kontrolle von Spielhöllen. Als Lucky Luciano zu 30 bis 50 Jahren Zuchthaus verurteilt worden war, versprach Lansky, ihn wieder herauszuholen. Auf eine ebenfalls bis heute noch nicht geklärte Art und Weise arrangierte er sich während des Zweiten Weltkrieges mit der US-Kriegsmarine, die mit Hilfe der Mafia die Häfen an der amerikanischen Ostküste gegen Sabotage schützte. Mit seiner Hilfe wurde in Sizilien, hinter den Linien der deutsch-italienischen Besatzer, eine Widerstandsbewegung aufgebaut. Die Akten über dieses »Unternehmen Unterwelt« sollen aus dem amerikanischen Kriegsministerium spurlos verschwunden sein. Jedenfalls trug die Hilfe der Mafia Früchte: Nach Kriegsende wurde Lucky Luciano überraschend aus dem Gefängnis entlassen, mit der Auflage freilich, die USA verlassen zu müssen.

Nach dem Zweiten Weltkrieg betrieb Lansky wiederum Spielhöllen etc. in Florida, aber auch auf Kuba, mit dessen Diktator Batista er befreundet war. Als Fidel Castro kam, mußte er sein Imperium aufgeben; es gelang ihm nicht, den Revolutionär zu beseitigen, obgleich er eine Kopfprämie von einer Million Dollar auf ihn ausgesetzt hatte. Jahrelang beherrschte dann sein Syndikat die Hotels und Casinos von Las Vegas. Das Geld brachte er auf Schweizer Banken (unversteuert), von wo es dann in Form von Darlehen und Anleihen (gut verzinst) in die USA zurückfloß. Heute gehören ihm zum großen Teil Las Vegas, Teile der Bahamas und von Miami.

Doch der »schrecklichste Verbrecher«, wie er in den Akten des FBI genannt wird, der Boß aller Bosse, tat auch Gutes: Er spendete Millionen Dollar für Universitäten, für jüdische Organisationen, für den Staat Israel, der ihn nun ausgewiesen hat. –

Wie eine ganz bestimmte Hierarchie innerhalb einer Mafiafamilie besteht und strikt eingehalten werden muß, so ähnlich gibt es auch unter den verschiedenen Mafiafamilien eine ausgesprochene Sippenhierarchie. Es darf z. B. bei Festen die Frau eines kleineren Mafiabosses nicht aufwendiger gekleidet sein als die des Bosses einer der großen Familien, ebensowenig darf bei einer Mafiahochzeit ein kleinerer Boß oder gar nur ein »capo« oder »consigliere« durch ein Geschenk unangenehm auffallen, das größer ist als das eines großen Bosses. Anhand der Geschenkliste anläßlich einer solchen Hochzeit konnte die New Yorker Polizei sehr genaue Rückschlüsse auf die Stellung der einzelnen Mafiosi innerhalb ihrer Familien und innerhalb der Sippen ziehen.

Die Mafiafrauen und -töchter sind genauso wie alle Männer in Amerika oder in Sizilien an das Gesetz des Schweigens gebunden. Im allgemeinen werden die Mafiafrauen sowohl aus den Geschäften ihrer Männer wie aus den Sippenfehden herausgehalten. »Singt« aber eine Mafiafrau bei der Polizei, so wird sie ebenso gnadenlos umgebracht wie jeder Mafioso.

Neuerdings haben sich die Mafiafrauen angewöhnt, bei offiziellen Empfängen so schäbig wie nur möglich gekleidet aufzutreten, um eventuell anwesenden Steuerfahndern keinerlei Anlaß zu der Vermutung zu bieten, daß es sich um eine schwerreiche Familie handeln müsse, obgleich die Mafiafrauen natürlich wertvollen Schmuck, Pelzmäntel etc. zu Hause haben.

Ein Außenstehender kommt nur sehr schwer und erst nach ausgiebiger Prüfung in das Haus eines Mafiamitgliedes hinein. Die Mafiosi sind außerordentlich mißtrauisch geworden, weil sie hinter jedem Gast, hinter jedem Reparateur des Fernsehens, des Kühlschrankes, der Wasserleitung einen Detektiven der Steuerfahndung wittern. Sie sind dazu übergegangen, überhaupt nichts mehr reparieren zu lassen, sondern sofort neuen Ersatz zu kaufen.

Hat der Mafiaboß heute noch absolut patriarchalische Macht über seine Frau, so haben sich die Mafiatöchter etwa seit den sechziger Jahren gewaltig emanzipiert. Sie lassen sich nicht mehr ohne Widerspruch an einen Mafioso verheiraten, den der Vater ausgesucht hatte. Sie gehen auf Universitäten und neigen immer mehr dazu, außerhalb ihres Clans zu heiraten, also »arme Bürgerliche« zu werden. Jahrhundertelang heirateten Mafiamitglieder nur wieder innerhalb ihrer Sippe, was nicht selten aufgrund der Inzucht zu Mißbildungen geführt hat.

3. Blutrache

In dem süditalienischen Dreiseelendorf Seminara wurden in den letzten drei Monaten des Jahres 1971 und den ersten drei Monaten 1972 sechs Männer getötet. Sie wurden die Opfer einer Blutrache, die sich zwischen den Familien Gioffré und Pellegrino abspielt und inzwischen das ganze Dorf in zwei Lager gespalten hat. Seit 1945 sind in Seminara 41 Männer umgebracht worden, die in den Krieg der beiden Großfamilien um den Olivenhandel verstrickt waren. Auch hier lautet das Gesetz der Blutrache: Jede Beleidigung muß mit dem Tod eines Angehörigen der anderen Sippe gerächt werden. Jeder Mord provoziert einen neuen Mord.
Der Kampf um das Monopol im Olivenhandel entbrannte in seiner bisher letzten Phase am 17. September 1971, als der junge Giuseppe Pellegrino in einer Bar einen aus der Gioffré-Sippe frotzelte: »Ihr Gioffrés macht uns keine Angst!« Er bekam dafür eine Ohrfeige, zog darauf seine Pistole und erschoß den Familienboß Domenico Gioffré.
Am 7. Oktober 1971 kam schon die Rache: Ein Gioffré, der unerkannt blieb, erschoß auf offener Straße den 32jährigen Rocco Pellegrino. Noch am Abend des gleichen Tages wurde der 59jährige Pellegrino-Freund Antonio Pietropaolo von einem anderen Gioffré erschossen. Am 10. Oktober 1971 mißlang ein Attentat auf Antonio Pellegrino, der durch Schüsse in seinen fahrenden Wagen von einem Gioffré hatte umgebracht werden sollen.
Am 14. November holten die Pellegrinos wieder zum Racheakt aus: Ein Sippenmitglied näherte sich von hinten dem Rentner Domenico Gallico, der auf dem belebten Marktplatz des Dorfes an einem Baum lehnte. Mit den Worten: »Du brauchst dich nicht umzudrehen! Du stirbst jetzt« wurde er mit fünf Revolverschüssen niedergemacht. Sein Delikt: Er war ein Freund der Sippe der Gioffrés.
Am 19. November ging es weiter. Abermals war die Sippe der Pellegrinos am Zug: Einer von ihnen trat an den Wagen von Gaetano Gioffré, in dem auch seine Verlobte und deren drei Freundinnen saßen, zog die Pistole und tötete ihn durch einen Schuß in den Nacken.
Über den Winter 1971/72 übten sich die verfeindeten Familien in den Weinbergen rings um das Dorf im Zielschießen. Da schlug am 19. März 1972 ein Boß der Gioffrés, Domenico, zu und tötete den 33jährigen Vincenzo Pellegrini. Wie immer konnten auch bei diesem Mord die Täter unerkannt in den Wäldern und Bergen um Seminara entkommen. Der vorläufig letzte Blutrachemord ereignete sich am 23. März 1972, als Vincenzo Gioffré den 40jährigen Pietro Pellegrini vor der alten Dorfkirche niedermachte.
Täter eines solchen Blutrachekampfes zu ermitteln, ist außerordentlich schwer. Tatzeugen gibt es so gut wie nie. Aus Angst, als Freund des einen oder anderen Clans abgestempelt und vielleicht auch getötet zu werden, ziehen es die Augenzeugen immer wieder vor, nichts gesehen zu haben.

4. Amerika

Black Panther

Eine Untergrundorganisation, die sowohl in den USA wie in Algerien zu Hause ist. Führer der extremen Farbigen-Organisation ist Eldrige Cleaver, der schon seit Jahren in Algier lebt. Auf das Konto der Black Panthers kamen zwei Flugzeugentführungen aus den USA nach Algier am 4. Mai und am 1. August 1972. Der Black-Panther-Führer Cleaver begründete die Piratenakte: »Wir brauchen Geld, um den revolutionären Kampf in den Vereinigten Staaten und überall, wo es Unterdrückte gibt, fortzusetzen. Einige unserer Freunde entführen Flugzeuge und erzielen so Lösegelder. Es handelt sich um eine Form des Kampfes, der dazu dient, den Befreiungskampf zu finanzieren, der mit allen Mitteln geführt werden muß.«
Die »*Schwarze Befreiungsarmee*« gilt als der militärische Arm der Black Panther.

FLQ

Seit 1963 aktiv, war die FLQ zunächst eine Studentenorganisation, die sich allmählich von ihren theoretischen Anfängen immer mehr zu Gewaltaktionen hinentwikkelte. FLQ bedeutet: »Front de Libération du Quebec.« Frankokanadische Separatisten dieser Organisation waren verantwortlich für die Entführung von Laporte.

Hell's Angels

Die »Höllen-Engel«, eine Rocker-Motorrad-Gruppe, die vor allem in Kalifornien 1972 von sich reden machte. Mehrere Morde an Männern und Frauen wurden ihnen nachgesagt. Unter dem Einfluß von Rauschgift begehen sie ihre Überfälle.

Ku-Klux-Klan

Im blutigroten Feuerschein gespenstisch flackernder Christenkreuze wurde der Ku-Klux-Klan 1865 bei Atlanta im Bundesstaat Georgia (USA) gegründet. Zeitweilig gehörte die Gesellschaft kuttentragender Fanatiker zu den mächtigsten politischen Organisationen Amerikas.
Durch grausame und blutige nächtliche Terrorakte versuchte der Klan, die Neger so einzuschüchtern, daß sie »freiwillig« auf den Gebrauch ihrer neuen Freiheit verzichteten, die ihnen im Bürgerkrieg 1861–65 durch die Abschaffung der Sklaverei zugesichert worden waren.
Der Klan hatte Erfolg, denn an allen wichtigen Stellen saßen seine Mitglieder. Das »unsichtbare« Reich trieb seine Politik der Rassendiskriminierung und -trennung durch die Verübung zahlreicher Morde. Seine Glanzzeit hatte der Klan etwa um 1920 zur Zeit der Weltwirtschaftskrise, als sich ungefähr 8 Millionen Amerikaner zu den Zielen des Klans bekannten und Zehntausende Kuttenmänner in aller Öffentlichkeit durch die Straßen Washingtons marschieren konnten, ohne durch Polizei oder Militär gehindert zu werden. Der Klan war die offizielle Macht der Weißen.
Nach der Krise sank der Klan zur Bedeutungslosigkeit herab. Erst in den fünfziger Jahren erlebte er eine neue Blütezeit, eine neue Machtentfaltung und Bestätigung seiner Politik, als das Oberste Bundesgericht mit einem Grundsatzurteil die Neger zum entschlossenen Kampf für ihre Bürgerrechte aufrief.

Neue Terrorakte folgten. Morde an Negern passierten fast jede Nacht. Da entschloß sich der Kongreß zum Handeln. Mitglieder des Klans wurden verfolgt und verurteilt. Doch dieses Vorgehen gegen den Klan brachte ihm nur zahlreiche neue Mitglieder. Nach wie vor besteht auch heute noch diese auf Terror aufgebaute Organisation weißer Rassefanatiker, deren Geschäft es ist, Morde an Negern und an weißen Befürwortern des Negerrechts heimtückisch zu begehen.
Durch den Erlaß des Kongresses kam es zu zahlreichen Verhaftungen von Klanmitgliedern. Und jetzt erst erfuhren Nachbarn durch solche Verhaftungen und durch die öffentliche Bekanntgabe von Namen der Klanmitglieder, mit wem sie zusammengelebt hatten. Denn die Klanmitglieder bekleiden alle möglichen bürgerlichen Berufe und treffen sich nur heimlich und meist zur Nachtzeit.

Urteile gegen Ku-Klux-Klan-Mitglieder

Price, Cecil, und Bowers, Sam

Sam Bowers galt als der oberste Ku-Klux-Klan-Boß, als »Kaiserlicher Hexenmeister«, »Imperial Wizard« oder »Weißer Ritter des Ku-Klux-Klan«. Er wurde zusammen mit Cecil Price und 5 weiteren Angehörigen des Klans im Januar 1968 zu je 10 Jahren Gefängnis verurteilt. Es waren ihnen Morde bzw. Beteiligungen an Klanmorden an drei jungen Männern nachgewiesen worden. Doch Klanmitglieder werden von den US-Gerichten, die größtenteils von Weißen besetzt sind, wie Gentlemen behandelt: Keiner der Verurteilten mußte die Strafe absitzen. Gegen eine hohe Kaution und Meldepflicht wurden sie auf freien Fuß gesetzt. Die drei jungen Männer (Weiße) waren dem Todesspruch des Klans zum Opfer gefallen, weil sie sich als Wahlhelfer für die Neger engagiert hatten.

Mau-Mau

Dieser in Chicago ansässigen Geheimorganisation gehören nur Farbige an. Vom Chicagoer Hauptquartier aus wird das die gesamten Vereinigten Staaten überspannende Netz dieser Organisation geleitet. Zwischen Mai und September 1972 ermordeten Mitglieder der Mau-Mau in vier Gemeinden des Bundesstaates Illinois neun Menschen, die alle Weiße waren. Als Motiv kam Rassenhaß in Betracht. Die Mau-Mau-Organisation wurde von farbigen Soldaten in Vietnam gegründet, und im Oktober 1972 wurde ihre Mitgliederzahl auf mehrere Tausend geschätzt. Die Farbigen hatten sich im Vietnam-Krieg zusammengeschlossen, um sich für eine faire und den Weißen adäquate Behandlung einzusetzen. Bekanntlich wurden die Farbigen für die schlimmsten und gefährlichsten »Himmelfahrtskommandos« in Vietnam verwendet. Möglicherweise rächen sich nun die Farbigen in der Heimat für ihre ungleiche Behandlung an der Front.

Weathermen

Eine radikale amerikanische Untergrundorganisation militanter Studenten und Anarchisten.

5. Algerien

FLN

Eine bewaffnete Befreiungsarmee, die aus der paramilitärischen algerischen »Geheimorganisation (O.S.)« hervorgegangen ist. Ihr Führer war kurze Zeit Ben Bella.

6. Angola

MPLA

Die wichtigste und größte der drei angolanischen Befreiungsbewegungen ist die MPLA, die »Volksfront zur Befreiung Angolas«, das »Movimento Popular de Libertação de Angola«. Die bewaffneten Partisanen der MPLA kämpfen seit etwa 1970 gegen die Kolonialherrschaft in Afrika mit dem Erfolg, daß sie alle Portugiesen aus Angola in Südwestafrika vertrieben haben. Die MPLA ist jedoch nicht nur eine Terror-, sondern auch eine soziale Organisation, die Volksläden in Angola einrichtete und Landwirtschaftsreformen in den Dörfern Angolas durchführte, wonach in sog. »Landwirtschafts-Kooperativen«, also in gemeinsamer Arbeit, der Boden bestellt wird. Es gibt einen MPLA-Gesundheitsdienst und MPLA-Medizinmänner, die erstmals eine Impfung in Angola und ein ganzes Netz ärztlicher Betreuung einführten.
Das MPLA-Revolutionsheer besteht aus etwa 7000 Mann. Schon die Kinder werden zu MPLA-Soldaten ausgebildet, erhalten Schulunterricht und werden im Gebrauch von Waffen ausgebildet.
Der Guerilla-Chef und gleichzeitige Präsident der MPLA ist der frühere Landarzt und Dichter Dr. Agostinho Neto.
Sein Ziel und das seiner MPLA-Unterführer ist die Errichtung eines Staates, in dem »alle Menschen einander als gleichwertige Individuen respektieren und keiner den anderen als Ausbeutungsobjekt betrachtet«. Die MPLA-Befreiungsfront erhält ihre Waffen aus den Ostblockstaaten. MPLA-Führer werden ausgebildet in Kuba, Algerien und in der Sowjetunion.

7. Argentinien

ERP, FAR

Am 10. April 1972 wurde der Befehlshaber der zweiten argentinischen Armee mit Hauptquartier in Rosario, General Juan Carlos Sanchez, auf offener Straße erschossen. Als Attentäter kamen Angehörige der linksextremistischen »Revolutionären Volksarmee« (ERP) in Frage, die den Wagen des Generals in der Innenstadt von Rosario abfingen und das Feuer eröffneten.
Einen Tag später wurden zwei Linksradikale verhaftet, die zur trotzkistischen ERP und den »Bewaffneten Revolutionären Streitkräften« (FAR), dem marxistischen Flügel der Peronisten, gehörten.
Die ERP hatte sich auch verantwortlich erklärt für die Entführung und Ermordung des FIAT-Chefs Sallustro.
Nach diesen beiden Morden verurteilte Staatschef General Lanusse die feigen Morde einer »verbrecherischen Minorität«, die durch solche Gewaltaktionen die Rückkehr Argentiniens zur Demokratie vereiteln möchten.
Die Streitkräfte sind zu einem härteren Durchgreifen gegen linksextreme Gruppen nun bereit und wollen die Sallustro-Entführer und -Mörder ordentlichen Gerichten überstellen, die durch das 1970 erlassene Gesetz zur Bekämpfung der Guerillas die Möglichkeit haben, die Todesstrafe zu verhängen.
Es ist damit zu rechnen, daß die Regierung ihre bislang relativ erfolgreiche Bekämpfung des Terrors gegen die angekündigte Fortsetzung des Demokratisierungsprozesses in verschärftem Maße durchsetzen wird, um die für 1973 geplanten Wahlen in Ruhe und Ordnung durchführen zu können.

ERP, FAR und *Montoneros* sind drei Guerilla-Verbände in Argentinien (Trotzkisten und linke Peronisten). Sie hatten in ihrer ersten gemeinsamen Aktion am 24. August 1972 das Gefängnis Rawson in Patagonien gestürmt, die Gefangenen befreit, anschließend den nahen Flugplatz Trelew erobert, ein Verkehrsflugzeug gekapert und es nach Chile umdirigiert. Die zehn befreiten politischen Häftlinge versuchten nach Kuba weiterzureisen.
Mitglieder der FAR waren verantwortlich an der Entführung des deutschen Grafen Spreti, den sie am 5. April 1970 ermordeten. Am 18. Oktober 1972 verübten Angehörige der »bewaffneten Befreiungs-Streitkräfte« (FAR) ein Bombenattentat auf ein Hotel in Buenos Aires, bei dem es einen Toten und zwei Verletzte gab. Der Anschlag gehörte zu einer Kette von Attentaten, die am Vorabend eines peronistischen Gedenktages verübt wurden.

8. Chile

MIR

MIR ist eine rebellische, extrem linke Untergrundorganisation in Chile.

9. Frankreich

Die OAS

Führer der gefürchteten rechtsgerichteten französischen Geheimorganisation OAS (= Organisation Armée Sécrète) war der meist- und höchstdekorierte General der französischen Armee: Raoul Salan. Als Oberbefehlshaber aller französischen Streitkräfte war er 1958 zum mächtigsten Mann in Nordafrika geworden.
Als der französische General Massu das erste revolutionäre Komitee gründete, war Salan eine Belastung für die Anhänger einer »Algérie Française«, die sich gegen die Pläne der Regierung auflehnten, Algerien den Algeriern zu überlassen. Aber ohne den Oberbefehlshaber Salan konnte man sich nicht gegen die Regierung des Mutterlandes durchsetzen. Salan zögerte lange. Schließlich entschied er sich dann doch für ein »französisches Algerien«.
Damit war aus dem General sofort eine große politische Macht geworden. Vor Zehntausenden beendete er auf dem Forum in Algier eine Rede mit dem Ausruf: »Vive de Gaulle!« Frankreich wußte, daß die Armee hinter de Gaulle stand. Diese Armee bereitete sich darauf vor, nach Frankreich zu kommen und die amtierenden Politiker zu verjagen. Die Fünfte Republik war geboren.
Plötzlich wurde Salan vom Machtrausch gepackt. Er unterschätzte de Gaulle. Als dieser Algerien nicht den Franzosen erhalten wollte, sondern das Land zur selbständigen Regierung den Algeriern zu überlassen bereit war, da setzte sich Salan am 22. April 1961 zusammen mit den Generalen Jouhaud, Challe und Zeller an die Spitze des Aufstandes, der eine »Algérie française« forderte. Schon am 25. April 1961 brach der Aufstand zusammen. In diesem Aufstand verlor Salan und mit ihm die Armee. Der Sieger hieß de Gaulle.
Challe und Zeller stellten sich in Paris freiwillig der Militärjustiz und erhielten eine Gefängnisstrafe von 15 Jahren zudiktiert. Jouhaud und Salan tauchten in Algerien unter und wurden in Abwesenheit zum Tode verurteilt. Sie gehörten zu den Mitbegründern der OAS, auf deren Konto unzählige Sprengstoffanschläge, Morde, Brandstiftungen, Überfälle auf Personen und Banken in Algerien und Frankreich

gingen. Ende März 1962 wurde Jouhaud nach einem Feuergefecht in Oran von französischen Sicherheitskräften gefangengenommen. Er trug Zivil.
In Paris wurde der 1905 in Oran/Algerien geborene Jouhaud am 13. April 1962 zum Tode verurteilt.
Vor Gericht bezeichnete er die Aktionen der OAS als »ein Mittel zur Selbstverteidigung der Europäer in Algerien«.
Salan wurde 1962 mit anderen Offizieren (Argoud, Broizat, Godard und Lacheroy) zu lebenslangem Gefängnis verurteilt. Mit den Generalen Edmond Jouhaud, Maurice Challe und André Zeller saß er bis 1968 in Haft, dann wurden die OAS-Führer begnadigt und in Pension geschickt, nachdem 1966 ein Gesetz verabschiedet worden war, demzufolge 1675 verurteilte frühere OAS-Angehörige amnestiert wurden. Die Begnadigung Salans war auf ausdrücklichen Wunsch General de Gaulles erfolgt.
Als das Gericht General Salan überraschend nur zu lebenslanger Freiheitsstrafe verurteilte, reichte Jouhauds Verteidiger die Revision ein. Am 28. November 1962 wurde dann auch er zu lebenslanger Haft begnadigt und durch eine Amnestie vom 22. Dezember 1967 freigelassen.

OAS-Mitglieder als Verbrecher

Im März 1970 wurde in Frankreich eine Bankräuberbande festgenommen, zu der ehemalige Mitglieder der OAS gehörten. Unter den 12 Verhafteten waren *Jean Jacques Susini* und *Gilles Buscia*. Susini galt als Chef der Bande.
Die 12 Personen wurden beschuldigt, seit 1969 im Raum Lyon/Marseille Banküberfälle begangen zu haben. Sie betätigten sich auch als Landsknechte internationaler Söldnertruppen im Kongo und in Biafra. Es waren Erzkrieger, die den Anschluß an friedliche Zeiten nicht schaffen konnten.
Der Medizinstudent Susini machte von sich reden, als französische Siedler und Kaufleute im Januar 1960 in Algier die Ordnungstruppen aus dem Mutterland angriffen und ihnen eine blutige Barrikadenschlacht lieferten. Im sog. »Barrikaden-Prozeß« wurde Susini im Juni 1960 freigesprochen.
Er kehrte im April 1961 nach Algier zurück und beteiligte sich am Putsch General Salans. Nach dessen Scheitern tauchte er in der OAS unter, die sich zum Ziel gesetzt hatte, durch Terrorakte gegen die arabische Bevölkerung die Ausführung der Beschlüsse von Evians zu verhindern. Im Juni 1962 forderte Susini seine Anhänger auf, mit der provisorischen algerischen Regierung Frieden zu schließen.
1964 erschien in einem Pariser Verlag seine »Geschichte der OAS«.
Gilles Buscia wäre es beinahe gelungen, am 15. August 1964 in Toulon General de Gaulle zu töten. Der General nahm damals an der 20-Jahres-Feier der alliierten Landung an der Côte d'Azur teil. Während der Kranzniederlegung am Ehrenmal auf dem Mont Faron bei Toulon sollte eine Bombe explodieren, die der Attentäter in einer Vase versteckt hatte. Doch der Anschlag schlug fehl. Es war das 12. Attentat auf de Gaulle im Laufe der letzten zwei Jahre. Buscia hatte schon 1962 versucht, den damaligen Ministerpräsidenten Pompidou in seinem Landhaus bei Paris zu töten. Er gilt als Gewaltverbrecher.
1966 wurde er in Abwesenheit zum Tode verurteilt. Dies gilt in Frankreich als rein formaler Akt. Wird der Verurteilte nämlich ergriffen, so muß nach französischem Recht von neuem gegen ihn verhandelt werden. Todesurteile werden nur gegen noch nicht ergriffene Personen ausgesprochen.
Buscia war mit Susini untergetaucht, bis er 1970 als Bankräuber ergriffen wurde. Ein neuer Prozeß gegen ihn fand noch nicht statt.

10. Griechenland

Demokratische Verteidigung

Dies ist eine griechische Untergrundorganisation, die gegen die Militärdiktatur opponierte. Im April 1970 fand ein Prozeß gegen die »Demokratische Verteidigung« statt, in dem der Volkswirtschaftsprofessor Dionysios Karageorgas zu lebenslanger Haft verurteilt worden ist. Mit ihm angeklagt war auch der Strafrechtsprofessor

Mangakis, der wegen Sprengstoffvergehens und revolutionärer Umtriebe zu 18 Jahren Gefängnis verurteilt wurde. Der Gruppe »Demokratische Verteidigung« warf der Militärstaatsanwalt Staatsverbrechen vor.

PAK

Die »Panhellenische Befreiungsbewegung«, eine Widerstandsorganisation, die von dem griechischen Exil-Politiker Papandreou geführt wird und in Opposition zum gegenwärtigen Militärregime steht.

Organisation des 20. Oktober

Die als Terroristen und Anarchisten geltenden Mitglieder der Untergrundorganisation »20. Oktober« störten bis zu ihrer Verhaftung im Oktober 1971 die öffentliche Ordnung in Athen und versuchten, einen Regierungsumsturz herbeizuführen. Die zu den Ultralinken des politischen Untergrundes in Griechenland gehörenden Männer wurden von Paris aus gesteuert. Vier Angeklagte, drei Studenten und ein Klempner, wurden Anfang Oktober 1972 zu Gefängnisstrafen bis zu 16 Jahren verurteilt. Ihre Namen: Georgios Sayas, Nikolas Manios, Nikolas Chrysanthopulos; der Name des Klempners wurde nicht bekanntgegeben.

11. Israel

Ezel

Eine jüdische Untergrundorganisation, die von dem ehemaligen jüdischen Terroristenführer aus der britischen Mandatszeit, Amichai Feglin, geleitet wird und zum Gegenterror gegen die palästinensischen Freischärler (Fedaijin) durch Sabotageakte im Ausland antreten möchte, in erster Linie gegen Objekte arabischer Herkunft. Der legendäre Terroristenführer, bekannt unter dem Decknamen »Gidi«, genießt in Israel den Ruf einer Volksheros.

Irgun Zwai Leumi

Jüdische Geheimorganisation, gegründet gegen die von den Briten erlassene Einwanderungssperre für Juden nach Palästina. 1940 teilte sich die Irgun in die Stern-Liga und in die Haganah (s. Attentat auf Bernadotte, S. 245f.).

JDL

Die »Jewish Defense League«, eine jüdische Untergrundorganisation, ermordete am 17. Oktober 1972 in Rom einen Vertreter der palästinensischen Guerilla-Organisation Al-Fatah. Der 38jährige Jordanier Abdel Wael Zuaiter war ein Neffe des Al-Fatah-Chefs Yassir Arafat, und er war als Dolmetscher an der Libyschen Botschaft in Rom tätig. Dieser Mord galt als Racheakt für das Massaker von München.

Die »Massada«-Organisation

Diese Untergrundorganisation zeichnete verantwortlich für den am 5. Oktober 1972 verübten Bombenanschlag auf die Buchhandlung »Palästina« in Paris. Mitglieder der Organisation gaben bekannt, daß dies der Anfang des »jüdischen Terrors« sei als Reaktion auf die palästinensischen Terroranschläge gegen Juden.

Mazpen

Eine in Israel beheimatete linksradikale Studentengruppe mit marxistisch-leninistischer Ideologie.

12. Italien

Rom, Hauptstadt des Terrorismus?

Im Juni 1972 waren in Rom Untersuchungen des CIA, des amerikanischen Geheimdienstes, eingeleitet worden, die in Zusammenarbeit mit dem italienischen Geheimdienst SID die Tätigkeit des internationalen Terrorismus studieren und unschädlich machen sollten.
Rom wurde zur Operationszone erster Klasse für die antiterroristischen Tätigkeiten erklärt, weil sich hier nach Ansicht des CIA die gefährlichste Zentrale des internationalen Terrorismus befinde.
Zu dieser Auffassung kam der CIA, nachdem der israelische Geheimdienst einiges über die Hintergründe des Attentats auf den Flughafen von Lod mitgeteilt hatte. Danach waren die drei Attentäter (von denen Okamoto zu lebenslanger Zuchthausstrafe verurteilt worden war, seine beiden Komplicen waren bei dem Anschlag ums Leben gekommen) von dem »Vereinigten Roten Heer« in Rom mit Waffen und Sprengstoff versorgt worden.
Dies hatte Okamoto während seines Prozesses und bei Verhören durch den israelischen Geheimdienst selbst zugegeben. Ausgebildet worden waren die drei Terroristen von kanadischen, japanischen und südamerikanischen extremistischen Gruppen. In Montreal waren sie mit dem Chef des kanadischen Stützpunktes der »Volksfront für die Befreiung Palästinas« in Verbindung getreten. Nach Auskunft Okamotos handelte es sich hier um Spezialisten des Terrorismus, die in der Sowjetunion ausgebildet worden waren.
Die Grundlage für die Tätigkeit des CIA und des SID gegen die internationale terroristische Verschwörung waren geheime Zusammentreffen aller Geheimdienste Europas und Amerikas Mitte Juni in Rom. Es sollten Maßnahmen diskutiert werden, wie dem umstürzlerischen Komplott internationalen Ausmaßes entgegengetreten werden könne, und vor allem, wie die extremistischen Bewegungen der Linken von chinesischen und russischen Einflüssen gelöst werden könnten.

GAP

GAP bedeutet: »Gruppi d'Azione Partigiana«, also »Aktionsgruppen der Partisanen«. GAP ist eine von dem Verleger Feltrinelli geschaffene Geheimorganisation, die von ihm vor allem finanziell unterstützt wurde. GAP unterhielt Verbindungen zu anderen Terrorgruppen (einer ligurischen, sardischen, toskanischen und piemontesischen) mit dem Ziel, auf marxistisch-leninistischer Basis die Staatsordnung Italiens zu stürzen.
GAP trat erstmals 1967 in Erscheinung, dann wieder bei Terroranschlägen gegen Eisenbahnanlagen bei Nuovi Ligure und Saluggia am 26. und 28. Oktober 1969. Seit dem 16. April 1970 begannen Sendungen des Geheimsenders GAP. Am 3. und 21. Mai 1971 schlugen zwei Attentate gegen das Amerikanische Konsulat in Genua und gegen die Eisenbahnlinie bei Quarto fehl. Am 6. Februar 1971 steckte GAP den Betrieb Ignis bei Sestri Ponente in Brand. Der Sachschaden betrug eine halbe Milliarde Lire. Am 26. April 1971 kam es zu einem blutigen Raubüberfall, bei dem der Bote Alessandro Floris von dem Terroristen Mario Rossi erschossen wurde. Der Mörder wurde sofort verhaftet. Dabei wurden auch Sendeanlagen und Druckerzeugnisse über den Guerilla-Krieg beschlagnahmt.
Am 18. April 1972 meldete sich wieder »Radio GAP«. Eine Frauenstimme verkündete: »Genossen! Proletarier! Vereinigt euch! Tragt die Revolution in die Fabriken, die Banken, auf die Straßen und überallhin, wo sich die Bourgeoisie eingenistet hat. Der bewaffnete Aufstand gegen die Staatsmacht muß durchgeführt werden! Es lebe der kommunistische Kampf, es lebe die proletarische Revolution. Wir werden den Tod des Genossen Feltrinelli rächen. Es lebe der 22. Oktober!«

22. Oktober

Eine in Italien agierende linksextreme maoistische Gruppe, die für Sprengstoffattentate in Genua und Umgebung verantwortlich zeichnete und seit der Verhaftung von Mario Rossi, der dieser Gruppe auch angehörte, nicht mehr bestehen soll (s. auch: Tupamaros).

13. Japan

Vereinigte Rote Armee

Eine japanische Terroristengruppe, die für die Weltrevolution eintritt, um nach einem geplanten dritten Weltkrieg eine andere Welt zu schaffen. Der »Roten Armee« stand der Lod-Attentäter Okamoto nahe, und ein führender Kopf ist die 26jährige Fusaki Shigenobu, die Kontakte zur arabischen Guerilla-Organisation und zu Leila Chaled herstellte. Die japanische Terroristen-Gruppe ist von dem Fanatismus beseelt, auf der ganzen Welt Unruhe zu stiften und Terroranschläge auf Personen und Sachen auszuführen.
In den Bergen nordwestlich von Tokio grub die Polizei Anfang 1972 mehrere Leichen junger Mädchen und Burschen aus, Angehörige der anarchistischen »Roten Armee«, die vermutlich der Lynchjustiz ihrer radikalen Führer wegen zu großer Mäßigung zum Opfer gefallen waren.
Die gleiche Gruppe ermordete zwar mehrere Polizisten und eine Polizistenfrau, doch hatte sich in bisherigen Auseinandersetzungen mit der Polizei der Todesmut der Sektierer in der Hauptsache nur auf revolutionäre sprachliche Äußerungen be-

schränkt. Wenn es darauf ankam, ergaben sie sich kläglich oder ließen fliehend ihre Gefolgsleute im Stich.
Die »Rote Armee« war Ende Februar 1972 bekanntgeworden, nachdem die Polizei zwei ihrer Anführer festgenommen hatte. Die Anführer wurden sofort zum Tode verurteilt.
Fast alle Mitglieder der Gruppe, mehr als 30 Männer und Frauen, hatten Universitäten besucht, viele von ihnen ihr Studium auch abgeschlossen. Bereits im März 1970 trat die »Rote Armee« in Aktion, als einige ihrer Mitglieder eine Boeing 707 nach Pyongyang entführten. Seitdem beraubten sie Banken, legten Bomben und überfielen Polizeistationen.
Etwa 25 Millionen Zuschauer verfolgten am Fernsehschirm, als am 28. Februar 1972 1500 Polizisten Jagd auf die Bande machten, wobei zwei Polizisten und ein Kaufmann erschossen wurden. Fünf Bandenmitglieder konnten überwältigt werden.
Die Sektierer verstanden sich, ihrer Theorie zufolge, als die radikalste und ehrgeizigste und zum Tod bereite revolutionäre Studentengruppe, sind aber eher als terroristische Faschisten denn als Marxisten oder Anarchisten einzuordnen.
Die Sekte stand unter dem Einfluß des »Kommandeurs des Zentralkomitees«, des 27jährigen Mori, und der gleichaltrigen Nagata, die als »Vizekommandeur« fungierte. Beide hatten in der Waldeinsamkeit ein Schreckensregime errichtet, dem niemand zu widerstehen wagte.
Nagata, die den Ankläger unter ihren Gefolgsleuten spielte, nur 1,50 m groß und sehr häßlich, entwickelte einen krankhaften Neid gegen alle weiblichen Bandenmitglieder. Den zum Tode verurteilten Mädchen schor sie die Haare. Eine der Ermordeten war im achten Monat schwanger. Das hatte sie als »Verräterin der Revolution« entlarvt. Ein anderes Mädchen wurde getötet, weil es Ohrringe getragen und sich damit der Eitelkeit schuldig gemacht hatte.
Die verurteilten Mitglieder (insgesamt 14) wurden der Lynchjustiz ausgeliefert, nachdem Nagata das Urteil gesprochen hatte. Die Opfer wurden gebunden, getreten, geschlagen, gestochen, nackt ausgezogen, an einen Pfahl gefesselt und der Winterkälte ausgesetzt.
Mori und Nagata besaßen als einzige Messer, mit denen sie den Verurteilten Stichwunden zufügten.
Gerichtsmediziner sagten nach Obduktion der aufgefundenen Leichen aus, derart brutal gefolterte Körper hätten sie bisher nicht gesehen. Die Extremisten Mori und Nagata wurden im September 1972 wegen Mordverdachts festgenommen. Ende Dezember 1972 beging Tsuneo Mori in seiner Einzelzelle Selbstmord.

14. Kroatien

HRB

Darunter versteht man die »Kroatisch-Revolutionäre Bruderschaft«, eine national-kroatische Untergrund-Organisation, die vor allem in der Bundesrepublik Deutschland tätig ist und hier immer wieder Terroranschläge gegen Jugoslawen oder jugoslawische Lokale durchführt.

Die Ustascha-Terroristen

Diese Bewegung, die für ein von Jugoslawien unabhängiges Land Kroatien kämpft, entstand bereits im Jahre 1929, als der jugoslawische König Alexander I. seine »Königsdiktatur« bekanntgab, derzufolge Kroatien als Teilstaat Jugoslawiens betrachtet wurde. Diese Bewegung mit ihrer eigenen Ideologie, mit der kroatischen Flagge und dem U-Zeichen darauf, war damals (1929) die Hausmacht des Faschistenführers Ante Pavelic, den der kroatische Nationalismus trug und der auch zur Zeit der deutschen Besatzung im Zweiten Weltkrieg von Hitler unterstützt wurde. Ziel der Bewegung war es von Anfang an, den verhaßten König Alexander I. zu ermorden (s. unter Attentat). Noch heute besteht die Ustascha-Bewegung, die nach wie vor für die Unabhängigkeit Kroatiens eintritt. Sie wird größtenteils getragen von Exil-Kroaten, die Anschläge auf jugoslawische Lokale verüben oder jüngst durch Luftpiraterie wieder von sich reden machten. Im April 1971 ermordeten Ustascha-Terroisten den jugoslawischen Botschafter in Stockholm, Vladimir Rolovic. Die Attentäter wurden verhaftet und zu lebenslangem Zuchthaus verurteilt. Ustascha-Terroristen befreiten Mitte September 1972 drei Exil-Kroaten, indem sie eine schwedische Verkehrsmaschine kaperten und damit die Freilassung der Terroristen erpreßten (s. Flugzeugentführungen).

15. Nordirland

IRA, UDA, Sinn Fein

Die seit August 1969 in Nordirland tobenden blutigen Unruhen haben längst nicht mehr den Charakter eines Glaubenskrieges, sondern es ist der Kampf der protestantischen und der katholischen Arbeiter um die Erhaltung von Traditionen und erkämpften Positionen auf der einen Seite, die Forderung nach sozialer Gerechtigkeit auf der anderen Seite.
Nirgendwo auf der Welt dürfte die Gegenwart so stark mit dem Gift der Vergangenheit verseucht sein wie in Nordirland.
Die Auseinandersetzungen sind indes jahrhunderteалt. Bereits im 17. Jahrhundert wurde die englische Vorherrschaft über Nordirland gefestigt. Landgebiete, die irischen Einwohnern abgenommen wurden, konnte jeder erwerben, der aus Schottland oder England einreiste und sich bereit erklärte, dieses Land gegen die katholischen »Rebellen« zu verteidigen.
Noch bis zum heutigen Tag fühlen sich daher die katholischen Iren als Beraubte und Entrechtete. Es war Wilhelm III. von Oranien, ein gebürtiger Niederländer auf dem englischen Thron, der 1688 in einem Krieg gegen Irland die englisch-protestantische Vormachtstellung in Irland durchsetzte. Seit dieser Zeit währen die Spannungen zwischen der protestantischen Minderheit und der katholischen Mehrheit im Lande. Seitens der Londoner Regierung wurde bisher kaum etwas unternommen, den Katholiken ihre Rechte zurückzugeben. Im Gegenteil: Nach dem Ersten Weltkrieg beugte sich London den Forderungen der nordirischen Protestanten, ein autonomes Nordirland unter protestantischer Führung zu schaffen, mit eigener Regierung und eigenem Parlament, dem Stormont.
Seit 50 Jahren ist zwar in Nordirland ein Notstandsgesetz in Kraft, das den protestantischen Vorrang und Extremismus eindämmen sollte, doch verstanden die Katholiken dieses Gesetz immer nur gegen sich selbst gerichtet. Dieses Gesetz wurde Mitte 1970 auf Wunsch der Ulster-Regierung (Ulster ist der Name der sechs nordirischen Grafschaften, ein Teil des Vereinigten Königreiches, das politische

Selbstverwaltung besitzt und über 50 Jahre lang von einer gewählten Regierung ziemlich undemokratisch geführt wurde) nochmals verschärft durch eine Art Sondergesetz, das den Protestanten erhebliche Sondervollmachten brachte.
Die Eskalation zwischen Katholiken und Protestanten brach im August 1971 offen aus durch die von der Ulster-Regierung aufgrund der neuen Vollmachten eingeleitete Internierungskampagne, die sowohl Schuldige wie Unschuldige traf. Im Dezember 1971 waren bereits 1576 Menschen interniert, 934 davon bald wieder freigelassen. Diese Internierungen führten zu einer starken Solidarisierung mit dem Ergebnis, daß immer mehr Mordanschläge auf britische Soldaten, Polizisten und verdächtige Zivilisten, die mit den Protestanten sympathisierten, erfolgten.
Im Internierungslager Long Kesh hatte die britische Armee Verhörmethoden eingeführt, sogenannte »Intensiv-Verhöre«, wie sie nicht einmal in den KZs des Dritten Reiches angewandt wurden.
Mitte November 1972 waren etwa 21000 britische Soldaten in Nordirland stationiert. Im Laufe der drei Jahre dauernden Unruhen wurden bis Ende 1972 678 Menschen getötet, allein im Jahr 1972, dem blutigsten in der Geschichte Nordirlands, waren es 467 Menschen, darunter 122 Zivilisten, zu zwei Dritteln Katholiken, die den Fememorden zum Opfer fielen.
Die Unruhen in Nordirland seitens der Katholiken gegen Protestanten und gegen die britische Besatzung dürften vermutlich erst dann aufhören, wenn die Insel wiedervereinigt sein wird und die Benachteiligung der Katholiken abgeschafft würde. Maßgeblich verantwortlich für die Unruhen sind die großen Guerilla- und Terrororganisationen IRA und UDA.
Die IRA (Irische Republikanische Armee) besteht aus zwei Flügeln: Die linksorientierte marxistische *»offizielle« IRA* stellte ihre Gewaltaktionen Mitte 1972 ein, weil sie den Bombenterror als gegen die Interessen des Volkes gerichtet betrachtete. Ihr Ziel ist es nun, den britischen Imperialismus und den Kapitalismus zu überwinden, um nach und nach einen sozialistischen Arbeiterstaat zu errichten.
Daneben gibt es seit 1969/1970 die *»provisorische« IRA*, entschlossene Untergrundkämpfer, die immer wieder zu Terroraktionen schreiten. Der Hauptgrund für den Bruch zwischen der Provisorischen und der Offiziellen IRA war die Anerkennung der Dubliner, Belfaster und Londoner Parlamente durch die »Offizielle IRA« und die *»Offizielle Sinn-Fein«*. Bis dahin hatte der Boykott dieser drei Parlamente als politischer Grundsatz der militanten Republikaner gegolten.
Diese »Soldaten ohne Uniform«, die »provisorische« IRA, verübte regelrechte Fememorde, sie schreckte auch nicht davor zurück, Mädchen, die ein Verhältnis mit britischen Soldaten hatten, zu teeren und zu federn. Ihr Haß gegen die Engländer vergrößerte sich mit jedem IRA-Mitglied, das den Briten zum Opfer fiel.
Auch auf der protestantischen Seite gibt es einen rechten, bewaffneten Flügel, die *»Ulster Defence Association« (UDA)*, eine Kampftruppe, die gegen die katholische IRA antritt.
Daneben entstand die rechtskonservative *Vanguard-Bewegung*, ebenfalls bewaffnet, protestantisch, geführt von William Craig, dem früheren nordirischen Innenminister. Ihr Kampf richtete sich vor allem gegen ein Gesetz vom 30. März 1972, unterzeichnet von Königin Elizabeth II. von England, das den Terror in Nordirland beenden sollte. Doch das Gegenteil war der Fall. Die Aktionen der Vanguards waren in der Hauptsache Demonstrationen, Streiks und Aktionen gegen den zivilen Ungehorsam von Katholiken, der sich darin ausdrückte, daß sie Strom-, Gasrechnungen und Mieten für Sozialwohnungen nicht mehr bezahlten, und die Craig dadurch bestrafen wollte, daß die Strom-, Wasser- und Gaszufuhr zu den von den Katholiken bewohnten Vierteln unterbrochen wurde.
Nicht unschuldig an der politischen Radikalisierung der protestantischen Bevölke-

rungsmehrheit im Jahre 1972 war also eben dieser Entschluß der britischen Regierung Heath vom März 1972, selbst (mit W. Whitelaw) die direkte Verwaltung über das bis zu diesem Zeitpunkt halbautonom gewesene Nordirland zu übernehmen. Nun ließ sich die protestantische Unionspartei, die 50 Jahre lang in Nordirland regiert hatte, von den radikalen Kräften der Vanguard-Bewegung infiltrieren und zu Terrorakten anstacheln.

Stabschef der Provisorischen IRA war der in London als Sohn eines englischen Vaters geborene Terroristenführer Sean MacStiofain. Er wurde am 19. November 1972 in der Umgebung von Dublin verhaftet. Sein Gegenspieler auf der Seite der Offiziellen IRA ist der aus einer irischen Familie mit langer republikanischer Kampftradition stammende Anstreicher Cathal Goulding, ein fast 30jähriger Mann, der in langer Haftzeit Zweifel am Nutzen der Gewaltanwendungen hegte. Sein Konzept ist die Errichtung einer gesamtirischen sozialistischen Arbeiterpartei, das im politischen Kampf verwirklicht werden soll.

Der politische Arm der beiden IRA ist jeweils die *Sinn Fein Partei*, die der provisorischen IRA wird geführt von O'Bradaigh auch O'Brady geschrieben (verhaftet Ende Dezember 1972). Vizepräsident: David O'Connel.

Hauptschauplatz der Auseinandersetzungen ist immer wieder Belfast, eine Stadt mit 433000 Einwohnern. Fast jedes zweite Haus ist zerstört, bei Dunkelheit ist die Stadt wie ausgestorben. Nur Militärpatrouillen mit rußgeschwärzten Gesichtern, Maschinengewehren und Funkgeräten, immer Vierergruppen, ein beliebtes Ziel für Heckenschützen, bewegen sich auf den Straßen. Überall in Belfast, wo man ständig zwischen katholischen und protestantischen Vierteln hin und her wechselt, trifft man auf Straßensperren aus Autos oder auf die »Ramps«, Straßenbarrieren aus Asphalt, auf Sandsäcke.

Grund zu Auseinandersetzungen waren immer wieder die von der IRA besetzten katholischen »no-go«-Viertel in Londonderry, das sog. »Free Derry«, das seit 1969 von der IRA besetzt war und seit Mitte 1972 wieder von britischen Truppen kontrolliert wurde. Vor allem Angehörige der UDA versuchten, dagegen anzurennen. Die 50000 Mann starke UDA ist militärisch besser ausgerüstet als die IRA mit etwa 2000–3000 Mann. Sie wird von ehemaligen Offizieren der US-Streitkräfte, die Vietnam-Kriegserfahrung haben, ausgebildet. Die UDA wirft der Londoner Regierung vor, daß sie die Gewaltakte der IRA nicht unterdrücken wolle oder könne. Im Laufe ihrer eigenen Gegenschläge gegen die IRA und die Katholiken wurden auch von ihr etwa 40 Fememorde begangen.

Schlagzeilen machte am 30. Januar 1972 der »Blutige Sonntag«, an dem 13 katholische Zivilisten von britischen Fallschirmjägern getötet wurden.

Nicht zuletzt sei die revolutionäre Sozialistin Bernadette Devlin erwähnt, die seit 1969 Unterhausabgeordnete für einen nordirischen Wahlkreis ist und wiederholt die Bevölkerung dazu aufrief, IRA-Angehörigen bei der Versorgung und bei der Flucht zu helfen.

Der wenige Stunden nach einem 40minütigen Rundfunkinterview verhaftete MacStiofain (44 Jahre), dessen eigentlicher englischer Name John Stephenson ist, galt in Ulster als Staatsfeind Nr. 1, der für die blutigen Unruhen der letzten Jahre in Nordirland maßgeblich mitverantwortlich war. Wegen »Vergehen gegen die Sicherheit des Staates« wurde er zu 6 Monaten Gefängnis verurteilt. Nach seiner Verhaftung und Verurteilung kam es zu Protestdemonstrationen in Dublin, Polizei und Armee wurden in Alarmzustand versetzt, mit seiner gewaltsamen Befreiung aus dem Armee-Hospital Curragh bei Dublin wurde gerechnet. Aus Protest gegen seine Verhaftung und gegen den »Polizeistaat« trat er in den Hungerstreik, der ihn an den Rand des Todes brachte. Nur durch geringe Flüssigkeitsaufnahme hielt er sich am Leben.

Zahlreiche prominente IRA-Mitglieder setzten sich nach diesem 19. November 1972 nach England ab, denn kurioserweise war England der einzig sichere Zufluchtsort für IRA-Terroristen, weil hier im Gegensatz zu Irland und Ulster die IRA nicht als verbotene Organisation galt und überdies zwischen Großbritannien und Irland kein Auslieferungsübereinkommen besteht.
Ende November 1972 wurde bekannt, daß die provisorische IRA sowjetische Raketenwerfer und Raketengeschosse gegen Polizeireviere, Armeestützpunkte und zivile Ziele eingesetzt hatte. Wie die Sowjetwaffen in den Besitz der IRA gelangt waren, wußte die britische Armee nicht. Es wurde jedoch vermutet, daß dies über den schwarzen Markt, über arabische Länder oder aus Beständen der palästinensischen Befreiungsarmee möglich war.
Ein dramatischer Höhepunkt im Kampf gegen die IRA war die Verabschiedung des »Anti-Terroristen-Gesetzes« der Regierung Lynch, offiziell »Gesetze über Vergehen gegen den Staat« genannt.
Diesem Gesetz zufolge kann bereits ein Verdächtiger verhaftet werden, wenn ein Polizeioffizier glaubt, er sei Mitglied einer illegalen Organisation. Vor dem Gericht kann der Verhaftete dann seine Unschuld beweisen. Dieses Gesetz verstößt jedoch gegen den juristischen Grundsatz, wonach ein Angeklagter bis zum Beweis seiner Schuld als unschuldig zu gelten hat. Seit dem 3. Dezember 1972 ist das »Anti-IRA-Gesetz« in Kraft getreten, nachdem es vom greisen Präsidenten Eammon de Valera unterzeichnet worden ist, ein mit 70 gegen 23 Stimmen verabschiedetes »Notstandsgesetz«, das abermals auf harte Kritik stieß und die Oppositionspartei Fine Gael zum Kampf gegen die Regierungspartei Fianna Fail mobilisierte.
Dieses Anti-IRA-Gesetz stellte formell und ausdrücklich eine erhebliche Verschärfung jenes Gesetzes über »Vergehen gegen den Staat« dar, das bereits 1939 gegen die IRA erlassen und damals von Premierminister de Valera unterzeichnet worden ist. Schon das Gesetz von 1939 war das Symbol des Bruches de Valeras mit seiner eigenen Vergangenheit: Er war 1972 der einzige noch überlebende Führer des Dubliner Osteraufstandes von 1916, bei dem die Republik Irland ausgerufen wurde.
Eine weitere Verschärfung brachte das Anti-IRA-Gesetz dadurch, daß anstelle der Schwurgerichte für die Dauer des Notstandes Verbrechen, die im Zusammenhang mit der Terroristentätigkeit begangen wurden, nun Gerichtsverfahren ohne Geschworene verurteilen sollen, bei denen der Richter allein über das Strafmaß befindet. Dazu gehören Mord, Brandstiftung, Aufruhr, Waffenbesitz, Besitz und Herstellung von Munition mit der Absicht, Menschenleben zu gefährden oder Sachschaden anzurichten.
Nach wie vor bestand und besteht die große Schwierigkeit bei der Bekämpfung der IRA darin, daß Zeugen, die gegen Terroristen vor Gericht Aussagen machen sollen, immer wieder eingeschüchtert werden. Diese Einschüchterungsmethode reicht bis zum Mord. Das Anti-IRA-Gesetz, das Verdächtige ohne Verfahren für eine maximale Dauer von vier Wochen zu verhaften erlaubt, fand Ende Dezember 1972 seine Anwendung bei drei weiteren IRA-Führern: Martin McGuinness (22 Jahre), Joseph McCallion, Führer der »Provisorischen IRA« in den sog. »No-go-Bezirken« von Londonderry, und Elizabeth McKee (22 Jahre), die eine leitende Rolle in der IRA-Frauenorganisation innehatte, wurden inhaftiert. Der Frauenorganisation wurden Hehlerei von Waffen und Sprengstoff sowie Beihilfe zum Untertauchen von IRA-Angehörigen vorgeworfen.

Urteil gegen einen IRA-Terroristen

Jenkinson, Noel

Im sog. »Aldershot-Prozeß« ging es um das Attentat auf das Militärgelände in der englischen Garnisonsstadt Aldershot, bei dem am 22. Februar 1972 sechs Zivilisten und ein Armeegeistlicher getötet und 18 weitere Personen verletzt wurden.

Jenkinson und ein noch nicht gefaßter zweiter Täter fuhren am frühen Morgen mit einem blauen Ford in das Militärgelände und parkten ihn direkt vor dem Offizierskasino. Die Täter trugen Uniformen der ehemaligen deutschen und italienischen Wehrmacht. In dem Wagen waren 200 Pfund Sprengstoff deponiert, der um 13 Uhr explodieren sollte, wenn das Kasino besonders stark frequentiert ist. Die Sprengladung ging jedoch 20 Minuten zu früh hoch.

Das Attentat war die »Antwort« der IRA auf den »blutigen Sonntag von Londonderry«, bei dem am 30. Januar 1972 13 Zivilisten ums Leben gekommen waren. Der offizielle Flügel der IRA hatte kurz nach dem Attentat die Verantwortung dafür übernommen. Jenkinson erhielt 6 Jahre Gefängnis.

16. Palästinensische Untergrundorganisationen

Die Vorgeschichte der palästinensischen Untergrundorganisationen begann nach dem Ersten Weltkrieg, als die Engländer den Palästinensern die Unabhängigkeit versprochen, gleichzeitig aber auch den zionistischen Juden eine neue Heimat zugesichert hatten. Nach den Vorstellungen der Engländer sollten Juden und Palästinenser gleichberechtigt nebeneinander am Aufbau des Landes arbeiten. Dieser Plan wurde erstmals durchkreuzt durch den Juden Chaim Weizmann, von dem der Ausspruch stammt, Palästina müsse so »jüdisch werden wie Amerika amerikanisch«. Um dieses Ziel zu erreichen, entwickelten als erste die Juden die Geheimorganisation »Haganah«, die durch brutale Terroranschläge Ölraffinerien und Eisenbahnlinien in die Luft sprengte, englische Soldaten und Araber hinmordete und schließlich im Jahre 1948 die Mehrheit der Palästinenser aus dem Land vertrieb. Die Palästinenser sollten nach dem Teilungsplan der UNO die Hälfte ihres Landes behalten, die andere Hälfte an die Juden abtreten. Schon bald hatten jedoch die Juden Dreiviertel des Landes in ihren Besitz gebracht, den Rest rissen Jordanien im Osten und Ägypten im Westen an sich. Eines der größten Massaker, das im Auftrag der Haganah gegen Palästinenser verübt wurde, geschah im April 1948, als 254 Männer, Frauen und Kinder hingemetzelt wurden. Nach diesem Massaker flohen etwa 150000 Araber aus ihrem Land. Sie siedelten sich in Syrien, Jordanien, Ägypten und im Irak an. Nach dem Sechs-Tage-Blitzkrieg und -Sieg vertrieben die Juden im Juni 1967 nochmals 300000 Palästinenser und schickten sie in die Wüste.

Heute leben mehr als zwei Millionen Palästinenser als überall ungern gesehene Emigranten, mehr als 600000 hausen in primitiven Flüchtlingslagern. Von Palästina gehören ihnen nur noch 15 Prozent. Aus dieser geschichtlichen Situation heraus entstanden teils aus Rache, teils aus purem Selbsterhaltungstrieb die palästinensischen Untergrundorganisationen.

Diese verschiedenen Organisationen sind unterschiedlich politisch orientiert, verfolgen aber alle das eine Ziel, die Israelis nicht nur aus den im Blitzkrieg vom Juni 1967 besetzten Gebieten, sondern aus ganz Palästina zu vertreiben.

Da gibt es zunächst die »*Palästinensische Befreiungsorganisation (PLO)*«, deren Führer Ahmed Schukeiri heißt. Seine Devise: »Werft die Juden ins Meer!« Die heute größte Organisation dürfte die »*Al Fatah*«, (auch »*El Fatah*«) sein, zu deutsch: »Die Eroberung«. Etwa 6000 Al-Fatah-Mitglieder standen Ende 1972 in Syrien bereit. Al Fatah und die militärisch gut ausgerüstete Truppe »*Al Assifa* (Der Sturm)« stehen unter der Führung von Yassir Arafat, einem in Jerusalem geborenen Ingenieur, der 1969 auf dem V. Palästinensischen Nationalrat zum Vorsitzenden gewählt wurde und damit an die Spitze der Dachorganisation PLO aufrückte. Er

studierte die revolutionären Strategien Kubas, Chinas, Algeriens und nicht zuletzt Vietnams. Seine Devise: Befreiung Palästinas von den Juden (Israelis).
Neben der Al Fatah gibt es die »*Volksfront zur Befreiung Palästinas (PFLP)*«. Ihr Führer ist Dr. med. Georges Habbasch. Ferner gibt es die »*Demokratische Volksfront zur Befreiung Palästinas (PDFLP)*« unter Nayef Hawatmeh und die »*Al-Saika-Truppe*«, die nach dem Sechstagekrieg 1967 gegründet wurde und als Miliz in die syrische Armee aufgenommen worden ist. Beide »Volksfront-Organisationen« gelten als die Sammelbecken der linksradikal, marxistisch-leninistisch orientierten Schichten unter den Palästinensern.
Nach dem Massaker von München am 5./6. September 1972 wurde vor allem die Terror- und Untergrundorganisation »*Schwarzer September*« bekannt. Diese Organisation geht zurück auf die blutige Unterdrückung des palästinensischen Aufstandes durch König Hussein von Jordanien im September 1970. Bei diesem Bürgerkrieg kamen ungefähr 25000 Palästinenser ums Leben. Die Gruppe »*Schwarzer September*« hat keinen eigentlichen Führungsstab und keine feststehende Mitgliederzahl. Die Mitglieder werden in der Regel nicht von den »Fedaijin« (= Palästinenser) in den Flüchtlingslagern angeworben, sondern es sind Palästinenser, die längere Zeit im Ausland gelebt und mit der Sprache und den Sitten des jeweiligen Gastlandes bestens vertraut sind. Sie werden jeweils nur einmal in Terroraktionen eingesetzt. Überleben sie diese, so verschwinden sie im Untergrund.
Die Ideologie des »*Schwarzen September*« ist die pure Anarchie und die Liquidierung aller Gegner der Palästinenser überall in der Welt. Der »*Schwarze September*« gilt nicht direkt als zugehörig zur Dachorganisation PLO, wohl aber als Sondertruppe der Al Fatah. Ihre Geldmittel beziehen sie teils durch Erpressung bei Flugzeugentführungen (so kassierten sie die 5 Millionen US-Dollar, die die Bundesregierung Deutschland zur Auslösung einer entführten Lufthansamaschine gezahlt hatte) oder auch durch Erpressung reicher arabischer Geschäftsleute. Auch im Rauschgiftschmuggel hat diese Organisation gute Einnahmequellen.
Diese auf internationaler Ebene agierende Organisation unterhielt auch Beziehungen zu ausländischen Terrororganisationen, so z.B. auch zu Mitgliedern der deutschen Baader-Meinhof-Bande. Gründer des »*Schwarzen September*« ist Ali Abu Ijad, dessen Devise »generelle Blutrache« lautet. Der »*Schwarze September*« zählt relativ wenige Mitglieder, man schätzt zwischen 100 und 500. Trotzdem gehört diese Gruppe fanatischer Leute zu den aktivsten. Einer der Höhepunkte ihrer Aktionen war die Ermordung des jordanischen Ministerpräsidenten El-Tell im November 1970 in Kairo.
Die palästinensischen Kampforganisationen, man rechnet mit 12 bis 42 verschiedenen Typen, bieten kein einheitliches Bild, auch nicht hinsichtlich ihrer Sympathisanten.
So fordern die Anhänger Habbaschs den Sturz des Königs Hussein von Jordanien, um dann einen Volkskrieg gegen Israel zu beginnen. Yassir Arafat möchte dagegen die Aussöhnung mit Hussein. Habbasch, der Radikalere, dürfte jedenfalls als geistiger Vater des »*Schwarzen September*« gelten und auch hauptverantwortlich sein für den Terrorakt im Olympischen Dorf in München.
Gemeinsames Ziel aller dieser Untergrundorganisationen, die ihre Mitglieder in eigens eingerichteten Lagern für den Guerilla-Krieg ausbilden, ist es, die Niederlage des Sechstagekrieges im Herzen Israels zu rächen.
Beirut gilt als Zentrale der palästinensischen Terrororganisationen. *PLO, Al Fatah, Schwarzer September*, sie alle haben dort ihre Hauptquartiere.
Der Aufbau und Zusammenhang der *Al-Fatah*-Terrororganisationen, auch in der Bundesrepublik, wurde von der »Quick« vom 27. September 1972 so dargestellt:

Palästinensische Befreiungs-Organisationen

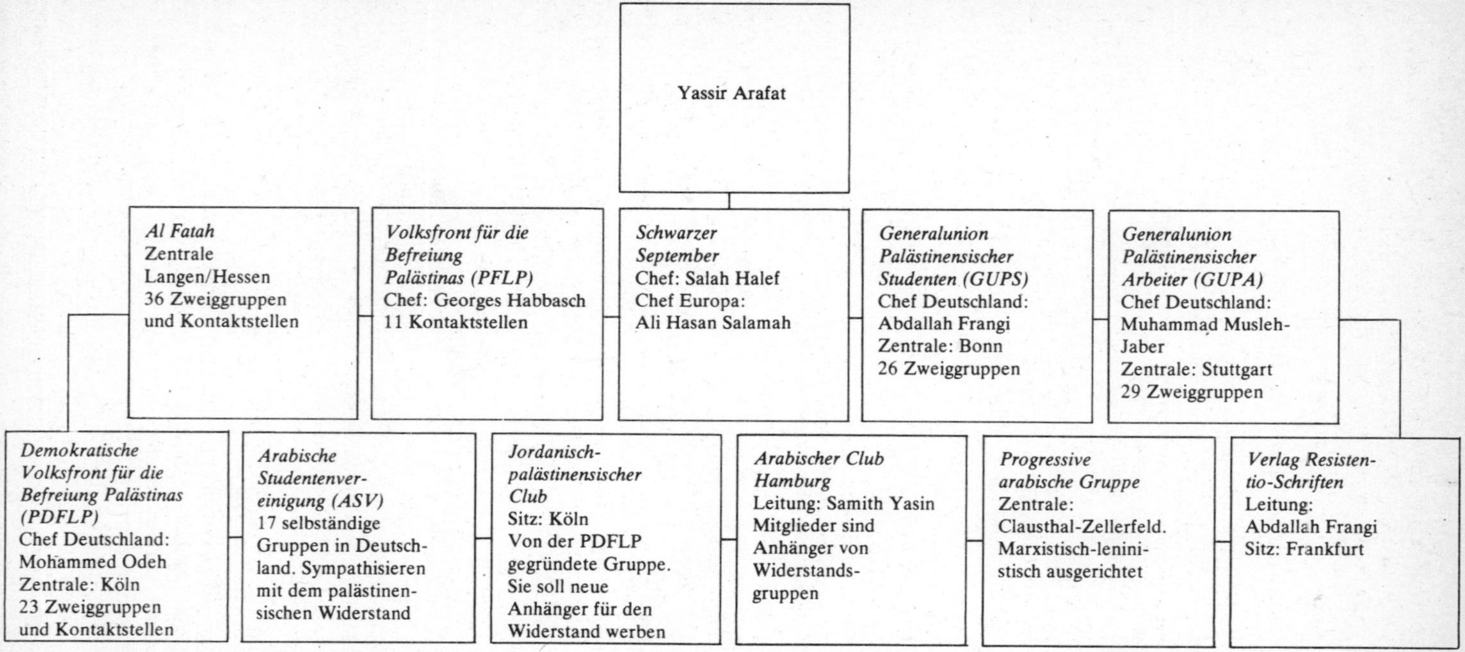

Das ist der Aufbau der palästinensischen Befreiungs-Organisationen. In den Anfangsjahren versuchten ihre Anhänger auf politischem Wege, Palästina für die Palästinenser zurückzugewinnen. Spätestens seit dem Juni-Krieg von 1967 – und in den Wochen davor – merkten sie, daß dieser Weg nicht zum Ziel führt. Von nun an regierte die nackte Gewalt. Die Terror-Aktionen in Israel und später in ganz West-Europa wurden von der 1965 gegründeten Al Fatah geleitet. Ihr Anführer ist Yassir Arafat. Sein engster Mitarbeiter und Adjutant Salah Halef gründete im September 1970 die Organisation »Schwarzer September«. Die Terroristen verübten auf Befehl ihres Europa-Chefs Ali Hasan Salamah das Massaker von München. Sie wurden von zehn palästinensischen Untergrund-Organisationen unterstützt, die in der Bundesrepublik tätig waren.

Im November 1972 wurde bekannt, daß Al Fatah innerhalb der Bundesrepublik Deutschland ein gut organisiertes Rauschgiftsyndikat aufgebaut hat. Die Organisation besitzt vermutlich im Libanon riesige Haschischvorratslager, die nach und nach in die BRD abgesetzt werden. Als Zahlungsmittel nahmen die Rauschgifthändler neben Geld auch Waffen, Schuhe und Unterwäsche für ihre Guerillas an.

Palästinensische Untergrundorganisationen verübten folgende aufsehenerregende Terrorakte:

23. 5. 1968: Entführung einer El-Al-Maschine nach Algier. Für die Freilassung der 38 Passagiere muß Israel arabische Häftlinge freilassen.
26. 12. 1968: Zwei Araber greifen in Athen eine El-Al-Maschine an. Sie werden verhaftet. Ein israelischer Passagier wird getötet.
18. 2. 1969: Attentat auf eine El-Al-Maschine in Zürich. Ein Attentäter wird erschossen, der israelische Pilot stirbt an seinen Verletzungen.
29. 8. 1969: Entführung einer amerikanischen Boeing 707 nach Damaskus.
9. 1. 1970: Entführung einer amerikanischen Boeing 707 durch den Franzosen Christian Belon nach Beirut.
10. 2. 1970: Bombenattentat auf einen Flughafenbus auf dem Flughafen München-Riem. Ein Israeli wird getötet, 11 weitere Passagiere werden verletzt.
21. 2. 1970: Vermutlich durch Sabotage wird eine Swiss-Air-Maschine in der Schweiz zum Absturz gebracht. Alle 47 Passagiere und Besatzungsmitglieder kommen ums Leben.
6. 9. 1970: Drei Passagiermaschinen werden nach Zarka entführt und am 12. September in die Luft gesprengt. Die Passagiere dürfen vorher die Maschinen verlassen.
28. 11. 1970: Drei Mitglieder des »Schwarzen September« erschießen den jordanischen Ministerpräsidenten Wasfi El-Tell.
21. 2. 1972: Eine Lufthansa-Maschine wird von 5 Arabern nach Aden entführt. Die Bundesregierung zahlt als Lösegeld 5 Millionen Dollar.
8. 5. 1972: Entführung der »Sabena«-Maschine.
30. 5. 1972: Attentat von Lod.
4. 8. 1972: Drei Tanks der transalpinen Ölleitung Triest–Ingolstadt werden gesprengt vom »Schwarzen September«.
16. 8. 1972: Explosion eines »Plattenspielers« in einer israelischen Boeing 707.
5./6. 9. 1972: Das Massaker von München: Terroristen des »Schwarzen September« ermorden im Olympischen Dorf 11 israelische Sportler in ihren Unterkünften. Auf dem Flughafen Fürstenfeldbruck, von wo die Terroristen per Hubschrauber ausgeflogen werden wollen, kommt es zu einer Schießerei zwischen deutschen Polizeischarfschützen und den Terroristen, wobei in einem Hubschrauber vier, im anderen fünf Geiseln und fünf Terroristen erschossen werden. Drei Terroristen werden gefangengenommen. Bei der Schießerei wird auch ein deutscher Polizeibeamter getötet.
29. 9. 1972: Angehörige des »Schwarzen September« stecken das an der Champs-Elysées in Paris gelegene Warenhaus »Drugstore-de-Publics« in Brand. Bei dem Großfeuer brennt das große Eckhaus total aus. Eine Frau wird dabei getötet. Der Besitzer des Warenhauses ist Jude.
29. 10. 1972: Die drei überlebenden Münchner Terroristen werden von Leuten des »Schwarzen September« befreit.

Im letzten Viertel des Jahres 1972 begann eine neue Form der Terrorwelle durch die Versendung von Sprengstoffbriefen, die an israelische Botschaften in aller Welt gerichtet waren. Der an die Israelische Botschaft in Phnom Penh adressierte Brief, er war in Amsterdam abgeschickt worden, enthielt ein Flugblatt mit der Aufschrift: »Ihr werdet bezahlen, wo immer ihr auch seid. Organisation Schwarzer September.«
Auch an arabische Politiker in der jordanischen Hauptstadt Amman wurden Sprengstoffbriefe geschickt, an jüdische Bewohner eines Altersheimes in Düsseldorf usw. Briefbomben erhielten auch prominente Politiker der USA, der Bundesrepublik und Frankreichs, vornehmlich solche, die als Sympathisanten der Israelis gelten.
Als besonders raffiniert galt ein Giftgasanschlag auf die Israelische Botschaft in Bad Godesberg (Bundesrepublik). In einem in Karlsruhe aufgegebenen Briefumschlag befand sich ein kleiner, eine Zyanverbindung enthaltender Plastikbeutel. Beim

Vermischen mit Luft hätte dieser Brief tödliche Wirkung gehabt, wäre er nicht vorher abgefangen und von der Polizei geöffnet worden.
Mitte Oktober 1972 drohte der »*Schwarze September*«, giftige Chemikalien zu entwenden und in die Trinkwasserversorgung zu leiten. Diese Drohung war gegenüber der belgischen Regierung ausgesprochen worden, die dadurch erpreßt werden sollte, Druck auf Israel auszuüben, damit die dort inhaftierten arabischen Terroristen befreit werden.
Scotland Yard berichtete, daß Mitglieder des »*Schwarzen September*« möglicherweise in London ein Entführungs- und Mordkommando etabliert haben. Auch wurde nicht ausgeschlossen, daß die Terroristen Kontakte zur verbotenen »Irisch-Republikanischen Armee« (IRA) geknüpft haben.
Verstärkte sich einerseits nach dem Massaker von München am 5. September 1972 die Tätigkeit der Terroristen auf internationaler Ebene, so wurde andererseits, nicht zuletzt auch durch die UNO, zu Gegenmaßnahmen aufgerufen. In der Bundesrepublik wurden z. B. Sonder-Polizei-Einheiten zur Bekämpfung des Terrors aufgestellt, gut geschulte Scharfschützentrupps, die je nach Bedarf in ganz Deutschland eingesetzt werden können. Zu ähnlichen Aktionen griffen auch Scotland Yard und das FBI, vor allem seit bekannt wurde, daß sich in Nord- wie in Südamerika arabische Untergrundorganisationen einzurichten beginnen. Die Terroristen reisen meist mit gefälschten Diplomatenpässen ins Ausland ein und können dadurch ziemlich sicher Sprengstoffbriefe, Zündsätze und Handgranaten einführen.
Auch in ihrem »Heimatland«, das keines ist, wurde der Kampf gegen die Freischärler Fedaijin eröffnet. Während die Israelis unter der Ministerpräsidentin Golda Meir und der Libanon zu »Säuberungsaktionen« gegen die Guerillas aufriefen (die Führung der libanesischen Armee forderte die Fedaijin auf, alle libanesischen Dörfer zu verlassen und außerhalb ihrer Lager weder Waffen noch militärische Uniformen zu tragen – die Forderung wurde vom Guerilla-Oberkommandierenden Arafat abgelehnt), stand Syrien fest auf der Seite der Fedaijin. Der syrische Präsident Hafez Assad stellte fest: »Syrien ist die Lunge, durch die die Fedaijin der Palästinenser atmen.« Unter »Lunge« war zu verstehen: Ausbildungslager und Operationsbasen zwischen Nordsyrien und dem Grenzgebiet nach Jordanien. Etwa 9000 Fedaijin dürften in Syrien »beheimatet« sein, seit die Guerillas sich aus einem Teil des Südlibanon hatten zurückziehen müssen. Auch in Libyen wurden Ausbildungslager für Fedaijin errichtet. Gegen die Fedaijin-Stützpunkte in Syrien richteten sich immer wieder Angriffe der israelischen Luftwaffe. Operative Basen liegen auch an der südlichen Grenze der Golan-Höhen, z. B. auch das militärische Hauptquartier der Al Fatah.
Die Bundesregierung Deutschlands reagierte am 3. Oktober 1972 durch ein Verbot der panarabischen Organisation »*Generalunion Palästinensischer Studenten (GUPS)*« und der »*Generalunion Palästinensischer Arbeiter (GUPA)*«. Sowohl Al Fatah, PFLP und DPFLP unterhielten Kontaktstellen in Mainz. Obgleich die »*Volksfront zur Befreiung Palästinas*« *(PFLP)* sich seit Jahren zu Terroraktionen im westlichen Ausland bekannte, mehrere Flugzeuge entführt und zahlreiche Morde verübt hatte, auch den »*Schwarzen September*« materiell unterstützte, wurde diese Organisation in der Bundesrepublik nicht verboten. *Al Fatah* und die marxistische »*Demokratische Volksfront zur Befreiung Palästinas*« *(DPFLP)* lehnten bisher Terrorakte im westlichen Ausland ab. Eine zwangsweise Ausweisung von Terroristen der PFLP und des »*Schwarzen September*« ist in der Bundesrepublik auf dem Rechtsweg nicht möglich, wenn man Terroristen nur die Mitgliedschaft in einer dieser Organisationen nachweisen kann.
GUPS und GUPA galten nicht selbst als Terrororganisationen, jedoch als Hilfs- und Tarngruppen der Al Fatah, auch als Informationsnetz. Im Zusammenhang mit dem

Münchner Massaker und dem Verbot von GUPS und GUPA entschloß sich die Bundesregierung, zahlreiche Araber »zur Sicherung des inneren Friedens« auszuweisen, eine Maßnahme, die nicht ohne Kritik blieb.
Mit der Versendung von Briefbomben nahm der »*Schwarze September*« übrigens eine Form der Kriegsführung wieder auf, die der israelische Geheimdienst Mossad in den Jahren 1962/63 und im Sechs-Tage-Krieg von 1967 angewandt hatte. Dem Geheimdienst Mossad, zuständig für die Auslandsaufklärung, war es bisher nicht gelungen, gegen den »Schwarzen September« mit Erfolg vorzugehen. Mossad unter seinem Chef Isser Harel galt zur Zeit des Sechs-Tage-Krieges als der beste Geheimdienst der Welt.
Am Ende des Jahres 1972 (28. Dezember) schlugen Angehörige der als »am meisten gewalttätig« geltenden palästinensischen Untergrundorganisation »*Schwarzer September*« nochmals zu: Vier mit Maschinenpistolen bewaffnete Terroristen drangen um die Mittagszeit in die israelische Botschaft in Bangkok ein und nahmen sechs Israelis, darunter zwei Frauen und den Botschafter in Kambodscha, Schimon Avimor, als Geiseln. Auf Zetteln, die sie aus den Fenstern warfen, verlangten die Guerillas die Freilassung der 36 Häftlinge in Israel, unter denen sich auch der Lod-Attentäter Kozo Okamoto befindet. Sie drohten mit der Ermordung der Geiseln und mit der Sprengung des Botschaftsgebäudes, falls die Geiseln von der thailändischen Armee gewaltsam befreit werden sollten.
Mehrere Stunden nach ihrer Besetzung der Botschaft erklärten sich die vier Terroristen zu einem Kompromiß bereit, an dem wesentlich der thailändische Luftwaffenchef, Marschall Dawee Challasapya, und der ägyptische Botschafter in Thailand, Mustafa El-Tawi beteiligt waren: Die Terroristen wollten die Geiseln freilassen, wenn ihnen gestattet würde, mit einem Flugzeug nach Kairo gebracht zu werden. Diese Forderung wurde ihnen erfüllt: Drei Politiker, Marschall Challasapya, Vize-Außenminister Chartchai Chunahawan und der ägyptische Botschafter in Thailand, Mustafa El-Tawi, erklärten sich bereit, als Ersatzgeiseln mit den Terroristen nach Kairo zu fliegen. Vor dem Abflug übergaben die Freischärler ihre Waffen einem thailändischen Offizier und bestiegen dann ein thailändisches Sonderflugzeug. Nach ihrer Ankunft in Kairo wurden sie von der ägyptischen Polizei mit einem Kleinbus mit unbekanntem Ziel abtransportiert. Die drei Ersatzgeiseln waren damit in Freiheit.
Warum es gelungen war, die vier Männer des »*Schwarzen September*« zum Verzicht auf ihre Forderungen zu bewegen, war nach dem unblutigen Abschluß dieses Terroraktes noch weitgehend unklar.

Prozeß gegen ein Al-Fatah-Mitglied

Achmail, Djduma Mchmud

Ein israelisches Militärgericht verurteilte am 25. September 1972 den 25 Jahre alten Lehrer Achmail aus dem besetzten Westjordanien zum Tode. Er hatte sich für schuldig erklärt, Mitglied der palästinensischen Untergrundorganisation »Al Fatah« gewesen zu sein. Er hatte im Juli 1972 versucht, eine Bombe in der Busstation der israelischen Küstenstadt Natanya zu legen, in der sich zu dieser Zeit viele Touristen aufhielten. Der Sprengsatz war jedoch noch in den Händen des Lehrers explodiert und hatte ihn schwer verletzt. Bis zu diesem Todesurteil wurden in Israel bisher nur fünf arabische Saboteure zum Tode verurteilt. Keines der Urteile wurde bisher vollstreckt.

17. Persien

Iranische Befreiungsbewegung

Eine Widerstandsgruppe in Persien, die sich gegen die Diktatur des Schah verschworen hat und durch Bombenanschläge und Attentate auf Polizisten vor allem in Teheran Unruhe stiftete.

18. Schweiz

Die Bändli-Straßen-Gruppe

Im Juli 1972 wurde eine Schweizer Anarchisten-Gruppe ausgehoben, deren Mitglieder auch als Waffenlieferanten für die Baader-Meinhof-Gruppe und für Westberliner Anarchisten bezeichnet wurden. Neun Mitglieder der »Bändli-Straßen-Gruppe« wurden verhaftet, gegen 41 Verdächtige wurden Ermittlungen eingeleitet. Die Mitglieder wurden angeklagt wegen rechtswidriger Vereinigung zum Angriff auf die Verfassungsordnung der Schweiz sowie wegen versuchten Mordes, versuchten Raubes, etwa 100 Einbrüchen, 40 Autodiebstählen, Fälschungen, Rauschgiftdelikten und illegalem Waffenexport.
Ein führendes Bandenmitglied soll nach Auskunft des schweizerischen Bundesanwaltes Walder in Frankfurt mit Baader, Raspe, Meins, Ensslin, Meinhof und Möller zusammengekommen sein.
In Zürich, dem Sitz der Gruppe, soll auch ein elektronischer Verzögerungsschalter entwickelt worden sein, der zur Sicherung des Attentäters bei Sprengstoffanschlägen eingesetzt werden kann. Der Prototyp dieses Schalters soll Baader übergeben worden sein.
Zwei der Festgenommenen hatten ausgesagt, daß die Berliner Anarchistengruppe auch Kontakte zu einer Extremistenorganisation in Mailand unterhalten hatte. Vermutlich besteht ein Zusammenhang zwischen dieser Gruppe und dem Sprengstoffanschlag auf den Mailänder Verleger Feltrinelli.

Jurassische Befreiungsfront (flj)

Auch diese Untergrundorganisation ist in der Schweiz (Genf) zu Hause. Sie kämpft für die Autonomie des französisch sprechenden Jura vom Kanton Bern.
Bereits im August 1971 war in Genf ein Waffenlager entdeckt worden, das 22 Sturmgewehre, drei Karabiner, zehn Bajonette und eine große Menge Munition umfaßte. Diese Genfer Gruppe bezeichnete sich als Anarchisten, die in Genf »ein Klima der Unsicherheit« hervorrufen wollte, vergleichbar der Situation, wie sie im Mai 1968 in Paris herrschte. Die Genfer Gruppe hatte keinerlei Verbindung zu anarchistischen Vereinigungen des Auslandes. Sie war geführt worden vom Sohn eines höheren Schweizer UNO-Beamten und von einem Biologiestudenten. Einer der beiden Genfer Anarchisten wurde inzwischen verhaftet und zu 18 Monaten Zuchthaus verurteilt.

19. Spanien

ETA

Die ETA ist eine baskische Autonomie-Organisation, die auf der Basis des Marxismus-Leninismus argumentiert und ihr politisches Ziel nicht nur in der Beseitigung des Franco-Regimes sieht, sondern darüber hinaus im Umsturz westlicher Gesellschaftsformen in Spanien und Frankreich. Im Burgos-Prozeß 1970 hatten ETA-Mitglieder dieses als ihre Aufgabe formuliert. Im Baskenland kam es immer wieder zu Bombenexplosionen, die hohen Sachschaden anrichteten. Neben zahlreichen Attentaten auf Brücken, Kasernen, öffentliche Gebäude kommen auf das Konto der ETA auch Anschläge auf Polizisten. Als Führer der ETA galten der im September 1972 erschossene José Benito Mugica und Julian de Madariaga. Letzterer gilt als Gründer der ETA und wurde am 29. Oktober 1972 in Bayonne festgenommen (französisches Baskenland). Mit 50 weiteren Personen hatte er in der Kathedrale von Bayonne gegen die Verhaftung und Umsiedlung spanischer Basken in Frankreich protestiert. Unter Einsatz von Tränengas holte die französische Polizei die Demonstranten aus der Kirche. Madariaga, der aus Bilbao stammt, war im Februar 1972 von der französischen Polizei ausgewiesen worden. Nun wurde er wegen illegaler Einreise verhaftet und zu drei Monaten Gefängnis verurteilt.
Eine zweite, weniger bekannte Untergrundorganisation in Spanien ist das

Kollektiv Hammer und Sichel

Dieses anarchistisch-marxistisch ausgerichtete Studentenkollektiv verübte am 3. November 1972 ein Attentat auf den französischen Konsul von Saragossa, Roger Tur. Drei Mitglieder des Kollektivs, zwischen 20 und 22 Jahre alt, Studenten der Universität Saragossa, drangen in das Konsulat ein, fesselten eine Sekretärin, einen Mitarbeiter und den Konsul an Möbel, übergossen sie mit Petroleum, legten eine Zeitbombe und steckten die Räume in Brand. Der Konsul erlag 6 Tage später seinen schweren Brandverletzungen.
Das »Kollektiv« wollte sich an dem Konsul rächen für das von der französischen Regierung kurz zuvor ausgesprochene Verbot der baskischen Rebellen-Organisation ETA. Nach Madrid im spanischen Teil des Baskenlandes bekämpfte nun auch Paris in den baskischen Provinzen Südfrankreichs diese Untergrundorganisation. Die drei Mitglieder des »Kollektivs« waren Söhne eines Offiziers, eines Journalisten und eines Apothekers. Dieser Anschlag auf den Konsul bestärkte die Ansicht rechtsgerichteter Kreise in Spanien, verschärft und gnadenlos gegen die Terroristen vorgehen zu müssen.

Lopez, Ramon Lorca, und Sole, Carlos Garcia

Ein spanisches Militärgericht in Barcelona verurteilte am 26. September 1972 zwei Mitglieder der verbotenen katalanischen Befreiungsfront zu hohen Freiheitsstrafen. Die beiden Angeklagten, der 31jährige Ramon Lorca Lopez und der 22jährige Carlos Garcia Sole, wurden des Terrorismus für schuldig befunden und mit 30 beziehungsweise 20 Jahren Freiheitsentzug bestraft. Der Staatsanwalt hatte für Lorca 205 Jahre und für Garcia 180 Jahre Gefängnis beantragt. Den beiden Angeklagten wurde der Tod eines Polizisten zur Last gelegt, der 1971 bei einem Sprengstoffanschlag in Barcelona ums Leben gekommen war.

20. Südafrika

Fischer, Abraham

Zu den aufsehenerregenden Prozessen, die den Einfluß des Kommunismus in Südafrika, wo die Todesstrafe verhängt werden kann, hemmen sollten, gehörte der gegen Abraham Fischer. Ihm wurde im Mai 1966 ein politischer Prozeß gemacht. Er war der geistige Führer der kommunistischen Bewegung in Südafrika gewesen und hatte, zur Beunruhigung der Bevölkerung und der Regierung, zu Terrorakten geraten. Als abschreckende Sabotagemaßnahme hatte er zur Brandstiftung in den Mais- und Zuckerrohrfeldern Südafrikas aufgerufen. Auch war er der führende Verbindungsmann zu ausländischen kommunistischen Organisationen, besonders in England.
Am 9. Mai 1966 wurde er zu lebenslangem Zuchthaus verurteilt.
Die Anklage warf ihm Sabotage, in 6 Fällen Zuwiderhandlung gegen das Gesetz zur Unterdrückung des Kommunismus, in 6 Fällen Betrug und in 2 Fällen Fälschung vor. Wegen einer Anzahl anderer Anklagepunkte erhielt er eine zusätzliche Gefängnisstrafe von 8 Jahren.

Der Rivonia-Prozeß

Die Weltöffentlichkeit protestierte mit Massendemonstrationen, als am 11. Juni 1964 im sog. Rivonia-Prozeß die Angeklagten in Pretoria zu lebenslanger Kerkerstrafe verurteilt wurden.
Insgesamt waren neun Personen angeklagt: 2 Weiße (Dennis Goldberg und Lionel Bernstein), ein Inder (Achmed Mohammed Kathadra) und 6 Afrikaner (Nelson Mandela, Walter Sisulu, Govan Nebeki, Raymond Mhlaba, Elias Motsoaledi und Andrew Mlangeni).
Diese angeklagten Personen waren bekannte Kommunisten, und im Rivonia-Prozeß wurde eine groß angelegte, von diesen Kommunisten geleitete Verschwörung gegen Südafrika aufgerollt, bei der der afrikanische Nationalkongreß mit den Kommunisten aufs engste zusammengearbeitet hatte. Die verurteilten kommunistischen Agenten wurden in ihrer Tätigkeit unterstützt von Moskau, Prag und der DDR. Sie waren die Führer einer Terroristen-Organisation, die sich »*Nationales Oberkommando*« nannte und einen kommunistischen Aufstand in Südafrika vorbereitet hatte. Ihr Hauptquartier war eine Farm in der Nähe von Rivonia.
Die ersten Sabotageakte der Organisation begannen im August 1961. Ziel ihrer Aktivität war die Ermordung weißer Beamter und Bürger des Landes, aber auch von Schwarzen, die irgendeine Funktion in den Gemeinden oder im Staat ausübten und als Vertreter der offiziellen Regierungspolitik bekannt waren.
Die kommunistische Unterwanderung Südafrikas gelang der Rivonia-Gruppe nicht.
Den neun Angeklagten wurden 192 Fälle von Sabotage vorgeworfen.

21. Türkei

Türkische Volksbefreiungsarmee

In Istanbul standen im August 1972 im Rahmen der Sicherheitsvorkehrungen nach den Bestimmungen des Kriegsrechts 154 als Terroristen bezeichnete Angehörige der »*Revolutionären Jugendunion/Dev-Genc*« unter der Anklage des Hochverrats. Das Strafverfahren fand unter einem Massenaufgebot bewaffneter Soldaten in der Hunkar-Kaserne in Istanbul statt.
Die seit 1967 an den türkischen Universitäten gebildete Jugendorganisation galt als Kerngruppe der Aufstandsbewegung in der Türkei und stellte die Mehrzahl der Funktionäre der seit 1971 in Erscheinung getretenen »*Türkischen Volksbefreiungsarmee*«.
Auf das Konto der Gewaltaktionen dieser Gruppe kamen etwa 100 Tote, dazu Entführungen, Bankeinbrüche, Bombenattentate und andere Gewaltverbrechen.
Gegen den Anführer der marxistischen Gruppe, *Mustafa Yalciner*, und drei seiner Gefährten wurde lebenslange Freiheitsstrafe verhängt.
Yalciner und 14 Mitangeklagte standen ursprünglich mit den Terroristen *Deniz Gezmiz, Yusuf Aslan* und *Hussein Inan* vor einem Militärgericht, deren Todesstrafen am 6. Mai 1972 vollstreckt wurden. Im Anschluß an diesen Urteilsspruch hatten sich der frühere Staatspräsident Ismet Inönü (87 Jahre alt) und mehr als 1700 Persönlichkeiten, darunter Hochschullehrer, Schriftsteller und Militärs, gegen die Exekutionen ausgesprochen und die Abschaffung der Todesstrafe für politische Verbrechen in der Türkei gefordert.

Die drei hingerichteten Führer der Untergrundorganisation »*Türkische Volksbefreiungsarmee*« gehörten zu denjenigen, die im Mai 1971 den israelischen Generalkonsul Ephraim Elrom entführt und getötet hatten. Anfang April 1972 hatten ebenfalls Mitglieder dieser Organisation zwei britische und einen kanadischen Radartechniker von einer Beobachtungsstation am Schwarzen Meer entführt, um sie gegen die drei nun hingerichteten Studenten auszutauschen. Der Versuch endete mit einem Blutbad in dem Dorf Kizilderu, wo außer den drei Geiseln auch zehn Guerillas ums Leben kamen. Anfang Mai 1972 entführten wiederum Mitglieder der Untergrundorganisation eine türkische Verkehrsmaschine nach Sofia.
In der Nacht, in der die Hinrichtungen vollstreckt wurden, wurden in Ankara und Istanbul mehrere Bombenanschläge verübt.
Der türkische Senat hatte mit 105 gegen 36 Stimmen die Todesurteile bestätigt. Nach Vollzug dieser ersten drei Exekutionen wurde das Verfahren gegen Yalciner zur Revision zurückgegeben.
Die terroristische revolutionäre »*Türkische Volksbefreiungsarmee*« gilt als marxistische Untergrundgruppe, die in kleinen Zellen von drei bis sieben Mann operiert. Vermutlich wird die Gruppe von Kommunisten aus dem Ausland unterstützt. Ihre Mitglieder sind in der Hauptsache Studenten, der Führer ist Fevzi Bal. Ende Oktober 1972 entführten vier Luftpiraten, Angehörige der »Volksbefreiungsarmee«, eine mit 60 Personen besetzte Maschine nach Sofia. Die bulgarische Regierung hatte ihnen Asyl gewährt, später reisten die vier nach Algier weiter.
Seit im Mai 1971 in der Türkei das Kriegsrecht proklamiert worden ist, wurden gegen 3878 Personen im Zusammenhang mit staatsfeindlichen Umtrieben insgesamt 776 Strafverfahren eingeleitet. 1291 Angeklagte wurden von Militärgerichten abgeurteilt (im November 1972 liefen noch Verfahren gegen 1282 Angeschuldigte).

22. Uruguay

Die Tupamaros

Die uruguayischen Tupamaros sind die berühmtesten Vertreter der südamerikanischen Stadtguerilleros. Die Tupas, wie sie allgemein genannt werden, sind nach außen hin harmlose Normalbürger, denen die Rituale einer Geheimgesellschaft völlig abgehen. Sie gehen ihren Berufen nach, finden sich in Büros, als Schullehrer oder als Universitätsdozenten, sind Ingenieure oder Ärzte.
Ihre Unauffälligkeit entspricht genau den Grundsätzen des 1969 erschossenen Guerilla-Theoretikers Carlos Marighella, der in seinem »Handbuch des Stadtguerillero« als zweite von sieben Todsünden die Sucht der Auffälligkeit und Angeberei nennt. Es sei nichts gefährlicher, als nach ausgeführten Aktionen damit anzugeben und sie »in alle vier Himmelsrichtungen auszuposaunen«.
Ein Guerillero soll vielmehr unauffällig mitten unter dem Volk leben, sich durch nichts von einem Durchschnittsbürger unterscheiden. Die Terroristen halten sich im großen und ganzen streng an diese Tarnungsregeln. Sie sind eher kühl berechnende Techniker des Terrors als abenteuerliche Partisanen.
Gerade ihre Unauffälligkeit macht es der Polizei schwer, gegen Tupamaros vorzugehen. Da Spitzel einzusetzen zu keinen Erfolgen geführt hat, werden in den südamerikanischen Staaten immer wieder verdächtige oder wirkliche Guerilleros so lange gefoltert, bis sie aussagen oder denunzieren. Die Folterungen als Fahndungsmethoden sind in Brasilien, Uruguay oder Bolivien gleichermaßen erschreckend und barbarisch.
Das äußere Erscheinungsbild des Tupamaro ist dem der Mitglieder der deutschen

Baader-Meinhof-Gruppe recht ähnlich: Der Polizei sind z.B. schon neue Nachbarn im Stadtviertel verdächtig, »im allgemeinen junge Leute und gewöhnliche Ehepaare. Sie unterhalten keine Beziehungen zu Nachbarn. Meistens treten sie kultiviert und höflich auf. Ihre Kleidung und ihr Haarschnitt sind normal, sie erscheinen nicht wie Hippies. Im allgemeinen sind sie kinderlos. Die Nachbarn kennen keine Angehörigen der neuen Hausbewohner und wissen auch nicht, wo sie arbeiten. Sie tätigen normale Einkäufe, sind aber nicht redselig. Sie empfangen als Besucher meist junge Leute, die im allgemeinen im Auto und nach Anbruch der Dunkelheit ankommen.«

Dieser »Steckbrief« entspricht ziemlich genau den Anweisungen Marighelas. Er entsprach auch dem der deutschen BM-Gruppe.

Die links orientierte Geheim- und Untergrundorganisation der Tupamaros terrorisiert seit etwa 1966 Uruguay. Auf ihr Konto kommen zahlreiche Entführungen, Brandanschläge, Morde, Erpressungen, aber auch wirksame Aufdeckungen undurchsichtiger Geschäftsgebaren der uruguayischen Hochfinanz in Montevideo.

Dies war 1969, als die Geheimorganisation das Geschäftsgebaren der uruguayischen Finanzierungsgesellschaft »Financiera Monty« untersuchte und dabei einen umfangreichen politischen Devisen- und Geschäftsskandal aufdeckte. Mitglieder der Gruppe entwendeten Akten der Firma und deponierten sie vor der Haustür des Richters, der die Untersuchung leitete.

Die Entführung prominenter Personen wie Bankdirektoren, Richter und Diplomaten machte Schlagzeilen 1968, als der Politiker und Rechtsanwalt Pereira Reverbel entführt, später aber unversehrt wieder freigelassen wurde.

Bei einem Überfall auf das Spielkasino in Punta del Este erbeutete die Gruppe 1969 fast eine Million Mark. Im Oktober des gleichen Jahres besetzten sie die Kleinstadt Pando und hielten durch Feuergefechte die Bevölkerung samt der Polizei in Schach.

Trotz immer wieder in Großrazzien durchgeführten Verhaftungen von Tupamaros und »amtlichen« Verlautbarungen, die Organisation sei zerschlagen, besteht sie noch heute (1972). Um die Freilassung politischer Häftlinge durchzusetzen, geschahen immer wieder Entführungen durch Tupamaros. Zu den entführten bzw. ermordeten Personen gehörten der amerikanische Polizeiberater Dan Mitrione, der brasilianische Konsul Aloysio Mares Dias Gomides, der englische Botschafter Geoffry Jackson (Januar 1971), der amerikanische Agrarexperte Claude Fry (im März 1971 nach 7monatiger Entführungszeit freigelassen); im April 1971 wurde Reverbel ein zweites Mal entführt.

Alle Aktionen gegen die schwerbewaffneten Tupamaros blieben bisher ohne spürbaren Erfolg. Zu den Mitgliedern der Tupamaros gehören sowohl Männer wie Frauen. 39 Frauen flüchteten im August 1971 aus dem Frauengefängnis in Montevideo durch einen selbstgegrabenen unterirdischen Tunnel.

Als Anführer der Tupamaros gilt der (ebenfalls im Mai 1971 aus einem Gefängnis geflohene) Ingenieur Almiratti Nieto, als Anführerin Lucia Topolansky.

Inzwischen versuchte der uruguayische Präsident Bordaberry mit Hilfe der Armee und nicht ganz legalen Methoden die Tupamaro-Guerilleros zu verhören und auszurotten. Häftlingen, die keine Aussagen machen wollen, wurde ein Derivat des indianischen tödlichen Pfeilgiftes Curare in die Venen gespritzt. Bei völlig wachem Bewußtsein erleben die Inhaftierten, wie sich ihnen innerhalb von 10 Minuten sämtliche Muskeln des Körpers in Krämpfen zusammenziehen und schließlich völlig lahm werden.

Kurz vor dem Tod wird ihnen ein Gegengift eingespritzt. Anschließend erhalten sie eine Injektion des Betäubungsmittels Pentothal, das alle Bewußtseinskontrollen aufhebt und auch den »letzten Revolutionär« zu Geständnissen bringt.

Diese unmenschlichen Methoden brachten Uruguay in den Verruf, daß aus dem neben Chile mustergültigen Land der Demokratie eine harte Diktatur geworden ist.
Seit dem 1. März 1972 wird das Land nämlich von dem Rindermillionär Juan Maria Bordaberry als Präsident geführt. Er war gewillt, aus Uruguay, ähnlich Brasilien, eine Diktatur zu machen. Seit seiner Machtübernahme verstärkte sich daher der Guerilla-Kampf gegen die Staatsmacht.
Am 12. April 1972 brachen 25 Häftlinge, darunter 15 Tupamaros, aus dem Punta-Carretas-Gefängnis in Montevideo aus. Am 14. April erschossen Tupamaros innerhalb weniger Stunden einen Ex-Staatssekretär des Innenministeriums, einen Marine- und zwei Polizeioffiziere. Sie waren verantwortlich für die Mißhandlungen inhaftierter Stadtguerilleros.
Der uruguayische Kongreß rief den »internen Kriegszustand« aus. Alle verfassungsmäßig garantierten Grundrechte wurden außer Kraft gesetzt, Presse und Rundfunk einer scharfen Zensur unterworfen. Die Polizei steht unter dem Befehl des Militärs.
12000 Soldaten und 20000 Polizisten gingen gegen die Tupamaros vor. Ihnen schlossen sich rechte Feme-Organisationen an, so die den brasilianischen »Todesschwadronen« vergleichbaren Organisationen der »Aufrechten uruguayischen Jugend« (Jup) und das »Kommando der Tupamaros-Jäger« (CCT).
Listen von 15 führenden Tupamaros wurden veröffentlicht. Repressalien wurden ihnen angedroht.
Die Stimmung in Uruguay glich einer weitausgedehnten Hexenjagd. Mit in den Sog dieser Tupamaro-Jagd geriet auch das Zentralbüro der Kommunistischen Partei Uruguays. Auf der Suche nach Untergrundkämpfern wurden von Regierungsspezialeinheiten das Parteilokal beschossen und 8 unbewaffnete KP-Mitglieder getötet.
Durch das Foltergeständnis eines Tupamaro-Häftlings konnten Spürtrupps in Montevideo eines jener berüchtigten Tupamaro-»Volksgefängnisse« ausheben, in dem die Guerilleros »ihre« Gefangenen untergebracht hatten. Zwei prominente Gefangene wurden befreit: der ehemalige Landwirtschaftsminister und der Präsident des Elektrizitätswerks. Bis Ende Juni 1972 konnten 3 weitere derartige »Volksgefängnisse« aufgespürt werden. Binnen zwei Wochen wurden nahezu 1300 Tupamaros verhaftet, darunter befanden sich führende Fachärzte wie der Herzspezialist Dr. Jorge Dubra und der Chirurg Dr. Nevel Bonilla, ferner ein ehemaliger Luftwaffenmajor und sogar Mitglieder der staatlichen Geheimpolizei. In der Stadt Rovira wurden drei Schuldirektoren verhaftet, die ebenfalls auf der Seite der Tupamaros standen.
Durch die Prominenz dieser Tupamaro-Mitglieder aufgeschreckt, erließ die Regierung ein neues Staatssicherheitsgesetz, das zunächst unbeschränkte Geltungsdauer haben soll. Nach diesem Gesetz unterstehen politische Häftlinge automatisch unmittelbar der harten Militärjustiz. Diese kann Strafen bis zu 30 Jahren verhängen, wobei jeder als straffähig gilt, der älter als 16 Jahre ist.
Das Militär erhielt dadurch mehr politischen Einfluß als jemals zuvor. Und neben die Einführung der Diktatur trat nun die »völlige Militarisierung« Uruguays.
Zunächst sah es so aus, als mißbilligten die Offiziere die Foltermethoden der Regierung. Als aber der Verteidigungsminister den Foltertod des inhaftierten christdemokratischen Gewerkschaftsführers Luis Batalla zugeben mußte und die Regierung Beschwerde führte gegen das Militär, wiesen über 500 hohe Ofiziere die Rüge der Regierung zurück unter dem Hinweis, die Volksvertreter hätten sich nicht in die Belange der Armee einzumischen.
Da beide nun am gleichen Strang ziehen, das Militär aber eindeutig die Oberhand

auch gegenüber der Regierung gewonnen hat, scheinen Kontakte zwischen einigen Militärs und Tupamaros gegen die Regierung geknüpft worden zu sein.
Die täglichen Anschläge gegen politische Klubs oder Häuser, in denen den Guerilleros nicht genehme Personen wohnen, nahmen bis Mitte 1972 sogar noch zu.
Bei einer Polizeirazzia Ende August 1972 wurden neben Waffen, Sprengkörpern, Fälschungsmaterial, Perücken und Gesichtsmasken auch Schriftstücke gefunden, die als besonders interessant bewertet wurden. Eines der Schriftstücke, als »Dokument Nr. 5« bezeichnet, behandelte die politische Lage Uruguays und nannte als Ziel der Tupamaro-Tätigkeit die Einführung des Marxismus-Leninismus, welches Ziel nur mit Waffengewalt erreicht werden könne. Die sorgsame Ausarbeitung von Plänen sei nötig, um vom gegenwärtigen Stadium der Subversion zum allgemeinen Insurrektionskrieg zu gelangen, wofür die Massen mobilisiert werden müßten. Um dies wiederum zu erreichen, um die Massen aufzuschrecken, müsse mit einer Verschärfung des Terrors gerechnet werden.
Das Tupamaro-Dokument erklärte die Entführung von Richtern und Staatsanwälten, von staatlichen Funktionären, prominenten Firmenchefs oder Presseleuten für notwendig, um im Volk den Eindruck entstehen zu lassen, daß es im Lande bereits eine Nebenregierung gebe, deren eigener Justiz sich niemand entziehen könne und die in der Lage sei, bestimmte Landesteile mit Waffengewalt unter Kontrolle zu halten.
Des weiteren untersuchte das Dokument die einzelnen Bevökerungsteile auf ihre revolutionäre Nützlichkeit hin. An erster Stelle standen Polizei und Militär, deren zunehmende Politisierung begrüßt wurde, könne sich doch daraus die Möglichkeit eines internen Antagonismus ergeben, der wiederum der Revolution nützlich werden könne.
Als besonders wichtiger Faktor wurde die Kommunistische Partei erkannt, zu der die guten Kontakte seitens der Tupamaros intensiviert werden müßten. Höchstes Lob für die Frage der revolutionären Nützlichkeit erhielten die Studenten und Mittelschüler und die Kirchen. Von ersteren müsse die Revolution im gegenwärtigen Stadium durch subversive Tätigkeit vorangetrieben werden. Interessanterweise würden nach Ansicht der Tupamaros auch die Kirchen für die Revolution eintreten, denn die Erfahrung mit der Revolution sei für die Kirche ungemein positiv und eine Bereicherung ihrer seelsorgerischen Aufgaben.
Das zweite von der Polizei sichergestellte Schriftstück war ein Strafkodex der Tupamaros. Danach soll ein Revolutionstribunal eingesetzt werden, das für die Rechtsprechung über konterrevolutionäre Delikte zuständig ist. Um welche Delikte es sich dabei drehen soll, war nicht verzeichnet, denn das »Gesetz« war zum Zeitpunkt seiner Beschlagnahme noch nicht ganz fertiggestellt. Als Strafen waren jedoch im einzelnen aufgezählt: Gefängnis, Verbannung, Erklärung der Unfähigkeit zur Ausübung eines Amtes, Entfernung des Verurteilten aus Ämtern oder Berufen und schließlich Geldstrafen.
In einem Artikel 30 des Tupamaro-Gesetzes war aber auch die Rede von »Volksgefängnissen«. Darüber war die uruguayische Bevölkerung am meisten schockiert. Denn die Haftverbüßung im Volksgefängnis bedeutet Zwangsarbeit auf dem Lande.
Als Höchststrafe hatten die Tupamaros 30 Jahre Freiheitsentzug angesetzt. Da es aber schwierig ist, und zwar aus vollzugstechnischen Gründen, einen Häftling 30 Jahre lang sicher zu verwahren, wird ein solcher Verurteilter besser umgebracht. Jeder Revolutionär sollte ermächtigt werden, im Namen des Revolutionstribunals die Exekution vorzunehmen.
Tätigkeit und Ideologie der Tupamaros galt nicht zuletzt auch in Deutschland als

Beispiel dafür, wie aus einer gut funktionierenden Demokratie durch die Bekämpfung des Terrorismus eine Diktatur entstehen könne.
Den Tupamaros, die ihren Namen von dem indianischen Häuptling Tupac Amaru herleiteten, war es gelungen, Uruguay, die »Schweiz Südamerikas« und zugleich die älteste Demokratie Südamerikas, in schwere Krisen zu stürzen. Dieser Staat, der wenig produziert und exportiert, aber um so mehr verwaltet wird, war vielleicht besonders anfällig für die revolutionäre Kritik an den bestehenden stagnierten Verhältnissen, die die Söhne und Töchter der Mittel- und Oberschicht vortrugen. Zum Kern der Tupamaros gehören einige hundert Uruguayer und mehrere tausend Helfer.
Nachdem im September 1972 der Tupamaro-Führer Abino Falero Montes de Oca, Mitbegründer dieser einst schlagkräftigen weltberühmten Untergrundorganisation, verhaftet worden ist, scheint die Macht dieser bestorganisierten Geheimtruppe der Welt zerschlagen zu sein. Auch ein anderer Führer, Raul Sendic, fiel den uruguayischen Streitkräften in die Hände, und kurz darauf entdeckten die Regierungstruppen etwa 300 geheime Stützpunkte der Terroristen mit einem riesigen Vorrat an Waffen und Munition. Während dieser harten »Säuberungswelle« gegen die Tupamaros, die im April 1972 begann und in den Händen der »Fuerzas Conjuntas« (vereinigte Streitkräfte: Marine, Heer, Luftwaffe und Polizei) lag, kamen Dutzende von Terroristen ums Leben, mehrere hundert wurden gefangengenommen. –
Auch in Italien gibt es Tupamaros, sie nennen sich hier »Tupamaros des 22. Oktober«. Die Mitglieder, von denen viele der italienischen Kommunistischen Partei angehörten und die sie verließen, weil ihnen diese Partei zu revisionistisch geworden ist, versuchten, Genua durch Gewaltakte in einen Herd der Revolution zu verwandeln. Der Anführer ist der 30jährige wegen Raubmordes angeklagte Tierpräparator Mario Rossi, der sich im Val Bisagno, einem der schrecklichsten Täler am Rande Genuas, verschanzte. Er und seine Bande machten auf sich aufmerksam durch die Entführung des reichen Sergio Gadolla, der nur durch Zahlung von mehreren Millionen Lire Lösegeld wieder freikam. Mit diesem Geld kaufte Rossi Waffen, elektronische Geräte zum Aufbau eines Geheimsenders, einen gepanzerten Lastwagen und Sprengstoff. Im Val d'Aveto gab es regelrechte Ausbildungslager für die Bandenmitglieder, Schulungskurse im Guerillakrieg und in der theoretischen Auseinandersetzung mit der Ideologie des Stadtguerilla, wofür die uruguayischen Tupamaros ihr Vorbild waren.
Die Tätigkeit der Tupamaros flog erstmals auf, als sie versuchten, den zwar erst 30jährigen, aber schon legendären sardischen Banditen-König Grazino Mesina zu gewinnen für ihre Pläne, die Raketenabschußrampen von Perdasdefogu sowie die NATO-Basis Decimomannu in die Luft zu sprengen. Dies war bereits 1967 geschehen. Seit dieser Zeit ist Mesina inhaftiert, und die Tupamaros haben sich in den Untergrund zurückgezogen.
Ein Prozeß gegen die Gruppe »22. Oktober« wurde im Oktober 1972 in Genua begonnen.

l) Deutsche Terror-Organisationen

In der Bundesrepublik Deutschland gab es im Jahre 1971 insgesamt vier terroristische Gruppen: die Baader-Meinhof-Gruppe, das Sozialistische Patienten-Kollektiv (SPK), die sog. Schwarzen Zellen in Berlin und eine Gruppe, die früher unter Führung des ehemaligen Kommunarden Dieter Kunzelmann aktiv war und im Raum München Terror- und Gewaltakte, darunter zwei bewaffnete Banküberfälle, verübte.

Bis Ende 1972 liefen verschiedene Prozesse gegen Mitglieder der Baader-Meinhof-Gruppe und gegen das SPK.
1971 wurden in der BRD 555 Terror- und Gewaltakte sowie angedrohte Gewalttätigkeiten vom Verfassungsschutz registriert. 1970 waren es 563 Fälle. Während die Zahl der aktenüblichen Fälle fast gleichblieb, stieg die Zahl schwerer Gewaltkriminalität wie Mordanschläge, bewaffnete Raubüberfälle, Körperverletzungen und Sachbeschädigungen beträchtlich an. Die Aktivitäten der linksradikalen Kräfte richteten sich 1971 besonders gegen Schulen und Universitäten, Gewerkschaften, Betriebe und gegen Gebäude des öffentlichen Dienstes.
Im einzelnen verzeichnete das Bundesamt für Verfassungsschutz (1971): 10 Mordanschläge (1970: keinen); 29 Sprengstoffanschläge (1970: 61); 40 Brandstiftungen (1970: 56).
Von 288 Gewaltakten entfielen 53 auf Körperverletzung (1970: 13) und 76 auf Sachbeschädigung (1970: 71).
Als Motivation der Terroristentätigkeit nannte der Verfassungsschutz: Alle Gruppen seien der Ansicht, daß die bestehende Gesellschaftsordnung der Bundesrepublik beseitigt werden müsse.
Unterschiedliche Auffassungen gab es dagegen bei der Frage des Zeitpunktes: die meisten offen auftretenden Gruppen hielten den Zeitpunkt für den Beginn der Revolution noch nicht gekommen und lehnten daher auch Terror- und Gewaltakte ab. Einige, meist anarchistische Gruppen dagegen wollten sofort losschlagen, so das SPK, das sich Ende 1972 als Ziel zur Beseitigung der Gesellschaftsordnung gesetzt hatte.
Nach Angaben des Verfassungsschutzes gab es 1971 im Bundesgebiet einschließlich Berlin etwa 390 (1970: 250) linksradikale Organisationen mit etwa 89000 Mitgliedern (1970: 84000).

1. Die Baader-Meinhof-Gruppe (RAF)

Die BM-Gruppe gilt seit ihrem Bestehen als »Staatsfeind Nr. 1« (so zunächst Springers »Welt am Sonntag« und die Münchner »Abendzeitung«, zuletzt auch Bundesinnenminister Genscher).
Der Gruppe wurde der »radikale Umsturz der gegenwärtigen Gesellschaftsordnung« nachgesagt (Fahndungsblatt des Bundeskriminalamtes BKA). »Ihre illegale Tätigkeit«, so das BKA, »und ihren Lebensunterhalt finanzieren sie aus dem Erlös der von ihnen begangenen Straftaten . . . darunter mehrere Kapitalverbrechen«, wozu Bankraub, Einbruch, Kfz-Diebstahl, versuchter und tatsächlicher Mord, betrügerische Einmietung in Wohnungen gehört. Auch die Entführung öffentlicher Persönlichkeiten wie Bundeskanzler Brandt sei geplant gewesen.
Eine derartige Terroristen-Bande gab es vorher in der Geschichte der Bundesrepublik Deutschland nicht. Die Vorgeschichte begann im CDU-Staat und entlud sich im SPD-Staat.
Zum »harten Kern« der Bande gehörten mindestens diese 41 Personen:

Achterath, Axel (geb. 15. 4. 1935 Hannover)
Asdonk, Brigitte (geb. 25. 10. 1947 Oedt/Krefeld; Spitzname Clara, verhaftet 8. 10. 1970)
Augustin, Ronald (geb. 20. 11. 1949 Amsterdam; Spitzname Hippie)
Baader, Andreas (geb. 6. 5. 1943 München; Spitzname Hans, Hänsel, verhaftet 4. 4. 1970 und 1. 6. 1972)

Bäcker, Hans-Jürgen (geb. 9. 4. 1939 Gladbeck; Spitzname Harp, verhaftet 13. 4. 1971)
Barz, Ingeborg (geb. 2. 7. 1948 Berlin; noch flüchtig)
Berberich, Monika (geb. 23. 10. 1942 Oberursel; Spitzname Nelli, verhaftet 8. 10. 1970)
Braun, Bernhard (geb. 25. 2. 1946 Berlin; verhaftet 9. 6. 1972)
Brockmann, Heinz (geb. 1. 3. 1948 Gütersloh)
Ensslin, Gudrun (geb. 15. 8. 1940 Bartholomae; Spitzname Gerda, Gretel, Grete, verhaftet 7. 6. 1972)
Fichter, Albert (geb. 18. 12. 1944 Stuttgart)
Goergens, Irene (geb. 29. 4. 1951 Berlin; Spitzname Peggy, verhaftet 8. 10. 1970)
Grashof, Manfred (geb. 3. 10. 1946 Kiel; Spitzname Carlos, verhaftet 2. 3. 1972)
Grundmann, Wolfgang (geb. 3. 6. 1948 Marburg; verhaftet 2. 3. 1972)
Grusdat, Eric (geb. 14. 4. 1936 Berlin; Spitzname Atze, verhaftet 3. 12. 1970)
Hammerschmidt, Katharina (geb. 14. 12. 1943 Danzig; Spitzname Cat, stellte sich der Polizei am 29. 6. 1972)
Herzog, Marianne (geb. 10. 10. 1939 Breslau, verhaftet 2. 12. 1971)
Hoppe, Werner (geb. 7. 2. 1949 Hamburg; verhaftet 15. 7. 1971)
Huber, Dr. Wolfgang (geb. 29. 1. 1935 Frankfurt, Heidelberger »SPK«, verhaftet 21. 7. 1971)
Huber, Dr. Ursula (geb. 20. 7. 1935 Köln, Heidelberger »SPK«, verhaftet 21. 7. 1971)
Jansen, Heinrich (geb. 9. 2. 1948 Oberhausen; Spitzname Ali und Max, verhaftet 22. 12. 1970)
Jünschke, Klaus (geb. 6. 9. 1947 Mannheim, verhaftet 8. 7. 1972)
Keser, Rosemarie (geb. 24. 8. 1947 Ebersberg)
Mahler, Horst (geb. 23. 6. 1936 Haynau/Schlesien; Spitzname James, verhaftet 8. 10. 1970)
Mährländer, Alfred (geb. 28. 8. 1942 Berlin)
Meinhof, Ulrike (geb. 7. 10. 1934 Oldenburg; Spitzname Anna, Marie, Liesel, Rana, Lily, verhaftet 15. 6. 1972)
Meins, Holger (geb. 26. 10. 1941 Hamburg; Spitzname Rolf, verhaftet 1. 6. 1972)
Mohnhaupt, Brigitte (geb. 24. 6. 1949 Rheinberg, verhaftet 9. 6. 1972)
Möller, Irmgard (geb. 13. 5. 1947 Bielefeld, verhaftet 8. 7. 1972)
Proll, Astrid (geb. 29. 5. 1947 Kassel; Spitzname Rosi, verhaftet 6. 5. 1971)
Raspe, Jan-Carl (geb. 24. 7. 1944 Seefeld; Spitzname Fred, Peter, verhaftet 1. 6. 1972)
von Rauch, Johann-Heinrich (geb. 21. 10. 1941 Hohensalza, verhaftet 2. 4. 1971)
von Rauch, Georg (geb. 12. 5. 1947 Marburg, erschossen 4. 12. 1971)
Reinders, Ralf (geb. 27. 8. 1948)
Roll, Carmen (geb. 9. 9. 1947 Attendorf, verhaftet 2. 3. 1972)
Ruhland, Karl-Heinz (geb. 7. 3. 1938 Berlin, verhaftet 20. 12. 70)
Schelm, Petra (geb. 16. 8. 1950 Berlin; Spitzname Prinz, erschossen am 15. 7. 1971)
Schiller, Margrit (geb. 20. 3. 1948 Soden, verhaftet 22. 10. 1971)
Schubert, Ingrid (geb. 7. 11. 1944 Ebern; Spitzname Nina, Irene, Eva, verhaftet 8. 10. 1970)
Stachowiak, Ilse (geb. 17. 5. 1954 Frankfurt; Spitzname Teeny, verhaftet 13. 4. 1971, am 21. 7. 1971 wieder freigelassen, noch flüchtig)
Weisbecker, Thomas (geb. 24. 2. 1949 Freiburg, erschossen am 2. 3. 1972)

Der bestimmende Kopf der Gruppe war zunächst Rechtsanwalt Horst Mahler, der flinker als die Berliner Polizei herausgefunden hatte, daß der Student Benno Ohnesorg bei der Demonstration anläßlich des Schah-Besuches am 2. Juni 1967 vor der Berliner Oper von einer Polizistenkugel getötet wurde. Er war führend bei den rund 1400 Demonstranten am 11. April 1968 dabei, als das Berliner Springer-Haus zerstört werden sollte. Sein anfänglicher Grundsatz: »Gewalt gegen Sachen – ja, Gewalt gegen Personen – nein«, änderte sich, als bei der Belagerung der Springer-Filiale in München der Müchner Pressefotograf Klaus Frings und der Student Rüdiger Schreck beim Zusammenprall zwischen Demonstranten und Polizisten zu Tode kamen.

Ulrike Meinhof, die spätere Chefin, war früher Kolumnistin von »Konkret«, das ihr Mann, Klaus-Rainer Röhl, herausgab. Sie kam zu der Überzeugung: »Schreiben ist Scheiße, jetzt wird Revolution gemacht!« Sie ließ sich von ihrem Mann scheiden und richtete sich fürs erste in einer Villa in Berlin-Dahlem ein, wo sie mit dem Kunstmaler Peter Homann zusammenlebte. Während der Recherchierarbeit für einen Artikel über Fürsorgezöglinge lernte sie im Berliner Mädchenheim »Eichenhof« die damals 17jährige Irene Goergens kennen. Beide waren seit dieser Zeit unzertrennlich. Über das Mädchenheim verfaßte Ulrike Meinhof das Fernsehspiel: »Bambule«, das am 24. Mai 1970 gesendet werden sollte, aber bis heute nicht ausgestrahlt wurde, weil die Fernsehverantwortlichen dem Publikum nicht das Stück einer »Kriminellen« zumuten wollten.

Am 2. April 1968 hatten sich die Studentin Gudrun Ensslin, der Journalist Andreas Baader, der Student Thorwald Proll und der Schauspieler Horst Söhnlein (damals 26) in den Frankfurter Kaufhof und das Warenhaus Schneider einschließen lassen, Brandsätze gelegt und einen Schaden von über zwei Millionen Mark verursacht. Vorausgegangen war am Wochenende zuvor die Zusammenkunft von insgesamt 47 Gruppen des verbotenen Sozialistischen Deutschen Studentenbundes (SDS) in Frankfurt, darunter die Studentenführer Wolfgang Lefèvre und Bernd Rabehl, um an einer Delegiertentagung teilzunehmen. Auch Baader, Ensslin und Proll waren angereist. Sie verstanden sich als militante Studenten und Anarchisten und wollten mit der Brandstiftung wohl die Bereitschaft der Studentenschaft zur Radikalität bekunden; kriegsähnliche Zustände sollten in der BRD entstehen, tausend Vietnams, um gegen den Kapitalismus anzugehen. Vorbild dieser Brandstiftung war ein Kaufhausbrand in Brüssel am 22. Mai 1967, bei dem 251 Menschen getötet wurden. In dem Prozeß, der im Oktober 1968 folgte, wurden alle vier Brandstifter zu je drei Jahren Zuchthaus verurteilt. Die Angeklagten versuchten den Prozeß zu einem Tribunal gegen den Vietnam-Krieg der Amerikaner und deren Helfershelfer in der Bundesrepublik umzufunktionieren. Während des Prozesses stießen Mahler und Meinhof wieder zusammen, Mahler als Verteidiger, Meinhof als Reporterin für »Konkret«.

Baader und Ensslin waren nach neunmonatiger Untersuchungshaft bis zur Berufungsverhandlung entlassen worden. Das Urteil wegen der Kaufhausbrandstiftung sollte am 10. Juni 1969 rechtskräftig werden. Um sich zu bewähren, gründeten Ensslin und Baader die »Staffelberger Gruppe« mit der Absicht, Fürsorgezöglingen zu helfen. Am 10. Januar 1969 berichtete die »Frankfurter Rundschau«, die Brandstifter könnten wegen »beispielhafter Betreuung von Fürsorgezöglingen« als resozialisiert betrachtet werden. In Wahrheit verübten sie aber viele Straftaten. Baader, der Sohn eines Münchner Staatsarchivars, sollte am 25. Februar 1970 seine Haft antreten, erschien jedoch nicht, ebensowenig die Pfarrerstochter Gudrun Ensslin. Beide waren nach »unbekannt« verzogen. Seitdem befanden sie sich im Untergrund.

Nun begann die bundesweite Fahndung nach Mitgliedern dieser Gruppe. Am 2. April 1970 fiel einer Berliner Verkehrsstreife ein Frankfurter Pkw auf, der mit überhöhter Geschwindigkeit durch die Stadt fuhr. Darin saß Astrid Proll, die

Schwester von Thorwald Proll, der mit Baader zusammen Brand gelegt hatte. Mitinsasse war vermutlich Baader selbst. Der Wagen entkam der Polizeistreife.
In der Nacht zum 4. April 1970 wurde das Fahrzeug vor dem Haus in Berlin entdeckt, in dem Ulrike Meinhof wohnte (Kufsteiner Straße 12). Dann wieder stand der Wagen vor einem Kinderladen in der Babelsberger Straße. Außer Andreas Baader wurden Horst Mahler, Peter Homann und Renate Wolff (Tochter des Oberstleutnants im Generalstabsdienst der Bundeswehr Ernst Blüher) als Insassen identifiziert.
Kurz nach drei Uhr morgens wurde der Wagen in der Nähe des Grenzüberganges zum Flughafen der DDR, Berlin-Schönefeld, gestoppt. Der Fahrer wies sich als der Schriftsteller Peter O. Chotjewitz aus. In Wahrheit war es Andreas Baader. Er wurde sofort verhaftet. Vermutlich hatte ihn ein V-Mann (Spitzel) verraten.
Wann beschlossen wurde, Baader zu befreien, ist bis heute ungeklärt. Die Befreiung wurde jedenfalls geplant von RA Horst Mahler, dessen Rechtsassessorin Monika Berberich und Ulrike Meinhof. Waffen und Werkzeuge dazu wurden beschafft von Irene Goergens, Astrid Proll und Gudrun Ensslin.
Tattag war dann der 14. Mai 1970.
Irene Goergens hatte zuvor den Tatort inspiziert: »Das Deutsche Zentralinstitut für soziale Fragen« in Berlin-Dahlem. Im Lesesaal des Instituts suchte sich Ulrike Meinhof einen günstigen Platz. Später kam Andreas Baader mit gefesselten Händen, von zwei Justizbeamten begleitet. Diesen Sonderausgang Baaders aus der Haftanstalt in den Lesesaal des Deutschen Zentralinstituts hatte Horst Mahler zusammen mit Monika Berberich arrangiert. Baader sollte hier mit Ulrike Meinhof ein Buch über die »Organisation randständiger Jugendlicher« für den Berliner Klaus-Wagenbach-Verlag schreiben. Im Vorraum warteten Irene Goergens und Ingrid Schubert.
Die drei Damen erwarteten noch einen Mann, der mit Wollmaske vor dem Gesicht und Pudelmütze auf dem Kopf denn auch bald erschien – und schon fielen Schüsse.
Die Wachbeamten hatten keine Zeit mehr, ihre Dienstwaffen durchzuladen. Bei dem Schußwechsel wurde der Institutsangestellte Georg Linke durch einen Lebersteckschuß verletzt. Die Beamten konnten dem Kapuzenmann, hinter dem zunächst Peter Homann vermutet, später aber Hans-Jürgen Bäcker identifiziert wurde, die Pistole aus der Hand schlagen, sie wurden dann aber mit einer Gaspistole außer Gefecht gesetzt.
Baader, Meinhof, Goergens und Schubert nutzten den Gasqualm und flüchteten. Draußen wartete Astrid Proll in einem Alfa Romeo auf die Flüchtenden. Alle entkamen.
Von diesem Zeitpunkt an war die Baader-Meinhof-Gruppe zunächst verschwunden. Sie meldete sich hie und da aus dem Untergrund, sei es durch die Feder der französischen Journalistin Michèle Ray im SPIEGEL, sei es im Berliner Anarchistenblatt »883«. Darin hieß es u.a.: »Die Baader-Befreiungsaktion haben wir ... den potentiell revolutionären Teilen des Volks« zu erklären. »Das heißt denen, die die Tat sofort begreifen können, weil sie selbst Gefangene sind ...« Oder: »Um die Konflikte auf die Spitze treiben zu können, bauen wir die Rote Armee auf. Ohne gleichzeitig die Rote Armee aufzubauen, verkommt jeder Konflikt, jede politische Arbeit«, oder: »Laßt euch nicht schnappen!«
Nach Aufenthalten in der DDR und im Nahen Osten, wo sie sich in einem Trainingslager der palästinensischen Volksbefreiungsbewegung (PFLP) im Guerilla-Krieg ausbilden lassen wollten, kehrte die Gruppe (Mahler, Bäcker, Asdonk, Grashof, Thoms, Schelm, Jansen) am 9. August 1970 aus Beirut wieder nach Berlin zurück und mietete zwei Wohnungen in der Schöneberger Hauptstraße und in der Charlottenburger Knesebeckstraße. Von hier aus überfielen sie am 24. August 1970

den Verbrauchermarkt Ollenhauerstraße (Beute 21443 Mark) und am 29. September 1970 drei Westberliner Bankfilialen (Beute insgesamt 271469,45 Mark).
Die vier Überfälle glichen der Baader-Befreiung: kleinere Gruppen agierten bewaffnet und nach offenbar genau überlegtem Plan. Durch einen anonymen Telefonanruf wurde die Polizei auf das Versteck der Gruppe aufmerksam gemacht. Am 8. Oktober 1970 öffneten Polizeibeamten die Wohnung im vierten Stock des Hauses in der Knesebeckstraße 89 und fanden die lange gesuchte Medizinalassistentin Ingrid Schubert. Kurz vor 18 Uhr kehrte Horst Mahler heim mit Bart, Toupet und Pistole. Etwas später erschien die Studentin Brigitte Asdonk (Tochter eines CDU-Bürgermeisters von Kamp-Lintfort). Dann kamen Monika Berberich und Irene Goergens. Alle außer Asdonk waren bewaffnet. Sie wurden festgenommen.
Seit diesem Tag befanden sich die vier Damen und Horst Mahler im Moabiter Untersuchungsgefängnis.
Am 4. November 1970 hatte Ulrike Meinhof alias Sabine Marckwort in Polle bei Hameln einen Ferienbungalow gemietet und ihn auch mit mehreren Mitgliedern ihrer Gruppe bezogen. Nach einer Polizeikontrolle bei Bad Pyrmont am 5. Dezember 1970 (wobei sie unerkannt entkam) räumte sie den Bungalow.
Am 20. Dezember 1970 schließlich geriet bei Oberhausen ein Mercedes in eine Verkehrsstreife. Drei Männer und eine Frau entkamen dabei in einer Taxe, die gerade vorbeikam, festgenommen wurde lediglich der Fahrer des Wagens: Karl-Heinz Ruhland.
Am 22. Dezember 1970 wurde in Nürnberg Heinrich Jansen (23) beim Diebstahl eines Mercedes ertappt und konnte überwältigt und festgenommen werden.
Am 15. Januar 1971 überfielen neun bewaffnete Männer und Frauen zwischen 9.32 und 9.35 Uhr in Kassel zwei Sparkassenfilialen und erbeuteten dabei 54000 bzw. 60530 Mark. Der Verdacht, daß es sich um Mitglieder der BM-Gruppe drehte (mehrere Indizien sprachen ihre Handschrift), wurde zur Gewißheit, nachdem Astrid Proll von einem Zeugen schon tags zuvor in der Nähe der Zweigstelle gesehen worden war.
Die Überfälle in Kassel waren für Bundesinnenminister Genscher der Anlaß, die Verfolgung der Gruppe dem Bundeskriminalamt und der Sicherungsgruppe Bonn zu übertragen. Die Fahndung wurde nun auf Bundesebene durchgeführt. Überall wurden Sonderkommandos (Sokos) der Kripo gebildet, die Tag und Nacht auf der Lauer lagen.
Wer auch nur losen Kontakt zur Gruppe unterhalten hatte, wurde überwacht: so der Hannoveraner Professor Peter Brückner, die Professorin Renate Riemeck, bei der Ulrike Meinhof nach dem Tod ihrer Eltern aufgewachsen war, das Wissenschaftler-Ehepaar Jürgen und Monika Seifert, der katholische Pfarrer Kaiser und manche andere.
Allmählich geriet die verfolgende Polizei in eine Art Psychose.
Es passierten unverzeihliche Eskalationen Unverdächtigen gegenüber. Die Presse prangerte »Verdächtigung Unschuldiger, falsche Alarme, Verwirrung und Unsicherheit« an.
Der Fall der Baader-Meinhof-Gruppe wurde schließlich zu *dem* kriminellen Politikum der Bundesrepublik gemacht.
Mit verwickelt in die Aktionen der Baader-Meinhof-Bande waren auch Mitglieder des Heidelberger Sozialistischen Patientenkollektivs (SPK), so das Ärzte-Ehepaar Dr. Huber, Carmen Roll, Klaus Jünschke, Axel Achternach und Siegfried Hausner, auch Gerhart Müller, der zusammen mit Ulrike Meinhof geschnappt wurde.
Der SPK-Prozeß begann im Oktober 1972 in Karlsruhe (s. dort).
Über ihre Ideologie hat sich die Baader-Meinhof-Gruppe, die sich RAF (Rote Armee-Fraktion) nannte, zweimal schriftlich geäußert: einmal in einer Broschüre

von Meinhof: »RAF – das Konzept des Stadtguerilla« (erschienen im Wagenbachverlag als »Rotbuch 29«) und das zweite Mal in einem von Mahler stammenden Manuskript mit dem Titel: »Verkehrsrecht- und Verkehrsaufklärungsheft«.
Im »SPIEGEL« Nr. 3. 1972 meldete sich dann der jetzige Literatur-Nobelpreisträger Heinrich Böll zu Wort und forderte »freies Geleit für Ulrike Meinhof«, ein Artikel, der gegen die Hetzkampagne eintrat und ihn selbst schließlich an den Rand eines möglichen Sympathisanten der Terroristengruppe brachte.
Viermal im Mai 1972 verübten Bandenmitglieder Bombenanschläge, ehe dann die führenden Mitglieder verhaftet werden konnten. Es waren dies: am 11. Mai ein Bombenanschlag auf das Hauptquartier des V. Armeekorps der US-Streitkräfte in Frankfurt. Ein Offizier wurde getötet, 13 Menschen verletzt;
am 12. Mai Bombenanschläge auf das Augsburger Polizeipräsidium und das Landeskriminalamt München. Der Sachschaden betrug mehr als 100000 Mark;
am 15. Mai ein Attentat auf den Wagen des Karlsruher Bundesrichters Wolfgang Buddenberg, dessen Frau schwer verletzt wurde;
und am 19. Mai ein Bombenattentat auf das Springer-Hochhaus in Hamburg, bei dem 17 Personen verletzt wurden.
Das Ende der Bande kam am 1. Juni 1972, als nach einem Großeinsatz der Polizei und einem Feuergefecht in Frankfurt Baader, Meins und Raspe festgenommen wurden. Baader wurde dabei verletzt.
Am 7. Juni wurde in einer Boutique am Hamburger Jungfernstieg Gudrun Ensslin verhaftet und schließlich am 15. Juni in einer Wohnung in Langenhagen bei Hannover Ulrike Meinhof. Kurz darauf (9. 6. 1972) gingen auch Werner Braun und Brigitte Mohnhaupt in Berlin der Polizei ins Netz (vermutlich wieder mit Hilfe eines Spitzels) und zuletzt am 8. Juli 1972 Klaus Jünschke und Irmgard Möller in Offenbach, verraten durch das frühere Bandenmitglied Hans-Peter (»Conny«) Konieczny.
Drei Polizeibeamte, die in die Fahndung nach BM-Mitgliedern eingesetzt waren, wurden erschossen: Am 3. März 1972 der Hamburger Kriminalhauptkommissar Hans Eckardt (50). Er starb am 22. März 1972 an seinen schweren Verletzungen. Schütze war vermutlich Manfred Grashof, der Dum-Dum-Geschosse benutzte, die besonders große Fleischwunden reißen.
Polizeiobermeister Herbert Schoner wurde am 22. Dezember 1971 erschossen, als die Bande einen Überfall auf eine Bank in Kaiserslautern verübte. Vermutlicher Schütze: Klaus Jünschke.
Polizeimeister Norbert Schmid wurde am 22. Oktober 1971 in Hamburg erschossen, als er mit seinem Kollegen Lemke einen Wagen gestellt hatte, in dem Margrit Schiller und Holger Meins, der vermutlich die tödlichen Schüsse abfeuerte, saßen.
Die Baader-Meinhof-Gruppe versuchte, die gesellschaftlichen Verhältnisse in der BRD durch Terrorakte zu verändern. Ihr Vorbild waren die Tupamaros Uruguays. Die Beseitigung der kapitalistischen Verhältnisse verstanden sie als Voraussetzung für ihre revolutionäre Arbeit. Um agieren zu können, beschaffte sich die Gruppe Geld, Autos und Waffen auf illegale Art durch Banküberfälle, Autodiebstähle, durch Waffenkauf mit gefälschten Waffenscheinen oder »legal« von Angehörigen der Al Fatah. Beim Autodiebstahl benutzten sie meist Zwillinge, also Wagen vom gleichen Typ, Farbe, Baujahr etc., auch mit gleichen Nummernschildern, um die Polizei auf die falsche Fährte zu hetzen. Mit hochqualifizierten Sprechfunkgeräten konnten die Gruppenmitglieder den Polizeifunk abhören und sich entsprechend auf die Fahndung einstellen. Durch häufigen Wohnungswechsel unter immer wieder anderen Pseudonymen gelang es der Gruppe, lange Zeit unterzutauchen, nicht zuletzt durch die Hilfeleistung Dritter, die die Kontakte zwischen Gruppenmitgliedern herstellten, wozu in erster Linie etwa 45 linksradikale Rechtsanwälte gehörten.

Nach den Namen erschossener BM-Mitglieder nannten sich kleine radikale Splittergruppen »das Kommando Thomas Weisbecker« oder das »Kommando Petra Schelm«, die jedoch kaum von großer Bedeutung waren. Gefährlicher war die anarchistische »Bewegung 2. Juni« (Todestag des Studenten Benno Ohnesorg), zu der meist Studenten gehören, die eine Reihe von Straftaten begingen und z.B. auch Mitte 1972 einen Anschlag auf die Türkische Botschaft in Bonn geplant hatten. Am 7. Mai 1972 wurden drei Studenten (Schmücker, Sommerfeld und Knupe) und eine Kindergärtnerin (Viett) festgenommen, in deren Wagen Sprengsätze und Einbruchgeräte gefunden wurden.
Nach der Verhaftung der führenden BM-Mitglieder war in der BRD kein terroristischer Gewaltakt dieses Ausmaßes mehr zu verzeichnen.
Interessant war die Einschätzung der BM-Gruppe durch die DDR, deren Presse von »gefährlichen Dilettanten« sprach. Diese »deklassierten Söhne und Töchter gutsituierter Kleinbürger« seien im Irrglauben, die »kapitalistische Herrschaft« mit Dynamit sprengen zu können. Die Presse warf der Bande weiter vor, sie sehe nicht, daß der Kampf gegen den Imperialismus nicht das Werk von Einzelgängern sein könne, sondern das von »allen Unterdrückten und ausgebeuteten Schichten« unter der Leitung der Arbeiterklasse. Durch anarchistische Terroraktionen wie die der BM-Gruppe werde der »Unterdrückungsapparat« in der BRD nicht geschwächt, sondern eher noch gestärkt. Letztlich habe diese linke Gruppe durch ihre Terroraktionen den »wahren« Linken in der BRD nur geschadet.
In Amerika wurden die Tätigkeiten der Baader-Meinhof-Gruppe zwar sachlich durch die Presse berichtet, insgesamt gab es dort aber kaum Verständnis für die Absichten dieser Bande. In Rußland schließlich wurde ausdrücklich davor gewarnt, in der Bande, dort als »Rote Armee-Fraktion« (RAF) in der Presse vorgestellt, so etwas wie kommunistische Revolutionäre zu sehen. Der Bande wurde vorgeworfen, kein klares sozialpolitisches Konzept zu haben, was auch gar nicht möglich sei, da alle Mitglieder außer Ruhland aus dem gutsituierten Bürgertum stammten.

a) Die ersten Prozesse gegen Mitglieder der Baader-Meinhof-Gruppe:

1) Mahler, Horst; Schubert, Ingrid; Goergens, Irene

Am 1. März 1971 begann gegen Mahler, Schubert und Goergens vor dem Moabiter Kriminalgericht in West-Berlin (= Schwurgericht) der Prozeß um die gewaltsame Befreiung des Frankfurter Kaufhausbrandstifters Andreas Baader. Mit einem spektakulären Schachzug ging der Verteidiger des ehemaligen APO-Anwalts Mahler, Rechtsanwalt Otto Schily, in den Prozeß, als er das gesamte Gericht wegen Befangenheit ablehnte. Die in- und ausländische Zeitungs- und Illustriertenpresse hatte Mahler bereits »millionenfach angeklagt und verurteilt«. Zwangsläufig stünden somit auch die Mitglieder des Gerichts und die Geschworenen unter dem Einfluß der »Hetzkampagne«, die unweigerlich die Objektivität trübe und nicht mehr die Voraussetzungen vorurteilsfreier Schuldfindung gewährleiste. In diesem Zusammenhang beschuldigte Schily auch den Bundesinnenminister Genscher der vorprozessualen Hetzjagd, indem dieser die Mahler-Baader-Meinhof-Gruppe zum »Staatsfeind Nr. 1« abgestempelt hatte.
Nach einer halbstündigen Beratung erklärte das Schwurgericht, daß es sich nicht befangen fühle. Der Prozeß konnte beginnen. Das Kriminalgericht war von mehreren hundert Polizisten umstellt, vier Paßkontrollen waren angeordnet worden und die Leibesvisitation. Von den etwa 30 anwesenden APO-Delegierten durfte nur etwa die Hälfte den Gerichtssaal betreten.
In dem Prozeß ging es um die Frage der Beteiligung an der Befreiung Baaders am 14. Mai 1970, an der der APO-Anwalt Mahler, die Medizinalassistentin Schubert und die Schülerin Goergens mitgewirkt haben sollen.
Der Prozeß war indes kein Ruhmesblatt für die Staatsanwaltschaft. Besonders für Mahler stand bald fest: Viel Verdacht und wenig Beweise. Der Kronzeuge der Staatsanwaltschaft gegen Mahler fiel schon bald um. Der 32jährige Manfred Lehmann hatte in der Voruntersuchung erklärt (am 11. April 1970), daß während einer Versammlung der Basis-Gruppe in Schöneberg über die gewaltsame Befreiung Baaders gesprochen worden sei. Ulrike Meinhof soll gesagt haben: »Menschenleben spielen keine Rolle.« Auch Mahler sei in den Plan eingeweiht gewesen.

Nun erklärte Lehmann vor Gericht: »Diese Aussagen waren in allen Belangen falsch.« Da er selbst gerade in Haft war, wollte er sich durch diese Anschuldigung »Urlaub auf Ehrenwort« verdienen.
Zwei andere Zeugen erwiesen sich als genauso wertlos. Die beiden Mädchen fielen ebenfalls um.
Genauer konnten sich zwei Institutsangestellte mit »mehr oder weniger« Sicherheit an die beiden Frauen erinnern (Schubert und Goergens), die mit Perücken und Sonnenbrillen getarnt in der Diele des Deutschen Zentralinstituts, aus dem Baader befreit wurde, gesehen worden sind. Belastet wurde Irene Goergens von dem Wirt und einer Kellnerin des Lokals »Wolfsschanze«, als sie sich dort nach dem »APO-Waffenschmied« Günter Voigt erkundigte und mit ihm über Waffenkauf verhandelte. Schließlich erklärte ein Schriftsachverständiger, daß die Schrift auf einem Anmeldezettel des Zentralinstituts, der dort nach der Baader-Befreiung gefunden worden war, mit Sicherheit von Ingrid Schubert stammte. Außerdem wurde ein weiterer Zettel mit Mahlers Handschrift identifiziert.
Soweit die spärlichen Beweisanträge. Fragen in der Presse lauteten: Wie konnte die Staatsanwaltschaft angesichts so labiler Zeugen einen Prozeß gegen Mahler durchführen, ohne zuvor genauere Ermittlungen anzustellen? Man vermutete, daß der Prozeßbeginn am 1. März in Zusammenhang stand mit der Wahl zum Berliner Abgeordnetenhaus am 14. März. Der Prozeß gegen Mahler sollte der Bevölkerung zeigen, daß die (zu wählenden) Verantwortlichen gewillt waren, etwas gegen gefährliche »Umstürzler« zu tun!
Die Anklage (Staatsanwalt Nagel) lautete für Mahler: Beihilfe zum Mordversuch, zur Gefangenenbefreiung und unberechtigter Munitionsbesitz; gegen Schubert und Goergens: Mordversuch, Gefangenenbefreiung und illegaler Waffenbesitz.
Am 5. Verhandlungstag trat der bei dem Schußwechsel im Zentralinstitut verletzte Institutsangestellte Georg Linke (63) in den Zeugenstand und sagte aus, daß einer der Vermummten auf ihn geschossen habe. Schütze soll der 31jährige Hans-Jürgen Bäcker aus Gladbeck gewesen sein, der bereits inhaftiert war. Zunächst war der Verdacht auf den Kunstmaler Peter Homann gefallen, was nicht zutraf.
Während des Prozesses, in dem Horst Mahler auf Fragen des Vorsitzenden schwieg, kam es mehrmals zu tumultartigen Szenen. So z. B., als der Gerichtsvorsitzende, Landgerichtsdirektor Friedrich Geus, einen Zuhörer aus dem Saal weisen wollte, schrie ihm Mahler zu: »Was glaubst du, wie lange du das noch machen kannst, du Drecksack?« Diese Frage kostete Mahler eine Ordnungsstrafe von drei Tagen. Als Mahlers Verteidiger, RA Schily, dem Staatsanwalt »arglistige Prozeßführung« und »Spekulationen« vorwarf und daraufhin die Zuschauer lautstark Beifall klatschten, ließ Geus abermals den Gerichtssaal mit Polizeigewalt räumen. Auf dem Westberliner Kurfürstendamm kam es daraufhin zu schweren Zusammenstößen zwischen der Polizei und Jugendlichen, die gegen den Mahler-Prozeß protestierten.
Die Verteidiger forderten für ihre drei Mandanten sämtlich Freispruch, die Staatsanwaltschaft plädierte für sechs Jahre Gefängnis für Mahler und Schubert, für vier Jahre Jugendstrafe für Goergens. Abermals wurde das »Heer von Lahmen und Kranken« verulkt, das Goergens belasten sollte; Mahlers Verteidiger sagte den Geschworenen, daß »eine Verurteilung Mahlers gleichbedeutend würde mit der öffentlichen Bekanntgabe Ihrer Vorurteile«.
Der mit großer Spannung erwartete Urteilsspruch des Gerichts fiel am 21. Mai 1971. Mahler wurde freigesprochen, Ingrid Schubert erhielt (wie vom Staatsanwalt gefordert) sechs Jahre Gefängnis, die Schülerin Goergens (wie vom Staatsanwalt gefordert) vier Jahre Jugendstrafe.
Obgleich feststand, daß Mahler in der Nacht zum 2. April 1970 zusammen mit anderen Mitgliedern der BM-Gruppe auf einem Friedhof in Buckow nach versteckten Waffen gesucht hatte und somit selbst zur Gruppe gehörte; obwohl Mahler wußte, »daß Baader bei einer Ausführung befreit werden sollte«, mußte er freigesprochen werden, weil das Gericht nicht in der Lage war zu beweisen, daß Mahler vom Tag der Befreiung (14. Mai 1970) gewußt hatte. »Nur wegen dieser winzigen Lücke waren wir nicht in der Lage, ihn zu verurteilen«, sagte Geus. Mahler, der trotz des Freispruchs wegen Ermittlung anderer Straftaten in U-Haft bleiben mußte, sagte nach dem Urteil: »Auf diesen Freispruch pfeife ich. Er kann euch auch nicht retten. Die Zeit, wo ihr Sozialisten straflos ins Zuchthaus stecken konntet, ist endgültig vorbei. Das gilt nicht für die Geschworenen, aber für die anderen, die Bescheid wußten!«
Nach dem Urteilsspruch kam es in Berlin erneut zu Demonstrationen gegen die »Terrorurteile«. Mit roten Fahnen zogen über 300 Personen durch die Stadt und riefen in Sprechchören: »Geus, wir erwischen dich!« und »Jeder Staatsanwalt für immer in die Haftanstalt!«
Die Staatsanwaltschaft hatte sofort gegen das Mahler-Urteil Berufung eingelegt, die beiden Verteidiger von Schubert und Goergens gegen deren Verurteilung.
Am 12. April 1972 hob dann tatsächlich der Bundesgerichtshof den Freispruch Mahlers auf. Dagegen wurde das Revisionsbegehren von Ingrid Schubert und Irene Goergens vom Bundesgerichtshof als unbegründet verworfen.

2) Der Demonstrations-Prozeß gegen Mahler, Horst

Ende Mai 1972 entschied der Bundesgerichtshof in Karlsruhe: Ein Demonstrant haftet auch dann für den gesamten Schaden, der durch eine Demonstration entsteht, wenn er persönlich nur einen Teil der Schäden verursacht oder sich auf eine Anstiftung oder Unterstützung beschränkt hat.
Mit diesem generellen Urteil nahm das Gericht Stellung zu einem Rechtsstreit zwischen den Verlagshäusern Springer und dem Sozietätsverlag in Frankfurt einerseits und den ehemaligen APO-Mitgliedern Horst Mahler und Günter Amendt andererseits.
Das Revisionsverfahren hatte zwei voneinander getrennte Demonstrationen mit erheblichen Sachschäden

zum Gegenstand: den Sturm auf das Berliner Springer-Hochhaus, der am 11. April 1968 als direkte Reaktion auf das Attentat auf Rudi Dutschke vom Sozialistischen Deutschen Studentenbund (SDS) organisiert worden war, und die gewaltsame Blockade des Druck- und Verlagshauses des Sozietätsverlages in Frankfurt einen Tag später, bei der die Produktion und der Vertrieb von Springer-Zeitungen behindert werden sollten.
Horst Mahler gehörte bei der Attacke auf das Springer-Hochhaus zu den wenigen, die in das Verlagsgebäude eindrangen. Von Günter Amendt war bekannt, daß er maßgeblich an dem Blockadebeschluß der Frankfurter »außerparlamentarischen Opposition« mitgewirkt hatte.
Der Springer-Verlag hatte vor dem Berliner Kammergericht einen Schadensersatz in Höhe von einer halben Million Mark von Horst Mahler gefordert und der Sozietätsverlag in Frankfurt von Günter Amendt einen Betrag von 70000 Mark.
Mahler und Amendt hatten beim Bundesgerichtshof Revision eingelegt. Nach dessen Beschluß muß nun Mahler 75884,24 Mark nebst Zinsen seit dem 23. November 1968 bezahlen, auf Amendt entfällt ein Betrag von 37500 Mark und eine zusätzliche Summe für die demolierten Zeitungsautos.

3) Ruhland, Karl-Heinz

Das Düsseldorfer Oberlandesgericht, in dem am 18. Januar 1972 der Prozeß gegen Karl-Heinz Ruhland (geb. 7. März 1938 in Berlin) begann, glich einer waffenstarrenden Festung. Hunderte von Polizisten in Zivil und Uniform, zahlreiche Kripobeamte, Leute vom Verfassungsschutz und von der Sicherungsgruppe Bonn sollten das Leben des Angeklagten schützen. Ruhland wurde im Saal 17A des Justizpalastes in eine Angeklagtenzelle aus kugelsicherem Glas gebracht. Alle Ausgänge des Gebäudes waren bis auf einen einzigen hermetisch verriegelt und streng bewacht. Schon in den umliegenden Straßen war ein Sicherheitskorso um das Gerichtsgebäude gelegt worden. Tag und Nacht sollte das OLG, auch an Sonntagen, bewacht werden. Mit Aktenschränken und Tischen wurden Barrikaden und Kontrollschleusen in den Korridoren errichtet. Draußen patrouillierten Polizisten mit Maschinenpistolen, drinnen kontrollierten die Beamten jeden einzelnen, der den Saal betrat. Journalisten hatten drei Ausweise vorzulegen, ehe man sie einließ. In einem Nebenzimmer mußte sich jeder einer Leibesvisitation unterziehen; mit Waffendetektoren wurden Jacken, Hosenböden und Gesäßtaschen geröntgt. Wer in der Pause zur Toilette wollte, mußte durch die Ausweiskontrolle. »Bombenmatten« waren wurfbereit paratgelegt, um sie sofort über evtl. explodierende Sprengkörper werfen zu können.
Dies alles, weil Ruhland bereit war auszusagen und weil der Leitspruch der Baader-Meinhof-Gruppe zu bekannt war: »Wer singt, wird umgelegt.«
Die Anklageschrift warf Ruhland die Zugehörigkeit zu einer »kriminellen Vereinigung« vor.
Zunächst Ruhlands Lebenslauf: In Berlin geboren, wuchs er mit acht Geschwistern in ärmlichen Verhältnissen auf, besuchte zehn Jahre die Volksschule, weil er zweimal sitzengeblieben war. Er bekam ein schlechtes Abgangszeugnis und hatte kaum Chancen, eine Lehrstelle zu finden. Sein Vater starb nach seiner Rückkehr aus russischer Gefangenschaft an offener Tuberkulose, die Mutter ist ebenfalls tot. Ruhland hatte verschiedene Berufe: Laufbursche, Handlanger, Bootsmann. Der Sohn eines Buchbinders heiratete 1959, aus der Ehe gingen zwei Söhne hervor, Fritz und Peter. Die Ehe wurde geschieden. 1962 heiratete er ein zweites Mal, seine Frau war 13 Jahre älter und an Leukämie erkrankt. Ruhland versuchte sich inzwischen als Arbeiter auf dem Großmarkt, bei der Berliner Stadtbahn, als Tankwart. Nach der Scheidung bekam er das Sorgerecht für seinen Sohn Fritz, dieser wurde ihm aber weggenommen, weil er ihn verprügelt hatte. 300 Mark Geldstrafe wegen Kindesmißhandlung. Ansonsten war sein Vorstrafenregister unbedeutend.
In seiner Nachbarschaft in Berlin-Kreuzberg ließ Ruhland 1968 sein Moped reparieren. Dabei lernte er den 36jährigen Eric Grusdat kennen. Dieser war bereits Mitglied der Gruppe und machte ihn mit dem Mitglied Hans-Jürgen Bäcker bekannt. In Grusdats Wohnung lernte er dann Horst Mahler und Andreas Baader kennen.
In Grusdats Werkstatt, in der nun Ruhland arbeitete, trafen sich auch die anderen Gruppenmitglieder: Horst Mahler, Monika Berberich, Ingrid Schubert, Irene Goergens, Brigitte Asdonk, Astrid Proll. Später stießen Gudrun Ensslin und Ulrike Meinhof dazu.
In diesen Personen sah die Polizei den sog. »harten Kern« der Gruppe.
Ruhland diente der Gruppe als Handwerker. Er hatte den Auftrag, gestohlene Wagen zu frisieren, Auto- und Fahrgestellnummern zu ändern, Motor-, Zünd- und Türschlösser auszutauschen, auch Wagen umzuspritzen. Ruhland ließ sich für seine Arbeiten von der Gruppe bezahlen. Er brauchte das Geld für seine kranke Frau und um Schulden abzudecken. Seit August 1970 gehörte er der Gruppe an.
Nun zu seinen Straftaten: Am 29. September 1970 überfiel er mit Horst Mahler, Andreas Baader, Irene Goergens und Eric Grusdat mit Waffengewalt die Westberliner Depositenkasse und die Filiale der Berliner Sparkasse. Beute: 217469,45 Mark.
Im November 1970 brach er mit Ulrike Meinhof und dem Kaufmann Heinrich Jansen in das Rathaus von Neustadt am Rübenberge ein. Gestohlen wurden Stempel und Reisepässe, Dienstsiegel und Blanko-Ausweisformulare. Eine Flasche Schnaps und 430 Mark Bargeld ließen sie auch mitgehen.
In der zweiten Dezemberhälfte 1970 hatte die Gruppe mehrere Banküberfälle im Ruhrgebiet geplant. Ulrike Meinhof und Jan-Carl Raspe entgingen dabei einer Polizeikontrolle, weil sie wegen ihres veränderten Aussehens und wegen gefälschter Pässe nicht erkannt wurden. Am 20. Dezember 1970 geriet auch Ruhland in Begleitung der Studentin Beate Sturm und Heinrich Jansen in Oberhausen in eine Polizeikontrolle.

Er wurde identifiziert und sofort festgenommen. Seitdem befand er sich in Untersuchungshaft. Sturm und Jansen entkamen mit einem Taxi.
Am 13. April 1971 hatte die Polizei auch den 32jährigen Hans-Jürgen Bäcker und die 17jährige Ilse Stachowiak festgenommen. Beide wurden später wieder freigelassen und sind untergetaucht. Im Dezember 1970 wurde Eric Grusdat in Düsseldorf festgenommen. Kurz zuvor war in Nürnberg der 23jährige Heinrich Jansen gestellt worden. Im Oktober 1970 kam nach einer Schießerei, bei der der Polizist Norbert Schmid getötet wurde, Margrit Schiller in Haft. Ob sie und ihr mutmaßlicher Komplice Holger Meins, der von der Polizei gesucht wurde, zur Gruppe gehörte, war damals noch nicht ermittelt. Sicher war sich dagegen die Polizei, daß die im Juli 1971 in Hamburg bei einem Schußwechsel getötete 20jährige Petra Schelm zur Gruppe gehörte. Das gleiche gilt auch von der 32jährigen Marianne Herzog, die im Dezember 1971 in Köln verhaftet wurde. Ebenfalls zur Gruppe gehörte der 34jährige Kunstmaler Peter Homann, der nach kurzer Inhaftierung sich wieder auf freiem Fuß befindet.
Zur Zeit des Prozesses gegen Ruhland wurde noch gefahndet nach: Andreas Baader, Ulrike Meinhof, Manfred Grashof, Holger Meins, Jan-Carl Raspe und Gudrun Ensslin: diese sechs Personen sollten nun den »harten Kern« ausmachen.
Ruhland hatte weder den Bildungsstand noch die Intelligenz, um sich in die ideologische Theorie der Gruppe zu vertiefen. Er diente ihr als Handwerker und ließ sich dafür bezahlen. An theoretischen Diskussionen nahm er nicht teil. Er berichtete aber, Mahler und Baader seien die führenden Köpfe, Gudrun Ensslin sei eine Art Gruppenführerin gewesen. Jeder habe vom anderen nur so wenig wie unbedingt notwendig gewußt. Mahler habe gern Reden gehalten: Wer im Untergrund arbeiten müsse, könne selbstverständlich keinem legalen Beruf nachgehen. Da man aber Geld brauche, müsse man Banken ausrauben. Das treffe nur die Kapitalisten, nicht aber die Armen und Unterdrückten. Das Geld brauche man als Rücklage für härtere Zeiten, zum Beispiel zur Bezahlung von Anwälten, falls jemand ertappt oder festgenommen werden sollte. Ruhland hatte ein bißchen Marx, Engels und Rosa Luxemburg gelesen; die Pflichtlektüre der Gruppe, das »Mini-Handbuch des Stadtguerilla« von Marighela, sei ihm zu langweilig gewesen.
Genauer charakterisierte die Bundesanwaltschaft das theoretische Hinterland der Gruppe: »Ziel dieser Gruppe ist es, das System der Klassenherrschaft und der Unterdrückung in der Bundesrepublik Deutschland mit allen Mitteln, auch unter bewußter Verletzung der Rechtsordnung, zu beseitigen. Vorbild für ihre Aktionen sind die Methoden der amerikanischen Stadtguerillas. Die Mittel für ihren ›Kampf‹ und ihr illegales Leben beschafft sich die Gruppe durch Raubüberfälle auf Banken. Um möglichst beweglich zu sein und sich der Strafverfolgung entziehen zu können, besorgen sich die Gruppenmitglieder durch strafbare Handlungen schnelle Kraftfahrzeuge und falsche Ausweispapiere.«
Als Autoschlosser war Ruhland wesentlich für die Beweglichkeit der Gruppe verantwortlich.
Während des Ruhland-Prozesses kam weniger die erwartete theoretische Grundlage für die Aktionen der BM-Gruppe zum Vorschein, als vielmehr der Verdacht auf verschiedene Hintermänner, die Gruppe unterstützt zu haben. So wurde der Ordinarius für Psychologie an der technischen Universität Hannover, Prof. Dr. Peter Brückner, belastet. Er habe, so Ruhland, ihm selbst, Ulrike Meinhof und Heinrich Jansen ein Ferienhaus in Polle bei Hannover vermittelt, von wo aus die Gruppe ihre ›Coups‹ gestartet hatte. Brückner hatte den dreien ein Empfehlungsschreiben mitgegeben, das sie als Studenten tarnte. Nach dieser Belastungsaussage wurde ein Ermittlungsverfahren gegen Brückner eingeleitet, der Professor wurde vom Dienst suspendiert und zum »Fall Brückner« hochgespielt. Nach seiner Suspendierung am 20. Januar 1972 wurde Brückner eine Gastprofessur in Heidelberg angetragen. Der »Fall Brückner« weitete sich aus. Baden-Württembergs Kultusminister Hahn untersagte dem Heidelberger Rektor Rendtorff, für die Brückner-Vorlesung einen Hörsaal zur Verfügung zu stellen. Trotzdem konnte Brückner lesen, denn solange nur der Verdacht einer strafbaren Handlung vorliegt, hat jedermann als unbescholtener Bürger zu gelten. Nach der Vorlesung, die vor 1000 Studenten ungestört ablief, kam es zu einer erneuten Kontroverse zwischen Hahn und Rendtorff. Hahn wollte auf alle Fälle verhindern, daß Brückner eine Berufung nach Heidelberg erhält. Außerdem protestierte die Gewerkschaft der Polizei (GdP) gegen Brückner, weil Polizeibeamte nicht gewillt seien, für einen Staat ihr Leben einzusetzen, der im Verdacht stehende Helfer von Polizistenmördern begünstige.
Zwei weitere Professoren wurden im Ruhland-Prozeß belastet. Einmal ein Kollege Brückners, Prof. Jürgen Seifert, der in einer vom Fernsehen am 31. Januar 1972 ausgestrahlten Sympathiekundgebung für seinen Kollegen Prof. Brückner vom 25. Januar 1972 an der TU Hannover die Strafverfolgung der BM-Gruppe mit Gestapomethoden verglich; zum anderen der Politologe Prof. Elmar Altvater von der Freien Universität Berlin, der im Dezember 1970 für Ulrike Meinhof und andere Gruppenmitglieder die Erlanger Wohnung des Universitätsassistenten Neusuess zur Verfügung gestellt hatte, ohne den abwesenden Assistenten vorher zu fragen. Es kam deshalb zu einer Kontroverse zwischen dem Präsidenten der FU-Berlin, Kreibich, und dem Senator für Wissenschaft und Kunst, Stein, über die Frage, ob gegen Altvater disziplinarisch vorzugehen sei oder nicht.
Inzwischen hatten acht Professoren der Frankfurter Universität gegen die »obrigkeitlichen Maßnahmen« gegen die Prof. Brückner und Seifert protestiert und sich gegen die Ausschaltung der progressiven Kräfte in der Bundesrepublik verwahrt.
Ruhland, der vom Angeklagten zum Kronzeugen avancierte, belastete weiterhin: den Frankfurter Journalisten Johannes Bornheim und dessen Frau (in deren Wohnung Waffen und Munition deponiert worden waren), Bornheim wurde daraufhin vom Frankfurter Landesbüro der Deutschen Presse Agentur deshalb vorläufig beurlaubt;

die 31jährige Hausfrau Anneliese Küster und ihren Mann aus Gelsenkirchen, die im Dezember 1970 fünf Tage lang Ulrike Meinhof und zwei ihrer Freunde in ihrer Wohnung beherbergt hatte;
den Redakteur vom Westdeutschen Rundfunk Gerhard Reitschert und die Tochter des Frankfurter Prof. Alexander Mitscherlich, die Pädagogin Seifert-Mitscherlich (Frau des Hannoveraner Prof. Jürgen Seifert). Die Meinhof soll mindestens eine Woche im VW von Reitschert gefahren sein, und in Reitscherts Bungalow in der Eifel sollte der zu entführende Bundeskanzler Brandt untergebracht werden;
den katholischen Anstaltsgeistlichen Kaiser aus der Nähe von Osnabrück.
Der ungewöhnlich geständnisfreudige Ruhland schilderte, daß seit Herbst 1970 in der Gruppe keine Skrupel mehr bestanden, Einbrüche, Banküberfälle, Autodiebstähle und Paßfälschungen durchzuführen. Auch war vereinbart worden, bei jeder Behinderung durch die Polizei sofort von der Schußwaffe Gebrauch zu machen. Davon distanzierte sich jedoch Ruhland. »Aber als die Schießereien losgingen, hielt ich es für besser, daß die Gruppe gefaßt wird.« Er habe deshalb die Bande etwa zu Allerheiligen 1970 schon, als seine Mutter starb, verlassen wollen, doch Ulrike Meinhof hielt ihm entgegen: »Du weißt zuviel, dein Name ist bekannt, du kannst nicht aussteigen.«
Das vom Gericht gesammelte Beweismaterial füllte nahezu einen Möbelwagen: Munition, Waffen, eine Schiebeleiter für Einbrüche in das Munitionsdepot von Münsterlager, Pässe, Dienstsiegel, Pudelmützen mit Sehschlitzen, Kfz-Papiere und -nummernschilder etc.
Auch von Mißerfolgen sprach er: Als Ulrike Dutzende von gestohlenen Pässen von Hannover an Andreas Baader in Berlin schicken wollte, verwechselte sie die Code-Anschrift, und das Paket landete auf dem Zentralpostamt für unzustellbare Sendungen. Der Überfall auf Münsterlager scheiterte, weil Jansen im »besoffenen Kopf« mit dem Wagen einen Totalschaden gebaut hatte. Geglückt ist ein illegales Waffengeschäft in Frankfurt, wo die Gruppe 23 Neunmillimeterpistolen der Marke »Firebird« kaufte, die vermutlich aus den Beständen der El Fatah stammten.
Sympathisanten der Gruppe waren auch Berliner Studenten, die der Bande ihre echten Pässe zur Verfügung stellten und für sich selbst Verlustanzeige erstatteten und neue Ausweise beantragten.
Der Berliner Physik-Student und mit 620,– Mark bezahlte Tutor der FU Berlin, Ulrich Scholtze, der zum Jahresende 1970 festgenommen wurde, berichtete von der Bande als dem »militärischen Arm« der APO (Außerparlamentarische Opposition). Holger Meins brachte ihn mit Beate Sturm und Ilse Stachowiak zusammen und mit Andreas Baader, der über »Springerfahrungen« (Tresensprung beim Bankraub) verfügte und großes Ansehen genoß. Scholtze untersuchte in Berlin nahezu hundert Bank- und Sparkassenfilialen auf ihre »Knackbarkeit«. Wenige Tage vor seiner Verhaftung sei in der Gruppe über die Möglichkeiten von Geiselnahme zwecks Gefangenenbefreiung gesprochen worden.
Durch die Zeugenaussagen von Beate Sturm wurde auch der Stuttgarter Kunsterzieher Stoller belastet, der geflüchteten Gruppenmitgliedern Unterschlupf gewährt haben soll, und der persische Arzt Dr. Schirani in Kassel. Stoller wurde daraufhin vom baden-württembergischen Kultusministerium seiner Dienstpflichten entbunden.
Auch der Schriftsteller Manfred Rieger in Kienheim in der Eifel wurde belastet, im Herbst 1970 das Wochenendhaus in der Eifel gemietet zu haben, in dem Gruppenmitglieder ihr Domizil aufgeschlagen hatten. Die Auseinandersetzung um den »Fall« Brückner, der am 17. Februar 1972 in der Heidelberger Universität einen Vortrag gehalten hatte, beschäftigte nun auch den Ministerrat und den Landtag von Baden-Württemberg.
Der Prozeß zog immer weitere Kreise, immer neue Hintermänner wurden belastet, in der Hauptsache wegen Gewährung von Unterschlupf in ihren Wohnungen. Dazu gehörte der 52jährige katholische Pfarrer Kurt Kaiser, der Frankfurter Schriftsteller Michael Schulte (30), der Regisseur Karl Gottfried von Einem (31) aus Bremen und dessen Ehefrau, die Schauspielerin Dorothea von Einem (32), die Lehrerin Ursula Roos aus Lützlinden. Die meisten Angelasteten verweigerten nähere Angaben über ihre Beziehungen zu Gruppenmitgliedern. Monika Seifert-Mitscherlich mußte zugeben, Jan-Carl Raspe und anderen Gruppenmitgliedern kurz vor der Jahreswende 1970/71 ein altes Sanatorium in Bad Kissingen als Unterschlupf zur Verfügung gestellt zu haben.
Anfang März 1972 sollte sogar gegen den Heidelberger Rektor Rendtorff ein Disziplinarverfahren eingeleitet werden, weil er den Vortrag Brückners vom 17. Februar 1972 entgegen den Anordnungen des Kultusministers Hahn nicht verhindert hatte.
Während die Ermittlungen gegenüber Randfiguren und Hintermännern der BM-Gruppe weitergeführt wurden, ging der Ruhland-Prozeß seinem Ende entgegen.
Der einstige Chauffeur der Ulrike Meinhof und Handwerker der Gruppe, so hieß es im Strafantrag, war »kein Kader«, kein »Rädelsführer«, er habe zwar durch seine Willfährigkeit »zur Eskalation der Gefahr« beigetragen, war aber im Grunde »ein einfacher Mann mit wenig politischem Interesse, der sich mit wenigen politischen Schlagworten zufriedengab«. Es war die Rede von der »schicksalshaften Verstrickung dieses Mannes mit der Bande«, von seiner unglücklichen Kindheit, seiner lädierten Ehe mit der leukämiekranken Frau und seinen ewigen Geldschwierigkeiten.
Nach 15 Verhandlungstagen bekam er viereinhalb Jahre Gefängnis. Das Urteil wurde ausgesprochen wegen schweren Bankraubes, zweier bewaffneter Bandendiebstähle und Verabredung zum schweren Raub jeweils in Tateinheit mit seiner Beteiligung an einer kriminellen Vereinigung. Die hohen Kosten des Verfahrens mußte er selbst tragen.
Vor allem stellte das Gericht zum ersten Mal fest, daß es sich bei der Baader-Meinhof-Gruppe um eine

»kriminelle Vereinigung« handelte, um eine Organisation »von großer krimineller Gefährlichkeit«, die als Anarchistengruppe in Berlin nach der gewaltsamen Befreiung des Frankfurter Kaufhausbrandstifters Andreas Baader entstanden war. Unter Führung von Rechtsanwalt Horst Mahler, Ulrike Meinhof, Gudrun Ensslin und Andreas Baader hatte sich die Gruppe, so das Gericht, seit Sommer 1970 zunächst als politische Organisation verstanden, die im Untergrund zu einer »bewaffneten Macht« ausgebaut werden sollte. Die Ziele der Gruppe seien von vornherein politische und kriminelle gewesen.
»Man wollte sich Geld besorgen, die sogenannten Kapitalisten schädigen und das herrschende System verunsichern.« Vor allem auf Betreiben von Ulrike Meinhof sollten die kriminellen Handlungen mit politischer Agitation verbunden werden.

4) Hoppe, Werner

Unter ungewöhnlich strengen Sicherheitsmaßnahmen der Hamburger Polizei begann am 24. Mai 1972 vor einem Hamburger Schwurgericht der Prozeß gegen den 22jährigen Werner Hoppe. Die Anklage warf ihm Mordversuch in vier Fällen vor.
Mit schulterlangen Haaren, hochgereckter Faust und dem Ruf: »Es lebe die Revolution« betrat Hoppe, ehemaliger Fernsehpraktikant, den Schwurgerichtssaal. Die vorwiegend jugendlichen Zuhörer erhoben ebenfalls die Fäuste zum proletarischen Gruß.
Folgendes war passiert: Am 15. Juli 1971 waren Hoppe und seine Begleiterin, die 20 Jahre alte Berliner Friseuse Petra Schelm – sie wurde zum inneren Kreis der Baader-Meinhof-Gruppe gerechnet – in Hamburg mit einem gestohlenen BMW in eine Polizeikontrolle geraten. Hoppe durchbrach die Absperrung, ließ den Wagen aber kurz darauf stehen und flüchtete mit Petra Schelm. Bei dieser Flucht soll Hoppe viermal auf die ihn verfolgenden Polizisten geschossen haben. Kein Polizist wurde getroffen, aber Petra Schelm traf eine Kugel aus der Maschinenpistole eines Polizisten unter dem linken Auge. Sie war sofort tot. Hoppe wurde festgenommen und saß seit diesem 15. Juli 1971 in Untersuchungshaft.
Die Sicherheitsmaßnahmen der Polizei im Gerichtsgebäude waren angeordnet worden unter dem Eindruck des Bombenanschlags auf den Karlsruher Bundesrichter Buddenberg (am 15. 5. 1972), für den sich ein »Kommando Petra Schelm« verantwortlich bezeichnet hatte.
Bis zum 15. Juli 1971 stand Hoppe nicht auf der Fahndungsliste der Polizei. Er war nur 1968 wegen Verstoßes gegen das Opiumgesetz zu 100 Mark Buße verurteilt gewesen, ein Jahr später erhielt er ein Jahr und sechs Monate Jugendstrafe, weil er bei acht Apothekeneinbrüchen beteiligt war. Er war selbst rauschgiftsüchtig und nahm bis zu 20 »Schüsse« Opium pro Tag. Wegen erheblich verminderter Zurechnungsfähigkeit wurde daher seine Strafe in der Berufungsverhandlung auf ein Jahr reduziert und für 3 Jahre auf Bewährung ausgesetzt.
Da er nicht wegen Zugehörigkeit zu einer kriminellen Vereinigung, sondern wegen Mordversuchs an vier Polizisten angeklagt war, befanden sich unter den Zeugen hauptsächlich Polizisten.
Die Anklage gegen Hoppe geriet erstmals ins Wanken, als ein Schußwaffensachverständiger vor Gericht angab, Hoppe habe nicht viermal, sondern nur zweimal geschossen, und beim zweiten Mal sei noch eine Ladehemmung eingetreten. In seiner Pistole war ein Magazin, aus dem eine Kugel abgefeuert worden war, die andere steckte noch im Lauf.
Diesen Aussagen standen die Angaben der vier Polizisten gegenüber, Hoppe habe gezielt auf ihre Oberkörper geschossen oder auf ihren Kopf gezielt. Außerdem gebe es Zeugen, die das Mündungsfeuer gesehen hätten. Die vier jungen Polizisten waren zum Teil mit Bart, Perücken oder Sonnenbrillen getarnt vor Gericht erschienen. Anschläge auf ihre Person waren zu befürchten.
Zu dem an Überraschungen nicht armen Prozeß gehörte auch, daß der Gerichtsvorsitzende, Landgerichtsdirektor Herbert Schmidt, die Öffentlichkeit bis auf die Pressevertreter ausschloß, was Hoppes Proteste hervorrief: dadurch werde nämlich eine »Gegenöffentlichkeit« hergestellt, da auf den Pressebänken nur die Vertreter der bürgerlichen Presse säßen, die »tendenziöse und verzerrte Berichte voll Hetze lieferten«.
Nach Aussagen des Hoppe-Verteidigers, Rechtsanwalt Hannover, sei der Eindruck entstanden, als wolle das Gericht die Öffentlichkeit gerade bei den wichtigsten Zeugenvernehmungen ausschließen, um die Umstände des Todes von Petra Schelm zu vertuschen.
Dann wieder wurden Befangenheitsanträge gegenüber dem Gerichtsvorsitzenden und zwei Geschworenen gestellt und abgelehnt, eine Bombendrohung ging ein, die sich allerdings als schlechter Scherz erwies; da erklärten sich eine Geschworene und eine Ersatzgeschworene unter dem Eindruck anonymer Drohungen gegen Angehörige des »Hoppe-Tribunals« für befangen; das »Kommando Petra Schelm« kündigte an, Familienmitglieder der Geschworenen entführen zu wollen usw. Als wieder einigermaßen Ruhe im Gerichtssaal eingekehrt war, erklärte am 12. Verhandlungstag ein 13jähriger Junge, Petra Schelm sei von einem Polizisten von hinten erschossen worden. Er bestätigte zwar auch, daß Petra Schelm zuerst auf die Polizisten geschossen hatte, brachte aber die Aussage des Polizisten ins Wanken, der gesagt hatte, in dem Moment auf die Frau geschossen zu haben, als sie, ihm zugewendet, auf ihn feuerte.
Das Interesse des Gerichts wendete sich nun vor allem der Glaubwürdigkeit dieses Polizisten zu, eben dieses, der auch behauptet hatte, Werner Hoppe habe auch auf ihn geschossen. Die Verteidigung versuchte, den Zeugen unwahrer Aussagen zu überführen.
Am 18. Prozeßtag erklärte der Verteidiger Hannover, Hoppe sei in den Hungerstreik getreten aus Protest gegen ungerechtfertigtes Vorgehen der Ermittlungsbehörden gegen sog. »linksradikale Anwälte«. Er hatte sich dem Hungerstreik der in Hamburg festgenommenen Gudrun Ensslin, die zum »harten Kern der Baa-

der-Meinhof-Gruppe« gehörte, angeschlossen. Deren Verteidiger, dem Berliner Anwalt Otto Schily, war die Verteidigung wegen des berüchtigten Kassibers entzogen worden, den Gudrun Ensslin nach ihrer Verhaftung auf mysteriösem Weg an Ulrike Meinhof hatte schmuggeln lassen, die damals noch in Freiheit war. Als Kassiber-Überträger war RA Schily verdächtigt worden.

Spektakulär genug war auch der Antrag der Verteidigung, die zahlreichen im Zuhörerraum anwesenden Polizisten zu entwaffnen. Es müsse verhindert werden, daß ein nervöser Polizist plötzlich im Gerichtssaal herumschieße. Vorausgegangen war nämlich ein Vorfall bei einem Ortstermin, als sich ein Polizist vermutlich aus Fahrlässigkeit oder Nervosität ins Bein schoß.

Nach 29 Verhandlungstagen war endlich die Beweisaufnahme gegen Hoppe abgeschlossen. Die Verteidigung versuchte noch einmal mit Hilfe psychiatrischer Gutachten nachzuweisen, daß Hoppe beim Anblick von bewaffneten Polizisten und der damit verbundenen Gefahr für seine Freundin Petra Schelm in einen »hochgradigen Erregungszustand« geraten sei und deshalb geschossen habe.

Die Staatsanwaltschaft beantragte eine Freiheitsstrafe von 6 Jahren wegen versuchten Totschlags an zwei Polizisten. Ein Verfahren gegen ihn wegen Unterstützung einer kriminellen Vereinigung wurde mangels Beweises eingestellt. Obgleich Hoppe wegen vierfachen Mordversuchs angeklagt war, konnte ihm stichhaltig nur nachgewiesen werden, daß er in einem Fall auf die Beamten geschossen hatte. Den ersten Schuß habe er gezielt und mit der Absicht, zu töten, abgefeuert. Bei den drei anderen Schüssen konnte nicht mehr mit absoluter Sicherheit geklärt werden, ob sie überhaupt und wohin sie abgegeben worden sind.

Das aus drei Berufs- und drei Laienrichtern zusammengesetzte Gericht verhängte jedoch ein Strafmaß, das über den Antrag der Staatsanwaltschaft weit hinausging: Hoppe wurde zu 10 Jahren Freiheitsstrafe verurteilt. Die U-Haft wurde angerechnet, die Gerichtskosten gingen zu Lasten von Hoppe. Der Urteilsspruch blieb dabei, daß Hoppe mindestens dreimal auf Polizisten geschossen habe.

Diese unerwartet hohe Freiheitsstrafe nahm Hoppe mit bleichem Gesicht und offensichtlich erschüttert entgegen. Unmittelbar nach der Urteilsverkündung kam es zu tumultartigen Szenen und Sympathiekundgebungen meist jugendlicher Zuhörer. Sprechchöre forderten »Freiheit für Werner« und warfen ihm rote Nelken und Rosen zu. Sie bezeichneten das Urteil als »Terror« und riefen dem Schwurgerichtsvorsitzenden zu: »Du Schwein!«

Hoppes zweiter Verteidiger, Reinhard, war offensichtlich von der Höhe des Urteils so beeindruckt, daß er das Gericht um eine kurze Unterbrechung bat. »Ich muß hier raus, ich halte das nicht mehr aus!« Als Hoppe hinausgeführt wurde, sagte er: »Das Recht wird siegen!« Die Verteidigung kündigte sofort Revision gegen dieses Urteil an.

Der Urteilsspruch des Gerichts fand in der Presse keine einhellige Zustimmung. Erschien doch die Urteilsbegründung nicht unbedingt haltbar. Sagten die Polizisten, sie hätten den Knall von Hoppes Pistole gehört und Mündungsfeuer gesehen, so hatte der Gutachter ganz im Gegenteil festgestellt, daß der von Hoppe benutzte Pistolentyp grundsätzlich kein Mündungsfeuer erkennen lasse. Nur in einem Fall war die Tötungsabsicht nachweisbar, in den anderen Fällen nicht, da weder Patronenhülsen noch Einschußstellen gefunden wurden.

Daß ein Polizist Petra Schelm erschossen hatte, umging das Gericht geflissentlich mit den Worten: ». . . als Petra Schelm von ihrem Schicksal ereilt wurde . . .«

Der Prozeß wurde in der Presse als Schauprozeß bewertet, aus dem man entnehmen könne, daß es unabhängige Richter in Deutschland nicht gebe. Es kam abermals zu einer harten Kritik an der deutschen Richterschaft.

5) Pohl, Helmut

Am 13. März 1972 begann vor der Großen Strafkammer des Stuttgarter Landgerichts der Prozeß gegen den Germanistik-Studenten Helmut Pohl (28), dem die Anklage Unterstützung der Baader-Meinhof-Gruppe vorwarf. Pohl, der am 21. Juni 1971 festgenommen worden war, wurde außerdem eines Vergehens gegen das Waffengesetz, schweren Diebstahls und gemeinschaftlicher Urkundenfälschung beschuldigt. Bei seiner Festnahme war ein Mann namens »Dieter«, der auf der Flucht eine Waffe gezogen und entsichert haben soll, entkommen.

28 Zeugen wurden vernommen, darunter auch Karl-Heinz Ruhland. Auch der Berliner Student Ulrich Scholtze sagte aus und entlastete Pohl teilweise, indem er sagte, er kenne Pohl nicht und habe ihn auch nie gesehen. Scholtze berichtete, er habe in Berlin mit Holger Meins, Beate Sturm und Ilse »Tini« Stachowiak eine eigene Gruppe gebildet, in der politische Diskussionen geführt wurden.

Zweieinhalb Jahre Freiheitsentzug forderte schließlich die Anklagevertretung für Pohl, obgleich er nur eine »Randfigur« war. Dennoch müsse ihn die ganze Härte des Gesetzes treffen, um durch Abschreckung »diese gefährliche Gangsterbande« zu bekämpfen. Der Prozeß galt als »Musterprozeß«. Als besonders schwerwiegend wurde befunden, daß in einer Frankfurter Wohnung, die von BM-Leuten benutzt wurde, ein Paßbild des Angeklagten gefunden wurde. Dieses Bild beweise, daß Pohl längere Zeit zum engeren Kreis der BM-Gruppe gehört habe.

Eingeleitete Verfahren

Gegen *Horst Mahler* begann am 9. Oktober 1972 vor dem 1. Strafsenat des Moabiter Kriminalgerichts ein Prozeß wegen Gründung einer kriminellen Vereinigung (Baader-Meinhof-Bande) gemäß § 129 StGB, wegen Beteiligung an Banküberfällen und wegen unerlaubten Waffenbesitzes. Außerdem ist gegen ihn ein Schwurgerichtsverfahren anhängig wegen Beihilfe zum Mordversuch und zur Gefangenenbefreiung. Dabei geht es um die gewaltsame Befreiung von Andreas Baader am 14. Mai 1970.
Am 15. November begann vor der Großen Strafkammer des Hamburger Landgerichts der Prozeß gegen die 24jährige Psychologiestudentin *Margrit Schiller*. Hauptvorwurf: sie habe für die Baader-Meinhof-Gruppe, deren Gewaltverbrechen ihr bekannt gewesen seien, in Hamburg eine Wohnung gemietet; außerdem wurde ihr Unterstützung einer kriminellen Vereinigung, vorsätzlicher Verstoß gegen das Waffengesetz und Urkundenfälschung angelastet.
Am 24. November 1972 begann vor der Zweiten Großen Strafkammer des Westberliner Landgerichts ein Mammutprozeß gegen sechs frühere Mitglieder der BM-Gruppe: *Brigitte* (»Clara«) *Asdonk*, 25, Studentin; *Monika* (»Nelli«) *Berberich*, 29, Assessorin; *Irene* (»Peggy«) *Goergens*, 21, Schülerin; *Ingrid* (»Nina«) *Schubert*, 27, Medizinalassistentin; *Eric* (»Atze«) *Grusdat*, 36, Automechaniker; *Hans-Jürgen* (»Harp«) *Bäcker*, 33, Schlosser.
Auch ihnen wurde die Mitgliedschaft zu einer kriminellen Vereinigung, Banküberfälle und Schußwaffengebrauch angelastet.
Gegen *Peter Homann* wurde Anklage erhoben wegen Beihilfe zur Befreiung des Frankfurter Kaufhausbrandstifters Andreas Baader und wegen Urkundenfälschung (Prozeßbeginn: 28. Januar 1973).

b) Affären am Rande der Fahndung nach BM-Mitgliedern

1) Pohle, Rudolf

Am 17. Dezember 1971 wurde der APO-Anwalt Rudolf Pohle (29 Jahre alt) in München von der Polizei verhaftet. Er stand im Verdacht, Mitglied der Baader-Meinhof-Gruppe zu sein. Pohle, der Sohn eines ehemaligen Münchener Universitätsrektors, soll als »Einkäufer« der Gruppe fungiert haben. So habe er bei einem Münchener Kostümverleih Polizeiuniformen besorgt, die später in Hamburg bei einem mutmaßlichen Mitglied der BM-Gruppe gefunden wurden. Gegen ihn lag ein Haftbefehl wegen unerlaubter Waffenbeschaffung vor. Auf Pohle war die Polizei direkt aufmerksam geworden, als er am 8. November 1971 auf der Autobahn Stuttgart–München in einen Unfall verwickelt war und danach flüchtete. In seinem Wagen, der gestohlen war, fand die Polizei einen Trommelrevolver, gefälschte Kraftfahrzeugpapiere und gefälschte Kennzeichenschilder.
Pohle gehörte bis 1968 zu den Anführern der Studentendemonstrationen in München und war auch an den »Osterunruhen« beteiligt, die sich gegen den Springer-Verlag gerichtet hatten.
Der Anwalt Pohles erhob sofort nach dessen Verhaftung schwere Vorwürfe gegen die Münchener Polizei, weil ihm nur zehn Minuten Zeit gegeben wurden, mit seinem Mandanten zu sprechen, und weil während dieses Gespräches ständig mit Maschinenpistolen bewaffnete Polizisten anwesend waren. In seiner Schlafstelle im Polizeipräsidium wurde Pohle alle 20 Minuten mit grellem Licht angestrahlt und immer wieder durchsucht. Aus dem Verhalten von Polizei und Staatsanwaltschaft schloß Pohles Anwalt, daß man offensichtlich politisch Andersdenkende um jeden Preis ausschalten wolle und daß man dabei auch vor Verstößen gegen das rechtsstaatliche Prinzip nicht zurückschrecke.
Seit Dezember 1971 befindet sich Pohle in Untersuchungshaft im Gefängnis Straubing. Ein Prozeß gegen ihn fand (Ende 1972) noch nicht statt.

2) Homann, Peter

Der Kunstmaler Peter Homann, der der Beteiligung an der Befreiung des Kaufhausbrandstifters Andreas Baader in Berlin verdächtigt war, wurde am 23. Dezember 1971 aus der Untersuchungshaft in Bonn entlassen. Am 16. November 1971 hatte sich Homann bei seinem Anwalt gestellt und war dann von der Sicherungsgruppe des BKA (Bundeskriminalamtes) in Bad Godesberg übernommen worden. Nach den Worten seines Anwalts Augstein soll er zwar an der Befreiung Baaders beteiligt gewesen sein, »aber nicht an entscheidender Stelle«.

3) Roll, Carmen, und Weisbecker, Thomas

Am 2. März 1972 wurde in einer Straße in Augsburgs Innenstadt Thomas Weisbecker (23) von einem Polizisten erschossen. Nach den Darstellungen der Polizei machte der Beamte von der Schußwaffe Gebrauch, nachdem er zusammen mit einem Kollegen Weisbecker gestellt hatte und dieser trotz Anrufs eine großkalibrige Waffe zog, um auf die Beamten zu schießen. Dem Anruf: »Waffen fallen lassen!« folgt Weisbecker nicht. Daraufhin erschossen ihn die Beamten.
Nach Ansicht der Rechtsanwälte, die mit dem »Fall« Weisbecker betraut sind, wurde dieser jedoch nicht erschossen, sondern »exekutiert«. Die Eltern des Erschossenen, der Vater ist Professor an der Universität Kiel, stellten Strafanzeige wegen vorsätzlicher Tötung. Kurz nach der Erschießung kam es in Augsburg zu einer Demonstration von Jugendlichen, die gegen die Eskalation der Polizei gerichtet war.

In Begleitung Thomas Weisbeckers befand sich Carmen Roll (24), ein ehemaliges Mitglied des Heidelberger Sozialistischen Patientenkollektivs (SPK). Sie wurde bei der Erschießung Weisbeckers verhaftet. Danach mußten die Familien des bayerischen Innenministers Merk in Günzburg und seines Staatssekretärs Kiesl in München unter Polizeischutz gestellt werden, weil anonyme Anrufer (»Hier ist BM«) gedroht hatten, Merk und Kiesl zu erschießen, falls Carmen Roll nicht sofort freigelassen würde.
Unterdessen mußte das bayerische Innenministerium zugeben, daß Fingerabdrücke von Carmen Roll »unter Anwendung unmittelbaren Zwanges und unter ärztlicher Aufsicht« abgenommen wurden. Dies hieß im Klartext: Carmen Roll wurde mit Äther betäubt und dabei in eine lebensgefährliche Situation gebracht. Ihr Rechtsanwalt stellte daraufhin einen Antrag auf Strafanzeige wegen Verdachts des versuchten Mordes, Körperverletzung im Amt und Freiheitsberaubung.
Ihr Prozeß fand noch nicht statt.
Ende August 1972 stellte die Augsburger Staatsanwaltschaft die Ermittlungsverfahren gegen den Polizisten ein, der Thomas Weisbecker erschossen hat. Die Pressestelle des Oberlandgerichts München gab lediglich bekannt, es hätten sich keine Anhaltspunkte für ein strafbares Verhalten des Todesschützen und seines Kollegen ergeben. Der Schütze habe in Notwehr gehandelt.

4) MacLeod

Im Zuge der Fahndung nach Mitgliedern der Baader-Meinhof-Bande wurde am 25. Juni 1972 der 35jährige schottische Staatsbürger Jan MacLeod in seiner Wohnung in Stuttgart von einem Kriminalbeamten erschossen. Die Fahndung gegen ihn wurde eingeleitet, weil er unter dem dringenden Verdacht stand, ein Helfer der Bande zu sein. Mit einem passenden Schlüssel wurde die Wohnung geöffnet. MacLeod, im Schlaf überrascht, nackt und unbewaffnet, reagierte völlig normal: als er die Männer mit Waffen vor seinem Schlafzimmer sah, nachdem er die Tür geöffnet hatte, schrie er auf, warf die Tür hastig wieder zu und suchte nach seinen Kleidern. Da wurde er durch die geschlossene Tür von einem Beamten der Kripo erschossen.
Seitens der Bundesanwaltschaft, die den Einsatz angeordnet hatte, wurden alle möglichen Indizien gesammelt, um den gegen MacLeod erhobenen Verdacht zu erhärten. Jedoch immer mehr kam heraus, daß der Verdacht aufgrund fahrlässiger Ermittlungen der Stuttgarter Polizei zustande gekommen war.
MacLeod war bis zum Dezember 1971 Mieter einer Wohnung in Stuttgart gewesen, die nach ihm von Mitgliedern der Baader-Meinhof-Bande benutzt wurde. Die Ermittlungsbehörden hatten daraus geschlossen, daß der Schotte Kontaktmann für die Bande war, ohne allerdings genauere Recherchen über die Person und die Lebensgewohnheiten des Verdächtigen durchzuführen.
Die Wohnungsvermieterin bestätigte, daß sie die Wohnung, nachdem MacLeod sie gekündigt hatte, durch ein Maklerbüro an eine Frau Zerbel vermietet habe, unter welchem Namen vermutlich das Bandenmitglied Irmgard Möller sich versteckte.
»Schuld« MacLeods war lediglich seine Nachlässigkeit: An der Wohnungstür befand sich noch sein Namensschild, und auch das Telefon lief noch unter dem Namen MacLeod.
Die Tatsache, auf der die Aktion gegen McLeod aufgebaut war, zeigte sich indes ebenfalls als nicht stichhaltig. In dem berüchtigten Kassiber, den Gudrun Ensslin aus der Haftanstalt schmuggelte und der bei der Verhaftung Ulrike Meinhofs gefunden wurde, waren die Namen »Mac« und »Gabi« erwähnt. Der Schluß lag nahe, daß mit »Mac« nur MacLeod gemeint sein könne. Doch dem war nicht so.
Weder Konsulatsangehörige noch Freunde wurden vor der Aktion über den politisch völlig desinteressierten Schotten gefragt.
Der Einsatz der Polizei wurde jedoch generalstabsmäßig vorbereitet: Denn die Polizei rechnete mit schwerbewaffneten Bandenmitgliedern und mußte auch davon ausgehen, daß sich Sprengstoff in der Wohnung befinden könnte.
Zwei Tage lang wurde der Schotte unablässig beobachtet. In einer anderen Wohnung des Hochhauses, in dem der Schotte lebte, war der »Meldekopf« untergebracht. Ebenso waren ein Notarzt und ein Krankenwagen bereitgestellt. Die Polizei rechnete damit, daß beim Eindringen in die Wohnung eine Bombe explodieren könnte.
Als nach der Schießerei die Kripo-Beamten ins Schlafzimmer kamen, lag MacLeod bereits tot vor seinem Bett.
56 Stunden lang schwiegen Staatsanwaltschaft und Polizei zu dem Vorfall. Dann war unbestreitbar, daß MacLeod unschuldig gestorben war.
Für den Kriminalobermeister, der den tödlichen Schuß abgegeben hatte, lag keine Notwehrlage vor. Möglicherweise hätte von einer sog. »Putativ-Notwehr« (einer vermeintlichen Notwehr) gesprochen werden können.
Die Presse reagierte scharf auf den Vorfall. Vor allem der Begriff der Putativ-Notwehr wurde diskutiert. Dieser Begriff spielte zur Zeit der Weimarer Republik bei den blutigen Auseinandersetzungen der rechts- und linksradikalen Sturmtruppen eine Rolle, und nun wurde geltend gemacht, daß in der Bundesrepublik noch kein höchstrichterliches Urteil zur Putativ-Notwehr durch Polizeibeamte vorlag.
Erst am 21. Juli gab die Bundesanwaltschaft zu, daß gegen den erschossenen Schotten ein begründeter Tatverdacht nicht mehr gegeben sei. Die Aussage der Vermieterin, die den Schotten entlastete, war der Bundesanwaltschaft zu spät bekanntgeworden. Fest stand auch erst zu spät, daß der Schotte mit der Weitervermietung seiner Wohnung nichts zu tun hatte.
In verschiedenen Städten fanden Protestdemonstrationen gegen die Erschießung MacLeods statt. Ein

schottischer Unterhaus-Abgeordneter verlangte von der britischen Regierung eine Aufklärung des Falles. Es wurde gerügt, daß die deutsche Polizei nicht in Verbindung zum britischen Konsulat vor dem Starten der Aktion getreten war.
Am 8. November 1972 erhob die Stuttgarter Staatsanwaltschaft Anklage wegen fahrlässiger Tötung gegen den 35jährigen Kriminalobermeister Wolfram Koglin, der MacLeod erschossen hatte. Daß es zur Anklage kommen mußte, war spätestens seit Anfang August deutlich, als Innenminister Genscher alle Vorwürfe gegen die Verantwortlichen des Einsatzes gegen MacLeod zurückgewiesen hatte. Da nun die Einsatzleitung keine Schuld mehr traf, mußte angenommen werden, daß der Kripo-Beamte eigenmächtig handelte und daher auch allein am Tod des Schotten schuld war.
Ein »Kleiner« war wieder einmal gefunden, die »Großen« wurden gedeckt. Denn nur wenige Tage nach den tödlichen Schüssen hatte noch der Baden-Württembergische Innenminister Schiess den Verdacht geäußert, daß die Verantwortlichen »in höheren Stufungen« sitzen würden.
Am 24. Oktober 1972 bot das Bundesaußenministerium der Mutter MacLeods eine Entschädigung von 135 000 Mark an.

2. Das Sozialistische Patienten-Kollektiv (SPK)

Das SPK, geführt von dem Arzt-Ehepaar Dr. Wolfgang und Dr. Ursula Huber, entstand im Februar 1970, als sich deren neue psychiatrische Therapie von der Psychiatrischen Poliklinik in Heidelberg und zugleich von der traditionellen Schulmedizin distanzierte. Die Kritik an dieser lief darauf hinaus, die Schulmedizin und insbesondere -psychiatrie als eine im Dienste des Kapitalismus stehende Prozedur zu begreifen, die in der Wiederherstellung der Gesundheit nur die Sicherung der Arbeitskraft für den Produktionsprozeß sehe. Von seinem Beginn an entwickelte daher das SPK einen neuen Krankheitsbegriff auf dem marxistisch-dialektischen Hintergrund von Lohnarbeit und Kapital.
Der Gesellschaft wurde vorgeworfen, daß sie spezifische Krankheiten produziere, den Krankgemachten in Abhängigkeit von ihrem Gesundheitsapparat bringt, um ihn dann als »geheilt« wiederum in den Ausbeutungsprozeß einzubeziehen. Der Gesunde reflektiert nach Ansicht des SPK in der Regel nicht darauf, wohl aber der Kranke, bzw. der Krankgemachte, zumal in der Gruppe. Diskussionen innerhalb der Gruppe von maximal zwölf Teilnehmern, darunter als par inter pares Dr. Huber, gehörten zur wichtigsten Form der Therapie des SPK. Solche Diskussionen sollten dem Krankgemachten Vorteile gegenüber dem Gesunden bringen. Denn indem der vornehmlich psychiatrisch Kranke sich nicht einfach durch Pillen und Operationen heilen läßt, sondern in der Gruppe über seinen Zustand und dessen Ursachen nachdenkt, kann er die Krankheit zum Protest gegen die Gesellschaft umfunktionieren, dadurch nämlich, daß er politisch tätig wird.
Diese politische Aktivität schlug nun in die Kriminalität des SPK um, aus welchen Gründen auch immer, das müßte eigens untersucht werden. Mit der Kriminalität des SPK, nicht mit seiner Therapie, hatte sich der Prozeß zu beschäftigen, der am 7. November 1972 vor der Staatsschutzkammer des Landgerichts Karlsruhe begann und am 18. Dezember 1972 endete.
Zunächst waren zehn Mitglieder des SPK angeklagt, im Prozeß standen aber nur das Ehepaar Huber und der 20jährige Schüler Siegfried Hausner vor Gericht. Gegen die anderen sollte gesondert verhandelt werden.
Die Anklagepunkte lauteten: Zugehörigkeit zu einer kriminellen Vereinigung (§ 129 StGB), versuchte Brandstiftung, Sprengstoffherstellung und versuchter Sprengstoffanschlag sowie Urkundenfälschung. Die versuchte Brandstiftung geschah in der Silversternacht 1970/71 im psychiatrischen Landeskrankenhaus in Wiesloch, der versuchte Sprengstoffanschlag am 10. März 1971 auf das Heidelberger Finanzamt.
Unmittelbarer Anlaß für das Strafverfahren war die versuchte Ermordung eines Polizeibeamten am 24. Juni 1971 in Wiesenbach bei Heidelberg. Außerdem wurde

dem »inneren Kreis« um das Ehepaar Dr. Huber vorgeworfen, sich im Sommer 1970 zum Ziel gesetzt zu haben, die verfassungsmäßige Ordnung der Bundesrepublik Ende 1972 durch einen Umsturz zu beseitigen. Schließlich bestand der Verdacht, daß Verbindungen zwischen dem SPK und der Baader-Meinhof-Gruppe bestanden, weil Ulrike Meinhof eine Pistole besaß, die beim SPK gefunden wurde.
Ehe es zum Prozeß kam, widerrief der Hauptbelastungszeuge der Staatsanwaltschaft, Hans Bachus, seine Aussagen und beschuldigte statt dessen leitende Beamte der Ermittlungsbehörde der Anwendung verbotener Vernehmungsmethoden, wie das Anbieten von Geld und Straffreiheit. Doch die Karlsruher Staatsanwaltschaft erklärte diesen »Gesinnungsumschwung« für bedeutungslos, da die Anklageschrift bereits fertig war.
Merkwürdigerweise wurden nach diesem Widerruf acht SPK-Mitglieder, die sich seit Juni 1971 in Untersuchungshaft befanden, am 19. April 1972 aus der Haft entlassen. Die offizielle Erklärung der Staatsanwaltschaft lautete: nicht im Zusammenhang des Widerrufes stehe diese Entlassung, sondern weil die Fluchtgefahr »nicht mehr so groß ist«.
Am 8. Juni 1972 wurden dann auch die Ermittlungen gegen die Vernehmungsbeamten eingestellt.
Der Prozeß gegen sechs weitere Angeklagte wird also noch stattfinden. Nur die Studentin Susanne Herminghausen fehlte durch ein ärztliches Attest entschuldigt. Am 21. Juli 1972 war in Stuttgart Hausner von Kriminalobermeister Wolfram Koglin festgenommen worden, der am 25. Juli 1972 den Schotten Jan MacLeod erschoß. Hausner war bewaffnet.
Die beiden Dr. Huber und Siegfried Hausner ließen sich auf Tragbahren in das Gericht tragen und funktionierten den Prozeß sofort in ein Spektakel um. Schon am ersten Verhandlungstag störten sie, indem sie die Internationale sangen und zusammen mit Sympathisanten im Zuhörerraum Sprechchöre: »Kapitalismus und Irrenhaus – Volkskrieg allein räumt beide aus«, oder: »Bosse in die Schranken – alle Macht den Kranken« intonierten. Dazwischen wurden Mao-Verse in chinesisch oder deutsch zitiert und das Gericht wie die Polizisten mit Spottversen bedacht.
Daraufhin wurden die drei Angeklagten einzeln aus dem Saal geschleppt, nachdem sie zuvor den Vorsitzenden der Strafkammer, Dr. Hermann Gohl, mit dem Ruf »Nazi-Gohl, Nazi-Gohl« bedacht hatten oder auch: »Sonderrichter Gohl kocht Nazi-Kohl.«
Am nächsten Verhandlungstag wurde der Prozeß ohne die Angeklagten fortgesetzt. Querverbindungen zur Baader-Meinhof-Gruppe kamen zur Sprache: Neben der schon genannten Pistole, Marke Firebird, wurden beim SPK auch Ausweispapiere gefunden, die aus einem Einbruch der BM-Gruppe in das Rathaus Lang-Göns stammen sollen; in einer Frankfurter Wohnung der BM-Gruppe wurde ein Funkgerät entdeckt, das vorher von einem SPK-Mitglied gekauft worden war; schließlich gab es eine schriftliche Anleitung zum Umbau von solchen Funkgeräten, die auf der Schreibmaschine Dr. Hubers getippt worden sein soll.
Ein »offener Brief an den Vorsitzenden« wurde verlesen, in dem die sechs anderen Angeklagten ihr Fernbleiben vom Gericht begründeten: »Wir sprechen diesem Gericht . . . jede Legitimität ab. Unsere Rechtfertigung findet nicht vor diesem Gericht statt.« Möglicherweise schlossen sich die Hubers und Hausner dieser Begründung an und blieben deshalb weiterhin in ihren Zellen.
Interessant an dem »offenen Brief« war übrigens der Aufschluß über die Motive, die das SPK in die Illegalität getrieben hat: »Spätestens seit wir Patienten aus der Poliklinik der Universität Heidelberg herausgeworfen waren, standen wir völlig außerhalb des Rechts; wir waren in der Illegalität in der Weise, daß wir keines der grundgesetzlich garantierten Rechte in Anspruch nehmen konnten.« Der Brief

sprach weiter von »Hetzkampagnen«, »Kesseltreiben« und vom »geplanten und durchgeführten Mord an den organisierten Patienten«.
Zum Mordversuch an dem Polizisten sagte ein Zeuge aus, es sei beobachtet worden, wie der mutmaßliche Täter in das Grundstück Dr. Hubers in Wiesenbach flüchtete und später mit dessen Pkw davonfuhr.
Weiteres Belastungsmaterial wurde vor Gericht ausgepackt: so wurde bei der polizeilichen Durchsuchung eines Kellers im Haus Albert-Mays-Straße 3 in Heidelberg am 24. Juli 1971 eine Kiste mit Sprengstoff gefunden, ein Stück Zündschnur, eine Sprengkapsel und handschriftliche Unterlagen über die Herstellung von Sprengstoffen. Diesen Keller hatte Frau Dr. Huber gemietet. Auch bei Hausdurchsuchungen im Haus Dr. Hubers in Wiesenbach am 24. Juni 1971 und in den Häusern Sandgasse 9 und 11 in Heidelberg am 21. Juli 1971 wurde belastendes Material sichergestellt. Insgesamt wurden mehrere Gewehre und 800 Schuß Munition entdeckt.
In dem Laboratorium, das sich Frau Dr. Huber im Keller des psychologischen Instituts der Universität Heidelberg, wo sie angestellt war, eingerichtet hatte, wurde Literatur über Funktechnik und Elektrotechnik, vier Elektronik-Bauteile und ein Pistolenmagazin gefunden.
Unter den Zeugen, die vor Gericht aussagten, war auch Karl-Heinz Ruhland, bekannt aus seinem Prozeß im Rahmen des Baader-Meinhof-Komplexes. Er sollte über Verbindungen zwischen dem SPK und der BM-Gruppe aussagen, doch er wußte in seinem 20-Minuten-Auftritt wenig über die Bewaffnung und Unterstützung des SPK durch die BM-Gruppe zu berichten. Er war ja bereits im Dezember 1970 verhaftet worden. Er hatte zwar die Pistolen gesehen, die Ulrike Meinhof bei arabischen Terroristen der El-Fatah-Gruppe im Frankfurter Westend gekauft hatte, wußte aber nicht, welche von diesen Pistolen an das SPK weitergegeben worden sind. Genaueres berichtete er über den Einbruch in das Rathaus von Lang-Göns in Hessen, bei dem er, Ulrike Meinhof und Heinrich Jansen beteiligt waren. Von da sollen die Blankoformulare von Ausweispapieren, die das SPK besaß, stammen.
Ein anderes BM-Mitglied, Carmen Roll, begnügte sich mit fünf Minuten vor Gericht. Sie war die Freundin von jenem Hauptbelastungszeugen Hans Bachus, der seine Aussagen widerrufen hatte. Nach seinen Angaben könnte Carmen Roll an dem Anschlag in der Silvesternacht 1970/71 und bei dem mißglückten Anschlag in Wiesloch beteiligt gewesen sein.
Zur Person erklärte sie, sie fühle sich mit den Angeklagten verbrüdert – mit erhobener Faust hatte sie den Gerichtssaal betreten – und beabsichtige nicht, die Ruhe der Richter zu stören.
Im Zeugenstand zündete sie sich eine Zigarette an, wohl um einen Kraftakt mit dem Gericht zu provozieren. Doch der Vorsitzende Dr. Gohl hatte die Situation sofort in der Hand, als er ihr einen Aschenbecher bringen ließ und sagte: »Sie bringen uns nicht auf die Palme.«
Sachverständige des Bundeskriminalamtes bestätigten schließlich, daß die bei Frau Dr. Huber sichergestellten Plastikflaschen selbsthergestellten hochexplosiven Sprengstoff enthalten hatten, ebenso seien die Sprengkapseln hochexplosiv gewesen. Als »Totalfälschungen« bezeichneten die BKA-Beamten die Führer- und Kraftfahrzeugscheine, die bei den Angeklagten Dr. Huber gefunden worden sind.
Durch den Zeugen Hans Bachus wurde bekannt, daß der harte Kern des SPK daran gedacht hatte, mit etwa 1000 Mann einen revolutionären Umsturz in der BRD zu verwirklichen. Ein ausführlicher Plan dazu sei im ersten Quartal 1971 in einem Zweieinhalb-Stunden-Referat von Dr. Wolfgang Huber entwickelt worden. Beim SPK habe es Arbeitsgruppen für Sprengtechnik, Fototechnik, für Judo und Karate gegeben. Zur Sprengtechnik-Gruppe habe Hausner, Carmen Roll, deren Freundin

Kristina Berster und Frau Dr. Huber gehört. In der Nacht vom 7. zum 8. Juli 1971 hatte sich Bachus freiwillig der Polizei gestellt, nachdem ihm die »gewalttätige Richtung« des SPK klargeworden war.
Nach Abschluß der Beweisaufnahme in diesem Verfahren, das einer der rätselhaftesten politischen Prozesse in der Geschichte der Bundesrepublik war, versuchte der Vorsitzende noch einmal, die drei Angeklagten zur Anhörung der Plädoyers in den Gerichtssaal zu bitten. Sie lehnten ab und wurden zwangsweise vorgeführt. Dabei soll Dr. Huber am 11. Dezember 1972 von einem Beamten mit einer Handschließe ein Nerv abgeklemmt worden sein, auch wurde er auf dem Transport zum Gericht mehrmals ins Gesicht geschlagen. Diese Vorwürfe erhob Dr. Hubers Pflichtverteidiger, Rechtsanwalt Dr. Becker, gegen die Justizbehörden in Karlsruhe.
Die drei Angeklagten brüllten abermals einstudierte Sprechchöre dem Gericht entgegen, und Dr. Huber warf eine kleine Taschenlampenbatterie nach den Richtern. Er gab damit seinem Haß gegen die Staatsgewalt Ausdruck, die ihm eine Gerechtigkeit aufdrängen mußte, die er selbst längst abgelehnt hatte. Der ganze Prozeß war in Abwesenheit der Beschuldigten geführt worden, ziemlich einmalig in der Prozeßgeschichte. Die Beschuldigten wollten weder sich selbst verteidigen noch von ihren Pflichtverteidigern vertreten werden. Damit hatten sie dem Gericht selbst einen Teil ihrer Verteidigung aufgedrängt.
Noch einmal zeichnete der Pflichtverteidiger, wiederum in Abwesenheit der Beschuldigten, den Weg des SPK nach, den Weg der »fanatischen Ärzte« an der Universität Heidelberg bis zu den »fanatisierten Überzeugungstätern«. Es wurden Heilerfolge erzielt, wie sie die Schulmedizin bisher nicht erreicht hatte. Der Streit und der Kampf mit der Schulmedizin brachten Spannungen zwischen Dr. Huber und seinem Vorgesetzten in der Poliklinik, die damit endeten, daß Dr. Huber seine Stellung als Arzt verlor. Von da ab entstand im SPK der Eindruck, von den Behörden verfolgt zu werden, was schließlich zur Politisierung des SPK führte. Der Staatsanwalt forderte am 11. Dezember je fünfeinhalb Jahre Freiheitsstrafe für das Ehepaar Dr. Huber und fünf Jahre Berufsverbot, Hausner sollte mit drei Jahren Jugendstrafe ohne Bewährung belegt werden.
Am 19. Dezember 1972 verkündete dann das Gericht vor leeren Anklagebänken sein Urteil: je vier Jahre und sechs Monate Freiheitsentzug für das gleichaltrige (37 Jahre) Ehepaar Dr. Huber. Ein Berufsverbot wurde ihnen nicht auferlegt. Sie wurden der Rädelsführerschaft in einer kriminellen Vereinigung nach § 129 StGB schuldig befunden, der Vorbereitung von Sprengstoffdelikten mit der Herstellung von Sprengstoffen sowie der Urkundenfälschung in fünf Fällen.
Der 20jährige Oberschüler Siegfried Hausner erhielt drei Jahre Jugendstrafe wegen Zugehörigkeit zu zwei kriminellen Vereinigungen (SPK und BM-Gruppe) in Tateinheit mit verbotenem Besitz einer Pistole, Hehlerei an einem gestohlenen Auto, Verwendung eines falschen Autokennzeichens und Widerstands gegen die Staatsgewalt (bei seiner Verhaftung).
Von den Anschuldigungen: Sprengstoffanschlag auf das Finanzamt Heidelberg, Brandlegung im psychiatrischen Landeskrankenhaus Wiesloch und der Begünstigung eines flüchtenden Schützen nach dem Mordanschlag auf einen Polizisten am 24. Juni 1971 in Wiesenbach wurden alle drei freigesprochen.
Bestraft worden ist in diesem Urteil somit nicht die Ideologie des SPK, sondern ausschließlich die kriminelle Eskalation, die mögliche Reaktion des SPK auf die Hetzkampagnen seitens der Behörden. Unangetastet blieben die medizinischen Erfolge des Ehepaares Huber, sein neuer und bemerkenswerter Fortschritt in der psychiatrischen Therapie.
Im Verlauf der Beweisaufnahme hatten die fünf Richter unter dem Vorsitzenden Dr. Gohl, der mit großer Geschicklichkeit den Prozeß geführt hatte, mehr als 80

Zeugen und zwölf Sachverständige gehört, aber die Angeklagten selbst hatten sie nur zweimal persönlich zu Gesicht bekommen, sie hatten kein einziges Wort aus ihrem Mund vernommen, sie konnten sich kein Bild machen von ihrer seelischen Landschaft, und es gab keine Entlastungsbeweise. Einer der Zuhörer schrie nach der Urteilsverkündung den Richtern entgegen, sie hätten Klassenjustiz geübt und ein Urteil »heuchlerischer Gerechtigkeit« gefällt.

Jedenfalls wurden in diesem Prozeß geltende Rechtsmaßstäbe des Strafgesetzbuches für politische Überzeugungstäter angewandt, sie wurden mit einem Recht bestraft, das sie ablehnten. Was in dem Urteil (das Ende 1972 noch nicht rechtskräftig geworden war) geschützt werden sollte, war eben die Gesellschaftsordnung, die der harte Kern des SPK gerade zu dem Zeitpunkt durch einen revolutionären Akt beseitigen wollte, in dem er verurteilt worden ist.

Am 22. Dezember 1972 wurde mitgeteilt, daß die Wahlrechtsanwälte der drei Verurteilten Revision gegen die Schuldsprüche einlegen wollten. Rechtsanwalt Eberhard Becker (Heidelberg) erklärte, mit der Revision solle »angesichts des Karlsruher Unrechtsverfahrens« untersucht werden, ob »in der Bundesrepublik, nach den hier geltenden Gesetzen, ein vernünftiges Verfahren« möglich sei.

Die drei Verurteilten selbst wollten keine Revision einlegen. Die Angeklagten waren von Pflichtverteidigern vertreten worden, weil ihre fünf Wahlanwälte der Verhandlung ferngeblieben waren.

Literaturhinweise

Alves, Detrez, Marighela: Zerschlagt die Wohlstandsinseln der III. Welt. ro-ro-ro aktuell Nr. 1453/1454

Amendt, Gerhard (Hrsg.): Black Power. Dokumente und Analysen. 1971

Arendt, Hannah: Eichmann in Jerusalem. 1965

Arnau, Frank: Kunst der Fälscher – Fälscher der Kunst. 1959

Baden-Württembergische Polizei. 1970

Bauer, Fritz: Die Kriegsverbrecher vor Gericht. 1945

Bayle, François: Croix Gammée contre Caduée. 1950

Berg, Balthasar: Al Capone, STERN-Serie 1971

Bertling, Günter: Wirtschaftskriminalität, Schriftenreihe des BKA 1956/1

Bloch, Charles: Die SA und die Krise des NS-Regimes 1934. 1970

Böll, Heinrich: Freies Geleit für Ulrike Meinhof. 1972

Boveri, Margaret: Der Verrat im XX. Jahrhundert, Bd. 1 von rowohlts enzyklopädie

Buchheit, Gert: Die anonyme Macht. 1969

Bullock, Alan: Hitler – Eine Studie. 1968 (?)

Cassill, R.V.: Doktor Cobbs Spiel, 1972 (zum Profumo-Skandal)

Der Baader-Meinhof-Report. 1972

Der Kriminalist (Zeitschrift des Bundes deutscher Kriminalbeamter. Heft 10, 1971)

Der lautlose Krieg. 39 berühmte Spionagefälle. 1968

Der neue Pitaval: Erpresser. 1966

Der neue Pitaval: Indizien. 1966

Deutscher, Isaac: Stalin: Eine politische Biographie. 1962

Dickopf und Holle: Das Bundeskriminalamt. 1971

Die Affäre Dreyfus. dtv-Dokumente, 1963

Die Moskauer Schauprozesse 1936–1938. Hrsg. von Theo Pirker 1963

Die Polizei. 1972 (Zentralorgan für das Sicherheits- und Ordnungswesen, Polizei-Wissenschaft, -Recht, -Praxis)

Die Verfolgung nationalsozialistischer Straftaten durch Staatsanwaltschaften und Gerichte im Gebiet der Bundesrepublik Deutschland seit 1945. 1961 (zusammengestellt im Bundesjustizministerium)

Diewerge, Wolfgang: Anschlag gegen den Frieden. 1939

Dokumente einer Rebellion (Ulrike Meinhof), 1972

Dotzauer, Günther, und Jarosch, Klaus: Tötungsdelikte, Schriftenreihe des BKA 1971/1–3

Einstein, Siegfried: Eichmann, Chefbuchhalter des Todes. 1961

Farago, Ladislas: Codebrecher am Werk. Trotzdem kam es zu Pearl Harbor. 1967

Fischer, Johann: Die kriminalpolizeiliche Todesermittlung, Schriftenreihe des BKA, 1968/3

Friedlaender, Hugo: Interessante Kriminalprozesse, 1913

Glatthaar, Wilfried: Die Rechtstellung der Polizei im französischen Strafverfahren. 1960
Goodspeed, Donald James: Verschwörung und Umsturz. Der Staatsstreich im zwanzigsten Jahrhundert. 1963
Gundolf, Hubert: Verbrecher von A–Z. 1966
Hagen, Louis: Der heimliche Krieg auf deutschem Boden seit 1945. 1969
Hannover, H. und E.: Politische Justiz 1918–1933. 1966
Heiber, Helmut: Der Fall Grünspan. 1957
Hentig, Hans von: Mord. 1956
Hirschberg, Max: Das Fehlurteil im Strafprozeß. Zur Pathologie der Rechtsprechung. 1960
Hirschberg, Max: Das amerikanische und deutsche Strafverfahren. 1963
Hofer, Walther: Der Nationalsozialismus. Dokumente 1933–1945. 1957
Höhne, Heinz: Kennwort: Direktor
Holle, Rolf: Kriminaldienstkunde, I. Teil: Organisation. Schriftenreihe des BKA, 1956/2
Jacta, Maximilian: Berühmte Strafprozesse: England, 2 Bde., 1964, 1965; Amerika, 1964; Deutschland, 2 Bde., 1966, 1967; Frankreich, 2 Bde., 1963, 1967
Jasper, Gotthard: Der Schutz der Republik. Studien zur staatlichen Sicherung der Demokratie in der Weimarer Republik 1922–1930. 1963
Jugendliche und Drogenkonsum: Pressedienst und Wissenschaft. Informationen aus Lehre und Forschung an der FU BERLIN, 1971/5
Justiz im Dritten Reich. Hrsg. von Ilse Staff. 1964
Karelin, Victor: Aufstand der Matrosen. 1972
Kaul, F. K.: Ich klage an. 1971
Kaupen, Wolfgang, und Rasehorn, Theo: Die Justiz zwischen Obrigkeitsstaat und Demokratie. 1971
Kobler, John, Al Capone. 1971
Kogon, Eugen: Der SS-Staat, 1946
Kosyra, Hubert: Mörder, Räuber und Banditen. 1958
Krämer, Georg: Mord und Terror. Britischer Imperialismus in Nordirland. 1972
Kriminalistik, Heft 6, 1960
Kriminalistik, Heft 3 und 4, 1972
Kurz, Hans Rudolf: Nachrichtenzentrum Schweiz. Die Schweiz im Nachrichtendienst des Zweiten Weltkriegs. 1972
Langbein, Hermann: Der Auschwitz-Prozeß, 2 Bde. 1965
Langbein, Hermann: Im Namen des deutschen Volkes. 1963
Lange, Richard: Ist der Verbrecher für seine Taten verantwortlich? (DIE WELT vom 13. 3. 1971)
Langemann, Hans: Das Attentat. 1956
Lenin: Werke Bd. VIII
Leonhardt, Fritz: Studentenunruhen. 1968
Lewin, Ronald: Rommel as Military Commander. 1964 (?)
Loock, Hans-Dietrich: Quisling, Rosenberg und Terboven. Zur Vorgeschichte und Geschichte der nationalsozialistischen Revolution in Norwegen. 1969 (?)
Maxwell, Gavin: Wer erschoß Salvatore Giuliano? 1956
Meixner, Franz: Ausgewählte Kriminalfälle. 1971
Middendorf, Wolf: Der politische Mord, Schriftenreihe des Bundeskriminalamtes, 1968/1
Mitscherlich und Mielke: Wissenschaft ohne Menschlichkeit. 1949
Moor, Paul: Das Selbstportrait des Jürgen Bartsch. 1972

Moser, Tilmann: Die Angst der Juristen vor dem Kompetenzverlust (FAZ vom 4. 8. 1972)
Neven-du Mont, Jürgen: Kleinstadtmörder. Hintergründe zum Fall Lebach
Niss, Alexander: Ausgestoßen. Dirnen und Zuhälter. 1970
Norden, Peter: Pitt. Die 26 Leben des Robert Richard Seeger. 1971
Opp, Karl-Dieter, und Peukert, Rüdiger: Ideologie und Fakten in der Rechtsprechung. 1971
Payne, Robert: Lenin. Sein Leben und sein Tod. 1965
Piekalkiewicz, Janusz: Spione – Agenten – Soldaten. 1969
Politische Strafprozesse, hrsg. von der Friedrich-Ebert-Stiftung. 1962
Pollern, H.-J. von: Politische Strafprozesse, Baden-Württembergische Polizei. 1970
Radbruch/Gwinner: Die Geschichte des Verbrechens
Radó, Sándor: Deckname Dora. 1972
Reitlinger, Gerald: Die Endlösung: Hitlers Versuch der Ausrottung der Juden Europas 1939–1945. 1956
Richter, Eberhard: Die Gruppe. 1972
Roden, Hans: Attentat. 1966
Roth, Jürgen: Ist die Bundesrepublik ein Polizeistaat? 1972
Roxan, David, und Wanstell, Ken: Der Kunstraub. 1966
Roy, Alain: Interpol. Aus den Akten der internationalen Kriminalpolizei. o.J.
Sack, John: »Ich war in Vietnam«. Leutnant Calley berichtet. 1972
Sammlung Außerdeutscher Strafgesetzbücher in deutscher Sprache
Sauvageot, J., Geismar, A., Cohn-Bendit, D.: Aufstand in Paris. 1968
Schäfer, Wilhelm: Der Hauptmann von Köpenick. 1930
Schmid, Richard: Einwände – Kritik an Gesetzen und Gerichten. 1965
Schüle, Erwin: Die strafrechtliche Aufarbeitung des Verhaltens in totalitären Systemen – Der Eichmann-Prozeß aus deutscher Sicht. 1962
Schwarzbuch: Franz Joseph Strauß, 1972
Schweder, Paul: Die großen Kriminalprozesse des Jahrhunderts. 1961
Shepherd, Gordon: Engelbert Dollfuß. 1961
Shirer, William L.: Aufstieg und Fall des Dritten Reiches. 1961
Simpson, Colin: Lusitania. 1972
Steiner und Gay: Der Fall Kürten
Süskind, W. E.: Die Mächtigen vor Gericht. Nürnberg 1945/46 an Ort und Stelle erlebt. 1963
Talese, Gay: Ehre Deinen Vater. 1972 (Zur Mafia)
Thorwald, Jürgen: Das Jahrhundert der Detektive, 3 Bde., 1964
Von zu Mühlen, Rainer A. H.: Der Computer als Werkzeug und Ziel deliktischer Handlungen. 1971
Weimann, Waldemar: Diagnose Mord. 1964
Whitehead, Don: Die FBI-Story. 1964
Young, Hugh: Berühmte Fälle im Yard. o.J.
Zimmermann, Eduard: Das unsichtbare Netz. 1969
Zolling, Hermann, und Höhne, Heinz: Pullach intern. Hamburg 1971
Zum Thema: Die Studentenunruhen, Schriftenreihe des Bundesministeriums des Innern, 1969
Zum Thema: Verfassungsschutz, Schriftenreihe des Bundesministeriums des Innern, 1968
Zeitungen und Zeitschriften: Die Tagespresse aus Deutschland, Frankreich, England, Italien, Schweiz, USA, DDR
Der SPIEGEL

Register

In dieses Register wurden nicht aufgenommen:

1. Die Namen der in Nürnberg verurteilten Hauptkriegsverbrecher (Seite 336/337);
2. Die Namen der Konzentrationslager (Seite 341/342);
3. Verurteilte NS-Persönlichkeiten (Seite 340, 343–349, 353–356);
4. Mitglieder der Baader-Meinhof-Gruppe (Seite 468–483) und die mit diesem Komplex befaßten Personen;
5. Namen, die bereits im Inhaltsverzeichnis aufgeführt sind.